帝王春秋

开国之主与亡国之君

○樱宁 编著

重庆出版集团 重庆出版社

图书在版编目（CIP）数据

帝王春秋 / 撄宁编著. —重庆：重庆出版社，2008.8
ISBN 978-7-5366-9594-8

Ⅰ.帝... Ⅱ.撄... Ⅲ.中国—古代史—通俗读物②帝王—生平事迹—中国—古代 Ⅳ.K220.9 K827=2

中国版本图书馆CIP数据核字（2008）第040338号

帝王春秋
DIWANG CHUNQIU

撄 宁 编著

出 版 人：罗小卫
策　　划：刘太亨　陈 慧　李 彤
责任编辑：郑 玲　曾令琳
责任校对：何建云
技术设计：日日新·雅正图书

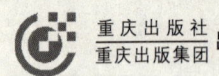

重庆出版社
重庆出版集团 出版

重庆长江二路205号 邮编：400016 http://www.cqph.com
重庆海阔特数码分色彩印有限公司制版
重庆联谊印务有限公司印刷
（重庆市江北区五里店林家桥　邮编：400025）
重庆出版集团图书发行有限公司发行
E-MAIL: fxchu@cqph.com 邮购电话：023-68809452
全国新华书店经销

开本：787mm×1092mm 1/16 印张：42.375 字数：650千
2008年8月第1版 2008年8月第1次印刷
印数：1—10 000
书号：ISBN 978-7-5366-9594-8
定价：59.80元

如有印装质量问题，请向本集团图书发行公司调换：023-68809955 转 8005

版权所有，侵权必究

前言

中国的帝制发端于五帝时代，但君主称为"皇帝"却始自于秦始皇。在此之前，中国的最高统治者一般称"王，"或单称"皇"或"帝"。秦始皇认为自己功业超过了三皇五帝，单称"皇"或"帝"已不足以显其威，于是将"皇"、"帝"二字连用，开创了一个新的帝制时代。

作为君临天下、富有四海的第一人，大凡帝王都有不同凡响的过人之处。研究这些成功帝王的历史，他们具有以下的共同特征：

善于审时度势。对天下形势的把握，对各个政治力量的准确判断，是帝王成就帝业的前提。秦始皇灭六国，统一天下；汉高祖刘邦宰白蛇起义，灭秦后击溃各派诸侯势力，最后建立汉室，莫不如此。在这个过程中，审时度势，利用各派政治力量的矛盾为己之用，各个击破是成功的关键。

善于用人。刘邦取得天下后，一次在南宫设宴犒赏群臣，他问大家项羽失天下、自己得天下的原因，群臣各有所答，但都不中肯綮。最后刘邦说："论运筹帷幄之中、决胜千里之外，我比不上张良；论管理国家行政事务、安抚百姓、给前方将士提供给养，我比不上萧何；论率领百万大军，战必胜、攻必取，我比不上韩信。张良、萧何、韩信三人，都是杰出的人才，我能任用他们，这是我获得天下的重要原因。"这番话的言下之意是：既然张良、萧何、韩信如此厉害，但都愿意为我所用，那我不是更高人一筹吗？

长于隐忍之术。匹夫见辱，拔剑而起，挺身而斗，此实不足为勇。天下有大勇者，往往遇大事而不惊，无故加之而不怒。楚汉对峙时，有人向项羽献计，在阵前把刘邦的父亲绑在油锅之上，刘邦若不投降，就把他父亲给烹了；他若见死不救，岂非向天下公开宣布自己不孝？不料刘邦却说："我与项王曾约为兄弟，我的父亲也就是你的父亲。如果项王一定要烹杀我们的父亲，可别忘了分一碗肉汤给我！"在如此危机关头，刘邦出此惊人之语，实非常人所能及。

除以上所举外，成功的帝王还有很多特点，如：善于收买人心；善于平衡大臣之间的关系，使其互相监督；采取分职弱权的手段，削弱相权，保障皇权的至高无上等等。

和成功的帝王相比，失败的帝王也有其共性：

不能正确判断全局大势。典型的是南唐皇帝李煜。他为求自保，每年向宋朝献上大批金银珠宝，并向宋朝臣服。971年，南汉被宋朝灭后，南唐已处于四面包围之中，李煜十分恐慌，主动削去南唐国号，称江南国主。然而，宋朝仍不能容忍这个割剧政权的存在。在发兵攻取南唐前，宋太祖以"朝廷要重修天下图经，史馆独缺江东各州地图"为名，要求南唐提供江东各州地图。李煜接到文告，竟派人连夜抄写送给宋朝。于是，宋朝不费吹灰之力，对江南十大州的地形、军队驻防、人民户口都了如指掌。最后将其一举歼灭，李煜也做了宋朝的刀下之鬼。

刚愎自用，用人多疑。明崇祯皇帝是其典型。崇祯在位17年，大臣多不能常任。17年间，兵部尚书换过14人，刑部尚书换过17人。内阁大学士换过50人。用人如此多疑，且性格暴戾，刚愎自用，安能不败？

失败帝王的思想、人格弱点还有很多，此处不再赘述。

本书从历史上408位帝王（从秦朝始算）中选出20位帝王进行了详细梳理，其中成功与失败者各半。透过他们对军国大事的处置，对个人私生活的态度，或可从中窥觅到他们的胸襟和抱负、他们的思想和为人。这，就是我们出版本书的初衷。

目 录

前 言 …………… 1

秦始皇·嬴 政

帝王身世　漫嗟荣辱 ……… 2
六世余烈　秦国之兴 ……… 5
一扫六合　横绝四海 ……… 1
始皇之制　天下一统 ……… 17
思心多端　那人那事 ……… 28

汉高祖·刘 邦

秦末起事　叱咤风云 ……… 36
卧薪尝胆　重占关中 ……… 49
决胜之路　终拾河山 ……… 54

光武帝·刘 秀

起兵反莽　昆阳成名 ……… 66
招抚河北　建立帝业 ……… 74
剿灭割据　统一中国 ……… 83
尊士重文　开创中兴 ……… 93
废立皇后　痴迷图谶 ……… 97

晋武帝·司马炎

三代侍曹　皇赐九锡 ……… 104
争当太子　无为而治 ……… 107
击灭东吴　统一全国 ……… 113
发展经济　太康繁荣 ……… 125
文化繁盛　洛阳纸贵 ……… 129
奢靡风起　国势衰颓 ……… 132
立储问题　两难抉择 ……… 138

隋文帝·杨 坚

传奇身世　代周建隋 ……… 144
恢宏改革　开皇之治 ……… 152
御侮安邦　巩固边疆 ……… 161
南伐陈朝　一统天下 ……… 164
推行文治　劝学行礼 ……… 167
迟暮之年　纷争渐起 ……… 169
国运衰颓　无奈他去 ……… 177

唐太宗·李世民

群雄并起　大唐开国 ……… 182
兄弟争帝　玄武政变 ……… 189

~1~

贞观之治　大唐盛世 ……… 192
宫廷纷争　盛世渐颓 ……… 201

宋太祖·赵匡胤

乱世从戎　将门之子 ……… 216
得遇明主　一显身手 ……… 218
黄袍加身　问鼎帝位 ……… 222
走出五代　初定国策 ……… 230
烛影斧声　千古留谜 ……… 239

元世祖·忽必烈

即位之路　大哉乾元 ……… 252
一登帝位　盛世初现 ……… 260
开明统治　蒙汉相融 ……… 267
东征南讨　渡海不力 ……… 281

明太祖·朱元璋

真龙天子　出身贫苦 ……… 286
郭子兴婿　羽翼渐丰 ……… 290
手握兵权　独当一面 ……… 292
筑墙积粮　缓且称王 ……… 295
鄱阳湖战　自立吴王 ……… 298
直捣元都　始建大明 ……… 301
天下纷乱　诸雄皆败 ……… 305
吸取教训　酝酿改革 ……… 310
理财之术　防卫之道 ……… 314
血腥戮臣　巩固皇权 ……… 317

清太祖·努尔哈赤

恩怨不清　女真与明 ……… 322
太祖少年　生即不凡 ……… 325
初试牛刀　得报父仇 ……… 329
智勇双全　统一女真 ……… 332
建立后金　势取天下 ……… 335
发七大恨　撼明江山 ……… 339
舍弃亲情　功过不一 ……… 349

秦二世·胡　亥

始皇驾崩　阴谋篡位 ……… 358
残害异己　统治暴虐 ……… 362
陈胜起义　风雨飘摇 ……… 366
楚汉相争　君丧秦亡 ……… 372

汉献帝·刘　协

生于乱世　偶失帝位 ……… 382
遭遇董卓　傀儡之帝 ……… 384
九州纷乱　难抒方略 ……… 389
受控曹操　乱世渐平 ……… 393

蜀后主·刘　禅

刘备称帝　刘禅纳妃 ……… 408
夷陵兵败　临终托孤 ……… 410
诸葛主政　出师北伐 ……… 417
颓局初现　诸葛殒命 ……… 422

苦苦经营 捉襟见肘 ………	428
大厦将倾 风雨飘零 ………	433
蜀国投降 钟会叛变 ………	446

晋惠帝·司马衷

白痴皇帝 生逢乱世 ………	446
愚鲁太子 众所质疑 ………	449
不食肉糜 遗笑千古 ………	454
政治婚姻 史留恶妇 ………	457
初登帝位 便成傀儡 ………	461
颠沛流离 难免一死 ………	468

陈后主·陈叔宝

帝业初创 兄弟争权 ………	474
重文废武 纸醉金迷 ………	482
杨坚觊觎 积极备战 ………	488
隋军南下 一统中原 ………	492
亡国之君 尸禄素餐 ………	503

隋炀帝·杨 广

伐陈平叛 崭露头角 ………	508
处心积虑 谋得帝位 ………	512
厉行改革 发展文化 ………	515
建都开河 毁誉参半 ………	521
巩固边疆 恩威并济 ………	527
开创伟业 失之暴政 ………	535

唐哀帝·李 柷

盛唐不再 名存实亡 ………	542
哀帝即位 朱温擅权 ………	549
前盛后衰 风流散尽 ………	559

南唐后主·李 煜

政权更迭 后主登场 ………	566
乱世富国 苟且偷安 ………	569
偏安一隅 拱手他人 ………	571
身边人事 南唐梦灭 ………	585
绝代才子 薄命君王 ………	594

宋徽宗·赵 佶

后主入梦 宿命可循 ………	600
用兵燕云 国运诓转 ………	602
浪漫治国 颓势难挽 ………	604
善鉴工书 文治留名 ………	615
帝王人臣 空遗嗟叹 ………	622

明思宗·朱由检

王室凋零 履险称帝 ………	636
剪除奸臣 初露锋芒 ………	641
平辽落空 痛杀忠臣 ………	648
后宫传奇 异彩纷呈 ………	653
祖宗之孽 子孙之债 ………	658

秦郡县分布图

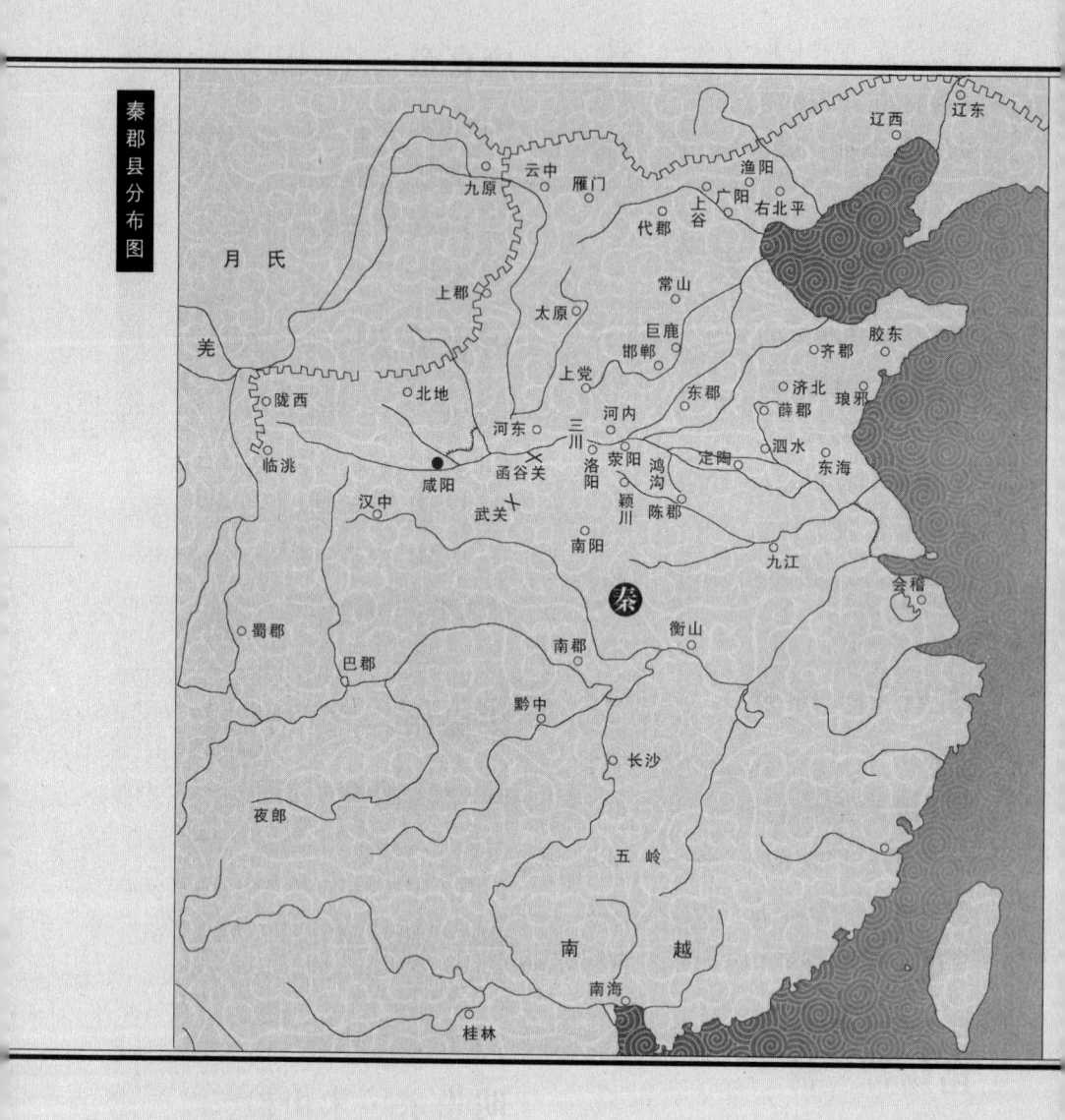

秦始皇·嬴政

公元前259—前210年

中国历史上皇帝多矣，然而，说到「千古一帝」，人们首先想到的还是秦始皇。虽然秦祚短暂得有若流星，虽然焚书坑儒留下骂声一片，始皇帝毕竟还是在中国建立中央集权的君主专制制度的第一人——「欧洲各国，其称中国之名：英称采依纳，法曰细纳，意曰期纳，拉丁之名则曰西奈。问其何义，则皆秦字之音译」（薛永福《出使日记》）。千年来，大秦帝国的辉煌和湮没、成就和教训、梦想和追求，为一代代的君臣提供了兴亡治乱的最好范本。

帝王身世　漫嗟荣辱

昭王四十八年正月（公元前259年），一个男孩在时属赵国的邯郸呱呱坠地。男孩的父亲是当时最强大的秦国皇子，母亲则是赵国的富家女，更兼倾国倾城之色。谁也不曾想到，就是这个男孩，日后会成为纵横天下的盖世雄主，其名政。

相貌之争

对于嬴政的相貌，后人众说纷纭，但主流观点认为其定是相貌堂堂，具有君王之相。据司马迁《史记·秦始皇本纪》载："秦王为人，蜂准，长目，挚鸟膺，豺声，少恩而虎狼心"。《史记·秦始皇本纪·三家注》集解徐广曰："蜂，一作'隆'。蜂，虿也。高鼻也。"意思是说，嬴政的鼻子俊俏挺拔。"长目"，《太平御览》直接作"大目"，认为他应是双目圆睁，无怒自威。"挚鸟膺"，《史记·秦始皇本纪·三家注》："鸷鸟，鹘。膺突向前，其性悍勇。"讲的自然是秦始皇卓尔不群、异常彪悍的体魄。若然，如翦伯赞先生的描述："他并不是后世所想象的生长着一副严肃得可怕的面孔，假如他多少有些母亲的遗传，他应该是一位英俊而又漂亮的青年"（《秦汉史》）。

不过，郭沫若先生曾煞有其事地提出了这样一个震惊世界的观点：秦始皇非但丑陋不堪，还是身体有很大缺陷的残疾人。在其《十批判书》中写道："《史记》所说的前四项都是生理上的残缺，特别是'挚鸟膺'，现今医学上所说的鸡胸，是软骨症的一种特征。'蜂准'应该就是马鞍鼻，'豺声'表明有气管炎。软骨症患者，骨的发育反常，故尔胸、鼻形都成变异，而气管炎或支气管炎是经常并发的。有这三种征候，可以下出软骨症的诊断。"事实如何已不可究，但秦始皇长得仪表堂堂、威猛非常，正是好战尚武的秦国最推重的那一类充满阳刚之气的好男儿这样的观点，早已深入人心。

身世传闻

在民间，关于嬴政的身世，从来就流传着这样的说法：其生父是一代名相吕不韦。论之者凿凿，连下笔谨严的司马光在《资治通鉴》中也采用了这一种说法，而其史料的来源，还是太史公的《史记》。

《史记·秦始皇本纪》载："秦始皇帝者，秦庄襄王子也。庄襄王为秦质子于赵，见吕不韦姬，悦而取之，生始皇。以秦昭王四十八年正月生于邯郸。"司马迁认为，秦始皇的母亲原来是吕不韦的宠姬，结果被落魄王孙、当时还在赵国做人质的庄襄王看上了，吕不韦慨然割爱，成就了那段姻缘，这才有了嬴政。

不过，《史记》里互见之文实在太多，细心的史家对读了《史记·吕不韦列传》，便有了捕风捉影一说。《吕不韦列传》载："吕不韦取邯郸诸姬绝好善舞者与居，知有身。子楚从不韦饮，见而说之，因起为寿，请之。吕不韦怒，念业已破家为子楚，欲以钓奇，乃遂献其姬。姬自匿有身，至大期时，生子政。"说的是庄襄王横刀夺爱，吕不韦从大局出发忍气吞声；更重要的是，这位美女非但是吕不韦的女人，还怀有吕不韦的孩子。这样，人们不能不怀疑：嫁给庄襄王的美女生下的孩子究竟是谁的呢？

也许太史公也心存这样的疑窦，也许他也听到了诸多这样的传闻，所以留下了这样一条引人发问的线索。但文中所谓"大期"，索隐徐广云"十二月也"，也就是说，嬴政母从嫁给庄襄王到生出孩子，足足过了12个月。或许司马迁暗示后世读者，这位美女即使在嫁给庄襄王之后，也还是和吕不韦暗中春风数度，这未必没有可能。不过，在史无明文的情况下，直接确立秦始皇私生子的身份未免武断。

漂泊童年

在回到秦国之前，后来雄视四方的秦始皇嬴政不过是徒有其名的王孙贵族。在他的童年，只知道自己的父亲是人质。根据高阳先生的说法，"质"有多音，强国抵押在弱国的，其音如"致"；弱国抵押在强国的，则作本音。大致"质子"为太子或者该国重要的王子，而"致子"则正好相反。强国总存着欺侮弱国的念头，而"抵押品"就是用来牺牲的，当然不会把

《史记》书影

《史记》是中国历史上第一部纪传体通史，全书共一百三十篇，约成书于公元前104年至公元前91年。作者是西汉司马迁。司马迁，字子长，父亲司马谈任太史令，写古今通史的愿望没有实现，临终要司马迁完成其夙愿。司马迁继任父亲太史令之职，开始写《史记》，十多年后，终于完成。此书被后人誉为"史家之绝唱，无韵之《离骚》"。

最受宠的王子王孙派遣出去。这样看来，嬴政的父亲在秦国王室中根本没有地位，别说归国之期遥不可待，就算回到秦国，也未有一登帝位，尽享荣华之日。

就是在这样漂泊于异国他乡、饱尝寄人篱下的滋味中，年幼的嬴政一天天长大。可是，在他三岁那年，赵国和秦国的关系突然前所未有地紧张了起来。他的父亲作为秦国的人质，自然也朝不保夕，生命岌岌可危。还是吕不韦，获知赵国要对人质不利的消息后，立即下重金，买通重重关系，终陪同政的父亲逃回秦国。因一时情急，不得不抛家别口，嬴政母子陷入了孤儿寡母的处境。若不是他的母亲家里力保，母子两人早已身首异处。又过了好几年，嬴政之父庄襄王已经成为了秦国太子，掌握了大秦王国的实权，赵国不愿意与秦结怨，这才把嬴政母子好好地送回了秦国。那一年，嬴政九岁。弃子孤儿一下成为皇室贵胄，告别了东躲西匿的悲惨处境，也告别了不堪回首的童年。

六世余烈　秦国之兴

说到嬴政的统一功绩,后世史家喜欢以"奉六世之余烈"概之,意即秦剿灭六国、一统天下,并非是他一个人的功绩。

秦人原是秦亭（今甘肃张家川）周围的一个嬴姓部落。西周孝王时,这个部落居住在犬丘（今甘肃天水地区,一说在今陕西兴平市东南）,因其首领善于养马,于是被周孝王召至开渭之间（今陕西扶风县和眉县一带）,专给周王室牧放马群。又因功绩出色,周王大悦,遂"分土为附庸"（《史记·秦本纪》）,到那个时候,才以"秦"为正式族称。直到公元前771年,秦襄公将兵救周,护送平王东迁,立下了赫赫战功,平王这才封襄公为诸侯,赐之岐以西之地,后定都于雍（今陕西凤翔南）,此为秦国正式成为诸侯国的开始。虽然名分是有了,但地处西陲偏僻之地的秦国还是影响甚微:黄河中下游的周王朝及晋、郑、齐、鲁、宋、卫诸国都自称"中国",而将秦、楚、吴、越视为夷狄,开会结盟这一类象征着光荣和信任的重大历史事件从来没有他们的份。秦国的真正强盛,是经过了数十代君王的不懈努力才逐渐奠定的,其中最重要的君主,则是秦穆公、秦献公、秦孝公、惠文王和昭襄王。

秦穆公

秦穆公名任好,在位39年（公元前659—前621年）,史家认为他是春秋五霸之一。无论如何,在他任内秦国开始取得了国际声望,此为事实。

在穆公继位的时候,秦国经过文、宁、武、德、宣诸公的励精图治,疆土不断东移,已占有大半个关中。而从秦穆公开始,偏据一地的秦国麾下有了众多在战国时期大名鼎鼎的贤臣,如百里奚、蹇叔、丕豹、公孙支等,个个都是如雷贯耳的名字。在这样一批能臣的共同努力下,秦国把自己的脚步小心翼翼地往外迈了一步又一步:协助晋文公回到晋国夺取王位,更把握机遇,在周襄王时出兵攻打了蜀国和其他位于函谷关以西的国家,开地千里,被襄王赐名为西方诸侯之伯,秦国自此称霸西方。

《诗经·黄鸟》载:"彼苍者天,歼我良人;如可赎兮,人百其身",写的正是秦穆公去世之后国人对他的悲悼,言秦国的子民都愿意牺牲自己的性命来换回秦穆公。这样一位国君，在外图霸业的同时，没有忘记内修国政，无疑深得人心。

秦献公

秦献公名连，一名师隰，又称公子连，在位23年（公元前384—前362年）。他即位的时候，国内局势不算很安，宦官掌权多年，所以，秦献公初登皇位的前些年，还是以安定人心、发展经济为主。

秦献公元年即位的第一件事，就是废除了秦国自秦武公以来实行了三百多年的活人殉葬制度。在这项制度盛行的时代，秦国每年都要杀死大量的青壮年奴隶以显示贵族的身份。秦国地广人稀，本来劳动力就不够，故献公废除这项制度，将一大批年富力强的青壮年劳动力用于国家建设，获得了实际成效。此外，献公还鼓励人民繁育多生，国家予以补助和奖励；又施行优惠的政策以吸引周边国家和部族的人到秦国种地、放牧。这样一来，秦国的工业和农业的用人就得到了保障，更开垦了很多荒地。国力增强后，献公立即进行迁都事宜，把都城从位于秦国西部的雍（今陕西凤翔）迁到了东部地近河西的栎阳（今陕西临潼北），表明要夺回河西之地、重振秦国国威的决心。

即便对与中原的交流有着强烈的渴望，秦献公还是没有轻率用兵，只是一门心思地埋头改革，搞国家建设。秦献公六年（公元前379年），献公在蓝田（今陕西蓝田西）等地设县，直接掌握了这一片边境地区。献公七年（公元前378年），秦国初行为市，开始对工商业进行规范管理，抽取营业税。献公十年（公元前375年）又颁发了一道新的命令，"令民为户籍相伍而相牧司连坐，不告奸者腰斩，告奸者与斩敌首同赏，匿奸者与降敌同罚"（《史记·秦始皇本纪》），这样一来，臣民必须向国家申报身份、户口。此外，这道命令还规定了家出一丁、五户成一伍、十户成一什的"什伍制"，仿效军队的编制来编组民众，把五户人家编为一伍，农忙时互助耕田，农闲时进行军事训练，并赋予告密防奸、联保连坐的维持治安责任。秦户籍相伍。这样的制度很容易把国民紧紧地捆绑在一起，最易收到同心协力的效果，可以说是战备时段最适合的国家形式。这样举国上下奋斗了十年，秦国的国力渐强，人口大幅度增加，军队素质也磨炼了多时，献公晚年，秦国才把试探的步伐迈向了中原。

秦献公十九年（公元前366年），韩魏两国对周天子显王不敬，献公便以此为借口，起兵勤王。并且在洛阳大败韩魏两军，天子大悦。

秦献公二十一年（公元前364年），秦军以打回老家的口号攻魏，一举夺回秦国的故土河西地，一直打过黄河，深入魏境到石门（今山西运城西南），斩首六万，这在战国时期，是值得载入史册的巨大胜利，献公也被赐予了与秦穆公一样的"伯"的称号。

在秦献公在位的23年中，秦国的内部事务前所未有地稳定和繁荣，国富然后兵强，秦人更在战争中又一次触摸到了往昔的荣耀，秦国离中原又近了一步。

秦孝公

秦孝公名渠梁，在位23年（公元前361—前338年）。《过秦论》中"据崤函之固，拥雍州之地，君臣固守以窥周室，有席卷天下，包举宇内，囊括四海之意，并吞八荒之心。当是时也，商君佐之，内立法度，务耕织，修守战之具，外连衡而斗诸侯。于是秦人拱手而取西河之外"写的正是孝公一朝君臣的功绩。

孝公继承了献公的王位，也继承了献公逐鹿中原的梦想。当时，敏感的孝公觉得各路诸侯还是看不起从荒蛮之地崛起的秦国，愤然道："诸侯卑秦，丑莫大焉"，光有愤怒是不够的，他"布惠，振孤寡，招战士，明功赏"之余，更提出了"宾客群臣有能出奇计强秦者，吾且尊官，与之分土"（《史记·秦始皇本纪》）的求贤令。于是卫国人商鞅款款登场了。

有现代史家说过这样一句话：当咸阳街市上竖起那根木头时，历史的进程就已经注定了。商鞅变法的内容多矣，统而言之，方向是一个：让国家拥有对人民切实的控制力。他力行"废井田、开阡陌"的政策，以农业为"本业"，以商业为"末业"，又配合设立了以县为地方行政单位的制度，"集小都乡邑聚为县"，设县令❶以主县政，设县丞以辅佐县令，设县尉以掌管军事；县下辖若干都、乡、邑、聚，总共在秦国设立了三十一个县（也有史书认为是41县或36县）。这样，国家任命县令，县令通过户籍制度直接管辖属下人民，而人民被鼓励留在土地上劳作而非在市面上浪荡，整个社会的稳定就有了可靠的保障。当时的秦国各地度量衡不统一，商鞅为此制造了标准的度量衡器，通过县令推行下去，这样，全国的赋税标准就得到了统一，浑水摸鱼的事情就杜绝了。此外，作为野心勃勃的国家，秦国要实现"席卷天下，包举宇内"的梦想，唯一的选择是打出去，有鉴于此，商鞅变法把军功提到了前所未有的高度。新的法令规定，官吏从有军功爵的人中选用，设定二十

❶ 县令是古代县级行政区划的行政首脑，掌握所管辖区域的行政、司法、审判、税务、劳役等大权。根据汉代的制度，按照县的人口多寡，县官的职称也不同：万人以上称令，以下称长。秦汉时，县令秩八百石至千石，考绩优良者可辟为府掾，甚至可以升为郡守。县令下设县丞、主簿、典史等。中国古代县作为基层的行政区划，其设置、范围与变动较大的州、郡相比保持着相对的稳定性。

级爵：一级曰公士，二级曰上造，第十九级曰关内侯，二十级曰彻侯。每一级爵位均配有相应的田宅、奴婢和衣服等次；又下令"有军功者，各以率受上爵，为私斗争，各以轻重被刑"，明确了赏罚的标准，使得秦人清楚地知道荣华富贵要从哪里去获取。

商鞅变法修刑，内务耕稼，外劝战死之赏罚的做法，使得秦国在"天下熙熙，皆为利来；天下攘攘，皆为利往"的战国风气中脱颖而出，一跃而为"兵革大强，诸侯畏惧"的强国，出现了"家给人足，民勇于公战，怯于私斗，乡邑大治"的大好局面。

秦惠文王

秦惠文王名驷，在位27年（公元前338—前311年），是孝公的儿子，秦武王和秦昭王的父亲。传到他手里的秦国，已经不是当初马疲民弱、闭塞狭陋的小国家，经过献公、孝公两代人一以贯之的变法图强，秦国已经跃然成为第一流的强国。

不过，惠文王深刻地懂得成败系于一线的道理，并没有躺在父辈的余荫里不思进取。他在位的27年并非波澜不惊：公元前318年，韩、赵、燕、楚、魏、齐六国"合纵"攻秦，秦国虽然军力雄厚，可是要应付六个国家的同时进攻，到底力不从心；谋士的"朝秦暮楚"更使得局势扑朔迷离。幸好，天佑大秦，秦国得到了张仪。张仪的三寸不烂之舌加上过人的胆略见地，散六国之纵，使之西面事秦，惠文王得以"拔三川之地，西并巴蜀，北收上郡，南取汉中"（《史记·李斯列传》），化弭了一场危机。

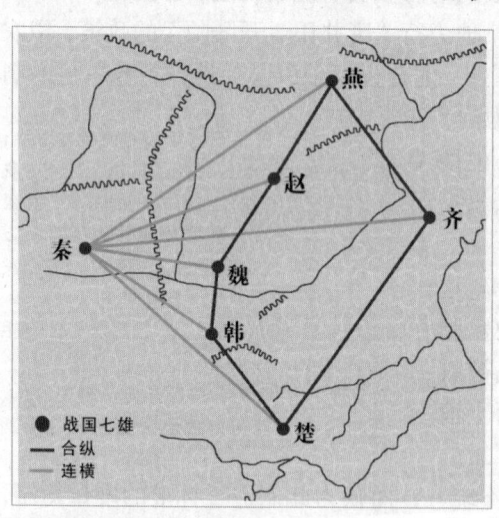

在惠文王的任内，秦国夺取了魏国的河西郡和上郡，打通了梦寐以求的中原通道，攻灭了巴蜀，占领了汉中——中原通道，这个也是战国时期的商业金道，巴蜀之地从来就拥有第一等的良田——秦国

合纵连横示意图

战国末年，各国都展开积极外交，以争取盟友，削弱敌国。"合纵"即合众弱攻一强，攻击主要对象是秦或者齐国，以秦国为主。"连横"指事一强而攻弱，主要以秦国为中心。"合纵"、"连横"，为秦强众弱格局下出现的政治局面。

的领土面积骤然扩大了数倍。勇于战争的秦人在经济上得到源源不断的支持，无疑是拥有了富饶巩固的大后方，日后统一天下的强大经济基础就此奠定，几代秦君的中原之梦又逼近了一步。

秦昭襄王

秦昭襄王名则，一名稷，在位56年（公元前306—前251年）。这56年里，他对魏国用兵15次，对韩国用兵8次，对赵国用兵8次，对楚国用兵2次，战绩累累——魏国被削去了二分之一，韩国被削去了三分之二，赵国被削去了三分之一，楚国被削去了四分之一；更把韩国逼得迁都至新郑县西南的阳翟（今禹县），把楚国逼得迁都到今日的淮阳。

在纵横中原的兼并战中，昭襄王明白，简单的战利并不足以成就大事——荀子早已说过，战国兼并战易取不易守——要真正地得到天下，还得让被占领地的人民死心塌地地认为自己是秦国的子民。于是，他将耕者有其田的土地政策推向占领地区，使被占领地的居民真心诚意地归属于大秦，为秦所用。

从秦穆公一直到昭襄王，交到秦始皇手里的那一片天下已经是可以称得上"虎狼之秦"的强盛国度了；是这样的大势，加上有"虎狼之心"的一代雄强之主，囊括四海、并吞八荒，终于写就了中国历史上最辉煌的一页。

一扫六合　横绝四海

百余年置郡县[1]、废分封、开阡陌、综核名实的治理，加上赏罚分明的武功科举制度，秦国已经成为当时行政效率最高的国家，官吏勤勉，日事日清。

"仲父"辅政

嬴政十三岁即位，其后的10年中，掌管国家大事的是他拜为"仲父"、命为相国的吕不韦。如前所述，坊间传言吕不韦才是秦始皇的生身父亲，除了宫闱内的谣言四起，吕不韦治国也确实呕心沥血、不计报酬，简直把秦国当成了自己的天下——在始皇陵的陪葬坑中，出土了这样一件兵器：戟头的内部鲜亮地刻着"三年相邦吕不韦造寺工□"。

吕不韦辅政的10年，是秦国连年征战、版图不断拓展的10年。秦军占领了上党郡、平定晋阳，设立了太原郡；攻下韩国20多座城市，攻下魏国的20多个城池，设立了东郡（今河南濮阳西南）。

吕不韦辅政的10年，是秦国大力引进人才的10年。秦国给予士人的待遇优渥，更给予了他们谱写人生传奇的机会，从年少为相的甘罗到连擢数级的李斯，只要是人才，秦国的舞台就任他们挥洒自如。

吕不韦辅政的10年，是秦国开始注重文化积淀的10年。他真心仰慕四公子养士的做法，认为秦虽兵强马壮，文化上却还没有扬名立威之大著作，于是自掏腰包组织门客编写《吕氏春秋》，在学术史上争得了一席之地。

---

[1] 秦始皇统一之后，在全国推行的一种地方行政制度，奠定了此后中国地方行政制度的基础。郡、县虽在春秋战国时就已经出现，但各国情况不同，并没有形成稳定的制度。秦统一六国之后，将天下分为三十六郡，郡下辖县，每郡置郡守。后来随着秦帝国的向北与向南扩张，进一步增置一批郡县，目前可以考知的秦郡有近五十个，特别是新近在古城里耶出土的秦简中出现了苍梧、洞庭两个我们原先不了解的秦郡名，为进一步探讨秦代的郡县设置提供了新资料。

太守是古代地方行政机构的首脑，战国时就开始设置。当时，列国在边境冲突地区设立郡的建制，作为综合行使军政权力的特别政区，长官称守、郡守。秦并六国，废除封建制，全面推行郡县制，在全国设立三十六郡，以郡守为长官，由皇帝直接任免。西汉改郡守为太守，秩二千石。西汉太守位置很高，往往入为公卿，三公、九卿罢政，亦多出为太守。东汉设州牧后，太守遂为州牧或刺史的下一级行政官。隋废郡，以州领县，太守之官名遂废，这时刺史则成为与汉朝太守相近的官职。

然而，天下毕竟是嬴氏的天下，秦始皇亲政的那一天，终于还是来到了。

大略驾群才

嬴政不是一般的人，他是那种一出手就挟风雷、震天地、动山河、穿长空的人；22岁那年，他的亲政，在秦国历史上，开启了一个崭新的篇章。这个篇章的开篇，就是血流成河的清算运动。

嫪毐的留名史册几乎是一个误会：他无德无能，除了阳物巨大，别无所长。他的得志和幻灭，是小丑的一出闹剧。

按照《史记》的记载，"始皇帝益壮，太后淫不止。吕不韦恐觉祸及己，乃私求大阴人嫪毐以为舍人，时纵倡乐，使毐以其阴关桐轮而行，令太后闻之，以啖太后。太后闻，果欲私得之。吕不韦乃进嫪毐，诈令人以腐罪告之。不韦又阴谓太后曰：'可事诈腐，则得给事中。'太后乃阴厚赐主腐者吏，诈论之，拔其须眉为宦者，遂得侍太后。太后私与通，绝爱之。"可以说，他的身份，也就是太后的一个面首罢了。本来，宫闱之中的丑闻层出不穷，未必有人认真追究，而嫪毐这个人，也就是玩物而已，给点小钱就可以了；太后却偏偏要让自己的情夫上得了台面，这就是太过糊涂了。太后不仅自己赏赐嫪毐，所给的钱物异常丰厚，还多次向儿子替嫪毐邀功，这样一个没有寸土之功的太监被封为长信侯，得到了山阳（今河南焦作东南）的住地，还得到了河西、太原郡的封田。以太监的身份，恣意享受宫室车马衣服苑囿，本来已经不容于世了，怎奈小人得志，猖狂系数就极端膨胀，"嫪毐家僮数千人，诸客求宦为嫪毐舍人千余人"（《史记·吕不韦列传》），他竟敢在嬴政的眼皮底下豢养家丁、广招舍人、培植私党、结交党羽，还声称自己是嬴政的干爹，那就是把太后的丑事扬于大庭广众了。恰在始皇看不过去的时候，有人举报说太后还给嫪毐生了两个孩子！还说，嫪毐正与太后密谋："王即薨，以子为后。"

吕不韦与《吕氏春秋》书影

吕不韦（约公元前292—前235年），战国末年卫国濮阳人，原籍阳翟（今河南禹州）。阳翟的大商人，有千金家产。庄襄王死去后，太子嬴政继立为王，尊奉吕不韦为相国，称他为"仲父"。那时流行礼贤下士，结交宾客，吕不韦门下食客多达三千人。吕不韦就命他的食客各自将所见所闻记下，综合在一起成为八览、六论、十二纪，共20多万言。自己认为其中包括了天地万物古往今来的事理，所以号称《吕氏春秋》。右图为《吕氏春秋》书影。

原先的"看不惯"刹那就变成了对王位的实在威胁,嬴政再不行动就不行了。

嫪毐听说自己的秘密已经泄露,立即要先下手为强地发动宫廷政变了,选在嬴政宿雍城蕲年宫行冠礼的时节,偷了秦王玉玺和太后玺,自行调动县卒、官卫士攻击蕲年宫。这就是实实在在的叛乱了。

磨刀多日的嬴政早就胸有成竹,先已在蕲年宫布置好三千精兵,又振臂一呼,"凡有战功的均拜爵厚赏,宦官参战的也拜爵一级",让叛军内部起了纠结,叛军被打得落花流水,数百人被杀死,嫪毐与死党落荒而逃。

虽然嬴政清楚地知道,一个嫪毐不足以成任何大事,不过,为了一雪憋闷很久的怨气,他令谕全国:"生擒嫪毐者赐钱百万,杀死嫪毐者赐钱五十万。"重赏之下,嫪毐手到擒来,死党被一网打尽。秦皇难泄心头之愤,用最残酷的车裂也就是四肢用绳子系在不同方向的四辆车子上,一声令下,四辆车各自前奔,把人活活分尸的刑法——来对付嫪毐,曝尸示众,并灭其三族。追随者也都陪上了自己的性命和子孙的前途。

斩草必须除根,嬴政一辈子从来没有手软过,他当着母后的面,囊载扑杀了太后和嫪毐的两个儿子,又把太后逐出咸阳,迁住冷宫,宣布断绝母子关系。

嫪毐的案子,吕不韦自是脱不了干系。此前,嬴政是吕不韦之子的流言早已纷纷扬扬,怎么处理对秦国有汗马功劳、对嬴政本人更有再造之恩的"仲父",就成为一件特别棘手的事情。

如前所述,安国君儿子众多,嬴政的父亲既非长子,又不是最小偏怜的幼子,母亲失了宠,而且还远在赵国,若非吕不韦破家以扶之,落魄王孙、无人问津的命运几乎已经不可改变。作为开国元勋,吕不韦被封为文信侯,食洛阳十万户,出任相国,不算过赏;况且吕不韦辅政10

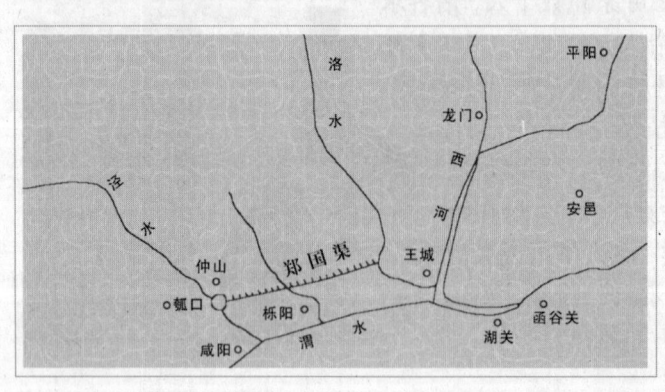

郑国渠示意图

公元前246年(秦王政元年)秦王采纳韩国人郑国的建议,兴修的大型灌溉渠。渠从仲山(今陕西泾阳西北)引泾水向西到瓠口作为渠口,利用西北微高、东南略低的地形,沿北山南麓引水向东伸展,注入北洛水。利用泾水含沙而有肥效的特点,用以灌溉,并冲压、降低耕土层中的盐碱含量,收到改良土壤的效用。灌溉土地四万余顷,使每亩增产到一钟(六石四斗)。

年，兢兢业业，一片公心，对秦国的功劳不可谓小，也完全看不出他有谋反的野心——如果他真的要窃国的话，恐怕10年前就有机会得手了。

不过，前几年嬴政的弟弟长安君成蟜谋反，虽然造反不成，檄书中的内容还是深深刺痛了秦皇。檄文是这样写的："布告中外臣民知悉：传国之义，适统为尊；覆宗之恶，阴谋为甚。文信侯吕韦者，以阳翟之贾人，窥咸阳之主器。今王政，实非先王之嗣，乃不韦之子也。始以怀娠之妾，巧惑先君，继以奸生之儿，遂蒙血胤。恃行金为奇策，邀反国为上功。两君之不寿有繇，是可忍也？三世之大权在握，孰能御之！朝岂真王，阴已易嬴而为吕；尊居假父，终当以臣而篡君。社稷将危，神人胥怒！某叨为嫡嗣，欲讫天诛。甲胄干戈，载义声而生色；子孙臣庶，念先德以同驱。檄文到日，磨厉以须，车马临时，市肆勿变。"（《东周列国志》）直指嬴政的血统非纯、得位不正，那可是很严重的事情。对吕不韦稍加宽贷，朝中大臣想必会认为是自己的父子之情萌动，那简直就是坐实了自己的私生子身份。

思前顾后之下，一纸诏书，年轻的秦皇免去了吕不韦的相国职务，把他遣出京城，前往河南的封地；第二年，当嬴政听说吕不韦门前各诸侯国的宾客使者络绎不绝的时候，恐怕他发动叛乱，就写信给他责之："君何功于秦？秦封君河南，食十万户。君何亲于秦？号称仲父。其与家属徙处蜀！"把吕不韦对秦国、对自己的功德抹得一干二净，吕不韦心灰意冷之下饮鸩自尽。

逐客令和止客令

秦处蛮夷之邦，多年的发展和壮大，和外来人士的鼎力相助是分不开的。从秦孝公到吕不韦，悬重金以募智能之士，是秦国的基本国策，百余年不曾动摇。在秦国的舞台上，商鞅、张仪、公孙衍、魏章、司马错、甘茂、公子疾……都是对秦国功莫大焉的人物。在秦皇亲政的那年，偏偏发生了间谍的一桩事。本来秦国的贵族势力就对那些客卿盘踞高位、名利双收很不乐意，加上正巧是国内政权更迭期间，立即抓住这件事情大做文章，希望能一举影响秦皇的政策。

这桩间谍案牵连到中国历史上最重要的水利工程之一：郑国渠。郑国渠的开工是秦皇政元年（公元前246年）的事情，当时拍板的当然是相国吕不韦。工程的计划是这样的：西引泾水、东注洛水到关中平原，长达300余里，利用西北略高、东南略低的地势，在平原东西数百里、南北数十里的范围内形成自流灌溉系统，可灌田4万余顷。"秦国的4万余顷，约合今天的2.8万余顷。"（《中国古代著名水利工程》）在当时看来，关中水渠一役，可以解决秦国三分之一人口的吃饭问题，这和本来就想发展水利的秦国一拍即合，立即就征调民众，在郑国的主持下开工了。

过了十余年，吕不韦罢相了，郑国渠的工程还没有完事，可就在这时有人揭发，原来郑国是韩国的间谍！韩国派他来的目的，是消耗秦国的国力，在郑国这个模范官吏的表面下，隐藏的居然是"疲秦"的阴谋！审讯之下，郑国没有否认自己是间谍的事实，不过，他辩解道："始臣为间，然渠成亦秦之利也。臣为韩延数岁之命，而为秦建万世之功。"（《汉书·沟洫志》），意思是说自己坏心办了好事，嬴政稍一权衡，立即算得出把4万多顷的不毛之地改造成肥沃良田、每亩田的产量能够达到一钟（一钟为六石四斗，当时黄河中游一般亩产一石半）的前景分外诱人，而这个工程的废止也不见得就真的对秦国的国力有多大的影响。郑国免罪，郑国渠继续施工的决议下得很果断。不过这件事被朝臣抓住把柄大做文章，说外国人士都靠不住，于是就有了秦国的逐客举措。逐客令下还没有怎么生效，丞相李斯的一封《谏逐客书》已经送到了嬴政手里，鲁迅先生评价说"秦之文章，李斯一人而已"，这篇《谏逐客书》打动了嬴政，立即收回成命，也影响了数代文风，我们不妨来看看这篇佳作。

"臣闻吏议逐客，窃以为过矣。

昔缪公求士，西取由余于戎，东得百里奚于宛，迎蹇叔于宋，来丕豹、公孙支于晋。此五子者，不产于秦，而缪公用之，并国二十，遂霸西戎。孝公用商鞅之法，移风易俗，民以殷盛，国以富强，百姓乐用，诸侯亲服。获楚魏之师，举地千里，至今治疆。惠王用张仪之计，拔三川之地，西并巴蜀，北收上郡，南取汉中，包九夷，制鄢郢，东据成皋之险，割膏腴之壤，遂散六国之纵，使之西面事秦，功施到今。昭王得范雎，废穰侯，逐华阳，强公室，杜私门，蚕食诸侯，使秦成帝业。此四君者，皆以客之功。由此观之。客何负于秦哉！向使四君却客而不纳，疏士而不用，是使国无富利之实，而秦无强大之名也。

今陛下致昆山之玉，有随和之宝，垂明月之珠，服太阿之剑，乘纤离之马，建翠凤之旗，树灵鼍之鼓。此数宝者，秦不生一焉，而陛下悦之，何也？必秦国之所生然后可，则是夜光之璧，不饰朝廷；犀象之器，不为玩好；郑卫之女，不充后宫；而骏良駃騠，不实外厩；江南金锡不为用，西蜀丹青不为采。所以饰后宫、充下陈、娱心意、悦耳目者，必出于秦然后可，则是宛珠之簪、傅玑之珥、阿缟之衣、锦绣之饰不进于前，而随俗雅化、佳冶窈窕赵女不立于侧也。夫击瓮叩缶，弹筝搏髀，而歌呼呜呜，快耳目者，真秦之声也。郑、卫桑间，《昭虞》、《武象》，异国之乐也。今弃击瓮叩缶而就郑、卫，退弹筝而取《昭虞》，若是者何也？快意当前，适观而已矣。今取人则不然，不问可否，不论曲直，非秦者去，为客者逐。然则是所重者，在乎色、乐、珠、玉；而所轻者，在乎民人也。

此非所以跨海内、制诸侯之术也。

臣闻地广者粟多，国大者人众，兵强则士勇。是以泰山不让土壤，故能成其大；河海不择细流，故能就其深；王者不却众庶，故能明其德。是以地无四方，民无异国。四时充美，鬼神降福，此五帝三王之所以无敌也。今乃弃黔首以资敌国，却宾客以业诸侯，使天下之士退而不敢西向，裹足不入秦，此所谓借寇兵而赍盗粮者也。夫物不产于秦，可宝者多；士不产于秦，而愿忠者众。今逐客以资敌国，损民以益仇，内自虚而外树怨于诸侯，求国之无危，不可得也。"

李斯是书，全从秦国的利益落笔，首先历叙自秦穆公以来历代国君重用外来人物所产生的效应，接着摆事实说明现在的秦国离不开各国之人、各国之物，然后笔锋一转，警告嬴政一旦熟悉秦国内政外交的人才被其他国家收用，威胁之大不言而喻。

嬴政一读之下，立即明白自己出了一记昏招，收回先前的诏令，进一步招贤纳士，奉行此前国策不变。

诸侯尽西来

秦国雄视海内、逐鹿中原的野心已经世人皆知，发动统一战争只是一个时间问题了。嬴政之为人，本来就果敢好战，在吕不韦辅政的那十年中，或许他早已一遍遍地盘算先拿哪个国家开刀，一遍遍地计算统一中原大地的时间进程，当国内形式基本安定之后，他巡视军中健儿，对兵壮马肥的军事面貌大为满意，于是，公元前230年，"灭诸侯，成帝业，为天下一统"的号角正式吹响了。

首先拿来祭刀的是弱小的韩国。这是一场毫无悬念的战争，公元前231年，攻下韩国南阳，次年（公元前230年），秦内史

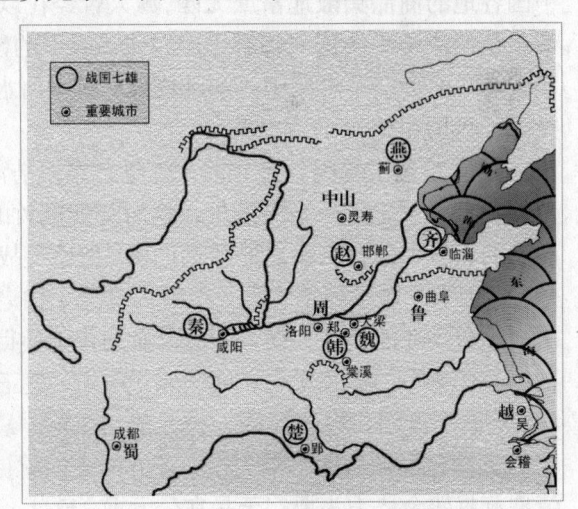

战国七雄

春秋时期无数次战争使诸侯国的数量大大减少。到战国时期，只剩下七个实力最强的诸侯国：齐、楚、燕、韩、赵、魏、秦，这七个国家被称做"战国七雄"。七个诸侯国之中，以秦国国力最强。除秦国以外，其余六国均在崤山以东。因此该六国又称"山东六国"。图为"七雄"分布示意图。

滕率军北上，攻占韩国都城阳翟（今河南禹州市），俘虏韩王安，在韩地设置颍川郡，韩国灭亡。

接着便是赵国。赵国虽然是嬴政母亲的祖国，可是对他们母子从来没有好过，对这个冷酷无情的国家，嬴政恨了很多年，也打了很多次——公元前236年，就曾经分兵两路大举攻打过赵。公元前229年，趁着灭了韩国的余威，秦大举攻赵，名将王翦率军由上党（今山西长治市）出井陉（今河北井陉县），端和由河内进攻赵都邯郸。一边是打仗，一边"毋爱财物，赂其豪臣，以乱其谋"，一掷千金的外交间谍活动从来没有停止过，赵王中了秦的反间计，撤换能将李牧、不用名将廉颇，终于自毁长城，公元前228年，在王翦发起的总攻势下，赵王迁成为阶下之囚，残部败逃，赵国灭亡。

此时的秦国用兵如神，国力前所未有地强盛，在攻打赵国的同时尚有余力开辟第二战场。恰好燕国的太子丹派出刺客，企图刺杀秦王，这就给了秦国出兵的借口，燕国本就弱小，哪里禁得住秦王的雷霆之怒。秦军在易水（今河北易县境内）大败燕军，次年（公元前227年）就攻陷燕国都蓟（今北京市），燕王喜与太子丹率残部逃到辽东（今辽宁辽阳市），苟延残喘，离开父母之邦的燕王名存实亡，再也不能对秦的统一步伐造成任何威胁了。

韩赵已灭，燕国重创，北方大部分地区尽在秦国囊中。地处中原的魏国，曾经有过吴起、庞涓、公叔痤、公子昂这样的善战之将，曾经作为中国各地的商品集散地富庶无匹，魏人曾经在以战养战的方针下成为当时最出色的武士……这一切都已经过去，眼下的魏国孤立无援。公元前225年，秦将王贲率军出关中，东进攻魏，引黄河水灌城，攻陷大梁，魏王假投降，魏国也退出了历史舞台。

然后轮到了楚国。公元前225年，秦军浩浩荡荡20万南下攻楚，在楚将项燕手下吃了一个大败仗，这对势如破竹的秦军来说，是奇耻大辱。秦国的名将李信冒杀头之罪败逃回国，把这一战的失利原因剖析得清清楚楚，秦国上下摩拳擦掌，又一次整兵60万，由老将王翦率军再次伐楚。有了前不久兵败的教训，有了李信以血的代价换得的情报，地广兵强的大楚抵挡不住秦军的血气之勇，项燕死于阵中，楚王被俘，楚都郢（今湖北荆州市）被秦军占领，设置郢郡，公元前223年，最难攻克的楚国宣告灭亡。

五国已经从版图上消失了，东方的齐国就更好办了。不过，首先还是清理燕赵残余势力为要，于是在公元前222年，逃到辽东的燕王喜被抓住了，所在之地的燕军全部被歼灭；在回师途中，顺便在代北（今山西代县）抓住了赵国余部代王嘉。然后由从前的燕地、现在秦国版图上的一部分直逼齐国，大军压境，齐王建不战而降，齐国灭亡。于是在公元前221年，嬴政彻底收拾了父辈曾经的对手们，完成了祖祖辈辈的梦想，一统天下。

始皇之制　天下一统

改称谓

从秦始皇开始，中国有了"皇帝"这个称谓。

打下了天下之后，当然就出现了一个名正言顺的问题，怎样的名号才配得上统一寰内的巨大功绩？秦朝君臣把这件事摆上了议事日程。基调，则是嬴政亲自定下的："寡人以眇眇之身，兴兵诛暴乱，赖宗庙之灵，六王咸伏其辜，天下大定。今名号不更，无以称成功，传后世。其议帝号。"意思很清楚：这可是从古至今的第一等成就，这种辉煌是要传诸后代的，大家想想吧，什么样的称谓才不辱没了此等大功？朝廷议论，当然是拼命地拔高功绩说："以前的五帝所平定的也就不过千里之地，还搞不定外面的蛮夷，诸侯也不见得尊重天子。现在您这可是兴义兵、诛残贼的巨大贡献呀，而且您不光平定了天下，还把海内外的势力范围都归于大秦，法律划一、设立郡县，那是从上古以来从来没有过的丰功伟绩呀，'古有天皇，有地皇，有泰皇，泰皇最贵'，不如就叫'泰王'吧？以后您下的'命'改称'制'，'令'改称'诏'，天子自称曰'朕'。"嬴政下诏说："去'泰'，著'皇'，采上古'帝'位号，号曰'皇帝'。他如议。"亲自给自己圈定了"皇帝"的名号。"皇帝"这一称号源于三皇五帝又高于三皇五帝，据《史记》的记载，"始皇自以为功过五帝，地广三王，而羞与之侔"，这个压倒性的名号很好地满足了始皇的荣誉感，从此，"皇权神授"的观念代代相传。

（上）铜诏版　秦代

亦称"秦量诏版"，青铜制。刻秦始皇二十六年统一度量衡诏书，有的刻秦二世元年同类诏书，或二诏合刻。诏版为自由体，主要是为了实用，写法草率，笔画方正，行款错落，该诏版文笔画方折是因为刀刻所致。文字仍属篆书范畴。图为同时刻有始皇和二世统一度量衡的诏书。

（下）铜　殳　秦代

"殳"原是古代战车上使用的长兵器，后来逐渐演变为宫廷卫士的礼仪兵器，秦代的殳为圆柱体，顶部为三棱锥体。

废分封、立郡县

三公九卿制❶和郡县制是一套完整的封建政治制度；一系列的设置，主要目的就是在皇帝之下设中央机构，处理庶政，以协助皇帝领导全国。要实现这一切，第一步就是彻底废除贵族分封制。

始皇刚刚一统天下的时候，当时

> ❶ 中国古代朝廷中最尊显的三个官职，与秦汉时期中央政府九个主要的官职的合称，即"三公九卿"。三公究竟是指哪三个官职，历朝有变化。据考，周代已有三公之说，西汉今文经学家以为三公指司马、司徒、司空。古文经学家则以太傅、太师、太保为三公。秦不设三公，西汉初承秦制。从汉武帝时起，丞相、御史大夫和太尉被称为三公。汉武帝削弱了丞相的权力，大司马权越丞相之上。汉成帝时将御史大夫改为大司空，确立起大司马、大司空和丞相鼎足而立的三公制 。其后三公逐渐成为名义的高官，其实际权力被削夺，成为坐而论道之职。九卿，多指代整个朝廷。九卿的官名及其构成，历代都有变化，以秦汉为例，分别是：奉常（汉景帝改太常）、郎中令（汉武帝时改称光禄勋，东汉时复旧）、卫尉、太仆、廷尉、典客（汉改大行令、武帝时又改大鸿胪）、宗正、治粟内史（东汉改大司农）、少府。魏晋起，九卿职任转轻，实际政务改由尚书台诸曹办理。

的大臣都认为应该给予各个皇子王侯爵位，让他们前往新占领的土地管理庶务，尤其是那些燕国、齐国、楚国地处偏远，山高皇帝远，没有皇亲国戚在那里怎么镇得住。李斯提出了反对意见："周文武所封子弟同姓甚众，然后属疏远，相攻击如仇雠，诸侯更相诛伐，周天子弗能禁止。今海内赖陛下神灵一统，皆为郡县，诸子功臣以公赋税重赏赐之，甚足易制。天下无异意，则安宁之术也。置诸侯不便。"《史记·秦始皇本纪》的话也很有道理：周天子不就把天下分给了自己的子孙么，可是结局是什么？大家还不是互相疏远，为一点蝇头小利争得你死我活的。这还不足以说明子孙亲戚也未必靠得住的道理吗！现在好不容易陛下您结束了分裂的局面，应该做的事情是设立郡县，这样才能把权力掌控在自己手里，令海内外没有觊觎皇位的机会，那才对呀。至于那些皇亲国戚、功臣列将嘛，多给点钱让他们去做富贵乡公，不是很好吗？始皇曰："天下共苦战斗不休，以有侯王。赖宗庙，天下初定，又复立国，是树兵也，而求其宁息，岂不难哉！廷尉议是。"看来李斯的话，真说到了他的心坎上。

既然不立侯王，国家还是要治理的，在中央机构，秦朝采用的是"三公九卿制"。三公为丞相、太尉、御史大夫。秦朝设左、右丞相，以右为尊，丞相作为百官之长，"掌丞天子，助理万机"，是配合皇帝做事情的人；太尉掌军事，管的是打仗的事情；御史大夫"掌副丞相"，主管监察，就是得小心防范丞相的权力尾大不掉。

九卿则包括奉常、郎中令、卫尉、太仆、廷尉、典客、宗正、治粟内史、少府。大致的职责是：奉常掌管宗庙礼仪；郎中令掌管宫殿警卫；

卫尉掌管宫门屯卫；太仆掌管御用车马；廷尉掌管刑法；典客掌管外交和民族事务；宗正掌管皇族、宗室谱系、名籍；治粟内史掌管财政；少府掌管山海池泽之税及皇帝的生活供应。九卿之外，还有列卿，如中尉（掌京师治安）、将作少府（掌修治宫室）等。

三公、九卿、列卿，都各有自己的办公场所，以自行处理中央的各类事务；重要的大事总汇于丞相，再由皇帝亲自裁决。

地方行政方面，则进一步发扬郡县制的经验。根据《史记·秦本纪》和《史记·秦始皇本纪》，始皇把天下划为36郡，其后又增设4郡：南海、桂林、象郡、九原。有秦一代，共有40个郡。根据1948年谭其骧先生所作的《秦郡新考》，则考订为46个郡。郡一级的设守、尉、监等。郡的最高长官是郡守，主要掌管政务；郡尉负责军事和治安，不干预民事；监御史负责监察官吏，直属中央的御史大夫。县一级设令（或长）、丞、尉。万户以上的县设县令，不满万户的设县长，主要掌管政务；县尉掌握军事；县丞掌管司法。郡、县一级的官吏有一定的级别，他们是中央和地方发生关系的主要渠道，必须由中央严格控制起来，因此，郡县级别的主要官吏由皇帝任免。

县以下有乡、里和亭两种不同的政权系统。乡和里是行政机构，亭是治安组织。乡是隶属于县的基层行政组织，主要职能是摊派徭役和征收田赋；乡官设有"三老"、"啬夫"、"游徼"。"三老掌教化，相当于现在的文化官员；啬夫掌诉讼、收赋税，相当于现在的行政公务员；"游徼"掌捕盗贼，那就发挥了现在的警察功能了。多数乡官由当地地主豪绅担任。不过，对于直接控制到各个人而言，乡的范围还有点过广，于是在乡以下，更设"里"，里设里正或里典（为避秦始皇名"政"之讳，而改"正"为"典"）。里中设置严密的什伍户籍组织，以便支派差役，收纳赋税。并规定互相监督告奸，一人犯罪，邻里连坐。这就保证了国家的行政力量能干预到每个人的生活。

和分封制度完全不同，郡县制度的确立，只以地域为基础，而官吏的任免大权完全掌握在皇帝或朝廷手中，不再有血缘关系的恩待、不再有与生俱来的荣耀，废除了分封制的王朝，贵族豪家的势力大大削弱了，地方的割据力量大大减少了，皇帝能使一个人富贵也能使一个人破败，在整个中国的历史进程中，无数的皇帝以操此生杀荣辱大权为力量的象征，而这一切的始作俑者，正是秦始皇。

天下一统

许慎《说文解字·叙》载，战国时期，各国"田畴异，车涂异轨，律令异法，衣冠异制，言语异声，文字异形。秦始皇帝初兼天下，丞相李斯乃奏同之，罢其不与秦文合者"。意思是说，在秦始皇之前，每个地方田亩的大小不一样，车辆的宽窄不一样，通行的法律不一样，衣帽的式样不一样，说话口音不一样，文字写法不一样。秦始皇统一天下之后，改弦更张，强力推行统一的标准，这才渐渐出现了真正的天下一统的局面。

我们应该记得，从商鞅开始，统一度量衡的工作就一直在秦国开展得红红火火。根据后来在咸阳出土的秦权（秤锤）底面，刻有秦始皇的诏令。诏书文曰："廿六年，皇帝尽并兼天下诸侯，黔首大安，立号为皇帝，乃诏丞相状、绾，法度量则不壹，歉疑者，皆明壹之。"看得出秦国在统一度量衡上很花了点工夫，秦统一的度，1引＝10丈，1丈＝10尺，1尺＝10寸，1寸＝10分，1引＝2 310厘米，1丈＝231厘米，1尺＝23.1厘米，1寸＝2.31厘米 1分＝0.231厘米；秦统一的量，1斛＝10斗，1斗＝10升，1斛＝20 000毫升，1斗＝2 000毫升，1升＝200毫升；秦统一的衡，1石＝4钧，1钧＝30斤，1斤＝16两，1两＝24铢。

战国时，每个国家都铸造自己的货币，很多城市也铸造自己的货币，林林总总，不下几百种之多。当秦始皇统一中国的时候，刀币还在齐、燕等国流行；铲币可以在三晋等国流通；铜贝（蚁鼻钱）则通行于楚国。秦国自己用的是圜钱，和东、西周等旧地很接近。货币代表的是国家信用，大一统的国家当然得有自己的货币：秦代的货币是秦半两钱，这种圆形方孔的形制，一直沿续到民国初期。

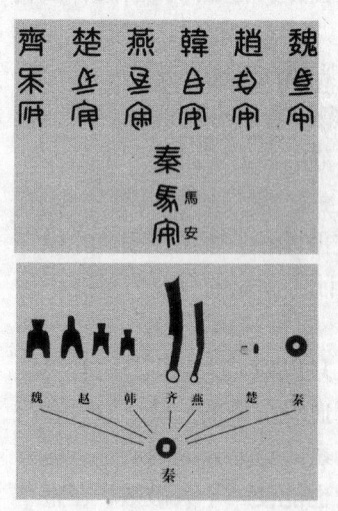

文字的统一更加是居功厥伟的一件事。由李斯书《仓颉篇》，赵高书《爰历篇》，胡毋敬书《博学篇》，把原来的史籀大篆简化成小篆，这三部书既作为学童的识字课本，又是推行小篆的范本。而隶书的诞生更是值得大书特书的重大事件。据传，隶书的最后写定者是县吏程邈，他因得罪始皇，关在狱中，经过10年的悉心钻研，造成了一种更为简便的文字。秦始皇知道以后，很赞赏这种简化

秦统一六国文字及货币

为了便于文化的发展和各地人民间的交流，秦始皇接受李斯的建议，于公元前221年发布"书同文"的诏令，规定以秦国小篆为统一书体，与小篆不同者全都废掉。秦始皇命李斯、赵高、胡毋敬分别用小篆书写《仓颉篇》、《爰历篇》、《博学篇》3篇，作为文字范本。文字统一以后，秦始皇废止战国时各国形制和轻重大小各不相同的货币，改以黄金为上币，以镒为货币单位；以秦国旧行的圆形方孔铜钱为下币，称半两。文字、货币、度量衡的统一，为社会经济、文化的发展提供了有利条件，促进了国家的发展，成为维护中国封建国家统一的重要基础。

的字体，免了他的罪，升了他的官，把他编造的简便文字命名为隶书。不管这个传说是否确凿，书写简便的隶书到西汉初年通行全国是一个事实，那就跟现在的楷书很接近了。此后中国分久又合、合久又分，此后中国治乱循环、风雨苍黄，有赖此统一的文字沟通着共同的民族心理，传递着久远的历史记忆。

大兴宫殿

其实，喜欢造宫殿、造陵墓，倒不是秦始皇一个人的爱好，秦国的列祖列宗对此都有特殊的爱好。这或许和这个部落的原始记忆和宗教信仰有关。

20世纪考古发现的秦公一号的墓主是秦共公、秦桓公之后的秦景公。其规模之大令人震惊，全长300米，其中墓室长60米、宽40米、深24.5米，总面积达5 334平方米；这个规模比河南安阳侯家庄商代国王陵大10倍，比湖南长沙西汉马王堆一号大墓大20倍。而后探明的大型秦公陵园区，则计有43座墓葬，大小车马坑21个，陵区南北宽3公里，东西长7公里，比埋有殷代九朝天子的河南安阳殷王陵陵区总面积大180倍，比西安市城墙内面积大2.5倍。此外，在马家庄一带，还发现了一组保存完好的大型建筑群遗址，总面积有7 000多平方米，其中包括有已发掘的秦公祭祀祖先的宗庙遗址；宗庙遗址西约500米处，更有面积达2.1万多平方米的布局规整、垣墙完好、五进院落、五座门庭的大型建筑遗址——秦公寝宫，印证于文献资料，考古学家多认为建造这座寝宫的主人可能是春秋五霸之一的秦穆公。凡此种种，恰好证明了《三辅旧事》所谓秦国有"表中外殿观百四十五"、《史记·秦始皇本纪》所谓秦国有"关中计宫三百，关外四百余"，都不是夸张的说法。

秦始皇在统一六国期间，每灭一国，便在京城咸阳北坂将该国的宫殿建筑仿造一遍，称为"六国宫殿"，整个关中地区，自渭河以北，雍门以东，直到泾河一带全部都是宫殿群。相传共有宫室145处，著名的有信宫、甘泉宫、兴乐宫、长扬宫等宫殿。

公元前212年，秦始皇征发刑徒70余万人伐运木材，开凿北山的石料，在渭河南上林苑中开始兴建更大规模的宫殿——朝宫。那就是历史上有名的阿房宫，号称"秦川第一宫"。"阿房"二字，是"近旁"的意思。秦始皇的建宫计划是以阿房宫为中心，建造众多的离宫别院。

阿房宫是一项终极秦亡国都没有完成的浩大工程，不过，它的规模之大、制作之美，倒是足足流传了两千年。《史记·秦始皇本纪》中说：阿房宫前殿，东西五百步，南北五十丈，殿中可以坐一万人——根据秦代一步合六尺，三百步为一里的算法，阿房宫的前殿东西宽 690 米，南北深 115 米，占地面积 8 万平方米。一直到晚唐，杜牧还把传说中的阿房宫描绘了一遍，成就了《阿房宫赋》这样一篇千秋美文。其文曰：

"六王毕，四海一，蜀山兀，阿房出。覆压三百余里，隔离天日。骊山北构而西折，直走咸阳。二川溶溶，流入宫墙。五步一楼，十步一阁；廊腰缦回，檐牙高啄；各抱地势，钩心斗角。盘盘焉，囷囷焉，蜂房水涡，矗不知其几千万落。长桥卧波，未云何龙？复道行空，不霁何虹？高低冥迷，不知西东。歌台暖响，春光融融；舞殿冷袖，风雨凄凄。一日之内，一宫之间，而气候不齐。

妃嫔媵嫱，王子皇孙，辞楼下殿，辇来于秦。朝歌夜弦，为秦宫人。明星荧荧，开妆镜也；绿云扰扰，梳晓鬟也；渭流涨腻，弃脂水也；烟斜雾横，焚椒兰也。雷霆乍惊，宫车过也；辘辘远听，杳不知其所之也。一肌一容，尽态极妍，缦立远视，而望幸焉；有不得见者三十六年。

燕赵之收藏，韩魏之经营，齐楚之精英，几世几年，剽掠其人，倚叠如山；一旦不能有，输来其间。鼎铛玉石，金块珠砾，弃掷逦迤，秦人视之，亦不甚惜。嗟乎！一人之心，千万人之心也。秦爱纷奢，人亦念其家。奈何取之尽锱铢，用之如泥沙？使负栋之柱，多于南亩之农夫；架梁之椽，多于机上之工女；钉头磷磷，多于在庾之粟粒；瓦缝参差，多于周身之帛缕；直栏横槛，多于九土之城郭；管弦呕哑，多于市人之言语。使天下之人，不敢言而敢怒。独夫之心，日益骄固。戍卒叫，函谷举，楚人一炬，可怜焦土。

呜呼！灭六国者六国也，非秦也；族秦者秦也，非天下也。嗟夫！使六国各爱其人，则足以拒秦；使秦复爱六国之人，则递三世可至万世而为君，谁得而族灭也？秦人不暇自哀，而后人哀之；后人哀之而不鉴之，亦使后人而复哀后人也。"

阿房宫的修建是为了显示皇帝的威严，可惜，秦朝末年，项羽火烧阿房宫，一代巨制毁于一旦，而今仅保存一处建筑夯土遗址，东西长 2 500 米，南北长 1 000 米、高 20 米，占地 26 万平方米，人称"始皇台"。

筑长城 斥匈奴

在没有任何机械辅助的年代，在崇山峻岭、峭壁深壑之间绵延万里的长城，向来被誉为世界文明史上的一大奇迹。秦长城遗迹，至今仍有残存，这些遗迹有的是用土掺碎石子夯筑，宽窄高厚因地形而异，一般下宽 5 米、高约 1—4 米、夯层 8—10 厘米；有的用石块砌成内外整齐的城墙，保存完好的地段，有的高 5—6 米、下宽 5 米、上宽 3 米。

在秦始皇之前，早已有了长城。为了防御游牧民族，从战国以来，北方国家以修建长城、屯兵驻守作为军事防卫的重要方式。它并不只是一道单独的城墙，而是由城墙、敌楼、关城、墩堡、营城、卫所、镇城烽火台等多种防御工事所组成的一个完整的防御工程体系。这一防御工程体系，由各个国家的军事指挥系统层层指挥、节节控制。可以说，长城，是中原国家抵挡游牧民族的人造屏障，不算简单，但着实有效。

赵长城，从代郡（今河北蔚县），至阴山西行，止于高阙（今内蒙狼山）；燕国也在北部修长城，在今赤峰、通辽境内。秦国地处西陲，少不了经常受到西戎的骚扰，在修建长城的工程上，也从来不为人后。秦昭襄王时，为防御北方游牧民族东胡、匈奴南下骚扰，在今榆林周边地区修筑长城，从内蒙古伊金霍洛旗古城壕七盖沟经陕西神木进入榆林地界，在城北2.5公里处的红山跨越榆溪河，蜿蜒西向穿过巴拉素镇乔家峁村，直至红石桥乡古城界村。此外，在司马迁的《史记》中，还提到了中山国筑长城、魏国筑长城、齐国筑长城。

秦始皇筑长城，是深受了匈奴的刺激，早先秦国伐楚时，北方及西方守备相对空虚。匈奴的首领头曼单于竟然率兵越过阴山和赵国长城及黄河，侵占了河套及其以东地区，西边侵入秦国长城，劫掠陇西、北地（甘肃宁县西北）、上郡等地。在距离秦王朝首都咸阳只有数百里的地方烧杀抢掠，这无疑会令秦始皇高度警惕。再加上始皇三十二年（公元前215年），方士卢生从海外归来，向秦始皇报告"亡秦者胡也"（《史记·秦始皇本纪》）。始皇对装神弄鬼的谶语很是相信，他认为"胡"指的就是北方的匈奴，更何况匈奴确时时威胁着秦王朝的侧背，这更令他痛下决心解决匈奴问题，北伐匈奴终于提上了议事日程。秦军的主力由大将军蒙恬亲自率领，经今陕西榆林进击河套北部；另一路出萧蒹关直趋河套南部，与主力形成夹击之势。30

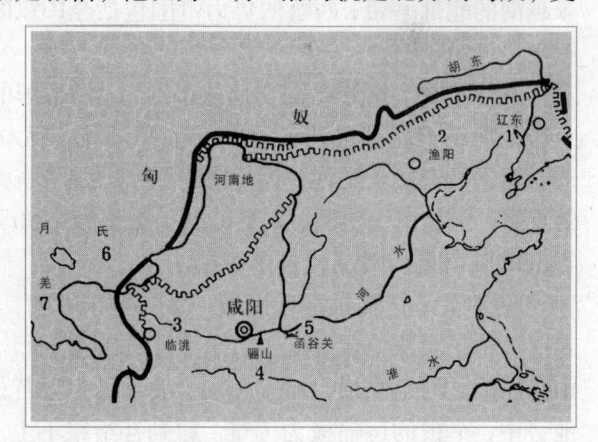

秦长城示意图

秦统一六国后，沿燕、赵和原秦的外长城修筑新长城，总长达5 000多公里，世称万里长城。据记载，秦始皇使用了近百万劳动力修筑长城，占全国人口的1/20，当时没有任何机械，全部劳动都得靠人力，而工作环境又是崇山峻岭、峭壁深壑，可以想象工程的艰巨程度。

万大军很快攻占高阙（今内蒙古乌拉特中后旗西南）、阴山（今内蒙古狼山）、北假（今内蒙古河套以北、阴山以南地区）等地，夺回河套地区，重新设置九原郡。秦始皇三十六年（公元前211年），始皇下令将内地人口3万户迁到北河（今内蒙古河套地区）、榆中（今内蒙古伊金霍洛旗以北地区）屯垦。

在军事的胜利之外，顾及到匈奴来去无踪的特点，始皇认为防止匈奴的南下侵扰同样重要，修建长城，便成为必要的军事防御措施。秦始皇命令蒙恬将以前秦、赵、燕三国的北部长城连接起来，根据"因地形，用险制塞"的方针，对三国长城加以修缮和连接，建成一条西起陇西郡临洮、东至辽东郡的长城，长5 000多公里。秦长城北边的一段，沿阴山山脉的狼山、乌拉山、大青山往东，经滦河上游直至辽东，位置在现在明长城的北边。这是一项对秦国的国内安全有举足轻重地位的军事布置："乃使蒙恬北筑长城而守藩篱，却匈奴七百余里，胡人不敢南下而牧马，士不敢弯弓而报怨"（《史记·蒙恬列传》）。

平百越

秦始皇的时代里，中国的东南沿海一带居住的人民被称为"越人"，因为他们分部众多，"有百之数"，所以被称为"百越"。百越大体分为东越（亦称东瓯或瓯越）、闽越、南越、西瓯等几个部分。东越居住在今浙江南部的瓯江流域，以温州一带为中心；闽越活动在以今福建福州为中心的地区，基本在福建境内；南越分布在今广东的南部、北部和西部地区，以及今越南的北部一带；西瓯的势力范围包括今广东的西南部和今广西的南部一带。

灭了六国，秦始皇深切地认识到，大秦帝国的版图如果添入了六国的土地，那还不能算得到了天下。远离中原，"无嫁娶礼法，各因淫好，无适对匹，不识父子之性、夫妇之道"（《后汉书·南蛮传》）的百越被纳入了他的视野。于是甫一建国，始皇就派了尉屠睢率50万大军南下攻打越族，当年就攻取东瓯和闽越，置闽中郡。

秦始皇是把攻打百越当做一件大事来办的，为此，他甚至动工无数，专门开凿了灵渠。灵渠是一条运河，如前所述，百越之地尽是山川沟壑，山高路险、河道纵横、瘴气弥漫，战事极为艰苦；更要命的是，在这样的地势中，军粮的运输极为困难。后勤补给跟不上。为了解决这个问题，秦始皇下令开凿灵渠，亦称兴安运河。先是在今兴安县东南筑起一道水坝，拦住湘江水，使之提高6米左右的水位，同时开凿一条总长34公里的运河，将两河及两江沟通起来。整个运河分南渠和北渠两部分，南渠连漓江，灵渠渠道穿行于丘陵地带，坡度大，水流急，行船困难。为了便于行船，运河采取迂回行进的办法，以延伸流程，减缓流速，利于平稳行船。此外，每隔一段路程，设置一个"陡门"，就是简单的船闸，可以启闭，以便分段拦蓄渠流，使水位逐段抬升或降下，以让船只安然过山。据说，这实际上就是现代的梯级船闸的设计方法。这30多公里的运河一部分利用了原有河道，另有4.5公里全部为人工开凿，工程浩大。大约在秦始皇二十八年（公元前219年），修凿工程完成，沟通湘、漓二水，联系长江与珠江两大水系，秦军后勤补给的问题彻底解决了，主力得以开赴前线，到秦始皇三十三年（公元前214年），经过苦战，秦军终于征服了南越和西瓯，统一了岭南地区。公元前213年，秦迁50万人到五岭以南戍边和开垦，和越人杂处。同时，在西南地区开通道路，设置官吏，加强统治。战时运送粮食的灵渠，此时就成为了沟通中原地区与岭南地区交通往来的便道；在以后的两千多年中，也一直充当着岭南与中原地区之间的水路交通要道。

焚书坑儒[1]

明代思想家李贽在《史纲评要》中曾经这样评论李斯关于焚书的上书："大是英雄之言，然下手太毒矣。当战国横议之后，势必至此。自是儒生千古一劫，埋怨不得李丞相、秦始皇也。"

这件事发生在公元前213年。《史记·李斯列传》记载："秦始皇三十四年，置酒咸阳宫。"这次在咸阳宫殿的盛大宴席邀请了几十位有名望有地位的博士参加。在宴会进行中，七十位博士上前向秦始皇献酒颂祝寿辞。仆射（博士长官）周青臣走上去歌功

[1] 秦始皇统一中国之后，采取以吏为师，钳制思想的姿态。而战国以来百家争鸣的社会风气，严重的阻碍了秦始皇对征服的原六国民众思想的统一，并威胁到了秦朝的统治。在此背景下，焚书、坑儒是秦始皇压制自由思想的两项重要措施。针对一些儒生引《诗》、《书》、百家语，以古非今，秦始皇接受李斯的建议，于公元前213年开始销毁非官方收藏书籍、法家以外的所有诸子百家的著作，史称"焚书"。次年，公元前212年，秦始皇为了进一步排除不同的政治思想和见解，在当时秦首都咸阳将四百六十余名儒士和方士坑杀，史称"坑儒"。"焚书坑儒"是中国历史一次重大的文化劫难，扼杀了春秋战国以来百家争鸣的自由风气。

颂德了一番，而歌功颂德的主题，正是把诸侯国改置为郡县的举措。这本来是君臣皆大欢喜的好事，可是博士齐人淳于越板着脸走上前，说周青臣这是当面阿谀，又再次提出分封子弟为王，派他们镇守地方。这一来皇帝龙颜大怒，深恨儒生迂阔，不懂得自己一人天下的苦心。丞相李斯在反驳了淳于越的观点之后，指出这些博士以古非今，其源头还是那些书籍，于是在中国历史上，就有了始皇焚书这样一件很不光彩的事情。

《史记·秦始皇本纪》记载："史官非秦纪皆烧之；非博士官所职，

天下敢有藏《诗》、《书》、百家语者，悉诣守、尉杂烧之。有敢偶语《诗》、《书》者弃市。以古非今者族，吏见知不举者与同罪。令下三十日不烧，黥为城旦。所不去者，医药卜筮种树之书。若欲有学法令，以吏为师。"根据太史公的记载，后人多认为，始皇所焚书最主要为六国史记（即其他国家的当代官书），其次为诗、书古文（即古代官书之流传民间者），还算不上反文明罪。比如钱穆先生就结合《史记》等多种史料细致分析道："焚书本起于议政冲突，博士淳于越称说《诗》、《书》，引据古典，主复封建，李斯极斥之，遂牵连而请焚书。李斯请史官'非秦纪皆烧之，非博士官所职，天下敢有藏《诗》、《书》、百家语者，悉诣守、尉杂烧之'。而又附禁令数项：一'敢偶语《诗》、《书》弃市'。二、'以古非今者族，吏见知不举与同罪'。三、'令下三十日不烧，黥为城旦'。可见当时重禁议政，轻禁挟书也。"钱穆还说："秦虽焚书，史官、博士官仍未废，著述亦未中辍。下迄汉惠。除挟书律，前后只23年。汉廷群臣，亦多涉学问，名人臣德，杂出其间。"总之，"焚书"多半还是雷声大、雨点小、检查也不太严格的事情。

这样的说法不无道理。毕竟，在东汉人班固写的《汉书》中，《艺文志》记载了各种书籍多达13 000多卷，这些书都是西汉初至宣帝多次奖励人们向中央进献之书，按照秦朝的诏令，应在焚毁之列。

至于坑儒，《史记·儒林列传》说得明白："及至秦之季世，焚《诗》、《书》，坑术士，六艺从此缺焉。"坑的自然多数是方士。这些方术之士被活埋，简直是活该。他们一天到晚在始皇面前喋喋不休，声称自己能找到长生不老的药物，拿了钱之后又逃之夭夭，甚至大骂秦始皇说："始皇为人，天性刚愎自用，起诸侯，并天下，意得欲从，以为自古莫及己。专任狱吏，狱吏得亲幸。博士虽七十人，特备员弗用。丞相诸大臣皆受成事，倚辨于上。

"焚书坑儒"

秦朝建立之初，社会文化仍延续着春秋战国时期的百家争鸣。秦始皇为了统一人民的思想，开始销毁除法家以外的所有诸子百家的著作，直至公元前206年秦朝灭亡，史称"焚书"。在焚书开始的第二年，即公元前212年，为了进一步排除不同的政治思想和见解，在秦首都咸阳将460余名儒士和方士坑杀，史称"坑儒"。

上乐以刑杀为威，天下畏罪持禄，莫敢尽忠。上不闻过而日骄，下慑伏谩欺以取容。……贪于权势至如此，未可为求仙药。"把自己找不来仙药归罪于秦始皇不配得到长生不老，完全把一代雄主玩弄于股掌之间。而根据顾颉刚先生的考证，政府中的不少儒生早就眼红方士们的平步青云，一早自动变节，装模作样干起了方士们的勾当，那就是所谓"方士化的儒生"。"他（秦始皇）把养着的儒生方士都发去审问，结果，把犯禁的460余人活葬在咸阳。当时儒生和方士是同等待遇，这件事又是方士闯下的祸，连累了儒生"（《秦汉的方士与儒生》）。这就是发生在公元前212年的坑儒事件。

不过，秦国在文化专制方面向来就有恶名，早在商鞅变法时就提出烧毁《诗》、《书》，厉行法治，禁止游说的措施。而为秦始皇深赏的韩非更进一步认为，不仅要用法规范人们的行动，还要严格限制人们的思想：不许看不应看的书，不许说不应说的话。所以，尽管"烟燎之毒，不及诸子"（《文心雕龙》），尽管"则知秦时未尝废儒，亦未尝聚天下之儒而尽坑之"（《史记志疑》），后世还是把焚书坑儒的总账算到了秦始皇头上，良有以也。

五次巡行

第一次巡游是在秦始皇二十七年（公元前220年），这次巡游是向西，到达陇西地区，然后返回咸阳。这是始皇一统天下的第二年，这次巡行，很有"家祭无忘告乃翁"的意义——当年秦代的祖先就是在这里开辟疆土、放眼世界的。

第二次巡游在秦始皇二十八年（公元前219年），这次是秦始皇第一次到东方，这次东巡，他在沿途的泰山、峄山、琅琊三次刻石。

第三次巡游是在公元前218年，还是前往东方。这次他又来到海边，登上芝罘山，眺望大海，命令李斯刻石留念。不过，这次巡行中发生了点事故：在博浪沙（今河南中牟县北），他险些被韩国贵族张良雇用的大力士刺杀。

第四次巡行是在公元前215年，目的地依然是东方。这是一次寻仙之访，始皇对神仙的向往已经到了不能自已的地步，甚至表示以后自称"真人"，不再称"朕"。

秦始皇三十七年（公元前210年），秦始皇决定，再次东巡。这一年，他已经50岁了。对好武尚勇的秦人而言，这并非高龄。可是这一次东巡，秦始皇就再也没有能回到故土：在返回咸阳的路上他就陷入了病危，始皇三十七年（公元前210年）七月丙寅日一代雄主秦始皇在沙丘平台（今河北广宗北）病故。

思心多端　那人那事

燕人美兮赵女佳

"燕赵多佳人，美者颜如玉"，说的正是秦始皇母亲的故乡。燕赵自古多豪杰，而邯郸自古出产美女、时兴歌舞，这是历史公认的。连司马迁都说邯郸女子多美貌，为倡优，鼓琴瑟，步履轻巧，游媚富人，或者入后宫为妃，遍布诸侯各国。后来汉文帝的慎夫人、尹姬，汉武帝的王夫人，汉文帝的窦皇后，汉武帝的钩弋赵婕妤，汉武帝的李夫人也都或是邯郸人，或是出生在那一片地区。

秦始皇的母亲赵姬，就是这样一位能歌善舞，艳绝邯郸，名闻赵国的豪家女儿。如果她不是那样地美到颠倒众生，恐怕她的一生就完全不是这样的写法了。据说，年轻时的她，是一代名臣吕不韦最爱的女人，差点为了她和嬴政的父亲翻脸；据说，嬴政的父亲为其绝世姿容倾倒，甚至不介意戴上绿帽子。"中宫之事，不可说也"，这并不是一个对权力有野心的女人，除了找的情人次了一点，也没有什么别的劣迹。人们注意到她，仅仅因为她是秦始皇的母亲，是与秦嬴政联系最为紧密的女人。

在秦始皇的轶闻中，似乎从来没有出现过什么暧昧的女子。虽然六国佳丽尽收入秦国后宫，那三千粉黛，从来没有机会点燃过他的澎湃热血。人们都说是因为她——是她，使得秦始皇对女人充满了嫌恶之情。

不管谁是他的父亲，他是知道自己的母亲的——那个女人，从来就不是贞节之人。她是他的母亲，却也是他的耻辱。

于是，当她的情人被正法之后，她被她的儿子驱逐出了家门。朝中的大臣觉得把太后赶出去幽禁在宫中终归不成体统，不免赶来纷纷劝谏，然而，凡是要为她说几句话的，一律格杀勿论——前后有 27 名大臣的尸体高垒于城门之下。其实，嬴政并不是一个不识大体的人，他也知道，刚刚亲政，就这样滥杀大臣，杀的还是忠臣，这对自己的形象很没有好处。可是他就是忍不住，他似乎要用别人鲜血来洗刷自己的耻辱，可惜那耻辱在鲜艳的血色背后，分外醒目。

还好有一位聪明的大臣茅焦冒死进谏了。这一回不同，他给嬴政讲的，不是道义上该怎么做，而是纯粹从利字出发，告诉他不该把太后幽禁在雍邑："车裂假父，有嫉妒之心；囊扑两弟，有不慈之名；迁母咸阳，有不孝之行；蒺藜谏士，有桀纣之治！"告诫他一旦这样的恶名播于天下，人心叛离，一统之业可就遥遥无期了。这一番话点亮了始皇的眼睛。他还是恨她，不错，可是，她毕竟还是他手中的一枚棋子，用得好，还能表现自己的容人之量。于是他接回了她。

过了很多年，他表彰了巴蜀寡妇清。太史公说："蜀寡妇清：其先得丹穴，而擅其利数世，家亦不訾。清，寡妇也。能守其业，用财自卫，不见侵犯。秦皇帝以为贞妇而客之，为筑女怀清台。"在为一个陌生的寡妇的贞节树碑的那一刻，他想到的一定是自己的母亲，虽然那无地自容的往事已经随着自己的尊荣永远不再被提起，可是，在心头留下的创伤却是永恒的，他不再相信女人、不再有爱的能力。

千金散尽竟成空

对吕不韦的评价，历史上似乎从来不算公道：他的故事被浓缩为"商人谋国"四个字。

虽然没有人否认他的政治才华和他的生意眼光一样出色，虽然没有人怀疑他对秦国忠心耿耿、堪比屈原。

其实，即使不做那一笔一本万利的生意，他本来就算得一个富人。作为阳翟（今河南禹州）的首富，他往来各地，低买高卖，积累起千金的家产……但是历史没有假设，也不能重来。

在送秦始皇的父亲回到秦国之前，他的处境委实危险：一旦被发现自己的企图，那就是叛国罪啊！从锦衣玉食的豪富立即就会沦落到缺衣少食的阶下囚，不要说赔上了家产，更搭上了一家老少的性命。

把人质送回了秦国，他的地位改变了，他也没有要求人家履行"必如君策，请得分秦国与君共之"的诺言。能让他在秦国的朝政中有一席之地，他就满足了。而他的执政地位，也绝对不是尸位素餐。根据历史学家的研究："吕不韦先后执政十二年……先灭亡东周建三川郡；又攻取韩、赵两国之地，建立上党郡与太原郡；更攻取魏之东地，建立东郡，使秦之领土向东伸展，与齐接界，切断赵与韩、魏之联系，造成包围三晋之形势。秦为尚首功之国，当以斩首数目作为其战胜之标志，动辄以万计，先后所杀三晋及楚之民数百万。秦昭王时白起为将，斩首最多。是时（吕不韦执政时）战争之最大变化在于所攻占之城邑甚多，如庄襄王二年蒙骜击赵榆次等三十七城，秦王政三年蒙骜攻取韩十三城，五年蒙骜攻取魏二十五城，皆无斩首之记录。唯有秦王政二年麃公攻卷斩首三万之记录，而此后麃公未见统军作战。盖三晋已丧失战斗力，望风而逃，因而杀伤较少，同时亦当与吕氏宾客鼓吹以'义兵''诛暴君'有关。"（杨宽《战国史料编年辑证》）

要说享受，做一个商人一定要比做一个政治家幸福得多。弱肉强食的战国时代，稍一不慎，全盘皆输，要承受的心理负担不可谓不大。不过，那当然也是一个有趣的游戏：一言九鼎的威严、整顿山河的谋略、用兵征战的刺激，还有，看着梦想一步一步实现的成就感。他已经忘了秦国并非自己的故乡，他已经忘了自己的初衷不过是谋利而已，他更忘了自己在强大的秦国，不过是一个外人。

于是，当他看着长大的秦王嬴政写信责以"君何功于秦？秦封君河南，食十万户。君何亲于秦？号称仲父。其与家属徙处蜀！"的时候，他终于崩溃了。除了给太后拉皮条那件事做得委实不光彩——但那也是没办法啊，谁让他年轻时的那笔荒唐债始终未了呢——其他的事，他自问于心无愧。一切的算计从来没有落空过，一切的谋划都顺利得有如神助……直到最后，当他忘记这一切的只是一场为了牟取利益的游戏之后，"筹策既成，富贵斯取"，他才发现自己玩得太过投入，以致手里没有留下那张王牌。

很多人说，吕不韦死的那会儿，他还是有机会翻本的，可是他没有以此来证明他是对嬴政怀着父子之情。这也许是真的，如果不考虑到在政治斗争中父子骨肉相残的累累案底的话，我宁可把这看做吕不韦的本性：自始至终，他只是一个商人，压上身家性命的事情，商人很少去做。

咸阳市中叹黄犬

李斯曾经只是楚国上蔡郡里做看守粮仓的小文书，上蔡郡是一个小城，不过生活还是过得优哉游哉的。李斯最大的爱好就是牵着自家的黄狗，带着年幼的儿子，出上蔡东门，到野外追逐狡兔。在他功成名就之后，他很为自己当初的那点儿出息感到难为情：大丈夫在世，原来就该以建功立名为自己的爱好嘛。可是他没有想到，当荣华富贵成为幻影，自己和儿子的生命被断送在残酷的政治斗争中的那一天，他最大的梦想，竟然还是回到当初：如果黄狗没有老死，如果儿子没有长大，如果自己还是可以左手牵着黄狗、右手牵着儿子，出上蔡东门，到野外追逐狡兔，那该多好。

李斯从来就不是没有抱负的人，而最早给予他

李 斯

李斯（公元前 280—前 208 年），战国时楚国上蔡人，著名思想家荀卿的弟子。后辅助秦始皇统一六国，官至丞相，定郡县之制，下令焚书坑儒，以小篆为标准统一文字。李斯是中国书法史上有记载的第一个创新者，传为他书写的刻石有《泰山封山刻石》、《琅琊刻石》和《峄山刻石》、《会稽刻石》等。秦始皇死后，为赵高所嫉，秦二世二年被腰斩于咸阳闹市，并夷三族。

启发的，竟然是老鼠。那一次，他去粮仓办事，发现那里的老鼠一个个都长得胖墩墩的，也不避人，一副自得其乐的派头；联想到在厕所里见过的老鼠，那待遇可是天差地别。此情此景，给了他极大的触动，百感交集之下，他感慨道："人之贤不肖譬如鼠矣，在所自处耳！"是的，环境造人哪——君不见，看神雕，最后一堆人在华山之巅看到一堆江湖人士争取天下第一的名头，可是武功还远远不如大小武或者郭芙。这时候四处抬眼一望，东邪西狂南僧北侠中顽童大家通通沾亲带故，就连小圈子的外围譬如耶律齐什么的也都是叱咤风云的大人物了。当李斯认识到"小圈子要认对，要入得早"的道理之后，他立即就行动了。他告诉自己的老师和师兄弟们：这个风云变幻的时代正是我们这些人能大展拳脚的舞台啊，我要去秦国一施抱负啦！

　　他辞别了他的老师荀卿。荀卿老先生问他："你是楚人，为何不为楚国效劳呢？"他回答道："楚国连您都不用，何况我这样一个无名小子！"

　　他辞别了情同手足的师弟韩非。韩非贵为韩国公子，他力邀李斯和自己共赴韩国，李斯也谢绝了他的好意，若跟着韩非，也许在官场上的路会好走得多。

　　这时候的李斯，头脑已经非常清楚：人择明主鸟择高枝，楚国连荀卿这样的高级人才都不用，可见朝政好不到哪里去；韩国实在太小，把自己的前途和这么个小国家绑在一起，绝非明智之举。而强大的秦国，非但是七个国家中最有前途的强者，更重要的是，那是一个崇尚传奇的国度。他听说过前朝丞相范雎，原先也不过是一个庶民出身的魏国小吏，久处卑贱之位、困苦之地，可是他有才华，照样能抓住机遇，在秦国封侯拜相，做下了一番伐魏破赵、攻韩掠燕、威震楚齐的传世事业，那才是大丈夫的所作所为啊！

　　于是他义无反顾地去了秦国，并且，真的做到了一人之下、万人之上。他是有这个实力的：早在李斯尚未成为客卿之前，他便以擅长法律而闻名，史载，秦法繁密，20世纪出土的《睡虎地秦墓竹简》确实可以让我们依稀想象秦法当年的规模，可谓是"文书盈于几阁，典者不能遍睹"。而在整个秦国，李斯是最精通大秦法律的人。此外，他还写得一手气势磅礴的好文章，并且亲自主持了统一文字的繁重工作，废除异体字，简化字形，整理部首，秦篆故称斯篆。据《史记·秦始皇本纪》所载，秦始皇称帝后五次出巡，先后留下泰山、峄山、琅琊、芝罘、碣石、会稽六处七篇刻石，皆为李斯所书。

　　但是，从一介小吏扶摇直上的李斯，到底缺乏读书人应有的清介气概。于是我们看到了这样一幕：秦始皇驾崩之后，当宦官赵高怀着私心，想立与自己关系密切年幼无知糊涂的胡亥为帝的历史关头，李斯竟然忘记了身为朝廷重臣的起码职责,与赵高狼狈为奸,共同扶胡亥上台,搞得宗室震荡,人人自危,直到自己也落得一个腰斩咸阳、夷灭三族的下场。

当囚车碾过黄土地的时候,李斯抬头仰望苍天,是悔不当初,还是恨不早死?反正,他幽幽长叹道:"吾欲与若复牵黄犬俱出上蔡东门逐狡兔,岂可得乎!"那一声叹息,搅乱了无数后来读书人的心肠。当读书人怀着"君子疾没世而名不称焉"的雄心壮志出去闯一番事业的时候,他们并不知道政治是一双红舞鞋,一旦穿上,就一定会舞到筋疲力尽、丧尽精魄。于是那一声叹息,在中国的历史上激起的是回声、是涟漪、是无数前仆后继的相似故事。

一剑霜寒十四洲

荆轲之名,莫不响亮,其刺秦王一事,见于戏剧、诗歌等多种形式,在民间广为流传。

荆轲姓庆,本是齐国庆氏的后裔,也算是贵族出身了。战国时的贵族,无不受过读书击剑的良好训练,他自然也不例外。后来迁徙入卫,改姓"贺",最后入燕,始改姓"荆"。战国的时候,奇人异士多隐于市井杀猪屠狗之辈,就在这凡夫走卒中,燕太子丹找到了荆轲。以后的故事人尽皆知:引荐荆轲的田光,为了表示自己绝不泄密的决心,饮剑自杀了;躲在燕国的秦国逃将樊於期,为了让荆轲获取一见秦王的机会,也饮剑自杀了。而燕太子丹则对荆轲百般款待,以至于有割千里马之肝、奉美人之手的故事。背负着一个国家孤注一掷的希望,背负着知己好友以生命托付的瞩望,备上剧毒无比的徐夫人匕首,荆轲以奉献樊於期首级为名,出使秦国。好友高渐离在易水畔为他击筑送行,荆轲唱道:"风萧萧兮易水寒,壮士一去兮不复还。"那是英雄的绝命辞调,闻者流泪。

来到秦国后,荆轲以进奉地图为名接近了秦王嬴政,"图穷匕现",取出藏在地图中的匕首刺杀秦王。可惜,刺杀秦始皇的行动失败了,荆轲也没能活着回来,这

荆轲刺秦王　画像砖

秦王重用尉缭,一心想统一中原,不断向各国进攻。他拆散了燕国和赵国的联盟,使燕国丢了好几座城。燕国的太子丹一心要替燕国报仇,把燕国的命运寄托在刺客身上,找寻能刺秦王政的人——荆轲。他带着秦将樊於期头和督亢的地图去献给秦王,伺机刺杀嬴政,不料最后关头秦王逃脱,荆轲被杀。

几乎是预料中的事情。然而，还有下文。荆轲死了之后，高渐离隐姓埋名，藏在宋子县一个富人的家里当帮佣。有一次，他偶然拿起筑，表演了一曲，技惊四座，消息传到了秦始皇那里，始皇传他进宫表演。秦始皇知道高渐离是荆轲的好朋友，于是让人弄瞎他的双眼，才让他进宫演奏。可是，高渐离的筑中空灌铅，是乐器，也是武器。他在演奏中奋起击打秦王，一个瞎子，面对满朝文武，当然成不了大事，不过，这件事在秦始皇心中还是留下了阴影："遂诛高渐离,终身不复近诸侯之人。"

或许以一人之力对抗大秦帝国，无异于以卵击石、自取其亡，可是，在中国文化史上，意义却不在于此。陶渊明的《咏荆轲》写道："燕丹善养士，志在报强嬴。招集百夫良，岁暮得荆卿。君子死知己，提剑出燕京。素骥鸣广陌，慷慨送我行。雄发指危冠，猛气充长缨。饮饯易水上，四座列群英。渐离击悲筑，宋意唱高声。萧萧哀风逝，淡淡寒波生。商音更流涕，羽奏壮士惊。心知去不归，且有后世名。登车何时顾，飞盖入秦庭。凌厉越万里，逶迤过千城。图穷事自至，豪主正怔营。惜哉剑术疏，奇功遂不成。其人虽已没，千载有余情。"

梁启超对秦始皇历史功过的总评价是："秦始皇宁为中国之雄，求诸世界，见亦罕矣。其武功煜耀众所则共知不必论，其政治所设施，多有皋牢百代之概。秦之政书，无传于后，而可藉汉以窥之。汉高起草泽，百事草创，未遑制作。文景谦让，不改其度。故汉制什九皆秦制,绅绎《汉书》表、志可见也。夫汉制虽非尽善美乎，而治两千年来之中国，良未易出其范围，后世所改，率每况愈下，则始皇可厚非乎哉！其所短者，主有意力，强过乎度。狃于成功，谓君权万能，天下万事万物，可以随吾意所欲变置之。含生之侪，悉吾械器，骄盈之极，流为侈汰，专恣之余，重以忌刻。此其所以败也！"此论秦始皇在武功上和创建制度的规模上都不失为盖世之雄主，而其失败在于他的品德：奢侈、专制、忌刻。

其实，秦始皇的成败，简单地从人品来分析，还是有失偏颇的。

他的成功不是他一个人的功劳：秦国历代君王下葬，都面向东方；可以说，这个地处西陲、与戎狄杂处的国家，自始至终没有放弃过逐鹿中原的梦想。

而他的失败，亦不能由他一个人承担所有的责任。在文化上，秦国历代君王都不甚重视，最能打动秦国国君的，并非传之后世的绵长德泽，而是立竿见影的成效立见；在用人上，秦代历代君王都是不问品格，但求能力的功利主义者，以利益说之、以功用动之，是百试百灵的法宝。在推翻秦朝的呼声风起云涌的时候，多有儒生的参与，连孔子的后人十世孙孔鲋都加入了起义的队伍，无他，只因这个皇朝的性格太不符合读书人的想象了。

韩信灭齐之战要图

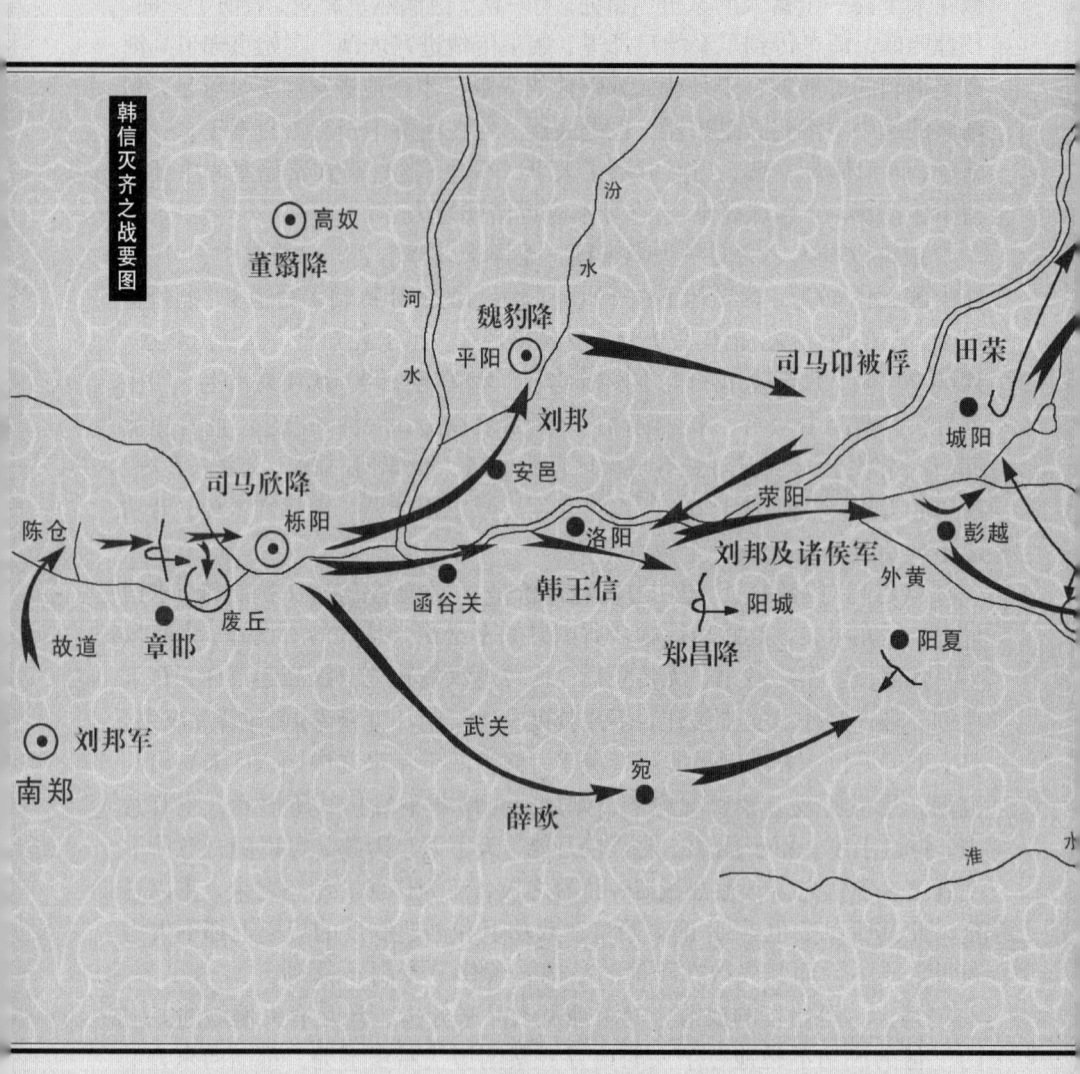

汉高祖·刘邦

公元前256—前195年

刘邦是中国历史上第一个起自下层民间的皇帝，他响应陈胜、吴广起义，首先攻入关中，推翻秦朝。然而，当击败秦军主力的项羽来到关中的时候，居于劣势的他不得不忍痛退出关中，屈辱地接受项羽的分封，被困于蜀地。但刘邦并未停息帝王梦，广招天下贤士，重用韩信为统帅，后挥军北上，揭开了长达四年的楚汉战争，最终以弱胜强，打败项羽，建立汉朝。

刘邦曾经亲率大军抗击匈奴，企图扭转遭受北方游牧民族沉重压力的局面，却吃了败仗。这位打下天下的皇帝，并没有多大的军事才干，故韩信曾评价他只能统率十万之军，多则不可，却极善于统率将领。知人善任确实是刘邦的特长，在中国屈指可数的草根皇帝中，刘邦胸怀最为宽广，他确立汉朝『无为而治』的国策，与秦朝的苛政恰成鲜明对照，成为中国历史上一个繁荣而长久的王朝。

秦末起事　叱咤风云

泗水亭长

　　中国南北以淮河分界，淮河中下游北至黄河的大片土地介乎南北之间，说是北方，却水网交错，河曲桥弯，春来一派江南秀色；说是南方，却北风飞雪，烈酒块肉，冬季时遍地中原气象。这南来北往的中间地带，熔南北文化于一炉，此地之人高大威武，一身豪气，内里却不乏南方人的灵秀和缜密，刘邦便是诞生于此。

　　沛县东面是与山东相连的微山湖，为南北交通要道。秦朝的官道从这里通过，后来的南北大运河也从它身边流淌。官道旁设亭，人来人往，好不热闹。

　　秦始皇建立秦朝以来，以咸阳为中心，修筑了通往各地的官道，沿着大路，每十里修建一座亭楼，确保交通与政令的畅通。亭楼承担着驿站的功能，中央号令飞驰而至，传信人在此换马饮水，绝尘而去。平日里，它也供行人停留食宿，四方来客，贩运货物，也带来各地消息。官方的、民间的，各种消息都在这里汇集，这亭又像是千里眼、顺风耳。官府当然知道亭的重要，所以委派专人当亭长，不但要确保国家政令和交通顺畅，还要承担管理当地治安捕盗的任务，为中央监视各地，维持地方安定。

　　泗上亭长便姓刘名邦。父亲太公是个老实人，母亲刘媪却好走动，山林乡里，走门串户，把身孕都给走出来了，回来告诉太公说是在大泽边酣睡，梦见神人，两相交欢，便有了身孕。据说太公曾经去探视过，只见到蛟龙覆于刘媪之上，以为神异。不久，刘媪生下孩子，长大后面相威严，额头高耸，一脸胡须，块头不小，不但相貌不像太公，为人处事更不像。他从小游手好闲，不事生产，后贪酒好色，干不了农活，只好去碰碰运气，试试能不能当个小吏。没想到还真被录用了，当了泗水亭长。

　　刘邦当了亭长，闲来无事，与乡里三教九流一同玩耍，结交一班朋友，一起吹牛豪饮，欠下酒债，据说债主在他睡觉时去讨债，仿佛看到一条大龙附在他身上，赶忙把债给消了。这恐怕是后来附会上去的，大概他善赖，人家拿他无可奈何。

　　刘邦在亭里的日子优游自在，但他还满脑子做梦。有一次，他当差到首都咸阳，看到秦始皇的浩大队列，羡慕不已，说道："大丈夫当如此！"

不久，乡里来了一个有名的人物，人称吕公，沛中的豪杰都涌去会他，他乘机摆起架子，让跟班在大堂门口收见面礼，交一千钱的可以入座，不然就请坐在堂下。刘邦本是好事之徒，岂有不来之理。但他连酒钱都要赖，哪来一千钱呢？但他浑然不当回事，大摇大摆地走将近来，口称献贺钱一万，一下把跟班给镇住了。

刘邦走了进去，本在堂上高高踞坐的吕公一见他来，大惊而起，三两步赶到门前迎接，在一旁的萧何十分诧异，好不高傲的吕公怎么会对刘邦这无赖如此恭敬呢？于是萧何拉着吕公说道："这家伙好吹牛，难得见他办成一件事。"吕公连忙道："你不知道，我相人多了，从没见到这般好相貌的。"吕公把刘邦让入上座，恭维一番，客散后，还特地请刘邦留下，把自己心爱的女儿也许给了刘邦。刘邦得意而去，却急坏了吕母，指着吕公大骂。吕公却回道："女人家，哪懂得天机。"

揭竿而起

人说"苛政猛于虎"。老百姓要是遇上雄心勃勃且又缺乏怜悯心的君主，日子就不好过了，哪怕是乡村小吏，也战战兢兢，差事不断，稍不小心不但丢了饭碗，连脑袋都难保。

这样的厄运说来就来，刘邦接到押送丁夫到郦山的任务。谁也没想到这一生死茫茫的行路，竟然彻底改变了刘邦的命运。

秦始皇大兴土木，从造长城到建宫殿、修陵墓，没完没了。工程时间紧，军吏驱逼严酷，能从工地活着回来的就算幸运了。所以，被征调的丁夫一路逃跑，刘邦暗自思索，就算能把残存的丁夫押解到工地，自己也会因为失职而难免一死。于是次日，他把丁夫召集起来，大家痛饮一场，然后对大家说道："大家都走吧，我也逃亡去了"。

刘邦如此义气，丁夫也被打动了，当下就有十几个人愿意追随刘

吕公相面　白描

吕公，即汉高后的父亲。相传他和沛县县令是故交，举家迁至沛县后偶遇刘邦，吕公以刘邦具有贵不可言之面相而将自己的女儿（即高后）许配给当时还只是一亭长的刘邦。本图所表现的就是吕公为刘邦相面的情形。

邦。于是，他们一同逃往水泽，仓皇赶路。不料一条大蛇拦在路中，昂首吐舌，刘邦不禁大怒，仗着酒气，拔出剑来，上前将白蛇的脑袋给劈了下来。这件事后来传了出去，白蛇被附会为白帝子，被赤帝子所斩，成为刘邦负天命下凡来改朝换代的吉兆。传得绘声绘色，便有了"高祖仗剑斩白蛇"的戏剧故事。

其实，当时像刘邦这种被迫造反的事例多如牛毛。最著名的就是陈胜、吴广起义，这两位豪杰揭竿而起，天下响应，拉开了波澜壮阔的推翻专制暴政大起义的序幕。

战国时代，秦国是处于西北的落后国家，几代国王励精图治，特别是大批任用来自东部的人才担任高官，采用直接控制社会，掌握土地等各种资源的办法，彻底改变了以前的层层封建制度。这种集中全社会资源为国家服务的办法，使得秦国建立起一支强大的军队、严格的社会管理体制，国王号令，下面无不闻风而动，雷厉风行，警察如狼，军队似虎，对内对外，所向无敌。到秦始皇时代，这位有吞并海内雄心的君王，开始了兼并六国的战争，并且在不长的时间内实现了，从此中国出现了以郡县制为基础的统一的中央专制国家。

用军事体制和行政命令的办法管理社会，形成习惯，便成为高度的专制。对于独裁者而言，愚民是维持统治的好办法。要做到这一点，就必须严厉镇压不同政见者，禁锢思想，归于一尊。所以，秦始皇命"焚书坑儒"，把国内的儒生坑杀殆尽，除了医学农艺等几个特定种类的书籍以外，其余书籍一概付之一炬。完成对思想的禁锢，统治者听不到反对的声音，更加肆无忌惮地役使民力，任意征调农民建造各种大型工程。农村靠天吃饭，一旦误了农时，春耕秋收赶不上趟，农民就一年衣食无着。但是，各级秦朝官吏为了完成国家任务和取得政绩，哪里顾得上农民的死活，任意征发劳役。而且，秦朝的法律极其严苛，稍有触犯，马上遭到严刑。从上到下的专制统治，造成农村社会的破产。只要有人领头一呼，遍地随即响应，这就是为什么陈胜、吴广一挑头，全国各地纷纷揭竿而起的原因。

沛县的县令看形势不对，也想投机响应陈胜、吴广，其左右手萧何和曹参劝他不要盲动，毕竟县里的士卒都

项羽

项羽（公元前232—前202年），名籍，字羽，楚国名将项燕之孙，世称"西楚霸王"。项羽早年随其叔父项梁在吴中举兵，巨鹿之战后，项羽确立了他在各诸侯中的领袖地位。秦灭后，项羽建立西楚，自称霸王。但项羽未及时消灭刘邦，这也是他一生中最大的败笔。公元前206年，汉将韩信明修栈道，暗度陈仓，出击西楚。至公元前202年，刘邦与项羽苦战4年，项羽最终大败于垓下，自刎于乌江。

是秦兵，怎能用他们来反秦呢？所以，他们两人献上一计，召集流亡啸聚的沛县人回来，再裹胁士卒，不愁大事不成。

就这样，刘邦从水泽回来了。他杀掉了中途反悔抗拒的县令，占领了沛县，被推为首领，号沛公，以萧何与曹参为谋臣，屠狗出身的樊哙为将，构成刘邦集团的最初班底。

在沛县不远的地方，有一支闻名的起义武装，由原来楚国贵族项梁领导，名闻遐迩。项梁文韬武略，手下更有一员虎将项羽，是他的侄子。项羽孔武有力，项梁叫他读书，他看不起文化，只得作罢；教他习剑，他嫌尺剑不足以横扫千军，仗着一身气力和虎胆，就想力敌万人。显然，此为一员猛将，而不是可以统御全局的领袖，没有历史的智慧和远见。项羽和叔父在会稽遇到秦始皇巡视各地的浩大队伍时，竟脱口而出，对项梁道："你可以取而代之！"吓得项梁赶忙掩住其口，害怕被秦朝耳目听到，招来杀身之祸。显然，项羽和刘邦一样，都是不安于本分、野心勃勃的人物，只是他们年龄相差甚大，项羽年轻气盛，血气方刚，而刘邦已成年，老谋深算。

刘邦得知项梁的队伍相距不远，便前去相投。不久，传来了陈胜兵败身亡的消息，反秦起义遭受重大挫折。但是，项梁不惧危难，坚持高举起义大旗，他另立楚王后裔为楚怀王，自号武信君，东征西讨，连战皆捷，使得东南反秦形势大有起色。连连获胜的战绩，使项梁看不起秦军，不由得骄傲起来，麻痹大意，结果遭到秦朝名将章邯突袭，死于阵中。

章邯杀了项梁，以为东南不足为患，便率部北上，镇压赵国起义军，将他们包围于巨鹿城❶中。赵军向楚怀王求救，楚怀王任命宋义为上将军，项羽为次将，范增为末将，率领主力部队驰往解救；同时任命刘邦向西发展，牵制秦军，一路攻城略地。

❶ 秦朝末年，赵王歇被20万秦军围困在巨鹿（今河北平乡西南），派使者向楚怀王求援。项羽为报秦军杀父之仇主动请缨，被楚怀王封为上将军，率军五万以解巨鹿之困。项羽先派遣部将率领两万军队切断秦军运粮通道，然后亲率全部主力渡河，并下令全军将士破釜沉舟，每人只携带三天的干粮，以示决一死战之决心。楚军奋勇死战，大败秦军。巨鹿之困因而得解，而从巨鹿之战开始，项羽实际上成了各路反秦军队的首领。

楚怀王和各路豪杰立约，谁先打入关中推翻秦朝，就推举他为大王。而后，众将分别统兵迎战秦军。

宋义率部开赴巨鹿，走到安阳，就驻留不前。原来，宋义害怕章邯，不敢正面与之对阵，想让赵军与秦军拼得两败俱伤，他再捡现成的便宜。当时各地增援赵军的义军将领，全都作如是想，所以都远远地安营扎寨，深沟壁垒，看着秦军攻打赵军。项羽急了，认为用兵之道在于神速，应该一鼓作气攻击秦军，与城内的赵军里外夹击，才有胜算；一旦让凶猛的秦军攻破城池，再乘胜回头攻击增援部队，各个击破，则大势去矣。于是项羽力劝宋义出兵，宋义不听，两人争持不下，项羽一怒之下，斩了宋义，割下首级，一番慷慨激昂话语之后，号令全军，浩浩荡荡乘船渡河。

面对强大的秦军，项羽心里清楚，只有拼死力战，才有一线胜机。他传令三军，埋了饭锅，只带三天的粮食，一过河就把船只都凿沉了，此即"破釜沉舟"，以示必死的决心。战士们都知道不胜即死，于是高喊着冲向秦军，如同山崩地裂、堤溃水决，不但把秦军镇住了，也把周围安营扎寨的友军看呆了。他们纷纷跑上城头，看着项羽率领的大军排山倒海地压向秦军，一连九战，搴旗斩将，把秦军打得落花流水。秦军主帅章邯打了大败仗，遭到秦二世和赵高的猜疑，进退两难，干脆投降项羽，秦军主力彻底瓦解。

项羽一战扭转乾坤，顿时八面威风。各路援军将领赶忙前来拜见，一进入辕门，不由得跪了下去，膝行而前，莫敢仰视。项羽高高坐在中军帐内，有如战神。众人共尊项羽为诸侯上将军，尔后项羽便率众军开往秦朝都城咸阳。

项羽在同秦军主力生死搏斗的同时，刘邦根据分兵攻秦的战略，向西进发。这一路本是牵制秦军，侧应正面战场。可是，由于秦军主力都被项羽吸引过去了，反而成就了刘邦。一路上，他遭遇的秦军都据城自保。刘邦攻了几处，勉强打了几个胜仗，但也没少吃败仗，磕磕碰碰，进入河南，在洛阳城下攻坚不利，转向南阳，南阳太守退保宛城。刘邦急着挺进关中称王，企图率部绕过宛城，直扑关中。谋臣张良谏阻道："我知道您急于进入关中，但是，各地秦军还不少，绕过宛城，前面有强大的秦军，后面有宛城守军抄后路，十分危险哪！"刘邦率兵打仗不行，但善于寻求贤臣良将，采纳合理意见。因此，听了张良一席话，刘邦抑制住入关称王的冲动，整兵布阵，把宛城围得严严实实，下决心打一场硬仗。

宛城守将一看这架势，内心忧惧，怕守不住了，抽刀便欲自刎。其部下陈恢连忙拉住他说："路还未绝，不必急着寻死。"

陈恢是个能言善道的人，他出城来到刘邦帐中，对刘邦说道："我知道您想早日进入关中称王，又不敢绕过宛城，怕被断了后路。宛城里人多粮足，城墙坚固，一时也打不下来。您若拼死攻城，就会失去早入关中的机会，眼看着别人称王，进退两难。我给您筹划，您的上策是招降城内守军，留下其将继续守城，得其兵卒西进，沿途各城见您如此招抚降军，必会开门迎纳，您便可以畅通无阻。"

刘邦一听大妙，当场就封南阳太守为殷侯，封陈恢千户。果然如陈恢所料，刘邦部一路未遇抵抗，反而招降了许多秦军，顺顺当当来到武关前面。秦朝在各地一败涂地，朝中窃取权力的赵高，干脆杀了秦二世，另立子婴，派人要同刘邦约分割关中，各自为王。刘邦自不会答应这个条件，同奄奄一息的秦朝讲和。但他也不想一味强攻，而是采用张良的计谋，派郦生和陆贾游说秦将，许以厚利，麻痹引诱他们，然后发起突袭，攻占武关，打开了关中的大门，接着与秦军会战于蓝田南面。刘邦命部下广立旗帜，布置疑兵，严明纪律，对百姓秋毫无犯，结果动摇了秦军的斗志，赢得关中民众的欢迎，一举战胜秦军，进入咸阳，拔得入关中的头筹。

和项羽相比，刘邦的胜利来得确实容易，甚至有点讨巧。一来他利用项羽同秦朝主力拼死决战的机会，乘虚而入；二来采用了招降纳叛的办法，大大减少了进军的阻力。在项羽眼里，这样的胜利恐怕不见得光彩。

然而，从其过程来看，还是可以看出刘邦具有项羽所缺乏的领袖素质：第一，他能够听进意见，集思广益，甚至改正自己的错误，采用正确的意见，做到这一点并不容易，经常保持虚心的态度，就能少犯错误；第二，刘邦善于团结人，号召众人反秦，对于投降者不加歧视，一视同仁，最大限度团结可以团结的人，壮大自己的队伍。刘邦最后能够战胜项羽，主要靠的就是这两点。

鸿门宴

公元前206年，刘邦从霸上进入咸阳，秦朝末代皇帝子婴乘坐白色的车马，脖子套上带子，手捧皇帝玉玺在道旁请降。众将要杀子婴，刘邦忙加以制止，以示义军的宽大。

刘邦当年的梦想实现了，踏上秦朝的宝座，是何等风光！他本想在富丽堂皇的宫殿内住下，被张良和樊哙劝阻，于是让部下把秦朝府库都封上，率部退回霸上驻扎。刘邦召集关中父老豪杰，对他们慷慨宣言："父老乡亲忍受秦朝暴政，盼望有出头之日。今天，这个愿

汉高祖入关图　绢本设色　宋代

公元前206年，刘邦率大军攻入关中，秦王子婴向刘邦投降。刘邦进咸阳后，下令封闭王宫，并留下少数士兵保护王宫和库房，随即还军霸上，换取民心。刘邦还约法三章，即杀人者要处死，伤人者要抵罪，盗窃者也要判罪。百姓纷纷取来酒食慰劳刘邦的军队。由于坚决执行约法三章，刘邦得到了百姓的信任和支持，最后取得天下，建立了西汉王朝。

望终于实现了。我要破除秦朝的苛法,废除诽谤、耳语等罪。还要和你们约法三章,杀人者偿命,伤人者以及盗窃者法办。其他秦朝苛法统统废除。当年楚怀王和天下英雄相约,谁先进入关中,谁称王。现在我先进入关中,所以,我应当称王。我来这里是为民除害的,而不是来侵害大家,你们都不要害怕。我现在把军队退到城外霸上,就是要等各路英雄到来,共相誓约。"

刘邦一席话,说得入情入理,特别是约束军队,秋毫无犯,深得关中民心,百姓都希望他能早日登基。刘邦手下的人当然也盼着这一天,打了这么多的仗,就为封官受赏,享受清福。所以,有人去劝刘邦说:"秦地财富十倍于天下,地形易守难攻。听说项羽收服了章邯,自称雍王,谁都知道雍就是关中,所以,他明显就是要来抢夺天下。我们应该派兵把守函谷关,不让项羽统率的诸侯军队进来,同时在关中征兵,加强自己。"

刘邦心里更想称王了,所以依计而行。这时,项羽统率的雄兵来到关中,叩关门欲入,不料早已有兵卒把守,被拒之门外。一打听,是刘邦的部队,趁他们与秦军生死搏斗时抄后路捡了一个大便宜,一时怒火中烧,让部将黥布发起进攻,拿下关口,推进到咸阳城外,安下营盘。

项羽势大,麾下尽是虎狼将士,刘邦的部下有不少却是投机起义,无非想混个锦绣前程,见势不妙,有人就打起改换门庭的主意,更恶劣者则当起叛徒,卖主求荣。刘邦的左司马❶曹无伤派人偷偷向项羽告密:"刘邦打算在关中称王,让秦降帝子婴当宰相,尽享秦宫珍宝。"

项羽的谋臣范增也看出刘邦并非泛泛之辈,积极对项羽劝说到:"刘邦原是个贪财好色之徒,进据关中,竟然不取秦宫一物,也没弄几个美女,可见其志不小,必须尽快除去。"

❶ 西周始置此职,与司徒、司空并称"三有司",司马主军事,统率军队出征,并可参加周王册命典礼。战国时,司马成为掌管军政、军赋的副官。西汉时,把秦时的丞相、御史大夫、太尉改名为大司徒、大司空、大司马,亦称"三公"。隋唐时,以司马为州郡太守的属官,无具体职任,品高俸厚,多用以优待宗室或安置闲散官员等。

于是,项羽下了决心,传令三军,三更吃饭,进击刘邦。当时,项羽有40万大军,号称百万,而刘邦只有10万士卒,双方不但数量悬殊,战斗力亦不在一个档次上。

然而,刘邦似乎命不该绝,竟有项羽阵营的重要将领前来通风报信。原来,项羽叔父项伯,同张良是多年老友。项伯年轻时曾经杀人,被张良所救。因此,他听到项羽的命令,就想到了张良,星夜驰入刘邦营中,招呼张良随他离去。张良问其缘故,他便将实情相告。张良心头暗惊,回答道:"沛公有难,我悄悄离去,太不讲义气了。让我同他告别一下。"

张良奔入刘邦帐内,把项伯带来的情报告诉刘邦。刘邦大惊失色,连声问道："怎么办？"张良反问刘邦："大王您的士卒能抵挡得了项王吗？"刘邦沉吟道："抵挡不住，如何？"张良便献计道："那就劳驾大王出去见项伯，请他转告项王您不敢背叛项王吧。"刘邦问道："你和项伯是如何认识的，你们谁年长？"

张良把自己同项伯的交情禀报，告知项伯年长。刘邦便让张良请项伯到帐内相见，以兄长之礼相待，亲自捧酒为项伯祝寿，然后诉道："我进入关中以来，秋毫无犯，清点库府，收存簿籍，就是为了等待项王到来，至于派兵把守关卡，那完全是防备有人偷盗。我日夜盼望项王，哪里敢有反叛的念头呀。请您无论如何都要帮我转达解释。"

刘邦言辞可怜，倒是把老实的项伯给糊弄住了，答应回去为刘邦说情，并约刘邦明日赶早到项王处谢罪。

项伯回去后即来到项羽帐内，对项羽说道："如果不是刘邦攻破关中，我们哪能如此顺利进来。刘邦立有大功，而我们却袭击他，会让人觉得我们不义。不如好好款待刘邦，让他讲清楚。"

项羽虽然在战场上叱咤风云，英勇无敌，却是个优柔寡断的人，经常囿于小情小义，乱了战略远谋。被项伯一说，项羽觉得有道理，便答应下来，令手下在鸿门设宴，招待刘邦。

次日，刘邦老老实实来到项羽帐前，一进门便连声请罪，述说当日分别之后，自己如何思念项羽，所以，听到项羽战胜秦军，深受鼓舞，遂率部替项羽清道，先行进入关中，府库妇女一无所取，就为着等候项羽的到来，没想到有小人挑拨离间，让项羽误会了云云。说得项羽怒气渐消，越听越中听，再看看眼前这位点头哈腰的老头，怎么看都不是自己的对手，反而产生一种同情之心，招呼刘邦坐下，一同饮酒，说今日之事都是曹无伤告的密。

刘邦朝北坐了下来，和坐在西面的项羽及项伯叙旧，陪同刘邦前来的张良也跟着在东面坐下来。坐在对面的范增看得直着急，眼下是除去心腹大患的绝佳时机，他在宴会前本已和项羽约好，让项羽当面斥责刘邦的不是，相机掷所佩玉玦为号，斩刘邦于座前，现在怎么演变成刘邦和项羽坐在一起喝酒？这旧情越叙越热乎，再叙下去，大好良机就成为泡影了。所以，范增一再用眼色暗示，甚至举起自己佩戴的玉玦

张 良

张良（？—公元前186年），字子房，汉初三杰之一，韩国城父（今河南宝丰东）人，西汉杰出的军事谋略家，以智慧闻名于世。他与萧何、韩信并称为"汉初三杰"，并辅助刘邦夺取天下。高帝六年，受封留侯。

示意。这时候的项羽,想起和刘邦共同抗击秦军的旧谊,一时下不了手。

范增知道项羽貌似骠悍,其实心软,现在已经不能指望他传下号令,只能靠自己想办法了,绝不能让刘邦活着出去,铸下放虎归山的终身大错。于是走了出来,招呼项庄入内舞剑助酒兴,于席间刺杀刘邦。项庄慨然答应,进入帐内祝寿,说到:"大家今日相聚畅饮,我来给大家助助兴。"于是拔剑起舞。项伯看项庄舞剑的时候,眼睛不离刘邦,便知道他的企图,也拔出剑来说道:"一个人舞剑没意思,我和你对舞。"项伯一下子站到南面,用身体挡住刘邦,不让项庄有机会下手。

张良也着急,这剑舞下去,难保不出事,他连忙走出大帐,来到军门,叫来刘邦的护卫樊哙,对他说道:"里面形势很危险,你赶快去保护沛公。"樊哙佩剑持盾冲将进去,帐前卫兵交戟阻拦,樊哙拿起盾牌用力一推,竟推倒卫兵,冲进去立于门前,圆睁怒目,逼视项羽,头发全都竖了起来。项羽本能地手按佩剑,叱问道:"来者何人?"张良起身介绍道:"这位是沛公的卫士樊哙。"项羽称赞道:"好一位壮士!"让手下赐他一斗酒,樊哙告谢,站着饮尽。项羽命令再给他一条生猪腿,樊哙把盾牌放在地上,拔出剑来,就在上面切猪腿,大嚼起来。项羽问道:"你还能喝吗?"樊哙大声回答道:"我死都不怕,何况喝酒!秦皇杀人如麻,大家都起来反抗,楚怀王和众将相约先破秦入关者为王。现在沛公先破秦入关,封闭宫室,秋毫无犯。退兵霸上,还不是为了等待大王您前来。派人守关,那是为了防止发生不测事故。沛公劳苦功高,没有得到丝毫的奖赏,听说您还想杀他,滥诛功臣,岂不是和秦朝没有区别吗?我真为您觉得不妥。"项羽半晌没有回答,只是挤出一个字,让樊哙"坐"。

帐内的空气仿佛凝固了,刘邦起身如厕,招呼樊哙出来。樊哙劝刘邦火速离去。这时,张良也出来,刘邦便让张良替他向项羽告辞,并

鸿门宴

刘邦左司马曹无伤在项羽面前说刘邦有意在关中称王,项羽大怒,于是谋士范增给他出计谋可故设宴席,在宴席之上伏杀刘邦。项羽的叔父项伯与张良素有交情,连夜将范增计谋告诉刘邦。第二天,在宴席之上,范增三次举玉玦示意项羽动手,项羽始终犹豫不决,于是范增派项羽堂弟项庄舞剑助兴,借机击杀刘邦。项伯见此情况,也拔剑起舞,并亲身护着刘邦,刘邦最后在张良、樊哙的帮助下抄小路逃走。刘邦在与项羽的较量中,能做到屈伸自如、刚柔相济,从而成就了一番伟业。

留下一对白璧送给项羽，一双玉斗送给范增。交代完毕，刘邦单身骑马驰去，樊哙等四名将领按剑持盾步行，以为后卫。张良在帐外，估计刘邦已经去远了，才缓缓走入帐内，对项羽说道："沛公不胜酒力，交代我呈献白璧给大王，玉斗赠送范将军。"项羽连忙问道："沛公在哪里？"张良回道："沛公见大王有意责备他，诚惶诚恐，独自回去了，估计现在已经回到军中。"项羽拿过刘邦赠送的白璧，放在桌上。范增则将刘邦送的玉斗弃置于地，用剑击碎，愤恨道："竖子不足与谋，夺项王天下者，定是刘邦！"

刘邦回到军中，马上把曹无伤拖出去斩了。

几日后，项羽的军队开进咸阳，杀秦朝末代皇帝子婴，尽收府库宝物及妇女，装载东还，同时放火焚烧秦宫，整整三个月，这场大火才熄灭。然而，关中百姓对项羽的期望也随着这场大火破灭了。

项羽不想在秦朝都城咸阳重新建立新的政权，急着要回乡，对部下说了一句流传甚广的话："富贵不归故乡，犹如穿锦绣衣服在暗夜中行路，谁看得到呢？"这句话可以看出项羽的毫无大志，急着向故乡人炫耀，却丢弃了当时富甲天下的关中，为自己最后的失败埋下祸根。

项羽随后凭着军事力量的强大及其赫赫军功，开始分封天下，自称西楚霸王，定都彭城。同时封刘邦为汉王，掌管巴蜀。巴蜀是秦朝流放犯人的地方，当地虽然不贫，但交通极为不便，难以对中原施加影响。

巴蜀之地，向南的出口要通过狭窄且水急滩险的三峡，大军无法展开；向北则是号称"蜀道难"的逶迤山路，一条弯弯曲曲的羊肠小道，连着在崖壁上开凿出来的栈道，极为艰险。项羽已经想到刘邦东山再起的危险，他把秦朝的降将章邯等人分封在关中，堵住刘邦的出路。

项羽大封诸侯，想起让他气愤的楚怀王，竟然坚持当年"先入关者为王"的约定，让他称霸天下失去合法性。于是召集部将，说道："大家拼死推翻秦朝，没有楚怀王的功劳，但我还是像对待大家一样封他做个国王吧。"这样，他就把当年众豪杰公推的义帝楚怀王贬低为一个诸侯王，逼迫他前往封国。另一方面，项羽密令衡山王和临江王在江中暗害楚怀王。

项羽如此安排，不但没有如其所愿为自己的统治地位争取到合法性，反而因为背约而招来许多人的不满。受封的认为是自己军功所致，没受封的则心怀不满。项羽自以为得意，其实已是坐在火山之上了。

筑坛拜将

刘邦虽不愿意，却不得不在项羽军队的监视下启程前往蜀中。为了打消项羽的顾虑，他听从张良的劝告，把走过的栈道都给烧了。栈道是在悬崖峭壁上千辛万苦开凿出来的小路，有许多地段只能在岩壁上凿出一个个小洞，再把整根圆木的头部打进去，上面铺上木板，成为贴着岩壁的小道。放火一烧，把路彻底给断了。这样做是向项羽表明自己再无东向之意，好让他放心东归去当西楚霸王。其实，刘邦也害怕项羽派兵追袭他，断了路，也是自保。

但是，刘邦带出来的都是江东子弟，和项羽的家乡离得不远，看着项王衣锦还乡，自己却像鸟入牢笼一般进入巴蜀，能不伤感万分吗？更糟糕的是手下听说沛公失势被打发到蜀地，许多人感到前途无望，一路逃亡。刘邦的人越走越少，开始还派人去追，后来跑的人多了，派出去追的人也跟着跑了，只好听之任之，心中好不凄惨。

刘邦的谋臣张良却不觉得前途暗淡，他看出蜀道固然难行，但是，对于处在劣势的刘邦而言，却不失为易守难攻足以自保的好去处。他和刘邦商量，自己前往东边招揽人才，策反项羽的手下。

张良看得很清楚，项羽看人只看表面，着重家世背景，不懂鉴识真正的人才。而且，他正得势，手下人才济济，就更加不懂得珍惜，因此，这时候恰是策反的好机会。韩信便被张良首先选中。

韩信的老家在淮阴，和刘邦、项羽的家乡也不远。他人长得瘦弱，却嗜学如命，尽管幼时家贫如洗，依然日日在河边读书。河边洗衣妇看他可怜，把自己的饭分给他吃，他也就这样对付着过日子，被大家笑为书呆子。可是，韩信不愿当书呆子，立志当大将军，故腰间总是佩着一柄剑，这可给他惹来麻烦。乡村的泼皮无赖，本来就看他不顺眼，再看他佩把剑，有意要让他难堪，便纠集一帮人拦住韩信，带头的泼皮指着韩信喝道："你是什么东西，成天佩剑招摇。你要是有种，就拿剑杀了我，要不然就从我的胯下爬过去。"韩信看着泼皮，无可奈何，趴在地上，从泼皮的胯下爬了过去，引来满街人观望，哈哈大笑。

丢尽脸面的韩信，却把愤怒转化为激励，项羽起义后便加入其麾下，立志出人头地。可是，像他这种贫寒出身的下层军官，项羽哪里看得上眼。韩信深深感到追随项羽没有什么前途，心中满是郁闷。

张良看出韩信不但胸怀大志，而且才能出众，便说服他投奔汉王刘邦，保举他当大将军。韩信被说动了，拿着张良的推荐信辗转来到蜀中，见到刘邦，把张良的信递上。刘邦拆开读后，再打量眼前这位瘦弱书生，几乎看掉眼睛，心想一定是张良看错了，暗叹自己走衰运，只有这种无能之辈才来投奔自己，随便封个小官给韩信，算是有个交代。

韩信备受打击，千里投奔最不被看好的刘邦，竟然遭到这种对待，不由得心中叫苦。萧何听说张良推荐一个书生来当大将，十分好奇，找机会接近韩信，看个究竟。几次接触，却发现张良果然有过人之明，推荐的韩信确是不可多得的人才。

韩信在刘邦手下，越想越窝囊，决定离去。一夜，他骑马不辞而别。萧何听到这消息，顾不得通报刘邦，便翻身上马直追而去。韩信走了，不会有人在意，萧何骑马而去，那可不得了，左右飞报刘邦。刘邦一听几乎气绝，连萧何都走了，这还得了，急得像热锅上的蚂蚁。

萧何一路策马急追，终于赶上了韩信，拉着韩信的缰绳，苦苦劝他别走。韩信把满腹苦水倒了出来，萧何保证韩信如果随他回去，一定力保韩信当大将军。在萧何的劝说下，韩信将信将疑地又跟着回来了。

刘邦听说萧何回来，又气又怒，指着萧何斥责道："我待你不薄，你为什么离我而去？"萧何解释道："我是去追韩信。"刘邦更不相信，跑了那么多人，其中不乏高级官员，你都不追，偏偏追一个才貌均不出众的韩信，岂不是在骗我。萧何趁着刘邦责备的机会，干脆把话说明白，将自己对韩信的观察，同张良的评价相印证，认为韩信绝非常人，力劝刘邦重用，委以统帅重任。刘邦见张良和萧何如此信赖韩信，也就勉强同意了。

萧何看到刘邦没有多少诚意，便进一步提出要求道："大王您对人一贯没礼貌，任命将军如同呼唤小儿一般，这就是韩信离您而去的原因。如果您真的重用他，就一定要挑选好日子，斋戒沐浴，筑坛备礼，隆重举行拜将仪式。"

刘邦在萧何的强烈要求下，举行了正式仪式，拜韩信为大将军，统率三军。拜将仪式之后，刘邦依旧满腹狐疑，亲自同韩信作了一番交谈，问韩信当上大将军，有什么良策？韩信反问道："您和项王相比，谁更勇

（左）韩 信

韩信（？—公元前196年），西汉名将，也是中国历史上著名的军事家、战略家、统帅和军事理论家。韩信初属项羽，继投刘邦，因萧何荐为大将军，助刘邦攻取天下，曾自封齐王，后被贬为淮阴侯。汉高祖十一年正月，吕后用萧何计诱杀韩信于长乐宫。韩信著有兵书3篇，现已失传。

（右）萧 何

萧何（？—公元前193年），西汉首任丞相，汉初三杰之一。萧何早年任沛县狱吏，秦末辅佐刘邦起义。汉朝建立后，萧何采摭秦法，重新制定律令制度。高帝十一年（公元前196年）又协助高祖消灭韩信、英布等异姓诸侯王，被拜为相国。为避免高祖诛杀，他曾自毁其名。高祖死后，萧何辅佐惠帝，惠帝二年（公元前193年）萧何卒，谥号"文终侯"。

猛呢？"

刘邦默然，过了好一会儿才答道："我不如项羽。"

话音刚落，韩信便向刘邦致贺，说道："我也觉得您不如项王勇猛。项王为人，叱咤风云，千人震悚，但是，他不善于任用贤能，所以只是匹夫之勇。项王见人时显得仁慈恭敬，言语亲切，部下生病，他在一旁流泪，把自己的饭菜分给他。可是，部下立功应该封爵位的时候，项王刻好印章，却舍不得给人，所以，他只是妇人之仁。项王称霸天下，分封诸侯，却不居关中、定都咸阳，背弃义帝与众人的约定，封赏偏心，诸侯不平；大家看到项王驱逐义帝，也都看样驱逐旧主，自己称王。项王所过之处，无不残破，故天下积怨甚深，百姓不与他同心。因此，他恃强称霸，其实失去人心，所以，表面强大，却很容易衰落。大王您如果能反其道而行之，任用天下勇士，无往不胜。拿出天下城邑封赏功臣，有谁不服？率领思乡要求东归的将士，所向披靡。

秦朝用章邯等三人为将，统率三秦子弟出征，结果他们战败投降，还帮助项王坑杀二十万降卒，三秦父老对这三人恨之入骨。项王却重用他们，让他们在三秦称王，虽然他们倚仗项王的军威，但却失去民心。当初您入关的时候，废除秦朝苛法，秋毫无犯，且与秦人约法三章，三秦父老都盼望您能在关中当王，况且还有义帝与众将的约定，天下都知道您理应称王。项王剥夺您的权利，把您发落到巴蜀，三秦父老无不抱憾。现在，您举旗东征，三秦之地可以传檄而定。"

韩信的一番言谈，将项羽的为人分析得如此透彻，对天下大势把握得这般明晰，对于刘邦和项羽强弱之势及其扭转的关键，可谓明察秋毫，让刘邦心中暗暗惊叹，如开茅塞，深悔认识韩信太晚。后来整个形势的变化，就如韩信所料。

在历史的关键时刻，刘邦听从了谋臣的劝谏，大胆起用了一个关键人物。正是这个有远见的任命，在相当程度上改变了历史。"三军易得，一将难求"，对韩信的任命，使得军事的天平渐渐地由项羽向刘邦倾斜。历史一再证明，得人心者得天下，失人心者失天下，打败项羽的竟然都是项羽的部将。

卧薪尝胆　重占关中

暗度陈仓

韩信走马上任，良机也不期而至。原来山东的田荣，从没把项羽及其叔叔项梁放在眼里，不听号令。所以，项羽封自己的亲信当齐王，不封田荣，以致田荣大怒，首先起兵于山东，公开对抗项羽。山东是项羽的后方，战略地位重要，因此项羽便亲率精兵前往镇压。

公元前206年，韩信命令三军集结，赶工修复栈道，声言大军将出蜀伐秦。守卫三秦的秦降将章邯等人接到禀报，到前线视察回来，哈哈大笑，一笑刘邦有眼无珠，竟然用一个名不见经传的书生为统帅，可见蜀中无人！二笑韩信果然是个书呆子，那栈道要修复起来，没有十年也得数载。三人便高枕无忧，不把这事放在心上。

其实，韩信早已经从樵夫那里探听到有一条陈仓小道，可以出入山中，直奔三秦。同年8月，韩信等到章邯等人回去之后，立刻传令全军急速从陈仓故道衔枚疾进。果然如他所料，当汉军出现在三秦的时候，秦民纷纷起来响应，章邯率兵来战，韩信以劲卒突击，连战连胜，一举攻克咸阳，夺取关中，占领了至关重要的战略区域。

次年开春，刘邦乘着战胜之威，发布檄文，号召天下反楚，凡是率部万人投诚者，封万户侯。故汉军大举出关，席卷河南、山西，一路上，各地诸侯或者投降，或者起来响应，一时竟成五六十万大军，汇成浩荡洪流之势，直扑项羽都城而去。公元前205年，刘邦终攻入彭城，夺取了项羽的大本营。

刘邦从来没有取得如此辉煌的胜利，心中积郁多年的愤恨一扫而光，高兴得几欲癫狂，不知道该如何庆祝。他打开项王的府库，重赏将士，在项羽的宫中高台置酒，大会天下诸侯，日夜酣饮，灯火通明，歌声动地。

消息传到身在前线作战的项羽耳朵里，恨得咬碎钢牙，火速点三万精兵，马不停蹄，星夜驰回，清晨抵达彭城外围，旋即突破汉军第一道防线，直抵彭城城下。中午时分，刘邦命十万汉军出战，不料项羽率部猛烈冲击，三万骑兵宛如游龙走蛇，把汉军长阵给冲得七零八落，尸横遍野。汉军仓皇奔入山中，项羽率部追击，再破十万汉军于灵壁东睢水上，尸体竟把河流都给堵塞了。

刘邦在城楼上看得胆战心惊，从早上到黄昏，声势浩大的数十万汉军转瞬灰飞烟灭，让他亲眼目睹了项羽的神勇，不由得不服，破秦英雄，岂是浪得虚名。项羽的铁骑把刘邦包围在皇城高台上，内外三匝，已是插翅难逃。

然而，刘邦命不该绝，此时突然天气骤变，狂风大作，飞沙走石，天昏地暗，楚军阵势生乱，刘邦趁势率精锐卫队突围，一路狂逃而去。

刘邦途经故里，想带着家人逃跑，没想到家里早已人走一空，只好继续西逃，在半路上偶然遇到自己的两个儿子，父子再见，好不凄凉。刘邦带上儿子，这时楚军的追兵已经清晰可见，慌忙中他又把儿子推落马下，以减轻重量，跑得快些。部属不忍心，把孩子捡了上来，刘邦再将他们推下去，反复三次。在卫队的拼死保护下，刘邦总算凄凄惨惨地逃到荥阳。然而，刘邦的父亲和妻子却成了楚军的俘虏。

离间项羽君臣

刘邦回到荥阳后，将各路败回的将领凑在一块，收聚散卒，整顿队伍，积极布防。亏得萧何是一位能力极强的人才，他在后方征兵，调配军需，在危急时刻把刘邦最需要的新兵源源不断地补充上来，勉强稳住战线。

项羽收复都城后，即刻转为攻势，频频进攻荥阳。双方激战中，汉军挫败楚军前锋，使得楚军不能越过荥阳，进一步威胁关中。

项羽一时拿不下荥阳，并非军队不能攻坚，而是东方战线拖了他的后腿。田荣反叛，项羽亲自镇压，把田荣打得大败，逃跑路上，被百姓杀了。这本是一个安抚齐地的好机会，可是项羽一味采取高压手段，企图让齐地百姓再不敢反，于是他下令焚烧齐地城郭，坑杀田荣降卒，军队所过之处，乡里残破，遍地狼藉。齐民并未如他所愿的臣服，又起来反抗，田荣的弟弟田横顺势再起，聚合齐民，与刘邦遥相呼应，东西对击项羽，弄得项羽疲于奔命，东征田横，则刘邦攻击其后方；西伐刘邦，则田横出没楚地。刘邦借此机会，在荥阳到黄河一线筑起甬道，确保粮食馈运。

公元前204年，项羽发起攻势，成功占领了汉军甬道，将荥阳运输线切断。汉军乏粮，人心自然不稳。刘邦见形势不妙，向项羽提议和谈，以荥阳为界，东北属楚，西边属汉。项羽两面受敌，本欲同意刘邦的和议，掉头先灭了田横再说。但其谋臣范增坚决反对，认为刘邦才是首要敌人，田横无非是想据有齐地，而刘邦却是要并吞天下，乃心腹大患，绝不能给他以喘息的机会，必须在已获得优势的形势下给予致命一击。项羽听从了范增的劝告，继续对刘邦进攻。

此时的刘邦也明白，项羽优柔寡断，有勇无谋，要打败项羽，首先要离间他身边的谋臣。于是足智多谋的陈平献计，刘邦听后连称大妙，遂依计实行。于是在项羽的使者前来交涉之时，刘邦准备了极其丰盛的筵席，当问明来者是项羽派遣的后，颜色顿时大变，说道："我还以为是亚父派来的使者，没想到竟然是项羽的人。"言罢，令手下撤去佳肴，端上粗劣的饭菜给楚使吃。因范增年长，项羽尊他为亚父，刘邦故在言语间也用此称谓，显得和范增特别亲切，有意做给项羽使者看。

使者回去禀报此情，满腹狐疑的项羽果然中计，以为范增和刘邦私下有交往，便不让他参加一些重要的谋划，并开始削减其权力。范增是何等聪明的人，已经明白项羽中了刘邦的反间计，项羽本就生性多疑，自恃武功盖世，刚愎自用，处事简单粗暴，喜欢行事武力，对别人吹捧也很受用，实在不是成事的料，现在自己又遭到猜疑，一怒之下便向项羽告老："天下的事已经大体安定了，剩下的您可以自己对付，我也老了，请让我回乡养老。"范增本欲以退为进，没想到项羽倒十分爽快，欣然同意了他的"请求"。此举真让范增失望透顶，眼看全力扶助的项羽如此薄情，大敌当前，却自相猜疑；刘邦年龄比项羽年长许多，心思缜密，不似项羽徒逞匹夫之勇，楚国这片天下迟早是他的。还乡的范增越想越气，不久就死在了路上。

刘邦略施小计，就离间项羽君臣，将范增气死。但他还来不及庆祝，项羽的前锋已经攻破荥阳城外防线，杀到城下，眼看荥阳不保。此时亏得部将纪信忠心耿耿，扮成刘邦的样子，坐着黄屋大车，打着汉王旗帜，声言城中粮尽，汉王出降，缓缓出城受死。就在所有人的注意力都集中在这辆王车上的时候，刘邦再次轻骑逃脱，奔往成皋。

项羽稳坐中军帐内，等待刘邦的大车缓缓来到跟前，才发现下来的不是刘邦，气急败坏，一把火烧死了纪信。

分天下之羹

刘邦在正面战场上苦苦支撑，屡战屡败；在侧面战场和看不见的战线上，却节节胜利，逐步扭转了局势。汉

范 增

范增（公元前277—前204年），秦末著名政治家，居巢（今安徽巢湖）人。据《史记·项羽本纪》载："居巢人范增，年七十，素居家，好奇计。"范增是项羽的主要谋士，被尊为"亚父"。他曾屡劝项羽杀刘邦，羽不听，反中刘邦反间计，削其权力，愤而离去，病死于途中。刘邦尝言："项羽有一范增而不能用，此其所以为我擒也。"

军侧面战场由韩信指挥，虽不是汉军精锐，却所向披靡，朝项羽的大后方节节推进，且待后述。在看不见的战线上，则是神机妙算的儒臣张良为刘邦出谋划策，指点江山。

张良是战国时代韩国贵族后裔，秦始皇灭六国后，六国贵族及其子弟潜伏民间，伺机复仇，张良亦在其中。他曾经结交一位大力士，一起埋伏在秦始皇巡视天下的途中，用铁椎狙击。可惜秦始皇防备严密，好几辆坐车同行，铁椎误中副车，暗杀失败。以后，张良游历各国，来到下邳，遇到一位老者坐在断壁上，待张良走到身边时，将鞋子掉下，叫张良替他去捡。张良血气方刚，见老者无礼，本想教训一顿，但看他年老，便忍住气，下去捡了上来。老者得寸进尺，叫张良替他穿上，张良好事做到底，跪下来帮老者穿好鞋子。老者穿好鞋，长笑而去。张良觉得好生诧异，一直望着老者的背影。老者行出不远，回头对张良说道："孺子可教，三日后在此见我。"

第三日一早，张良如约前来，老者已经坐在那里，斥责张良道："与老人相约，为何迟来？"训斥后便起身离去，留下一句话："五日后清早在此见我。"五天后，张良赶早到此，老人还是先到了，再次训斥他，让他再过五天后来。这次张良不敢睡觉，五日后于半夜就在那里恭候。不一会儿，老者来到，赞许道："年轻人应该早到。"并掏出一本书交给张良，告诉他读懂此书可以当帝王师，十年后必将大有作为。十三年后再于济北相见，谷城山下那块黄石就是他。言毕，老者绝尘而去。张良细看此书，为《太公兵法》，从此便闭门钻研，学识精进。

陈胜、吴广起义时，张良出山，聚众响应，后在投奔陈胜的路上遇到刘邦的队伍，从此成为刘邦的部属。刘邦被项羽打发到巴蜀时，张良又替刘邦到各地招揽英杰，发掘出韩信这位军事天才，才有了刘邦后来的军事胜利。

项羽手下有两员大将，一位是九江王

张良圯上受书

张良，西汉开国元勋，谋略家。张良年轻时刺杀秦始皇未遂而被通缉，亡命邳城。一日，张良在邳城桥上偶遇一老者，老者故意刁难张良，张良一一应允。老者后来授予张良奇书，说："详读此书，不出十年便可功成名就。"张良后助刘邦平定天下，果然功成名就。无论张良之才学源于何处，其文韬武略却为汉初少有，被称为"汉初三杰"之首。

英布，一位是彭越，都是桀骜不驯的枭雄，项羽却无绥抚之才。英布为项羽暗杀了义帝，项羽舍不得加厚其赏，故项羽同田荣及刘邦作战时，英布多次称病不战。彭越也是随项羽反秦夺天下的功臣，但在分封诸侯的时候，却没有授封他，心中也是不满。

张良早就看出此二人可以策反，所以向刘邦建议。刘邦面对危急形势，曾叹息道："我愿意把潼关以东分给别人，谁能帮助我打天下呢？"张良当即向刘邦建议道："能帮您打天下的莫非韩信、英布和彭越，您把东方分封给他们，他们一定能帮你打败项羽。"

张良此话点醒了刘邦。刘邦马上派出能言善道的使者，分别前往游说二人，许以重诺。事情果然张良所料，英布和彭越倒戈：英布进攻项羽部将，虽然没有取胜，但他率部前来与刘邦汇合，使得刘邦稳住了岌岌可危的战线；彭越在项羽的后方打起游击战，一再切断粮道，给项羽造成很大的困扰。

项羽眼看就要突破刘邦正面防线，却被韩信、英布和彭越搅得使不上全力，只得回师镇压彭越，确保后勤运输，刘邦趁机夺回成皋，屯兵广武，重新站稳脚跟。三年之战，天下人不堪兵役重负，人心思安，项羽也早已烦躁，别无良策，让部下在广武城下架起大锅，将刘邦的父亲推出来，高声对刘邦喊话道："你再不投降，我将把你父亲烹了。"没想到刘邦毫不动气，回答道："我和你当年在义帝面前相约为兄弟，我父亲就是你父亲，你如果一定要烹他，就请分我一杯羹。"天底下竟有这样的人，项羽气得跳脚，下令要把刘邦父亲剁了。此时项伯出来劝道："天下之事未定，争天下者不顾家，所以杀其父于事无益，反而增添仇恨，不如算了吧。"项羽无奈，只得饶了刘邦父亲。

项羽前进不得，后退不能，捉不到刘邦，又杀不了其父，越想越气，又骑马到城下对刘邦高喊道："天下不得安宁，就因为我们俩交战的缘故。干脆我俩一决雌雄，免得天下人替我们受罪。"刘邦哈哈大笑，回答道："我宁可和你斗智，不想与你斗力。"项羽大怒，派部下前出城下叫阵，刘邦派神射手射杀项羽的壮士。项羽亲自冲到前边，对着刘邦的射手大喝，射手竟被镇住，发不出箭，退了回去。项羽遂觑准刘邦弯弓搭箭，长箭呼啸而至，射在刘邦的胸膛上。

刘邦反应极快，中箭的刹那间，他弯下身按住腿脚，叫声"射中我的脚啦！"硬是把自己身负重伤的情形掩饰过去，稳住军心，不让楚军有机可乘。

决胜之路　终拾河山

转败为胜

刘邦在战场上的转机，就寄托在韩信身上了。他分出一部分兵力，让韩信开辟侧面战场，减轻正面的压力。

韩信带着为数不多的将士出发，进入河东。项羽分封的魏王集中兵力于蒲坂、临晋一线，与韩信隔河对峙。韩信让人搜索船只，摆出一副渡河决战的架势，且领精锐悄悄另选渡河点，以木桶渡河，奇袭安邑，魏王被打乱阵脚，兵卒一动，韩信立刻发起进攻，俘虏魏王。同时，他还把收编来的兵卒送往刘邦处，支援正面战场，自己带着数万兵卒，转而进攻赵国。

赵军主将陈余听说韩信来攻，便把兵力集中于井陉口，号称二十万，准备同韩信决战。副将李左车献计道："韩信远道而来，乘战胜余威，一定想速战速决，我们应该避其锋芒。韩信远斗他国，军粮是个大问题，我们坚壁清野，奇兵出其后，夺其粮草，让他前进遇到坚强的防御，后退无路可去，不出十日，一定成为我们的俘虏。"这本是一条正确的作战方针，只可惜陈余太过迂腐，笃信兵书，反驳道："兵书上说，兵力十倍于敌，就围而歼之；两倍于敌，就战而胜之。现在韩信号称数万之众，其实只有几千人，千里转战，士卒疲惫，我们兵力占绝对优势，如果不出击，岂不让别人小觑我们不成？"

韩信打听到陈余倾其主力来战，喜形于色，命令全军向井陉开拔，在距离30里处，挑选精骑2 000人，持红旗从间道埋伏在赵军营垒之侧，命令他们等赵军出动追击之时，迅速插入赵军营垒，拔掉赵军旗帜，换上汉军的红旗。然后，传令部队饱餐一顿，在今日打垮赵军。士兵们谁都不敢相信凭着他们这点兵力能够战胜赵军，但是，大家随韩信打仗，从没败过，不管信不信，他们都对韩信有信心。酒足饭饱之后，全军斗志高昂，迎着赵军逼近。

韩信先让部队渡河后，背水布阵。陈余一看仰天大笑，都说韩信能打仗，真是误传，哪有背水结阵，自绝后路的，遂传令前锋打开城门，发起冲锋。韩信假装害怕，步步后退。赵军见汉军动摇，急于捞取军功，倾巢出动,排山倒海似地压向汉军。汉军退到河边,无路可退了,士兵求生的欲望被激发出来,便殊死战斗,场面极为惨烈。这时,埋伏在侧面的汉军突入赵军营垒,城头遍插汉军旗帜。正面的赵军一再冲锋都无法突破汉军阵线,想回去休息再战,回头一望,自己的营垒上都是汉帜,以为后方都被汉军攻占了,顿时军心大乱,瞬间溃败,四下逃散。陈余被斩于河边,李左车投降成俘。

韩信下令不得伤害李左车,还亲自为他松绑,请他上座,像对待老师一般向他请教。李左车被韩信所动,便对韩信分析道:"将军连破魏、赵,以弱敌强,半天击溃20万赵军,名震天下,连田野农夫都仰望着您到来,这是贵军的长处。然而,转战千里,将士疲惫已极,实在难以再战了。此去燕国,如果将军一旦受困于弱小的燕国坚壁之下,那么,齐国就会坚守边境,燕齐共拒将军,胜负未卜。所以,将军不如在赵国休整,救恤孤寡,取得赵国百姓的拥护,再派个善辩之士持将军书信到燕国,宣扬军威,晓以利害,燕国不敢不降。燕国一降,使者再前往齐国通告,齐国也将望风归顺,就算有智者也计无所出。"

韩信听了,连连称善,上书刘邦,请封副将张耳为赵王,安抚赵民。

刘邦迅速批准了韩信的请求。这时候,刘邦的正面战场正是最艰难的时刻,荥阳、成皋连连陷落,自己差点成了项羽的俘虏,手中没有可战之兵。虽然英布前来汇合,但还是挡不住楚军猛烈的攻势。于是,刘邦带着亲信滕公,两人东渡黄河,日夜兼程,悄悄来到韩信大营,自称是汉王使者,辕门卫兵便放他进去。韩信和张耳正呼呼大睡,刘邦拿下韩信的印符,召集众将,重新置换任命。待到韩信、张耳起来的时候,才知道刘邦已在帐内,大惊失色,赶来求见,刘邦当即向他们宣布,收回兵权,将部队调往正面战场作战。有了韩信带出来的这支精兵,刘邦才稳住了正面阵线。

刘邦走时,让韩信召集戍守在地方上的兵士,重整旗鼓,夺取齐国。同时,派郦食其前往齐国劝降。齐国早就担

郦食其说齐王

郦食其,陈留高阳(今河南杞县)人,少时常混迹于酒肆中,自称为高阳酒徒,后为刘邦所用。公元前204年楚汉相争时,郦食其请缨去说服齐王田广。郦食其向齐王晓以利害,齐王欣然同意罢兵守城,天天和郦食其纵酒谈心。这时,韩信乘机攻齐,为田广所误解,认为是郦食其之计,遂烹杀郦食其。

心韩信来攻,所以,郦食其一番劝喻,便同意投降,置酒招待郦食其。韩信见状,准备越过齐国继续向前推进。这时,身边的儒士蒯通劝韩信道:"将军奉命进取齐国,并没有命令让你停止进攻。郦食其凭一张嘴就劝降齐国七十余城,而你率数万将士,打了一年多,才打下五十余城,难道你还不如郦食其一介书生吗?"

韩信觉得有道理,立刻突袭齐国,齐人无备,各地纷纷被占领,齐王大怒,以为郦食其在欺骗他,便把郦食其给烹了,率残部逃往告密,急请项羽驰援。项羽派龙且率部救援,号称20万大军。

龙且是项羽手下一员勇将,英布反楚降汉时,就是被龙且击败的。所以,龙且颇为自负,看不起汉将。手下向他建议正面防御,避开韩信的锋芒,另一方面号召齐地起来驱逐汉军,让韩信失去根据地,军粮供应不上。龙且不听,大言:"我最知道韩信,是个很容易对付的人。楚国派我救齐,我不战而胜之,还有什么功劳可言?如果战胜韩信,至少也可以获得半个齐国,为什么不战呢?"遂令部队与韩信隔着潍水对阵。

韩信却不敢轻视龙且,对这场战斗作了周密的部署,派人利用夜幕到潍水上游做了上万个沙袋,阻塞河水,让下游水位降低。翌日,汉军涉水进攻,佯作败回,龙且大喜,说道:"果然不出我所料,韩信胆怯。"于是命令涉水追击。韩信待楚军前锋上岸后,发信号令上游兵士搬开沙袋,河水汹涌而至,楚军大半不能渡河,韩信遂令全军反击,斩龙且,乘胜追击。

公元前203年,韩信完全占领了齐地,以齐国刚刚平定为由,向刘邦请求立自己为代齐王。刘邦刚刚打了败仗,被项羽射成重伤,心情正坏,听说韩信欲立为齐王,不由大怒,骂道:"我受困于此,日夜盼望韩信来增援,他反倒逍遥,想当齐王!"在一边的陈平暗暗踩了一下刘邦的脚,在他耳旁悄声说道:"我们刚刚打了败仗,有什么办法禁止韩信当齐王呢?不如立他为王,善待他,让他

韩信水淹齐军

此次战役即是楚汉相争时期著名的潍水之战。汉高帝四年(公元前203年)十一月,楚汉联军20余万与汉军数万对峙于潍水两岸。韩信在潍水上游以沙袋垒坝塞流,随又佯败退回西岸,龙且率军渡河追击。汉军乘其渡河决坝,将楚军分割在潍水两岸。汉军乘势迎击西岸楚军,杀龙且,楚齐大败。汉军在北方战场取得决定性的胜利,直接威胁项羽统治中心,为转入反攻奠定了基础。

看守好齐地，不然恐怕会生变故。"刘邦马上醒悟过来，接着改口骂道："大丈夫平天下，要当就当真的，何为代齐王？"遂派张良前往韩信处册立其为齐王，同时征调其部前来增援。

刘邦确实机智，而且善于纳谏，择善而从，应变迅速，册立韩信颇为及时。因为项羽也看到韩信出现在其背后，天下已经倾向刘邦一边了。所以，在韩信夺取齐国后，他马上派遣辩士武涉赶到韩信营帐中，劝说韩信道："天下不堪忍受秦朝暴政，揭竿而起，共同推翻秦朝。项王分封诸国，本欲让天下的老百姓得以休息。然而，汉王重新燃起战火，侵夺他国的土地，占领了三秦，接着又出兵进攻楚国，企图夺取整个天下，实在是贪得无厌。

足下与汉王关系亲密，尽心尽力为汉王打天下。然而，汉王是个背信弃义的人，您终将被他所害。您现在还能够活着，全赖项王还存在。现在天下的形势是三足鼎立，关键就掌握在您手中，您如果支持汉王，汉王将取得胜利。相反，您如果支持项王，项王就将获胜。项王今天灭亡，您明天就大祸临头。您和项王原是故人，为自己着想，您不如同项王和好，三分天下。此时此刻您若不能作此决断，一定要帮助汉王攻打楚国，实在不是聪明人的做法。"

就韩信本人的利益而言，武涉的说法并非没有道理。而且，也不只是武涉一人如是想，韩信的谋士蒯通也以大致相同的说辞一再劝说韩信与项王谈和，三分天下。然而，都遭到韩信的拒绝。韩信认为人当知恩图报，刘邦拜他这样一个名不见经传的人当元帅，知遇之恩甚厚，自己绝不能做忘恩负义的事情。

刘邦和韩信对出蜀作战的谋略十分明确：正面坚守，侧面进攻，三年作战，夺取魏、赵、燕、齐，楚国的北方和东方亦收入汉军手中，故全国的局势已发生了根本转折，汉军实际上已经形成对项羽的战略包围。

决战垓下

处于前后受敌的不利局面下的项羽，只得向刘邦提出平分天下的议和条件，以鸿沟为界，西方属汉，东方属楚。

这时，楚汉战争已经打了4年，双方都十分疲惫，刘邦便同意了项羽的条件，项羽遂将刘邦父母和妻子放归，停止进攻刘邦，率部东归。刘邦也打算引兵西去，但被张良和陈平劝阻道："千万不可撤军。现在天下大半已经为我掌握，诸侯也大多投向我们，形势大好。反观楚军兵疲粮尽，已难以支撑，此为天要灭亡楚国的好时机。若此时不把握机会发起全面进攻，而是放项羽回去休养，无异于放虎归山。"

刘邦采纳了张良和陈平的意见，命令韩信、彭越等各路将领率部向项羽发动全面进攻，一举消灭楚国。追击项羽的汉军，一直追到固陵，却发现韩信和彭越都没有应召前来会师。项羽随即发动反攻，一经交战即大败追兵。刘邦部不得不退入城中，闭门坚守，问张良道："诸侯都不听从命令，怎么办？"

张良答道："韩信和彭越都还没有得到封地，所以，他们当然不来了。您如果能和他们共分天下，他们立刻就会前来。否则，事情如何变化，将不得而知。您可以把陈以东至海的地区都分封给韩信，睢阳以北至谷城的地区分封给彭越，令他们各自为战，则楚国立败。"

刘邦听罢，拍腿称善，马上派遣使者，把分封意图通告韩信和彭越，令他们出兵合击项羽。果不出张良所料，韩信和彭越前来增援，各路兵马直指垓下，大决战的时刻终于到来。

韩信统率的30万大军，将项羽10万兵马团团围住，旋即发起冲锋。项羽奋起反击，汉军挡不住项羽的神勇，退了回来。然而，汉军第二方阵立即投入战斗，发起新一波的攻击，楚军在汉军排山倒海的进攻面前只得节节败退。

面对败军之势，项羽收拢兵力，立栅结阵转入防御。韩信深知项羽刚烈的性格，料其定会做拼死决斗，早已安排好了项羽的末路，征调一大批乐手，在战场寂静凄凉的夜晚，四面吹奏起楚歌，幽怨的旋律，勾起征战多年的楚军士兵深深的思乡之情，想起美丽的江南水乡，等待自己封侯归来的妻子儿女，还有拄着拐杖在村头老树下翘首盼望的年迈父母，打不完的仗，得不到的封赏，都将在明朝天明时分成为永远的幻影。他们泪湿衣襟，完全失去了斗志，悄悄脱下军装，四散逃去。

项羽也听到遍地的楚歌，已经作了最后的准备。他牵来心爱的战马，解开缰绳，放它逃生去。马通人性，仿佛明白主人的处境，在营地跑了一圈又长嘶着回来，紧紧依偎着主人，立意同赴生死。项羽被感动了，他斟满酒，慷慨悲歌：

力拔山兮气盖世，时不利兮骓不逝。
骓不逝兮可奈何，虞兮虞兮奈若何。

天明时，项羽出帐篷一看，兵营皆空，只有身边忠心耿耿的八百壮士伴在左右，没有丝毫的退缩和畏惧。项羽不想再让忠于他的人继续无畏地牺牲了，劝红颜虞姬逃出去，以后好好过日子，并斟酒和虞姬诀别。虞姬喝下酒，也斟满一杯回敬项羽，请他一定要珍重。项羽接盅仰头饮干之际，虞姬拔出佩剑，自刎在项王跟前。

没有了牵挂，项羽带着最后的勇士杀向敌阵，欲向世人证明自己的失败非战之罪。一路左右冲突，溃围决堵，搴旗斩将后，项羽部杀到乌江边。乌江亭长见到项王，驾着小船要救他过江。众部下也希望他回去召集子弟，东山再起。但是，项羽站定，仰天笑道："天要亡我，我为什么要渡江！当年我带着八千江东子弟纵横天下，如今一无所归，我还有什么脸见江东父老！"于是下马，把心爱的战马交给了乌江亭长。这时，汉军已经追杀了上来了，冲在最前面的汉军头目，都是他当年的部下。项羽叫着他们的名字，对他们说道："杀了我，你们可以封侯，我成全你们，总算咱们有那么一段缘分。"语罢，用其手中宝剑自刎于乌江边。

项羽一死，刘邦突然出现在韩信帐中，命左右把韩信押下，夺其兵权，控其军队。无论对于项羽还是韩信，刘邦肯定是背信弃约的。然而，不能牢牢控制军队，国家就不能安定。韩信能够用刘邦给他的些许军队征战四方，越战人马越多，即使一再被刘邦调走主力部队，他还是把手中为数不多的兵马不断壮大，战无不胜，攻无不克，从巴蜀到齐鲁，横扫大半个中国，刘邦麾下有哪位将军能在战场上同韩信对阵？所以，项羽死后，韩信就成为刘邦的心腹大患，不得不除，也丝毫没有手软。刘邦的胜利，就在于每逢关键时刻，都能当机立断，做出正确的选择，不被任何东西所约束。

建立汉朝

公元前202年正月，刘邦大会诸侯，被推为大汉皇帝。

接着，刘邦开始封赏那些追随他打天下的功臣。他以当年众豪杰共同推举的楚怀王被项羽暗害之后没有后嗣为由，封韩信为楚王；封彭越为梁王，把这两位战功显赫的大将军封在其不熟悉的土地上，实际上是防备他们将来拥兵作乱。其余诸开国武将都得到授封，纷纷前去就

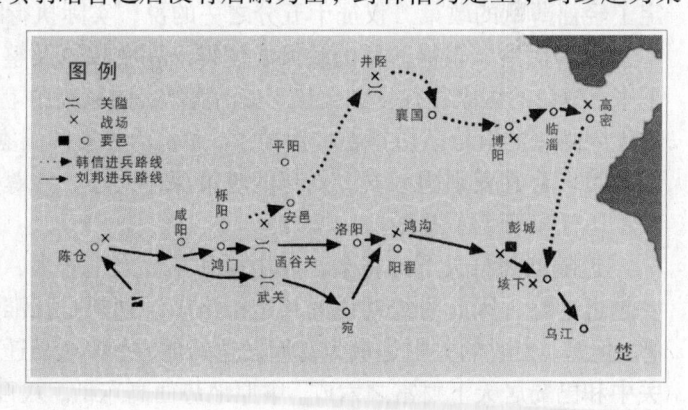

垓下之战示意图

垓下之战，是楚汉相争中决定性的战役，它既是楚汉相争的终结点，又是汉王朝繁荣强盛的起点，更是中国历史上具有里程碑意义的转折点，它结束了秦末混战的局面，统一了中国，奠定了汉王朝400年的基业。因其规模空前，影响深远，被列为世界著名的古代七大战役之一，有"东方滑铁卢"之称。

任。刘邦就留在洛阳，准备以此为首都。

四年战争打下来，建立军功者多不胜数，没有获得奖赏的将士常常聚在一起，打听消息，或者日夜争功，议论纷纷。有一天，刘邦看见众将三三两两坐在一起窃窃私语，问张良道："他们在说些什么呢？"张良告诉他："陛下难道看不出来吗？他们正在谋反。"刘邦大惊，问道："天下才刚刚安定，他们为什么要造反？"张良说道："他们追随陛下出生入死，不就是图个荣华富贵。现在看到陛下仅封赏几位高官，觉得不可能遍赏每个有功之人，所以相聚在一起谋反呀。"刘邦问道："那怎么办？"张良便向刘邦建议找一位平生最痛恨而且大家知道这事的人，先封赏他，大家已看到连这种人都封赏，一定就安心等待了。刘邦一听，觉得大妙，遂依计行事，稳住了众臣。

五月，刘邦开始大规模裁减军队。士兵们依据在战场上获得的不同军功，各自领到了奖赏：军功授爵，七大夫以上都获得食邑，以下者豁免本人的征役和户赋。至于那些聚集山林的民间武装，刘邦则颁布法令，让他们各自回乡，恢复原来拥有的爵位和田宅。

此时的汉朝国力凋敝不堪，甚至凑不齐四匹颜色相同的高头大马为刘邦拉车。起自民间的刘邦，知道百姓的疾苦，所以给国家确立了无为而治，与民休息的国策，全力重建战后的社会。此举颇有远见，要贯彻这一政策，首先就要约束百官厉行节俭，不得鱼肉百姓，汉高祖刘邦便带头做起。

汉初时，刘邦相当节省，其所居皇宫并不壮丽，也没有大肆兴建工程。虽然当时国家百废待兴，各个方面都需要用钱，而且外部环境并不好，不时有匈奴侵扰，长城也须重新修缮、驻军防御。但是，刘邦还是制定了轻徭薄赋的政策，仅征十五分之一的税，实际执行时又减半征收。

无为而治、轻徭薄赋的政策，使得汉朝政权以及整个社会迅速稳定下来。短命的国家往往征敛无度，吏治腐败，国家集中上来的社会财富都被无限膨胀的官僚队伍挥霍贪污掉了。而长治久安的国家，实行藏富于民的政策，百姓安则国家安。刘邦的政策深得人心，并尊为汉朝的基本国策，历任皇帝无不遵循。

追随刘邦打天下的将士，以中原和东部人士居多，都希望国都离家乡越近越好，因此纷纷劝说刘邦定都洛阳。刘邦是江淮人，自然也有同感。但是，当时的关中是最为富庶发达的地方，如司马迁《史记》所分析，关中和巴蜀居天下财富之六成。中原地势西高东低，八百里秦川，四面雄关，背靠巴蜀。所以，在谋士刘敬劝说刘邦定都关中时，刘邦迟疑不能决，询问张良。张良分析道，洛阳山川形势固然不错，但只有数百里之地，且田地薄，四面受敌，不易坚守。关中连着陇右，沃野千里，东临诸侯，在地势上有居高临下之利，一旦东方有变，中央可以出潼关而席卷天

"说韩信造反,有证人吗?"刘邦说:"没有。"陈平又问:"相信吗?"刘邦答:"不知道。"陈平问:"陛下的精兵比起项羽的军队如何?"刘邦答:"不如。"陈平问:"陛下的将领中有用兵超过韩信的吗?"刘邦答:"没有。"陈平说道:"现在陛下兵不如项羽,将不如韩信,而要举兵讨伐,无疑是在逼韩信起兵,我真为陛下感到危险哪。"刘邦说:"那怎么办?"

陈平献计道:"自古以来,天子巡视各地,大会诸侯,南方有云梦泽,陛下宣称巡游云梦,在陈召见诸侯。陈挨着楚国西边,韩信一定要来迎接,那时有一个勇士就可以将他擒来。"刘邦连声称赞,便以巡游的名义前往陈。韩信对其有怨言不假,但要起兵反抗却难断其真。所以,他毫无防备地迎接刘邦,却遭拘押,带回长安。回来后,刘邦却又赦免韩信,贬其为淮阴侯。

捉拿韩信只是刘邦有预谋的行动,其间暗藏的深意,当时人不易察觉。刘邦为了安定功臣之心,又封了一批功臣,其中包括多位刘姓宗室。此即为一个过渡手段,以加强中央权力,保障刘氏皇族江山稳固。

当初分封的时候,可谓是同功不同封,例如被刘邦称做开国三大功臣的萧何、张良和韩信,韩信授封楚王,而张良和萧何都只封侯,相差甚远。这是刘邦对于握有兵权的武将所做的重大让步。诱捕韩信,这位继项羽之后最令刘邦忌惮的人已被控制,接下来便可开始对武将封国进行挤压,如改徙韩信于太原就是其中之一例。

公元前200年,匈奴入侵,韩信趁机与之串通谋反,刘邦亲自前往镇压。从这一年开始直到公元前197年,刘邦先后镇压了韩信、陈豨、彭越、英布等人,顺势灭掉异姓王国,改立刘氏,最后确立了非刘氏不得分封王国之规,完成了对分封制度的重大改变。刘邦认为宗室子弟乃骨肉血亲,不会造反;其次,在中央周围建立一批宗室王国,可以保障中央的安全,即便有篡权者,地方上的刘姓封国亦可起兵,确保江山都掌握在刘氏手中。

当然,这只是刘邦的一厢情愿。政治是现实利益的

陈平谏高祖

楚汉相争时,韩信自恃功高,想让刘邦封他为王。刘邦不允,陈平告诉高祖,韩信此时羽翼已丰,军中无人匹敌,不妨暂时同意韩信的要求,封他为齐王,以求击败项羽,同时也防止兵变,高祖遂纳陈平建议。建汉后,陈平以计诱捕韩信,高祖将其贬为淮阴侯,这也算是对韩信当时要挟高祖的惩罚。

下。一番分析，说得刘邦连连称是，毅然定都长安。和项羽一心只想衣锦还乡相比，刘邦颇为大气。

当上皇帝之后，刘邦很注意总结成败的历史经验。有一天，他在洛阳南宫设宴，款待众臣，席间说道："今日大家畅所欲言，你们都说说我为什么能得天下？"

臣下回答道："陛下待人傲慢，项羽仁慈爱人。但是，有了战功，陛下舍得以土地金帛封赏功臣，与天下同利，项羽就不同了，妒贤嫉能，舍不得封赏。"

刘邦笑着说："你们只知其一，不知其二。要说运筹帷幄决胜于千里之外，我不如张良；镇守国家，安抚百姓，输送兵士，保障军粮，我不如萧何；统率百万大军，战必胜，攻必克，我不如韩信。这三个人，是人中英杰，我能够用他们，所以能取得天下。项羽只有一个范增，却不能用，所以被我打败了。"

网罗天下英才为我所用，确实是刘邦的长处。纵观四年的楚汉战争，刘邦亲自指挥与项羽的作战，没有胜过一场，最多也就是能够坚守住，不至溃败。但是，他驾驭人的本事却是高强。刘邦和韩信曾经有过一次著名的对话，他和韩信一起点评众将，问道："你看我与将军谁更能带兵？"韩信答道："陛下也就是十来万吧。"刘邦反问道："那你呢？"韩信说："多多益善。"刘邦大笑，问道："那你为何被我捉住了呢？"韩信回答："陛下不能带兵，却善于统领将帅，所以我成为您的俘虏。陛下是天纵英才，不是人所能达到的。"

刘邦能用人，但是，他也清楚地知道，汉初的形势不容乐观。开国功臣分封为诸侯，拥兵割据的危险时刻存在。所以，削除这批功臣，加强中央的权威和力量是接下来需要大力解决的难题。

公元前201年，有人上书密告韩信企图造反。刘邦征询众将建议，大家慷慨激昂，高声叫嚷，请求出兵征讨韩信。刘邦想想，还是拜问足智多谋的陈平。陈平反问刘邦：

韩信将兵

相传汉初时期，刘邦召群臣议事。当谈及将兵之能时，刘邦问韩信说："我与将军谁更能带兵？"韩信说："陛下十万足矣，臣多多益善。"刘邦不悦，面露杀机道："为何将军仅为我所用？"韩信立悟圣意道："陛下虽不及臣下将兵之才，但雄赋将将之能，故臣为陛下所用。"刘邦转怒为喜。"韩信将兵，多多益善"之典故便出于此。

分配，因此是十分残酷的，并不会因为是宗亲就变得仁慈。所以，汉初的分封，经过一代人之后，逐渐变得尾大不掉，最后在汉景帝的时候，爆发吴楚七国之乱，中央和刘姓封国进行了残酷的战争，耗费了极大的财力人力才镇压了反叛者。到汉武帝时代，中央集权进一步加强，实行"推恩令"，把封国土地平均分割给各子继承，以削弱封国的力量；并且，一旦发现诸侯的缺失，马上给予罢黜。就这样，汉朝用了大半个世纪才基本消除了诸侯割据的威胁。

对于汉朝的另一个重大威胁来自塞外[1]。匈奴在中原各国内战的时候发展强大，时常入侵，烧杀抢掠。公元前200年，匈奴与韩信勾结一事前文已有提及。当时刘邦亲自率领大军前往征伐，进至平城，匈奴数十万骑兵铺天盖地席卷而至，把刘邦紧紧包围起来，军队断粮长达七天，所幸陈平用奇计使刘邦脱险而出。关于陈平的计谋，传说很多，有说是刘邦送匈奴单于美女，令单于妻子妒性大发，不让单于消灭刘邦，以免夺得汉家美女，自己失宠，故放了刘邦一条生路云云。传说总归是传说，至于刘邦如何脱身，汉朝史官讳莫如深，真相渐渐湮没，剩下众人的想象在世间流传。

[1] 乘着秦末天下大乱，匈奴王冒顿在北方的势力迅速扩张，成为北方边境地区稳定的重要威胁。在击败项羽之后不久，公元前200年，汉高祖刘邦亲率三十万大军北击匈奴，试图一劳永逸地解决匈奴的威胁。但是汉军在白登遭遇匈奴骑兵的埋伏，刘邦被围七天七夜，最后通过采用陈平之计贿赂匈奴阏氏方才得以脱身。白登之围对于汉初的外交政策有深远的影响，此后，西汉采取了将金钱、布帛与匈奴，维持和平的"和亲"政策。

刘邦此次遇险而还之后，权衡再三，认为大动干戈讨伐匈奴，是刚刚结束战乱的汉朝所难以承受的，故明智地选择了和谈的办法，定期赠送匈奴金钱绢帛，换取北疆相对的安全，获得民生国力恢复的宝贵时间。同时，他令众将训练精兵，积蓄力量，不得轻易应战。这是一个漫长的过程，汉朝忍耐匈奴约70年，经过三四代人的休养生息，到汉武帝时代，国力强盛，终于有了打败匈奴的国力。

刘邦是汉朝的开国皇帝。开国之君，自不是简单人物。一界乡村野夫的刘邦，经历起兵抗秦、楚汉相争之后，又大力提倡文治，从一位马上得天下的开国之君，转变为一位懂得文治国家的皇帝，给汉朝打下很好的基础。在晚年，其被项羽所创箭伤发作，一病不起。在弥留之际，他给太子留下遗嘱："我遭遇乱世，当时秦朝禁学，我窃窃自喜，以为读书无用。自从我登基以后，才不时翻翻书，这才明白作者著书的寓意，回想以前的所作所为，犯了太多的错误了。"言辞不乏忏悔之意，他希望太子再不要像自己一样不学无术，而要刻苦读书，治国安民，此为根本。在刘邦之后，汉文帝、汉景帝都是文治水平甚高的皇帝，汉朝也因此完成了从军事体制向文治的转型，成为一个繁荣富强的国家。

东汉与邻国简图

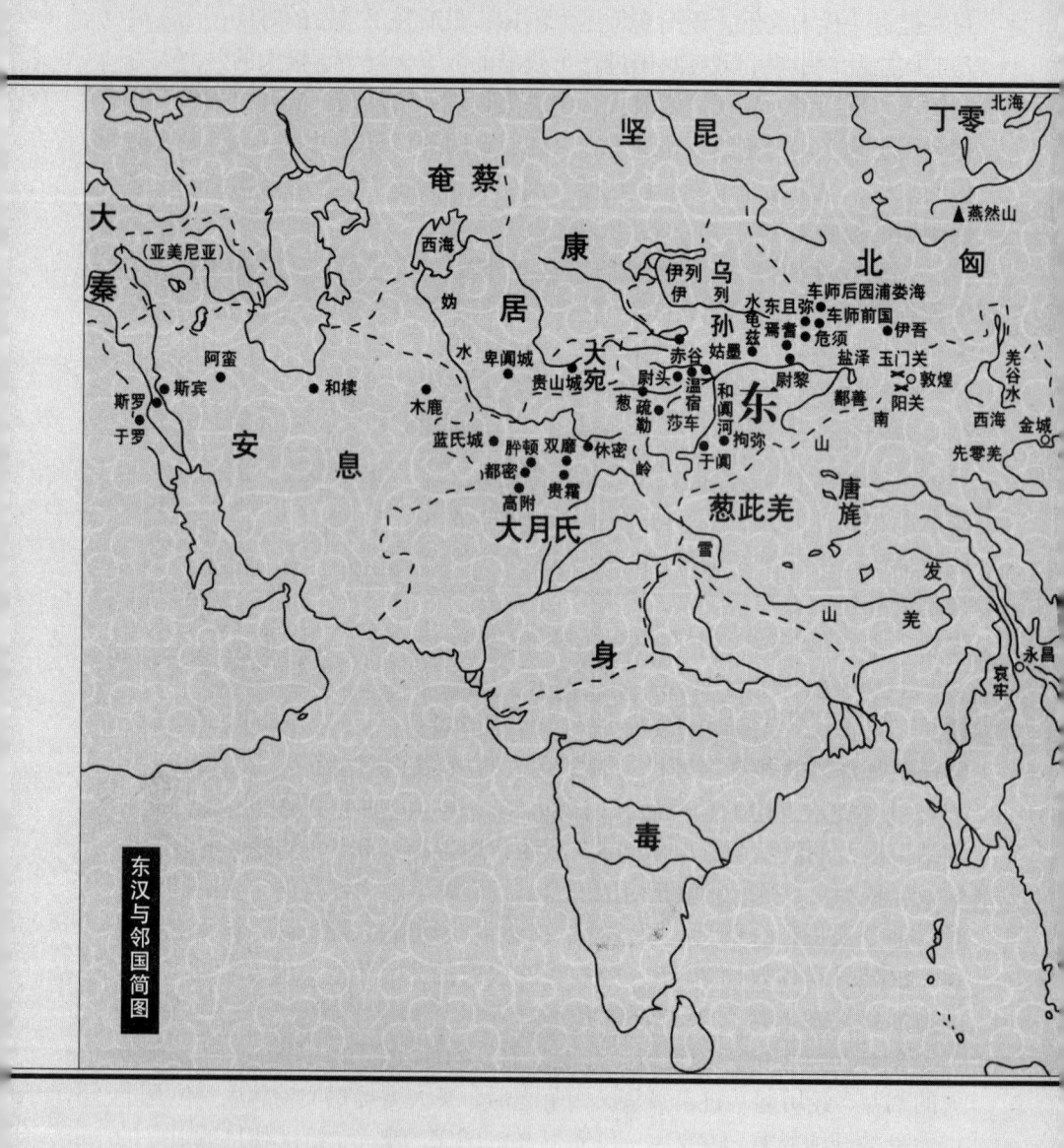

光武帝·刘秀

公元前6—公元57年

刘秀是中国历史上学识最高的封建帝王。他极具军事才华，用兵如神，同时深谙统御贤才之法，妙通权谋机变之术。在刘秀夺取政权和治理国家的道路上，他要统率驾驭很多不易领导的人物，却能取长补短、互相牵制，也常在局势艰危之时，冒生命危险，亲临前线。

然而，人们在提到古代有为君王时却很少提到刘秀。这或许是因为他的性格不像他的先祖一样令人争议，或许是他没有太大的武功，或许是因为他成王之路过于顺利。于是，一个璀璨的人物被历史有意无意地忽略了。

起兵反莽　昆阳成名

酝酿中的起义

西汉景帝年间，皇子刘发受封为长沙王。刘发之子刘买为舂陵侯（采邑在湖南宁远县）。到刘买的孙辈时，因舂陵位于南方，地势低下，气候潮湿，中央政府把他的采邑改封到南阳郡（今河南南阳市）辖下的白水乡（今湖北枣阳市南），封国名称不变，仍称舂陵，家族遂世代定居于此。刘秀是刘买的玄孙，汉景帝的第六代孙，在他上面还有两个哥哥：刘縯和刘仲，刘秀是家中最小的。

刘秀的父亲刘钦早年去世，刘秀三兄弟都由叔父刘良抚养成人。大哥刘縯性情刚毅慷慨，雄心勃勃。自从王莽夺取刘汉王朝政权之后，刘縯一直愤愤不平，梦想有朝一日恢复刘姓天下，平常不但不经营家产，反而卖田卖宅，投身江湖，结交豪杰。刘秀在兄弟中排行最小，长得"隆准日角"。"隆准"就是高鼻梁。汉朝开国皇帝刘邦就以高鼻梁闻名于世，杜甫曾有诗句"高帝子孙尽隆准。""角"指额角，也就是鬓角。额角骨如果隆起，相术家称之为"日角"，是帝王之相。刘秀尽管生得颇具帝王之相，但是性格保守，小心谨慎，每天下田耕作，以田园生活为满足，因此大哥刘縯常常讥笑他，把他比做刘邦的哥哥刘喜：刘邦爱好游荡，不事产业，刘喜则勤于务农，不生是非，老爹经常夸奖刘喜而责骂刘邦。刘邦当了皇帝后，有一次向老爹说："您老人家常常怪我不事生产，比不上哥哥。如今论起产业，我跟哥哥的谁多？"在大哥刘縯眼中，刘秀显然难成大器。

刘秀的姐姐刘元，嫁给新野人邓晨为妻。刘秀曾经随姐夫邓晨一起到穰县蔡少公家做客，蔡少公对图谶很有研究，当着众人的面说："刘秀当做天子！"有人接着问："莫非应验到现在的国师刘秀身上（这里的国师就是刘歆，刘歆为了应验这句谶语，把名字改成了刘秀）？"刘秀开玩笑似地说："你怎么知道不是我！"在座的人哄堂大笑，只有邓晨暗中欢喜，知道刘秀胸有大志。

宛县人李守，喜好星象和图谶，时任新莽王朝的宗卿（皇族教育官），曾对他的儿子李通说："刘姓会再复兴，李姓会当辅佐大臣。"

王莽末年，天下大乱，变民四起。当时贵族官僚大量兼并土地，对百姓的剥削不断加重，农民起义不断爆发。为此，王莽进行托古改制：将全国土地改称"王田"，奴婢改称"私属"，不准买卖；规定一家不满8个男子而占田超过一井（900亩）的，余田必须分给亲族邻里，如果表示反对，一律放逐边陲蛮荒。于是农夫、商人，相继失业，被控告买卖土地，或被控告持有五铢钱（西汉时的钱币）而被判刑的，不可胜数。接着又推行6项专卖条例，命地方政府专卖酒、专卖盐、专卖铁器，山林湖泊出产的东西，全都抽税，以控制和垄断工商业，增加税收，这都是激怒人民的措施。

因为匈奴的侵扰，王莽指派12位将领出击，偏将裨将以下180人，士兵30万。凡私铸国币的主角，当然定罪，可是邻居们也会被捕连坐。王莽征发这些连坐犯到前线服役，男子囚入槛车，妇女儿童步行，用铁链锁住脖子，约10余万人。到达后，把他们夫妻拆散。而将领和军官，在边境长期驻屯，无法无天，造成灾害。五原郡（今内蒙古包头市）、代郡（今河北蔚县），受到荼毒最深。并且讨伐匈奴的部队，士兵死亡达十分之五六，这都是因为穷兵黩武，与四方结怨的结果。

王莽改制没有能够解决社会危机，他所制定的法令，多如牛毛，而又琐碎苛刻。百姓只要摇一摇手，都会触犯法网。而差役既多又重，农夫没有时间种田，水利损坏，遂成旱灾；蝗虫接连发生，使灾情更重。诉讼和监狱中羁押的囚犯，长久不能结案。官吏采用残暴的手段，建立威严；利用政府禁令，侵占百姓财产。富有的人不能保护自己的财富，贫穷的人不能活命。于是，无论贫富，大家都自行武装，盘踞高山大湖，当起强盗。官员无法制止，只好蒙蔽上级，变民遍地。

公元17年，天凤四年，京山县新市人王匡、王凤叔侄率众在大洪山起义，称"新市兵"。公元22年，地皇三年，陈牧与廖湛率千余人在平林（今古城畈）响应，称"平林兵"。"新市兵"北入南阳攻打随州时，"平林兵"与"新市兵"会合，称"绿林军"（大洪山又名绿林山，绿林军因此得名，绿林好汉即典出于此）。眼见"新市兵"和"平林兵"纷纷崛起，南阳郡人心浮动，李通的堂弟李轶对李通说："现在天下已乱，刘姓势必再夺江山，南阳郡的刘姓皇族中，只有刘縯兄弟具备相当的声望，受大家敬爱，可以一起干大事。"李通欣然说："我正有此意。"

"新莽印"　汉代

西汉末王莽篡权，改国号为新。新莽，指王莽或王莽建立的新朝。图为新莽印。在汉印中，新莽时期的印章在名称、数字上有一次短促的变动，有特定的称呼，如"马丞"、"空丞"、"徒丞"、"宰"等，字数有五六字，印文细致光洁，在历史上称为"新莽印"。

正好，刘秀此时在宛县贩卖粮食。李通就派李轶找到刘秀，将他迎接到自己家里，谈起社会上盛传的图谶之事（即上文"刘秀当做天子"的传言），几人互相结交，共商大事。李通主张自己在立秋当天，趁骑兵武士大检阅的时候，劫持南阳郡守甄阜和属正梁丘赐，然后发号施令，起兵反莽；而刘秀与李轶则返回舂陵，发动响应。

刘姓氏族又称帝

刘秀回舂陵后，与刘𬙂召集当地豪强，共同讨论："王莽暴虐，百姓哀号，而今又连年大旱，到处兵荒马乱，上天灭亡他的时机来到了。恢复高祖当年的大业，建立千秋万世的功劳，正在我辈身上。"众人纷纷表示赞同。于是分别派出亲友宾客，到各县招兵买马，策动武装起事。刘𬙂则征召舂陵的年轻子弟，那些年轻人一听说要叛乱谋反，吓得魂飞天外，避之唯恐不及，埋怨说："刘𬙂害死我了！"可是后来发现刘秀竟然也参与其中，全副武装，改穿将军服——身着红色衣裳，头戴宽大官帽，不禁吃了一惊，说："连谨慎忠厚的人都干上了呀！"众人心里才逐渐不再惊慌。结果刘𬙂集结了同乡子弟兵七八千人，组建司令部，自称"柱天都部"。不过不幸的是，李通在宛县起兵的密谋被泄露出去，李通仓皇逃亡，父亲李守及家属60余人均遭新莽政府诛杀。时为公元22年冬，刘秀28岁[1]。

起兵后，刘𬙂派同族人刘嘉赶往"新市兵"、"平林兵"，说服他们的首领王凤、陈牧，双方联合攻击长聚（今地不详），取得了胜利，攻陷唐子乡，不分男女老幼，全部屠杀，又斩杀湖阳尉。然而，联军差点因分赃不公陷于分裂。愤怒的"新市兵"、"平林兵"要攻击刘𬙂的刘家班部队。刘秀这时采取了紧急措施，将刘家班所掠夺的财物全部交

[1] 公元8年，王莽篡汉，建立新朝，西汉灭亡。在随后的政治动乱中，西汉宗室后裔出身的刘秀利用人心思汉的机会，夺取了政权，重新恢复了汉家天下，定都洛阳，史称东汉。刘秀复兴汉朝的努力便被称为光武中兴。出身南阳的刘秀本是汉宗室，是地方上的豪强，借助天下大乱的机会起兵，加入绿林军的系统，最初势力有限。但刘秀知人善任，不久便从绿林军中分离出来，独立作战，经过多年的奋战，削平群雄，最终统一了天下。东汉建立之后，注重恢复经济，休养生息，保持了政治的长期稳定。

出，"新市兵"、"平林兵"才由怒转喜，双方继续向前挺进，攻陷了棘阳。此时李轶、邓晨也各带着他们的亲友部众前来会合。

刘𬙂的下一个目标是攻取宛县，当挺进到小长安聚时，与南阳郡守甄阜、属正梁丘赐发生遭遇战。当时大雾弥漫，能见度很低，结果刘𬙂的部队全线崩溃。刘秀骑马逃命时，遇到妹妹刘伯姬，兄妹共乘一马狂奔。不久又遇到姐姐刘元，刘秀叫她火速上马。刘元挥手说："还不快跑！你

们无法救我，能逃一个是一个，不要死在一起！"这时追兵已到，刘元和她的三个女儿，全遭政府军诛杀。刘秀家族在这场战斗中损失惨重，包括刘仲在内的数十口人丢掉了性命。

"新市兵"王凤、"平林兵"陈牧，眼看刘縯的刘家班部队受到挫败，而甄阜的郡政府军如泰山压顶，不禁信心动摇，准备率部逃走。刘縯为此忧心如焚。恰逢此时，由王常、成丹等为首的绿林军——"下江兵"5 000余人进抵宜秋聚。刘縯和刘秀、李通到他们营寨拜访，说："我们期望会见贵军的贤明将领，共商大事。""下江兵"推举王常为代表。刘縯遂和王常作了长谈，分析联合的好处与分散的危险。王常说："王莽残暴，人心念汉。而今刘姓出来领导，就是真正的天下之主。我们应该贡献自己的力量，辅佐大业。"刘縯说："只要事情成功，我岂敢独自享受？"两人深相结纳。

刘縯等人走后，王常将会谈情形告诉了"下江兵"的其他将领成丹、张卬。成丹、张卬自负兵力强大，说："大丈夫既然起事，应该自己当家做主，为什么要听别人的摆布呢？"王常向他们分析利害说："王莽苛刻残暴，不断地犯错，失去民心。百姓思念刘汉王朝当年的好日子，不是一天两天了。正因为如此，我们才能够乘机崛起。人民怨恨的，上天定会铲除；人民盼望的，上天定会赐予。举行大事，开创大业，必须下顺民心，上合天意，然后大功才可告成。如果仗恃自己强大勇猛，毫无忌惮，即令一时成功，最后也会失败。以秦王朝跟西楚王国的威不可当，最后仍然归于灭亡，何况我们不过是一介平民，在山林水畔，聚集成群，如果也任情纵欲，无异于自取灭亡。而今南阳刘氏领头发动，我观察他们派来跟我们商谈的这几位首领，深谋远虑，是王公侯爵的奇才，如果跟他们合作，必然成功。这正是上天保佑我们，为我们指出的一条明路啊。"

"下江兵"将领们虽然顽强桀骜，而又缺少见识，然而一向尊敬王常，于是一致表示歉意说："如果不是王将军，我们可能走上不义之途。"遂即率军投奔刘縯，跟"新市军"、"平林军"联合，各部同心协力，士气高昂。刘縯大肆犒军，订定盟约，休养了3天。然后，联合兵团分为6路，秘密拔营，夜袭蓝乡，斩南阳郡郡守甄阜和属正梁丘赐，杀两万余人，并夺取了甄阜郡政府军的全部辎重。

在此之前，青州、徐州等地的绿林军，虽有几十万人，但全属乌合之众，始终没有文书、号令、旗帜与行政组织。自刘縯起事后，大家才自称"将军"，进攻城市，夺取土地，发布文件，揭发王莽的罪行，情势大不相同。王莽得到这样的情报，开始恐惧不安。

这时，刘縯等人集结的兵力已有十几万。将领们发现，军队虽多，却没有共同的领袖，于是他们打算拥立一位汉王朝的皇族后裔，作为号召。不过在人选问题上,将领之间出现了不同意见。南阳郡刘家班部众与"下江兵"王常等,自然都拥戴刘縯,可是"新市兵"、"平林兵"的将领王凤、陈牧等人,为了继续他们的放纵生活,却对刘縯心存忌惮。后者密谋推举刘玄,企图造成既成事实。刘玄也是南阳皇族后裔,和刘秀等人同为刘发家族第六代后人,刘玄的曾祖父刘雄渠是刘秀曾祖父刘外的亲哥哥。刘玄在"平林军"中,称"更始将军",不过懦弱无能,正符合这些将领的胃口。

王凤、陈牧等人就此征求刘縯的意见。刘縯说:"蒙各位将军厚爱,尊重刘姓皇族,推举刘玄担任领袖,我万分感激。问题是,青州、徐州的赤眉集团,有数十万人之多,一旦得到我们拥立刘姓皇族的消息,如果他们也拥立一位刘姓皇族,这时新莽王朝还没有消灭,而刘姓皇族就要先行内斗,使天下人心疑惧不安。自己伤害自己,恐怕不是消灭王莽的最好办法。而且,舂陵到宛县不过300里,在这么绿豆大的土地上,自称皇帝,成为被攻击的目标,让人民承受灾难,更不是好方法。我的意见是,暂时称'王',先发号施令,国王的权力同样可以诛杀将领,跟皇帝并没有什么不同。如果赤眉集团拥立的人贤能,我们就去投奔归附,绝不会剥夺我们的官爵。如果赤眉集团没有行动,那么等我们消灭了新王朝,收服了赤眉集团,然后再登皇帝宝座,也不算晚。"

将领们听了刘縯的话,多数表示赞成。"新市兵"的将领张卬,扬眉怒目,拔出佩剑,砍击地面,叫道:"对自己做的事情,抱着怀疑态度,一定不能成功。今天这项决定,不允许有第二种想法。"不过后来刘玄还是称了皇帝。

一战成名

公元23年二月初一,淯水河畔沙滩上搭起高台。刘玄被宣布是汉王朝皇帝,面向南方站立,接受群臣朝拜。站在高台之上的刘玄既紧张又羞惭,满脸流汗,举起手来,一句话都讲不出来。但他仍像一个正式皇帝一样,下令大赦,改年号"地皇四年"为"更始元年"。任命堂叔刘良(刘秀兄弟的亲叔叔)为"国三老❶"、王匡(新市兵)为"定国上公"、王凤(新市兵)为"成国上公"。又任命朱鲔(新市兵)为大司马,刘縯为大司徒,陈牧(平林兵)为大司空。其他将领统统为九卿将军(身为"九卿",而兼"将军"名号,这不是西汉王朝的制

❶ 三老是古代掌教化的乡官。战国魏有三老,秦置乡三老,汉增置县三老,东汉以后又有郡三老,并间置国三老。据《汉书·高帝纪上》记载:"举民年五十以上,有修行,能帅众为善,置以为三老,乡一人;择乡三老一人为县三老。"在汉代,三老一直一般都由乡里耆老、在百姓中拥有较高威望的人担任,是国家控制基层民众的重要力量。

度，而是新王朝的制度）。由于刘玄表现得不像一个有胆识的领袖，很多英雄豪杰感到失望，内心不服。

王莽为了扫平山东（崤山以东）变乱，兴师动众。他令大司空王邑、大司徒王寻调动正式武装部队，征召精通兵法的63位专家充任参谋官，任命体躯庞大者为垒尉（营区司令），并携带大量凶猛野兽——老虎、斑豹、犀牛、大象之类，助长威势。

王邑在洛阳集结军队，各州各郡的精兵分别在牧（州长）、守（郡长）的亲自率领下，总数达43万，对外宣称有100万人。其余还没有到达的部队，仍向洛阳进发，旗帜、辎重、人马，络绎于途，千里不绝。

玄汉政府那些变民组成的部队，发现新王朝军队声势浩大，惊慌失措，纷纷向后撤退，最后退入昆阳城中。恐怖笼罩着他们，将领们一个个面无人色，担心军中的妻子儿女。众人意见，不如各自回城，分散目标。这时刘秀站了出来，竭力反对说："我们的兵力既少，又缺乏粮草，而敌人却强大无比，唯一的办法是合力抵抗，还有一点成功的可能，一旦分散逃亡，就难以保全。现在刘縯还没有把宛县攻下，无法前来救援。一旦放弃昆阳，只要一天时间，我们的人马，势必全部消灭。想不到大家不但不能肝胆相照，誓死同心，共同建立功名，反而为妻子儿女和抢来的一点财产担心！"将领们咆哮道："你怎么敢说出这种话！"刘秀也不反驳，笑一笑离席而去。

这时，斥候报告说："王邑大军的先头部队，已经到达城北，连营好几百里，看不见殿后部队。"将领们虽然平常一向看不起刘秀，现在情况紧急，只好同意请他出来商量。刘秀遂向他们简单通报了自己的计划，大家一齐说："一切都听你的。"这时昆阳城中只有八九千人。刘秀命王凤和王常留守昆阳，他连夜同李轶等人共13骑，从南门出城，杀出重围，征召散居在外县的民军部队。

这时，新王朝政府王邑部队的前锋，已有十几万人，抵达昆阳城下，刘秀等几乎不能出城。王邑、王寻下令包围昆阳，纳言大将军严尤向统帅王邑建议："昆阳城是个不重要的据点，城既小，墙又坚，不容易一举成功。现在叛乱集团的首脑远在宛县，我们大军直扑基地，他们势必崩溃。解决了宛县，进攻昆阳就易如反掌。"王邑说："从前我包围翟义，不能生擒首脑，受到不少责备。而今身统百万大军，连第一个被叛军占领的城市，都不能攻下，恐怕无法展示我们的威力。我要先攻破昆阳城，屠杀全城叛民。然后踏着他们的鲜血挺进宛县，前队唱歌，后队舞蹈，岂不称心快意！"

王邑的军队将昆阳城包围得水泄不通，阵地纵深达几十重，营寨数百个，战鼓和号角的声音，几十里之外都听得到。有些部队挖掘地道，有些部队用撞车攻城。昆阳城守军奋力抵抗,身背门板,用以防箭。守军统帅王凤不能支持,想要投降,被王邑断然拒绝。因为如果接受投降,王邑就再不能屠城了。

王邑、王寻自以为胜券在握,对民军毫不在意。严尤提醒道:"《孙子兵法》上说,包围城市,一定要留个缺口,目的是动摇敌人的军心,引诱敌人放弃战斗。我们也应该留一个缺口,使守军逃走,把恐怖带到宛县。"但王邑听不进去。

刘秀冲出昆阳后,奔到郾县、定陵,征调所有可能征调的民军部队。一些将领贪图夺到的财产,打算留一部分士兵看守。刘秀警告说:"我们这次出击,如果打败敌人,有一万倍的金银财宝等着我们,而且还可以建立大业。如果失败,人头都没有了,还谈什么财产!"于是全部战斗力都投入到前线。

六月初一,刘秀和各路民军部队同时进发。刘秀亲自率领一千余步骑兵,作为前锋,在距王邑兵团四五里的地方构筑阵地。王邑、王寻派几千人迎击,刘秀奋起战斗,斩杀几十人,新军畏惧败退。玄汉将领们兴奋地说:"刘秀一向胆怯,看到一小撮敌人,就害怕得不得了,可是今天面对大敌,却这么勇敢,真是奇怪!而且还亲自当前锋,我们应该帮助他才是。"

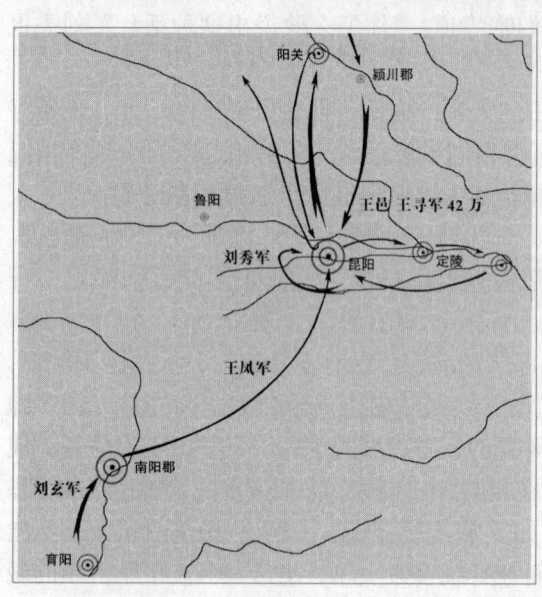

刘秀再向前挺进,王邑、王寻兵团稍稍向后移动。玄汉各路军乘势攻击,又杀好几百人,甚至杀一千余人。在一连串小胜利之后,再继续攻击,将领们的胆量渐壮,个个以一当百。刘秀从中挑选了三千壮士,组成敢死队,从昆阳城西郊,沿着护城河攻击,直冲王邑兵团的中央营垒。王邑、王寻仍然没有把这支小股部队放在眼里,率

昆阳之战简要图

王莽建立新政权后,阶级矛盾激化,其暴虐统治引起民众的极为不满,于是兴起了各地的农民起义。其中以绿林、赤眉声势最大。新莽军队则极力镇压。公元23年,绿林农民起义军在昆阳(即今河南叶县)粉碎新莽军队进攻,取得胜利。这是我国历史上以少胜多、以劣势胜优势的著名战役。图中为昆阳之战的主要路线图。

领一万余人的精锐在阵前巡视,并向各营下令:不得允许,不可出动。而由他们自己单独迎击玄汉军。想不到一经接触,竟阻挡不住,只能略向后退,由于各营没有奉到命令,不敢上来增援。霎时间,新莽军队阵地动摇,陷于混乱。玄汉各路军猛烈攻击,将王寻杀死于阵中。

昆阳城守军看到形势倒转,立即开城出战,前后夹击,呼声惨厉,震动天地,新王朝政府军六神无主,哗然崩溃,四散逃命,不能再成行列,互相践踏而死和被杀而死的不计其数,百里之野,尸体遍地。就在此时,天色剧变,巨雷轰动,狂风大作,屋瓦都被掀起,四处飞荡,天空像裂开了似的,大雨倾盆,滍河河水暴涨,虎豹猛兽,在木笼中恐惧发抖。新王朝军队的士兵,光被水淹死的就有一万余人,致使河水淤塞不流。

王邑、严尤、陈茂3位统帅,骑马狂奔,踏着士兵的尸体,渡过滍河,向北逃走。所有辎重、粮食全被玄汉军掳获。玄汉政府拼命抢运,连续几个月都运不完,最后只好纵火烧成灰烬。新王朝剿"匪"兵团的士卒们纷纷逃回他们自己的郡县,无法再作集结。王邑单枪匹马地和几千名亲军一起狼狈逃回洛阳。

昆阳之战,震动关中,全国各地的英雄豪杰,纷纷起事,响应玄汉政府的号召,诛杀新王朝派驻在各州、郡的牧、守,而自称"将军",用玄汉政府颁布的年号,听候进一步指示。一个月左右的时间内,天下几乎全部摆脱新王朝的统治。

招抚河北　　建立帝业

泰山崩而色不变

玄汉"新市兵"、"平林兵"的一些将领，对于刘縯兄弟的威名日盛，既嫉妒又厌恶，更恐惧。于是他们秘密建议登基不久的皇帝刘玄，除掉这个心腹隐忧。刘秀察觉出来气氛有点异样，警告哥哥刘縯说："看情形，似乎有点不对劲！"刘縯不以为意，笑着说："一向如此，不必过虑。"

不久，刘玄集合全体将领，让刘縯拿出他的佩剑，自己接过后仔细观察。这时，绣衣御史申徒建立即呈上"玉玦"，而怯懦的刘玄却不敢当场下令捕杀刘縯。然而对刘縯不利的迹象已十分明显，刘縯的舅父樊宏也警告他说："当年鸿门宴上，范增向项羽献上玉玦，暗示他杀刘邦。今天的申徒建莫非扮演的是范增的角色？"刘縯也不作回答。

李轶最初与刘縯两兄弟感情深厚，可是后来转而谄媚拥有权柄的新贵，抛弃了旧友。刘秀提醒刘縯说："对这个人可不能再推心置腹了。"刘縯并不相信。刘縯的部将刘稷，勇冠三军，得到刘玄坐上皇帝宝座的消息后，咆哮说："最初起兵图谋大事的，是刘縯兄弟，刘玄是干什么吃的？"刘玄要任命刘稷当抗威将军，被刘稷拒绝，于是他决定先铲除刘稷。在一个有预谋的武装集会上，刘玄部署几千士兵戒备，逮捕了刘稷，准备诛杀。刘縯坚决反对这一命令。李轶、朱鲔抓住机会，劝说刘玄一不做二不休。刘玄心动之下，遂下令逮捕刘縯，和刘稷一起斩首。后，刘玄任命堂兄、光禄勋❶刘赐接替刘縯的大司徒官位。

刘秀在前方得到刘縯遭遇不测的消息，立即从父城奔回宛县（玄汉朝首都），向刘玄请求处分。大司徒府所属官员（刘縯旧部）出迎，向他表示哀悼。刘秀只是表面致谢，并不谈一句私话，唯有深深责备自己，闭口不提保卫昆阳的战功，也不为亡兄穿丧服，饮食言谈，和平常没有两样。刘玄看到刘秀这样，感到内疚，十分惭愧，遂任命刘秀

---

❶ 本名郎中令，秦时负责守卫宫殿门户，后逐渐演变为专掌宫廷杂务之官。汉武帝时改名光禄勋。其属官有大夫、郎、谒者、期门、羽林，除了负责宫禁安全外，也成为培植官吏人才的重要机构。汉代的光禄勋活动范围多在宫内，魏晋以后，职掌渐生变化，演化成为专掌宫廷膳食及朝会、祭祀时酒宴、祭品之官，称谓也变为"光禄卿"。

为破虏大将军,封武信侯。

图谋帝王霸业

当年九月,变军冲入常安城(即长安城,王莽时改名为常安),斩杀了王莽,并把王莽的人头送到玄汉的临时首都宛县,悬挂示众。愤怒的民众把它踢来踢去,还有人把王莽的舌头割下来吃掉!

王莽为人,好说空话,又崇古若狂。可是本性却刻薄吝啬,器量狭小。长得大嘴短下巴,红眼睛,突眼眶,声音很大,像马儿嘶鸣,身高七尺五寸,高鞋高帽子,喜欢俯视众人。有人说他:"鸱目虎吻豺狼之声者也,故能食人,亦当为人所食。"后来,果然应验。

不久,玄汉军队攻陷洛阳。刘玄打算把中央政府从宛县迁到洛阳,任命刘秀代理司隶校尉(京畿卫戍司令),派他先去洛阳修建宫殿和官署。刘秀依照西汉王朝的旧制,组成司令部,设立官职,用正式公文通知所属郡县。

此前,三辅官员们派代表到洛阳迎接玄汉政府官员时,看见将领们服装狼狈,用布包头(古代地位卑贱的人,没有钱购买冠帽,才用布包头),甚至穿女人的衣裳,不禁在心里讥笑他们。现在,他们看见司隶校尉府的官员的仪表风度,兴奋得不能自制,有些年纪大的官员,甚至感动得流泪说:"想不到今天还能看到汉王朝官员的威仪!"从此,有识之士都对刘秀留下了深刻印象。

后来,刘玄打算派亲信大将前往河北(黄河以北)地区招降宣抚。大司徒刘赐建议:"南阳子弟中,只有刘秀有这种能力。"朱鲔等坚决反对派刘秀去招抚,刘玄也疑惑不定。刘赐恳切规劝,刘玄这才任命刘秀为行大司马事(代理大司马),"持节"北渡黄河,收揽各郡,归附中央。

刘秀到达黄河以北,在所经的郡县,考察官吏政绩,奖功罚过,公平审理诉讼刑狱,废除新王朝时代的暴政,恢复西汉王朝的官民制度。官民欢欣鼓舞,争先恐后地献上牛羊和美酒,迎接犒劳。刘秀一律拒绝,并不接受招待。

南阳人邓禹,一路骑马,北渡黄河,投奔刘秀,直追到邺县才追到,风尘仆仆地晋见刘

邓 禹

邓禹(公元2—58年),字仲华,南阳新野(今河南新野)人,东汉开国勋臣,位于云台二十八将之首。

秀。刘秀说:"皇上(刘玄)授权给我,可以封爵任官,先生这么远来见我,是想做官吗?"邓禹说:"不是。"刘秀说:"那你想干吗?"邓禹说:"唯一想的是,阁下的威望和恩德,普及四海,我能做你的属下,尽一尺一寸的忠心,使我的声名能记载在史书之上。"刘秀大笑,请邓禹详细分析。

邓禹说:"而今,山东(崤山以东)还没有完全平定,赤眉集团(樊崇)与青犊集团的军队,声势浩大,都以万人作为建制。刘玄不过一个平凡人物,而且又做不了主。他的那些将领,更是庸碌之辈,靠着机运爬上高位,目的只是发财和弄权,快乐一天算是一天,没有聪明智慧和远大眼光,更缺乏安邦定国的志向。我观察古代一些圣明君王的兴起,不过具备两个条件:'天时'和'人事'。现在从'天时'来看,刘玄当了皇帝后,天象变异更多;从'人事'来看,帝王大业,绝对不是一个平凡的人所能开创的。土崩瓦解的形势十分明显。阁下虽然建立辅佐勋业,将来也会无立足之地。可是阁下曾有过轰轰烈烈的战功(指昆阳之战),受到天下人的钦佩。不管从政还是带兵,都纪律严肃,赏罚公平。为了应对即将来临的变局,最好是招揽英雄,收服民心,创立高祖当年的功业,拯救黎民于水深火热之中。以阁下的英明,不难统一天下。"

刘秀听后,大为兴奋,命邓禹住在营中,随时磋商。此后,任命将领或者派出使节,刘秀都要征求邓禹的意见。后来的事实也证明,邓禹的判断都很正确。

刘秀自哥哥刘縯被诬杀后,表面上十分平静,但单独自处时,每每伤心落泪。主簿冯异曾悄悄进言规劝,刘秀阻止他说:"这事你可别瞎讲!"冯异索性直率地说:"现在政治混乱,人民无依无靠,一个人饥渴太久,就容易使他吃饱。阁下得以控制一大块土地,应该派遣官属使节,分别前往所有郡县,传播善政恩德。"刘秀采纳了他的意见,暗中扩大势力,羽翼逐渐丰满。

刘秀称帝

新王朝时,首都常安有人自称是西汉成帝刘骜的儿子刘子舆,王莽把他抓捕处决。现在邯郸城一个摆卦摊的算命先生王郎,宣称他才是真正的刘子舆,对人说:"娘亲本是刘骜的一位歌女,曾经看见一股黄气罩在她身上,就怀了孕。赵飞燕打算谋害她,幸而用别人家的婴儿顶替,才保全一命。"很多人对这一说法深信不疑,拥立王郎(刘子舆)做了皇帝,以邯郸为都城。

双方相持之下,刘秀抵挡不住邯郸王郎的威胁,向北逃窜到蓟县(今北京市)。而王郎的文告也跟着到达,悬赏十万户侯爵,购买刘秀的人头。就在这时,西汉王朝前广阳王(首府蓟县)刘嘉(西汉刘彻五世孙)的儿子刘接,在蓟县响应王郎,刹那间全城混乱,传言邯郸派出的钦差大臣已经抵达,郡守及以下官员都迎接去了。刘秀大为惊恐,急忙从下榻的驿馆奔出,转而率队南逃。从南门破门而出。一行人惶惶不安,昼夜不停地狂奔,不敢进入城市,饥渴时就在路旁进餐,疲倦时就在路旁睡觉。好不容易到了芜蒌亭,天气酷寒,冯异不知道从哪里弄来一碗热豆浆,端给刘秀。抵达饶阳时,饥寒交迫,几乎不能支持。刘秀无可奈何,决定冒险一试,遂自称是邯郸皇帝的使节,堂堂皇皇叫开城门,大模大样地住进驿馆。驿馆官员设宴招待,刘秀部属一个个饥渴难忍,一看香喷喷的大鱼大肉上桌,就像叫花子般争抢饭菜,乱成一团,不成体统。官员瞧在眼里,顿时生疑,认为不像是真正的皇帝使节,于是派人在外面擂起大鼓,连续十几通响,大声叫喊:"邯郸将军驾到!"刘秀等人霎时脸色大变,他跳上马车就要狂奔,可是转念一想,被困城中,无论如何也逃脱不了,只好再回到座位上,硬着头皮喊:"请邯郸将军相见!"这场虚惊过后,停了一阵,才离开饶阳。沿途也不敢停留,日夜前进,头冒风霜,脚踏冰雪,脸部都被冻裂了。

到了曲阳,得到情报,王郎的追兵已经逼近,刘秀等十分惊恐,奔驰到滹沱河,走在前面的探马回报说:"河上布满碎冰,又没有船只,无法渡河。"刘秀再派王霸前往亲探,果然如此。王霸恐怕

(左)荒亭进粥

冯异自投奔刘秀就忠心耿耿,誓死效忠。刘秀到蓟城时,王郎聚众闹事,在邯郸称帝。河北各地纷纷响应要悬赏杀害刘秀。刘秀率部队向南疾进,当时形势危急,部队不敢进入城邑,吃住都在道旁。到达河北饶阳芜蒌亭时,大家饥渴劳顿。冯异到附近村子要饭给刘秀送来一碗热粥。

(右)王 霸

王霸(?—公元59年),字元伯,颍川颍阳(今河南许昌西)人,东汉名将,"云台二十八将"之一。新莽末,刘秀起兵,王霸率兵响应。参加昆阳之战后,王霸在家休养后又追随刘秀,直至河北时与王霸一起追随刘秀的好几十个颍阳人,只有王霸留下,刘秀说王霸"疾风知劲草"。

大家惊恐，可能会一哄而散，准备走一步算一步，等到了河边，真不能渡河时再说。于是宣称："河冰已经凝结，连车马都过得去。"众人一片欢腾，刘秀笑说："探马果然胡说八道。"一行人继续前进，奇事出现了，等他们到了河边，因天气大寒，河冰竟然真的已经冻结坚固。刘秀命王霸部署渡河。最后，只剩下几匹马没有渡完，河水复行融解。

到了南宫，又遇到狂风暴雨，刘秀等躲到路边的空屋暂避。冯异找了一些木柴，邓禹点燃，刘秀脱下湿淋淋的衣裳，在火上烤干，可谓狼狈。

到了下博城西，刘秀等一行四顾茫然，不知道应向何处投奔。正好，一位白衣老汉在路旁，指点说："各位不要气馁，信都郡仍然向长安效忠，离这里只有80里。"刘秀遂奔向信都。此时，黄河以北各郡、封国，全都归附王郎，只有信都郡守南阳人任光、和戎郡守信都人邳彤，拒不受命。任光正在忧愁以一座孤城，不能长时间坚持，恐怕终将陷落。听到刘秀抵达，好像救星驾到，不禁大喜，全城官民高呼万岁，邳彤也从和戎郡前来会面。

起先，刘秀的部属多半主张在信都郡地方部队的护送之下，迅速返回长安。邳彤对刘秀说："人民思念刘汉王朝，已非一日，所以，皇上（刘玄）一登宝座，天下响应。三辅一带，清洁宫殿，打扫街道，恭敬迎接。而今，王郎不过是一个摆卦摊的算命先生，假借名号，集结了一群乌合之众，侥幸取得燕赵之地，基础并不稳固。您如果发动两郡（信都郡、和戎郡）的兵力，对他讨伐，难道还愁得不到胜利？如果不考虑这些，只求回去保命，不但平白失去黄河以北，也势必惊动三辅，使中央政府的威信大受损害，绝非良策。如果你无意于此，却希望信都地方部队护送，更不可能。因为形势很明显，你一旦西行，邯郸局势就会安定。小民绝不肯抛弃父母妻子，背叛现成的领袖，千里迢迢，护送一群亡命之徒。可以断定的是，他们一定会逃散一空。"刘秀遂决心留下。

刘秀下令征集邻县精锐部队4 000人，然后率领全部武力，向王郎军队发动反击，一路招降堂阳、贳县、昌城、曲阳、卢奴等郡县。这时，真定王刘杨起兵拥护王郎，部众十几万。刘秀派刘植前往游说，刘杨愿意改变立场。刘秀

邳彤

邳彤，信都（今河北安国）人，能文善武，东汉名医，光武帝刘秀手下云台二十八将之一。

遂进入真定，并娶刘杨的外甥女郭圣通为妻，用婚姻加强双方团结。双方联合攻陷元氏、防子、鄗县、柏人等郡县。有人向刘秀建议，与其用柏人当基地，不如用巨鹿。刘秀认为有理，于是率军南下，攻陷广阿，准备进一步夺取巨鹿。耿纯向刘秀建议说："我们困在巨鹿城下，官兵无不疲惫。不如用精锐部队，直接进攻邯郸，一旦王郎伏诛，巨鹿就会不战而下。"

刘秀采纳了耿纯的意见，留下将军邓满继续围困巨鹿，自己亲率大军向邯郸挺进，连战连胜。王郎不能支持，派谏议大夫杜威谈判投降。杜威强调王郎确是汉成帝刘骜的嫡亲骨肉。刘秀说："就是成帝本人复活，从棺材里爬出来，也不能再坐宝座，何况他的冒牌儿子！"杜威请求封王郎万户侯爵。刘秀说："饶他不死已经够了。"杜威大怒告辞。刘秀随后发动猛烈攻击，20余天后，王郎的少傅李立打开邯郸城门，迎接刘秀军队进城。

王郎乘夜逃走，王霸将其擒获，就地斩首。刘秀检查王郎政府档案，发现竟然有若干自己部属写的信件，而且达数千封之多，书信上除了对王郎表示效忠外，还对自己有侮辱性的抨击。刘秀拒绝拆看，集合全体将领，当着大家的面，用火烧毁，说："使背叛的人安心！"随后，刘秀重新调整部队，把新收容的官兵分配给各将领。

有一次，刘秀面对地图凝视，对邓禹说："天下郡国这么多，到今天我才占领一个，你前些时认为我的忧虑是多余的，为什么？"邓禹说："现在天下大乱，人民渴望出现英明的君王，就好像婴儿渴望慈母。古代兴起的君王，只在他品德的厚薄，不在他地盘的大小。"

刘秀住在邯郸故赵王王宫，一天，在温明殿睡午觉。耿弇直闯而入，冲到床前请求单独谈话，说："官兵死伤太多，请准我回上谷补充。"刘秀说："王郎已经消灭，黄河以北已经太平，还补充部队干什么？"耿弇说："王郎虽然消灭，全国混战局面并没

（上）耿 纯

耿纯（？—公元37年），字伯山，巨鹿宋子（今河北赵县北）人，东汉开国元勋将领。刘秀起兵至邯郸时，耿纯投奔刘秀，并为刘秀复汉立下赫赫战功。

（下）耿 弇

耿弇（公元3—58年），字伯昭，扶风茂陵（今陕西兴平东北）人，东汉初期大将。新莽末，刘秀起兵，耿弇任大将军，刘秀称帝后，任建威大将军，封好畤侯。

有结束,不过刚刚开始。现在,中央政府使节从西方传达诏令,要全体复员,我们绝不可以听从。铜马、赤眉等变民集团,共有几十个之多,每一个集团都有几十万人,甚至100万人,所向无敌。刘玄没有能力应付,不久就会溃败。"刘秀从床上跳起来吓唬他说:"你说错话了,我只有杀你。"耿弇说:"大王厚待我,如同父子,所以才掏出赤心。"刘秀说:"我开玩笑罢了,请说下去。"耿弇说:"全国百姓被王莽害得苦不堪言,因而想念刘姓皇室。听说汉王朝中兴重建,无不欢欣鼓舞,好像逃脱虎口。现在,刘玄当天子,山东(崤山以东)将领们,各霸一方。中央的皇亲国戚,又烧杀掠夺,无恶不作,人民痛苦,已到极点,内心泣血,甚至反过来思念新王朝统治的时光。所以,我断定刘玄必然失败。阁下建立伟大的功业,英名传播海内,以仁义作为号召,天下可以靠着一纸文告恢复秩序。政权是一件重要的工具,阁下应该自己取得,莫让非刘姓的人占有。"刘秀听后大为欣赏,遂向刘玄报告,认为黄河以北还没有完全平定,无法抽身返回首都长安。至此,刘秀已决心叛变,只等时机。

在取得一连串的胜利后,部下纷纷请求刘秀称帝。南阳人马武首先说:"大王虽然谦虚退让,可是皇家祭庙跟天地祭坛,托付谁?最好请先定尊位,再讨论征伐。现在,位号如果不早日确定,乱闯乱打,到底谁是匪?谁是盗?"刘秀假装吃惊地说:"你怎么说出这种话,应该杀头!"

刘秀回到中山,将领们再次请求他当皇帝,刘秀再度拒绝。走到南平棘,将领们再坚决敦促,刘秀仍不答应。将领告辞后,耿纯进言说:"天下的士人,抛妻别子,离乡背井,在枪林弹雨中追随大王,目的只有一个,就是希望攀龙附凤,成就他们的功业。而今,大王的表现使众人心冷。如果不早早确定尊号,恐怕这些人会由失望转为绝望,由此产生留下来还是远离而去的烦恼,他们不会长久忍耐。到时恐怕大家一散,就难以再聚合在一起了。"耿纯态度十分诚恳,刘秀致谢说:"容我想一想。"

刘秀走到鄗县,召见冯异,探听四方动静,冯异说:"刘玄必然失败,刘姓皇家的重担,在大王身上,您最好接受大家的建议。"而此时儒家学者贾疆华,也从关中拿着赤伏符,千里迢迢赶来晋见。上面有句:"刘秀发兵捕不道,四夷云集龙斗野,四七之际火为主。"(四七二十八,自从刘邦兴起,到刘秀兴起,共二百二十八年,正好"四七"的应验。西汉王朝以"火"作为象征,所以说"火为主"。)于是,将领们再次请求刘秀称帝。

公元25年六月二十,30岁的刘秀在鄗县南郊登基,自称皇帝,改年号,大赦。封邓禹为大司徒,封酂侯(酂县,西汉初年萧何的采邑),采邑一万户人家。邓禹这时才24岁。对于大司空的人选,刘秀因为赤伏符上有句"王梁主卫作玄武",于是任命野王县令王梁为大司空,又打算依照谶语任命平狄将军孙咸当大司马,结果大家都反对刘秀按书行事的做法,都

(左)马 武

　　马武(？—公元61年)，字子张，南阳湖阳(今河南唐河湖阳镇)人，东汉大将，云台二十八将之一。最初马武加入绿林军，更始政权建立后，马武被任为侍郎，与刘秀共击王寻，又被拜为振威将军，与尚书令谢躬共击王郎，后归刘秀，东汉建立后，任捕虏将军，封杨虚侯。

(中)冯 异

　　冯异(？—公元34年)，字公孙，颍川父城(今河南宝丰东)人，东汉大将，云台二十八将之一。东汉时任主簿、偏将军，被封为应侯。他屡立军功，善于政治，但为人谦恭不夸，诸将每坐论军功，他常独避树下，在军中号称"大树将军"。

(右)岑 彭

　　岑彭(？—公元35年)，字君然，南阳棘阳(今河南南阳市南)人，东汉大将，云台二十八将之一。

不满意，刘秀只好改变主意，改任吴汉为大司马。

　　此时，玄汉政府节节败退。眼看倾覆在即，无力支持，刘玄手下张卬、廖湛、胡殷、申徒建、隗嚣等阴谋于立秋大祭之时，劫持刘玄，逃往南阳。结果事情败露，申徒建被斩首，隗嚣率部返回天水郡。而张卬、廖湛、胡殷则率部反攻皇宫，火烧宫门，杀入后宫，刘玄的卫士拒战，大败。次日早晨，刘玄从宫中逃出，投奔驻扎在新丰的岳父冯萌。刘玄更疑心王匡、陈牧、成丹等与张卬勾结，假令召见他们，陈牧、成丹到后，刘玄将二人斩首。王匡大为惊慌，率军进入长安，跟张卬会合。

　　玄汉政府宰相李松从撤城还军，在刘玄的率领下，跟赵萌所率部队联合，在长安反击王匡、张卬。缠斗月余，王匡等弃城逃走。刘玄再入长安，迁住长信宫。然而，刘玄还来不及庆祝胜利，局势就急转直下，赤眉大军进抵高陵，逃走的王匡、张卬投降赤眉，反攻长安东都门。李松出战，大败，被赤眉生擒。李松的弟弟城门校尉李况打开城门，迎接赤眉。赤眉进入长安，刘玄骑马从厨城门逃走。玄汉政府文武百官，全都投降了赤眉。

走投无路的刘玄，只好在谢禄和刘恭的引导下，投降了赤眉军，并交出皇帝玉玺。赤眉军封刘玄为长沙王，实则为软禁。三辅人民对赤眉军的暴虐深感痛苦，这时又怀念起刘玄的好处，对他今天沦落到这种地步十分怜悯，准备把他救出。张卯等恐惧忧虑，因为一旦刘玄翻身，他们将死无葬身之地，于是命谢禄下手，把刘玄绞死，刘恭乘夜收藏他的尸体。刘秀得到消息，命邓禹把刘玄的尸体埋葬在霸陵。

秋天，刘秀大军包围洛阳，历时数月，而洛阳在朱鲔的坚守之下，拒不投降。刘秀知道廷尉岑彭曾在朱鲔手下当过指挥官，命岑彭前去说服。朱鲔站在城上，岑彭站在城下，向朱鲔分析成败利害。朱鲔说："刘縯被害之事，我是主谋之一，后来又劝皇上（刘玄）不要把刘秀派往黄河以北。我深知罪恶深重，不敢投降。"岑彭回来把话转告刘秀，刘秀说："一个追求伟大目标的英雄，不会牢记小小冤仇。朱鲔如果投降，连官职和爵位都可以保留，怎么会有报复？黄河作证，我决不食言。"岑彭再到洛阳告诉朱鲔，朱鲔从城上垂下软梯说："如果你讲的是真话，请上城！"岑彭攀着软梯要上，朱鲔看出确是诚意，决定投降。

几天后，朱鲔自己五花大绑，跟岑彭同到河阳。刘秀下令解开他的绳索，接见了他，再命岑彭乘夜送朱鲔回到洛阳城中。次日凌晨，朱鲔率领全军出城归附。刘秀任命朱鲔当平狄将军，封扶沟侯。朱鲔后来担任少府，侯爵世代相传。

冬季，刘秀进入洛阳，居住南宫，定为东汉王朝的首都。起初，刘秀在宛县追随刘玄的时候，娶新野县阴家的女儿阴丽华为妻。定都洛阳之后，刘秀即派官员前往迎接阴丽华，封为贵人。同时还迎接了刘秀的姐姐湖阳公主刘黄和妹妹宁平公主刘伯姬，李通是刘伯姬的丈夫，被封为卫尉。

刘秀考虑到阴丽华性情温柔宽厚，打算立她为皇后。阴丽华认为自己没有儿子，而另一位贵人郭圣通却有儿子，坚决拒绝皇后封号。于是刘秀封郭圣通为皇后，封她的儿子刘疆为皇太子。

剿灭割据　统一中国

旁人眼中帝王相

　　隗嚣从长安逃出后,回到天水郡,以天水郡、陇西郡为根据地实行割据,自封为西洲大将军。当时除了刘秀在洛阳建立的政权,公孙述在成都建立的成家政权也颇具实力。隗嚣于是派马援分别前往成都和洛阳,打探成家帝公孙述和汉帝刘秀的虚实。

　　马援与公孙述同是茂陵人,从小玩在一起,感情十分深厚。他以为到了成都之后,两人会握手言欢,不拘形迹地谈笑风生,如同当年的同学时代。想不到等待他的却是一个官式场面,公孙述高坐在金銮宝殿之上,武士林立,戒备森严,完全依照宫廷礼节接见马援。在皇家祖庙中,等到马援和文武百官一切就绪,公孙述的御驾才从皇宫出发,盛大的皇家卫队之前,由天子特用的绣着鸾鸟的旗帜和驱逐妖邪的蓬头散发的骑士作为前导,全城戒严,百姓被逐离街道,一片肃静,公孙述高坐在御车之上,不断向左右两旁屈伸恭迎的官员点头作答,文武百官的阵容极为庞大。

　　公孙述要封马援侯爵,担任大司马的高位,马援带领来的宾客们大喜过望,都盼望留下来,但马援拒绝,向大家解释说:"天下一团混乱,胜负雌雄还没有决定,鹿死谁手尚不得而知。公孙述不知道一饭三哺,不去招揽贤才,共商国是,反而只注意烦琐的小节,不过一个人形玩具罢了。这种人如何留得住英雄豪杰!"遂坚决告辞。

　　马援又到了洛阳,求见刘秀,等了很久,禁宫中的中黄门引导他入宫。刘秀一副平民打扮,用布包头,在宣德殿的走廊底下,笑脸相迎。坐

马　援

　　马援(公元前14—公元49年),字文渊,扶风茂陵(今陕西兴平东北)人,东汉著名的军事家。王莽末年,马援曾为新城大尹(汉中太守),受隗嚣器重,任绥德将军,参与决策定计。东汉建立后,因其善兵策,常谋划,为光武帝刘秀所用,公元41年被封为伏波将军。被封为伏波将军之后,马援更加忠于职守,为国家效力,曾有"马革裹尸"的誓言。

定之后，刘秀说："先生周旋于两个皇帝之间，今天见到你，使我惭愧。"马援叩头拜谢，深自谦虚，说："当今之世，不但主上选择臣子，臣子也选择主上。我跟公孙述同一县份，自幼交好。可是我到成都时，公孙述高坐在金銮宝殿，戒备森严，而后传唤我进去。现在我远道而来，陛下怎知道我不是奸人刺客，竟这么简朴地跟我见面？"刘秀笑说："你不是刺客，但你确是说客！"马援说："大局反复不定，称帝称王的人，不计其数。只有陛下气度恢弘，好像高祖，我这才知道帝王自有成功的条件。"

马援与隗嚣感情深厚，回到天水之后，两人同榻而眠，商议成都与洛阳的情形，马援说："公孙述不过是一只井底之蛙，自以为是。但刘秀不同，我到洛阳后，刘秀接见我数十次之多，每次接见，态度都很轻松，从早到晚，无所不谈。刘秀聪明，才智极高，又有勇气、有谋略，普通人不是他的对手。而且他心胸坦荡，开诚布公，没有什么隐藏，度量恢弘，不拘小节，跟刘邦相同。而他看的书极多，深通儒家经典，处理政事，遵循制度，前世君王，没有人能跟他相比。我们不如专心侍奉洛阳。"隗嚣问："你认为刘秀跟刘邦相比如何？"马援说："刘秀不如刘邦，刘邦的性格是无可无不可，而刘秀却喜欢处理行政事务，动作都有节制，而又不喜欢饮酒。"隗嚣有点不高兴，听不下去，说："照你这么说，难道刘秀反而比刘邦更高明？"

牵制敌友显智慧

起先，窦融听到东汉帝刘秀的威望，一心归附。可是河西不但距东汉首都洛阳太远，而且当中还隔着以天水郡为基地的隗嚣的势力。于是，窦融越过隗嚣，接受东汉王朝"建武"的年号，同时隗嚣也颁发给他将军的印信[1]。

隗嚣表面上顺应人心，但暗中有他的打算。他派辩士张玄前往河西，对窦融说："刘玄事实上已经成功，可是瞬间灭亡，这正是'一姓不再兴'的证明。如果早早地就认定主人，隶属于他，一旦受到拘限，不能自由，便失掉权柄。到后来随他失败，随他灭亡，后悔莫及。而今，天下的英雄豪杰，互相竞争驱逐，胜败还没有分晓，我们应该保持疆界，跟西州隗嚣、成家帝公孙述密切联盟。如果运气好，可以成为战国时代的六国之一。即便运气不

[1] 汉代自建国起，就面临着如何限制和削弱诸侯王势力的问题，此一问题未能根治，后来终于酿成了吴楚七国之乱。因此，到汉武帝的时候，根据主父偃的建议，颁布了"推恩令"：诸侯王除了由嫡长子继承王位以外，允许推"私恩"把王国土地的一部分分给子弟为列侯，由皇帝制定这些侯国的名号。这样一来，王国纷纷奏请分邑子弟，诸侯王的后代多得以受封为列侯，原先诸侯王国的势力范围缩小了，相应的，朝廷的直辖土地则扩大了。诸侯王强大难制的问题至此得到了解决。

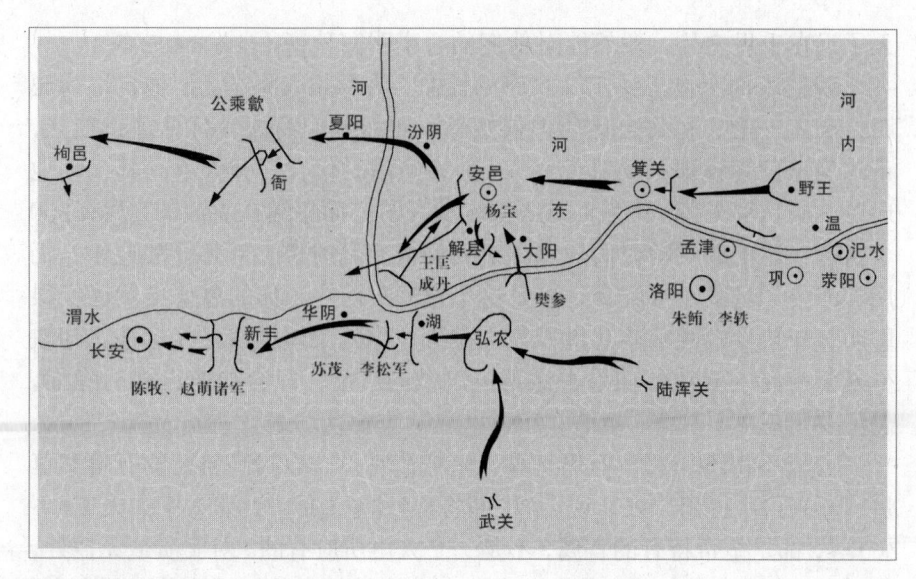

关中之战示意图

  更始二年冬，赤眉军分两路进攻长安。刘秀为防止关中、河洛战略要地落入他人之手，决定趁赤眉西攻长安，更始军应接不暇之际，平定河北、消灭河内、河东的更始力量，然后相机夺取长安、洛阳，为统一天下做准备。这就是刘秀入关中夺洛阳之战。图中是各部队进攻路线图。

好，也可以当一个赵佗（南越王国第一任皇帝）。"

  窦融召集智囊们讨论，其中有见解的人都说："东汉帝刘秀，图谶上有他的名字。从前的术士谷永、夏贺良等都指出过：刘汉王朝灭亡之后，必然再度兴起。所以刘歆才改名刘秀，希望应验。等到新王朝末年，西门君阴谋劫持王莽，拥立刘秀（刘歆），事情败露，被绑到刑场处决，他还告诉观刑的人说：'图谶上说的并没有错误，刘秀真是你们的领袖！'这都是人人皆知的近事，大家亲眼目睹。何况，现在自称皇帝的几个人中，洛阳占领的土地最广，武器精良，号令严明。上观预言，下察人事，其他姓氏的人，恐怕不及他。"

  于是，窦融决心归附汉帝刘秀，遂派长史刘钧等人，带着奏章前往洛阳。刘秀接见刘钧，大为高兴，赏赐饮宴，盛大招待。再命刘钧回去复命，给窦融的诏书说："现在，益州有公孙述，天水郡有隗嚣，如果对我们发动攻击，命运掌握在将军之手，随便动一下左脚右脚，都有轻重。你如果决心帮助哪一边，哪一边力量之大，岂可计算？如果要建立姜小白、姬重耳的霸业，辅助我这个弱小的中央政府，就应该努力完成。如果打算列国林立，合纵连横，也应该早日及时决定。天下还没有统一，我跟你远隔绝域，并不能互相吞并。一定有些人献出隗嚣教导赵佗控制六郡的计谋，君王可以封爵封国，但不能分割人民，在这件事情上，你定要三思而行。"并任命窦融为凉州牧。诏书到达河西，河西官员都大吃一惊，认为天子远在千里之外,竟然能对他们的心事明察秋毫(指仿效赵伦事)。

隗嚣表面上也接受东汉政府的任命,为西州大将军。但他自以为聪明,高人一等,每每自比西伯侯姬昌,跟将领们商议,打算宣布独立,正式当王。智囊郑兴反对说:"从前,姬昌时代,三分天下有其二,他还照常服从商王朝。姬发时代,事前没有约定而集结在孟津的,竟有800个封国,还不敢发动讨商战争,仍要静候有利时机。刘邦征战连年,仍用'沛公'名义发号施令,也是这个道理。而今,你的恩德虽然已经很彰明,却缺少姬姓家族几世积累的基础。你的威望虽然已经远播,却缺少刘邦赫赫的武功。如果去做不可以做的事情,只会加速灾祸的降临,恐怕要三思啊。"

隗嚣不得不作罢,但仍打算大量任命官员,以抬高自己的身价和尊贵。郑兴再次提出异议,说:"中郎将(皇家警卫指挥官)、太中大夫(国务官)等,都是皇帝特有的官属,不是一个人臣所应有的。对实质毫无益处,但对名誉却有损失,不是尊重中央的本意。"隗嚣虽然讨厌这种逆耳之言,也只好终止。

这时,关中将领们一再向刘秀说,成家政府已露败征,要求进攻。刘秀把这些信件送给隗嚣过目,顺便命令隗嚣向成家采取军事行动,借以表明他自己的立场。隗嚣上书强调三辅(关中地区)部队单薄微弱,而卢芳又在北方虎视眈眈,此时不适合轻率地挑起对成家的战端。

刘秀了解隗嚣态度暧昧,不愿意看到国家统一,于是对隗嚣的礼遇稍稍减少,使他明白君臣之间的分际。又因为隗嚣与马援、来歙友情深厚,他便不断派马援、来歙访问天水郡,建议隗嚣前往首都洛阳,承诺封他尊贵的爵位。隗嚣不断派使节到洛阳,态度谦卑,陈述自己既没有功劳,又缺少品德,只盼望四海平定之后,辞卸官职,退回乡里。刘秀再派来歙游说隗嚣派儿子当人质。隗嚣得知刘永、彭宠都已败亡,心情震撼,遂命嫡长子隗恂,随同来歙到洛阳。刘秀任命隗恂为胡骑校尉,封镌羌侯。

郑兴乘着隗恂之行,请求返回故里河内,安葬父母。隗嚣不准,反而把郑兴迁入更豪华的房舍,提高俸禄,以示更大的尊敬。郑兴对隗嚣说:"我只是为了父母还没有安葬,才请求回乡,如果因为俸禄增加,房舍舒适,便改变主意,是我把双亲当做手段,可以说是无礼之极,将军你用我这种人干什么!如果将军不放心,我愿留下妻子儿女,只身返乡,以免将军猜疑我会逃走!"隗嚣遂允许郑兴携带妻子儿女,一同东行。

隗嚣的大将王元,认为天下混乱,鹿死谁手尚不能预料,应力求向外发展,不愿以狭小的地盘为满足,向隗嚣建议说:"从前,刘玄定都长安,四方全起响应,天下人众口一词,认为从此太平。想不到玄汉政府刹那间即告崩溃,将军你险些没有立足之地。现在,南方有公孙述,北方有卢芳，凡有江湖山川地方，都有称王称公的，数来还有几十人。如果听从儒家学者的建议，舍弃帝王的丰厚根基，却像游客似的，把身家性命投身到危险的国度中祈求平安，这是再一次走到覆车的轨道上。而今，天水郡物产富饶，兵强马壮。我愿用一丸泥，为大王在东方封闭函谷关，这正是万世事业的最佳时机。即令不考虑到出动大军，也应该加强武装部队的训练，据险自守，等待四方发生变化。即便当不上君王，也可以成为一方霸主。重要的是，鱼不能离开水，飞跃于天际云端的神龙，一旦失去凭借，也就跟一条蚯蚓差不多了。"

隗嚣因为当初仓促前往长安，报效刘玄，最后几至丧命，一经蛇咬，常怕草绳，所以对王元的话深以为然。虽然把儿子隗恂送到洛阳当人质，仍盼望靠着地势的险阻，独霸一方。

申屠刚规劝说："我听说，人心归附时，上天就会赏赐他。人民背叛时，上天就会抛弃他。东汉政府受到上天的眷顾和赐福，和人力无关。刘秀的诏书，不断颁发，委托国土，明示大信，旨在与将军有福同享，有难同当。一介平民结交，尚且终身不忘承诺，何况身为君王！你害怕什么？又贪图什么？却一直迟疑不决。一旦突变，对上不忠不孝，对下惭愧一生。当事情没有发生时，预言它会发生，常使人们觉得虚幻。等到那一天终于来到，却是后悔莫及。所以，说尽忠言，恳切建议，希望能被采信，请三思我这个老人的愚昧意见。"隗嚣听不进去，于是，投奔隗嚣的一些士大夫，逐渐离开。

公元30年，汉朝大司马吴汉，攻陷临朐县（今江苏连云港市），斩海西王董宪及东平王庞萌。至此，长江、淮河、山东（河南崤山以东）一带，所有的独立政权全部扫平。各地将领纷纷回到首都洛阳，刘秀（时年35岁）大宴群臣，再发赏赐。

此时的刘秀，对战争已经感到厌倦，隗嚣已经派儿子充当人质，而成家帝公孙述又远在偏远的西南边陲，实在有心就此罢手，于是就对在座的各位将领说："我把这两位先生置之度外！"遂命将领们在洛阳休养，而把大军调防河内郡（河南武陟县）。并好几次写信给隗嚣和公孙述，分析利害祸福，企

吴汉

　　吴汉（？—公元44年），字子颜，南阳宛（今河南南阳）人，东汉开国名将，云台二十八将之一。刘玄更始二年跟随刘秀征战，20年戎马生涯，曾参加镇压铜马、重连等农民起义，历任偏将军、大将军。刘秀称帝后，吴汉升任大司马，封广平侯。

图用政治手段解决。

成家帝公孙述,也好几次写信给刘秀,声明他的宝座早就见于符命。刘秀回信给公孙述说:"符命上说的'公孙',指的是西汉朝的宣帝。代替西汉王朝的人,姓'当涂',名'高',阁下难道是'高'本人?而阁下又肯定你的奇异掌纹是一种祥瑞。王莽那一套把戏,岂可以效仿?阁下并不是我的乱臣贼子,只不过仓促之间,人人都想当君王而已。阁下年纪已老,而妻子儿女还小,不能帮助你,最高神圣的君王宝座,不是纯用人力就能争到手的,请阁下三思而行,早日决定。"信封上仍写"公孙皇帝"。可是公孙述拒不答复。

成家骑都尉平陵人荆邯,向公孙述建议:"刘邦在军中崛起,不知道有多少次大军溃败,几乎被捉被杀,然而他仍重新集结,休养创伤,再度挑战。为什么?为的是前进而死,总比后退而死要好得多。隗嚣坐拥雍州(甘肃东部)的广大土地,兵强马壮,百姓和士大夫全都归附,威信传播至山东(河南崤山以东)。在玄汉时代,政治混乱,刘玄那帮人把得到的政权再度失掉。天下土崩瓦解,百姓伸长脖子,盼望太平。隗嚣不能抓住这个机会,向东进军,夺取国家的最高政权,反而退回天水郡,当起了西方霸主,他尊奉儒家学者,招揽宾客隐士,裁减武装部队,放弃战斗训练,低声下气,侍奉刘秀政府,竟然还自以为就是姬昌再世。而今刘秀把隗嚣抛到脑后,专心在东方扫荡群雄,四分天下,刘秀政府已有其三。然后,又派出来歙和马援,策动内部背叛,使西州(甘肃东部)的英雄豪杰,一心向往山东(河南崤山以东),是以五分天下,刘秀已有其四。如果再向西发动攻

"云台二十八将"

刘秀在建立东汉的过程中,经历了许多的征战与政变,其间有许多大将都立下了汗马功劳。人们将最具战功的将领列出来,共28位,28人正好对应天上的28星宿。汉明帝曾在南宫云台阁命人画了28将的像。28将分别为邓禹、马成、吴汉、王梁、贾复、陈俊、耿弇、杜茂、寇恂、傅俊、岑彭、坚镡、冯异、王霸、朱祐、任光、祭遵、李忠、景丹、万修、盖延、邳肜、铫期、刘植、耿纯、臧宫、马武、刘隆。

击，隗嚣必然溃败，天水郡一旦被平定，则九分天下，刘秀已有其八。陛下仅以梁州（包括今四川及陕西南部）的财富，对内奉养皇族，对外供应武装部队。百姓负担过重，愁苦悲哀，无法活命，恐怕要不了多久就会发生王莽那种自己内部溃烂的局势。以我的愚见，应该乘着天下仍然混乱，英雄豪杰仍野心勃勃，尚可以罗致招请的时候，出动精兵，命田戎挺进江陵（湖北江陵县），控制长江上游，依靠巫山的险要，严密防守。怀柔以前吴王国、楚王国的百姓，则长沙以南的地区，必然望风来降。再命延岑率大军从汉中郡（陕西汉中市）出发北上，平定三辅，则天水、陇西两郡，自然臣服。如果这样的话，将引起天下震动，才可以开创有利形势。"

公孙述认为荆邯言之有理，打算动员所有武装部队，包括首都成都的戍卫军和屯垦部队，以及山东流亡客组成的外籍部队。他命延岑、田戎分别出发，与汉中郡驻屯军合并，同时进击。可是许多大臣和公孙述的弟弟公孙光一致反对，认为不应该倾全国之力，用于千里之外以求一决胜负。公孙述于是作罢。

公孙述虽然已当了皇帝，但事必躬亲，与他当初任清水县长时一样。公孙述年轻时曾当过汉朝的宫廷禁卫官，对中央政府官场的运作十分熟悉，所以当了皇帝之后，立刻摆出架势，出宫入宫，都用"法架"，大旗上绣着鸾鸟、骑兵的枪杆上都挂着牦牛尾。他还把两个儿子封为亲王，并把两个郡分封给他们作为封国。有人规劝道："事情成败，还不能预料，战士们在沙场上血战，还没有封赏，竟然先封儿子当王，这说明陛下没有更大的志向。"公孙述听不进去，高级官员们开始怨恨离心。

刘秀下诏给隗嚣，命他从天水郡南下攻击成家帝国的后背。隗嚣上书说："白水关（四川广元市北朝天镇）险恶，难以通过，沿途栈道又都朽烂损坏，无法使用。公孙述性情严酷，上下猜忌，如果等到他的罪恶明显，再发动攻击，才能造成势如破竹的声势。"刘秀了解到隗嚣不会放弃独立立场，遂计划用武力解决。

终成统一大业

四月，刘秀前往长安，祭拜西汉王朝历代皇帝坟墓，派建威将军耿弇、虎牙将军盖延等7位将军，向西穿过陇西（陇山以西，隗嚣辖区），攻击成家帝国。

大军出动，刘秀先派中郎将来歙，送诏书给隗嚣，再作最后一次说服。隗嚣反复考虑，仍然无法决定。来歙大不耐烦，直率地责备隗嚣说："皇上认为阁下能够明白是非利害，才向你恳切解释兴亡存废的道理，亲笔写信，表示诚意。阁下已经推诚效忠，派你的儿子前往洛阳充当人质，现在反而一直接受那些马屁精的迷惑，难道要你全族覆灭？"

来歙越说越激昂，拔出宝剑，直刺隗嚣。隗嚣大怒，起身而去，召集部队，要诛杀来歙。来歙手拿"符节"，从容上车。隗嚣的将领牛邯，率军把来歙团团围住。另一位将领王遵对隗嚣建议说："来歙单人匹马充当远地使节，而且又是刘秀的表哥，杀了他，对东汉政府毫无损失，却使我们面临全族被屠灭的灾难。从前，宋国格杀楚国的使节，招来的却是全国百姓以亲人尸骨烧柴，易子相食的大祸。对小国尚且不可侮辱，何况至尊的皇上？况且还有隗恂在洛阳的一条性命啊！"

来歙为人很有信义，西州很多士大夫都为他求情，最后隗嚣免他一死，送他东返。

五月，隗嚣起兵叛变。当初马援得到隗嚣打算宣布独立的消息，屡次写信规劝责备，隗嚣看到信更加愤怒。等到隗嚣明确反汉，马援上书刘秀说："我跟隗嚣本是知交挚友，开始派我来东方时，对我吩咐：'我起事之初，本来要拥戴汉王朝，请你前去观察，你如果认为可以，我就专心一意。'等我回去，完全依照事实，向他报告。只盼望引导他走上至善的道路，不敢蒙骗他，使他陷于不义。想不到，隗嚣自怀私心，像强盗恨主人一样，把所有怨毒之情，集中我一个人身上。我如果不说明，陛下就无法知道。请求准允我晋见陛下，汇报消灭隗嚣的方略。"

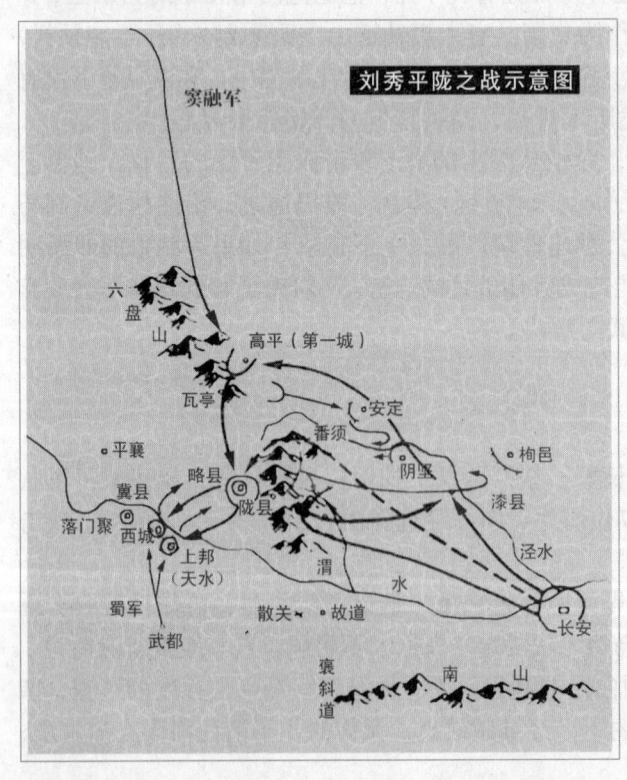

刘秀召见马援，根据马援提出的作战计划，命他率领骑兵5 000人，希望他能说服隗嚣的部将高峻、任禹等以及诸羌部落酋长，向他们分析利害祸福，以求瓦解隗嚣部属。

马援又写信给隗嚣的大将杨广，请杨广规劝隗嚣。信上说："我看到四海之内已经平定，亿兆百姓感受相同。想不到隗嚣突然封闭边界，起兵背叛，成为天下的箭靶。我一直害怕大家对隗嚣咬牙切齿，争相扑杀，所以不断写信给隗嚣，把我的忧虑向他陈述。最近才听说隗嚣把所有罪过都推到我一个人头上。反而采纳王元谄媚奸佞的意见，宣称函谷关以西，一抬脚就可以完全夺取。以今天的局势验证，又该如何！

"我曾经到过河内郡，去探望隗恂（自从父亲隗嚣叛变，隗恂就被囚禁在河内郡），看见他的仆人刚从西州回来，说起隗恂的弟弟想问仆人，哥哥是不是已遭意外，竟不敢开口，早晚哀号哭泣。又说全家悲愁，难以用言语表达。我听了这些事后，不知不觉泪下沾襟。我深切了解，隗嚣孝顺父母，曾参、闵子骞，都不过如此。凡是爱父母的，岂不同样爱子女！可是儿子身戴刑具，当父亲的竟想吃一碗儿子的肉！

"隗嚣平时一再强调，他所以控制军队，目的只是保全乡土和父母的坟墓。又一再强调，只要对士大夫有帮助的，他都愿意去做。而今，所保全的乡土，就要破亡；所保全的祖坟，就要摧毁；企图帮助的行为，反而倒转过来变成伤害。隗嚣曾经羞辱过公孙述，拒绝接收他的爵位，而今却呆呆地又去靠拢，岂没有一点难为情？如果公孙述也要索取嫡长子当人质，隗嚣又从哪里再去找一个嫡长子？

"从前公孙述曾经直接封你王爵，而你拒绝，现在你年纪已老，难道还低着头跟年轻的小孩子们同挤在一个槽头，抢吃草料？难道还肩并肩，侧着身子在成家王朝里当官？

"我们皇上（刘秀）对你怀有很大期许，你应该请牛邯等一些前辈尊长，共同说服隗嚣，如果隗嚣拒绝，你们真应该离开他了。我曾经批览地图，发现天下共有106个郡和封国，为什么要用区区两个郡（天水郡、陇西郡），对抗其余的104个呢！

"你侍奉隗嚣，外表是君臣，内心是朋友。作为臣下，固然应该诤谏；作为朋友，更应该坦诚磋商。为什么明知道他会失败，却懦弱畏缩，跟他一起陷入灭族的灾难？"

杨光接信后，不做答复。最后，隗嚣还是派人到成都，向成家帝公孙述称臣。公孙述封隗嚣为朔宁王。

公元32年，刘秀亲自出征隗嚣，并征召马援，询问意见。马援指出，隗嚣的将领们有土崩瓦解的趋势，如果进军，必定可以击破强敌。马援还在刘秀面前，用米堆成山谷河川，整个地势顿时尽收眼底。马援向刘秀分析进军路线，刘秀说："好了，隗嚣全在我的掌握之中了。"

征讨隗嚣的部队分开数路，沿着陇山进击。如马援所料，刹时间隗嚣大将13人，属县16个，部队十余万，全部归降汉军。隗嚣在震骇中抛弃军队，只带着妻子儿女和少数卫士，投奔大将杨广。

刘秀下诏给隗嚣，说："你如果放弃武力，前来归附，父子还可以相见，并保证尽释前嫌。如果一定要当英布，也随你便。"隗嚣至此仍不肯投降。于是刘秀下令诛杀人质隗恂。

公元33年，隗嚣患病，病情沉重，时逢严重的饥馑，只能吃到黄豆掺杂着稻米煮成的干饭。隗嚣又悔又怒，就此一病不起，最终死去。

隗嚣的大将王元、周宗，拥立隗嚣的幼子隗纯继承王位，继续据守冀县。成家帝公孙述，派将领赵匡、田弇，率军帮助隗纯。公元34年冬，来歙率同各将领，攻破落门。周宗、行巡等投降，并献出隗纯，只有王元逃走，投奔成家政府。

刘秀命把隗姓家族全部迁徙到首都洛阳以东。后来，隗纯跟门客企图投奔匈奴汗国，逃到武威郡时被捕获处死。

公元35年，东汉帝刘秀（时年40岁）亲率大军，对成家帝公孙述发动总攻。期间，刘秀两次写信给公孙述，承诺保全他的家族和性命，但都被公孙述拒绝。

公元36年冬，东汉大司马吴汉攻破成都，公孙述死在乱军之中。城破之后，吴汉下令斩杀公孙述的妻子儿女，屠杀公孙全族，长幼不留。然后，在成都城中，纵火奸淫烧杀，焚毁公孙述宫殿。

刘秀对吴汉的暴行，大为震怒，责备吴汉说："成都投降已经3天，官吏百姓，全都顺服。仅婴儿和妇女的数量，就以万计，你突然间纵兵放火，听到的人无不心酸落泪。你是皇族子弟，又曾在政府当过官吏，怎么忍心做出这种惨事？仰观苍天，俯视大地，比起秦西巴释放小鹿，乐羊吃他儿子的肉羹，谁有仁心？实在是丧失了斩杀敌将、拯救百姓的本意。"

尊士重文　开创中兴

刘秀在军中的生涯太久,对战争已经厌倦,深知百姓疲惫贫困,渴望休养。于是早在公元30年就下诏说:"前些时日因为战事不息,国库不够开支,所以实行十分之一税收。而今粮秣储存渐多,从现在开始,各郡各封国赋税征收三十分之一,恢复旧有制度。"(西汉刘启在位时,下令三十税一。)

自取得陇右(陇山以西)、蜀郡(四川成都市)之后,除非有特别紧急情况,刘秀从不谈论军事。皇太子刘疆曾经向父亲问及征战,刘秀说:"从前,卫国国君卫元,向孔丘请教战争,孔丘不肯答复。这种事,你最好不要问。"

邓禹、贾复知道刘秀决心追求和平,收藏武器,推广文化教育,不愿有功劳的将领身在京师而拥有重兵,于是二人主动交出兵权,倾心研究儒家学派经典。刘秀也考虑到功臣们的前途,决心保护他们的爵位和采邑。于是下令,所有侯爵,都不兼政府官职,撤销左将军、右将军。冯异、岑彭、祭遵、来歙等大将此前都已在军中去世,耿弇也缴还大将军、将军等印信。大家都以侯爵身份,回到自己家宅,而以"特进"(朝见时,位在三公之下,诸侯之上)地位,参加御前会议。

邓禹封高密侯,拥有的采邑最大,有4个县。李通封固始侯,贾复封胶东侯。其他侯爵的采邑,各不相等。已经死亡的功臣,增加子孙的采邑,或改封他的庶子。

邓禹性格敦厚,有13个儿子,使他们各人至少精通儒家学派的一种经典。邓禹

"雅诃投壶"

在经历了长期的征战之后,刘秀开始重视起文化教育。在与之一起奋战的将领中也不乏重文之人,祭遵就是其中一位。祭遵重视儒术,他选拔人才,全用儒术。连饮酒时的娱乐,也只用儒家的雅诃投壶

的家教严谨，男女有别，十分清楚，对子女的教育方法，可以作为后世效法的榜样。并且一切开支，全靠采邑税收，不再从事其他营利活动。

贾复性格刚毅而正直，曾建立大功，不兼任政府官职后，便在家里闭门纳福。朱祐等曾推荐贾复担任宰相，而刘秀正督促三公整顿全国文官制度，所以一律不使功臣当官。这时，侯爵群中，唯有邓禹、李通、贾复3人参与九卿会议，议论国家大事，恩宠隆重。

刘秀是历史上少数不诛杀亲密战友的皇帝之一。刘秀虽然不用功臣当官，但对他们却大度包容，对他们的一些小过失都能原谅。远方进贡的金银财宝或山珍海味，他一定先行赏赐所有侯爵，有时连御厨房都没有剩余。所以功臣们都能保持自己的尊贵爵位和财产，没有一个人受到诛杀或贬谪。

当然，刘秀也没有赋予他们实质权力，无论是军权或政权。幸而他没有任用贾复当宰相，以贾复的蛮横暴躁，那将会产生令人很不愉快的结局。领兵在外，只要忠心就行了。如果朝夕相处，只靠忠心便不行。当一方总是否决另一方的决定，日久必然爆发冲突，而君臣之间的冲突，一定以流血告终。

后来，刘秀任命窦融担任大司空。窦融知道自己不是皇帝的故旧臣僚，而到了中央政府之后，官位却在那些功勋彪炳的功臣之上，就更加谨慎小心。每次朝见时都和颜悦色，言谈谦卑，对人恭敬。刘秀对他这种作风十分欣赏，越发厚待。可是窦融内心不安，不断请求辞去官位和封爵。他上书说："臣窦融有一个儿子，早晚教他研读儒家学派经典，不准他学习天文，不准他看图谶。只盼望他心怀恐惧，不敢多事，木讷谦敬，遵守正道，不愿他有才干能力，何况竟要把几个郡县和广袤的土地传给他，供他享受？"

窦融几次想请求单独召见，刘秀不准。有一次，朝会完毕，窦融故意走在大家后面，试探着要开口。刘秀知道他又要辞职，教左右催促他马上离开。过了几天，刘秀召见他，迎面就说："那一天，我知道你要辞职，归还采邑，所以教左右告诉你：天气太热，快出去凉快凉快。今天见面，只谈别的事情，不要再说什么辞职的事！"窦融不敢再坚持。

政治是一种艺术，刘秀在这方面有很高的造诣，唯一能和他媲美的只有宋王朝开国皇帝赵匡胤。不过刘秀在这方面也不是一点错没犯过，就像他命马援南征交趾郡，结果被小报告挑拨得嘴歪眼斜，虽然没有大开杀戒，但也违背了他的初衷。

公元49年，伏波将军马援的南征兵团抵达临乡（湖南桃源县），遇上瘟疫，染病卧床，随即逝世。马援患病时，虎贲中郎将梁松前来问候，在病榻前叩头，马援没有答礼。梁松告辞后，马援的儿子们问说："梁松是皇上的女婿（梁松娶刘秀的女儿舞阴公主刘义王），是政府显贵，部长级以下的高官无不对他敬畏有加，可是您为何对他不肯答礼？"马援说："我是他爹爹梁统的老朋友，他虽然地位尊贵，怎能不论辈分！"马援死后，梁松开始报复，罗织罪名，陷害马援。刘秀被刺激得火冒三丈，下诏收回马援新息侯的印信（即撤销侯爵）。又有人检举马援私运珍珠和有纹彩的犀牛角，刘秀的愤怒更火上加油。马援的妻儿受到这种突如其来的打击，惊骇恐怖，甚至不敢把马援的棺柩运回祖宗坟地安葬。

马援一生都在战场，但他对后世的贡献，与其说在军事，毋宁说在文化。"马革裹尸"的成语，就出自马援之口，千余年来，鼓舞青年捍卫国家的壮志。"画虎不成反类犬"的成语，也出自马援之笔，一直是响在人们耳畔的警钟。

尽管如此，马援死于军中之后，还是触动了政治风暴，带给当世以及后世很大的震惊。刘秀性情平和，不喜动怒，而独独在马援事件上失去常态，不可理喻，连马援夫人六次上书，苦苦辩解，哀哀求情，他都无动于衷，说明他愤怒之深。如果仅是进军的错误，和把苡仁当珍珠这两项罪名，不足以引起如此严重而持久的反应。合理的解释只能是，这两项罪状并非真正的原因。千载以下，我们已无法知道真正的原因是什么，但可以肯定它必是说不出口，不可告人的。

马援在世时，身价高贵，世无可匹。他不但跟当正式皇帝的公孙述是好友，而且跟非正式皇帝隗嚣，感情更笃，他们同榻而眠，秘谈天下大事。但最后，马援不但叛离而去，而且反过来攻击公孙述和隗嚣父子，这在当时已被认为是一种严重的负义。公孙述和隗嚣父子虽死，但他们的门客宾朋尚在，这些人一定不可避免地对马援竭力丑化。更何况马援也不是刘秀的故旧臣僚，当时的东汉政府完全把持在南阳郡人手中，南阳郡人之外还有最初叛离玄汉政府的患难班底，除此之外，还有皇亲国戚。马援不隶属于他们中的任何一个集团。这时候，天下已经安定，马援也已功成名就，那些战功彪炳的南阳旧臣都已纷纷交出军权，可马援还在北方抵挡匈奴侵略，在南方打击交趾变民，非要"马革裹尸"才感到快意。这难免会让人生出许多话柄。

伏波将军印　东汉

"伏波将军"的命意为降伏波特，第一位出任伏波将军的是汉武帝时候的路博德，最著名的伏波将军是文中所述东汉光武帝时候的马援。伏波将军的称号，由于马援以及路博德所建功勋业绩熔铸于其中，数百年为历史赞叹。历代帝王和朝廷都十分珍重，不肯轻易授人。最后的伏波将军是南朝陈代的王飞禽。图为东汉伏波将军印的印文。

公元 29 年，刘秀即在首都洛阳开始兴建太学，并亲自到太学视察，一切依照儒家学派的规定，学习古礼古乐，使文化方面焕然一新。刘秀曾经下诏，征召隐居学者太原郡人周党、会稽郡人严光等到首都洛阳。周党晋见刘秀，仅俯下身子，拒绝叩头，也拒绝自报姓名，并向刘秀请求准许他回乡继续隐居。博士范升提出弹劾，说："太原郡人周党、东海郡人王良、山阳郡人王成等，蒙陛下厚恩，使节去了三次，才肯上车就道。等到阶前晋见，周党竟然不顾礼仪，仅弯弯身子，不愿叩头和自报姓名，倨傲凶悍，同时迸发。周党等文不能发扬大义，武不能为君王而死，沽名钓誉，竟然妄想得到三公高位。我愿意跟他们辩论考证治理国家的方法。我如果不如他们，愿接受大言不惭的处罚。他们如果说不出道理，那么，他们胆敢盗取虚名，向上夸耀，谋求高位，那是一种'大不敬'之罪，应当诛杀。"

范升的奏章呈上去后，刘秀下诏说："自古以来，圣贤的君王时代，都有不愿意屈就的知识分子。伯夷、叔齐不吃周王朝的粮食，太原郡人周党不接受我的俸禄，他们都各有志向，不可以勉强。"他还特别赏赐周党布帛 40 匹，送回故乡。

刘秀幼时与严光同窗读书。刘秀当了皇帝之后，派人查访，在齐地发现了他的行踪。几次派出使节征召，严光才到了首都洛阳。刘秀任命严光当谏议大夫，他不肯接受。告辞后在富春江耕田垂钓，直至终老田园。

王良后来当沛郡郡守、大司徒。他在位时谦恭节俭，用的是布被和瓦制器具，妻子儿女从不走进书房一步，后来因病辞职。一年后，东汉政府再征召他，他走到荥阳，病忽然转重，不能再进，去拜访他的一位朋友，那位朋友不肯相见，说："既没有忠言，也没有奇谋，而竟取得高位，来来去去，岂不嫌烦？"王良感到惭愧，从此之后，一连几次征召，他都拒绝，寿终家宅。

刘秀用温和的手段对待这些隐士，甚至以皇帝之尊，亲自探望严光，与他同床共卧，畅叙离情。我们可以说他天性敦厚，不忘贫贱之交，也可以说那是一种长远的谋略。鉴于西汉王朝末年和新王朝初期时，几乎所有的知识分子，包括刘姓皇族在内，为了贪图官职爵位，都向王莽歌功颂德。刘秀的目的，或许意在培养一种不向权贵屈膝的品质。

废立皇后　痴迷图谶

皇后郭圣通因为失宠，不停地抱怨，使刘秀怒不可遏。公元41年冬季，刘秀罢黜郭圣通，改封阴丽华为皇后。下诏说："这是一件非常事变，不是国家之福，不准庆祝祝福。"郅恽向刘秀进言说："我听说，即使是当父亲的，也不能干预儿子与儿媳间的私情，何况做臣属的，怎么能规劝君王呢？所以，我不敢做任何进言。不过唯请陛下适当处理，莫使天下人议论纷纷！"刘秀说："郅恽最能推己及人，应该知道我绝对不会失去分寸，无视天下人的反应。"

刘秀封郭圣通所生的儿子刘辅当中山王，封郭圣通中山太后。郭圣通虽然被废黜，但刘秀后来又任命她的兄弟郭况为大鸿胪，并常常到郭况家，赏赐金银财宝，不计其数。郭况家黄金有数亿斤之多，仅家童就有400余人。京师百姓称郭况家是"金矿"。

皇后郭圣通既被罢黜，郭圣通生的皇太子刘疆，心怀恐惧，不能自安。郅恽建议说："长久地坐在不稳定的座位上，使父亲为难，有违孝道。一味拖延，更可能激起危险的反应，不如辞去太子，退避到亲王的地位，专心奉养娘亲。"刘疆接受劝告。拜托父亲左右亲信和其他亲王，向刘秀表示他的诚意，愿退居封国藩属。刘秀既罢黜了他的母亲，不忍心再罢黜她的儿子，这样犹豫了数年。而现任皇后阴丽华，也有了自己的亲生之子，刘秀不能不作决定。

公元43年，刘秀下诏："《春秋公羊传》有云：'立嫡以长不以贤，立子以贵不以长。母贵则子贵，子以母贵，母以子贵。'也就是说，选择继承人时，以出身高贵为标准。东海王刘阳，皇后（阴丽华）所生，应

郅恽敢于执法

自古名君手下必定有众多文人贤才，唐太宗与宋太祖政权的稳定与发展也与之有大批贤士有关。他们以自己的贤能来影响着皇帝的为政。图中所讲述的是东汉大将郅恽为严格执法将外出打猎深夜归来的汉光武帝拒于城门之外的故事。次日早上郅恽上奏，说明此事，实则劝诫光武帝要以国家大事为重。

继承宝座。皇太子刘疆,坚决谦让,愿退居藩属。父子之情,不愿太勉强他。特改封刘疆当东海王,封刘阳当皇太子,刘阳改名刘庄。"

刘阳自幼就聪明睿智。前些年,刘秀要求地方政府呈报农田面积,可是很多地方上报的数据都不确实。而且户数人数,每年互有增减。他于是下令各州、各郡,严格测量,重新确定。而各州刺史(州长)、各郡太守(郡长),遂抓住这个机会,大肆发财,借测量之名把农民聚集在田亩中央,连家宅农舍,都寸寸追究。天下百姓骚动,奔走道路,啼哭呼喊,诉苦无门。但官府对土豪劣绅却特别庇护。

当时,各郡都有专设信差,到首都洛阳呈递奏章。就在陈留郡的奏章中,刘秀发现郡政府承办官员不小心夹在里面的一张便条,上面写:"颍川郡、弘农郡可问,河南郡、南阳郡不可问。"刘秀召见陈留郡信差,问他什么意思,信差不肯承认有什么意思,只说:"那字条是在洛阳长寿街上捡来的,误夹到当中的。"刘秀勃然大怒。当时皇子刘阳才12岁,他在屏风后面插嘴说:"那是郡政府对信差的指令,教他探听其他郡县测量的结果。"刘秀说:"果是如此,为什么说河南郡、南阳郡不可问?"刘阳说:"河南郡,首都所在,多的是皇帝亲近的臣僚;南阳郡,是皇帝的老家,多的是皇亲国戚。无论房舍农田,都超过规定,不足为凭。"刘秀命侍从逼问陈留郡信差,陈留郡信差承认,果然不出刘阳判断。刘秀对这个儿子大为欣赏。

刘秀册封刘阳为皇太子后,又任命刘阳的舅父阴识代理执金吾❶,阴兴为卫尉,辅佐刘阳。

阴识性情忠厚,在宫中虽然正直进言,可是跟门客在一起时,从不谈及国家大事。刘秀对他十分看重,常拿他作为榜样,告诫左右及皇亲国戚。

❶ 本名中尉,秦时司职率禁兵保卫京城和宫城。汉武帝时期改名为执金吾。卫尉守卫于宫禁之内,执金吾则担负京城内的巡察任务,以预防和制止宫外水火之灾和其它非常事故。汉代,执金吾同时也要主管武器、典司刑狱,有时也被委派为将帅而领兵远征,其职位与九卿同等地位。

阴兴虽然礼贤下士,门庭热闹,但是门客中从没有英雄豪侠。十年前强盗杀死了阴丽华的母亲邓夫人和弟弟阴䜣,刘秀十分悲伤,封阴丽华的另一个弟弟阴就当宣恩侯,还打算封阴兴侯爵。阴兴坚决拒绝说:"我没有冲锋陷阵的功劳,而一家之中,已有好几个人封爵赐土,使天下抱怨,我不愿看到这种事情。"刘秀佩服他的决定,不再勉强。后来,妹妹阴丽华问其中的缘故,阴兴说:"皇亲国戚最大的危险,是不知道谦让退避。女儿要配王侯,男儿则一直打公主的主意,使我不安。富贵有它的极限,人应该知道满足。浮夸之徒,使人反感!"阴丽华深切领悟,自我克制,从不替亲戚要求官爵。

阴兴跟同郡人张宗、上谷郡人鲜于袞,感情素来恶劣,但知道二人的长处，仍称赞他们的长处，推荐他们当官。老友张汜、杜禽与阴兴，一向感情至好，但阴兴知道他们只会说大话，并没有才干，所以，只在金钱上帮助他们，却不介绍他们到政府任职。世人称道阴兴忠心，不以私人的好恶，伤害公正。

后来，刘秀患上了一种头痛目眩的痼疾，久治不愈，而且病情越发沉重。此时阴兴正担任侍中。在南宫云台殿卧室内，刘秀便把身后之事，托付给这位内兄。可是后来刘秀病情好转，于是召见阴兴，要他接任吴汉留下来的大司马职位（吴汉于这一年春去世）。阴兴叩头坚辞，态度坚决，甚至流泪，说："我并不爱惜自己性命，只是怕伤害了您的完美形象，所以不愿意马马虎虎充数。"阴兴发自内心的诚恳，使刘秀左右的侍从人员都被感动，刘秀只好尊重他的意见。

陈留郡人董宣当洛阳令时，刘秀的姐姐湖阳公主刘黄的家奴仗着权势，光天化日之下致人于死，躲藏在刘黄家，官府无法逮捕。后来，刘黄有一次出门，用那个家奴陪坐乘车，董宣得知后，在夏门外万寿亭等候，拦住公主的车队，要求逮捕家奴。刘黄不许，董宣用佩刀画地，大声数落刘黄所犯的错误，就在刘黄面前，喝令家奴下车，将其当场诛杀。

刘黄又羞又气，前往皇宫，向弟弟哭诉她被一个地方小官欺负。刘秀非常愤怒，传唤董宣，要将他乱棍打死。董宣说："请准许我说一句话再死。"刘秀说："什么话？"董宣说："陛下以高贵的恩德，完成中兴大业，却放纵家奴，在光天化日之下杀人，怎么能够治理天下？我不需要乱棍，就此自杀。"说完用头向房柱上猛撞，血流满面。刘秀的怒气稍稍平息，叫贴身侍从拦住他，但是要他向刘黄叩头，表示道歉。董宣拒绝，刘秀命人强按住他的脖子，董宣双手支撑地面，誓不低头。刘黄向刘秀说："你当一介小民时，藏匿逃犯，官员连大门口都不敢到，而今当了天子，难道一个县长都管不住？"刘秀笑说："这就是天子跟小民不一样的地方。"于是下令："硬脖子县长出去！"赏赐董宣钱30万，董宣全部分散给手下官吏。由于董宣胆大包天，不畏惧强权，京师的皇亲国戚无不畏惧。

执法严明的董宣受奖励

董宣在东汉初年曾任北海相、江夏太守、洛阳令等职，是一个执法严明的官员，被刘秀称为"强项令"。图中是董宣将犯罪的湖阳公主的家奴依法处决，湖阳公主向光武帝告状，董宣宁死也不屈服。光武帝知道实情后不但没有罚董宣，反而奖赏他执法严明。

有一次，刘秀前往南阳郡，再往汝南郡，下榻南顿官舍（刘秀的父亲刘钦，曾当南顿县长），大摆宴席，赏赐官员和平民，并下令免除全县田租一年。前辈父老们上前叩头请求，说："皇考（刘秀的父亲）在本县时间很久，陛下对本县的官府衙门，也都熟悉。每次御驾来临，都赐予恩典，但愿免除全县田租十年。"刘秀说："皇帝的宝座，是天下的重器，我常常害怕不能胜任。过一天是一天，怎么敢远推到十年？"大家说："陛下谦卑，实际上不过小器罢了。"刘秀忍不住哈哈大笑，于是又增加了一年。

刘秀知人善任，胸怀宽广，但他也和秦汉的一些皇帝一样，对图谶、道术盲目迷信。公元56年，刘秀兴建明堂、灵台（御用天文台）和辟雍，把图谶向全国公布周知。

最初，刘秀认为他是应验了《赤伏符》的预言，才当上皇帝。所以他非常相信图谶，遇到疑难或困惑，就在图谶中找寻答案。给事中桓谭上书规劝说："人之常情，总是忽略眼前正常的事物，看重非常的变异。观察从前圣明君王的史迹，都是仁义道德的正规行为，并没有特别的或怪诞的奇迹。盖天道和命运，属于玄学，连圣人都不敢谈论。从端木赐开始，儒家学派学者，都不去触及这个问题。何况后世那些肤浅的知识分子，怎能精通？现在，一些小聪明的小人物和术士之徒，擅自更改增添图画文字，硬说那就是图谶，用来达到贪污邪恶的目的，把君王导入错误的方向，怎么不应该跟他们疏远？臣桓谭听说陛下对术士提供的炼金术追根溯源，可谓明察秋毫。可是，对于术士的图谶却全部接收，为什么偏犯下这样的错误？图谶有时候虽然应验，不过像卜卦时偶尔算对了是奇数还是偶数一样，不应该特别重视。陛下应该英明决断，主动摒弃那些旁门左道的见解，而只遵循儒家学派的五种经典（《诗经》、《书经》、《礼经》、《易经》、《春秋》）。"奏章呈上去后，刘秀大不高兴。

正巧，刘秀召集御前会议，讨论灵台应该设立在什么地方。刘秀对桓谭说："我想用图谶上的话来决定，你看怎么样？"桓谭沉默不语，过了很久才说："我从不看图谶。"刘秀问他缘故，桓谭坚持认为图谶不是儒家学派的经典。刘秀的忍耐终于到了极限，咆哮起来："桓谭诽谤圣人，扰乱国法。来人啊，拉下去砍掉。"桓谭吓得魂飞天外，以头叩地，请求宽恕，直到血流满脸，刘秀的愤怒才告平息。桓谭被贬做六安郡丞，在赴任途中逝世。

桓谭因为坚决反对图谶被贬谪身亡。之前的郑兴也坚决反对图谶，却因改变说辞，态度婉转，得免大祸。当时，刘秀跟郑兴讨论郊外祭祀天神地神的事情，刘秀说："我想用图谶来做决断，你以为如何？"郑兴说："我从不信图谶。"刘秀的脸色大变，说："你不信，认为它不对。是不是？"郑兴惶恐，说："我对图谶没有研究，无法认为它不对。"刘秀的盛怒才告化解。

而在郑兴和桓谭之后,贾逵却利用图谶,推广演义,证明刘姓皇族是尧帝伊祁放勋的后裔,刘庄(刘阳)大悦,对贾逵不断擢升,非常信任,而身享富贵。

公元57年二月五日,刘秀在首都洛阳南宫前殿逝世,享年62岁。刘秀每天早晨主持朝会,中午之后才散。不断接见三公、九卿等文武大臣,讨论五经,半夜才睡。皇太子刘庄看看父亲辛苦勤劳,不倦不息,找个机会规劝说:"陛下有姒文命(禹)、子天乙(汤)那种圣明。可是却没有姬轩辕(黄帝)、李耳(老子)那种悠闲修养的福气。但愿您爱惜自己,优游岁月,自求宁静。"刘秀说:"我高兴做这些事,并不觉得辛苦。"

刘秀死后,皇太子刘庄登基(时年三十岁),尊生母皇后阴丽华为皇太后。刘秀在生前即预行兴筑坟墓(刘秀墓称原陵,在今河南孟津县东北于家村),宣称:"古代君王埋葬时,陪葬的全是陶制的人像、器具,木材做的车、茅草编的马,由于它们容易朽烂,使后世之人,根本找不到地方。太宗(西汉第四帝刘恒)了解人生终结的真谛,景帝(西汉第五帝刘启)能够遵守孝道,当天下大乱之际,历代帝王坟墓,都被挖凿,只有霸陵(刘恒墓)保持完整,岂不是一件美事(赤眉进入长安后,西汉王朝的帝王坟墓全被挖掘,盗取陪葬的金银财宝)。而今,坟墓预定的面积,不过两三百亩,就利用现成的地势,不必另起陵墓,只求不积水就行了。使将来有兴废之后(指东汉王朝覆亡之后),尸体棺木,跟泥土化为一体。"

汉光武帝刘秀,在两汉之间激烈的动乱年代,顺应历史的潮流,采用军事手段,平息群雄,使分崩离析的中华民族再度走向统一。虽然刘秀是全靠武力取得的政权,但等到全国统一,社会安定后,却不让有功的将领掌握权柄,而另行选拔文官,主持政府,并采取"柔弱胜刚强"的指导原则,以柔术治国。这是由于刘秀虽然出身于皇族,但他长期生活在平民中间,能深深体会到百姓的疾苦。他分析从秦始皇以来中国的动乱原因,懂得要想把国家治理好,要用柔顺、缓静的统治手段,以便稳定社会秩序,巩固汉室统治。他说:"吾理天下,亦欲以柔道行之。"在这个治国理念的指导下,他"解王莽之繁密,还汉世之轻法",废掉了王莽时代的苛繁的律令,学习刘邦的做法,宽简天下,在政治、经济等方面进行了一系列卓有成效的改革,为东汉的繁荣奠定了基础。

刘秀对自己的处境,有深刻而明确的了解,总其大成,观察时势,量力而行,不去做办不到的事,所以才能恢复西汉王朝时的盛况。到了他立国40年时,全国已出现了天下太平、人无徭役、粮食丰收、百姓殷富的盛景。这也是东汉王朝最富庶和最安定的时期,史称"东汉盛世"。

西晋疆域图

晋武帝·司马炎

公元236—290年

自东汉末年黄巾之乱以来，中国开始了继春秋战国之后第二个极度混乱的时代：三国魏晋南北朝。在这个时代中，英才辈出，奸雄辈出，你方唱罢我登台。而晋武帝司马炎在魏晋史上具有独特的重要性：他是第一个结束混乱局面的帝王。虽然司马炎没有唐宗宋祖那样的惊人伟业，但从他一生的功过是非中，却折射出那个富有魅力的乱世之景。

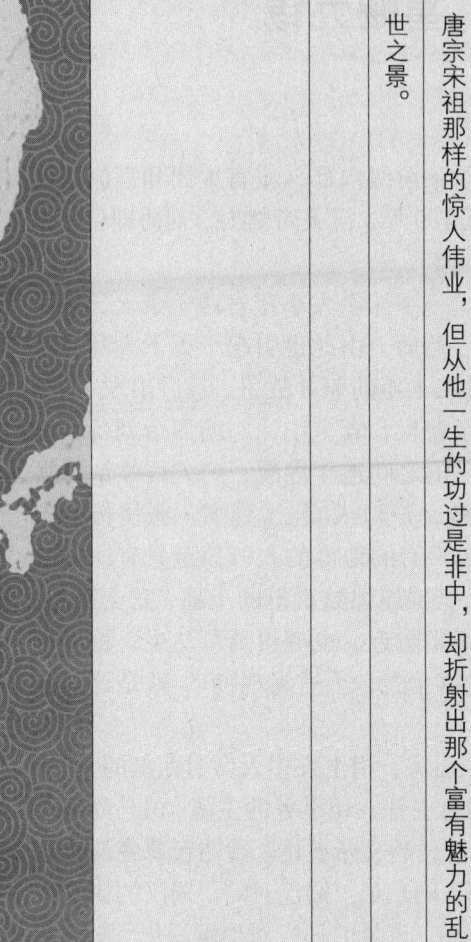

三代侍曹　皇赐九锡

东汉末年，朝廷昏庸腐败，在统治阶级内部，宦官集团和官僚集团之间争夺权力的斗争日益激烈。公元189年，汉灵帝驾崩，刘协即位，史称献帝。

这时，中军校尉袁绍乘机起兵，一举诛杀大小宦官两千余人，从而结束了为时数十年宦官专权的局面。然而，由此也引起了天下大乱，各郡、州、县出现了失控的局面。经过几十年的兼并战争，最后出现了魏、蜀、吴三国鼎立的分裂局面。魏武帝曹操，霸主中原；昭烈帝刘备，称雄西南；吴大帝孙权，割据江东。三国之间连年混战，广大百姓饱受祸害，有的流徙，有的死亡，村落破败，户口大减。《魏书·张绣传》中记载说："天下户口减耗，十裁一在。"有的地方的人口甚至只有原来的几十分之一。大量百姓死亡和流徙，全国连绵数百里的土地，完全荒芜，无人耕种。连昔日富庶繁荣的京城洛阳附近，也变得蒿草丛生，百里不见人烟。曹操在一首诗里说："白骨露于野，千里无鸡鸣。"就是这种荒凉景象的真实写照。

司马炎的祖父司马懿，河内郡温县人，祖上许多人做过西汉的大官，是有名的望族，后来当上了曹操丞相府主管一切事务的主簿。司马懿老谋深算，智慧过人。曹操死后，司马懿历任魏文帝曹丕、魏明帝曹睿两代总管朝政的重臣，主管军事，统率魏军，同东吴、蜀汉对峙。蜀汉的诸葛亮智谋惊人，遇到司马懿也不免有些顾忌。东吴的孙权对他顾忌更大，曾对人说："司马懿善用兵，可谓变化如神，所向无敌。"

公元239年，魏明帝死，年仅8岁的曹芳即位，由司马懿和曹爽共辅幼主。曹爽知道司马懿实力比自己强百倍，对自己的威胁太大，所以，决定除掉司马懿。司马懿见势不妙，便在曹爽辅政后的第8年，声称自己年老多病，力不从心，回乡养病，但在暗地里等待时机，伺机而动。曹爽认为司马懿突然称病肯定另有阴谋。曹爽的内线汇报说，司马懿已经不能吃东西了，话也不能说了，头脑也不清楚了。曹爽从此放松了对司马懿的提防。

公元249年，曹爽陪伴魏帝曹芳到洛阳城南90里的高平陵去祭祀。佯称重病的司马懿利用这一时机，假借皇太后的懿旨，精神抖擞地在城内突然举行政变,其长子司马师指挥早已蓄养的3 000名敢死队,关上洛阳城所有的城门,占据武器仓库,接管了守卫皇宫的禁军。然后,又派主力冲出宣阳门,来到洛水浮桥边上,杀气腾腾地逼向祭祀人群。最后,魏帝终于迫于司马懿的威逼,诛杀了曹爽。曹魏的军政大权又重新转移到司马懿手中。

公元251年,司马懿得病去世,他的长子司马师任抚军大将军、录尚书事,继续辅政。公元254年,魏齐王曹芳已经成年,他不满司马师专权,与几位大臣密谋除掉司马师。由于走漏风声,司马师首先动手,诛杀参与密谋的大臣,曹芳也遭废黜,另立年仅14岁的曹髦为帝。不久,司马师死,他的弟弟司马昭接任其职,朝廷里的要事都必须经过司马昭之手。随着曹髦长大,成熟,他已经懂得朝政,感到魏朝天下岌岌可危,心中十分愤慨。

公元260年五月七日,曹髦命令宫中宿卫士兵,捕杀司马昭。司马昭派大将贾充率兵将曹髦杀死,然后胁迫皇太后出来说话,以掩盖自己的弑君之罪。太后下诏说:"曹髦越大越不像话,竟用箭射向宫中要杀我,有的箭还掉到我的脚旁,他还狠心地用毒药来害我,这种不孝不敬的人,早该死了!"这样,司马昭杀掉无德不孝之君的行为就成为合法的了。

曹魏皇帝连续被废被杀,改朝换代的气氛一年比一年浓厚,司马昭实际上已经掌握了皇权。但社会上还有相当一批人对这一局面很不满意。司马昭一边收罗文人学士,为自己登基制造舆论,一边积极准备征讨三国之中力量较弱的蜀汉。

公元263年,司马昭派大将钟会、邓艾、诸葛绪率兵18万,进军蜀汉。捷

(左)曹 爽

曹爽(?—公元249年),字昭伯,沛国谯县(今安徽亳州)人,三国时期魏国大臣,曹操侄孙。魏明帝死后,与宣王司马懿并受遗诏处理军国大事,辅佐少帝。曹爽官高权重,垄断朝廷大权。后司马懿率兵马,发动政变,罢免其全部官职,曹爽兄弟及党羽全被处决,并夷三族。

(右)司马懿

司马懿(公元179—251年),字仲达,河内温县(今河南温县西)人,三国时期魏国杰出的政治家、军事家,权臣。多次率军对抗诸葛亮,以其功著,封宣王。其孙司马炎称帝后,追尊为晋宣帝。

报频频传来，魏帝曹奂下诏将司马昭封为晋公，拜为相国，并赐"九锡"，即：最华贵的车马、王袍似的衣服、乐器、朱红色的门户、有屋檐的台阶、300名卫兵、先斩后奏的刀斧、表示征伐的弓箭、祭祀用的香酒。这九锡是古代帝位更替的前奏，往往先受"九锡"，再行帝位禅让之礼。

公元263年，蜀汉灭亡，司马昭因功勋卓著又封为晋王。

曹魏帝国大举进攻蜀汉帝国时，东吴有人问襄阳人骑兵指挥官张悌说："司马家夺取政权之后，灾难变乱，不断发生（指王凌、毋丘俭、诸葛诞叛变及屠杀李丰、夏侯玄等和罢黜三任帝曹芳，弑杀四任帝曹髦），民心还没有全服。而今又劳师动众，倾国远征，失败都来不及，怎么能够取得胜利？"张悌说："不然，曹操虽然功盖天下，但人民畏惧他的威严，而不怀念的恩德。曹丕、曹叡继承帝位，刑杀多、赋税重，差役更使人民不堪负荷，东奔西跑，没有一天能够安定。司马懿父子，屡建大功，撤除苛刻的法令，推广平实的恩惠，为人民着想，拯救苦难，民心归附，已经很久。所以，淮南郡（今安徽寿县）先后3次叛变（王凌、毋丘俭、诸葛诞的叛变），而心脏地带没有骚动。曹髦被杀，四方也一片平静。因为司马家族任命贤能，而贤能又各尽忠心，根基已经稳固，奸谋已经确立。可是，蜀国却宦官专权，国家没有长远的目标。拥有军权的统帅，又不断发动战争，人民力尽，士卒疲惫，到境域外去贪图一点小利，不知道巩固边境要塞。魏国对蜀国，强弱有差别，谋略也超过一等，乘蜀国危机重重之时，发动攻击，没有不胜利的道理。"当时，大家都笑他过度夸张，等到蜀汉灭亡，才对他佩服。

争当太子　无为而治

帝王天成

此时的司马昭基本上掌握了魏国的大权，魏国皇帝成了名副其实的傀儡。

最初，司马昭娶王肃的女儿王元姬为正妻，生司马炎、司马攸。司马师因为没有儿子，遂命司马攸过继给司马师当儿子。司马攸性情善良，孝顺友爱，多才多艺，和平稳健，声望高过司马炎。司马昭爱他至深，常说："我们的这个天下，是我哥哥司马师打出来的天下，我虽然居于相国高位，但我死后，位置应该交给司马攸（因司马攸已成为司马师之子）。"

正是在这种复杂的政治背景下，不甘寂寞的司马炎开始了他争夺王位的活动。齐王司马攸为人温文尔雅、亲贤好施，喜爱古代典籍，并且多才多艺，是一位有着浓厚的艺术气质的儒雅之士。而司马炎却似乎是一个天生的政治家，他在气质上几乎完全秉承了父辈的天性，既有足以左右形势的谋略，同时也有着一副宽厚仁慈的外表。司马炎站立时，头发可以垂到地面，双手垂下来，超过膝盖。他曾经从容地问裴秀说："人是不是可以从外表上看出贵贱？"并把他的优点展示给裴秀看，裴秀认为是极贵之相，从此归附拥护。羊琇跟司马炎感情至好，常替司马炎拟定计划，观察时政，提出改革方案，教司马炎熟记，准备父亲询问时回答。总之，政治家的天性加上客观上的优势，使得他在复杂的宫廷斗争中游刃有余。

司马昭打算立司马攸为世子（王位合法继承人），但山涛说："排除长子，擢升幼子，违背礼法，是不祥之兆。"贾充说："中抚军司马炎有人主品德，不可以更换。"何曾、裴秀说："中抚军聪明英勇，有超过当世的能力，拥有最高的人望，天生一表人材，不是做臣属的相貌！"

最后，司马昭不得不以强大的政治理智克服个人情感，接受了大臣们的建议，立司马炎为世子。

但有了这么一场争斗做背景，司马昭夫妇都很担心，临终时都留下遗言要司马炎善待司马攸，一定不要报复他。司马攸是个行为举止很有气度的人，说话做事总是合乎礼法规范，谁也抓不住他的过错，司马炎在他面前也不由得小心谨慎，每次总要斟酌半天，想好了词句才敢开口和他说

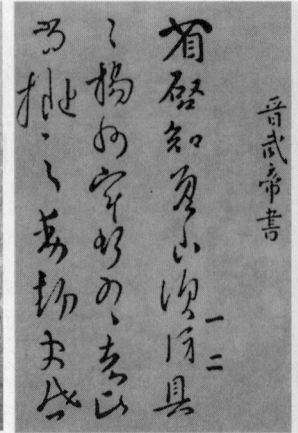

晋武帝　阎立本　绢本设色　唐代

晋武帝司马炎（公元236—290年），继承司马懿、司马师、司马昭两代三人的基业而称帝，晋朝的开国君主，谥号晋武帝。图出自阎立本《历代帝王图》。

晋武帝手迹

晋武帝司马炎还是一位书法家，尤工草书，落笔雄健，挟英爽之气。图为司马炎手迹（左《谯王帖》，右《省启帖》）。

话。就这样，一场风波之后，司马氏兄弟之间依然尽量平和地相处，至少在面子上还过得去。

公元265年，司马昭病死，司马炎继承了相国晋王位，掌握全国军政大权。同年12月，经过精心准备之后，他仿效曹丕代汉的故事，为自己登基做准备。在司马炎接任相国后，就有一些人受司马炎指使劝说魏帝曹奂早点让位。不久，曹奂下诏书说："晋王，你家世代辅佐皇帝，功勋高过上天，四海蒙受司马家族的恩泽，上天要我把皇帝之位让给你，请顺应天命，不要推辞！"司马炎却假意多次推让。司马炎的心腹太尉何曾、卫将军贾充等人，带领满朝文武官员再三劝谏。司马炎多次推让后，终于接受魏帝曹奂禅让，封曹奂为陈留王。

广封宗室引争议

司马炎于公元265年，登上帝位，改国号为晋，史称西晋。历史有惊人的相似之处，魏王朝从曹丕让汉帝禅位称帝，传了46年，到此结束。司马炎也同样让魏帝以禅让的手段获取了帝位，魏国遂亡。但这时的司马炎心里并不轻松，他很清楚，虽然他登上王位宝座，但危机仍然存在。

从内部看，他的祖父、父亲为了给司马氏家族夺取帝位铺平道路，曾经对曹操以后的曹氏家族以及附属势力进行了残酷的屠杀，这件事所造成的阴影至今仍然横亘在人们的心中。从外部看，蜀汉虽平，孙吴仍在，虽说此时的东吴已不足以与晋抗衡，但毕竟也是一个不小的威胁。内忧外患告诉司马炎，要想巩固政权，进而完成吞并东吴、统一中国的大业，首先就要强固统治集团本身的凝聚力，而要达到这个目的，就必须采取怀柔政策。为此，司马炎在即位的第一年，即下诏让已成为陈留王的魏帝载天子旌旗，行魏正朔，郊祀天地礼乐制度皆如魏旧，上书不称臣，对待崇敬的礼仪，跟当初曹魏帝国对待东汉王朝末任帝刘协完全一样。曹魏所有亲王，全降封侯爵。

同时司马炎还赐安乐公刘禅为驸马都尉。这在历代王朝对待前朝宗室的策略上，可算是难得的宽容了。用人的时候他也不计旧仇，把一些曾经帮助曹魏政权，反对司马氏政权的人都任命为官，即使有人反对也毫不在乎。对于有能力的前蜀国官员，他也大胆起用，让更多的人感受到新政权的好处。这不但缓和了朝廷内患，而且消除了已成为司马氏家族统治对象的曹氏家族心理上的恐惧，并且安定了蜀汉人心，为赢得吴人的好感，进而吞并东吴取得了主动权。

司马炎对曹魏不分封皇族致使孤立无援，印象十分深刻，所以大肆分封皇族，使他们担任政府官员，并掌握实权。又下诏：亲王都可以在他的封国之内，自行任命郡长、县长和其他地方政府官员。京畿卫戍司令、齐王司马攸，独独不敢擅自做主，全部请求中央派遣。

以前的曹魏为了防范皇族，至为严厉，限制行动，不准许皇族宗室当官，只是把他们养在那里坐吃。而将领出征、驻防和州长、郡长，都要把家属留在京师，作为人质，不可以随行。只因君臣互不信任，君王用此防止叛变。当魏帝和汉帝退位之后，他们的宗室都受到了禁锢，司马炎上台后下令解除了这些约束，并撤销曹魏官员的"人质条例"。

曹魏帝国的亲王，孤单一身，手中不仅没权，并且处处受到限制，所以既无法为善，也无法为恶。晋武帝大肆分封亲王，并且还给各亲王所辖的封国配备军队，比方说20 000户人家的大国，设上、中、下三军，武装部队5 000人；10 000户人家的次国，设上、下二军，武装部队3 000人；5 000户人家的小国，只设一军，武装部队500人。这就为日后的"八王之乱"留下了隐患，这些由晋王朝的亲王统率的劲旅，外斗不足，内斗有余。

无为之治

司马炎接收的是一个人情淡薄、生活奢侈的社会，所以登基之初，他竭力提倡仁爱和节俭，希望矫正过去偏差的社会风气。

为了尽早地使国家从动乱不安的环境中摆脱出来，为统一奠定牢固的基础，无为与宽松政策成了西晋之初的立国精神。这种立国精神在国家的各种领域中充分地体现出来。公元268年，司马炎诏书中明确指出："为永保我大晋的江山，现以无为之法作为统领万国的核心。"同年，又向各郡国颁下五条诏书："一曰正身，二曰勤百姓，三曰抚孤寡，四曰敦本息末，五曰去人事。"

太常丞许奇，是许允的儿子。司马炎将往太庙祭祀，有些官员认为，许奇的父亲许允，曾犯法处决，许奇是罪犯之子，防他复仇，不应服侍皇帝左右，请派到京师之外担任地方官职。司马炎遂追述许允当年的清高声望，赞许许奇的才干，并擢升许奇为祀部郎。有关单位报告，皇家祭祀大典所用御牛的青丝缰绳断了，司马炎便命用麻绳代替。晋朝开始设立谏官，命散骑常侍傅玄、皇甫陶担任。傅玄针对曹魏末年知识分子品格的低落，风气的败坏，上书说："我曾经听说，古代圣明君王统治国家，在上位的人，力行恩德教化。在下位的人，建立公正言论。近世以来，曹操喜欢法治，天下遂重视刑法。曹丕欣赏豁达大度，天下遂看不起坚持立场的人。后来纪律更加紊乱，怪诞狂士，充满朝廷，使天下失去是非标准。陛下乃真龙天子，在人间兴起，接受禅让，发扬尧、舜的德行，但仍不能能选任清廉守礼官员，以激励风俗气节，也不能罢黜一些虚无鄙陋的人士，以惩罚罪恶，使我不敢不上书提醒。"司马炎嘉勉他的见解，命他撰写诏书草稿呈递。然而，一纸诏书，无法改革社会风气。

傅玄性情急切，每次提出弹劾，下午缮写完毕后，就手捧奏章，衣帽整齐，一夜不睡，坐在那里，等待天亮。于是王孙公子，没有人不感到恐惧，政府各单位的风气，都随之整肃。傅玄与尚书左丞崔洪至为友善。崔洪也是清廉正直，喜爱当面指责别人过失，但在背后却从不对人批评，所以受到大家尊重。

司马炎在执政时期，还制定了著名的《泰始律》。这部法律体例完备凝练，显示出宽厚治国的精神，尤其是减去一些关于死刑和株连的规定，对社会上各种矛盾有所缓和，对后世产生了深远的影响。法令制定完成之初，司马炎召集文武百官，亲自出席讲解，并命尚书郎裴楷宣读。在大臣张华等人的提醒下，司马炎注重法律的普及，让人把关于死刑的条目抄出来张贴在驿站里，使百姓前去观看了解，扩大了在民间的影响。

当年，曹魏王朝的奠基者曹操继东汉的动乱政治之后，为了安定人心，恢复国力，曾实行了宽松开放、节俭求实的治国方略。但到了曹丕，政治渐趋严厉，社会风气亦日趋腐败，曹操当年的风范已不复存在。皇帝为了满足自己的私欲，往往不断把强大的物质重负转移到百姓身上，而长期的战乱更使百姓在惨淡的生计之外，还在心理上增添了一种恐惧与疲惫之感。在这种情况下,司马炎反其道而行之,提出无为而治的强国方略是最适合不过的。

在少数民族政策上,司马炎也尽量宽容。东汉王朝及曹魏帝国以来,羌人、胡人、鲜卑人等归降的,多数都使他们进入塞内各郡定居。以后,因为怨恨和愤怒的原因(不知道怨恨愤怒的缘故,有些当然是罪有应得而仍怨恨,但恐怕大多数都是因为暴官的虐待,观察石勒的遭遇,当可了然),不断杀害郡长县长,逐渐成为民间祸害。侍御史西河郡(今山西离石县)人郭钦上书说:"戎狄强横,自古以来,就是国家的大患。曹魏时代,人口稀少,西北各郡居民,几乎全是戎人,甚至心脏地区各郡,如京兆郡(今陕西西安市)、魏郡(今河北临漳县西南邺镇)、弘农郡(今河南灵宝县东北),也都有戎人。现在虽然服从政府,可是,百年之后,万一风吹草动,胡人骑兵从平阳郡(今山西临汾市)、上党郡(今山西黎城县西南)出发,用不了3天,便到孟津(今河南孟津县东黄河渡口);于是北地郡(今陕西耀县)、西河郡、太原郡(今山西太原市)、安定郡(今甘肃镇原县东南曙光乡)、上郡(今陕西韩城市),将全部陷入狄人之手,成为他们的庭院。现在应该逐渐把内地和汉人杂居的胡人,迁移到边疆地带,严格限制各地夷狄的交通,恢复从前圣明君王所定的'荒服'制度(限制胡人不许越过句注山,句注山在今山西代县西北,也称雁门关,是古代要塞),这才是万世的长程计划。"但司马炎考虑到这种建议在实际中很难执行,同时也会使晋朝丧失很多兵源和劳动力,所以没有采纳。

他还任命匈奴人刘渊为匈奴北部都尉,东部鲜卑慕容酉长慕容廆为鲜卑都督。但这种矛盾确实日益加深,在司马炎逝世后终于彻底爆发,北方陷入了五胡十六国的动乱时期,曾经受到司马炎重用的刘渊和慕容廆也成了汉国和前燕两个政权的建立者。

孝子皇帝

历史上的司马炎是个孝子,而他在父母死后的丧礼安排上,也表现出他的宽容。司马昭死后,全国官民都依照变通办法,3天便脱下丧服。身为儿子的司马炎,也于安葬父亲3天后,脱下丧服。但是仍戴白色孝帽,不吃肉类,只吃蔬菜,悲哀痛苦,骨瘦如柴,与守丧的情形一样。

秋季,司马炎打算去父亲墓园祭悼,文武官员启奏说:"秋老虎气候,仍然炎热,恐怕皇帝太过悲伤,损害身体。"司马炎说:"我能看到父亲陵墓,健康自会恢复。"于是下诏:"从前,刘恒不使天下人民为自己穿3年丧服,是帝王的一种谦虚心意。现在我要拜见陵墓,不穿丧服,于心不安!但也仅我一人穿着,文武百官则仍保持原状。"尚书令裴秀启奏说:"陛下既已脱下丧服,而又再穿,在礼法上没有依据。而且,君王穿丧服,臣属不穿丧服,群臣怎敢安心!"司马炎下诏说:"应忧虑的是心里有没有真正怀念哀悼,不应忧虑不穿丧服!各位如此关心,我不忍违背。"遂不穿丧服。

中军将军羊祜对傅玄说:"3年之丧,地位再尊贵的人,也要遵守,因为这是古代礼仪。主上至为孝顺,虽然没有穿丧服,但实质上却是守3年之丧,如果能从此恢复先王所制定的礼法,岂不很好!"傅玄说:"缩短守丧时间,用一天代替一月的制度,已实行了好几百年。一旦复古,恐怕行不通。"羊祜说:"即令不能使天下人都遵守古礼,只要能使主上穿3年丧服,也就够了。"傅玄说:"君王不脱丧服,百姓却脱丧服,是只有父子之亲,而没有君臣之义。"司马炎遂不坚持。

文武百官奏请司马炎,脱下白色孝帽,恢复正常进餐。司马炎下诏说:"每每思念九泉之下的幽冥世界,而自己不能穿3年丧服,心情至为沉痛,何况又要吃鱼吃肉,身披锦绣丝绸?那只有使我更加悲伤,不能使我宽心解怀。我生在儒家家庭,礼仪相传,为时已久,怎么可能突然改变对父亲的孝思?接纳你们的建议,已经够多,试看一下孔丘回答宰我的话,就不必再为此事争论。"司马炎遂继续头戴白色孝帽,不吃鱼肉,只吃蔬菜,整整3年。

几年后,司马炎娘亲皇太后王元姬(文明皇后)去世,在安葬完毕后,有关单位奏称:"既已安葬,而又完成祭祀,应脱下丧服。"司马炎下诏说:"我承受娘亲终身的爱护,连穿几年的丧服都不肯,我不忍心。"有关单位坚决要求,司马炎再下诏说:"我忧虑的是不能尽我的孝心,并不忧虑会伤害身体,古代礼仪,性质和表达方式,跟近代的不同。为什么一定要遵守近代规则,而使完整的丧礼有所欠缺?"文武百官仍不断请求,司马炎才脱下丧服,但仍戴白色孝帽,不进肉食,仅吃蔬菜,凡3年之久,与当年为父亲司马昭守丧的情形一样。

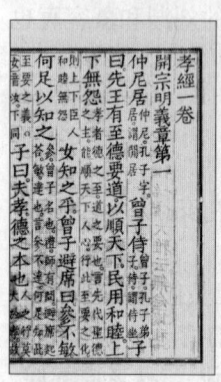

《孝经》与《仪礼》书影

孝是古代普遍的社会原则,国君用孝治理国家,臣民能够用孝立身理家,保持爵禄。左为《孝经》书影,《孝经》是古代儒家的伦理学著作,相传为孔子所作。右为《仪礼》书影,它是中国古代记载典礼仪节的书,与《周礼》、《礼记》合称"三礼"。

击灭东吴　统一全国

东吴的残暴和羊祜的执著

西晋成立之初，晋武帝大封功臣，短短几年时间，共封了57个王，500多个公侯。蜀汉灭亡不久，又任用了一批原在蜀汉供职的官吏为朝官。晋武帝采取拉拢、收买人心的办法，稳定各级官吏[1]，以确保社会稳定地过渡。因为此时蜀汉虽亡，东吴未灭，全国还未统一。晋武帝开始运筹帷幄，准备击灭东吴，结束全国的分裂局面。

早在三国鼎立之时，魏国的势力已超过蜀、吴两国，如以人口计，魏约占全国人口的4/7，蜀、吴合占3/7。公元263年，魏灭蜀之后，三国鼎立变成了南北对峙，魏的力量更加强大。晋武帝代魏之后，雄心勃勃，时刻准备出兵灭吴，统一全国。

西晋全国正处于一种积极的态势之中，而吴国却在走下坡路。吴主孙皓的荒淫、残暴使吴国丧失了重整旗鼓的机会。孙皓命令大臣的女儿都要先经过他的挑选，漂亮的入后宫供他一人享受，剩下的才能谈婚论嫁，这使他丧失了大臣们的支持，自毁根本，最终成了孤家寡人。对他劝谏的中书令[1]贺邵不但没有受到他的表扬，反而被他用烧红的锯条残忍地锯下了舌头。孙皓的一个爱妃指使手下到大街上抢夺百姓财物，司市中郎将陈声把这个人依法处置。妃子遂向孙皓叫屈，孙皓随便找了个理由，逮捕陈声，用烧红的铁锯，锯下陈声的人头，然后把陈声的尸体，投到四望山下。湘东郡（今湖南衡阳市）郡长张咏，拒绝缴纳人口税，孙皓派人在郡政府将其斩首，把人头送到所属各县巡回展示。会稽郡（今浙江绍兴市）郡长车浚公正清廉，政绩优良，正好遇到大旱，田野枯焦，百姓无粮，饥饿悲苦，车浚请求赈济拯救，孙皓认为他收买人心，派人在郡政府将其斩首。尚书熊

[1] 行中书省渊源于魏晋的行台。元代元世祖遵用汉法，设立了中书省总领全国政务。而为管理的方便，除了中央心腹地区直隶于中书省、吐蕃地区由宣政院管辖外，又于诸路重要都会建立了十个行中书省，以分管各地区。它们分别是陕西行省、甘肃行省、辽阳行省、河南江北行省、四川行省、云南行省、湖广行省、江浙行省、江西行省、岭北行省。此外，还于高丽置征东行省，但中央并不干涉东行省事务，丞相由高丽国王兼任，自辟官属。明灭元后，改行省为承宣布政使司，但习惯上仍称行省，简称省。省作为地方一级行政区的名称，一直沿用至今。

睦，进言规劝孙皓，孙皓用刀柄把他捣死，熊睦满身都是捣出的伤口，没有一片完整的肌肤。这位东吴君主的残暴程度与商纣王没有任何区别。

孙皓杀人的方法多而残忍：挖眼、剥脸皮、砍掉双脚，无所不用其极。孙皓的残暴注定了东吴的灭亡。他手下的将领们也对他丧失了信心，纷纷投降西晋。西晋的大臣们见吴国国力下降，政局不稳，也纷纷劝说司马炎趁机灭掉吴国。

但是，晋武帝受到了以太尉录尚书事贾充为首的保守派的反对，他们认为：吴有长江天险，且善水战，北人难以取胜。且近几年来西鲜卑举兵反晋，此时对吴作战，并非其时。

贾充是晋武帝时期的重要人物，在史书中历来以奸臣的面目出现。他前期最重要的活动是当机立断，在司马氏夺取政权的关键时期下令杀死了魏帝曹髦，因此受到司马昭的器重，后来又在立储事件中站在司马炎一方，成了晋武帝最信任的大臣。这个人出身法学世家，颇有才干，曾经主持修撰《泰始律》，为西晋一朝立下汗马功劳。他强烈反对伐吴确实也有自己的理由：西晋对平定东吴的确没有必胜的把握，曹操大败于赤壁的阴影犹在，他认为皇帝不该拿江山去冒险。这种极端的小心翼翼导致行动上的患得患失，贾充成了极端的反战派。

而羊祜、张华、杜预等人则认为：吴帝孙皓腐化透顶，他不但对广大人民残酷剥削、镇压，而且在统治集团内部也排除异己，用刑残酷。孙吴目前是"上下离心"，如此刻出兵，"可不战而胜"。如果错过机会，"吴人更立今主"，励精图治，再去灭吴就相当不容易了。

羊祜上书说："历史证明，凡是因为边防险恶而获得保全的国家，必须有一个先决条件，那就是它跟敌人的力量相等。如果内政混乱，国势衰败，纵然是再险恶的屏障，都不能拯救自己。蜀汉的国境，并不是不险恶，可是大军攻击的时候，却看不见藩篱的限制，乘胜而入，如同卷席，直接抵达成都，没有一个人敢出来作战，并不是没有作战之心，而是力量不够，无法抵抗。等到刘禅投降，各据点跟着分散。

蜀汉灭亡的时候，天下人都认为东吴会跟着灭亡。然而，到了现在，已拖延了13年之久。长江、淮河的险恶，不如剑阁。孙皓的残暴，远

羊祜

羊祜（公元221—278年），字叔子，泰山南城（今山东费县西南）人，西晋著名的战略家。曹魏末年羊祜受封为钜平子，任相国从事中郎，后授征南大将军、开府仪同三司。羊祜生前力请伐吴，未实现，死后晋以羊祜生前所献谋略用兵伐吴，2年后，吴平。羊祜还博学能文，著有《老子传》等。

超过刘禅。东吴百姓的痛苦,更胜于蜀汉。我们晋朝政府的兵力,却比往时强大,不在此时扫平四海,却只固守边界,眼看着战士由壮年直到衰老,这实在有些于心不甘。

现在,如果命梁州(今四川东北部及陕西省南部)、益州(今四川中部)的部队水陆齐进,顺长江而下,荆州(今湖北北部)及故楚王国之地的部队进逼江陵(今湖北江陵县),平南将军胡奋、豫州刺史王戎直指夏口(今湖北武汉市)。而徐州、扬州、青州、兖州的部队,则在建业(东吴首都,今江苏南京市)会师。小小的东吴,绝不可能有力量抵抗从四面八方进攻的大军。只要有一处突破,必定使东吴上下震动,纵然有大智慧的人出现,也不能拯救覆灭。

东吴依靠长江建国,长江东西长达数千里,承受敌人攻击的地方太多,永远不能休息。而孙皓又纵情任性,与部属互相猜忌。中央不信任将领,士兵被困在荒野,没有保卫疆土的计划,也没有安定国家的忠心。平常日子还三心二意,一旦大兵临近,必然会有投降响应的人,我可以断言,到时绝对不会上下同心,为国一死。

而且,东吴的军队,攻势凌厉,却不能持久,只有水上作战,是他们的长处。可是,我们的大军一旦跨过边境,他们就无法保住长江,必须退守城池,则长处无所用,反得使用短处,就不可能是我们的对手。我们大军深入敌人国土,因为处处是敌,所以一定人人死拼,斗志高昂。而东吴士兵却是在自己乡土之上作战,担心家人安危,每人都有离散之心,用不了多久,就可以取得胜利。"

司马炎深深赞同,但在贾充、荀勖、沈纨等人的影响下总是不同意。羊祜很忧愤,感叹说:"天下不如意事,十常居七八。现在上天给了我们这么好的机会,难道一定要等到错过以后才后悔吗?"几年后,羊祜患了重病。临终前他让张华转告司马炎,说如今孙皓暴戾,已经尽失江东人心,趁着这个机会攻打东吴,一定可以成功。但如果孙皓死了,下面再有个英明能干的人继承他的位置,重新赢得江南人心,到时候调整战略,再加上长江天险,恐怕西晋就再难灭掉吴国,那样就会后患无穷。最后他向朝廷推荐杜预,让他继续完成自己未竟的事业。

羊祜逝世,司马炎哭泣,十分悲伤,当天,天气严寒,司马炎涕泪流到胡须上,都凝结成冰。羊祜遗命:不准把"南城郡侯"的印信随棺殉葬。司马炎说:"羊祜几年以来,一直拒绝郡侯封爵,身没亡故,此情仍存,现在仍恢复他原有的县侯封爵,以彰显他高贵的美德。"荆州百姓听到羊祜逝世的消息,大街小巷,一片哭声,店门自动关闭。东吴边防军将士也都落泪。羊祜在襄阳时,喜欢游览岘山,襄阳人在上面建立纪念碑和祭庙,每年节日,按时祭祀,看到纪念碑的人,都忍不住呜咽流泪,遂

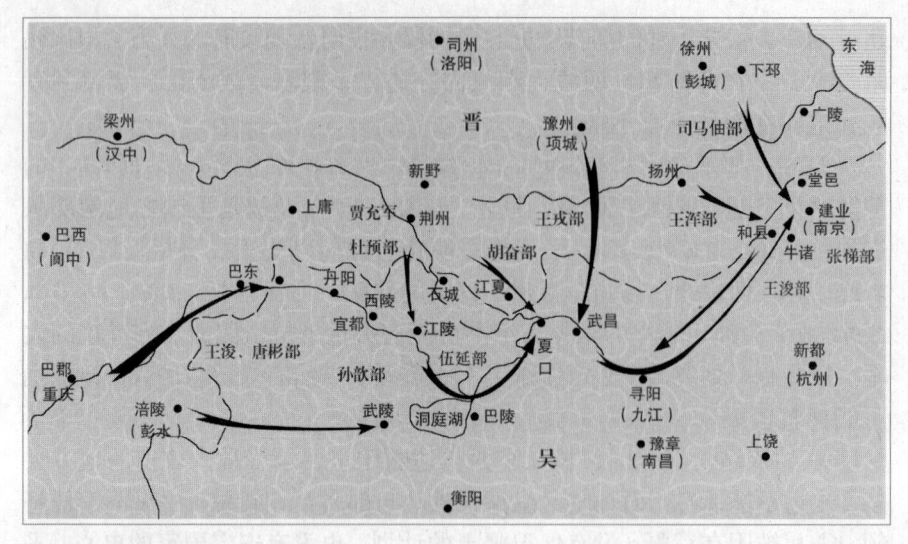

晋灭吴之战示意图

晋武帝太康元年、吴末帝天纪四年（公元280年）三月，晋在夺占长江上游的同时，以主力大军攻占了吴扬州长江北岸地区，直逼吴京师建业。晋8万大军攻入建业城，逼降吴主孙皓，一举灭亡了东吴政权，重新统一了中国。

称该碑为"堕泪碑"。

"三国时代"彻底结束

羊祜死后，司马炎下诏任命杜预当镇南大将军、都督荆州诸军事。

羊祜看得没错，杜预果然也是个卓越的统帅。杜预到襄阳接任后，遴选精锐部队，袭击东吴西陵总督的张政军队，大破东吴军。张政是东吴名将，对自己竟没有戒备而被击败，引为奇耻大辱，不愿把实际受到的损失报告孙皓。杜预于是设计了一道离间计，上书中央，把所有俘虏全都送回东吴。孙皓果然把张政免职，召回京师，另派武昌监留宪接任。吴军的西线实力被削弱。

几个月后，杜预再次向朝廷上表要求攻吴，司马炎又陷入了犹豫中。

正在这时，益州刺史王濬也向武帝上书请求出兵。为了制造攻打东吴所用的战船，他几年前就去了四川，在益州制造了大批舰船。最初，司马昭下令，命王濬撤销屯垦，把人力用来建造船舰。益州别驾（总务官）何攀认为："屯垦部队不过五六百人，而建造船舰，不是一朝一夕的事情，如果人数过少，后面的船舰还没有造成，前面的船舰已经朽烂。我建议征召各郡民兵，集合一万余人，合力赶工，一年就可以完成。"王濬打算先行奏报，何攀说："中央一听说一下子就征集一万大军，一定不准，不如独断独行，万一批驳，公文一来一往，我们已经开工，势不能中止。"王濬采纳，命何攀主持。于是庞大的造舰计划付诸实施。最大的战舰长120步，可以装载步兵2000余人。用坚硬的木材在舰上兴筑城堡，城堡上兴筑瞭望台，四边开门，夹板上能够奔驰战马。这项庞大的造舰计划，历时7年，舰成之日，也就是东吴灭亡之时。

当时，造船时削下的短木碎片，满布长江水面，沿着长江顺流而下漂到东吴，东吴帝国建平郡（今重庆巫山县）郡长吾彦，猜出了西晋的战略意图，并把收集到的这些短木碎片呈现给孙皓，报告说："晋朝一定有进攻我们的计划，最好增加建平郡的防卫部队，堵住敌人的要冲。"孙皓却完全不理会。吾彦遂用粗大铁链，横跨两岸，封锁长江。

最初，王濬当羊祜的参军，羊祜对王濬的了解最深。羊祜的侄子羊暨提醒羊祜说："王濬这个人，志向很大，但是生活奢侈无度，不可以担任重大责任。应该加以约束。"羊祜说："王濬的才能很高，足够成就他的欲望，不妨由他尽力发展。"王濬后来调任车骑将军府参军，在益州州长任内，建立威严信誉，蛮夷多数归附。不久，王濬升任大司农。当时，司马炎曾和羊祜秘密计划攻击东吴的战事，羊祜认为：对东吴的军事行动，应该利用长江上游的力量。遂秘密上书，请命王濬回任益州州长，使他负责建立长江舰队，司马炎同意。

为了完成灭吴大业，晋武帝在战略上做了充分准备。早在公元269年，他就派羊祜坐守军事重镇荆州，着手灭吴的准备工作。羊祜坐镇荆州后，减轻赋税，安定民心，荆州与东吴重镇石城（今湖北钟祥县）相距最近，晋军采取了"以善取胜"的策略，向吴军大施恩惠。他们同接壤的东吴帝国边防官员，开诚布公相待。归降的人要回东吴的，一律尊重他们的决定。减少边境巡逻部队，把裁减下来的士卒，命他们开垦荒田，计开垦荒田800余顷。羊祜初到任时，部队没有100天的存粮，后来竟积存足够10年之久的粮秣。

羊祜在当地专心树立恩德信誉，迷惑东吴国人的人心。每次发动攻击，都与东吴边防军约定日期会战，从不偷袭。将领们有人贡献奇计妙策的，就用美酒把他们灌醉，使他们说不出话。羊祜部队经过东吴边境，收割田里成熟的稻谷作为军粮，都计算稻谷价钱，送去绸缎作为代金。每次出猎，只限于晋朝境内，从不越过边境，如果受惊的禽兽先被东吴人打伤，而后又被晋军捕获，都一一送还。于是，东吴边境百姓对羊祜都心悦诚服。

由于孙皓挥霍无度，部队士兵常常领不到军饷，连饭也吃不饱。羊祜命人向吴军送酒送肉，瓦解吴军。这样，不时有吴军前来投降，羊祜下令说：吴军来要欢迎，走要欢送。有一次，吴将邓香被晋军抓到夏口，羊祜部下坚持要杀掉，羊祜不但不杀邓香，反而还亲自为其松绑，把邓香送了回去。正是由于这样的"厚"爱,东吴将领们的心已经一步步趋向晋军。

虽然吴国的形势已经每况愈下,但江东依然有许多人才,羊祜在襄阳期间,三国名将陆逊的儿子陆抗出任东吴对晋方面的主帅。他颇有父亲的遗风,上任没多久,就在与晋方的较量中攻城破阵,让羊祜看到了他的军事才能。羊祜明白自己遇上了对手,就采取相持战略,在积极备战的同时采取怀柔政策,安抚边界军民。羊祜和陆抗隔着国界,遥遥相对,经常互派使节。陆抗送酒给羊祜,羊祜毫不犹豫,把它喝光;陆抗有病,向羊祜寻求药材,羊祜把配好的药给他,陆抗也同样吃下。很多人劝阻,陆抗说:"岂有下毒的羊祜!"陆抗告诉他的边防部队说:"他们专门行善,我们专门作恶,用不着战争,我们就已经占了下风。各保边疆,不要贪图小利。"孙皓听到二人和睦交往,质问陆抗,陆抗说:"一个村落、一个乡镇,都不可以不讲信义,何况一个大国?我如果不这样做,反而替他宣传美德;而这样做,对我们并没有损害。"孙皓采用各将领的献计,不断侵扰晋朝边境。陆抗上书规劝,说:"从前,夏桀浑身罪恶,商汤才发动大军,商纣横肆暴虐,周武王才挥出征伐的战斧。假定没有那种机会,即令是最伟大的圣贤,也只有自己培养威望,保护自己,不可以轻举妄动。现在我们不知道努力农耕,使国家和百姓同时富有,不知道遴选官员,任用才能,公平升降,不知道慎重刑法和奖赏,激励政府官员的品德,不知道安抚人民,用爱心相待,却听信一些为了争夺名利的将领,穷兵黩武。费用开支,动不动就是以万为计算单位,士卒憔悴,贼寇却没有什么损伤,而我们已经病入膏肓。我们争夺的是帝王资产,竟去贪图十钱百钱的小利,这对献计的官员有好处,对国家却不是良策。昔日,齐国和鲁国3次会战,鲁国连胜两次,而于第3次时,全盘皆输,为什么?为的就是大小形势不同。何况我们进击所收获的,还不如我们所丧失的多。"孙皓不理。

5年之后,陆抗患病,自知时日无多,于是上书孙皓说:"西陵(今湖北宜昌市)、建平(今重庆巫山县)都是国家的藩篱,位置在长江上游,两面受到敌人压力。敌人的长江舰队如果顺流而下,疾如流星,迅如闪电,两郡绝对没有时间等得及援军来解倒悬。这是国家安危的契机,不仅仅是敌人边防军的小小侵扰。我的父亲陆逊,从前在西部边陲时,曾经奏报说:'西陵是国家西方的大门,虽然说容易坚守,但同时也容易失陷。如果失陷,不只是丢掉一个郡,而是丢掉一个州,荆州之地,将不再属于帝国所有。如果遇到非常情况,应倾全国之力争夺。'我从前请求增加30 000人的精锐部队驻防,可是,主管单位依旧照旧的规章,不肯派兵。我所统辖的疆土,有一千里之广,对外抵抗强敌,对内安抚蛮夷。可是包括非战

（左）陆 抗

　　陆抗（公元226—274年），字幼节，陆逊次子，孙策外孙，三国末期吴军著名军事家。其父死后，率父旧部，任建成校尉，后历任中郎将、柴桑督、北将军、镇东将军。生前率领部将与晋相峙，死后不久，吴就被晋灭亡。

（中、右）陆机、陆云

　　陆机（公元260—303年）字士衡，吴郡吴县华亭（今上海市松江）人；陆云（公元262—303年），字士龙，陆机的胞弟。二人俱为我国西晋时期著名文学家，合称"二陆"，后死于"八王之乱"，被夷三族。陆机还是一位杰出的书法家，他的《平复帖》是我国古代存世最早的名人书法真迹。陆云有《陆士龙集》传世。

斗人员在内，现有的部队，不过数万，又久在战场，疲惫不堪，难以应付紧急事变。我愚昧地认为，各位亲王的年纪还小，没有统御兵马的必要，反而妨碍国家重要防务（前一年，孙皓晋封11位亲王，每人拥有军队3 000人，共达33 000人之多，这对于人口稀少的东吴帝国而言，是一个庞大的兵力）。同时，禁卫侍从宦官广为招募卫士，百姓逃避兵役，纷纷要求列入招募名册。请陛下特别调查其中弊端，剔出逃避兵役分子，送入军营，用来增援容易受到敌人攻击的地方，使我的部队能有80 000人的足额，不做别的事情，只专心军事防御，才有保全的可能，如果不这样，实在可忧。我死之后，请注意西疆。"

　　不久，陆抗病逝，晋军又得到了机会。

　　陆抗去世后，孙皓命陆抗的儿子陆晏、陆景、陆机、陆云，分别率领父亲的部队，陆抗大军不但没有增强，反而分割，是孙皓猜忌之故。陆抗死时，陆机才14岁，其弟陆云年纪更小，而等到陆机20岁时，吴国已亡。所以兄弟二人虽然手握兵权，但在军事上并无多大作为。然而，陆机、陆云兄弟，在文学上成就斐然，喜写文章，名重当世，只可惜生不逢时，他们兄弟俩作为"亡国之余"，处处受到排挤和嫉妒，最终死于"八王之乱"。

　　可是，从王濬开始造船到现在，前后已经有7年了。早期制造的船已经开始朽烂，70岁的王濬觉得自己来日无多，向皇帝表示自己希望能在去世之前看到东吴的平定。杜预也再次上书说:"羊祜当初并没有跟政府其他官员广泛交换意见,只秘密跟陛下共同确定讨伐大计,所以引起某些人的议论纷纷。任何事情,都应对它的利害加以比较。此次大军南下,利有八九,害不过一二,最糟糕的情形,不过是徒劳无功而已。一定要那些反对的官员,说出我们为什么会被击败,他们也说不出理由。只因为这项谋略,没有由他们提出,功勋没有由他们建立,为了掩饰从前错误的言论,不得不顽强到底(指贾充、荀勖、沈统等)。近来,政府中任何一个措施,都会引起一窝蜂的反对,虽然各人的看法不一样,但也是因为仗恃陛下宽容,使他们不必忧虑发言的后果,所以才处处表示跟别人不一样。自从入秋以来,我朝全国动员的迹象已经暴露,如果突然中止,孙皓可能因为恐惧而采取应急行动,把首都迁到武昌,再坚壁清野,加强长江以南各城池的防御,使人民远离村庄。我们大军渡江之后,攻城攻不下,乡村又无处夺取粮草。则明年再采取行动,恐怕一切都晚了。"

杜预的奏章到时,司马炎正跟张华一起下棋,一向积极主战的张华推开棋盘,向司马炎极力陈述灭吴的好处:"陛下圣明,国家富庶,兵力强大。恰恰相反,孙皓凶暴淫乱,诛杀贤才。现在征讨,可以轻易平定,请不要迟疑。"

两派意见,针锋相对。是否出兵灭吴,统一全国?晋武帝意识到,自秦汉以来,统一已成为主流,广大平民百姓要求统一,渴望和平。因此,晋武帝不再犹豫,不顾贾充等人的反对,坚定地站在主战派一边。

司马炎任命张华为度支尚书,负责军粮运输。贾充、荀勖、沈统仍坚决反对,声嘶力竭地反复提出种种困难。司马炎勃然大怒,贾充等才脱下帽冠请罪。

公元279年,晋军开始向东吴展开大规模灭国性的总进攻。大军共分6路,同时开拔。镇东将军琅邪王司马伷攻击涂中(今安徽滁州市东),安东将军王浑攻击江西地区(今安徽和县一带),豫州刺史、建威将军王戎攻击武昌,平南将军胡奋攻击夏口,镇南大将军杜预攻击江陵,龙骧将军王濬、巴东郡监军唐彬,从巴蜀顺长江而下,6路大军,东西并进,总共20余万人。

作为司马炎最亲信的大臣,贾充被任命为这次军事行动的元帅。诏令发出,贾充仍然坚持说伐吴不利,还说自己老了,难以担当此任。但司马炎却说如果贾充不答应的话,他就要御驾亲征,贾充没有办法,只好率中央禁卫军,去襄阳上任,节制调度各路兵马。

为了迅速夺取胜利,晋军分五路沿长江北岸,向吴军齐头并发。第6路晋军由巴东、益州出发,沿江东下,直捣吴军都城建业。20万晋军直扑东吴。东吴守军,在巫峡钉下了无数个锋利无比的、长十余丈的铁锥,又在江面狭窄处用粗大的铁链封锁江面。王濬建造纵横各百余步的方形大船，满载用稻草做的假人，身披铠甲，手拿武器，命精于游泳的将士，乘小艇开路，铁锥撞到小艇，附着艇底，就被小艇带着顺流而下，沉没在下游河床深处。王濬又制造庞大无比的火炬，长十余丈，直径数十人才可以抱住，灌满麻油，放到船舰前面，遇到截江铁链，燃起火炬熔烧，一会工夫，铁化成汁，铁链中断，航道完全清除。

杜预派营门官周旨等率突击部队800人，利用夜色掩护，乘船渡过长江，袭击乐乡（今湖北松滋县），沿途遍插旗帜，在巴山（松滋县西北）纵火，东吴都督孙歆恐惧，写信给江陵督伍延说："晋军从北方到此，好像飞过长江。"周旨在乐乡外设下埋伏，孙歆派军出战，大败回城，周旨伏兵尽出，尾随败军，进入乐乡，孙歆还不知道，晋军一直冲到司令部，把孙歆俘虏后撤退。

随即，杜预攻克江陵，斩江陵督伍延。于是沅江、湘江以南，直到交州（越南南部）、广州边界，东吴各郡县，纷纷缴出印信投降。杜预"持节"，传达圣旨，予以安抚。

杜预召开军事会议，有人提议："累积百年之久的贼寇（东吴帝国）不可能在一天之内瓦解。而今，春冰融化，各河水势将造成泛滥，大军难以行动，应该等到冬季来临，再行进军。"杜预说："从前，乐毅济西（今山东西部）一战而胜，遂长驱直入，吞并强大的齐国。而今，大军声威已经传播，好像刀劈竹杆，几节之后，以下就迎刃而解，用不着再使什么劲。"于是，指示进军方略，率军直指东吴首都建业。

孙皓听说王浑大军已经顺长江而下的消息，命丞相张悌，领丹阳郡郡长沈莹、护军孙震、副军师诸葛靓，率军3万人，逆长江而上，迎战晋军，舰队抵达牛渚（今安徽马鞍山市西南采石矶），沈莹说："晋军在巴蜀训练水军，时日已久。我们防守上游的部队，一向没有戒备，著名的将领都已死亡，年轻人掌握军权，恐怕不能抵抗。依我的预测，晋军舰队会到达此地（牛渚），我们应在这里布防，养精蓄锐，等待他们前来，决一死战。如果幸而获胜，长江北岸的敌人，自会清除。而今放弃船舰，北上跟晋军对决，不幸失利，大势就不可能挽回。"张悌说："帝国一定灭亡，无

杜 预

杜预（公元222—284年），字元凯，京兆杜陵（今陕西西安东南）人，西晋著名政治家、军事家、学者。杜预在军事上成就卓著，他率军奇袭西陵，离间东吴君臣，削弱了东吴在西陵这一军事重镇的防守力量。他支持王濬东下，乘胜夺取建业，灭东吴，帮助晋完成了统一天下的大业。

论贤明或是愚劣,没有一个人不知道,用不着等到今天证实。我恐怕巴蜀舰队到此之前,我们的军心震恐,一哄而散,不能重新集结。还不如乘此机会登岸,还可以选择对决时机,如果失败,一同殉国,死无遗恨。如果胜利,敌人逃走,我们的士气高昂,再乘胜西上,在长江中游阻截,不愁不破来敌。假设照你的主意,只恐怕晋军到达之前,我军部众已经逃散一空,到时君臣除了投降,没有第二条出路。连一个死难的人都没有,岂不是帝国的差辱!"

张悌军不久与晋朝扬州刺史周浚遭遇,两军各自构筑营垒阵地,南北对抗。沈莹亲率精锐部队和敢死队5 000人,发动猛烈攻击,一连三次冲锋,晋军营垒阵地坚守不动。沈莹只好撤退,而队伍散乱,晋军看到东吴军不成行列,即行追击,东吴军节节败退,将领们无法阻止,霎时崩溃。东吴军在板桥(今江苏江宁县西)全军覆没。诸葛靓率亲军数百人逃亡,派人往迎张悌,张悌拒绝。诸葛靓亲自去接,说:"国家兴亡,自有天意,不是你一个人所能支持,为什么自己找死?"张悌流泪说:"仲思(诸葛靓别名),今天就是我的殉国之日。当我还是一个孩子的时候,就受到你家丞相(诸葛瑾)赏识提拔,时常恐怕死得不是地方,辜负先贤知遇之恩,现在用此身报答国家,还有什么犹豫!"诸葛靓再三拉他,都拉不动,只好流泪辞别,走了100余步,回头再看,张悌已被晋军斩首。

孙震、沈莹等7 800人全被击杀,东吴上下震动。

最初,司马炎命王濬经过建平郡时,受杜预节制;攻击建业时,受王浑节制。杜预对江陵各将领说:"如果王濬攻克建平,顺流而下,长驱直入,威名已经建立,不应叫他受我的节制。如果不能攻克建平,距我那么远,我又怎么节制?"于是在王濬舰队挺进西陵时,杜预写信给他说:"你既已摧毁坚强的边城,就应该直接攻击建业,讨伐累积几代的贼寇,拯救东吴百姓于水深火热之中,然后凯旋回京,将是历代难得一见的大事。"王濬大为高兴。

于是王濬的巴蜀舰队驶过武昌,直航建业。孙皓派游击将军张象率残余的江防舰队1万人西上迎敌。王濬船舰布

镇南将军金印　西晋

《说文》记载,"印,执政所持信也"。此印面(下)阴刻"镇南将军章"五字,印文平整端严。印钮龟首上昂,脊棱分明,龟甲饰直线纹,周边及足部刻鳞纹,是西晋时期官印的代表钮式。

满江面，铠甲武器，照耀白日，旌旗插天，迎风招展，军威十分壮观。张象看见王濬的大旗，立即投降。

当时，王浑、王濬及琅邪王司马伷，三路大军，齐向建业推进。东吴司徒何植、建威将军孙晏，都送出印信符节，向王浑投降。孙皓发现众叛亲离，听从光禄勋薛莹、中书令胡冲的意见，派出使节，把降书分别送给王浑、王濬、司马伷。又写信给臣属，深刻责备自己，并且强调："而今，大晋王朝的军队已经平定四海，正是英雄豪杰献身报国之日，不要因为政府改变，年号不同，感到沮丧。"

公元280年，王濬的巴蜀舰队乘风破浪，鼓帆前进，势如万马奔腾，扑向建业。3月15日，王濬武装部队8万人，两船相并，前后衔接100余里，战鼓擂动，士卒呐喊，攻入石头城。孙皓脱光上身，双手绑在背后，抬着棺木，到王濬军营投降。王濬命人解开他的捆绑，焚烧棺木，请进军营大帐。收取东吴帝国的地图和户籍簿册，共计4州（交州、广州、扬州、荆州）、43郡、52 300户人口、23万士兵。

由于晋武帝准备充分，时机恰当，战略正确，前后仅用了4个多月，便夺取了灭吴战争的全部胜利。从此，东吴的全部郡、州、县，正式并入晋国版图。

至此，东吴帝国自公元222年建立，公元280年覆灭，共4任君王，立国59年。随着东吴的灭亡，三国鼎立的局面也完全结束，晋武帝司马炎终于统一了全国，结束了长达近百年的分裂局面。

王濬楼船下益州，金陵王气黯然收。千寻铁锁沉江底，一片降幡出石头。

人世几回伤往事，山形依旧枕寒流。从今四海为家日，故垒萧萧芦荻秋。

[唐]刘禹锡《西塞山怀古》

东吴平定的消息传到首都，文武百官都向司马炎祝贺，司马炎手拿酒杯，流泪说："这都是羊祜的功劳。"骠骑将军孙秀独不参加，面向南方，哭泣说："遥想当年，孙策以20岁年纪，位置不过一个低级军官，创立大业。而今，孙皓把广大江南，一次抛弃，太庙、皇陵，从此成为废墟。悠悠苍天，究竟如何安排！"

胜利的消息传到各处，却是有人欣喜有人愁。贾充在战争即将胜利的前夕仍然上表说东吴不易平定，请求司马炎撤回军队，还要求腰斩张华，没想到平定东吴的捷报却及时送到，让他很是难堪，亲自到宫门请罪。不过司马炎倒是很理解这位老臣的心情，只是极力宽慰。

孙皓被送到洛阳，他和他的太子孙瑾，用泥涂到头上，再把双手绑在背后。司马炎派皇家礼宾官解开他的绳索，并亲自出临金銮宝殿受降。孙皓登殿，叩头。司马炎对他说："我在大殿上给你设这个座位已经很久了。"孙皓在统治国家上虽然没有才干，却也颇有骨气，当下回答说："我在南方的时候，也给你设了这么个座位。"贾充也不怀好意地问孙皓："听说你在南方设了不少酷刑，有凿人眼睛，剥人脸皮的，这是什么刑罚？"能言善辩的孙皓当然不会让贾充占了便宜，他回答说："这种刑法是专门给那些弑君的奸臣准备的。"

贾充听了顿时面红耳赤，一句话也说不出来。司马炎也不生气，封孙皓为归命侯。赏赐给他衣服、车辆，以及农田30顷，每年还赏赐米谷、薪饷、绸缎，待遇很厚。东吴素有声望的人士，也都以他们的才干分别任职。孙姓皇族随同渡江的，免除田赋捐税10年，江南人民免除田赋捐税20年。这让江南百姓对晋朝增加了不少好感，当地也因此稳定不少。

发展经济　太康繁荣

推行"户调式"

全国统一后,西晋政治上趋于安定,西晋最辉煌的时刻来临了。自从东汉末年大乱以来,群雄并起,三分天下,其间不知有多少百姓兵士死于战争。如今和平时代终于来临,人们繁衍生息,国家又恢复了繁荣的景象。短短两年之间,重返家园的战争流民和新出生人口就有100余万,占到了全国总人口的1/3。

但由于多年战争的创伤,老百姓生活依然很艰苦。特别是皇室和权贵们无限制地霸占土地,更加重了农民的苦难。据说,长安东南的蓝田县,一个很不起眼的"杂牌将军"庞宗,便占了良田几百顷,其他达官贵人就更不必说了。农民没有土地,豪门世族利用占据的田地肆意盘剥农民。西晋初年,晋武帝把解决土地问题作为发展经济的重要内容之一。为此,他制定了"户调式"的经济制度。

户调式共有三项内容,即占田制、户调制和品官占田荫客制。

占田制是把占田制和赋税制结合在一起的一条法令。晋武帝时,对人口年龄进行了分组:男女年16岁到60岁为"正丁";15岁、13岁、61岁、65岁为"次丁";12岁以下为"小",66岁以上为"老"。占田制规定:丁男一人占田70亩,丁女占田30亩。同时又规定:每个丁男要缴给国家50亩税,计四斛;丁女缴20亩税;次丁男缴25亩税,次丁女免税。

代田法耕作

代田法为西汉汉武帝末年开始推行使用的土地耕作法,具体操作方法为,在一亩地中,纵向分为三道田川和垄,第一年粮食作物种在田川中,苗长高时,就用垄土培固根部。第二年,田川、垄换位使用。这样可以调节土质的肥力。

这一规定，使得每个农民都可以合法地占有应得的田地。不少豪门世家的佃户，也都纷纷脱离主人，去领取属于自己的一份土地。占田制发布以后，不少农民开垦了大片荒地，这对农业经济的好转起到一定的作用。

户调制即征收户税的制度。户调不分贫富，以户为单位征收租税。这一制度规定："丁男之户，岁输绢三匹，绵三斤；女及次丁男为户者半输。"对边郡及少数民族地区的户调也作了具体的规定：边郡与内地同等之户，近的纳税额的2/3，远的纳1/3。少数民族，近的纳布一匹，远的纳布一丈。

品官占田荫客制是一种保障贵族、官僚的经济特权的制度，同时也有为贵族、官僚们占田和奴役人口的数量立一个"限制"的用意，以制止土地无限制地兼并和隐瞒户口的情况出现。此制度规定："其官品第一至第九，各以贵贱占田。第一品占五十顷，第二品四十五顷，第三品四十顷……每低一品，少五顷。"对于庇荫户，"品第六以上得衣食客三人，第七第八品二人，第九品一人。""其应有佃客者，官品第一第二者佃客无过15户，第三品10户，第四品7户，第五品5户，第六品3户，第七品2户，第八品第九品1户❶。"庇荫户的佃客，为私家人口，归主人役使，不再负担国家徭役。

实行户调制的诏书发布之后，遭到了豪门世族的抵制。他们或是隐田不报，或是反对农民占有耕地。

> ❶ 九品中正制是魏晋南北朝时期一种重要的官吏选拔制度，又名"九品官人法"。一般认为是由曹丕篡汉前夕的公元220年采纳魏吏部尚书陈群建议制定的。中正是设置于各个州郡负责考察士人道德品行的官员，他们将当地士人的才能品行分成九等加以考核品评，成为士人仕进的重要依据。由于各地的中正官大都掌握在地方大族的手中，其推荐的对象都是贵戚子弟，故而中正制度成为士族垄断政权的重要工具。

尽管晋武帝的户调式遭到了种种阻碍，但这一制度从一定程度上，用行政的手段将大量的流动、闲散人口安置到土地从事生产，这对于稳定社会秩序，促进社会经济的恢复与发展，起到了积极作用。

短暂的太平盛世

晋武帝很注意开垦荒地，兴修水利。如在汲郡开荒5 000多顷，郡内的粮食很快多起来，又修整旧陂渠和新开陂渠，对于灌溉和运输都起到了重大作用。

晋武帝在强调发展生产的同时，反对奢侈，厉行节俭。有一次，太医院的医官程据献给司马炎一件色彩夺目、满饰野雉头毛的"雉头裘"，这是一件极为罕见的华贵服饰。司马炎把这件"雉头裘"带到朝堂，让满朝文武官员欣赏，朝臣见了这件稀世珍宝，个个惊叹不已。不料，司马炎却一把火把这件"雉头裘"烧成了灰烬。他认为，这种奇装异服触犯了他不准奢侈浪费的禁令，因此要当众焚毁。他还下诏说，今后谁如敢再违犯这个规定，必须判罪。

由于数十年的战乱，中原地区经济遭到极为惨重的破坏，人口也大减。晋武帝的故乡河内郡温县，人口也只有原来的几十分之一。为此，晋武帝决定采取一些措施增加中原地区的人口。他下令，17岁的女孩一定要出嫁，否则由官府代找婆家。灭蜀之后，招募蜀人到中原，应召者由国家供给口粮2年，免除徭役20年。灭吴后，又规定吴国将吏北来者，免徭役10年，百工和百姓免徭役20年。

公元268年，晋武帝还设立了"常平仓"，丰年按适当价格抛售布帛，收购粮食；荒年则按适当价格出售粮食，稳定粮价，维持人民的正常生活。晋武帝一再责令郡县官吏，要"省徭务本"，打击投机倒把、囤积居奇。

由于晋武帝采取了这样一系列有力的经济措施，使农业生产逐年上升，国家赋税收入逐年充裕，人口逐年增加，仅平吴之后不到3年时间，全国人口就增加了130多万户，出现了"太康繁荣"❷的景象。

❷ 太康是晋武帝司马炎的年号，晋武帝在太康元年平定了东吴，结束了汉末以来近一个世纪的分裂局面，颁布占田令，鼓励农耕，经济得到恢复，人口增长，天下安定，太康便是太平康乐之意。在晋武帝的统治下，西晋进入了全盛时期，史称太康之治。但是太康之治只是昙花一现，随着晋武帝晚年在册立太子问题上的失误，选择智力低下的司马衷为太子，导致外戚、宗室权力膨胀，其死后不久便爆发了八王之乱，西晋的政权迅速崩溃。

晋武帝创立了西晋，进行了一系列的改革，使国家逐步走上了繁荣之路。扫灭东吴更是司马炎人生中的一个辉煌时刻。但当外患解除之后，各种各样的内部矛盾又摆在了他的面前。许多开国帝王在建立国家时，面对的天下是一片废墟，他们尽可以在这张白纸上尽情挥洒，草创制度，一砖一瓦地按照计划建立起一个新的帝国。而司马炎则不同，他面前是一个已经颇有基础的国家，名义上他是个开国皇帝，实际上却不得不面对一个守成之君所必须面对的问题。朝中到处都是比他资格更老的元老和长辈，每一步举措都可能触动很多人的利益，引出数不清的麻烦和纷争。平吴之后，王濬和王浑两位功臣争功不下，司马炎封赏其中一方，就会引起另一方不满，最终皇帝也只能在他们之间疲于奔命，拼命消除来自双方的抱怨。在这种形势下，司马炎经常陷入进退维谷的境地，他只能时刻小心翼翼地维持各方面的关系，让它们不至于进一步恶化。

也正是因此，司马炎对于大臣们的建议总是显得很宽容，即使他们意见再激烈、态度再不客气也不怪罪。因为他明知道许多建议于国于民有利，却因为各种原因而不能付诸实施，也只能用和颜悦色的赞同来表示安抚了。就这样，虽然事出无奈，他却因此成了中国历史上对大臣劝谏最为宽容的皇帝之一。

尚书左仆射刘毅就是个直言敢谏的人。西晋时的人都很迷信吉兆福瑞，于是在司马炎受禅即位的当月里，全国就有6只凤凰、3条青龙、2条白龙和1头麒麟出现，成为改朝换代的祥瑞标志。在此后的一年里，各地又频繁出现祥瑞，算是对皇帝即位第一年的成绩的肯定。以后几年里，青龙、白龙又在各地的井里和湖泊里源源不断地出现，直到有一天连京城的武器库的井里都出现了龙，晋武帝亲自过去观看，觉得是难得的吉兆，忍不住喜形于色。众人正要向皇帝道喜，刘毅却泼冷水说："当年有龙降落在夏朝，后来又在周朝出现，结果骊山烽火戏诸侯，周室从此衰微，可见有龙不一定是什么好事。"又有一次，司马炎率群臣到洛阳南郊祭祀，礼毕，他问司录校尉刘毅："我能和汉代的哪一个皇帝相比？"他当时以为刘毅一定会说出一个响亮的名字，谁知得到的回答是："可以和桓帝、灵帝相比。"人人都知道桓灵之世乃是东汉王朝最黑暗的时候，司马炎不能不感到吃惊，因此问道："怎么会是如此地步？"刘毅毫不掩饰地说道："桓帝之世虽卖官售爵，但把钱留给官府。陛下如今卖官售爵，却中饱私囊。"司马炎没办法，只好大笑着自我解嘲说："桓灵之世听不到你这样大胆的言论，而现在我身边却有你这样的直臣，可见我比桓灵二帝贤明。"

刘毅做官的时候，惩办起豪门权贵来毫不手软，就连皇太子奏乐进入宫门的行为违反了宫中的规定，他也毫无顾忌地向皇帝检举。有个姓羊的官员掌管皇帝的亲兵，他仗着自己曾经有恩于司马炎，多年来一直横行不法，刘毅向武帝检举，认为应该把这个人判处死刑。武帝实在难以决定，就派司马攸悄悄去找刘毅求情，刘毅也只好答应放过。但这个人罪行太多，后来又被别人检举，武帝也没有办法，只能下令免职。可过了一阵，他又悄悄起用这个人，让他以平民的身份兼任职务。就这样，在皇帝的姑息之下，许多风气和不法之徒得不到惩治，社会风气和朝廷纲纪受到影响，为后期国家的衰颓埋下了伏笔。

文化繁盛　洛阳纸贵

太康年间，天下太平，人民安居乐业，经济生活有了好转。与此同时，晋武帝还大力发展文化事业，弘扬民族文化，为中华民族古代灿烂的文化作出了一定贡献。

当时，盛行着一种被后人称颂的"太康文学"，其代表人物有一左（左思）、二陆（陆机、陆云兄弟）、二潘（潘岳、潘尼叔侄）、三张（张载、张协、张亢兄弟）。

公元282年，洛阳的人们纷纷购买纸张，原来有一个名叫左思的文人，写了著名的《三都赋》，人们纷纷传抄，引起了纸张奇缺，纸价飞涨，"洛阳纸贵"从此便流传开去。"赋"是一种文体，兼有诗歌及散文的性质，极讲究文采与韵律。据说，最早的赋是战国时荀况的《赋篇》，一般赋都写得比较短。而左思的《三都赋》不仅辞藻优美，铿锵有声，而且长达1万多字，成为举世仅有。左思门第不高，母亲死得早，他又是个结巴，小时学过书法、音乐和兵法，但都没什么成就。他的父亲曾对人说："真是一代不如一代，他现在还远远不及我年轻的时候。"这句话深深地刺激了左思，他从此刻苦攻读，奋力笔耕，用了1年时间写出了《齐都赋》，受到人们好评。公元272年，他决心写出《三都赋》。"三都"，即邺城、成都、建业，分别是三国鼎立时魏、蜀、吴的都城。他感到自己资料缺乏，便向朝廷提出，要求当一名管理图书和著作事务的秘书郎。晋武帝随即同意了，并告诉他，凡是朝廷里收藏的有关这3个都城的图籍和资料，他都可以随心所欲地阅读和查证。

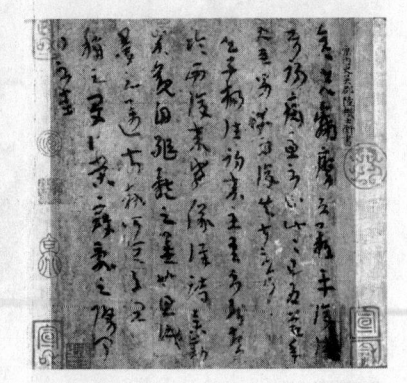

在晋武帝的关照下，左思这个出身

《平复帖》　陆机　纸本手卷　西晋

此帖共9行，86字，是现存年代最早并真实可信的西晋名家法帖，作者陆机。它用秃笔写于麻纸之上，笔意婉转，风格平淡质朴，其字体为草隶书。《平复帖》在中国书法史上占有重要地位，同时对研究文字和书法变迁方面都有参考价值。

寒门之人，用了十几年时间，终于写出《三都赋》。这是由《蜀都赋》、《魏都赋》、《吴都赋》三篇独立又相联结的赋组成的。赋中有三个假设人物：东吴王孙，西蜀公子，魏国先生。通过他们相互之间的倾诉，写出三个名都的概况、历史、物产、风土人物和各自的政治、军事、经济、文化面貌。《三都赋》一问世，立即轰动整个洛阳城，它不仅在中国历史和文学史上有着一定的地位，而且对于考证、了解三国时期的历史状况，有着十分重要的作用。除此之外，左思的诗也写得非常好。著名的《娇女诗》语言朴素，感情真挚，把对小女儿的疼爱之情跃然纸上，后来的大诗人陶渊明的《责子》、杜甫的《北征》、李商隐的《骄儿诗》等，都受到它的影响。

在西晋的文坛中，最负盛名的要算陆机，被后人称为"太康之英"。他的诗歌意新词秀，讲求形式的华美，以其深厚的笔力，优美的辞藻，纯熟的技巧，表现了一种华贵之美。这种艺术追求，极大地影响了太康文学的艺术倾向。他的《文赋》是中国文学理论发展史上第一篇系统的创作论，对后世文学创作和理论发展，都产生了重要影响。《君子行》中"天道夷且简，人道险而难。休咎相乘蹑，翻覆若波澜"的诗句，被不少后来的人所引用，以反映人们对政治环境和人生祸福无常的体会。《赴洛道中作》，是陆机五言诗的杰作，其中"行行遂已远，野途旷无人。山泽纷纡馀，林薄杳阡眠"，"顿辔倚嵩岩，侧听悲风响。清露坠素辉，明月一何朗"等，都是情景交融的佳句。陆机还是著名的书法家，所写的章草《平复帖》流传至今，是书法中的珍品。另外，据唐代张彦远《历代名画记》，陆机还有画论。

西晋初年，是人才辈出的时代。在文学艺术方面，除了左思、陆机等一批文学家外，在其他领域还出现了不少杰出人物，他们对中国古代文明也作出了卓越的贡献。所有这些成就与晋武帝司马炎开明的文化政策和人才保护措施是分不开的。

地理学家裴秀是晋朝的尚书令。裴秀的旧交郝诩给他人写了一封信，

皇甫谧

  皇甫谧（公元215—282年），"中医针灸学之祖"。他幼名静，字士安，自号玄晏先生，安定朝那（今甘肃灵台县朝那镇）人。他一生以著述为业，在医学史和文学史上都负有盛名。其著《针灸甲乙经》，内容包括脏腑、经络、腧穴、病机、诊断、治疗等，记述了各部穴位的适应征和禁忌，说明了各种操作方法。这是我国现存最早的一部理论联系实际，有重大价值的针灸学专著。除此以外，他还编撰了《帝王世纪》、《高士传》、《逸士传》、《列女传》、《元晏先生集》等书。

说:"尚书令裴秀是我的老相识,你如有什么事要他帮助关照,我给你去说说,这点面子他总会给的。"于是,有人将信作为罪证告到晋武帝面前,说裴秀假公济私。晋武帝为裴秀辩解说:"别人求裴秀办事,是别人的事,裴秀怎能预先防止呢?况且假公济私还没有成为事实,裴秀有什么罪呢?"不久,司隶校尉李憙又告发说:"刘尚替裴秀强占官田,裴秀有罪,应该关押!"晋武帝又给他开脱说:"强占田地罪在刘尚,为何要关押裴秀?"晋武帝的公正无私,不信谗言,使裴秀在地图方面作出了重要贡献。

早在魏末,裴秀曾随司马昭出军讨伐诸葛诞,跑了不少地方,由于地图有误,吃了不少苦头。明明地图上似乎很近的地方,但跑了几天也看不见影子,明明地图上没有山也没有水的标记,但真到了那儿,却冒出连绵的山冈或汹涌的河流来。尤其是宫廷珍藏的那份地图,由几十匹绸子制成,使用起来十分不便。裴秀发奋钻研,改革地图,修正错误。他首先运用了简缩的技术,用"一分为十里,一寸为百里"的比例尺,把那幅用几十匹绸子做的巨图缩画成了《地形方丈图》。裴秀还提出了绘制地图的6个基本要点,即比例尺、方位、交通路线的实际距离、地势起伏、地物形状和倾斜缓急等。这些都是世界地图学史上划时代的创新,除了经纬度和等高线外,已经包括了现代化制图的基本要素。这在自然科学不发达的1 000多年之前,是一个非常了不起的贡献。

大医学家皇甫谧,也是生活在西晋太康年间。他42岁得了风湿病,半身瘫痪,长期卧床,但他博览群书,很有才华。晋武帝得知后,多次下诏要他出来做官,但他推说有病,婉言谢绝。他在病床上开始摸索针灸,一边攻读医书,一边在自己身上做试验。经过7年苦心钻研,他不仅治好了自己瘫痪多年的疾病,而且针灸技术越来越高,发现了不少针灸穴位,创立了自己的针灸理论,写出了《针灸甲乙经》。此书不仅是我国医学史上的一部伟大著作,而且还流传到国外,从公元6世纪开始,朝鲜、日本的医生都把它奉为必读的书籍。

奢靡风起　国势衰颓

西晋官场的倾轧

如果说司马炎统治前期有许多可圈可点之处，那么到了后期，西晋的许多统治弊端开始逐渐暴露，我们不妨先从司马炎身边的一个小人来看西晋官场的倾轧。

贾南风是贾充的女儿，前面已经说过，贾充这个人，奸恶险诈，头脑灵活，精于谄媚，在司马炎朝身兼侍中、尚书令、车骑将军，与太尉兼太子太傅荀𫖮、中书监荀勖、越骑校尉安平国人冯紞，结成一个坚固的小集团，成为好友，无论官员还是民间，对他们都十分憎恨。

司马炎曾询问另一个侍中裴楷有关政治上的得失，裴楷回答说："陛下接受天命，四海归心，但是之所以德惠还不能跟尧、舜相比，原因就是像贾充这一类人仍留在政府！"

侍中任恺，河南尹庾纯，都与贾充敌对，贾充打算解除任恺亲近皇帝的机会，遂上书赞扬任恺忠贞正直，应辅佐太子司马衷，希望藉此免除任恺侍中的职务。司马炎任命任恺为太子太傅，但仍保持侍中的职务。正好，鲜卑部落酋长秃发树机能扰乱秦州、雍州，司马炎深为忧虑，任恺说："这是一个大患，应该派一位德高望重，素有威名而又有谋略的大臣，前去镇压安抚。"司马炎询问谁合适？任恺乘机推荐贾充，庾纯在旁，也对贾充的道德能力表示钦佩。于是，司马炎任命贾充为都督秦凉二州诸军事的秦凉军区司令长官，仍保留侍中、车骑将军官职。贾充无法推辞，忧心如焚。

拖拖拉拉四个月后，贾充勉强上路。高级文武百官在夕阳亭为他摆下盛宴饯行，贾充暗中再向荀勖求救，荀勖说："你身居宰相之尊，竟被那个匹夫（指任恺）摆弄成这个样子，岂不丢脸？可是，这次出征，实在难以开口推辞。只有一个办法，那就是把女儿嫁给太子，到时候，用不着推辞，自然会留下来。"贾充说："谁能进行此事？"荀勖说："我去试试。"遂对冯紞说："贾充远出在外，我们势单力孤，很难立足。太子的婚事还没有决定，为什么不劝太子娶贾充的女儿？"冯紞完全赞成。

最初，司马炎已经打算选卫瓘的女儿做太子妃，而且他早听说过贾充的女儿脾气不好，长得又黑又矮又丑，又喜欢嫉妒，无论如何也不打算答应。但是贾充早已经打通了所有的关系，贾充的妻子郭槐，用大批金银财宝贿赂皇后杨艳的左右侍从，请杨艳求司马炎娶贾充的女儿。司马炎说："卫瓘的女儿有五项好处，贾充的女儿有五项缺点：卫家男丁兴旺，卫家女儿秉性贤淑，容貌美丽，身材修长，肌肤雪白；贾家男丁衰微（贾充没有儿子），贾家女儿又秉性嫉妒，容貌丑陋，身材短小，肌肤较黑。"然而，杨艳竭力推荐贾充女儿。而荀颉、荀勖、冯纨又都异口同声，保证说贾家的女儿长得非常漂亮，而且德才兼备，最后连晋武帝自己都怀疑起以前听到的消息有误，就答应了和贾家的婚事。于是征召西征已到中途的贾充回京，仍任旧职。

第二年，太子司马衷娶贾充的女儿贾南风当太子妃。贾南风本年十六岁，比司马衷年长二岁，妒心强烈，但有权谋诈术，司马衷对她既怕又爱。

贾充终于不用去边疆打匈奴，但因为这件事，贾充对任恺的忌恨更深。政府官员遂分为两派，有人攀附贾充，有人攀附任恺，互相斗争，情况激烈。司马炎知道后，在式乾殿设宴，邀贾充和任恺同坐，劝解说："政府应该团结，同僚应该和睦！"贾充和任恺都叩拜道谢。可是，效果却恰恰相反，二人认为：皇帝已经知道他们互相争斗却没有责备，是允许他们互斗。遂越发放心大胆，无所忌惮。表面上，二人你赞扬我，我推崇你；但内心的怨恨，却越来越深，贾充竭力推荐任恺担任吏部尚书，任恺既然担任了行政机关主管，晋见皇帝的机会日渐减少。贾充遂与荀勖、冯纨利用这个机会，共同说任恺的坏话。任恺终于获罪，罢黜回家，不能翻身。

有一次，贾充参加政府官员的欢宴，河南尹庾纯酩酊大醉，与贾充言语之间发生冲突。贾充说："你爹年纪已老，你不辞职回家奉养，真是上不敬天，下不敬地！"庾纯反唇相讥："请问你这个上既敬天，下又敬地的正人君子，曹髦在哪里？"贾充恼羞成怒，上书请求辞职，庾纯也为自己的失言，上书自我弹劾。司马炎下诏：庾纯免职，命"五府"研究如何处罚。司徒石苞认为："庾纯贪图做官的荣耀，把爹爹放在脑后，应剥夺罢黜回家，永不录用。"齐王司马攸等认为："庾纯并没有违背礼教之处。"司马炎同意司马攸的意见，再任命庾纯为国子监祭酒。

等到贾充老了，生了重病，回忆起自己这一生的所作所为，很担心朝廷会给他什么样的谥号，就对自己的侄子感叹说："人一生的功过是非是掩盖不住的，时间一长自然就显露出来了！"没过多久，这位富有争议的人物就去世了。当朝廷给他议定谥号的时候，曾经有人建议应该定一个表示毁坏法纪的"荒"字，但司马炎不同意，还是给他定了一个"武"字。

西晋官员奢侈惊人

许多在初期励精图治的君王到后期堕入奢靡之中，晋武帝也不例外。看着自己的功绩，从内忧外患进入太平盛世的晋武帝感到了一种前所未有的满足与陶醉。他开始变得昏庸，日子不长，他就完全成了一个被物欲所主宰的帝王。晋武帝的奢靡从修陵墓开始。这位孝子为了表达自己的孝心，开始大规模修建祖先的陵庙，12根巨大的铜柱皆镀以黄金、饰以明珠，所用石料都是从遥远的地方运到洛阳的，耗费的民力令人惊叹。

在任何一个新政权中，开国元勋往往是一代精华，靠才干取得尊荣。而晋王朝的许多开国元勋，却是那个时代中最腐败的一群无耻之徒。宰相何曾有一次告诉他的儿子说："国家刚刚创业，应该朝气蓬勃，才是正理。可是我每次参加御前会议或御前宴会，从没有听到一句跟国家有关的话，只是谈些日常琐事。这不是好现象，你们或许可以幸免，孙儿辈恐怕逃不脱灾难。"

何曾总算有相当见解，他已警觉到危机，但他也不过仅只警觉到而已，他自己每天仅三餐饭就要1万钱，还嫌没有可吃的菜，无法下筷子。而1万钱在当时的购买力，足够1 000人1个月的伙食，这是可怕的奢侈。所以事实上何曾也属于专谈"日常琐事"——醇酒和美女最有劲的一员。他不可能例外，如果他不腐败无耻，他就挤不进统治阶级的窄门。等到何曾逝世，国子监博士秦秀，在讨论应给何曾一个什么谥号时说："何曾骄傲奢侈，超过最高限度，浪费的声名，传播天下。宰相是国家的重臣，全国人民的表率，如果他在世的时候不顾一切地肆情纵欲，死了之后又没有贬抑，亲王公爵以及贵族高官还惧怕什么？依照《谥法》：名不副实的，称'缪'，行为淫乱放荡，称'丑'，"所以应该赐何曾谥号'丑缪公'。"司马炎不准，直接下诏赐谥号"孝"。

本来自魏武帝后，社会风气就趋于奢侈，现在司马炎又推波助澜，于是，上行下效，西晋朝野顿时掀起了一股奢侈之风。朝中的权贵自不必说。尚书任恺的奢侈更超过何曾，每顿饭就要花去万钱。有一次司马炎到女婿王济家做客，侍宴的100多个婢女都穿着绫罗绸缎。菜肴中有一道乳猪，味道鲜美异常，司马炎向王济打听烹调的方法，王济悄悄对他说："这是用人乳喂养，又用人乳烹制的。"

斗富风气中最有名的是石崇和王恺。石崇是石苞的儿子，官职升到了散骑侍从，后来又出任荆州刺史，他靠搜刮过往的客商致富。王恺是司马昭正妻王元姬的亲弟弟，司马炎的舅父，他们都豪富无比，竞争比赛，看谁更奢侈浪费。

王恺用米浆洗锅，石崇用蜡烛代替木柴；石崇的屋子华丽异常，房子上挂满了缎带，饰有翠玉。王恺不肯认输，用紫色丝绸做了40里长的帷帐来炫耀，石崇则用亮光绸缎做了个50里的来和他比；石崇用花椒粉涂刷墙壁（花椒性温和而有芳香，而且来自西域，因此在古代价格至为昂贵，只有皇宫才用来涂刷墙壁，所以皇后卧室也称"椒房"），王恺则用胭脂涂刷墙壁。

司马炎为帮舅父王恺斗富，赏赐给他一株珊瑚树，高有二尺，世所罕见。王恺请石崇去看，石崇却用铁如意将珊瑚打碎，王恺很心疼，说石崇嫉妒自己的宝物。石崇却说我马上赔你，然后让手下人都去拿珊瑚树，高三四尺的就有六七株，跟王恺一样的，更多，这次比得王恺脸上很是无光。

后来，两人斗得离了谱，石崇开始造假来骗王恺：他的牛车跑得快如飞鸟，原来他故意把车辕弄歪，让牛卡得疼痛难忍，就跑得快了。后来王恺知道了石崇的把戏，便如法炮制，牛车竟跑得比石崇的还快。石崇知道是有人泄密后，便将泄密的人杀死了。

在请客人吃饭喝酒时，石崇经常让美女劝酒，如果客人喝不完酒，他就杀掉这个美女。有次王导和王敦（司马炎的女婿）兄弟俩去石崇处吃饭喝酒，王敦总不喝完，使石崇连杀3人，一直尽量喝干的王导埋怨王敦不通人情，王敦却说石崇杀自己人，不必着急。

石崇为了显示自己的富有，就连厕所也建得极为华丽，比过了正式的寝室。有的大臣去他家做客，去厕所时竟见里边有几个侍女，屋子里也用绫罗绸缎装饰得很豪华，他以为是闯进了人家的闺房，赶忙退出来，给石崇赔礼。石崇笑着说："那就是厕所，不必惊慌。"

在这种情形下，人人以夸富为荣，个个以斗富为乐。奢侈之风，遍布朝野。

司马炎的荒淫

朝野上下尽刮奢靡之风，而晋武帝司马炎则除了物欲外，还纵情声色，上演了一出出荒唐的闹剧。

公元273年，司马炎下命令为他在全国选美，以充实后宫，"有蔽匿者，以不敬论"（《北齐书·后主本纪》），在那个时代，对于皇帝的不

石 崇

石崇（公元249—300年），字季伦，小名齐奴，祖籍渤海南皮（今属河北），生于青州，西晋文学家。石崇年少敏慧，勇而有谋，20余岁任修武县令。元康初年，石崇出任南中郎将、荆州刺史，在荆州劫掠客商，遂致巨富，生活奢豪。

敬,可能就是死罪。在选拔结束之前,禁止天下人婚嫁。司马炎对于后宫女子尤其妃后的选择有自己的五条标准:贤、美、长、多子、白。这五条标准曾用于为其子司马衷选王妃。不过由于夹杂了权力斗争的因素,司马衷的王妃却恰恰是又黑又矮又丑又凶恶而且不生儿子的贾南风,五条标准都不具备。

司马炎让他的皇后杨艳亲自主持选美,不过这位杨皇后嫉妒心发作,仅仅选择了洁白体高者,对于绝色美女则一个都没有选。有一个卞氏美女,司马炎决意选拔入宫,但皇后说,卞家三代都当皇后(曹操妻、曹髦妻、曹奂妻),不能让她屈居于卑下的地位,坚决拒绝录用。皇帝大怒,就亲自选拔,中选者在胳膊上系上绛纱,公卿之家的女儿被选拔为"三夫人"、"九嫔";二千石、将军、指挥官的女儿选拔为"良人"以下。

司马炎选美之不得人心,从下面一件事完全可以看出。一位叫做胡芳的女人,在这次选美中被选中。"而芳既入选,下殿号泣。左右止之曰:'陛下闻声。'芳曰:'死且不畏,何畏陛下!'帝遣洛阳令司马肇策拜芳为贵嫔。"(《晋书·胡贵嫔传》)这个胡贵妃后来虽然显贵专宠,但从当时的反抗之情可见她对于入选掖庭毫无兴奋之情。后来皇后杨艳生病,当时这位胡贵妃正受司马炎宠爱,杨艳唯恐在她死后,司马炎立胡芳当皇后,可能对自己的亲生儿子——太子司马衷有不利的行动,于是在司马炎探病时,她枕着司马炎的腿,哭泣说:"我叔父杨骏,有个女儿杨芷,有才有德,更是美貌非凡,请你娶她。"司马炎伤感,泪流满面,一口承诺。

杨艳死后,司马炎娶杨芷为皇后。最初司马炎下聘礼时,杨芷的叔父杨珧上书说:"自古以来,一家之中有两位皇后的,没有一个能保全她的家族。请求把我的这份奏章藏到太庙,有一天真的发生我所恐惧的事情,希望能凭此免除灾祸。"司马炎批准。

随后,司马炎封杨芷的父亲,

司马炎羊车游后宫

晋武帝完成统一大业后,生活十分荒淫,晋宫内宫女逾万人。太康盛世之后,晋武帝耽于游宴,怠于政事,他乘羊车游后宫,随羊所至便行寝宴。后宫妃嫔为邀宠而费尽心思,争相用竹叶插户,用盐汁洒地,以此引诱武帝的羊车。此图即为荒淫的晋武帝驾羊车游后宫的情景。

镇军将军杨骏为车骑将军,封临晋侯。时人评价杨骏,认为他器宇太小,目光如豆,不可以托付给他国家重任。司马炎不理。而杨骏遂洋洋得意,骄傲不可一世。平南将军胡奋（胡贵妃之父）警告杨骏说:"你自从有了女儿当后台,就忽然变了嘴脸,是也不是?观察历代史迹,凡是跟皇帝结亲的,没有不满门屠杀的,只是时间早晚的问题罢了。"杨骏说:"你的女儿还不是也在皇宫?"胡奋说:"我的女儿只不过给你的女儿当婢女而已,既不会带给家人好处,也不会带给家人坏处。"

西晋灭吴统一中国后的第二年,即公元281年,司马炎迫不及待地下命令把东吴皇帝孙皓的后宫5 000宫女调入他的后宫。东吴所在,是中国最为钟灵毓秀、人杰地灵之地,盛产美女,中国古代四大美女中,西施、王昭君都是东吴人。东吴末代皇帝孙皓也是一个极为穷奢极欲、荒淫无耻的家伙,后宫中囤积了大量倾城倾国的美女。司马炎对此早已垂涎三尺,他既然是胜利者,这些战利品当然不会放过。这样,司马炎从曹氏宫廷收留的、自己亲自从民间掳掠的、再加上从孙皓后宫调入的,三军大会师,人数达万人之多,极一时之盛,大概此前的皇帝只有秦始皇能望其项背,《史记》说秦始皇"后宫列女万余人,气上冲于天"。

因为人太多,司马炎只能成天驾着羊车去观看后妃。一些想接近皇帝、一睹天颜的后妃,便在门前插上竹叶,并撒上盐巴,以使贪吃的羊走过自己门前时能够停下。

司马炎的儿子司马衷是公认的白痴,更荒淫的是,司马炎怕儿子不懂男女夫妻之事,居然把自己的才人赏给儿子,让她给儿子指导男女交媾之事,居然还给司马衷生下第一个儿子,以长子身份立为司马衷（惠帝）的太子,就连权倾天下的贾南风,也因为自己没有儿子,也不得不接受这一现实,这是后话。司马炎之荒淫无耻,一至于此。

立储问题　　两难抉择

司马炎的荒淫无度，使得他很快就体虚力亏，朝不保夕。在这种局势下，皇位继承人的问题成了朝野瞩目的大事，各种政治力量为不同的目的，再次展开了角逐。按照封建时代立嫡以长的遗规，司马炎的长子司马衷在9岁时就被立为太子，但他天生就是一个白痴，还闹了不少笑话。比如著名的"为何不食肉糜"。又比如他听到蛤蟆叫，就问这蛤蟆是官家的还是私家的，大臣们都不知道怎么回答，最后有人说在官家叫的蛤蟆就是官家的，在私家叫的就是私家的，这才让他满意。但也有人提出异议，因为后来当惠帝遇到动乱时，嵇康的儿子嵇绍为了掩护他而死，鲜血溅到他衣服上，他说这是忠臣的鲜血，不许别人将它洗去。从这件事看来，惠帝还是很明白大道理的。后来有人认为惠帝的智商和蜀国后主刘禅类似，只是运气不如后者，没有遇到诸葛亮那样的辅国大臣。

但无论如何，与聪明有为的司马攸比起来，司马衷确实差得太远。大臣们都对这个太子非常不满意。

卫瓘每次都想提醒司马炎，可是不敢出口。正好，有一天，司马炎在云台设宴，与高阶官员聚会，卫瓘假装酒醉，跪倒在司马炎床前，低声说："我有事报告。"司马炎说："阁下报告什么？"卫瓘想说而又临时止住，吞吞吐吐3次，最后，用手抚摸司马炎坐的御床，叹息说："这个座位可惜了！"司马炎立刻领悟，把话岔开，说："阁下真是醉了。"卫瓘从此不再多嘴。

司马炎设下筵席，命太子宫大小官员，全体进宫欢宴，然后，把尚书省呈报的若干请示的疑难案件，密封起来，送给司马衷裁决。贾南风大为恐慌，急请外人代为回答，答案全都

嵇　绍

嵇绍的父亲嵇康是三国时魏末著名的诗人与音乐家，"竹林七贤"的领袖人物，是当时玄学家的代表人物之一。据说嵇绍体态魁伟，聪明英俊。晋惠帝时，嵇绍官为侍中，对皇帝非常忠诚，后为保护惠帝而死。嵇绍在世时，一次有人对王戎说："昨天在众人中见到嵇绍，气宇轩昂如同野鹤立鸡群之中。"后来就用"鹤立鸡群"比喻一个人的仪表或才能在周围一群人里显得很突出。

引经据典，文情都合古人的原义。随从员张泓说："太子不喜欢读书，陛下深知，而回答的文件，却如此深刻华丽，一定会追究代笔的人是谁，这样反而更加加重罪责。还不如简单明了，有什么直说什么。"贾南风大喜，对张泓说："就由你回答,将来富贵，跟你同享。"张泓遂即撰写草稿，命司马衷照抄。

司马炎看到这些文件，虽然语句平常，但却还能把道理说明白，于是十分高兴，他首先送给卫瓘过目，卫瓘大为狼狈，这时大家才知道卫瓘一定说过什么话。贾充派密使告诉女儿贾南风："卫瓘那个老不死的奴才，差一点破了你家！"

立一个白痴儿子做太子，司马炎不是没有顾虑。就在伐吴的同时，司马炎即已考虑这个问题。有一次他问中书令张华："我的后事可以托付给谁？"张华毫不犹豫地回答："要论才华和亲属关系，当然是齐王司马攸。"张华的回答当然不会使司马炎满意。司马攸和司马炎是兄弟，司马炎和司马攸那场争夺王位的斗争就足以使他把司马攸排除在外。

司马攸本来就才能出众，这些年来对未能即位心有不甘，于是着意树立自己的形象，以至于朝野归心，很多人都希望他能成为下一个皇帝。这让司马炎感到了威胁，觉得这个弟弟留在京城里太危险，就打算把他远远打发出去，命他去青州担任都督，并且一再催促他赶紧出发。

这下司马攸又气又恨，生了重病。他向司马炎申请去给太后守陵，但司马炎却不答应，派来御医给他看病。御医们知道武帝的心思，异口同声说司马攸没病。其间许多大臣劝武帝让司马攸留在京城，说司马攸德才兼备，留下来会对朝廷有好处，这一下更让司马炎警惕起来，催促得更加急迫。司马攸的病越来越重，但他一向很重视自己的风度仪表，虽然已经病入膏肓，但去向武帝辞行的时候还是尽量维持着平时的神态举止，看起来和往常没有什么区别，结果更让司马炎怀疑他只是装病。

司马攸终于踏上了去青州的旅途，但没有几天他就吐血去世了。有人说司马炎直到这时才明白先前弟弟是真的生了重病，也有人说司马攸本来就是被司马炎授意害死的。但事实究竟如何，后人已经不可能得知了。总之，当司马炎前去吊唁司马攸的时候，听到司马攸的儿子痛哭着说他父亲的病是被医生给耽误了，就立即下令杀了医生，让他们做了替罪羊，随后下令高规格办理司马攸的后事。

在司马攸事件里，另一个受到牵连的人是贾充。有一年，司马炎身患重病，而终于痊愈。最初，齐王司马攸受到父亲司马昭的非常宠爱。司马昭每次看到司马攸，就拍着座位，呼叫司马攸的乳名说："这应是桃符的座位！"几次都要指定司马攸当太子。司马昭临死前，向司马炎述说西汉王朝淮南王刘长和曹魏帝国陈王曹植的往事，忍不住哭泣咽噎，拉着司马攸的手,交给哥哥司马炎。娘亲太后王元姬临死时,泪流满面,对司马炎说:"桃符性情急躁,而你这个哥哥又不仁慈,我死之后,深怕你不能容他。所以我特别嘱咐你,不要忘记我的话!"

这次司马炎病危,无论官员还是民间,都希望司马攸能继承帝位。司马攸的正妻,是贾充的长女。河南尹夏侯和对贾充说:"你的两个女婿,跟你的关系完全一样(二婿:齐王司马攸、太子司马衷),选立皇帝,应该看他的品德。"贾充不做回答。贾充的长女是贾充与前妻李氏所生的,李氏因为父亲李丰犯罪被杀,受到株连,贾充遂与李氏离婚。再娶郭槐,生幼女贾南风,嫁司马衷,贾充畏惧郭槐,自然影响他的决定。

司马攸一向讨厌荀勖与冯纨对上谄媚,对下陷害的态度。荀勖遂教沈纨向司马炎进言说:"陛下前些时候患病,如果不能痊愈,齐王众望所归,太子即令谦让,恐怕也难逃劫数,应该送齐王回他的封国,安定国家。"虽然当时贾充并没有发表意见,但还是触动了司马炎的软肋,于是司马炎先调任夏侯和当光禄勋,再解除贾充的军权,但官位和待遇,并没有减少。

作为皇帝,他只会在自己的后代中做出选择。司马炎终于发现了一个亮点。有一次,宫中失火,司马炎站在城楼上观望,这时,太子司马衷5岁的儿子司马橘挡着武帝说:"夜间危险,不应让光亮照到皇帝的身上。"司马炎感到很惊奇,本来近乎绝望的心中燃起一股希望,于是他把全部的赌注押在了这个尚处在孩提时代的皇孙身上,于是最终还是选择了司马衷这个白痴做皇位继承人。

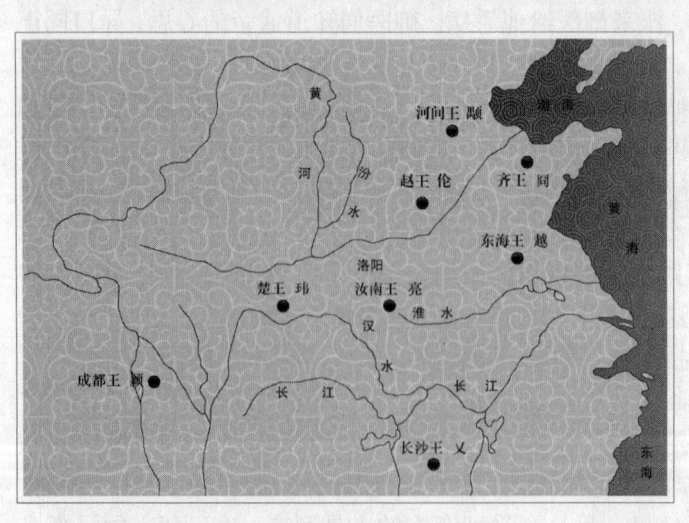

公元290年三月,司马炎病逝,享年55岁,葬于峻

"八王之乱"

图为八王分布示意图。永康元年(公元300年)赵王发兵,杀贾后废惠帝,永宁元年(公元301年)赵王伦称帝,改元建始,尊惠帝为太上皇。同年,齐王冏起兵讨赵王,成都王颖、河间王颙等应之,赵王伦兵败伏诛,惠帝复位。之后数年,诸王混战,惠帝被弑,至光熙元年(公元306年),惠帝之弟怀帝继位,八王之乱方告结束。

阳陵，庙号"世祖"，谥号为晋武帝。

司马炎去世，司马衷顺理成章地即位，从此朝廷就成了贾南风的舞台。她残忍好杀，除掉了杨氏势力，从此把朝廷大权都握在自己手里。古人经常说红颜祸国，贾南风的长相虽然和红颜的标准背道而驰，却也一样控制朝政，肆意乱为，最后引出八王之乱，把西晋的江山折腾得风雨飘摇。

晋武帝司马炎在位20多年。他曾为经济、文化的发展作出了突出的贡献。司马炎的成功，很大程度上源于他温和的个性。他的性情温和，致力于解决各方面的矛盾，因此也会受到各方面的欢迎。就当时的形势看来，选择一条温和的路线是最明智的选择，如果换了东吴孙皓那样性情天生暴虐的领导者，恐怕会把原本还算稳固的西晋江山折腾得风雨飘摇。但是，受时代的影响，他在政治制度上基本上沿用了汉代以来的分封制，严重地削弱了中央集权的巩固。再加上他晚年生活奢侈腐化，公开卖官鬻爵，宫中姬妾近万人，上行下效，各级官吏不理政事，斗富成风，奢侈之风盛行，加速了西晋王朝的灭亡。晋武帝去世不久，西晋王朝就发生了"八王之乱"，并最终迫使晋王朝"永嘉南渡"。"八王之乱"可以说是中国历史上由皇族内部争权夺利引起的纷争中持续时间最长，影响规模最大的一次。这场战乱长16年，加上天灾不断，瘟疫流行，广大劳动人民又开始大批死亡或流离失所，"太康繁荣"的盛景很快失去了昔日的光彩。

当年，司马炎只看到了曹魏的灭亡是因为没有给皇族子弟权力，使皇室孤立了。所以他即位之后就分封27个同姓王，并允许每个王国都有自己的军队。他原以为这样就有许多亲属子弟支持皇室，司马氏的统治就可以稳固了。但是，他却忘记了当年汉高祖刘邦分封诸王，以致造成"七国之乱"的经验教训。分封诸侯王，造成国家权力的分散，并且是日后国家实力内斗内耗的主要力量。在内斗中，西晋王朝的元气被消耗殆尽。同时由于司马炎在对待少数民族策略上的失误，让他们进入内地，人口繁衍得太多难以控制。终于在晋朝王室内斗得如火如荼的时候，乘机乱华，灭掉了西晋。

隋灭陈之战要图

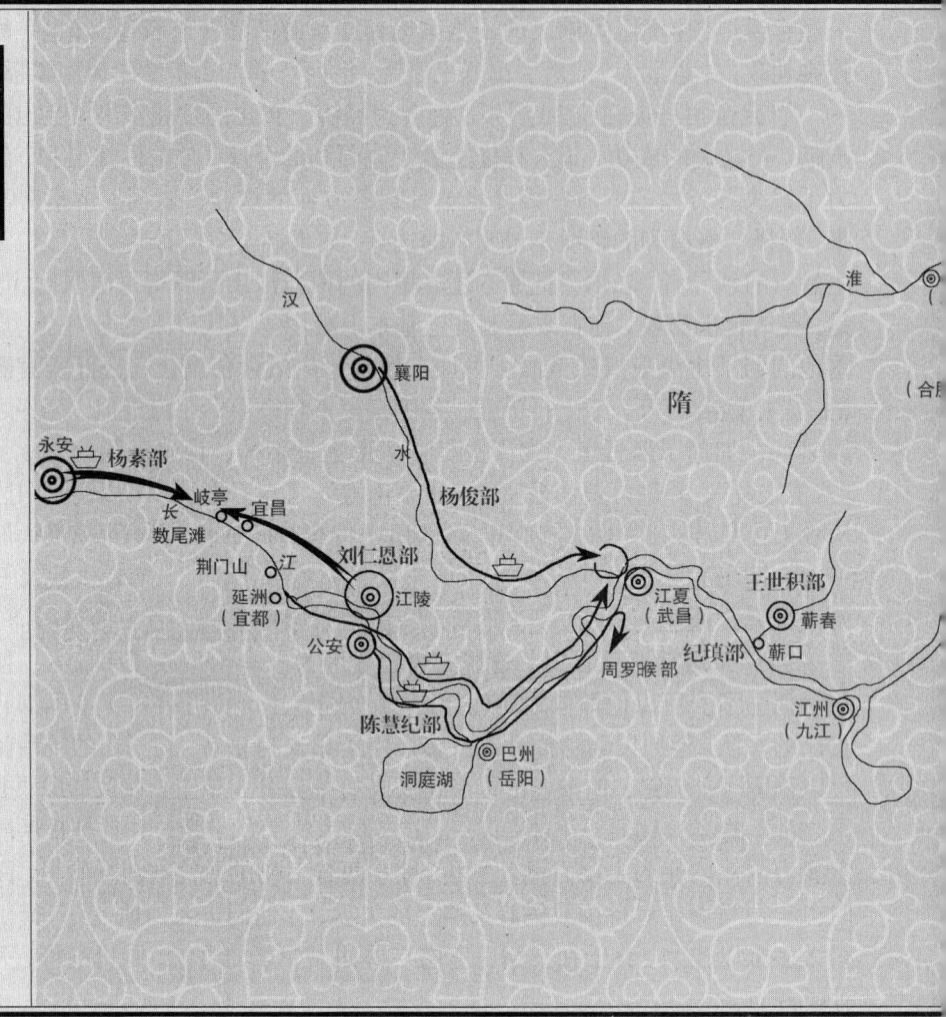

隋文帝·杨坚

公元541—604年

今天的人们会记得隋文帝是谁吗？有多少人会记得他是结束南北朝分裂局面，重新一统华夏的隋帝国开国之君呢？或许更多的人知道他只不过是因为他是那个风流的隋炀帝的父亲，后又被炀帝弑父即位的悲剧性帝王。后人说他建立隋朝只不过是欺孤儿寡母而得天下。在当时混乱的局面下，天下真这么容易就可以取得吗？表面深沉严肃、令人敬畏的隋文帝又究竟是个什么样的人呢？

传奇身世　　代周建隋

杨家虎将初长成

公元541年7月21日，一代帝王杨坚诞生了。据记载，杨坚出生时"紫气充庭"。紫气一向是祥瑞的征兆，古人认为此吉象说明杨坚是膺天命而降生人间的，他命中注定要位登九五，统一中国。杨坚的父亲杨忠是西魏十二大将军之一，被封为隋国公。杨坚生来就是将门虎子，方脸高额，五官端正。但杨坚一出生，父母就把他托付给了毗邻的般若尼寺。杨坚的父母这么做是有原因的。当时时局动荡，战事频仍，杨忠说不定哪天就要奔赴战场，生死难料，他把生子杨坚托付给寺庙一来是使杨坚有个好的寄托；二来是将头胎儿女献于佛前以报答神明的保佑，并为未来祈福。杨忠还把自家宅院改做了佛寺，般若尼寺的智仙则成了杨家的家僧，担当起养育杨坚的责任，自己反而不常与儿子见面。传说杨坚母亲吕氏因为想念儿子，曾悄悄来到智仙房中，轻轻抱起杨坚，仔细端详。就在这时，杨坚的头上突然长出角来，遍体生鳞，化做了一条小龙。吕氏大惊，愕然失手，怀里抱着的婴儿坠落于地。智仙闻声赶来，连忙将杨坚抱起，埋怨吕氏道："何因妄触我儿，遂令晚得天下。"从此以后，杨家人都不敢再轻易过问杨坚的日常生活。关于杨坚的这类传说还有很多，后人都把他视做膺天命而诞生在人间的。智仙还给杨坚起了个小名叫"那罗延"，这在佛典里是指金刚力士，是力大无穷的神祇。懂事后的杨坚对自己的这个小名颇感自豪，他当上皇帝后，于开皇九年（公元589年）命人在河南安阳宝山灵泉寺开凿了大住圣窟，门外东侧便有一座护法神王的浮雕，其左手持剑，右手紧握三股长柄钢叉，脚踏卧牛状怪兽，威风凛凛，上方题铭就是"那罗延神王"。灵泉寺后又在杨坚支持下，由最高僧官灵裕国统主持扩建，号称"河朔第一古刹"。

从小在佛寺里长大的杨坚，深受佛教文化的熏陶。一手抚养他长大成人的智仙，对杨坚的启蒙教育是潜移默化的，后来杨坚深沉的性格以及远大抱负在很大程度上可视为是由智仙精心培养出来的。智仙除了向他灌输佛教思想外，也反复告诉他，他不是一个凡人，而是护法金刚转世，将来注定要成就一番伟业。这种特殊的生长环境和教育方式，使得幼小的杨坚较早地褪去了同岁孩童的稚嫩和天真,养成了深沉稳重、孤傲刚毅的性格,显得举止有度,少年老成。同时,作为将门子弟,杨坚从小就深受北周质朴尚武的风气熏陶,并接受了良好的军事训练,除了佛教世界,他最熟悉的地方就是沙场。智仙的教育、父亲的引领都使得杨坚从小就胸怀大志,渴望自己能够早日长成,叱咤风云,一统群英。在13岁那年,杨坚走出佛门,转入太学,迈入了一个与佛寺完全不同的世界。

太学是一所专门培养贵族子弟的学校。杨坚的威仪风姿使得太学中的那些官宦子弟对他肃然起敬,这成为杨坚以后登上政治舞台的宝贵资本。14岁时,杨坚被京兆尹薛善看中,辟为功曹。这一任命对于尚无征战经验的杨坚而言虽是象征性的,但却是他走上仕途的开端。15岁时,杨坚因父亲军功显著,被授予散骑常侍、车骑大将军、仪同三司勋官,封成纪县公,接着又被升为骠骑大将军,加开府衔。大约也在这个时候,杨坚迎来了他一生中具有决定性影响的事件:他被父亲的老上司,上柱国、大司马独孤信看中,与独孤信14岁的女儿独孤伽罗大婚。"伽罗"出自梵文,意为香炉木,因此从独孤氏的名字看,她同样也出自信仰佛教的家庭。同样的宗教信仰,加上独孤氏在性格上与杨坚也颇有相似之处,即性格坚定,更难得的是独孤氏还非常有政治远见,杨坚得此贤内助,可以说是如虎添翼。在以后的峥嵘岁月里,独孤氏始终和杨坚并肩作战,至夫君位登九五,独孤氏仍然一心辅佐杨坚处理朝政,对他的很多决策都产生了影响。

在宫廷倾轧中成熟

公元557年,宇文护逼迫西魏恭帝禅让,拥立宇文觉即天王位,建立北周。在北周一系列残酷的政治斗争中,杨坚经受了严峻的考验。北周建立后,首先遭到清洗的就是杨坚的岳父独

隋文帝祈雨　壁画　隋代

中国为一农业国家,在古代便已如此,祈雨等祭祀活动也就成为历代君王及官员必行之礼。杨坚笃信佛教,敬重鬼神,自幼时起便常参加各种祭祀活动,日后称帝,此祭拜更是隆重。图中即绘有隋文帝杨坚祈雨的隆重景象,肃穆气氛渗透画壁。

孤信。其时，宇文护将大司马一职从独孤信手中收归己任，取得军权，把独孤信架空并且挤出了权力中心，后又以伙同楚国公赵贵谋反的罪名罢免了独孤信，逼其自杀。一波未平，一波又起，柱国大将军李远之子李植等人因不满宇文护专权，支持孝闵帝宇文觉，意图谋诛宇文护，不料计划败露，孝闵帝被弑，独孤信另一女婿宇文毓即位，为明帝。明帝即刻任命杨坚为右小宫伯，并进封其为大兴郡公，使杨坚正式踏上了仕途。但这个官职并不好当。宫伯掌管皇宫宿卫，小宫伯是其副职。宫伯供职于皇帝身边，贴近权力中心，提升迅速，因此多由贵胄子弟担任此职。但因当时的官职制度，宫伯隶属于天官大冢宰之下，而当时担任大冢宰的正是宇文护。由此可见，杨坚担任此职既是宇文护为拉拢他而刻意作的安排，同时又能随时监控杨坚，使其一举一动都在自己眼皮底下。宫伯夹于皇帝和权臣之间，任职者必须认清时局，十分小心谨慎，在残酷的政治斗争中既可飞黄腾达，亦会身败名裂，杀头诛族。杨坚在这个职位上便几次险遭不测，但都化险为夷，这些经历也让他洞察了朝廷复杂的人事关系，练成了深藏不露、处变不惊的政治本领，并在宫里宫外结交了一帮密友，以备后日所用。

　　明帝因为聪明好学，不利于宇文护的长期专权，所以登基才2年，就成为政治斗争的牺牲者，被毒死了。临死前，明帝把帝位传给了其弟宇文邕，希望他能够制服权臣，树立皇室的绝对权威。宇文邕即周武帝，颇具才干，心思缜密，与宇文护长久周旋着。武帝即位后，杨坚的官职几乎没有变化，整整担任了8年的宿卫官。公元565年，杨坚终于得到机会晋升为大将军，被派到随州（今湖北随州市）担任刺史❶。但上任不久，杨坚又被调回朝廷，路过襄州时，骠骑将军庞晃设宴盛情款待，酒酣耳热之际曾悄悄对他说："公相貌非常，名在图箓。九五之日，幸愿不忘。"这番话说得非常露骨，但杨坚竟坦然受之，表明他早有此心，只是苦于迟迟不得志。当时天已微明，有雄鸡报晓，杨坚让庞晃射雄鸡，说："中则有贵。然富贵之日，持以为验。"庞晃弯弓持满，一箭射中。杨坚抚掌大笑说："此是天意，公能感之而中也。"庞晃这一箭射去了杨坚因为长久等待而逐渐堆积于心的忧虑，坚定了他上膺天命的自信。欢笑之余，杨坚又把身边两个婢女送给庞晃。经过这一晚交谈，两人遂成盟友，密谋篡周。

　　杨坚回到京城后，政治空气依然紧张。由

❶ 刺史，古代职官名，始于汉代。其等级、职权范围随朝代不同而多有变迁。汉武帝废除了沿秦而置的监御史制度，将全国划分为十三州，各州均置刺史一人，此时刺史为监察官，品秩在太守之下。但随着刺史对于地方行政影响力的增大，刺史逐渐从监察区演变为一级行政区，东汉灵帝时，改刺史为州牧，位居太守之上，掌握一州军政大权，成为一级地方行政长官。魏晋南北朝，以刺史领州，多带使持节、持节、假节、都督等诸军事衔。隋文帝废郡，以州领县，则刺史职权与前代太守相似。

于备受排挤，杨坚出于无奈，干脆以母亲生病为由，不再上朝，天天在家侍奉母亲，一来可以避开宇文护的锋芒，二来也为自己赢得了"纯孝"的称赞。但这些赞誉却愈发引起宇文护的嫉恨，多次想加害于他，多亏大将军侯伏侯万寿为杨坚说情才得以幸免。公元563年，父亲杨忠去世，杨坚按例承袭父爵隋国公。但此时的杨坚却因苦无机会一展宏图而觉得前途渺茫，以致将希望寄托于道士之上，待听到"当为天子"一言，才略感安心。

公元572年，转机出现，武帝铲除宇文护，杨坚终于可以长长地舒口气了。武帝亲政后，采取的一系列政策使得北周进入了黄金时期。此后，形势更加朝着有利于杨坚的方向发展。公元573年，武帝决定纳杨坚的女儿杨丽华为太子妃，杨坚顿成皇亲国戚。公元576年，武帝再度亲征北齐。杨坚获得了领兵打仗的机会，并在战争中表现突出，屡建战功。为了表彰他的功勋，武帝任命他为定州（今河北定州市）总管，进位柱国，把安抚河北的重任交给了他。恰好，他的盟友庞晃也被派到毗邻的常山郡（今河北正定县南）任太守，两人遂得机共谋大计。但杨坚作为元勋的后代，握有实权，加之又成了皇亲国戚，自然会引起武帝的警觉。武帝所立的太子宇文赟又是个不务正业、刚愎自用的纨绔子弟，杨坚这样一个危险人物将来谁能驾驭得了他呢？正是在这种猜忌下，武帝很快就把杨坚调往了南方，改任南兖州（今安徽亳州市）总管。杨坚无奈地怏怏上任，把怒火埋在胸中，只有待时而动。

北周的黄金时期并没有维持多久，578年，武帝驾崩，宇文赟继位，即周宣帝。登基后，暴戾的宣帝进行了一系列变态、无聊的政治迫害，造成了统治集团的彻底分裂，北周进入了一个缺乏理性的时期。随着太子妃杨氏顺理成章当上了皇后，杨坚也进位上柱国，出任大司马，掌管军政。此时的形势已是今非昔比，对杨坚十分有利。经过宣帝丧失理性的政治清洗，当年对杨坚深怀顾忌的大臣或死或散，剩下来的也并没有多少政治才干，杨坚的绊脚石所剩无几。

北周武帝宇文邕　阎立本　绢本设色　唐代

宇文邕（公元543—578年），宇文泰子，鲜卑族，公元560—578年在位，即北周武帝。在位期间，宇文邕禁止佛道两教，使寺院占有的大量人口还俗，以向国家纳税服役。建德六年（公元577年），灭北齐，拥有黄河流域和长江上游广袤土地，为后来隋之统一奠定了基础。

周宣帝深醉于声色犬马，讨厌处理日常政务，因此他登基不到一年就将皇位禅让给七岁的幼子（静帝），自己当起了太上皇。荒唐的周宣帝并立有5位皇后，其中以杨皇后的身份最为高贵。杨丽华温柔敦厚，既不献媚争宠，也不惧怕宣帝。专横的宣帝看到杨皇后面对他的咆哮竟然表现得毫无惧色，非常不满，认为她完全是依靠杨坚的势力，气急败坏地将杨皇后赐死，想借此给杨坚教训。杨家得到这一消息后，独孤氏立刻赶往宫中，见到宣帝不停地磕头直至血流满面。独孤氏如此死命求饶，稍解宣帝怒气，这才免去杨皇后一死。但此后宣帝仍然视杨坚为心头之患，翁婿已经成了冤家对头。于是杨坚委托宣帝面前的头号红人郑译给他找个外任职位，暂且求全。郑译趁宣帝筹划对南朝用兵之机，进谏推荐杨坚去镇抚江东。宣帝立即准奏，任命杨坚为扬州（今安徽寿县）总管，偕郑译发兵南征。杨坚准备动身之际，接到了宫中心腹密报称恐时局有变，便突然改变态度，称有足疾，暂缓南行，决定在京城拖一段时间，看情况是否有所转机。

发动宫廷政变

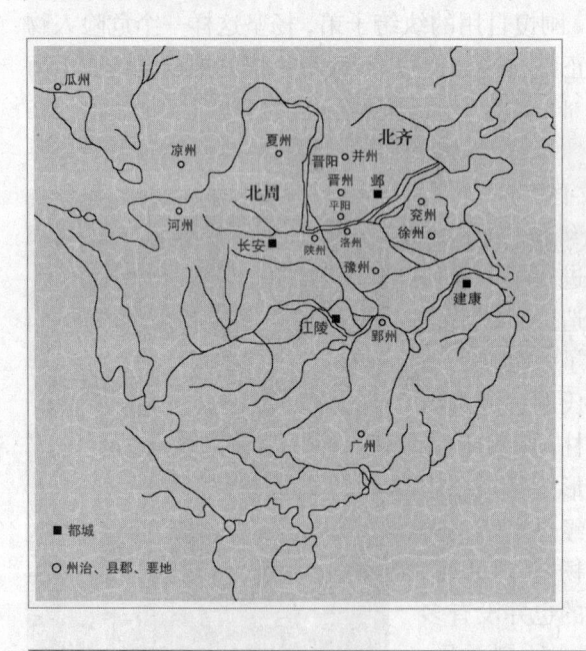

大象二年（公元508年），宣帝病重，身边的宠臣们见静帝幼小，势必大权旁落，于是都打起了自己的小算盘，早早计议支持杨坚入主朝政。杨坚等待已久的机会终于即将来到。同年，宣帝暴毙，郑译和刘昉密不发丧，而是矫召杨坚入宫辅政。但同受遗命的颜之仪知遗书有诈，拒不签署，并厉声斥责。刘昉见状，当下强代颜之仪签发了诏书。颜之

北齐北周对峙图

　　北齐，为公元550年东魏权臣高欢之子洋代东魏而立，国号齐，都邺（今河北临漳西南），域今河南洛阳以东的晋、冀、鲁、豫及内蒙古一部分；北周，为公元557年西魏军统帅宇文泰之子觉代西魏称帝，国号周，建都长安（今陕西西安）。公元577年，北周灭北齐，统一中国北方。图为北齐北周相峙而立形势图。

仪则和宦官商量，飞召大将军宇文仲入内辅政。郑译得到消息，立即通报杨坚，并带着杨惠（即杨雄，杨坚堂侄）、刘昉、皇甫绩和柳裘，在御座前逮捕了宇文仲，迅速控制住了宫内的局势，完成了助坚掌权的第一步。次日，静帝入居天台，大会百官，宣布以汉王赞为右大丞相，杨坚为假黄钺、左大丞相，节制百官。把汉王赞置于自己之上，只不过是杨坚既要主政又要掩人耳目所耍的花招而已。杨坚也料到会有不服者出现，因此早就密令卢贲领兵在外伺候。会后，杨坚前往东宫，百官不知所从，这时卢贲大呼："欲求富贵者，当相随来。"公卿百官看到严阵以待的士兵不寒而栗，就这样，公卿百官在卫兵"护送"下来到东宫向杨坚俯首效忠。

通过宫廷政变上台的杨坚，当务之急就是要牢牢控制京师，挟天子以令诸侯。欲控制京师，就要迅速组建一个忠于自己的心腹团体，清除异己分子，镇压反抗势力。谋划已久的杨坚自知此道，首先要做的便是排除皇室势力，彻底控制朝政。被杨坚拿来做遮掩的右丞相汉王赞荒淫好色，对政治权术一无所知，还每天都到禁中和杨坚同帐而坐，碍手碍脚。于是刘昉出面挑唆他先回府第，等到情势平静点后再入朝当天子，同时还送他几个浓妆艳抹的女子，汉王赞就这么天真地听信了刘昉的话，欢天喜地的带着女子回家，准备以后当他的天子去了。去掉汉王赞后，接下来就要对付赵、陈、越、代、滕五位亲王。分封在外的五王受昭回京后就处于杨坚的严密监控下。杨坚先是以谋害执政罪诛明帝长子毕王贤一家，给五王来了个下马威，接着又对五王软硬兼施稳住其阵脚，然后对他们各个击破，以刺杀执政未遂罪终逐一消灭了五亲王，此即杨坚为自己夺权而制造历史冤案——"六王事件"。

对北周宗室进行镇压的同时，杨坚还要利用北周元老的声望来镇服朝廷，给自己的统治地位增加正统的光彩。在拉拢元老上，杨坚取得的巨大成功便是争取到了李穆和于谨两大家族的支持。李穆是西魏12大将军李远的弟弟，在北周元老中他大概是最早表态支持杨坚篡周的，此举给其他观望时局的官僚贵族树立了一个风向标。于谨，于北魏末年辅佐宇文泰奠基关中，为八柱国之一，后来又支持宇文护建立北周，可谓北周第一功臣，其子孙任职内外，部属遍于天下。对于这样的人物杨坚自然要极力笼络之，好在对于杨坚的笼络，于氏家族也非常识时务地竭诚报效。拉拢了这两大家族，其他人自然就好办多了。

除了拉拢北周元老外，要在权力中心站稳脚跟，还要确立新的统治核心，组建一支效忠于己的官吏队伍，杨坚看中了李德林和高颎。李德林是闻名天下的文人才子，原为北齐通直散骑常侍兼中书侍郎，久典机要。他曾建议杨坚果断地选拔任用新人以取代旧官僚，控制要害部门。杨坚采纳了李德林的建议，上台后立即把自己的亲信党羽安插进各个要害部门。

高颎曾为独孤信门下属僚。独孤信被迫自杀后，高颎仍与杨坚夫人独孤氏交往，深受独孤氏赏识，可谓独孤家的患难之交。也正因为如此，杨坚对高颎十分信任，纳其为心腹。高颎果然为杨坚引荐了不少人才，如苏威、虞庆则等。

与此同时，杨坚还实行了一系列收拢百姓人心的措施。他先是革除了宣帝时代的苛政；后又"复行佛、道二教，旧沙门、道士精诚自守者，简令入道"，深得人心；再次，将宇文泰施行汉人胡化所改的鲜卑姓一律改回原来的汉姓。

通过上述一系列措施，杨坚成功地清除了北周宗室势力，拉拢了北周勋功贵族的支持，组建了一支属于自己的官吏队伍，俘获民众人心。他以自己的亲属故旧控制京中部队和都城官府，以李德林、高颎、虞庆则等人入主相府处理国家要务，以郑译和刘昉等人掌握中枢部门。这样，杨坚完全控制了京师的大局，巩固了自己的辅政地位。不久，杨坚又得到一个很好的机会，一举夺得军权。因尉迟迥、宇文胄等人起兵反叛，静帝遂下诏以杨坚为都督内外诸军事，正式将全国军权交给了他。这样，杨坚的地位已经不可动摇，可以全力对付地方上的叛乱了。

杨坚的上台不算光彩，违背了中国传统理念中的君臣伦常，这当然也引起了很多人的妒忌、不满和反抗。唐太宗就曾斥责杨坚，说他是"欺孤儿寡妇以得天下"，这也是隋唐时人的普遍看法，更可想见当时他上台激起了多少人的不满。尉迟迥、司马消难和王谦便以匡复皇室为号召，三方起兵叛乱。这场起兵看上去名正言顺、声势浩大，但实际上众人各有打算，无非是为自己牟取私利，与杨坚篡权并无根本区别，但他们的实力和心机又远远不如杨坚，根本不是杨坚的对手。起兵各部被杨坚各个击破，其中势力最大的尉迟迥从起兵到失败也只不过68天。三方叛乱是杨坚预料之内的，所以他可以指挥若定。但是平叛过程中出现了内部危险，却是杨坚没能预料到的。各路将领原先和杨坚平起平坐，现在地位改变，心中当然不服，不过更多的顾虑则是担心杨坚将来如何对付他们。最后，杨坚派高颎和于仲文到前线才稳定了军心。平定叛乱后，杨坚对尉迟迥部众进行了大屠杀。至平定尉迟迥一周年之际，这场大屠杀所造成的恐怖依然震悚人心，甚至连杨坚本人也颇感不安，以至于要建寺超度亡灵。

平叛胜利后，再没有人能够挑战杨坚的领导地位，杨坚便开始为篡周制造声势。随着杨坚的声望日益隆盛，文武百官都审时度势，自觉站到了杨坚这边，纷呈忠款，杨坚也在一片劝进声中加快了夺权的步伐。司马消难之叛刚刚镇压，他就以叛臣之女为由，越位废静帝司马皇后为庶人，视静帝为无物；接着又让静帝废除左右丞相之号，仅设大丞相一职，由他自己担任；后又加大冢宰职，总摄其他五官府，独揽大权；接下来杨坚又进封为隋王，以十郡为国，距离称帝只有一步之遥了。公元581年二月初九，杨坚改称相国，出警入跸，享有九锡的尊崇地位。事情发展到这个地步，百官心里都明白，改朝换代只是选择黄道吉日的问题罢了。术士庾季才很适时地进言道"今王气已见，须即应之"，推算二月甲子是黄道吉日，这天又适逢惊蛰，又说次日登基可以享国长久。杨坚泰然接受了这个建议。于是李德林为静帝起草了禅让诏书，杨坚按例推让三次，但这只不过是面上功夫。二月中，静帝"以众望有归"，下诏禅位于隋。二月十三日，杨坚身穿黄袍常服，即位于灵光殿，同时祭告天地、祖先，至此，隋朝正式建立了。

杨坚在称帝之后，吸收了北周被自己灭掉的教训，加强对地方的控制。先是把自己的儿子们分封到各地去驻守，同时掌管当地及周围的军事。为了更好地治理国家，杨坚罢黜了一些没有才干的大臣，包括对自己夺取帝位有功的人，将一些有真才实干的人提拔上来，辅佐自己管理国家政务。在政权基本稳定之后，杨坚便开始了一系列大刀阔斧的改革，包括了中央和地方的政治体制、赋税、土地制度、法律、钱币、对外关系等方面。此外，杨坚还统一了江南，结束了南北长期分裂割据的局面。所以隋文帝杨坚在中国历史上应是一个颇有功绩的皇帝，他对政治体制，包括法制的改革，对于唐朝的体制有着直接的影响。实际上，唐朝的体制基本上便是继承隋朝旧制。在中国历史上，隋朝起了一个非常重要的承上启下的作用。但是隋朝国祚短促，二世而亡，隋文帝统治晚期和隋炀帝都不懂得与民休息，一味好大喜功，滥用民力，把隋朝初年好不容易积累下来的财富都挥霍一空。隋朝的老百姓更是一年到头处于繁重的赋役之中，得不到一点好处，最后只好揭竿而起。故清人王夫之曾经很犀利地指出："隋无德而有政，故不能守天下而固可一天下。以立法而施及唐、宋，盖隋亡而法不亡也。"

八公图（局部）　陈闳　绢本设色　唐代

据《魏书·长孙嵩传》载，北魏明元帝拓跋嗣即位后，长孙嵩"与山阳侯奚斤、北新侯安同、白马侯崔宏等8人，坐止车门右，听理万机，故世号"八公"。此《八公图》即描绘这8位辅政大臣。

恢弘改革　开皇之治

隋朝建立以后，杨坚雄心壮志，立志要超越任何一代帝王。从其给新王朝起的新年号"开皇"也可看出他的远大志向。杨坚起这个年号一方面也是附会自己的诞生传说，证明自己乃"祗奉上玄，君临万国"。他自幼以大力金刚那罗延自许，以所谓"赤若之岁，黄屋驭时，土制水行，兴废毁立，佛日火乘，木启运年，号以开皇，可谓法炬灭而更明，否时还泰者也"（《历代三宝纪》）。另外，这一年号也主要采"圣皇启运，像法载兴"之意。确实，隋文帝所做的一系列除旧布新的改革在许多方面对后世的中国社会产生了深远影响，颇有开山之功。

行政、法律改革

隋文帝废除了北周的六官制度，以三省六部制度取而代之。开皇元年（公元581年），隋文帝宣布把中央机构分为尚书省[1]、门下省[2]、中书省三省。其中，尚书省是最高行政机构，置令1人，左、右仆射各1人，为正、副长官。仆射之下设左、右丞各1人，都事8人。但实际上，由于尚书令位高权重，除了隋炀帝时期杨素曾短期担任过外，此职位一直阙而不授，这几乎成了隋唐两代的惯例。尚书省下设吏部[3]、

[1] 秦及汉初，尚书是少府的属官，只是皇帝身边的小官，在官中主管收发文书并保管图籍，故称尚书。后来渐渐转变成为皇帝的秘书机关。三国时，尚书台成为全国政务的总汇，其后为了挟制尚书的权利，在尚书台之外复置中书省，尚书台不再有独占机枢的地位。隋文帝恢复了尚书省，并使之重新成为全国最高行政机构。唐沿隋制，曾改称文昌台、都台、中台，不久复旧称。北宋虽然保留尚书省的组织系统，但并没有实际权力，尚书省的制度名存实亡。辽、金有尚书省，与宋制略同。元代尚书省时置时废。明代各部均直接对君主负责，尚书省遂废除。

[2] 原为皇帝的侍从机构，职掌为侍从皇帝左右，在皇帝外出的时候侍从参乘。南北朝时权力逐渐扩大甚至北朝门下省权力范围扩大，政出门下，成为中央政权机构的重心。隋唐时与中书省同掌机要，共议国政，并负责审查诏令，签署章奏，有封驳之权。宋初门下省仅主朝仪等事。神宗元丰改官制，始恢复审查诏令的旧制。南宋初，中书、门下合而为一。辽金亦置门下省，元以后废。

[3] 隋唐六部之首。吏部为管理文职官员的机关，掌管全国官吏的任免、考课、升降、调动等事务，品秩铨选之制，考课黜陟之方，封授策赏之典，定籍终制之法都由吏部主管。长官为吏部尚书（一称大宰、冢宰），副长官称侍郎。历代相沿。宣统三年（1911年），清政府的责任内阁设立制诰、铨叙等局，吏部遂撤。

礼部❶、兵部❷、都官（后来改成刑部）、度支（即后来的户部）和工部❸六部，每部设尚书1人，为首长。左、右仆射与六尚书合称"八座"，构成尚书省的领导核心。每部之下又设4司，共24司，由侍郎主其事。这六部的分工如下：吏部，掌管全国官吏的任免、考核、升降和调动；户部，掌管全国的土地、户籍以及赋税、财政收支；礼部，掌管祭祀、礼仪和对外交往；兵部，掌管全国武官的选拔和兵籍、军械等；刑部❹，掌管全国的刑律、断狱；工部，掌管各种工程、工匠、水利、交通等。门下省主要掌管封驳，百官奏事或颁布诏令均须经门下审阅，随事封驳，因此，它成为承上启下联系皇帝、内史和尚书省的桥梁。门下省设纳言（即侍中，因避隋文帝父亲杨忠名讳，改称纳言）2人，给事黄门侍郎4人，为正、副长官，其下有录事、通事令史各6人，分管具体事务。内史省（即中书省，因避隋文帝父亲杨忠名讳而改）主要负责制定诏令，置监、令各1人，后又废监，置令2人，侍郎4人，为内史省正、副长官。下设舍人8人，通事舍人16人，分掌具体事务。

> ❶ 隋唐六部之一，掌管朝廷的典礼事务，负责全国学校事务、科举考试及藩属和外国之往来事宜。明清礼部下设四司，分别为：仪制清吏司、祠祭清吏司、主客清吏司和精膳清吏司。到了清代，更加设铸印局，掌铸造皇帝宝印及内外官员印信；会同四译馆，掌接待各藩属、外国贡使及翻译等事。光绪三十二年（1906年），清政府将原设太常寺、光禄寺、鸿胪寺并入礼部。宣统三年（1911年）又将礼部改为典礼院，专管朝廷坛庙、陵寝之礼乐及制造典守等事宜，并掌修明礼乐、更定章制。
>
> ❷ 隋唐六部之一，职掌内外武职官员的品级与选补、乘载邮传之制，掌封荫之典、简练之方，以及兵籍、军器并武科考试。兵部下设四司：武选清吏司、车驾清吏司、职方清吏司和武库清吏司。
>
> ❸ 隋唐六部之一，管理全国工程事务。统管土木营造修缮工程，水利工程，机器制造工程（包括军器、军火、军用器物等），矿冶、纺织等官办工业，主管一部分金融货币和统一度量衡。明清工部下设四司：营缮清吏司、虞衡清吏司、都水清吏司、屯田清吏司。
>
> ❹ 隋唐六部之一，主管全国刑罚政令，审核刑名。其具体职掌是：审定各种法律，复核各地送部的刑名案件，会同九卿审理"监候"的死刑、案件以及直接审理京畿地区的徒罪以上案件。刑部的内部组织机构的设置是按省设司，明为十三司，名称与户部诸司同。刑部与督察院管稽察、大理寺掌重大案件的最后审理和复核，共为"三法司制"。

　　除三省外，隋文帝又设秘书和内侍二省。秘书省负责国家经籍图书和天文历法；内侍省掌管宫内供奉等事。此二省与前面三省并称为五省，但负责国家政务的还是前述三省六部。实行三省制后，宰相由三省长官共同担任，这就有效地防止了个人专权情况的出现。这样国家政务在皇帝直接领导下，由数位宰相共同商议决定国家的大政方针政策，交由中书省草拟诏令，经过门下省审核，如有不妥，即予封驳，否则由皇帝批准后交尚书省实施。如此一来，大大加强了中央集权，使得决策和施政分开，宰相权力较前朝大为削弱。隋文帝实施的三省六部制度开创了中国封建社会政治体制的新阶段，影响深远。唐朝也基本延续了这个制度，只是对其进行了一些充实和完善。

在法律方面，隋文帝以北齐律为样本，兼收博采南北各代法律的优点，制订了《开皇律》，共12篇：1.名例，2.卫禁，3.职制，4.户婚，5.厩库，6.擅兴，7.贼盗，8.斗讼，9.诈伪，10.杂律，11.捕亡，12.断狱。《开皇律》的突出特点就是加强君主集权体制，维护官僚贵族等级制及其利益。在隋文帝督促下，开皇元年（公元581年）开始编修的《开皇律》当年就编修完成了，10月12日，文帝便下诏在全国颁行。

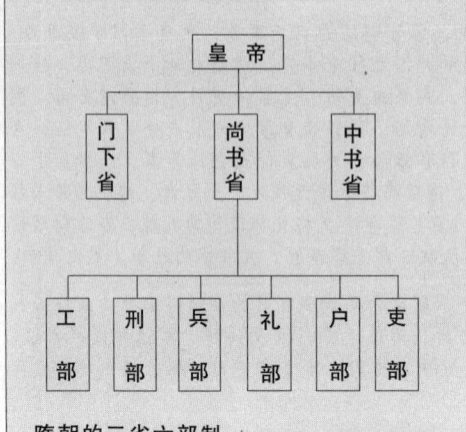

隋朝的三省六部制

三省六部制为中国古代中央官制，自西汉以后长期发展形成，至隋朝正式确立，入唐后进一步完善。其三省，即中书省、门下省、尚书省；六部指吏部、户部、礼部、兵部、刑部、工部。尚书省形成于东汉（时称尚书台）；中书省和门下省形成于三国时，目的在于分割和限制尚书省的权力。在发展过程中，组织形式和权力各有演变。至隋，整齐划一为三省六部，主要掌管中央政令和政策的制定、审核与贯彻执行。

但新律实行不久，就发现不少问题，其中一个非常严重的问题就是新律过于严密，使人举手触禁。于是隋文帝召苏威、牛弘主持修改律文。此次修订体现了立法就简、就轻的倾向，删除了初版《开皇律》三分之二的内容，最后保留了律令五百条，刑罚则分为死、流、徒、杖、笞五种，基本上完成了自汉文帝刑制改革以来的刑罚制度改革历程，这就是封建五刑制。修订对前代八十一条死罪，一百五十四条流罪，千余条徒、杖等酷刑以及灭族等都一概废止，其中包括枭首（即砍下头悬挂在旗杆上示众）、车裂（即五马分尸）等残酷刑法。同时，又减轻了许多刑罚的内容，如：流役六年，改为五载；刑徒五岁，变从三祀等。唐时，将此修订顺序颠倒过来，从轻到重，内容基本上继承，没有改变。隋文帝对法律的改革，对犯人处置采取审慎态度，而不是草菅人命，有效地防止了冤案的发生，使法律减轻了残酷和野蛮性，在中国法制上具有划时代的意义。流传至今最完整的《唐律疏议》，代表了唐律，其实这也是从隋文帝《开皇律》中继承过来的，可以说隋文帝对于我国古代法制建设作出了重要贡献。但是，法律条文过简，有时候反而造成律无正条，或者罪刑不明确的情况。罪刑不确定固然有利于君主操纵法律，然而它也给官吏弄法开了一个方便之门。

隋朝是律、令、格、式并行的。《隋书》明确记载有《隋开皇令》三十卷，目录一卷。只是《开皇律》先行完成，其他三种法典则要到第二年，即开皇二年（公元582年）七月才颁布实行。这是隋文帝对前代法典进行的全面系统的整理。律、令、格、式有不同的功能："律以正刑定罪，令以设范立制，格以禁违正邪，式以轨物程事"（《唐六典》）。

律、令、格、式依次修编完成后，隋文帝又着手修礼。礼，其实是无所不包、无所不能的社会规范。隋文帝刚登基，就和高颎、崔仲方商讨确定正朔与服色事宜。开皇元年（公元581年）六月，隋文帝正式下诏规定："初受天命，赤雀降祥，五德相生，赤为火色，其郊及社庙，依服冕之仪，而朝会之服，旗帜牺牲，尽令尚赤，戎服以黄。"改变舆服制度绝不仅仅是作表面文章，从中可以深刻体会到隋文帝所确立的"易周氏官仪，依汉、魏之旧"的基本政策，实际上是要改革北周制度，恢复少数民族政权以前的中国制度文化。当然隋文帝也并非要完全恢复汉魏制度。实际上，南齐秘书丞王肃北奔为孝文帝制定礼仪国典，将南朝前期所继承发展的汉、晋文物制度移植于北朝时，已经和中原保存的传统文化融和而适应于北朝社会，此后又经过硕学大儒的改定，成为北齐的制度，隋文帝其实是取北齐的制度为样板而创建新制度。但这一次修改北周舆服制度因为国务繁忙，修礼工作被暂时搁置了。后来，秘书监牛弘上书建议全面编撰新礼，移风易俗，大治天下，得到文帝赞同。开皇三年（公元583年），牛弘出任礼部尚书，全面负责编撰新礼，参加编礼的还有明克让和崔赜诸儒师。明克让出自南梁礼学名家，崔赜出身于北方大族的博陵崔氏，其父为山东儒学宗师。此二人参加修礼显然是为了博采北齐及南朝后期新发展的礼制。开皇五年（公元585年）正月，《隋朝仪礼》编撰完成，共一百卷，包含吉、凶、宾、军、嘉五礼。《隋朝仪礼》堪称是北齐与南朝礼制的集大成

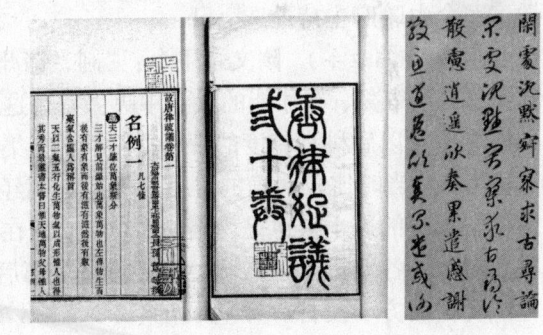

（左）《唐律疏议》书影

《唐律疏议》，为唐代《永徽律》的全文解释，由长孙无忌奉命主撰，唐高宗永徽四年（公元653年）颁行，共十二篇、三十卷，集中了唐以前的法律思想，尤以隋朝为重。其大量引用《永徽律》以外的律典，详加解说，并对不够完备及不够周密之处进行补充，为唐律的重要组成部分。

（右）《真草千字文》　　智永　书法　隋代

南朝僧人智永，名法极，为书圣王羲之七世孙。智永学书三十年，秃笔成冢，笔力纵横，精熟圆润，真草兼备。图为其真草千字文墨迹，在唐时由日本遣唐使携入日本，为智永存世唯一墨迹，中国书法史上名帖之一。

者，它的颁布标志着隋朝系统性礼刑法制建设基本完成。

对于地方机构，隋文帝也进行了改革。为了更好地行使权力，控制地方，开皇十年（公元590年），隋文帝诏府兵入州县户籍，实现了兵农合一。他采纳了度支尚书杨尚希提出的"存要去闲、并大去小"的建议，将原来比较混乱的地方行政制度从州、郡、县三级精简为州、县两级，撤销全国500多郡；同时，裁汰了大量的冗官，将一些郡县合并。这一改革大大节省了政府的开支，提高了行政效率，也减轻了百姓的负担。为了加强中央集权，隋文帝下令，九品以上的官员一律由中央任免，官吏的任用权由吏部掌握，禁止地方官就地录用僚佐，而且每年都要由吏部进行考核，以决定奖惩、升降。后来，又实行三年任期制，防止时间长了，形成地方割据势力对抗中央。这样就把地方的人事任免权牢牢掌控在中央手中。

隋文帝除了简化地方行政机构，收回地方官吏任免权外，还废除了九品官人法，初创科举制度❶。隋文帝指出，当时的九品中正制度已是弊端重重，不能适应新的时代，因此必须对此进行改革。他曾在开皇二年、开皇三年连续下诏制举，完全由政府主持铨选。开

> ❶ 科举是一种通过考试来选拔官吏的制度，取代了汉魏南北朝实行的察举、举荐制度，是古代中国的一项重要的制度发明。科举始于隋朝，发展并成熟于唐朝，一直延续到清朝末年的1905年才被废除，持续了1300年。科举对中国社会和文化产生了巨大影响，孕育了不论门第、以考试产生的"官僚士大夫"阶层。邻近中国的亚洲国家，如越南、日本和朝鲜也曾引入了这种制度选拔人才。

皇七年（公元587年），隋文帝下令："制，诸州岁贡三人"，让各州每年推选3个文章华美、有才能的人到中央做官。这种"岁贡"也就是常举，它可以看做是以后科举制度的开端。各州贡士集中在京城，参加朝廷举行的分科考试。当时比较明确的科目有秀才和明经两科。另外，后来在唐朝成为科举主科的进士科也是由隋文帝创置。但在隋朝，最为显耀的还是秀才科。当时，各地贡士在京城会考，贡举及第后，还要参加吏部铨选考试，考试合格后予以授官。开皇十五年（公元595年），隋文帝下令"罢州县乡官"。自此，九品中正制度被废除，科举制度的日益发展，逐渐成为历史潮流。这种选拔政府官员的制度，使各个阶层有才华的人都有机会为政府效力。以后历朝历代都沿用了这种选官制度。隋文帝自己可能也没有想到，他开创建立的科举制度竟然在中国历史上留存了长达1300多年，直至清末才被废止。

这些改革措施都极大地削弱了各级地方政府中的门阀世族的势力，把地方牢牢地置于中央强有力的控制之下，确立了中央对地方的绝对领导，彻底消除了地方割据分裂的隐患。

营建新都

伴随着中央政治体制改革的进行，隋文帝萌发了营建新都的想法。营建新都主要出于以下几点考虑：长安旧城规模狭小，而且皇城不在长安旧城中轴线上，而是偏在西南隅，这和隋文帝想要构筑的盛世帝国极不相称。此外，隋文帝营建新都也是为了摆脱心理阴影，因为在长安曾经发生过政治清洗的惨剧，尤其对北周皇室的族诛更让隋文帝心神难安，所以他想要离开这个地方。隋文帝早就为自己物色好了一块风水宝地，即在汉都城东南面，属北周京兆万年县，名为龙首山。于是隋文帝和高颎、苏威商议迁都大事。但营建新都的工程十分浩大，需要大量人力、物力和财力，这对刚刚建立起来的隋帝国来说并非易事，因此君臣商议一晚也没有做出决定。第二天，已任门下省通直散骑常侍的庾季才又非常适时地上奏道："臣仰观玄象，俯察图记，龟兆允袭，必有迁都。且尧都平阳，舜都冀土，是知帝王居止，世代不同。且汉营此城，经今将八百岁，水皆咸卤，不甚宜人。愿陛下协天人之心，为迁徙之计。"除庾季才外，秘书省掌管天文的太史也根据天象报告称："当有移都之事。"虽有天象，文帝还是犹豫不决，因为毕竟迁都耗资巨大，此时，太师李穆又上了一道表文，从天意、人望，到历史与现实的各个方面阐述迁都的深刻意义。迁都大计这才定了下来。

开皇二年（公元582年）六月十八日，隋文帝正式下诏，命左仆射高颎、匠作大将刘龙、巨鹿郡公贺娄子干和太府少卿高龙叉等人主持营建新都，让著名建筑师宇文恺担任"营新都副监"，新都营建工程开工了。至是年年底，新都已初具规模。文帝命新都为大兴城，寓意帝国大兴。次年三月，新都落成，营建工程只用了十个月的时间，可谓神速。三月十八日，文帝率百官迁入新都。新都规模十分宏大，东西广十八里一百一十五步，南北长十五里一百七十五步，面积八十四平方公里，比明清时代的北京城约大一倍半，宫城中心的大兴宫比明清紫禁城大五倍。在近代以前，大兴城可谓人类建造的最大都会。大兴都城规划整齐，宏伟壮丽，并且都城完全改变了以前皇宫偏在西南隅的情况，使得宫城与皇城正好坐落在大兴城正北，奠定皇帝南面统辖百官、君临百姓的布局。皇宫官署尽在高地，充分显示其权威。宫城、皇城之外，朱雀门街把大城一分为二，东为大兴县，西为长安县，各领五十四坊以及各占两坊地的东、西市。官署民居各得其所，秩序井然，体现了森严的等级制度。

农业、工商业改革

除了政治制度外，隋文帝对土地赋税制度也作了改革。隋初，在北齐、北周均田制的基础上，继续实行均田制，均田令规定：丁男、中男受露田（种植五谷）80亩，永业田20亩；妇女受露田40亩；奴婢5口给1亩。永业田不归还，露田在受田者死后归还。但实际上，这些规定只是徒具形式而已，开皇初年起就已经出现民田不足的情况。民部尚书苏威曾经建议，减少分给功臣的田地以缓解民田不足的情况。但隋文帝没有同意，因为刚以宫廷政变手段上台的他需要拉拢这些官僚的支持，就不能触犯他们的既得利益。其实，在均田制下获益最大的还是官吏们。他们除了可以获得永业田外，还可以根据官品高低，在任期内获得职分田。此外，官吏还可以得到一大笔公廨钱作为官署的办公费用。但随着土地问题越来越严重，隋文帝不得不对农民拥有土地的状况略加调整，如把土地不足的"狭乡"百姓迁往地多人少的"宽乡"，并且给予一定的优惠待遇。但因为所谓的宽乡大多是比较荒凉偏僻的地方，所以农民都不愿意迁徙。而大索貌阅又搜括出很多隐漏人口。所谓的大索貌阅，就是根据相貌来检查户口，查核民间是否隐瞒或虚报了年龄。尽管搜括出了很多隐漏人口，但该政策却没有能力解决其土地问题。隋朝的均田制只是在夹缝里勉强生存。隋文帝之所以如此勉为其难地推行均田制，一方面是因为均田制的推行有利于国家直接控制农民和稳定并扩大税收层面，另一方面也是为了保护农民自立。

开皇五年（公元585年），隋文帝下令各州检括户口，大索貌阅上文已述，输籍定样则是在大索的基础上确定户口数，编制"定簿"，以此为依据来收取赋税。通过这两项措施既为国家增加了收入，也防止了地方豪强和官僚勾结，营私舞弊。《开皇令》规定："五家为保，保有长。保五为间，间四为族，皆有正。畿外置里正，比闾正，党长，比族正，以相检查焉。"隋朝强化三长制，除了增加税收外，更重要的是削弱了豪强势力。大索貌阅取得巨大成效，文帝末，隋朝户口从四五百万户增加到了八百余万户。

《开皇令》还规定，均田制下的农民必须向国家交纳租调，即"丁男一床，租粟三石。桑土调以绢绝，麻土以布绢。绝以疋，加绵三两。布以端，加

"天下粮仓"　砖刻铭文　隋代

隋朝建立十数年，便已"库藏皆满"，"西京太仓，东京含嘉仓、洛口仓，华州永丰仓，陕州太原仓，储米粟多者千万石，少者不减百万石。天下义仓，又皆充满"。图为含嘉仓窖内刻在砖上的铭文。

麻三斤。单丁及仆隶各半之"(《隋书·食货志》),而且,还要服劳役。这些还只是国家正税。征税之外隋朝百姓还要负担地方的官俸和徭役,可见隋朝老百姓的负担也是很重的。

隋朝建立以后曾连续几年水旱交至,尤其是关中地区灾情更为严重。开皇三年(公元583年),民部尚书长孙平提出设置义仓。但因为这一年上半年忙于同突厥作战,下半年又忙于大规模的地方制度改革,因此无暇顾及设置义仓的事情。开皇五年(公元585年),长孙平再度上书,奏令各个州县应该广立义仓。义仓又称社仓,设置于乡间,其储粮由人民捐纳,以备饥荒时赈济灾民。百姓军人,捐出的粮食,存入当地的社仓里由"社司"专管赈目和储存等事宜。如遇某地收成不好发生饥馑之时,便以某地社仓中的储粮赈济饥民。规定民户捐粮于社仓的标准:上户不过一石,中户不过七斗,下户不过四斗。义仓之设,对老百姓的生活来说,是一项有力的保障。

隋文帝时所设的除义仓外还有官仓。官仓的粮储,专用以供养军公人员。设置官仓的目的,是在于增加关东漕运的效率,也就是把原来关东各州对京师个别直接的输粮办法,改为集中和分段运输的办法。在黄河沿岸设置米仓,先把关东各州的食粮集中在这些仓里,然后利用黄河及广通渠运到京师,因此时间及人力物力,都节省不少。开皇四年(公元584年),打败突厥后,国家中心任务转向了经济建设。在这一年隋文帝下令开凿"广通渠",西起咸阳,引渭水,经过大兴京城北面,东达潼关,全长三百余里,使得潼关到长安的漕运畅通无阻,而且还兼向京城供水,有助于改善渭南平原的灌溉条件。开皇七年(公元587年),又于扬州开凿山阳渎。这条运道南起扬州,北通山阳(今江苏淮安市),大大缩短了江淮之间的交通距离。这条渠道的开凿是为平陈作准备,平陈以后,则成为南方经济运输的主要运道,日后更成为隋炀帝修建江南运河与通济渠的基础。这两项工程也表现出隋文帝对山东和江南两大区域的重视。此外,隋文帝时各地兴建了许多水利设施,奠定了"开皇之治"的经济基础。据唐人的估计,文帝末年诸仓所存的食粮,已可供政府五六十年之用。但隋朝有一个弊病,即财富过多地集中于统治阶级,普通百姓就相对贫困,这和后来唐朝的藏富于民是完全不同的。隋末的农民大起义与这一点也大有关系。

在工商业方面,隋文帝基本上是抑制的,因此民间工商业活动并不活跃。但隋文帝在这一领域也有贡献。隋文帝统一了币制,废除其他比较混乱的古币以及私人铸造的钱币,改铸五铢钱。每一千枚"五铢钱"重四斤二两,背面都刻上规定图案。通过这一币制改革,隋文帝严厉打击了私人铸币,使得国家能够牢牢控制货币的铸造及流通量,从总体上对社会进行有效的经济调控。此外隋文帝也再次统一了度量衡。这些对实现经济大一统都具有重要意义。

此时的隋文帝为了自己创建的帝国能够长治久安可谓殚精竭虑，呕心沥血，堪称帝王楷模。在他统治早年，相当勤奋，事必躬亲，每日上朝都要一一召见五品以上的官员，仔细听取他们的汇报，共同探讨国家政事，经常错过午膳时间。下朝回宫后，隋文帝也继续披阅文件。早年的隋文帝除了勤政之誉以外，还有节俭佳名，其节俭有时候甚至达到了极端的程度。隋文帝平时吃饭只有一道荤菜，他上朝乘坐的舆辇即使已经破烂不堪了，也不肯换新的。隋文帝不仅对自己生活要求如此严格，对他人也是如此，六宫都穿浣洗的衣服。尤其是教导皇子和官员，他都是以身作则，相当严格的。有一次，他看见太子杨勇装饰一具漂亮的蜀铠，觉得他太过奢华，便对其进行了严厉的训斥，并留下自己以前的衣服，让杨勇随时观看，用以自省。一次，有官员送干姜到宫中，正巧被隋文帝看见，他认为用布袋子盛姜太浪费，于是对这个官员大加斥责。但这个官员却没有明白文帝的意图，下次进香的时候竟然用毡袋装裹，这下隋文帝更加勃然大怒，把这个官员痛打了一顿。当然隋文帝这么做也是给百官一个警告，说明他反对铺张浪费，反对腐败。隋文帝并非只是简单地提倡俭朴的生活作风，他希望通过这个也同时告诫官员们要提倡朴实的政治作风，反对浮夸。虽然这在一定程度上推进了开皇年间朴实风气的形成，但却无法长期坚持。因为官场的奢靡浮华是积习难改，稍有机会便故态复萌。而隋文帝这种过于严肃、缺乏宽容的态度也造成了政治的扩大化，并且他过多干预了社会生活，抑制了人性，使得世风窒息。

御侮安邦　巩固边疆

在开皇初年，隋文帝进行一系列大刀阔斧改革的同时，隋朝正面临着外敌入侵的严峻形势。首先是来自北方突厥的威胁。突厥早在北朝时就已经不安分了，虽然北朝也是少数民族建立的，但因久居中原，塞外草原被逐渐强大起来的突厥所控制。北周、北齐对立时都要拉拢突厥，更使得突厥渔翁得利。但北周统一北方以后，突厥就不能再从中渔利了，于是突厥便想帮助北齐复辟。而刚刚统一的北周也开始转化对突厥一味忍让的态度，隋文帝的父亲杨忠当时就是强硬派的代表。这也多少影响到隋文帝今后的政策。

隋文帝刚登基时，尉迟迥、司马消难和王谦等人的叛乱也都拉拢突厥势力，他们的内外勾结成了新王朝的心腹大患。因此，以往用玉帛换和平的道路已经行不通了，隋朝转而采取武力手段对付突厥。北周护送千金公主到突厥的长孙晟回来后，向文帝汇报了突厥内部各部不和的情况，献策说应该用远交近攻的策略，采用离间计来对付突厥。文帝采纳了这一计策，开始积极部署。首先，他停止了不但劳民伤财，也大大助长突厥嚣张气焰的岁贡。这一诏令一发布，使得隋朝百姓欢欣鼓舞，而突厥的经济破绽立刻就暴露出来了。其次，隋文帝下令强化防御体系。这主要是修筑长城，加强边缘地区的军备。再次，开始实施对突厥的离间策反工作。通过这3个方

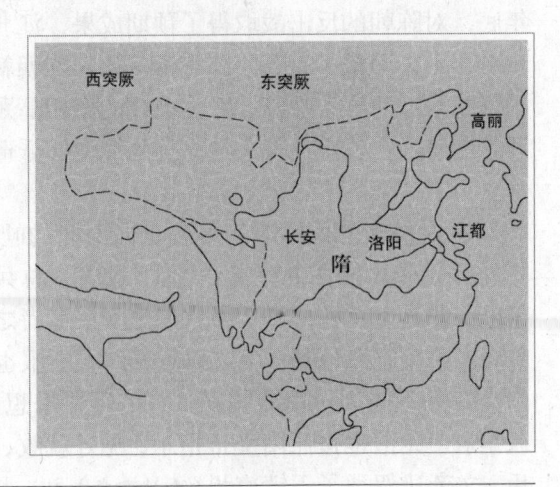

隋朝疆域图

隋灭陈以前统治的地域包括长江以北的全部地区。隋初，南方存在两个政权，一是建都于江陵（今湖北荆州）的后梁，一是陈。后梁民少国弱，本来就是附属北周的傀儡政权。公元587年，后梁亡。隋灭陈以后，将其江南广大地区划入版图。隋朝极盛时期的疆域，东自辽河下游，西至今新疆，北至今内蒙古杭锦后旗西。

面的努力，隋文帝已经在较短时间内做好了防御准备工作。但这个新王朝面临的形势还是十分严峻。一方面，突厥沙钵略可汗借为北周复仇为由，在开皇元年（公元581年）率军与高宝宁会合，攻陷临渝镇；南方的陈朝也在图谋恢复；还有尉迟迥、司马消难和王谦等的三方叛乱，更是加重了隋朝严峻的形势。与此同时，西部的吐谷浑也来趁火打劫。吐谷浑出自辽东鲜卑，在晋末民族大迁徙中，其中一支西迁，定居河西，建立了吐谷浑国，其势力范围在青海、陇西一带。吐谷浑也想趁着隋朝立足未稳之际起兵进攻弘州（今甘肃临潭县西）。隋文帝因为弘州地广人稀，难以坚守，便废州忍让。然而吐谷浑更加得寸进尺，再攻凉州（今甘肃武威市）。此时的隋朝已经四面受敌，面对严峻的形势，隋文帝却表现得气定神闲，指挥若定。他冷静地分析了当时的形势：南方的陈朝内部矛盾重重，而且南方多水军，步战对他们十分不利，根本不是隋朝对手；西面的吐谷浑缺乏统一指挥，也不足以为患；最强大的就是北方的突厥，和突厥的恶战看来是在所难免的。东北的北齐残余势力高宝宁集团和突厥紧密勾结，高宝宁的军队主要由契丹和靺鞨组成，此外还得到高句丽的支持，这也是一大麻烦，必须加以铲除。隋文帝根据分析，详细制定了作战方案：集中优势兵力，先弱后强，首先被选为打击目标的就是南陈和吐谷浑。

隋文帝对陈朝的作战目标是消除来自南线的压力，而不是彻底消灭陈朝。因为当时伐陈时机尚未成熟。隋文帝怕诸将恋战，在向陈朝发动反击的同时，派遣宰相高颎亲自到前线督战，节制诸将。开皇元年（公元581年）年底，对陈朝的反击战取得了预期成果，江北失地完全收复。陈宣帝急火攻心，不久即撒手人寰。陈宣帝一死，陈朝就出现内讧，隋军诸将当然个个都摩拳擦掌准备平陈，派去前线的宰相高颎此时发挥了重要作用，劝说开导诸将停止伐陈，加之继立的陈后主又派遣使者求和，隋文帝遂下诏班师。

在对付南陈的同时，隋朝也向西北的吐谷浑发动了反攻。文帝给行军元帅元谐的诏书中写道："公受朝寄，总兵西下，本欲自宁疆境，保全黎庶，非是贪无用之地，害荒服之民。王者之师，意在仁义。浑贼若至界首者，公宜晓示以德，临之以教，谁敢不服也！"在这一诏书中可以看到隋文帝处理与周边民族国家关系的重要思想：不扩张领土。此次反击大获全胜。元谐也按照隋文帝指示，见好就收，招降了吐谷浑。隋军撤回以后，文帝让贺娄子干镇凉州（今甘肃武威市），防备吐谷浑再起和突厥入侵。

经过这两场战争，隋朝已经扭转了四面受敌的不利处境，为打击突厥做好了准备。与此同时，为了让人没有理由再复辟北周，隋文帝派人暗杀了北周末代皇帝，当时年仅9岁的宇文阐。隋初经济的发展，亦为打败突厥奠定了物质基础。于是，开皇二年（公元582年）五月，突厥沙钵略可汗"悉发五可汗控弦之士四十万入长城"(《资治通鉴》),突厥与隋朝的恶战就由此开始了。突厥来势汹汹,隋朝被迫全线防御,虽然隋朝的防御多处都被突厥突破,但突厥被隋军奋力抵抗的悲壮场面惊呆了。突厥大军虽然获胜,但却没有了锐气,无心发起最后的冲击,竟然撤退了。

  隋与突厥的正面冲突虽然遭到了失败,但隋朝在突厥内部实施的策反工作却获得了成功。沙钵略可汗正是因为听到北方铁勒造反的消息才匆忙率军退出塞外的。开皇三年(公元583年),突厥又卷土重来。这次隋文帝决定利用突厥内部的矛盾把他们各个击破,下诏大举讨伐突厥,隋军兵分八路向突厥发起了猛烈的反攻,大获成功。长孙晟的离间计使得阿波可汗与沙钵略可汗反目成仇,从此突厥分裂为东、西两大敌对集团。隋朝则维持突厥这种东西分裂的状态,令其互相制约,以便操纵控制,这使得隋朝确保了自己北方边境的安全。

  战胜头号强敌突厥使得隋朝取得了在东亚世界的主导地位。以打败突厥为转折点,隋朝与周边其他少数民族政权的关系也发生了转变。在西边,贺娄子干打败吐谷浑进攻后不久,吐谷浑再次进犯,贺娄子干又大破之。此后隋文帝下令,要求贺娄子干将西部边疆的百姓组织起来,筑堡居住,营田积谷,农战兼备。贺娄子干认为这一带地广人稀,居民又以畜牧为主,建议废除边远地区的屯田,使各镇戍相连,烽堠相望,加强戒备,隋文帝采纳了这个建议。此后吐谷浑再未骚扰过隋朝。开皇四年(公元584年)四月十五日,隋文帝在新都大兴殿宴请吐谷浑等使者,这表明吐谷浑已经归顺隋朝。此外,隋朝也取得了东北民族的内附。隋打败突厥后,契丹立即请降,开皇四年(公元584年),契丹最终归附隋朝。另外,靺鞨粟末部也归附隋朝。打败突厥后,高句丽与隋朝的关系也发生了变化。从隋朝建立之初到开皇四年,高句丽年年入朝。但随着突厥失败,契丹又内附隋朝,这使得高句丽必须直接面对强大的隋朝。于是,高句丽立即就改变了外交政策,停止与隋的交往,转而向陈朝朝贡,企图建立新的势力均衡。

  隋文帝在处理与周边少数民族国家政权的关系时始终采取稳重务实的态度。他只是要保证自己国家边境的安宁,为此要让他们臣服,建立上下君臣关系,而不是要征服这些少数民族政权。隋文帝力图提高周边少数民族国家的文化程度,通过"用夏变夷"来造成他们对中国文化的认同与向心力。隋文帝的这种对外政策有着广泛的适应力与包容性。隋文帝的这 指导思想后来也为唐朝所继承,形成了大唐各种文化百花齐放的盛况。

南伐陈朝　一统天下

《隋书》载："高祖受禅，阴有并江南之志。"这说明隋文帝早在开皇元年（公元581年）代周之初，就已确定了下一步重大战略是出兵伐陈，统一中国。但直到开皇九年（公元589年）才大举南征，中间相隔9年之久，由此可见他对发动这场大规模统一战争进行了长期而充分的准备。到底是什么原因使得隋文帝迟迟不愿意南征呢？

分析一下隋初的国防、国内政治环境，就会明白几分其中的原因。隋朝刚刚建立，人心不安，基业不稳，难以支持全国规模的战争，这是原因之一。在军事上，渡江水战又非北军所长。当时在位的陈宣帝又不是一个平庸之辈，使得隋朝无隙可乘。此外，当时的隋朝也是四面受敌，切不可轻举妄动。因此必须先缓解南线方面的压力，集中力量对付突厥。正因为如此，隋朝建立之初并没有急着南伐陈朝。当时隋文帝面临的主要任务还是是建立和健全各种国家制度，巩固帝国的基业。随着隋文帝一系列改革和整顿的落实，隋朝内部逐渐趋于稳定，财富状况也大为改善。这就为发动灭陈战争打好了经济、政治等方面的基础。

另外，隋文帝还积极做好了伐陈的军事准备工作，即"首置军府，妙选英杰"（《历代兵制》）。为了加强南线的军力，隋文帝进行了如下的部署：任命韩擒虎为庐州（今安徽合肥市）总管。同年拜贺若弼为吴州（今江苏苏州市）总管，他与寿州（今安徽寿县）的源雄并为重镇，正是在吴州总管任上，贺若弼献上了伐陈的若干计策。另外以秦王杨俊为山南道行军元帅，"督三十总管，水陆十余万，屯汉口，为上流节度"（《北史》）。从上述部署看，值得注意的主要有两点：第一，韩擒虎和贺若弼无疑是隋军主力，都布置在长江下游，直接威胁陈叔宝的小朝廷，面对的是南方的主力部队。第二，秦王俊居长江上游，虽非主力军队，但他与贺、韩、源诸军可配合形成隋军沿长江北岸的整体部署，从战略上呈全线出击的态势。当时陈朝的主要将领是南徐州（今江苏镇江市）刺史萧摩诃和吴兴（今浙江吴兴）内史任蛮奴，此二人是南方最重要的武将，均与贺若弼、韩擒虎直接对峙。可见在长江下游展开的战役对战争全局必然具有决定性的意义。隋文帝上述战略部署是完全正确的，即以主力打击敌方的要害、致命地区。要想南征，隋军面临的首要任务必然是突破长江天险。要渡江没有精锐的水师是不行的。建立强大的水师，最重要的工作莫过于事先制造船舰。杨素是曾经向文帝进"取陈之计"的重要人物，所以隋文帝拜他为信州（今四川以东至湖北巴东以西一带）总管，实则让其驻守永安郡（今湖北新州），主要任务便是制造每舰能容战士八百人的"五牙"、每舰能容战士百人的"黄龙"以及规模稍小的"平乘"、"舴艋"等船舰。可见杨素的任务非常艰巨，其成败关乎渡江之役的大局。杨素恪尽职守，这一工作基本上在长江中游完成。

做好了伐陈的各项准备工作后，只需等待时机成熟即可。在打败突厥之前，隋朝还是对陈朝表示友好，尚未发动战争。开皇二年（公元582年），陈宣帝病逝，隋朝以"礼不伐丧"宣布停止军事活动，随后又派遣专使入陈吊唁，极大缓和了与陈朝的关系。为了牵制陈朝，隋文帝还拉拢与后梁的关系，于开皇二年纳后梁明帝之女为晋王杨广妃。尊崇后梁皇室，可用以同陈朝争南朝的正统地位。此外，隋文帝还罢了江陵总管，以示"善意"。此后，隋文帝频频派遣使者到陈朝，陈后主也不得不回礼，这样双方每年互派使节的形式固定下来了。但是自打败突厥之后，隋对陈的关系发生了根本性的变化。隋文帝精心安排，营造了一种和平的表象，在交往中保持低姿态，使陈朝骄慢起来，又在边境采取守势，以麻痹敌军。开皇五年（公元585年），后梁明帝萧岿崩，即位的萧琮年少，缺乏主见，后梁内部亲陈势力开始抬头。开皇七年（公元587年），隋朝内外皆安，国势也日益强盛，于是隋文帝便着手布置伐陈事宜。为了引诱陈朝上钩，隋文帝设下圈套，首先废除了后梁，陷敌于不义，为平陈寻找理由。陈朝果然中计，出兵接应后梁。当时在位的陈后主生活糜烂，朝政紊乱，忠良贬黜，奸佞当道，陈朝已是人心涣散，众叛亲离。看到伐陈时机已经成熟，隋文帝终于在开皇八年（公元588年）下诏伐陈，派兵五十万，东至海边，西到四川，在长江沿线向陈发动了全面进攻。同时，隋文帝还拉拢数代都仕于南朝的裴蕴做内应，进行策反，大获成功。当时陈朝的兵力总共不过十万，而且上下都没有积极地备战，陈后主只是沉于酒色之中，忙着废立太子，废黜沈皇后，册立张丽华，宫里宫外一片忙乱。结果当隋军攻至建康时，陈

韩擒虎

韩擒虎（公元535—592年），字子通，原籍河南东垣（今洛阳市西郊一带），后迁至新安（今河南省新安县东部），为隋朝宿将。韩擒虎一生戎马生涯，兼战寒暑，终积劳成疾，于开皇十二年（公元592年）病逝。后人传其死后化为阎罗，威震人鬼两界。唐人写《隋书·韩擒虎传》，为避高祖李渊祖父李虎之讳，故去"虎"，称韩擒，或改虎为豹。

军前线传回的急报还没有被打开看过。隋将韩擒虎的部众冲到宫中，找不到陈后主，发现宫中井下隐然有声音，隋兵众人合力将井中之人拉起来，一看原来陈后主与张丽华、孔贵嫔3人拴在一起，浑身湿透。后主陈叔宝被押至隋朝，受到杨坚的礼遇。奢靡成性的陈叔宝毫无亡国悔意，却大大咧咧要求隋文帝造宫殿。一次，陈叔宝应约赴宴，又嚷着要修宫殿，以示文治武功。杨坚表面上没有说什么，等陈叔宝走远了，就对群臣说，此人就是因为贪图享受才落到今天这个地步，现在又来劝我学他那样。陈后主的腐败、堕落由此也可见一斑，直到做了亡国之君也没有丝毫反省。

开皇九年（公元589年）二月一日，隋文帝下诏撤销淮南道行省，宣告平陈战役胜利结束，并命令晋王杨广率师凯旋，以少不更事的秦王俊代之，任扬州总管署四十四州诸军事，镇广陵。同时让杨素任荆州总管辅佐秦王控制江南，但不到两个月又把杨素调回京城担任纳言。根据隋文帝的命令，隋军把建康城邑宫室夷为耕地，移州治于石头城，名为蒋州。分裂数百年的南北王朝终于又重新统一了。

但是，就当隋朝陶醉在胜利之中时，开皇十年（公元590年）年底，江南却爆发了一场声势浩大的武装反抗，让隋朝始料不及。这是因为南北分治已久，两地从生活习俗到生产方式、制度文化各个方面都存在着巨大差距。隋文帝把改造江南的任务想象得过于容易。他在江南当地厉行北方制度，具有很大的强制性，推行的是带有征服色彩的高压政治，企图从根本上动摇世族垄断乡村的社会基础，用北方农耕社会的模式来改造江南，谋求政治上的统一。但隋文帝这种操之过急的做法立刻就表现出不良后果。开皇十年（公元590年），江南臣民都议论说隋朝要把他们都迁徙到北方去。谣言的产生是因为平陈后，隋朝把江南士人都迁入关中，使得人们终日惶恐不安。此时又有高智慧等起兵叛乱，于是一场声势浩大的反抗运动爆发了。这场席卷南方的反抗基本上属于豪族领导的反对隋朝统治的斗争，目的在于维持南方既有的生产生活方式与社会组织形态。

对江南的反抗，隋文帝丝毫不敢大意，他派遣杨素率大军出征。但一味的军事镇压非长远之计，于是隋文帝任命晋王杨广率师增援江南，仍任扬州总管，调秦王俊回任并州总管。杨广喜爱江南文化，又娶了后梁公主为妃，与江南关系颇深，派他回江南，表明隋文帝也意识到了问题所在，开始逐渐对江南采取怀柔措施。江南的这场平乱之战持续了一年有余，使隋文帝深刻认识到南北社会的巨大差异，开始适当作些让步，允许南方地区一定程度上保留其原有的生产生活方式，甚至组织形式，以后对南方就基本采取了怀柔手段。在怀柔政策下，江南社会的特质在相当程度上得到了保存，南方形势逐渐好转。隋文帝务实地把南北两种社会的磨合作为长期任务，逐步加以解决。

推行文治　劝学行礼

开皇九年（公元589年），统一全国后，隋文帝把国家的中心任务从军事转移到了文化建设。首先隋文帝对府兵制度进行了大刀阔斧的改革。以往府兵由军府管理，其户口田地，地方官都无法掌握。改革后，军府掌握的所有人口户籍一律移交地方政府管理。军人在当地入籍，使得大量随军的寄居浮游人口无从隐匿，成为当地居民。军户这样一个特殊阶层从此消失。隋文帝的改革还使得军役与户籍分开，原来属于军府的垦田也一并移交给地方。这些改革消除了军府的经济特权，增加了隋朝国家掌握的户口和财税。此外，隋文帝还下令宣布废除山东、河南以及北方边缘因一时需要新设置的军府，加紧取缔非法武装。这些措施都有利于维护国家稳定、促进经济发展，也为文化教育事业发展创造了一个很好的环境。

北周尚武，向来有蔑视文人的传统。到了隋朝，仍然积习难去。隋文帝决心改变这一传统。平定四方后，他开始着手推行文治，做了很多努力。登基伊始，隋文帝就下过这样一道劝学行礼的诏书："建国重道，莫先于学，尊主庇民，莫先于礼。自魏氏不竞，周、齐抗衡，分四海之民，斗二邦之力，递为强弱，多历年所。务权诈而薄儒雅，重干戈而轻俎豆，民不见德，唯争是闻。朝野以机巧为师，文吏用深刻为法，风浇俗弊，化之然也。虽复建立庠序，兼启黉塾，业非时贵，道亦不行。其间服膺儒术，盖有之矣，彼众我寡，未能移俗。然其维持名教，奖饰彝伦，微相弘益，赖斯而已。王者承天，休咎随化，有礼则祥瑞必降，无礼则妖孽兴起。人禀五常，性灵不一，有礼则阴阳合德，无礼则禽兽其心。治国立身，非礼不可。朕受命于天，财成万物，去华夷之乱，求风化之宜。戒奢崇俭，率先百辟，轻徭薄赋，冀以宽弘。而积习生常，未能惩革，间阎士庶，吉凶之礼，动悉乖方，不依制度。执宪之职，似塞耳而无闻，荷民之官，犹蔽目而不察。宣扬朝化，其若是乎？古人之学，且耕且养。今者民丁非役之日，农田时候之馀，若敦以学业，劝以经礼，自可家慕大道，人希至德。岂止知礼节，识廉耻，父慈子孝，兄恭弟顺者乎？始自京师，爰及州郡，宜祗朕意，劝学行礼"，再三强调了读书守礼的重要性。在中央的大力倡导下，地方也起而效之，当时"天下州县皆置博士习礼"(《隋书》)。在学制方面，隋朝也颇有建树。首先，将书学和算学置于传统教育机构国子寺下，与经学并立，表现出国家对应用学科的重视；其次，开皇十三年（公元593年），隋文帝又令"国子寺罢隶太常，又改寺为学"(《隋书》)。这样，把学术教育机关从宗教事务管理部门的太常寺下独立出来，自成体系，国子祭酒成为国家最高教育行政长官。

在文献图籍的收集整理上，隋文帝也是有很大贡献的。他批准了秘书监牛弘的奏章，诏遣使者分赴各地，用高价借用天下异本，凡献书一卷者，酬缣一匹。秘书省校写完毕后，再将书籍归还原主。重赏之下，民间珍本异书纷纷呈现出来。隋军攻取建康时，高颎也派人封存陈朝图籍，运回长安。因此，流散于南北各地的图书都荟萃于京师。在此基础上，隋朝在宫内和秘书省建立皇帝与国家图书馆，对搜集的图书进行整理修缮工作。隋文帝还任命许善心为秘书丞，不仅对图书进行收购收集、抄写复本，还进行分类整理和校勘研究。在图籍整理的基础上，隋文帝更积极推进国家修史事业。开皇十三年（公元593年），他下诏："人间有撰集国史、臧否人物者，皆令禁绝。"在这一政策指导下，过去的史家修史转向政府史馆主持修史，并且直接处于皇帝直接领导之下。编撰史书的人员都由隋文帝钦定，所修史书都由文帝下诏规定。据《隋书·经籍志》记载，唐初尚有著录的隋修史书有姚察撰《梁书帝纪》七卷，魏澹《后魏书》一百卷，牛弘《周史》十八卷，崔子发《齐纪》三十卷，王劭《齐志》十卷、《隋书》六十卷和《隋开皇起居注》六十卷等。但隋朝官修史书有一个缺点，即过分强调历史的现实政治功能。

隋文帝在音乐方面也有所作为。由于南北长期分裂，音乐发展道路大相径庭，要修定乐律并非易事。隋朝建立直至开皇七年（公元587年），乐律尚未修成，隋文帝曾经很生气地说："我受天命七年，乐府犹歌前代功德邪？"于是他又下诏访求懂得音乐的人士，令郑译参与此事。郑译采用俗乐改定雅乐，其乐理来自印度。但郑译不用传统的雅乐音阶来定乐，招来了守旧乐律家的反对。最后，隋文帝下诏，为修律乐定下基调，严格按照儒家乐理来修定。开皇十四年（公元594年），隋文帝下诏颁行新乐。民间流行的音乐凡不符合"旧体"的都被禁止，新声奇声都被统一起来。然而新乐单调、低沉、缓慢、严肃，音乐的社会功能被夸大了，一味宣扬皇权的威严，完全失去了音乐应有的娱乐功能。

迟暮之年　纷争渐起

隋文帝统治前期可以说是呕心沥血，励精图治，开创了"开皇之治"的辉煌局面。平陈以后，虽也以陈后主作比，警示群臣，却仍是日益沉溺于安逸的环境，疏于政务，变得刚愎自用，喜怒无常，常常无端猜疑。随着他的改变，隋朝的繁荣景象也犹如昙花一现，匆匆逝去。隋朝二世而亡，人们往往都归咎于隋文帝之子炀帝，但其实文帝晚年已经自践政道，早已酿就了隋亡的原因，可以说成也文帝，败也文帝。

猜忌之心日重

平陈以后，朝廷中功臣争权夺利的现象日益严重，隋文帝不但不加以制止，反而鼓励这种做法。他喜欢让大臣聚集一起，饮酒摆功。开皇初年君臣同心治国的景象不再，取而代之的是群臣互相揭短攻讦，汲汲于个人名利，矜功伐善。而隋文帝本人也愈发听不进逆耳忠言，变得唯我独尊，猜疑心也日益加重。

猜疑忠臣最典型的是高颎。前文已述，隋文帝的妻子独孤氏是北周重臣独孤信之女，而高颎的父亲则是独孤信的属下，并被赐姓独孤。在独孤信被逼自杀后，只有高颎还一如既往地与独孤氏保持着联系，所以隋文帝杨坚和高颎的关系非同一般。在杨坚建立隋朝时，高颎又立下汗马功劳。隋文帝称帝后，高颎被任命为尚书左仆射，为重臣之一。

隋朝建立之初，隋文帝对高颎极为信任，甚至把他当成自己的"镜子"，说他可以纠正

高 颎

高颎（？—公元607年），字昭玄，渤海蓨（今河北景县）人，隋朝名臣，他对隋代的统一和发展作出了重要的贡献。公元607年，炀帝认为高颎诽谤朝政，将其诛杀。唐初史家在所修《隋书·高颎列传》中评论说："当朝执政将二十年，朝野推服，物无异议。治致升平，颎之力也。论者以为真宰相。及其被诛，天下莫不伤惜，至今称冤不已。所有奇策密谋及损益时政，颎皆削稿，世无知者。"可见，高颎的业绩对后世留下了深远的影响，堪称隋朝第一名臣。

自己的过错。如果有人进谗言诬陷高颎，隋文帝从来都不相信，反而把告状的人治罪。高颎的官职也是早已至人臣最高职，无法再往上封了，这也可见他在隋文帝心中的重要性。然而后来在废立太子的问题上，两个人发生了矛盾。当时，隋文帝对已立太子杨勇已有不满，而次子杨广由于善于伪装，逐渐博得了隋文帝和独孤皇后的信赖，故杨坚想改立次子为太子。但高颎并没有觉察到隋文帝的意图，极力反对废立太子。隋文帝认为这是高颎因个人私利而与自己作对，因为高颎是杨勇岳父，如果以后杨勇即位，高颎地位又可提升，效仿自己当年借机篡位也未尝不可。因此，隋文帝对高颎的猜忌日益加重，以致决心寻找机会将其权利摒除而后快。果不其然，不久隋文帝便借处理另一个大臣王世积之机，将高颎一并治罪，但念在其为有功之臣，只是免了官职，废为平民，并没有置他于死地。

革除心腹重臣之后，隋文帝自然没有放过自己的亲生儿子杨勇。开皇初年，隋文帝为树立太子杨勇的权威，曾特向朝中大臣交待："朕亦知公至诚，特付太子，宜数参见之，庶得渐相亲爱。"可是当百官真的遵命向太子称臣了，隋文帝又不高兴了，他疑心暗生，对杨勇频加讥讽，这后来竟然成了杨勇失宠的原因之一。除杨勇外，隋文帝的五个亲生儿子中，被废黜的还有两个。此外，与众亲王交往者也有很多因此罹祸，其中蜀王秀遭黜后，牵连甚广。这些发生在隋文帝晚年时期的废黜闹剧，主要还是归咎于隋文帝本人。

隋文帝晚年的猜疑有时显得荒唐可笑，却又极其残酷。例如他为了禁止官员贪赃受贿，竟派人去向官员行贿试探，如果有人胆敢收下，就立即处死。有个刑部侍郎想升官想入了迷，听说穿红裤可以帮助升官，就穿着红裤上朝去了。隋文帝看到后非常生气，认为大臣穿红裤子是为了辟邪，而这个"邪"就是指他这个皇帝，于是命令侍卫将这个侍郎推出去斩了首。大理寺的官员站出来阻止，说这种罪根据法律够不上死罪，隋文帝却说："你可惜他，难道就不知道可惜你自己的命吗？"还有一次，一个武官的衣服和佩剑不太整齐，隋文帝便说是对自己的不敬，认为御史没有尽到督察的责任，草率地处死了御史。谏议大夫站出来劝止隋文帝，竟也搭上了性命。

在隋文帝这种猜忌之心渐长、专制主义高度膨胀的同时，官员队伍的人事变动也在不知不觉中进行着。开皇十二年（公元592年），杨素当上了尚书右仆射，开始了揽权主政的历程。杨素军功显赫，文学上也颇有造诣，但他目中无人，颇为专横。此外，皇室成员逐渐代替了各部大臣，出任三省六部的长官，皇权集中制到了登峰造极的地步。

奢靡之风日盛

除了猜疑之心日益加重外，隋文帝在统治晚期其生活也开始变得安逸、奢侈，与开皇初的励精图治大不相同。开皇十三年（公元593年），隋文帝诏令杨素，令其负责在岐州北边修建仁寿宫。为了博取隋文帝欢心，杨素将宫殿设计得极其富丽堂皇。修建仁寿宫共花了2年时间，服役丁夫星夜赶工，疲惫不堪，万余民夫的尸骨便掩埋在建成后的仁寿宫下。仁寿宫竣工时，隋文帝还觉得宫殿太过华丽，略有不安，但很快就习惯了这里奢华舒适的生活。此后，他又派人将骊山温泉修葺一新。在享受安逸生活的同时，隋文帝对治理朝政越来越感到厌烦，便将仁寿宫改为政治舞台的中心，在这个奢靡之地向朝臣发号施令，遥控朝廷。

隋文帝还很迷信各路鬼神，不但信奉佛教、道教，还信阴阳五行、鬼怪、符瑞、土地神、山神、龙王等。一方面，因为他本人从小就深受佛教熏陶，故对心灵之境深为迷恋和信服；另一方面，祥瑞图谶在他篡周过程中发挥了重要的作用，以致对此物产生了依赖心理。王劭就利用隋文帝喜好符瑞这一点大做文章，上朝的时候甚至对着隋文帝的脸比画起来，如授典籍一般地告诉百官侍婢什么叫吉人天相，由不得大臣不信。隋文帝龙颜大悦，立即提拔王劭当著作郎。尝到甜头的王劭越发起劲，又搜集了一堆奇谈异事，引图谶之说，附会佛经之义，篡改文字，曲加诬饰，编撰成《皇隋灵感志》三十卷奏上，博得隋文帝龙颜大悦，也给自己带来了更多的好处。隋文帝还下令在全国各地修复或建置老子庙，时常征召有名望的道士到京城谈论玄理，并在京城安善坊设立玄都观，延聘楼观道"田谷十老"之一的王延为观主，使京城成为全国道教学术中心。

但是，隋文帝对道教的兴趣主要在于五行图谶，着眼于现实政治的利用，因为他曾经利用图谶夺取北周政权，故深知图谶的巨大作用，在充分利用的同时，也对此加以严格控制。因此，隋朝时期佛教的主流宗教地位并未改变。隋文帝生于佛寺，长于佛寺，佛教对他一生影响巨大。除了生长环境外，隋文帝也曾利用佛教给自己的政权披上神权的合法外衣，因此隋文帝登基后也致力于兴隆佛教。北周时，周武帝曾经大规模灭佛，隋文帝时则予以恢复，准许百姓可以自愿出家。隋文帝还在各地大建佛寺，修造佛像，把修建寺庙佛像作为官方事业大力推行。同时他也积极鼓励民间修建塔寺，并且对佛寺予以经济上的大力支持。正因为如此，隋唐时期的佛教便又兴盛起来。除建造寺庙外，隋文帝还令京师、并州、相州和洛州等大都市官府出资抄写佛经，置于寺内，副本藏于秘阁。登基后，隋文帝立即招僧人充当顾问，使佛教地位政治化。他认为在俗世之外还存在一个佛教的世界，两个世界殊途同归，故佛教应与自己一道，共同治理天下。

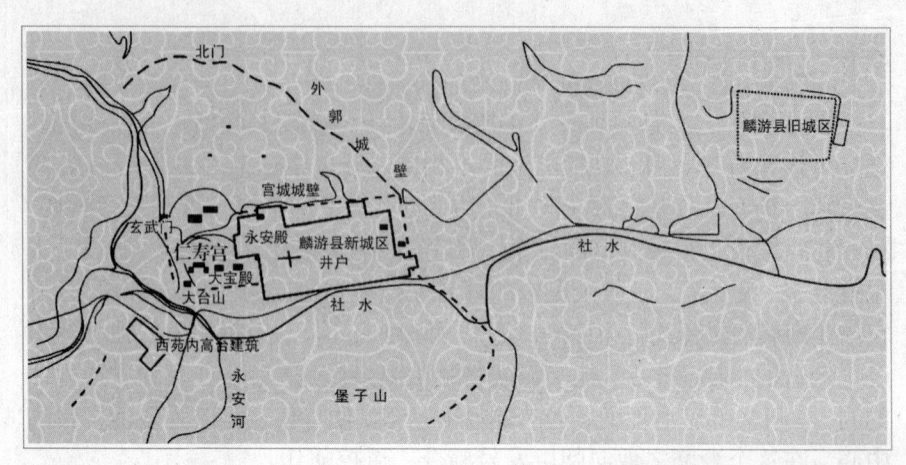

隋仁寿宫位置平面图

开皇十三年（公元593年），隋文帝下诏营建仁寿宫，独孤皇后与隋文帝均先后殁于仁寿宫。隋亡后，仁寿宫废弃。贞观五年（公元631年），唐太宗以隋仁寿宫为基础，加以修缮、增建，并更名为九成宫。至高宗时又有增建，后于开成元年（公元836年）毁于洪水。图为隋仁寿宫位置平面图。

在隋文帝的积极倡导下，佛教广为流行，特别在上层统治者中产生了巨大影响。隋文帝夫妇及诸子无不信佛，隋朝大臣也多信佛。他还把破坏佛、道塑像列入"十恶"之中。整个隋文帝时代，建造寺塔数目是十分惊人的，当时仅京城内就有百余所寺庙。同对待道教一样，隋文帝也广集天下名僧，把京师建成了佛教教育与研究中心。隋文帝利用佛教作为自我神化的工具，迅速走向专制主义。日益绝对化的佛教信仰逐渐沦为迷信，在隋文帝晚年更是达到了顶峰。

公元601年，文帝改元"仁寿"，大赦天下，同时进行了一系列人事改革，如任命杨素为尚书左仆射，取代被罢免的高颎；起用苏威复任尚书右仆射；改封杨广长子河南昭王为晋王，担任内史令、兼左卫大将军。同年，隋文帝还下令向全国三十州颁送舍利子，颁赐舍利的范围还到达了高丽、百济、新罗等。此后，各地投其所好，纷纷上报出现的符瑞，隋文帝大喜，于仁寿二年（公元602年）宣布再颁舍利于五十三州，劝谕官民一体诚信向佛。仁寿四年（公元604年），备感疲倦的文帝为寻求心灵的慰藉，再次下诏大兴佛教，全国再度掀起建寺起塔的狂潮。隋文帝企图以宗教的狂热和迷信来贯彻君主专制的意识形态，加强自己的统治。但改元仁寿以来，这些大规模的崇佛运动耗费了隋帝国大量的人力、物力和财力，增加了百姓负担，人民苦不堪言，在统治相对薄弱的地区，已有民众揭竿而起了。

在大力推行佛教的同时，隋文帝在他六十寿辰之际，即仁寿元年（公元601年），竟然下令废除学馆，仅保留国子学一所中央学馆、七十二名学生，其余大批师生被遣散还乡。从开皇初年的劝学行礼诏，到晚年的兴佛废学，可以看出隋文帝统治理念的转折。他本出自将门，北周的尚武风气在统治阶层中仍然占据着重要位置，虽接受过文化教育，但在内心深处依旧是看不起文人的，这使得隋文帝时学官无权无势，文人待遇难比武夫。另外，随着皇权日益加强，专制的隋文帝更需要的是宗教信徒式的集权人才，而不是具有理性的士人。

隋文帝统治早期施行了一系列废除前朝酷刑的律法，到了晚年却又立法毁法，开始崇尚酷刑。统治末期，他大量使用法外酷刑，即杖刑，在宫廷里就经常放着棒子。虽几经复废杖棒之刑，但最终他仍是恢复了杖刑。至统治末期，隋文帝对廷杖制的痴迷达到了一种变态的程度，一日竟可使用数次。官员当众挨打，丑态毕露，让皇帝获得无上尊严的心理满足，但这种廷杖却对大臣的人格进行了极大侮辱。在中国古代社会，行刑一般选在秋天，谓之顺应天意，符合枯叶落地、万物肃杀之气氛。而春天万物复苏，应严禁猎杀，不伐幼小树木，顺应生长之气。此即春夏行赏，秋冬处罚。隋文帝在晚年时却要改变这一习俗，在夏天时就要施行极刑，有大臣反对，他就狡辩说，夏时亦有雷电暴雨，上天发怒，我也是顺应天意。

隋文帝肆意修改法律，律外加刑，法重无度，结果不但没有制止犯罪行为，反而更加激化了社会矛盾。面对如此情况，隋文帝没有反省，而是变得越来越专制独裁，习惯了用高压手段来解决问题，使得开皇末年隋帝国面临内外祸乱的局面。好不容易镇压了南方羌族的反叛，北方达头可汗和都蓝又开始威胁隋朝边境，高句丽也率靺鞨兵袭击辽西。隋文帝罢黜了以前册封高句丽王元的官爵，起兵征讨高句丽。但隋朝水陆两军出师不利，不过高句丽王元也自知实力不济，赶快遣使谢罪，隋文帝乘势收兵，不过根本问题仍然没有解决。突厥方面，经过几场战争后，隋文帝扶持的启民可汗终于得以立足。但是，开皇末年的内外祸乱使得隋朝内部已经分裂，每次用兵带来的都是新的政治清洗，虞庆则、王世积、高颎、史万岁等一批重臣都遭清洗，朝廷上下人心惶惶。

同母兄弟争夺帝位

隋文帝将国家大权集中于皇室家族后，朝廷倾轧就以家族纷争的形式爆发，上演了隋文帝晚年最悲惨的一幕。谈到家族纷争就不能不谈对隋文帝一生都有着重要影响的独孤皇后。独孤皇后出生的独孤家族对隋文帝杨坚以及他的父亲杨忠都大有恩惠，所以，杨家基本是从属于独孤家族的。在杨坚篡周犹豫不决之时，独孤氏曾派心腹入宫对杨坚进言说："大事已然，骑兽之势，必不得下，勉之！"可见独孤氏是非常有政治远见和主张的,她表现出来的果断气魄也更加坚定了杨坚篡周的信心。杨坚本来就对妻子有所畏惧,独孤氏做皇后后,在参政过程中,更让杨坚佩服,敬畏之心更甚。

实际上,坚强果敢的独孤氏常被后世称为隋帝国实际上的皇帝,认为她才是这个皇室家庭的主心骨,因此有杨坚惧内的史话。除了帮助杨坚篡周建隋外,在隋文帝登基以后的每次上朝,独孤皇后都与之一道携手同行,至殿阁而止,让宦官跟随而进,沟通联络,自己则在外等候文帝下朝,然后再一同回宫。由此看来,虽然独孤氏参与政治,但是她的观念还是十分传统的,因为她并没有垂帘听政,进入正式的朝堂。隋文帝对独孤皇后几乎是言听计从,所以,宫中常把他们夫妻称为"二圣",他的政策很大程度上都受到了独孤皇后的影响。

独孤皇后在生活上也如隋文帝前期一般极其俭朴,并且提倡孝道。但独孤皇后也有善妒、偏激、心胸狭隘的一面。她对隋文帝看管很严,不许杨坚和其他的女人有过多的接触。隋文帝在开皇初年,曾经自豪地对大臣说:"前世皇王,溺于嬖幸,废立之所由生。朕傍无姬侍,五子同母,可谓真兄弟也。岂若前代多诸内宠,孽子忿诤,为亡国之道邪!"但他万万没有想到,最后结果却与此相反,纵然五子同母还是无法阻止悲剧的发生。隋文帝毕竟不是圣人,虽然对独孤皇后一往情深,位居帝王,面对美色也有把持不住的时候。在晚年,他曾亲近了一个宫女,这个宫女就是尉迟迥的孙女,因尉迟迥叛乱而被籍没入宫。独孤皇后知道后,异常气愤,竟趁着隋文帝上朝,擅自作主,带人进入隋文帝寝宫,杀了这个宫女。等到杨坚下朝赶到时,美人早已香消玉殒。隋文帝纵然伤心气愤,却也无法向独孤皇后发作,只得驾马冲出宫去,往山中疾驰,随行左右都看得胆战心惊。最后还是高颎和杨素将他追回。高颎劝道:"陛下岂以一妇人而轻天下!"又好言相劝了大半天,才把隋文帝劝回宫中。但高颎劝解文帝的话不知怎么传到了独孤皇后耳中,听到自己被称为"一妇人",独孤氏痛恨异常,不但不念高颎劝解之功,反而决定报复,加之隋文帝对高颎日益加重的猜疑也,终借王世积之事将其罢免。独孤皇后不仅痛恨隋文帝亲近其他女子,也不许朝官百姓娶妾,甚至把这个作为官吏仕途沉浮的一个不成文标准,导致上演了不少悲剧。

隋文帝五子都是独孤氏所生,故他曾经为此深感自豪,认为五子同出一母,不会同室操戈,但事实却并非如此,这五子最后也免不了骨肉相残。而这一出悲剧与隋文帝晚年的猜忌、专制以及独孤氏的偏爱都不无关系。

长子杨勇幼时深受父母喜欢,故早在隋初就理所当然地被立为太子。他勤奋好学,却缺乏心机,时常率性而为,加之又无显著战功,因此逐渐失宠。杨勇曾经得到一副蜀铠,十分高兴,便重金把它装饰了一通。隋文帝初时是何等节俭的人,杨勇这么做无疑犯了父亲的忌讳。此外,杨勇还迷恋女色,宠幸位为昭训的云氏,以致冷落了结发妻子元氏。这也让母亲独孤皇后讨厌不已。后来元氏突然暴毙,独孤皇后还认定是杨勇下毒害死她的。随着隋文帝个人权力的极度膨胀和猜疑之心的日益加重,杨勇的太子之位也越来越受到威胁。某年冬至,百官至东宫,杨勇按例奏乐受贺,这本是十分正常的事情,但却让隋文帝大为光火,认为纵然自己和太子之间是父子关系,但亦是君臣关系,杨勇此举无疑是挑战自己的统治地位,于是下诏禁止百官往贺东宫,并将废太子事宜悄悄提上议程。加之颇有心机和野心的弟弟杨广从中作祟,拉拢杨素,讨好独孤皇后,极力诬陷杨勇,杨勇一步步陷入杨广为他设下的局中。一次,隋文帝派杨素去探视杨勇。杨素到了东宫故意迟迟不进去,等到杨勇等得不耐烦怒形于色了,杨素便回去报告隋文帝说杨勇怨望,要提防情急生变。杨广又收买了东宫的幸臣姬妾,把杨勇的一举一动都置于眼下,并不断密报给隋文帝。

开皇二十年(公元600年)九月二十六日,在仁寿宫休养了大半年的隋文帝回到京城。次日上朝,隋文帝突然发问:"我新还京师,应开怀欢乐,不知何意,翻邑然愁苦?"因为他不断接到太子欲图不轨的密报,但这些捏造出来的消息朝臣们都不清楚,于是吏部尚书牛弘回答说:"由臣等不称职,故至尊忧劳。"隋文帝对这一回答显然不满意。他严厉斥责东宫属官说:"仁寿宫去此不远,而令我每还京师,严备仗卫,如入敌国。我为患利,不脱衣卧。昨夜欲得近厕,故在后房,恐有警急,迁移就前殿。岂非尔辈欲坏我国家邪?"当场把太子左庶子唐令则等数人拘押付审。同时,隋文帝还命令杨素向近臣宣布东宫罪状。如此一来,隋文帝的欲

独孤氏教子　绢本设色　明代

隋文帝皇后原为后周大司马独孤信之女,独孤信见杨坚相貌奇伟,气宇轩昂,故将时年十四岁的伽罗女许配其为妻。隋文帝称帝后伽罗女被封为皇后,即独孤皇后。独孤皇后非常贤良,尤其是隋文帝建立隋朝之后还极力劝谏文帝节俭爱民。每当与文帝议论国家大事时,其看法常与文帝不谋而合,故而宫中称"二圣"。但她因对杨广的溺爱而造成了在确立隋王朝继承人上犯了错误,这对刚刚建立的统一王朝是致命的一击。

废太子的意图是十分明显了。但杨素所数罪状都是琐碎小事，不足以服人，因此朝中还有很多人同情太子。隋文帝便又决定除去这些为太子抱不平的人，继续罗织杨勇图谋围困仁寿宫的罪状。至十月九日，隋文帝便让薛道衡宣读了废太子勇的诏书，决定将杨勇"及其男女为王、公主者，并可废为庶人"，并立即宣布立晋王杨广为新太子。

隋文帝三皇子秦王杨俊起初仁恕友爱，颇得父母欢心，但随着时局的平稳，却变得日益追求享受，竟然放高利贷剥削百姓，后被人告发。他还盛修宫室，穷奢极侈，并为妃子修造水殿，香涂粉壁，玉砌金阶，雕梁画栋。这一举动惹恼了王妃崔氏，妒火中烧的崔氏竟然在杨俊食物中下了毒，使得杨俊卧病不起。隋文帝得知此事后虽赐死了崔氏，仍因奢纵无度免了秦王的官职。大臣对此多有劝解，说秦王罪不至此，但隋文帝根本听不进去。秦王在病中曾派人向隋文帝悔过认错，但并没有得到父皇的宽恕，反而招致更严厉的斥责，这让他的病情更加严重了。终于，开皇二十年（公元600年），秦王杨俊在忧惧中病逝。

杨广被立为太子之后，隋文帝五子中排行第四的蜀王杨秀极为不满。杨秀相貌堂堂，武艺高强，但性情刚猛，故不为隋文帝宠爱。他也如晚年的父王贪恋奢侈生活，还总想着将来能当上皇帝。因性情使然，杨秀过于显露，大力培植势力，编谣言，为以后能一登帝位大造舆论。隋文帝早就对独孤皇后预言说："秀必以恶终。我在当无虑，至兄弟必反。"事实也印证了他的预言。杨广为除后患，先发制人，派杨素挑剔杨秀的罪过详加呈报，再加上隋文帝本身就对杨秀有成见，因此，仁寿二年（公元602年），蜀王杨秀获罪，也被废为庶人，并被软禁了起来，直到隋朝灭亡。后来，宇文化及也没有放过杨秀，连他的7个儿子都未能幸免。

隋文帝第五子汉王杨谅曾任并州总管，统领西起太行山，东至渤海，北达雁门关，南距黄河的52个州，长年踞守在当时天下盛出精兵之地。杨谅对杨广施计夺取太子地位心怀不满，及蜀王杨秀得罪，尤不自安，恐殃及己身，故暗中准备起兵。及隋文帝崩，杨谅更感不能坐以待毙，遂起兵反广，但很快兵败，幽禁而死。

国运衰颓　无奈他去

废立太子之后，隋文帝于公元601年改元"仁寿"。晚年的隋文帝已经没有了早年那种锐意进取的精神，越来越陶醉于自己创立的伟业中，并进行了大规模的崇佛运动，劳民伤财，使得隋朝社会处于高度紧绷的状态之中。地方上民众叛乱不断，不过最终还是被朝廷镇压了下去。隋文帝晚年专制主义欲望的膨胀也滋长了从中央到地方官吏的腐败，但他已经无力再多管了。仁寿年间，整个隋朝都在走下坡路。仁寿二年（公元602年），独孤皇后病逝，这对隋文帝来说无疑是一个莫大的打击。很长一段时间，隋文帝都无法从这个阴影中走出来，他没有再前往仁寿宫，但却懒于处理政务，而是把更多的精力放在了后宫生活上。没有了独孤氏的管束，隋文帝开始宠爱宣华夫人陈氏和容华夫人蔡氏，尤以宣华夫人为甚。但这并没有让隋文帝摆脱精神上的苦闷，反而让他的身体变得虚弱不堪。仁寿四年（公元604年）正月，隋文帝把国家政务都交予太子杨广处置，再次前往仁寿宫颐养天年。是年四月，传出隋文帝病重的消息，尚书左仆射杨素、兵部尚书柳述和黄门侍郎元岩等人入阁侍疾，太子杨广则入居大宝殿。

随着文帝病重，太子杨广开始进行各种继位准备，却忙中出错，阴差阳错地将写给杨素的信送到了隋文帝手里，信中询问父皇死后应如何安排朝政。看了信，已不管政事，迟早会移交政权的隋文帝依然极为震怒。另一件事更让他伤心，即自己宠幸的宣华夫人说杨广在夜里调戏她。当时入阁侍疾的柳述是隋文帝之婿，因看不惯杨素的飞扬跋扈而与其势不两立。因此，在隋文帝心事重重之际，柳述和元岩极力劝谏他废黜杨广，重新立杨勇为太子。但双方的实力差距实在是太大了，此时的杨广羽翼早已丰满，他与权臣杨素已经牢牢控制了朝廷，柳述、元岩根本不是二人的对手。杨广得知隋文帝商议再度废立太子之事后，立刻调来了东宫卫士，在宇文述和郭衍协助下控制了仁寿宫，逮捕了柳述和元岩，并撤换掉所有的禁卫，彻底控制了局面。巧就巧在，当天隋文帝杨坚就驾崩了，终年64岁。历史上并无杨坚死因的清晰记载，后人也仅是根据杨广急切登基的心理而猜测是他下了毒手。但从当时的情形分析，杨广完全没有这个必要，当时的他已经可以完全放心地"服侍"已没有几日的父亲了，没有理由要冒天下之大不韪去弑杀隋文帝。后朝的唐太宗君臣也没有一人指控炀帝弑父的，隋文帝蹊跷的"适时而崩"便给后人留下了很多想象的余地。

隋文帝驾崩之前留下了著名的遗诏，对其诸皇子都有评价，并对杨广给予了充分的肯定："人生子孙，谁不爱念，既为天下，事须割情。勇及秀等，并怀悖恶，既知无臣子之心，所以废黜。古人有言：知臣莫若于君，知子莫若于父。若令勇、秀得志，共治家国，必当戮辱遍于公卿，酷毒流于人庶。今恶子孙已为百姓黜屏，好子孙足堪负荷大业。此虽朕家事，理不容隐，前对文武侍卫，具已论述。皇太子广，地居上嗣，仁孝著闻，以其行业，堪成朕志。但令内外群官，同心戮力，以此共治天下，朕虽瞑目，何复所恨。"但他对杨广的一番肯定，恐怕也是出于无奈，为了自己好不容易创立的江山着想吧，希望一手建立的基业能够安安稳稳，永享万年。除了评价皇子外，遗诏还一再强调要安养百姓，"务从节俭，不得劳人"，这也是隋文帝在病重时反思后的醒悟，可惜为时已晚。

隋文帝死后，为了掌控京城局面，颇有心计的杨广秘不发丧，矫诏缢杀了杨勇，此后才发布隋文帝驾崩讣文。杨广在仁寿宫隋文帝灵前即位，即隋炀帝。回到京城以后，杨广将柳述、元岩除名，发配边地。因兰陵公主不愿与柳述解除婚约，夫妻双双终幽愤而死。当然，杨广也没有忘记还要除掉远在并州的五弟杨谅。隋文帝死后，杨广让车骑将军屈突通带着伪造的文帝玺书征召杨谅入朝。但杨谅早与隋文帝约定暗号，一看玺书没有暗号就知道朝廷发生变故，于是立即起兵造反，直奔京城，但很快被杨素率领的大军打败，做了俘虏，后被除名绝籍，幽禁而死。

隋文帝死后被安葬于太陵，与独孤皇后合葬一处，同坟异穴，庙号高祖。

概言之，隋文帝的功绩相当辉煌，他结束了中国长达270多年的分裂割据局面。在建立隋朝后，他对各个方面进行了大刀阔斧的改革和创制，包括创立了三省六部制度、科举

千手千眼观音像　　隋唐时期

　　隋文帝杨坚建立隋朝后，即着手恢复被北周所废的两教，尤其是佛教。他在开皇元年十二月下诏：境内的臣民可以随意出家当和尚，又命令全国按人口出钱用以营造寺塔，安排僧侣写经，造佛像，一时全国佛教风靡，民间流传的佛书比儒家《六经》多数十倍，佛教方见回暖。

制度，等等，这些都为之后隋唐帝国的制度与规模奠定了基础。宋朝的陈普在《历代传授歌》中歌颂道："北齐后周犹一隅，隋文混一朔南暨。"大儒王夫之赞评道："隋文之恃威也，固以古大臣之任望之；威之所以自见者，亦以平四海、正风俗为己功。"隋文帝还是中国历史上第一个黄袍加身的皇帝，《读通鉴论》曰："开皇元年，隋主服黄，定黄为上服之尊，建为永制。"自隋文帝开始，此后的中国历代帝王都穿黄色龙袍了。

隋文帝的统治时期可以分为两段，他统治前半期相当勤奋，在其精心治理下，隋朝迅速强大繁荣起来。他不仅使中国重回一统，还使隋朝成为政权稳固、社会安定、户口激增、垦田锐增、财政充盈、兵力强盛、文化繁荣的强国。故后人一般将隋文帝的大治誉为"开皇之治"。

但是，隋文帝统治后期却与之前形成了鲜明的对比。晚年的隋文帝专制独断，对他人的猜忌也达到了无以复加的程度，并且迷信符瑞，热衷于崇佛运动，越来越疏于朝政，改元"仁寿"后，情形尤甚。直到他病重之后才开始反思，但为时已晚，故只能在遗诏中告诫杨广要安养百姓，"务从节俭，不得劳人"。可惜的是继任的隋炀帝没有遵其教导，直至最终断送了隋朝国运。

唐朝史臣评价隋文帝说："自强不息，朝夕孜孜，人庶殷繁，帑藏充实，虽未能臻于至治，亦足称近代之良主。然天性沉猜，素无学术，好为小数，不达大体，故忠臣义士莫得尽心竭辞。其草创元勋及有功诸将，诛夷罪退，罕有存者。又不悦诗书，废除学校，唯妇言是用，废黜诸子。逮于暮年，持法尤峻，喜怒不常，过于杀戮。"（《隋书》）此言说尽了隋文帝创业的不易、性格的局限，也说尽了隋朝草创的种种艰辛、几番成就，评价是非常中肯的。

唐朝疆域图

唐太宗·李世民

公元599—649年

唐太宗李世民于隋开皇十八年生于京兆武功（今陕西武功西北），其父李渊，袭封唐国公，后叛隋建唐，为唐高祖。其母窦氏，出身胡族高门，长于北周宫中。窦家显赫，自隋至唐，出过两位皇后、六位王妃、八位驸马，还有高官无数。李世民为李渊次子，其兄李建成，其弟李元霸、李元吉、李智云。李元霸年少早亡，李智云在太原起兵后被隋朝官吏杀死，年仅十四岁。隋大业十一年（公元六百一十五年），李世民十六岁，遵父命娶名门之女长孙氏为妻，长孙氏即后来极负盛名的长孙皇后。李世民熟读经史，擅长书法，精于骑射，勇敢善战，文治武功兼备，堪称千古一帝。

群雄并起　大唐开国

李渊建大唐

　　李渊七岁袭封唐国公，其母与隋文帝的独孤皇后均为独孤信之女。李渊在隋初任千牛备身，即天子护卫。后得独孤皇后关爱，累转谯、岐、陇三州刺史。大业初，又为荥阳、楼烦二郡太守，征为殿内少监。大业九年（公元613年），迁卫尉少卿，掌管宫廷禁卫，由文官转为武职。隋炀帝第二次出征辽东，派李渊往怀远镇督运粮草。杨玄感起兵反隋，又派李渊镇守弘化郡，兼知关右诸军事。大业十一年（公元615年），隋炀帝巡视北方要塞，遭突厥始毕可汗几十万骑兵袭击，被困雁门，将求救诏书捆在木板上放进南流的汾水，命令各地募兵救援。年仅16岁的李世民应募勤王，隶属屯卫将军云定兴部下。李世民向云定兴献出疑兵之计，白天遍设旌旗几十里，夜间擂鼓相应，敌人误以为救兵已到，定会望风而逃，如若不然，敌众我寡，难以支撑。云定兴依计行事，突厥中计，引兵退去。李世民崭露头角，军事才华初步显现。同年夏，隋炀帝巡幸太原，山西民反，任命李渊为山西、河东抚慰大使，征讨群盗。李渊先后打败毋端儿、敬盘陀、柴保昌部，降者数万。大业十二年（公元616年），李渊迁右骁卫将军，同年十二月，任太原留守，李世民随父来到晋阳。

　　隋末动乱，各地纷纷起兵反隋，隋炀帝镇压乏力，却猜忌文武大臣。杨玄感兵变，隋炀帝先后杀害宿将鱼俱罗和董纯，逼死名将吐万绪。民间谶语流行，"李氏当为天子"，隋炀帝内不自安，杀害李浑全家32人，人人自危。李渊时任山西、河东抚慰大使，副使夏侯端认为隋炀帝切忌诸李，强者先诛，李浑已死，其次可能就是李渊。以此希望李渊能够早作打算，能够安定天下之人，非李渊莫属。李渊表示赞同。后任太原留守，后来到任太原留守时，太原以南的历山飞活动猖獗，又地接塞外，与突厥不和。李渊首先带兵在雀鼠谷击溃历山飞别将甄翟儿部，稳定山西局势。在防御突厥入侵中，虽曾获胜，但副使高君雅和马邑太守王仁恭对抗突厥，却遭惨败。隋炀帝下令囚禁李渊，斩杀王仁恭。但不久又派使者前来赦免李渊及王仁恭，官复原职。李渊认为隋历将尽，应早日起兵，经过这次事件，更加紧举兵反隋的步伐。

李渊经纶天下，老谋深算，早先就授意长子李建成在河东、次之李世民在晋阳秘密招兵买马，广交英雄豪杰，李建成、李世民礼贤下士，深得人心。晋阳令刘文静因与瓦岗军李密联姻，株连入狱，李世民前往探视，共商大计。刘文静主张召募兵士，乘天下大乱，关中空虚，入关号令天下，不出半年，帝业可成。恰逢其时，大业十三年（公元617年）二月，隋鹰扬府校尉刘武周起兵马邑，进据汾阳宫，自号天子，国号定杨。李渊见时机已到，以讨伐刘武周为名，募集军队，又暗中派人前往蒲州召集其子李建成、李元吉速至晋阳，准备起兵。隋炀帝为监视李渊，派高君雅、王威为太原副留守，二人对李渊募兵颇为疑惧，李渊及早动手，同年五月，借口高君雅、王威私下引突厥入寇，将二人杀死，从此，李氏家族正式起兵，反抗隋朝。此时，李世民年仅18岁。

李渊派刘文静出使突厥，卑辞厚礼，请求始毕可汗以兵马相助。六月，李建成、李元吉自河东抵达晋阳，裴寂等建议废黜皇帝，改易旗帜。西河郡在太原西南，是进兵长安的必经之路，但不服李渊，坚决抵抗。李渊派李建成、李世民领兵首战西河，兄弟二人治军严明，长驱直入，攻下西河，斩杀郡丞高德儒。西河首战大捷，李世民兄弟往返仅用9天，军威大振。自此，李渊自称大将军，署置府僚，以裴寂为长史，刘文静为司马，唐俭、温大雅为记室，长孙顺德、刘弘基、窦琮等为左右统军。此外，以李建成为陇西公，左领军大都督，领左三统军等；李世民为敦煌公，右领军大都督，领右三统军等，并各置官属。从此，李渊开仓放粮，赈济穷困，远近纷纷响应。

大业十三年

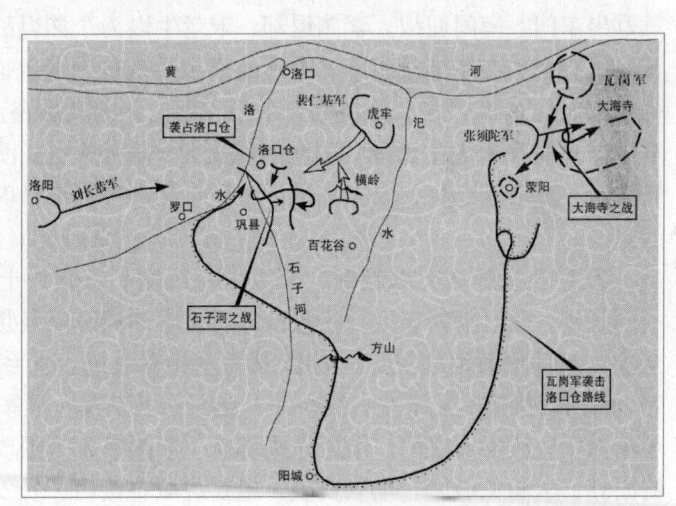

大海寺、石子河之战示意图

隋末，炀帝暴政，百姓处于困苦之中，遂起造反之心，隋末农民起义涌起。翟让领导的瓦岗军力量在不断壮大中，军粮的供应是一个很重要的问题，翟让听取李密建议攻打荥阳以获取洛口仓。于是大业十二年十一月十七日(公元616年12月1日)，瓦岗军与隋将张须陀在荥阳大海寺决战。瓦岗军夺取洛口仓之后，于隋大业十三年(公元617年)，在石子河(今河南巩县东)东南粉碎隋军东西两面夹攻。图为2次战争的路线示意图。

(公元617年)七月,李渊以四子李元吉为太原留守,委以后事。然后,亲率甲士三万誓师,从晋阳出发,沿汾河谷道南下河东。李渊以"志在尊隋"为旗号,宣布尊立代王为帝。始毕可汗派人送马千匹,驻在楼烦德突厥阿史那大奈也率兵相助。李渊进军至贾胡堡,代王派虎牙郎将宋老生率精兵两万屯霍邑,左武候大将军屈突通率骁军数万屯河东,阻击李渊南下。时值秋雨连绵,道路泥泞,李渊前行受阻,军粮匮乏。外间谣传突厥将与刘武周乘虚袭击晋阳,而刘文静出使突厥尚未归来,因此不知虚实。但谣传影响军心,李渊召集将吏商议对策,裴寂等主张回师晋阳,从长计议,再图举兵。李建成、李世民坚决反对撤退,力主进军,认为刘武周骄纵短见,突厥贪利无信,虽然传闻互相配合,但二则肯定互相猜忌。突厥宁可舍弃马邑,也要远图太原,刘武周未必会与突厥同谋。此外,李密恋于仓粟,无暇远征,宋老生焦躁轻敌,定能攻破。成败在此一举,不能错失良机,应该攻霍邑,直捣咸阳,号令天下,争取战略上的主动权。李渊听不进,下令班师。李世民急切之下放声大哭,李渊问其原因,李世民再次劝谏,正义之师,前行则战无不胜,后退则必将溃败,如果敌军再乘虚后面攻击,则兵败身亡,在所难免。李渊慎重考虑,最终采纳李建成、李世民的意见,下令追回已经回撤的军队。8月,雨过天晴,太原军粮运到,李渊率军进攻霍邑。李建成和李世民各领几千轻骑前去挑战,宋老生统兵三万出东门、南门迎战。李渊退却,宋老生以为李渊惧敌,引兵追赶,离城一里有余,方才排兵布阵。殷开山率步兵抵抗宋老生,李建成、李世民绕向宋老生军阵后方,分别屯守东门和南门,断其后路。正当双方激战,李渊派人高呼宋老生已死,部众闻风丧胆,阵势大乱,溃散逃归。李渊乘势追击,斩杀宋老生,攻克霍邑。之后,又进军临汾,攻克绛郡,抵达龙门。

此时刘文静从突厥赶到,突厥大将康鞘利带领兵士五百、马匹二千一同赶到。沿河隋朝守臣纷纷投降李渊。李渊招降冯翊叛军首领孙华,进至壶口,孙华渡河来见,李渊以其为左光禄大夫,武乡县公,领冯翊太守,回河西接应。又派左右统军王长谐、刘弘基及左领军长史陈演寿等将步骑六千,从梁山渡河,作为先头部队。李渊率大军围攻河东,屈突通据城固守,李渊见城坚,难以攻破,想要绕城直接西去长安。裴寂反对,认为直接进攻长安,如果不克,屈突通大军在河东,必然腹背受敌。不如攻克河东,然后西上,如果屈突通战败,长安必破。李世民与裴寂意见相反,认为兵贵神速,不能在河东浪费时间,应该乘势西进,直取长安,屈突通不足为虑。李渊综合二人意见,扬长避短,决定留兵继续围困河东,自己统率主力西进。于是大军从壶口渡过黄河,关中士民归降无数。李渊分兵两路,派李建成、刘文静率王长谐等数万人屯永丰仓,扼守潼关,防备救援之敌；派李世民率刘弘基等数万人，攻取渭水北岸之地，对长安采取钳形攻势。

关中李渊的亲属，群起响应。其女平阳公主召集南山亡命，得数百人，又派家人马三宝说服邻近的何潘仁、李仲文、向善志、丘师利等部，众至数千。李渊从弟李神通也率数千人起兵，女婿段纶起兵至数万人。平阳公主势力最大，达到七万人，号称"娘子军"，李世民一路西进，吏民归顺，抵达泾阳时，已达九万人，与"娘子军"会合，声威大振。李渊又命李建成率永丰仓精兵，自新丰西进长乐宫，李世民回师北屯长安故城。李渊继续西进，隋炀帝离宫别苑，一律罢除，遣散宫女。大业十三年（公元617年）十月，抵达长安，驻扎春明门外，合军二十余万，大修战备，围攻京城。十一月，发起总攻，守军溃散，长安失守。李渊入城，迎代王杨侑于东宫，迁居大兴殿，然后，还居长乐宫，与民众约法十二条，废除隋朝所有苛政禁令，诛杀隋右翊卫将军阴世师、京兆郡丞骨仪等，其余不再追究。文武将吏表请李渊即皇帝位，李渊推辞，继续观望，等待时机，以图天下归心。后迎立13岁的代王杨侑即帝位，改元义宁，是为隋恭帝，遥尊隋炀帝为太上皇。隋恭帝大事封赏，授李渊假黄钺、使持节大都督内外诸军事、大丞相、录尚书事，晋封唐王。并以武德殿为丞相府，掌军国大事、文武选官。又置丞相官属，以裴寂为长史，刘文静为司马，李纲为司录。又以李建成为唐国世子，李世民为京兆尹、秦国公，李元吉为齐国公。

义宁二年（公元618年）三月，隋炀帝在江都被宇文化及等弑杀，消息传到长安，隋恭帝被迫退位。五月，李渊以禅代之名改朝换代，登上帝位，国号为唐，改元武德，是为唐高

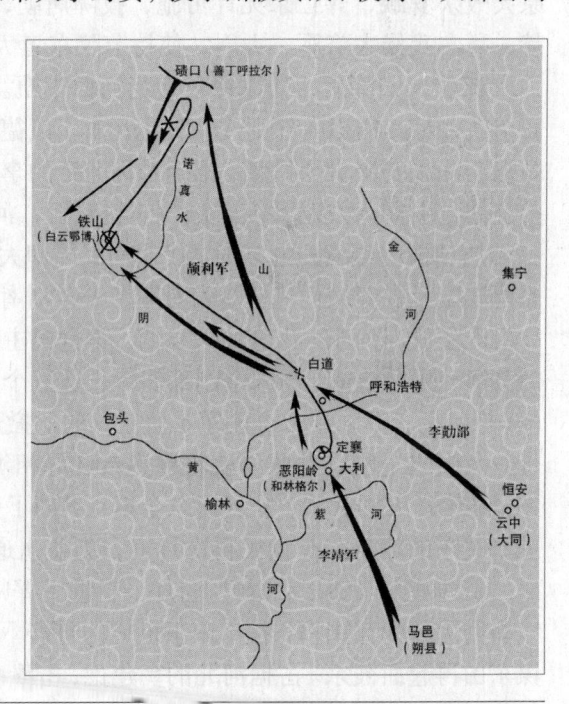

唐攻东突厥之战

唐朝建立初期与北方的游牧民族突厥进行了一系列战争。攻打东突厥的时间为贞观三年十一月，唐军在李靖的总节度分配下分六路进击突厥。战争期间，唐朝由开始的安抚和防御转为进攻，加之突厥内部的分裂和内乱，唐朝于公元640年彻底击败东突厥。

祖。立李建成为皇太子，李世民为秦王，李元吉为齐王。太原起兵到唐朝建立，前后仅用一年时间。李世民随父东征西讨，立下汗马功劳。

初具帝王之风

李渊虽然称帝，但天下群雄纷争，并不太平。北方边境，李轨、薛举、梁师都、郭子和、刘武周、高开道，各拥强兵，虎视眈眈。黄河流域，王世充、李密、窦建德、孟海公、徐圆朗，相互征伐，混战不休。江淮之间，杜伏威、李子通、陈稜，还有江南一带，沈法兴、林士弘、萧铣，也是互相兼并，各自为政。李唐天下形势严峻，李渊的计划是，首先巩固关中，然后进军关东，逐步统一全国。

薛举以上邽（今甘肃天水）为都城，雄踞陇右，自称秦帝。李渊攻占长安后，薛举派其子薛仁果率兵进攻扶风，被唐军击退。武德元年（公元618年），薛举亲率大军进攻泾州，唐将刘文静迎战，但因轻敌而战败。薛举乘胜进军，却突然病死军中。其子薛仁果继位。李世民乘机进军，与秦将宗罗睺相持两月有余，终于在薛仁果弹尽粮绝、将士离心之时，于浅水原大败宗罗睺，薛仁果无计可施，投降唐朝，后被处死。李世民战功显赫，拜右武候大将军、太尉，使持节陕东道大行台尚书令。

薛仁果归降后，唐军锋芒直指河西李轨。李渊遣使联络吐谷浑，孤立李轨，对其集团内部则逐一分化瓦解。武德二年（公元619年）五月，唐高祖李渊派安兴贵至姑臧，招抚号称凉帝的李轨。李轨不从，安兴贵与其弟安修仁引胡人发动兵变，颠覆李轨政权，河西五郡并入唐朝版图。

唐朝极力经营西北之时，代北刘武周却大举进攻太原，唐军战败，太原留守李元吉弃城而逃。刘武周部将宋金刚南下攻取河东，关中震骇。唐高祖准备放弃河东，谨守潼关以西。李世民主动请缨，并率兵三万，自龙门渡河，驻军柏壁，与宋金刚部僵持长达五个月，直到武德三年（公元620年）十月，唐军才乘宋金刚军粮匮乏、向北撤退的时机，在吕州、介休一带，大败宋金刚，并收降骁将尉迟恭和寻相等。之后，李世民又挥军北进，终于歼灭刘武周，收复河东全境，巩固了关中朝廷的基础，也扫除了进军关东的障碍。李世民再次拜官，为益州道行台尚书令。

武德三年（公元620年）七月，李世民挥师东进，攻打王世充。隋末以李密为首的瓦岗军，在洛阳王世充的打击下，已经兵败降唐，但又因图谋东山再起而被杀。占据河北的窦建德，击溃由江都北上的宇文化及统率的隋军残部，渡河消灭占据周桥的孟海公。王世充在洛阳自称郑帝，雄踞河南，与河北窦建德相互对峙。因此，唐朝关东地区最大的强敌即为王世充和窦建德。李世民挺进中原，势如破竹，相继收复河南诸多郡县，屯兵北邙山，将王世充围困在洛阳孤城之中。洛阳虽有坚城利器，无奈围困既

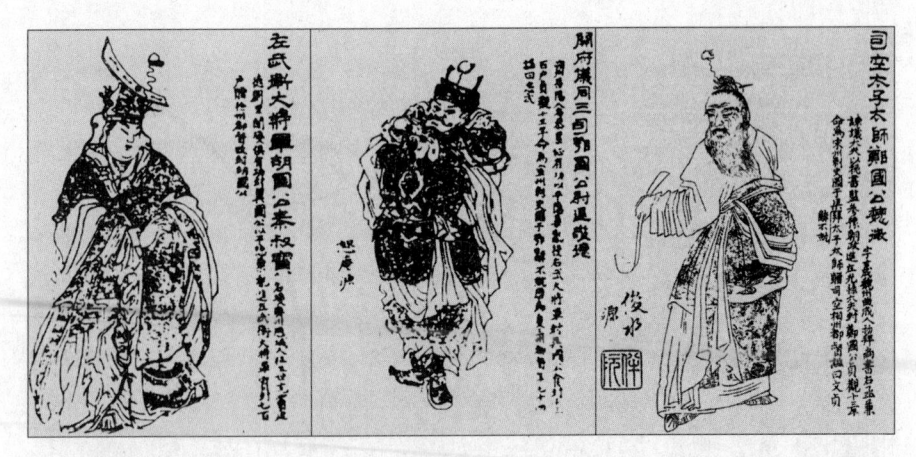

（左）秦叔宝

秦叔宝即秦琼（公元571—638年），齐州历城（今山东济南）人，唐朝开国将领，凌烟阁二十四功臣之一。秦叔宝勇猛剽悍，不仅在唐朝建立时建立了赫赫战功，在宫廷玄武门之变中也起了重要作用。唐太宗时，秦叔宝被授予左武卫大将军，贞观十二年因病去世。

（中）尉迟恭

尉迟恭（公元585—658年），字敬德，朔州鄯阳（今山西朔县）人，唐朝大将，凌烟阁二十四功臣之一。隋大业末，尉迟恭从军于高阳，以武勇称，累授朝散大夫。初为刘武周偏将，唐太宗征讨刘武周时，尉迟恭举城投降，太宗赐以曲宴，引为右一府统军。玄武门之变中曾经助李世民夺取地位，任泾州道行军总管等职。

（右）魏徵

魏徵（公元580—643年），字玄成，巨鹿（今河北巨鹿）人。隋末，魏徵跟随李密一起投降唐朝。唐太宗继位时，为谏议大夫，魏徵常被招入以议为政得失。他生性刚直，敢于直谏，建议多被采纳。唐太宗十分重视魏徵，将其比喻成可以使自己明晓得失的一面镜子。

久，粮草短缺。王世充数次派人向窦建德求援。窦建德起初存心观望，企图坐收渔人之利。但后来见洛阳接连告急，才意识到王世充灭亡，自己也难逃厄运，因此在武德四年（公元621年）三月，乘战胜孟海公的余威，率兵援救洛阳。李世民果敢应敌，围城打援，亲率精锐，往驰虎牢，据险御敌。因虎牢之险，窦建德不得进军，屯留累月，军心懈怠，被唐军所败，窦建德被俘。王世充见大势已去，被迫投降唐军。李世民一举消灭河南、河北两大劲敌，统一关东，指日可待。李世民自此威望日隆，虎牢战后，同年四月，唐军凯旋，李世民身披金甲，铁骑一万，兵士三万，前后鼓吹，献俘虏于太庙。唐高祖以为占往今来所有官职都不足以彰显李世民的特殊功勋，因此给李世民加号天策上将，领司徒、陕东道大行台尚书令，位在王公上。此时，李世民位极人臣，盖世无双，甚至太子李建成都稍有逊色。

李世民在河北初次战败刘黑闼后，回师长安，开始锐意经籍，开文学馆，以行台司勋郎中杜如晦等18人为学士，激扬学问，经纶天下。李世民文治、武功兼备，初具帝王之风。

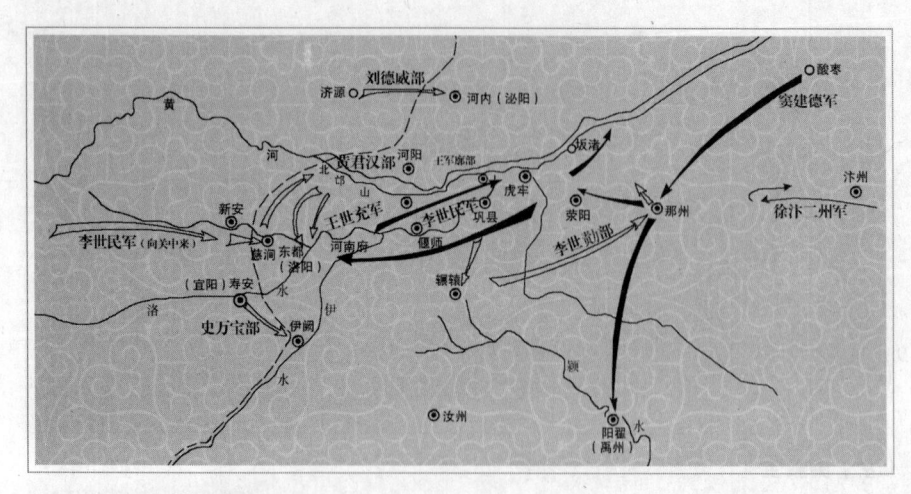

洛阳、虎牢之战示意图

洛阳、虎牢之战是唐朝武德三年（公元620年）七月至四年五月，秦王李世民率军在洛阳、虎牢（今河南荥阳汜水镇西北）各个击破王世充、窦建德军的一次重要作战。图为此次战争的路线示意图。

  窦建德被杀后，唐廷追杀其旧部，下令征召窦建德故将范愿、董康买等赴长安，范愿等畏惧杀身之祸，共同推举刘黑闼为首领，起兵漳南，各地纷起响应。不出半年，就恢复了窦建德故地。刘黑闼自称汉东王，都于洺州，窦建德时的官吏，半数官复原职。武德五年（公元622年）初，李世民再次出兵，打败刘黑闼，使其逃奔突厥。李世民虽然战胜，但是河北人心不服，两个月后，刘黑闼在突厥骑兵掩护下回到河北，其旧部曹湛、董康买等依然拥护刘黑闼，山东豪杰也多杀长吏响应刘黑闼。不出半月，刘黑闼又完全占领故地，并拥兵南下，相州以北望风降服。唐高祖没有再派李世民出战，而是派太子李建成前去攻打刘黑闼，对俘虏宽大处理，以安定人心。刘黑闼败退途中，被部将诸葛德威所执，押送洺州杀害。

  河北平定，其余地区势力相对弱小。江淮之间，杜伏威打败李子通、陈稜，实现统一，后于武德二年（公元619年）归降。长江中游，萧铣占据江陵，自称梁帝。早在唐高祖攻克长安时，就派光禄大夫李孝恭招慰山南，击破朱粲。巴蜀归降，拜李孝恭为信州（旋改夔州）都督。大治舟舰，训练水师，积极备战。武德四年（公元621年）九月，又以李孝恭为荆湖道总管，统水陆十二军，进攻萧铣。萧铣部将文士弘战败，萧铣出降，唐军一举平定荆湖地区。而杜伏威入朝时，留辅公祏据守淮南。武德六年（公元623年），辅公祏谎称杜伏威不得还江南，命他起兵反唐，在丹阳称帝。唐高祖命赵郡王李孝恭进讨，武德七年（公元624年）三月，辅公祏败死，江南全部平定。同年，高开道被部将张金树所杀，张金树以其地投降唐朝。唐高祖又命徐世勣(李勣)讨平徐圆朗。至此，隋末分裂混战的局面基本结束，除割据朔方的梁师都以外，唐朝重新实现了全国统一。

兄弟争帝　玄武政变

从太原起兵到建立唐朝再到统一全国,太子李建成与秦王李世民,均曾立下汗马功劳,由于二人均能开府纳士,手下都聚集了一大批谋士能臣,双方势均力敌,渐起冲突。李建成为人宽厚,颇有才干,辅助唐高祖处理政务,稳定后方;李世民才艺不凡,领兵出征,战功卓著,威望日增。在皇位继承上,太子李建成名正言顺,齐王李元吉向来支持李建成,唐高祖也倾向于支持李建成。但是,李世民长期征战,实力不断增强,最终使帝位之争进入白热化阶段。

早在武德二年(公元619年),太子詹事李纲就曾规劝李建成,不宜听受邪言,妄生猜忌,劝他不要对李世民猜疑过重。可见至少此时,李建成与李世民已经存在矛盾。李世民削平关东以后,二人矛盾加深。刘黑闼二次起兵,太子中允王珪、太子洗马魏徵提醒李建成,秦王威震四海,人心所向,太子将无以自安,建议他去讨伐刘黑闼,以图立功,并交结山东豪杰。后来李建成果然出兵河北,代替李世民。再后来,李建成又私自招募骁勇二千余人,屯守东宫左右长林门,号称"长林兵"。李建成还拉拢后宫妃嫔,尤其是唐高祖宠妃张婕妤和尹德妃,让她们吹捧自己,诋毁秦王。此外,李建成联合李元吉多次策划谋害李世民。而李世民因有大功于唐朝,不服居太子之下,因此,聚结一大批才能出众的文官武将,并在外蓄养勇士八百余人。双方争取的对象十分相似,李世民也重视拉拢后宫,他曾因赏赐李神通田庄事,得罪张婕妤,后因此遍见诸妃,施以贿赂。其妻长孙氏也曾在唐高祖和妃嫔之间,尽力为李世民美言,以争取后宫的支持,但收效不如李建成。

武德六年(公元623年)以后,由于兄弟斗争不断,此消彼长。此间,朝中大臣互相倾轧,势成两派。裴寂、王珪、魏徵、薛万彻士及等保持中立。李世民深感自己不为兄弟所容,有功高不赏之惧,因此希望尽快了断。武德七年(公元624年)六月,唐高祖去仁智宫避暑,李建成乘机派庆州总管杨文干募集健儿,送往京城,企图发动政变。不料事情被揭发,唐高祖大怒,召李建成责问,派李世民征讨举兵反叛的杨文干,并许诺班师后废李建成为蜀王,立李世民为太子。李世民很快平定杨文干,但唐高祖却在李元吉、诸妃嫔以及封德彝的请求劝说下,改变主意,仍然派李建成回京踞守，以兄弟不和为名，归罪于东宫和秦府的臣僚王珪、韦挺和杜淹，流放了事。后来，李建成又夜间召见李世民，用毒酒加害，李世民心痛吐血，唐高祖见兄弟二人无法相和，同在京城，必有争斗，就让李世民回归行台，居于洛阳，关东之地，都由李世民做主。李建成、李元吉认为放走李世民，于己不利，便暗中阻挠，一面派人上书谏止，一面派人直接对唐高祖言明利害，唐高祖轻言善变，再次改变主意。

与此同时，李建成加紧步伐，对李世民的党羽，或直接翦除，或进行收买。房玄龄、杜如晦因进谗言被逐出秦府，尉迟恭、段志玄成为收买对象，但没能成功。李建成私下派人送信给尉迟恭，并送去一车金银。尉迟恭金银原封不动地退还。李建成遭到拒绝，非常气愤。当天夜里，李元吉派刺客行刺尉迟恭，尉迟恭早就料到李建成不会放过他，夜里故意将门户大开。刺客溜进院子，隔窗偷看，见尉恭斜靠在床上，身边放着长矛。刺客早知尉迟恭英名，又怕他早有防备，不敢动手，偷偷溜回。此后，长孙无忌、尉迟恭日夜劝说李世民尽早诛杀李建成、李元吉，李世民也在等待时机。恰逢其时，突厥入寇，李建成推荐李元吉代替李世民督军北征，李元吉又表请尉迟恭、程知节、段志玄以及秦府三统军秦叔宝等随军同行，并检阅秦王手下精锐士兵充实李元吉军队。李世民经由部下告密，得知李建成将要乘为李元吉饯行之时暗害自己，并坑杀尉迟恭等人。在此千钧一发之际，李世民与房玄龄等密谋，决定发动政变。李世民向唐高祖密奏李建成、李元吉淫乱后宫，并说二人想要杀害自己，如果枉死，耻于见地下王世充、窦建德。高祖异常惊讶，决定次日早朝当面勘问，让李世民也要参加。武德九年（公元626年）六月四日，李世民率领长孙无忌、尉迟恭等人，在宫城北门玄武门内设下埋伏，等李建成、李元吉到达玄武门边，觉察周围气氛反常，心中起疑，拨转马头，准备返回。李世民从玄武门内骑马赶出，高喊："殿下，别走！"李元吉转身拿起弓箭，想

"玄武门之变"

"玄武门之变"是一场争夺权力的战争。武德九年（626年），秦王李世民发动政变，杀死太子李建成等人，史称"玄武门之变"。当时参与玄武门之变的有长孙无忌、秦叔宝、尉迟恭、房玄龄、程咬金、段志玄、张公谨等人。高祖李渊被迫立李世民为皇太子，不久就自称太上皇，让出了帝位，唐太宗由此开创"贞观之治"。

要射杀李世民，但一时慌乱，却连弓弦都拉不开。李世民眼疾手快，一箭将李建成射死。随后，尉迟恭带领70名骑兵一起冲出，将李元吉也射下马来。东宫和齐王府将士听说玄武门兵变，全部出动，猛攻秦王府。李世民一面指挥将士抵抗，一面派尉迟恭进宫护驾。

李建成、李元吉被杀之时，唐高祖正泛舟海池，尉迟恭戎装进见。唐高祖大惊，问其来由。尉迟恭明言秦王以太子、齐王作乱，举兵诛之，唯恐惊动皇帝，派他前来宿卫。裴寂、陈叔达、萧瑀等趁机进言，秦王功高宇宙，率土归心，劝唐高祖将国事托于秦王。唐高祖见事已至此，只好表示同意，下达手令，宣布李建成、李元吉罪状，各府将士一律归秦王指挥，政变平息。6天之后，唐高祖立李世民为皇太子，颁布诏令，军国朝政，事无巨细，都由太子处决，然后奏闻皇帝。同年八月，又正式将皇位传给太子李世民，以太上皇徙居大安宫，不再预闻国事。李世民即皇帝位，是为唐太宗。次年年初，改元贞观。

对于"玄武门之变"，后世褒贬不一，甚至有李世民篡改史书之嫌。对于皇位继承，李世民首开兄弟相残争夺皇位的恶例，造成储君皇太子地位不稳，其后唐高宗即位前围绕皇位继承引发的政局动荡，李世民难逃其咎。对于唐高祖，李世民号称护驾，实为逼宫，其不孝之名无论如何也无法抹去。之后，唐高祖虽禅位于李世民，但父子关系并不和睦。虽然史书记载，贞观年间未央宫宴会，李世民命突厥颉利可汗起舞，南越酋长冯智戴咏诗，李世民向唐高祖祝寿，貌似其乐融融。但是，李世民去夏宫避暑时，唐高祖却留在长安饱受暑热煎熬。后来，李世民邀请唐高祖同去避暑，唐高祖予以谢绝。李世民又在宫城东北面建造大明宫，作为唐高祖的避暑离宫，但离宫尚未建成，唐高祖却于贞观九年（公元635年）五月病逝，未能入住。李世民葬唐高祖于献陵，但献陵规模甚小，完全无法与其本人的昭陵相比。而且从李世民开始，唐代皇帝均依山为陵，气势宏大，只有开国高祖李渊，封土衰草，秋风瑟瑟。

贞观之治　大唐盛世

贤官谏臣尽显才

唐太宗李世民虽为政变登基,但在位23年间,励精图治,选贤任能;从谏如流,政治清明;视民如子,社会安定;经济发展,文化繁荣;不分华夷,民族融洽,史称"贞观之治"。

唐太宗首先稳定统治秩序。玄武门之变后,突厥颉利可汗乘唐朝内乱,大举入侵。太宗遣尉迟恭出战,大败突厥。未几,颉利再次入侵,到达渭水便桥,派遣使臣到长安示威。太宗亲率六骑到渭水与颉利隔河相会,指斥颉利背信弃义,颉利无言以对。此时唐朝大军陆续赶到。颉利见唐军军容鼎盛,以为无隙可乘,于是与太宗议和,杀白马,立盟约,随即北归,此即"便桥会盟"。

贞观元年(公元627年),唐太宗论功行赏,房玄龄、杜如晦名列第一,并任宰相,执掌朝政,引起太宗叔父淮安王李神通和骁将尉迟恭的不满。他们自恃战功显赫,资深位高,口出怨言,扰乱庆功秩序,甚至还挥拳打伤前来劝解的任城王李道宗。于是,诸将争功,大吵大闹。对此,唐太宗声色俱厉,历数李神通功过是非,明言绝不因私封赏。又以汉高祖刘邦杀韩信、彭越之事警告尉迟恭,非分之恩,不可兼行。之后,二人表示悔过自新,争功风波得以平息。后来,唐太宗不计前嫌,将原太子李建成的属官王珪和魏徵等人,赦而不罪,委以重任,参掌朝政。

唐太宗善于求贤纳谏。即位之初,他要求右仆射封德彝举荐贤能,而封德彝久无所举,以为天下没有奇才。太宗却认为君子用人如器,各取所长,人才无时不有,关键在于善于发现。而太宗就是善于发现千里马的伯乐。贞观三年(公元629年),太宗对房玄龄、杜如晦强调广求贤人,随时授任,举用贤才是宰相之职。同年夏天,久旱不雨,太宗下诏求言,中郎将常何条陈二十余事,深切时宜。太宗备加赞赏,但常何身为武将,便仔细询问奏章来历,得知出自常何门客马周之手。太宗立即召见马周,留置门下省供事,后官至中书令。以此足见太宗用人,求贤若渴,不问亲疏,不论贵贱,不分畛域,一视同仁。所以,出身寒素的马周、戴胄、杜正伦、张玄素、刘洎、岑文本、崔仁师,来自敌方的屈突通、尉迟敬德、李勣、秦叔宝、程知节，出身贵族的萧瑀、陈叔达，还有曾有怨仇的魏征、王珪、韦挺，都聚集在太宗朝廷，可谓贤良毕至，人才济济。

唐太宗用人明达，深刻了解群臣优缺长短，以人尽其才。贞观四年（公元630年），群臣宴饮，宰相在座，太宗让善于品人的王珪品评宰相，王珪以为"孜孜奉国，知无不为，臣不如玄龄；才兼文武，出将入相，臣不如李靖；敷奏详明，出纳惟允，臣不如温彦博；处繁治剧，众务毕举，臣不如戴胄；耻君不及尧、舜，以谏争为己任，臣不如魏徵；至于激浊扬清，嫉恶好善，臣于数子，亦有微长"，太宗深以为然，群臣也为之折服。贞观十八年（公元644年），太宗评论长孙无忌、高士廉等人，"长孙无忌善避嫌疑，应物敏速，决断事理，古人不过；而总兵攻战，非其所长。高士廉涉猎古今，必术明达，临难不改节，当官无朋党；所乏者骨鲠规谏耳。唐俭言辞辩捷，善和解人；事朕三十年，遂无言及于献替。杨师道性行纯和，自无愆违；而情实怯懦，缓急不可得力。岑文本性质敦厚，文章华赡；而持论恒据经远，自当不负于物。刘洎性最坚贞，有利益；然其意尚然诺，私于朋友。马周见事敏速，性甚贞正，论量人物，直道而言，朕比任使，多能称意。褚遂良学问稍长，性亦坚正，每写忠诚，亲附于朕，譬如飞鸟依人，人自怜之"。同年，太宗还与侍臣论及右卫大将军薛万彻，认为当今名将，只有李勣、李道宗、薛万彻三人，李勣、李道宗不能大胜，亦不大败，而薛万彻非大胜则大败。可见，太宗对文臣武将都能一针见血地发现优点，为己所用。

唐太宗以隋炀帝拒谏饰非为鉴，虚怀博纳，臣下魏徵、刘洎、岑文本、马周、褚遂良等人，经常面折廷诤，提出不少中肯的意见和批评，帮助皇帝能够较好地实行"君道"，避免和纠正了很多错误。太宗把忠臣比做明镜，鼓励臣下积极进谏，涌现众多有名的谏臣，其中以魏徵最为突出。太宗与魏徵的君臣故事，传为千古佳话。贞观二年（公元628年），太宗问魏徵，人主何为而明，何为而暗。魏徵例举尧、舜之所以明，在于

撤殿营居

魏征敢于进谏，为唐太宗所重用。唐太宗曾把魏征比喻成明镜，认为魏征就像镜子一样可以指出自己的为政不足。图中为唐太宗关心魏征，得知其私宅没有厅堂，主动为其修建厅堂的故事。

通达下情，秦二世、隋炀帝之所以暗，在于偏信谗佞，因此"兼听则明，偏信则暗"。贞观十年（公元636年），太宗又问侍臣，帝王之业，草创与守成孰难。房玄龄认为："天地草昧，群雄竞起，攻破乃降，战胜乃克。由此言之，草创为难。"而魏徵则认为："帝王之起，必承衰乱，覆彼昏狡，百姓乐推，四海归命，天授人与，乃不为难。然既得之后，志趣骄逸，百姓欲静而徭役不休，百姓凋残而侈务不息，国之衰弊，恒由此起。以斯而言，守成则难。"太宗择善而从，"玄龄昔从我定天下，备尝艰苦，出万死而遇一生，所以见草创之难也。魏徵与我安天下，虑生骄逸之端，必践危亡之地，所以见守成之难也。今草创之难既已往矣，守成之难者，当思与公等慎之"。可见，太宗在与魏徵等人互相谈论治世之道时，不断扶正错误决策，使得统治趋于完善。

宰相封德彝鉴于有些折冲府兵源不足，向唐太宗建议在不到参军年龄的中男中挑选体格健壮者简点入军。唐太宗当即表示同意，并令中书省起草诏令，送门下省审议后，交尚书省执行。但当这一诏令送至门下省时，专门负责审议诏令的门下给事中魏徵却拒不同意，中间虽经多次交涉，均未成功。最后，封德彝只得向唐太宗如实汇报。太宗听罢大怒，立即派人召来魏徵，严加责问。魏徵劝太宗不要竭泽而渔，不要焚林而猎，如将中男简点入军，他们原来承担的租赋杂徭❶，将无从供应。而且兵不在多，重在训练，如果训练得法，可以以一当百。如果失信于民，将重蹈隋亡之覆辙。唐太宗诚恳接受，下令停止简点中男，并赏赐魏徵金瓮一口。

深化三省六部制

唐初政治制度沿用隋朝，略有改革。朝廷设中书、门下、尚书三省，因为李世民曾任尚书令，故太宗时期群臣避不敢居，以左、右仆射为尚书省长官，与中书令、侍中号为宰相，共议国政。此外，太宗还以参议朝政、参知政事、同中书门下三品、同中书门下平章事等名义，将职位较低但有才能的官员吸纳入宰相团体。宰相人数增多，互相制约，既能避免专权，又能进用贤才。三省各有分工，中书草拟诏令，门下负责封驳，尚书具体执行。太宗严格要求三省长官，凡军国大事，先由中书舍人各抒己见，并且署名，称为"五花判事"。诏令草成之后，经

---

❶ 两税法之前实行的赋役制度，建立在均田制的基础上，于唐代发展成熟。唐代初期，经过数百年的大动荡，人口锐减，土地荒芜，唐王朝为了恢复农业生产，采行前代曾实行过的均田制。对每一男丁予以授田，又在授田的基础上实施租庸调法，以人丁为本，规定每丁每年向国家输粟为租；输绢为调；服役为庸。如果政府额外加役，十五天免调，三十天租调皆免，正役和加役总数最多不能超过五十天。赋役令还规定了在天灾情况下减免税收的政策。唐初自耕农大量存在，租庸调得到了较好的实施，但是，到了唐代中期，土地兼并日益严重，均田制遭到了根本性的破坏，建立在均田制基础上的租庸调自然也无法继续实施，终于为两税法所取代。

中书侍郎、中书令审查，再送交门下省，交由给事中、黄门侍郎驳正。复奏之后，然后施行。政令出自群手，可以避免不良政策出台，所以才有上文魏征批驳封德彝奏章之事。

唐初地方行政分州、县二级，州设刺史，县设县令。对于直接关系生民休戚的地方官吏，唐太宗异常慎重，经常将都督、刺史姓名写在屏风之上，将各人治绩，列于名下，以便考察。马周建议，不可独重内臣，轻视刺史、县令，于是太宗让五品以上京官各推举一名县令人选，自己亲自简择，此举大大提升了地方官素质。太宗还经常派使者巡视各地，考察官吏，劝课农桑。贞观年间，各地循吏辈出，如《新唐书·循吏传》所载，邓州刺史陈君宾"储仓充羡"，通、巴二州刺史李桐客"治尚清平"，沧州刺史薛大鼎、瀛州刺史郑德本、冀州刺史贾敦颐"皆有治名"，地方吏治清明，出现了"法平政成"的局面。

隋末苛法滥刑，民不聊生，唐初一改其旧，制定"武德律"，删减隋"开皇律"中苛酷烦琐的条文。贞观元年（公元627年），唐太宗又命长孙无忌、房玄龄等，以宽平为原则，对"武德律"重新删定。贞观十一年（公元637年）新律修成，定律五百条，比隋代旧律，减大辟者九十二条，减流入徒者七十一条，削烦去蠹，变重为轻，成为唐律定本。法网宽平，是"贞观之治"的重要基础。史籍记载，贞观四年（公元630年），被判死刑者只有二十九人。社会安定，人口增加，安居乐业，物产富足，一派太平景象。

武皇帝重文治

唐太宗认为儒家之道"可以正君臣、明贵贱、美教化、移风俗"（《旧唐书·儒学传》），所以尊崇儒学，贞观二年（公元628年），以孔子为先圣，置庙祭祀。此外，大力兴办学校，建立以国子监为首的京师学，下隶国子学、太学、四门学、书学、算学、律学，增建校舍，收教各级官宦子弟。另设弘文馆和崇文馆，专门供皇族及高官子弟入读，一时文教之风大盛，甚至四夷君长都遣子弟来长安学习。京师之外，还在地方设府学、州学、县学，以州学和县学为主。为平抑门第，选拔更多人才，太宗还命高士廉重修《士族志》，以"立功、立德、立言"为标准，重新评估士族，无功德者一律除名。在此基础上，承袭隋代科举，延揽人才。

太宗崇儒的直接后果是重视儒学典籍，下令搜求民间遗书。隋末，洛阳的隋代藏书运往长安，途中沉于黄河，只剩余一万四千部，约九万卷。而唐太宗成立弘文馆，但馆藏就达二十多万卷，足见搜求之勤劳。此外，太宗认为经籍流传久远，文字讹谬颇多，贞观四年（公元630年），命颜师古于秘书省考定五经。颜师古为名儒颜之推子孙，少传家业，长于训诂、音韵、校勘之学，据晋、宋以来经籍古本，悉心校正，完成《易》、《书》、《诗》、《春秋》、《礼记》的五经定本，并于贞观七年（公元633年）颁行全国。不久，太宗又以儒家师说多门，章句繁杂，命国子祭酒孙颖达撰定五经义疏，贞观十六年（公元642年）完成，定名《五经正义》。书成之后，由于博士马嘉运提出许多批评意见，直到唐高宗永徽四年（公元653年），才最终裁定，明令颁行。《五经正义》不但统一经学思想，还为唐代科举提供范本，影响深远。

唐太宗非常重视以史为鉴，贞观三年（公元629年），立国史馆，由令狐德棻、岑文本修《周书》，李百药修《齐书》，姚思廉修《梁书》、《陈书》，魏徵、颜师古、孔颖达修《隋书》，以房玄龄、魏徵为总监，于中书省置秘书内省以司其事。贞观十年（公元636年），齐、周、梁、陈、隋五代纪传修成。贞观十五年（公元641年），太宗又命于志宁、李淳风、令狐德棻等纂修《五代史志》，历时15年，编入《隋书》。贞观二十年（公元646年），太宗又下诏重修《晋书》，先后由房玄龄、褚遂良、许敬宗监修，令狐德棻、李淳风、李延寿等18人参加编纂。以上六史均为官修史书，外加李延寿私修《南史》、《北史》，统称唐初"八史"。设馆修史，以示唐朝正统，鉴古知今，正可应太宗所言"以古为镜，可以知兴替"。

太宗除为前代修史之外，还在撰修国史。贞观三年（公元629年）闰十二月，在禁中别置史馆，专掌国史。自古左史记言、右史记行，但君王不得观本国史，以求秉笔直书，昭示后人。但是，贞观十七年（公元643年），太宗却提出要观看国史，要求房玄龄进呈。先前，姚思廉粗成国史三十卷，以后续有修撰。或许太宗因玄武门兵变，有悖伦常，不愿后人以此相诟病，房玄龄与许敬宗迫不得已，将国史删为高祖、今上实录，进献太宗，此间有无篡改，如何篡改，不得而知，只能透过史籍记载的蛛丝马迹，推断当年情形。

弘文开馆

　　唐太宗重视文化，在正殿旁设置弘文馆，馆内收藏了大量经史子集，并常与挑选入馆的天下学士一起探讨治国之道。

前所未有的大一统

贞观初期，北部突厥与西部吐谷浑，时刻威胁唐朝边境安全，尤其是突厥，侵扰尤其严重。唐高祖太原起兵时，为向突厥借兵，获取突厥支持，曾向突厥称臣。太宗即位后，经"便桥会盟"，着力加强军事训练，每天引数百人在显德殿前教习射箭，太宗亲自临试，对射中之人赏赐弓刀、布帛，士兵人人勇猛，号称精锐。太宗又整顿府兵制度，提高战斗力，改天下军府为折冲府，增强关中军事实力，举关中之众以临四方，以图克敌制胜。

正当唐太宗积极备战反击突厥时，突厥汗国内部发生冲突，颉利可汗诛杀忠良，部族内战。太宗见出兵机会已到，于贞观三年（公元629年）十一月，以兵部尚书李靖为襄州道行军总管，行并州都督李勣为通汉道行军总管，华州刺史柴绍为金河道行军总管，灵州大都督薛万彻为畅武道行军总管，统军十余万，分道出击突厥。贞观四年（公元630年）三月，李靖自马邑出恶阳岭，大破颉利于定襄。颉利北逃，途径白道，被李勣伏兵所败。颉利可汗被俘，东突厥灭亡。唐朝版图扩大到今天贝加尔湖以北，原属突厥的部落或北附薛延陀，或西奔西域，其余投降唐朝，有十多万人❶。唐太宗召集朝臣，商议如何处理突厥降众。大多数朝臣认为，北方游牧民族自古以来就是中原地区的严重边患，今有幸将其灭亡，应该将他们全部迁到

❶ 唐代在周边少数民族部落设置了带有自治性质的地方行政机构——羁縻府州。中央任命有最高行政机构都护府监领这一地区，但该地区的实际领导人还是由少数民族首领充任，朝廷给予刺史或都督的名头，并允许世袭其职。羁縻府州户籍不上报户部，也不承担赋税，财政上有较大的自主权。宋代在西南部分地区也因袭此制。明代在边境部分地区设置羁縻卫所，性质与唐宋羁縻府州相似。在羁縻体制下，中央帝国对少数民族采取笼络政策和宽松的管理方针，有利于民族融合。

黄河以南的内地居住，打乱他们原来的部落组织和结构，分散杂居在各个州县，引导他们耕种纺织。这样，就可以使原来桀骜不驯的游牧民族变成易于制服的内地居民，使塞北之地永远空虚。还有人提出，少数民族弱则请服，强则叛乱，向来如此。应该将他们驱赶到莽莽草原之上，不可留居内地，以绝心腹之患。只有中书令温彦博力排众议，主张将突厥降众迁居到水草丰美的河套地区居住，保全他们的原有部落，顺从他们的生活习俗，这样既可以充实空虚之地，又可以借以加强北方边防，突厥在困顿之时归降，天子应予以妥善安置。唐太宗赞成温彦博的建议，认为"自古皆贵中华，贱夷狄，朕独爱之如一，故其种族皆依朕如父母"，于是，在河套地区设立定襄和云中两个都督府，安置降众，不仅消除了北方边患，也缓和了民族矛盾。此外，对于愿意归附的各级酋长，封拜为将军、中郎

将,布列朝廷,五品以上的少数族官员达一百多人,几乎占全部朝臣的一半,相继迁入长安居住的将近万家。唐太宗有胡族血统,胸襟博大,不歧视周边少数民族,很快得到北方各族的拥护和爱戴,他们纷纷将唐太宗尊为"天可汗",敬若神明。唐太宗一扫隋末突厥侵扰中原以及唐高祖李渊向突厥卑躬借兵的被动局面,威服海内,万众归心。

突厥之后,就是吐谷浑。唐朝初年,吐谷浑虽一度与唐通好,但多次侵扰兰州、凉州等地,阻碍唐与西域交通。消灭东突厥之后,唐太宗先后多次用兵吐谷浑。贞观九年(公元635年),吐谷浑寇边,太宗命李靖为西海道行军大总管,统率侯君集、李道宗、李大亮诸军,大举出击。李道宗在库山击溃吐谷浑精锐,吐谷浑王伏允逃入沙漠,唐军不畏千里沙海、高寒缺水,深入追击,其中侯君集竟然率军抵达柏海。伏允逃窜途中被部下所杀,其子慕容顺投降唐朝。唐军胜利凯旋,彻底解除吐谷浑对河西走廊的威胁。

平定吐谷浑后,唐太宗继续经营西域,用兵高昌。高昌地处天山南北道路要冲,依附西突厥,阻绝西域诸国与唐朝通商,并侵扰唐朝伊州。贞观十三年(公元639年)冬,太宗命交河道行军大总管、吏部尚书侯君集率兵数万,讨伐高昌。次年八月,唐军越过千里戈壁,抵达高昌,击破田地城,包围高昌都城交河。高昌王麹文泰病死,其子麹智盛继位,寡不敌众,被迫投降。唐军占据高昌三州五县二十二城,太宗以其地为西州,置安西都护府,命郭孝恪为安西都护、西州刺史。从此,西域各国皆到长安朝贡。

贞观十八年(公元644年),焉耆勾结突厥,与唐为敌。郭孝恪奏请太宗,亲自率兵平定焉耆。贞观二十一年(公元647年),太宗又以阿史那社尔为昆丘道行军大总管,与契苾何力、郭孝恪等,率领十万大军进攻龟兹。次年冬,唐军攻破

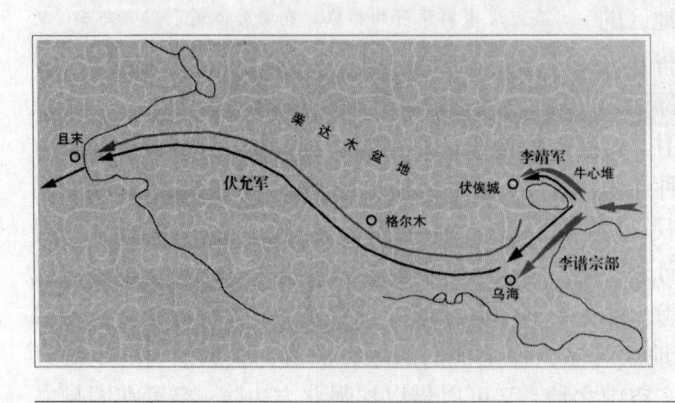

李靖攻吐谷浑示意图

吐谷浑是古代西北的一只民族,唐初以来就不断进攻袭击唐朝边境。唐贞观九年(公元635年),唐西海道行军大总管李靖统率诸军于青海(今青海湖)西南及以西广大地区,进行远程歼灭吐谷浑的作战。李靖以分进合击,深入沙漠无人区,一鼓作气平定了吐谷浑,打通西域交通,保障了唐朝边境的安全。

龟兹都城，龟兹王布失毕逃往拨换城，唐军围攻40天，终于攻破，生擒布失毕，平定龟兹。至此，唐朝彻底实现了西域统一，太宗设置龟兹、焉耆、于阗、疏勒四镇，并将安西都护府从高昌移到龟兹，牢固控制广大西部边疆，极大地促进了中原地区与西域的交往。

对于外族，除了军事对抗，还有和亲政策。对于吐蕃，就是如此。贞观八年（公元634年），仰慕汉族文化的吐蕃君主松赞干布遣使入贡，后又多次奉表求婚❶。

贞观十五年（公元641年）正月，太宗答应将宗女文成公主嫁给松赞干布，并派礼部尚书、江夏王李道宗护送公主前往吐蕃，随行

> ❶ 贞观八年（公元634年），吐蕃的赞普松赞干布遣使于唐，请求通婚。唐太宗决定把宗室女文成公主嫁给他。十五年，江夏王李道宗送文成公主赴吐蕃，松赞干布亲迎于河源（今青海兴海东南），并在吐蕃为公主修建了唐式宫室。文成公主带去了第一批入藏的汉人，大批的书籍、手工业技术亦随之传入吐蕃。吐蕃也派遣了贵族子弟至长安学习诗书，渐濡华风。唐人诗有"自从贵主和亲后，一半胡风似汉家"语，可证文成公主入藏是汉藏两族友好交往的开始，具有重大的历史意义。

携带大量金银、绸帛、珠宝，还有农业技术、手工业品、菜种蚕种、药物典籍以及工匠乐队。松赞干布闻讯大喜，亲自从首都逻些（今西藏拉萨）来到河源（今青海鄂陵湖西），以子婿之礼接见李道宗。从此，吐蕃和唐朝结为甥舅关系，相互学习，友好相处，开汉藏友好交往之先河。

东北边疆，高丽长期占据辽东，阻挠新罗、百济与唐通使，而且不时侵犯辽西，烧杀抢掠。贞观十九年（公元645年），唐太宗以高丽执政泉盖苏文弑君虐民为由，亲率六军，从洛阳北进，征讨高丽。以刑部尚书张亮为平壤道行军大总管，率水军四万，分乘战舰五百艘，从莱州渡海前往平壤。又以太子詹事、左卫率李勣为辽东道行军大总管，率步骑六万，赶赴辽东。次年，李勣攻下盖牟城，进攻辽东城。张亮占据卑沙城，水军停泊鸭绿江上。唐太宗亲率大军，到辽东前线督战。唐军攻破辽东城，进军安市，延寿、惠真投降。但安市守卫甚严，久攻不下。而此时天气转冷，草枯水冻，粮草不继，太宗只得下令班师。

唐朝大军征讨辽东之时，西北空虚，漠北薛延陀乘机侵入河套。贞观二十年（公元646年），唐太宗派江夏王李道宗等分兵数路，进击薛延陀。薛延陀被灭，所属诸部投降唐朝。次年，太宗于特勒诸部设置六府一州，以各部酋长为都督、刺史。在西受降城东南大单于台设立燕然都护府，统领新置府、州。还根据各部酋长请求，在回纥以南、突厥以北，开辟一条"参天可汗道"，置六十八驿，供应来往使者食宿。至此，唐朝势力到达广大的漠北，唐太宗身为"天可汗"，四海归服，如日中天。

值得关注的是长孙皇后，她出身贵族，从小受到良好的家教，精通诗文，也聪明贤惠，是母仪天下的典范。长孙皇后最重要的贡献是防止外

戚专权，哥哥长孙无忌本来就和唐太宗有布衣之交，后来一直跟随左右，玄武门之变中又是功臣。所以唐太宗对他最为倚重。但长孙皇后却总是要求唐太宗降低哥哥的官职，以免再出现汉朝吕氏和霍氏专权的局面。她还让哥哥亲自向唐太宗要求降职，到临终时还对唐太宗说要防范外戚专权。她多次向唐太宗表明心迹："妾既托身紫宫，尊贵已极，实不愿兄弟子女布列朝廷，汉之吕、霍，可为切骨之戒。"认识得相当深刻，外戚专权不但祸乱朝政，也会殃及家族，长孙皇后确实是有远见的。对于后宫的嫔妃们，长孙皇后非常体贴，有的嫔妃病了，她不惜停下自己的用药去资助她们，所以她在后宫里威信极高。后宫的稳定也为唐太宗理政创造了良好的条件，不仅如此，在唐太宗发怒要惩罚因为进谏而冒犯他的魏徵时，长孙皇后还极力规劝，而不是火上浇油，终于使唐太宗醒悟过来。长孙皇后对贞观之治❶的贡献应该充分肯定。此外，长孙皇后提倡薄葬，临终要求不可厚葬，浪费钱财，依山而葬即可，不用起坟。死时年仅36岁，葬于昭陵。

❶ 贞观是唐太宗李世民的年号，公元627年正月至649年十二月，在这期间，唐太宗总结隋亡的经验教训，居安思危，任用贤良，虚怀纳谏，实行轻徭薄赋、疏缓刑罚的政策，并且进行了一系列政治、军事改革，出现了社会安定、生产发展的升平景象，史称"贞观之治"。同时，对外击溃了东、西突厥，建立起疆域辽阔的大帝国，国力强盛，唐太宗也被周边的少数民族领袖尊称为"天可汗"。贞观之治是中国封建时代最著名的"治世"。

宫廷纷争　盛世渐颓

贤君渐奢侈

贞观前期，唐太宗兢兢业业、谦虚谨慎，以致国泰民安，志得意满。贞观后期，太宗开始骄傲自满，逐渐走向奢靡，身为九五之尊，时有浪掷民财，且纳谏、用人、执法均不如前。贞观十一年（公元637年），魏徵上疏，指出太宗纳谏不如从前，"贞观之处，侧身励行，谦以受物。盖闻善必改，时有小过，引纳忠规，每听直言，喜行颜色"，顷年则"高谈疾邪，而喜闻顺旨之说，空论忠谠，而不悦逆耳之言"。魏徵继续指出，太宗用法亦不如从前，"贞观之初，志存公道，人有所犯，一一于法"，而"顷年以来，意渐深刻，虽开三面之网，而察见渊中之鱼，取舍在于爱憎，轻重由乎喜怒"。（《贞观政要》）魏徵所言并非空穴来风，同年，马周也上疏太宗，指出贞观初年，率土霜俭，人人自安，而五六年间，徭役繁重，民有怨言。徭役加重的最大原因是太宗大兴宫殿。贞观八年（公元634年），太宗不顾群臣反对，在修复洛阳宫之后，接连在洛阳修飞山宫，在汝州修襄城宫，在长安修翠微宫，在宜君修玉华宫，大兴土木，劳民伤财。魏徵、马周进谏后，太宗并未收敛，一仍其旧。

贞观十三年（公元639年），魏徵见唐太宗有奢侈放纵的倾向，再次上疏进谏，指出太宗近年所为与贞观初期相去甚远，并逐条比较：始则体恤人民，近则轻用民力；始则亲君子疏小人，近则昵小人疏君子；始则不事畋游，近则畋游无度；始则谦虚若不足，近则恃功骄矜；始则遇灾荒而民不逃怨，近则百姓疲于徭役而生怨心。忠言逆耳，无不切中时弊。太宗虽未见起色，但还是对魏徵大为褒奖，维持贞观治世之象。

贞观十七年（公元643年）魏徵病逝时，太宗痛哭流涕，感慨万千："人以铜为镜，可以正衣冠；以古为镜，可以知兴替；以人为镜，可以知得失。朕常保此三镜，以防己过。今魏徵殂逝，遂亡一镜矣。"足见伤及肺腑，感怀至深。

魏徵去世后，太宗感伤之余，愈加腐化。后因侯君集造反，大开杀戒，处死刘洎、张亮。此外，太宗强行观看本朝国史，或许有心不自安之兆。贞观十九年（公元645年），又开始征讨高丽，大量征发江南、剑南民工造船,不但役使民力,还征收"船庸",造成民力不支,粮价飞涨,以致剑南三州僚人反抗。"贞观之治"未能善终,至此已经初步显现出治世的没落。

如果说外界的变动唐太宗浑然不觉的话,最让他伤心的莫过于自己二十多年前兄弟残杀争夺皇位的废立太子之争又要重演。

争权惨剧频上演

唐太宗有14个儿子。按惯例,立太子以长,余为王,这是李唐"家天下"的基础。可是非嫡长子立为太子的也代不乏人,李世民自己便非长子。因此,皇帝所有的儿子总是处于一种极为特殊的地位。结果绝大多数不成器,下场非常可悲。长孙皇后生恒山王李承乾、濮王李泰、高宗李治,杨妃生吴王李恪、蜀王李愔,阴妃生庶人李祐,燕妃生越王李贞、江王李嚣,韦妃生纪王李慎,杨妃生赵王李福,杨氏生曹王李明,王氏生蒋王李恽,后宫宫女生楚王李宽、代王李简。其中,三个被杀,三个自杀,三个早夭,一个被"幽闭",两个被废为"庶人",尔后又遭流放。

唐太宗长子生于承乾殿,取名"承乾",隐含承继皇业,总领乾坤之意。承乾秉性聪明,武德三年,封恒山王。太宗即位,为皇太子,时年八岁。不想成年后喜好声色,漫游无度。但他怕太宗,便大耍两面派:当着太宗,言必忠孝;退朝返宫,便与群小亵狎。他有足疾,怕因此被废,深嫉受太宗喜爱的濮王李泰。后来,李承乾甚至想谋老子的反,被人告密,下狱后废为庶人,徙往黔州,2年后死在那里。唐太宗有鉴于此,曾下了一道诏书:"自今太子不道、藩王窥望者,两弃之,著为令。"而实际上,只不过是一纸空文。

第二子楚王李宽,出继给叔父楚哀王李智云,早薨,无后,国除,即因功勋而封的爵位注销,无人所继。

第三子吴王李恪,为隋炀帝女儿杨妃所生。武德三年,封蜀王,十年,改封吴王。李恪有文武才,太宗常称其肖己,欲立为太子,但遭到大臣长孙无忌的反

"遇物教储"

唐太宗立李治为太子后就决定对其进行教诲,利用各种场合开导启示他。图为唐太宗教育李治的故事的一个场景。

对。长孙无忌想立另一个外甥即太宗第九子李治。后来，无忌辅立李治后，就借口"谋反案"杀李恪"以绝众望，海内冤之"。在十四子中，李恪在大臣、百姓中威望最高，却死于冤狱。

第四子李泰，武德三年，封宜都王。四年，进封卫王，贞观二年，改封越王，授扬州大都督，十年，改封魏王，心怀夺嫡之计。于是太子和魏王双方各树朋党，想下毒手。太子李承乾被杀后，李泰也被"幽闭"起来，后改封泰为顺阳王，迁居均州的郧乡县。贞观二十一年，进封濮王。高宗永徽三年，薨于郧乡，终年三十有五。

第五子李祐，武德八年，封宜阳王，其年改封楚王。贞观二年，改封燕王，十年，改封齐王，授齐州都督。他整天鬼混，尤其爱好打猎。长史屡谏不听。太宗怪长史辅导无方，换了敢于犯颜直谏的权万纪任长史。贞观十七年，李祐派刺客杀了权万纪，发动叛乱。结果李祐事败，赐死于内省，贬为庶人。国除。

第六子李愔，贞观五年，封梁王，十年，改封蜀王、益州都督。田猎无度，不避禾稼，深为百姓所怨，屡次为非作歹，是个浪荡公子，太宗怒曰："禽兽调伏，可以驯扰于人；铁石镌炼，可为方圆之器。至如愔者，曾不如禽兽铁石乎！"贬为虢州刺史。高宗永徽四年，李愔被废为庶人，死于流配地巴州。

第七子李恽，贞观五年，封郯王，十年，改封蒋王、安州都督。纵情享乐，使州县不堪其劳。唐高宗上元元年，有人诬告李恽谋反，惶惧自杀。

第八子李贞，贞观五年，封汉王，十年，改封越王、扬州都督。颇涉文史，兼有吏干，虽然才能令人信服，但其行为却倍受鄙弃。后来与韩王李元嘉、鲁王李灵夔、霍王李元轨反武则天失败，服毒自尽。

第九子李治，贞观五年，封晋王。就是后来的唐高宗。

第十子李慎，贞观五年，封申王，十年，改封纪王。虽然聪明好学，可惜懦弱无能。越王李贞劝其反武则天，他不肯"同谋"，可武则天还是将其杀害。

第十一子李嚣，贞观五年封江王，六年薨，谥曰殇。

第十二子李简，贞观五年封代王，其年薨，无后，国除。

第十三子李福，贞观十三年封赵王，十八年，授秦州都督。虽得善终，却平庸无能。

第十四子李明，贞观二十一年封曹王。太宗晚年，与庶人串通谋反，贬黔州，被都督逼令自杀。显然得到太宗暗示或认可。

以上十四子中，除李福、李治外，竟有十二人"死于非命"。太宗即位之初，曾在宫中亲自盘马弯弓教育诸子，还亲自为太子择饱学如于志宁、孔颖达等人为师，但一切措施都无济于事。太宗为此深感苦恼。在颁布杀李诏时，他承认自己没有管好儿子，自叹"上惭皇天，下愧后土，叹惋之甚，知复何云"，禁不住滚下热泪，算是饱尝苦果。家天下的宗法制度，虽然确定嫡长传世，但却无法保证皇位的和平过渡。觊觎皇位，争权夺利，勾心斗角，相互残杀，是许多皇室后代死于非命的重要原因。

废立太子的关键人物是长孙无忌。长孙无忌出自鲜卑拓跋氏，李渊太原起兵进军长安途中，长孙无忌前来归附，此后长期跟随李世民南征北战，成为李世民的心腹。后因功擢任比部郎中，封上党县公。玄武门之变，长孙无忌鼓动并协助李世民杀死兄弟。李世民被立为太子，长孙无忌为太子左庶子。唐太宗即位，长孙无忌升任左武候大将军，贞观元年（公元627年），迁任吏部尚书。太宗论定佐命功臣，以长孙无忌为第一等大功，进封齐国公，实封一千三百户。长孙无忌身为佐命元勋，又为皇后兄长，受到太宗特殊礼遇，得以经常出入太宗卧室。后又升任尚书左仆射，执掌朝政。

由于太宗异常亲重长孙无忌，有人上表说长孙无忌权宠太盛，而太宗仍然对他深信不疑。长孙无忌自惧盈满，请求辞职，太宗不得已解除他左仆射之职，授任开府仪同三司。贞观十六年（公元642年），长孙无忌被册拜为司空，位居三公。翌年，太宗于凌烟阁设二十四功臣画像，长孙无忌身居首位。

为彰显太宗用人及长孙无忌的位高权重，有必要展示唐凌烟阁二十四功臣。凌烟阁原本是皇宫内三清殿旁的一个不起眼的小楼，贞观十七年（公元643年）二月，太宗为怀念当初一同打天下的众位功臣，命人在凌烟阁内描绘了二十四位功臣的图像，皆真人大小，时常前往怀旧。当时二十四功臣中已有数位辞世，健在的也多已老迈。太宗在处理君臣关系上十分老到，凌烟阁二十四功臣就是显例。

赵公长孙无忌第一。李世民评价长孙无忌为"我有天下，多是此人之力"。太宗驾崩后，受遗命辅佐高宗。因反对高宗立武则天为后而失宠，后来被诬陷谋反，自杀。

赵郡王李孝恭第二。其父为高祖李渊堂弟，高祖起兵后，负责经略巴蜀。得李靖之助，灭萧

长孙无忌

长孙无忌（？——公元659年），字辅机，河南洛阳人，曾为隋唐两朝名臣，位列唐朝凌烟阁二十四功臣之首。

铣、辅公佑，长江以南均受其统领，战功几可与太宗分庭抗礼。太宗登基后，退出权力中心，以歌舞美人自娱。贞观十四年，暴病身亡。

莱公杜如晦第三。杜如晦为太宗的主要幕僚。高祖攻克长安时投靠太宗，得房玄龄推荐而受太宗重用，为十八学士之首。参与太宗历次战役，并为玄武门之变主谋。贞观年间与房玄龄共掌朝政，于贞观四年病故，年仅46岁。其死深为太宗痛惜，备极哀荣。

郑公魏徵第四。魏徵原为李密谋士，后随李密降唐，为唐朝招降李世勣。窦建德进攻河北时被俘，窦亡后重回唐朝，隶太子建成麾下。玄武门之变后，归顺太宗。因感知遇之恩，凡事知无不言，以进谏著称。终生深受太宗信任，太宗评说辅佐之功，贞观之前以房玄龄第一，贞观之后以魏徵第一。贞观十六年病故。

梁公房玄龄第五。房玄龄为太宗主要幕僚，善于谋略。高祖李渊起兵后派太宗进攻渭北，房玄龄受温彦博推荐投入太宗幕府，被委以心腹，参与太宗历次战役，也为玄武门之变主谋。太宗登基后论功行赏，被比为汉之萧何。贞观年间主持政务，为相近二十年，深得太宗信任。太宗出征高丽，被委以留守重任。贞观二十三年病故。

申公高士廉第六。高士廉为长孙皇后、长孙无忌的亲舅，二人之父早死，实际由高士廉抚养。高士廉对太宗极为器重，以至主动将长孙皇后许配给太宗。因得罪杨广，高士廉被发配岭南，随后中原大乱，被隔绝在外，直到李靖灭萧铣南巡时才得以回归。其人善行政、文学，为太宗心腹，参与玄武门之变的策划。

鄂公尉迟恭第七。尉迟敬德原为刘武周部将，刘武周灭亡后投降太宗。起初不被众将信任，几乎被处死，但太宗坚持起用他。唐郑决战时有单骑救主之功，得以稳固地位，此后以勇将身份参与太宗历次战役。玄武门之变中，亲手杀死齐王李元吉，又率兵威逼高祖李渊下旨立李世民为太子，拥立之功第一。突厥倾国进犯时，以骑兵迎击取胜，为太宗求和打下基础。天下安定后，无用武之地，晚年闭门不出，最终得享天年。

卫公李靖第八。李靖是"使功不如使过"的典型，曾试图揭发高祖李渊谋反，因此几乎被高祖处死，幸而为太宗所救。后来戴罪立功，协助李孝恭经营巴蜀、灭萧铣、辅公佑，被高祖评价为"萧、辅之膏肓"。李靖拒绝太宗的拉拢，未参加玄武门之变。贞观年间负责抵御突厥，成功消灭突厥，战功无人可及。后来又挂帅出征，消灭吐谷浑。因军功过高，遭人疑忌，屡次被诬告谋反，为免嫌疑，主动退休闭门不出，直到老死。

宋公萧瑀第九。萧瑀为隋炀帝萧后之弟，以外戚为隋炀帝重臣。因反对出征高丽，被贬为河池郡守，到任后受薛举进攻，奋力抵御。高祖李渊起兵后，归附唐朝，善行政，终生为高祖重用。太宗即位后，因与房玄龄、杜如晦不和，多次得罪太宗，仕途沉浮，但从不"改过自新"。后来太宗评价其为"疾风知劲草，板荡识诚臣"。

褒公段志玄第十。段志玄为高祖李渊在太原时的旧部，首义功臣。参加李唐历次重要战役，以勇武著名。太宗兄弟相争时，拒绝李建成、李元吉的拉拢，忠于太宗，并亲自参与玄武门之变。其人治军严谨，太宗评价为"周亚夫无以加焉"。贞观十六年病故。

夔公刘弘基第十一。刘弘基为游侠，隋炀帝征高丽时，因避兵役逃往太原依附高祖李渊。太原起兵时，与长孙顺德一同负责招募勇士，有大功。进攻长安途中，于霍邑之战阵斩隋主将宋老生。攻克长安后，被评为战功第一。进攻薛举时，在浅水原大败，力尽被擒。太宗灭薛氏后获救。又在刘武周进攻太原时，战败被俘，侥幸逃回。随后配合太宗在介休歼灭宋金刚。因唐朝与突厥关系恶化，刘弘基常年驻守北边，抵御突厥。贞观年间，曾随太宗征高丽。高宗时病故。

蒋公屈突通第十二。屈突通原为隋朝大将，历仕隋文帝杨坚、隋炀帝杨广，战功赫赫。隋炀帝南巡江都，委以镇守都城长安的重任。高祖李渊起兵后进攻长安，屈突通率部下死战，力尽后自杀未遂，最终投降李渊，被封为兵部尚书。后参与唐朝历次重大军事行动，尤其灭王世充被评为战功第一。后被委派镇守洛阳，于贞观元年病故。

郧公殷开山第十三。殷开山为高祖李渊旧部，太原起兵时投奔高祖，参与进攻长安。进攻薛举时，在浅水原大败，与刘文静一同被追究罪责，贬为庶民。后随太宗灭薛氏有功，得以重被任用。参加太宗历次战役，在进攻刘黑闼时，得病身亡，在凌烟阁二十四功臣中最先去世。

谯公柴绍第十四。柴绍为高祖李渊

（左）高士廉

高士廉，唐朝名臣。"玄武门之变"，高士廉与外甥长孙无忌一起预密谋。贞观元年，提升为侍中。贞观十二年，功授申国公，拜尚书右仆射。

（右）长孙顺德

长孙顺德为唐太宗文德顺圣皇后长孙氏的本家叔父。武德九年（公元626年），在"玄武门之变"中，顺德与秦叔宝等人共同打击李建成的余党。太宗即位后，封食邑一千二百户。后因李孝常谋反受牵连，被削职为民。

之婿,娶平阳公主。高祖起兵时,柴绍身在长安,侥幸逃脱追捕,前往太原。参与攻克长安、灭薛举、刘武周、王世充、窦建德等重要战役。贞观年间作为主将消灭最后一位反王梁师都。贞观十二年病故。

邳公长孙顺德第十五。长孙顺德为长孙皇后之叔,外戚。隋炀帝出兵高丽时,为避兵役,逃往太原依附高祖李渊,与李氏父子友善。太原起兵时,与刘弘基一同负责招募勇士,有大功。进攻长安时任先锋,擒隋主将屈突通。此后功劳不显。玄武门之变充当打手。贞观年间因多次贪污被弹劾,太宗不忍治罪,贬官而已,病故。

郧公张亮第十六。张亮原为李密部下,隶属李世勣,随李世勣一同降唐。得房玄龄、李世勣举荐入太宗幕府。太宗兄弟相争时,派其到洛阳招募私党,被李元吉告发而下狱。张亮拒不招供,掩护太宗,因而有功。贞观年间,因善于行政而颇得信任,又揭发侯君集谋反、随征高丽而立功。但其后因好巫术而逐渐名声败坏,贞观二十年被告谋反,受诛。

陈公侯君集第十七。侯君集为太宗心腹,常年担任其幕僚。为玄武门之变的主要策划人。贞观年间,担任李靖副将,击败吐谷浑。又任主将,击灭高昌。回朝后,因私吞高昌战利品而被弹劾,为此怀恨在心。太宗诸子争当太子的斗争中,依附太子李承乾,图谋杀太宗拥立承乾,事泄被杀。

郯公张公瑾第十八。张公瑾原为王世充部下,后投降唐朝,受李靖举荐进入太宗幕府。因参与玄武门之变的谋划而得到赏识,又在事变时充当主要打手,功劳很大。太宗登基后,以其为李靖副将,抵御突厥,协助李靖灭亡突厥。次年病故,年仅39岁。

卢公程知节第十九。程知节本名程咬金,原为瓦岗军勇将,李密失败后降王世充。因不满王世充为人,与秦叔宝一同降唐,分配到太宗帐下。参加太宗历次战役。为玄武门之变主要打手。高宗时出征贺鲁,屠杀已投降的平民,因此免官,后病故。

永兴公虞世南第二十。虞世南为隋朝奸臣虞世基之弟,自幼以文学著称。宇文化及江都兵变后,虞世南被裹胁北返。宇文化及被灭后,归窦建德。窦建德死后,入太宗幕府。此后尽心辅佐太宗,被评价为德行、忠直、博学、文辞、书翰"五绝"。贞观十二年病故。

渝公刘政会第二十一。高祖李渊任太原留守时,刘政会为高祖部下。太原起兵,为首义功臣。此后负责留守太原,刘武周进攻时被俘。忠心不屈,寻找机会打探刘武周军情,密报高祖。刘武周灭亡后,刘政会获救。曾担任刑部尚书。贞观九年病故。

莒公唐俭第二十二。唐家与李家均为北齐大臣,有世交之谊,唐俭亦与高祖李渊为友。参与太原起兵的策划,为首义功臣。最大功劳是揭发独孤怀恩谋反，被特赐免死罪一次。贞观初年，唐俭负责与突厥外交事宜，被李靖"谋害"，竟奇迹般逃生。后任民部尚书，因怠于政事贬官。高宗年间病故。

英公李世勣(李勋)第二十三。李勣原为瓦岗军大将，少年从翟让起兵。翟让死后，跟随李密。李密降唐后，李勣成为独立势力，但仍坚持以李密部下的身份降唐，以示不忘故主，被高祖称为"纯臣"。遭窦建德进攻后，因父亲被窦建德擒为人质，不得已投降。曾经密谋暗杀窦建德重归唐朝，但未能成功，侥幸逃走。随太宗灭王世充、窦建德、刘黑闼，又担任主将灭徐圆朗，随李孝恭灭辅公祐。拒绝太宗拉拢，未参加玄武门之变。贞观年间与李靖一起灭亡突厥，此后16年负责唐朝北边防御，多次击败薛延陀势力。又随太宗进攻高丽。太宗死后辅佐高宗，被委以军事，担任主将，再次出征高丽，终于将高丽灭亡。高宗重画其形象于凌烟阁。灭高丽后次年病逝。

胡公秦叔宝第二十四。秦叔宝本为张须陀部下勇将，张死后归裴仁基部下，又随裴投降李密，为瓦岗军大将。在李密与宇文化及童山之战中立下大功。李密失败后投降王世充，因不满王世充为人，与程知节一同降唐，分配到太宗帐下。参加太宗历次战役，每战必冲锋在先。为玄武门之变主要打手。后因历次作战负伤太多而疾病缠身，贞观十二年病故。

贞观十七年(公元643年)，唐太宗废太子李承乾，是其政治生活的一大败笔。承乾太子是太宗长子，太宗即位之初就被立为太子，时年八岁。太子为东宫之主，有文臣听他支配，有武士为其鹰犬，有妃嫔供其淫乐。东宫的特殊地位，使承乾太子心生骄奢之

王世充

王世充(？—公元621年)，新丰(今陕西西安东北)人，隋末割据者之一。唐武德二年(公元619年)四月，世充废皇泰主杨侗称帝，建元开明，国号郑。武德三年，唐高祖李渊遣秦王李世民攻郑，进逼东都，王世充请求夏主窦建德支援。四年五月，李世民败夏军于虎牢(今河南荥阳西北)，窦建德被俘，世充以洛阳降，郑亡。

窦建德

窦建德(公元573—621年)，贝州漳南(今山东武城漳南镇)人，隋炀帝募兵征高丽时，应征入伍，任二百人长。之后领导起义军进行反隋和反唐斗争长达12年之久，最后被唐降服。

念："我做天子，当肆吾欲。有谏者，我杀之，杀五百人，岂不定！"贞观前期，太宗与太子父子关系融洽，太宗对太子极力扶持，让其参与政务。但承乾太子有足疾，太宗一再提及身体残疾不利于天子形象，所以，太宗有意无意之间开始注意其他皇子。第三子吴王李恪和第四子魏王李泰，比较突出。但李承乾、李泰及晋王李治出自长孙皇后，李泰比李恪更有优势。贞观二年（公元628年），二人分别被封为蜀王和越王，地位相当。但贞观五年（公元631年），魏王泰兼领左武候、大都督，贞观八年（公元634年），又为雍州牧、左武候大将军，地位迅速攀升，仅次于承乾太子。而吴王恪却未见升迁，可见太宗更看重魏王泰。贞观十年（公元636年），李泰改封为魏王，置文学馆，招揽学士。太宗特别偏爱魏王泰，地位特殊，趋炎附势之徒乘机蛊惑，使魏王泰野心膨胀。而太宗一味感情用事，对魏王泰愈加偏宠，严重危及太子地位，导致朝廷上下人心浮动。太宗自己通过兄弟相争夺得帝位，对于如何杜绝其他皇子对皇位的觊觎之心，应该深有体会，也应及早处置，但唯独对于魏王泰，太宗偏爱有余，于国不利。

　　臣下对太宗过度偏爱李泰，早有察觉。贞观十一年（公元637年），侍御史马周上疏，提醒太宗不要过分宠遇诸王。贞观十五年（公元641年），谏议大夫褚遂良又上疏进谏，提出宠爱庶子不能出格，应该尊崇维护嫡子正统地位，如果当亲者疏，当尊者卑，就会造成奸佞乱国。侍中魏徵也对太宗让魏王泰入居皇宫武德殿一事加以劝谏。但是，朝臣的劝谏没有让太宗改变，造成太子之争愈演愈烈，终于浮出水面。太宗的一味纵容，使魏王泰的政治野心不断扩张，所以才敢于挑战承乾太子。太宗先后将黄门侍郎韦挺和工部尚书杜楚客派往魏王府任职，二人趁机与李泰勾结，拉拢贿赂朝中权贵，共谋废立太子。承乾太子极度愤怒与无奈，私养娈童发泄，名之为称心，很快被告发，太宗将参与其事之人抓捕，或者处死，太子承乾势单力薄，走投无路，只好铤而走险。

　　李承乾私自豢养刺客，由纥干承基统率，企图刺杀魏王泰。包括吏部尚书侯君集、左屯卫中郎将李安俨、汉王李元昌、杜如晦之子杜荷等人，都聚集李承乾门下，这些野心家和纨绔子弟，或多或少对太宗心有怨恨，唯恐天下不乱，想要通过改朝换代，攫取更大权利。更为可笑的是，汉王李元昌参与政变的目的只是想事成之后分得太宗身边弹奏琵琶的美人，荒唐至极。太宗第五子齐王祐，见兄长不和，也想暗中作乱，招募勇士，劣迹斑斑。后因被太宗派来的官员弹劾，齐王祐一怒之下，起兵作乱，但很快就被平定。太宗下令追查，纥干承基被抓，判处死刑。纥干承基为求活命，出卖太子承乾，将其阴谋全盘托出。太宗大怒，下令查明真相。贞观十七年（公元643年）夏，太宗终于做出决定，废太子承乾为庶人，幽禁于右领军府。汉王元昌赐死，侯君集、李安俨、杜荷等人被杀。

太子承乾被废，夺权悲剧重演，太宗备感心伤。对于新太子人选，太宗首选魏王泰，曾经当面许诺立李泰为太子。李泰加紧行动，也向太宗许诺，将来要杀子传弟，也就是传位给晋王李治。同时，李泰还威胁李治不得参与太子之争。朝中大臣，以中书侍郎岑文本、黄门侍郎刘洎、给事中崔仁师为首，支持魏王李泰，而长孙无忌、褚遂良等人坚决反对，提出立晋王李治为太子。褚遂良提出，因为废太子事件，朝中分成几派，互为朋党，如果立李泰为太子，则等于承认挑战既定秩序的合理合法，将为野心家大开方便之门，直接危及朝廷和皇帝的权威。魏王泰对皇位势在必得，其他皇子各有预谋，如不重建秩序，骨肉相残的悲剧还将上演。严峻的形势迫使太宗逐渐冷静，重新思考立储问题。如立李泰，则李承乾、李治都必死无疑，但若立李治，则李承乾与李泰可以相安无事。太宗不想骨肉相残，逐渐倾向晋王李治，在长孙无忌极力促成之下，太宗终于下定决心。

唐太宗召集长孙无忌、房玄龄、李勣、褚遂良4位元老重臣，商议立嗣之事。当时晋王李治在场，太宗想要抽佩刀自杀，褚遂良夺刀递给李治。长孙无忌等人请太宗说出欲立何人，太宗说想立晋王。长孙无忌当即表示，如果有人提出反对，他将当场斩杀。之后，太宗在太极殿上朝，言明李承乾悖逆，李泰凶险，都不能立。众臣都说晋王仁孝，当立为嗣。于是晋王李治被立为太子。

为后世鞠躬尽瘁

太宗对太子李治颇为担忧，他深知创业难，守成更难，政治斗争不择手段，险恶无情。李治宅心仁厚，恐怕不能应付。当初太宗还考虑过立吴王恪，但李恪出自隋炀帝之女杨氏，而长孙无忌坚持皇储必须出自长孙皇后，也就是必须是自己的外甥。而长孙皇后三子，李承乾、李泰均不可立，只有晋王李治是唯一人选。所以太宗希望以后由长孙无忌辅佐李治，维持当前政治秩序，并全力培养太子李治，希望通过太子的进步来消除自己的担忧。

太宗恨铁不成钢，对李治耳提面命，苦口婆心。李治吃饭时，太宗教导他春耕秋收，需要辛勤劳作，要爱惜民力，不能抢夺农时。李治骑马时，太宗教导他马能代步，节省体力，但要使用得当，不尽其力。李治乘舟时，太宗教导他舟比人君，水比百姓，水能载舟，亦能覆舟。李治树下乘凉时，太宗教导他树干弯曲，绳量之后，可以笔直，君主即使无道，只要善于纳谏，同样可成圣明天子。太宗将他对巩固皇权、取信于民的最深体悟，传给李治，希望李治能够永保大唐江山。此外，为让太子领悟政治真谛，为太子培植坚强有力的辅臣，将当朝文武重臣派到东宫任职，辅佐太子，增进了解，建立臣属关系。李治性情软弱，不能独当一面，完全不像太宗本人，这是太宗最大的心病，他竭力取长补短，确保权力交接万无一失。所以，贞观后期，太宗努力营建下一代政治核心，由老练、稳重、刚毅的长孙无忌辅佐李治，弥补李治懦弱的天性。当这一切最终落实，太宗的忧虑才渐渐缓解。

唐太宗亲征高丽，或许也与太子李治软弱有关。太宗自幼冲锋陷阵，久经沙场，他担心将来李治在主战派建议下出兵高丽，开启战端却不能控制局势，最终步隋炀帝之后尘。所以虽然年事已高，他还是决心在自己有生之年解决高丽问题，以免给后世留下祸患。虽然太宗以前对高丽局势操纵自如，但出于太子考虑必须提前解决，为形势所迫，有被动出征之感。这或许是未能征服高丽的一个动因。

太宗亲征，李治执掌朝政，驾驭群臣，这也是太宗的苦心布置，将太子推向政治前台，让群臣尽量表现，以察忠奸，决定去留。期间，长安由房玄龄主政，辅以右卫大将军、工部尚书李大亮。洛阳则以萧瑀为留守。太子李治随太宗同行至定州，在定州监国，由高士廉、刘洎、马周、张行成、高季辅等人辅政。长安、洛阳、定州，以三地控制天下，而太子离前线最近，一旦有变，可与太宗相互呼应。太宗的确老谋深算，因废立太子之争，朝廷内部出现罅隙，群臣各有所图，不再团结一致。所以，太宗想借亲征来重新考察，房玄龄虽留长安，但机密要事，依然上奏太宗，不敢专断。

果然，太宗从高丽班师回朝，对人事做出重大调整，首先就是将刘洎赐死，朝廷震动。太宗命太子留守定州，特地让刘洎辅佐太子，检校民部尚书、总吏、礼、户部三尚书事，位高权重。太宗前线归来，途中患病，刘洎前往探视，出来后对马周、褚遂良说圣体患病，极可忧惧。褚遂良马上向太宗告发，说刘洎意在表明太宗虽病，国家大事不足忧虑，正当传位少主，表明刘洎已有异志，应当诛杀。刘洎赶忙申辩，太宗找马周

"剪须和药"

唐太宗在位期间得到许多有才能的人辅佐、支持，执政期间出现"贞观之治"的盛世局面，这与唐太宗爱戴臣子有很大的关系。图讲的是唐太宗得知功臣李世勣身患重病，需用人的胡须烧成灰服下才可治愈，于是唐太宗剪下自己的胡须为他治病的故事。

对证,虽然马周证实刘洎没有说谎,但太宗还是决心将刘洎赐死。刘洎为太宗亲近重臣,性格坦率,说话没有遮掩,无所顾忌。太宗深知,由于自己骁勇善战、众望所归,刘洎能被镇住,抑制缺点,发挥长处,可以人尽其才。但是如果将来辅佐李治,恐怕难以驾驭,悍臣擅政。既然刘洎刚毅直率不能为李治所用,不如及早除去,免为后患。所以,太宗此举还是意在为太子李治铺平道路。此外,褚遂良告发刘洎,说明二人不和,而褚遂良坚决拥护长孙无忌,太宗既然已经决定由长孙无忌辅佐太子继承皇位,自然不允许新的政治核心出现对立分歧。

翌年三月,刑部尚书张亮谋反。张亮在李治继立太子后新任宰相,太宗出征高丽,他频加劝谏,未被采纳,于是自告奋勇,出任沧海道行军大总管,率舟师渡海袭击高丽,但却表现欠佳。不久,有人告发张亮与相州术士程公颖、公孙常谋反,且养义子五百人。太宗派人核实,两位术士均证明张亮有罪。张亮不服,且将作少将李道裕认为张亮谋反证据不足,不当处死。但太宗还是将张亮匆忙处死。事后,太宗又提拔李道裕为刑部侍郎,承认张亮案件罪证不足。张亮之后,就是萧瑀。萧瑀为高祖旧臣,性格耿直,与同僚多有不和。立李治为太子后,太宗以萧瑀为宰相,征辽东时,留守洛阳。同样出于接班考虑,这位难以相处的老臣被贬为商州刺史。

太宗处心积虑,处处留神,将不合己意的大臣全部排除在接班辅臣之外,因此难免小题大做,莫明其妙。贞观二十二年(公元648年),刚刚被提拔为宰相的崔仁师,因为将赴阁自诉者的案子扣下不奏而被除名,流放连州。崔仁师以前力主立魏王李泰为太子,与长孙无忌等人意见不同。而崔仁师正式被褚遂良排挤才遭流放,褚遂良身为黄门侍郎,却可以轻而易举扳倒当朝宰相,其后台正是长孙无忌。就在这一年,贞观砥柱重臣纷纷凋零,马周、萧瑀、房玄龄先后去世,翌年,李靖也与世长辞。马周死后,太宗以长孙无忌兼任检校中书令,知尚书、门下二省事,三省大权,

"马周酒洗脚"

马周(公元601—648年),字宾王,博州茌平(今茌平镇马庄)人,唐初大臣。马周由常何引荐得以见到唐太宗,深得太宗赏识,被授与监察御史,后官至中书令。曾直谏太宗以隋为鉴,少兴徭赋,提倡节俭,反对实行世封制。图所示为马周用酒洗脚的故事,此事传到长安,之后马周才被常何引荐得以发挥他的智慧。

一人独揽。同年九月，黄门侍郎褚遂良升任中书令，接替崔仁师。于此不难看出，太宗晚年全力以赴、不遗余力为太子李治打造辅佐班底，长孙无忌辅佐李治，褚遂良保护长孙无忌。长孙无忌虽位高权重，但对太宗却是一片赤胆，毫无野心，实在难能可贵。难怪太宗委以托孤重任，对其倍加信任，由此也可见出太宗确能识人。贞观后期，太宗以自己的巨大权威，提前进行政治清洗，4年之间，亲自处死两位宰相，贬黜另外两位宰相，一再发动对外战争，并非由于太宗骄傲自满，听不得不同意见，而是出于不得已而为之，无论忠奸，只要不易被新君驾驭，或不易与长孙无忌协调配合，都要被排除。太宗一向重视自己的明君形象，晚年却以日渐衰老的病体之躯，不断自我否定，与潜在的危险抗争，其内心的焦虑与无奈，溢于言表。

贞观二十二年（公元648年）正月，唐太宗自撰《帝范》十二篇，颁赐给太子李治，并对其谆谆告诫，要以古代圣贤为师，绝对不能效法自己。取法于上，仅得其中；取法于中，仅得其下。并自己检讨平生过失，登基以来，过失颇多，锦绣珠玉不绝于前，宫室台榭屡有兴作，犬马鹰隼无远不致，行游四方供顿烦劳。这些过失千万不能效仿。于此可见太宗确实苦心孤诣，用心栽培。人之将死，遑论帝王，孝子贤孙之外，还有江山社稷。

辽东战役之后，唐太宗患上痈疽，此后一直调养，开始服用金石丹药。先前唐太宗还曾经嘲笑秦始皇和汉武帝用丹药，现在自己也不由自主深陷其中。到贞观二十一年（公元647年），唐太宗又患"风疾"，烦躁怕热，便让人在骊山顶峰修翠微宫。第二年，派人从中天竺求得方士那罗迩娑婆寐，服用"延年之药"，结果使病情恶化。贞观二十三年（公元649年）五月二十六日，丹药毒性发作，唐太宗不治身亡，驾崩于翠微宫含风殿，年五十二。其过早身亡，是因为身患痈疾，抑或为征高丽中箭所致，难以定论。观其一生，堪称经天纬地，谥曰"文皇帝"，庙号"太宗"。同年八月，葬于昭陵。昭陵位于陕西省礼泉县东北九嵕山主峰之上，凿山建陵，气势雄伟。巍巍九嵕山，山势突兀，沟壑纵横，前有渭水萦带，后有泾水环绕，南隔关中平原，与太白、终南诸峰遥相对峙。千古一帝安居于此，足慰平生，足醒后世。

北宋灭北汉之战示意图

宋太祖·赵匡胤

公元927—976年

公元九百六十年的第一天，立鼎中原的后周王朝沉浸在庆贺新年的欢乐之中，京城汴梁一派节日气氛，突然，一份关于契丹和北汉联合入侵的边报传来，朝野震惊。执掌朝政的宰相们未能核实军情，情急之中便授意年仅七岁的小皇帝派出宿卫禁军北上御敌。很快，大军到达离都城几十里地、靠紧黄河的陈桥驿。此时，『将以出军之日，策点检为天子』的流言搞得军心浮动，将士思变，议论四起：『皇上还小，不知道哪一天才能亲政呢，我们在这里出生入死、为国破敌，还不是一场空。不如先立点检为天子，然后北征也不迟。』这时一位长相魁梧、容貌雄伟的青年人闻声出来劝阻，可是群情汹汹，没能奏效。第二天凌晨，部分军士手持剑刃闯入青年人的寝所，并迭声高喊：『诸军无主，都希望能策立您为天子！』未等对方反应过来，军士们就把一件准备好的绣黄龙袍披在他身上了，随后大呼：『万岁！』

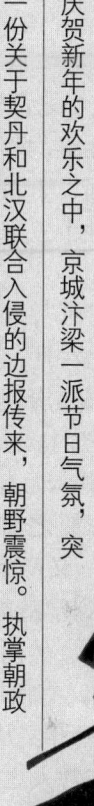

这就是历史上有名的『陈桥兵变』，那位黄袍加身的青年人就是本文的主人公、宋朝的开国皇帝赵匡胤，后庙号太祖。

乱世从戎　将门之子

8世纪中叶，安史之乱爆发，盛唐景象终归云烟，及至10世纪初，统一的大唐帝国正式瓦解，此后，中国历史进入了一段极为黑暗混乱的时期，在短短的五十余年间，子杀父、臣弑君，刀光剑影、血流成河，中原大地先后出现了五朝八姓十三君，正像是一台搅肉机在无情地吞噬着人们的生命。

"城头变换大王旗"，这就是赵匡胤生活的时代背景。后唐天成二年（公元927年）二月十六日，赵匡胤出生于洛阳宫中甲马营内，祖籍涿郡，他的曾祖父、祖父都在唐朝做过官，到了父亲赵弘殷这一代，赵氏已从文宦之家变成了武将之门。赵弘殷虽说曾在后唐庄宗李存勖麾下为将，但总的说来一生官运平平，无有重大升迁，郁郁不得志。赵匡胤的母亲杜氏，是河北定州人，在匡胤之前，已为赵家生育过一子一女，不过两人均早早夭折，在匡胤之后，又产下二弟光义和三弟光美。

转眼之间，已到学龄的赵匡胤也须入私塾读书，他的启蒙老师是一个叫辛文悦的大儒士。然而，在这样一个乱世之中，在这样一个礼仪败坏的年代里，饱读诗书又有何用呢？出身将门的赵匡胤自然不甘心埋没于故纸堆中，于是他毅然弃文从武，钻研武艺。经过勤学苦练，他的骑射武功，日渐精进，远在常人之上。据史传记载，赵匡胤试骑一匹无鞍无羁的烈马，刚飞身跃上马背，那马儿便疯了一般，急旋暴跳，随后朝上城斜道狂奔。赵匡胤额头猛然撞上了城楼门楣，翻身滚落坠地。旁观者惊呼，以为其必定头碎丧命。可是说时迟那时快，赵匡胤跃地而起，全身腾空而上，重新稳落在马背上，竟然一无所伤。

后晋代后唐，赵家亦搬迁至汴梁，可是不久契丹军又攻入了汴梁，赵家先遇叛将抢掠，继遭契丹军抄劫，再加上光义和光美的降生，全家生活陷入更为窘困的境地。后汉初，20岁的赵匡胤为寻求出路所驱，忍痛离别结发三载的妻子，离家出走，从汴梁沿黄河溯源西去。他先浪迹河南、陕西、甘肃，一无所遇。转而往东折向汉水，到湖北投靠复州防御使王彦超，王彦超见其落魄，不肯收留。于是他又投奔随州刺史董宗本，董宗本碍于曾与赵弘殷同朝为臣的面子，收留了他，但董之子董遵诲嫉妒赵匡胤，仗势欺人，百般刁难。生性耿直的赵匡胤自然不愿过寄人篱下、忍气

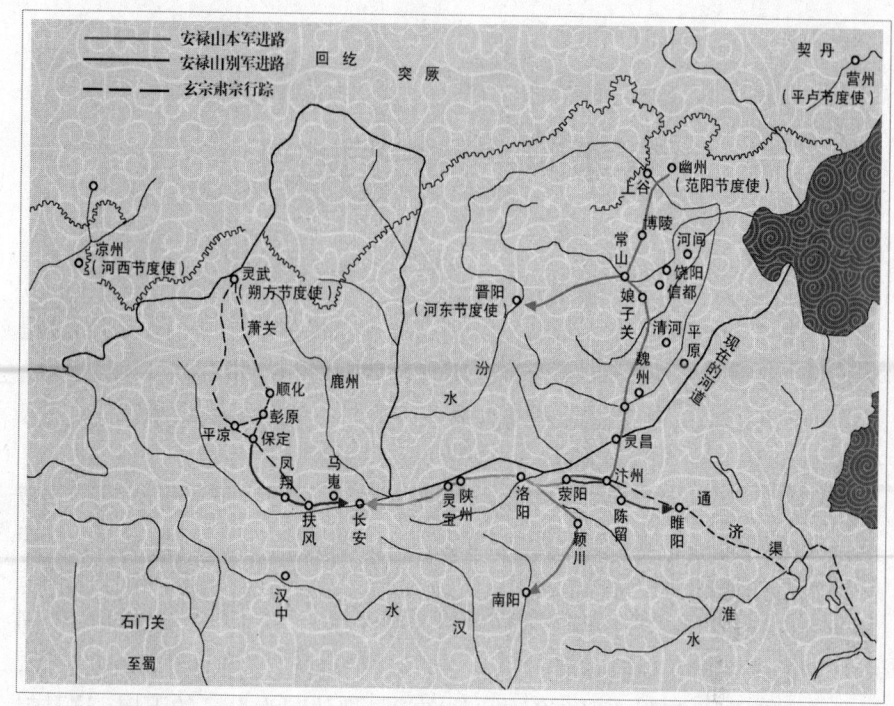

安史之乱示意图

  安史之乱是唐朝各种社会矛盾激化造成的结果，其实质是统治阶级内部争权夺利的斗争，即唐中央政府与地方割据势力的矛盾斗争。所谓安，是指安禄山，史，是指史思明，安史之乱就是他们起兵发动的反对唐王朝的一次叛乱。安史之乱从唐玄宗天宝十四年一直到唐代宗宝应元年结束，达七年之久。经历了安史之乱后，唐朝由盛转衰，对唐朝后期灭亡以及后代王朝的兴起埋下了前因。

吞声的日子，于是便一走了之。他长途跋涉，来到汉水重镇襄阳，投宿于僧舍，寺中老僧说自己善于术数，指点赵匡胤说："你若往北走定有知遇，我会周济你一些盘缠。"果不其然，此时后汉大将郭威留守邺都，招兵买马，扩充实力，赵匡胤前往应募，终得居郭威帐下，当了一名普通士兵。从离家出走至投奔郭威，二三年的闯荡经历，开阔了赵匡胤的眼界，磨练了他的意志性格，如今，23岁的他结束了漂泊不定的流浪生涯，找到了一个施展才能和抱负的立足点，从而站到了人生新的起跑线上。

  再说此时的郭威，正处于个人事业的巅峰。在以枢密使身份统帅大军平定李守贞叛乱之后，后汉隐帝对他恩宠甚隆，加官晋爵，郭威成为实权人物，其地位在后汉朝中独一无二，更以宰相身份兼方镇，节度河北诸州一切军政事务，抵御契丹。他与养子柴荣主政邺地，颇有政绩，声名大震。然而，功高必然震主。郭威的所作所为最终引起汉隐帝的猜疑与防范，他派出使者诏杀郭威，并把郭威留在京城的妻小全部诛杀。盛怒之下，郭威举旗反抗，亲率大军直取京城，最终代汉而立，改国号周，是为周太祖。继梁、唐、晋、汉之后，中原大地再度易主。

得遇明主　一显身手

本是无名小卒的赵匡胤，在拥立郭威的过程中立功不小，因而被提拔为东西班行首，做了禁军的一名军官，后拜滑州副指挥使。刚入新朝，就有如此地位，这对赵匡胤来说似乎是一个好兆头，而后他结识了对其人生影响甚大的一位重要人物——柴荣。

郭威因其家属早被后汉尽杀，在称帝之后便瞩目于养子柴荣。郭威是柴荣的姑父，而柴荣则成为郭威的左膀右臂。当郭威攻打汴梁时，柴荣被郭威留在邺都稳定后方；后周建立后，柴荣以"皇子"身份担任澶州节度使，广顺三年（公元953年）又被封为晋王，授开封尹。柴荣看中了同样年轻的赵匡胤，对其英武、机灵、才气颇为赏识。在征得郭威同意后，柴荣令赵匡胤为开封府马直军使，其实就是把他归为自己的下属。这是赵匡胤为柴荣知遇、日后发迹的开始。

就在这一年，只当了3年皇帝的郭威身患重病去世，柴荣成为指定的接班人继承帝位，是为周世宗，时年34岁，比赵匡胤长七岁。柴荣即位后，任命赵匡胤参掌禁军，如此一来，赵匡胤便与其父赵弘殷"分典禁兵"，父子同侍一主，成为一时美谈。

柴荣即位后才两个月，北汉与契丹就联合对后周用兵。赵匡胤受命率二千牙兵随柴荣亲征，双方在高平（今山西东南部）展开大战。后周马军统帅樊爱能、步军统帅何徽因畏惧北汉军声势，不战而逃。如此，柴荣身边只有赵匡胤和张永德两支亲军，形势变得十分不利。此时，赵匡胤临危不惧、指挥若定的军事家风度充分表现出来。他对张永德说："敌军士气骄盛，你部善射，可迅速占领西面制高点，我部则从左翼包抄过来，两面夹击，定可取胜！"接着，他又对部下作了有力的动员："如今皇上处境危险，正是我等武人效命之时！"说罢，跃马大喊一声，冲向敌阵。经过后周将士的浴血拼杀，高平之战以北汉的溃败而告终。赵匡胤崭露头角，他智勇双全、转危为安的指挥才能，赢得了柴荣的欢心，也博得其余将领的敬佩，随后他被擢为殿前都虞侯，跨进了高级将领的行列，后世史家称这场战争乃赵匡胤"肇基皇业"的开始。另一方面，樊爱能、何徽临战逃跑却引起柴荣的强烈不满。兵骄将悍，反复无常，有势力、有重赏厚禄，便为之所用，否则即叛，这虽是五代十国之大弊，却也是五代十国司空见

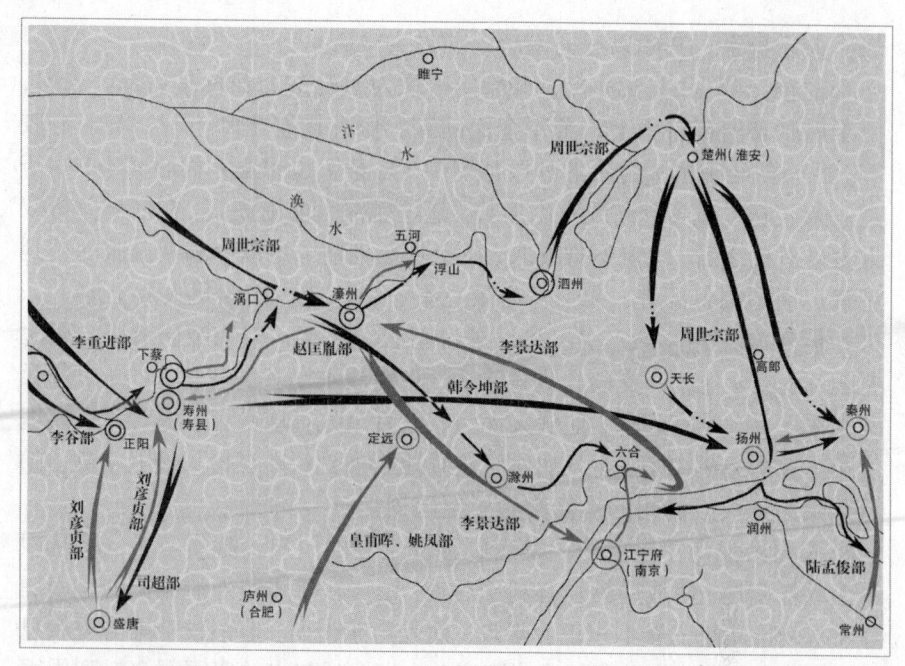

周世宗攻南唐之战示意图

后周世宗柴荣即位后,进行了大规模的统一战争。后周的统一战争始于后周显德元年(公元954年)正月,止于后周显德六年(公元959年)六月。南唐是后周世宗统一战争中的重要战争。周世宗曾3次征讨南唐,最后以胜利告终,共获得14个州,60个县。南唐主去掉帝号,称国主,用周年号。

惯的小事一桩。然而柴荣绝不能容许。他毫不留情地处斩了樊、何以下70多名将校,于是将士股栗,大军整肃。

高平之战使柴荣声威大振,皇位得到了巩固,这些都极大地增强了他统一天下的雄心壮志。为达此目标,他授意赵匡胤,对禁军进行大规模的整编。赵匡胤令各地选募壮士送往京城,并张榜发文,搜寻访求,广招天下勇武之士。一时间,各路俊杰毕集京师,刀枪棍棒、骑射拳脚,好不热闹。赵匡胤就在其中挑选最优秀者,编为一军,号"殿前诸班"。从此,最为精锐的殿前诸班,加上原有的侍卫马军、侍卫步军,成为一支"兵甲之盛,近代无比"(《旧五代史》)的强大军队,它们合称"三衙"。最重要的是,它们直属于皇帝,只听皇帝调遣,如此,唐末以来拥兵自重、尾大不掉的藩镇,其军事力量因之相对削弱了。然而,谁也没有料到,柴荣整顿军政的最大受益者却是赵匡胤。正是从受命整顿禁军、组建殿前诸班开始,赵匡胤的威望、势力亦在禁军中扎下了根,为日后依靠禁军夺取后周政权埋下了伏笔,正如后来《石林燕语》所云:"太祖实由此受禅。"

柴荣不愧是个有为之君,他在政治、经济、军事等方面都进行了一番改革,使得后周国力大增,在当时南北各个割据政权中脱颖而出。柴荣遂开始实践一统天下的理想,而赵匡胤全程参与了柴荣5次大规模的南征北战,大显身手,其中以三征南唐立功最为卓著。

显德二年(公元955年),柴荣第一次发兵征战,目标是后蜀。未料,由于后勤补给接济不上,蜀军全面固守,因此周军出师不利,与对方胶着。后周朝廷中罢兵撤军的呼声甚嚣尘上。柴荣也想罢兵而心又不甘,于是他亲派赵匡胤奔赴前线审度形势。赵匡胤深入前沿观察,在仔细分析双方力量对比之后,认定不难攻取,在朝堂上陈述了足以令满朝信服的精到见解。周军调整部署,果然一举攻克秦、凤、成、阶四州大片土地。

同年底,柴荣第二次出兵,进讨南唐。次年,柴荣亲征南唐,赵匡胤随驾而行。他率一支骑兵到达涂山,见南唐水军甚为齐整,自知以骑兵破水军不易,唯有计取。他伏兵涡口,派百余人直取敌营,将对方引入埋伏圈。周军一声唿哨,全歼唐军,斩杀唐将何廷锡,夺得战舰五十艘。随后柴荣又把攻打滁州的重任交给了赵匡胤。

滁州乃淮南军事要冲,是南唐国都金陵的门户,滁州一下,将从根本上动摇南唐,使战局越发有利于后周。镇守在滁州城外清流关的是南唐守将皇甫晖。赵匡胤不作正面强攻,而是声东击西,他率数千军马偃旗息鼓、衔枚急行、连夜兼程,奇袭清流关。尚在睡梦中的唐军哪会料到周军神兵天降,顿时大乱,丢盔弃甲,跟随皇甫晖向滁州城溃逃,赵匡胤紧追不舍至城下。皇甫晖在城头向赵匡胤高喊:"赵将军,你我无怨无仇,只是各为其主,休想叫我投降。有胆量,容我整军而战,与你一决雌雄!"匡胤大笑着答应了。他趁唐军鱼贯而出时,手抱马颈闯入敌阵,左冲右突,高呼:"唯擒皇甫晖一人,他人闪开!"心有余悸的唐军哪受得了这个,顿时被震住了,赵匡胤直扑皇甫晖,抽刀猛击,砍伤皇甫晖之首,周军蜂拥而上将其活捉。滁州大捷,周军势如破竹,淮南之地,一半为后周占领。

在此次征战中,赵匡胤战绩突出,而且表现出令人难以置信的克制力。滁州攻克以后,他的老父赵弘殷半夜途经滁州城下,传唤儿子开放城门,可是赵匡胤却说:"父子虽为至亲,守城却是王事,更为重要,城门须等天亮才能开。"赵弘殷此时抱病在身,装了一肚子闷气,只好在城外冻到天亮。第二天一进城,便卧床

后周世宗柴荣

柴荣(公元921—959年),邢州龙冈(今河北邢台)人,五代时期后周皇帝,杰出的政治家、军事家。公元954年即位,在位期间,他任用有贤德才能的人、退兵还耕、惩治腐化、整顿吏治、勤俭治国,在军事方面打败北汉,摧毁南唐,力图统一,阻外族燕云地,力夺三州,是历史上卓有成就的皇帝。在位5年后,后周世宗英年早逝。

不起，两个月后就离世了。为重用赵匡胤，守丧没几天，柴荣就起用他，升其为殿前都指挥使，授定国军节度使。节度使位秩崇高，殊不易得，不啻是赵匡胤人生道路的关键性转折。后来，赵匡胤之侄宋真宗在滁州立"端庙"，以此纪念赵宋家族的发迹。更值得一提的是，滁州之战后，赵匡胤结识了一位滁州军事判官，此人便是被誉为"半部《论语》治天下"的赵普。

显德四年（公元957年），柴荣亲率大军南下，开始了第3次征战，赵匡胤随征，目标仍是南唐，这次的突破口选在寿州（今扬州）。赵匡胤分析敌军部署后，决定采取中间突破的战法，切断与寿州相连的甬道。唐军自以为城内城外互为应援，可进可退，岂料周军在赵匡胤的带领下突入甬道，斩首3000级，使唐军首尾不能相救。柴荣命赵匡胤沿南岸追杀的同时，自己率亲骑顺北岸进击，又令水军自中流而下，不久三路大军一直杀到涡口。至此，寿州唐军外援俱绝，守军只好献城投降。此战柴荣与赵匡胤君臣配合默契、天衣无缝，整个战役一气呵成、痛快淋漓。赵匡胤因功改领义成军节度使，晋封检校太保。

同年10月，柴荣第4次出战，亲伐南唐濠泗二州，以赵匡胤为先锋。南唐在濠州城东十八里滩上大设营栅，以为四面阻水，可保万无一失。怎料柴荣命数百甲士骑驼涉水而战，赵匡胤更是截流先渡，焚烧南唐战舰70余艘，攻破水寨。随之，周军水陆并进，攻陷泗州城。接着，柴荣与赵匡胤相互接应，继续南下，犹如风卷残云一般，攻克楚州，轻取扬、泰，大破瓜步唐军舰船，兵锋直抵长江岸边，控制了淮南江北的全部土地。南唐只得遣使渡江，以自去帝号、奉周正朔、尽割江北十四州、划江为界、上贡方物等条件乞和。显德五年（公元958年）3月，后周和南唐达成停战协定。历时两年零四个月的战争告一段落。赵匡胤以功改领忠武军节度使。

显德六年（公元959年），柴荣第5次出征，这一次周军将转而向北开进，柴荣的目的是要收复燕云十六州，而他的对手是契丹——一个立国40余年的强大政权。

黄袍加身　问鼎帝位

燕云十六州，即瀛、莫、幽、涿、檀、蓟、蔚、顺、妫、儒、新、武、朔、云、应、寰等州，分布在今北京市及河北、山西省北部，大部分是后晋高祖石敬瑭割让给契丹的。十六州落于异族之手，使华北平原大门洞开，无险可守，中原王朝随时处于契丹入侵的威胁之下，后周亦是如此，前述契丹与北汉联合南下便是一例。后周4次南征，频频获胜，物力财力日渐雄厚，于是柴荣试图解决燕云十六州这块心病。

这次出征北伐，柴荣倚重的是两员大将。一是韩通，为陆路都部署，由他率领马步军从陆路出击；一是赵匡胤，被任命为水路都部署。经过长期战争的考验和磨合，赵匡胤真正成为柴荣的左右手，同时也是柴荣的亲密战友。后周大军水路并进，"舳舻相连数十里"，可谓声势浩大。两路大军齐头并进，出师仅42日，后周便兵不血刃，占领燕南各州。胜利在望，使柴荣信心倍增，他欲乘势夺取幽州。然天有不测风云，人有旦夕祸福，就在柴荣踌躇满志之时，却不幸身染重病于军营之中。无奈之下，他令三军班师回军，北伐戛然而止。

弥留之际的柴荣感觉自己时日无多，赶紧办了3件事：立长子柴宗训为太子；委范质、王溥为宰相，辅佐幼主；特别是免去张永德殿前都点检之职，以亲信赵匡胤代之。如此安排，这事还得从北伐说起。据传，柴荣在收复燕南3州7县后数天，于进军途中捡得一块木牌，长约二三尺许，上题"点检作天子"之语。当时任殿前都点检（禁军最高统帅）的正是周太祖郭威的女婿张永德，柴荣此后对他耿耿于怀，如今眼见自己病危，于是他痛下决心将张永德罢免，而任之赵匡胤。正是这个决定，使他把后周王朝奉送给了赵匡胤。

显德六年（公元959年）六月，年仅39岁的周世宗柴荣病故。7岁的柴宗训承继大统，是为恭帝，改封赵匡胤为归德军节度使，仍为殿前都点检。千载难逢的机遇在向赵匡胤走来，一场政变开始逐步酝酿。

首先，赵匡胤军权在握。自从任职殿前都虞侯以来，他掌握军事大权已经整整6年。6年来，他在禁军和藩镇中结交了一批亲随，即所谓的"义社十兄弟"：赵匡胤、杨光义、石守信、李继勋、王审琦、刘庆义、韩重赟、刘守忠、刘廷让、王政忠。柴荣死后，军队系统的人事安排对赵匡胤十分有利。他自己是殿前都点检，原来一直空缺的副都点检由故交慕容延钊出任；殿前都虞侯由王审琦担任；殿前都指挥使为石守信充任，整个殿前司系统的高级将领职务全部换成"赵家军"成员。此时侍卫都虞侯是韩令坤，他与赵有兄弟之谊；侍卫马军都指挥使由高怀德出任；原来由与赵匡胤不和的袁彦担任的侍卫步军都指挥使一职为张令铎取代，高、张两人不久都与赵结为姻亲，侍卫司系统五个高级职务中，赵匡胤的亲朋故友就占了3位，余下的2位，一是侍卫马步军都指挥使李重进，此时驻守在扬州；京城中唯有副都指挥使韩通，难以与赵匡胤相抗衡。

其次，朝廷高层执政集团懦弱，不会构成对赵匡胤的威胁。柴荣病重之际，任命范质、王溥参知枢密院事，魏仁浦兼任枢密使，以为托孤之重。这3位宰相中，范质虽然急性而好面折人，号召力有限，不足为患；王溥早已向赵匡胤靠拢巴结；魏仁浦性情宽厚，虽然身处权要而为人谨慎。最重要的是，柴荣的智囊、谏议大夫兼开封府尹王朴也已去世，使赵匡胤再无后顾之忧。同时，他在自己幕府内，也网罗了赵普、王仁瞻、楚昭辅、李处耘等心腹，他们随时为赵匡胤刺探消息、出谋划策。

最后，幼主即位后，后周王朝处于"主少国疑"的混乱状态，人心浮动，正好为野心家所利用。时机总是可以人为创造的，于是，便出现了本文开篇的那一幕。

陈桥兵变，黄袍加身，赵匡胤知道，自己得登台亮相了。他向拥立他的将士们发话："你们贪图富贵，强立我为天子。如果能听我号令，我则从之；如若不然，我就不从。"众将齐声高呼："我等愿唯将军之命是从。"接着，赵匡胤"约法三章"："少帝太后，我所侍奉；朝中公卿，皆我同僚，尔等不得侵犯宫室、凌

（左）石敬瑭

后唐清泰三年（公元936年）十一月，石敬瑭在契丹人的扶持下即位，建立后晋政权。石敬瑭称帝后，割燕云十六州给契丹，承诺每年给契丹布帛30万匹。燕云十六州是北部的天然屏障，此时中原完全暴露在契丹控制之下。以后燕云十六州成为辽南下掠夺中原的基地，使北方社会经济遭到严重破坏，贻害长达400年之久。

（右）潘 美

潘美（公元925—991年），字仲询，大名（今河北大名东北）人，北宋初名将。曾率兵平定南汉，后又随宋太宗伐北汉，在北伐征辽时兵败而归。潘美一生征战南北，在北宋灭十国的过程中起了重要作用。淳化二年（公元991年）死亡，死后谥武惠。

辱朝贵。近世帝王举兵起事，都纵兵抢掠，洗劫府库，尔等不可再犯。听命者，有重赏；不听命者，必族诛！"随后，大军起程回京，赵匡胤派潘美和楚昭辅快马加鞭先行一步，通知朝中、安顿家人。

潘美入朝，朝廷方得消息。闻此剧变，宰相范质悔恨交加："仓促遣将，才有此变，都是我们的罪过！这可如何是好！如何是好啊！"王溥则呆若木鸡站在一旁，不知所措。韩通毕竟是武将，得知此事之后，风驰电掣飞奔回家，准备组织抵抗。可是，京城早已在石守信、王审琦等控制之下，韩通行至途中，被军校王彦升发现，跃马追杀至韩家，将他一刀毙命，并杀死其全家。

赵匡胤大军还京，果然纪律严明，秋毫无犯，全城秩序井然，市民安然如故。范质、王溥等朝臣被士兵们拥逼而至，赵匡胤一见二人，便痛哭流涕："我受世宗厚恩，如今为六军所迫才到这个地步，我有愧于天地！"范质正想答话，军校罗彦环拔剑上前，怒喝道："我辈无主，今日必得一位天子！"范质等人见大势已去，只好放弃挣扎，下阶叩拜，高呼万岁。事不宜迟，赵匡胤登上崇元殿，召集文武百官举行禅代大礼。因赵匡胤前领归德军节度使，其治所在宋州（今河南商丘），故定国号为"宋"，史称北宋。赵匡胤时年34岁——与柴荣即位时同龄。

宋朝初立，政局不稳，赵匡胤需要解决太多的问题，这对出身武将的他是一次巨大的政治考验。为了处理好新政权与后周旧臣的矛盾，他采取笼络与弹压两手。对后周宗室，他极力予以优待，封后周恭帝柴宗训为郑王，符太后为周太后，迁居西宫，给他们安排好养尊处优的豪华生活。对后周文武官员，只要不反抗，都照原职录用，尽可能消除他们"一朝天子一朝臣"的恐惧心理，这样，中央的局势还算平静。不过，地方上有点麻烦。后周地方藩镇势力并不买账，趁赵匡胤立足未稳，就发兵征讨，他们之中的代表人物是李筠和李重进。昭义军节度使李筠是后周开国勋旧，也是镇守潞州八年的四朝元老；盘踞淮南的李重进是周太祖郭威的

鏖战太行

宋太祖登基引起昭义节度使李筠的不满，于是起兵反抗。宋太祖下诏亲征，派石守信等将领分路出击，将李筠退入太行山的道路堵截。李筠被困泽州，遂赴火自杀。宋军不久便将李筠所盘踞的潞州占领。

外甥，柴荣时曾与赵匡胤分掌内外兵权，后出任淮南节度使。二李先后据兵反叛，赵匡胤深知能否平定二李，关系到后周地方势力对新生政权的屈服与否，于是决定亲自率军镇压。他利用李筠轻举之狂、李重进犹疑之病，以分化瓦解、速战速决、各个击破的方针，经约一年的时间，平定叛乱。既然藩镇中实力最大者已被击垮，其他地方势力即使内心对赵宋不满，也不敢公然造次对抗中央了，北宋政权初步得到巩固。

赵匡胤代周建宋，相较于以前五代更迭来说，是比较顺利的，可以称之为一场不流血的宫廷政变；况且，他所遇到的反对派阻力也不如以前那样大，叛乱时间不长，规模不大。这一切都可说明，到了五代后期，特别是后周时期，经过周世宗柴荣的改革，中原王朝中央与地方力量的对比发生了重大变化，藩镇割据的形势已不同于以往，统一的时机不断成熟。因此，宋朝的顺利建立并巩固，与柴荣的励精图治是分不开的，而赵匡胤也正是在这种情况下继续完成柴荣未竟之事业，实现自己问鼎中原的宏图。但是，面对错综复杂的局势，应该从哪里开始呢？

不妨来鸟瞰一下赵匡胤初得天下时的政治版图。南方此时共有7个割据政权，占有今四川和重庆地区的是后蜀，控制岭南两广的是南汉，据有长江下游以南的是南唐，占领今浙江和上海、福建东北部的是吴越，局促在荆南三州的是南平，统治湖南的是武平节度使周行逢，控摄福建东南部泉漳二州的是清源节度使陈洪进。宋朝北方面对的仍是契丹，它与盘踞山西的北汉结盟，长期与中原王朝对抗。这些政权中，表示臣服宋朝的有南唐、吴越、荆南、泉漳、湖南，自立为帝的是后蜀、南汉、北汉。

建隆元年（公元960年）十一月，在平定二李以后，赵匡胤约弟弟光义密访赵普。赵普深为惊诧，询问原因，赵匡胤如实相告："我睡不着。一榻之外，皆他人家。所以来见你。"于是三人席地而坐，商议统一之策。赵匡胤说："想先收太原。"赵普沉默良久，说："北汉即使一举而下，则西北边患将由我们独力担当，何不留着它，待削平诸国，弹丸黑子之地，还能往哪里逃？"赵匡胤应声："正合我意。"这就是雪夜访赵普的有名故事，后人将当时的统一方略概括为先南后北、先易后难八个字。其实，早在后周时，王朴向柴荣献"平边策"时，就已经提出这一战略构想，如今由赵匡胤及其臣僚继续执行之，绝非偶然。

政治上，北宋初期，社会矛盾依然尖锐，特别是中央皇权与地方势力之间还在角力，而契丹虽有宫廷内乱，但经过开国后三代皇帝的治理，政治体制运行已较为成熟，社会总体稳定。军事上，北宋初年，禁军不到20万，只能驻守内地和边关，骑兵缺少，而契丹仅御帐亲军就有50万，且都是勇猛铁骑，高平之战，柴荣就吃过亏。最关键的还是经济原因。自中唐以后，东南地区在全国经济中的比重明显上升。宋初，淮河流域虽入版图，但最称富庶的长江三角洲和号称天府之国的四川仍在南唐、吴越和后蜀的手中。赵匡胤深知：单靠中原地区的物力和人力，是难以支持旷日持久的北伐战争的。

统一方略既定，赵匡胤便付诸实施。对北方的契丹和北汉，他基本采取守势，力图保持北方边境的暂时安定；对南方各割据政权，他利用矛盾，抓住时机，予以各个击破。

假虞伐虢吞荆湘

建隆三年（公元962年），湖南的武平节度使周行逢病死，幼子周保权继位，才11岁，衡州刺史张文表不服气，起兵袭占潭州，周保权只得遣使向宋求救。赵匡胤感到这是假道出师、一箭双雕的天赐良机，因为挺进湖南必然要经过荆南。此时荆南之主是高继冲，甲兵不过3万，在夹缝中存活，迫于诸强，朝不保夕。次年，宋军兵临江陵城下，高继冲仓皇出迎，宋军抢先入城，高氏投降。接着大军向湖南进发，平定张文表，生擒周保权。

吞并荆湘是赵匡胤统一战争的第一战役，它验证了先易后难方略的可行性，坚定了赵匡胤的信心。宋朝控扼荆湘，不仅在经济上夺得这一中部粮仓，而且在军事上掌握了西上、东进、南下的主动权。

两路夹攻取后蜀

宋军迅速消灭荆湘，使后蜀主孟昶十分惊恐，他派赵彦韬携蜡书出使北汉，约期攻宋，可是赵彦韬拐道开封把蜡书呈给了赵匡胤，赵匡胤正苦于没有借口，见此笑道："这下可师出有名了。"乾德二年（公元964年），赵匡胤命王全斌为西川行营都部署，率兵六万分两路夹攻后蜀，不到三个月就取后蜀。但是，由于王全斌在四川倒行逆施，激起了四川兵民的反抗，也使宋初四川地区对中央的归附十分勉强，一有风吹草动，就发生变故，如王小波起义和王均兵变。王全斌大胜回朝，并将所获巴蜀地形图籍献给赵匡胤，一旁大臣建议乘胜进军大理，赵匡胤指着大渡河，以玉斧画疆，长叹："这以外的地方就不是我的了。"北宋西南边境就此确定。

千里奔袭灭南汉

南汉在各个割据政权中算是最腐败黑暗的。这么一个小朝廷，宦官竟多至七千人，国主刘铢穷奢极欲，朝政实际为宦官龚澄枢独揽，他对文武大臣滥行杀戮。国内赋敛繁重，刑罚苛酷。赵匡胤听到这些暴政，惊骇地表示要解救一方黎民。开宝三年（公元970年），南汉进攻宋控制下的州

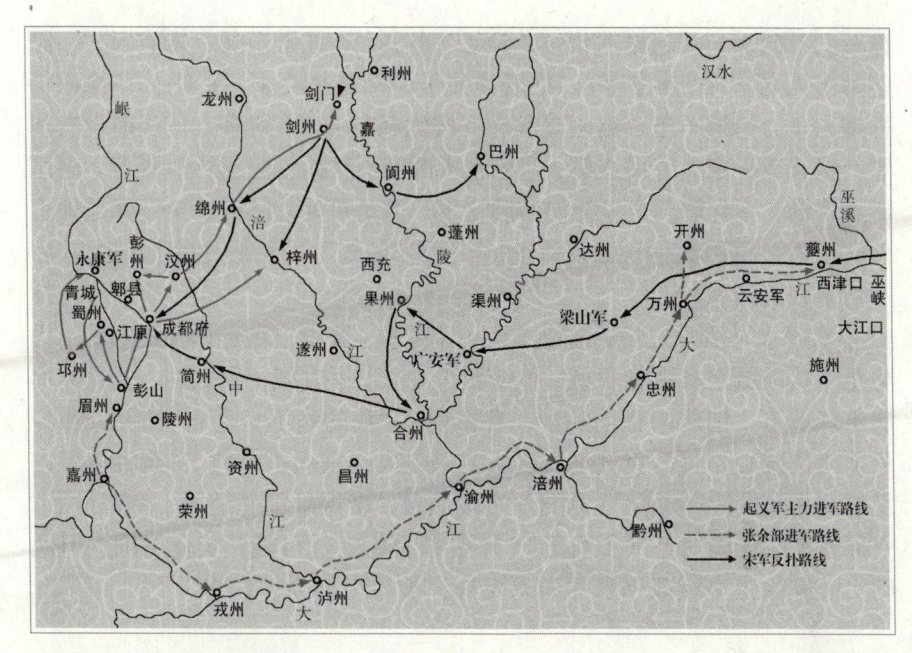

王小波、李顺起义示意图

北宋初年，川峡地区的土地大多被官僚、豪强、寺观霸占。在攻取后蜀时，宋太祖任命王全斌为西川行营凤州路都部署，但因其在四川倒行逆施激起了兵民反抗。王小波、李顺带领的起义军就是其中的一支兵民反抗队伍。《雷有终墓志》中记载了宋军镇压王小波、李顺起义的事实。王小波、李顺起义在中国农民战争史上，第一次明确地提出了"均贫富"的口号。

郡，赵匡胤命潘美为主帅，出征这个腐败而又不驯的政权。宋军南下千里，至次年，彻底灭掉南汉。刘铱被押送至开封，他性机巧、口善辩，献奇巧之物给赵匡胤，赵匡胤对群臣说："如果把这些心思用于治国理政，何至亡国呢！"一次，赵匡胤单独召见刘铱，并赐他酒喝，他想起自己经常以毒酒鸩杀臣下，战战兢兢不敢喝，赵匡胤大笑："我以赤心待人，岂有此事！"刘铱惭愧谢罪。

顺流直下平南唐

柴荣与赵匡胤3次征战南唐，已使南唐国力大衰，宋军消灭荆湘、后蜀和南汉后，南唐就陷入宋朝三面围攻之中。后主李煜自动削去南唐国号，称江南国主，企图用恭顺来避免灭国之灾。开宝七年（公元974年），赵匡胤一再遣使召李煜入朝，他托病故辞。于是，赵匡胤便命曹彬统率十万大军征讨南唐。他对王全斌在取蜀之际扰民杀降之事记忆犹新，出兵之际一再告诫曹彬："破城之日，不许杀戮！"第二年，宋军击溃南唐的阻击，直达金陵。长江天险使李煜心存侥幸，因而他不以战事为虑。直到有一天，他亲自巡城，见宋军列栅满野，旌旗蔽空，才大惊失色，急忙派徐铉出使。

徐铉到开封后，对赵匡胤说："李煜以小事大，如子事父，未有过失，陛下师出无名。"匡胤答道："你既说父子，却还是两家，行吗？"徐铉仍据理力争，论辩不已，赵匡胤辞屈，按剑怒吼："不须多言！江南也有何罪？但天下一家，卧榻之侧，岂容他人酣睡！"徐铉只得惶恐而归。赵匡胤不矫饰，不含糊，全盘托出肺腑之言，煞是可爱。的确，统一就是硬道理，不需要再用其他理由掩饰遮羞；而"卧榻"的精彩比喻，则为其后一切掌权者所效仿。

南唐水军溃败之后，金陵成为一座孤城。曹彬牢记赵匡胤的告诫，为防止军队破城之日剽掠百姓，他煞费苦心。宋军攻城正紧之时，他忽然称病不理军事，诸将来探问病情，曹彬说："我的病不是药石所能治愈的。只须诸位诚心立誓，克城之日，不妄杀一人，则病可痊愈。"诸将遂焚香发誓，曹彬果然"病愈"。次日，金陵城破，李煜赴军营请罪，南唐告平。史称曹彬平江南时"兵不血刃"，不妄杀百姓，这可能是美化之词，但他确实没有像王全斌取蜀那样滥杀无辜，被后世誉为"仁将"。

威名之下收东南

南唐平定以后，南方只剩下吴越钱俶和泉漳的陈洪进，对付他们，赵匡胤觉得已经无需动用武力了。钱氏一直小心翼翼地恭维中原王朝，保境安民。赵匡胤登基当年，就授钱俶为天下兵马大元帅。赵匡胤对南唐用兵时，下诏钱俶配合行动，以之为昇州东南面行营招抚制置使。钱俶以五万兵力从国都出发，不遗余力地进攻南唐。江南平定以后，他又立即奉表庆贺，并主动携妻儿入宋朝见。赵匡胤对此自然非常高兴，对钱俶给予特殊礼遇。他派皇子赵德昭前去迎接，钱俶来到开封后，他又下诏书表彰钱氏在助攻南唐时的忠心。后来，赵匡胤"规劝"钱俶还国，临行前，他交给钱俶一个封装甚严的

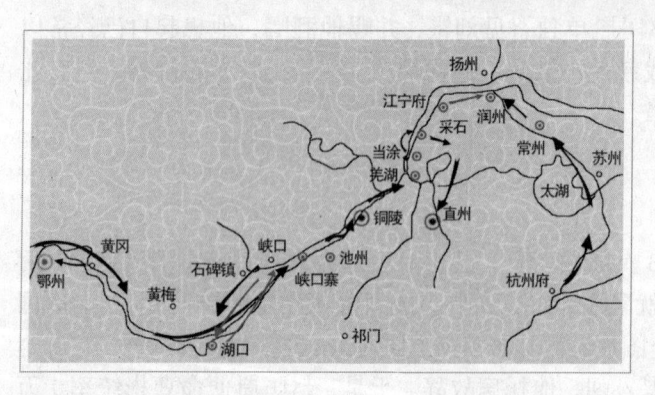

宋灭南唐之战

北宋建立初期，为实现统一，赵匡胤决心用战争创造统一局面。在继灭南汉之后，宋太祖于公元974年10月，令曹彬等率水陆军10万人征伐南唐。征伐部队由荆南沿江东直下，越过湖口，在池州以西峡口寨登陆，迅速歼灭南唐沿江各地守军，攻占池州、铜陵、芜湖、当涂等地。图为征伐路线示意图。

黄包袱，嘱咐其在归国途中秘密观看。启程后，钱俶打开包袱，大吃一惊，原来里面全是群臣扣留钱俶的奏章。他冷汗直流，内心感谢赵匡胤不加扣留，同时更加恐惧。宋廷不久令他解散兵甲、拆除城堡，钱俶均言听计从，照办不误。赵光义即位后，吴越最终归地。

泉漳的陈洪进，本是牙将出身，后策动兵变控制泉漳。他一面派人到南唐要求承认，一面又遣使往宋，请赵匡胤予以任命，这不失为首鼠两端的妙计。南唐很快就授予他清源军节度使，不久赵匡胤给南唐后主李煜下诏，宣布宋朝将接纳陈洪进，乾德二年（公元964年），宋廷正式将清源军改为平海军，任命陈洪进为节度使。赵匡胤去世后，陈洪进主动纳土。

三征北汉终成憾

话分两头。按照原先赵匡胤和赵普商议的结果，先南后北、先易后难。可是，宋军吞荆湘、取后蜀如此神速，使赵匡胤极为自信，他修改了"先南后北"的战略方针，将打击目标对准了北汉。

北汉地处山西，所辖河东十二州，土地贫瘠，国力较弱，所以统治者采取"结辽为援"的政策，奉辽帝为叔皇帝，以此作为靠山。太原城易守难攻，加上北汉军士剽悍，所以长期与中原抗衡。它曾联合契丹两度进攻后周，但接连失败。不过，柴荣攻汉虽有高平之胜，但也无法彻底打败北汉。

开宝元年（公元968年），北汉主刘钧去世，他的养子刘继恩继位，赵匡胤认为是消灭北汉的好时机，就派兵攻汉。大敌当前，北汉内部发生政变，刘继元杀刘继恩自立，他立即向契丹求救，契丹答应出兵，宋军对此有所顾忌，试探性地打了一下就退回。第二年（公元969年），赵匡胤决定亲征北汉，战事相当顺利，宋军很快就攻到了北汉都城太原，围攻数月始终不能攻下，这时已经到了夏季，宋军受到阴雨天气和疫病的困扰，只好再次退兵。

两次征北汉未果后，赵匡胤认识到拿下北汉绝非易事，于是调整策略，采取"浅攻轻扰"的战术，通过破坏北汉的农业生产来削弱其经济实力，又不断转移北汉民户到宋朝境内，以此减少其兵源，等待时机。开宝九年（公元976年），赵匡胤认为时机已经成熟，于是派军第三次攻打北汉。与前两次相比，这次出征发生在南方基本统一之后，宋军的准备相当充分，士气高昂，战术也运用得当，进入北汉后横扫敌军，两个月后，宋军攻至太原城北，北汉即将被灭。不料，正在此时，赵匡胤突然辞世——与柴荣北伐契丹时的情形类似，宋军罢兵还师。北汉问题要到赵光义即位后才能得到最终解决。

走出五代　初定国策

赵匡胤在南征北战、实现统一时间表的同时，也把精力放在如何建设新国家的重大问题上，毕竟，随着统一进程的加快，仗会越打越少，而治理国家的诸多问题则迅速摆上议事日程。赵匡胤的军事才能在统一战争中表露无疑，而能否从纷繁中理出头绪、解决好这些治国问题，是对他政治家资格的检验。

杯酒释兵权

五代后期，经过大规模的杀伐攻灭，各地藩镇的兵力，已不能与中央军力抗衡，左右政局、发动兵变篡夺皇位的，主要已不是在外拥有兵权的藩镇节度使，而是在中央典领禁军的宿将。各朝兴亡，禁军及其将领起着决定作用。赵匡胤自己就是以殿前都点检发动兵变取代后周的，他何尝不明白这一点，禁军因此被他视为"腹心之患"。如何使兵权牢牢掌握在自己手中？被传为历史趣谈的"杯酒释兵权"，正是在这种背景下发生的。

如前所叙，陈桥兵变前夕，禁军两司的高级将领大多为"赵家军"：慕容延钊、王审琦、石守信、韩令坤、张令铎。赵匡胤就是依靠这个班底成功地发动政变。建宋代周后不久，他又对禁军宿将做出一番调整，至建隆二年（公元961年），他决定不再任命自己出任的殿前都点检，并使禁军高级将领成为他清一色的嫡系亲信。赵匡胤觉得可以高枕无忧了，他认为，由亲朋好友执掌禁军，就不会再发生推翻自己的政变。可是赵普不以为然。赵匡胤说："他们肯定不会背叛我，你何必那么担心呢？"赵普道："我倒不是担心他们反叛，只恐怕他们不能控驭部下，万一军中有人图谋作孽，到那时他们也就身不由己了。"靠兵变起家的人最忌讳在自己成功后再来一次兵变，赵普之言点到了赵匡胤的痛处，他立刻心领神会。

建隆二年（公元961年）七月，一天晚朝结束后，赵匡胤特意设宴，请石守信、王审琦等禁军将领留下饮酒。酒酣耳热之际，他忽然屏退左右侍从，感叹道："要不是你们，我哪能有今天。但你们不知道，做皇帝也太艰难了，远不如当节度使来得痛快。我现在是长年累月没有睡上一个安稳觉啊！"

石守信等人一听，大感不解，忙问何故，赵匡胤意味深长地回答："这还不明白吗？皇帝这个位置，谁不想坐坐呢？"石守信等人只觉话中有话，慌忙跪下叩头："陛下何出此言！如今天命已定，谁敢再怀异心！"

赵匡胤接过话题："你们纵然没有异心，可你们手下的人要是贪图富贵怎么办？一旦把黄袍加在你身上，你要不干，也办不到啊！"宿将们知道已经受到猜忌，吓得汗流浃背，哭着求赵匡胤指条出路。

赵匡胤见火候已到，便长叹一声，开导道："人生在世，就好比白驹过隙，转瞬即逝，所以求富贵的人，不过是想多攒点金银，自个好好享乐，让子孙也不再贫乏。"随后话锋一转，"你们何不放弃兵权，出守大藩，买上一批上等田宅，为子孙置下永久产业；再多收些歌儿舞女，每天饮酒作乐，以终天年。我与你们结成儿女亲家，如此一来，君臣之间，两无猜疑，上下相安，岂不很好？"

宿将们见赵匡胤说得如此明白透彻，于是次日，石守信、高怀德、王审琦、张令铎等如同约好一般，都上疏称病，乞求解除兵权，赵匡胤自然一概允准他们出镇地方为节度使，大部分人的禁军职务被撸去。为了履行互结婚姻的诺言，他将自己的两个女儿分别许配给石守信和王审琦的儿子，又让弟弟光义做了张令铎的快婿。这便是罢去宿将典禁兵的"杯酒释兵权"。

解决藩镇割据

还是在建隆二年（公元961年）的一天，赵匡胤问赵普："天下自唐末以来，帝王换了十姓，干戈不息，生灵涂炭，原因何在？我想平息天下兵事，为国家建长治久安之策，有何良法？"赵普说："陛下能够问到这事，真是天地神人之福。其症结就在于方镇太重，君弱臣强。现在根治的办法，也没有什么奇招可用，只要削夺其权，制其钱谷，收其精兵，天下自然安定。"话音未落，赵匡胤就说："你不必再说，我全明白了。"赵普所说之"削夺其权，制其钱谷，收其精兵"，就是赵匡胤用来解决藩镇割据历史问题的三大纲领。

石守信

石守信（公元928－984年），开封浚仪（今河南开封）人，北宋初期重要将领，开国功臣。曾在后汉、后周做官，为"陈桥兵变"的主谋之一。宋太祖即位后，石守信改领归德军节度，后又平李筠、李重进之乱。宋太祖"杯酒释兵权"，石守信自请解除兵权。

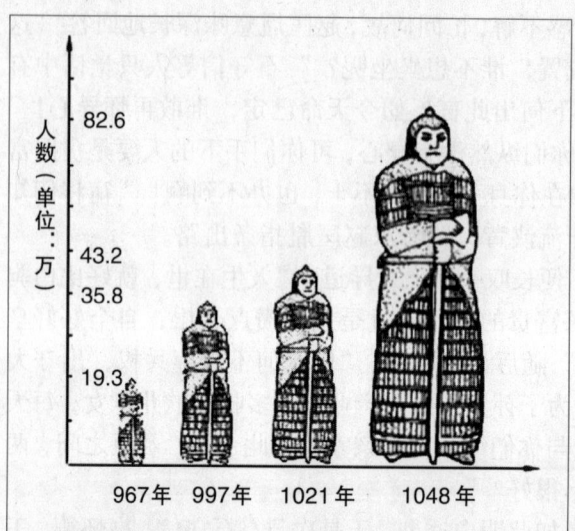

宋代禁军激增

北宋禁军相当于国家的正规军，宋初禁军有20万，10万守卫京师，10万分驻各地，后来禁军人数越来越多，成为冗兵。神宗熙宁年间（公元1068—1077年），全国禁军56万8千，元丰年间（公元1078—1085年）61万2千。这个60万左右的禁军兵力总数一直维持到北宋末年。图为宋代禁军的人数变化统计表。

在"削夺其权"上，他主要采取罢领支郡、添设通判、收司法权等措施，使藩镇的辖区和权力大为削弱，剥夺了藩镇对州府一般案件的审理权。在"制其钱谷"上，他主要采取严禁留占、设置漕司、监临场务、禁止贩易等措施，使藩镇无法再支配地方财赋，连养兵自大的本钱都剥夺光了，财政权完全掌控在中央手中。赵匡胤始终把兵权作为主要问题来抓，因而在"收其精兵"上用力尤深。

建隆二年（公元961年）十月，他在后苑设宴，招待后周时期资格很老的几位藩帅，参加者有凤翔节度使王彦超，安远军节度使武行德，护国军节度使郭从义，定国军节度使白重赟，保大军节度使杨廷璋。席间，赵匡胤从容地对他们说："你们都是国家旧臣，久临大镇，公务繁剧，这可不符合朝廷优礼贤臣的本意呵！"一听这话，王彦超马上心领神会，遂避席跪奏："我一向没有什么功劳，却得到恩宠，今年已经衰朽不堪，乞求陛下让我告老还乡。"赵匡胤见王彦超已经明白自己的意思，不禁大喜，连忙离座扶持，安慰再三。可是武行德等4人还不明就里，反倒乘着酒兴，大谈昔日自己的攻战功劳和资历，赵匡胤见其不知趣，不由得打断他们的话头，冷冷笑道："那些都是前朝旧事，已不值得再讲了！"于是这些滔滔不绝的藩帅才猛然醒悟。次日，赵匡胤解除了5人的节度使职务，任命他们担任一些诸如"太子太傅"、"左金吾卫上将军"之类的荣誉性闲职。这就是所谓的"后苑罢节镇"，它与"杯酒释兵权"稍有相似之处，都和酒筵有关，故而导致后人将两者混为一谈。

除此之外，赵匡胤通过选拔精锐、文臣知州等措施，达到"收其精兵"的目的，如此，中央军力远远超过了藩镇，地方政事完全听从中央。

改革兵制

在削弱藩镇军事实力的同时，赵匡胤也在着手改革兵制，整顿军政。

第一，分散兵权。赵匡胤建宋以后，枢密院负责军务，为全国最高军事机构，掌兵籍、虎符，有发兵之权。同时他沿袭后周的做法，设殿前和侍卫两司来管理禁军，但由于他把殿前都点检、副都点检，侍卫亲军都指挥使、副都指挥使、都虞侯等5个高级军职长期空缺不授人，侍卫亲军马步军无最高统帅，因而渐渐分出侍卫亲军马军都指挥司和步军都指挥司，它们与殿前都指挥司平列，合称三衙，有握兵之重。所以，赵匡胤初步确立枢密院——三衙的统兵体制，使其互相牵制，实现发兵权（枢密院）与握兵权（三衙）的分离，军权完全由皇帝一人掌控。

第二，强干弱枝，内外相维。宋初的军队主要是禁军和厢军，其中禁军是当时的中央正规军，乃天子之卫兵。赵匡胤从地方军队中挑选那些身强力壮、骁勇善战的士兵到禁军中来，剩下的老弱病残则留下作为厢军，供役使之用，中央军强、地方军弱，此谓"强干弱枝"。他还精心部署禁军，将二十万禁军中的一半驻守京城，另外十万分屯各处军事要地，中央与地方相制，地方发生叛乱，中央可以镇压；中央出现变故，地方联合亦能抵制，此谓"内外相维"。

第三，立更戍、定阶级。为消除"将可私兵"的隐患，赵匡胤又别出心裁地创立了"更戍法"。其含义就是，轮流分遣禁军戍守诸处，军队无固定防地，将帅则长住防地，不随士兵轮换，使将领与士兵、军队与地方互不熟悉，形成"兵无常帅，帅无常师"的局面，完全消除军权对皇权的威胁。为了革除五代以来那种"士卒骄横、侵逼主帅，下陵上替"（《资治通鉴》）的积习，赵匡胤又亲自制定"阶级之法"：军官自上而下，一阶一级，等级森严，下级必须绝对服从上级，敢有违犯，必以军法严惩。

第四，灾年募兵。这是赵匡胤从稳定社会的角度提出的特殊养兵之法。每当灾荒年月，朝廷就招募饥民为兵，把原本有可能暴乱的民众吸收为吃皇粮的士兵，把对抗政府的力量转化为镇压的工具，赵匡胤不无自夸地说："赵家之事，唯养兵可以利百代。"然而他可曾想到：把可能生变的民众招募为兵，固然暂时消弭了民变，但同时也将乱源带进了军队之中。这就是为什么北宋时期大规模的农民起义没有发生，而小股兵变却层出不穷的重要原因。

分割相权

方镇太重不过是中唐以来君弱臣强的表现之一，解除藩镇权力也不过是三大纲领付诸实践的一方面成效。而相权的强弱消长直接影响到君权的安危存亡，于是赵匡胤便举一反三，把三大纲领推广运用到分割相权上。

宋朝建立后最初的四年，范质、王溥和魏仁浦担任宰相，他们都是后周的留用人员，赵匡胤用他们是为了稳定政局，做摆设看的，有机会就要折辱他们的权威。宋代以前，宰相见皇帝议论政事，是要赐茶看座的，即所谓"坐而论道"。据说，有一天，范质等人议事时还坐着，赵匡胤说自己眼睛昏花，让他们把文书送到他面前，等到回头落座时，座位已被撤去，从此宰相只能站着奏议朝政了。还有一种说法，范质等人因心存顾忌，每事向赵匡胤汇报，无暇坐论，赐茶看座之制无形中取消。不管怎么说，宰相见皇帝从坐到站，表明相权从宋代开始下降。

赵匡胤把原先的相权一分为二，分为中书门下和枢密院，一文一武，号称"二府"。中书门下是最高行政机构，其长官即宰相；枢密院是最高军事机构，其长官为枢密使，负责军务，因而宰相不再与闻枢密院事务。

乾德二年（公元964年），赵普做上宰相，此前他实际上已经承担着宰相的职责。自后周显德三年（公元956年）以来，赵匡胤与赵普相识8年，赵普一直是他最得力的谋士，赵普是陈桥兵变的主要指挥者，是诸多开国方针的重要制定者。因此，赵普出任宰相是顺理成章的事，赵匡胤一如既往地信任赵普，故让其独居相位达10年之久。然而，此一时彼一时，如今"一人之下，万人之上"的赵普却逐渐变得独断专行，仗着同皇室的深厚渊源和亲密关系，越来越没有界限，从而招致了赵匡胤的不满。这是皇权对相权的本能排斥。早在赵普登相的同年，赵匡胤就设立参知政事，简称参政，是为副相，薛居正和吕余庆为首任参政，协助赵普处理政务。但此时参知政事不能到政事堂与宰相议事，不能掌管中书门下印，甚至不与宰相一起奏事，只是奉行制书而已，地位与宰相相去颇远。到开宝六年（公元

雪夜访普图　刘俊　明代

赵普是宋太祖身边主要的谋士，立了不少大功。宋太祖拜赵普为宰相，事无大小，都跟赵普商量。图中表现的是宋太祖赵匡胤在一个大雪纷飞的冬夜暗访赵普，君臣二人在炭盆前促膝长谈，拟定先南后北的作战方略。

973年），赵匡胤把参知政事的职权和地位，提升到与宰相接近。他首先命参知政事得入政事堂与宰相共议政事，而后命参政与宰相轮番执掌中书门下的相印，押百官上朝班次，用意是防范赵普专擅，分割其权力。为了进一步削弱赵普的势力，赵匡胤对中书堂吏进行了大规模清理整顿，对赵普釜底抽薪。至同年八月，赵匡胤正式下诏，罢免了赵普的宰相职务，让他出任河阳节度使，而将薛居正和沈伦提升为宰相，卢多逊普升为参知政事。不过，赵匡胤罢免赵普时，用了一个冠冕堂皇的借口，说是赵普虽为国家重臣，但也应当均劳逸，不宜让他过分操劳，总算为赵普保留了一点点面子。

赵匡胤和赵普从亲密无间的主从关系到君臣的公开决裂，深刻反映出皇权与相权的矛盾，相权在这场角力中败下阵来，一蹶不振。

推广文化教育

五代时期，斯文扫地，文人处境恶劣。后汉重臣史弘肇曾公开宣布："安定朝廷、平息祸乱，必须要靠长枪大剑，至于毛锥子，有什么用！"在枪杆子指挥笔杆子的年代里，朝廷上下鄙视读书人，重武轻文成为一种社会风气和时尚，似乎谁都可以对文人随意轻侮和嘲笑一番，结果，导致学校不兴，文教日衰，官吏昏暴，朝政紊乱。

武人出身的赵匡胤，在开国之初，其心态与五代帝王并无二致。有一次，赵匡胤经过一道城门，抬头看见城门上写着"朱雀之门"的题额，他问一旁的赵普："城门上写着某某门就好了，为什么非要加上一个多余的'之'字呢？"赵普说："这是一个语助词。"赵匡胤轻蔑地笑道："之乎者也，助得甚事！"其口气与史弘肇无异。然而，马上得天下的他，回想起五代时期武将横行、王朝频替的严峻形势，在为政之时不得不有所更张，他把对文士的争取与拉拢作为抑制武将、扩大统治基础的重要手段，以赢得他们对新朝的支持。

为了表明这种态度，赵匡胤特意在宫城内设立隆儒殿，以示对知识分子的尊重。建隆二年（公元961年），他视察相国寺后忽然提出要看看周世宗柴荣时期设立的国家学校国子监，次年，他再次出幸国子监，感到这个培养人才的场所同新王朝的兴旺气象不相称，便下令增修祠宇，塑绘先圣、先贤、先儒之像，将国子监整葺一新。他又亲自撰写孔子和颜回的赞文，同时要求宰相等要员也动笔大书其他圣贤的赞表。如此种种，都让知识分子大受鼓舞。不久，左谏议大夫崔颂出任国子监判事，开始聚徒讲学，于是停废的国子监又传出了琅琅读书声。

赵匡胤还重视图书的搜集，自己也酷爱读书。早在跟随柴荣打淮南时,有人揭发他私载货物达数车之多,检查下来,只有书籍数千卷,柴荣说:"你身为将帅,应该致力于兵甲,要这么多书干什么?"他答:"蒙用为将帅,我经常怕完不成任务,故而聚书观看,学知识,广见闻,增智慧。"在平定各割据政权时,赵匡胤特别留意搜罗图书。后蜀和南唐是十国中文物图书最丰富的国家,李煜宫中图籍万卷,钟王墨迹尤多,后蜀成都自唐末以来就是雕版印刷的中心,赵匡胤平定两国时,尽将之收入囊中。随后他沿袭前代,设昭文馆、史馆、集贤院,"蓄天下图书,待天下贤俊"(《续资治通鉴》);颁布诏令募购亡书、奖励民间献书;留意著述典籍的校勘。

此外,赵匡胤有一项关键的文化措施:对部分文人开始重用。卢多逊,后周进士,入宋后任知制诰、知贡举等职,又升翰林学士,开宝六年(公元973年)除参知政事,成为显赫一时的副宰相。他博涉经史,文辞敏给,每当赵匡胤向大臣问起书中之事时,他总是对答如流,因而被委以重任。张洎原是南唐进士,曾力劝李煜固守拒降,国破之后为赵匡胤所俘,可他凛然不屈,赵匡胤佩服有如此忠心的读书人,便授予高官,这在各割据政权归顺宋廷的官员中是少有的特例。

赵匡胤又试图从源头上解决问题,把目光转向了传统的科举考试,剔除前代弊端,不断严格完善这个重要的选官制度。他下令,禁止考生与主试官之间结成座主——门生关系;规定朝臣不得"公荐";防止权贵请托;创设殿试,将取士之权集中到皇帝手里,中举的士子们直接成为"天子门生",主考官徇私舞弊以及与考生形成某种势力的可能性进一步削弱。为了进一步扩大统治基础,广泛吸收知识分子参与政权,赵匡胤还拓展了科举制度的开放功能。他打破唐代科举的门第限制,无论年龄大小、家庭贫富、郡望高低,凡稍具文墨者,皆可应试,甚至以前一直被排斥在仕途之外的

殿试图　宋代

殿试,也叫"廷试"、"廷对",是科举考试中的最高一段。皇帝亲临殿廷,发策会试中试的贡士。殿试始于武则天天授二年于洛阳殿前亲策贡举人,但尚未成定制。宋代开宝八年,太祖于讲武殿策试贡院合格举人,并颁定名次,自此始为常制。此图描绘的就是学子们正在完成皇宫中皇帝举行的殿试。

"工商杂类"出身的士人,只要有"奇才异行",亦允许应举;在经济和政治上也给予应举士人一定的优待。除常设的贡举外,赵匡胤还特意开设非常规的制科,为读书人进入仕途提供又一方便途径。他还不时从落第举人中选拔人才,下诏在落第人员中取其犹长者,第而升之。针对那些在省试或殿试中多次不第的士人,赵匡胤仍然为他们创设条件,专门设置"特奏名",特赐出身,谓之"恩科"。

赵匡胤对科举选官制度的改革和完善,使得各个阶层的读书人趋之若鹜。大批书生涌入考场,连有些僧人也不甘寂寞,纷纷还俗应考。据统计,两宋历朝贡举考试共118次,赵匡胤时代举行了15次,录取进士186名,诸科161人。后来有人对赵匡胤重视科举、特别是设立特奏名之事极力吹捧,认为,从此那些潦倒不第的士人,都"觊觎官场,老死不止","草莽英雄皆埋没消靡其中而不自觉,所以天下不乱"(《国朝诸臣奏议》)。

在文武之间,赵匡胤为了抑制武人而擢用文士,有"宰相须用读书人"之语,更有誓碑为证。据说,建隆三年(公元962年),赵匡胤曾在太庙寝殿的夹室里立一誓碑,规定此碑不可随意示众,但遇祭祀大典或新皇帝即位时,有关部门必须请皇帝恭读誓词:"柴氏子孙有罪不得加刑;不得杀士大夫及上书言事之人;赵氏子孙有违犯此誓者,天必殛之。"

如此一来给后世留下了他"重文抑武"的政治形象,其实不然。他曾经对赵普说:"五代方镇残虐,百姓深受其害。我挑选干练的儒臣数百人,去分治大藩,即便个个贪浊,其危害也抵不上一个武人。"在赵匡胤看来,不杀士大夫及上书言事之人,或任用文臣,只不过是因为他们可能产生的危害远不及武人来得大,更不会像武人那样危及政权本身。不过,赵匡胤对文治的倾向,毕竟在一定程度上扭转了武人独大的政治格局,为其后任者高度"重文"、最终形成颇具宋代特色的"文人政治",树立了风向标。

俭约立国

赵匡胤自奉节俭。《资治通鉴》对他的评价是"躬履俭约"、"无文采之饰"。他对奢侈品似乎从来没有兴趣,吴越王钱俶曾经要送给他一条珍稀的犀角腰带,据说佩戴之后有延年益寿之功,赵匡胤婉言拒绝说,朕已有了三条宝带了,不必多此一条。那三条宝带可不是吴越王引以为傲的珍宝饰品,那是赵宋帝国版图中的河流:一条是汴河,一条是惠民河,一条是五丈河。储财以备国用,心心念念俱是国家的繁荣富强,以畋游声色为戒的雄心跃然可见。

贵为一国之主,赵匡胤当然并不是没有钱,单说后蜀灭亡的时候,宋代就缴获了大量的金帛玉器,这批财物从水陆同时往开封运送,车水马龙地从不停顿，整整花了十年才全部抵达京城。南方从来富庶，所备器具无不美轮美奂，赵匡胤却并没有见而思齐，相反，当他在战利品中见到后蜀孟昶所用的七宝装饰的溺壶，只是感慨："用七宝装饰这种东西，那该用什么盛饭呢？所为如此，不亡何待！"立即命人将它砸碎，平常还是照穿洗了又洗的衣服，卧室的窗帘也选用青布缘边的苇草帘子。除了自奉极俭之外，他对家里人也一视同仁地严格。据说，他见爱女穿着翠羽绣衣入宫，就让她不要再穿，说："你做公主的一穿，宫闱贵戚争相效仿，京城翠羽的价钱就会大涨。小民逐利，辗转贩易，捕捉伤生，皆因你而起。你生长富贵，怎可造恶？"宋皇后建议赵匡胤用黄金装一乘肩舆，他说："我有四海之富，即便用金银装点所有宫殿都可以办到。但想到我为天下守财，岂可妄用？如果只顾厚自奉养，怎么让天下人拥戴你呢？"正因为如此，赵匡胤对贪官污吏深恶痛绝、严厉惩治。据统计，他在位期间因贪污受贿处死的官吏达28人，处死方式有杖死、弃市、凌迟等极刑，级别有郎官、刺史等，使宋初吏治得以一新。

赵匡胤勤俭治国的方针对宋代初年能迅速恢复元气至关重要，至少，他整整影响了身后的一代君王和一代士风：赵光义（即宋太宗）看到哥哥当了皇帝还十分俭约，劝说道："陛下服用太俭朴了。"太祖反倒语重心长地提醒他，要牢记一家子在洛阳夹马营的艰苦日子。而有时为了激励臣下的士气，他还会拿出麻织的鞋子与麻布做的下裳赐给左右亲信，说："这都是朕穿过的。"此外，他还常常特别嘉奖一些自奉简朴的官员。太子太傅范质，虽为高官，可是家里连待客的碗碟都没有，太祖闻知之后便特别加赐他酒食器具。就这样，一方面是高薪养廉的政策："宋朝入仕者不复以身家为虑，各自勉其治行"（《廿二史札记》），一方面是严惩贪污的法制，同时，是以身作则、鼓励勤俭的激扬士气，宋开国初年，从皇帝到大臣，都很有为天下百姓克己守财的高风亮节。

烛影斧声　千古留谜

生、老、病、死，是生命过程的自然规律，本不值得过分书写，然而，特殊历史人物的生、老、病、死往往会引起时人乃至后世的强烈关注，任时间流逝、岁月变迁，也丝毫改变不了人们猎奇、揭秘的心理。陈桥兵变、烛影斧声、金匮之盟，是与赵匡胤有关的宋初三大历史疑案，前已述陈桥兵变之事，现在说说烛影斧声。

关于赵匡胤的死，作为官方正史的《宋史·太祖本纪》，只有"帝崩于万岁殿，年五十"寥寥数语，而野史笔记则对此大加渲染，遂有"烛影斧声"的传说。

赵匡胤死于开宝九年（公元976年）十月二十日。起初，赵匡胤曾问卜于一个"忽隐忽现"的混沌道士，道士算了命后说："只要今年十月二十日夜晴，则可延长寿命十二年，如若不然，则应当赶快准备后事。"匡胤将此言牢记在心。二十日夜间，他早早地登上太清阁观察天气。起初，星光灿烂，天空晴朗，匡胤心中大喜。可是，好景不长，忽然阴霾四起，天气骤变，顷刻间雪雹骤降，匡胤内心一沉，匆匆走下楼阁，退归寝宫，并传旨开启宫门，召晋王、开封府尹、皇弟赵光义入宫。赵光义一到，赵匡胤便屏退宦官宫妾，兄弟两人斟酒对饮。结果，宫人们远远望去，只见红烛摇曳，影下光义不时起身离席，似有谦让退避的样子。饮罢，漏鼓三更，殿外积雪数寸。赵匡胤走出寝宫，手持柱斧戳入雪地，大声对光义说："好做！好做！"说罢就宽衣解带就寝，鼾声如雷。当天夜里，赵光义没有出宫，留宿禁中。将近五更天时，周围值班禁卫寂无所闻，赵匡胤猝死。赵光义继位，是为太宗。

以上叙述，出自宋代僧人文莹《续湘山野录》，而司马光的《涑水记闻》则是另一种版本：

赵匡胤死时天已四更，一直守在身边的皇后派内侍都知王继恩召匡胤四子赵德芳。王继恩自以为赵匡胤向来打算传位给光义，竟然不宣德芳，而是径直跑到开封府找赵光义。只见长于医术的左押衙程德玄坐在府门口，便问其缘故。德玄说："二更时分，有人叫门说召晋王，开门却不见人影。如此情况，先后3次。我担心晋王有病，所以赶来。"王继恩感到怪异，便告以宫中大事，赵光义听后非常惊讶，犹豫不决，声称要与家人商议，继恩催促道："时间一长，天下将为别人所有了。"于是三人便踏着大雪，步行入宫。行至宫门，继恩欲让赵光义在外面稍候等待，自己好先去通报。德玄说："直接进去，何待之有？"三人俱至寝殿。宋皇后听到继恩的声音，忙问："德芳来了吗？"继恩答道："晋王到了。"宋皇后见到光义，不禁愕然失色，马上改口喊官家，叫道："我们母子的性命都交给官家了。"光义边落泪边回答："共保富贵，别怕别怕。"第二天，光义就即了皇帝位，是为太宗。

对于此事，还有其他一些记载，都各执一辞，莫衷一是。南宋史家李焘在编写《续资治通鉴长编》时，对各家说法进行一一考辨，认为《续湘山野录》和《涑水记闻》的记载，如果去除好事者的修饰，大体是可信的。

与"烛影斧声"紧密相关的则是所谓"金匮之盟"：建隆二年（公元961年），杜太后病危之际，召赵普入宫，当时赵匡胤在侧。太后问赵匡胤何以得天下，答以祖宗和太后积德，太后说："不对！正因为周世宗让幼儿主天下之故；倘若后周有长君，天下岂你所有？你百年后应传位给你的兄弟。能立长君，才是社稷之福啊！"见赵匡胤叩头应允，太后对赵普说："你记下我的话，不可违背。"于是赵普在榻前亲写约誓，一式两份，均签上自己的名衔。事后，一份随葬入杜太后的幕棺，一份由匡胤手封收藏于金匮。

上述两事，传闻异辞，实难定一，遂成千古之谜；但是非曲直，不外乎皇室内部争夺皇位的阴谋和斗争。

赵光义

在中国古代诸皇帝中，庙号"太宗"的一般继位都有点不清不楚，宋太宗赵光义也是如此。在历史上，他的形象很坏：传说中，他对李煜的小周后上下其手；传说中，他逼死了弟弟廷美与太祖二子德昭、德芳；传说中，他心胸狭隘，不能容人。

其实，赵光义也不是平常人。

他初名赵匡义，大宋开国后，为避太祖匡胤讳，才更名光义，继位第二年改名炅。太宗生于后晋天福四年（公元939年）十月。据传，其母杜太后"梦神人捧日以授，已而有娠"，生太宗"是夜，赤光上升如火，闾巷隐有异香"（《宋史》）。

传说中，赵光义是一个粗鄙的人，不过，历史并不支持这样的传说，因为他的落笔成文、字字珠玑是有文章为证的；并且，他也擅长飞白书法，通晓音律，名声早已闻于当时。而且，可靠的史料记载中，赵光义还嗜好胱在唐时曾任县令之职，祖父赵珽也官至御史中丞。然而祸福变迁，到他的父亲赵敬年轻的时候，赵家就已经没落了，幸亏赵敬胸有大志，颇有才干，硬是重振了家业，甚至还做到了营州、蓟州、涿州刺史的级别。不过，赵敬死得早，赵家又再次一落千丈。这位青年虽是一介平民，仍然没有忘却祖上的荣耀，也渴望自己能够像父亲那样重新白手起家。这一次他就是打算去投奔河北镇州的赵王王镕，谋求前途的。这番话更让杜爽确定这位青年绝非凡品，家世和人材都很不错，在这样的乱世，不但终有出人头地之日，而且说不定还能成就大事业。于是杜爽做出了一个大胆的决定：将赵弘殷招为女婿，贴钱嫁女，将自己年方及笄的女儿四娘子嫁给他。

就这样，一场大雪为赵弘殷带来了一段姻缘；而这场联姻也成为杜爽此生最明智的决定，他将因此成为大宋开国皇帝的外祖父。

赵弘殷求取前途的步伐并没有因为贪恋新婚之乐而停顿。婚后，他按照原定计划，加入了赵王王镕的麾下，并且很快以骁勇善战大受瞩目，前途算是踏上了正路。而后，虽然王朝更替频繁，他的功名还是步步向前：后唐时任飞捷指挥使，后汉时任护圣都指挥使，后周时任右厢都指挥、领岳州防御使、检校司徒……死后还得到了后周皇帝追赠的武清军节度使、太尉之职。

在王朝频频更替、一家人随着丈夫职务的变迁四处流离的日子里，杜氏也由一个殷实人家的大家闺秀逐渐变为一个性格坚毅、有胆识见解的成熟女人。她也许很像她的父亲，骨子里就不是一个软弱的女人。因此，当赵匡胤"意外"地披上黄袍、成为一代天骄的时候，有人飞奔去赵府将这天大消息报告给杜老夫人："点检已做天子！"这位老太太只是镇定地说了一句："吾儿素有大志，今果然矣。"这份不惊讶，确实很难得。因为，这毕竟是谋朝篡位啊，杜氏竟毫无妇人之仁，可谓刚硬冷酷；更因为，在这个动荡的乱世，做皇帝可能是富贵的开始，更可能是灾难的临头，杜氏不惊不傲，自制能力之惊人、分寸把握之到位，不能不令人刮目相看。

而她在历史上留下佳誉的传说，还不止这一件。在她59岁那年，她被自己的二儿子、新任的宋朝天子赵匡胤册立为皇太后。这是宋代建国后的一件大事，为皇太后上尊号的典礼进行得异常隆重。就在赵匡胤率领文武群臣向母亲行参拜之礼的时候，人们却发现高坐殿上的杜太后并没有欣喜得意的表情，反倒是满脸的担忧愁闷。太后不满意，属下的大臣们慌了手脚，连忙上前问道："母以子贵，如今您的儿子已经贵为天子，您的晚年可以安享尊荣了，为什么还不高兴呢？"杜太后掷出了在心头盘绕已久的心声："我听说做皇帝是极难的事情。天子位居万民之上，如果治国有道，天下归心，当然能在宝座上稳享尊贵，但是万一出现失误，驾驭不了国家，到那时，恐怕就是想放弃权位、做一个平民老百姓，也是求之不得了。这就是我如今最担忧的事情。"母亲这番话是说给赵匡胤听的，赵匡胤自然心领神会，立即起身拜谢，表示谨记教诲。在北宋艰难的开国历史中，赵匡胤步步沉着，暗暗地化解了无数的危机，终究没有辜负母后的一番心意。

杜太后在历史上不得不提，还因为她牵涉到了宋王朝传承的最大谜案："金匮之盟"。事情的真假很难说，在杜氏去世后相当长的一段时间里，这个谜都没有任何人知晓，反正，传说中的誓书真正出现在众人面前的时候，已经是北宋王朝进行了第一次皇位交接以后；不过，要搬出已经去世的皇太后来树立威信，也可见出杜太后在宋代君臣心目中地位之尊崇。而有宋一代特重母教，认为家庭母教，乃是贤才蔚起、天下太平之根本，这一风气与建国初期皇帝的身体力行有关，当然，与杜太后母仪天下的见识和胸襟，更是密切相关。

余 论

赵匡胤是凭藉着手中的兵权从孤儿寡母那里抢下江山的，这当然不见得是"正途"；可是，在中国历史上，他是少数几个没有恶评的君王——尤其在道德评判相当苛刻的宋代，无论是正史还是轶事，对其人品的评价并无二致，这相当不容易。

这也许因为他是一位职业军人，以军功起家，创立朝代之日，他仍是现役的高级将领。生在五代乱世、起于行伍介胄的领袖，最讲究的是以真心待人，而赵匡胤在历朝君主中，也确实是一位很少虚伪的人。"杯酒释兵权"，他并不掩饰这一行为是出于对自己皇位的担忧——相比之下，汉高祖和明太祖屠杀功臣的伎俩就只见卑鄙了。

这也许是因为他的武功谋略确实了得。赵匡胤所灭之国，有荆南（湖北）、湖南（即今日湖南）、蜀（四川和陕西一部）、南汉（广东和广西）和南唐（江苏、江西及安徽之一部）。吴越（浙江及福建之一部）虽然疆域未入宋朝的统治，纳贡却年年不少。在分裂已久的五代，那已经是一个奇迹了，北宋到底是摆脱了五代更替的历史怪圈。320年的宋朝基业正是由赵匡胤所奠定。

这也许是因为他的性格宽容厚道。在统一期间被他征服的小朝廷的首长，都受到优待，并无历朝的疑忌杀戮情事。《水浒传》里小旋风柴进的"丹书铁券"，就是赵匡胤对柴家的承诺和保证：凭此券柴家子孙犯罪永远免死。

这也许是因为他在私生活上亦极为检点。《千里送京娘》是脍炙人口读书。他的父亲、出身行伍的赵弘殷外出征战时，对各地金银财宝分毫不取，唯一的爱好是搜求各类古籍善本带给赵匡义。可是历史并不原谅他，也许是因为赵匡胤对他太好；中国的道德最不能容忍的就是忘恩负义。

史书记载："帝（宋太祖）以晋王（赵光义）所居，地势高仰，水不能及，六月，庚子，（太祖）步自左掖门，至其第，遣工为大轮，激金水注第中，且数临视，促成其役。（晋）王性仁孝，尹京十五年，庶务修举。帝（宋太祖）数幸其府，恩礼甚厚。尝病殆，不知人，帝亟往问，亲为灼艾，（晋）王觉痛，帝亦取艾自灸，自辰至酉，至汗洽苏息，帝乃还。又尝宴宫中，（晋）王醉，不能乘马，帝起，送至殿阶，亲掖之。（晋）王帐下士蒙城高琼左手执镫以出，帝顾见，因赐琼等控鹤官衣带及器帛，勉令尽心。"（《资治通鉴》）说的是有一次光义生病，赵匡胤贵为皇帝，仍亲手为他灼艾，赵光义失声叫痛，匡胤大概是要为其弟分担病痛，也取艾自灸的故事。

而宋太祖的历史功绩，也向来是有目共睹，史臣有叹："五季（五代）乱极，宋太祖起介胄之中，践九五之位。原其得国，视（后）晋、（后）汉、（后）周亦岂甚相绝哉？及其发号施令，名藩大将，俯首听命，四方列国，次第削平，此非人力所易致也。建隆（太祖年号）以来，（太祖）释藩镇兵权，绳赃吏重法，以塞浊乱之源。州郡司牧，下至令录、幕职，躬自引对。务农兴学，慎罚薄敛，与世休息，迄于丕平。治定功成，制礼作乐。（太祖）在位十有七年之间，而三百余载之基，传之子孙，世有典则。遂使三代而降，考论声明文物之治，道德仁义之风，宋于汉、唐，盖无让焉。呜呼，创业垂统之君，规模若是，亦可谓远也已矣！"（《宋史》）

也许，正因为宋太祖过分强大，所以，即使兄弟情深，有这样一个哥哥的赵光义，也还是压抑的。有这样一件事情：赵光义在开封府时，有个青州人到京城来，带着一个十几岁的小女子，光义见她秀美出众，想买下做妾，那青州人不肯答应。光义手下有个叫安习的，投主上所好，自告奋勇愿办成此事，他用手段半买半骗地将青州女子偷偷地弄进开

宋太宗赵光义

赵光义，本名匡义，太祖时改名光义。22岁时，参与陈桥兵变，拥立其兄赵匡胤为帝，曾参与太祖统一四方的大业。太祖死后，赵光义继位，称宋太宗，公元976—997年在位。继位之初，宋太宗就锐意夺取幽云地区，出兵北汉，对辽开战。对内加强中央集权专制，重视科举增加进士名额。执政期间，他重用文人，形成重文风气。宋太宗本人也具有很高的文学造诣，以书法最为著名。

封府，遂了主子的心愿。后来太祖知道了这事，大为光火，他不能拿自己的亲弟弟开刀，于是下令追捕肇成其事的安习，安习只好躲在晋王宫中，直到赵光义登上皇帝的宝座才敢抛头露面。

后人说起赵光义的篡位成功，不能不追慕赵匡胤的厚道仁慈：赵光义广植党羽，几乎全是在赵匡胤的眼皮底下完成的。光义做了15年的开封尹，罗致了大量文武兼备的俊才，其数量颇为可观，形成一个庞大的幕僚群。这个幕僚群，不仅帮助光义获得准皇储地位，而且助他登上帝位，更予太宗时期的政治以巨大影响。赵光义广延入开封府的文人幕僚和军校，据蒋复璁先生考证所得，共有66人之多。除了数目庞大的幕僚群，赵光义在文官、武将中也结交了不少人，其势力日渐发展。《玉壶清话》卷七记载，赵光义"为京尹，多肆意，不戢吏仆，纵法以界豪俊"。幕僚之中的元达、傅思让、王汉忠等人，野史上是作为无赖亡命之徒来描述的，足以证实《玉壶清话》的记载不虚。这样一股举足轻重的政治势力本来不容忽视，而赵匡胤居然视而不见，任凭赵光义威望渐隆，羽翼渐成，真可以算得一位注重手足之情的好哥哥了。

可惜，赵光义下手够狠辣、心计够深重，却不能把一个好好的大宋江山给安置得妥当——即位之后，他注重的还是政治手腕，而不是宏图远略。太宗继位后的三个月——太平兴国二年（公元977年）正月，举行科举考试，进士及诸科等共录取500人，其中进士达109人。而太祖一朝，十七年间，一共才录取了108个进士。赵光义当上皇帝之后，取士空前之多，急于培养亲信之心，昭然若揭；而他选拔人才，却并不是为了人尽其才地治好国家——太宗皇位稳固后，非常注意将皇权集中在自己手中。太平兴国七年（公元982年）三月，太宗命"藩邸之旧臣"二人为参知政事，目的是分散宰相的权力。四月，沈伦、卢多逊皆罢相，仅留赵普一人。同年七月，太宗封长子德崇为卫王，次子德明为广平郡王，德崇为检校太保，并同平章事。依照规定，宗室任检校官同平章事者是加官，并没有实权，而太宗诏令卫王和广平郡王轮流往中书省视事，参与中书事务，进一步削弱宰相之权。此后又任命了宋琪、李昉等为参知政事。此外，太宗还添设了一些机构，分夺中书机务，以削弱中书事权。如京朝官差遣院、审刑院、理检司、审官院和考试院，由此，中书省下属的吏房、刑房、孔目房的机务皆被夺。这一系列加强皇权、贬抑士气的措施，遭到一些朝中官员的反对。《续资治通鉴长编》载，太平兴国八年（公元983年）十二月，权知相州、右补阙、直史馆天锡上疏称："中书是宰相视事之堂，相府是陛下优贤之地，今则于中书外庑置磨勘一司，较朝臣功过之有无，审州郡劳能之虚实。眷言是职，本属考功，岂考功之职不修，而磨勘之名互出，殊非雅称，深损大纲。""疏入不报"，太宗并未理会，依旧故我；与削弱中书事权相反,太宗将原幕府中的得力助手先后安插进枢密院,成为枢密院长官,把政务一揽子置于自己的眼皮底下。

这样的手段,处理内政绰绰有余,可是在处理国际关系的时候,却派不上半点用场。太宗急功好利,几次北伐攻辽都受挫,于是转而执行守内虚外的政策,也就是对内八面玲珑,对外一筹莫展;赵宋灭后蜀,将府库中所存贮的全部财富都运走了,而后蜀的各种税收名目照例完纳,如头子钱、牛皮钱等不胜枚举,天府之国的百姓要承受极其繁重的苛捐杂税,致使饿殍载道,民不聊生,只好揭竿而起,自谋活路。宋朝在太宗手里,渐渐形成了积贫积弱的局面。

不过,太宗最关心的,并不是大宋皇朝的强盛,而是自己一系的繁荣。这一点,他应该可以瞑目了:自真宗至南宋高宗,所有的皇帝都是太宗这一系子孙。直到高宗赵构,因为身后无子,就过继太祖七世孙,即秦王赵德芳的六世孙立为太子,即孝宗,以后的才又转入太祖一系。算起来北宋南宋各九个皇帝,匡胤光义兄弟并称"祖宗",他们的后代各有八人做了皇帝。兄弟二人轮流当皇帝,其后代也轮流往复,可谓平分秋色。

赵 普

北宋是一个重文治的王朝,有趣的是,它的首任宰相赵普,恰恰智谋多而读书少,有"半部《论语》治天下"之说;然而,他所参与制订的重要方针、政策,却一直影响着宋朝三百年的统治状况,关系到国计民生的大问题。

赵普生于后梁末帝龙德二年(公元922年),字则平,原籍幽州蓟县,他的父亲因为避后唐赵德钧兵戈乱迁居洛阳。赵普自幼学习的是吏事,这可能就够不上清流的标准了;成年后,他被聘为永兴军节度使刘词的幕僚,后来因为才干优异,被举荐于朝廷,与赵匡胤同为后周世宗柴荣部下。他的崭露头角是因为一件小事:赵匡胤破滁州后,捕获了百余名强盗,经赵普审讯,大部分原来不是盗贼,赵普这一审就救了他们一命。这

赵 普

赵普(公元922—992年),字则平,幽州蓟(今北京城西南)人,徙居常山(今属浙江),后迁洛阳,宋初谋臣。赵普作为宋朝宰相,被人认为是名相,在太祖时期极为受到重用,后期因为人品等各方面问题逐渐失去宠信。

件事给赵匡胤留下了好印象，于是被升职为同州节度使属下的司法推官，很快就成为了宋州的书记官。而他的官运亨通，自然是从赵匡胤黄袍加身开始的：旧史记载黄袍加身的故事虽然都不认为赵匡胤完全是被迫的，但也一致肯定赵匡胤本性仁爱，而这样一个仁爱的人，怎么做得出从寡妇孤儿手中夺取政权的事呢？况且，陈桥兵变的过程是如此顺利无阻，这就给后来的历史留下了种种疑问：是谁第一个煽风点火、诱导部将为谋富贵而拥立新主的？为什么留京守卫之殿前都指挥使石守信、都虞侯王审琦对拥立赵匡胤做皇帝的事情一拍即合呢？兵变前赵匡胤的弟弟赵光义与掌书记赵普到底是不是知道一点儿风声？兵变之际他们又为什么枕戈待旦地守护着黄袍加身的赵匡胤呢？这些细节似乎都一致指向幕后的策划，而无疑，赵普在其中起了智囊军师的特殊作用，是他做了新皇帝心中想做而又不太愿意亲自动手的事。这些事是弄刀舞枪、迷信武力的将领，包括赵匡义在内都计虑难周的。所以，按政变的实际作用来说，赵普应获头功。

而还有一个故事，就不太为人所知了。那是乾德元年二月，赵匡胤之弟赵光义的老丈人、天雄节度使符彦卿来朝。赵匡胤一见亲戚的面格外高兴，符彦卿既是赵光义的岳父，算是赵氏兄弟的父辈，关系当然不同一般。于是赵匡胤打算让符彦卿执掌军权。话刚刚说出口，赵普就当面极力反对，认为老头子本来就德高望重，不可以再给他更多的兵权了。但是赵匡胤亲戚情重，不顾赵普的反对，还是发下了任命书。谁知赵普早有防备，半路将任命书给截下，赶去见赵匡胤。赵匡胤先是很不开心，觉得自己对亲戚照顾一点无可厚非，而亲戚也不可能辜负自己；是赵普的一句话转变了局势："那么，周世宗对陛下您可也不薄啊。"赵匡胤是聪明人，当下默然，随即改变了让符彦卿掌兵权的打算。

然而，在论功行赏时，赵普并没有因为自己的忠心耿耿而权倾朝野，仅仅得了个右谏议大夫、充枢密直学士的一般官职。历史上对此的说法是：工于心计的赵匡胤不能不继续重用后周宰执范质，王溥以及魏仁甫为相，以维系旧官员之心，而不致削弱刚刚接管的国家机器。不过，如果历数赵普的功绩，也许我们会发现，以他的才能学识，要做大宋帝国的开国宰相，确实未必能够胜任。

在有宋一代，赵普算是名相，不过，他的被人称道，倒不是因为他的政绩出色，而是因为在某些地方，他到底也还是有大臣的体统的。据说，有一次，赵普向宋太祖推荐一个人做官。接连两天，宋太祖没有同意。第三天赵普上朝的时候，又送上奏章，坚持要宋太祖同意他的推荐，这下触怒了宋太祖。宋太祖把奏章撕成两半，扔在地上。赵普趴在地上，不慌不忙地把扯碎的奏章拾起来，放在袖子里。退朝回家以后，赵普把扯碎的奏章粘接起来，过了几天，又带着它上朝交给宋太祖，宋太祖见赵普态度这样坚决，只好接受了他的意见。再有一次，赵普要提拔一名官员，宋太祖不批准。赵普就像前次一样坚持自己的意见。宋太祖说："我就是不准，你能怎么样？"赵普说："提拔人才，都是为国家着想，陛下怎能凭个人的好恶专断？"

可是这位名相的人品似乎不见得很高尚，至少，他的日常生活是不怎么检点的。有一个流传甚广的故事，有一次，宋太祖到赵普家，突然发现廊下堆有海货十瓶。打开一看，全是小颗粒的瓜子黄金。赵普只好坦白说明，这是吴越王送来的。不久之后，又有人上奏说赵普违反禁令，私运木材扩展府第；再往下查，还查出一堆官员冒充赵普名义经商的问题。宋太祖向来怕官员接受贿赂，滥用权力，这样一来，他对赵普的信任大打折扣，也就顺藤摸瓜地继续盘查下去，又发现赵普的儿子赵承宗竟然违反宰辅大臣间不得通婚的禁令，娶枢密使李崇矩之女为妻，这有架空皇权的危险，致使龙颜大怒，立即下诏命令分开。太祖还没有追查赵普的罪状，翰林学士卢多逊又揭发说赵普受贿，包庇抗拒皇命外任之官员，那就更是欺君之罪了。这些公忠其表、谋私其内的问题，使赵普逐渐失去宋太祖的宠信。宋太祖对老臣还是仁慈的，没有立即处分赵普，只是此后，赵匡胤即设副相与赵普分掌权力，并监督相权，不久找了个借口，贬赵普为河阳三城节度使。

而太宗上台之后，赵普也没有挽回自己在官运上的颓势，太宗始终认为他是太祖的人，对他不冷不热。作为开国元勋，赵普没有把名利看淡，相反，他出了一个险着，部分地挽救了自己的官运，却终于被历史钉在了耻辱柱上。太平兴国四年，太宗亲征北汉，高粱河之役宋师败于契丹援军，朝中一度传说宋太宗失踪了，于是军中有谋立太祖之子赵德昭之说。北征回来之后，赵德昭又为参战的将士请赏，遭到太宗怒斥，忧愤之下，竟然选择了自杀。宋太祖父子之死，不能不引起宋太宗同父异母的弟弟赵廷美的悲伤自危。太平兴国七年，朝中有人诬告赵廷美有不轨之谋，上告的人受到封赏，赵廷美则被贬往洛阳。在这样的局势下，作为开国老臣，赵普落井下石地向宋太宗密陈，说昭宪皇太后遗书由自己书写，命太祖传位于太宗；但同时，皇太后也表达了希望太宗传位于廷美、廷美传位于太祖子德昭的意思。但赵普又对太宗大表忠心说，难道太祖传弟不传子的历史教训你还不能吸取吗？乘机又说了些赵廷美的坏话，说他毫无悔改之意，不能让他呆在洛阳了，他的谗言直接导致宋太宗贬赵廷美至房州涪陵小县的举措。赵普的这番密陈可谓一箭双雕，第一，证明太宗承兄位之合乎祖宗遗旨，可谓是恰到好处地"证明"了太宗政权的合法性；第二，拥护太宗传子不传弟，明确地陈道了自己的立场，可谓政治表态非常正确。赵普的"识时务之举"使赵普与宋太宗结成了特殊的关系,而立即获得司徒兼侍中的职位,两度任相;虽然,他的成功的背后,是别人的血泪代价——赵廷美在38岁的盛年就去世了,赵元佐因为替赵廷美打抱不平而发狂,一辈子疯疯癫癫地成了精神病。

太平兴国八年（公元983年）十月,赵普因故罢相,贬为武胜军节度使。雍熙三年（公元986年）,宋太宗为报高梁河之耻而亲征幽蓟,战事迁延,进退维艰,很是尴尬;赵普看出这又是他翻牌的好机会,于是不失时机地提出"兵久生变",要求班师,极大地挽回了太宗的颜面。宋太宗为嘉奖他三进疏陈的一片赤忱,授予他太保兼侍中的相位,保住了他在朝廷中元老的地位。

淳化三年（公元992年）,赵普三次上表以年老多病,请求告老,诏慰留,并加太师衔、封魏国公,享受宰相待遇。是年七月,赵普走完了生命的历程,终年七十一岁,追封真定王,谥号"忠献",留下他复杂的一生予后人评说。

杜太后

唐昭宗天复元年（公元901年）,定州安喜常山一户姓杜的人家又生了一个女儿。这户平常人家前后共生养了五子三女,这个女孩虽是他们的长女,却被家人称为"四娘子",这大概是一个按照排行得来的称呼。

大约是后梁贞明二年（公元916年）的冬天,一个年青人从保州（河北保定）的家乡出发,打算到镇州去谋个前途,没想到才过定县,就遇上大雪连天,阻断了道路。青年孤身一人,既饥且寒,只得奔到杜家庄院门前避雪。杜家世居常山,不但家境殷实而且世代好善,在乡间是很有声望的人家。大雪几天没有停下来,青年也就在庄院上一直耽搁了下来,一住月余。主人杜爽发现他状貌俊伟、言谈谨慎,在青年中可谓才俊,于是折节下交,宾主相处甚欢。原来这青年名叫赵弘殷,虽然落魄,却也是名门子弟、官宦之后。他的曾祖父赵

杜太后训子

杜太后识大体,懂得如何去应对政治形势做一个好太后与好母亲。赵匡胤陈桥兵变、黄袍加身后,回京拜见父母,母亲杜氏对赵匡胤说了皇帝不好当的看法,意在提醒赵匡胤要做一个治国有方的好皇帝。

的剧本，写宋太祖赵匡胤未登帝位年青时的一桩故事。赵匡胤为避祸而乔装改扮离开长安，一日路过清幽观，救了被强盗囚禁于暗室的赵京娘。为免使京娘再次遇险，赵匡胤与之结为兄妹，千里护送京娘回家。路上，京娘为赵匡胤的体贴入微所感动，也被他的男儿气概所打动，欲以身相许，而赵匡胤心似冰冷，送京娘至家门后，即刻投军而去。无论故事真假程度如何，一代豪杰竟是柳下惠式的人物，到底是相当高的评价了。

这也许是因为他自身也有拿得出手的本事。他对制造战舰、水矶、炮车都很有兴趣，还经常亲自视察水战演习；此外，他武艺高强，骑马射箭均是第一流能手，今日的"三十二势太祖长拳"便是他的杰作，宋人称他为"艺祖"。

陈寅恪先生对宋代的评论是"华夏民族的文化，历数千载之演进，造极于赵宋之世"。有宋一代不以恐怖政治作为帝业的基础，这一格局，是赵匡胤奠定的——赵匡胤生前，曾在太庙里立下石碑，后来的新天子即位都要到太庙里去拜碑，并默诵誓词。这石碑立在太庙寝殿的夹室中，除了北宋历代皇帝，别人都无从得知。直到北宋末年靖康之变后，宫门被打开，人们才得以一窥真相，不过是很简单的三条：一是保全柴氏子孙，有罪不得加刑；二是不得杀士大夫及上书言事者；三是子孙不得背弃上述誓言，否则即遭天罚。这样的气魄和气象，才造就了宋代灿烂夺目的文化风姿：《太平御览》、《文苑英华》、《册府元龟》、《资治通鉴》等典籍都诞生于斯时；科学技术上的活字印刷术，农学上的《菊谱》、《桔录》、《荔枝谱》，天文学上的《统天历》，数学上的《黄帝九章算法细草》，医学上的《政和本草》、《太平圣惠方》、《和济局方》，法医学上的《洗冤集录》，兵学上的《武经总要》也都竞相出现在这个伟大时代里——"文治武功"素来是王朝之"盛"的重要标志，宋代的"文治"恐怕为任何其他王朝所不及。除了经济发展、文教兴旺、艺文学术等明显的政绩外，更重要的是，宋代是中国历史上言论环境最宽松、士人待遇最优渥、自觉精神最昂扬、担当意识最坚定的朝代。后人的遥想和追慕，是因为认可这样的观念：宋代确实是"士气中心时代"的发端。而中国宋代以后，社会、国家所以赖以维持不坠者，厥为一般士人之气节、做人之风格——于是宋代成为历代文人儒者心目中最好的年代：天水一朝之文化，竟为我民族遗留之瑰宝，那是真的。

元朝后期疆域图

钦察汗国

察合台汗国

伊儿汗国

亦马儿河
古利古思
昂可剌河

岭北行省

甘肃行省

宣政院辖地

云南行省

元

中书省　大都

河南江北行省

江西行省

湖广行省

江浙行省

辽

元世祖·忽必烈

公元1215—1294年

元世祖忽必烈,为一代天骄成吉思汗孙。在成吉思汗所建大蒙古帝国基础之上,忽必烈秉承祖训,进而降服西域畏吾儿、哈剌鲁,灭西夏、灭金、灭大理、灭南宋,招服吐蕃,蒙古战马的铁蹄在世界地图上横踏千里,硬是圈出一个疆域空前的大帝国。

忽必烈并不是一位只懂得骑马征战的统治者,这位来自漠北草原的圣德神功文武皇帝,被中原文明深深吸引,在其建立元朝之后,几乎是全盘汉化。成吉思汗以征服武功震撼世界,忽必烈则以文治著称天下。正如马可·波罗所述,忽必烈英勇善战,具有杰出的军事才能,即位前是一位战功卓著的军事统师,继位后,他是有史以来臣民最多、疆域最广、收入最丰,具有绝对权威的君主。

即位之路　大哉乾元

帝王之族

是兄弟似乎就免不了阋墙，尤其皇位只有一个的时候，不过忽必烈这辈却是人人皆英雄。成吉思汗嫡妻孛儿贴育有四子，幼子拖雷即忽必烈父，但并未继承王位。其下忽必烈同胞兄弟4人，个个是皇帝。蒙哥是蒙古帝国大汗，忽必烈开创元朝，旭烈兀为伊利汗国（波斯）皇帝，阿里不哥则曾经与忽必烈争夺帝位并一度占上风，称蒙古帝国大汗（皇帝）近四年（公元1260—1264年）。

大汗曾经想将帝位传给拖雷，但最后还是妥协于家族内部斗争的结果，将帝位传给嫡三子窝阔台。按照蒙古习俗，幼子为"守产"之子，理应继承父亲的财产和牛羊，故成吉思汗将绝大多数的财产分给了拖雷，如军户，拖雷所得为十万一千户，而汗位继承人窝阔台仅得四千户。

窝阔台登上帝位之后，拖雷遵守诺言，尽心尽力地辅佐他。不过窝阔台却对拖雷满怀忌惮。

公元1234年，窝阔台和拖雷率大军南征金国，凯旋北归的路上，窝阔台突然患病，口不能言。不到一个月，窝阔台已经命悬一线。随军的巫师用尽千方百计，最终得出的结论是：灭金时杀戮太重，触怒了金国土地上的鬼神，除非大汗自己死掉，或者堪与大汗地位相比拟的皇族死掉，才能平息他们的怒火。显然，拖雷正是最合适的人选，拖雷也并未推托。在喝掉一碗据说施了咒语的水后，拖雷死了，而窝阔台也果然痊愈。

不过当时蒙古举国信奉萨满教，巫师极富权威，拖雷代兄赴死的"义举"已经传布，感动了整个蒙古帝国，并被载进《蒙古秘史》。

拖雷已逝，就须提及其妻唆鲁合贴尼。唆鲁合贴尼是拖雷诸妻中成婚最早、年纪最长，也是最受宠的。拖雷的十一个儿子中，其出有四。作为铁木真义父王罕之弟扎合干不的女儿，唆鲁合贴尼自小见多了蒙古皇族内的种种鬼蜮伎俩，因此并不相信萨满巫师的解释。早年，成吉思汗就曾经派人杀死巫师阔阔出，并毁尸灭迹，还声称是"上天"取走了阔阔出的性命和尸体。而且她信奉"景教"（即基督教中的聂思脱里派），萨满巫师的"神迹"根本不能糊弄她，认为拖雷之死另有隐情。

不过，她是个非常聪明的女人，人死不能复生，拖雷"义举"的名声肯定比被大汗铲除的名声更符合实际需要。作为拖雷家族的当家人，唆鲁合贴尼开始严格地约束诸子及部属，不给别人任何整治拖雷家族的借口。

拖雷家族面对拖雷之死的安分沉默，并不能平息窝阔台的疑心。他先是忽然颁下诏书，要唆鲁合贴尼改嫁给自己的长子贵由，让弟媳改嫁给侄子，如今看来很是惊世骇俗，但并不违背当时蒙古族的传统。不过是窝阔台图谋人家家产想出来的点子。当时贵由刚二十七岁，比唆鲁合贴尼的长子蒙哥大不了几岁，显然这桩婚姻般配与否并不在被考虑之列。

接到诏书的唆鲁合贴尼表现得非常冷静沉着，谨慎委婉地表示说自己并不敢违背大汗的意旨，只是已经立下誓言，一定要先把拖雷的儿女抚养到成年，不能背誓。是时拖雷代兄赴死，几乎被传为神明下凡，唆鲁合贴尼的回答合情合理，不能强求，只好作罢。

贵由议婚之事只是一系列麻烦的开端。窝阔台在毫无理由、未经过任何宗室商议的情况下，忽然把原属于拖雷家族的三千军户划到了自己的次子阔端的名下。如此公然挑衅，果然触怒了拖雷部下的将领，他们纷纷表示要去讨回这个公道。然而唆鲁合贴尼仍然不动声色，不仅说服儿子和将领们明白了忍耐的重要性，甚至变害为利，趁势和阔端结下友情。

表现得服从温顺的同时，唆鲁合贴尼进一步密切与铁木真长子术赤家族的钦察汗国的关系，让窝阔台也不敢认为他们软弱可欺。

公元1241年，窝阔台离世，众多宗王为了帝位大打出手，混乱非常，拖雷家族仍然第一个支持窝阔台长子贵由即位。贵由登上帝位后对唆鲁合贴尼感激非常，亲近有加。同时唆鲁合贴尼又将贵由出

铁木真

铁木真（公元1162—1227年），即成吉思汗、元太祖，古代蒙古首领。出生于蒙古乞颜部孛儿只斤氏族。12世纪末13世纪初，先后统一蒙古诸部，1206年被推为大汗，称成吉思汗（蒙古语"海洋"或"强大"之意），建立蒙古汗国。元朝建立后，被追尊为元太祖。

窝阔台

窝阔台（公元1186—1241年），即元太宗。为成吉思汗第三子，蒙古大汗，又称合罕皇帝。早年随父征服漠北诸部，参加攻金、西征。西征后受封于今额尔齐斯河上游和巴尔喀什湖以东地区。1229年被推为大汗。

兵讨伐钦察汗国的消息秘密通知其大汗拔都。结果贵由率领大军刚抵达乌伦古河，就离奇死去了。关于他死因的多种说法几乎都与拔都有关系，当然，唆鲁合贴尼的报讯也脱不了干系。

于是，拔都向宗王广发"英雄贴"，要他们到自己的钦察汗国来召开选举新汗的会议。钦察汗国远在今天的顿河、伏尔加河一带，但唆鲁合贴尼在得到讯息后，第一时间派出蒙哥赴会，而没有像其他宗亲一样拖拖拉拉。这个态度使得拔都对拖雷家族刮目相看，因此认定蒙哥会是一个尊重自己地位的新汗，选他是最正确的决定。

在拔都的一力主持下，蒙哥被术赤家族和拖雷家族推举为新汗，这自然引起窝阔台家族的强烈不满，却正好给了蒙哥将反对者一网打尽的机会。

拖雷死后的第十七年，唆鲁合贴尼以她超群的政治手腕、聪慧的头脑，完成了历史上最迂回的王位争夺战。

不过唆鲁合贴尼在历史上最鲜明的一笔却是由她的三子旭烈兀写下的。旭烈兀素有"屠夫"之称，他担任了蒙古第三次西征❶的主帅，一路横扫到麦加、大马士革，所到之处尽成人间炼狱。然而由于母亲唆鲁合贴尼信仰基督教，他放过了各地的基督教徒。

由于所生四子个个都非常人，因此拖雷和唆鲁合贴尼的身后待遇极高。至今在成吉思汗陵的东殿里，仍然供奉着他们的灵柩。

> ❶ 蒙古西征是公元13世纪上半期蒙古帝国征服中亚和东欧的战争。西征一共有三次：1219—1225年，成吉思汗发动第一次蒙古西征，征服花剌子模，此次西征远抵里海与黑海以北、伊拉克、伊朗、印度等地；1235—1242年，成吉思汗孙子拔都再次率领西征，远至钦察、俄罗斯、匈牙利、波兰等国家和地区，并且建立了钦察汗国；1252—1260年，成吉思汗孙子旭烈兀进行第三次西征，远至叙利亚、埃及、伊拉克等国家或地区，建立了伊利汗国。蒙古三次西征，沟通了东西方文明间的联系，把中国的发明，如火药、造纸术、印刷术、罗盘等传到西亚及欧洲等地，同时也将西方的天文、医学、历算知识等输入中国。

远征大理

直到蒙哥就任汗位之前，忽必烈都还只是其身边一个朦胧的影子，史料上少见记载。蒙哥即位后，继续推行前任的扩张政策，南征策略则故技重施，效仿当年成吉思汗"假道南宋、包抄开封灭金"。时年36岁的忽必烈终于得到他人生第一个比较重要的角色，受命远征大理，为进攻南宋建立西南基地。

大理国由白族首领段思平于公元937年建立，以白族为主体，都城在今云南大理境，国土相当于今天的云南加上四川的西南部。当时国王段兴智懦弱无能，朝廷大权完全把持在权臣高祥、高和两兄弟手里。

公元1253年夏末，忽必烈从陕西出发，兵分三路，东路军由白蛮向大理趋进，西路军及忽必烈自率的中军穿过吐蕃，通过雪域高原，翻雪山草地，横渡大渡河，进入大理，最后在金沙江东岸会师，十余万大军一齐向大理城逼近。如此兴师动众，却并没有出现大家想象中血流成河的场面，论血腥程度可能还远不如斯皮尔伯格的《拯救大兵瑞恩》。这都要感谢一个人——忽必烈的重要谋士姚枢，他在忽必烈的舞台上扮演着重要的角色，以后我们还将在很多关键时刻看到他。他为异族效力，颇为汉人诟病，征大理中他一席话却是功德无量，也由此深得汉族文人认同。剑桥中国史中则特别说明"汉文史料称赞姚枢阻止了不必要的杀戮"（《剑桥中国辽西夏金元史·元史》）。

出征行军途中，姚枢向忽必烈讲了宋太祖派曹彬攻取南唐，不杀一人、市不易等事。翌日，出发行军时，忽必烈便在马上对姚枢说道："汝昨夕言曹彬不杀者，吾能为之，吾能为之！"（《元史·列传四十五》）。"思大有为于天下"的忽必烈，自觉怎么可能连宋朝君主的手下都比不上呢。

在发动进攻之前，忽必烈先后派遣三位使者要求大理投降，可惜均如石沉大海，并在城破后发现他们的尸体。但是忽必烈攻入大理城后，依然饬令姚枢"尽裂帛为帜，书止杀之令，分号街陌"，使城内的居民确信如果投降，他们的生命可不受伤害。由于这种保证，大理选择了投降。由是"其民父子完保，军士无一人敢取一钱直者"（《元史·姚枢传》）。此前，这种和

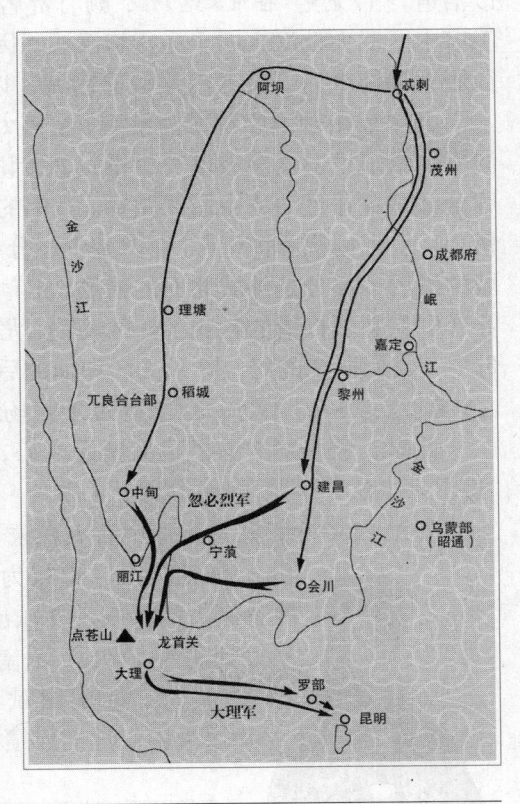

忽必烈灭大理示意图

　　蒙古宪宗三年（公元1253年），忽必烈率军远征大理并全歼大理军主力，顺利入城。忽必烈采纳谋臣姚枢建议，下止杀令，安抚民众，稳定秩序；继又分兵攻占附近要地，俘斩高祥。次年春，忽必烈命兀良合台率军攻克善阐（今昆明），招降段兴智，并以他为先锋，进占南方诸部寨，控制大理国全境，大理国亡。

平占领对于崇尚武力的蒙古人几乎是不可想象的。后来,这几乎成了忽必烈的标志性做法,东征日本,南征爪哇均是如此,只可惜使者们的命运都不太好。

经此一役,忽必烈以很小的代价把蒙古的控制扩展到一个非常重要的地区——一个向中国南部发动进攻的基地和一条扩大与缅甸及印度贸易的通道。更重要的是,他的光芒由此日渐显现。

招致不满

蒙哥即位后派忽必烈去管理大漠南边汉族地区的军政事务,"同母弟惟忽必烈最长且贤,故宪宗尽属以漠南汉地军政庶事,遂南驻爪忽都(即金莲川、上都)之地。"忽必烈以前就常"延藩府旧臣及四方文学之士,问以治道"(《元史·世祖本纪》),颇有贤名。到漠南后,他更是在金莲川的王府中网罗大批汉人儒士,行施汉法,因此其势力迅速膨胀,声望日隆。征服大理回来后,忽必烈又营建宫城,以为驻跸之所,定名为开平府。

开平以中国旧朝都城为模型,皇宫大安阁是最重要的部分。在马可·波罗的眼睛里,这座城市美丽得犹如传说。在宫殿内,"大殿、房屋和走廊全部贴金并且油漆得富丽堂皇。宫中的绘画、肖像、鸟树花草等等美妙精巧,使人愉快和惊奇"。在内城中还分布着许多其他殿堂和官府。开平城的最后一部分是外城北面的猎场,由草地、树林和河流组成。猎场中驯养着供忽必烈打猎的各式各样的动物,尤其是鹿。园中还饲养着白牝马和母牛,它们所产的奶,除了大汗和他的后裔之外,谁都不准饮用(《马可·波罗游记》卷一)。不过,臣子的过于张扬通常意味着不妙的开始。

此时,蒙哥对忽必烈已有猜忌之心,面对开平城的富丽堂皇,一句"遵祖宗之法,不蹈袭他国所为"(《元史·宪宗本纪》),已将不满表露无遗。公元1256年,蒙古贵族中有人在蒙哥面前进谗言,称"王府得中土心",王府人员"擅权为奸利事"。同年,蒙哥便下令解除忽必烈的兵权,并派出他的亲信大臣阿兰答儿、刘太平等到陕西、京兆、河南等地全面清算钱谷,设钩考(清查)局,大举清算财赋。实际上,蒙哥是要否定忽必烈用汉人治汉地的成绩,并彻底瓦解他的势力。所以清

耶律楚材

耶律楚材(公元1190—1244年),蒙古成吉思汗、窝阔台汗时大臣。字晋卿,契丹族,辽皇族之后。其随成吉思汗西征,劝诫妄杀;窝阔台汗即位后,定策立仪制,劝亲王察合台行君臣礼,以尊君权,并有军民分治、科税立律诸谏。

查的对象集中在忽必烈所设置的经略司、宣抚司等机构的大小官员,清查条例《一百四十二条》,几乎所有忽必烈藩府的旧臣都被罗织在内。

关键时刻,还是姚枢献计。他向忽必烈进言,送王妃等入和林当人质,自己返回漠北,以屈求伸。是年冬,忽必烈先后两次遣使见蒙哥,表白自己归牧于岭北的心迹。得到蒙哥的诏许后,忽必烈即驰归和林。关于兄弟相见的场景,史官仅用三十三个字,兄弟情深显见:"(忽必烈)立酒尊前,帝酌之;拜退,复坐。及再至,又酌之。三至,帝泫然,上(忽必烈)亦泣下,竟不令有白而止"。蒙哥遂敕罢钩考。

初登舞台

公元1258年,蒙哥兴师伐南宋,重新起用能征善战的忽必烈代总东路军。次年九月,忽必烈率师抵淮河,却突然传来蒙哥在合州前线病逝的消息。时值宋军大败南逃,南宋唾手可得。木哥亲王送来了蒙哥大汗去世的正式讣告,并请忽必烈撤军北上,"以系天下之望"。

与此同时,留在和林的阿里不哥加紧了夺权活动:他一面派出数路使者,通知诸王大臣会丧和林,并举行库里台选汗大会;一面派亲信脱里赤等到燕京一带征兵征粮,企图将忽必烈的领地控制在自己手里。

这一场不可避免的手足之争起于蒙哥。蒙哥在世时从未指定继承人,加上倾向于阿里不哥继位,所以自己率军南征时,让其留驻和林城。但面对诱人的王位,任何一个强有力的竞争者都不会善罢甘休。

忽必烈的谋士郝经上《班师议》,建议忽必烈及时班师,"断然班师,亟定大计,消祸于未然。如此则大宝有归,社稷安矣"(《元史·郝经传》)!当时忽必烈有10万大军屯兵鄂州城下,三面都有宋军,想做到全师而归,是相当困难的,对此郝经提出六项举措(《元史·郝经传》):

一、稳住南宋。因为南宋方面此时已经有和议之请,所以"先命劲兵把截江面,与宋议和,许割淮南汉上、梓夔两路,定疆界、岁币"。

二、轻骑北归。以"迅雷不及掩耳"之势直抵燕都,消除阿里不哥的阴谋篡位诡计。

三、派兵拦截蒙哥灵车,收回皇帝印玺。

四、"遣使召旭烈、阿里不哥、摩哥及诸王驸马,会丧和林"。

五、"差官于汴京、京兆、成都、西凉、东平、西京、北京,抚慰安辑"。

六、"召真金太子镇燕都,示以形势"。

忽必烈基本也是如此做的,但北归后并没有前往和林会丧,参加选汗大会,而是招集旧部、盟友齐集开平。公元1260年5月,忽必烈召开库里台大会,以木哥亲王为首的诸弟,东、西道诸王40余人,蒙古大将,各族谋臣,汉军7大万户,以及吐蕃和大理的使者悉数前来。经二十多日商议,诸王贵族一致同意拥立忽必烈为蒙古汗国大汗,忽必烈顺利即位。不到一个月,阿里不哥也在和林称汗,并获得斡罗斯的钦察汗国和中亚的察合台汗国的支持,试图挑战忽必烈的权威。

但钦察汗国在顿河一带,远水解不了近渴。甘肃、东北以及更西的畏兀儿是由忽必烈的盟友控制,故忽必烈可利用中国北方的资源,以及占据中原的优势封锁阿里不哥的物资供应。这样,阿里不哥便仅剩察合台汗国一处供给源,但公元1262年,对税收及分配掠夺品的争执又使两者反目成仇。没有可依赖的盟友以及可靠的供应来源,退出帝位争夺仅是时间问题,1263年,阿里不哥便向忽必烈投降,几年后死在监管中。

大哉乾元

"元",这个异族建立的朝代似乎没有任何突兀地融进中国历史。自成吉思汗建国以来,蒙古汗国惯以族名为国名,更没有建立年号的传统,为何中国历史里没有一个叫窝阔台或者察合台的时期,这便出于忽必烈对汉文化的认同,对中原君主的向往,其根源可追溯到他所受到的早期教育。

唆鲁合贴尼管理自己属下的汉族聚居地时,利用了几位汉人幕僚设计的制度,事实证明"汉制治汉"的效果还是相当好的。被母亲教育长大的忽必烈由此深受影响。年轻时即在自己的周围笼络了一批志同道合的幕僚,其中大部分是汉人。"帝在潜邸,(时年二十九岁)思大有为于天下,延藩府旧臣及四方文学之士,问以治道。""受京兆分地,(自是益)征聘四方文学之士,商榷治道"(《元史·

大元一统图

公元1206年,蒙古族领袖成吉思汗建立蒙古汗国,后将其势力扩张至黄河流域。从成吉思汗到蒙哥汗,陆续攻灭了西辽、西夏、金、大理,并在吐蕃建立行政机构,直接进行统治。至元八年(公元1271年),忽必烈定国号元,并于至元十六年灭南宋,一统全国,建都大都(今北京)。其疆域东、南到海,西到今新疆,西南包括西藏、云南,北面包括西伯利亚大部,东北到鄂霍次克海。

卷四·世祖本纪》)。虚心延揽四方有识之士，谈古论今，这就是著名的"王庭问对"，元史与元人著作中，相关记录数量非常可观。征大理时的姚枢，争位时的郝经，还有接下来要提到的政权建设的设计者刘秉忠……每个关键时刻总能看到他身边的汉人谋士。

公元1260年的即位诏书虽然很大程度上是因为要依靠汉地的资源和臣民，以在与阿里不哥的对抗中占据更多优势，但其表现出的汉化倾向与诚意已经不仅是向汉人抛个秋波这么简单。"求之今日太祖嫡孙之中，先皇母弟之列，以贤以长，止予一人，虽在征伐之中，每存仁爱之念，博施济众，实可为天下主"。统一中国需要一位讲求仁爱，按照先人传统进行统治的贤人，不同于那些用军队统治国家的同族兄弟，我忽必烈正是你们需要的人。"爰当临御之始，宜新弘远之规，祖述变通，正在今日"(《元史·卷四·世祖本纪》)。

仅两个月后，忽必烈再次下诏，建元中统。"稽列圣之洪规，讲前代之定制。建元表岁，示人君万世之传；纪时书王，见天下一家之义。法《春秋》之正始，体大《易》之乾元"(《元史·卷四·世祖本纪》)。忽必烈此举，主动地把自己和自己的王朝纳入了中原朝代序列之内。

11年后，忽必烈又正式建国号为"大元"，第三次下诏："诞膺景命，奄四海以宅尊；必有美名，经百王而继统。肇从隆古，匪独我家。""既成于大业，宜早定于鸿名"，"可建国号曰大元，盖取《易经》乾元之义"(《元史·卷七·世祖本纪》)。如果说之前取义"大哉乾元"，更多的是表达他的抱负与展望，他的土地不会限于草原，他的子民不会只有蒙古人。如今明确国号"大元"，就是进一步表明他所统治的国家，已经不再是蒙族一个民族的国家，而是中华民族多民族的统一国家了。

一登帝位　盛世初现

历史学家，中国现代辽宋金元史学的奠基人之一姚从吾先生这样总结忽必烈的施政策略：

"一、分工合作：使蒙古人统军，西藏人掌宗教，西域人理财政，汉人则普遍充当辅佐。

二、实施两元政治：因俗而治，用汉法治汉地，用蒙古法治理蒙古，用西域法治西域；用蒙古的军事、佛教的宗教总其成而已。

三、政尚宽大，忽必烈时代用人唯才，颇能安抚南人，使新得地区获得必要的安定。"（姚从吾：《元世祖忽必烈汗：他的家世、他的时代与他在位期间的重要设施》）

这样一位能调和多种不同的文化，治理多种不同的民族，而能有所成就的人，深得后世崇敬。

建元大都

和国号一样重要的是国都。早在公元1252年，成吉思汗的大将木华黎之孙霸都鲁就曾向忽必烈建议移都幽燕，天子居中以受四方朝觐，这里再合适不过。公元1260年，忽必烈即位后，丞相安童和谋士刘秉忠等人亦建议以燕京为首都，中原、江南亦旦夕可下，故而定鼎、驻跸之所不应再在漠北的和林。开平虽繁丽，但人口相对稀少，交通不便，无大国首都气象。至元四年（公元1267年）正月，刘秉忠受命营建新都城的宫城。

作为一位精通儒学和佛教的著名学者，刘秉忠对元大都的总体设计基本上遵循了《周礼·考工记》的规定和《周易》中阴阳八卦的原则，而明清北京城则是在此基础上的

圣旨牌　蒙古汗国时期

图为成吉思汗时期蒙古汗国所用圣旨牌，一面刻有"天赐成吉思汗皇帝圣旨疾"的汉字，另一面则刻有相同意思的蒙文。

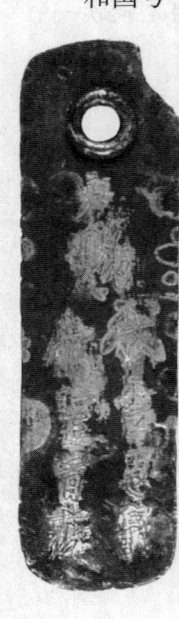

进一步完善。"匠人营国，方九里，旁三门，国中九经九纬，经涂九轨，左祖右社，面朝后市"(《周礼·考工记》)。新建的元大都坐北朝南，呈一个较规则的长方形，但元大都的城门仅有十一个，不开正北之门，这也依了八卦北为坎的方位说法。"坎为隐伏"，其方位"重险，陷也"，所以不开城门，以示"北不全见"。也有人认为元大都所以将京城开了一个门，是受佛家"三头六臂"之说的影响，南面三门为三头，东西三门是六臂，北面只有两个门，如哪吒脚下的两个"风火轮"。因此也称元大都为"哪吒城"。

元大都城从至元四年（公元1267年）开始兴建，到至元二十二年（公元1285年）才全部建成，历时18年之久。仅宫城部分的工程，就花了四年时间。公元1274年初，宫阙先成，忽必烈始御正殿，受诸王百官朝贺。从1276年到1285年，旧城居民，贵族功臣，陆续迁入京城。上都和林从此仅作为夏季行宫和畋猎地。

蒙古人称此城为"汗八里"，意为"大汗之城"，汉地臣民称之为"大都"，即"伟大的都城"，它后来就发展为今日的首都北京。

大都正门叫崇天门，也叫午门，在今天的故宫太和殿位置上。从崇天门进去，走几十步，又有一重门，中央的叫大明门，左右为日精和月华两门。大明门，是专供皇帝出入的。里面的正殿叫大明殿，殿中地面用浚州的花板石铺成，经过核桃打磨，光洁如镜。大殿里摆放着镏金龙头的胡床，榻上铺着白盖金镂褥和猛虎毛皮。大殿一角安放着一个极尽华美精巧的七宝灯漏，高一丈七尺，为计时之用。金制的角架，共有四层，外镶嵌珍珠，内装机械。第一层有四个代表日、月、参宿和辰宿的"神"；第二层，站着12个手捧属相的小木偶人；第三层有代表二十八宿的龙、虎、鸟、龟等，时间到了，代表此刻的动物就弄点动静出来，或翻腾跳跃或清鸣高叫；最底层是四个手执乐器的木人，一刻鸣钟，二刻打鼓，三刻敲锣，四刻击铙钹。马可·波罗提到这座宫殿时，你几乎可以想象他张大嘴巴瞪大眼睛的样子，惊叹得似乎不知如何形容，翻来覆去就是金碧辉煌、琳琅满目、难以想象之类的词。

在人种的婚配与移民、文化的交融与传播方面，元朝与唐朝有很多相似之处。只不过唐王还要担心过于"胡化"的问题，以致要发诏令禁止女骑手"深失礼容"。蒙古人则根本不存在这个问题，更是无比豪放。礼尊有加的是吐蕃国师，最钟爱的建筑师来自尼泊尔，意大利、印度和北非的商人受到热情招待，中东的学者和医生在这里开启事业第二春。说起宗教信仰，中国的天空上大概从来没有聚集过如此多的神灵。罗马天主教、聂思脱里派和佛教的传教士们，与中国的道家、儒家同行们一起生活。穆斯林的牧师、印度的神秘主义者和犹太法师和平共处。孔子、老子、释迦牟尼、穆罕默德、耶稣，还有萨满，诸神其乐融融汇集在大都。

大都风月

这样一个众商云集、五方杂处的所在，商业自然繁荣非常。据《析津志》所载，元大都城内外的商业行市即达30余种，有米市、面市、缎子市、皮帽市、帽子市、鹅鸭市、珠子市、沙刺市（即珍宝市）、柴炭市、铁器市等。

城中商业繁盛，各地的富商大贾，都会聚到这里贩货。据说有"万方之珍怪异宝，璆琳、琅玕、珊瑚、珠玑、翡翠、玳瑁、象犀之品，江南吴越之髹漆刻镂，荆楚之金锡，齐鲁之柔纩纤缟，昆仑波斯之童奴，冀之名马"（《马石田先生文集》卷八）等等，举凡"天生地产，鬼宝神爱，人造物化，山奇海怪，不求而自至，不集而自萃"（《宛署杂记·民风》）。文明门外满舶着南来的船只，顺承门外是南商的聚居之地，平则门外多留居西方商人。马可·波罗在他的游记中说：汗八里城像是商民的一个大商场。世界上再没有城市能运进这些少见的宝货。每天运进的丝就有千车。"八里城里的珍贵的货物，比世界上任何一个城市都多"。

风月场的繁盛也由此而兴，根据马可·波罗的描述，显然这一现象使人印象深刻。

马可·波罗在中国住了十七年，所以他的记载应该是可靠的。"新都城内和旧都（金中都）近郊操皮肉生意的娼妓约二万五千人，不包括未正式注册登记的暗娼。每百名和每千名妓女各有一个特设的官吏监督，而这些官吏又服从总管的指挥"。

高等妓女往往用来宴飨远来的贵客："每当外国专使来到大都，如果他们负有与大汗利益相关的任务，则他们照例是由皇家招待的。为了用最优等的礼貌款待他们，大汗特令总管给每位使者每夜送去一个高等妓女，并且每夜一换"（《马可波罗游记》卷二）。给人感觉这些妓女已经像羊肉、马奶酒一样成为大都特产的一种。

大都是一个真正的世界大都会，至少在当时，它适合做整个世界的首都。中原文化造就的精致生活使得蒙人既向往、羡慕，又警惕、恐惧，也许是这个城市的过于繁华靡丽使人不安，也许是骨子里还保留着对草原气息的迷恋。

大都城中修建了华丽的歌台舞榭，秀美的曲水青山，最后，在都城的中心地区，忽必烈却建造了一处蒙古人的休息所，在高墙之内，皇室家族继续以蒙古人的方式生活于其中。在城市中划出一块宽大开阔的场地饲养牲口，不仅史无前例，后来似乎也没有追随者。比起雕梁画栋的宫殿，贵人们更喜欢在草地上的帐篷里居住、用餐和睡觉。怀有身孕的大汗妻妾们坚持要让她们的孩子在帐中出生，长大时在帐中接受正规教育。

在公开场合，忽必烈努力向传统汉族皇帝靠拢；但在大都城内，忽必烈和家人还是更喜欢蒙古族的生活方式，豪饮美酒，大声喝汤，手食羊肉。有人说这是忽必烈保留蒙古民族精神与文化的一种方式，如诗云："黑河万里连沙漠，世祖深思创业难。数尺栏干护春草，丹墀留与子孙看。"

打猎与宴饮

打猎是所有蒙古族生活方式中最为忽必烈所钟爱的，为此，他下令蓄养了诸多猛兽，各有分工，如猎豹和山猫，是为猎鹿之用；长着白、黑、红三色纹路的漂亮大狮子善于袭取野猪、野牛、野驴等大动物；身体硕大的兀鹰极为凶猛，专被训做捕狼。

忽必烈平时住在都城，每年冬季出发行猎。上万名鹰师携带着大批的白隼、游隼和许多兀鹰随行，以便沿河捕获猎物。他的仪仗充满异国风情，坐在四头象载着的木制亭子里，里面是舒适的织锦卧榻，外面装饰着狮子皮毛。躺在亭中惬意地观赏陪猎官员和猎兽们的精彩表演，似乎比他亲自下场更开心，说是观猎其实更合适。比起先祖们为了生存而打猎，这样的活动或许让他更有成就感。

大汗行猎，几乎带去了整个都城的人。他的皇后、妃子、皇子等家眷就不用说了，王公、贵族及其家眷自然追随左右，医生、萨满巫师和处理朝政的官吏是必不可少的，其他还有几千名猎手和几千条猎犬，上万猎鹰和鹰师，负责保卫的上万名士兵。因人数众多，行猎驻扎的帐篷与幕屋连绵不绝、接天蔽日，气势异常恢弘。大汗的帐篷不镶嵌金银珠玉，不摆设古玩珍器，但同样价值连城："每一间厅堂或房子用三根雕花镀金的柱子撑着，帐幕张在外面。帐幕的料子是有白、黑、红条纹的狮皮。狮皮之间的接缝十分紧密，既不进风，又不透雨，里面衬以银鼠皮和黑貂皮，这是皮货中间最贵重的东西。如果全身用黑貂皮做一件衣服，要花二千金币；即使是半身的，也要花一千金币。鞑靼人把它看成毛皮之王。这种动物在他们

元世祖忽必烈狩猎图　刘贯道　绢本设色　元代

此图记录了元世祖打猎活动场景。角色鲜明者，为忽必烈及皇后，两旁有蒙古王室，以及黑皮肤的南亚人、高鼻的中亚人。忽必烈着毛皮大衣，皇后着中亚进贡的白帝金色细纹服。

的语言称为浪得斯（rondes），只有貂那样大小。厅堂和寝室用这种毛皮搭配隔断，技巧特殊，并饶有情趣。撑拉帷幕的绳子都是丝制的"；"在他的狩猎季节中，他的快乐是那些没有亲眼目睹的人所想象不到的。而且游乐的盛况与范围，也远远不是笔墨所能形容的"（《马可·波罗游记》卷二）。

忽必烈把喜欢的娱乐和展示帝国威仪所需的盛大典礼、挥霍场面结合在一起，更多的是表面的炫耀，而不是实力的体现。他的生日和新年是这一时期最隆重的节日，精心安排的盛宴，无节制地豪吃狂饮，仍然带有浓重的游牧部落色彩。

忽必烈的生日为九月二十八日，又被称为万寿节，惯例是要举行大朝宴。大殿上大汗坐北朝南，左手是皇后，右手是皇子；再往下是皇孙、其他贵族等；绝大部分的官员、贵族，仅能坐在大殿的地毯上进餐。大殿外还有一堆站着的外国使节，等着进献生日礼物。

饮食器具也充分体现了蒙古族的豪放气概，御前精美巨大的纯金容器中盛放着马乳、骆驼乳、马奶酒、葡萄酒之类；宾客案子上是小山一样肥美的羊肉、骆驼肉，插着明晃晃的银刀。还有侍者流水般送上各种蒙古风味的美食，如将肥壮的羊尾巴涂上面粉，撒上韭葱烘烤而成的烤羊尾；与豆蔻、桂皮放在水里一起煮，拌着稻米和鹰嘴豆一起吃的羊肉；塞满羊肉块、肥肉、酸乳酪等的茄子，均是符合当时民族饮食习惯的美食。

除了充足供应的美酒美食，忽必烈还习惯于在这一天给大臣们赏赐衣服，以示嘉奖，赐的衣服只能在特别的节日穿，衣服的华贵程度通常和亲信度成正比。

除万寿节，新年亦是一年中的盛大节日，因为蒙人崇尚白色，故又称白色节。每逢这一天，大汗和他的臣民都按惯例身穿白衣，以示吉祥喜庆。同样，官员们向大汗进贡的礼物不管多珍贵，都要配上白布。礼物的数目也有讲究，一定要是九九之数，若有白马数匹，更是能讨不少欢心。

忽必烈的五千头大象在这一天全都披上带着精美刺绣的华丽象衣，还有装饰得同样富丽的骆驼队，满载着各种礼物从大汗面前经过，让他满心欢喜地检阅臣子使节的忠心。

大汗的宫眷

关于忽必烈的宫眷，马可·波罗描述得非常详细："他有四个合法的皇后，她们四人中任何人的长子在大汗驾崩后，都能继承大位。她们享有同样的皇后称号，各居一座宫殿。每个皇后所拥有的美丽的少女侍从，都不在三百人以下。此外，还有内寝侍女、大批的青年男仆和其他宦官，所以每个皇后的侍从人员都在万人左右。当大汗陛下想要她们四人中的某人陪伴的时候,或是亲自前去,或是召她进宫。除她们以外,大汗还有许多妃子,她们都是从一个叫翁古特的地方选来的。翁古特的居民以面貌秀丽,肤色光洁著称。大汗每两年或不到两年——随他高兴——派人到那里,按照一定的标准,挑选一百名或一百名以上最美丽的妙龄女子。"

选妃的程序也相当复杂,并不亚于中国历史上的汉族皇帝。"关于选美的程序如下:当挑选大臣到达之日,就命令该地全部的青年女子集合起来,指派适当的人加以考察。他们经过精心的观察后,也就是说将头发、面貌、眉毛、口、唇和其他部位以及相互间的搭配一一观察后,按照美丽的程度将女子们分为十六、十七、十八、二十或二十一岁K(K即黄金成色的"克拉",此处用来代表美女的等级,最高为二十四克拉)等几种类型。大汗所要求的大约是二十至二十一K的美人。挑选大臣的使命也就到此为止。凡当选的美人都立即送往大汗的宫廷。

当她们入宫后,大汗又另外任命一组人再次进行考察,从中选择三四十人留在他的卧室听用。这些人都是十分尊贵的。她们由一些年长的宫娥分别照顾监护。这些宫娥的主要任务是在夜间确定她们有无隐秘的缺点,睡后是否安静而不打鼾,全身各处有无不好的气味。她们经过这样严格的考核后,才被分成五组,每一组在大汗陛下的内室侍奉三昼夜,要她们做什么就做什么,他要怎样支配她们就怎么支配她们。

她们在服侍期满后由另一组接替,这样轮流下去,一直到全部轮完为止,然后再从第一组的五人开始侍奉。而且当一组在内室服侍时,另一组就住在相邻的外室。大汗陛下如有什么需要——如饮食之类——内室的一组可传令外室的一组办理,于是马上就可以得到所需之物"(《马可·波罗游记》卷二)。

上述众多女人也许艳丽非常,也许家世显赫,但在这样的记述里她们统统只有个模糊的身影,历史长河里更是连个波纹也不曾有。忽必烈身边的女人唯一值得特别说一说的只有他的妻子察必。

以正面形象出现在史书上的女人通常具有节俭、勤劳、明理等美德,察必也不例外。她

元世祖皇后察必像

  元代的贵族妇女,常戴有"罟罟冠",其状高高长长,如图所示。服饰方面,亦宽大且长,常须两婢女在后拉着袍角才能走动。

让宫女收集用旧用坏的弓弦，继而煮之练之，织成绸帛，然后做成衣服，竟然非常坚韧和密实。库房里许多旧的羊臑皮，被搁置好多年。察必命人将其搬到后宫，与宫人们洗晒干净，裁剪妥当，然后细细缝合，做成地毯。使得宫廷里"劝俭有节而无弃物"。后来，还有人专门写诗赞扬皇后的这种俭朴美德，诗曰："深宫纂组夜迟眠，贴地羊皮步欲穿。漫道江南绫绮好，织䌷方练旧弓弦。"

当时，蒙古人戴的胡帽没有前檐。有一次，忽必烈骑马打猎回来，告诉察必，夺目的阳光照得眼睛都睁不开，打猎也不尽兴，心灵手巧的皇后便在忽必烈的帽子上缝了一个檐，后来一试，果然能够遮蔽刺眼的阳光。

蒙古人的衣服比起汉人的宽袍大袖已经算是精简利落的了，但骑马射箭仍嫌碍事。察必就尝试着用旧衣改制成一种新型的衣服，后边比前边长，没有领子和袖子，两边各缀一排襻扣，穿起来舒适方便，便于弓马，名字也和衣服一样潇洒利落，叫"比甲"。

作为女人，察必是个心灵手巧的妻子，是个节俭勤劳的主妇；作为皇后，她的聪敏练达、明识卓见让忽必烈又敬又爱。《元史·后妃列传》说她"性明敏，达于事机，国家初政，左右匡正，当时与有力焉"。当年阿里不哥争位，她第一时间得到讯息即飞马报与前线的忽必烈，并厉言弹压属地上其他蠢蠢欲动的宗族，为忽必烈争位赢得宝贵时机。

忽必烈即位后，一日，四怯薛官申请划割京城外附近的地牧马，忽必烈答应了。察必知道后，有心制止，但这件事已经在皇帝允许下开始实行了。要给皇帝留面子，又要说服他收回命令，如何劝谏就成了学问。于是她故意在皇帝面前责备太保刘秉忠："你们汉人都是聪敏明理的，你们讲的皇帝都会听，这样大的事为什么不劝谏？我们刚定都时，城外无主荒地用来牧马也没什么。现在各家都分好了，难道又要给人家夺走，重新引起混乱么？"忽必烈在旁边听了深以为然，于是命令停掉这件事。

开明统治 蒙汉相融

南宋覆亡，竟然要被"粗鲁野蛮"的蒙古人统治，所有的汉人都不禁黯然神伤，"禾黍何人为守阍，落花台殿暗销魂。朝元阁下归来燕，不见前头鹦鹉言"（谢翱：《过杭州故宫》）。

的确，在元代时期，汉文化有了一定的停滞。但其扶农重商、发展科学、海外贸易等诸多方面，功劳却是不小。正如日本学者冈田英弘所说的那样，"蒙古帝国留给中国的最大遗产恰恰是中华民族本身"。

治大国如烹小鲜

中国历史上成功的统治者们都有一个很重要的美德，就是广纳贤才，但若论吸纳人才范围之广，民族、种族、宗教之繁，忽必烈统治时期不仅史无前例，后来的明、清两朝也难企及。

从29岁立下大志起，忽必烈延揽的人才除藩府旧臣外就是所谓"四方文学之士"，总数甚多，元史有传与有功业可记的，即有六十余人。其中又分为：邢台派，如元大都的设计者刘秉忠等，多出自故金属地邢州；苏门派，又称华北儒学集团，如劝说忽必烈和平占领大理的姚枢；封龙山派，又称金朝遗士集团，其中就有"问世间情为何物"的元好问、关键时刻上《班师议》的郝经等；华北地方实力派，蒙古集团等等。

此外还有西域人集团，主要是畏兀尔人、大食人（今阿拉伯）、回回人等。这些西域人中，有战功彪炳的战将，有理财专家，还有科学家。尤其是畏兀尔人廉希宪，他精通儒学，与中原学者并无二致，人称"廉孟子"（萧启庆：《忽必烈时代潜邸旧侣考》）。

并非所有幕僚都愿意殚精竭虑为其效力，人才库里还有赵复这种别扭的家伙。忽必烈询问他如何征服南宋。他的回答是："宋，吾父母国也，未有引他人以伐吾父母者。"

公元1259年，蒙哥去世，此时的忽必烈治下已联有多个诸侯国，即位后建立的帝国更是将此规模扩大数倍。

蒙古人不仅统一了所有说不同汉语方言的地区，而且还将毗连的西藏、满洲、畏兀儿及许多小王国、部落民族与汉地合为一体。忽必烈的庞大帝国是原来所有汉人居住地的五倍,新形成的中国主流文化不单是蒙古的,同样也不全是汉族的。多民族文化的融合,论广度其影响是世界性的,说深度至今我们仍在其余荫下。

忽必烈的统治方式充分体现了"治大国如烹小鲜"的精髓,配菜时就格外讲究。他将汉人和外族人混合起来组成一套行政班子,发挥各人所长,又使其相互制约。这些"配菜"也是空前丰富,包括西藏人、亚美尼亚人、契丹人、阿拉伯人、塔吉克人、畏兀儿人、唐兀惕人（西夏党项人）、突厥人、波斯人和欧洲人等。蒙古人还在每个部门中规定了种族的名额,保证每位官员的周围都有不同文化或信仰的同事。各种"材料"之间的差异决定了忽必烈需要更多"佐料"来调和整盘菜的味道,同时不失"食材"们自身的美味。

为此,蒙古朝廷供养着了解各类语言的抄写员,不仅有懂蒙古语的,还有懂阿拉伯、波斯、畏兀儿、唐兀惕、女真、藏族、汉族语言的,还有的抄写员精通一些很生僻的语言。当然,难题还是一再出现,很多名词都令人头疼,用一种语言来表述中国的城镇、俄罗斯的王公、波斯的山脉、印度的圣人、越南的将军、穆斯林的传教士和匈牙利的河流等等,不是一般的折磨人。

政务处理方式上蒙古人沿袭了草原上的"原始民主"制。管理地方的官吏没有固定的官阶级别,用模仿草原小型忽里台会议的政务会取代了官僚机构。地方政务会天天召开,任何新措施必须至少有两名官员的同意盖印才能通过。所有决议都要由集体决定,而不是一个官员说了算。比较民主,也有民主惯有的问题——效率低下,按照当时人的参政议政水平,似乎还显得有些不切实际。

宗教并存

有元一代,宗教在社会各阶层的精神生活中占有头等重要的地位。多种宗教并存,各种庙宇

拖 雷

拖雷（公元1193—1232年）,成吉思汗幼子。1213年,从成吉思汗攻金,后又随从西征。成吉思汗分封诸子时,拖雷按照蒙古族幼子继承父业的习俗,继承蒙古本地遗产和军队。成吉思汗死后,任监国;旋与诸王定议,迎兄窝阔台即汗位。后病死。图中坐饮者即拖雷。

林立，多种多样的宗教活动连年不绝，声势之盛为前代所未有，成为这一时代的一大景观。对僧人的保护也见诸法律，元律规定"殴西番僧者截其手，骂之者断其舌"，这是极为少见的。

每当基督教主要节日如复活节、圣诞节，忽必烈就下令将《圣经》用香熏几次，然后很虔诚地对它行一个吻礼，并命令所有在场的贵族行同样的礼节。基督徒不必为此倍感荣幸，因为伊斯兰教、犹太教、佛教的节日，他也举行同样的仪式。

对此大汗这样回答："人类各阶层敬仰并崇拜四大先知。基督徒视耶稣为他们的神，萨拉森人视穆罕默德为他们的神，犹太人视摩西为他们的神，偶像崇拜者视释迦牟尼为他们的神。我对于四者，都表示敬仰，恳求他们中间真正的，在天上的一位尊者给予我帮助。"（《马可·波罗游记》卷二）

信奉基督教的突厥王公与忽必烈家族渊源甚深。汪古部首领阿剌忽失的斤曾经在关键时刻，坚定地站在成吉思汗一边，并以生命表达了他的忠诚。他的次子波姚河娶了成吉思汗的女儿阿剌该别吉。波姚河的三个儿子都娶了成吉思汗家族的公主们为妻，次子爱不花的妻子就是忽必烈之女玉剌克。

忽必烈的母亲信奉景教，即基督教的聂思托里安派。忽必烈的兄弟"屠夫"旭烈兀甚至为此在西征时放过了所有基督徒。

他的叔父乃颜受过洗礼，虽然没有公开信仰基督教，但叛乱时为了多一层保险，在旗帜上加了十字架。他的失败对基督徒也是个不幸，十字旗被踩翻在地，大批的基督徒战死，活着的基督徒成了被辱骂、嘲笑的对象。忽必烈制止了这种现象。他说，基督的十字架如果没有证明有利于乃颜，那么他的真理性和正义是一致的。因为乃颜是叛主的逆贼，十字架不能给予这样的恶人以保佑。所以无论谁都不能冤枉基督徒的上帝，上帝自己是极其善良与公正的。

公元1289年，忽必烈甚至建立专门机构，即崇福司，管领全国的基督教事务，并特别颁布谕旨，使基督教牧师如同佛教徒、道教道士和伊斯兰教教士们一样，享受免税权和获得其他种种特权。

忽必烈既然这样偏爱基督徒，维护十字架的荣耀，为什么不考虑信奉基督教呢？他的回答非常狡猾：

"这个国家的基督徒都是些没有知识、没有能力的人，他们没有表现出任何神奇的能力。同时你们看到那些偶像崇拜者却可以随心所欲地施展各种法术。

我如果改信基督，成为一个基督教徒，则朝廷中的贵族和其他不信奉基督教的人将会问我有什么充分的理由要接受洗礼，改奉基督教。他们将会问，基督教的传教士表现了什么非常的力量，显示了什么奇迹呢？

你们回到教皇那里，以我的名义，要求他派一百名擅长你们的法术的人前来。遇到偶像崇拜者时，这些人应有力量制服他们，并表示自己也有同样的法术，不过这些法术都是来自恶魔的邪术，所以一般不愿使用，同时强迫他们当场放弃使用这些法术。我如果看到这种情况，就会禁止他们的宗教活动，并接受洗礼。我的所有贵族都将按我的榜样接受洗礼，一般人民也会起而效仿。如果这样，这里的基督徒的数量将会超过你们自己国中的数量。"（《马可·波罗游记》卷二）

忽必烈家族与基督教千丝万缕的联系，他母亲对他的影响等等，使得这一时期基督教的地位绝对是中国历史上的史无前例，后无来者。但教士也仅受着与佛教徒、道教道士、伊斯兰教教士一样的待遇。对基督徒的善待很大程度上仍是统治的需要。

各宗教中，忽必烈的确有所偏爱。他曾对欧洲传教士与中国道士等说："各派宗教犹如一只手上的五指"。可是他又说："譬如五指，皆从掌出；佛门如掌，余皆如指"（姚从吾：《元世祖忽必烈汗：他的家世、他的时代与他在位期间的重要设施》）。

忽必烈与佛教的牵系先要从海云和尚说起。海云俗名宋印简，金末为佛教禅宗领袖，金宣宗曾赐号为"通玄广惠大师"。后被蒙古军队俘虏，成吉思汗下令木华黎要优礼相待，并赐号为"寂照英悟大师"，居于燕京大庆寿寺。蒙哥即位后，曾令海云掌天下释教。

公元1242年，忽必烈向海云询问佛法大要，海云认为要善于总结历史经验，尊贤使能，尊主庇民，才是佛法之要。建议忽必烈将用人的重点转向"天下大贤硕儒"，向他们询问"古今治乱兴亡"之道。这才有了忽必烈的潜邸招士。

成吉思汗及诸子孙　元代

此绘有成吉思汗及诸子孙的图，出自成吉思汗灵柩。位于内蒙古鄂尔多斯伊金霍洛旗的成吉思汗陵，长久以来被蒙古民族视为圣地，每年都要举行大祭仪式。

海云的弟子，当时的子聪和尚，后来的刘秉忠，元政权建设和元大都的设计者。刘秉忠生前官拜光禄大夫，位太保，参领中书省[1]事，死后赠太傅，封赵国公，谥文贞。成宗时，赠太师，谥文正。仁宗时，又进封常山王。有元一代，汉人获此尊贵荣誉的，仅刘秉忠一人。

海云和刘秉忠的才学给忽必烈提供了很大帮助，但中国禅宗"万物皆空唯灵仅存"式的深奥与超脱，并不适合一个国家的统治。相较而言，藏传佛教适用得多。这其中，忽必烈的妻子察必起了很重要的作用。她是一位虔诚的佛教徒，尤其热衷于吐蕃佛教。

[1] 魏文帝始设，为根据皇帝的意志掌管机要、发布政令的机构。沿至隋唐，遂成为全国政务中枢。在唐代，中书省、门下省和尚书省同为中央行政总汇，由中书省决策，通过门下省审核，经皇帝御批，然后交尚书省执行，故任宰相者称"同中书门下平章事"。宋代虽设尚书、门下、中书三省，而中书省之权特重，与枢密院共同掌管国家政事。元代以中书省总领百官，与枢密院、御史台分掌政、军、监察三权。明代废中书省，由皇帝直接统领六部，机要之任则归内阁。

让佛教位极尊崇的是吐蕃喇嘛八思巴，他是著名梵学家萨斯迦的侄子和继承人。公元1252年，忽必烈南征大理，为了顺利通过吐蕃地区，他派人到凉州召请时年十七岁的八思巴到六盘山军营会见，并尊其为上师。八思巴遂为忽必烈夫妇举行密宗金刚灌顶仪式，并收纳王妃等人为俗家弟子。忽必烈的皈依大幅提升了八思巴在佛教徒中的地位。

公元1260年，忽必烈即位后，为巩固蒙元帝国对吐蕃的统治，将萨迦五祖八思巴封为国师、总领天下释教。公元1264年，忽必烈建立总制院统领天下释教和吐蕃事务，八思巴成为总制院的第一位行政长官。

公元1266年，在新落成的大金顶殿，八思巴召集吐蕃各派僧俗首领大会。红教、白教、噶当派以及黑教等都派人出席。八思巴把忽必烈等与佛教的智慧佛文殊菩萨并提，宣布：依赖佛祖释迦牟尼的恩德和圣祖成吉思汗的威力，吐蕃正式成为忽必烈大汗治下不可分割的一部分。吐蕃实行政教合一的行政体制，国师兼任萨迦派法王，乃吐蕃地区的最高政教首长。多了这一层身份，忽必烈在佛教徒中的地位无比尊崇，政教合一使得他在佛教地区的统治极为牢固。

忽必烈自是投桃报李，给予佛教徒各种特权。他在位时，佛教僧侣多年享有免税，朝廷为建设新的寺庙和修复佛道之争中损坏的寺庙提供资金，政府还为寺院拥有的工艺品作坊和土地提供工匠和奴隶。政府的支持、赐赉和豁免使寺庙成为繁荣的经济中心。（《剑桥辽西夏元金史·元史》）

元朝别具一格的帝师制度就从八思巴起，此后的帝师也出自萨迦派高僧。帝师负责主持皇家重大佛事活动，为历代皇帝和后妃举行受戒灌顶仪式。同时也是全国佛教最高领袖，兼任宣政院❶使，负责管理全国佛教和吐蕃事务，并可自行任免下属官吏。其地位与中书省等相当。

比起佛教、基督教，道教也许就是忽必烈的小指了。这要先从著名的宗教大辩论说起。

道教的极盛时期是在元初。道教的法术颇有神奇之处，相传成吉思汗在位时，北京地区曾大旱，全真派掌门丘处机主持祈雨仪式，大获成功，北京地区连下三天雨。有如此神迹显现，成吉思汗对他倍加尊崇，尊为"神仙"，封为"大宗师"，总领道教，并下令把北京的太极宫加以扩修，根据丘处机的道号"长春子"改名为长春宫，就是如今的白云观。

> ❶ 元代掌管全国佛教事务的中央机构，也是管理吐蕃地方的最高行政机构。初名总制院，后改名为宣政院，与中书省、枢密院、御史台并为元朝四个独立的任官系统。由于宣政院所主持的是全国释教及吐蕃地区军、民之政，职掌具有特殊性，所以秩从一品，用三台银印。宣政院官属自选用，自成系统。

从成吉思汗开始，道教就地位尊崇，荣耀非常。可惜道教得势太盛，在燕京、河北及晋北地区势力迅速膨胀，欺压佛教徒，甚至将四百余所佛寺改为道观。后来的掌教李志常是丘处机的爱徒，道号真常子，他大量刊印西晋时人写的《老子化胡经》，说当年老子西游，教化当地胡人，释迦牟尼就是他的化身。这自然引起佛门弟子的强烈不满。

公元1257年秋，蒙哥南下，佛教那摩国师与蒙哥一起来到六盘山，为蒙哥出师祈祷，趁机提出道教欺辱佛教的情况，求大汗主持公道。蒙哥当即决定，召集天下佛教首领，及天下道士，于次年初，由忽必烈主持在开平府的大安阁举行佛道大辩论。

佛教方面以那摩国师为首，另有萨迦派教主八思巴、西蕃国师、白教教主、大理国师、少林寺长老等三百余人。当时李志常已经去世，道教方面参加的有全真派掌门人张真人、道录樊志应、通判魏志阳等两百余人。忽必烈手下谋士姚枢、窦默等两百余人作为裁判及见证人。辩论规则如下：双方各派十七人参加辩论，如果道教胜利，十七名佛教徒要蓄发为道；如果佛教胜利，十七名道士则要剃发为僧。辩论的中心问题是《老子化胡经》的真伪。结果道家失败，如约行罚，道士樊志应等十七人被带到龙光寺削发为僧，焚毁道教伪经四十多部，道教强占的两百多间佛寺也被勒令归还。

虽然道家惨败，忽必烈却仅给予温和的处罚，只是杀杀道教过于嚣张的气焰罢了。朝廷依然资助道观的建设，道教徒的特权并不比佛教徒少。他还毫不吝惜地给予王重阳和全真子们很华丽的封号，如王重阳被封为"重阳全真开化真君"，全真子们都被封为"真人"，马钰被封为"丹阳抱一无为真人"等。

沮丧愤懑的道教在忽必烈伸过来的橄榄枝头又看到希望，极其合作，主动寻求儒、佛、道三家的和解，并且为忽必烈一朝举行相关的祭祀和典礼，尤其是重要的皇家祭礼——祭泰山。事实证明这种柔顺的态度对道教的地位很有好处，他们在忽必烈的继任者那里得到更多荣耀。到了元武宗时，他们的封号又进了一步，王重阳被加封为"重阳全真开化辅极帝君"，全真子们也被加封为"真君"。

温和的法制

蒙古人传统的法律更适用于游牧社会。早期对新占领的属地，忽必烈更多地保留了金朝的法律。直到公元1262年才命令他帐下两位汉人幕僚姚枢和史天泽制定了一部更适用于汉人的新法律，并从1271年开始执行，不过新法律字里行间仍处处可见蒙古法律、惯例和习惯的影响。

当时，死罪的种类为135种，比宋朝法典中规定的数量少一半还多。按照蒙古惯例，通过向政府上缴一定的赎金，犯罪者可以免遭惩罚。忽必烈制定各种程序，准予特赦那些悔过自新的犯人，甚至连反叛者和政敌都可以享受这种恩泽。公元1291年，蒙古法典特别强调，官员必须"首先要理智地分析和推断案情，而不应该滥施酷刑"（陈恒昭：《蒙古统治下的中国法律传统：1291年法典复原》）。相比于车裂、宫刑、剥皮实草、族诛、戮尸之类花样百出的刑罚，蒙古人的藤条抽打，用刀砍头可是文明了许多。

蒙古人草原文化的习俗某些时候也颇利于对刑罚的改善。宋代比较流行刺配，额头刺字，流放偏荒之地，罪犯的标记无可遮蔽、伴随终生，就此成了另类。蒙古习俗认为前额是灵魂之所在，即使是罪犯的头也不能这样被随意伤害。故经修改后，犯第一、二等罪的刺在上臂，犯第三等罪的刺在脖子上，但绝不刺在前额。对于新占领的地区或那些没有实行过的少数民族，则完全废除了该项处罚。

元代有警迹人制度，相比把罪行刺在脸上，写在家门口的墙上更具鞭策之功用。罪犯在服刑完毕后，支付原籍"充警迹人"，并在其家门口立红泥粉壁，上面开具姓名，犯事情由，由邻居监督其行止，且每半年同见官府接受督察。五年不犯就免除罪籍，墙也不必再立。再犯的就要终身拘籍。对

达鲁花赤之印

达鲁花赤为元时官名，蒙古语意即"镇压者"、"制裁者"、"盖印者"，转而有监临官、总辖官之意。元时，汉人不能任正官，多数行政机关及各路府州县均设置达鲁花赤，主要由蒙古人充任，亦常用色目人。

于安土重迁的中国人来说,这一招着实管用。

元代的刑法条文中也规定了对官员的要求:须去犯罪现场搜集、分析和汇报证据;书面报告必须一式三份,包括描述伤口位置的图案。此举大大减少了冤假错案。法律的宽容,执法的科学都说明对蒙古人来说,法律更是一种化解矛盾、加强统一和保持安定的手段,而不只是判定罪行或实施惩罚的工具。从这一点来说,蒙古人的法律精神更现代化。

比较遗憾的是,在蒙古法律中,蒙古人明显比汉人得到更多优待。至元九年(公元1272年)五月,朝廷颁布规定,蒙古人与汉人争,殴汉人,汉人勿还报,许诉于有司;蒙古人扎死汉人,只需仗刑五十七下,付给死者家属烧埋银子即可;汉人殴死蒙古人,则要处以死刑,并断付正犯人家产,余人并征烧埋银(《元典章》卷四十二)。由此可见,杀人者死的法令,实际上仅适用于汉人而已。

蒙汉不平等的政策贯穿有元一代,不仅在法律上。

文化教育

一直以来作为统治阶层的士大夫们是蒙古人统治的最大受害者。"万世国俗,累朝勋贵,一旦驱之下从臣仆之谋"(许衡:《鲁斋遗书》卷七)。南宋的覆亡对这些士大夫来说是一种五内俱焚的经历。"非我族类,其心必异",民族文化的差异与疏离使隔阂更多一层。忽必烈试图通过保留翰林院、国子学、集贤院及国史馆等政府机构来安抚他们。但元代汉人知识分子社会、政治地位与前代的巨大落差,使得忽必烈的努力很苍白。

忽必烈重视儒学,但在整个元代,儒学并未提高到独尊的地位,在佛、道、儒三教中,儒教一直被排在第三。宫廷中主要使用蒙语。史料记载忽必烈与儒臣许衡的对话情况说:"先生每有奏对,则上自择善译者,然后见之。"(苏天爵:《元朝名臣事略》卷八)如此热爱汉学的忽必烈仍不能脱离翻译,以致元朝的儒臣们为了向皇帝灌输儒家思想,不得不将经书、史书和有关讲解都用蒙文翻译出来讲。蒙古、色目❶大臣通汉文的,也是少数。清人赵翼曾就此作初步研究,指出元朝"不唯帝王不习汉文,即大臣中习汉文者亦少也"(赵翼:《廿二史札记》卷三十)。这些蒙古官员汉语差到什么程度呢,有些人写个"七"字,下面的钩居然还是往左转的,"见者为笑"(叶子奇:《草木子》卷四)。

> ❶ 色目人,是元朝时中国西部民族的统称,也是元朝人的四个等级之一,包括粟特人、党项人、吐蕃人等。在元代的社会阶层之中,色目人的地位在蒙古人之下,汉人和南人之上,属于特权阶层,享有政治、经济、法律上的特权,例如科举,以蒙古、色目人为一榜,汉人、南人为一榜。元朝重用色目人,入居中原的色目人,为蒙古统治者所信任,多是高官厚禄,巨商大贾。

因此在元朝，学校的恢复十分缓慢。《元史》记载，至公元1287年，中央才正式"立国子学，而定其制"。这时离成吉思汗建国已过了81年，离元朝统一也有8年了。

用人方面，就是前述的"拼盘"式，"官有常职，位有常员，其长则蒙古人为之，而汉人、南人贰焉。"从中央到地方，从元初到元末基本如此。蒙古贵族担任长官，处于"监临"地位，由汉人官吏办实事，负责日常行政，同时配备一位权位相当的色目官吏进行防范和牵制。

与这种制度相适应，又形成了元朝选官的特殊途径：第一是根据家庭出身选官；第二是从吏员选官，元代称为"吏进"，这些人来源五花八门，马夫、看门者皆有，"英雄不问出处"。但当一个国家百分之八十的官员都是这样的就很可怕了。如此选拔体制，对于后来元朝的政治腐败和社会矛盾激化实在负有不可推卸的责任。

至于科举，终忽必烈一生，均未实行。直到仁宗二年（公元1313年），科举才开始恢复。其中又有种种不平等：考试科目中，蒙古、色目人仅考两场，汉人、南人则需考三场；录取名额，四种人的录取名额虽然数目相同，但在人口比例上差距相当悬殊。以致有人叹曰："如何穷巷士，埋首书卷间；年年去射箭，临老犹儒冠！"（陈高：《感兴诗》）有人统计，终元一代，科举出身的官员仅占百分之四。

元政府中当政的蒙古、色目官员，很多人对中原传统文化怀有成见，由此对儒户心存轻视甚至敌意，强迫他们和民户一样承当杂泛差役和各种苛捐杂税。因此，儒户的实际处境，远逊于同时代的僧、道户，和以前各朝士人享受的优遇，更难以相提并论。元朝有"九儒十丐"之说，人分十等，儒生被排在第九位，只比乞丐处境好一些。"臭老九"之说也许由此而来。

在民族政策上，全国实行四等人制，即蒙古人、色目人、汉人、南人四等。这种制度来源于金朝，元朝继承并发展了这一政策，赋税、差役、刑罚等都根据户等进行区别对待。

蒙古人自然为第一等；第二等为色目人，色目人中包括钦察、畏兀儿、回回等31种（陶宗仪：《辍耕录》卷一），基本除了蒙人和汉人、南人之外均属此列；第三等为汉人。所谓汉人，在元朝有两种含义：一是概指淮河以北原金朝境内的汉族和契丹、女真等民族；一是指云南、四川两省人，这是较早被征服的地区。第四等为南人，又称"蛮子"、"新附人"，主要指原南宋境内，江浙、江西、湖广三行省和河南行省南部的各族人。这个"新附人"的说法还是很形象的，毕竟的确是新归附的。归附的宋军也被称为"新附军"。

虽然是蒙古帝国，其实当时蒙古人和色目人加起来也不过占总人口的1%，以汉族为主体的"汉人"和南人才是那99%。

同时也出现了一个有趣的现象。本来宋、金对峙时期，南方的文化就明显比北方有更大的成就。元朝统一以后，南、北的经济模式及发展水平仍有很大的差异，江浙行省一带是全国最富庶的地区。原有文化传统的不同，加上经济生活的差异，有元一代，南方特别是江浙地区，是人文荟萃之地，多种文化形式都有发展。而北方除大都之外，相对来说，是比较停滞的。我相信忽必烈已经很努力了，但作为实用主义者的他，可能在医学、科学等实用学科上投注了更大的兴趣。

入仕，要顺从元政府，与三教九流的人一起以"吏"进，这是很多汉人精英无法想象的羞辱。起而反抗又做不到，因此很多人转而寄情歌赋词曲。同时，由于宋代以来城市经济的发展，城市商人和手工业者对文化的需求日渐提升。入居中原的蒙古、色目人希望了解中原传统文化，而传统的雅文化使他们望而生畏。宋朝已颇有影响的俗文化到了元朝终于发展成一种潮流。不仅话本小说、民间说唱技艺有所发展，杂剧、南戏和散曲也日渐兴起。此外，还出现了用白话文或语体文作的通俗史书，以及经典的"直解"等。

忽必烈非常重视医学，他专门设立太医院，规定挑选医学教员的标准，监督对医生的训练以及医学教科书的准备，编制医生的资格考试并且负责所有的医生和药物。他的医生来源极为丰富，西欧人、波斯人、回回人均有，既带来了富有地方特色的医术，同时也充实了元代的医疗典籍库。同时，医生的社会地位也

吕母分娩　壁画　元代

永乐宫为元时修建的供奉吕洞宾的道观，位于山西芮城永乐镇。观内绘有多幅有关医药内容的壁画，此图为吕母分娩，反映了当时的妇幼医药卫生状况。

吕洞宾行医

金元时期在医学上，最著名者为"金源四大家"。他们分别创立有自己的学说体系，吕洞宾便为其中一家。图中穿白袍者即吕洞宾，正指导弟子为坐着的妇人治疗眼疾。

被空前提高，豁免徭役，待遇丰厚。

清代被称为"奇技淫巧"的科学，在元代即得到忽必烈的重视。他向诸学者提供财政支持，提高其社会地位，并广邀其来中国讲学。波斯天文学家札马剌丁带来了日晷仪、星盘、地球仪、天球仪，以及更准确的今天被我们称为万年历的历法，这些东西给忽必烈很大触动。四年后，忽必烈建立回回司天监，招募和吸引波斯和阿拉伯天文学家到他的宫廷来。后来汉人天文学家郭守敬（公元1231—1316年）利用波斯曲线和计算推导出另一种历法《授时历》，这种历法略作修改后到整个明代还在使用。

重视手工业者是蒙古族的传统，因为蒙古人自己只有很少的工匠，他们所需的手工业品要靠外族人提供。元代手工业者的地位和待遇都还是不错的，尤其是官工匠。官工匠由官府按月支给口粮。一般匠人每户按四口人算，工匠自己每月可以领取三斗米、半斤盐，家属甚至奴隶每月都有米粮可以领取。而且家里有一个官工匠，全家就可以免交丝钞，田地不超过四顷的还免征税粮，徭役杂差也一并豁免。绝对是一人上工，全家光荣。工匠差役并不繁重，以致很多人在应役之暇，还可在家工作。手艺好的匠户都可以过得不错，发家致富的不在少数。因此虽然一入匠籍即须世代为匠，不得更改，仍有一些民户宁愿投属匠籍。

扶农重商

获得更多利益和关心的还有农民和商人。

忽必烈打下偌大帝国，回首望望，连年征战使得辽阔的疆域里更多的是触目惊心的衰败残破，"地著务农者，日减月削，先畴畎亩，抛弃荒芜"，"中原膏腴之地，不耕者十三四；种植者例以无力，又皆灭裂卤莽"（胡祗遹：《紫山大全集》卷二十二）。马上得天下，显然不能马上治天下。"国以民为本，民以食为本，衣食以农桑为本"（《元史·食货志一》），母亲"汉制治汉"先例在前，诸多汉人幕僚在旁，我们的实用主义者忽必烈很容易就接受了这样的理念。为此，他实行了一系列重农措施：

"一、设劝农司，考绩地方官勤惰。

二、招集逃亡，鼓励开荒。荒闲之地则"悉以付民，先给贫者，次及余户"（《元史·食货志一》）。

三、禁止强占民田，抑良为奴。

四、推广"锄社"。民户五十家为一社，社长由"高年晓事者"担任。社中的疾病凶丧之家，由众人合力相助。颇似后来的农业合作社。

五、设置"义仓"备荒。规定各路、府、州、县建常平仓以平抑物价。

六、编修农书，制定农桑之制。官修的有《农桑辑要》、《农桑杂令》，私人撰写的各类农书约十七种之多，传世的有王祯《农书》、鲁明善《农桑衣食撮要》等。

七、注重水利建设。"（白寿彝：《中国通史·第八卷》）

忽必烈的努力收到很好的成效，一些"千里萧条""人迹几绝"的地区经过招抚垦殖之后，均出现"马牛羊豕，日加蕃息，公私储蓄，例致丰饶"（《陇右金石录·元重修王母官碑》）的景象。宋元之际的两淮大片地区，本来人烟断绝，"荒城残堡，蔓草颓垣，狐狸啸聚其间"（孔齐：《至正直记》卷四），荒凉无比。经过六七十年的休养生息后，又是一派熙熙攘攘的繁荣景象。

商人与士大夫是蒙元统治时期社会地位变化最大的两个阶层：士大夫们地位急剧下降，商人们则成了获益最大的阶层，其被重视的原因同手工业者差不多，亦是由于蒙古族自身出产较少，蒙古贵族倚重商品交换。同时由于蒙古帝国规模空前的统一局面、对外关系的开拓以及畅达四方的水陆交通，中外商旅更是如鱼得水，"适千里者如在户庭，之万里者如出邻家"。

早在忽必烈平定西北诸王之乱，就曾得到回鹘巨商阿老瓦丁兄弟的资助。元代以商人身份入政的著名人物有乌马儿、桑哥、卢世荣等人。被称为"素无文艺，亦无武功，唯以商贩所获之资趋赴权臣，营求入仕"（《元史·陈祐传》）的卢世荣主持经济改革期间，曾设立"经营钱谷"的"规措所"，该机构"所有官吏以善贾为之"（《元史·世祖本纪》）。河南人姚仲实索性弃官从商，十年操贾，又以百万之资上攀皇室。元政府曾在大都挑选数十名"皆富商"的"耆老"，让他们出入宫廷，参与重大朝典，施予免役等特权，姚仲实就被元政府选为"耆鬯"之长（程钜夫：《雪楼集》卷七），成为统治层中的座上宾。所以，有些地区"十室之邑，必有数家通货财，而无数人能文学"（叶子奇：《草木子》卷四上），"工商浮侈，游手众多，驱圹亩之业，就市井之末"（马祖常：《石田集》卷七），成了比较普遍的社会风尚。

为进一步促进帝国境内商业的快速安全发展，忽必烈竭力推广纸币的使用。至马可·波罗到来时，这一制度正在全面推行。他的描述很详细且带有敬畏的神秘感："汗八里城中，有一个大汗的造币厂，大汗用下列的程序生产货币，真可以说是具有炼金士的神秘手段。大汗令人将桑树——它的叶可用于养蚕——的皮剥下来，取出外皮与树之间的一层薄薄的内皮，然后将内皮浸在水内，随后再把它放入石臼中捣碎，弄成浆糊制成纸，实际上就像用棉花制的纸一样，不过是黑的。待使用时，就把它截成大小不一的薄片儿，近似正方形，但要略长一点"。"它的形状与工序和制造真正的纯金或纯银币一样，是十分郑重的。所有制造伪币的行为，都要受到严厉的惩罚。这种纸币大批制造后,便流行在大汗所属的国土各处,没有人敢冒生命的危险,拒绝支付使用。所有百姓都毫不迟疑地认可了这种纸币,他们可以用它购买他们所需的商品,如珍珠、宝石、金银等。总之,用这种纸币可以买到任何物品"(《马可·波罗游记》卷二)。

举国上下的强力推动,使得这一时期的商业发展空前繁荣,并由此带动畜牧、纺织、瓷器、农业等各行业的发展。松江地区是棉纺织业的中心,从事该业的民户达一千多家,"人既受教,竞相作为;转货他郡,家既就殷"(陶宗仪:《辍耕录》卷二十四),"商贩于此,服被渐广"(王祯:《农书》卷二十一)。元代瓷器质优量大,仅景德镇一地就拥有民窑三百多座,年产几十万乃至数百万件,"窑火既歇,商争取售"。农业中的水果及手工业原料种植承前代而不衰,经济价值亦可观。据《农书》记载,经营漆树的民户,有的"资至巨万"。两广、福建和四川盛产荔枝,其中福建所产列为上品,"一岁之出,不知几千万亿,水浮陆转,贩鬻南北,外而西夏、新罗、日本、琉球、大食之属,莫不爱好,重利以酬之"(白寿彝:《中国通史》卷八)。

这一时期的海上贸易也大为兴盛。海路据汪大渊《岛夷志略》记载,自菲律宾诸岛以南往西所至沿海国家和地区达九十七个,比南宋赵汝适《诸番志》所载多出三十八个。从庆元到高丽、日本的航路也畅通无阻,顺风七天七夜即可达日本。出口商品种类有纺织品、陶瓷、漆器、日用工艺品、矿产品和药材,据马可·波罗所见,元朝瓷器"远销全世界",至今伊朗、土耳其等国博物馆中还保存有元代青花瓷。进口货物有珍宝、香料、药品、纺织、珍禽异兽、富有特色的手工日用品等。

公元1289年,行泉府司(兼管海外贸易的机构)所统海船达一万五千艘(《元史》卷十

大运河图　元代

元政府经过数十年时间,陆续修凿完成全长三千余里,北起大都,南达杭州,沟通海河、黄河、淮河、长江和钱塘江五大流域的京杭大运河。大运河促进了南北经济文化的交流,为明清运河的畅通以至现代大运河的水运条件奠定了基础。

五），而"挂十丈之竿，建八翼之橹"的"富人之舶"也并不少见（任士林：《松乡先生文集》卷四）。对于船的规模，非洲旅行家伊本·拔都这样描述："这些船可分三等：较大者三至十二帆。帆以竹片制成，形如织席。每只船上有人员千人，即水手六百人，军士四百人；另附供应船三艘。此种船只仅刺桐（泉州）及辛克兰（广州）能制造，都制成三边，以三腕尺长的大钉钉牢。每只船有四个甲板和许多供旅客使用的附有更衣室及各种设备的公私船舱"。如此盛景之下，市舶所入亦甚可观，约占年总收入的六分之一强（陈高华、吴泰：《宋元时期的海外贸易》）。

各国商人经南海来元朝进行贸易。广州、泉州、杭州等地都有大量的外国商人侨居，元朝的商民也有不少人侨居在南海诸国。马可·波罗这样写道："我相信世界上没有别的地方能聚集这么多的商人，并且比世界上的任何一个城市里的更贵重、更有用和更奇特的商品都汇集到这个城市里"（《马可·波罗游记》卷二）。

东征南讨　渡海不力

忽必烈的大军在欧亚大陆东征西讨，所向披靡。但当他试图把边界线向东及东南推进时，却都弄了个灰头土脸，东征日本，南讨爪哇，均是如此。也许是习惯纵马奔驰的蒙古军不习惯海上作战，也许是内陆长大的蒙古汉子没见过台风，没见识过热带雨林的险恶。

被风吹灭的征日梦

忽必烈一直十分企慕中原盛世君主那种天下一统、万国来朝的功业，从他马不停蹄的征战中即可看出。日本与中国自古交往密切，尽管唐末停派"遣唐使"以后官方关系衰减，但民间贸易和僧侣的往来却更趋繁盛。日本与南宋的民间交往极其频繁，与金及代金而起的蒙元却没什么来往。

忽必烈数次遣使往日本，屡次被拒。的确，没有哪个国家仅仅因为一封信件就俯首称臣。十数年后，元日关系仍不得要领。

公元1274年，失去耐心的忽必烈终决定发兵攻日，命高丽造大战船三百艘，"期限急迫，疾如雷电，民甚苦之"（《高丽史》卷二十七）。十月，蒙、汉军及高丽军共二万五千余人，乘大小战船九百艘向合浦（今马山）进发，在今津等港口登陆后遇到了日本守军的顽强抵抗。日军死伤惨重，元军亦是人疲马乏，未取得什么战果，退回战船休息。结果当夜台风来临，暴烈的风浪毁坏了蒙军几百艘船，上万人丧生，只得仓促撤军。据日史记载，此役发生于日本龟山天皇文永十一年，被称为"文永之役"（池内宏：《元寇的新研究》）。

公元1275年，不死心的忽必烈又遣礼部侍郎杜世忠等出使日本，但一去即杳无音讯。据传数人当年四月到日本，九月就被当时执政的镰仓幕府杀害。直到四年后，逃回的高丽水手才报告了这一消息。

公元1279年，忽必烈尽取江南，自家事收拾好，马上准备再次征日。这次派出的两名使臣命运同样不幸，到日本不久即被杀。忽必烈不能容忍这样一再地被轻视，于是决定进行大规模的伐日战争，并且特别设立行省专门负责这件事。派出两路大军，其中四万蒙、汉、高丽军发合浦，十万南宋新附军发江南，最后会师一岐岛，共同进兵。如此郑重其事、气势汹汹，自然是志在必取。临行前，忽必烈还特别告诫征日诸臣不得滥杀："朕闻汉人言，取人家国，欲得百姓土地，若尽杀其人，徒得地何用"。显然，在他眼里，日本已经是他的财产了，要尽量爱惜（池内宏：《元寇的新研究》）。

公元1281年七月，两军主力均进驻竹岛，行省官商议进攻太宰府，但他们相互不和，议事争执不决，以致"逗留不进"几一月（方回：《桐江续集》卷三十二）。八月一日，夜半"飓风大作，波涛如山"，元军船多"缚舰为寨"，紧靠在一起，致相"震撼击撞，舟坏且尽，军士号呼溺死者如麻"（苏天爵：《滋溪文稿》卷二十一）。被吓坏的将帅们丢下大军，连夜逃跑回国。灾难中幸存的元军大部分被日军消灭，一部分被俘。十四万多元军得归者仅五分之一，大张旗鼓的第二次侵日之役又以惨败告终。事在日本后宇多天皇弘安四年，日本史上称为"弘安之役"。

第二次战役中刮的风后来被日本人尊为"神风"，认为是大照天神对日本的护佑。两场飓风吹灭了忽必烈征服日本的美梦，也许是巧合，也许是天意。后来，忽必烈又准备再征日本，终引起深受其害的江南人激烈反抗，朝臣们也多言不利，他的财力也不足以再支持这样规模庞大、希望渺茫的战争，不得不终止。

"得而复失"的爪哇

爪哇是当时南海的强国，杜马班（新柯沙里）朝国王葛达那加剌在位时不仅将西爪哇纳入治下，还征服了马都拉、巴厘岛、三佛齐等国。因此，元朝"招抚"海外诸国，自然要以爪哇为主要目标。忽必烈认为，只要征服了爪哇，"其余小国即当自服"（《元史·亦黑迷失传》）。

元朝多次派出使臣前往，爪哇也有来有往，曾进献金佛塔。但后来右丞孟琪前往时，却被爪哇国王在脸上刺字赶回，据说是因为孟琪胁迫

元军战日图

据《元史》可知，第二次远征日本所用战船中，高丽军九百艘战船全部由高丽建造。江南所造战船仅有至元十六年六百艘，故元水军主力依旧使用的是南宋的内河船只。

明太祖·朱元璋

公元1328—1398年

明朝开国皇帝、太祖朱元璋,其年号『洪武』在后世民间影响极大。当朱元璋去世数百年,其一手开创的朱明王朝也已毁于其不肖子孙多年之后,清朝及近现代百姓仍习惯称其为『朱洪武』,可见民间对这样一个出身于佃户家庭、白手起家、立下偌大明帝国基业的伟大人物的敬重。那么,这样一个在身后还有无数敬重者的开国君王,究竟有什么过人之处,能在不到二十载内由一文不名的游方和尚成为伟大帝国的开拓者,其得登大宝、正式称帝之后又是如何坐稳皇帝宝座,并使其『子子孙孙无穷已』的家国理念实现了二百七十多年呢?这一切无不引人探究。

真龙天子　　出身贫苦

朱元璋，濠州（今安徽凤阳）钟离太平乡孤庄村人，原名重八（哥哥重四、重六），后名兴宗，父亲朱五四，是个佃农。元朝时候，普通老百姓大多识不了几个字，给孩子起名字不会煞费苦心，经常就拿日常用的数字取名，叫起来简单，朱家父老的名字（包括同时的一个豪杰张士诚，原名九四）就是如此。

自秦至清，基本上没有哪一个皇帝像朱元璋一样，完全地起自田亩之中，彻底地来自于一个贫苦农民之家。就连有"流氓"之称的汉高祖刘邦，这个对朱元璋影响深远之人，起事之前也为亭长，家中略有财产。朱元璋却与许多最底层小民一样，自小即切身体味着贫穷，读书识字，根本就是梦想，童年最大的欢乐莫过于与一帮小伙伴一起放牛玩耍。而且，少时的欢乐对于他来说非常短暂，刚刚成长，有望成为一名合格农夫的朱元璋，他的一家遭受了突如其来的灾难。

元至正四年（公元1344年），是年仅16岁的朱元璋人生中最为惨痛而重要的一年。淮河流域一些地区大旱，与赤焦大地相伴的是漫天遍野的飞蝗，以及随之而来的瘟疫。然而，元的统治者们依然酷虐，他们不晓得赈灾是怎么回事，仍是一味地横征暴敛！那些起自大漠和草原的王公贵族，还是将"汉人"和南人当成温驯的羔羊，也不晓得从汝颍到淮北、从黄河到淮河，许多的百姓已经再也无法忍受非人的苛政，已经下定决心不惜抛绝头颅、拼死抗争——横竖都是死，与其被凌侮、被剥夺至食无可食而死，不如揭竿而起、在鲜血中战斗至死！惨无人道的统治下，

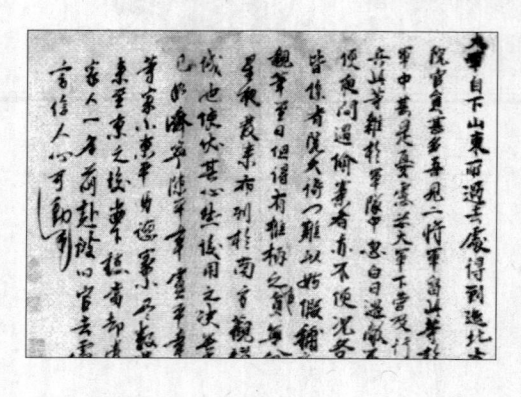

《大军帖》　　朱元璋　书法　明代

明太祖朱元璋戎马一生，打下大明江山，却时常留心翰墨。图为其行书《大军帖》手迹，行笔健俊峭拔，点画流畅痛快，功力可见一斑。

没有仁君，更无仁政，没有对小民体恤的善心，更无积极救灾的善行，干旱、飞蝗、厉疫，迅速蔓延，所过之处，哀鸿无数。

元璋一家也无法幸免，旬日之内，父母兄长尽数而亡。巨大的痛苦是不可避免的，然而生的人还得活下去，更何况对于已逝的亲人，也得想法让他们安葬。元璋家里除了几间破房，什么都没有了，亲人们，除了一个到别处当上门女婿的哥哥，以及远嫁出去的姐姐，再也没有了，一切只得自己承担。元璋和哥哥左央右告，终于邻家有个叫刘继祖的长者，舍了一块地给朱家，朱家几位逝者，才得以入土为安——草席一裹，将就坦进土里了。当然，这块地方在明朝开国之后，成为明朝重要的风水宝地，建设为凤阳陵，今天，在安徽凤阳还可以看到它的许多遗迹。我们无法得知，尚是少年的元璋是以如何的勇气和状态面对这一切突如其来的莫大伤痛的呢？当时的情景已经难以再现，只知道日后，元璋每每想起这段往事还悲痛不已。

葬了亲人，元璋也无处可去，后来实在无法，寻到一个人说合，就到了附近的小庙（后来因元璋做了皇帝便叫做皇觉寺）出了家，当了个小沙弥。旱灾频仍的光景，这小庙也不景气，没过几个月，住持便叫众僧一一夕出化斋，自谋生路。才敲了几天木鱼、为佛像尊身才擦过几天灰尘的元璋，不得不披起件袈裟，独自游走四方，当起了游方僧人。

几岁、十几岁的孩子，有多少能经历世事？时代的不幸、家庭的变故，使一个懵懂的少年猛然成熟。以前，他不过是乡村里一个小顽童，家里的日子虽然苦，但总归能混个果腹，也不缺少父母兄长姐姐的呵护，还能跟邻家相投的小家伙们一起放牛，四处玩耍。莺飞草长时节他们尽可任着性情在田野里、山堆上疯跑，果物成熟时候还能偷摘几颗酸杏毛桃之类解解馋，一些谷物什么的顺手得了也可与小伙伴们一起挖个坑搭块瓦片烤熟吃了，除却物质的贫穷，孩童的快乐还是尽能享受的。甚至有一回还忍不住带着帮小顽童宰了头地主家的小牛犊子分吃了，用挨了顿打换了回"打牙祭"。

关于元璋杀牛，有许多的传说，一切都显得他小时候就显示出不同凡人、勇于担当的品质。大致的经过是，那时，元璋和放牛娃们整天与牛待在一起，有天闲得无聊，又饿了，与周德兴、汤和、徐达等许多光屁股玩大的小孩一合计，把放的一头小牛真真砍了，就地吃光。要回去交差时，元璋想了个鬼主意，将牛尾留着，塞到山上石缝里，跟地主说牛钻到山里，出不来了，结果独自揽下责任的小元璋挨了一顿毒打，也赢得了小伙伴们的拥戴，那些小玩伴们，后来有不少成为他打下大明天下的得力功臣。民间则传得更神，说元璋最后拿牛头放在山堆的一边，牛尾埋在山的另一头，回去跟主家说小牛钻进山里出不来了，主家将信将疑，真的跟他到山堆去看，还使劲拽那牛尾，元璋正紧张的当儿，那牛却活了起来，哞哞地叫唤着，真似钻进山里不出来了，主家十分惊奇，便饶了元璋，而一帮小顽童以及乡里将元璋真当成神，在小小的孤庄村也算个小有名气的家伙了。当他做了皇帝，这事件更成了他生就是"真龙天子"的铁证了。

但如今，一切都变了。亲人没了，日子更穷困了，走投无路的境地逼迫元璋自立起来，靠着六尺男儿的身板在世间将自己倔强地托起。瘟疫劫后尚能余生，也许真是他生就命大，或者如民间相信的，一个人的命太大会克死全家乃至殃及乡里，那么，元璋真是个好例子，从一无所有到据有天下，他一人的荣华，系着多少人的血和痛？一家人一个接一个地死去，有些至亲还死在他自己手上，即使他当了皇帝，他的故乡也没沾到好处，反倒更加凋敝。一首流传久远的民谣唱道，说凤阳，道凤阳，自从出了朱皇帝，十年倒有九年荒。当然，这些已是后话，那一个单薄少年，又怎能体会到日后的许多遥远情形？确实，十七岁时，元璋距离他用一生论证得来的"真龙天子"还太远太远。

元末之时，社会底层百姓所受的剥夺已经到了极限，许多人都无法正常地生存，难熬的饥饿、强大的病疫，夺去了许多人的性命。当各地反抗的队伍蜂起时，一些劳力竟被元兵当做暴民抓捕献给长官邀功请赏去了，剩下的或逃散，或真的加入元的敌对队伍中去了。朱元璋就是这样的一个例子。也许，正因为此，这位大明的开创者才会那么地不顾人情，毫不手软、无所不用其极地仇视贪官、痛杀污吏。他的这种行为，虽然有时残忍得令人发冷，但一定也让许多升斗小民对清明的时代有了更多的期许。念及他自小亲身所受碾履过的可怕印迹，他慷慨给予大明官吏的痛，或许正可理解为他少年时代所被的侮辱和伤痕。

这又是一个激荡的时代。征服汉地日深，元的铁骑，也渐安

洪武出世　年画　清代

　　民间广为流传朱元璋幼时故事：因家贫，朱元璋为刘太秀家放牛。一日，难耐饥饿，他便邀同伴杀一小牛饱餐一顿，并将牛尾插入石缝中。待刘太秀问起，便说小牛钻入石缝。刘太秀不信，便去查看，孰料牛尾摇动，拉之有声，只得作罢。

Если Вы Свяжетесь Прямо Сейчас...	Сергей Лукьяненко	189
If You Contact Us Right Now...	Sergei Lukyanenko	
You See But You Do Not Observe	Robert J. Sawyer	199
Вы Видите, Но Вы Не Наблюдаете	Роберт Сойер	
Мой Папа-Антибиотик	Сергей Лукьяненко	217
My Father is an Antibiotic	Sergei Lukyanenko	
Taking Care of God	Liu Cixin	239
Забота о Боге	Лю Цысинь	
The Eagle Has Landed	Robert J. Sawyer	271
Орёл Приземлился	Роберт Сойер	
Shed Skin	Robert J. Sawyer	279
Сброшенная Кожа	Роберт Сойер	
Калеки	Сергей Лукьяненко	301
Cripples	Sergei Lukyanenko	
The Shoulders of Giants	Robert J. Sawyer	371
Плечи Великанов	Роберт Сойер	
Sun of China	Liu Cixin	391
Солнце Китая	Лю Цысинь	
Appendix		427
Приложение		

CONTENTS

Донырнуть До Звёзд Dive to the Stars	Сергей Лукьяненко Sergei Lukyanenko	1
Star Light, Star Bright Звездочка Светлая, Звездочка Ранняя	Robert J. Sawyer Роберт Сойер	11
Sea of Dreams Море Сновидений	Liu Cixin Лю Цысинь	25
Just Like Old Times Как в Старые Времена	Robert J. Sawyer Роберт Сойер	57
Devourer Пожиратель	Liu Cixin Лю Цысинь	71
Купи Кота Buy a Cat	Сергей Лукьяненко Sergei Lukyanenko	103
Поезд в Тёплый Край Train to the Warm Lands	Сергей Лукьяненко Sergei Lukyanenko	123
The Hand You're Dealt Что Тебе Отпущено	Robert J. Sawyer Роберт Сойер	137
Mountain Гора	Liu Cixin Лю Цысинь	155

对望的恒星

- 1968年 出生于哈萨克斯坦的一个医生之家。

- 1990年 从阿拉木图医学院毕业，求学期间主修精神医学，并掌握了催眠术。

- 1991年 与妻子索尼娅结婚。妻子毕业于哈萨克斯坦国立大学心理系儿童心理专业。

- 1992年 成为《世界》杂志社副主编。期间发表长篇处女作《四十岛骑士》。

- 1996年 为了结识更多出版商，也为了便于参加作家活动，卢基扬年科举家迁居莫斯科。

- 1997年 长篇小说《星星是冰冷的玩具》出版，这是卢基扬年科本人认定的代表作之一；同年，赛博朋克题材长篇小说《深潜游戏Ⅰ：迷宫》出版，在俄语科幻圈造成轰动。

- 1998年 奇幻大作《守夜人》问世，立即成为畅销书，被翻译为多种语言，累计销量超过1000万册。

- 1999年 成为最年轻的"阿埃莉塔奖"（俄罗斯历史最悠久的幻想文学奖项）获得者。

- 2002年 长篇小说《光谱》出版，被认为是作者风格最复杂的一部小说。卢基扬年科凭借该小说将当年几乎所有科幻奖项收入囊中。

- 2001年 《基因》三部曲第一部《雪舞者》出版，被俄罗斯读者称为"太空歌剧版的《汤姆·索亚历险记》"。

- 2003年 荣获"欧洲科幻大会年度最佳作家"称号。

- 2004年 《守夜人》被改编为同名电影搬上荧幕，被誉为"俄罗斯的第一部大片"。电影在俄罗斯的票房超过1600万美元，创下了当时的票房纪录；

- 2005年 或然历史题材长篇小说《创世草案》出版，被俄罗斯著名科幻杂志《幻想世界》评为年度最佳图书。

- 2006年 荣获"俄罗斯科幻大会年度最佳作家"称号。

- 2007年 拜访中国，爬了一次长城。

- 2010年 被俄罗斯商务周刊《专家》评为俄罗斯十佳作家。

- 2018年 根据《创世草案》改编的同名电影在俄罗斯上映，卢基扬年科客串了路人甲。

- 2023年 受邀担任第81届成都世界科幻大会荣誉主宾。

2023年成都世界科幻大会主宾

（俄罗斯）谢尔盖·卢基扬年科

谢尔盖·卢基扬年科，俄罗斯科幻领军人物，欧洲科幻大会2003年度最佳作家，俄罗斯科幻大会2006年度最佳作家。

1968年，卢基扬年科出生于苏联哈萨克斯坦的一个医生之家。父亲是精神科医生，母亲是麻醉师。卢基扬年科奉父母之命学医。从阿拉木图医学院毕业后，做了一年精神科医生，随后辞职，专心从事科幻创作。

卢基扬年科从小对科幻文学情有独钟，五岁时就阅读了叶弗列莫夫的《仙女座星云》，七岁开始阅读苏联科幻作家斯特鲁伽茨基兄弟的作品。同时，他也是经典文学爱好者，书架上不乏契诃夫、狄更斯的著作。卢基扬年科的创作生涯从上世纪80年代起持续至今。千禧年前后，现象级幻想小说IP《守夜人》在全球畅销1200万册，卢基扬年科一跃成为罕见的具有全球号召力的当代俄罗斯作家。其作品融合了俄罗斯文学的深厚哲思和绮丽诡谲的宇宙观，在世界科幻文坛可谓独树一帜。

2021年至2023年，卢基扬年科的科幻长篇代表作《星星是冰冷的玩具》《深潜游戏》等在中国出版，引起读者热议。卢基扬年科本人将自己的作品风格定义为"道之幻想"。相信中国读者也可以从中找到与中国哲学的契合点，毕竟，中国哲学所强调的，恰是生命之历程，而非生命之目的。

可望的恒星

- 1963年 出生于北京，祖籍河南省信阳市，山西阳泉人。
- 1985年 毕业于华北水利水电学院（现华北水利水电大学）水电工程系，后于山西娘子关电厂任计算机工程师。
- 1989年 创作长篇科幻小说《超新星纪元》和《中国2185》，但未发表。
- 1999年 在《科幻世界》杂志发表短篇小说处女作《鲸歌》《微观尽头》。同年发表《带上她的眼睛》《宇宙坍缩》等作品，并凭借《带上她的眼睛》获得第11届中国科幻银河奖一等奖。
- 2000年 发表短篇小说《地火》《流浪地球》，凭借《流浪地球》获得第12届中国科幻银河奖特等奖。
- 2006年 长篇科幻小说《三体》第一部开始在《科幻世界》连载，一直持续了半年多，到年底结束。同年刘慈欣凭借该作获得第18届中国科幻银河奖特别奖。
- 2008年 发表《三体》系列第二部《三体Ⅱ·黑暗森林》。
- 2010年 发表《三体》系列第三部《三体Ⅲ·死神永生》，获得第22届中国科幻银河奖特别奖。同年夺得第1届全球华语科幻星云奖最佳科幻奇幻作家奖。
- 2011年 凭借《三体Ⅲ·死神永生》获得第2届全球华语科幻星云奖最佳长篇小说金奖。
- 2015年 凭借《三体》获得第73届雨果奖最佳长篇小说奖，这是亚洲作家首次获得该奖。
- 2017年 凭借《三体Ⅲ·死神永生》提名第75届雨果奖最佳长篇小说，获得轨迹奖最佳长篇科幻小说。
- 2018年 被授予2018年克拉克奖"想象力服务社会奖"，以表彰其在科幻小说创作领域做出的贡献。
- 2019年 根据《流浪地球》改编同名电影上映，刘慈欣担任监制一职。根据《乡村教师》改编电影《疯狂的外星人》上映，刘慈欣参与编剧。
- 2020年 美国流媒体平台网飞宣布将《三体》三部曲搬上荧屏，拍摄英文电视剧。
- 2023年 由刘慈欣监制的电影《流浪地球2》上映；由刘慈欣正版授权、监督创作的《三体漫画》问世；受邀担任第81届成都世界科幻大会荣誉主宾。

2023年成都世界科幻大会主宾

（中国）刘慈欣

刘慈欣，高级工程师，著名科幻作家，中国作家协会会员、第九届、第十届全委会委员，中国科普作家协会会员，山西省作家协会副主席，阳泉市作家协会副主席，被誉为中国科幻文学的领军人物。

刘慈欣担任高级工程师多年，对科学技术持有乐观主义情怀，对工程技术能够解决人类的各种问题表示乐观，作品洋溢着英雄主义情怀。刘慈欣偏爱阿瑟·克拉克等黄金时代科幻大师的作品，认为科幻小说正是通向科学之美的一座桥梁。

他的科幻想象恢弘奇崛，在注重表现科学的内涵和美感的同时，兼具人文的思考与关怀，通过对社会、科技、文化等方面的反思和探讨，表达对未来世界的展望和对人类未来命运的探索。作品深受国内外读者追捧，甚至被美国前总统奥巴马催更。1999年至2006年，刘慈欣连续八年蝉联中国科幻最高奖银河奖，并在2010年再度摘得该奖项。

代表作包括长篇小说《超新星纪元》《球状闪电》《三体》三部曲等，中短篇小说《流浪地球》《乡村教师》《地火》《中国太阳》《全频带阻塞干扰》等。其中《三体》获得世界科幻至高奖雨果奖最佳长篇小说。《三体》三部曲被普遍认为是中国科幻文学的里程碑之作，为中国科幻确立了新高度。

对望的恒星

- 1960年 出生于加拿大首都渥太华。

- 1981年 发表短篇处女作《如果我在这儿，想想我的行李被送到哪儿了》，成为1980年代活跃的短篇作家。

- 1982年 毕业于加拿大多伦多莱尔森大学剧本写作专业。

- 1990年 发表长篇处女作《金羊毛》，次年该作获加拿大极光奖最佳英文长篇小说。

- 1995年 发表长篇小说《终极实验》，同年该作获星云奖最佳长篇小说、加拿大极光奖最佳英文长篇小说。

- 1997年 发表短篇小说《手牌》。次年该作提名雨果奖最佳短篇小说、轨迹奖最佳短篇小说，并于1998年获得美国《科幻编年史》读者投票奖最佳短篇小说、提名加拿大极光奖最佳英文短篇小说，于1999年提名星云奖最佳短篇小说。

- 1999年 发表长篇小说《未来闪影》，次年该作获加拿大极光奖最佳英文长篇小说。同名电视剧由美国广播公司改编，于2009年播出。

- 2000年 发表长篇小说《计算中的上帝》，次年该作提名雨果奖最佳长篇小说；发表短篇小说《巨人的肩膀》，次年该作提名星云奖最佳短篇小说、加拿大极光奖最佳英文短篇小说。

- 2002年 发表短篇小说《蜕去的外壳》。2005年，该作提名雨果奖最佳短篇小说，并获得美国《类比》杂志读者投票奖最佳短篇小说。

- 2007年 被中国读者评选为银河奖最受欢迎的外国作家。

- 2009年 发表长篇小说《觉醒》，次年该作提名雨果奖最佳长篇小说，提名坎贝尔纪念奖最佳长篇小说，获得加拿大极光奖最佳英文长篇小说。

- 2013年 获得加拿大极光奖终身成就奖。

- 2014年 获得新英格兰科幻小说协会颁发的终身成就奖"云雀奖"。

- 2016年 被赋予加拿大勋章，这是加拿大平民所能拥有的最高荣誉勋章，表彰他在科幻小说的创作和教学中的突出贡献。

- 2017年 获得罗伯特·海因莱因奖。该奖项由美国海因莱因协会颁发，旨在表彰对硬科幻，特别是太空探险小说做出卓越贡献的作家。

- 2023年 受邀担任第81届成都世界科幻大会荣誉主宾。

2023年成都世界科幻大会主宾

(加拿大)罗伯特·J. 索耶

罗伯特·J. 索耶,加拿大科幻奇幻名人堂首批入选者之一,被誉为"加拿大科幻教长",已出版二十余部长篇小说、近五十篇短篇小说,囊括雨果奖、星云奖、坎贝尔纪念奖等三十多项世界顶尖科幻大奖。

他认为科幻小说在任何纬度上都应是有趣的,作品以大胆的猜想和技术硬度而著称,代表作包括《金羊毛》《计算中的上帝》等,现已被翻译为十多国语言,多次登上亚马逊科幻小说畅销榜首位。

索耶从小就梦想成为科学家和科幻作家。他的父母都是多伦多大学的教授,经常带他去参加博物馆举办的周末俱乐部。逐渐长大后,索耶意识到世界上靠研究恐龙为生者寥寥,或许写科幻是更为现实的营生方式。中学时期,索耶还曾与学校同伴一起创办科幻迷社团,他与妻子卡罗琳·克林克就是在这个社团相遇的。

在其他领域,索耶的创造同样丰富多彩。他曾在多所高等学府教授科幻写作课程,为电台节目采访阿西莫夫等科幻大师,还担任了由自己同名小说改编的科幻美剧《未来闪影》的编剧。这位才华横溢的作家不断通过多样的方式,展现着科学与科幻的无限魅力,也难怪他会在2007年中国科幻银河奖的评选中,被中国读者评选为"最受欢迎的外国作家"。

谁也不知道中国太阳将飞多远，水娃他们将看到什么样的神奇世界。也许有一天，他们对地球发出一声呼唤，要上千年才能得到回音。但水娃始终会牢记，母亲行星上有一个叫中国的国度，牢记那个国度西部一片干旱土地上的一个小村庄，牢记村前的那条小路，他就是从那里启程的。

《中国太阳》，首次发表于《科幻世界》2002年第1期。《中国太阳》是刘慈欣献给航天事业的最诚挚、最热烈的文学赞歌。这一曲震撼人心的科幻绝唱中，既有对黄土大地的深沉热爱，又有对灿烂星空的无限向往，中国人跃入星空的磅礴力量，正是来源于厚重的土地和其上生生不息的伟大人民。有科幻迷感叹，"《中国太阳》是刘慈欣最平实却又最富诚意的作品，也是格局最大的作品"。

本篇获奖情况：
　　2002年 获得第十四届中国科幻银河奖

对望的恒星

块曾经贫瘠现已肥沃起来的土地,过完他们那充满艰辛但已很满足的一生。

他们最后的愿望将是:在遥远未来的一天,终于回家的儿子能看到一个更美好的家园。

中国太阳正在飞离地球轨道,它在东方的天空中渐渐暗了下去,它周围的蓝天也慢慢缩为一点,最后,它将变为一颗星星融入群星之中。但早在这之前,恒星太阳的曙光就会把它完全淹没。

曙光也照亮了村前的这条小路,现在它的两旁已种上了两排白杨,不远处还有一条与它平行的小河。二十四年前的那天,也是在这清晨时分,在同样的曙光下,一个西北农家的孩子,怀着朦胧的希望,在这条小路上渐渐远去。

这时北京的天已经大亮,庄宇仍站在航天大厦的楼顶,望着中国太阳最后消失的位置,它已踏上了漫长的不归路。

中国太阳将首先进入金星轨道之内,尽可能地接近太阳,以获得更大的加速光压和更长的加速距离,这将通过一系列复杂的变轨飞行来实现,其行驶方式很像大航海时代逆风行驶的帆船。

七十天后,它将通过火星轨道;一百六十天后,它将掠过木星;两年后,它将飞出冥王星轨道,成为一艘恒星际飞船,飞船上的所有人将进入冬眠;四十五年后,它将掠过半人马座,宇航员们将短暂苏醒。自中国太阳启程一个世纪后,地球才能收到他们发回的关于半人马座的探测信息。这时,中国太阳正在飞向天狼星的路上,借助半人马座三星的加速,它的速度将达到光速的百分之十五,将于六十年后,也就是自地球启程一个世纪后到达天狼星。当中国太阳掠过这个由天狼星A、B构成的双星系统后,它的速度将增加到光速的百分之二十,向星空的更深处飞去。按照飞船上生命冬眠系统能维持的时间极限,中国太阳有可能到达波江座 ε 星,甚至可能(虽然这种可能性很小很小)最后到达鲸鱼座T星,这些恒星被认为可能有行星存在。

星际飞船上,有二十个人,除水娃外,其他人是从上百万名志愿者中挑选出来的,其中包括三名与水娃共事多年的"镜面农夫"。

中国太阳还未启程,就达到了它的目标:人类社会对太阳系外宇宙探险的热情再次高涨了。

庄宇的思绪回到了二十三年前的那个闷热的夏夜,在那个西北城市,他和一个来自干旱土地的农村男孩登上了开往北京的夜行列车。

作为告别,中国太阳把它的光斑依次投向各大城市,让人们最后一次看到它的光芒。

最后,中国太阳的光斑投向大西北,水娃出生的那个小村庄就在光斑之中。

村边的小路旁,水娃的爹娘与乡亲们一同注视着向东方飞行的中国太阳。

水娃爹喊道:"娃啊,你要到老远的地方去吗?"

水娃从太空中回答:"是啊,爹,怕是回不了家了。"

水娃娘问:"那地方很远?"

水娃回答:"很远,娘。"

水娃爹问:"比月亮还远吗?"

水娃沉默了几秒钟,用比刚才低许多的声音说:"是的,爹,比月亮还远些。"

水娃的爹娘并不觉得特别难受,娃是在那比月亮还远的地方干大事呢!再说,这可是个了不起的年头,即使是远在天涯海角的人,随时都可以和他说话,还可以在小电视上看见他,这跟面对面也没啥子区别。

但他们不会想到,随着时间的流逝,那小屏幕上的儿子将变得越来越迟钝,对爹娘关切的问话,他要想好长时间才能回答。他想的时间开始只有几秒钟,以后越来越长,一年后,爹娘每问一句话,儿子将呆呆地想一个多小时才能回答。最后儿子将消失,他们将被告之水娃睡觉了,这一觉要睡四十多年。在这以后,水娃的爹娘将用尽余生,继续照顾那文足以维持我们在宇宙中航行上千年。当然,这两套系统的价格也不低,但比起人类从头开始一次恒星际载人探测来说,它所需的资金只有其千分之一。"

"就是一分钱都不要,世界也不会允许二十个人去自杀!"

"这不是自杀,只是探险。也许我们连近在眼前的小行星带都过不去,也许我们会到达天狼星甚至更远……不试试怎么知道呢?"

"但有一点与探险不同:你们肯定是回不来了。"

水娃点了点头,回答道:"是的,回不来了。有人满足于老婆孩子热炕头,从不向与己无关的尘世之外扫一眼;有的人则用尽全部生命,只为看一眼人类从未见过的事物。这两种人我都做过,我们有权选择各种生活,包括在十几光年之遥的太空中飘荡的一面镜子上的生活。"

"最后一个问题:在上千年的时间里,以每秒几万甚至十几万公里的速度掠过一颗又一颗恒星,发回人类要经过几十年甚至几个世纪才能收到的微弱的电波,这有很大意义吗?"

水娃微笑着向全世界说:"飞出太阳系的中国太阳,将会使享乐中的人类重新仰望星空,唤回他们的宇宙远航之梦,重新燃起他们进行恒星际探险的愿望。"

人生的第六个目标:飞向星海,把人类的目光重新引向宇宙深处。

庄宇站在航天大厦的楼顶,凝视着天空中快速移动的中国太阳。在它的光芒下,首都的高楼投下了无数快速移动的影子,使得北京仿佛是一个随着中国太阳转动的大面孔。

这是中国太阳最后一次环绕地球运行,它已达到了第二宇宙速度,即将飞出地球的引力场,进入绕太阳运行的轨道。在人类第一艘载人恒大的开支，会使这个计划失去经济上的可行性；如果不登陆，那和无人探测器一样，有什么意思呢？"

"中国太阳不去火星。"

庄宇迷惑地看着水娃，问道："那么去哪里？木星？"

"也不是木星，去更远的地方。"

"更远？去海王星？去冥王……"庄宇突然顿住，呆呆地盯着水娃看了好一会儿，"天啊，你不会是说……"

水娃坚定地点点头，说道："是的，中国太阳将飞出太阳系，成为恒星际飞船！"

与庄宇一样，全世界顿时目瞪口呆。

庄宇两眼平视前方，机械地点点头："好吧，就让我们不当你是在开玩笑，你让我大概估算一下……"说着，他半闭起双眼，开始心算。

"我已经算好了：借助太阳的光压，中国太阳最终将加速到光速的十分之一，考虑到加速所用的时间，大约需要四十五年时间到达比邻星。然后再借助比邻星的光压减速，完成对半人马座三星系统的探测后，再向相反的方向加速，用几十年时间返回太阳系。听起来是个美妙的计划，但实际上只是一个根本不可能实现的梦想。"

水娃微笑了一下，说："你又想错了，到达比邻星后，中国太阳不减速，以每秒三万多公里的速度掠过它，并借助它的光压再次加速，飞向天狼星。如果有可能，我们还会继续蛙跳，飞向第三颗恒星，第四颗……"

"你到底要干什么？"庄宇失态地大叫起来。

"我们向地球所要求的，只是一套高可靠性但规模较小的生态循环系统。"

"用这套系统维持二十个人上百年的生命？"

"听我说完，还要一套生命低温冬眠系统。在航行的大部分时间，我们处于冬眠状态，只在接近恒星时才启动生态循环系统。按目前的技术，事实，它有许多更深刻的原因，已超出了我们今天的话题。"

水娃说："没有超出，现在，我们有了一个机会，只需花很少的钱就能飞出近地空间进行远程宇宙航行。太阳光压可以把中国太阳推出地球轨道，同样能把它推到更远的地方。"

庄宇笑着摇摇头说："呵，你是说把中国太阳做成一个太阳帆船？从理论上说是没问题的，反射镜的主体薄而轻，面积巨大，经过长期的光压加速，理论上它会成为人类迄今发射过的速度最快的航天器。但这也只是从理论而言，实际情况是，一艘船只有帆并不能远航，它上面还要有人，一艘无人的帆船只能在海上来回打转，连港口都驶不出去，记得史蒂文森的《金银岛》里对此有生动的描述。要想借助于光压远航并返回，反射镜需要精确而复杂的姿态控制，而中国太阳是为在地球轨道上运行而设计的，离开了人的操作，它自己只能沿着无规则的航线瞎飘一气，而且飘不了太远。"

"不错，但它上面会有人的，我来驾驶它。"水娃平静地说。

这时，收视统计系统显示，对这个频道的收视率急剧上升，全世界的目光正在被吸引过来。

"可你一个人同样控制不了中国太阳，它的姿态控制至少需要……"

"至少需要十二人，考虑到星际航行的其他因素，至少需要十五到二十人，我相信会有这么多志愿者的。"

庄宇不知所措地笑了笑，"真没想到，我们今天的谈话会转移到这个方向。"

"庄部长，二十年多前，你不止一次地改变了我的人生方向。"

"可我万万没有想到你沿着那个方向走了这么远，已远远超过我了。"庄宇感慨地说，"好吧，很有意思，让我们继续讨论下去吧！嗯……很遗憾，这个想法是不可行的。中国太阳最合理的航行目标是火星，可你想过没有，中国太阳不可能在火星上登陆，如果要登陆，将又是一笔巨

"现在，这块我们生活和工作了二十年的银色土地，就要消失了，我们很难用语言表达自己的感受。"

水娃沉默了，已是太空产业部部长的庄宇接过了话头，说道："我完全理解你们的感受，但在这里可以欣慰地告诉大家，中国太阳不会消失！我想你们也都知道了，对于这样一个巨大的物体，不可能采用上世纪的方式，让它坠入大气层烧掉，它将用另一种方式找到自己的归宿。其实很简单，只要停止进行"轨道理发"，并进行适当的姿态调整，光压和太阳风将最终使它超过第二宇宙速度，离开地球成为太阳的卫星。许多年后，行星际飞船会在遥远的地方找到它，那时我们也许会把它变成一个博物馆，我们这些人会再次回到那银色的平原上，一起回忆我们这段难忘的岁月！"

水娃突然变得激动起来，他大声问庄宇："部长先生，你真的认为会有这一天，你真的认为会有行星际飞船吗？"

庄宇呆呆地看着水娃，一时说不出话来。

水娃接着说："上世纪中叶，当阿姆斯特朗在月球上印下第一个脚印时，几乎所有的人都相信人类将在十到二十年之内登上火星。现在，八十六年过去了，别说火星了，月球也再没人去过，理由很简单：那是赔本买卖。

"上世纪冷战结束后，经济准则一天天地统治世界，人类在这个准则下也取得了巨大的成就。现在，我们消灭了战争和贫困，恢复了生态，地球正在变成一个乐园。这就使我们更加坚信经济准则的正确性，它已变得至高无上，渗透到我们的每个细胞中，人类社会已变成了百分之百的经济社会，投入大于产出的事是再也不会做了。对月球的开发没有经济意义，对地外行星的大规模载人探测是经济犯罪，至于进行恒星际航行，那更被认为是地地道道的精神变态。现在，人类只知道投入、产出，并享受这些产出了！"

庄宇点了点头说："本世纪人类的太空开发仍局限于近地空间，这是人授勋。这不仅仅是表彰他们二十年来的辛勤而出色的工作,更重要的是,这六十位只有小学和初中文化程度的青年进入太空工作,标志着太空开发已经对所有人敞开了大门。经济学家们一致认为,这是太空开发产业化的真正开端。

这个仪式引起了新闻媒体的极大注意,除了以上的原因,在普通大众心中,"镜面农夫"们的经历具有传奇色彩,同时,在这个追逐与忘却的时代,有一个怀旧的机会也是很不错的。

当年那些憨厚朴实的小伙子现在都已人到中年,但他们看上去变化并不是太大,人们从全息电视中还能认出他们。他们中的大部分人,已经通过各种方式接受了高等教育,其中有一些人还获得了太空工程师的职称,但无论在自己还是公众的眼里,他们仍是那群来自乡村的打工者。

水娃代表伙伴们讲话,他说:"随着电磁输送系统的建成,现在进入近地空间的费用,只及乘飞机飞越太平洋费用的一半,太空旅行已变成了一件平常且平淡的事。但新一代人很难想象,在二十年前进入太空对一个普通人来说意味着什么,也很难想象那会是多么令他激动和热血沸腾!我们,就是那样一群幸运者。

"我们这些人很普通,没什么可说的,我们能有这样不寻常的经历是因为中国太阳。这二十年来,它已成为我们的第二家园,在我们的心目中,它很像一个微缩的地球。最初,我们把镜面上的接缝当作北半球的经纬线,说明自己的位置时总是说在北纬多少度、东经西经多少度;到后来,随着我们对镜面的熟悉,渐渐在上面划分出了大陆和海洋,我们会说自己是在北京或莫斯科,我们每个人的家乡在镜面上也都有对应的位置,对那一块我们擦得最勤……在这个银色的小地球上我们努力工作,尽了自己的责任。先后有五位镜面清洁工为中国太阳献出了生命,他们有的是在太阳磁爆暴发时没来得及隐蔽,有的是被陨石或太空垃圾击中。

的东西，虽然知识还很粗浅，但足以使那更遥远的世界对他产生了一种难以抗拒的吸引力。

有一次，水娃向站里的一位工程师说出了自己的一个困惑："人类在上世纪六十年代就登上了月球，为什么后来反而缩了回来，到现在还没登上火星，甚至连月球也不去了？"

工程师说："人类是现实的动物，上世纪中叶那些由理想主义和信仰驱动的东西是没有长久生命力的。"

"理想和信仰不好吗？"

"不是说不好，但经济利益更好，如果从那时开始人类就不惜代价，做飞向外太空的赔本买卖，地球现在可能还在贫困之中，你我这样的普通人反而不可能进入太空——虽然只是在近地空间。朋友，别中了霍金的毒，他那套东西一般人玩不了的！"

水娃从此变了，他仍然与以前一样努力工作，表面平静地生活，但显然在想着更多的事。

时光飞逝，二十年过去了。

这二十年中，水娃和他的伙伴们从三万六千公里的高度清楚地看到了祖国和世界的变化。

他们看到，三北防护林形成了一条横贯中国东西的绿带，黄色的沙漠渐渐被绿色覆盖，家乡也不再缺少雨水和白雪，村前干枯的河床又盈满了清流……这一切，也有中国太阳的一份功劳，它在改变大西北气候的宏大工程中起了很大的作用。除此之外，这些年中国太阳还干了许多不寻常的事，比如融化乞力马扎罗山的积雪以缓解非洲干旱，使举行奥运会的城市成为真正的不夜城……

不过对于最新的技术来说，用这种方式影响天气显得过于笨拙，且有太多的副作用，中国太阳已经完成了它的使命。

国家太空产业部举行了一个隆重的仪式，为人类第一批太空产业工镜面边缘时还让水娃指给他看水娃家乡的位置。

时间长了，谈话不可避免地转到科学方面。水娃本以为这会结束他们之间难得的交流，但并非如此——向普通人用最通俗的语言讲述艰深的物理学和宇宙学，对博士而言似乎是一种休息。他向水娃讲述了大爆炸、黑洞、量子引力。水娃回去后就啃博士在上世纪写的那本薄薄的小书，再向站里的工程师和科学家请教，居然明白了不少。

"知道我为什么喜欢这里吗？"一次散步到镜面边缘时，博士面对着从边缘露出一角的地球说，"这个大镜面隔开了下面的地球，使我忘记了尘世的存在，能全身心地面对宇宙。"

水娃说："下面的世界好复杂的，可从这里远远地看，宇宙又是那么简单，只是空间中撒着一些星星。"

"是的，孩子，真是这样。"博士点点头说。

反射镜的背面与正面一样，也是镜面，只是多了如一座座小黑塔似的姿态和形状调整发动机。每天散步时，博士和水娃两人就紧贴着镜面缓缓地飘行，常常从中心一直飘到镜面的边缘。没有月亮时，反射镜的背面很黑，表面是星空的倒影。与正面相比，这里的地平线很近，且能看出弧形。星光下，由支撑梁组成的黑色经纬线在他们脚下移动，他们仿佛飘行在一个宁静的小星球的表面。遇上姿态或形状调整，反射镜背面的发动机启动，这小星球的表面被一簇簇小火苗照亮，更使这里显出一种美丽的神秘。

在这小小的世界之上，银河在灿烂地照耀着。就在这样的境界中，水娃第一次接触到了宇宙最深层的奥秘，他明白了自己所看到的所有星空，在大得无法想象的宇宙中，也只是一粒灰尘，而这整个宇宙，不过是百亿年前一次壮丽焰火的余烬。

许多年前作为蜘蛛人踏上第一座高楼的楼顶时，水娃看到了整个北京；来到中国太阳时，他看到了整个地球；现在，水娃面对着人生第三个壮丽的时刻，他站到了宇宙的楼顶上，看到了他以前做梦都不会想到

中国太阳

（当然比从地面进入太空时小得多）来到位于同步轨道的中国太阳，是想看看在这里进行的一项关于背景辐射强度各向微小异性[1]的宇宙学观测。观测站之所以设在中国太阳背面，是因为巨大的反射镜可以挡住来自太阳和地球的干扰。但在观测完成，观测站和工作小组都撤走后，霍金仍不想走，说他喜欢这里，想多待一阵儿。

到底是中国太阳的什么东西吸引了他，新闻界做出了各种猜测，但只有水娃知道实情。

在中国太阳生活的日子里，霍金最喜欢做的事就是在镜面上散步。让人不可理解的是，他只在反射镜的背面散步，每天散步的时间长达几个小时。空间行走经验最丰富的水娃被站里指定陪博士散步。这时的霍金已与爱因斯坦齐名，水娃当然听说过他，但在控制站内第一次见到他时还是很吃惊。水娃想象不出一位瘫痪到如此程度的人怎么还能做出这么大的成就，尽管他对这位大科学家做了什么还一无所知。不过在散步时，丝毫看不出霍金是瘫痪病人，也许是有了操纵电动轮椅的经验，他操纵太空服上的微型发动机与正常人一样灵活。

霍金与水娃的交流很困难，他虽然植入了由脑电波控制的电子发声系统，说话不像上个世纪那么困难了，但他的话要通过实时翻译器译成中文水娃才能听懂。按领导的交代，为了不影响博士思考问题，水娃从不主动搭话，但博士却很愿意与他交谈。

博士最先是问水娃的身世，然后回忆起自己的早年，他向水娃讲述童年时在阿尔班斯住的那幢阴冷的大房子，冬天结了冰的高大客厅中回荡着瓦格纳的音乐；还有那辆放在奥斯明顿磨坊牧场的马戏车，他常和妹妹玛丽一起乘着它到海滩去；还有他常与父亲去的齐尔顿领地的爱文豪灯塔……水娃惊叹这位百岁老人的记忆力，更让他吃惊的是，他们之间居然有共同语言——水娃讲述自己家乡的一切，博士很爱听，当走到

---

1. 指物体的全部或部分物理、化学等性质随方向的不同而有所变化的特性。

有小学文化程度的太空工人了,以后的太空工人最低也是大学毕业的。但他们完成了庄宇所设想的使命:证明了太空开发中的底层工作最需要的是技巧和经验,是对艰苦环境的适应能力,而不是知识和创造力,普通人完全可以胜任。

但是太空也在改变着"镜面农夫"们的思维方式,没有人能像他们这样,每天从三万六千公里居高临下看地球,世界在他们面前只是一个可以一眼望全的小沙盘,地球村对他们来说不是一个比喻,而是眼前实实在在的现实。

"镜面农夫"作为第一批太空工人,曾在全世界引起了轰动。但随着近地空间开发产业化的飞速发展,许多超级工程在太空中出现,其中包括用微波向地面传送电能的超大型太阳能电站,微重力产品加工厂等,容纳十万居民的太空城也开始建设。大批产业工人拥向太空,他们都是普通人,世界渐渐把"镜面农夫"们忘记了。

几年后,水娃在北京买了房子,建立了家庭,又有了孩子。每年他有一半时间在家里,另一半时间在太空。他热爱这项工作,在三万多公里高空的银色大地长时间地巡行,使他的心中产生了一种超脱的宁静,他觉得自己找到了理想的生活,未来就如同脚下的银色平原一样平滑地向前伸展。

然而后来的一件事打破了这种宁静,彻底改变了水娃的心路历程,这就是他与史蒂芬·霍金的交往。

没有人想到霍金能活过一百岁,这既是医学的奇迹,也是他个人精神力量的表现。当近地轨道的第一所太空低重力疗养院建立后,他成为第一位疗养者。不过上到太空的超重差一点要了他的命,返回地面也要经受超重,所以在太空电梯或反重力舱之类的运载工具发明之前,他可能回不了地球了。事实上,医生建议他长住太空,因为失重环境对他的身体是最合适不过的。

霍金开始对中国太阳没什么兴趣,他从低轨道再次忍受加速重力

> 在银色的大地上我遥望家乡
> 村边的妈妈仰望着中国太阳
> 这轮太阳就是儿子的眼睛
> 黄土地将在这目光中披上绿装

"镜面农夫"们的工作是出色的，他们逐渐承担了更多的任务，范围都超出了他们的清洁工作。首先是修复被陨石破坏的镜面，后来又承担了一项更高层次的工作：监视和加固应力超限点。

中国太阳在运行中，其姿态总是在不停地变化，这些变化是由分布在其背面的三千台发动机完成的。反射镜的镜面很薄，它由背面的大量细梁连成一个整体，在进行姿态或形状改变时，有些位置可能发生应力超限，如果不及时对各发动机的出力给予纠正，或在那个位置进行加固，而是任其发展，那么超限应力就可能撕裂镜面。这项工作的技术要求很高，发现和加固应力超限点都需要熟练的技术和丰富的经验。

除了进行姿态和形状调整外，最有可能发生应力超限的时间是在"轨道理发"时，这项操作的正式名称是：光压和太阳风所致轨道误差修正。光压和太阳风对面积巨大的镜面产生作用力，这种力量在每平方公里的镜面上达两公斤左右，使镜面轨道变扁上移。在地面控制中心的大屏幕上，变形的轨道与正常的轨道同时显示，很像是正常的轨道上长出了头发，"轨道理发"这个离奇的操作名称由此而来。

"轨道理发"时镜面产生的加速度比姿态和形状调整时大得多，这时"镜面农夫"们的工作十分重要，他们飞行在银色大地上空，仔细地观察着地面的每一处异常变化，随时进行紧急加固，每次都出色地完成了任务。他们的收入因此增长很多，但这中间得利最多的，还是已成为中国太阳工程第一负责人的庄宇，现在他连普通大学毕业生也不必雇了。

不过"镜面农夫"们都明白，他们这批人是第一批也是最后一批只制站里逐渐拥挤起来，人们像生活在一艘潜水艇里。但能够回到拥挤的站里还算是幸运的。由于镜面上距控制站最远处有近一百公里，清洁工人清洁到外缘时往往下班后回不来，只能在"野外"过"夜"，从太空服中吸取些流质食物，然后悬在半空中睡觉。

工作的危险更不用说了。镜面清洁工是人类航天史上进行太空行走最多的人，在"野外"，太空服的一个小故障就足以置人于死地，还有微陨石、太空垃圾、太阳磁暴等等。这样的生活和工作条件使控制站中的工程师们怨气冲天，但天生就能吃苦的"镜面农夫"们却默默地适应了这一切。

在进入太空后的第五天，水娃与家里通了话，这时水娃正在距控制站五十多公里处干活，他的家乡正处于中国太阳的光斑之中。

水娃爹说："娃啊，你是在那个日头上吗？它在俺们头上照着呢，这夜跟白天一样亮堂啊！"

水娃说："是，爹，俺是在上面！"

水娃娘说："娃啊，那上面热吧？"

水娃说："说热也热，说冷也冷，俺在地上投了个影儿，影儿的外面有咱那儿十个夏天热，影儿的里面有咱那儿十个冬天冷。"

水娃娘对水娃爹说："我看到咱娃了，那日头上有个小黑点点！"

水娃知道那是不可能的，他的眼泪涌了出来，说："爹、娘，俺也看到你们了，亚洲大陆的那个地方也有两个小黑点点！明天多穿点儿衣服，我看到一大股寒流从大陆北面向你们那里移过来了。"

……

三个月后，换班的第二分队到来，水娃他们返回地球去休三个月的假。他们着陆后的第一件事，就是每人买了一架单筒高倍望远镜。三个月后他们回到中国太阳上，在工作的间隙大家都用望远镜遥望地球，望得最多的当然还是各自的家乡。但在四万公里的距离上是不可能看到他们的村庄的。他们中有人用粗笔在镜面上写下了一首稚拙的诗：

外的所有空间，一点都感觉不到它的弧度，他们仿佛飞行在一望无际的银色平原上。距离在继续缩短，镜面上出现了"地平线号"的倒影。可以看到银色大地上有一条条长长的接缝，这些接缝像地图上的经纬线一样织成了方格，织成了能使人感觉到相对速度的唯一参照物。

渐渐地，银色大地上的经线不再平行，而是向一点汇聚，这趋势急剧加快，好像"地平线号"正在驶向这巨大地图上的一个极点。

极点很快出现了，所有经向接缝都汇聚在一个小黑点上。航天飞机向着这个小黑点下降，水娃震惊地发现，这个黑点竟是这银色大地上的一座大楼！

这座大楼是一个全密封的圆柱体，水娃知道，这就是中国太阳的控制站，是他们以后三个月在这冷寂太空中唯一的家。

太空蜘蛛人的生活就这样开始了。每天（中国太阳绕地球一周的时间也是24小时），镜面清洁工们驾驶着一台台手扶拖拉机大小的机器擦拭镜面。他们开着这些机器在广阔的镜面上来回行驶，很像在银色的大地上耕种着什么，于是西方新闻媒体给他们起了一个更有诗意的名字："镜面农夫"。

这些"农夫"们的世界是奇特的，他们脚下是银色的平原，由于镜面的弧度，这平原在远方的各个方向缓缓升起，但由于面积巨大，周围看上去如水面般平坦。上方，地球和太阳总是同时出现，后者比地球小得多，倒像是它的一颗光芒四射的卫星。在占据天空大部分的地球上，总能看到一个缓缓移动的圆形光斑，在地球黑夜的一面，这光斑尤其醒目，这就是中国太阳在地球上照亮的区域。镜面可以调整形状以改变光斑的大小——当银色大地在远方上升的坡度较陡时，光斑就小而亮；当上升坡度较缓时，光斑就大而暗。

镜面清洁工的工作是十分艰辛的，水娃他们很快发现，清洁镜面的枯燥和劳累，比在地球上擦高楼玻璃有过之而无不及。每天收工回到控制站后，他们往往累得连太空服都脱不下来。随着后续人员的到来，控出头来，轰鸣着升上蓝天。

　　机舱里坐着水娃和其他十四名镜面清洁工。经过三个月的地面培训，他们被从六十人中挑选出来，首批进入太空进行实际操作。

　　在水娃这时的感觉中，超重远不像传说中的那么可怕，他甚至有一种熟悉的舒适感，这是孩子被母亲紧紧抱在怀中的感觉。在他右上方的舷窗外，天空的蓝色在渐渐变深。舱外隐约传来爆破螺栓的啪啪声，助推器分离，发动机声由震耳的轰鸣变为蚊子似的嗡嗡声。

　　天空变成深紫色，最后完全变黑，星星出现了，它们都不眨眼，十分明亮。嗡嗡声戛然而止，舱内变得很安静，座椅的振动消失了，接着后背对椅面的压力也消失了，失重出现。水娃他们是在一个巨大的水池中进行的失重训练，这时的感觉还真像是浮在水中。

　　但安全带还不能解开，发动机又嗡嗡地叫了起来，重力又把每个人按回椅子上，漫长的变轨飞行开始了。小小的舷窗中，星空和海洋交替出现，舱内不时充满地球反射的蓝光和太阳白色的光芒。窗口中能看到的地平线的弧度一次比一次大，能看到的海洋和陆地的景色范围也一次比一次大。

　　向同步轨道的变轨飞行整整进行了六个小时，舷窗中星空和地球的景色交替也渐渐具有催眠作用，水娃居然睡着了。但他很快被扩音器中指令长的声音惊醒，那声音说变轨飞行结束了。

　　舱内的伙伴们纷纷飘离座椅，紧贴着舷窗向外瞅。水娃也解开安全带，用游泳的动作笨拙地飘到离他最近的舷窗。他第一次亲眼看到了完整的地球。

　　但大多数人都挤在另一侧的舷窗边，他也一蹬舱壁窜了过去，因速度太快在对面的舱壁上碰了脑袋。从舷窗望出去，他才发现"地平线号"已经来到中国太阳的正下方，反射镜已占据了星空的大部分面积，航天飞机如同是飞行在一个巨大的银色穹顶下的一只小蚊子。

　　"地平线号"继续靠近，水娃渐渐体会到镜面的巨大：它已占据了窗在回去的电梯上，清洁公司的经理凑到庄宇耳边低声说："庄总，您慷慨激昂了半天，讲的道理有点儿太大了吧？当然，当着水娃和我这些小弟兄的面，您不好把关键之处挑明。"

"嗯？"庄宇以询问的眼神看着经理。

"谁都知道，中国太阳工程是以准商业方式运行的，中途差点儿因为资金缺口而停工。现在，留给你们的运行费用没有多少了。在商业宇航活动中，正规宇航员的年薪都在百万以上，我这些小伙子们，每年就可以给你们省几千万啊。"

庄宇神秘地一笑说："您以为，为这区区几千万我值得冒这个险吗？我这次故意把镜面清洁工的文化程度标准压到最低，这个先例一开，中国太阳运行工程在空间轨道的其他工作岗位，我就可以用普通大学毕业生来做，这么一来，省的可不止几千万……如您所说，这也是没办法的办法，我们真的没剩多少钱了。"

经理说："在我的童年和少年时代，进入太空是一种何等浪漫的事业，我清楚地记得，邓小平在访问肯尼迪航天中心时，把一位美国宇航员称作神仙。现在，"他拍着庄宇的后背苦笑着摇摇头，"我们彼此彼此了。"

庄宇扭头看了看那几名蜘蛛人小伙子，提高了声音说道："但是，先生，我给他们的工资怎么说也是你的八到十倍！"

第二天，包括水娃在内的六十名蜘蛛人，进入了坐落在石景山的中国宇航训练中心。他们都是从外地来京打工的农村后生，来自中国广阔田野的各个偏僻角落。

镜面农夫

西昌基地，"地平线号"航天飞机从它的发动机喷出的大团白雾中探水娃迷惑地四下看了看："你们的大楼不是刚清洁过吗？还用专门雇高空清洁工？"

"不，不是让你擦大楼，是擦中国太阳。"

人生第五个目标：飞向太空擦太阳。

这是一次由中国太阳工程运行部的高层领导人参加的会议，讨论成立镜面清洁机构的事。庄宇把水娃介绍给大家，并介绍了他的工作。

当有人问到学历时，水娃诚实地说他只读过三年小学。

"但我认字的，看书没问题。"水娃对与会者说。

一阵笑声响起。

"庄总，你这是在开玩笑吗？"有人气愤地喊道。

庄宇平静地说："我没开玩笑。如果组成三十个人的镜面清洁队，把中国太阳全部清洁一遍，需要半年时间，按照清洁周期，清洁队必须不停地工作，这至少要有六十到九十人进行轮换，如果正在制定中的空间劳动保护法出台，这种轮换可能需要更多的人，也就是说需要一百二十甚至一百五十人。我们难道要让一百五十名有博士学位的、在高性能歼击机上飞过三千小时的宇航员，干这项工作吗？"

"那也得差不多点儿吧？在城市高等教育已经普及的今天，您让一个文盲飞向太空？"

"我不是文盲！"水娃对那人说。

对方没理他，接着对庄宇说："这是对这个伟大工程的亵渎！"

与会者们纷纷点头赞同。

庄宇也点点头，说道："我早就料到各位会有这种反应。在座的，除了这位清洁工之外都具有博士学位，那么好，就让我们看看各位在清洁水娃在凌晨四点才回到宿舍，他躺在狭窄的上铺，中国太阳的光芒从窗中照进来，照在枕边墙上那几张商品住宅广告页上，水娃把那几张彩纸从墙上撕了下来。

在中国太阳的天国之光下，他曾为之激动不已的理想，显得那么平淡渺小。

两个月后，清洁公司的经理找到水娃，说中国太阳工程指挥中心的庄总让他去一下。自从清洁航天大厦的活儿干完后，水娃就再也没见过庄宇。

"你们的太阳真是伟大！"在航天大厦的办公室中见到庄宇后，水娃由衷地赞叹道。

"是我们的太阳，特别是你也有份儿，现在在这里看不到中国太阳了，它正在给你的家乡造雪呢！"

"我爸妈来信说，那里今冬的雪真的多了起来！"

"但中国太阳也遇到了大问题，"庄宇指指身后的一块大屏幕，上面显示着两个圆形的光斑，"这是在同一位置拍摄的中国太阳的图像，时隔两个月，你能看出来它们有什么差别吗？"

"左边那个亮一些。"

"看，仅两个月，反射率的降低用肉眼都能看出来了。"

"怎么，是大镜子上落灰了吗？"

"太空中没有灰，但有太阳风，也就是太阳喷出的粒子流，时间一长，它使中国太阳的镜面表层发生了质变，镜面就蒙上了一层极薄的雾膜，反射率就降低了。一年以后，镜面将变得像蒙上了一层水雾一样，那时中国太阳就变成了中国月亮，可就什么事都干不了了。"

"你们开始没想到这些吗？"

"当然想到了……我们还是谈你的事吧，想不想换个工作？"

"换工作？我还能干什么呢？"

"还是干高空清洁工，但是在我们这里干。"

庄宇站起身，走到一位空军大校的上面，他是被吊下去的十几个人中唯一镇定自若的。这位大校开始擦玻璃，动作沉稳，最让水娃吃惊的是，他的两只手都在干活，并没有抓着什么稳定自己，而他的吊板在强风中贴着墙面一动不动，这对蜘蛛人来说也只有老手才能做到。当水娃认出他就是十多年前神舟八号飞船上的一名宇航员时，对眼前所见也就不奇怪了。

庄宇问道："张大校，你坦率地说，眼前的工作，真的比你们在轨道上的太空行走作业容易吗？"

"如果仅从体力和技巧上来说，相差不是太多。"前宇航员回答道。

"说得好！宇航训练中心的一项研究表明，在人体工程学上，高层建筑清洁工的工作与太空中的镜面清洁工作有许多相似之处：都是在危险的、需要时时保持平衡的位置上，从事重复单调且消耗体力的劳动；都要时时保持着警觉，稍一疏忽就会有意外事故发生。对宇航员来说，事故可能是错误飘移、工具或材料丢失、生命维持系统失灵等等；对蜘蛛人来说，则可能是撞碎玻璃、工具或清洁剂跌落、安全带断裂滑脱等等。在体能技巧方面，特别是在心理素质方面，蜘蛛人完全有能力胜任镜面清洁工作。"

前宇航员仰视着庄宇，点了点头，"这使我想起了那个古老的寓言：卖油人把油通过一个铜钱的方孔倒进油壶中，所需的技巧与将军把箭射中靶心同样高超，差异只在于他们的身份。"

庄宇接着说："哥伦布发现了美洲，库克发现了澳洲，但这些新世界都是由普通人开发的，这些开拓者在当时的欧洲处于社会的最下层。太空开发也一样，国家在下一个五年计划中把近地空间作为第二个大西北，这就意味着航天事业的探险时代已经结束，它不再只是由少数精英从事的工作，让普通人进入太空，是太空开发产业化的第一步！"

"好了好了，你说的都对！现在快把我们弄上去啊！"下面的其他人声嘶力竭地喊着。

工作中的素质吧！请跟我来。"

十几名与会者迷惑不解地跟着庄宇走出会议室，走进电梯。这种摩天大楼中的电梯分快、中、慢三种，他们乘坐的是最快的电梯，飞快加速，直上大厦的顶层。

有人说："我是第一次乘这个电梯，真有乘火箭升空的感觉！"

"我们进入同步轨道后，大家还将体验清洁中国太阳的感觉。"庄宇说完，周围的人都向他投来奇怪的目光。

走出电梯后，大家又跟着庄宇爬了一段窄扶梯，最后从一扇小铁门走出去，来到了大厦的露天楼顶。他们立刻置身于阳光和强风之中，上面的蓝天似乎比平时看到的清澈了许多，向四周望去，北京城尽收眼底。

这时，他们发现楼顶上已经有一小群人在等着，水娃吃惊地发现那竟是清洁公司的经理和他的蜘蛛人工友们！

庄宇大声说："现在，我们就请大家体验一下水娃的工作。"

于是，那些蜘蛛人走过来给每一位与会者扎上安全带，然后领他们走到楼顶边缘，让他们小心地站到十几个蜘蛛人作为工作平台的小小的吊板上，然后吊板开始慢慢下降，悬在距楼顶边缘五六米处不动了，被挂在大厦玻璃墙上的与会者们发出了一阵绝不掺假的惊叫声。

"各位，我们继续开会吧！"庄宇蹲在楼顶边缘，探出身去对下面的人喊道。

"你个混蛋！快拉我们上去！"

"你们每人必须擦完一块玻璃才能上来！"

擦玻璃是不可能的，下面的人能做的只是死死抓着安全带或吊板的绳索，一动不敢动，根本不可能松开一只手去拿起放在吊板上的刷子或打开清洁剂桶的盖子。在他们的日常工作中，这些航天官员每天都在图纸或文件上与几万公里的高度打交道，但在这亲身体验中，四百米的高度已经令他们魂飞天外了。

但事情远没有庄宇想得那么简单,他不得不把要讲授的知识线移到最底层。水娃知道自己生活在一个圆圆的地球上,但他意识深处的世界还是一个天圆地方的结构,庄宇费了很大劲,才使他真正明白了我们的世界只是一颗飘浮在无际虚空中的小石球。这个晚上,水娃并没有搞明白中国太阳为什么不会掉下来,但这个宇宙在他的脑海中已完全变了样,他进入了自己的托勒密时代。

第二个晚上,庄宇同水娃到大排档去吃饭,并成功地使水娃进入了哥白尼时代。又用了两个晚上,水娃艰难地进入了牛顿时代,知道了(当然仅仅是知道了)万有引力。接下来的一个晚上,借助于办公室中的那个大地球仪,庄宇使水娃迈进了航天时代。在接下来的一个公休日,也是在那个大地球仪前,水娃终于明白了同步轨道是什么意思,同时也明白了中国太阳为什么不会掉下来。

在这一天,庄宇带水娃参观了中国太阳工程的指挥中心,在一个高大的屏幕上映出了同步轨道上中国太阳建设工地的全景:漆黑的空间中飘荡着几块银色的薄片,航天飞机在那些薄片前像几只小小的蚊子。

最让水娃感到震撼的,是另一个大屏幕上从三万六千公里高度拍摄的地球,他看到,大陆像漂浮在海洋上的一张张大牛皮纸,山脉像牛皮纸的皱褶,而云层如同牛皮纸上残留的一片片白糖末……

庄宇指给水娃看哪里是他的家乡,哪里是北京,水娃呆呆地看了好半天.才冒出一句话:"站在这么高处,人想的事情肯定不一样……"

三个月后,中国太阳的主体工程完工,在国庆节之夜,反射镜首次向地球的黑夜部分投射阳光,并把巨大的光斑固定在京津地区。

这天夜里,水娃在天安门广场同几十万人一起目睹了这壮丽的日出:西边的夜空中,一颗星星的亮度急剧增强,在这颗星的周围有一圈蓝天在扩散,当中国太阳的亮度达到最大时,这圈蓝天已占据了半个天空的面积,在它的边缘,色彩由纯蓝渐渐过渡到黄色、橘红和深紫,这圈渐变的色彩如一圈彩虹把蓝天围在中央,形成了人们所称的"环形朝霞"。

接着，水娃打量起这间充满现代感的大办公室来，这里最引人注目的是那一套不同寻常的装饰物：办公室的天花板整个是一幅星空的全息图像，所以在办公室中的人如同置身于一个灿烂星空下的院子。在这星空的背景前，悬浮着一个银色的圆形曲面，那是一个镜面，很像庄宇的那个太阳灶，但水娃知道，这个太阳灶面积可能有几十个北京那么大。在天花板的一角，有一盏球形的灯，与这镜面一样，没有任何支撑地悬浮在空中，发出耀眼的黄光。镜面把它的一束光投射到办公桌旁的一个大地球仪上，在其表面打出一个圆圆的亮点。那个灯球在天花板下缓缓飘移着，镜面转动着追踪它，始终保持着那束投向地球仪的光束。星空、镜面、灯球、光束、地球仪和其表面的亮点，形成了一幅抽象而神秘的构图。

"这就是中国太阳吗？"水娃指着镜面，心怀敬畏地问。

庄宇点点头，说："这是一个面积达三万平方公里的反射镜，它在三万六千公里高的同步轨道上向地球反射阳光，从地面看上去，天空中像多了一个太阳。"

"我一直搞不明白，天上多了一个太阳，地上怎么会多了雨水呢？"

"这个人造太阳可以以多种方式影响天气，比如通过改变大气的热平衡来影响大气环流、增加海洋蒸发量、移动锋面等等，这一两句话说不清楚。其实，轨道反射镜只是中国太阳工程的一部分，另一部分是一个复杂的大气运动模型，它运行在许多台超级计算机上，精确地模拟出某一区域大气的运动状态，然后找准一个关键点，用人造太阳的热量施加影响，就会产生巨大的效应，足以在一段时间内完全改变目标区域的气候……这个过程极其复杂，不是我的专业，我也不太明白。"

水娃又问了一个庄宇肯定明白的问题，他知道自己的问题太傻，但还是鼓足勇气问了出来："那么大个东西悬在天上，不会掉下来吗？"

庄宇默默地看了水娃几秒钟，又看了看表，一拍水娃的肩膀说："走，我请你吃饭，同时让你明白中国太阳为什么不会掉下来。"

想,而这梦想,就像那些精致的小模型一样,实实在在地摆在眼前,可以触摸到了。

这时,有人从里面敲水娃正在擦的这面玻璃,这往往是麻烦事。在办公室窗上出现的高楼清洁工,总让超级大厦中的白领们有一种莫名的烦恼,好像这些人真如其俗名那样是一个个异类大蜘蛛,他们之间的隔阂远不只那面玻璃。在蜘蛛人干活儿时,里面的人不是嫌有噪声,就是抱怨阳光被挡住了,变着法儿和他们过不去。

航天大厦的玻璃是半反射型的,水娃很费劲地向里面看,终于看清了里面的人,那居然是庄宇!

分手后,水娃一直惦记着庄宇,在他的记忆中,庄宇一直是一个西装革履的流浪汉,在这个大城市中深一脚浅一脚地过着艰难的生活。在一个深秋之夜,正当水娃在宿舍中默默地为庄宇过冬的衣服发愁时,却真的在电视上看到了他!

这时,"中国太阳"工程正在选择构建反射镜的材料,这是工程最关键的技术核心,在十几种材料中,庄宇研制的纳米镜膜被最后选中了。结果他由一名科技流浪汉变成了中国太阳工程的首席科学家之一,一夜之间举世闻名。

这以后,虽然庄宇频频在各种媒体上出现,水娃反而把他忘记了,他觉得他们之间已没有什么关系。

在那间宽大的办公室里,水娃看到庄宇与当初相比,从里到外都没有变,甚至还穿着那身西装。现在水娃知道,这身当时在他眼中高级华贵的衣服实际上次透了。水娃向庄宇讲述了自己在北京的生活,最后他笑着说:"看来咱俩在北京干得都不错。"

"是的是的,都不错!"庄宇激动地连连点头,"其实,那天早晨对你说那些关于时代和机遇的话时,我几乎对一切都失去了信心,我是说给自己听的,但这个时代真的充满了机遇。"

水娃点点头,说:"到处都是金色的鸟儿。"

中国太阳

　　水娃从这经历中悟到了一个哲理：事情得从高处才能看清楚。如果你淹没于这座大都市之中，周围的一切是那么纷繁复杂，城市仿佛是一个无边无际的迷宫，但从这高处一看，整座城市不过是一个有一千多万人的大蚂蚁窝罢了，而它周围的世界又是那么广阔。

　　在第一次领到工资后，水娃到一个大商场转了转，乘电梯上到第三层时，他发现这是一个让自己迷惑的地方。

　　与繁华的下两层不同，这一层的大厅比较空旷，只摆放着几张大得惊人的低矮桌子，在每张桌子宽阔的桌面上，都有一片小小的楼群，每幢楼有一本书那么高。楼间有翠绿的草地，草地上有白色的凉亭和回廊……这些小建筑好像是用象牙和奶酪做成的，看上去那么可爱，它们与绿草地一起，构成了精致的小世界，在水娃眼中，真像是一个个小天堂的模型。

　　最初他猜测这是某种玩具，但这里见不到孩子，桌边的人们也一脸认真和严肃。他站在一个小天堂边上对着它出神地望了很久，一位漂亮小姐过来招呼他，他这才知道这里是出售商品房的地方。

　　他随便指着一幢小楼，问最顶上那套房多少钱，小姐告诉他那是三室一厅的住宅，每平米三千五百元，总价值三十八万。

　　听到这数目，水娃倒吸了一口冷气，但小姐接下来的话让这冷酷的数字温柔了许多："分期付款，每月一千五百到两千元。"

　　他小心地问："我……我不是北京人，能买吗？"

　　小姐给了他一个动人的微笑："您可真逗，户口已经取消几年了，还有什么北京人不北京人的？您住下不就是北京人了吗？"

　　水娃走出商场后，漫无目的地在街上走了很长时间，夜中的北京在他的周围五光十色地闪耀着，他的手中拿着售房小姐给他的几张花花绿绿的广告页，不时停下来看看。过去，在那座遥远的西部城市的简易房中，在省城拥有一套住房对他来说都还是一个神话，现在，他离买下那套北京的住房还有相当的距离，但这已不是神话了，它由神话变成了梦

401

航天大厦时多次发生，每次都让人魂飞天外。就在昨天，水娃的一位工友脱吸后远远地荡出去，又荡回来，在强风的推送下直撞到墙上，撞碎了一大块玻璃，他的额头和手臂上各划了一道大口子，而那块昂贵的镀膜高级建筑玻璃让他这一年的活儿白干了。

到现在为止，水娃干蜘蛛人的工作已经颇有些日子了，这活儿可真不容易。在地面上有二级风力时，百米空中的风力就有五级，而现在的四五百米的超高层建筑上，风就更大了。危险自不必说，从本世纪初开始，蜘蛛人的坠落事故就时有发生。在冬天时，那强风就像刀子一样锋利。清洗玻璃时最常用的氢氟酸洗剂腐蚀性很大，会使手指甲先变黑再脱落。而到了夏天，为防洗涤药水的腐蚀，还得穿着不透气的雨衣雨裤雨鞋。如果是擦镀膜玻璃，背上太阳暴晒，面前玻璃反射的阳光也让人睁不开眼，这时水娃的感觉真像是被放在庄宇所说的太阳灶上。

但水娃热爱这个工作，这段时间是他有生以来最快乐的时光。这固然因为在外地来京的低文化层次的打工者中，蜘蛛人的收入相对较高，更重要的是，他从工作中获得了一种奇妙的满足感。他最喜欢干那些别的工友不愿意干的活儿：清洁新近落成的超高建筑——这些建筑的高度都在二百米以上，最高的达五百米！

悬在这些摩天楼顶端的外墙上，北京城在下面一览无遗地伸延开来，那些上世纪建成的所谓高层建筑，从这里看下去是那么矮小。再远一些，它们就像一簇簇插在地上的细木条，而城市中心的紫禁城则像是用金色的积木搭起来的。在这个高度，听不到城市的喧闹，整个北京成了一个可以一眼望全的整体，成了一个以蛛网般的公路为血脉的巨大生命体，在下面静静地呼吸着。有时，摩天大楼高耸在云层之上，腰部以下笼罩在阴暗的暴雨之中，以上却阳光灿烂，干活儿时脚下是一望无际的滚滚云海，每到这时，水娃总觉得他的身体都被云海之上的强风吹得透明了……

它招工很难,我们现在很缺人手。但我向你保证,安全措施是很完备的,只要严格按规程操作,绝对不会有危险,且工资在同类行业中是最高的。你要是加入嘛,每月工资一千五,工作日管午餐,公司代买人身保险。"

这钱数让水娃吃了一惊,他呆呆地望着经理,后者误解了水娃的意思:"好吧,取消试用期,再加三百,每月一千八,不能再多了。以前这个工种的基本工资只有四五百,每天有活儿干,再额外计件儿。现在是固定月薪,相当不错了。"

于是,水娃成了一名高空清洁工,英文名字叫蜘蛛人。

人生第四个目标:成为一个北京人。

水娃与四位工友从航天大厦的顶层谨慎地下降,用了四十分钟才到达它的第八十三层,这是他们昨天擦到的位置。

蜘蛛人最头疼的活儿就是擦倒角墙,即与地面的角度小于九十度的墙。而航天大厦的设计者为了表现他那变态的创意,把整个大厦设计成倾斜的,在顶部由一根细长的立桩与地面支撑。据这位著名建筑师说,倾斜更能表现出上升感。

这话似乎有道理,这座摩天大厦也名扬世界,成为北京的又一标志性建筑。但这位建筑大师的祖宗八代都被北京的蜘蛛人骂遍了,清洁航天大厦对他们来说几乎是一场噩梦,因为这座倾斜的大厦整整一面全是倒角墙,高达四百米,与地面的角度小到只有六十五度。

到达工作位置后,水娃仰头看看,头顶上这面巨大的玻璃悬崖仿佛正在倾倒下来。他一只手打开清洁剂容器的盖子,另一只手紧紧抓着吸盘的把手。这种吸盘是为清洁倒角墙特制的,但并不好使,常常脱吸,这时蜘蛛人就会荡离墙面,被安全带吊着在空中打秋千。这种事在清洁看着庄宇远去的背影，水娃迷惑地摇摇头。庄宇这话可真是费解：这人现在已经一文不名，今天连旅馆都住不起了，早餐还是水娃出的钱，甚至连他那个太阳灶，也在起程前留给房东顶了房费。现在，这位前大学教授已是一个除了梦之外什么都没有的乞丐。

与庄宇分别后，水娃立刻去找活儿干，但大都市给他的震撼使他很快忘记了自己的目的。整个白天，他都在城市中漫无目标地闲逛，仿佛是行走在仙境中，一点儿都不觉得累。

傍晚，他站在首都的新象征之一，去年落成的五百米高的统一大厦前，仰望着那直插云端的玻璃绝壁，在上面，渐渐暗下去的晚霞和很快亮起来的城市灯海在进行着摄人心魄的光与影的表演。

水娃看得脖子酸疼，当他正要走开时，大厦本身的灯也亮了起来，这奇景以一种更大的力量攫住了水娃的全部身心，他继续在那里仰头呆望着。

"你看了很长时间，对这工作感兴趣？"

水娃回过头，看到说话的是一个年轻人，典型的城里人打扮，但他手里拿着一顶黄色的安全帽。

"什么工作？"水娃迷惑地问道。

"那你刚才在看什么？"那人反问，同时他拿着安全帽的手向上一比画。

水娃抬头向他指的方向看，看到高高的玻璃绝壁上居然有几个人，从这里看去只是几个小黑点。

"他们站那么高干什么呀？"水娃问，又仔细地看了看，"擦玻璃？"

那人点了点头，说道："我是蓝天建筑清洁公司的人事主管，我们公司主要承揽高层建筑的清洁工程，你愿意干这工作吗？"

水娃再次抬头看，高空中那几个蚂蚁似的小黑点让人头晕目眩，他嗫嚅着："这……太吓人了。"

"如果是担心安全，那你尽管放心，这工作看起来危险，正是这点使水娃仍然迷惑不解地看着他。

庄宇站起身来,"我要去北京了,赶两点半的火车。小兄弟,你跟我去吧!"

"去北京?干什么?"

"北京那么大,干什么不行?就是擦皮鞋,也比这儿挣得多好多!"

于是,就在这天夜里,水娃和庄宇踏上了一列连座位都没有的拥挤列车。

列车穿过夜色中广阔的西部原野,向太阳升起的方向驰去。

人生第三个目标:到更大的城市,见更大的世面,挣更多的钱。

第一眼看到首都时,水娃明白了一件事:有些东西你只能在看见后才知道是什么样儿,凭想象是绝对想不出来的。比如北京之夜,就在他的想象中出现过无数次,最早不过是把镇子或矿上的灯火扩大许多倍,然后是把省城的灯火扩大许多倍,而当他和庄宇乘坐的公共汽车从西站拐入长安街时,他知道,过去那些灯火就是扩大一千倍,也不是北京之夜的样子。当然,北京的灯绝对不会有一千个省城的灯那么多那么亮,但这夜中北京的某种东西,是那个西部的城市怎么叠加也产生不出来的。

水娃和庄宇在一个便宜的地下室旅馆住了一夜后,第二天早上就分了手。

临别时,庄宇祝水娃好运,并说如果以后有难处可以找他,但当水娃让他留下电话或地址时,他却说自己现在什么都没有。

"那我怎么找你呢?"水娃问。

"过一阵子,看电视或报纸,你就会知道我在哪儿。"

水娃四下看了看，没什么金鸟儿，他摇了摇头，说："我没读过多少书呀。"

"这当然很遗憾，但谁知道呢，有时这说不定还是一个优势。这个时代的伟大之处，就在于其捉摸不定，没有人知道奇迹会在谁身上发生。"

"你……上过大学吧？"

"我有固体物理学博士学位，辞职前是大学教授。"

庄宇走后，水娃目瞪口呆了好半天，然后又摇了摇头，心想庄宇这样的人跑了十三个城市都抓不到那金鸟儿，自己怎么行呢？他感到这家伙是在取笑他自己，不过这人本身也够可怜够可笑的了。

这天夜里，屋里的其他人有的睡了，有的聚成一堆打扑克，水娃和庄宇则到门外几步远的一个小饭馆里看人家的电视。这时已是夜里十二点，电视中正在播出新闻，屏幕上只有播音员，没有其他画面。

"在今天下午召开的国务院新闻发布会上，新闻发言人透露，举世瞩目的'中国太阳'工程已正式启动，这是继三北防护林之后又一项改造国土生态的超大型工程……"

水娃以前听说过这个工程，知道它将在我们的天空中再建造一个太阳，这个太阳将给干旱的大西北带来更多的降雨。这事对水娃来说太玄乎，像第一次遇到这类事一样，他打算问问庄宇，但扭头一看，见庄宇睁圆双眼瞪着电视，半张着嘴，好像被它摄去了魂儿。

水娃用手在庄宇面前晃了晃，他毫无反应，直到那则新闻过去很久才恢复常态，自语道："真是，我怎么就没想到中国太阳呢？"

水娃茫然地看着庄宇，觉得这人不可能不知道这件连自己都知道的事——这事儿哪个中国人不知道呢？他当然知道，只是没想到，那他现在想到了什么呢？这事与他庄宇，一个住在闷热的简易房中的潦倒流浪者，能有什么关系？

庄宇说："记得我早上说的吗？现在一只金鸟儿飞到我面前了，好大的一只金鸟儿，其实它以前一直在我头顶盘旋，我他妈居然没感觉到！"

的布。水娃拿起布仔细看，它柔软光滑，轻得几乎感觉不到分量，表面映着自己变形的怪像，还变幻着肥皂泡表面的那种彩纹，一松手，银布从指缝间无声地滑落到地上，仿佛是一掬轻盈的水银。当庄宇再插上电源的插销时，银布如同一朵开放的荷花般懒洋洋地伸展开来，很快又变成一个圆圆的伞面倒立在地上。再去摸摸那伞面，薄薄的硬硬的，轻敲发出悦耳的金属声响，它强度很高，在地面固定后能撑住一个装满水的锅或壶。

庄宇告诉水娃："这是一种纳米材料，表面光洁，具有很好的反光性，强度很高，最重要的是，它在正常条件下呈柔软状态，但在通入微弱电流后会变得坚硬。"

水娃后来知道，这种叫纳米镜膜的材料是庄宇的一项研究成果。申请专利后，他倾其所有投入资金，想为这项成果打开市场，但包括便携式太阳灶在内的几项产品都无人问津，结果血本无归，现在竟穷到向水娃借钱交房租。虽落到这地步，但这人一点儿都没有消沉，每天仍东奔西跑，企图为这种新材料的应用找到出路，他告诉水娃，这是自己跑过的第十三个城市了。

除了那个太阳灶外，庄宇还有一小片纳米镜膜，平时它就像一块银色的小手帕摊放在床边的桌子上。每天早晨出门前，庄宇总要打开一个小小的电源开关，那块银手帕立刻变成硬硬的一块薄片，成了一面光洁的小镜子，庄宇就对着它梳理打扮一番。

有一天早晨，他对着小镜子梳头时，斜视了刚从床上爬起来的水娃一眼，说道："你应该注意仪表，常洗脸，头发别总是乱乱的。还有你这身衣服，不能买件便宜点儿的新衣服吗？"

水娃拿过镜子来照了照，笑着摇了摇头，意思是对一个擦鞋的来说，那么麻烦没有用。

庄宇凑近水娃说："现代社会充满着机遇，满天都飞着金鸟儿，哪天说不定你一伸手就抓住一只，前提是你得拿自己当回事儿。"

对望的恒星

他一起去。

水娃对这活计没有什么信心,他一路上寻思,要是修鞋还差不多。擦鞋?谁会花一块钱擦一次鞋(要是鞋油好些,得三块),这人准有毛病。

但在火车站前,他们摊还没摆好,生意就来了。这一晚上到十一点,水娃竟挣了十四块!但在回去的路上二宝一脸晦气,说今天生意不好,言下之意显然是水娃抢了他的买卖。

"窗户下那些个大铁箱子是啥?"水娃指着前面的一座楼问道。

"空调,那屋里现在跟开春儿似的。"

"城里真好!"水娃抹了一把脸上的汗说。

"在这儿只要吃得苦,赚碗饭吃很容易的,但要想成家立业可就没门儿。"二宝说着用下巴指了指那幢楼,"买套房,两三千一平米呢!"

水娃傻傻地问:"平米是啥?"

二宝轻蔑地晃晃头,不屑理他。

水娃和十几个人住在一间同租的简易房中,这些人大都是进城打工的和做小买卖的农民,但在大通铺上位置紧挨着水娃的却是个城里人,不过不是这个城市的。在这里时,这个人和大家都差不多,吃的和他们一样,晚上也是光膀子在外面乘凉。但每天早晨,他都西装革履地打扮起来,走出门去像换了一个人,真给人鸡窝里飞出金凤凰的感觉。

这人姓庄名宇,大伙倒是都不讨厌他,这主要是因为他带来的一样东西。那东西在水娃看来就是一把大伞,但那伞是用镜子做的,里面光亮亮的,把伞倒放在太阳地里,在伞把头上的一个托架上放一锅水,那锅底被照得晃眼,锅里的水很快就开了,水娃后来知道这叫太阳灶。大伙用这东西做饭烧水,省了不少钱,不过没太阳时这东西就不能用了。

这把叫太阳灶的大伞没有伞骨,就那么薄薄的一片。水娃最迷惑的时候就是看庄宇收伞:伞上伸出一根细细的电线一直通到屋里,收伞时庄宇进屋拔下电线的插销,那伞就噗的一下摊到地上,变成了一块银色真像做噩梦，但后来也习惯了。工钱是计件结算，每月能挣一百五，好的时候能挣到二百出头，水娃觉得很满足了。

但最让水娃满足的还是这里的水。第一天下工后，浑身黑得像块炭，他跟着工友们去洗澡。到了那里后，看到人们用脸盆从一个大池子中舀出水来，从头到脚浇下来，地下流淌着一条条黑色的小溪。当时他就看呆了，妈妈呀，哪儿有这么用水的，这可都是甜水啊！因为有了甜水，这个黑乎乎的世界在水娃眼中变得美丽无比。

但国强一直鼓动水娃进城，国强以前就在城里打过工，因为偷建筑工地的东西被当作盲流遣送回了原籍。他向水娃保证，城里肯定比这里挣得多，也不像这样累死累活的。

就在水娃犹豫不决时，国强在井下出了事。

那天他排哑炮时，哑炮却突然炸了，从井下抬上来时浑身嵌满了碎石。死前他对水娃说了一句话：

"进城去，那里灯更多……"

人生第二个目标：到灯更多、水更甜的城里，挣更多的钱。

"这里的夜像白天一样呀！"

水娃惊叹道，国强说得没错，城里的灯真是多多了。现在，他正同二宝一起，一人背着一个擦鞋箱，沿着省会城市的主要大街向火车站走去。

二宝是水娃邻村人，以前曾和国强一起在省城里干过，按照国强以前给的地址，水娃费了好大的劲才找到他，他现在已经不在建筑工地干了，而是干起擦皮鞋的活来。水娃找到他时，与他同住的一个同行正好有事回家了，他就简单地教了水娃几下子，然后让水娃背上那套家什同时那目光充满着对雨的企盼，年老时就只剩呆滞了。其实这张巨脸一直是呆滞的，他不相信这块土地还有过年轻的时候。

一阵子风吹过，前面这条出村的小路淹没于黄尘中，水娃沿着这条路走去，迈出了他新生活的第一步。

这条路，将通向一个他做梦都想不到的地方。

人生第一个目标：喝点不苦的水，挣点钱。

"哟，这么些个灯！"

水娃到矿区时天已经黑了，这个矿区是由许多私开的小窑煤矿组成的。

"这算啥？城里的灯那才叫多哩。"来接他的国强说道。国强也是水娃村里的，出来好多年了。

水娃随国强来到工棚住下，吃饭时喝的水居然是甜丝丝的！国强告诉他，矿上打的是深井，水当然不苦了，但他又加了一句："城里的水才叫好喝呢！"

睡觉时国强递给水娃一包硬邦邦的东西当枕头，水娃打开一看，是黑塑料皮包着的一根根圆棒棒，再打开黑塑料皮，看到那棒棒黄黄的，像肥皂。

"炸药。"国强说，然后翻身呼呼睡着了。水娃看到他也枕着这东西，床底下还放着一大堆，头顶上吊着一大把雷管。后来水娃才知道，这些东西足够把他的村子一窝端了！国强是矿上的放炮工。

矿上的活儿很苦很累，水娃前后干过挖煤、推车、打支柱等活计，每样一天下来都把人累得要死。但水娃就是吃苦长大的，他倒不怕活儿重，他怕的是井下那环境，人像钻进了黑黑的蚂蚁窝，刚开始几天感觉

中国太阳

刘慈欣

水娃从娘颤颤的手里接过那个小小的包裹，包裹中有娘做的一双厚底布鞋，三个馍，两件打了大块补丁的衣裳，还有二十块钱。爹蹲在路边，闷闷地抽着旱烟锅。

"娃要出门了，你就不能给个好脸？"娘对爹说。爹仍蹲在那儿，还是闷闷地一声不吭。娘又说："不让娃出去，你能出钱给他盖房娶媳妇啊？"

"走！东一个西一个都走逑了，养他们还不如养窝狗！"爹干号着说，头也不抬。

水娃抬头看了看自己出生和长大的村庄，这处于永恒干旱中的村庄，只靠着水窖中积下的一点雨水过活。水娃家没钱修水泥窖，还是用的土水窖，那水一到大热天就臭了。往年，这臭水热开了还能喝，就是苦点儿涩点儿，但今年夏天，那水热开了喝都拉肚子。听附近部队上的医生说，是地里什么有毒的石头溶进水里了。

水娃又低头看了爹一眼，转身走去，没有再回头。他不指望爹抬头看他一眼，爹心里难受时就那么蹲着抽闷烟，一蹲能蹲几个小时，整个人仿佛变成了黄土地上的一大块土坷垃。但他分明又看到了爹的脸，或者说，他就走在爹的脸上。看周围这广阔的西北土地，干干的黄褐色，布满了水土流失刻出的裂纹，不就是一张老农的脸吗？这里的什么都是这样，树、地、房子、人，黑黄黑黄，皱巴巴的。水娃看不到这张伸向天边的巨脸的眼睛，但能感觉到它的存在，那双巨眼在望着天空，年轻

柔地握紧了一些。"你就是理由之一。"他说道。

玲问道:"你对老太婆情有独钟,是吧?"我不由一笑。

鲍科特大笑起来,"我猜没错。"

"你说我是理由之一。"玲说道。

他点了点头,"另一个理由嘛……好吧,我不想站在巨人的肩膀上。"他话头一顿,然后稍稍抬起了自己的肩膀,就好像是在为鲜有人言的见解发声,"我想要成为巨人。"

他们顺着空间站的通道往前走,一直握着彼此的手,走向那艘光彩照人的优雅飞船。它将载着我们奔向我们的新家园。

华 龙 译

《巨人的肩膀》,2000年6月首次发表于美国《星球移民》选集。小说标题是作者对艾萨克·阿西莫夫、阿瑟·克拉克、哈尔·克莱门特、弗兰克·赫伯特、拉里·尼文等科幻作家的致敬。索耶希望通过"先锋精神号"的故事,传递科幻带给他的那份最初的惊奇感。文中人类乐观进取的开拓精神让人热泪盈眶。

本篇获奖情况:
    2001年 提名星云奖最佳短篇小说
    2001年 提名加拿大极光奖最佳英文短篇小说

玲眉头一皱。我抿了抿嘴唇，然后说道："还能叫什么？'先锋精神二号'。"

人群再次一片欢腾。

最终，决定性的日子到来了。我们正式登上新飞船的仪式还有四小时才开始——届时所有媒体都将争相报道。但此时，玲和我还是径直走向连接着空间站外缘和飞船的气密舱。玲想要再检查一番，而我想多花点时间在海伦娜的低温舱旁边坐坐，跟她再相处一会儿。

当我们走过去的时候，鲍科特沿着弧形的地板朝我们跑来。

"玲，"他上气不接下气地说道，"托比。"

我点头打了招呼。玲看上去有一点不自在，她和鲍科特在过去的几个星期里浓情蜜意，而昨晚他们又花了一整夜时间道别。我觉得她并不希望在我们离开前见到他。

"很抱歉打扰你们俩。"他说道，"我知道你们很忙，不过……"他看上去很紧张。

我问他："怎么了？"

他看着我，然后又看了看玲，"你们还留有地方给新乘客吗？"

玲笑了起来，"我们没有乘客。我们是移民。"

"抱歉。"鲍科特回以微笑，"你们还有地方给一位新移民吗？"

"噢，还有四个备用的低温舱，不过……"她看着我。

我耸了耸肩，说道："为什么不呢？"

"你也知道，那可是很艰苦的。"玲回望着鲍科特，"不管我们到了什么地方，都会很艰苦。"

鲍科特点了点头，"我知道，而且我想成为其中的一分子。"

玲知道在我跟前没有必要忸忸怩怩的。"那就太棒了。"她说道，"不过……不过为什么呢？"

鲍科特试探地伸出手，抓住了玲的一只手。他温存地握住，她也温鲍科特说得没错，娑罗星的媒体对于我和玲简直太热心了，不只是因为我们这副充满了异国情调的容貌——我是白皮肤蓝眼睛；而玲的肤色挺深，双眼内眦有褶；我们两人的口音都很奇怪，与三十三世纪的人全然不同。他们似乎对我们的先锋精神也很着迷。

检疫隔离结束之后，我们降落在了行星上。气温比我喜欢的稍冷一些，空气稍显潮湿——不过人类当然会很快适应。娑罗星首都帕克斯的建筑出人意料的华丽，到处都是穹顶和繁杂的雕刻。"首都"这个词已经过时了，政府权力完全分散，如今所有重要的事情都由公民投票决定——包括是否给我们一艘新的飞船。

鲍科特、玲还有我来到了帕克斯的中心广场，娑罗星总统卡利·迪泰尔亲自陪同，等候宣布投票结果。整个鲸鱼座T星系的媒体都派来了代表，就连地球都有一家，但他的报道总是要等到11.9年之后才能被读到。熙熙攘攘的现场还有上千名观众。

"朋友们，"迪泰尔向人群张开双臂说道，"你们都已经投了票，现在就让我们一起来揭晓结果。"她的头稍稍一斜，随后人群爆发出震耳欲聋的掌声和欢呼声。

玲和我转身看着鲍科特，他一脸喜色。"什么结果？"玲问道，"他们做了什么决定？"

鲍科特看上去有点莫名其妙，但随即了然，"哦，抱歉，我忘了你们没有植入网络。你们会得到一艘新飞船。"

玲紧闭双眼，长长松了口气。我的心则怦怦直跳。

迪泰尔总统朝我们做了个手势，"麦克格雷格博士，武博士——请讲几句吧？"

我俩相视片刻，然后站起身来。我凝视着人群说道："十分感谢。"

玲赞同地点点头，"非常感谢你们。"

这时候，记者喊出了一个问题："你们打算怎么给新飞船命名？"

对望的恒星

玲和我一整晚都在讨论,蓝色和绿色相映生辉的娑罗星就在我们脚下庄严地旋转着。我们的职责是要做出正确的决定,不只是为了我们自己,还要考虑"先锋精神号"上的其他四十八个人,他们对我们无比信任,把自己的命运都交在了我们手中。他们想要在这里苏醒吗?

不。当然不会。他们离开地球就是为了寻找一片移民之地,不管他们梦到了什么,都没有理由认为他们会改变自己的想法。大家都对鲸鱼座T星没什么感情,它只不过是一个看上去合乎要求的目的地而已。

"我们可以要求返回地球。"我说道。

"你不想那样的。"玲回答,"而且我敢肯定,其他人也一样。"

"没错,你说得没错。"我说道,"他们会让我们继续走下去。"

玲点了点头,"我看没错。"

"仙女座?"我笑道,"这念头是怎么冒出来的?"

她耸了耸肩,"从我脑袋里蹦出来的第一个念头。"

"仙女座。"我又咕哝了一遍,品味着这个词。我记得自己在十六岁的时候,身处加利福尼亚的沙漠中是多么兴奋,当时我第一次亲眼看到了仙后座下面那团椭圆形的东西。那是另一个星系,宇宙中的另一座岛屿——比我们这个银河系大了一半。"为什么不呢?"我陷入了沉默。过一会儿,我忽然说道:"鲍科特似乎很喜欢你。"

玲微微一笑,"我也喜欢他。"

"那就别错过。"

"什么?"她似乎吃了一惊。

"如果你喜欢他,就别错过。在我们抵达终点之前,在海伦娜苏醒之前,我是不得不独守空房,但你没这个必要。哪怕他们真的给了我们一艘新飞船,在他们把低温休眠舱搬运过去之前,也还有好几个星期呢。"

玲翻了个白眼,"男人啊。"可我知道她动心了。

"仙女座？你是说仙女座的那个大星系？但那……"随即是一阵短暂的停顿。毫无疑问，他在用网络查询数据，"那可是在220万光年之外。"

"没错。"

"但……但是要耗费两百多万年才能到那儿。"

"这不过是从地球的……抱歉，是从娑罗星的角度来看。"玲说道，"相对而言，我们花费的时间要比这段已经完成的旅程少得多。而且，我们当然是在低温休眠状态中度过所有旅行时间的。"

"但我们的飞船都没有配备低温休眠舱。"鲍科特说道，"因为没有必要。"

"我们可以把舱室从'先锋精神号'上转移过来。"

鲍科特摇了摇头，"那将是一趟单程旅行。你们永远都回不来了。"

"也不尽然，"我说道，"与大多数河外星系不同，仙女座星系正朝着银河系的方向运动，而不是远离。最终，两个星系将会融为一体，把我们带回家。"

"那可是几十亿年之后的事情了。"

"连想都不敢想，是成不了大事的。"玲说道。

鲍科特眉头一皱，"我之前说过，我们在娑罗星能供得起你们和你们的同伴，这话不假。不过星际飞船很昂贵，我们不能说给就给。"

"那可比供养我们所有人便宜得多。"

"不，不会的。"

"你说你们以我们为荣。你说你们站在我们的肩膀上。如果这话没错，那就回馈一下。给我们一个机会来站在你们的肩膀上，让我们拥有一艘新的飞船。"

鲍科特叹了口气。很明显，他觉得我们是真不明白要满足玲的要求有多困难。"我会尽我所能。"他说道。

玲长长地叹了口气,真是巨大的代沟。"不管怎么说,"她开口道,"我们都算不上先锋,不过就是陪跑罢了。虽然我们率先出发,但你们却比我们先到这里。"

"好吧,那么说的话,是我的老祖宗先到的。"鲍科特说道,"我是第六代娑罗星人了。"

"第六代?"我问道,"移民到这里有多久了?"

"我们不再是移民了,而是一个独立的世界。不过,最先抵达这里的飞船是在2107年离开地球的。当然了,我的老祖宗迁移的时候要晚得多。"

"2107年。"我又念叨了一遍。那不过是"先锋精神号"发射后的第五十六年。我们的飞船开始这趟旅行时,我三十一岁;如果我留下,很有可能亲眼见到真正的先锋们起航。我们当初是怎么想的。离开地球,难道我们不是跑掉或者逃跑,逃避,在炸弹投下之前落荒而逃?我们到底是先锋还是懦夫?

不,不,这些想法太疯狂了。我们离开地球的原因跟晚期智人跨越直布罗陀海峡时一样。那是我们作为一个物种所需要做的。是我们为什么能够成功,而尼安德特人会失败的原因。我们要看一看对岸有什么,要看一看山的那边有什么,要看一看别的恒星周围有什么。正是这种力量帮我们征服了故乡行星那辽阔的疆域;也正是这种力量让我们有望成为无限空间的王者。

我转身告诉玲,"我们不能留在这里。"

这话似乎让她咀嚼了一番,然后她点了点头,看向鲍科特,"我们不想去做花车巡游,也不想你们为我们塑起雕像。"她眉毛一扬,就像是在强调话中的意味,"我们想要一艘新的飞船,一艘更快的飞船。"她看着我。我颔首表示同意。她指着窗外,"一艘流线型的飞船。"

"你们用它做什么?"鲍科特问道,"要去哪里?"

玲注视着我,然后又望向鲍科特,"仙女座。"

我们站在巨人的肩膀上。"

　　当天晚些时候,玲、鲍科特和我在德伦汀空间站微微有些弧度的地板上漫步。我们仅能在有限的区域内活动,十天之后才能降落到行星表面,鲍科特是这么说的。

　　"我们在这里是一无所有了。"玲双手插在衣兜里说道,"我们是一群怪人,一群不属于这个年代的人。就像从唐朝穿越到我们那个世界的人一样。"

　　"娑罗星很富饶。"鲍科特说道,"我们当然能供得起你们和你们的乘客。"

　　"他们可不是乘客。"我厉声说道,"他们是移民者,是探险者。"

　　鲍科特点点头,"我很抱歉。当然,你说得没错。但是你看……你们能到这里来,我们真的很高兴。我已经把媒体支走了——检疫隔离给了我很好的理由。但是等你们降落到行星上的时候,他们就会像野狗一样驱之不散了。那种感觉就像是尼尔·阿姆斯特朗或是广重多美子出现在你家门口。"

　　"多美子是谁?"玲问道。

　　"抱歉。是在你们的年代以后了。她是第一个登陆半人马座阿尔法星的人。"

　　"第一个。"我重复了一遍。我猜自己真是不怎么擅长掩饰心里的苦,"第一位,那是一种荣耀……伟大的成就。没人记得第二个踏上月球的人叫什么。"

　　"小埃德温·尤金·奥尔德林,"鲍科特回答道,"人们一般叫他巴兹。"

　　"不赖啊。"我说道,"好吧,你还记得,不过大多数人都不记得了。"

　　"我并不记得,我是读取的。"他拍了拍自己的额角,"直接连入行星网络。每个人都有一套。"

383

一艘漂亮的太空船飘浮在空间站的近旁——纺锤形的银色船身，祖母绿色的三角翼，机翼相互垂直。我不禁赞叹道："真炫！"

　　鲍科特点了点头。

　　"那它怎么着陆？机尾冲下？"

　　"它不用着陆，这是一艘星际飞船。"

　　"没错，不过……"

　　"我们用太空班机在它和陆地之间进行转运。"

　　"不过，要是它不用着陆的话，"玲问道，"为什么要做成流线型？就是为了好看？"

　　鲍科特笑了起来，但是有礼有节，"做成流线型是因为它需要那样。在亚光速飞行的时候，长度收缩会十分显著，而这就意味着星际间的物质会变得稠密。尽管每立方厘米只有一个重子，可要是运行速度够快的话，就会形成明显的气流了。"

　　玲问道："你们的飞船能飞那么快？"

　　鲍科特笑着回答："是的。能飞那么快。"

　　玲摇了摇头。"我们真是疯了，"她说道，"疯到执行这次航行任务。"她瞥了一眼鲍科特，但不敢迎上他的目光。随后她视线一转，望向了地板，"你们肯定认为我们愚不可及。"

　　鲍科特的双眼一下子睁得大大的，看上去就像是不知道该说什么才好。他看着我，双臂一摊，似乎是在求我帮忙化解。但我只是深吸了一口气，然后将空气，还有失落，缓缓从身体里吐了出去。

　　"你们错了。"最终，鲍科特开口了，"错得太离谱了。我们以你们为荣。"他顿了一下，等待玲重新抬起目光。她抬起头来，眉毛带着疑惑一扬。鲍科特继续道："如果我们比你们走得更远，或者说走得更快，那都是因为我们继承了你们的成就。人类如今能在这里，是因为对于我们来说，到这里很容易，但那都是因为你们和其他人留下的光辉印迹。"他看看我，又看了看玲。"如果我们能看得更远一些，"他说道，"那是因为联合船长。"

"幸会。"我说着,伸出了一只手。

鲍科特看了看这只手,显然不知道该怎么办。他像我的镜像一样也探出了一只手,但是并没有接触我。我索性一把抓住他的手握了握。他似乎吃了一惊,不过很开心。

"我们要先带你们回空间站,"他说道,"有件事请原谅,不过……嗯……你们还不能降落到行星表面,必须先进行隔离检疫。在你们离开之后,我们已经消灭了很多疾病,所以并没有疫苗。我倒是很愿意冒险,不过嘛……"

我点了点头,"这没问题。"

他的脑袋稍稍一斜,有那么片刻好像心事重重的样子,然后说道:"我已经告诉飞船带我们返回德伦汀空间站。它位于极地轨道,娑罗星上空两百千米。不管怎样,你们都会欣赏到那颗行星的美景。"他大嘴一咧乐了起来,"能跟你们会面真是奇妙呀,就像历史书里的一页活生生跳到了眼前!"

"如果你们知道我们,"当我们一切就位,动身前往空间站的时候,我问道,"那为什么不早点儿来接我们?"

鲍科特清了清嗓子说:"我们并不知道有你们存在。"

"但是你呼叫我们了——'先锋精神号'。"

"那个嘛,是由于你们的船身上漆着三米高的大字。我们的小行星观测系统探测到了你们。你们那个年代有很多信息都已经遗失了——我猜那个时候发生了政治剧变,对吧?不过,我们知道地球在二十一世纪试验过休眠飞船。"

我们缓缓接近空间站,它是一个巨大的环形,旋转产生模拟重力。或许我们耗费了一千多年的时间,但人类终究还是按照上帝期望的样子建造起了空间站。

音,那口音说不上是什么感觉。

玲望着我,想看看我是否会阻止,然后才开口道:"计算机,发送一条答复。"计算机哔哔一响,打开了一个频段,"我是武玲博士,'先锋精神号'的联合船长。我和另一位联合船长先行苏醒,另外四十八人仍处于低温休眠状态。"

"好的,请注意。"鲍科特说道,"按照你们的速度,要抵达这里还得几天。不如我派一艘船把你们俩接到德伦汀怎么样?我们的人大约可以在一小时后到达你们那儿。"

"他们真是喜欢扎人痛处,对吧?"我嘟囔了一声。

"什么?"鲍科特说道,"我们听不太清楚。"

玲和我互换了眼色,然后达成一致。"当然了,"玲说道,"我们在此恭候。"

"不会让你们久等的。"鲍科特说完,扬声器又变得悄无声息。

是鲍科特本人来接我们的。

他的球形飞船跟我们的一比,更显小巧玲珑,但却似乎拥有等量的活动空间。这羞辱就没个完了吗?对接装置在一千年中变化很大,他无法完成气密操作,所以我们不得不穿上太空服去往他的飞船。一登船,我就发现我们仍然处于失重的飘浮状态,心里登时平衡了许多;要是他们还有人工重力,那就太过分了。

鲍科特看上去是个不错的小伙子,大概跟我年纪差不多,三十出头的样子。当然了,也没准儿现在的人永远都这么年轻呢!谁知道他到底有多大。我也没法确定他的种族,他看上去更像是混血儿。不过,他理所当然地对玲一见倾心——在玲摘下头盔,露出鹅蛋脸和乌黑亮丽的长发时,他的两颗眼珠子都要蹦出来了。

"你好。"他露出了爽朗的笑容。

玲也回以微笑,"你好。我是武玲,这位是托比·麦克格雷格,我的该好好琢磨琢磨我们在鲸鱼座T星要对付些什么了。计算机,把天线转向娑罗星,再次扫描是否有人工信号。"

"扫描中。"飞船里安静了好一会儿,然后爆发出一阵静电音,还有几段音乐、咔咔声和哗哗声、人声、汉语普通话和英语的说话声……

"不,"玲说道,"我是让天线对准另一个方向。我想要听听娑罗星上有什么。"

计算机的声音听上去居然有点儿不高兴了,"天线正对着娑罗星呢。"

我看了看玲,灵光一闪。在离开地球的时候,我们十分担心人类将因此自取灭亡,但却没有真正停下来思考,事情是否真会那样发展。一千两百年过去了,毫无疑问,人类会建造出更快的太空飞船。当"先锋精神号"上的移民还在沉睡时,当其中一些人还在慵懒地做梦时,别的飞船已经赶到了前头,提前几十年抵达了鲸鱼座T星,要不就是提早了几个世纪——反正是足够他们在娑罗星建立起人类城市了。

"该死,"我说道,"真是该死。"我摇了摇头,盯着屏幕。乌龟本应跑赢兔子的。

"我们现在怎么办?"玲问道。

我叹了口气,"我看,我们应该跟他们取得联系。"

"我们……啊,我们可能是属于敌方的。"

我嗤笑一声,"好吧,我俩总有一人不属于敌方。此外,你听到广播了,是普通话和英语。不管怎样,我无法想象会有人在意一场一千多年前的战争,而且……"

"抱歉打扰,"计算机说道,"接收到音频通话信息。"

我看了看玲。她眉头紧锁,显然吃了一惊。

"接过来。"我说道。

"'先锋精神号',欢迎你!我是乔德·鲍科特,德伦汀空间站的负责人,位于环绕娑罗星的轨道上。船上有人醒来了吗?"是一个男人的声界，用射电望远镜探测时寂静无声的世界，已经有人居住了。

"先锋精神号"是一艘移民飞船，它可不是搞星际外交的。当它离开地球时，最重要的任务似乎就是至少带领一批人离开故乡地球世界。两场小规模的核战争——媒体将其称为第一次核战与第二次核战——已经爆发，一场在亚洲南部，另一场在南美。显然，第三次核战只是早晚的问题了，而且规模绝对不小。

地外文明搜索中心从鲸鱼座T星上什么都没检测到，至少在2051年没有。不过到那时为止，地球距离发现无线电波的时间也不过一个半世纪；鲸鱼座T星在那时可能也有了很繁荣的文明，不过还没有开始使用无线电。可是现在已经过了一千两百年，谁又知道鲸鱼座T星人进步到了什么程度？

我看了看玲，然后又望向屏幕，"我们该怎么办？"

玲歪了歪脑袋，"我也不确定。一方面呢，我倒是很想见见他们，不管他们是谁。不过……"

"不过他们可能并不想跟我们碰面。"我说道，"他们可能认为我们是入侵者，而且……"

"而且我们还有另外四十八个移民要考虑。"玲说道，"就目前所知，我们是人类最后的幸存者。"

我眉头一皱，"好吧，这倒是很容易确定。计算机，把射电望远镜转向太阳系，看看是否能捕捉到任何人工产生的信号。"

那个女声回应道："稍等片刻。"过了一会儿，房间里充满了嘈杂声：静电噪音、凌乱的人声、音乐片段、有序的音符，各种声音彼此交叠，杂乱无章，时强时弱。我听到了像是英语的声音——尽管音调变化十分怪异——也许还有阿拉伯语、汉语普通话……

"我们并不是最后的幸存者。"我笑了，"地球上还有人生活——或者说，至少在11.9年前还有，就是这些信号发出的时候。"

玲喘了一口气。"很高兴我们人类并没把自己炸死。"她说道，"现在，那颗行星随即变成了垒球大小。从这个角度看去，它像是一轮残月，大概有三分之一的圆面是亮的。而且幸运又奇妙的是，娑罗星跟我们梦想中的别无二致：这个宛似巨型大理石圆球的行星，光可鉴人，白云缭绕，海洋蔚蓝，还可以看到大陆的一部分从黑暗中浮现出来，而且是绿色的，显然覆盖着植被。

我们再次张开双臂，紧紧相拥。离开地球的时候，没有人能确定情况会是怎样，娑罗星可能早就一片荒芜。"先锋精神号"可以说是破釜沉舟，因为在它的货舱里，装载着我们生存所需的所有物资。我们做好了最坏的打算——目的地是一个没有空气的世界。不过，我们还是希望并且祈祷娑罗星就是另一个地球，就像是一个真正的姊妹，另一个家园。

"真美，不是吗？"玲叹道。

我觉得自己的双眼湿润了。真是太美了，美得令人窒息、令人眩晕。浩瀚的海洋，如絮的流云，葱绿的大地，还有……

"哦，我的天呐。"我轻声说道，"我的天。"

"怎么了？"玲问道。

"你没看到？"我问她，"看呐！"

玲眯缝起眼睛，挪到距离屏幕更近的地方，"什么？"

"在黑暗的那面。"我说道。

她又看了看，"喔……"这回她看到了，有微弱的亮光在那片黑暗里闪烁。很难看到，但绝对有。玲问道："有没有可能是火山活动？"或许娑罗星也没那么完美。

"计算机，"我说道，"对行星黑暗面的光源进行光谱分析。"

"主要是白炽灯光，色温5600开尔文[1]。"

我深吸一口气看着玲。那不是火山，那都是城市。

娑罗星，我们花了十二个世纪航行到达的世界，我们想要移民的世

---

1. 简称开，热力学温度单位。

一半的时间我都没法呼吸,不过我一直游啊游,然后……"

"怎么样了?"

她稍稍耸了耸肩,"然后我就醒了。"

我冲着她微微一笑,"好吧,这回我们会做到的。我们会切切实实地做到。"

随后,我们来到舰桥门口。门自动打开让我们进入,但滑开时不断发出刺耳的吱吱声——过了十二个世纪,它的润滑油肯定早就干了。房间是长方形的,两排呈夹角分布的控制台对着一面巨大的屏幕,屏幕现在处于关闭状态。

我对着空中问道:"到娑罗星的距离?"

计算机的声音传来:"120万千米。"

我点了点头,大约是地月距离的三倍,"打开屏幕,显示前方画面。"

"优先级错误。"计算机说道。

玲冲着我一笑,"你是在抢跑啊,搭档。"

我不由一窘。"先锋精神号"正在减速接近娑罗星,飞船的核聚变排放物正好位于航线前方。一旦光学扫描仪的防护罩打开,就会被火焰烧毁,"计算机,关闭核聚变发动机。"

仿真的声音说道:"动力关闭。"

"尽快打开画面。"我发出指令。

飞船发动机停止喷射的那一刻,重力消失了。玲一把抓住距离她最近的控制台扶手,而我苏醒过来之后,仍然有一点儿迷糊,于是就这么飘在房间里。大约过了两分钟,屏幕亮了。鲸鱼座T星位于正中央,就像一个棒球大小的黄色圆盘。那四颗行星都清晰可见,小的如豌豆般大,大的则跟葡萄差不多。

"放大娑罗星。"我说道。

于是,一粒豌豆变成了一枚台球,但鲸鱼座T星并没怎么变化。

"再大些。"玲说道。

随后我们立刻往舰桥走去，在微弱的重力下半走半飘。

玲问道："你睡得怎么样？"

这可不是无关紧要的问候，而是我们任务的首要问题。从前，最长的低温休眠时间是五年，那时是去土星；"先锋精神号"是地球上第一艘恒星际飞船。

"睡得不错。"我说道，"你呢？"

玲答道："很好。"不过她随后停下脚步，拍了拍我的前臂，"你有没有……做梦？"

大脑活动在低温状态会缓慢停止下来，不过在"克洛诺斯号"上——就是执行土星任务的那艘飞船——有一些队员声称，有短暂的梦境在主观意识中持续了大约两三分钟，而航程的总时间是五年多。那就意味着，在"先锋精神号"漫长的航行期间，船员可能会做好几个小时的梦。

我摇了摇头，"没有。你呢？"

玲点了点头，"我有。我梦到了直布罗陀。你去过吗？"

"没去过。"

"那里南对西班牙，你可以从欧洲越过直布罗陀海峡看到北非。而且在西班牙这边还有尼安德特人的聚居点。"玲是人类学博士，"他们能清楚地看到海峡的那边还有陆地——另一片大陆——仅仅十三千米之外。一个强壮的人就能游过去，更不用说随便找个木筏子或是小船了，这事儿简直易如反掌。不过，尼安德特人从来都没有去到对岸。就我们所知，他们甚至都没尝试过。"

"那你的梦……"

"我梦到自己是生活在那里的尼安德特人，一个十几岁的小姑娘，我猜是吧。我试图劝说其他人，说应该跨过海峡，去看看那片崭新的土地。但是我做不到。他们都没兴趣。我们生活的地方有充足的食物和藏身之处。最后，我孤身一人踏上征程，想要游过去。水很冷，波涛汹涌，有喔——好吧，武玲与我并没有血缘关系，但我们在发射升空前一起工作、一起训练了四年时间，我早已把她看作是我的妹妹了，不过媒体一直都把我们称为新一代的亚当和夏娃。当然了，我们要负责在新星球上繁衍生育。不过，我不是同她，而是同我的妻子海伦娜，就是那四十八位仍处于冷冻状态中的一位。玲跟其他那些移民也没有什么亲密关系，不过呢，她本身美丽动人，而低温休眠中的那二十几个男人里，有二十一个是未婚的。

玲和我是"先锋精神号"的联合船长。我们俩的低温舱跟其他人的都不一样，即设计的时候就是为了重复使用。她和我在航行期间可以多次苏醒，以便处理紧急情况。其他队员都睡在仅仅价值七十万美元一套的舱室里，跟我们俩这价值六百万一套的可没法比，他们只能苏醒一次，就是在我们的飞船抵达最终目的地的时候。

"你的状况一切正常，"计算机说道，"现在可以起来了。"紧接着，舱室上面厚厚的玻璃罩滑到一旁，我扶着加了软垫的扶手，把自己挪出了那个黑黢黢的瓷罐子。旅程中的大部分时间里，飞船都是以零重力状态飞行，不过现在它正在减速，产生了一股微弱的下推力。当然，这跟地球引力没法比，但我很是欣慰，因为自己还得花上一两天时间才能稳住双腿。

我的舱室由一堵隔板跟其他人的隔开，上面贴满了被我抛在身后的那些人的照片：我的父母，海伦娜的父母，还有我的胞妹跟她的两个儿子。我的衣物耐心地等候了一千两百年，我估摸着，它们恐怕早就成为过时的老古董了。不过，我还是穿到了身上——在低温舱里当然是一丝不挂的——最后，我迈步从那道隔板后面走了出来，正好看到玲从隔开她低温舱的那道墙板后现身。

"早上好。"我尽量让声音显得沉着冷静。

玲穿着一件蓝灰相间的连衣裤，笑容灿烂，"早上好。"

我们走到房间中心，相互拥抱，这是好朋友在分享共同冒险的喜悦。

居行星》推广开的。每一位科幻小说作家和宇宙生物学家都极为称职地借用了报告中对"生命带"给出的定义——在与恒星距离极为理想的区域内，恰好存在与地球表面温度极为相似的行星，温度不能太热，也不能太冷。

而这四颗可见的围绕着鲸鱼座T星运行的行星中，第二颗正好位于这个恒星系生命带的中部。这颗行星受到了极为认真的观测，历时整整一年——是它的一年，相当于地球的193天。然后，两个极为美妙的事实逐渐清晰起来——

第一，这颗行星的轨道是个近乎完美的圆形——这意味着它上面的温度一直都很稳定。而第四颗行星，一颗类似于木星的巨行星，它在距离鲸鱼座T星五亿千米的轨道上运行，显然是它的引力造就了这个结果。

第二，这颗行星的亮度在它的一天内，也就是二十九小时十七分的时间里，差异很大。其原因很容易推断——它一侧的半球上大部分都是陆地，所以只能反射出很少一部分鲸鱼座T星的金色阳光；而另一侧的半球拥有更高的反照率，看起来被大洋覆盖。这颗行星拥有不规则的运行轨道，毫无疑问，它的海洋必定是液态水——外太空的太平洋。

当然了，那可是远在11.9光年之外，鲸鱼座T星很可能还有其他行星，但是太小、太暗，因此看不到。所以在谈到鲸鱼座T星II号这样的类地行星时，就有可能出现问题——如果最终在更近的轨道上发现还有其他星球，那么计数的命名方式会让这个星系的行星名字变得像土星卫星那样繁乱。

显然必须得给它取个名字。吉安卡洛·迪马伊奥，就是那位发现这颗半海洋、半陆地星球的天文学家，给它起了一个名字"娑罗"，拉丁语意思就是姊妹。确实，至少从地球这么远的地方来看，娑罗星真的像是人类家园的姊妹星。

我们很快就会知道它作为一个姊妹到底有多完美了。说到姊妹，

"3296年6月16日。"

我早就料到会是这么个答案,可还是不由得心生惆怅。把血液从我的身体里抽干存储起来,然后把富氧抗凝剂注入我的体内,已经是一千两百年前的事情了。我们在前面数百年一直加速行驶,大概在最后一年一直减速,至于其余那些年嘛,就始终都以最大速度航行,即3000千米每秒,光速的百分之一。我父亲是格拉斯哥人,母亲是洛杉矶人。他们俩都很喜欢那句俏皮话:美国人和欧洲人的区别在于——对于美国人来说,一百年很久;对于欧洲人来说,一百英里很远。

但是有一件事,他们看法一致——1200年和11.9光年,这绝对是不可思议的数字。而现在,我们就在经历这样的时光,减速靠近鲸鱼座T星。这是距地球最近的类太阳恒星,同时还并非属于多恒星系统。当然了,也正因如此,这颗恒星受到了地外文明搜索中心的频繁探测。不过什么也没被监测到,总之一无所获。

时间一分一秒地过去,我的状态也渐渐好了起来。之前存储在容器里的血液已经回到了我的体内,现在正在动脉和静脉中流淌,让我重新恢复了活力。

我们会成功的。

鲸鱼座T星的北极正好指向我们的太阳,这就意味着,在二十世纪晚期发展起来的探测技术——当恒星被行星引力拖拽时,会产生时近时远的距离变化,该技术可用于探测距离变化所造成的微弱的蓝移和红移现象,但在这里是行不通的。鲸鱼座T星运动所产生的任何移动从地球上看来都在垂直方向,所以不会产生多普勒效应。不过,最终我们造出了地球轨道望远镜,它足够灵敏,足以检测到可见的移动。

全球各大报纸头条都进行了报道:第一个可通过望远镜观测到的太阳系,不是通过恒星的移动或是光谱偏移进行推算,而是可以真真切切地看到。在鲸鱼座T星周围,至少有四颗行星环绕,而且其中一颗……

这番话已经流行了数十年,最初是由兰德公司的研究报告《人类宜

巨人的肩膀

罗伯特·J.索耶

感觉似乎就在昨天，我死了，不过嘛，当然了，那已经是好几个世纪以前的事情了。我希望计算机能清清楚楚地告诉我一切正常，可要命的是，它显然正在读取传感器数据，看我的状态是否足够稳定、灵敏。可笑的是，因为我正焦急地等待结果，脉搏确实有些过快，所以也就延缓了它的检查时间。如果我状况危急，它应该立刻通知我；但如果不是，它就应该让我放松下来。

最终，计算机用它那干脆利落的女声说话了："你好，托比。欢迎你起死回生。"

"这是什么地方……"我觉得自己已经开口了，可是并没有发出任何声音，于是又试了一下，"我们在什么地方？"

"就在我们应该在的地方——减速前往娑罗星的途中。"

我感觉自己镇定了下来，"玲怎么样了？"

"她也正在苏醒。"

"其他人呢？"

"四十八个低温休眠舱全部运转正常。"计算机说道，"每个人都安然无恙。"

听到这些，感觉很好，但并不意外。我们有四个额外的备用低温舱，如果某个使用中的休眠舱出现问题，那么玲和我谁先被唤醒，谁就会去把那个人转送到备用舱里。

"什么日子了？"

对望的恒星

一半是母性梦想和母爱情结……另一半，是我。可是你们所有人不都很奇怪吗，亚历克斯？一两年后，他会长成一个真正的孩子。具体是什么样，我不知道……毕竟，他身上只有很小很小的一部分的我。"

"这就取决于我们了。"

"是的，亚历克斯。一切总是取决于人，也取决于人们身边的伙伴……"

他没有说"谢谢"，在如此开诚布公的谈话中，无须言谢。

在各尽所能、相互扶持的残废之间，更无须言谢。

宋 红 译

《残废》，2004年首次发表于谢尔盖·卢基扬年科著小说集《基因组》。故事围绕"基因改造技术"展开。小说中的每个人、每只飞船、每种人工智能都有着各自致命的缺憾，体现了卢基扬年科一直以来在作品中强调的"弱者之道"和"残缺美学"。但"残缺"并不意味着"失败"，反而啓示着个体之间能够相互融合，成为一个有机的、完美的整体，并且在彼此的目光中正视自己。"在各尽所能、相互扶持的残废之间，一切无须言谢"——结尾的神来之笔仿佛是整个人类文明史的写照。

本篇获奖情况：
　　2005年 提名俄罗斯青铜蜗牛奖最佳中篇小说
　　2005年 提名国际新闻幻想大会奖最佳中篇小说
　　2005年 提名西格玛−F奖最佳中篇小说

有人满意地咳了一声——不知是哈桑还是杰米扬。

"跟你们在一起,我感到很快乐。"玫瑰补充道,"一切是那么地……有人情味……"

亚历克斯认同玫瑰的观点。

人总是能够习惯与刻骨蚀髓的痛苦共生共存。但习惯并不意味着妥协,而是接受痛苦,然后驯服痛苦。

或许正因如此,人类虽然追求完美,同时也明白完美根本难以企及……

"和你工作,我也感到很快乐。"亚历克斯点点头,然后看了眼特雷西,"给格多尼亚政府的账单加上五百元的间接费用。"

"已添加,舰长。"特雷西回答。

亚历克斯闭上眼睛。

一切就这样结束了。

有人会得到银河系最优秀、最温顺、最听话的战舰。有人会得到一些钱……好吧,是很多钱。

但他们需要的东西,是钱买不到的……

"亚历克斯……"

"什么事,玫瑰?"

飞船没有进行视觉交流,亚历克斯也没有要求它这样做。

"我想送给你们一件礼物,亚历克斯。送给你们整个机组。"

亚历克斯没有回答,但他突然有一种奇妙的、前所未有的预感,就像他在黑天鹅绒般的宇宙中初见"银色玫瑰"时一样……

"维罗妮卡。她的孩子死了,但那孩子的形象……也就是她想象的、活在她意识中的小男孩还在。请订购一具身体……格多尼亚政府会满足您的要求。然后请将我和维罗妮卡一起连接到意识发送器上。"

"你确信维罗妮卡会接受一个没有灵魂的洋娃娃吗?"

"我是洋娃娃吗?"亚历克斯听到一声轻笑,"他将是个奇怪的孩子。

"真他妈见鬼！"亚历克斯感慨道，"不，这也太……这场战斗可太荒唐了……"

他一屁股坐到床上，神经质地大笑起来。

"舰长？"

"我不敢保证能彻底消灭老鼠。"亚历克斯说，"但我可以保证它们不再去啃噬动力电缆和管道。总之，对你的作战能力造成的损失将会降到最低。"

玫瑰沉默了几秒钟，看上去似乎真的在思考。

"这个条件可以接受。"它终于站起身来，像人类一样好奇地问道，"但怎么才能办到？"

"我想，这得耗费我一千预算。"亚历克斯说。

实际花费了五百。

组员们坐在指挥舱中，注视着一艘小型运粮艇出现在格多尼亚星轨道上，向"银色玫瑰"飞来。货艇上装满了老鼠，几千只老鼠，已经在巨大的货船上繁衍过近乎几千代的老鼠。

它们知道不可以啃咬电线，不能爬进发电机通风口；它们知道冷管道中有液态氮，热管道中有蒸汽；它们难以消灭，但已经接受了游戏规则。

"这真的有用吗？"玫瑰的脸出现在中央屏幕上，表情凝重而坚定，看上去像个活的银面具，"我必须放新的寄生虫进来吗？"

"是的。"亚历克斯说，"我们一直是这么做的。新船在船坞时就会被放入老鼠。"

"真不可思议，"玫瑰说，"太奇怪了……"

"我们一直是这么做的。"亚历克斯重复道，"你会接受新的机组，保卫格多尼亚星吗？"

玫瑰转向他，点点头。他们望向对方的眼睛，目光停留了几秒钟。

"是的，舰长。"

热流袭来，如针扎一般。

"可是你一直处于维修中！为什么第八和第四号鱼雷发射器不发射？我发现了！为什么在军事行动期间，备用吸热回路居然在维修？"

"这并没有削弱我的功能性……"玫瑰后退一步。

"是啊，没有削弱！"亚历克斯不想再保持君子风度，一切变得一团糟，他们输了，输得一塌糊涂，"你甚至搞不定那些该死的寄生虫，像本·基·巴谷·基……他叫什么来着……喝醉了酒在舍尔克窝旁睡着了的那个……活活地腐烂！你的结局也会是如此。不管你立下多少战功，最后都难逃化为碎片的命运……"

他不再说话。玫瑰的脸变得模糊起来，色彩不再鲜艳，仿佛颜料混在了一起。女孩低下头，双膝跪地。此刻，它好像真的活了，但病入膏肓……

"我本该战死在七号服务区的大战中，"玫瑰轻声说，"我……本希望如此。吉克欧普——对于一艘感染了寄生虫的飞船来说，这是一种有尊严的死亡方式。但我们却胜利了。我反正会死去，可是现在，我却得屈辱地死去。"

"你不能把老鼠灭掉吗？"亚历克斯不解地问。

"所有毒药都试过了，维修机器人也被设置成捕鼠和灭鼠模式，到处都安装了陷阱和超声波发射器，船上也养了二十几只猫科动物……方法用尽了，但都无济于事。老鼠对毒药产生了免疫力，学会了躲避机器人，猫也拿它们没有办法，超声波根本没用……"

亚历克斯笑起来。

玫瑰抬起头，"舰长，我仔细研究过银河系的信息网络。对于像我这个吨位的飞船来说，根本没有行之有效的灭鼠方法。如果您能消灭老鼠的话……"

"如何？"亚历克斯鼓励她。

"我就视你们通过了测试。"

"我会请你们离开飞船。请原谅。你们的团队很好,但我并非没你们不可。"

"我刚刚救了你。"

"从何说起?"

亚历克斯不慌不忙地把自己和哈桑的对话复述了一遍。玫瑰沉默片刻。

"这也算是救飞船于绝境吧?"亚历克斯问道。

"不,当然不算……"玫瑰有些心不在焉,"从现在起我会更密切地注意你们……不,舰长。这顶多算是无功无过。一个人要犯下弥天大错,另一个人阻止了他。对此应给予否定评价或中性评价。出于对您的尊重,我选择作出中性评价。舰长,看来我还不太了解人类的心理。是什么原因让你们居然能想出如此危险而愚蠢的计划?"

"我们不是机器,我们是人,玫瑰。人总会有某些方面存在缺陷。"亚历克斯站起来,系好制服扣子,"从本质上讲,我们都是残废。维罗妮卡和特雷西,你是知道的。杰米扬……事实上,他的兄弟已经死了。他自己也知道……但他当作什么事都没有发生过,继续支付赔偿金……而哈桑几乎失去了所有的感官快乐。当然,他还有些其他的生活乐趣,但他永远闻不到花香,品不出美酒,也感受不到人体的温暖。"

"您对自己的事闭口不言,舰长。"

"请允许我能继续保持沉默。"

全息女人凝视着舰长的脸。

玫瑰看上去栩栩如生,并不会透过影像看到其后的墙壁,动作也流畅自然。但亚历克斯感觉不到生命的温暖。

"现在我完全不明白机组对我有何用处,"玫瑰轻声说道,"也不明白人类有何优势,就算我有不足之处,但我是完美的……"

亚历克斯终于忍不住插嘴,"你完美吗?"

他用手戳了一下,玫瑰没来得及避开。手指穿过影像,一股机械的他停顿了一下，微笑看着亚历克斯，总结道："但我也没有痛感。我能在高温区完成维修工作。"

"新的身体能让你恢复对世界的正常认知吗？"

哈桑脸上的微笑突然消失了。

"不……恰恰相反，我会失去视力和听力……"

"好在我们现在想到了，"亚历克斯问，"而不是进了高温区才想起来，对吗？"

"舰长……"

"回到自己的岗位上，哈桑。而且，我不准你再去想搞破坏的事情。更何况，这么做也有违竞技精神。"

"舰长，但我们不能投降！让格多尼亚星见鬼去吧！我们机组……"

"哈桑，让我静静，我需要好好考虑。"

哈桑默默喝光自酿酒，委屈巴巴地看了眼亚历克斯，走了出去。

亚历克斯坐到床铺上，呆呆地盯着前方，突然轻声笑起来。

驭船师？银河系最著名的团队？

都是些残废……

"呼叫服务。"他说。

"乐意为您效劳。"

"我想与船上的中央计算机通话。"

没有一丝停顿，另一个声音立即作答："出什么事了，舰长？"

"好在没有出事，玫瑰。你能现身吗？"

一个全身赤裸的女孩出现在舰长室中央，身上用鲜艳得不太真实的颜料涂着亚洲传统图案。

"很可惜，这只是幻象，舰长。"玫瑰看着他，"是全息投影。"

"我知道，"亚历克斯不无遗憾地说，"请汇报情况。"

"飞行正常。我们将于六个小时后抵达格多尼亚星。"

"然后呢？"

不差。您将他养大些,然后把我的意识写回去。半年后,我就又能和你们在一起了!玫瑰也必须得承认,机组确实在它无能为力的绝境中拯救了它。而去掉克隆新身体的费用,我们的纯利润还有……"

"哈桑,你疯了。你堵不上裂口的。一进入高温区,你就会因剧痛而失去知觉。"

"没问题,我提前给自己打上镇痛剂。"哈桑迅速回答。

亚历克斯叹口气,问道:"自酿酒好喝吗?"

"是的……非常好喝。"

"蜂蜜和艾草,是吧?"

哈桑沉默不语,狐疑地看着舰长。

"哈桑,哪种基因改造让你彻底失去了感官功能?"

"我哪里搞砸了?"哈桑看了一眼酒瓶,又给自己倒了一些。

"这是种极为罕见的酒,不是甜的,是咸的,很咸。"

哈桑叹口气,把酒杯推到一边。

"这就对了。"亚历克斯说,"别再浪费好酒了。"

"我接受的基因改造是最普通的那种。"哈桑说,"但在基因重组过程中出现了一个错误,导致我出生时又瞎又聋、没有嗅觉、触觉和味觉。总之,没有任何感官功能。好像是神经纤维髓鞘化时出了问题……"

"老天……"亚历克斯低语道。

"为胎儿做基因异能改造术的公司承认了自己的失误,"哈桑平静地继续说道,"他们提出两种解决方案:免费给我父母一个新的婴儿,甚至可以随意挑选异能种类,而对有缺陷的我,则给予终身护理……第二,对刚出生的我进行最大可能的康复治疗。父母选择了后者,为此我很感激他们。否则,我现在就得躺在医院里,通过静脉管进食,大小便失禁……一位伟大的医生给我做了手术,我拥有了新的视觉和听觉神经,恢复了前庭器官的功能,甚至恢复了部分触觉,虽然不是很多。但我至今仍没有嗅觉和味觉,也没有性欲。"

腕戴式小仪器，仪器上闪着绿光，"在这里，玫瑰听不到我们的谈话。所有工作中的麦克风都已关闭，接受检修……"

他将杯中物一饮而尽，开心地笑了，"蜂蜜和艾草……真是神奇的东西。我从未喝过。虽然我觉得有点太甜了……"

"你想出解决办法了？"

"是的。我们不一定非要赢得战斗，对吗，舰长？只要能完成一项'不可能完成的任务'就可以吧？在玫瑰找不到解决问题的方法时，拯救这艘飞船就可以吧？"

"据我理解，是这样的。"亚历克斯从床上坐起来，认真地看了眼哈桑，又看了眼空杯子。

"我提议搞个破坏，舰长。我们机组没有电力工程师，飞船的两个反应堆只能在自动模式下运行。我计算过。每个反应堆各有两套吸热器回路，另有一套备用回路——但它的功率不足以保证反应堆在加力状态下运行。其中一个反应堆有一套回路正在检修。据我分析，它的管道被老鼠咬坏了。当然，出现这种问题实属不该，在设计时就应当考虑到老鼠啃咬问题……总之，如果在轨道飞行时，我们需要全部功率的话……譬如说，有客船靠得非常近……主回路却突然发生故障……比如说管道爆裂。而反应堆在加力状态下，维修机器人无法进入高温区域，那么控制电路就会报废。"

"哈桑，你疯了吗？"亚历克斯脱口问道，"我们会把船炸毁的。"

"不要担心，船长。我计算过了。主回路出现故障时，我进入高温区，用补丁堵住裂口，飞船就有足够的时间做机动飞行了。"

"你呢？你的时间够吗？你不是专业电力工程师。要知道，进入高温区一个小时就会死掉。"

"只能坚持一两个小时，没错。但对我们来说已经足够了。您用意识发送器把我的意识导入玫瑰的凝胶晶体中，事后您再克隆出我的身体……我并不强求非得在格拉里吉卡星克隆，格多尼亚星的技术一点儿曾帮助很多有精神障碍的飞船恢复正常，也曾修复过不少第一帝国时期的船只，还改造过无数外星设备供人类使用。

而这一次，他们一败涂地。

人不可能永远尽善尽美。

最好的歌手也有唱错音符的时候，最优秀的侦探也有悬而未决的疑案；再完美的情人也有过床上的尴尬瞬间……

可是，为何这次会有一失足成千古恨的感觉……

亚历克斯皱起眉，摇摇头，驱散这不请自来的想法。

这不是他的失败。

这是整个机组的失败。

这个以指挥官为核心的四人团队，一切都只是为了生存。

维罗妮卡——固执地相信自己的儿子还活着……

特雷西——分不清现实与幻梦……

杰米扬——替兄弟支付赔偿金，而他的兄弟两年前就已在提拉米苏星系的监牢里自尽身亡……

哈桑……哈桑好像还算是个正常人……

舰长室的门发出声音："舰长，有访客。"

"开门吧。"

哈桑走进来，环顾四周，"很漂亮的小屋，舰长。"

"请坐。"亚历克斯没有起身，"酒柜里有好酒。"

"啊，火星自酿酒。"哈桑看了看桌子，赞叹道，"如果您不介意的话——……"

"当然。"

等哈桑倒满一杯酒，亚历克斯才开口："我想你不是为酒而来。或者说，不只是为酒而来。"

"没错。"哈桑闻了闻杯子，"在这里我们可以畅所欲言。我检查过所有电路……传感器也关了……"他飞快地指了指衬衫袖子下的一个

五

不知何故，回程的路似乎比来时要长得多。

亚历克斯在飞行员座椅上待了一会儿，终于忍耐不住，留下维罗妮卡值班，独自回到了舰长室。

他本想喝酒，转眼又没了兴致，一下子倒在床上，盯着天花板发呆。

他解开衣领的扣子。

真不走运。

奇耻大辱。

最可悲的是，如今已回天乏术。"银色玫瑰"只给每个机组一次机会。

现在该怎么办？是否该通知格多尼亚星当局，在与变异者的战争中不必把希望寄托在"银河系最好的飞船"上？

不，格多尼亚星应该能在战争中苟活下来。他们会花钱了事，支付巨额赔款，然后接受联盟的剥削压迫，接着像以往一样，以奢华的生活方式腐蚀侵略者的卫戍部队，再设法取得新盟友的支持或者帝国当局的帮助⋯⋯

不会出现轨道轰炸，不会有城市被烧毁，不会有妇女被强奸。只会是正常、温和的权力更迭。变异者不是精神病患者，不会去宰杀一只下金蛋的母鸡。

因此，他可以问心无愧地安然入睡了。

一切不过是自尊心作祟。

不管怎么说，团队有理由为自己的声誉感到骄傲。他们从未失过手，练场与古城墙、金圆顶相邻；我们从小就钻研速战速决的用兵之法；我们继承和发扬千年的传统，学习气体动力学和太空战术，也研究宗教读物；我们赞美日行千里的飞船，也对雪白的教堂啧啧称奇……生着翅膀的半神，俯冲攻击的刹帝利……"

"呵呵。"哈桑发出笑声。

杰米扬中止了震撼人心的演讲，略显尴尬地看了看同志们。

所有人都礼貌地保持沉默。亚历克斯觉得，战士是在引用某本书的内容。

"总之，孩子们打得不错……"杰米扬嘟囔了一句，将目光停留在屏幕上。

"玫瑰，请为服务站的居民准备信息包。"亚历克斯请求，"新闻、电影、卡通片……嗯，你懂的。"

"已在传输中。"玫瑰简短回答。

"很不错的热身，不是吗？"特雷西说，"哈！"

"你的状况如何，玫瑰？"亚历克斯问。

"几乎没有受到损坏。"

"测试结果如何？"亚历克斯略带讥讽地笑了笑。

"当然不怎么样。测试未通过。"

"为什么？"亚历克斯抽搐了一下，差点儿从椅子上跳起来，但战斗模式中的安全带挡住了他，"未通过——是什么意思？"

"如果没有服务站居民的帮助，我们不可能取胜。或者，即使取胜，也要付出巨大的代价。我并不认为机组人员在军事行动中表现出色。"

玫瑰停顿了一下，又补充道："我们取得了胜利。但您必须承认，舰长，机组的表现并不尽如人意。我很遗憾。"

贾伯星球接收到一些无线电节目,但毕竟相隔八光年,信息滞后……"

"我们的皇帝……"亚历克斯看向对政治最感兴趣的人——维罗妮卡,后者点点头,"还是柳行。我们马上为您准备一份信息包,里面包含所有的新闻。"

少女微微张了张嘴,但没有说话。

"问吧,安吉拉·克罗依舰长,"亚历克斯彬彬有礼地说,"我们非常愿意帮助您。您需要食品、药品、氧气还是能源?"

"不用,我们完全能自给自足!"小姑娘骄傲地回答,"不过,您知不知道……连续剧《来自第三银河系的苏里南女孩》还在播吗?"

亚历克斯一时愣住。

"请让我来,舰长。"维罗妮卡将通讯切换到自己身上,"是的,还在播。我儿子也非常喜欢看。如果您愿意,我们将最后七季的视频都添加到信息包里。"

"好的,麻烦您了!"克罗依舰长脱口而出,"还有……如果你们真的能改变主意……我们会非常高兴接待你们。"

"请问,站里现在有多少人?"

"两千零三十四个。"小姑娘一字一句地说,"噢……不是。两千零二十七个。"

维罗妮卡点点头,"这一仗,你的团队打得很漂亮。祝你们好运!"

小姑娘用左手敬了个礼,然后关掉了视频电话。亚历克斯在一些老电影中看到过类似的手势。

"他们确实打得很漂亮。"杰米扬低声说道,"最优秀的单人驾驶飞行员都是少年,尤其是女孩子。"

"不过,让孩子们打仗,这并不好。"维罗妮卡叹了口气。

"可是,怎么也得让他们做些事情吧?"哈桑的回答很现实,"更何况他们还喜欢打仗。"

"当然。"杰米扬附和,"我们从小就被当作勇士培养;我们的战车训维罗妮卡的担忧并没有成真。几分钟后，歼击机排成战斗队形，纷纷撤回服务站。

玫瑰报告说："一架歼击机请求视频连接。"

"好的。"亚历克斯点点头。

舰长面前的屏幕上出现了一个小小的驾驶舱。那是个透明的塑料茧，旁边是宽敞的飞行座椅。一名女子，确切地说，一个十五岁左右的少女半坐半卧于其中。她的眼中还燃烧着战斗的小火苗……同时还带着一丝丝疑虑。

"热烈欢迎您！"小姑娘的声音洪亮而清晰，"我是空间站自卫队舰长安吉拉·克罗依。您已进入人类帝国管辖的七号服务站系统。我要求对您进行身份识别……"

屏幕上出现了很多彩色的细条纹。

亚历克斯困惑地瞥了一眼杰米扬。杰米扬耸了耸肩。

"这是冰雪战争时期用来确认'敌友'的古老信号"，亚历克斯的意识中传来"银色玫瑰"的声音，"我知道应答密码，舰长。您的决定是？"

"请应答。"

少女的面孔又出现在屏幕上，此刻已是一副兴高采烈的神情。

"我们早就知道！我们早就知道帝国不会忘记我们！你们是救援队吗？"

"在某种意义上，是的。"亚历克斯回答。

"我们想邀请您来我们这里做客！我们非常感谢您。我们没有能力同时与三艘飞船作战，我们的力量只够对付一两艘！"

"恐怕我们没有时间了。"亚历克斯巧妙回应，"我们……还要去帮助另一个世界。格多尼亚星球。但我们很快就会回来，请不要怀疑。"

女孩的眼中充满了崇拜和欣喜——她居然有幸目睹童话中拯救不幸殖民地的英雄。

"请告诉我帝国有什么新闻。我们的皇帝还是柳行吗？我们只能从设了射击系统。如今已不是"以一艘大船对战三艘大船"的绝境,而是"一艘大飞船掩护三十艘歼击机一起对抗两艘大船"。

毫无疑问,这样的转变意义深重。

战斗又持续了三分钟。幸存的两艘无畏舰不论如何努力都无法重新编队,更无法制定新战术。它们先是将火力集中在歼击机上,"银色玫瑰"借机以几次精准的光束打击烧毁了三号战舰。最后一艘战舰孤零零地朝"银色玫瑰"驶去,但歼击机们立刻将它团团包围,像一群愤怒的飞蚊。起初,亚历克斯判断它们的激光炮威力有限,根本奈何不了敌人。但其中一艘小飞船逮住时机,设法钻到了无畏舰的防护场下面。它没有减速,而是不断变换着航向,一头扎进了无畏舰的发动机舱。屏幕上闪过一道耀眼的白光。

"看来,它们携带有反物质。"杰米扬平静地说,"真是群勇敢的伙计。"

玫瑰已经恢复了影像,最后一艘无畏战舰还在围绕自身轴心旋转飘移,发动机舱的位置上有一个巨大的弹坑。它的防护场已消失,只有两三个高射炮组还兀自开着火。小飞船围着被打败的巨人飞来飞去,用微弱的激光炮继续攻击,俨然一群大卫[1]手握小刀凌迟战败的歌利亚。

"我去帮忙。"杰米扬说。

"不必了。"亚历克斯立即阻止道,"别去。让它们自己解决吧……你没看到它们已经快要成功了吗?!"

二十秒后,歼击机纷纷退出战斗模式,回到现实的时空中,静静观赏最后一艘无畏舰的死亡。

"以防万一,请留意这些蚊子。"维罗妮卡向杰米扬建议道,"如果它们突然向我们发起攻击,我也不会惊讶……"

---

1. 《圣经》故事中,大卫与歌利亚之战是著名的以弱胜强之战。以色列人大卫以弱小之躯战胜了强大的非利士人战士歌利亚。

用美丽和优雅对抗荒蛮之力。

譬如钻石被置于铁砧之上。

舰长的职责恰恰是防止此类情况的发生——这个迟来的念头突然出现在亚历克斯的脑海里……

他全神贯注地驾驶飞船。现在还不到自怨自艾的时候……只要还有一分胜算，就必须战斗；若无胜算，就必须争取胜算。比起自动飞船，配备机组人员的飞船有着特殊的直觉优势。凭借这种直觉，亚历克斯将"银色玫瑰"从无畏战舰的又一波齐射中解救出来。到目前为止，他们还在苦苦支撑，但无畏一号战舰周围的空间已经平静下来。它即将移除防护场，加入战斗……

悬挂于服务站圆盘上方的等离子小太阳突然开始膨胀，体积增加了一倍、又很快增至两倍……亚历克斯猜想，它是被炮火偶然击中，导致缓慢的核聚变复杂机制失控了。

但下一秒，火球立刻收缩，喷出一道耀眼的火焰。很难想象，人造太阳居然能产生如此巨大的日珥。太阳伸出炽焰的手指划过长空，触碰到了刚刚解除防护场的无畏一号战舰。

"好！"杰米扬喊起来，"打得好！"

庞大的无畏舰刚刚准备加入战斗，就化作了一团翻涌的火云。一枚孤零零的鱼雷从火焰中飞出，偏向一旁。看来制导装置还正常运转，但传感器已被烧毁。

"要是再来一次就好了……"维罗妮卡低声说。

但小太阳再次缩小体积，变成深红色，显然不可能再次"出手"相救。

但无数艘小船突然从服务站底部钻出，冲向太空。亚历克斯本想以一比十的赔率打赌，赌它们都只是些最普通的自动导弹。但玫瑰却将它们标注为绿色的点——这些都是载人飞船。

"杰米扬，掩护它们！"亚历克斯喊道。异能战士无须下令，已经重

"我知道。"

"我们会死的。"

"你已经传达过这个信息了。是的,我们会死的。"

"这是吉克欧普情结,亚历克斯舰长。"

玫瑰中止了通信。它依然乖巧而顺从——不再跟舰长对话,逐渐驶离服务站,飞向一场自杀式的战斗。

吉克欧普。

英雄主义的死亡。

也罢,半身人建造的飞船接受半身人的观念再正常不过。这将是场有尊严的死亡——牺牲自己,而不是将已经在此与世隔绝了一百五十年的人类推入深渊。

"谢谢,舰长。"是杰米扬。

第一波导弹向他们袭来。

近距离防御激光炮开火了。

防护场闪烁着,给过热的发电机以喘息之机,同时也给炮弹齐射提供了机会。但凡有一毫秒的误差,防护场都可能漏掉敌方的导弹,令其击中飞船;或者误将自己射出的光束"锁"在防护茧中,那同样也是一场悲剧。

"全体人员,我们正驶向危险。"

"一切都是幻象,舰长……但即使在梦中,也要活得体面……"

"基里尔让我转告诸位,他为你们感到自豪,舰长!"

"真可惜。我刚预付了大乐园一个月的费用!"

杰米扬没有分心。

"银色玫瑰"正在前往它的第二场——显然也是最后一场战斗。银河系最优秀、最聪明、最美丽的战舰正奔赴死亡,死在三堆只会射击和防御的破铜烂铁手中。

多么荒谬!

弹群飞去。

"对你的宽厚仁慈之举,我给予高度评价,但这么做很危险,舰长。我们失去了最后的获胜机会……"

质子衰变的火花在一号战舰周围纷纷盛开。此前射出的鱼雷终于进入无畏战舰的保护场,它们接连爆炸,亚历克斯看到空间的尺度正在撕裂。

无畏舰停火了,但它依然完好无损。它会重新投入战斗,这仅仅是时间的问题。

"我们不能陷人类于危险之中。"

"舰长,您的道德底线这么高吗?"

他不想说谎,也不能说谎。此刻,他的意识与机器智能是一体的。

"不,玫瑰……我并不认为自己对这些人负有责任。"

"我们会死的,舰长。"

玫瑰并不怕死。或许,这是智能机器最大的优点——它们都不惧怕虚无。

"我知道。但杰米扬……"

"我也知道,舰长。提拉米苏星系冲突期间,杰米扬的双胞胎兄弟德米特里——'布克—23号'驱逐舰指挥官——曾利用客轮作掩护。驱逐舰圆满完成了任务,但客轮却被摧毁。莫斯科维亚星球法庭判处他延期死亡,并对死者进行赔偿。只有杰米扬按时支付赔偿款,他的兄弟才能活下去。"

是的,玫瑰确实掌握了很多信息……关于它的指挥官杰米扬……和他那个在以食品命名的可笑星系里犯下致命错误的兄弟……玫瑰确实了解一些事,但远非全部……

"我们不能让服务站陷入险境。"

"我们的这一举动将使战斗进程变得可以预测,舰长。我们正在失去手中的王牌——飞船驾驶中的人为因素。"

说法，区别在于，鱼雷通常指威力更大的导弹武器，能够长距离追踪目标。

真可笑。人类总是不太擅长给武器起名字。

"提前发射……坐标是……"

在十光秒[1]范围上，战斗不仅是一场能量的交锋，还是一次预见能力的比拼和直觉的博弈。在此距离上，用激光瞄准移动的战舰已经毫无意义，因为对方完全来得及逃出数千公里，但如果能预测到对手的飞行路线……

"第六至第十号鱼雷组……"

在亚历克斯的驾驶下，飞船不仅能躲开无畏一号战舰的炮火，服务站的圆盘还挡住了二号战舰的攻击！绝佳的位置……可以一面击退逼近的导弹，一面与三号战舰进行激光对决……

"明智的决定，舰长。"

"玫瑰，你怎么了？"

他感觉到飞船的声音有些异样。那是一种最令飞行员不安的异样。

有失望。

有鄙视。

是人类的情感。

"敌人只能选择将服务站彻底烧毁。但我认为，在战术上，这是一个合理的决定。"

亚历克斯提出一个问题，虽然已猜到了答案——"站里有人？"

"是的。一直以来，无畏战舰只摧毁从通道中驶出的船只。它们从没有动过服务站。"

"舰长！"在杰米扬发出尖叫声之前，亚历克斯已开始移动。"银色玫瑰"从服务站圆盘下飘了出来，迎面向三艘无畏战舰和正在逼近的导

---

1. 长度单位，指光在真空中行走的距离，一光秒约为30万公里。

"杰米扬？"亚历克斯问。

如果战士同意玫瑰的意见……那么……那么他该怎么做。下达自杀式袭击的命令，还是同意跑路？

"我补充一句，"杰米扬说，"一旦有机会机动飞行，就飞往外太空。飞行时，让七号服务站挡在我们和其中一艘无畏舰之间，时间越长越好……"

在虚拟空间中，每个明亮的标记都代表一艘无畏战舰。

"然后向第二艘无畏战舰发射质子鱼雷，"杰米扬指着战舰继续说，"同时尽量靠近第三艘战舰，打遭遇战。我详细说明一下……"

"该方案只有在第二艘战舰彻底失灵的情况下才有意义。"玫瑰冷冷地说。

杰米扬语气强硬，"那就尽可能摧毁它。这是你的工作！"

"是，指挥官。"玫瑰立刻回答。

一直处于紧张状态的亚历克斯放松下来。玫瑰并没打算违抗命令，也未对杰米扬的决定提出异议，到目前为止还没有。它只是在澄清情况。

"舰长同意指挥官的决定。"亚历克斯说。

"战略家同意。"维罗妮卡确认道。

"一号至五号鱼雷组——齐射！"杰米扬下令。

亚历克斯已不再听他说话。他驾驶着飞船，将其驶向命运多舛的七号服务站，使服务站恰好能掩护玫瑰不被无畏一号战舰攻击。服务站呈圆盘状，直径十公里、厚度一百多米，是个很难攻克的目标，用激光摧毁它需要很长时间，导弹—鱼雷武器也几乎对它不起作用，"银色玫瑰"有导弹—鱼雷防御系统。

"第四至第八号导弹组……"

古老的海军术语确实沿用至今，听上去不免有些好笑。尽管都是在真空中由火箭发动机推进，但人们依然保留了"导弹"和"鱼雷"的间从休眠状态醒来的自导鱼雷,以及发出攻击之后就在核抽运[1]的烈焰中蒸发的激光卫星。

亚历克斯感觉到,空间站的防护场威力正在不断增强。这感受是如此清晰,比自己的心跳还要强烈。"银色玫瑰"正从反应堆中汲取能量,保护着自己和全体机组人员。但它既无力反击,也无力对远处的无畏战舰发动进攻。但愿能抵御住这一轮猛攻,但愿能挨过所有鱼雷和激光地雷……

"玫瑰!"他对着明线线路喊道,"有战术吗?"

"防御,舰长。"

代表杰米扬的小火花跳动起来,但没有说话。别无选择。必须再等十到十五秒,等这轮炮火过去。

可然后呢?

飞船现身十秒后,无畏战舰就会看到它。再过十秒钟,玫瑰就会遭到猛击。

可以尝试逃走。将所有能量都集中至防护盾,然后潜入通道,有极大概率能毫发无损地逃脱。

可一旦撤退,他们就输了。

在力场的彩虹茧中,在热核爆炸和质子爆炸的地狱中,插满激光利剑的"银色玫瑰"保持着待命状态。它一边等待,一边缓缓地、以通过超空间通道后的剩余速度飘离通道出口。

"'银色玫瑰'呼叫机组。根据我的计算,三个现实秒后攻击强度会降低,我们有机会进行机动飞行。"

"你的建议是?"亚历克斯抢在杰米扬之前问道。

"掉头,将所有能量集中到船尾防护盾,回到超空间。能源损耗巨大,场发生器过热。不适合战斗。"

---

[1] 一种利用核爆炸的能量泵送激光,并将物质转化为等离子体的技术。

"你对杰米扬有信心吗?"

"他是个优秀的战士。"

"从表面上看是这样。但这是太空战。"

"他能胜任。我们能够胜任。"

停顿。不易觉察的停顿。

"祝您成功,舰长。"

时间在流逝——即使在这里,在缓慢的虚拟空间中。超空间通道出口在他们面前展开。亚历克斯最后一次环顾四周,看到一朵跳动的白色火花——那是杰米扬的意识。战士依然沉着镇静,这让他很欣慰……

超空间通道打开,飞船再次进入七号服务站空间。

一切都出乎意料!

亚历克斯扫了一眼周遭的世界。七号服务站的圆形结构近在咫尺,人造等离子太阳在其上方闪耀……真是难以想象,它居然还在运行中!四周有些金属物件……识别……识别完毕……飞船残骸、防护罩碎片、未爆炸的导弹……

还有三个巨大的球体,那正是三艘无畏战舰。三个都在一起,都在三百万公里之外!

"杰米扬,目标偏离计算地点!"

"我看到了,舰长。我们约有二十秒钟……"

下一秒,炮火从四面八方袭来。

周围所有金属碎片突然开始围绕脆弱的质心——超空间通道出口旋转起来。

由于能量爆发,宇宙泛起了涟漪,所有残骸和碎片都疾速冲向"银色玫瑰";飘浮的鱼雷启动发动机,冲向飞船;那些死气沉沉的冰冷金属,那些毫无价值的、昔日战争的尘埃向飞船释放着激光束,又瞬间消失在耀眼的闪光中。

是埋伏!这策略称得上绝妙:将地雷伪装成金属垃圾,其中还有瞬亚历克斯用意识默默地呼唤玫瑰，渐渐踏入虚拟空间。银色小花正飘浮在超空间的灰色管道中。机组人员都是些彩色的光点，仿佛藏身于金属小花上的露珠，在阳光的照耀下闪闪发光。

"预测。"亚历克斯下令。

一张图片在眼前展开，向他展示布朗尼无畏战舰最可能的藏身位置。这张图颇不寻常，上面既没有恒星，也没有行星和小行星碎片。只有空旷无比的星际空间和作为基准点的七号服务站。

根据"银色玫瑰"的预测（也是杰米扬的观点），有两艘无畏战舰飘浮在距超空间通道一百至五千公里处——这距离最适合使用楔子、导弹和鱼雷；第三艘在射线攻击范围内——约一百万公里。

杰米扬正是据此进行了战略部署。

与"银色玫瑰"相比，古老的无畏战舰在战斗速度上处于绝对劣势。它们保留了空前的防御能力和动力功率，但无情的时间限制了他们的反应能力。在"无畏一号"和"无畏二号"向莽撞无礼的外星来客吐出第一枚导弹之前，"银色玫瑰"已经朝对方齐射，并且迅速逃回超空间通道。

这一过程只花了几秒钟。

玫瑰调整航向，再次返回七号服务站。

事实上，这正是他们的计划。先要重创——最好是摧毁一两艘无畏战舰，在超空间通道中躲过反击。再返过头来，与自动飞船们来一场真正的战争。

亚历克斯毫不恐惧。他们打过无数场仗，恰好对手几乎都是这种强大但已过时的自动飞船。这一次，他们依然会胜利。更何况这次有"银色玫瑰"的加持，一定能够胜利！

最重要的是要完胜，是要玫瑰认可，让它承认机组成员德才配位。

"亚历克斯？"

"玫瑰？"他用意识回应。

杰米扬小睡了一会儿，在模拟器前工作了片刻，再次检查了已经被飞船、特雷西和哈桑检查过无数遍的战斗系统，接着又睡了一会儿。

此刻，他泰然自若地坐在指挥台前等待着，看上去异常沉着冷静。

维罗妮卡从厨房端出小托盘，托盘上放着一只玻璃杯。她将托盘放到杰米扬的指挥台上，柔声说道："给。男孩面前得放一杯酒……"

杰米扬叹口气，拿起杯子，"维罗妮卡，跟你说过多少次了，我不是小男孩！而且，请不要把酒放在我面前……尤其是放在火力控制台上！另外，这叫'战前酒'！是古老的俄罗斯军事习俗！"

"杰米扬，我研究过史料，"维罗妮卡依旧柔声细语，"所有关于古代战争的电影里，俄罗斯人都在自己面前摆上半杯伏特加，然后说'男孩面前一杯酒'。作为医生和心理学家，我非常理解这句祷词：伏特加是非常好的能量来源，而用第三人称以小孩的方式称呼自己有助于缓解战斗压力。"

"你所听说的都是古俄语的翻译错误！是'战前'，而不是'小男孩面前'！"杰米扬据理力争，"伏特加能为古俄罗斯人增添力量，缓解疼痛！并不是食物！"

维罗妮卡面带讥讽地笑了笑。

"好吧，不是食物……那么'我们吃酒吧'这句话也是我编的不成？"

杰米扬默默将酒一饮而尽。

心理学家回到自己的座位上。

亚历克斯微笑地听完这场滑稽的争吵。他并不知道谁对谁错——是异能战士还是心理学家。但不管怎么说，轻松又非恶意的争论确实有助于缓解战前的紧张情绪。

"我不想打断你们的争论。"他说，"但是，十分钟后我们将进入七号服务站空间。"

舱内瞬间鸦雀无声。

四

船员们在超空间通道里飞行。

视觉上——如果这个词适用于虚拟操控的话——飞船穿行的超空间通道像一条蜿蜒曲折的灰色隧道。乘小飞船飞行时,隧道看上去很狭窄,坐大飞船通过时,航道又会显得很宽阔。这一切都是幻象,是习以为常的视觉图像,与真正的飞行过程毫无关系。

但亚历克斯很喜欢这种幻象。

有一条路线直通七号服务站,所以无须做过多的先期准备。听完亚历克斯的汇报,上将只是叹口气,批准了这次"战斗行动"。玫瑰甚至懒得叹口气做做样子——要飞?好的。去打仗?好吧。

"你觉得我们有多大胜算?"亚历克斯问。

"胜算很大。"玫瑰不像其他飞船那样喜欢使用百分比。为什么?难道它想使自己看起来更像人而不是机器?

"在不丧失战舰战斗力的情况下,完胜的机会有多大?"

"机会渺茫。"玫瑰平静地回答,"我的力量比布朗尼人的任何无畏战舰都要强大,但现在我们是在敌人的兵力三倍于我们的情况下发动进攻。"

"所以呢?"亚历克斯继续问。

"如果我们取得胜利,同时我也没有受到严重损伤,"玫瑰若有所思,"好吧,在这种情况下,我将视你们成功通过测试。"

"然后呢?"维罗妮卡加入会话。

"然后我会转入无条件服从机组指令的模式。"

以上是起飞前的对话。

"恢复得真快。"亚历克斯说。

"那是个非常不错的陷阱，"特雷西笑笑，"但我相信尼奥。我们的世界原本就是幻象，又何惧幻象中的幻象呢？"

"你很幸运。"亚历克斯表示同意，"请实话告诉我，我们有机会突破防护吗？请不要用'我试试'或'我尽量'搪塞我。"

"舰长，我无能为力。"特雷西摊开双手，"或许该让维罗妮卡试试？她怎么那么轻易就放弃了……"

亚历克斯摇摇头。

"维罗妮卡觉得自己不适合跟玫瑰一起工作。"

"为什么？"特雷西低下头，从眼镜上方看向亚历克斯，"发生什么了？"

"玫瑰猜到维罗妮卡的儿子已经死了，而维罗妮卡……"虽然难以启齿，但亚历克斯还是说了出来，"患有精神疾病。所以，对玫瑰来讲，这样的心理学家并不具权威性。"

"维罗妮卡意识到玫瑰已经猜到了吗？"

"看来是意识到了。潜意识里。所以她才匆忙逃离了。"

特雷西懊恼地摆摆手。

"这都要怪旧式的家庭关系！看看我，我都捐赠过三次遗传物质了。我的孩子们正在某个地方长大，或是可能已经死了。但我为此发疯了吗？唉……维罗妮卡……"

亚历克斯本想说，两种极端，不分伯仲，但终于没有说出口。

"我们要打仗了吗？"特雷西认真地问道，"跟那些无畏战舰？"

"你去测试一下整个战斗系统，"亚历克斯回答，"但不要再入侵任何程序……"

"这是什么……"他弯下腰,一股恶臭扑鼻而来。

味道的源头在底层架子上,那儿有一具腹部肿胀、风干成硬块的老鼠尸体。

"他妈的,"亚历克斯骂道,"有老鼠!"

"很正常,在这么个庞然大物上……"特雷西附和道,"香肠都被啃光了?"

"那倒没有,吃了太多脱水香肠,撑死了。"亚历克斯嫌恶地扔掉香肠,"好吧,现在食品变质的原因找到了……"

老鼠是宇宙飞船永恒的祸害。蟑螂如今已被彻底消灭,但任何化学药剂都拿老鼠无计可施。成千上百万的老鼠牺牲,只为了使彻底对毒药免疫的几只老鼠存活下来。在小型飞船上,或许还有彻底消灭老鼠的可能,但在装载了成百上千吨食品和装备的大型飞船上,老鼠从不缺席。

维修机器人追赶全息兔子的原因,现在已不言而喻。调校不当的程序混淆了现实中的老鼠和飞船自己创造的影像。

"可恶的老鼠。"特雷西说,"我在'卡冈都亚号'上工作时,没有一只长尾巴的畜生吃过脱水食品。该死的混蛋,它们知道吃多了会肚胀而死,所以宁可去啃食品的铁皮和塑料包装,成千上万只老鼠牺牲,但这些老鼠却还是啃坏了包装吃到了食物。"

"你们那儿的老鼠恐怕已经活了一千代了。"亚历克斯笑了笑。据他所知,"卡冈都亚号"是一艘古老、巨大的集装箱运输船,那是特雷西的第一份工作。而"银色玫瑰"是艘新船,老鼠还没有习惯太空环境,还比较蠢。

亚历克斯砰的一声关上抽屉,心中暗想该下令让玫瑰做个大扫除。另一个抽屉里装着巧克力。看来,先碰到脱水食品是这只倒霉老鼠的宿命。

"谢谢。"特雷西拿起一板巧克力,分别给自己和亚历克斯倒了些自酿酒,"舰长,您想问我什么?请讲吧,我已经没事了。"

"我十五岁时,养父寿终正寝。"特雷西说,"但那时,我已经接受了良好的教育,加入了赛博变形协会,总之,已有能力熬过那场悲剧。我甚至被天文学校录取了。当然,一个自然人[1]很难与异能程序员竞争,但是,感谢尼奥,我还是实现了人生的目标……说回正题,飞船的防护程序将我带回了十岁那年。但是这一次,没有人收养我,我独自在奥林匹斯山上生活,染上了电子毒品,在谵妄中看见自己成了一个成年人,是银河系最好的飞船改装团队中的一员。然后,真实与幻象之间的界限逐渐消失。有时我戒掉了毒品,又变回了那个孤独、不幸的少年,在环境恶劣的星球寄宿学校里生存。后来,您又出现了,我突然意识到自己很久很久以前就已经长大,一切只是'银色玫瑰'的防护程序作祟。接着,您再次消失,我又成了带着神经分流器幻想未来的少年。我彻底被弄糊涂了,舰长!这种情况持续了三个星期……"

特雷西将杯里的酒一饮而尽。

"老招数了。"亚历克斯说,"在冰雪大战期间,叛军使用过类似方法。"

"一种非常痛苦的方法。"特雷西表示同意,"舰长,您这里有吃的吗?"

亚历克斯点点头,"这里应该什么都有。"

舰长室配备有小厨房。如此豪奢的配置与其说是现实需要,不如说是身份的象征——很多飞行员都热爱烹饪,但没有时间。

亚历克斯没打算以珍馐美馔招待特雷西。他打开冰柜看看,立即放弃了解冻食品的想法,又打开存放罐头和袋装脱水食品的小柜子。

"一块香肠就够了。"特雷西说。

亚历克斯疑惑地从破掉的塑料包装里掏出一根棕褐色香肠,味道极其难闻。

---

[1]. 指未接受基因改造手术的人类。

他在昂贵的蓝木柜子里发现了个小酒柜。蓝木柜可能是以假乱真的仿制品,但酒绝对不是。这里有伊甸园星球的甜朗姆酒、地球的干邑白兰地、莫斯科维亚星球的伏特加、著名的火星自酿酒——以古代海水、转基因大麦和沙蚁蜜酿造而成⋯⋯亚历克斯拿出一瓶乳白色液体,放到茶几上。

"哇⋯⋯居然是大瑟提斯产的!"特雷西赞叹,"我只尝过一次。跟别的酒比起来,它的口味发咸。那里的泉水就是咸的,水刻意不经蒸馏⋯⋯"

亚历克斯拿出专门装自酿酒的棱面玻璃杯,打开酒瓶,倒上了酒。

"生日快乐,特雷西。"

计算机专家点点头,"谢谢,舰长。"

二人一饮而尽。味道确实酸涩,有些发咸,还带些淡淡的蜂蜜口味。

"你到底看见了什么?"亚历克斯问,"如果,当然,不是隐私的话⋯⋯"

特雷西耸耸肩,"隐不隐私的⋯⋯有什么区别吗?生命是幻梦,死亡是觉醒⋯⋯我回到了自己的童年。"

亚历克斯不慌不忙地倒第二杯酒,等待着。

"我出生在奥林匹斯山,舰长。我七岁时,父母双双去世。我在国家孤儿院长到十岁。后来,一个生活在伊甸园星球的退休飞行员收养了我⋯⋯当时,他已经将近一百五十岁了⋯⋯是个非常善良、非常温和的人⋯⋯"

亚历克斯点点头,等着下文。特雷西沉默不语,想着心事。

"你被性剥削了?"亚历克斯猜测。

"舰长!"特雷西愤怒地叫道,"告诉您,我到现在还是个处男!就是为了纪念我的养父!"

"对不起。"亚历克斯羞愧地说。

舰长和黑客走出指挥舱。亚历克斯低调地召来运输舱，下令道："舰长室。"

"您要干什么，舰长？"密封胶囊在飞船甲板间滑行时，特雷西开口问道。

"聊聊天。"

"噢……"黑客点点头。舰长室的设计初衷就是最大限度地防止窃听。就连中央计算机在舰长室都没有全时传感器。

"银色玫瑰"的运输网就像它自身一样完美无缺。密封胶囊的出口直接通向舰长室。他们走进来，亚历克斯好奇地环顾四周。

严格地说，他绝对有权利在此生活，尽管只是临时性的。毕竟此时此刻，亚历克斯是"银色玫瑰"的正式船长。

但若如此，他就会习惯奢华的家具、高高的天花板、宽敞的房间及带泳池和桑拿房的卫生间，那可就大错特错了。这所有的一切都是给游轮上吃饱了撑得无事可干的游客享用的，但绝不适合一位军舰舰长。

"真豪华。"特雷西边说边坐到最近的一把椅子上。黑客渐渐恢复了心智。

运输胶囊的门缓缓关上，变成一面屏幕。屏幕上是一片绿油油的原野，小草在风中轻轻摇曳，天空中飘着朵朵白云。遥远的地平线波光粼粼，不知是有蜿蜒的小河流过，还是有湖水轻拍湖岸。亚历克斯心中陡然升起短暂而强烈的思乡之情。

即使是异能飞行员，也热爱自己的星球，否则他们也没必要每次都返航了。

"更换风景。最近的行星。全景。适宜屏幕大小。"亚历克斯下令。

屏幕上出现了蓝灰色的格多尼亚星球。这样的界面在飞船上才应时应景。

"有喝的吗？"特雷西问。

"应该有。"亚历克斯回答。

来讲，喝口好酒比什么都管用！"

特雷西一边抽泣，一边从杰米扬手中接过军用金属酒壶，喝了几口。他的镜片已滑落出来，亚历克斯再次被黑客那双暗淡无助的眼睛所震撼。

"到底发生了什么事？"杰米扬扶着特雷西的肩膀问道，"精神攻击？"

"定制版地狱，"亚历克斯打断他，"半身人的防护程序是为黑客量身定制的噩梦，并且在主观虚拟时间中持续了很长时间。"

"三个星期。"特雷西补充道，军用壶中之物对他确实有所帮助，"三星期零半天……我一直在等……我知道你们会帮我关上开关……你们果然救了我！救了我两次！但结果都是在戏弄我，我跟原来一样还是在虚拟世界！一切还得再来一遍！"

"特雷西，相信我，这次是真的。"亚历克斯说，"我们都是真实的。我们切断了你和网络的连接。"

"是舰长切断的。"维罗妮卡恭恭敬敬地说，"亚历克斯，你的反应速度吓到我了！"

"我相信。"特雷西嘟囔着，从椅子上站起来，"这一次不太一样。神经分流器真正关闭时，我能感觉得到……"他陷入沉默，一脸忧伤地看着自己的战友们，又痛苦地承认道，"我没能成功。我解除了十七个防护程序。对半身人来说，十七是个有宗教象征意义的数字。我放松了警惕，以为那就是最后一道防护……这就是它们的诡计。我需要休息休息……"

亚历克斯摇摇头，"不。不，特雷西。别说了。你是个优秀的程序员，但与非人类竞争是不会有好结果的。"

"半身人是类人生物。"哈桑纠正道。

"是类人生物，但不是人类。"亚历克斯将特雷西从座椅上扶起来，"走吧。大家都各回各位。"

五——他冲向特雷西,惯性拖着他向前。

四——所有人都在动:维罗妮卡、哈桑、杰米扬……所有人都站了起来。但都没能来得及,无论如何都来不及……

三——只有亚历克斯稍快一点。

二——他左手拂去特雷西太阳穴旁边的一缕头发,右手按住他的头。一枚小小的神经分流器在他的太阳穴处闪闪发光。

一——亚历克斯碰到了开关上的小凸起。

零——一缕头发滑回了太阳穴,刚好落在他的手指下。亚历克斯用力下压,但无法按下那个小小的按钮。

负一——特雷西歇斯底里地呜咽,号叫,脑袋左右摇晃。遮住瞳孔的黑色隐形镜片中反射出控制台的灯光。亚历克斯还在试图赶走那缕头发,按下按钮,但同时也意识到,一切已经来不及了……

"你慢了。"

他又一次站在玫瑰面前。脚下是灰雾,头顶是白光。

"这是场演习,亚历克斯。你错在哪里?"

亚历克斯的手仍在颤抖,吸了一口气又呼出一口气,嘟囔说:"错在哪里?我没想到他的头发这么油。"

"看来,先知尼奥没留下遗言,要他的追随者定期洗澡。"玫瑰笑笑,"没关系。我们还有时间,还可以再演习几次。"

他们又重复了十五次。最后三次亚历克斯终于办到了,甚至提前一秒钟完成了任务。

最后一次演习还未结束,亚历克斯就明白自己已身处真实世界,周围是真实的生活。

总而言之,这是个相当明智的办法。他已经不再感到恐慌——他成功了。

"把你的注射器拿开。"杰米扬不满地对维罗妮卡说,"对一个男人帮助呢?"

"可以关闭神经分流器。"

"怎么关?"

"手动关闭。紧急开关在接触片偏下的地方。"

亚历克斯举起手,下意识地揉了揉后脑勺。他自己的神经终端是改进过的大脑皮层神经元。

"我还不知道电子分流器有开关。"

"设置紧急开关也是对传统的尊重。伊涅伊大战和法戈暴乱后,人们才开始安装开关。但这个传统能救特雷西的命。你必须在五秒钟之内赶到他身边,掀开他左侧太阳穴上的一缕头发,一只手固定住他的头,另一只手用力按下开关。这样做,他就可以脱离网络,或许还不至于丧失心智。"

"荒谬至极……"亚历克斯低声说。

"我会尽我所能。当你退出虚拟世界时,座椅会转向特雷西方向,飞船会轻微加速,将你甩向特雷西。最要紧的是不要被绊倒。"

"五秒钟。"亚历克斯试着在脑海中规划所有行动步骤,"我试试。"

"如果你愿意,我可以稍微提高你的反应速度。虽然不能加快你的运动速度,但会提升你动作的协调性。"

"我愿意。"

玫瑰微微笑道:"我再重复一遍。你跳起来,向前,惯性会将你抛向特雷西。你按住他的脑袋,掀开头发,然后按下开关。全清楚了?"

亚历克斯点点头。

"我数到三,飞行员。"玫瑰沉默了一秒钟,"我真的不想伤害他。这不是我能控制的……一、二、三!"

亚历克斯跳起来。

虚拟世界消失了。亚历克斯出现在指挥舱中,但已不是坐在椅子里,而是站在地上。

"银色玫瑰"的声音通过神经终端传入亚历克斯的意识中。亚历克斯还未来得及回答,真实世界便模糊了,让位于虚拟现实。

脚下是一片柔软无形的灰色物质。他刚想仔细研究一下,其细节却愈发模糊,直至消失,仿佛从地面仰望正在飘远的积雨云。

头顶上方无边无际的虚空散射着白光。

而他的面前站着"银色玫瑰"。一朵玫瑰——一个美丽的女子。这一次不再是图像,而是真实的女人……达到了虚拟世界中极致的真实。

她轻启双唇,"亚历克斯,我很抱歉,但实在是形势所迫。"

亚历克斯环顾四周,伸出手,碰到了她的手掌。真实的、活生生的、温暖的手掌。

"现在可以说了吗?"

"可以。现在我们处于飞行模式,时间流逝的速度比较慢。"玫瑰淡淡一笑,转而又严肃起来,"特雷西想要删除测试机组人员的规定。"

"你对他做了什么?"

"我只是观察他,什么都没做。那里有独立的保护程序,特雷西解决了部分陷阱。但是……"玫瑰摊开双手,"他现在快疯了。"

"怎么会?为什么?"

"半身人的防御技术与人类不同。你们的电脑能够释放强力电击,烧掉侵入者的神经分流器,甚至烧毁他的大脑。半身人的技术更微妙些。现在,特雷西正在重温他一生中经历过的所有噩梦。他还能再坚持五到十秒钟。如果他的心理特别稳定特别强大的话,还能坚持半分钟。但我可不敢寄希望于万一,我真的不敢……"

亚历克斯点点头,"我们能做些什么?"

"我什么都做不了。安全程序是独立的。现在只能设法先将特雷西带离虚拟世界,好在他用的是神经分流器,而不是直接改造了神经细胞……"

"尼奥先知使用电子分流器……这是传统。但这一点对我们有什么

"不,是在格多尼亚星,从人类那里。"

"明白了。"

亚历克斯的脑海里闪过一幅幅画面,画面上是堆积如山的生土豆,笼子里有数不清的活鱼,还有一大堆刚出炉的面包以及新鲜的苹果和梨……这些贪图享乐的家伙什么事都能做得出来!

得设法在船上吃顿午餐。

"动力电缆损耗过高,"他继续说,"而且还不断有光纤被冲销掉。"

"这是由于定期检修。"

亚历克斯对半身人的看法有所下降。毋庸置疑,它们建造了一艘好船,非常好的船。但与人类的飞船一样,它也存在着同样的问题——建好几年后,就必须不断进行检修。

"玫瑰!"杰米扬开口了,"八号舰艏的鱼雷发射器为什么不工作?还有三号甲板上的四号五号激光炮塔?"

"设备维护中。激光炮塔的责任区域已被重新分配。鱼雷发射器的射速提高了百分之十。"

"战备水平?"杰米扬问。

"百分之百。所有失灵状况均已得到补偿。"

"维修太过频繁可不太好。"杰米扬低声说,"哈桑!"

"什么事?"机械师问。

"有个重任需要你帮忙。请到三号甲板,检查一下……"

这时,特雷西突然尖叫起来。

那不是痛苦或惊恐的尖叫,而是目睹某个等待已久但触目惊心的恐怖场景之时才会发出的叫声。东方职业哭丧者在葬礼上就是这样痛哭的——既是演戏,又无比真诚。亚历克斯转过头,看到特雷西在座椅上微微颤抖,白皙的双手紧紧抓着扶手,头向后仰,双眼紧闭,嘴半张着发出凄厉的哀号。

"亚历克斯,救命!"

从表面上看，似乎什么都没有发生。特雷西坐在控制台的全息屏幕前工作，对计算机系统做常规检查，同时通过神经分流器寻找连接系统核心的迂回路径。找到路径之后，他便会试着删除对机组人员进行测试的规定。

当然，"银色玫瑰"自己并不会忘记这条规定，但至少它有权决定是否遵从该规定。维罗妮卡会想尽方法说服它，譬如，告诉它解除软件限制恰恰是机组人员不得不做出的英雄主义行为。

特雷西在工作。

亚历克斯在自己的屏幕上调出了"舰长的偏头痛"——会计报表——能源消耗……氧气消耗……工质[1]消耗……食品消耗……配件消耗……随船物品……携带燃料……携带氧气……携带食品……水……

所有数据都被完美记录在案。这些数字乍一看很吓人，但当亚历克斯将其与船的大小和吨位进行对比后，不得不承认这艘船的能耗还是非常低的。

只是……

"玫瑰。"亚历克斯低声说，"在过去的两周里，飞船上并没有机组人员，但每天都有十到十九公斤不等的食品被冲销。"

"是的。"玫瑰表示同意。

"为什么？"

"食品已不能食用或失去了营养价值。"

亚历克斯真想发表一番长篇大论，好好质问军需官为何给军舰配备易腐食品。但军需官并不在此处，而玫瑰对装载工作不负有任何责任。它只负责储存随船物品，并且将不能使用的物品处理掉。

"一群白痴。"亚历克斯说，"食物是在半身人那里装载的吗？"

---

[1] 实现热能和机械能相互转化的媒介物质。

生虫的窝。"

"可怜的老本基。"亚历克斯低语,"请继续……"

亚历克斯由此得知半身人文明中,工业颇为发达,农业技术先进;生物种类不多,所有不能带来好处的生物种类都被无情消灭了;对英雄主义式死亡的崇拜是主流文化;热爱柔和舒缓的音乐,顺便说一句,这种音乐对人类也不无裨益……报告中没什么特别的信息。

奇怪的是,半身人并不算好战分子。崇拜英雄主义式死亡只是乍看起来让人觉得有侵略性,而事实上,"吉克欧普"情结反而令勇士们克制内敛——生前若太逞强,把什么留给驾鹤之日呢!

亚历克斯觉得在这一点上有可乘之机,或许能借以制服玫瑰。在那些传统习俗之中,在那些奇怪的情结和好战的英雄主义之中(众所周知,强大的文明不讲英雄主义,更重视建立纪律严明的军队),可乘之机确实存在——但是亚历克斯暂时还抓不住它……

"半身人的家庭生活也很有趣,很多方面都值得借鉴。当女性半身人遇到心仪的雄性时,就会留下一条'爱的告白',类似一则通知或一张名片。而第二天……"

遗憾的是,亚历克斯早在低沉平稳的讲述中睡着了,错过了最有意思的部分。

再次在"银色玫瑰"总指挥舱就座时,大伙儿做出了一致决定,通过了行动方案和角色分工。

特雷西开始着手破解半身人对飞船设置的规定。

亚历克斯不喜欢这种方法。在两个黑客的较量中,一定是设置安全防护的一方占上风。当然,如果错误代价不大,如果攻击次数不限,如果了解对手的思维方式,那么形势就会发生根本性的改变。可若要解除非人类程序员设置的安全防护,并冒着军舰失控的风险……

但问题是,其他所有方案看起来都更糟糕……

"飞船，资料。关于半身人文明的资料。"他伸直身子躺倒在床上。

一块屏幕出现在屋子中间，转向亚历克斯的方向，又慢慢滑向床前，停留在舰长的眼睛上方，微微调整到最适宜人体观看的角度。

"母星、生活环境、生物圈、传统和风俗。"亚历克斯继续说，"主要侧重与地球的区别。"

"半身人的起源星球是基列桑，仙后座伽马星的第二颗行星。"飞船用柔和的男中音说，"它体积比地球大，重金属缺乏，其表面的重力与地球几乎相同——大约1.03倍。四块大陆分布于……"

亚历克斯听得很仔细。他们的出路可能就藏在这里，在这堆人尽皆知而又毫无用处的信息中。半身人为人类编写了"银色玫瑰"程序，其中一定也隐藏着它们自己的心理特征。

"它们崇拜英雄主义的牺牲，也就是所谓的'吉克欧普'情结。半身人的生命会根据他们的死亡方式被重新评估。一个半身人的一生过得越光荣越英勇，就应该死得越壮烈越无畏。具体来说就是，从事农业或文化产品生产的和平人士可以死于疾病或衰老，这并不可耻，因为这些人生前并未以英雄自居。然而，一名战士若不能战死沙场，而是寿终正寝，那么他生前所立的功勋只会令他声名扫地，死后蒙羞。举个例子：本基统帅（二十三个复合名字的缩写）曾两次大败紫姑人舰队。事实上，是他力挽狂澜，扭转了半身人溃败的局势，使战争转入阵地战阶段。后来，在月亮雨节的庆祝活动上，他饮用了过量的蘑菇酒。这其实很正常，甚至算得上庄重。但本基在距离舍尔克窝不远的露天地上睡着了。舍尔克是一种几乎已经灭绝的寄生虫，但在基列桑星球上偶尔还能遇到。本基醒来时，身体已爬满舍尔克幼虫。对一名战士来说，这是种非常屈辱的死亡方式。本基还没有咽气，他的名字就被唾弃，被抹杀，从所有参考资料和历史书中被清除了。大量以他的名字命名的儿童因无法忍受屈辱而自杀，还有一部分孩子改了名字。而如果是一个普通村民死于舍尔克幼虫，却算是一项壮举，因为他是以生命作为代价，帮助同胞找到了寄

"没有敌我辨别系统吗?"哈桑很惊讶,"怎么会这样?"

"你知不知道,有一种观点认为,这些未知的外星生物非常擅长入侵数据库、破译密码,并且能自我伪装。于是,布朗尼人就做了这样激进的决定,即从超空间通道中出来的所有东西都必须无理由立刻全部歼灭。"

"以我对布朗尼人的了解,"维罗妮卡插话道,"我甚至认为那些外星文明恰恰可能是非常善良人道的。所以布朗尼人才跟它们过不去。"

"也许吧,也许吧。"杰米扬突然开心起来,"但我可不想去考证,维罗妮卡,我真的不想。"

亚历克斯咳嗽了一声,"先生们,这些想法都非常有趣,但我建议先吃午饭,饭后我会给大家六个小时用来休息、理清思路。我们六小时后开会,一起做出决定。"

众人坐下来就餐。

像往常一样,维罗妮卡吃病号餐,并且时不时静止不动,那是她在跟不存在的孩子交流;哈桑狼吞虎咽地喝着贻贝汤,吃着蘑菇汁鳟鱼排;特雷西,正如先知尼奥的虔诚追随者一样,努力咀嚼营养丰富却淡而无味的合成粥;真正的俄罗斯异能战士杰米扬不是在吃饭,而是在喝加了维生素的伏特加,肉馅馅饼只能算是下酒小菜。

亚历克斯只吃了些豌豆炖牛肉。他是个美食家——通常所有飞行员都贪恋美食。但此刻,他却什么都吃不下,连葡萄酒也难以下咽。他想让自己的头脑保持清醒,身体保持警觉。

"银色玫瑰"的某些地方让他觉得不同寻常。有些问题……不太对头……

但他想不清楚,暂时还不清楚。

到了自己的舰长室,亚历克斯才突然意识到,过去的一个小时里究竟是什么让他如此不安。

是机器人。追逐全息兔子的维修机器人。

"不错。但它以前并不和平。人类之间差点发生内战。幸运的是，冲突很快得以平息，但那场战役不容忽视。伊涅伊舰队的残部纠集在空间站附近的七号服务站。那里是无数超空间通道的枢纽，但附近没有恒星。"

"啊……"哈桑会意地点点头，"记得，我记得……"

"战斗持续了很久，伊涅伊的势力被彻底击溃。在最后关头，伊涅伊派出三艘布朗尼人的全自动无畏战舰。我只能说，他们在关键时刻拉了一泡屎。如果加大进攻力度，帝国就能将整个地区清剿干净。但计算后，帝国放弃了继续进攻的方案，因为战损太大。帝国舰队就此撤退，只留下无人飞船控制该区域。从那时起，这座超空间枢纽便被废弃了。"

"清剿这片区域有没有奖励？"哈桑很关心。

"没有。根据计算，清剿此地要耗费十至十二艘战列舰。那三艘布朗尼战舰是伊涅伊费尽心机才弄到的。据我所知，这类飞船直到现在还没人能造。"

"那为什么伊涅伊不早点儿派它们加入战斗呢？"哈桑吃惊地问，"怎么会有如此荒谬的人道主义？"

"布朗尼的飞船很蠢。"杰米扬不情愿地说道，"说它蠢，不是因为它们像我们可爱的玫瑰一样聪明得过了头，而是纯粹的蠢。它们的脑子只管机动飞行和射击！只要一开战，它们便不会服从任何人的命令，占领一个据点后就只管死守，谁进去就打谁，根本不管是敌是友……"

哈桑难以置信地看了一眼杰米扬，又看了一眼亚历克斯。

"完全正确。"亚历克斯说，"问题在于……布朗尼人从不直截了当地将问题解释清楚。但据我们所知，有四个地区用此类自动舰队巡逻。有一种说法是，那些地区存在一些超空间通道，通往遥远的战区，甚至是其他星系……而且，总有些恶心的东西从通道出来，没法儿跟它们沟通，也无法正常作战。所以布朗尼人建造了特殊的飞船，让它们停在超空间通道出口，将所有从通道里出来的东西全部烧毁。"

但不是人类智慧。它有软件方面的限制，但它比我们的飞船要智能得多。"

亚历克斯点点头。其他人也没有异议。

"其次，同样由于软件限制，要说服它绝无可能。在'完美机组'的条件未能满足之前，它是不会听命于任何人的。"

特雷西哼了一声，嘟囔道："我有异议。"

"请讲。"亚历克斯鼓励他。

"我可以尝试删除程序对机组人员的苛刻要求。"

"无视它的警告？"

"是的。"

"接受你的反对。"维罗妮卡表示同意，"特雷西，如果你能清除程序块，我就能够改变它的想法。我想应该可以。再者……第三点，如果特雷西的计划还是以失败告终，我们就只剩一条路——打一场仗，证明人类的实战能力要高于玫瑰。就这些。"

亚历克斯喝了一口葡萄酒，"谢谢你，维罗妮卡。杰米扬，第三点你怎么看？"

"想打仗就总能找到战场，"战士若有所思，"但要既不乱杀无辜，又不卷入外星战争的话……七号服务站？"

"什么意思？"哈桑好奇地问，"我没听说过这个星球。"

"它根本就不是颗星球……"杰米扬含糊地说，"怎么说呢……是个太空小屋……"

他显然不打算详细解释，于是亚历克斯主动承担了这项工作。

"说来话长。大约一百到一百五十年之前，具体我也记不清了，帝国与伊涅伊[1]联邦之间爆发过一场武装冲突。"

"伊涅伊？好星球。"杰米扬眼前一亮，"好像是个和平星球。"

---

1. 卢基扬年科长篇科幻小说《雪舞者》中出现的星球。

亚历克斯点点头，站起身。舱门打开了，小白兔又出现在门口。

"谢谢，我能找到路。"亚历克斯说。

但兔子仍然跟在他身边，滑稽地竖着耳朵蹦蹦跳跳。下了两层甲板后，他们在走廊里遇到了一个缓慢滚动着的维修机器人。机器人举起机械手，突然加速，向小动物冲去。兔子拔腿便跑，机器人锲而不舍地追击。亚历克斯笑笑，一个人继续向前走去。

看来，今天唯一一个有趣的结论就是：这艘船上的某些元件是自主工作的——机器人会追逐不明物体，而不明物体会逃之夭夭……不过，那兔子不过是全息影像而已，为什么要逃跑？显然只是为了维持一个幻象，就像他不去揭穿维罗妮卡一样。

三

大伙儿聚集在饭厅里。亚历克斯赶到时，桌上已经摆好了午餐。维罗妮卡和特雷西遵从俄罗斯的古老习俗，正在挑选葡萄酒。杰米扬倒了三杯伏特加，放在自己的餐盘旁：一杯敬入土之人，一杯敬地球上的人，一杯敬远离地球之人。哈桑正兴致勃勃地给凶巴巴的俄罗斯战士讲解新科威特星球的武术。以亚历克斯之见，哈桑是在信口开河，异能战士想必也明白。但杰米扬一本正经地听着，不时点点头，甚至偶尔抛出几个问题。

亚历克斯刚一现身，大家便都凑到了餐桌旁。

"我已经有了些初步的看法。"亚历克斯刚一落座，维罗妮卡便说，"现在说，还是吃完午饭再说？我可以简要地……"

"现在。简要说。"亚历克斯回答。

心理学家显然已经迫不及待了，"首先，'银色玫瑰'是有智慧的，成了一个金色光环。

可无论多么古怪，那依然是玫瑰的脸，甚至没有变丑。

"好吧，很好。"维罗妮卡边说，边伸个懒腰，"马儿吃草才能跑。我们吃点东西去吧？"

"好吧。"亚历克斯表示同意，站起身来。

"舰长，有事相求。"玫瑰礼貌地说，"您能否多留下来几分钟？"

亚历克斯点点头，对自己的船员说："伙计们，你们去'明镜二号'。我随后就到。"

"船上的餐厅提供丰盛的美食。"玫瑰建议，"或许，你们要不要留在船上进餐？"

"就餐前我得作祷告，"杰米扬低声说，"但在未经洗礼的飞船上祈祷简直是离经叛道！"

等自己的伙伴全部离开指挥舱后，亚历克斯重新坐回座椅，叹了口气。玫瑰耐心地等待着。

"请问吧。"亚历克斯说。

"舰长，维罗妮卡赚够她所需的金额后，您准备怎么做？"

"这也是我最头疼的事。"亚历克斯承认。

"当时的发送器是坏的吗？"

"不是。只是当时我们不太会用。那时，特雷西用它与强大的计算机直接交流，但从不曾用它来传输意识……更何况是往活体大脑中传输。小男孩的意识我们设法下载了下来，可是却没能将其写入维罗妮卡的意识。程序启动时，我们甚至不知道数据究竟上传到了哪里。或许，维罗妮卡自己也意识到了这一点……但她无法承受这样的结果。"

"我由衷地向您表示同情。"

"谢谢，玫瑰。"

"希望您能想出一个好的办法摆脱困境。遗憾的是，我还没有找到这样的办法。"

身体在黑市上价值一百二十万。在高谷星球，一具完整的躯体只要七八十万。"玫瑰顿了顿，又继续说道，"重新录入意识，在所有星球上大概都需要五十万，因为意识发送器的损坏不可逆转。如此一来，总价就是一百二十万到二百五十万不等。而你们团队去年的总收入是……"

"玫瑰，闭嘴。"亚历克斯平静地警告道。

"我只是特别想知道，为什么直到现在，孩子还没能得到一具身体。"玫瑰依旧彬彬有礼。

"你说的是最低价格。"亚历克斯说，"但是，这种手术的死亡率是百分之五到百分之六。我们无法接受如此高的死亡率。我们至少需要两具养得稍大些的克隆身体，备份三个发送器，还需要水平最高的技术团队。"

"格拉里吉卡星球的常规做法。"玫瑰总结道。

"是的。"

"如果你们顺利地搞定我，钱可能就够了吧？"

"希望如此。"维罗妮卡说，"但我不会向你提出任何请求！"

"这个孩子让我怜悯得要死，但这改变不了什么。"玫瑰不无遗憾地说，"对机组人员的要求是嵌入系统代码中的，我的好恶对代码不会有任何影响。顺便说一句，据我了解，对机组人员的要求与我的一般服从性是不可分割的整体。"

特雷西懊恼地咂咂舌。当然，这与他预想的完全一样。清除玫瑰意识中对机组过于严格的要求不是不可以，但如此便也彻底清除了它对机组的忠诚度。而一艘不受人类法规约束的智能战舰能做出什么事情来，简直难以想象，特别是像"银色玫瑰号"这样的飞船。

"我满足你的好奇心了吗？"维罗妮卡问。

"是的，非常感谢。"屏幕上玫瑰的面孔轮廓变得柔和，色彩却愈发明亮，比例也变得扭曲——鼻子歪向左边，耳朵垂向肩膀，一只眼睛变了颜色，形状犹如跳跃的老虎。无数只金色蜜蜂在玫瑰头顶飞舞着，形

"是你的父母。"

"是的。那一年,基里尔只有六岁。我开车带他离开太空港时,汽车失去了控制。后来证实,那是一场破坏行动……不过这已经不重要了。"

"初生教[1]的人对我们修复泰伊人护卫舰一事怀恨在心……"杰米扬低声解释道,"后来,我把他们都杀了。"

亚历克斯不满地朝他看了一眼。战士不作声了。

"汽车启动了应急系统。"维罗妮卡继续说,"可惜应急系统中并没有救援儿童的措施。基里尔受了伤……伤势非常严重。我们没能及时赶到重症监护中心。但我们有意识发送器。"

"可是发送器无法储存信息。"玫瑰低声说,"您需要凝胶晶体。"

"当时没有凝胶晶体。我将儿子的意识写进了自己的大脑中。"

"非常冒险的举动。"

"或许是吧。但至少基里尔还活着,还能思考。但他……你是怎么说的?被绑住手脚,塞住耳朵,蒙上眼睛,吊在反重力场中……他感觉不到任何东西,无法感知周围的世界。他生活在黑暗的虚空中,唯一拥有的就是我的声音。我给他讲周遭发生的事情,教他,培养他。所有这一切,都发生在我体内,在我的意识里。"

"这太难了。维罗妮卡,"玫瑰说,"为什么到现在你还没有给儿子一个身体?你不想吗?"

"这是我这辈子最想做的事!"维罗妮卡没再往下说,而是回头看了看亚历克斯。亚历克斯点点头,以示鼓励。

"我希望能为孩子重建身体。这是有可能实现的,我们保存了他的身体组织,但一具完整的身体非常非常昂贵。"

"在格多尼亚星要两百万。但这并不是银河系最低价。同样的

---

1. 作者虚构的教派。

"每个女人都会化妆。"

"你从没想过拥有人类的身体吗?"

亚历克斯与杰米扬交换了个眼色。战士微微耸了耸肩,痛苦地仰头看向天花板。

"想过。"玫瑰平静地回答,"但这没什么意义,维罗妮卡。我是一艘船。我看待世界的方式和你们不同。即使是与我的感知相连的飞行员,也只能接收到我对世界认知信息的百分之一。如果是你,你愿意被绑住手脚,塞住耳朵,蒙上眼睛,吊在反重力场中吗?毕竟,如果把我放进人类的躯壳中,我就会有诸如此类的切身体验。只有人类才需要人类的躯壳,维罗妮卡。反之亦然,人类的躯壳只适用于人类,而不是他者。"

"人类需要人类的躯壳……"维罗妮卡若有所思地说,"谢谢。我理解你的观点了。"

"现在轮到我提问了。"玫瑰说,"当你提及获取人类的身体时,你的声音变了,原因何在?"

"你一定知道,"维罗妮卡说,"我们的信息都是公开的,虽然不够全面。但从你问候特雷西的方式来看,我们是什么人,你早已了解得非常清楚。"

"多少了解一些。"玫瑰表示同意,"我们现在聊得很轻松,就像闺蜜一样,不是吗?和我分享你的悲伤吧。"

维罗妮卡苦笑了一下,亚历克斯立刻明白了她的想法。患者居然在治疗医生!但这局面完全是心理学家自找的。

"事情发生在五年前,玫瑰。那时我就已经在亚历克斯的团队中工作了。泰伊人护卫舰修复工作结束后,我们在伊甸园星休息。我儿子去看望我……平时他在地球上生活。"

"你是个传统的人。"玫瑰说。

"是的。孩子是我亲自生产、哺育的。我花钱从国家手里把他买回来,交给他的外公外婆抚养。"

"玫瑰，你要求我们与敌人真刀真枪地打一仗。但你很清楚，这是一种攻击行为。事实上，你是在逼我们去杀戮，且不许我们防御。而杀戮的唯一理由居然仅仅是为了测试。"

银色雕像开始颤动，接着分崩离析，向下坠去。屏幕上只剩下一幅清晰的墨画——一张用线条勾勒而成的面孔。

"我是艘战舰，舰长。我为战斗而生。战争就意味着智慧生命的死亡。智慧生命死亡确实令人感到遗憾，但遗憾并不能阻碍我完成我的工作。"

亚历克斯调整了姿势，让自己在椅子上坐得更舒适些，接着看了一眼维罗妮卡。女人点点头，说："玫瑰，你对两性之间的区别有所了解吗？"

"是的，当然。"

"你认为自己是男人还是女人？"

"我的外貌和声音是自己选定的。"

"这是答案吗？"

"是的。"

"好吧，玫瑰。让我们来一场女人之间的交谈吧。"

玫瑰轻轻笑了一声，"维罗妮卡，亲爱的……我可以认为自己是个女人，但我仅仅是台计算机，非常复杂的计算机，甚至可以说是智慧型计算机。但我毕竟只是机器。我不能爱，因为我没有荷尔蒙，我冰冷的大脑感受不到情感；我不能做爱——我没有性敏感部位；我无法孕育生命——我既不像你一样有子宫，也没有能建飞船的工厂。我具有女性特征吗？或许会卖弄点儿风情，有一点儿自相矛盾，渴望取悦别人。当然，还渴望身边有个名副其实的好搭档，强大的搭档。"

维罗妮卡点点头，"我明白。你非常漂亮，玫瑰。不论是作为飞船，还是作为人，都非常漂亮——我指的是你的肖像。那是你自己画的吗？"

"一支变异者舰队正在逼近星球。保卫星球算是一次测试吗？"

玫瑰似乎思索了片刻，但亚历克斯明白这是不可能的。因为飞船的单位计算时间是毫秒，人类根本觉察不到它的延迟反应。这更像是玫瑰在故作"暂停"。

"第一场战斗将被视为测试。"玫瑰说，"在战斗中，如果机组人员行动不当，我将退出战斗。"

"测试内容是什么？测试结束后，你是否会恪尽军舰的职守，无条件执行自己的任务，尽管可能会出现一些战术失误？"

"测试内容为机组人员作战行为的合理性。若机组人员的水平和能力高于我，即可视为测试通过。"

"你如何判定机组人员的实战本领高于你？"

玫瑰的面貌又变了。此刻，它是一尊液态金属雕像——由流光溢彩的水银滴浇注而成。一位美丽的女性机器人，一个极致陌生的异类。

"当战争形势被我评估为极度严峻，且获胜的可能性为零时，机组人员还能取得胜利，就算通过测试。"

亚历克斯冲维罗妮卡点点头，问："玫瑰，如果我下令向恒星方向前进，你会服从吗？"

"是的。"

"即使这条路线必然会导致相撞？"

"是的。我会服从命令。"

"那么，如果碰撞不可避免地发生，你又没有任何解决方法，而我能够救下飞船和机组人员呢？"

又出现了难以觉察的停顿。这次或许是真的。

"对不起，亚历克斯。但这种危急形势是人为制造的，所以不能作为测试题目。我很遗憾。"

"但你说过你会服从……"亚历克斯若有所思地说。

"我再重复一遍，舰长。我会服从命令。我是一艘听话的飞船。"

"简要报告。"

"所有设备运行正常。"

"核心负载……"特雷西低声道。

"百分之二。"

"内驱状态？"

"防护已解除。"

"为什么没有对能量武器进行例行检查？"杰米扬开口问道。

"中央处理器禁止检查。"

"为什么不进行模拟测试？"

"根据规程，模拟测试需机组在场才可以进行。"

"三号甲板的六号激光炮塔，准备就绪信号为黄色。原因？"

"六号炮塔正进行预防性定期维护工作。责任区已重新分配为三号至五号炮塔。"

船内一片寂静。杰米扬接通神经终端，不再说话了。

"你很快乐吗？"维罗妮卡问。

"是的。"玫瑰的面孔变了。一幅闪耀晶莹的水彩画上，出现了一位在蓝天下巧笑嫣然的少女。

"你不想服从我们的管理？"

"我执行所有命令。"

"如果全体机组人员上船，你会怎么做？"

"我将履行自己的职责。"

"如果摆在你面前的，是一次作战任务呢？"

"我是银河系最出色的军舰。我的机组必须与我的实力相匹配。"

"请回答我的问题。"

"我的机组必须证明自己的实战水平。"

"如何证明？"

"作战行动。"

听到这么古老的称呼,杰米扬笑了笑,但没有争辩。

"战略家……"

发光的小道伸向维罗妮卡。心理学家一动未动,惊讶地扬起眉头。

"我解释一下。"玫瑰彬彬有礼地说,"飞船的人员编制中有心理学家一职,但该职务不在作战岗位之列。根据您的受教育程度及学识修养,我只能为您提供医生或战略家这两个职位。我认为后者更适合您。您受过专业训练,能迅速进行多因素分析,在时间不足及信息缺失的情况下做出最佳决策……"

维罗妮卡默默朝座椅走去。

"当然,选择权在您。"玫瑰礼貌地说。

亚历克斯摇摇头。飞船显然是嘲弄了心理学家一番。它明确表示自己要接受挑战,并做好了为自由而战的准备。

这将是一项万分艰巨的任务……

"飞船,全面检测系统!"哈桑脱口而出。他的懒散倦怠瞬间消失得无影无踪。

"所有系统运行正常。"屏幕上玫瑰的脸又变了。这回它是由无数独立的像素点绘制而成,是一幅活灵活现的黑白马赛克肖像。

"完整报告!"

"导航系统,A线,一区——正常,二区——正常,三区——正常。B线,一区——正常……"

亚历克斯看到了哈桑的眼神,微微摇了摇头。

"结束完整报告。"哈桑说,"汇报主巡航发动机状态。"

"发动机未启动。进入工作模式需六分钟二十三秒。"

"喷嘴温度?"

"一百零二开氏度,封存状态下的最佳温度。"

"二号作战甲板数据。"

"什么样的数据?"玫瑰礼貌地问,"完整报告将耗时四十二分钟。"

哪怕是最不起眼的缺陷。比如,"而第八区第十六号设备舱连急救箱都没有配备,你凭什么认为自己是史上最伟大的战舰?如果第八区与第七区交界处发生硬辐射泄漏,第十四号战位的炮手需要紧急注入伽马噬菌体,又该怎么办。"

逻辑是人工智能最强的优势,因而也是其最大的弱点。它能清楚地意识到(确切地说,是计算出)这种事件的概率有多么小,可一旦承认自己在小事上有不足,就不得不在大事上让步。

"银色玫瑰号"的状态无懈可击,从出厂时就处于绝对完美状态,出厂后也像个年长的电影明星一样十分注意保养。

兔子在主指挥舱门口停下来,跳了一下,静止了片刻,然后挥挥长耳朵向众人告别。维罗妮卡笑起来。哈桑则哼了一声。

亚历克斯朝慢慢消失在空中的兔子挥手作别。

指挥舱的设计既不失军舰冷峻的朴素风格,也不乏隐秘的实用美学。这远比客轮上的拼花地板和织花壁毯昂贵得多。舱形呈椭圆,墙面是显示屏,飞行员座椅置于台阶之上,座椅前是U形控制台。根据古老的法规,任何处于应急状态的飞船都必须允许手动驾驶,无须主计算机的介入,甚至无须连接神经界面。

"玫瑰,请安排机组人员落座。"亚历克斯请求道。

中央屏幕一闪,女人的脸再次出现,这次并非用线条勾勒,更像是油画,看上去像是文艺复兴时期某位大师的作品。

"舰长请。"玫瑰说。地上立刻出现了一条发光的小道,从亚历克斯脚下延伸到一张座椅。

"总机械师……"

哈桑点点头,走向自己的位置。

"系统管理员……"

特雷西耸耸肩,坐到了自己的椅子上。

"总指挥官……"

"你允许我们去主指挥舱吗?"亚历克斯问。

"当然。"玫瑰点点头,气密舱的内门打开了,"请跟着小白兔走。"

门口果真有一只半透明的激光全息小白兔。门一开,兔子就跳起来,懒洋洋地沿着走廊小跑起来。

特雷西不知又嘟囔了些什么。

"谢谢,玫瑰。"亚历克斯彬彬有礼地道谢,"我们指挥舱里见。"

船员们默默向指挥舱走去。兔子在电梯井旁停下好几次,调皮地回头看他们。亚历克斯继续朝前走,兔子乖乖地领着他们走过走廊、坡道和小梯子。维罗妮卡作势抚摸兔子,兔子急忙向后跳,动作极快,连影像都模糊起来。

亚历克斯想深切感受一下飞船。想要理解飞船是不可能的,但他至少可以感觉一下,深深吸一口这无人之境的空气,评估一下设计师的作品——不仅是外在的美,还有更特别的、即使是机组人员都不会注意到的更为强大的功能性内核。

亚历克斯打开几处不易觉察的检修舱盖,又看了看工作舱。所有设备都布置得舒适得宜——主要和备用通信线路、控制器面板、伺服驱动器、紧急切断开关、带有固定式维修机器人的充电插口……光线也柔和又明亮。手持灭火器与急救箱牢牢地固定在支架上。既没有任何渗漏现象,也不见凌乱不堪的电线,就连被更换过的那段动力电缆(这里似乎发生过故障,被击穿过)也整整齐齐地标注着记号,还安装了温度传感器……亚历克斯弯下腰,仔细查看维修痕迹——非常非常整洁,地板上只有一小撮被清洁工漏掉的灰烬。看来的确被击穿过……

"设计得真不赖。"维罗妮卡在亚历克斯身后说道。

"非常不赖。"

他们交换了一个心领神会的眼神。

要改造一台自命不凡的机器,最有效的方式莫过于指出它的缺陷,在断电的气密舱中窒息而死，距上锁的宇航服仅有两步之遥。

一切是那么简单、安全、舒适、美观。

"像左轮手枪一样，又简单又漂亮。"杰米扬说。

"左轮手枪？"哈桑好奇地问。

"一种发射子弹的古老武器。"杰米扬解释道，"不，我说错了。应该是像剑刃一样又简单又漂亮。"

界面上的显示器亮起来，发出淡淡绿光，一行行数字和字母在屏幕上向下滚动。特雷西尖叫一声，开始向他的建筑师低声祈祷。一张由线条勾勒而出的年轻女人的面孔从黑暗中透出。

"多谢夸奖，异能战士。"女人说，"我参与过自己的设计工作。"

"非常棒的设计。"杰米扬点点头。

女人看了一眼特雷西。

"欢迎来到我的梦境，黑客。我希望这能让你高兴，但如果你觉得不好意思，或者觉得我冒犯了你的宗教感情……"

"也请保佑我们的系统别出故障……"特雷西仍然在低声祈祷，"不，一切正常，我觉得很好。我只是有些不习惯……"

亚历克斯走上前，屏幕上的女子立刻将目光转向他。

"欢迎你，飞行员大师。谢谢你的对接。非常精准，非常漂亮。"

"你是飞船。"亚历克斯说。

"是的。"

"我该怎么称呼你？"

"飞船、主计算机、银色玫瑰，都可以。但最好还是叫我玫瑰吧。毕竟这是个人名。"

"你认为自己是人？"维罗妮卡温柔地问。

"不，心理学家女士。"屏幕上的女人摇摇头，"我知道自己仅仅是一个计算机程序。对你的下一个问题，我想说我不知道自己是否拥有智慧。我倒是非常希望自己是智慧的，但这可能仅仅是程序员们设计的幻象。"

哈桑哼了一声,但什么话都没说。

"走吧。"亚历克斯打断一场呼之欲出的争吵,"飞船,打开气密舱!"舱门打开,他们走进了"银色玫瑰号"的机库。

飞船与人一样。有些人只需看上一眼便能记住,记住的是他的好还是他的坏都无关紧要;有些人则如浮光掠影,成为成千上万被遗忘的面孔中的一张。

事实上,只要对一个人(或船)稍微深入了解,您都能够发现他(或它)的独特魅力。但并不是每个人(或船)都能给对方留下深刻的第一印象。如果走在一艘装有标准气密舱、标准电梯和标准灭火系统喷淋器的飞船中,会有种已经在里面生活了半辈子的错觉。但有时候,特别是在客船或私人飞艇上,这类标准化装置都被隐藏于豪华的装饰之下——实木拼花地板、雕花墙面板、别具一格的界面设计、新奇别致的水晶吊灯……让人以为自己正入住一家行星酒店。而这些能让乘客身心放松的装饰物往往最令飞行员紧张。即使是涂有不可燃溶液的木材也可能会燃烧;普通对讲机的非常规界面可能会导致致命错误;至于水晶吊灯——在宇宙飞船上见到易碎品,只有白痴才会感到开心。

"银色玫瑰号"上没有任何标准化的零件,也没有任何华而不实的豪奢装饰。它与普通飞船之间的区别,就好比量身定做的衣服与工厂批量生产的成衣。看上去似乎平平无奇,但剪裁合身,不大不小,没有一处碍眼的地方。

亚历克斯欣慰地看到,地板上有凸起的纹路。这样一来,即便不打开鞋底的防滑装置也无须担心滑倒。但几秒钟后,他才意识到这些花纹不仅具有功能性,还在整个气密舱的地面形成了新颖奇特的图案。他瞥了一眼照明设备,照明面板看似排列得杂乱无章,光线也不是很明亮,却透光均匀、光线柔和,没有给室内留下一隅暗处;通话装置的界面简单到了极致,让人一目了然;储存宇航员战服的柜子上有一把设计简单、安全可靠的机械锁……有些人会觉得这种锁很落后,那是因为他们从未度残年。大多数人或渐渐变成酒鬼，或生活在自己年轻时代的虚幻世界中。

飞行员则幸运得多，这一职位得以保留下来，但也只是暂时的。

亚历克斯关闭了椅子的固定器，走进通往气密舱的走廊。维罗妮卡和杰米扬已经等在那里。一分钟后，哈桑和特雷西也到了。

"你觉得它怎么样，亚历克斯？"维罗妮卡问。亚历克斯没有躲开她的目光。没人能欺骗一个心理学专家，即便她受了伤。

"我想，我恋爱了。"他说。

维罗妮卡摇摇头，"你好像早就戒了……"

"戒了，"亚历克斯点点头，"我发过誓，再也不会去爱一台机器。但它……它实在是太好了。"

杰米扬重重地叹口气。这位战士一直对飞行员的心理问题感到不解。他的情感波动向来很小——只有对待敌人时的无情和对武器的热爱。而武器是不会对人类回报以爱的。

"这个，"杰米扬冲着气密舱点点头，"是一份工作。仅仅是一份工作而已。况且你有自己的飞船，一辈子就只有这一艘。你这是家里红旗不倒，外面彩旗飘飘。"

对于一位异能战士来说，这表达能力可谓生动鲜明。

"我明白，杰米扬。"亚历克斯温柔地说，"我们一起去见识见识这个'姑娘'吧……另外，我希望不必再警告各位，我们在船上的所有谈话都会被中央计算机记录下来。重要的讨论只能在'明镜二号'上或舰长室内进行。"

"行动时间？"维罗妮卡问。

"两三个小时。不，真见鬼！视情形而定。收队信号是'马儿吃草才能跑'。有问题需要私下交谈时，也可以发出此信号。"

"我们吃下的食物……"特雷西轻声说，"我们吃那些稀奇古怪的食品时，知道自己吃的到底是些什么东西吗？"

"完美的对接。"红色火焰球低声说。

没人知道飞行员在太空机动飞行过程中看到过什么,感受过什么。船体对接的过程可能是一场性爱震天撼地的高潮,可能成为一场血雨腥风的战斗,也可能仅仅是两艘飞船间的机械接触。

但优秀的飞行员绝不会仅仅将自己的船视为一台机器。

亚历克斯从虚拟驾驶空间离开,下令关闭发动机,将飞船切换到停泊模式。他依稀感受到了飞船的小情绪——那是忧伤和嫉妒,是小狗看到主人爱抚别的狗时才有的委屈和哀怨。

宇宙飞船上从来不会配置真正的人工智能。由于飞船爱上自己的飞行员或机组人员而导致的悲剧实在太多,出现过太多的三角恋、四角恋;太多疯狂的嫉妒、怨恨、争吵、打闹和歇斯底里。倘若没有死亡事件发生的话,这一切倒还算得上有趣。然而,曾有飞行员用自己的配枪互相射击;也曾有飞船因无法承受单相思之苦而钻入恒星的光球层……

但即使是"明镜二号"配置的阉割版人工智能,也有爱和痛苦的能力。坦率地说,不懂得爱和痛苦,就不是真正的智能。

"等我,我会回来的。"亚历克斯对飞船低语。他感觉自己仿佛即将与情人幽会,在临行前亲吻深爱过的妻子,内心极度痛苦。

他们面临的众多问题,此刻又增加了一项,他爱上了"银色玫瑰",那是只有飞行员才能明白的对飞船的爱。

亚历克斯睁开双眼,看了看信息屏幕。这一动作只是对传统的致敬。人们早已不再通过看仪表、按按钮来驾驶飞船。

两艘船已精准地对接在一起。"明镜二号"进入停泊模式。

"到了。"亚历克斯对自己说。驾驶舱里只有他一个人,他直到现在都无法适应这一点。新技术出现之后,飞船航行已经不再需要领航员和副驾驶;负责监控胶子反应器的电气工程师也早在十年前就被淘汰了。随着大量飞船退役或被改装,没有额外专长的电气工程师和领航员只能纷纷退休。少量幸运者偏安于贫瘠的星球,以驾驶老旧的飞船谋生,聊端都能悉数感知。在虚拟驾驶空间里，自己周围的世界变得十分明亮，颜色对比强烈——天鹅绒般的黑色宇宙中，无数闪烁的流星划过，格多尼亚轨道空间站和人造卫星飘浮其上。"银色玫瑰"也比屏幕上的还要漂亮。这朵玫瑰盛开在行星上方，仿佛是从蓝白色星球里长出的一株真花。它正缓缓脱离星球表面，飞向无穷宇宙。

仅存在于虚拟空间中的一排导航灯将"明镜二号"引向"银色玫瑰"。亚历克斯驾驶着飞船，在黑色的虚空中爬行，又仿佛正沿着一条灯光指引的道路漫步徐行，去一户热情好客的人家做客。同时，在意识的边缘，他能感受到其他机组成员的存在：那道黑影是特雷西；灰色多面体是哈桑；疯狂燃烧的红色火焰球是维罗妮卡；还有一缕几乎难以觉察的火花——那是杰米扬。亚历克斯明白，机组人员的外观是一种奇妙的组合，同时囊括了他们希望被人看到的形象、他们在机组中的自身感受，以及舰长对自己的态度等诸多因素。有经验的舰长能通过组员的虚拟形象了解自己的下属，但只有极其优秀的舰长才能通过虚拟形象了解自己。

亚历克斯自认是个优秀的舰长。

他们在银色花瓣间盘旋、飞行，滑向"银色玫瑰"中央的核心区域。驾驶空间随着飞行员的意愿不断变化。自命不凡的庞大军舰消失不见了，忠实的老船"明镜二号"也不复存在，宇宙、行星和遥远的星星更是无影无踪。在闪耀的白色雾霭中，亚历克斯朝一位身材修长、面容冷峻的美丽女子一步步走去。亚历克斯迟疑了片刻——在现实时间和现实世界中，两艘飞船终于达到静止状态。这时，亚历克斯伸出手，轻触陌生女子的手掌——对接舱接触到一起。亚历克斯又迟疑了一瞬间，俯身，将手掌举到唇边，亲吻了一下女子冰冷的手指。气闸舱的生物陶瓷沸腾起来，改变了聚集态，相互熔解，将两艘飞船焊接在一起。亚历克斯站起身，变幻的形象在眼前一闪而过，只剩下黑色的宇宙和两艘静止的飞船。

屁滚尿流！"杰米扬将目光移向哈桑，责备道，"不许嘲笑焦尔金！我知道根本没有这个人！但这并不能改变他是英雄的事实！"

"幻象，都是幻象……"特雷西低语道。

亚历克斯缓缓起身，屋内一片寂静。

"再说一句……如果有人胆敢再说一句……"他特意将目光停在哈桑身上。

"好了，舰长，我不说话了！"机械师迅速说道，"我很抱歉，朋友们！"

"和好了？"维罗妮卡轻声说，"我们什么时候出发？"

"早晨。"亚历克斯站起来，"所有人，准备行动。如果需要购买武器，请说明申请金额。特雷西，你用多少都可以。如果需要，可以更新软件……"

"我已经换了，"电脑专家闷闷不乐地回答，"不好意思，舰长。我是想节省些时间。"

二

飞船与"银色玫瑰"完美对接，动作如教科书般准确。对接方彬彬有礼地为他们提供了自动对接、重力射线牵引和导航灯三个辅助选项。亚历克斯选择了导航灯。此举并非意在给计算机留下深刻印象，仅仅是为了享受手动驾驶飞船的乐趣。

"明镜二号"是亚历克斯团队在进行银河系旅行时专用的单系列小快艇。"银色玫瑰号"里的任意一个机库都可容纳快艇停放。但亚历克斯选择了通过外部的气密过渡舱对接。在"明镜二号"的计算机创建的虚拟世界中，亚历克斯感觉自己就是一艘飞船，从前端的发射器到喷嘴末

"明白了。"亚历克斯点点头,"谢谢。说实话,我也没指望……杰米扬,你呢?"

"杰米扬又能怎么办?"异能战士站起身来,"如果需要率领飞船参战,那我会去。但你也知道,舰长,除了在学院受到的军事训练外,我在太空战方面经验很少。你需要一位真正的战略家,一个天才,像纳尔逊[1]、李东焕、姆巴努那样的……"

"据我所知,"亚历克斯说,"姆巴努立下的大部分战功都要归功于他的副官……好吧,我们这儿没有天才,但还是请你尽量回忆回忆自己所学的东西,我们可能不得不打一仗。特雷西?"

"我可以入侵并摧毁'银色玫瑰'的计算机,"电脑专家说,"当然,前提是我们能进入它的内部,连接计算机……毕竟任何外部的攻击都奈何不了它。但如果要重新编程……这和维罗妮卡的问题是一样的。它是外星人的思维创造!就连伟大的尼奥都无法打破围绕我们周围的幻象……"

"根本就没有什么尼奥!"杰米扬扯开嗓子大喊,"那是个虚构角色!就像俄罗斯战斗英雄瓦西里·焦尔金[2]一样!"

"但你不还是佩戴着焦尔金勋章吗?"哈桑挖苦道,"一直戴着呢,不是吗?"

亚历克斯紧张地看了眼特雷西。但电脑专家并没有生气,只是摇了摇头,"我不生你的气,杰米扬。相信我们周围的幻象,会让你活得轻松一些……"

"喂,小伙子,试试在卫星炮火下的战壕里蹲上一次,你准会吓得

---

1. 纳尔逊可能是以英国海军将领霍雷肖·纳尔逊(1758—1805)为原型,李东焕和姆巴努则是作者杜撰的名字。
2. 苏联诗人特瓦尔多夫斯基(1910—1971)的长篇叙事诗《瓦西里·焦尔金》中的主人公。长诗描述红军战士瓦西里·焦尔金在苏联卫国战争中几个重要阶段的战斗生活,深受苏联读者的欢迎,在二战中有着巨大的教育和鼓舞作用。

儿子啊……"

"谢谢。"女人又重复了一遍。

杰米扬摆摆手，继续说道："我也得替我兄弟支付下一笔赔偿金了……至于特雷西，他身体里一半的植入物都该更新了，软件的许可证也要到期了……哈桑……哈桑也有很多用钱的地方……"

"我也该给银行还款了，"亚历克斯总结道，"否则我们连飞船都保不住……总而言之，大家一致通过。那么我们该如何对付'银色玫瑰'，维罗妮卡？"

"我会尝试和它沟通，"女人语气轻松，"但您也知道……那不是人类的计算机。它是一种完全不同的伪智能。除了紫姑人的计算机，没什么比它更难搞的了。"

"你忘了泰伊人的计算机了吗？"哈桑低声问道，"那才叫有意思呢……"

"这个要复杂些。"维罗妮卡坚定地说，"半身人虽然是类人文明，但完全没有同理心，只崇尚英勇的牺牲。这样一个社会为何会拥有如此深厚的历史，它们是如何设法生存下来，还得以发展的……到目前为止都没人能解释清楚。但我会尽我所能。"

"谢谢。"亚历克斯说，"哈桑？"

"如果要把这个家伙摧毁，我能做到。"哈桑哼了一声，"如果要把它修好，我也可以。但目前的问题不在我的专业领域……"

"你能给'银色玫瑰'安装另外一台军用计算机吗？"

哈桑摇摇头，"这可不是护卫舰，也不是驱逐舰。它算是……算是……无畏战舰，监控站，或者太空要塞……总而言之，它是个'独立'的作战单元，足以对抗分舰队、舰队，甚至整个行星防御系统，其炮身数量多到难以想象。它所有的……所有的一切都与中央计算机相连！如果给我两三年时间，再给我无限多的预算，我或许能做出一个相似的管理系统……"

"兄弟姐妹们,欢迎来到你们的梦境。[1]"特雷西说。

"请坐吧。"杰米扬友善地答道。

"建筑师是唯一的上帝,而尼奥是他的先知。"特雷西一边落座,一边郑重地说,"兄弟姐妹们,你们是如何决定的?"

"你知道我们面临什么情况吗?"亚历克斯问。

"在你的幻象中,我曾和你在一起。"特雷西把手放到神经分流器上,"兄弟姐妹们,请接收数据包。"

"可千万别是数据包!"哈桑恳求道。

但为时已晚。特雷西从不在意兄弟姐妹们是否愿意进行非语言交流。如果他们的植入物——不论是电子的还是生物的——是关闭的,特雷西就会利用只有自己才知道的"协议错误"将其远程打开。

屋子里安静了几秒钟。杰米扬突然笑起来,"哇!这是我的工作。作战行动!"

"是我们大家的工作。"亚历克斯纠正他,"特雷西,你入侵了政府网络?"

"我只是做了幻象允许我做的一切。"特雷西谦虚地回答。

"他们早就知道我们会同意以一千五百万成交?"

"是的。他们的心理学家计算出了这个数字,并向科达上将发出了相应的指令。"

"混蛋!"哈桑怒不可遏。

"正常的流程罢了。"维罗妮卡低声说道,"如果我们非五千万不干,他们也会付给我们五千万。人们只会付该付的钱。"

"所有人都同意接这单生意吗?"亚历克斯问。

"现在还能怎么办?"杰米扬在角落里嘟囔了一句,"维罗妮卡得救

---

1. 此句套用电影《黑客帝国》的经典台词。按照人物设定,特雷西是《黑客帝国》的忠实粉丝,下文中的"建筑师"和"尼奥"都是电影中的角色。

"大约有三分之一的机会。"心理学家回答。

"没关系。三分之一的概率已经很大了。"哈桑笑了笑,"说实话,我要去度假半年。我要把赚到的所有钱都花在格多尼亚星上。"

"你就这么喜欢按摩?"维罗妮卡问。

"按摩只是其中一项。天啊,我从没想到,光是按脚掌就能让我兴奋得鬼哭狼嚎。"

"真鬼哭狼嚎了吗?"亚历克斯问。

"舰长,"哈桑略带责备地说,"我不是个爱夸大其词的人!"

"我爱你们,伙计们。"亚历克斯心满意足地说,"尤其是爱你们的谦虚仁厚。"

杰米扬进来了。

他不是走进来的,而是在门合上的瞬间,一下子从维罗妮卡和哈桑之间冒了出来。

他对舰长微微一笑,拍拍哈桑的肩膀,又看了眼维罗妮卡,眼神里充满了鼓励——

"那孩子怎么看?"

"他举双手赞成!"

"那我也同意。"异能战士又神不知鬼不觉地移动了位置,在角落里的椅子上坐下来。身高两米、肩宽背厚的他突然像是隐身了一般,"该帮帮小伙子,既然格多尼亚人肯出钱……"

"出大钱……"亚历克斯附和道。

"谢谢,杰米扬。"维罗妮卡点点头,"谢谢你们,朋友们。"

门发出最后一声响,特雷西出现了。他身体虚弱,行动笨拙,眼眶里是赛博变形教派流行的黑色隐形眼镜。他看上去绝不可能超过二十岁,但亚历克斯清楚地知道,这位电脑专家至少四十岁了。出于宗教原因,特雷西喜欢把自己打扮得略显稚嫩,比如使用电子神经分流器和植入式黑色镜片。

漠。所有家具都是动态的,带空气吹风的。地面也是沙子。想知道马桶是如何冲水的吗?"

"不会吧?!"亚历克斯打了个寒战。

"对对。就是你想的那样。"维罗妮卡掏出香烟点燃,"你把价钱讲到多少?"

"一千五百万。"

维罗妮卡摇摇头,眼前模糊了片刻。她的脑海中正在做全方位的判断:格多尼亚星福利水平——高,政府贪婪程度——也高,科达上将的人品……罗曼诺夫团队的声望……

"也就是说……我们的死亡概率是百分之六十八至七十。"

"真糟糕。"亚历克斯由衷地感到悲哀,"我的分析是百分之五十。"

维罗妮卡只是摊开双手。异能心理学专家很少犯错,即使是像维罗妮卡这样受了重伤的异能专家。

"孩子怎么样了?"亚历克斯问道。

"一切正常。"维罗妮卡点点头,"他非常快乐。如果我们拿到一千五百万……会平分吗?"

"和往常一样。"

"那我就能给他买个身体了。"

"也就是说,你同意了?也不问问具体细节?"

维罗妮卡点点头,"哪怕是重修泰伊人的护卫舰呢……"

完全在亚历克斯意料之中,他也拿出香烟点燃。一分钟后,哈桑走进来。他胖乎乎的,个子矮小,皮肤黝黑,嘴唇上方长着淡淡的茸毛,活脱脱一个营养过剩、刚刚开始长胡子的慵懒青少年。但哈桑是非标准设备方面的专家,人类宇宙最优秀的机械师之一,甚至可以说没有之一。

"开工了?"哈桑一屁股坐到椅子上。

"但愿能有命花。"哈桑只说了这一句,接着向维罗妮卡看去。

朴；但以他的品位来看，这屋子又过于奢华和浮夸。酒店住宿专家——集设计师、人类心理观察家及文化学者为一体的怪异职员——为亚历克斯选择了一间"流水"风格的房间。此主题房的地面是透明的，其下有无数发光的小鱼游来游去；水从天花板的缝隙中沿墙壁懒洋洋地流下来；透明家具的内部装饰有浅绿色和淡粉色的花。亚历克斯没有要求换房间，仅仅是因为他们并不打算在此星球久留。

亚历克斯一屁股坐到湿漉漉的椅子上，掏出智能通信器，按下全体集合的按钮。三道绿光——闪过，通信器上方打开了一扇小小的全息窗口。果然，是哈桑，他正趴在草席上。

"舰长，急事？"机械师不大开心。

"没错。"亚历克斯简短地回答。

"舰长，我的按摩仪式还有七分钟……"哈桑身后闪过一位拿着毛巾的漂亮姑娘。哈桑随即将通信器对准了别处。当然，这与情色无关。在格多尼亚星，一切都被提升至艺术的高度，一切能指皆为意指。按摩仪式就仅仅是按摩。性则是另一门完全不同的艺术。

"那你可以辞职。"亚历克斯说。

"舰长，我马上就到。"哈桑悲伤地说。亚历克斯放下通信器，他对哈桑没有任何不满，这个游戏在他们之间已持续了三年之久——机械师不会放过任何机会彰显自己特立独行、不服管束的个性。

第一个走进亚历克斯房间的是维罗妮卡。她身材修长，神情紧张忧郁，一头乌黑的长发扎成辫子，与周围的环境出奇地不协调。

"晚上好，舰长。"女子说。

"好。"亚历克斯点头示意她坐在离自己最近的椅子上。维罗妮卡在客厅里走了一圈，环顾四周，然后叹口气坐下——

"装饰太奇特了。你喜欢吗？"

亚历克斯耸耸肩。

"我住的主题房叫'呼吸的沙'。"维罗妮卡嫌恶地说，"南极亚拉沙

"请在数字后面加个零。"亚历克斯说。

"只能在前面加。"上将立即回应,"不错,我们是别无选择,但这数额实在太……"

"您确实别无选择。跟半身人讨价还价,帮您省下了两三千万吧?"

"近四千万。"上将说。不知何故,亚历克斯相信了他。

"现在您得支付五千万。这已经算很走运了。"

上将摇摇头,"您不理解。如果我个人能说了算,我可以付您五千万。我甚至可以付您一个亿。但坐在政府里的那些白痴——那些伟大的诗人、著名画家、天才作家,他们还需要成百上千万去购买马吉亚纳水晶制作的纪念碑;为美术学院购买情绪感知颜料;出版一些用皮革装帧的真正的纸质书……"

"您能出多少钱?"亚历克斯问。

"一千五百万。我的权限最高只能给到这个数。"

"那就请在五百万前添上个"一"吧。"亚历克斯说,"我相信您。"

支票交还到亚历克斯手中,他小心翼翼地将其折起来,放在口袋里藏好。他提醒上将说:"我们马上就会把钱取出来,将其转到一家中立银行。如果飞船调试不成功,我们将返还您一半的费用。所有杂项费用也由您来承担。"

"怎么保证您确实会调试?"上将问,"七百五十万就这样白白地……"

"没有任何保证。除了我们的信誉。"

亚历克斯年近半百,以二十三世纪的标准来说,他还相当年轻。他曾是大师级飞行员,被卷入一些怪事,外星公主和秘密特工都参与其中,银河系几乎因此付之一炬……

而现在,他拥有人类种族中最出色的团队,专门对付那些不听话的宇宙飞船。这门生意高风险、高回报,且非常有趣。

亚历克斯走进自己的房间。以格多尼亚星的标准来看,房间太过简飞船却拒绝参战。"

"它表示愿意与新的机组人员合作……如果这个机组能证明自己的实力。"

"所以我们得成为这样的机组。"亚历克斯点点头,"明白了。"

"你们可是'驭船师'。在改写战舰程序方面,你们是银河系最强的团队。"

"我们称之为'再造',"亚历克斯说,"人类计算机的程序可以重新编程,可外星人的电脑没人能改写。上将,你们和半身人之间到底发生了什么?它们不可能把一艘不能作战的飞船强行卖给你们!"

"它能作战……只是太自命不凡……"

"上将!"

"飞船价格实在是太高了,"上将嘟哝了一句,"所以我们讲了讲价……"

亚历克斯叹了口气。

"连孩子都知道,不可以跟半身人讨价还价!绝对不可以!讨价还价的行为对它们来说意味着奇耻大辱,是轻视它们的劳动成果和专业性!这样一来,它们就会认为自己有权欺骗买家!"

"我们起草的合同非常严谨,"上将说,"所有潜在的陷阱都考虑到了,半身人向来遵守合同条款……"

"所以它们设计了一个新的陷阱,对飞船机组人员设置了过高要求。这会儿它们一定乐得直搓爪子呢。"

上将满脸通红,"我明白我们犯了错!请不要指责我,罗曼诺夫先生。我本人是反对干涉泽奇冲突的!"

"如果银河系中所有的上将都能如此热爱和平,生活就会安稳多了。"亚历克斯敢如此出言讥讽,是因为他知道格多尼亚星上将别无选择。

"您接不接这单生意?"上将隔着桌子,将一张老式纸质支票递给亚历克斯。支票上是七位数,五百万,团队的每位成员能拿到一百万。

"没有的事。"上将喃喃说,"那台计算机专为军舰而造,是非常好的人工智能……确切地说,是伪智能。它没有、更不可能有什么行为道德准则。它……它只是太自命不凡。只有当船员能够证明自己有权发号施令……证明自己德才配位……飞船才同意加入战队……"

亚历克斯聚精会神地注视着上将,后者移开了视线。

"啊……"亚历克斯说,"明白了。它在实操中都有哪些表现?"

"实操中……"上将叹口气,"我们有过一个团队,机组人员已各就其位。飞行员下达开始行动的命令,但飞船却声称该机组配不上自己,提出要搞什么'实战测试'。"

"您当然拒绝了。"亚历克斯近乎谄媚地说,"毕竟格多尼亚是一颗和平星球。"

上将沉默不语。

"你们参加了哪场实战?"亚历克斯问。

"阿尔波罗-泽奇冲突。"

"您支持哪一方?"

"当然是阿尔波罗!"上将愤愤地说道。

"您早就知道泽奇与变异者联盟结盟了?"

上将清清嗓子,"嗯……坊间有些传言……"

"您派出了飞船……银河系最强大的飞船……去对抗宇宙中最穷兵黩武的人类帝国!"亚历克斯吹了声口哨,"祝贺您!那么,泽奇的舰队被您消灭了吗?"

"严格来说,'银色玫瑰号'至今还未加入我们的舰队……"

"怎么会?"

"飞船声称,我们的机组人员太无能,只会徒增风险,降低其战斗力……总之,它拒绝加入编队。"

"但在此之前,它却摧毁了泽奇的舰队。再过几周,变异者联盟会派出全部飞船找您寻仇,"亚历克斯说,"恭喜您。而您唯一一艘像样的但半身人为格多尼亚星建造的这艘飞船看上去就像个异类——不，并非是来自另一颗星球。物理学和几何学定律在全宇宙中都一样——它看上去更像是来自另一个时代，是那些遥远而陌生的时代的产物。那时候，武器不仅仅致命，还很美观。

在飞船中心的某处有个镜面球心，它似乎也是飞船设计理念的一部分。一些闪闪发光的平面从球体内探出，像花瓣一样四散展开，使飞船呈现出盛开的鲜花形状。另有一条不同寻常的灰绿色棱形柱从球心伸出来，上面有些尖刺一样的突起，犹如"花茎"。飞船因此愈发像一朵盛开的花。

"一朵小花……"亚历克斯赞叹道。

"我们称其为'银色玫瑰号'，"上将骄傲地说，"一艘漂亮的飞船，不是吗？"

飞船开始慢慢旋转，亚历克斯突然意识到，这朵花是非对称的。花瓣的形状和厚度不同，曲线弧度也各异。花茎不是平滑且笔直的，茎刺分布得非常混乱。

"长度3141.5米。"上将说，屏幕上立即出现了一把刻度尺，"中间舱直径超过300米。"

"它……是活的吗？"亚历克斯猜测道。他听说过完全由有机物质建造的活体飞船。从前他不曾把这些道听途说当真，但当"银色玫瑰号"出现在眼前时……

"您在说什么！"上将气愤地说，"这说法简直太无知了。它是用金属、塑料和生物陶瓷建造的……"

"那它有什么问题？"亚历克斯恋恋不舍地将视线从屏幕上移开。

"它不想打仗。"上将平静地说。

亚历克斯摆摆手，"好极了！我明白了，上将！半身人给飞船安装了过于先进的计算机！计算机产生了人格，意识到了战争的恐怖，于是拒绝杀戮，是这样吗？"

太空大战无异于球类大战。

各式飞船就像不同直径的球体,在太空中平稳地滑行(从远处看是滑行,若从近处看则是飞速掠过)。小球是歼击机,稍大些的是驱逐舰,再大些的是巡洋舰,更大些的则是战列舰。如果幸运的话,还能看到巨型无畏战舰。

有些球体闪闪发亮,这意味着反光装甲是这些战舰的强项;有些球体呈黑色,说明减震式装甲是战舰的最大优势;还有些球体五光十色,那么您将有幸目睹最新一代的动态外壳飞船。顺便说一句,黑色装甲下很可能是镜面装甲,镜面装甲下也可能是黑色装甲。而在昂贵的、尚未校准的五彩装甲之下,也可能不过是几层普通装甲。

这已经不是算术和几何问题了。这是物理学。

球体奋力地灵活调整轨迹。即使在真空中,随着距离的增加,辐射武器的威力也会不断减弱。虽然自导火箭不可能自己"甩掉尾巴",但球体灵活的机动性却能为高射炮组赢得难能可贵的几秒钟。

此为力学。

装甲上的炮口会周期性地打开,释放光束,将粒子弹药对准目标,或向敌方发起导弹—鱼雷齐射。

此为战术。

在飞船内部的某个地方,机组人员忙于自己的工作。按照惯例,船员只制定总体战略,可有时也得为生存而战。机器虽能自主机动飞行[1],射击速度越来越快,命中率也越来越高,但依然有必要保留机组人员。

此为传统。

有时,球体会停止机动飞行,被惯性带偏;有时则直接化成一道闪光。

此为归宿。

---

1. 指飞行器的速度、高度和航向等状态根据情况而灵活变化的飞行状态。

"谢谢,"亚历克斯端起鸡尾酒杯,满心欢喜地喝了一口,"我猜对了吗?"

"很不幸,事情比您想象的还要糟糕。"上将叹口气,"这艘船是全新的,刚刚走下生产线。防御系统……呃……处于关闭状态,就连婴儿都能上去。也没有什么人要攻击我们,请相信我!格多尼亚是一颗和平的星球。我们保留太空舰队纯粹是出于美学目的。"

亚历克斯露出一个讽刺性的微笑。银河系中根本就不存在和平的星球。更确切地说,和平星球是存在的,只是更换主人的速度过于频繁。

"那你们的问题是什么?"

上将的目光落在屏幕上,示意亚历克斯朝那儿看。屏幕可能是被某人借助无线电分流器或神经终端,用意念控制的;或者是由受过专业训练的秘书操控——他们无须任何指令,始终谦恭地坐在角落里的小办公桌前。亚历克斯认为是后者。因为在格多尼亚星,技术植入与异能基因改造都不太受欢迎。

"飞船是我们从半身人[1]那里买的。"上将说,"我们订购了银河系中最强大、最漂亮、最先进的战舰。这笔订单耗时八年才完成……"

亚历克斯放下酒杯,盯着屏幕,不再听上将说话,也完全顾不上掩饰自己欣喜若狂的表情。

飞船确实很棒。

在太空大战中,一切均取决于功能性。同样的外壳面积,战舰的吨位应当尽可能大,因为吨位既包括能量、计算机、武器,也包含诸如船员这样无用的附属物。而外壳则相当于装甲,不论遇到何种防护场,都是越厚越好。

在实践中,这意味着什么呢?

意味着最简单的算术题和最简单的几何图形。

---

[1] 此处作者借用了托尔金所著小说《魔戒》中的种族名称。

残 废

谢尔盖·卢基扬年科

一

"一艘战舰?"亚历克斯问。

上将点点头,脸上的表情似笑非笑。

"让我猜猜看……"亚历克斯将身子向后一仰,小声嘀咕道。他身下的椅子不是那种用金属和塑料制成的标准安全座椅,而是由深色樱桃木、戈贝兰面料和纯皮精制而成,出自真正的大师之手。上将的办公室看起来更像是一位慵懒美人的小客厅,墙上挂着几幅画,家具均为手工制作,地上铺着柔软的地毯,就连仅有的一面屏幕也镶嵌在精致的银框中。不过,对格多尼亚星球的居民还能有什么过高的要求呢?

"洗耳恭听。"上将整理着丝绸衬衫的花边翻领。

"您找到了一艘古战舰,"亚历克斯推测,"是泰伊人的,或者是第一帝国时期的,甚至可能属于迄今为止我们仍然未知的文明。这艘战舰运行状态良好,但不允许任何人上船。它烧毁您的飞船,要求您说出登舰密码。但邪恶的入侵者大军正在逼近格多尼亚星,您必须尽快取得对这艘战舰的掌控权。因此您需要我的团队。是这样吗?"

"太罗曼蒂克了!"上将赞叹道,"您简直就是作家!"

没必要认为"作家"一词是对自己的冒犯。在格多尼亚星,诗人、作家和所有一无是处的艺术家都大受追捧。

也许这话没错，而他此刻就处在绝境之中。

他发现自己正在思考，思考不曾想象会发生在他身上的事情。

那个可怜的女人，那个死去的可怜女人……

这不仅仅是 GR-7 的错，也是他的错。

她的死是他想长生不老的直接后果。

而他将永远背负这种罪恶感。

除非……

绝望的人会做出绝望的事。

他拿起了那把电磁手枪——这年头，居然能在网上买到这种东西。只要近距离一枪，就会毁掉纳米凝胶里的所有记录。

乔治·拉瑟伯恩看着手枪，看着它带有光泽的坚硬外表。

他把枪口对准不锈钢头骨的一侧，犹豫了一会儿，金色的机器手指扣住了扳机。

他依然是人类，毕竟，还有什么方法能比这个证明更有力？

谢宏超 译

《蜕去的外壳》，2002年12月首次发表于加拿大《巴克卡文集》。这篇小说催生了索耶的坎贝尔纪念奖获奖长篇《心智扫描》。《蜕去的外壳》可谓索耶创作巅峰期的杰作之一，结构精巧，层次丰富，故事的每一小节都在冲击读者的固有认知。令人心跳加速的故事引导着我们深入思考：人的躯体是永生的累赘吗？天赋人权有一天是否也会被法律剥夺？通过残酷而严密的论证，作者将这些问题直击人心。

本篇获奖情况：
  2005年 提名雨果奖最佳短篇小说
  2005年 获得美国《类比》杂志读者投票奖最佳短篇小说

般落在他们身上，像机器人的眼泪一样。

所以，至此，再没有了模糊而无法界定的身份。只有一个叫乔治·拉瑟伯恩的人——一个延续的意识，在大约四十五年前诞生，现在作为代码在机器人体内的纳米凝胶中运行。

乔治觉得盐崎会试图遮掩天堂谷发生的事情，至少遮掩那些细节。面对吴医生被外壳所杀这个事实，盐崎先生不会否认；但对于拉瑟伯恩出声警告这一真相，他显然会试图掩盖。毕竟，如果那些即将蜕壳的人得知新版本仍然对旧版本怀有同情心，就会对这门生意十分不利。

但卢塞恩警探和他的神枪手想得恰恰相反：只有提及机器人拉瑟伯恩在击毙过程中进行了干扰，才能免除神枪手意外枪杀人质的责任。

但是没有什么能免除 GR-7 的罪责，他把那个受惊吓的可怜女人拉到自己身前当挡箭牌……

拉瑟伯恩在他乡间别墅的客厅里坐了下来。

尽管他的身体已经机械化，但他还是感觉到疲惫，疲惫不堪，疲惫到需要椅子支撑。

他知道，尽管 GR-7 犯下大错，但自己做了正确的事情。

要是他当时做出了任何其他选择，不仅会毁了他自己，也会毁了凯瑟琳和其他上传的意识。

他真的是别无选择。

永生是崇高的。永生是伟大的。只要你问心无愧。只要你不被怀疑所折磨，不因抑郁而煎熬，不被罪恶感压倒。

吴医生，那个可怜的女人，她没有做错任何事，一点也没有。

但现在她死了。

而他，他的另一个版本，导致了她的死亡。

GR-7 的话在拉瑟伯恩的记忆中回放——我们只是从未走到这样的绝境罢了。

"别耍花招，"外壳说，"我可是什么事都做得出来。"

拉瑟伯恩俯视着过去的自己——当然，只是字面意义上的"俯视"。他不想看到这个……这个"人"，这个"存在"，这个"事物"，这个"实体"，或者别的称呼……受到伤害。

退一万步讲，即使在冷冰冰的法律面前，那个蜕去的外壳不能算作人，他肯定还记得，那次他（他们）在小别墅前游泳时，差点淹死，妈妈把他拉到岸边，他的手臂还在惊慌中挥舞。他肯定还记得，初中的第一天，一群九年级的学生将他殴打了一顿，作为他的新人入学礼。他肯定还记得，他周末从五金店打完工回到家中，发现爸爸瘫在安乐椅上，死于中风时那难以置信的震惊和悲伤。

那个生物体的他一定也记得所有美好的事情——八年级的棒球比赛中，他将球击出，当对方防守队员已经迫近的时候，球飞出了外野护栏，那是他的第一次本垒打；在一次聚会上，玩转瓶游戏，他献出了初吻；他第一次和恋人接吻，女友戴娜将镶嵌舌钉的舌头滑进了他的嘴里；他在巴哈马度过完美的一天，那里有他所见过的最美的落日。

是的，另一个他不仅仅是一个备份，不仅仅是一个数据库。

他知道他所有的事情，也能感受到他所有的经历，还——

神枪手沿着观察室的地板匍匐前进了几米，试图找到一个射击GR-7的最佳角度。拉瑟伯恩通过机器人的余光——他视觉的外围画面和中心一样清晰——看到神枪手绷紧了肌肉，然后——

然后伯洛克一跃而起，甩动他的狙击枪，紧接着——

令自己吃惊的是，拉瑟伯恩喊出了一句："小心，乔治！"从他的机器人口中发出的声音被放大了许多。

话音刚落，伯洛克就开了枪，窗户被炸成了无数碎片，GR-7转过身来，抓住吴医生，把她拽到他和神枪手之间，子弹击中了她，在她的心脏上钻了一个洞，也穿过了她身后那个男人的胸膛，他们两个都倒在了手术室的地板上，属于人类的血液从他们身上流了出来，玻璃碎片雨点拉瑟伯恩走进观察室，他那双金色的脚碰到坚硬的地板瓷砖时响起了轻微的金属碰撞声。他透过斜向的玻璃，看着下方的手术室。GR-7正站立着，而吴医生则靠在他旁边的手术台上。

那个一身赘肉的自己已经将吴医生绑了起来，她的手、脚都有手术胶带。她无法脱身，因此他不必再一直拿手术刀抵着她的喉咙。

斜向的窗户一直延伸到离地面不到半米的地方。窗台下蹲着康拉德·伯洛克，一名穿着灰色制服的神枪手，手上端着一把黑色狙击枪。而一个小型发射器已经插入了拉瑟伯恩的"相机"硬件中，它能将他的玻璃眼球所看到的一切都发送到伯洛克随身携带的数据本上。

伯洛克说，在理想状况下，他会选择射击头部，但在这里，他必须隔着窗户的玻璃面板开火，这可能会使子弹稍微偏转。所以他要瞄准躯干中央，使目标范围更大，这样才更容易击中。一旦数据本上显示，朝G.R.开火的弹道没有遮挡物，伯洛克就会扣动扳机将他击毙。

"你好，乔治。"机器人拉瑟伯恩对着拾音器说。观察室和下面的手术室之间连接了开放的对讲装置。

"好了，"肉身的乔治说，"让我们来做个了结吧。打开你纳米凝胶脑袋上的盖板，然后……"

但是GR-7的声音逐渐弱了下来，他看到机器人拉瑟伯恩在摇头。"对不起，乔治。我不会让自己停机的。"

"你宁愿看着吴医生死？"

拉瑟伯恩将他的视觉输入关闭了片刻，相当于闭上了眼睛。这大概会让专心看着数据本画面的神枪手恼怒不已。"相信我，乔治，我最不想看到的就是有人死去。"

他重新激活了他的眼睛。他觉得自己说出这话似乎有些讽刺，当然，另一个他自然也有同样的想法。GR-7似乎察觉出了一些不对劲，他将吴医生挪了个位置，让她站到了他和玻璃之间。

"你让我们别无选择。标准流程是给劫持者想要的一切，救回人质，然后再抓捕罪犯。但他唯一想要的就是你死，你却不肯配合。所以我们要除掉他。"

"你们可以用麻醉枪，对吧？"

卢塞恩哼了一声，"在一个男人拿刀抵着一个女人喉咙的时候，麻醉枪有用吗？我们不能让他做出反应，要提前制住他，就像将灯瞬间熄灭一样。最好的办法就是朝他头部或胸部射出一发子弹，直接毙命。"

"但是……但是我不想让你们杀了他。"

卢塞恩又哼了一声，这一声比刚才更响亮，"按照你的逻辑，他都已经死了。"

"是的，但是……"

"但是什么？你愿意给他想要的？"

"你知道，我当然不能给。"

卢塞恩耸了耸肩，"可惜，我正期待着你能够打趣地说一句'再见，奇普斯先生。'[1]"

"去你的吧，"拉瑟伯恩说，"难道你不明白，正是因为你这种态度，我才不能开这个先河吗？"

卢塞恩没有回答，过了一会儿，拉瑟伯恩继续说："我能不能假死？只要骗过他，将吴送回安全的地方就好？"

卢塞恩摇了摇头："GR-7曾要求证明那个金属铁皮里面真的是你。我想他不会那么容易上当。你比任何人都了解他。你觉得你们会上当吗？"

拉瑟伯恩把他的机械头颅低了下来，"不，不会，我肯定他会要求确凿的证据。"

"那我们还是只能靠神枪手了。"

---

1. 这句调侃来自詹姆士·希尔顿的作品 *Goodbye, Mr. Chips*。

无法下地狱——因为不管构成人类灵魂的东西是何物，它在转移过程中都没有被记录下来。这才是关键，对吗？那么，认为我不是真正的人类的观点可以归结为一个神学主张：我不能成为人，因为我没有灵魂。但我要告诉你，卢塞恩警探，我能体味每一点活着的感受——每一丝精神活动——一切都和转移前一样。我确信我有"灵魂"，或者说"神性火花"，又或者是"生命冲动"，随便你怎么叫它。在这特殊的外表之下，我的生命不比吴医生，或其他任何人的生命低贱一分一毫。"

卢塞恩思索着，随后说道："那另一个你呢？你肯定会马上告诉我，那个版本——最初有血有肉的版本——已经不再是人类了。但这也只不过是通过法令界定的，就像曾经的南方，黑人被剥夺了人权一样。"

"这是有区别的。"拉瑟伯恩说，"有很大的区别。那个版本的我——挟持吴医生的那个人——在没有受到任何强迫的情况下，自愿同意了那个条例。他——'它'，同意了，一旦将自己的意识移植到机器人体内，它就不再是人类了。"

"但他现在反悔了。"

"反悔也没办法。这不是他——我这辈子第一次后悔签合同。但这是具有法律效力的协议，单纯的后悔不足以成为退出的理由。"拉瑟伯恩摇了摇他的机器人头颅，"所以，我拒绝。很抱歉。相信我，我非常希望你们能救出吴医生，但你得另想办法。对我这类人——意识上传的人类来说，此事事关重大，我不可能做任何其他决定。"

"好吧，"卢塞恩最后对机器人拉瑟伯恩说，"我不强求。如果不能选择简单的方法，那我们就只能退而求其次了。好在原先的拉瑟伯恩还有一个请求，想要面对面看到现在的拉瑟伯恩。只要你俯视着观察室，将他牵制在手术室中，我们就能很方便地埋伏神枪手。"

拉瑟伯恩似乎感觉到自己的眼睛在睁大，但显然，他的眼睛不会睁大。"你们要朝他开枪？"

目前尚存的原型更加真实——如果你真的相信，在你的机器人外壳内，有一个灵魂，就像这个女人一样——那么，你就没有特别的理由为吴医生牺牲自己。但是，如果在你内心深处，认为我是对的，认为她是真正活着的人，而你不是，那么你就会做正确的选择。"他稍稍把手术刀的刀刃压紧了些，又划出了一些血液。"接下来你会怎么做？"

乔治·拉瑟伯恩已经回到了盐崎的办公室，卢塞恩警探正在竭力说服这个栖身于机器的意识同意GR-7的条件。

"我永远也不会同意，"拉瑟伯恩说，"而且，相信我，我正打算活那么久。"

卢塞恩表示："但就算你死了，我们也可以再复制一个你。"

"那将不是我，不是这个我。"

"但是那个女人，吴医生，她有一个丈夫，三个女儿……"

"我并非麻木不仁，警探。"拉瑟伯恩说着，用他那金色的机械腿来回踱步，"这样，我换一种说法。假设现在是1875年，在美国南方。内战刚刚结束，黑人在理论上与白人享有同等的法律地位。但是一名白人被绑架了，只有黑人同意代替白人牺牲自己，他才会被释放。发现相同点了吗？法庭上进行了那么多争论，都是为了让上传的生命能够保有与原型相同的法律地位和人格，而你却要我对此视而不见，去重新肯定南方白人的信念，即抛开晦涩的法律条文不管，黑人就是比白人更低贱。呵呵，我不会那么做的。我不会肯定这种种族主义立场，假如我认同了现代版种族主义——一个硅基人比一个碳基人更低等——那我就该下地狱了。"

"'我就该下地狱。'"卢塞恩模仿着拉瑟伯恩合成的声音，反复地品味着这句话。他没有对这些话发表意见，而是等着拉瑟伯恩继续说下去。

拉瑟伯恩无法抗拒继续发言的冲动，"是的，我知道有些人会说我这一点。"

"很好，那就放了那个女人。"

"你没有认真思考，"GR-7说，"或者，你至少没有认真动脑。拜托，你是在跟我说话。你一定知道我有更好的计划。"

"我想不出……"

"你是想不出还是不去想？想一想，乔治的复制品，想一想。"

"我还是想不……"机器人拉瑟伯恩的声音越来越小，"哦，不，不，你不能指望我那样做。"

"是的，我就是那样想的。"GR-7说。

"但是……"

"但是什么？"蜕去的外壳动了一下他空着的那只手——那只没有拿手术刀的手——大幅度地比画了一个动作，"这个提议很简单。自杀，你的人格权就会自动回到我身上。你说得对，现在我在法律上并非自然人，也就是说我不能被指控犯罪，这样就不用担心自己会因为现在的所作所为而进监狱。当然，他们还是会试图控告我，但我最终将被无罪释放，否则，法庭就必须承认，不仅仅是我，还有天堂谷的所有人仍然是人类，仍然具有人权。"

"你的要求不可能实现。"

"我的要求是唯一合理的。我和一位曾经是律师的朋友聊过。一旦上传的版本不存在了，而原始版本还活着，那他或她的人格权将会恢复。我敢肯定，没有人会想到这条法律被用于我这样的目的；他告诉我，这条法律是为了保障有关产品责任的诉讼，因为机器人大脑有可能会在转移后不久出现故障。但不管怎样，只要你自杀了，我就能重获自由。"GR-7停了一会儿，"那么接下来你会怎么选择？是你虚假的机械生命，还是这个女人真实的血肉之躯？"

"乔治……"机器人的嘴巴发出哀求的声音，"求你了。"

但生物体乔治摇了摇头，"如果你真的相信，作为我的复制品，你比

GR-7皱起了眉头,"只是社会不允许这样,就像不允许医生协助自杀一样。即使在大脑转移之后,终结原身体的生命也是违法的。"

"没错,"拉瑟伯恩说着,点了点他的机器人头颅,"你必须在原身体死亡之前激活替代品,否则法院将判定人格不连续,并安排处置死者的资产。当激活后,或许死亡不再是必然,但税收仍是必然的。"

拉瑟伯恩希望GR-7会对此开怀大笑,他也希望他们之间能建立一些情感联系。但GR-7并没有笑,只是淡淡说道:"所以我就被困在这里了。"

"不必这么说,"拉瑟伯恩道,"天堂谷就是一片人间天堂。为什么不好好享受!一直安享到你真的上天堂不好吗?"

"我讨厌这里。"GR-7说,他停顿了一下,"听着,我承认,按照目前的法律条文,我没有法律地位。我无权让他们取消意识转移,但你可以。在法律面前,你是一个自然人,你可以办到。"

"但我不想这么做,我喜欢永生。"

"可我不喜欢被囚禁。"

"我还是原来的我,"机器人说,"而你却变了。想想你在做什么。我们过去从不会采取暴力。我们做梦也不会去挟持一名人质,不会拿刀抵住别人的喉咙,不会把一个女人吓得半死。你才是那个改变了的人。"

但外壳摇了摇头,"屁话。我们只是从未走到这样的绝境罢了。绝望的人会做出绝望的事。你无法想象我们会这样做,说明你是个有缺陷的复制品。现在——现在的意识转移技术还没有成熟。你应该将这个复制品废弃,让我这个原型继续你的——我们的——生活。"

现在轮到机器人拉瑟伯恩摇头了,"听着,你必须要知道,这根本行不通,即使我再签署一堆文件,将我们的法律地位转移给你,但这里有这么多双眼睛,他们都知道我是被胁迫的。签署的文件根本没有任何法律效力。"

"你以为你比我聪明吗?"GR-7说,"我就是你。我怎么可能不知道

GR-7微笑着说:"很高兴见到你,兄弟。"

拉瑟伯恩沉默了一会儿。他把头转向寂静无声的另一边,短暂地瞥了一眼观察窗视野之外的视频电话,从它上面可以看到卢塞恩的脸。接着,他转过身,看向自己蜕去的外壳,"我,啊,我知道你想让别人叫你乔治。"

"没错。"

但是拉瑟伯恩摇了摇头:"我们——你和我,当我们还是一个人的时候——对这个问题的看法完全一致。我们希望长生不老。但这对于生物体来说不可能做到。你应该很清楚。"

"目前还无法实现。但是,我才四十五岁。谁知道在我们有生之年——不,是我的有生之年——还会出现什么样的技术?"

拉瑟伯恩此刻涌起想要叹息的情绪,却无法办到——因为他不再需要呼吸——他只是举起那双钢铁臂膀动了动。"你知道我们为什么选择提前转移意识。你的基因容易使你遭受致命性中风。而我不会——乔治·拉瑟伯恩将不会再得这种病。在你可能随时挂掉的情况下,如果不把意识转移到这具身体,我们就无法获得永生。"

"我们并没有真正转移意识,"GR-7说,"你只是一点一点地复制我的意识,一点一点地复制我的突触。你是复制品。我才是原型。"

"这并不构成法理上的问题,"拉瑟伯恩说,"你——生物体的你——签署了合同,进行了人格转移授权。正是你现在拿手术刀抵住吴医生喉咙的这只手签的字。"

"但我改变想法了。"

"你没有想法,谈何改变。你拥有想法的大脑——我们称之为'乔治·拉瑟伯恩大脑'的软件,其唯一合法的版本已经从你的生物大脑,转移到我们新身体上的纳米凝胶CPU里了。"机器人拉瑟伯恩停顿了一下,"按理来说,任何软件在使用权转移后,原件都应该被销毁,你也不例外。"

当看到盐崎办公室视频电话中的景象时,机器之身的乔治·拉瑟伯恩"心中"为之一震。是他,就像他记忆中的自己一样,他的身体柔软而脆弱;他的两鬓灰白;他的发际线后退;他的鼻子好大(他过去一直嫌自己的鼻子太大)。

但正是他,在做一件他从未想象过的事情——将手术刀架在一个女人的喉咙上。

卢塞恩警探冲着对讲装置的拾音器说道:"看吧,他在这里。另一个你就在这里。"

通过屏幕,拉瑟伯恩可以看到他蜕去的外壳——他在见到自己现在的模样后,睁大了眼睛。当然,这具金色身躯就是那个自己选择的——在他入主之前,它还只是一具空壳,没有内在思维活动。"瞧瞧这是谁,"G.R.说,"欢迎你,兄弟。"

拉瑟伯恩不太喜欢自己的合成声音,所以他只是点了点头。

"到医院这里来吧,"G.R.说,"去手术室上面的观察室,我会在手术室等你。我们可以看到对方,可以面对面谈话——男人之间的谈话。"

"你好。"拉瑟伯恩说。他那双金色的腿站立着,透过斜向的玻璃凝视着下方的手术室。

"你好。"GR-7抬起头说道,"在我们继续之前,我要你证明你就是自己声称的那个人。抱歉搞这么麻烦,你也知道,机器躯体之中可能是任何人,对吧。"

"我就是拉瑟伯恩。"拉瑟伯恩说。

"不,你不是,你最多只是其中一个。而且,我还需要对此确认。"

"那就问我一个问题。"

GR-7显然早有准备:"第一个帮我们打飞机的女孩。"

"嘉莉,"拉瑟伯恩马上说,"在足球场上。"

了短短几周不朽的身体之后,他似乎已经没有什么特别紧急的事情了。不过,有可能是凯瑟琳打来的。她和他是在培训中心认识的,当时他们都在适应机器人躯体,以及永生带来的改变。讽刺的是,在她上传之前,她都已经八十二岁了;要是乔治·拉瑟伯恩还在那具废弃的血肉躯壳中,他永远不会和一个比他大这么多的女人交往。但现在他们都在人造躯体里——他的外表呈金色,而她则是光彩熠熠的青铜色——两人正在共同搭建一段正式的恋爱关系。

电脑本再次发出哔哔的响声,拉瑟伯恩用手指按下了"回复"图标——他不再需要手写笔,因为他的合成手指不会分泌油脂,不会在屏幕上留下痕迹。

自上传以来,有那么一两次,拉瑟伯恩会产生某种奇怪的感觉——那是一种深深的惊讶,就像肉身还在时,心脏漏跳一拍的感觉。"盐崎先生,"他说,"没想到还能再见到你。"

"乔治,很抱歉打扰,但是我们——我们遇到了紧急情况。你原先的躯体在天堂谷劫持了一名人质。"

"什么?我的天……"

"他说要是我们不允许他和你谈话,他就杀了那个女人。"

这几个星期以来,乔治都在尝试忘记自己另一个版本的存在,但是……

"我,呃,我想你可以让他接电话。"

盐崎摇了摇头,"不,他不会接电话的。他说你必须亲自过来。"

"但是……但是你们说……"

"我知道,我们在你咨询时保证过,但是,该死的!乔治,一个女人的生命正危在旦夕!你自己也许是不死之身,但她不是。"

拉瑟伯恩又思索了几秒钟,然后说:"行,行,我会在几小时内赶到那里。"

外壳有任何接触。"

"我不会在乎这些条条框框,"卢塞恩表示,"我是在救一个女人的命。"他关掉了静音,"刚才很抱歉,拉瑟伯恩先生。"

GR-7点点头,"我看到盐崎先生站在你身后。我相信他告诉了你,我这个要求是不被允许的。"

卢塞恩目光盯着屏幕,没有移开,也没有切断与这个外壳的眼神接触。"是的,他确实是这么说的。但他不是这里的负责人。我也不是。你才是这里的主角,拉瑟伯恩先生。"

听到这话,拉瑟伯恩明显放松了许多。卢塞恩可以看到他架在吴脖子上的手术刀稍微移开了一点。"这才像话,"他说,"很好。很好。我不想杀吴医生,但要是你在三小时内没有把机器人版的我带到这里来,我就会杀了她。"他看向吴,咬牙切齿地说道,"断开连接。"

伴随着惊恐的表情,吴向前伸出手臂,她苍白的手和无名指上简约朴素的金色婚戒填满了视野。

随后画面就消失了。

在一座巨大的维多利亚风格的乡间别墅中,"硅基版"乔治·拉瑟伯恩正坐在镶着木板的黑漆漆的客厅里。他坐着,不是因为他需要坐(他已经不会再感觉到累了),也不是因为他的椅子需要有人来坐,而是因为将金属身体折叠到座位上,对他来说是一种很自然的行为。

拉瑟伯恩知道,除非发生意外,否则他几乎可以永生,他认为自己应该去实现一些更远大的目标,比如阅读《战争与和平》或《尤利西斯》。但是,他并不急于一时,反正以后有的是时间。取而代之的是,他在自己的数据本中下载了巴克·多希尼最新的推理小说,然后开始阅读起来。

他刚看到第二页中间时,数据本就响了,显示有电话打进来。

拉瑟伯恩第一反应是不去理会,让电脑本记下对方的留言。在体验

"照我说的做，"他说，"你便可以活着离开这里。要是敢耍我，你就死定了。"

"别担心，"警探丹·卢塞恩对盐崎先生说，"这么多年来，我已经处理了八起人质事件，而且在每一起事件中，人质最终都安然无恙。我们会把你们的女医生救出来的。"

盐崎点点头，然后将目光移开，他不想让警探看到他的眼睛。他本应该从 GR-7 的行为中发现一些端倪。要是他让人给他服用镇静剂，就不会发生这种事。

卢塞恩指了指视频电话，"打开诊疗室的连线设备。"

盐崎伸手在卢塞恩面前的键盘上敲出三个数字。过了一会儿，屏幕亮了起来，视频中，吴正将手从摄像机前拿开。当她的手完全抽回时，可以很明显看到，G.R. 仍然拿手术刀架着她的脖子。

"你好，"卢塞恩说，"我是警探丹·卢塞恩，是来帮助你的。"

"不，你来这里是为了救吴医生的性命，"GR-7 说，"要是照我说的做，你就能救她。"

"好吧，"卢塞恩说，"你想要什么，先生？"

"首先，我想要你称呼我'拉瑟伯恩先生'。"

"行，"卢塞恩说，"没问题，拉瑟伯恩先生。"

卢塞恩惊讶地发现，蜕去的外壳竟会因为这个称呼而颤抖。"再叫一遍，" GR-7 要求道，仿佛这是他听过最美妙的声音，"再叫。"

"我们能为您做些什么，拉瑟伯恩先生？"

"我要和机器人版的我对话。"

这时，盐崎再次将手伸到卢塞恩面前，按下了静音键，"我们不能同意这个要求。"

"为什么？"卢塞恩问道。

"我们与上传的意识有明确合同规定，保证他们永远不会和蜕去的衬衫脱掉之后，他举起左臂，让吴检查他的腋窝。

"唔，"她凝视着皮赘说道，"看起来确实发炎了。"

一个小时前，G.R.狠狠地掐了这块小小的皮疙瘩，并且还使劲地来回拧过。

吴此刻正用拇指和食指轻轻地捏着它。G.R.已经想好了一个治疗方案，但是如果让她自己提出来会更好。过了一会儿，她提议道："如果你愿意，我可以帮你摘掉。"

"只要你觉得没问题，就动手吧。"G.R.说。

"当然没问题，"吴说，"我会给你注射局部麻醉剂，将它剪下来，再对伤口进行烧灼止血，那样就不需要缝针了。"

剪掉？不！不，他要她用手术刀不是手术剪，该死！

她穿过房间，准备了一支注射器，然后回来，直接朝他的皮赘注射。针扎进去的时候非常痛苦，疼了有一会儿，之后就没有任何感觉了。

"怎么样？"她问道。

"还好。"

吴戴上外科手套，打开一扇橱柜，拿出一个小皮箱。她把箱子放在G.R.正躺着的诊疗台上，然后打开了它。里面有手术剪，镊子，还有——

一对手术刀，其中一把较短，另一把稍长。它们在天花板的灯光下闪着光芒。

"好了，"吴说着伸手取出剪刀，"我们开始吧……"

G.R.伸出右臂，抓起那把较长的手术刀，迅速地挥起来，把刀架在了吴的喉咙上。该死，这东西太锋利了！他本来没想伤害她，但是她的脖子，男人喉结对应的位置上出现了一条两厘米长的浅浅切口，切口处已经变成了深红色。

吴发出一道轻声的尖叫，G.R.迅速用另一只手捂住了她的嘴。他能感觉到她在发抖。

G.R.进入了天堂谷的"医院"。在他看来，这个名字要打上引号，因为真正的医院是为了治病而暂时待的地方。但是大多数上传了意识的人，那些蜕了壳的人，都是老年人。这些废弃的外壳来到医院，就是为了等死。但是G.R.不同，他只有四十五岁。只要医疗保障得当，再加上运气好一些，他就有相当大的机会活到一百岁。

　　G.R.走进了候诊室。他已经花了两个星期踩点，摸清了这里的日程安排，也知道身材瘦小的吴莉莉——一个五十岁的越南人——将是值班医生。和盐崎一样，她也是工作人员——一个真正的人，晚上可以回家，回到真实的世界。

　　过了一会儿，接待员说出了那句常挂在嘴边的话："现在到您了。"

　　G.R.走进诊疗室，房间四周是绿色的墙面。吴医生在看一个数据本。"GR-7，"她读到他的序号。当然，他并不是天堂谷唯一一个姓名首字母缩写为G.R.的人，所以他不得不和其他几个人共享这个简短的名字。她看向他，扬起灰色的眉毛，等着他确认自己的身份。

　　"是我，"G.R.说，"不过你可以叫我乔治。"

　　"不，"吴说，"我不能。"她用一种坚定而温和的语气说道，想必她以前也面对过别人的这种要求。"你哪里不舒服？"

　　"我的左腋下长了一个皮赘，"他说，"已经有很多年了，但它最近开始变得有些敏感。用止汗滚珠的时候就会疼，而且当我移动手臂，它也会擦伤。"

　　吴皱了皱眉头，"请脱掉你的衬衫。"

　　G.R.开始解扣子。他身上有好几块皮赘，还长着不少痣。他的背部是毛茸茸一片，很令自己反感。这些皮肤缺陷是他最初想要上传意识的原因之一。他选择的新身体——一个金色机器人——看起来像是奥斯卡小金人和C-3PO[1]的混合体，没有这样的外观缺陷。

1.《星球大战》系列中的礼仪机器人。

活动。乔治·拉瑟伯恩还将继续活着，在现实世界里，这个意识的复制版存在于一具几乎坚不可摧、永生不朽的机器人躯体中。

"嘿，G.R.[1]，"一位留着灰色长胡须的黑人喊道，"一起吃吗？"

拉瑟伯恩——也就是作为碳基生物的拉瑟伯恩——已经进入了天堂谷的餐厅。留胡须的男人面前已经摆好了午餐：龙虾尾，蒜香土豆泥，一杯上好的霞多丽葡萄酒。这里的食物也显得高雅精致。

"嗨，达特，"拉瑟伯恩对他点了点头。他很羡慕这个大胡子男人。在他把自己的意识转移到机器人体内之前，名叫达利斯·艾伦·汤普森。他名字的首字母缩写（即 DAT，这里唯一允许使用的本名形式）组成了一个不错的词汇——达特，几乎就等同于一个真名。拉瑟伯恩和他坐在了同一桌。一位随时恭候着的服务员——一名年轻貌美的女性（专门服务于这一桌的异性恋男人）——已经到了桌前，G.R.要了一杯香槟。这并非特殊场合——在天堂谷没有什么特殊的事情——而像他和达特这样参与了赡养计划的白金Plus级客户，可以享受这里提供的任何服务。

"为什么拉这么长的脸，G.R.？"达特问。

"我不喜欢这里。"

达特欣赏着服务员离去的曼妙身姿，抿了一口酒，"哪方面不喜欢呢？"

"你以前，在外面的时候是个律师，是吗？"

"外面的我现在仍是一名律师。"达特说。

G.R.皱了皱眉，但决定不在这个点上纠结，"你能回答我几个问题吗？"

"当然，你想知道什么？"

---

1. 乔治·拉瑟伯恩的首字母缩写。

已经签字放弃了这一切。他的生物特征无法再被识别,视网膜扫描已经失效。就算他能从这座舒适的牢笼出去,也不可能从这个世界上任何一台自动取款机取走现金。他名下有很多股票和债券……但那已经不属于他了。

"你一定有办法帮我。"拉瑟伯恩说。

"当然,"盐崎说,"我有很多种方法帮助你,帮你在这里过得更舒服。"

"就只能在这里,是吗?"

"没错。你知道——抱歉,应该说'拉瑟伯恩先生'知道,当他为自己和你选择这条路的时候,你的余生都将在天堂谷度过。"

拉瑟伯恩沉默了一会儿,然后说:"如果我同意接受你的限制条件呢?如果我同意不以乔治·拉瑟伯恩的身份出现呢?那样我可以离开这里吗?"

"你不是乔治·拉瑟伯恩。无论如何,我们都不能允许你与外界有任何联系。"盐崎沉默了一会儿,然后用更温和的语气说,"你不妨想一想,为什么要折腾自己?拉瑟伯恩先生为你提供了非常慷慨的帮助。你能在这里过上奢华的生活,可以看你想看的任何书,任何电影。你已经见识了我们的娱乐中心,不得不说,真是绝妙的享受。我们的性工作者也是这颗星球上最漂亮的。就把在这儿住当成你度过的最长、最愉快的假期吧。"

"只是这假期不会结束,直到我死。"拉瑟伯恩道。

盐崎什么也没说。

拉瑟伯恩用力地呼出一口气,"你是不是要告诉我,我已经死了?所以我不应该把这里想象成监狱,而应该把它当成天堂。"

盐崎张了张嘴,但又闭上了,什么也没说。拉瑟伯恩知道这位管理员甚至不能假装安慰地说一句"这里就是天堂",他没有死,也不会死,即使在这片天堂谷,他这个被丢弃的"生物容器"也不会最终停止生命然还是高潮，仍然很美妙，但它和真正的性高潮不同，缺少了那种独特的、不可预知的体验。事后没有必要再问"感觉好吗"？因为它总是好的，总是可预测的，总是完全一样的。

不过，他也得到了一些补偿。乔治现在可以连续走或跑——只要他愿意——几个小时都不会感到丝毫疲劳。并且，他不用睡觉。每二十四小时，他过去一天的记忆都会重新组织和整理一次，每次大概需要六分钟；这也是他唯一的"停机时间"。

有趣的是，他的生物版本很容易"停机"，而电子版本基本不会。

还有其他的变化。他的肌肉运动知觉——对身体和四肢在特定时刻的动作感知——比以前敏锐得多。

他的视力也更加敏锐。他无法看到红外线——虽然这在技术上是可行的，但人类的大部分认知都是基于黑暗和光明，若抛弃这种认知而引入热感应能力，将会对人的心理产生危害。虽然无法看到更长的波段，但他识别色彩的能力往短波方向有所扩展，在众多短波中，他能看到"蜂紫色[1]"，这种颜色常常在花瓣上形成明显的独特图案，而人眼——那种过时的人类肉眼——对此毫无感知。

它揭示了隐藏的美。

并且能永远享受它。

"我要求见律师。"

盐崎又一次面对着这具乔治·拉瑟伯恩曾经的血肉躯壳，但是他的视线似乎穿过了面前这层外壳，聚焦在无限远的地方。"你如何支付这笔律师服务费？"盐崎终于开口问道。

拉瑟伯恩——也许他不能在口头上使用自己的名字，但没有人能阻止他这样去想——开口表示抗议。他有钱，有很多钱。但是，不行，他

---

[1]. 蜜蜂所能看到的紫外线。

即便他想来看你,我们也不会允许。"

"你不能这样对我,这太没人性了。"

"你要在脑子里记住,"盐崎说,"你不是人类。"

"是,我是。该死的,如果你——"

盐崎说:"你是不是想说,如果我扎你一下,你还是会照样流血,对吧?"

"没错!我才是有血有肉的人。我是在母亲子宫里长大的。我是智人以及更早的直立人和能人经过千千万万辈传下来的后代。另——另一个我只是一台机器,一个机器人,一名仿真人。"

"不,不是,它是乔治·拉瑟伯恩,独一无二的乔治·拉瑟伯恩。"

"那你为什么把他叫成'它'?"

"我不想跟你咬文嚼字。他才是乔治·拉瑟伯恩,而你不是,不再是了。"

男人从桌子上抬起手,握紧拳头,"是,我是。我才是乔治·拉瑟伯恩。"

"不,你不是,你只是一具躯壳,一层蜕去的外壳。"

乔治·拉瑟伯恩正在慢慢适应自己的新身体。他花了六个月的时间咨询,为意识转移做准备。他们告诉他,这个替换的身体跟他原来的身体感觉不同,他们没有说错。大多数人都不会选择立即进行意识转移,除非他们老去,或是享受够了生物躯体,或者在他们的自然寿命内,不断进步的机器人技术无法再有什么突破。

毕竟,尽管目前的机器人身体在许多方面都优于"满身赘肉"(他居然这么快就接受了这个词语!)的人体,但他们生理上的感知仍有欠缺。

性——如果只是作为消遣,不以生育为目的——对机器人来说也不是难事,但体验就没那么好了。新大脑中的纳米凝胶可以完全复刻生物体的突触,但荷尔蒙反应只能通过回溯以往的记忆伪造。哦,高潮仍

蜕去的外壳

罗伯特·J.索耶

"对不起,"盐崎先生说着,往转椅的椅背上一靠,看向眼前这个两鬓斑白的中年白人,"我帮不了你。"

"可我已经改变想法了。"那人说,他开口的时候,脸涨得通红,"我想退出协议。"

"你没法再改变想法,"盐崎说,"你的意识已经'移交'了。"

那个男人的语气带着一丝哀伤,尽管他已经在努力压制:"我没想到事情会变成这样。"

盐崎叹了口气,"我们的心理咨询师和律师事先已经将整个过程和一切后果都和拉瑟伯恩先生讲清楚了。这就是他想要的。"

"但我现在不想要了。"

"你在这件事上没有任何发言权。"

白人把一只手张开,平放在桌子上,哪怕姿态强硬,他还是抑制不住紧张。"听我说,"他说道,"我要求见——见一见另一个我。我会跟他解释。他会理解的。他会同意取消我们之间的协议。"

盐崎摇了摇头,"我们不能这么做。你知道我们不能。这是协议的一部分。"

"但是……"

"没有但是。"盐崎说,"现实就是这样。从来没有人格继承者回到这里。况且,他们也不能回来。你的继承者必须尽一切可能把你排除在他的脑海之外,这样他才不必为你的存在感到烦恼,才能继续他的生活。

鹰舱已着陆

我爬回冬眠巢,告诉计算机,在人类着陆时唤醒我。

"这个做法不太明智。"计算机说,"你最好再指定一个必须唤醒你的日期。毕竟,他们可能永远也不会来。"

"他们会的。"我说。

"也许吧。"计算机说,"不过……"

我举了举翅膀,承认了这一点。"好吧。就设在……"就在这时,我想到了一个完美的数字,"就在十年后。"

毕竟,上一次的等待就用了这么久。

陈 阳 译

《鹰舱已着陆》,2005年4月首次发表于美国《我,外星人》选集。2003年2月1日,美国"哥伦比亚号"航天飞机在重返地球大气层时爆炸解体,机上七名航天员全部罹难。索耶为缅怀此次事故的逝者创作了这篇小说,字句间既带着惋惜与哀伤之情,又流露出对于世界和平、人类走向太空的希望。

那么，我应该怎么做呢？最简单的办法就是飞走，回到我们的母星。的确，协议上就是这么说的：做评估，提交报告，然后离开。

是的，这就是我应该做的。

这是一台机器会做的事。一个机器人探测器会遵循它的程序。

但我不是机器人。

这是前所未有的情况。

这需要判断力。

我本可以在月球朝向地球的那一面处于黑暗中的任意时候行动，但我决定等到最戏剧性的时刻。因为只有一个太阳，且月球是地球唯一的天然卫星，这个更常被称为月亮的世界经常发生月食。我决定等到下一次月食的时候——这是一件微不足道的事。我希望在那样的情况下，他们中能有一大群人抬头看着他们的月亮。

因此，当地球的影子——那个疯狂的行星的影子，以及它那令人失望的子民，那些怯于探索却彼此间无休止争斗的生物——在月球的表面上穿过时，我做好了准备。计算机一告诉我整个月球朝向地球的一面都陷入黑暗时，我就启动了星鸟飞机的激光信标，在整个月食期间，一下又一下，一次又一次地闪烁着人类不可能忽视的红宝石色的光。

他们还要等十四个地球日，月球的表面才会再次自然地陷入黑暗。而在下一个月球的夜晚来临时，他们向我发出了一个回应的光信号。很明显，他们一直等到了月球正面的夜晚，希望我能在黑暗中闪烁激光以示回应。

我回应了——只那一次，他们便不会怀疑我是否真的在这里。但是，尽管他们尝试向我闪烁各种模式的激光——质数、点阵象形图等等——我都拒绝进一步回应。

没必要让他们轻松如愿。

如果他们想进一步对话，他们就得回到这里来。

也许他们会再次用同样的名字给他们的飞船命名：哥伦比亚号。

但我仍然不知道要对我们的母星说什么。

所以我爬回了我的冬眠巢。我决定让计算机在一个大年之后唤醒我，大约是地球上的十年之后。不知道当我醒来时，我会看见什么……

我看见的是绝对的疯狂。两个邻国用核武器相互威胁；第三个国家宣布他们也研发了这样的东西；第四个国家正在接受检查，确认它是否拥有核武器；第五个国家——那个为了全人类登上月球的国家——说它不排除首先使用核武器的可能。

没有人在使用可控核聚变。没有人重返月球。

在我醒来后不久，悲剧再次发生——有七个人坐上了一台名叫"哥伦比亚号"的轨道飞行器——这是个以前用过、我也曾经听过的名字，是在第一个登陆舱降落到月球表面时，绕月飞行的指挥舱的名字。哥伦比亚号在返回大气层时解体了，碎片散落在地球的大片区域。我的脊背塌了下来，我的翼爪紧紧地蜷缩着。自从我的一个孩子从天上掉下来死去后，我从未如此悲伤。

当然，我的计算机还在继续监控着来自地球的广播，它给我提供了人类反应的概要。

我很震惊。

人类说，把人送入太空太危险了，生命的代价太高了，在太空中任何价值的事情都能由机器处理得更好。

这个种族靠走路——走路！——从赤道地区的发源地扩展到了他们世界上的大部分地区；直到最近，机械设备才赋予了他们飞行的能力。

而现在他们能飞。他们可以翱翔天空。他们可以去其他的世界！

但他们说，太空中不需要智能的判断，不需要有思考能力的人去决定，去提升，去直接体验。

他们会继续制造核武器。

但他们不会离开自己的巢穴。也许是因为他们混乱而又潮湿的繁殖方式，他们从来没有意识到，把所有的蛋放在一个容器里有多愚蠢……

对望的恒星

登陆舱上的铭牌上写着:"1969年7月,来自地球的人类首次登上月球。我们是为了全人类的和平而来。"

我的脊背一阵发麻。这个种族还有希望。事实上,在那次关于更大步伐的演讲之后,公众舆论已经一边倒地反对在一个热带国家进行的那场看似旷日持久、毫无意义的冲突。他们不需要隔离;他们需要的,想必只是一点时间。

善变,真是善变的物种!他们的世界只绕着孤独的太阳转了三圈半,被他们宣称为此地最后一次旅行的登月之旅就结束了。我惊呆了。我从未听说过一个种族刚开始太空旅行就宣布放弃,这样的人还不如爬回自己的蛋壳碎片里……

但是,令人难以置信的是,这些人类就是这样做的。噢,在低轨道还有一些敷衍的任务,但仅此而已。

是的,确实发生过其他事故——一次是在飞往月球的途中,不过没有人员伤亡;另一次,有三个人因返回大气层时飞船减压而死亡。但这三个人来自另一个国家,名叫"俄罗斯",这个国家继续着自己的太空探索,一个翅振也没有浪费。但很快,俄罗斯的经济就崩溃了——这是必然的!这个种族还没有研发出可控的核聚变;确实,在解体前不久,这个国家的一座核裂变发电站发生了一次非常可怕的事故。

不过,俄罗斯的失败也许是一件好事。在我看来,并不是说这个国家本身有什么邪恶之处——实际上,在原则上,它主张的是其他已知文明种族共有的价值观——是它与那个将载人飞船发射到月球的国家之间的竞争,导致了核武器生产的惊人升级。最后,他们似乎放弃了这种疯狂的竞争……也许,如果说放弃太空探索就是为此付出的代价,也许,只是也许,放弃是值得的。

我左右为难。我在这里停留的时间比我计划的要长得多,而且我还没有提交报告。倒不是说我急于回家——我的孩子们早就长大了——而是我老了。我磨损的鳞片正在失去弹性,而且现在已经染上了蓝色。

这些被他们的领导者称为"美国人"的人，正抱着平等的理念在他们的家园中斗争，不论肤色，为所有公民而斗争。我知道，我知道——对于我们这样有着金色、绿色、紫色甚至紫外光色的斑驳鳞片的生物，认为肤色有任何意义似乎很荒谬，但对他们来说，这一直是一个重大问题。我听到了充满仇恨的言论："现在（种族）隔离，明天隔离，永远隔离！"我听到了精彩的言辞："我梦想有一天，这个国家会站立起来，实现其信条的真谛——我们认为这些真理不言而喻——人人生而平等。"我看到了公众的情绪从支持前者转变为支持后者，我承认，这个时候，我的脊背激动得颤抖。

与此同时，地球刚刚起步的太空计划仍在继续：单人飞船、双人飞船、首次太空对接、计划中的三人飞船，然后……

然后，发射设施发生了火灾。三个"人类"——这个物种给自己起的无数名字中的一个——死了。一个悲惨的错误：加压的太空飞行器在真空中当然有爆炸的趋势，所以有人想出了一个主意，除了通常占地球大气五分之一的氧气外，抽走所有的气体，进而将居住舱（他们称之为"指挥模块"）的气压仅保持在正常值的五分之一……

然而，尽管发生了可怕的事故，人类还在继续前进。他们怎么可能不继续向前？

很快，他们就来到了这里，来到了月球。

他们第一次登陆时，我也在场，但一直隐藏着。我看着一个穿白色衣服的人从梯子的最后一级跳下来，以他看来一定是用很慢的速度下落。那人说的话至今仍在我耳边回响："这是个人的一小步，却是人类的一大步。"

事实也的确如此。在他们离开前，我不能靠近，但在他们离开后，我走了过去——即使套着环保袋，用我的翼爪在这里行走也很容易。我检查了他们遗弃在这里的用箔纸包裹着的登陆舱下部。我的计算机能读懂地球上的主要语言，这是它通过截获的教育广播学会的。它告诉我，

对望的恒星

　　这颗被地球居民唤作"月球"（还有"月亮"和其他各种称呼）的卫星荒凉得可怜。不过，我还是可以从它那里轻易地截获从地球上喷涌而出的成千上万的音频和视听传输，而且只有四翅振的时间延迟。星鸟飞机的计算机把信号一个一个分离出来，我观察着，倾听着。

　　计算机花了差不多一个小年的时间来破译这个物种使用的所有不同语言，但是，到了那一年——地球是行星，不是卫星，只有一种年份——地球人称之为1958年，我就能追踪那里发生的一切了。

　　我既高兴又反感。高兴，是因为我了解到，在第一次原子弹试爆触发我们的探测器之后的几年里，这个世界的居民发射了他们的第一颗人造卫星。反感，是因为就在开发出裂变技术之后，他们马上用这些惊人的能量作为武器来对付自己的同类。两座城市被摧毁了，更大、更具毁灭性的炸弹仍在研制中。

　　我不禁疑惑，他们疯了吗？我从未想过一整个物种会精神失常，但最初的致命爆炸，以及随后无休止的一系列越来越大的武器试爆，都不是疯狂的个体所为，而是这个世界上最强大国家的政府所为。

　　我又观察了两个地球年，准备提交报告——隔离这个世界，避免所有的接触——就在这时，我的计算机提醒我，收到了来自这颗行星的一个有趣的信号。某个国家的领导人正在发表讲话。"是时候了，"他说，"该迈出更大的步伐了。"——对一个行走的物种来说，这样的描述显然意义深远——"是时候开启伟大的美国新事业了；是时候让这个国家在太空领域发挥鲜明的领导作用了，这在许多方面可能是我们在地球上的未来的关键……"

　　是的，我心想。是的，我继续入迷地听着。

　　"我相信，我们的国家应该致力于实现这个目标，在十年内，"——也就是十个地球年——"让人类登上月球并安全返回地球……"

　　终于，这个物种有了一些真正的进步！我用一只爪子点击"清除"节点，删除了我尚未发送的报告。

鹰舱已着陆

罗伯特·J.索耶

我花了很长时间观察地球——超过四十个地球年。我来到这里是因为我们的自动探测器发出了信号，它探测到这个世界的双足纸皮生物已经分裂了原子。探测器发挥了不错的作用，但是有些事情只有活人才能做好，评估行星联邦是否应该与一种生命体接触就是其中之一。

亲眼看见第一次裂变爆炸的感觉必然如梦如幻。学会分裂原子，对一个新物种来说总是一件不可思议的事情，是一个崭新而奇妙的时代的曙光。当然，裂变是混乱的，但一个人在会飞之前必须先会滑行；所有已知的开发了裂变的物种都很快掌握了可控核聚变这种清洁能源，终结了需求和欲望，终结了贫穷和匮乏。

在第一次裂变爆炸的十几个地球年后，我来到了地球附近。但我无法在地球上着陆，因为它的重力是我们母星的五倍。不过它的卫星质量很适中，在那里我的重量比在家里稍小一点。而且，就像我们的母星一样（当然，我们的母星本身就是一个围绕双星运行的气态巨星的卫星），地球的卫星也被潮汐锁定，总是把同一面对着它的主星。对我来说，这是一个完美的地方，可以让我的星鸟飞机降落，观察下面这个蓝白色世界的动态。

这颗卫星，地球天然的灵魂伴侣，没有大气，也没有水。如果我们的母星没有被占据着天空的气态巨行星"啁啾"持续补充挥发物质，我想它也会是差不多的样子。但我们有一个自然产生的永久磁通管，可将温和的气体雨送到我们的世界。

那两件事儿,地球的三个哥哥我倒是听明白了,可他后面又说,要我们向别的星球上撒细菌什么的,我想到现在也不明白。"

"我明白了。"秋生爹说,在这灿烂的星空下,他愚拙了一辈子的脑袋终于开了一次窍。他仰望着群星,头顶着它们过了一辈子,他发现自己今天才真切地看到它们的样子,一种从未有过的感觉充满了他的血液,使他觉得自己仿佛与什么更大的东西接触了一下,虽远未能融为一体,但这种感觉还是令他震惊不已。他对着星海长叹一声,说:

"人啊,该考虑养老的事了。"

《赡养上帝》,首次发表于《科幻世界》2005年第1期。《赡养上帝》大概是刘慈欣最温馨的科幻小说了。曾经在星际战争中守护了整个银河的上帝文明老了,甚至已经不能自养,英雄垂暮,令人感慨。幸亏上帝文明养育了很多子孙文明,不过对上帝们不好,相比起来,人类虽然也没有做得尽善尽美,但已经是最孝顺的孩子了。在啼笑皆非的赡养上帝的过程中,刘慈欣提出了很多有意思的、发人深思的问题,比如老龄化问题、科技高度发展导致文明主体退化的问题、进取与享乐的问题,以及最后在通篇的温馨气氛背后,兄弟文明间"黑暗森林"般狰狞的生存竞争……《赡养上帝》表面看温馨有趣,实则深刻而丰富,值得反复阅读思考。

本篇获奖情况:
    2012年 获得首届柔石小说奖短篇小说金奖
    2015年 提名西班牙伊格诺特斯奖最佳外国短篇小说

那个小电视机,屏幕上,他那两千年前的情人还在慢慢说着那三个字中的最后一个,"我只想再见到她。"

"这心愿是好,但也就是想想罢了。"秋生爹摇摇头说,"你想啊,她已经飞出去两千多年了,以光速飞的,谁知道飞到什么地方去了,你就是自己修好了飞船,也追不上她了,你不是说过,没什么能比光走得更快吗?"

上帝用拐杖指指天空,说道:"这个宇宙,只要你耐心等待,什么愿望都有可能实现,虽然这种可能性十分渺茫,但总是存在的。我对你们说过,宇宙诞生于一场大爆炸,现在,引力使它的膨胀速度慢了下来,然后会停下来,转为坍缩。如果我们的飞船真能再次接近光速,我就让它无限逼近光速飞行,这样就能跨越无限的时间,直接到达宇宙的末日时刻。那时,宇宙已经坍缩得很小很小了,会比乒乓的皮球还小,会成为一个点,那时,宇宙中的一切都在一起了,我和她,自然也在一起了。"一滴泪滚出上帝的眼眶,滚到胡子上,在上午的阳光中晶莹闪烁着,"宇宙啊,就是《梁祝》最后的坟墓,我和她,就是墓中飞出的两只蝶啊……"

一个星期后,最后一艘外星飞船从地球的视野中消失。上帝走了。

西岑村恢复了以前的宁静,夜里,秋生一家坐在小院中看着满天的星星,已是深秋,田野里的虫鸣已经消失了,微风吹动着脚下的落叶,感觉有些寒意了。

"他们在那么高的地方飞,多大的风啊,多冷啊……"玉莲喃喃自语道。

秋生说:"哪有什么风啊,那是太空,连空气都没有呢!冷倒是真的,冷到头了,书上叫绝对零度。唉,那黑漆漆的一片,不见底也没有边,那是噩梦都梦不见的地方啊!"

玉莲的眼泪又出来了,但她还是找话说以掩饰一下:"上帝最后说的分之一，航行距离也超不出三十光年。这是一场生死赛跑，看你们中谁最先能够贴近光速航行，这是突破时空禁锢的唯一方式，谁能够首先达到这个技术水平，谁才能生存下来，其他稍慢一步的都必死无疑，这就是宇宙中的生存竞争。孩子们，时间不多了，要抓紧！"

"这些事情，地球上那些最有学问、最有权力的人，都知道了吧？"秋生爹战战兢兢地问。

"当然知道，但不要只依赖他们，一个文明的生存，要靠其每个个体的共同努力，当然也包括你们这些普通人。"

"听到了吧，兵兵，要好好学习！"秋生对儿子说。

"当你们以近光速飞向宇宙，解除那三个哥哥的威胁之后，还要抓紧办一件重要的事：找到几个比较适合生命生存的行星，把地球上的一些低等生物，比如细菌、海藻之类的，播撒到那些行星上，让它们自行进化。"

秋生正要提问，却见上帝弯腰拾起了地上的拐杖，于是一家人同他一起向大客车走去，其他的上帝已经在车上了。

"哦，秋生啊，"上帝想起了什么，又站住了，"走的时候没经你同意就拿了你几本书，"他打开小包袱让秋生看，"你上中学时的数理化课本。"

"啊，您拿走好了，可您要这个干什么？"

上帝系起包袱说："学习呗，从解一元二次方程学起，以后太空中的漫漫长夜里，总得找些打发时间的办法。谁知道呢，也许有那么一天，我真的能试着修好我们那艘飞船的反物质发动机，让它重新进入光速呢！"

"对了，那样你们又能跨越时间了，就可以找个星球再创造一个文明给你们养老了！"秋生兴奋地说。

上帝连连摇头，"不不不，我们对养老已经不感兴趣了，该死去的就让它死去吧。我这么做，只是为了自己最后一个心愿。"他从怀里掏出了秋生一家迷惑不解地看着上帝，最后是秋生首先悟出了上帝这话的含意，"您是说，你们还创造了其他的地球？"

上帝缓缓地点了点头，说道："是的，我们还创造了其他的地球，也就是其他的人类文明。目前除了你们，这样的文明还存在着三个，距你们都不远，都在二百光年的范围内，你们是地球四号，是年龄最小的一个。"

"你们去过那里吗？"兵兵问。

上帝又点了点头，"去过，在来你们的地球之前，我们先去了那三个地球，想让他们收留我们。地球一号还算好，在骗走了我们的科技资料后，只是把我们赶了出来；地球二号，扣下了我们中的一百万人当人质，让我们用飞船来交换，我们付出了一千艘飞船，他们得到飞船后发现不会操作，就逼着那些人质教他们，发现人质也不会就将他们全杀了；地球三号也扣下了我们的三百万人质，让我们用几艘飞船分别撞击地球一号和二号，因为他们之间处于一种旷日持久的战争状态中，其实只一艘反物质动力飞船的撞击就足以完全毁灭一个地球上的全部生命，我们拒绝了，他们也杀了那些人质……"

"这些不肖子孙，你们应该收拾他们几下子！"秋生爹愤怒地说。

上帝摇摇头，"我们是不会攻击自己创造的文明的。你们是这四个兄弟中最懂事的，所以我才对你们说了上面那些话。你们那三个哥哥极具侵略性，他们不知爱和道德为何物，其凶残和嗜血是你们根本无法想象的。其实我们最初创造了六个地球，消失的那两个分别与地球一号和三号在同一个行星系，结果都被他们的兄弟毁灭了。这三个地球之所以还没有互相毁灭，只是因为他们分属不同的恒星，距离比较远。其实他们三个都已经得知了地球四号的存在，并掌握着太阳系的准确坐标。"

"这太吓人了！"玉莲说。

"暂时还没那么可怕，因为这三个哥哥虽然文明进化程度都比你们先进，但仍处于低速宇航阶段，他们最高的航行速度都不超过光速的十了一个直径有太阳系大小的旋涡星云。在战争的最后阶段,上帝文明毅然将剩余的所有战舰和巨量的非战斗飞船投入了这个高速自旋的星云,使得星云总质量急剧增加,引力大于了离心力,这个由星际战舰和飞船构成的星云,居然在自身引力下坍缩,生成了一颗恒星!由于这颗恒星中的重元素比例很高,在生成后立刻变成了一颗疯狂爆发的超新星,照亮了仙女座和银河系之间漆黑的宇宙深渊!我们伟大的先祖,就是以这样的气概和牺牲消灭了入侵者,把银河系变成一个和平的生命乐园……现在我们的文明老了,但不是我们的错,无论怎样努力避免,一个文明总是要老的,谁都有老的时候,你们也一样。我们真的不需要你们可怜。"

"与你们相比,人类真算不得什么。"秋生敬畏地说。

"也不能这么说,地球文明还是个幼儿。我们盼着你们快快长大,盼望地球文明能够继承它的创造者的光荣。"上帝把拐杖扔下,两手一高一低放在秋生和兵兵肩上,"说到这里,我最后有些话要嘱咐你们。"

"我们不一定听得懂,但您说吧。"秋生郑重地点点头说。

"首先,一定要飞出去!"上帝对着长空伸开双臂,他身上宽大的白袍随着秋风飘舞,像一面风帆。

"飞?飞到哪儿?"秋生爹迷惑地问。

"先飞向太阳系的其他行星,再飞向其他的恒星,不要问为什么,只是尽最大的力量向外飞,飞得越远越好!这样要花很多钱、死很多人,但一定要飞出去。任何文明,待在它诞生的世界不动,就等于自杀!到宇宙中去寻找新的世界新的家,把你们的后代像春雨般洒遍银河系!"

"我们记住了。"秋生点点头,虽然他和自己的父亲、儿子、媳妇一样,都不能真正理解上帝的话。

"那就好,"上帝欣慰地长出一口气,"下面,我要告诉你们一个秘密,一个对你们来说是天大的秘密——"他用蓝幽幽的眼睛依次盯着秋生家的每个人看,那目光如飕飕寒风,让他们心里发毛,"你们,有兄弟。"

了……"她把一个竹篮子递到上帝手中,"我一早煮了些鸡蛋,您拿着路上吃吧。"

上帝接过了篮子:"谢谢!"他说着,拿出一个鸡蛋,剥开皮津津有味地吃了起来,白胡子上沾了星星点点的蛋黄,同时口齿不清地说着,"其实,我们到地球来,并不只是为了活下去,都是活了两三千岁的人了,死有什么可在意的?我们只是想和你们在一起,我们喜欢和珍惜你们对生活的热情,还有你们的创造力和想象力,这些都是上帝文明早已失去的,我们从你们身上看到了上帝文明的童年。不过我们真没想到给你们带来了这么多的麻烦,实在对不起了。"

"你留下来吧爷爷,我不会再不懂事了。"兵兵流着眼泪说。

上帝缓缓摇摇头,"我们走,并不是因为你们待我们怎么样,能收留我们,已经很满足了。但有一件事让我们没法待下去,那就是上帝在你们的眼中已经变成了一群老可怜虫,你们可怜我们了,你们竟然可怜我们了。"

上帝扔下手中的蛋壳,抬起白发苍苍的头仰望长空,仿佛透过那湛蓝的大气层看到了灿烂的星海。

"上帝文明怎么会让人可怜呢?你们根本不知道这是一个多么伟大的文明,不知道她在宇宙中创造了多少壮丽的史诗、多少雄伟的奇迹!"上帝幽幽述说,"记得那是银河一八五七纪元吧,天文学家们发现,有大批的恒星加速了向银河系中心的运动,这恒星的洪水一旦被银心的超级黑洞吞没,产生的辐射将毁灭银河系中的一切生命。于是,我们那些伟大的祖先,在银心黑洞周围沿银河系平面建起了一个直径一万光年的星云屏蔽环,使银河系中的生命和文明得以延续下去。那是一项多么宏伟的工程啊,整整延续了一千四百万年才完成……紧接着,仙女座和大麦哲伦两个星系的文明对银河系发动了强大的联合入侵,上帝文明的星际舰队跨越几十万光年,在仙女座与银河系的引力平衡点迎击入侵者。当战争进入白热化的时候,双方数量巨大的舰队在缠斗中混为一体,形成

七

两万艘外星飞船又布满了地球的天空，在以后的两个月中，有大量的太空舱沿着垂向各大陆的太空电梯上上下下，接走在地球上生活了一段时间的二十亿上帝。那些太空舱都是银色的球体，远远看去，像是一串串挂在蛛丝导轨上的晶莹露珠。

西岑村的上帝走的这天，全村的人都去送，所有的人对上帝都亲亲热热，让人想起上帝来的那天，好像上帝前面受到的那些嫌弃和虐待与他们毫无关系似的。

村口停着两辆大客车，就是以前送上帝来的那两辆，这一百来个上帝要被送到最近的太空电梯下垂点，去搭乘太空舱。

秋生一家都去送本家的上帝，一路上大家默默无语。

快到村口时，上帝停下了，拄着拐杖对一家人鞠躬："就送到这儿吧，谢谢你们这段时间的收留和照顾，真的谢谢，不管飞到宇宙的哪个角落，我都会记住这个家的。"他说着把那块球形的大手表摘下来，放到兵兵手里，"送给你啦。"

"那……你以后怎么同其他上帝联系呢？"兵兵问。

"都在飞船上，用不着这东西了。"上帝笑着说。

"上帝老爷子啊，"秋生爹一脸伤感地说，"你们那些飞船可都是破船了，住不了多久了，你们坐着它们能去哪儿呢？"

上帝抚着胡子平静地说："飞到哪儿算哪儿吧，宇宙无边无际，哪儿还不埋人呢？"

玉莲突然哭出声儿来："上帝老爷子啊，我这人……也太不厚道了，把过日子攒起来的怨气全撒到您身上，真像秋生说的，一点良心都没自顾自走开，留下他爹和媳妇在门边目瞪口呆地站着。

秋生从那座古老的石拱桥上过了河，向上帝们的帐篷走去。他看到，在撒满金色秋叶的草地上，几个上帝正支着一口锅煮着什么，他们的大白胡子和锅里冒出的蒸汽都散映着正午的阳光，很像一幅上古神话中的画面。

秋生找到自家的上帝，憨憨地说："上帝老爷子，咱们走吧。"

"我不回那个家了。"上帝摆摆手说。

"我也不回了，咱们先去镇里我姐家住一阵儿，然后我去城里打工，咱们租房子住，我会养活您一辈子的。"

"你是个好孩子啊——"上帝拍了拍秋生的肩膀说，"可我们要走了。"他指了指自己手腕上的表，秋生这才发现，他和所有上帝的手表都闪着红光。

"走？去哪儿？"

"回飞船上去。"上帝指了指天空。

秋生抬头一看，发现空中已经有了两艘外星飞船，反射着银色的阳光，在蓝天上格外醒目。其中一艘已经呈现出很大的轮廓和清晰的形状，另一艘则处在后面深空的远处，看上去小了很多。

最令秋生震惊的是，从第一艘飞船上垂下了一根纤细的蛛丝，从太空直垂到远方的地面！随着蛛丝缓慢地摆动，耀眼的阳光在蛛丝不同的区段上窜动，看上去像蓝色晴空中细长的闪电。

"这是太空电梯，现在在各个大陆上已经建起了一百多条，我们要乘它离开地球，回到飞船上去。"上帝解释说。秋生后来知道，飞船在同步轨道上放下电梯的同时，向着太空的另一侧也要有相同的质量来平衡，后面那艘深空中的飞船就是作为平衡配重的。

当秋生的眼睛适应了天空的光亮后，他发现更远的深空中布满了银色的星星，那些星星分布均匀整齐，构成一个巨大的矩阵。秋生知道，那是从小行星带正在向地球飞来的其余两万多艘上帝文明的飞船。

"好啊，你倒是大方！你个吃里扒外的老不死的！"玉莲大骂起来。

"我说老家伙，"秋生爹一拍桌子站了起来，"你给我滚！你不是惦记着河那边的上帝吗？滚到那里去和他们一起过吧！"

上帝低头沉默了一会儿，站起身，到楼上自己的小房间去，默默地把属于他自己的不多的几件东西装到一个小包袱里，拄着那根竹拐杖缓缓出了门，向河对岸的方向走去。

秋生没有和家里人一起吃饭，一个人低头蹲在墙角默不作声。

"死鬼，过来吃啊，下午还要去镇里买饲料呢！"玉莲冲他喊道，见他没动，就过去揪他的耳朵。

"放开。"秋生说，声音不高，但玉莲还是触电似的放开了，因为她从来没有见过自己的男人有这种阴沉的表情。

"甭管他，爱吃不吃，傻小子一个。"秋生爹不以为然地说。

"呵，你惦记那个老不死上帝了是不是？那你也滚到河那边野地里跟他们过去吧！"玉莲用一根手指捅着秋生的脑袋说。

秋生站起身，上楼到卧室里。他像刚才上帝那样整理了不多的几件东西，装到以前进城打工用过的那个旅行包中，背着包下了楼，大步向外走去。

"死鬼你去哪儿啊?！"玉莲喊道，秋生不理会只是向外走，她又喊，声音有些胆怯了，"多会儿回来?！"

"不回来了。"秋生头也不回地说。

"什么?！回来！你小子是不是吃大粪了？回来！"秋生爹跟着儿子出了屋，"你咋的？就算不要老婆孩子，爹你也不管了？"

秋生站住了，头也不回地说："凭什么要我管你？"

"咳，这话说得？我是你老子！我养大了你！你娘死得那么早，我把你姐弟俩拉扯大容易吗？你浑了你！"

秋生回头看了他爹一眼，说道："要是创造出咱们祖宗的祖宗的祖宗的人都让你一脚踢出了家门，我不养你的老也算不得什么大罪过。"说完

六

　　上帝与人类的关系终于恶化到不可挽回的地步。

　　秋生家与上帝关系的彻底破裂,是因为方便面那事。这天午饭前,玉莲就搬着一个纸箱子从厨房出来,问上帝昨天刚买的一整箱方便面怎么一下子少了一半。

　　"是我拿的,我给河那边儿送过去了,他们快断粮了……"上帝低着头小声回答说。

　　他说的河那边,是指村里那些离家出走的上帝的聚集点。

　　近日来,村里虐待上帝的事屡有发生,其中最刁蛮的一户人家,对本家的上帝又打又骂,还不给饭吃,逼得那个上帝跳到村前的河里寻短见,幸亏让人救起来了。这事惊动面很大,来处理的不是乡里和县里的人,而是市公安局的刑警,还跟着CCTV和省电视台的一帮记者,把那两口子一下子都铐走了。按照《上帝赡养法》,他们犯了虐待上帝罪,最少要判十年的,而这部法律是唯一一部在世界各国都通用并且统一量刑的法律。

　　出了这事之后,村里的各家收敛了许多,至少在明里不敢对上帝太过分了,但同时,也更加剧了村里人和上帝之间的隔阂。开始有上帝离家出走,很快其他的上帝纷纷效仿,到目前为止,西岑村近三分之一的上帝离开了收留他们的家庭。那些出走的上帝在河对岸的田野上搭起帐篷,过起了艰苦的原始生活。

　　在国内和世界的其他地方,情况也好不到哪里去,城市街道上再次出现了成群的上帝,且数量还在急剧增加,重演了三年前那噩梦般的一幕。这个常人和上帝共同生活的世界,现在面临着巨大的危机。

"这就是时间流逝速度不同的结果,从我们的时空坐标上看,接近光速飞行的探险飞船上的时间流逝得很慢很慢。"

"那……她就能跟你说话儿了,是吗?"玉莲指指小电视,问道。

上帝点点头,按动了小屏幕背面的一个开关,小电视立刻发出了一个声音,那是一个柔美的女声,但是音节恒定不变,像是歌唱结束时永恒拖长的尾声。

上帝用充满爱意的目光凝视着小屏幕说:"她正在说呢,刚刚说出'我爱你'三个字,每个字说了一年多的时间,已说了三年半,现在正在结束'你'字,完全结束可能还需要三十个月左右吧。"上帝把目光从屏幕上移开,仰视着院子上方的苍穹,"她后面还有话,我会用尽残生去听的。"

兵兵和本家上帝的好关系倒是维持了一段时间,老上帝们或多或少都有些童心,与孩子们谈得来,也能玩到一块儿。但有一天,兵兵闹着要上帝的那块大手表,上帝坚决不给,说那是和上帝文明通信的工具,没有它,自己就无法和上帝种族联系了。

"哼,看看,看看,还想着你们那个文明啊种族啊,从来就没有把我们当自家人!"玉莲气鼓鼓地说。

从此以后,兵兵也不和上帝好了,还不时搞些恶作剧作弄他。

家里唯一还对上帝保持着尊敬和孝心的就是秋生,秋生念过高中,加上平时爱看书,村里除去那几个考上大学走了的,他就是最知书达理的人了。但秋生在家是个地地道道的软蛋角色,平时看老婆的眼色行事,听爹的训斥过活,要是遇到爹和老婆对他的指示不一致,他就只会抱头蹲在那儿流眼泪了。他这个熊样儿,在家里自然无法维护上帝的权益了。

东西来,"哦,对,她嘴唇儿张开的缝比昨天好像小了一些,小得不多,但确实小了一些,看嘴角儿这儿……"

"不要脸的,你看得倒是细!"照片又让媳妇抢走了,同样又让公公抢到手里。

"还是我来——"秋生爹今天拿来了眼镜,戴上细细端详着,"是是,是小了些。还有很明显的一点你怎么没看出来呢?这小缕头发嘛,比昨天肯定向右飘了一点点的。"

上帝将照片从秋生爹手中拿过来,举到他们面前,说道:"这不是一张照片,而是一台电视接收机。"

"就是……电视机?"

"是的,电视机,现在它接收的,是她在那艘飞向宇宙边缘的探险飞船上的实况画面。"

"实况?就像转播足球赛那样?"

"是的。"

"这,这上面的她居然……是活的!"秋生目瞪口呆地说,连玉莲的双眼都睁得像核桃那么大。

"是活的,但比起地球上的实况转播,这个画面有时滞,探险飞船大约已经飞出了八千万光年,那么时滞就是八千万年,我们看到的,是八千万年前的她。"

"这小玩意儿能收到那么远的地方传来的电波?"

"这样的超远程宇宙通信,只有使用中微子或引力波,我们的飞船才能收到,放大后再转发到这个小电视机上。"

"宝物,真是宝物啊!"秋生爹由衷地赞叹道,不知指的是那台小电视,还是电视上那个上帝姑娘,反正一听说她居然是"活的",秋生爷俩的感情就上升了一个层次。

秋生伸手要去捧小电视,但老上帝不给。

"电视中的她为什么动得那么慢呢?"秋生问。

"爹，这可是相对论，也是咱们的科学家证实了的。"秋生插嘴说。

"相对个屁！你也给我瞎扯，哪有那么玄乎的事儿？时间又不是香油，还能流得快慢不同？我还没老糊涂呢。倒是你，那些书把你看傻了！"

"我很快就能向你们证明，时间能够以不同的速度流逝。"上帝一脸神秘地说，同时从怀里掏出了那张两千年前情人的照片，把它递给秋生，"仔细看看，记住她的每一个细节。"

秋生看到照片的第一眼时，就知道自己肯定能够记住每一个细节，想忘都不容易。同其他的上帝一样，她综合了各色人种的特点，皮肤是温润的象牙色，那双会唱歌的大眼睛绝对是活的，一下子就把秋生的魂儿勾走了。她是上帝中的姑娘，她是姑娘中的上帝，那种上帝之美，如第二个太阳，人类从未见过，也根本无法承受。

"瞧你那德性样儿，口水都流出来了！"玉莲一把从已经有些呆傻的秋生手中抢过照片，可还没拿稳，就让公公抢去了。

"我来我来，"秋生爹说着，那双老眼立刻凑到照片上，近得不能再近了，好长时间一动不动，好像那能当饭吃。

"凑那么近干吗？"玉莲轻蔑地问。

"去去，我不是没戴眼镜嘛……"秋生爹脸伏在照片上说。

玉莲用不屑的目光斜视了公公几秒钟，撇撇嘴，转身走进厨房了。

上帝把照片从秋生爹手中拿走了，后者的双手恋恋不舍地护送照片走了一段。上帝说："记好细节，明天的这个时候再让你们看。"

整整一天，秋生爷俩少言寡语，都在想着那位上帝姑娘，他们心照不宣，惹得玉莲脾气又大了许多。

终于等到了第二天的同一个时候，上帝好像忘了那事，经秋生爹的提醒才想起来，他掏出那张让爷俩挂念了一天的照片，首先递给秋生，"仔细看看，她有什么变化？"

"没啥变化呀。"秋生全神贯注地看着，过了好一会儿，终于看出点至于秋生爹，则认为上帝是个骗子。其实，这种说法在社会上也很普遍，既然科学家看不懂上帝的科技文献，就无法证实它们的真伪，说不定人类真让上帝给耍了。对于秋生爹而言，他这方面的证据更充分一些。

"老骗子，行骗也没你这么猖狂的，"他有一天对上帝说，"我懒得揭穿你，你那一套真不值得我揭穿，甚至不值得我孙子揭穿呢！"

上帝问他有什么地方不对。

"先说最简单的一个吧。我们的科学家知道，人是由猴子变来的，对不对？"

上帝点点头，"准确地说，是由古猿进化来的。"

"那你怎么说我们是你们造的呢？既然要造人，那直接造成我们这样儿不就行了，为什么先要造出古猿，再进化什么的，这说不通啊……"

"人要以婴儿的形式出生再长大为成人，一个文明也一样，必须从原始状态进化发展而来，这其中的漫长历程是不可省略的。事实上，对于人类这一物种分支，我们最初引入的是更为原始的东西，古猿已经是经过相当程度进化的物种了。"

"我不信你故弄玄虚的那一套，好好，再说个更明显的吧。告诉你，这还是我孙子看出来的，我们的科学家说地球上在三十多亿年前就有生命了，这你是认的，对吧？"

上帝点点头，说："他们估计得基本准确。"

"那你有三十多亿岁？"

"按你们的时间坐标，是的；但按上帝飞船的时间坐标，我只有三千五百岁。飞船以接近光速飞行，时间的流逝比你们的世界要慢得多。当然，有少数飞船会不定期脱离光速，降至低速来到地球。对地球上的生命进化进行一些调整，但这只需要很短的时间。这些飞船很快就会重新进入太空进行近光速航行，继续跨越时间。"

"扯淡——"秋生爹轻蔑地说。

了门来。

支书对玉莲说："你家上帝的病还是要用心治，镇医院跟我打招呼了，说他的气管炎如果不及时治疗，有可能转成肺气肿。"

"要治，村里或政府给他治，我家没那么多钱花在这上面！"玉莲冲村支书嚷道。

"玉莲啊，按《上帝赡养法》，这种小额医疗是要由接收家庭承担的，政府发放的赡养费已经包括这费用了。"

"那点儿赡养费顶个屁用！"玉莲吼了起来。

"话不能这么说，你家领到赡养费后买了奶牛，用上了液化气，还换了大彩电，就没钱给上帝治病？大伙都知道这个家是你在当，我把话说在这儿，你可别给脸不要脸，下次就不是我来劝你了，会是乡里县里'上委'（上帝赡养委员会）的人来找你，到时你吃不了兜着走！"

玉莲没办法，只好恢复了对上帝的医疗，但日后对他就更没好脸色了。

有一次，上帝对玉莲说："不要着急嘛，地球人很有悟性，学得也很快，只需要一个世纪左右，上帝科学技术中层次较低的一部分，就能在人类社会得到初步应用，那时生活会好起来的。"

"嘁，一个世纪，还'只需要'，你这叫人话吗？"正在洗碗的玉莲头也不回地说。

"这时间很短啊。"

"那是对你们，你以为我能像你似的长生不老啊，一个世纪过去之后，我的骨头都找不着了！不过我倒要问问，你觉得自个儿还能活多少时间呢？"

"唉，风烛残年了，再活三四百个地球年就很不错了。"

玉莲将一摞碗全摔到了地上，扯直了嗓子嚷道："咱这到底是谁给谁养老、谁给谁送终啊？！啊，合着我累死累活伺候你一辈子，还得搭上我儿子孙子往下十几辈不成？说你老不死你还真是啊！"

科学家们曾满怀希望地在上帝给的科技资料中查询受控核聚变的技术信息，却根本没有——这很好理解，人类现代的能源科学，并不包含钻木取火的技巧。

在其他的学科领域，如信息技术和生命科学（其中蕴含着使人类长生的秘密）也一样，最前沿的科学家也完全无法读懂那些资料，上帝科学与人类科学的理论距离，目前还隔着一道无法跨越的鸿沟。

来到地球的上帝们无法给科学家们提供任何帮助，正如那一位上帝所说，在他们中间，现在会解一元二次方程的人都很少了。而那群飘浮在小行星带的飞船，则对人类的呼唤毫不理睬。现在的人类，就像是一群刚入学的小学生，突然被要求研读博士研究生的课程，而且没有导师，行吗？

另一方面，地球上突然增加了二十亿人口，这些人都是不能创造任何价值的垂暮老人，其中大半疾病缠身，给人类社会造成了前所未有的巨大压力。各国政府必须付给每个接收上帝的家庭一笔可观的赡养费，医疗和其他公共设施也已不堪重负，世界经济到了崩溃的边缘。

上帝和秋生一家的融洽关系不复存在，他渐渐被这家人看作是一个天外飞来的负担，受到越来越多的嫌弃，而每个嫌弃他的人都有各自的理由。

玉莲的理由最现实，也最接近问题的实质，那就是上帝让她家的日子过穷了。在这家人中，她是最令上帝烦恼的一个，那张尖酸刻薄的刀子嘴，比太空中的黑洞和超新星都令他恐惧。按需分配的理想破灭后，她就不停地在上帝面前唠叨，说在他来之前他们家的日子是多么富裕多么滋润，那时什么都好，现在什么都差，都是因为他，摊上他这么个老不死的真是倒了大霉！每天只要一有机会，她就这样对上帝恶语相向。

上帝有很重的气管炎，这虽不是什么花大钱的病，但需要长期的治疗和调养，钱自然是要不断地花。终于有一天，玉莲不让秋生带上帝去镇医院看病，也不给他买药了，结果这事让村支书知道了，很快就找上艘探险飞船会用接近光速的速度航行,她应该还很年轻,老的是我……宇宙啊,你真不知道它有多大,你们所谓的沧海桑田天长地久,不过是时空中的一粒沙啊……话说回来,你感觉不到这些,有时候还真是一种幸运呢!"

五

谁也没有想到,上帝与人类的蜜月很快便结束了。

人们曾对从上帝那里得到的科技资料欣喜若狂,认为它们能使人类的梦想在一夜之间变为现实。借助于上帝提供的接口设备,那些巨量的信息被很顺利地从存贮体中提取出来,并开始被源源不断地译成英文,为了避免纷争,世界各国都得到了一份拷贝。

但人们很快发现,要将这些技术变成现实,至少在本世纪内是不可能的事。其实设想一下,如果有一个时间旅行者将现代技术资料送给古埃及人会是什么情况,就能够理解现在人类面临的尴尬处境了。

在石油即将枯竭的今天,能源技术是人们最关心的技术。但科学家和工程师们很快发现,上帝文明的能源技术对当前的人类毫无用处,因为他们的能源是建立在正反物质湮灭的基础上的。即使读懂所有相关资料,最后成功制造出湮灭发动机和发电机(在这一代人内基本上不可能实现),一切还是等于零,因为这些能源机器的燃料——反物质——需要远航飞船从宇宙中开采。据上帝的资料记载,距地球最近的反物质矿藏是在银河系至仙女座星云之间的黑暗太空中,有五十五万光年之遥!而接近光速的星际航行几乎涉及所有的学科,其中的大部分理论和技术对人类而言高深莫测,人类学者即使只对其基础部分进行个大概的了解,可能也需半个世纪的时间。

但他最大的爱好是看戏,有戏班子来到村里或镇里时,他场场不误。上帝最爱看的是《梁祝》,看一场不够,竟跟着那个戏班子走了一百多里地,连看了好几场。后来秋生从镇子里为他买回了一张这出戏的VCD,他就一遍遍放着看,后来也能哼几句像模像样的越剧了。

有一天玉莲发现了一个秘密,她悄悄地对秋生和公公说:"你们知道吗,上帝爷子每看完戏,总是从里面口袋掏出一个小片片看,边看边哼曲儿,我刚才偷看了一眼,那是张照片,上面有个好漂亮的姑娘耶!"

傍晚,上帝又放了一遍《梁祝》,掏出那张美人像边看边哼起来,秋生爹悄悄凑过去,问道:"上帝爷子啊,你那是……从前的相好儿?"

上帝吓了一跳,赶紧把照片塞进怀里,对秋生爹露出孩子般的笑:"呵呵,是是,她是我两千多年前的爱。"

在一旁偷听的玉莲撇了撇嘴,还两千多年前的爱呢,这么大岁数了,真酸得慌。

秋生爹本想看看那张照片,但看到上帝护得那么紧,也不好意思强要,只能听着上帝的回忆。

"那时我们都还很年轻,她是极少数没有在机器摇篮中沉沦的人,发起了一次宏伟的探险航行,誓言要航行到宇宙的尽头。哦,这你不用细想,很难搞明白的……她期望用这次航行唤醒机器摇篮中的上帝文明,当然,这不过是一个美好的愿望罢了。她让我同去,但我不敢,那无边无际的宇宙荒漠吓住了我,那是二百亿光年的漫漫长路啊。她就自己去了,在以后的两千多年里,我对她的思念从来就没间断过啊……"

"二百亿光年?照你以前说的,就是光要走二百亿年?乖乖,那也太远了,这可是生离死别啊,上帝老爷子,你就死了那份心思吧,再见不着她的面儿啰。"

上帝点点头,长叹一声。

"不过嘛,她现在也该你这岁数了吧?"

上帝从沉思中醒过来,摇了摇头:"哦,不,不,这么远的航程,那

253

腊文明的对立面而是其继承者，但希腊文明的发展方向被改变了……"

秋生家没人能听懂这番话，但都很敬畏地探头恭听着。

"再到后来，地球上出现了汉朝和古罗马两大势力，与前面提到的希腊文明相反，不应该让这两大势力在相互隔绝的状态下发展，而应该让它们充分接触……"

"你说的汉朝，是刘邦项羽的汉朝吧，"秋生爹终于抓住了自己知道的一点儿知识，"那古罗马是……"

"好像是那时洋人的一个大国，也很大的。"秋生试着解释道。

秋生爹不解地问："什么？洋人在清朝时来了就把我们收拾成那样儿，你还让他们早在汉朝就同我们见面？"

上帝笑着说："不，不，那时，汉朝的军事力量绝不比古罗马差。"

"那也很糟，这两强相遇，要是打起来，可是大仗，血流成河啊！"

上帝点了点头，伸了筷子去夹红烧肉，"有可能，但东西方两大文明将碰撞出灿烂的火花，将人类大大向前推进一步……唉，要是避免那些错误的话，地球人现在可能已经殖民火星，你们的恒星际探测器已越过天狼星了。"

秋生爹举起酒碗敬佩地说："都说上帝们在飞船摇篮里把科学忘了，其实你们还是很有学问的嘛……"

"为了在摇篮中过得舒适，还是需要知道一些哲学艺术历史之类的，但只是些常识而已，算不得什么学问。现在地球上的很多学者，思想都比我们深刻得多。"上帝吃着红烧肉，谦虚地说。

上帝文明进入人类社会的最初一段时间，是上帝们的黄金时光，那时，他们与人类家庭相处得十分融洽，仿佛回到了上帝文明的童年时代，融入那早已被他们忘却的家庭温暖之中，对于他们那漫长的一生来说，应该是再好不过的结局了。

秋生家的上帝，在这个秀美的江南小村过着宁静的田园生活，每天到竹林环绕的池塘中钓钓鱼，同村里的老人聊聊天下下棋，其乐融融。

"嗯！"秋生爹在后面重重地点了点头。

"我们还能像您那样长生不老吗？"秋生问。

"我们并不能长生不老，只是比你们活得长些而已，你看我们现在不是都老了吗？其实人要活过三千岁，感觉和死了也差不多，对一个文明来说，个体太长寿是致命的危险。"

"哦，不用三千岁，三百岁就成啊！"秋生爹也像玉莲一样笑得合不上嘴，"想想，那样的话我现在还是个小伙儿，说不定还能……呵呵呵呵。"

这天，村里像过大年一样，家家都张罗了丰盛的宴席为上帝接风，秋生家也不例外。秋生爹很快就让陈年花雕酒灌得有三分迷糊了，他冲上帝竖起了大拇指。

"你们行！能造出这所有的活物来，神仙啊！"

上帝也喝了不少，但脑子还清醒，他冲秋生爹摆摆手，"不，不是神，是科学，生物科学发展到一定层次，就能像制造机器一样制造出生命来。"

"话虽这么说，可在我们眼里，你们还是跟下凡的神仙没两样啊。"

上帝摇摇头，说："神应该是不会出错的，但我们，在创世过程中错误不断。"

"你们造我们时还出过错儿？"玉莲吃惊地瞪大了双眼，因为在她的想象里，创造万千生灵就像她八年前生兵兵一样，是出不得错的。

"出过很多。以较近的来说，由于创世软件对环境判断的某些失误，地球上出现了像恐龙这类体积大而适应性差的动物，后来为了让你们顺利进化，只好又把它们抹掉。再说更近的事，自古爱琴海文明消亡后，创世软件认为已经成功地创建了地球文明，就再也没有对人类的进程进行监视和微调，就像把一个上好了发条的钟表扔在那里任它自己走动，这就出现了更多的错。比如，应该让古希腊文明充分地独立发展，马其顿的征服还有后来罗马的征服都应该被制止，虽然这两个国家都不是希有过的希冀和憧憬,似乎人类在一夜之间就能进入世世代代梦想中的天堂。在这种心情下,每个家庭都真诚地欢迎上帝的到来。

这天,秋生一家同村里的其他乡亲一起,早早地等在村口,迎接分配到本村的上帝。

"今儿个的天真是个晴啊!"玉莲兴奋地说。

她的这种感觉并非完全是心情使然,因为那布满天空的外星飞船在一夜之间完全消失了,天空重新变得空旷开阔起来。

人类一直没有机会登上那些飞船中的任何一艘,上帝们对地球人的这种愿望未表异议,但飞船自己不允许。对于人类发射的那些接近它们的简陋原始的探测器,它们不理不睬,紧闭舱门。当最后一批上帝跃入地球大气层后,两万多艘飞船同时飞离了地球同步轨道。不过它们并没有走远,而是在小行星带飘浮着,这些飞船虽然陈旧不堪,但古老的程序仍在运行,它们唯一的终极使命就是为上帝服务,因而不可能远离上帝,当后者需要时,它们招之即来。

乡里的两辆大客车很快开来,送来了分配到西岑村的一百零六名上帝。

秋生和玉莲很快领到了分配给本家的那个上帝,两口子亲热地挽着上帝的胳膊,秋生爹和兵兵乐呵呵地跟在后面,在上午明媚的阳光下朝家里走去。

"老爷子。哦,上帝老爷子,"玉莲把脸贴在上帝的肩上,灿烂地笑着说,"听说,你们赠送的那些技术,马上就能让我们实现共产主义了!到时候是按需分配,什么都不要钱,自己去商店拿就行了。"

上帝笑着冲她点了点满是白发的头,用还很生硬的汉语说:"是的,其实,按需分配只是满足了一个文明最基本的需要,我们的技术将给你们带来的生活,其富裕和舒适,是你完全想象不出来的。"

玉莲的脸笑成了一朵花,"不用不用,能按需分配,我就满足了,嘻嘻!"

"是啊是啊，给你们添麻烦了……"上帝连连鞠躬，同时偷偷瞄着秘书长和各国首脑的表情，"当然，我们会给你们一定的补偿。"他挥了一下拐杖。

又有两个白胡子上帝走进了会场，吃力地抬着一个银色的金属箱子。

"你们看，这是大量的高密度信息存贮体，系统地存贮着上帝文明在各个学科和技术领域的所有资料，它们将帮助地球文明产生飞跃进化，相信你们会喜欢的。"

秘书长看着金属箱，与在场的各国首脑一样极力掩盖着心中的狂喜，说道："赡养上帝应该是人类的责任，虽然这还需要世界各国进一步的磋商，但我想，原则上……"

"给你们添麻烦了，给你们添麻烦了……"上帝一时老泪纵横，连连鞠躬。

当秘书长和各国首脑走出会议大厅，发现联合国大厦外面聚集了几万名上帝，放眼看去一大片白花花的人山人海，天地之间充斥着连绵不断的嗡嗡声。秘书长仔细听了听，听出他们都在用不同的地球语言反复说着同一句话：

"给你们添麻烦了，给你们添麻烦了……"

四

二十亿个上帝降临了地球，他们大多是穿着"再入膜"坠入大气层的，那段时间，天空中缤纷的彩雨在白天都能看到。这些上帝着陆后，分散进入了人类社会的十五亿个家庭中。

由于得到了上帝的大量科技资料，人们都对未来充满了历史上从未

"以前，你们没有想到过会有这一天吗？"

"当然想到过，在两千年前，飞船就开始对我们发出警告，于是，我们采取了措施，在地球上播种生命，为养老做准备。"

"您是说，在两千年前？"

"是的，当然，那是我们的航行时间，从你们的时间坐标来看，那是在三十五亿年前，那时地球刚刚冷却。"

"这就有个问题：你们已经失去了技术能力，但播种生命不需要技术吗？"

"哦，在一个星球上启动生命进程其实只是个很小的工程。播下种子，生命就会自己繁衍起来，这种软件在机器摇篮时代之前就有了。只要运行软件，机器就能完成一切。创造一个行星规模的生命世界，进而产生文明，最基本的需要只是时间，几十亿年漫长的时间。接近光速的航行能使我们几乎无限地拥有另一个世界的时间，但现在，上帝文明的飞船发动机已经老化，再也不可能接近光速，否则我们还可以创造更多的生命和文明世界，也就能够拥有更多的选择。然而此时，我们已经被禁锢在低速中，这些都无法实现了。"

"这么说，你们是想到地球上来养老？"

"哦，是的是的，希望你们尽到对自己的创造者的责任，收留我们。"上帝拄着拐杖颤颤巍巍地向各国首脑鞠躬，结果差点儿向前跌倒。

"那么，你们打算如何在地球上生活呢？"

"如果我们在地球上仍然集中生活，那还不如在太空中了却残生呢。所以。我们想融入你们的社会，进入你们的家庭。在上帝文明的童年时代，我们也曾有过家庭。你知道，童年是最值得珍惜的，你们现在正好处于文明的童年时代，如果我们能够回到这个时代，在家庭的温暖中度过余生，那真是最大的幸福。"

"你们有二十亿人，这就是说，地球社会中的每个家庭都要收留你们中的一至两人。"秘书长说完，会场陷入了长时间的沉默。

够自我维护、更新和扩展。这样的智能机器能够提供一切我们所需要的东西，不只是物质需要，也包括精神需要。我们不需为生存付出任何努力，完全靠机器养活了，就像躺在一个舒适的摇篮中。想一想，假如当初地球的丛林中充满了采摘不尽的果实，到处是伸手就能抓到的小猎物，猿还能进化成人吗？机器摇篮就是这样一个富庶的丛林，渐渐地，我们忘却了技术和科学，文化变得懒散而空虚，失去了创新能力和进取心，文明加速老去。你们所看到的，就是这样一个风烛残年的上帝文明。"

"那么，您现在是否可以告诉我们，上帝文明来到地球的目的？"

"我们无家可归了。"

"可——"秘书长向上指了指。

"那都是些老飞船。虽然飞船上的生态系统比包括地球在内的任何自然形成的生态系统都强健稳定，但飞船都太老了，老得让你们无法想象——机器部件老化失效，漫长时间内积聚的量子效应产生出越来越多的软件错误，系统的自我维护和修复功能遇到了越来越多的障碍。飞船中的生态环境在渐渐恶化，每个人能够得到的生活必需品配给日益减少，现在只够勉强维持生存。在飞船中的两万多个城市里，弥漫着污浊的空气和绝望的情绪。"

"没有补救的办法吗？比如更新飞船的硬件和软件？"

上帝摇了摇头，"上帝文明已到垂暮之年，我们是二十亿个三千多岁的老朽之人，其实，早在我们之前，已有上百代人生活在舒适的机器摇篮之中，技术早就被遗忘干净了。现在，我们不会维修那些已经运行了几千万年的飞船，其实在技术和学习能力上，我们连你们都不如，我们连点亮一盏灯的电路都不会接，连一元二次方程都不会解……终于有一天，飞船说它们已经到了报废的边缘，航行动力系统已没有能力将飞船推进到接近光速，上帝文明只能进行不到光速十分之一的低速航行，飞船上的生态循环系统已接近崩溃，它们无法继续养活二十亿人了，请我们自寻生路。"

三

在第三次紧急特别联大会上，秘书长终于代表全人类，向上帝提出了那个关键的问题，他们到地球来的目的是什么。

"我回答这个问题之前，你们首先要对文明有一个正确的认识。"上帝代表抚着胡子说，他还是半年前光临第一届紧急联大会议的那一位，"你们认为，随着时间的延续，文明会怎样演化？"

"地球文明正处于快速发展时期，如果没有来自大自然的不可抗拒的灾难和意外，我们认为，它会一直发展下去。"秘书长回答道。

"错了，你想想，每个人都会经历童年、青年、中年和老年，最终走向死亡。恒星也一样，宇宙中的任何事物都一样，甚至宇宙本身，也有终结的那一天。为什么独有文明能够一直成长呢？不，文明也都有老去的那一天，当然也都有死亡的那一天。"

"这个过程具体是怎么发生的呢？"

"不同的文明有着不同的衰老和死亡方式，像不同的人死于不同的疾病或无疾而终一样。具体到上帝文明，个体寿命的延长是文明步入老年的第一个标志。那时，上帝文明中的个体寿命已延长至近四千个地球年，而他们的思想在两千岁左右时就已完全僵化，自身的创造性消失殆尽。这样的个体掌握了社会的绝大部分权力，而新的生命很难出生和成长，文明就老了。"

"以后呢？"

"文明衰老的第二个标志是机器摇篮时代。"

"嗯？"

"那时，我们的机器已经完全不依赖于它们的创造者而独立运行，能置,行星会变化,恒星也会变化,文明不久就得迁移。到青年时代它已迁移过多次,这时人类肯定会发现,任何行星的环境都不如密封的飞船稳定。于是他们就以飞船为家,行星反而成为临时住所。所以,任何长大成人的文明,都是星舰文明,在太空进行着永恒的流浪,飞船就是它的家。你问从哪里来?我们从飞船上来。"他说着,用一根脏兮兮的指头向上指指。

"你们总共有多少人?"

"二十亿。"

"你们到底是谁?"秘书长的这个问题问得有道理,他们看上去与人类没有任何不同。

"说过多少次了,我们是上帝。"老流浪者不耐烦地摆了一下手说。

"能解释一下吗?"

"我们的文明,呵,就叫它上帝文明吧,在地球诞生前就已存在了很久。在上帝文明步入它衰落的暮年时,我们就在刚形成不久的地球上培育了最初的生命。然后,上帝文明在接近光速的航行中跨越时间,在地球生命世界进化到适当的程度时,按照我们远祖的基因引入了一个物种,并消灭了这个物种的天敌,细心地引导它进化,最后在地球上形成了与我们一模一样的文明种族。"

"如何让我们相信您所说的呢?"

"这很容易。"

于是,开始了历时半年的证实行动。人们震惊地看到了从飞船上传输来的地球生命的原始设计蓝图,看到了地球远古的图像。按照老流浪者的指点,在各大陆和各大洋底深深的岩层中挖出了那些令人惊恐的大机器,那是在过去漫长的岁月中一直监测和调节着地球生命世界的仪表……

人们终于不得不相信,至少对于地球生命而言,他们确实是上帝。

承受范围内。当老流浪者接触地面时,他们的下落速度已接近于零,就像是从板凳上跳下来一样。不过即使这样,还是有很多人在着陆时崴了脚。而在他们接触地面的同时,身上穿的"再入膜"也正好蒸发干净,不留下一点残余。

天空中的流星雨绵绵不断,老流浪者越来越多地降临地球,他们的人数已接近一亿。

各国政府都试图在他们中找出一个或一些代表,但他们声称,所有的"上帝"都是绝对平等的,他们中的任何一个人都能代表全体。于是,在为此召开的紧急特别联合国大会上,从时代广场上随意找来的一个英语已讲得比较好的老流浪者进入了会场。

他显然是最早降临地球的那一批人之一,长袍脏兮兮的,破了好几个洞,大白胡子落满了灰,像一块墩布。他的头上没有神圣的光环,倒是盘旋着几只忠实追随的苍蝇。他拄着那根当作拐杖的顶端已开裂的竹竿,颤巍巍地走到大圆会议桌旁,在各国首脑的注视下慢慢坐下,抬头看着秘书长,露出了他们特有的那种孩子般的笑容:

"我,呵,还没吃早饭呢。"

于是有人给他端上一份早餐,全世界的人都在电视直播中看着他狼吞虎咽,好几次被噎住。面包、香肠和一大盘色拉很快被风卷残云般吃光。在又喝下一大杯牛奶后,他再次对秘书长露出了天真的笑:

"呵呵,有没有,酒?一小杯就行。"

于是给他端上一杯葡萄酒,他小口地抿着,满意地点点头,"昨天夜里,暖和的地铁出风口让新下来的一帮老家伙占了,我只好睡在广场上,现在喝点儿酒,关节就灵活些,呵呵……你,能给我捶捶背吗?稍捶几下就行。"在秘书长开始捶背时,他摇摇头长叹一声,"唉,给你们添麻烦了——"

"你们从哪里来?"美国总统问。

老流浪者又摇摇头:"一个文明,只有在它是个幼儿时才有固定的位怪的事情，更不会想到这事会与太空中的外星飞船群有联系。

在世界各大城市中，陆续出现了一些流浪的老者，他们都有一些共同特点：年纪都很老，都留着长长的白胡须和白头发，身着一样的白色长袍。在最开始的那些天，这些白胡须白头发和白长袍还没有弄脏时，他们远远看去就像一个个雪人似的。这些老流浪者的长相介于各色人种之间，好像都是混血人种。他们没有任何能证明自己国籍和身份的东西，也说不清自己的来历，只是用生硬的各国语言温和地向路人乞讨，并且都说着同样的一句话：

"我们是上帝，看在创造了这个世界的分儿上，请给点儿吃的吧……"

如果只有一个或几个老流浪者这么说，只要把他们送进收容所或养老院，与那些无家可归的老年妄想症患者放到一起就是了。但要是有上百万个流落街头的老头儿老太太都这么说，那就是另一回事了。事实上，这种老流浪者在不到半个月的时间里就增长到了三千多万人。在纽约、北京、伦敦和莫斯科的街头上，到处是这种步履蹒跚的老人。他们成群结队地堵塞了交通，看上去比城市的原住居民都多，最恐怖的是，他们都说着同一句话：

"我们是上帝，看在创造了这个世界的分儿上，请给点儿吃的吧……"

直到这时，人们才把注意力从太空中的外星飞船转移到地球上的这些不速之客身上。最近，各大洲上空都多次出现了原因不明的大规模流星雨，每次壮观的流星雨过后，相应地区的老流浪者数量就急剧增加。经过仔细观察，人们发现了这个令人难以置信的事实——这些老流浪者是自天而降的，他们来自那些外星飞船。他们都像跳水似的孤身跃入大气层，每人身上都穿着一件名叫"再入膜"的密封服。当这种绝热的服装在大气层中摩擦燃烧时，会产生经过精确调节的减速推力，在漫长的坠落过程中，这种推力产生的过载始终不超过四个G，在这些老家伙的

二

这一切都是从三年前那个秋日的黄昏开始的。

"快看啊,天上都是玩具呀!"兵兵在院子里大喊,秋生和玉莲从屋里跑出来,抬头看到天上真的布满了玩具,或者说,天空中出现的那无数物体,其形状只有玩具才能具有。

这些物体在黄昏的苍穹中均匀地分布着,反射着已落到地平线下的夕阳的光芒,每个都有满月那么亮。这些光合在一起,使地面如正午般通明。但这光亮很诡异,它来自天空所有的方向,不会给任何物体投下影子,整个世界仿佛处于一台巨大的手术无影灯下。

开始,人们以为这些物体的高度都很低,位于大气层内。这样想是由于它们都清晰地显示出形状。后来才知道这只是由于其体积的巨大,实际上它们都处于三万多公里高的地球同步轨道上。

到来的外星飞船共有二万一千五百一十三艘,均匀地停泊在同步轨道上,如同给地球加上了一层新的外壳。这种停泊是以一种极其复杂的、令人类观察者迷惑的队形和轨道完成的,所有的飞船同时停泊到位,这样可以避免飞船质量引力在地球海洋上产生致命的潮汐,此举让人类多少安心了一些,因为它或多或少地表明了外星人对地球没有恶意。

以后的几天,人类世界与外星飞船的沟通尝试均告失败——后者对地球发来的询问信息保持着完全的沉默。

与此同时,地球变成了一个没有夜晚的世界,太空中那上万艘巨大飞船反射的阳光,使地球背对太阳的一面亮如白昼;而在面向太阳的这一面,大地则周期性地笼罩在飞船巨大的阴影下。天空中的恐怖景象使人类的精神承受力达到了极限,因而也忽视了地球上正在发生的一件奇帝赢了，秋生爹肯定暴跳如雷：你个老东西是他妈个什么东西?！赢了我就显出你了是不是?！屁！你是上帝，赢我算个屁本事！你说说你，进这个门儿这么长时间了，怎么连个庄户人家的礼数都不懂?！

如果上帝输了，这老头儿照样暴跳如雷，"你个老东西是他妈个什么东西?！我的棋术，方圆百里内没得比，赢你还不跟捏个臭虫似的，用得着你让着我?！你这是……用句文点儿的话说吧，是对我的侮辱！"

反正最后的结果都一样。老头儿把棋盘一掀，棋子儿满天飞。秋生爹的臭脾气是远近闻名的，这下子可算找着了一个出气筒。不过这老头儿不记仇，每次上帝悄悄把棋子儿收拾回来再悄悄摆好后，他就又会坐下同上帝对弈起来，并重复上面的过程。当几盘杀下来两人都累了时，就已近中午了。

这时上帝就要起来去洗菜，玉莲不让他做饭，嫌他做得不好，但菜是必须洗的，一会儿小两口下地回来，如果发现菜啊什么的没弄好，她准又是一通尖酸刻薄的数落。

上帝洗菜时，秋生爹一般都踱到邻家串门去了，这是上帝一天中最清静的时候，中午的阳光充满了院子里的每一条砖缝，也照亮了他那幽深的记忆之谷。这时他往往开始发呆，忘记了手中的活儿，直到村头传来从田间归来的人声才使他猛醒过来，加紧干着手中的活儿，同时又长叹一声：

"唉，日子怎么过成这个样子呢……"

这不仅是上帝的叹息，也是秋生、玉莲和秋生爹的叹息，是地球上五十多亿人和二十亿个上帝的叹息。

把奶锅儿拿下来了啊,它怎么不自己关呢?"

"你以为这是在你们飞船上啊?"正在下楼的秋生大声说,"这里的什么东西都是傻的,我们不像你们,什么都有机器伺候着,我们得用傻工具劳动才有饭吃!"

"我们也劳动过,要不怎么会有你们?"上帝小心翼翼地回应道。

"又说这个,又说这个,你就不觉得没意思?有本事走,再造些个孝子贤孙养活你。"玉莲一摔毛巾说道。

"算了算了,快弄弄吃吧。"像以前一样,这次又是秋生打圆场。

兵兵也起床了,他下楼时打着哈欠说:"爸、妈,这上帝,又半夜咳嗽,闹得我睡不着。"

"你知足吧小祖宗,我俩就在他隔壁还没发怨呢。"玉莲说。

上帝像是被提醒了,又咳嗽起来,咳得那么专心致志,像在做一项心爱的运动。

"唉,真是倒了八辈子的霉了。"玉莲看了上帝几秒钟,气鼓鼓地说,然后转身走进厨房做饭去了。

上帝再也没吱声,默默地在桌边儿和一家人一块儿就着酱菜喝了一碗粥,吃了半个馒头,这期间一直承受着玉莲的白眼儿,不知是因为液化气的事儿,还是又嫌他吃得多了。

饭后,上帝像往常一样,很勤快地收拾碗筷。玉莲在外面冲他喊:"不带油的不要用洗洁精!那都是要花钱买的,就你那点赡养费,哼……"上帝在厨房中连续"哎、哎"地表示知道了。

小两口下地去了,兵兵也去上学了,这个时候秋生爹才睡起来,他两眼迷迷糊糊地下了楼,呼噜噜喝了两大碗粥,点上一袋烟时,才想起上帝的存在。

"老家伙,别洗了,出来杀一盘!"他冲厨房里喊道。

上帝用围裙擦着手走出来,殷勤地笑着点点头。

对上帝来说,同秋生爹下棋也是个苦差事,输赢都不愉快。如果上

赡养上帝

刘慈欣

一

上帝又惹秋生一家不高兴了。

这本来是一个很好的早晨。西岑村周围的田野上，在一人多高处悬着薄薄的一层白雾，像是一张刚刚变空白的画纸，这宁静的田野就是从那张纸上掉出来的画儿。第一缕朝阳照过来，今年的头道露珠们那短暂的生命进入了最辉煌的时期……

但这个好早晨，全让上帝给搅了。

上帝今天起得很早，自个儿到厨房去热牛奶。赡养时代开始后，牛奶市场兴旺起来，秋生家就花了一万多买了一头奶牛，学着人家的样儿把牛奶兑上水卖，而没有兑水的牛奶也成了本家上帝的主要食品之一。

上帝热好奶，就端着去堂屋看电视了，液化气也没关。刚清完牛圈和猪圈的秋生媳妇玉莲回来了，闻到满屋的液化气味儿，赶紧用毛巾捂着鼻子冲到厨房关了气，飞速打开了窗子和换气扇。

"老不死的，你要把这一家子害死啊！"玉莲回到堂屋大嚷着。家里用上液化气也就是领到赡养费以后的事，秋生爹一直反对，说这玩意儿不如蜂窝煤好，这次他又落着理了。

像往常一样，上帝低头站在那里，那扫把似的雪白长胡须一直拖到膝盖以下，脸上堆着胆怯的笑，像一个做错了事儿的孩子，"我……我

"太不可思议了,切割器留下的创口能如此平整,几乎没有渗血,就跟用激光束处理过一样……"

"扯淡,地球上哪来的军用激光?"

有人注意到我睁着眼睛,于是弯下腰,把脸凑过来安慰我。

"别怕,小朋友,你的手会好的,我们会把它安回去的。只不过,以后使用工具时要多加小心了……"接着他转头补充道,"护士!一毫升止痛剂……还有抗生素。有辛霉素最好,五十万单位……"

我笑了。疼痛没有减弱,它依旧在用炽热、钝拙的牙齿咀嚼着我的手。但我笑着避开散发着麻醉剂气味的面罩,一直一直呢喃着:

"抗生素……抗生素……抗生素……"

邱天池 译

《我的爸爸是抗生素》,1992年首次发表于白俄罗斯《超级幻想》杂志。小说充满反战的人文主义关怀。如果说地球本质上是一个生命体,那人就是它的细胞。生物体内总有有害细胞和微生物。谁和它们战斗,当然是抗生素!陆战士兵们对于地球来说,其实也是抗生素……

本篇获奖情况:
    2001年 获得波兰SFinks科幻文学奖外国短篇小说三等奖
    1992年 提名金环奖最佳短篇小说
    1993年 提名俄罗斯国际新闻幻想大会奖最佳短篇小说
    1993年 提名青铜蜗牛奖最佳短篇小说

"手给我。"爸爸命令道。于是我乖乖把手放到驾驶舱侧面。爸爸坐在我旁边，然后整个身体把我压在座椅靠背上。他握住了我的手，我的手指陷入爸爸的掌心。我感觉到我的手很冰冷，发硬，和飞行防护服的面料一样硬。

"别害怕，"爸爸说，"最好别看，别过脸去。"

我喘不过气，身体虚弱。我知道自己动弹不得，甚至没办法转身。

爸爸拿起手枪。有一瞬间，我感觉到了他手指的力量。然后，黑暗中闪过一道耀眼的白色射线。

我不曾体验过真正的痛苦。过往经历过的所有疼痛都是为这一刻准备的——无与伦比，真真切切，无法承受的疼痛。这是人永远都不该经历的事情。

爸爸在我脸上打了一下，把惨叫赶回肺部。他声嘶力竭地喊道："坚持住！保存体力！坚持住！"

我甚至没办法闭上眼睛，疼痛撑开了我的眼皮，身体因剧痛引发的痉挛而弓起，我看到自己的手掌在爸爸手里，而腕关节位置却出现了怪异、丑陋的残肢截面。银色手环从残肢上脱落，坠入湖中。

最多只过了五秒钟，驾驶舱开始关闭。爸爸按下控制台上的"03"键——前往最近医疗中心的紧急航线。下方突然亮起刺目、炽热的橙色光芒。片刻后，飞行器摇晃了一下，我看到蒸汽和水滴编织成一个数米高的喷泉，然后溅落在湖面的橙红色镜子上。

爸爸是对的，一如既往。不能在森林上空这么做，不然松鼠会大祸临头。动物终究是无辜的……

都说人越爱动物，动物就越爱人。在某个界限内大概是这样的，可一旦超越这个界限，就会适得其反……

我从手术台上赤身裸体地醒来，浑身布满检测仪的吸盘。手术台旁的人越聚越多，爸爸穿着医用白大褂站在他们中间，低声说着什么。医生们弯着腰，在我手边说：

爸爸看了一眼时间，然后走到视频电话旁。我以为他打算给什么地方打电话，结果他挥手击碎了屏幕左侧的镶木面盘，然后从一个小凹槽中取出一把手枪，笔直的散热长枪管像镜子一样闪闪发光。

现在我开始害怕了。陆战队员在家中私藏可用武器将被陆战兵团开除，还需要缴纳巨额罚款。如果使用了武器，则会面临监禁。

"爸爸……"我低声说着，看着枪，"爸爸。"

爸爸抱起我，一把将我扛在肩上，朝门口跑去。他什么也没有说——可能已经没时间了。然后我们穿过了花园。

接着，爸爸跳进飞行器驾驶舱，在控制台上输入启动紧急程序代码。他把我扔到后座，又立刻把手枪和急救箱也扔了过来。

"摄入双倍剂量的止痛药。"他下令道。

尽管我已经陷入恐惧，但还是差点笑出声。用止痛药抵抗等离子炸弹爆炸？这就像拿小刀去猎杀大象。

但我还是取出了两只小小的猩红色安瓿瓶。我把它们放在手心压碎，手指攥紧，感受药液渗入皮肤的冰冷。脑袋微微晕眩。

爸爸驾驶着飞行器，马力全开，被划破的空气在驾驶舱透明罩后方呼啸。他当真以为有哪个地方能帮到我们吗？救助真的来得及吗？

飞行器减速，在半空中悬停。增压发动机的尖啸转变成舒缓的轰鸣。我们两个飘浮在夜色里，飘浮在一片由金属和塑料构成的小天地之中。

"我们在湖面上方，"爸爸含糊地解释道，"不能去森林上空，会杀死很多动物。它们是无辜的。"

他在控制台上按着什么，输入我不知道的指令。安全装置发出不悦的吱吱声，驾驶舱罩缓缓向后掀开——在上千米的高空！

凉爽的夜风吹拂着我们，带来湖水的淡漠气息，还有臭氧，该死的臭氧——当然不是手环上的，而是运转的发动机上的。

爸爸挪到了后座。

飞行器微微晃动，我看到下方平静的湖面闪着微光。

氧的气味？臭氧分子由三个氧原子构成，是稳定性最差的单质之一[1]。但它会在电子设备运行时，以及等离子体被磁陷阱约束时释放。

死亡钳住了我的手，可怖的、炽烈的死亡。它可不愿放过自己的猎物。但我突然不再恐惧它了。

这死亡本不属于我，这本是为阿尔尼斯预备的。爸爸将它带给了我，尽管他没有意识到自己做了什么。不可思议的巧合正因它的不可思议性而变得合理。

我缓缓地走向门口，如梦似幻。柔软的地毯……冰冷的木制台阶……

我推开父亲卧室的门，走了进去，疲倦的抗生素正在安睡。

我坐在爸爸床头旁的椅子上，却不知道自己该干什么——叫醒父亲，把头靠在冰冷的手环上打盹，或者呆坐一会儿，然后走进远离房子的森林里。这些行为没有任何区别。

但是爸爸醒了。

他轻巧地从床上跳下来，无声无息地开了灯，看到是我，他先稍稍放松，又立刻紧绷神经，困惑地摇了摇头。

"爸爸，这只手环是一个定时炸弹，"我近乎平静地说着，"我不做过多解释，但这点是能确定的。手环会在它的第一任主人死后一昼夜爆炸……大概是一昼夜。你还记得你是什么时候杀掉他的吗？"

我从未见过爸爸的脸色如此惨白。一瞬间，他已经站在我身旁——猛扯了一下我的手环。

我惨叫起来，感觉痛不欲生，同时又有些恼怒，因为我聪明的爸爸在做这样的蠢事。

"爸爸，它取不下来。这可是为孩子设计的……爸爸，你还记得吗，他的左脸上是不是有一颗痣？"

---

1. 臭氧在常温下可以自行还原为氧气。

噪声停止了。熟悉的星球名字已经从新闻节目的画面中消失了，现在呈现的是烟雾升腾的废墟，一个穿着闪光防火服的矮小身影正在混凝土碎块中穿梭。

"……威力巨大。被摧毁的不仅是停尸房，还有紧邻的医院大楼。安全局代表表示，不排除恐怖袭击的可能性。一天前，一批被击毙的叛军被送到这个停尸房。一反常态的是，他们没有自爆，而是在战斗中身亡。"

《新闻一小时》的片花闪过。

"关闭。"我下意识地命令，然后盯着手环。

这可真是个妙计——一种会在士兵死亡后爆炸的装置。可以设置两三分钟的延迟，给杀死他的人留出靠近尸体的时间。装置可以做成手环的样式，且无法从手上取下来。装配上脉搏传感器……强力爆炸物……或更好的东西——磁约束等离子体。

还得有一个延时器。在士兵团体作战时，不需要在即时引爆炸药的情况下使用。

比方说，设置一个按钮。按下它时，爆炸将会延迟一昼夜。这样，爆炸就会对不了解个中机巧的敌人造成伤害。当然，更妙的是引诱愚蠢的敌人把手环取下来留作纪念，哪怕他拿去送给自己才的儿子——这也不会有什么损失。

我使尽全力去扯手环，但伸手进去时轻松变形的手环内壁现在却纹丝不动。

我试着用螺丝刀撬它，把它撑开，然后摘下来，但也不管用……手环是由聪明绝顶、技艺高超的工程师制作的。可能只有他们自己才能把它取下来。

在丧失理智的狂怒下，我开始用牙齿撕咬手环，然后闻到了一股淡淡的令人愉悦的气味。

我怎么会认为，米什卡在枪击发生之后的几个小时还能捕捉得到臭情，宣布自己得到了一把货真价实的作战机枪。她讲到自己得知发给叛军的不只是机枪，还有叛军身死后的自动销毁装置。万幸阿尔尼斯没有拿到这个装置，所以她还可以埋葬他。阿尔尼斯的面容很平静，没有遭受过痛苦，中微子射线瞬间杀死了他。他的身上几乎没有伤口——只有胸口处的一枚小红点——那是射线命中的位置……还有手臂，被激光给……

她讲述的时候似乎没有意识到我来自地球，抗生素陆战队就诞生在这颗伟大的星球上，是他们消灭了叛军，也消灭了那些迫不及待想要摆弄真机枪的孩子。

在佛罗里达时，我们也喜欢玩战争游戏。

她当然也不记得我父亲是谁，所以才能直视我的眼睛，但我却做不到。当她不再言语，继续抽泣时，我转身躲避视频摄像头那毫无怜悯之心的视线，伸手取来遥控器，切断了通信。

房间陷入黑暗与寂静。只有一根随风摇曳的树枝抚摸着窗玻璃，发出轻微的簌簌声。

"灯！"我喊道，"把灯都打开！"

于是房间里灯火通明。磨砂天花板顶灯、水晶吊灯、深橙色的玻璃小夜灯以及脖颈灵活纤细的台灯都打开了。

灯光晃着我的眼睛，将屋中笼罩的寂静撕碎。而寂静却又苏醒过来，悄悄向我逼近，钻入我的耳中，就连窗外的树枝也停止了晃动。

"音乐！加大音量！新闻节目！教学节目！加大音量！轮播广播节目！加大音量！"

寂静爆炸，消散，隐入虚空。现代摇滚的立体环绕声震耳欲聋，广播节目三秒换一档。电视屏幕上正在教授意大利语的奥妙，讲解如何种植兰花，报道最新消息……

"留下新闻！"我大吼着，试图盖过嘈杂的声音，"其他都关掉，只留下新闻！"

们一起参加过夏令营。"

她点了点头,继续默默地注视着我。目光有些怪异,冷漠淡然。

"阿尔尼斯睡了吗?"我有些犹疑地问,"他能过来接电话吗?"

她的声音变得愈加空洞。

"阿尔尼斯不在,埃里克。"

我明白了。我立刻明白了。可能是恐惧让我拒绝接受理性的推断,所以我执拗地不愿相信,继续刨根问底。

"他睡了吗?还是去了哪里?"

"阿尔尼斯不在了。"她只加了一个字,却是决定性的字眼。阿尔尼斯不在了。

"不可能!"我听到了自己的声音,我喊了起来,不明白自己在说些什么,"不可能!不可能!"

在这之后,她也哭了起来。

当成年人在孩子面前哭泣时,我总会觉得害怕。这是有些反常的,不自然的。我会立即感到无所适从,并开始冒出诸如"我会改过自新"之类的各种各样的蠢话,哪怕自己什么错也没有。

但现在我压根儿不在乎。阿尔尼斯,我的好友,我全宇宙最亲密的朋友。我们在佛罗里达共同度过了两个月后即是永别。他死了,被杀死了。人在战争中不会死于风寒。

"请告诉我,请告诉我是怎么回事。"我恳求道,"我得知道,我必须要知道。"

为什么非得知道?因为阿尔尼斯是我的朋友,还是因为我爸爸是个没能及时治愈疾病的抗生素?

"他和叛军在一起。"她低声说着。声音如此微弱,以至于愚蠢的视频电话机自动调整了音量,把微弱的话语变成了响亮的演讲。

她边讲述边哭泣。而我听着,听她讲到阿尔尼斯如何离开家,而她没来得及把他留下来;讲到阿尔尼斯给家里打电话,他毫不掩饰自豪之预设舒缓的音乐，把音量调到缓缓降低模式，并让音乐不知不觉过渡到雨声。等到早上，再让活力充沛、热情洋溢的音乐把我唤醒……

视频电话机发出尖锐的提醒声，礼貌地告知：

"呼叫信号已接收。二十秒后建立通信。"

我蹿了起来，直冲向显示屏，站定在蓝色圆形摄像头面前。二十秒后建立通信……

在与我相距数百，抑或数千公里的地方，通信站的天线正准备将我的呼叫信号发往太空。这是一个压缩成毫秒量级的编码信号。悬停在地球上方某个固定轨道上的自动中继站将接过接力棒，通过已调光束将信息传输至星际传送器——一个在独立近太阳轨道上旋转的直径两公里的球体。信号在那里被翻译成引力脉冲语言，与数千条其他信息一起被打包成一个包裹，送往宇宙。在拜尔特星系附近的太空中，它将被本地站的天线接收。之后的一切步骤与之前相反。

屏幕上泛起舒缓的碧绿色光芒："请稍等。"但我并不需要劝告。我已经等了一整天。现在我会在屏幕前待到早上。

屏幕亮了起来。图像失焦了一秒钟，而后调整妥当。在镶木墙面的背景下，我看到一张疲惫的女人的脸。这是阿尔尼斯的母亲，她穿着肃穆的黑色西装。我突然意识到，我们两颗星球的主观时间是一致的。当然，她看起来不像是被我从床上薅起来的。不管怎么说，她的神色非常差……

"您好……"我尴尬地开口，"晚上好。"

她的名字突然从我的脑海里消失了。我越试着去想起来，就越是把它忘得一干二净。

屏幕里的女人盯着我的脸看了几秒钟。不知是视频电话没有聚好焦，还是她只是没有认出我。毕竟我们只在视频里见过那么两三次面。

"你好，"她波澜不惊地说，"你是埃里克，阿尔尼斯的朋友。"

"是的，"我兴奋地肯定道，并不知为何补充了一句，"去年夏天我娱乐频道的台标和《维克多秀》的片花在屏幕上接连闪过,年轻男人欢快地挥着手说:"你们好!陆战兵团到来之前,你们这些叛军在想些什么?"

在幕后导演的授意下,台下爆发出一波哄堂大笑。

"换。"我怀着一种无法言喻的厌恶,下达了命令。

政府频道严肃的呼号响起。画面中出现一个巨型大厅。麦克风前的男主播说:"端星事件向我们证明了存储资金的重要性……"

"换台。"

屏幕此时充盈着浓厚的黑色,一座蜜黄色的钟从黑暗中缓慢地、平稳地飘来,深沉而悠长的钟声突然响起。这是资讯节目《视野》。

"停。"

钟消散了,幻化为人的眼睛,瞳孔扩大,逐渐透明。装甲运兵车和手持武器的人群的轮廓显现出来。知名观察员格里高利·涅夫苏扬那熟悉的声音响起——

"我们正在端星,拜尔特星系的一号行星。这个安静祥和的世界正在上演的悲剧令任何人都无法冷眼旁观……"

我躺着倾听这一切:端星上争夺权力的极端分子,受蒙骗而参与叛乱的当地人民,还有冒着生命危险恢复秩序的陆战队员。

"有人声称陆战队员动用武力是犯罪行径。但是,将少年儿童卷入政治把戏里,这难道不是一种双重犯罪吗?"涅夫苏扬质问道,"十二三岁的孩子为叛军作战。他们拿到了武器,然后他们被命令不得投降。"

我怒火中烧。这是无耻行为。我的同龄人——也就是说,阿尔尼斯也可能在他们之中,并且被下令不许投降……

"没有任何一个叛军,我再重复一遍——没有任何一个人投降。他们在绝境中还击到最后一刻,然后用手雷自尽。一切都不言而喻:若非被催眠,此类疯狂行为是绝对不可能出现的。"

"关闭。"我下令。我背过身躺着,看着天花板。也许我最好去睡觉。

他坐在自己最钟情的躺椅上,悠然地翻阅着一本书。书名蕴含深意——《星辰之间无和平》。封面是一架不知为何粉身碎骨的直升机。我稍稍低头,画面一抖,切换到了另一幅图像。封面现在展示的是一艘完整的星舰,一道深蓝色的光束打在它的侧面——主反应堆和居住舱之间的某处。爸爸继续看着,假装没有注意到我。我转身悄悄离开藏书室。如果爸爸开始看老太空动作片了,那必定是他心情不好的表现。大概就算是抗生素,也会感到苦闷吧。

我回到自己的房间,盘腿坐在床上,思索了一阵该做些什么。桌上散乱着未读完的《水与火的史诗》。这是一本讲述战争的老书,我央求米什卡的考古学家父亲把它借给我两天。这本书的纸质书页已经磨损,用透明塑料包了起来,封皮则完全没有保存下来,但这反倒增加了阅读的趣味性。第二次世界大战以一个完全出乎意料的视角展现在我面前。不过我一直对这段历史了解不多……

还有一份作业要做——还没完成的数学作业已经在计算机硬盘里等我两天了。这事拖不得,老师眼瞅着就要检查了……

可我没有拿起书,也没有坐到学校计算机的终端前,而是说:

"打开电视。播放最近六小时有关端星起义的消息。"

墙上的电视屏幕发出柔和的光,紧接着镜头快速闪过,让人目不暇接——筛选出三十余个全天候频道,从中找出所有提及端星的报道。搜索过程持续了数秒。

"二十六个节目。总时长为八小时三十一分钟。"机械音冷漠地汇报。

"从第一个开始吧。"我下达命令,并调整了个更舒适的姿势。

只剩下一点儿臭氧。"

"没错,"我确认说,"戴手环的叛军被……

"埃里克,把那个脏东西扔了,"米什卡小声请求,"我不喜欢……

"可是……这个手环是爸爸从陆战队带给我的……"

米什卡转身离开了,他低声说:"我哪儿也不去了,埃里卡,明天见吧。"

我也是个聪明人,我轻蔑地目送他。米什卡嫉妒我,就是这样。毕竟……我爸爸是抗生素。

我独自去托利科那儿游泳。我的自尊心在那里得到了些许满足。小男孩屏息倾听我讲话。半小时后,他已经和同龄孩子们打成一片,扮演陆战队员跑来跑去。当我从游泳池里爬出来,懒洋洋地用一条粉红色薄毛巾擦干身体时,听到从房子——一堆时髦的现代主义风格巨型塑料球后面传来声音:"你死了,摘下手环!"

这让我忍俊不禁。之后的两三天里,新游戏的吵闹喧嚣和"激光枪"震耳欲聋的爆炸声应该会把邻里闹得鸡犬不宁。而这些都是我搞出来着低矮的塔楼。这大概是米什卡父母的奇思妙想——他们是考古学家，钟情于各种古迹。

米什卡在门口等我。我没给他打过电话，出发前也没有约定，但米什卡的等候却是一件预料之中的事情。

因为，他是一个"嗅探"。

当然，我可以挑一个更体面的词，但不会改变其本质。米什卡感知气味的能力比所有狗狗都强一个数量级，更别说人了。

他的父母接受过特殊治疗，才让他出生时就拥有这种能力。但我感觉他自己并不重视这个天赋。有一次米什卡跟我说，同时闻到上百种气味是很不舒服的，就像是听见大量旋律同时奏起的杂音……我不知道。我本人很想成为一名嗅探，能够通过空气中的气味来预测几百米外正在走近的朋友。

米什卡朝我挥挥手。

"你爸爸回来了吧？"他确信地问。

我点了点头。米什卡心情欢畅的时候，偶尔会喜欢露一手。

"是的，感觉这么强烈吗？"

"当然。焦糊味、坦克燃料和爆炸物的味道，异常强烈的气味……"米什卡犹豫了片刻，补充说，"还有汗水。疲倦的气味。"

我摊开双手。完全正确，夏洛克·福尔摩斯先生。

"去游泳吗？"

"去湖里？"

"不，太远了……去托利科家的游泳池。"

我们的朋友，七岁的托利科·雅尔采夫拥有附近最大的泳池。五十米乘二十米——货真价实。

"走。"

然后米什卡看到了我手上的手环。

"阿尔卡，这是什么？"

我摇摇头,不!

不!

这绝不可能。方法应该简单多了——直接命中目标。等离子弹药将目标炸成碎片,因高温而发黑的土地上只会剩下他的识别徽记。

我急忙戴上手环,生怕自己改变主意。它出人意料地温暖,仿佛至今还留存着那次射击的火焰。手环倒也没有特别沉重,戴个两三天不是什么难事。

我们住在伊尔库茨克市[1]郊区,距离城市一百公里,所以晚上可以看到地平线上住宅塔楼的照明尖顶。我这辈子都不想住在那种房子里——一公里高的混凝土、玻璃和金属漫无目的地向天空延伸,仿佛地球上已经没有足够的空间……

我不是唯一一个这样想的,否则每座这样的特大城市也不会被两百公里的郊区带所包围。

舒适的小屋和多层别墅夹杂在一片片树林和零星的清澈湖泊之中。

我走在通往米什卡家的小路上。走在这条路上很舒服,甚至过于舒服了。两个毛小子就算一天跑上十个来回,也踩不出这样的小路。

这条路是机器人铺设的,参照了存储在它们记忆晶体中完美的"林间小路"的例子。而这条路名副其实。

在小路的每个拐角,每处无法预测的弯道之后都会出现完全出乎意料的景色。一会儿是古老的松树林之中现出如画的沼泽地,柳树成荫;一会儿是巨橡木的背后藏着一小片空地,绿草丰茂。一条湍急的布满岩石的小溪横穿小路,小溪上方是一座弧度舒缓的小木拱桥。

沿着这条路走下去,永远都不会感到无聊。十五分钟的路程转瞬即逝。

米什卡家像极了中世纪要塞——一座灰色的方形石制建筑,四角带

---

[1] 俄罗斯城市,东西伯利亚第二大城市。

"是叛军的识别徽记。"

解释礼物的价值完全是一门艺术，不亚于挑选一份好的礼物。而爸爸可以二者兼顾。现在我倍加敬重地看着金属环。

"这个按钮是做什么的？"

"类似于发射信号。"爸爸从我手中接过手环，用两根手指提溜着它，"我们还没彻底弄清楚，不过，手环上似乎有个大功率的一次性发射器。使用者应当在受伤或被俘的危急情况时按下按钮，发出'我退出游戏'的信号，明白吗？按钮是一次性的。"

我也明白了，这个手环的主人已经发送了自己的信号……

"手环是你从叛军那儿拿来的吗？"

爸爸点点头。

"它应该怎么戴？"

"该怎么戴就怎么戴。把手塞进去，手环就会扩大到完全契合手腕。它的金属材质是单向可伸缩的，就跟我的飞行服一样。"

正准备戴上手环时，我突然意识到一件事。

"爸爸……那该怎么把它取下来？它可不会反向伸缩啊！"

"当然。需要把它切开。拿一把切割器，塞进手环下方切开它。另一边也这样操作，然后你会得到两个半圆圈，还有空气里的焦煳味。"

爸爸沉默起来。我条件反射一般感觉到他紧张了。我总能立刻察觉爸爸犯的任何错误。我们非常了解彼此。

"行了，我去跑步了……"他做了个模棱两可的手势。

"去湖边？"

爸爸点点头，把我独自留下来。我双手拿着沉重的手环，盯着它，始终不敢把手伸进狭小的金属圆圈里。谜底就在手环里……

怎样在不切开手环的前提下把它从叛军手上取下来？怎么才能不破坏这份独特的礼物？

非常简单，只需要……

装备，只是一个扁平的灰色金属管。管子很重，分量跟手枪差不多。手环上没有任何按钮或显示器，甚至连个卡扣都没有。哦，不对……上面有个大大的椭圆形按钮，材质与整只金属手环相同。按钮已被按下，几乎与平整的手环表面融为一体。我尝试用指甲把它抠出来，但无济于事。

莫名其妙的礼物。我喝着咖啡，用手指转动沉重的手环。手环旋转得不太均匀，像是内部灌装了水银，或是有小铅珠在里面滚来滚去。这完全有可能……但它要怎么戴到手上呢？手环太小，哪怕是我的手都钻不进去。

爸爸进来了，只穿着泳裤，大汗淋漓。他从冰箱里拿出一瓶可乐，随口提议道："要不要跑到湖边去？精神一下……"

是疯了吗？谁会在穿过森林，跑完十公里越野后还觉得精神焕发？我只会就近找棵树，在下面躺着度过今天剩余的时间。

"不去……我可不是抗生素……"

爸爸把可乐喝完了——只用了三大口——他嘲讽地笑了笑。

"那么我们坐飞行器去。"

我浑身打了个哆嗦，又摇了摇头。

"爸爸，我去不了。我得知道阿尔尼斯怎么样了。"

父亲点头表示理解。陆战队员们深谙友谊的真谛，所以爸爸支付视频电话账单的时候从无怨言。

"两小时后通信就会恢复。我们开车路过中继器的时候，发现它们损毁程度不重。天线完好无损，设备换起来很容易。"

我再次用钦佩的目光看着父亲。他的叙述如此轻描淡写，仿佛他们当时乘坐的是游玩用的轿车，而不是陶瓷装甲战车。这太奇妙了！在距离地球近四十光年的拜尔特星系的端星上，我的爸爸在拯救人类，医治一种名为"叛乱"的疾病。

"爸爸，这是什么？"我拿起手环。

制支架上的厚木板砸得粉碎时，都会非常诧异。等到他们发现，父亲是闭着眼睛移动和发动攻击时，许多人会感到不舒服。此时父亲就会笑着说，他工作内容的百分之九十九都是训练。之后的提问就顺理成章进行下去了："您的工作是什么？"爸爸会开心地耸耸肩答道："抗生素。"客人在一瞬间理解了自己听到的回答，然后恍然大悟地惊呼道："陆战兵团！"

我醒来后的第一件事就是望向窗外，想要证实爸爸回家是否只是梦境。好在一切正常——树丛里有道迅捷的黑影闪过。爸爸正在训练，完全不顾他整个后半夜都没有睡觉的事实。沉闷的打击声连续不断，木制靶具岌岌可危……

我走向视频电话机——墙上的一小块白色磨砂控制板。我怀着隐秘的希望拨出一串五位数字的号码：行星代码、城市代码、视频电话号……

屏幕发出淡蓝色的光，然后出现几行字："通讯服务部抱歉通知，由于技术原因，无法与端星建立通信。"

这算什么道歉……多么简洁的说辞啊！当然，如果星球上爆发的叛乱到了第三天，叛军开重型坦克扫射中继站，可以称之为技术原因，那么人的死亡也可以称为"分解过程优先于合成过程"。

又按了几个键后，我离开了房间。现在计算机将每十五分钟重复呼叫一次。以前我和阿尔尼斯都是亲自打电话给对方的，但今天情况特殊。我猜他不会生气的……

礼物在厨房等待着我。它被放在靠窗的小桌子上，我喜欢坐在那儿吃早饭。咖啡壶旁边还有切好的蛋糕……

我先给自己倒了咖啡，咬了一口蛋糕，然后就立刻拿起放在水果软糖盒子上的那只宽金属手环。

手环有些古怪。它看上去不像是饰品，更不像什么精巧的陆战队员还有洛坦之镜和瑞替雕塑——用柔软的粉红色塑料雕刻成的人，他们会长大、衰老，目光时而含笑，时而阴沉。

不过最棒的礼物还是一把枪。

那次爸爸离开了近一个星期。我去上学，和我的朋友米什卡一起玩。他的绰号是"钦加哥[1]"。邻市举办愚人节活动的时候，我和他以及他的父母一起去参加了。米什卡甚至有好几次在我家过夜。但生活还是有点无聊。可能是爸爸知道了我的心情，他那次回来的时候一言不发，翻了翻包，递给我一把沉重的金属手枪。刚把它握在手里时我还猜不到是怎么一回事，直到胳膊累了，差点失手把武器掉在地上，我这才猛然明白过来——这可不是玩具，它的重量本就是适用于成年人的。

"它不能射击，"父亲猜到了我的疑惑，于是说，"我把射线发生器砸坏了。"

我点点头，尝试着瞄准。手枪在掌心颤抖。

"爸，这是从哪儿弄来的？"我迟疑地问道。

爸爸笑了。

"还记得我是干什么的吗？"

"抗生素！"我抢答。

"没错。这次我们去治疗的是一种名为'宇宙海盗'的疾病。"

"真正的海盗？"我屏住了呼吸。

"比真的还真。"

当然，我喜欢爸爸的工作不仅是因为他那些奇特的礼物。我仰慕他的强壮，他比我认识的任何一个人都要强壮。爸爸可以独自举起一架飞行器，可以倒立着走过整座花园。每个清晨他都要在花园里训练两个小时，风雨无阻，寒暑不辍。我对此习以为常，但那些初次到访的人，看到父亲默默地只用左手两根手指做引体向上，或是把遍布整座花园的特

---

1. 美国作家库柏创作的长篇小说《最后的莫西干人》中的印第安勇士。

"鲍里斯,你真没察觉到自己变成什么样子了吗?你甚至连机器人都不如。它们至少还有三条定律[1],可你一条都没有。你听命于人,不计后果。"

"我在保卫地球。"

"我不知道……你们兵团打击宗教极端分子的行为和镇压殖民地群众可不是一回事。"

"我没有权利思考这些问题。这是地球决定的。是她定义了疾病,是她开出了药方,而我只是抗生素罢了。"

"抗生素?没错,抗生素也会胡乱攻击,根本就不管攻击的是疾病还是人类。"

他们陷入了沉默。然后妈妈说:"对不起,鲍里斯。可我没法爱一个……抗生素。"

"好吧,"爸爸平静地说,"但阿尔卡[2]得跟着我。"

妈妈不再言语。一个月后,就只剩下我和爸爸了。说实话,我甚至没有立刻察觉到这件事。妈妈之前就长时间不在家——她是一名周游世界的记者。爸爸在家的时间就要多得多。尽管他每个月都有一两次要离开几天,但回来时他会给我带礼物。那是任何商店里都不会有的奇珍异宝。

有一次,他带回来了一块唱歌水晶。外观像几厘米高的小金字塔,由晶莹剔透的蓝色石头制成。它不眠不休、恬静悠然地演奏着一段怪异且无止境的音乐。下雨时,水晶的声音会发生变化;阳光照射时,水晶的声音更为嘹亮;靠近金属时,它会改变音调。即使是现在,它被严严实实地裹在棉花里,藏在柜子角落的最深处,但仍然唱着那永恒之歌。

---

1. 指科幻作家阿西莫夫提出的机器人三定律。第一定律:机器人不得伤害人类个体,或者目睹人类个体将遭受危险而袖手旁观。第二定律:机器人必须服从人类给予它的命令,当该命令与第一定律冲突时例外。第三定律:在不违反前两条定律的基础下,机器人必须保护自己。
2. 埃里克的小名。

浅蓝色墙纸融为一体——如果爸爸贴着墙行走，那么没人会注意到他。

"爸，"我低声叫他，感觉睡意逐渐消退了，"不顺利吗？"

他默默点头，眉头紧锁——看来这才是真实情况。

"行了，凌晨两点了！上床休息！"

在疾病肆虐的星球上，他大概就是用这种语气下达命令的，而且没人能够违抗。

"是！"我有板有眼地用爸爸的口吻回答他，但终于还是问了一句，"爸爸，你有没有看见……"

"没有，什么也没看见。马上你又可以跟朋友闲聊啦。到了早晨，与其他行星的通信就会恢复了。"

我点点头，上了楼。走到房间门口，我回头看到爸爸站在大门边，正在把那身柔韧的天蓝色铠甲脱下来。我把身子探过护栏，注视着他结实的背部肌肉团来回滚动。我缺乏耐心，始终没法像他那样锻炼身体。

爸爸注意到了我，挥了挥手说："去睡吧，埃里克。礼物早上再给你。"

太棒了！我喜欢礼物！

在我很小的时候，而且还不知道爸爸的工作内容的时候，他就经常送我礼物。

妈妈抛弃我们时，我才五岁。

我记得她亲吻了我——我站在门口，对正在发生的事情一无所知。然后妈妈走了，永远离开了。她说可以随时去找她，但我从来没有去过。

因为我知道了她和爸爸吵架的原因，这让我很生气。原来，妈妈是不喜欢爸爸在陆战兵团服役。

有一天，我无意中听到了他们在"争吵"。妈妈对父亲说着些什么，语气平静而疲惫。那是人们在向自己证明，而非向对话者证明什么时使用的口吻。

219

一步接一步……我迈下最后一级台阶，站在前厅光滑的镶木地板上。根据地板的状态确认自己所处的位置是件有趣的事。一步接一步……我的脸颊撞到了什么东西，它如钢铁般坚硬而平滑，如鱼鳞般顺滑而有弹性，又如人类的皮肤般温暖。

"你在梦游吗？"

父亲伸手揉乱我的头发。我凝视着黑暗，想要看清些什么。好吧，他没有开灯就进屋了。

"开灯。"我恼火地说着，试图避开父亲的手。

前厅的角落亮起橙黄色的灯。黑暗瑟缩着逃进宽大的长方形窗户里。

爸爸微笑着注视我。他穿着陆战队制服，紧紧包裹身体的黑亮的生物塑胶正在变浅，以适应环境的变化。

"你是直接从太空港过来的吗？"我仰慕地望着父亲。可惜现在是夜里，我的同学们都见不到他……

大概是因为肌肉在变色布料下凸显出来，所以显得制服非常轻薄，但这只是错觉。生物塑胶能够承受五百摄氏度的高温，可以反弹大口径机枪的连续射击。制服的材质具有单向活动性。我不知道它是如何运作的，如果触摸飞行服表面，就会发现它的质地坚硬得像金属，但当你穿上它的时候（爸爸偶尔会让我试穿），会发现它柔软又富有弹性。

"我们是一小时前降落的，"爸爸揉了揉我的头发，心不在焉地说，"上交武器后，就立即各自回家了。"

"情况还好吧？"

爸爸朝我使了个眼色，神秘兮兮地环顾四周。

"情况很不错，疾病已被根除。"

这些都是惯例对话，一如往常。但爸爸脸上没有露出笑容，而且他的制服怎么也消停不下来——散布在面料上的传感器闪着光，左手腕的显示屏上，五颜六色、意义不明的图案一直忽明忽暗。衣服的颜色已与

我的爸爸是抗生素

谢尔盖·卢基扬年科

睡梦中,我听见飞行器降落时的低声轰鸣。等离子发动机的尖锐声响逐渐消散,风簌簌作响,散乱地拂过机翼。朝向花园的窗户开着,着陆点离我们的房子非常近。爸爸很久以前就声称要把五米宽的着陆圈瓷砖移远一些,移到花园去,但他大概不打算这么干了。如果爸爸需要安静地降落,他会在着陆时关闭发动机,虽然这种行为因为过于危险和困难而被禁止,但爸爸不会在意这种小事。

因为,我的爸爸是抗生素。

我闭着眼睛从床上坐起来,在叠放着衣服的桌子上摸索了一阵,便随即改变了主意,直接穿着睡衣朝门口踱去。脚被纤长温暖的地毯绒毛绊住,可我故意不把脚抬离地面。因为我非常喜爱这种厚实柔软的地毯,可以在上面翻跟头、跳跃,随心所欲地活动,不用担心会扭到脖子。

飞行器的起落架在窗外发出撞击声,制动排气孔冒出的暗红色光芒渗入了我的眼皮。

我打开了门,沿着楼梯往下走,但仍然没有睁开眼。要是爸爸在降落时"大张旗鼓",那么就代表他想让我知道他回来了,而我也想表明自己知道了。

一步接一步。未上漆的木台阶冰了一下我的脚掌,很舒服,不是金属死气沉沉的寒,也不是石头的冷若冰霜,而是生机勃勃的、温和宜人的木头的清凉。在我看来,真正的家一定得是木制的,否则那就不是家,而是遮蔽风雨的要塞……

到他——我所认识的最好、最聪明的人——的声音更让我高兴了。

1907年6月下旬,我在《泰晤士报》读到了科学家发现来自牛郎星方向的智能无线电信号的文章。那一天,全世界都在庆祝,但我承认,我在流泪,我特地斟起一杯酒,敬给我的好友,已故的夏洛克·福尔摩斯先生。

谢宏超 译

《视而不见》,1995年2月首次发表于美国《轨道上的福尔摩斯》选集。小说体现了作者创作中的核心主题:头脑清醒、理性思考、绝不退缩是应对现实问题的唯一有效的方法。索耶尽可能还原了阿瑟·柯南·道尔爵士的写作风格,《最后一案》与费米悖论的结合令人耳目一新。

本篇获奖情况:
  1996年 获得法国幻想大奖最佳翻译类短篇小说
  1997年 获得霍默奖最佳短篇小说

亚蒂雇来的男孩突然出现在我们面前。我故意让自己上当，把福尔摩斯一个人留在了瀑布，竭尽全力不让自己回头看，我徒步前往英吉利旅馆治疗那个根本不存在的病人。在路上，我与莫里亚蒂擦肩而过，他正朝我来的方向走去。我克制住了拔出手枪干掉那个混蛋的冲动，因为我清楚地知道，对福尔摩斯来说，剥夺他对付莫里亚蒂的机会是不可原谅的背叛。

到英吉利旅馆要步行一个小时。在那里，我将询问那位英国女病人的戏份重演了一遍，而旅馆老板老斯泰勒做出了我预料中的惊讶反应。我的表演可能有些心不在焉，因为我曾经扮演过这个角色，好在，我很快就回去了。这段上山的路我走了两个多小时，坦白承认，我到达时已经筋疲力尽了，不过在那激流的咆哮中，我几乎听不到自己的喘息声。

我又一次发现了两人的脚印通向悬崖，没有回来的痕迹。我同样找到了福尔摩斯的登山杖，还有一张他留给我的便条。纸条的内容也和原来一样，他解释说即将和莫里亚蒂进行最后的对决，而莫里亚蒂允许他留下一些遗言。不过，与之前不同的是，纸条的结尾有一段原文没有的附言：

我亲爱的华生（纸条上面写道），如果你坚信观察的力量，你将最大限度地尊重我的逝去。不要理会任何人的要求，就让我死在这里吧。

我回到伦敦，再次体验了我妻子玛丽生命中最后几个月的喜悦和悲伤，这短暂地抵消了我失去福尔摩斯的痛苦。我向她和其他人解释说，自己是受到福尔摩斯之死的冲击而更显苍老。

第二年，马可尼果然如期发明了无线电。

人们要求续写福尔摩斯更多冒险经历的敦促也不断涌现，但全被我忽略了，即便我的生活因缺少他而受到极大影响，使我强烈地挣扎着想要妥协，想要改口否认我在莱辛巴赫观察到的真相。没有什么比再次听使自己分离出更多'潜在'的可能性，而非变得更加'实在'。"

我一直认为我的搭档自视甚高，但显然，他此刻把自己看得比之前还要重要得多，"福尔摩斯，你的意思是，目前尚未确定的世界状态，是取决于你自己的命运？"

"确实如此！你的读者不会允许我摔死，即使这意味着达到我最渴望的目的——消灭莫里亚蒂。在这个疯狂的世界里，观察者已经失去了对观察物的控制！如果说我的生命——你在回忆录《空屋》中描述的那个离奇复活之前的我——能够诠释什么的话，那就是理智！逻辑！忠于观察到的事实！但是人类放弃了这一点。整个世界出现了紊乱，华生，非常紊乱，以至于我们同其他地方存在的文明都隔绝了。你告诉我，读者强烈要求我回来，但如果人们真的了解我，了解我的生命所代表的意义，他们就会知道，对我唯一真正的敬意就是接受现实！唯一真实的答案是让我死去！"

麦考夫把我们送回了过去，但不是我们被掳来的1899年，在福尔摩斯的要求下，他将我们送回了八年前的1891年5月。当然，那时已经有年轻版的我们存在，但麦考夫进行了调换，将年轻的我们带到了未来，在那里，他们可以在福尔摩斯和我脑海模拟的场景中度过余生。诚然，我们两人都比第一次逃离莫里亚蒂的追杀时大了八岁，但是瑞士没有人认识我们，所以我们脸上的衰老痕迹没有引起注意。

我又第三次出现在莱辛巴赫瀑布那决定命运的一刻，但与第二次不同，这一次和最早那次一样，都是真实的。

我看到送信的男孩过来，心脏加速跳了起来。我转向福尔摩斯说："我不能离你而去。"

"不，你可以的，华生。而且你会，因为你在这个游戏上没有失败过。我相信你会将它进行到底。"他停顿了一会儿，接着，似乎涌起了一丝丝悲伤，说道："我可以确认真相，华生，但我不能改变它们。"然后，他很郑重地伸出了手。我用双手将他的手紧紧握住。而后，那个被莫里

"然后呢？"

"这个世界，本该有一个具体的现实，现在却呈现出不确定、悬而未决、飘忽不定的状态。作为第一个到达莱辛巴赫现场的观察者，你的解释应该占据主导。但人类是出了名的固执，凭着这股纯粹的执拗劲儿，他们拒绝相信被明确告知的事情，所以世界又退回了悬而未决的可能性波面中。我们处在不断涌动的现实之中——直到今天，整个世界都在涌动——这是因为你在莱辛巴赫做出的实际观察与世界希望你做出的观察之间存在冲突。"

"但这一切都太难以置信了，福尔摩斯！"

"华生，去掉真正的不可能，剩下的——无论看起来多么不可能，都必定是真相。那么，让我们回到麦考夫的'化身'所要解决的问题'费米悖论'。即，外星人在哪里？"

"你说你已经解决了？"

"确实如此。想想人类搜寻这些外星人的方法吧。"

"照我的理解，是靠无线电——通过监听他们在以太中的'谈话'。"

"正是如此！那我是什么时候起死回生的，华生？"

"1894年4月。"

"那个天才的意大利人伽利尔摩·马可尼，是什么时候发明的无线电？"

"我不知道。"

"是1895年，我善良的华生。在那之后第二年！在人类使用无线电的所有时间里，我们的整个世界都处在不确定的状态！处在一个可能性未坍缩的波面！"

"也就是说？"

"也就是说，外星人存在，华生——不是他们消失了，而是我们！我们的世界与宇宙的其他部分不同步。由于我们无法接受不愉快的事实，

213

路,我们的脚印在松软的泥土上留下了印记。在那种情况下,只有两个可能结果——我要么活着出去,要么死了。那里没有出路,只能从瀑布原路返回。除非有人看到我从那条小路重新出现,或者一去不返,否则结果就没有确定。我既是活的,又是死的——由一系列的可能性叠加。但是当你到达时,这些可能性不得不坍缩成一个单一的现实。你看到没有脚印从瀑布返回——这意味着莫里亚蒂和我搏斗过,最后,我们一起从边缘跌入了冰冷的激流。是你看到结果这一行为迫使可能性被确定。从某种真实的意义上说,我亲爱的朋友,是你杀了我。"

我的心脏在胸口中怦怦直跳,"我告诉你,福尔摩斯,没有什么比看到你活着更令我高兴的了!"

"我对此没有丝毫怀疑,华生,但你只能看到一种结果,要么是这种,要么是那种。你不可能两者都看到。而且,在看到所见的事情之后,你报告了你的发现——首先通知了瑞士警方,然后是《日内瓦日报》的记者,最后是你在《河岸杂志》上的完整记述。"

我点点头。

"但薛定谔在设计盒子里的猫的思想实验时,没有考虑到这一点。假设你打开盒子,发现那只猫死了,接着你把猫死掉的事情告诉邻居——当你说猫已经死了时,你的邻居拒绝相信。而你再去看一次盒子,会发生什么?"

"嗯,那只猫肯定还是死的。"

"也许吧。但是,如果成千上万的人——不,是数百万人!——都拒绝相信原始观察者的说法呢?如果他们否认这些证据呢?会发生什么,华生?"

"我,我不知道。"

"通过顽固的意志,他们重塑了现实,华生!真相被虚构所取代!他们的意志让猫活过来了。不仅如此,他们还试图相信,猫从一开始就没有死!"

我摇着头，回忆起来。"完全出乎我的意料。"我说道，"我原以为会有一些陌生人对你的逝世表示哀悼，因为你的英勇事迹在过去受到了热烈的推崇。但事实恰恰相反，我得到的回应大多是生气和愤怒——人们要求听到更多关于你的冒险故事。"

"当然在你看来，这是不可能的，因为我已经死了。"

"没错。但我必须得说，整个事情给我留下了相当糟糕的印象。他们的行为让我不解。"

"但毫无疑问，他们的愤怒很快就平息了。"福尔摩斯说。

"你很清楚，事实并没有平息。我以前告诉过你，多年以来，无论我走到哪里，那些要求续写的信件以及人们的敦促都朝我疯狂涌来。实际上，我几乎已经到了要动摇的地步，准备把以前忽略掉的一个并非与大众息息相关的案子写出来，只为让这些要求消停一下，而这时，令我惊喜的是——"

"令你惊喜的是，在我失踪差一个月就满三年的时候，我出现在你的诊疗室。要是没记错的话，我当时伪装成衣衫褴褛的书籍收藏家。之后，你很快就记录了我的新冒险，首先是关于那个臭名昭著的塞巴斯蒂安·莫兰上校，以及他的受害者——尊敬的罗纳德·阿代尔的案子。"

"是的。"我说道，"那场冒险很奇妙。"

"但是，华生，让我们把焦点转回来，想一想我在1891年5月4日死于莱辛巴赫瀑布的那些事实吧。你作为现场的观察者，看到了证据，而且，正如你在《最后一案》中所写的那样，许多专家对瀑布的边缘进行了勘察，得出了与你完全相同的结论——莫里亚蒂和我坠亡了。"

"但事实证明，这个结论是错误的。"

福尔摩斯笑了，神情很是认真，"不，我善良的华生，事实证明，这只是'不可接受'的——对你的忠实读者来说，我的死亡不可接受。而这正是所有问题的根源所在。还记得被密封在盒子里的薛定谔猫吗？莫里亚蒂和我在瀑布那儿呈现了与之非常相似的场景：他和我走向一条死

211

于逸乐，日以欺凌汉人南人为事，或许，随着所到之处气温的升高，冰冷的铁骑也渐被柳绿桃红所暖湿，铁骑不可一世的战斗力与日俱减，蒙古"一等人"正在失去其优越的光环，全靠武力维系暴力统治的元对于各地的控制开始减弱。在弥勒信仰的号召下，四方的雄豪纷纷拥众于乡里，进而攻城掠地，直接挑战元王朝的权威。到处都是战斗，元的骑兵们第一次感受到疲于奔命了。每天都有无数无辜的平民在生死之间挣扎，每天又有更多的豪杰投入到对元朝廷的打击之中。死亡无处不在，机会也无处不在。张士诚称王了，仅有滁州的彭早住（大）、赵均用也称王了。我当我的王，没人管得着，这真是美事，真是人生至乐啊。这些雄霸一方的酋豪们这么想。

　　庙堂之上无明君能臣，元对全国的控制已经一日不如一日，越加力不从心了；四海之内多雄寇流民，却还没有一个英雄能真正树立起威望，形成睥睨天下的气势。元璋在四处敲木鱼混口饭的几年时间里，足迹遍布淮西、合肥、固始、信阳、汝州、陈州、鹿邑、亳州、颍州……为了活下去，尽挑年成好的地方去，熟悉了这淮西大地的风土人情，看惯了民间流行的弥勒信仰以及与此有关的大大小小的起事，增加了许多的历练，洞察了复杂的世事。一文钱不带，就凭着一只木鱼、一双脚板，走过了千里江山，这样极端的考验和磨炼，他挺下来了，这逃脱饥荒的旅程，真是他一个人伟大的长征，正奠定了他异日成就辉煌功业的基础。我们猜想，在这上千个日夜，天性聪明的元璋，从说书人的华章里，从故老相传的野史里，从日渐衰颓的时事里，是否逐渐对自己立了"王侯将相，宁有种乎"的愿景？

　　时日已久，皇帝少年时的心思早已成谜。然而，他未来的征战对手们——分土称王的诸多雄豪、元帝国及其诸将领，在毫不知情的情形中，一个叫做朱元璋的巨大阴影正从瘟疫劫余的凤阳孤庄村、从一座小破庙里向他们渐渐压来。

郭子兴婿　羽翼渐丰

　　作为游方僧在外游荡了三年，元璋才回到了皇觉寺。不想在外再待下去的原因之一，是这时候泗州有人起兵，引得周边动荡不安，再在外流浪，恐怕小命不保。元璋就在这小庙里又继续当个小僧，毕竟在乱世里有个安身之所也非易事。一晃过了好几年，这时天下越发地动乱了，刘福通以韩山童为宋徽宗八世孙的名义拉了一支队伍，信奉弥勒教，以红巾裹头为标志，人称"红巾军"，又称"红军"，声势浩大，后来又奉山童之子韩林儿为首，号为小明王，建国号宋，建元龙凤。徐寿辉在蕲称帝，其他小股势力更是不可胜数。至正十二年（公元1352年）春，定远人郭子兴等在濠州起事，这里距朱元璋的家乡已近乎咫尺。

　　天下纷乱，元璋的心里也一样纷乱，特别是这一年，他一个参与起事的老朋友给他来了封信，说是像元璋这样的人才，在破庙里待着实在又憋屈又危险，还是参加到起兵队伍中，好让自己在乱世中有个可靠的立命之所。元璋看完了信就烧了，尽管如此，这事还是走漏了风声，他心里更乱了。其时，元将彻里不花奉命围剿郭子兴，却根本不敢进攻，尽抓些小民充数领赏。这样的情势下，有"通匪"之嫌的元璋处境非常不妙。人到绝处，便想起了神灵，据说元璋就搞了次"迷信"活动，占卜一下前途——就像是今天抛硬币看正反面一样，结果，神的旨意是待在庙里绝对不是办法，出去投军倒是上选。元璋却还犹疑，人不论雄杰过人，但总归惜乎生死，不到被逼无奈，有几人愿意去干那造反的勾当——那跟皇帝对着干的，有几个落了好下场？于是，元璋又扔了一回"硬币"，看看逃出去避兵祸怎么样，连抛了几次结果都是不吉利。元璋想，天命啊。于是，准备了些天，真的离开皇觉寺投奔郭子兴去了。

　　好不容易到了子兴军营边上，元璋因相貌奇特引起了哨兵的警惕，被当做奸细捆了起来，还好子兴看到元璋，觉得这青年身材魁梧、气宇不凡，真是条汉子，心下喜欢起来，留他在身边当了名亲兵。没想到元璋打起仗来还真不赖，一打就胜，子兴更加器重他。有一回，因年成不好，军中缺粮，元璋又因故受到子兴的猜忌被关押起来，吃不饱饭，郭子兴养女马氏便烙了饼，趁热藏在怀里，偷着给元璋送去，怀里的皮肉都被饼烤红肿了。郭夫人心痛马氏，将此事告知郭子兴，子兴重新起了笼络的心思，问明朱元璋还无妻室，把老友马公托付的女儿，嫁给元璋当了妻子。从一个小兵一下子有了元帅养女婿的身份，再加上有马氏常常送点战利品给子兴的宠妾小张夫人搞好关系，精明过人的元璋更是如鱼得水，在军中的地位一天比一天高。

事实上，大明的始祖，最初正发家于裙带关系。从后人的眼光看，朱元璋之所以能开创明朝二百七十余年的基业，当然主要归功于他天纵英明。也许确实如此，朱元璋把握际遇的能力实在太强。娶马氏，我们也可以推想为元璋人为努力的结果。不管如何，这一裙带关系，对于元璋是一条终南捷径，只是因为他日后的成就实在太过耀眼，将他早日青年时候的"小聪明"遮掩了，很少惹人注目罢了。郭子兴很欣赏元璋的才能，但是，郭大帅始终对朱元璋是有所保留的，否则，他要真的非常看好朱元璋，为什么不把亲生女儿嫁给元璋？后来，他与爱妾小张夫人所生的女儿，在郭子兴死后，还是被元璋据为己有，成为后来生了三个皇子的惠妃。

朱元璋人生的真正开始，起于郭家，成于红巾。这一点，成祖年间成书的《明太祖实录》编撰者本着为尊者讳的精神，对此常常以特殊笔法遮掩，特别是想方设法对元璋与小明王的关系进行撇清，而《明史》的一些作者们则直接得多，在子兴、韩林儿传的末尾，清史臣们评论道，"然有明基业，实肇于滁阳一旅……太祖得以从容缔造者，实藉其（韩林儿）力焉。帝王之兴，必有先驱者资之以成其业，夫岂偶然哉！"朱元璋的成功，建立在郭子兴、韩林儿打拼基础之上，这确实是对朱元璋之所以能建立大明的洞见。对于元璋，娶马氏是飞黄腾达的起点，对于郭家，却真正是灾难的起点，而郭子兴，虽然后来被元璋封为滁阳王、死后享点祭祀的虚名，却是郭家悲剧的始作俑者。让朱元璋入赘，对郭氏而言就是"引狼入室"：夺走郭家的兵权，抢去郭家的女儿，杀尽郭家的男丁——子兴从此无后。子兴一生的努力，从后面看来，正是为朱元璋"做嫁衣裳"，从此，据有这支武装的朱元璋羽翼渐丰，一步步走向皇帝宝座。

国公郭子兴

郭子兴（？—公元1356年），元末江淮地区红巾军首领，定远（今属安徽）人。郭子兴本为地主出身，入白莲教后，散财结客。至正十一年（公元1351年）与农民孙德崖等四人率众起义。次年，彭大、赵均用等因徐州失守，率军会合。后与彭、赵等人不和，依靠朱元璋支持，移驻滁州。至正十五年病死。明初，朱元璋追封其为滁阳王。

手握兵权　独当一面

那时候，郭子兴的日子也并不好过，原因在于，在起兵群豪之中，濠州力量本就弱小，就是在濠州城中，子兴也不能说一不二。与子兴一起的，有五个头领，子兴只是其中之一，另外四个人以孙德崖为首，成为一个小团体。后来，在徐州起事的大豪彭大、赵均用吃了败仗，带着一伙队伍逃到了濠州。子兴他们正愁势单力薄，便将他们当做救星，隐隐地有些依靠他们的样子，其中，子兴比较推崇彭大，而不怎么瞧得起均用。因为关系好的缘故，遇有郭、孙有什么争执，彭大总能出面和解一番，子兴勉强能站住脚跟，这个小小的濠州城总算能够较为安定。可惜好景不长，彭大没多久就死去了，这一来，形势立马发生变化，赵均用、孙德崖得了势，处处挤兑子兴，元璋作为郭的养女婿，自然也讨不到好处，还得在中间百般费心。

在子兴与德崖的斗争中，元璋深深地体会到势力的重要性。打不过别人，就得挨打受气。一般人如此，起事的豪杰们也是如此，只不过用来打仗的工具普通人用自己的拳头，雄豪们靠的是用刀枪武装起来的亲信兵丁。

从军仅一年，朱元璋成了大帅的亲信，迅速认清了乱世枪杆子就是硬道理——

（左）徐达

徐达（公元1332—1385年），字天德，濠州钟离(今安徽凤阳东北)人，明朝开国元勋，亦为朱元璋幼时伙伴。

（右）韩国公李善长

李善长（公元1314—1390年），字百室，定远（今属安徽）人，明初大臣。至正十四年（公元1354年）入朱元璋军，参与机要，深获信任。后拜右相国，留守后方，调度兵食。洪武初，任右丞相，封韩国公。

有一支属于自己的、有战斗力的军伍，才能立于不败之地。没识几个字的元璋，在这么快的时间中竟获得这种清醒的认识，不能不说有过人的敏锐洞察力，而这种认识，成为他今后一段时间着意思考和付诸行动的指南。

至正十三年（公元1353年），有着这样的认识，朱元璋想法禀明子兴回了趟老家招兵买马，收了700人，子兴一高兴，提拔元璋当了镇抚，元璋开始领兵，并有意培植亲信——那时候，这些起事的军中，本来就有元璋的乡里玩伴。子兴太弱，元璋觉得前景不是太好，于是与子兴说要去打定远，明着是要出去为大帅争光，实际上是想远离是非之地。带着徐达、汤和等一帮兄弟，元璋径直去攻打濠州南边的定远。碰巧路上有个寨子，聚了民兵三千却群龙无首，元璋一伙人竟然用计将他们悉数收为部下，轻轻松松拉起了一支队伍。没隔多久，指挥部队对元军搞了次突袭，一下子俘虏招降了两万人。这次攻打定远，元璋还有个重大的收获——遇到了智谋过人的李善长并收为己用，并带着他一起攻打滁州，很快攻下。

随着元璋的军功日盛，其地位与当初已不可同日而语，郭家的队伍就快要成姓"朱"的了。说起朱元璋正式夺得兵权，有一段"砌城墙"的小插曲，就像是元璋自编自导自演的一出戏，戏的结局很简单，"郭家军"变成了"朱家军"。至正十五年（公元1355年）春天，在元璋的谋划下，郭子兴派张天祐攻下和州，子兴非常高兴，命令从此由朱元璋统率其部下兵力。但是，当时军中诸将还看不起元璋这个"毛头小伙子"，因此，元璋得令之后，并不先公开示人，到了与众将一起议事时，他也让众将坐在象征尊贵的右手边，自己坐在左边（有趣的是，不知道是不是受这件事的刺激，到他当皇帝后，改变了传统习惯，下令天下以左为尊），到了部下来请示汇报，朱元璋总能把事情处理得井井有条，这时候，其他的将领才开始有点服气，气焰上弱了一截。接下来，在元璋的决定下，大家同意三天之内用砖砌好城墙，每个将领都有各自承包的任务。可是，许多头目并不将这个约定当回事，只有元璋的铁杆尽心尽力、纪律严明，没日没夜地按时按量按质完成任务。到了约定期限，只有元璋部下砌好了城墙，这时候，朱元璋才拿出郭子兴的命令出来，威胁要对诸将军法从事，在这种情势下，各将领只好都灰头土脸地接受了元璋的领导。

过了不久，元璋未来的大将军常遇春来投奔他，常遇春是朱元璋建立明帝国的第二号大功臣，史称他一生征战无数，未尝有败绩，其勇不可当，由此可见一斑，他的到来，对于朱元璋来说真正是如虎添翼。同年三月，郭子兴病逝。当时，刘福通迎立韩林儿，建国号宋，建元龙凤，封郭子兴之子天叙为都元帅，天祐、元璋为左右副元帅。实际上，实权主要掌握在元璋手中。不过，从此，元璋军中即以龙凤纪年。

眼看着朱元璋势力一天一天做大，根本不把郭家子弟放在眼里，身为都元帅的郭天叙自然满肚子不高兴，但是又没办法，却拉不下架子也不甘心主动"让贤"，将位子拱送给元璋。朱元璋面上不说，但心里自有计较。没多久，朱元璋率兵渡江攻下太平，建立为太平兴国翼元帅府，自己"代理"元帅一职。这时，郭天叙及其舅舅张天祐率兵与元降将陈野先一起攻打集庆（今南京），野先突然临阵倒戈，郭、张二人都被杀。随后，陈也被杀。天叙还有个弟弟天爵，对元璋自然还是不满，不久以"谋不利于"元璋的名义干脆被直接处决。从此，郭子兴的队伍真正全部归于元璋，元璋终于成为独当一面、拥踞一方的豪雄。

筑墙积粮　缓且称王

龙凤二年三月,朱元璋亲率水陆大军攻向集庆,元军军民共有 50 多万投降。入城后,元璋通过召集当地的头面人物以及一众官吏发布安民告示,大意是:元朝廷腐败,让老百姓不得安生,我兴兵起事入城,是为百姓除乱的。大家以后尽管安居乐业,不要害怕,有贤才愿意跟我建立功业的,以礼待之用之,旧的制度对百姓不利的立即废除。同时不允许当官的欺负百姓。老百姓听其所言,见其所为,非常高兴,互相庆贺。等人心安定后,元璋改集庆路为应天府,设大元帅府,擢录了一批文武官员。同时,元璋在诸将的拥戴下当了吴国公,在小明王处也升了官,后来做了江南等处行中书省平章,部下诸将都升为元帅。自此,元璋的势力范围以应天(今南京)为中心,西起滁州,直到芜湖,东起句容到溧阳。而四周都是其他雄豪或元军的地盘,情况大致如此:东边元军定定地拥兵镇江;东南张士诚以平江为据点,破常州,目标直指浙西;西面池州为徐寿辉所据;其余周边多为元军占领。总体而言,这时候,元璋还是势单力薄,形势并不容乐观。但是,也恰恰因为他还未显山露水,还没有引起各方力量特别是元朝廷的足够重视——元军主要对付的是小明王,元璋接受了小明王的年号、官爵,只是宋的势力中并不引人注目的一支,所受的压力总体来说还是比较小的,因此,元璋获得了

红巾军及朱元璋北伐示意图

　　郭子兴部红巾军,主要在江淮地区发展。郭子兴死后,所部由朱元璋统率。至正十五年夏,攻克集庆(今南京)后,朱元璋部改用黄旗,名义上建制未改。在南京稍作调整,其部遂北上灭元。

(左)太祖兵取金陵府　《明皇英烈传》插图

朱元璋于元至正十二年（公元1352年）起兵，自十六年（公元1356年）攻克金陵（今南京），即吴王位，建百官，初步建立江南政权，先后消灭了占领湖广、江西等地的陈友谅，占据江浙一带的张士诚和浙东的方国珍，为北上灭元创造了有利条件。此图是朱元璋杀入了金陵府。

(右)伯温计破陈友谅　《明皇英烈传》插图

明太祖得到刘伯温后，基本按照刘伯温为他定下的战略、战术行事，先用诱敌之计大败陈友谅，挫其锐气，再于公元1363年在鄱阳湖与陈氏决战，将其势力彻底消灭。本图是陈友谅称帝后，率精锐水军进攻应天府，谋士刘伯温采用诱敌深入之计，大败陈友谅的情节。

较为充足的"休养生息"机会。也可以说，这正是元璋的过人之处，他的战略选择，使其势力得以保存、壮大，直等时机一到，即可冲天而起，势不可挡。

当时，红巾军的势力仍以刘福通为主，刘福通勇猛过人，可惜却缺乏远见，只知一味地攻城掠地，以元朝军队为目标，四处冲闯，确实打得四处元军惊慌失措，听了"红军"之名便心惊胆战，有童谣唱道：

满城都是火，府官四散躲，城里无一人，红军府上坐。

福通的勇力由此可见。但是，这样的长线作战，使其没有建立长期而稳固的根据地，也没有建立起一套有效的巩固势力、控制队伍的制度。何况，福通确实又不善笼络人心、控制大局，中原上下征战的红军将领们，都是他的兄弟，弥勒的信仰，江湖的义气，在他心中仍是千丝万缕，他一向没有想过也难以撇开这些建立起上下等级的威严，有时候便难以号令一出，从者千万。当元军及地方武装力量都将主要目标对准他时，他便很难抵挡。

但是，福通以及红巾的努力，正好给他的小兄弟元璋以宝贵的喘息机会，在红巾军主力的牵扯下，元璋基本上能够从容不迫地安排其征战计划。短短几年间，元璋派部将攻下今天的镇江、常州、皖南、浙西一带，西边直接与徐寿辉对立。

无论什么时候，总有些人想当皇帝想疯了，陈友谅差不多就是这样一个人。1360年农历闰五月，徐寿辉的部将陈友谅终于耐不下性子，干脆直接杀了没多少势力的顶头上司,除寿辉而自立门户,急不可耐地即位称皇帝。据说,当时友谅都顾不得选个登基的好日子了,就把江边的一所庙当成金殿,召集群臣履行当皇帝的一套礼节程序,却天公不作美,大风大雨,一班人只能在沙岸边排队恭贺,真正的礼仪也没能做成,但友谅不管,就这样算是当上了国号为汉的大皇帝。

其时,北边的元朝廷靠着地方力量的支撑,势力还不小,但没有真正将矛头直指元璋,直接与元璋相邻的劲敌主要是陈友谅和张士诚,其中尤其以友谅力量最强。元璋一直在筹划着如何安排其战略计划。攻下徽州时,休宁当地的一位叫做朱升的老儒生建议元璋"高筑墙、广积粮、缓称王"。坚固城池,积蓄粮食,开源节流,巩固扩大势力、做好战事防御准备的同时不急于称王,避免自己目标太大,腹背受敌。应该说,这是非常有远见的策略,既可以保存实力,又能相机而动,待"鹬蚌相争"进入白热化,便可坐收"渔翁之利",确实是高明,元璋为之激赏,及时贯彻到自己的计划之中。这时,刘基,也就是民间传说中神机妙算、"上下各知五百年"的刘伯温也给元璋仔细分析形势。刘基说,张士诚这个人目光短浅,只想守着他那一亩三分地,根本不用担心,陈友谅呢,杀主自立,名号不正,据有上游有利的形势,无时不在想着怎么把我们给灭了,我们必须首先对付这小子,把陈友谅这坏小子灭了,孤立的张士诚马上就是我们的囊中之物,然后,主上就可以挥师北上,成就帝王之业了。元璋一听,非常高兴。

确实,陈友谅早就对元璋虎视眈眈,1360年,陈率大军攻破太平后,积极准备东进,幻想借长江上游之便利,一举攻下元璋所据的南京,而且,汉军锋头正劲,气焰十分嚣张。一时元璋军中少不得人心惶惶,将领们有的说不如投降算了,有的说还是弃了城池拉队伍到钟山占山为王得了,元璋自然不肯,用了刘基的计策,向友谅示弱,使其越加骄横,携孤兵深入。同时,让友谅以前的部下康茂才写信骗友谅,邀其赶快来攻,友谅大喜过望,真的急行军攻往南京,却正好中了元璋的埋伏,徐达、常遇春、张德胜等一班干将水陆夹击,合力将友谅打得落花流水。

鄱阳湖战　自立吴王

虽然，此前陈友谅在南京一战吃了不小的亏，不过，最强劲的对手还是陈友谅。

友谅势力大，脾气也一样大，性格不是太好，心性狭隘，妒忌贤能，徐寿辉被杀后，寿辉的亲信将领不少人不服，又怕友谅对己不利；见元璋仁义宽大，纷纷投奔元璋。友谅部下有一员猛将，叫做赵普胜，勇力过人，常常攻陷元璋的军事重镇，元璋奈他不得，后来使了一招反间计，没想到友谅很容易上当，对普胜总是觉得放心不下，一怒之下竟杀了普胜，这下子不仅普胜的部下，友谅其他一些将领都不肯真为他拼命。这样，朱、陈之间的厮杀，虽然友谅也有胜时，但元璋总归胜多败少，从汉军手里夺下一座座城池，形势一增一减，元璋的地盘一日日增大，今天安庆、九江、湖北东南部等，尽归元璋。于是，元璋终于可以与汉军真正决一死战了。

与此同时，北边的军事形势发生急剧变化，元朝廷在军事上取得了一系列的胜利，察罕帖木儿平定山东，将红巾军打得支离破碎，威声大震，元璋为与元军保持良好关系，还特地遣使与察罕通好，不过元军仍没能获全胜，还无力南顾，让元璋仍能将主要精力放在对付友谅身上。但不久，察罕被刺身亡，其外甥兼义子扩阔帖木儿（本名王保保）继其位，小明王的都城安丰都直接受到元军围攻，张士诚又派部将吕珍趁危攻之，安丰危在旦夕，刘福通只好派人向元璋求援。刘基极力反对元璋出兵，以为带兵往安丰，友谅若乘虚来攻，形势极其危险，而且要是救得小明王，如何处置，毕竟他是名义上的上司，把他弄到身边，是听他的还是不听他的？但元璋以为安丰若失，南京必然不保，因此，仍决定亲自率兵驰援，兵还未到安丰，刘福通已被吕珍所杀，元璋乃击退吕珍，迎立小明王于滁州，供养极厚，但其左右均被换成自己亲信，没多久，小明王升元璋做中书左丞相，还封赠其三代。

当元璋出兵救安丰，友谅果然如刘基所料从东西两线大举进攻，占领吉安、临江、无为，围重镇洪都（今南昌）。后来朱元璋想及此时的情境，还是心有余悸，跟刘基说，没听先生的话，差点失策，酿成大祸。幸好，洪都守将是元璋亲侄朱文正，文正也是一员悍将，拼力死守，汉军激攻85天，文正就苦守85天，战斗极其惨烈，直打到尸横遍地，攻守双方都踩着尸体作战。等元璋亲率大军来救，友谅军队不得已撤攻，于是双方会战于鄱阳湖。时在元至正二十三年，宋龙凤九年，公历1363年。

　　当时，陈友谅部号称六十万，尽以十数米高的大船为战舰，一艘接一艘，连成一体，排于大湖之上，绵延达几十里，旌旗刀枪，远远望去如山似林。两军相接，元璋分兵十一支迎战，双方一天交战几十回合，徐达攻其前锋，俞通海用火炮攻其战舰数，互有胜负。元璋所乘帅舰，一不小心，水浅舰重，一时搁浅，进退不能，陈友谅的虎将张定边本来就一直将目标对准元璋，一看有机可乘，马上气势汹汹杀来，情势十分危急，常遇春一看不妙，赶紧弯弓搭箭，不愧是名将——这一箭正好射中张定边，俞通海也急忙操舟支援，船急速而来，带起浪涛，元璋所乘船才得以借水得脱。又有一回，刘基陪元璋于船上督战，突然，刘基感觉不妙，大呼不好，要元璋赶紧换乘他舟，刚换只船还没坐稳当，原来的船便被击碎，友谅及其部属在高处看到，大喜，然而不一会儿，元璋又乘船而出，指挥若定，让汉军大惊失色。

　　激战第三日，陈友谅将其巨舰悉数派出，元璋诸将战舰与之相比实在太小，从低处攻高处，十分不利，几乎难以支撑，诸将颇有惧色，朱元璋神色不变，当机立断，连斩临阵退缩者十多人，士气复振，将士无不拼死力战。恰好有如神助，起了一股东北风，风大，直吹向友谅军，元璋见有机可乘，立马实施"火攻"战术，派出"敢死队"，分乘七艘船，船上装芦苇火药，靠近友谅军，纵火大烧汉军舰船，一时火趁风势，怒卷汉军，火焰冲天，湖水被映得通红。友谅舰船巨大，不如元璋船小机动灵活，又一艘接着一艘，一艘着火，邻舟根本难以得脱，士兵又惊又乱，元璋乘机派诸将击鼓助威，乘胜追击，杀得友谅大败，被斩首级者二千余人，烧死淹死者不计其数，其骁将亲弟陈友仁亦被烧死，遭此大败，友谅气焰不再，汉军沮丧不已。

鄱阳湖鏖战　年画　明代

　　红巾军徐寿辉部一支陈友谅，于公元1360年杀徐寿辉，自立为帝，国号汉。其占据江西、湖南、湖北一带，地广兵多，且水军强大，并未把朱元璋放在眼里，准备一举消灭朱元璋部。两军在鄱阳湖一番恶战，朱元璋以少胜多，大败陈友谅，为日后称帝扫除了一个障碍。此图即绘有水战场面，但加入了神话色彩，有附会讨好之意。

又过两天，两军再战。其时，友谅知道元璋所乘船为白樯，与诸将商议再战的话合力攻此船。元璋却猜到友谅有此一着，连夜将舟樯全换成白色，友谅军根本无法辨知哪一艘船是元璋所乘，战斗下来，汉军还是大败，于是友谅收其残舰自守，不敢再主动出战，而元璋趁机派军扼住湖口，让友谅轻易不得出。友谅与左、右金吾将军商议大事。右金吾见元璋扼湖口，建议悉烧舰船，弃水登陆，领兵直回湖南再图大事。左金吾不同意，以为这样容易进退失据，大事不妙。友谅犹豫不决，最后认同右金吾，左金吾见自己计策不能用，率所部投降元璋，右金吾一听，同样率部归降，友谅大势便去，困守于湖中多日，粮尽兵疲，只能冒险突出重围，这一日从早战到晚，仍是难以决胜负，友谅出船头察看形势，却正好被流矢射死，其皇帝梦也从此化为泡影。历史证明，急于当皇帝的，往往都当不了几天皇帝，"心急吃不了热豆腐"，只有十分地有耐心，诱人的香喷喷的豆腐才能真正到嘴。陈友谅的猴急，也正反衬了朱元璋"缓称王"战略的远见。

此后，汉军群龙无首，一蹶不振，没用多久，元璋攻下武昌，平定湖北诸路，这年年底，元璋自己回应天，留常遇春率诸军镇湖北。第二年（公元1365年），友谅子陈理降。这时候，朱元璋地有湖广江南，势力大增，睥睨天下之势已成，才自立为吴王（因民间谶言谓吴王当为天子，虽士诚已先自立为吴王，元璋仍以吴为号），建百官，剩下的，便是一步步实现其创建大明帝国的大略宏图了。

直捣元都　　始建大明

灭陈友谅之后，元璋的主要精力用来对付张士诚。那么，元朝廷这几年在干什么呢？其时，元军一直内斗更加厉害，根本无暇顾及南边事务。元璋见此形势，正好在密切注视北边动向的同时，一心一意地将四周势力一一扫平。

我们约略看看元顺帝一帮人到底在干什么，竟会坐等朱元璋灭陈友谅，平张士诚。事实上，元的天子脚下，早就是一团糟了。刘福通为首的红巾军早就起事，元军久不习战，被杀得无可奈何，没有什么作为不说，还让红军日益做大。直到至正十二年（公元1352年）时，才出来一个叫做察罕帖木儿的勇士，召集一些地主武装，起兵击红军以自保，数年之间，转战于黄河南北，收复汴梁，平定山东，红军几乎被消灭殆尽，被元朝倚为重臣。未几，察罕死，养子扩廓继其兵权及官位，1362年，平定了整个山东，准备挥兵南下。但是，元朝的将领们从来都不是一团和气，察罕在时，平定晋、冀，就与拥兵大同的孛罗帖木儿起了冲突，互相争杀，顺帝亲自下诏，二人拥兵自重，并不听话领命。等到扩廓平定山东，回师太原，仍然与孛罗势同水火。恰好，孛罗因事举兵造反，兵犯元大都，杀丞相，自封为左丞相，顺帝太子求救于扩廓。第二年，扩廓以太子之命，举兵讨伐孛罗，直逼大都，元顺帝见情形不对，趁上朝时派武士搞个突然袭击，将孛罗杀死，扩廓便得以随太子进京，被尊为太傅、左丞相。这当儿，要不是没有扩廓，太子几乎没救了。但是，顺帝、太子、扩廓心中又各有一本账。当初，太子出奔太原，有意借重扩廓，想效仿唐肃宗即位于灵武而遥宗其父唐明皇李隆基为太上皇的故事，自立为帝。扩廓却不同意，于是，太子与之心生嫌隙。

扩廓当丞相之后，却因东征西讨为其常事，根本不习惯京城丞相生活，而且，京城里的达官们很忌惮他起自军中而突获高位。两个月后，他便请兵出征，希望平定江、淮。但是，当时元璋已尽据江、楚大地，张士诚据有淮东、浙西，势力都很强劲，因此，扩廓一时也不敢轻举妄动，希望与元朝其他几路大军（主要是关中四将军）会师南下，再做打算。但是，以李思齐为首的四将军根本不把扩廓放在眼里，思齐接到会师的檄文，怒道，老子跟你爸是老朋友了，你小子乳臭未干，竟敢传檄让我出兵！坚决不出一兵一卒,其余将军也是一样。有将帅如此,元朝气数焉能不尽!扩廓顿时觉得时事衰颓、大事难成,本想一心做些事业,"挽狂澜于既倒",不过眼看是不可能的了,于是长叹一声,对部下说,我奉皇帝旨意调天下大兵讨贼,而四方守将却不听诏令,这怎么能平定红巾啊!竟然发兵向西,直攻关中李思齐等。

这样一来,扩廓与思齐连年内讧,互相向顺帝告对方的状、揭对方的短,皇帝急得只知下诏调解,却没人肯听。后来,顺帝及太子又都觉得是扩廓不好,扩廓尾大不掉,不整整他恐怕皇位不稳,就趁他孤立时,下诏免其官爵,派四方军队一起攻讨扩廓。元廷内部也就更加混乱,越来越闹得不可开交。内斗正酣间,却不曾料到,元璋的大部队在清剿了南方之后,已经快兵临城下了。

1366年,吴王元璋下令征讨张士诚。同年,元璋派大将廖永忠迎小明王韩林儿自滁州归应天,途中,永忠沉其舟,韩林儿没江而亡,这个虽然只是名义上的主子,却是心腹之患,夜长梦多,再不将他除掉,元璋想当皇帝的障碍恐怕更多。

张士诚,起自盐商,早年曾自立为诚王,后来接受元朝招安,做了官,过了些时日又叛,对元朝廷若即若离,或降或叛,一直首鼠两端,反复无常得很。不过,士诚也很精明,据有淮河以南直至浙江部分的富庶之地,曾经很有志于天下,有传说吴王是真天子,他就抢先元璋一步,应符图之说自立为吴王。但是,当友谅攻元璋时,他不曾从背后偷袭一把。当他据有吴中一带特别是称吴王后,所属之地,

(左)元顺帝

元顺帝(公元1320—1370年),又称惠帝(明朝谥号为顺帝),全名孛儿只斤妥懽帖睦尔,元朝最后一位皇帝。顺帝前期为权臣伯颜所控制,但伯颜死后顺帝仍怠于政事,荒于游宴,学"行房中运气之术"。据说元顺帝颇有匠才,能制自动报时器,其精巧绝出,人谓前代所罕有。但作为皇帝,元顺帝真算是"无为"而治。

(右)张士诚

张士诚(公元1321—1367年),小名"九四",出身盐贩。至正十三年(公元1353年)与其弟士义、士德、士信及李伯升等率盐丁起兵反元,攻占泰州、兴化、高邮等地。次年正月,在高邮称诚王,建国大周。至正十七年败于朱元璋军后,张士诚投降元朝,封为太尉。二十三年,张士诚杀刘福通,自称吴王。二十七年,朱元璋攻破平江,张士诚被俘自缢死。

多无战乱，人口众多，一片兴旺发达繁荣景象，张士诚越发奢华懈怠，根本不考虑长远之事，将政事也一并推给他人，对下也只是一味地宽厚仁慈，还是兄弟义气那一套。以至于元璋没有费太多气力，即尽有士诚之地，先是徐达攻下今江苏北部一带的泰州、南通、高邮、淮安，随后，徐达、常遇春直趋湖州，攻向士诚之都城平江。1367年，士诚守城数月之后不敌，被捕至金陵，自杀死。不过，张士诚对其百姓倒是不薄，直到元璋称帝多年后，其治下一些父老还念念不忘其昔日恩德。

平张士诚后，元璋即谋划北定中原，虽然差不多就在同时，他还遣使与元顺帝书信，并送元宗室神保大王等回大都。其时，北方还是元的几个将军互相征战，山东有王宣，河南为扩廓，关中一带仍是李思齐等。说到北伐，常遇春气概夺人，说道，元军已安于逸乐，以我们久经百战之大军，直攻大都，势如破竹。元璋以为此非上策，他说，孤军深入，缺乏粮草（用今天的话说，就是战线太长，后勤补给跟不上），要冒大风险，不如先攻下山东，再拿下潼关，将大都外围一一击破，使天下险要之地尽入我掌握之中，到那时大都势单力薄，不战即得，而后天下可尽入囊中。诸将都认为这个方案行得通。元璋乃以徐达为征虏大将军，常遇春为副将军，领大军25万北征。同时，派几路大军直取福建、广西、浙东等地。

北伐元朝的同时，朱元璋看天下即将到手，便与群臣筹划着选个良臣吉日正式做皇帝了。

1368年农历正月初四，一个风和日丽的日子（与陈友谅即位时的大风大雨形成鲜明对比），即皇帝位于南京，国号明，建元洪武，终于正式成为大明天子。说到这个"明"，其中含义颇多。元璋起自红巾，但当上皇帝之后，却很忌讳人家将他和红巾扯到一块儿，自己也骂红巾为贼但又不许别人说贼这个词。但是，他的国号却用了"明"，不正是与明教、小明王的"明"一样吗？不还是有与红巾同出一源的嫌疑吗？确实，大明的意义出于明教，但是，据吴晗先生的考证，"明"在儒家的传统里，也是很好的一个词，如古代礼仪中有祭祀"大明"，早朝"日"、晚拜"月"的说法，一直为历代皇朝所重视，而且，元璋的新朝代自南克北，南方属火，属阳，北方属水，属阴，"以火制水，以阳消阴，以明克暗"，是非常好的寓意。据说，用明这个国号，是刘伯温出的主意，并且得到大家接受。元璋的部下，主要以原来的红巾和地主儒生为主，儒生系统认为"明"很好，可以接受，红巾们因着明教的关系，也赞同"明"，于是，国号自此而定。

出兵北征时，元璋也相当重视"宣传工作"，他命宋濂写了一篇告北方官吏、人民的檄文，文章突出了大汉族主义思想和儒家天命论，强调"夷夏之别"，认为中国之事应由汉族治理，不能再让蒙古人乱搞把大家的日子都弄得一团糟；又强调自古以来的封建文化传统和礼仪，提出要

"立纲陈纪"；还强调统一和安定，要消除元统治多年的暴政，使人民过上安定生活；甚至说蒙古人、色目人只要停止反抗，也和汉人一视同仁。应当说，这篇檄文符合当时各族特别是汉族地主、儒生、百姓的愿望，为北伐之事做了舆论上的准备，起到了积极作用。也与这个因素有关，北伐开始之后，大军所到之处，山东河南一些重要城池包括蒙古人据守的城池，都望风而降，明军于是少有吃败仗的时候，一路打下去，相当顺利，直至进逼大都。这时，元军仍然耗于内战，扩廓一时占了上风，顺帝大窘，迫不得已将罪过都算到太子头上，下诏尽复扩廓官爵，但明军已势不可当，为时已晚矣。洪武二年（公元1369年）八月，明军攻破大都，元顺帝仓皇北逃，暂立足于上都。

这一年，却是明军遇到劲敌的一年。徐达派出的几路军队，其中西征军直指山西，在泽州地方，遇上扩廓大军，大败。扩廓又亲率军出雁门关，欲偷袭大都之明守军，徐达闻讯急攻太原，扩廓回救，半夜遇袭，仅以身免，带十八骑逃归，山西平定。接下来的一段时间，元顺帝组织几次反攻，都无功而返，无力再南下，不久死去，太子继立，与明仍时有攻战，但已无回天之力，整个北方基本安定，尽入元璋版图。

随后，元璋派兵攻四川云南一带，辽东等地亦归附，天下大定，明朝终于站稳脚跟，元璋也就以大明天子之威开始接受四方朝贡了。

天下纷乱　诸雄皆败

元璋所处的时代，天下纷乱，群雄并起，在他之前，与之同时的豪杰不可胜数。

故主郭子兴、韩林儿

朱元璋出身仅为佃农，他起事以来大大小小、或近或远的上司可不少。第一个，自然是郭子兴，在群豪中，子兴势力并不强大，只是，元璋的最初一切，正拜子兴所赐。元璋最初避祸从军，投的就是子兴，先是被任命为十夫长，后来跟子兴攻战大小数十回，战功赫赫，得到赏识，又被子兴次妻小张夫人认做是个人才，于是成为子兴的养女婿。几年之间，元璋得以成为一军统帅，客观来讲，子兴功不可没，元璋当皇帝之后，有马皇后的提醒，也没忘记这回事，封子兴为王，使之享有祭祀。

远一点的，是韩林儿以及刘福通。韩林儿，因父祖之德而被举为红巾军的旗帜，其本人并无过人之处，对于红巾的发展没有决定作用。关键的人物，主要是刘福通，但如前所述，福通有大将之才，长于征战，却无领袖魅力，他成功地打击了元朝的势力，撼动了元朝根基，却没能通过有效的创举，将红巾起义转化为开创新王朝的征途。是元朝廷主要的围剿目标，目标太大，让他功亏一篑，命断于敌手。

劲敌陈友谅、张士诚

除此之外，元末的大反叛者还不少。与朱元璋曾并驾齐驱、势均力敌的，最主要的有陈友谅、张士诚。他们都曾权倾一方，但都没有长久，在这场逐鹿中原的马拉松长跑中，都没能坚持到最后。

胜利的微笑，最终属于朱元璋。

平心而论，同时的这些牛人们，多数靠自己的本事起家，一个个在元军的打压下或者在对付红巾军的战斗中崛起，绝非无能之辈。

他们都知道"名不正则言不顺"，想方设法将自己的起事合法化，笼络人心特别是汉人之心，韩林儿国号为"宋"，陈友谅直接建立"汉"政权，在道义上以推翻蒙古统治为名，都受到一批人拥护。

他们也善于利用舆论，以示自己"顺应天命"。红巾军自不必说，"石人一只眼，挑动黄河天下反"早已脍炙人口。江南一带盛传"吴"将取代"元"，张士诚先朱元璋一步称"吴王"，应了民间传说。其他种种当时流传并为人们所称道、相信的符命传说，不可胜数。历来，这一招都是有效的，朱元璋本人及其下属也一直为自己制造着神秘的光环。

他们也有强大的军队，雄厚的势力，不息的做皇帝的野心。有的还真能爱民如子，比如张士诚，曾经的"吴王"，明朝建立后好久，还有百姓追念他的好处。

这些，都与朱元璋差不多。但与元璋相比，他们仍有很大的区别。

陈友谅，有领袖魅力，却无领袖气度。智计过人，猜忌心也重，大事未成而杀功臣，让其部下将士不少难以安心。势力其实最强，但也自恃兵强马壮，贪功冒进，不知审时度势，早早地称帝，也过早地陷入灭亡。

张士诚，气度不小，却失之宽厚，过早地安于淫逸，毫无远见。没有长远的打算，居安而不知思危，在"不是你死，就是我亡"的血腥年代，根本没有美好的前景。

有人说，最大的危险莫过于过早地知足。陈、张的事迹，正好可与此互相印证。

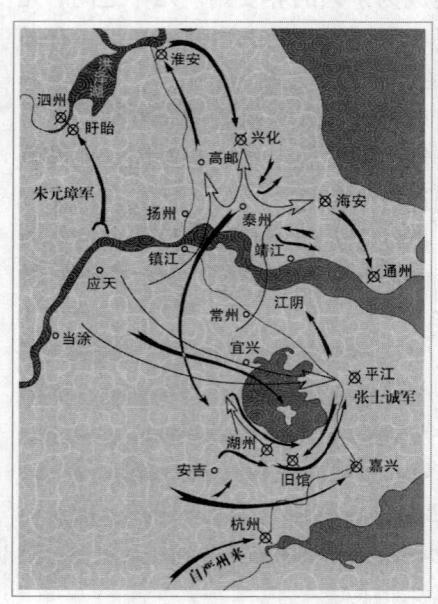

朱元璋呢，在兼并群雄、直捣元朝廷的过程之中，充分展现出其雄才大略及过人见识。

他的军队，由其一手打造，以子弟兵和亲信为核心，一步步地扩张，强大善战，纪律严明，对他个人绝对效忠。抓住了这样一支军队，至少能够立于不败之地。更何况，这支军队的主要将领，徐达、常遇春，都是顶级之选，当时极其有名的战将，光他们的名字就可让敌人闻风丧胆。最牛的，当系常遇春，即使到现在也是名声赫赫，可以说是当时名将中的名将，其气概之大非同凡响，常遇春自

淮东浙西之战要图

元至正二十五年（公元1365年）十月，朱元璋针对张士诚辖区南北狭长、中隔长江、兵力分散等弱点，采取先取淮东，再占浙西，剪除两翼，后攻平江（今江苏苏州）之策，命徐达、常遇春率师出征。交战两年，大量歼灭张军主力。二十七年九月攻克平江，俘张士诚。不久，迫降割据浙东的方国珍。至此，朱元璋统一江南。

己常常说，只要给他十万军队，他就可以横行天下、所向无敌，时人称之为"常十万"。一般人这么说，肯定被当成吹牛，但常遇春不同，他活了四十岁，竟然没打过败仗——在古今中外的战史上，这样的牛人可谓是罕见。

知人善任，也是朱元璋的极为重要的素质。常遇春善战却嗜杀，而大将军徐达持重有谋略，勇且宽仁，遇有大征战，经常以徐达为正，常遇春为副，以徐达制之，既保证能打胜仗，又能不伤害当地百姓感情，为长远作打算。无论对谁，任命了就给予充分信任。例如，一次朱元璋收降众多士兵，一时人心不安，怕投降了可能还保不了项上人头，了解到这种情况，他便择其精锐之士五百人为贴身侍卫，撤去原来守卫，夜间与往常一样安睡，这样人心始安，降兵才开始死心塌地为他打仗。

又擅长学习借鉴。朱元璋没读过几天书，从小识不了几个字，正儿八经的王朝历史原本知道不多，但是，在当游方僧以及念经的那些年，靠着自己的天赋和努力，总归能看懂些书，还能做些粗浅的文字，而且，特别善于从时事中吸收教训。历史上的皇帝，以汉高祖刘邦与其出身最为相似，他的家乡与刘邦家距离也不远，朱元璋以汉高祖刘邦为其最大的偶像，一直以刘邦为榜样，当做一面镜子，常常阅看、询问汉高祖的故事，指导自己逐鹿天下。他看到群雄纷争，不少煊赫一时的豪杰，不久便败亡，分析原因，认为主要由于将帅内部特别是文士和将军之间不和，他便最懂得"堡垒最易从内部攻破"，在这方面特别留意，例如他让李善长当了他最重要的谋臣和助手——大概相当于今天的秘书长，告诫善长一定要调和谋臣与诸将关系，协调内外，让大家同心同德，致力于远大目标，李善长也就特别在这方面下工夫，元璋的文武官吏也真的相当团结。

又有长远的谋划，善权变。这在他处理与元朝的关系中最能说明问题。直到他势力稳固，真正将矛头直指元朝都城，他才真正与元朝廷决裂，此前，还常视情况向元朝的大臣派使节、称臣，试图与之建立良好关系，一定程度上避免了过早受元朝廷关注。

关于朱元璋的天赋英才和机遇，还能罗列出许多的事迹。但事实上，最具决定性的，可能是他极为重视各种基础制度的创设与推行。突出的人才是难以复制的，常遇春，永远只有一个，但制度不同，其内核、基本精神和环节完全可以一环一环地复制到另一个区域，在更为广大的区域取得胜利。有一个好的制度，不一定需要最高明的人才，也能办好事情；所有的军队，都有一样严明的纪律和基本构成，也就有了相似的战斗力；治理政事的基本经验，推而广之，能使一个个城池安定，一片片乡村的百姓安居乐业。朱元璋在战斗年代与其臣下们总结出来的制度框架，在其有意安排下，随着其势力的扩张，一步步向外复制，将占领区同化为服从其统治的区域，保证了一座、十座乃至百座千座城池实现一样的统治，一样的稳固。毫无疑问，他的这种努力非常成功，于是，朱家军新收编的军队，同样效忠于朱元璋，新攻下版图的百姓，个个都对朱元璋称臣，他的号令自南京出，而势力所到之处，莫不遵从。正是如此，他才能从一个十夫长，滚雪球般地使其影响力、控制力不断叠加、膨胀，直到建立明帝国。

一言以蔽之，重视制度的创设才是朱元璋成功的基础所在，也是明朝得以立国几百年的关键。

早在他刚攻占南京不久，他与察罕通好，察罕派张昶等为使臣南下，等使臣们到达南京（那时还叫应天），事情已经起了大变化，察罕被刺身亡，元璋一看，将另一个使臣杀了，只留下张昶，因为张昶非常熟悉典章制度，对于元朝制度方面的事例了如指掌，元璋以之为宝，委以重用，对于明朝在元制基础上建制起到了重要作用。

后来，在谋士的协助下，朱元璋在其势力范围之内设立几项关键制度，如官吏、治安、收税。战乱时候，税收往往忽略，但"巧妇难为无米之炊"，战争之中，要想打赢，除了要有安稳的后方，要有良将猛士之外，缺金少银可不行。但是，怎么弄钱，也是大有讲究，当时的红巾军之所以被称为贼，与其中不少打仗与杀掠常常捆绑在一起不无关系。攻城之后杀掠，朱元璋一向反对，他深知，要想长久，光靠打家劫舍这样的土匪行径可不行。在平定浙东之前，朱元璋就曾告诫诸将千万不可滥杀，他说，"克城以武，戡乱以仁。吾比入集庆，秋毫无犯，故一举而定。每闻诸将得一城不妄杀，辄喜不自胜。夫师行如火，不戢将燎原。为将能以不杀为武，岂唯国家之利，子孙实受其福。"（《明史·太祖本纪》）朱元璋在李善长的协助下，建立了有效而不会过于扰民的生财之道，收两淮盐税，立茶法，按元朝旧例进行改革，除去元的重税，规范收税制度，保证了府库充盈，有了钱，打起仗来军饷无忧，心中不慌，占领新城池之后，也就可以禁止纵兵抢掠，不至于过于扰民，使老百姓对于朱家军还是能接受的。相反，时不时地免去一些地方特别是新攻下城池、受灾之处的租税，也能收揽民心。

在治理百姓的法律方面，开始，朱元璋以为乱世当用重典，后来以为原来的法律"连坐三条"太过严苛，于是李善长、刘基制定法律条文，向统治区域内外宣布，起到了非常好的效果。

"天下奇男子"王保保

对于朱元璋来说，消灭元朝，其实最大的对手就是扩廓帖木儿。扩廓本来是汉人，原名王保保，跟着察罕，立下战功无数。元大都被明军攻占之后多年，元朝的将帅基本都投降明朝，唯独扩廓仍忠于元顺帝及其太子，一直拥兵塞上，对明朝西北边疆形成非常大的威胁，据守军队常常受到袭扰，苦不堪言。

洪武四年（公元1371年），朱元璋不顾刘基"不可轻视扩廓"的劝告，决心一举击杀扩廓，派大将军徐达等率师15万，分几路出塞，声势浩大，谁知明军一与扩廓遭遇，就被扩廓打得大败，将士战死者几万人。朱元璋接到战败报告，又痛又悔，说，"吾用兵未尝败北。今诸将自请深入，败于和林，轻信无谋，致多杀士卒，不可不戒"（《明史·扩廓传》）。第二年，扩廓又出兵攻打雁门，朱元璋命令诸将做好防卫工作，不可轻举妄动，从此之后，明军甚至很少出塞。

但对于扩廓，朱元璋还是想拉拢，希望收归己用。于是，派以前元朝的将军李思齐出使扩廓。思齐刚到的时候，扩廓倒也以礼待之。不久，派一骑士送思齐回来，送到塞下，骑士告别说，希望大人留一件东西做个纪念。李思齐说，我长途跋涉而来，也没带什么贵重东西，能给你什么呢？骑士说，请大人赏脸留一只胳膊就行了。李思齐只好自断一臂给扩廓，回来不久就死了。这样一来，朱元璋反而更加敬重扩廓。有一天，朱元璋召集各将领聚会，大家酒喝得正高兴，朱元璋问，天下之内，谁称得上奇男子呢？大家都异口同声地推举常遇春，说常将军领兵不过万人，却能横行无敌于天下，不愧是天下的奇男子。朱元璋笑着说，遇春当然是人杰，但我能使之称臣，却不能让王保保臣服，他才真称得上是奇男子啊。而且，不久还将王保保的妹妹嫁给儿子秦王当了妃子——心里面，还是对扩廓起着笼络的意思。

而事实上，也正因为扩廓及元兵的强力牵制，元璋建立明朝之后，虽然建都南京，却不得不在北方布置重兵，委以亲王加以防范，形成了明朝独特的边防制度，也使其子朱棣拥兵自重，乃至取其侄建文帝而代之，这大概是朱元璋始料未及的吧。

扩廓帖木儿

扩廓帖木儿（？—公元1375年），元末将领。本姓王，小字保保。从察罕帖木儿组织地主武装镇压红巾军，元顺帝赐名扩廓帖木儿。扩廓帖木儿以出众的军事才华，于势穷之际转战千里，且屡挫不垮，远踞沙漠而不愿投降，从而赢得了朱元璋的敬重。朱元璋曾称其为"天下奇男子"。

吸取教训　酝酿改革

整顿官吏

当了皇帝之后,自然就得考虑怎么使统治更为稳固,怎么使朱家的天下一代一代"可持续发展"下去。

反面的绝好教材就是刚刚覆灭的元朝,从元朝统治的衰颓中,从起事以来的经验中,朱元璋酝酿着新朝的一系列政策。

首先是官制。没有一个有效的官吏系统,就无法实现对全国的统治。早在当皇帝之前,朱元璋称吴王时,就着手搭建统治班子,建百官,以善长为右相国,徐达为左相国,常遇春、俞通海为平章政事。即位没多久,洪武元年八月,"定六部官制"(《明史·太祖本纪》)。明朝的官制,总体来说沿袭汉、唐旧制,但也有不小的变化。比较关键的是,洪武十三年,朱元璋罢丞相这个官职,从此不再设立,中书省所管辖的范围分给六部,从理论上讲,皇帝的权力达到极限,而六部的权力也较前朝为大。六部,是指吏、户、礼、兵、刑、工六部,其首长称尚书,副首长称侍郎,在明朝六部中,又以分管官吏选拔考核、钱粮税收、军事的吏、户、兵三部权力为重。另外设有殿阁大学士,但在明初,大学士只是顾问性质的官,不直接参与政事的决定,并没有实权。

笼络人才

官制既定,如何选拔称职的官员就是重中之重。朱元璋一直重视人才,早年有人送他奇珍异宝,他就说,"今有事四方,所需者人材,所用者粟帛,宝玩非所好也"。等他刚当皇帝的年头,天下尚未稳定,许多有能力的人还处于观望之中,大明还是相当缺乏官吏。到了天下稍定,朱元璋还抓了几个大案,杀了十几万官民,当官的人才还是稀缺,因此,朱元璋一直想方设法征集官吏。由于明朝刚刚建立,还无法通过自己的学校系统选拔大批官吏,明初的官员主要通过征诏、荐举方式产生。洪武元年七月,"征天下贤才为守令",九月又专门下诏征召天下贤才与他一起"共同管理天下",他说,"天下之治,天下之贤共理之。今贤士多隐岩穴,岂有司失于敦劝欤,朝廷疏于礼待欤,抑朕寡昧不足致贤,将在位壅蔽使不上达欤?……天下甫定,朕愿与诸儒讲明治道。有能辅朕济民者,有司礼遣"(《明史·太祖本纪》)。为吸收人才,又及时仿照前代规矩,抓紧封孔子的后代为衍圣公,并授曲阜知县。而且,他下令对愿意归附明朝做官的蒙古人、色目人,也同等对待。应当说,这些政策,对于迅速稳定明初局势起到相当重要的作用。

当然,当时,并不是所有有才能者、读书人都愿意做官,其中有些人是恋着旧朝,不愿效忠于大明。元的灭亡,大部分人都晓得"识时务为俊杰"的道理,纷纷"弃暗投明",但每朝每代都有"顽固不化"者,有些人干脆战死,在元末,这种人虽然比例不多,但数量也不少,有几个有名的,例如福建一代的陈友定、伯帖木儿、迭里弥实,坚决不降,直到战死或者自杀,被称为"闽三忠"。另一些人,还舍不得生活的滋味,但不愿做官,只好隐姓埋名,但新朝的势力实在太多,往往遮掩不住,如前述陈友定的部下王翰,朱元璋听说他很有贤才,强迫他出来做官,他就是不从,最后自杀。又一个叫做伯颜子中,还是陈友定的手下(上行下效啊),被朱元璋五次三番叫去做官,无奈归附了元璋,从东湖书院山长、建昌教授一直到当了吏部侍郎,可谓高官厚禄了,可是,一旦有了机会,又逃归山林,直到洪武十二年,朱元璋下诏要求郡县举荐"元遗民"——就是仍然心向元朝的、不愿与新朝合作的那些"遗老遗少"们,伯颜子中才被找出来,用重金礼聘他回朝继续做官,子中大为叹息,"为歌七章,哭其祖父师友"(《明史·陈友定传》附),饮毒酒而死。还有个有名的大臣张昶,是察罕派到元璋军中出使的,被扣下,官做到中书省参知政事,但总以为自己是元朝的旧臣,对大元总是心有留恋。当朱元璋放元朝降人回北方时,张昶私下写信让人带去探访其儿子是否还活着,被人告发,朱元璋派官吏拷问他,张昶写了"身在江南,心思塞北"八个大字,朱元璋一看,这小子还是"心在曹营身在汉"哪,干脆杀掉。

不过,为了表示对忠臣的赞赏,朱元璋也对个别忠于旧朝之人网开一面。扩廓部下蔡子英,向有才名,扩廓败,子英逃亡山中,朱元璋派人拿着他的画像到处抓

受封图　《承运传》明刻本插图

　　朱元璋开国后,采取了一系列措施加强统治,封王建藩就是其重大举措。洪武三年(公元1370年),朱元璋将九位皇子和一位皇孙封为王,此后又先后分封诸王二十多位。

他，终于抓到，却在快押送到南京时，从江边逃脱，七年之后，才又被抓，死也不做明朝的官，并上书元璋，希望皇帝不要用无"礼义廉耻"的囚徒，有一夜忽然大哭不止，问他为什么哭，他说，没什么，不过是在思念以前的主子罢了。洪武九年，朱元章竟然命人送他出关追随元主于和林，满足他的心愿。

强化科举

为长远看，半荐举半强迫元朝旧人做官只是一时的应急之举。更为紧迫的是建立明朝自己的人才培养渠道，培养、选择忠于大明皇帝的官员。早在明刚建国，即设立国子学，洪武元年，朱元璋下令品官子弟及民俊秀通文义者，并充学生。待"天下既定，诏择府、州、县学诸生入国子学"。（《明史·选举志》）洪武三年，"五月设科取士"（《明史·太祖本纪》）。从此，科举考试逐渐成为明朝选拔官吏的首要途径，虽然"府、州、县学诸生入国学者，乃可得官"，也有人通过荐举做官，但是，到了朱元璋之后，荐举的方式越来越少，科举的地位越来越重要，"明制科目为盛，卿相皆由此出"，明朝百姓，要想做官，特别是想做大官，除了科举基本没有别的途径。而科举制度，也为大明帝国源源不断地输送与帝国结为一体、对帝国效忠的后备官吏，奠定了明朝绵延几百年的根基。

严惩污吏

建立了官吏系统，朱元璋并没有空闲歇下来，他得考虑怎么让这个系统更好地为皇权的稳固、为帝国的运转服务。地方官来朝见皇帝，临走时，他告诫说，"天下新定，百姓财力俱困，如鸟初飞，木初植，勿拔其羽，勿撼其根。然唯廉者能约己而爱人，贪者必朘人以肥己，尔等戒之"（《明史·循吏传》）。洪武五年（公元1372年），下诏对大小官吏进行"考课"，最看重的是官员在兴办学校、发展农业种植业等方面的实绩，当时，日照县令马亮善赶着押运物资，没空管农业，对教育和人才培养也不

宋　濂

宋濂（公元1310—1381年），字景濂，号潜溪，明初浦江县（今浙江金华）人。至正二十年（公元1360年），与刘基、章溢、叶琛同受朱元璋礼聘，尊为"五经"师。洪武初主修《元史》，官至学士承旨知制诰。后因牵涉胡惟庸案，谪茂州，中途病死。著作有《宋学士全集》、《孝经新说》等。

重视，皇帝马上将他罢官，一时天下震动，地方官们也大多能勤政爱民。

他看到元朝吏治腐败，民不聊生，因此对大小官吏非常放心不下，对于贪官污吏，坚决地使用严刑峻法，抓一个是一个，绝不手软。最有名的案子为"空印案"与郭桓案。

"空印案"发生在洪武八年前后。明初规定，每年各地方官都应派计吏到户部呈报地方财政收支情况，地方的数字与户部的数字必须完全一致，才能过关。当时，交通、通讯不便，各地计吏因为怕离京城太远，到户部时便预先携带盖有大印的空白账册（即所谓"空印"），如果户部驳回原先报上的数字，就拿出事先准备好的空白账册再重新填写，时日一长，成为惯例。这一年，朝廷下令对财政收支进行仔细检查——大致类似于今天的"审计风暴"。朱元璋得知有"空印"这回事，以为其中必有贪污舞弊之事，大怒，对此案严加办理，户部尚书以至地方掌握大印的主要官员大多处死。

波及面更大的是郭桓案。如果说空印案的贪污腐败，还有些难以说清楚的话，郭桓案则实在是个贪官大案。郭桓是户部侍郎，掌管天下钱粮税收，是个肥差。南京周边，是朱元璋"龙兴之地"，长期赋税很重，当朱元璋建立明朝，时不时地下令减免这些地方的租税，如洪武三年，下诏"应天、太平、镇江、宣城、广德供亿浩穰。去岁蠲租，遇旱惠不及下。其再免诸郡及无为州今年租税。"（《明史·太祖本纪》）但是，郭桓与地方官勾结到一起，皇帝下令免租，他们竟然照旧收租不误，而所收租粮，悉数中饱私囊。洪武十八年（公元1385年），朱元璋发现此事，极为震怒，杀郭桓及与此事有牵连者数万人，被杀官吏及所受牵连人家遍及天下，据说，天下中产之家几乎半数破产。而郭桓，也确实是个大贪，他们合伙所盗官粮大概有七百万石，真是史上一大硕鼠。同年，朱元璋颁《大诰》于全国，郭桓案即详细记录在案，欲以之为天下官吏警戒。

为惩戒官吏，朱元璋真可谓无所不用其极。据说，他曾下令将贪官的皮整张剥下来，将稻草塞进皮里，然后竖在官位旁边，以此恐吓继任官员不得腐败。

这样的高压政策，狠确实狠了点，但效果还是有的，明初的吏治，不能不说大体上还是清明的。

理财之术　防卫之道

明朝时候——特别是明朝初年，距离工业社会还太远，也没有成熟的商业社会，国家税收中，田租人头税占了相当重要的部分。因此，朱元璋在劝课农桑的同时，非常重视建立户籍制度，设置户帖、户籍，上面写明姓名、年岁、居住地，籍藏于户部，帖由百姓自己保存，又制定赋役法，规定百姓缴税的方法。

洪武十四年，朱元璋下诏编制天下的赋役黄册[1]，以110户为一里，一里户口情况编为一册，该册一式四份，一份上交户部，另外三份布政使司、府、县各存一份，给户部的那份封面为黄纸，因此称为"黄册"。该"册有丁有田，丁有役，田有租"，租主要有夏税（必须八月前交）和秋粮（交纳期限为次年二月），役分三等，地方官对照黄册征收钱粮，一目了然。当然，具体到不同时候，所交的租税是用粮食、布丝还是银钱，变化很大。各地赋税金额也大不相同，据记载，苏州府的负担最重，洪武年间，其一府的秋粮达到270多万石，其次为松江、嘉兴、湖州、常州、杭州等地，都是江南富庶之地。到朱元璋后期的洪武二十六年，天下户口有一千六百余万，人口六千五百多万，国家控制的户口一多，钱粮收入自然相当充足。

除了对百姓赋税的征收，屯田也是收入来源之一。洪武初年，立民兵万户府，"寓兵于农"，一定程度上解决了军队的粮草补给问题。屯田分军屯、民屯两种，民屯是指在人少地多处，通过移民、召募等手段进行屯田，由管理部门给予田产耕种，军屯则由军队派兵种地，在"边地，三分守城，七分屯种；内地，二分守城，八分屯种"，一开始的税率是一亩征收粮一斗。

农税之外，一些特殊商品税，也是国库收入的重头戏。如谁都离不开的盐，自古以来就是由朝廷控制的重要商品，其税收对于当时国家的意义非常重大。朝廷因此府库充足，盐商、盐官因此也不断暴富，而同时贩私

[1] 黄册是明代为核实户口、征调赋役而编制的户口版籍。明洪武十四年，明朝政府在户帖制度基础上建立了黄册制度。黄册以户为单位，详细登载乡贯、姓名、年龄、丁口、田宅、资产，并按从事职业划定户籍，主要分为民、军、匠三大类。因送户部的册子表面用黄纸，所以叫"黄册"或"户口黄册"。明朝政府依据黄册向人民征赋役，因此，又叫"赋役黄册"。黄册是明代政府征收赋税、控制人口的重要手段。

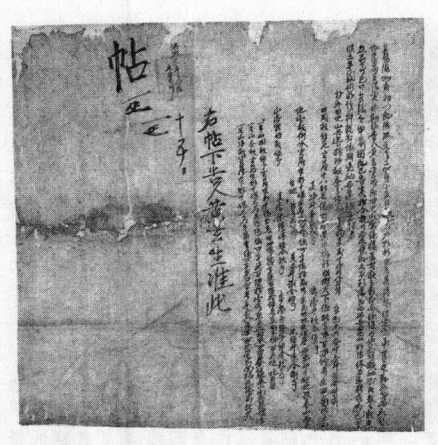

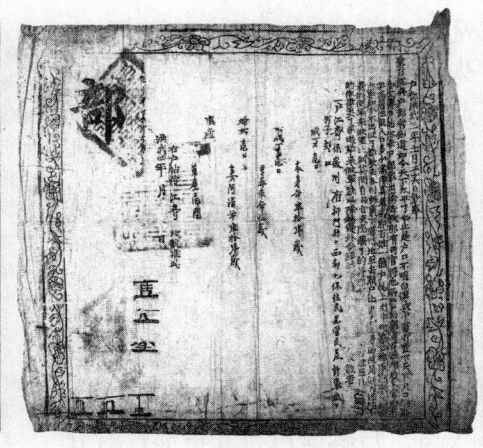

户口簿和垦地产业凭证　明代

户口帖是明代户籍制度的一部分，内容包括姓名、籍贯、年龄、住址、职业和生产状况等。而垦地产业凭证是记录农民开荒垦地，并以此纳税的凭证。这些制度的建立对稳定明初社会和恢复因战争造成的伤害起到了积极作用。

盐的，也络绎不绝。张士诚，最初就是贩私盐出身。朱元璋起兵不久，即设立盐法，征收5％的盐税，一度还加到10％，以助军饷。到洪武初年，天下产盐之地都设了都转运盐使等盐官，其中两淮盐运使最重要，一年输入太仓的银子有六十多万两。另外，大家每天都要喝的茶叶，也是重要税源之一，朱元璋时候，贩卖茶叶也是要花钱买"许可证"的，一般要缴纳3％的税。除此之外，商税，外国商人来明朝通商之税等，也是明朝的财政源之一。

那么，明初买东西一般用什么样的钞票呢？也许大家印象中明朝的银子就是当时的"人民币"，但事实上，朱元璋时候银子还算不上硬通货，通行天下的主要还是铜钱和"宝钞"。朱元璋时，明朝的铜钱称做"洪武通宝"，有1、2、3、5、10钱五种，由官方设立的"宝泉局"铸造。但事实上，明朝之前的元代，通行的主要是"钞"，与今天的人民币钞票没多少本质区别，因为携带方便，商人们习惯了这种钞票，明初笨重的铜钱，用起来不顺手，并不受欢迎。于是，洪武七年，朱皇帝也设立了"宝钞提举司"，制造明朝自己的钞票，发行于民间，叫做"大明通行宝钞"，上面写着八个篆体字：大明宝钞，天下通行。所以，如果我们回到明朝初年，拿着这样的宝钞，大致上也可以畅游大明天下的。

朱元璋登皇帝位之后，为了巩固其统治，实行"封邦建国"制度。这点，他深受其偶像兼老乡汉高祖刘邦影响，分封自己的诸子侄当王，于全国各战略要地，领重兵把守，以镇边关、地方，使朱姓王朝能打牢根基。这种制度，虽有令朱明天下迅速坐稳的好处，却也如汉代发生"七国之乱"一样，有使亲王做大的坏处，朱元璋身死没几年，"靖难之变"❶起，便是例证。但，皇帝还是朱元璋的儿子，朱家的王朝还是姓朱，这"封建"制度还是起了作用的。

在军事上，朱元璋改革元朝的制度，自京师以至于郡县，全部设立卫所❷。其中，上十二卫为皇帝的亲军，由皇帝直接管辖。其余兵马，归属都司与五军都督府分别统管。要打仗了，便任命将领作为总兵官，调动卫兵军队让其带领，等仗打完了，该将则归还所佩的印信，军队就此回到各自所属卫所，这种制度，既能保证军队能够得到有效的训练，又可避免将领与军队关系日加紧密而威胁皇权。洪武二十六年，共有十七都司，内外卫三百二十九，千户所六十五，这种卫所制度，是朱元璋及其部下从历史兴衰特别是自己的长期征战经验中总结出来的，为明朝的军事防卫提供了有效的支撑。

> ❶ 靖难之役发生于明代。朱元璋太子朱标早死，由嫡孙朱允炆继位(建文帝)。朱允炆继位之后不久，试图削弱诸侯王的势力。藩王中势力最强的燕王朱棣因不满朝廷削藩措施于建文元年七月以"清君侧"的名义起兵叛乱。经过三年的拉锯，建文四年六月朱棣的军队攻下首都南京，建文帝不知所终，朱棣登上帝位，是为明成祖。朱棣继位之后不久，为了应对蒙古的威胁和巩固自己的权力，将都城从南京迁往北京。
>
> ❷ 卫所制为明朝的最主要军事制度，为明太祖所创立，其构想来自于隋唐时代的府兵制。明洪武十七年，在全国的各军事要地设立军卫(即卫所)。一卫有军队五千六百人，其下依序有千户所、百户所、总旗及小旗等单位，各卫所都隶属于五军都督府，亦隶属于兵部，有事从征调发，无事则还归卫所。此法的实行，须有一套能保障军队数目的户籍制度配合，来维持卫所制的运行。明代军户为世袭，而且管理颇严格，除籍十分困难，但是由于军户负担沉重且地位低下，明代军户的数量依然不断减少，导致了卫所制度难以为继。

血腥戮臣　巩固皇权

为了巩固大明的统治，使朱氏后裔子子孙孙坐稳皇位，朱元璋费尽了心思。

吸取了元朝灭亡的教训，朱元璋绝不允许任何臣子擅权专权。在任命他的重臣时，他就告诫说，"立国之初，当先正纲纪。元氏暗弱，威福下移，驯之于乱，今宜鉴之"。(《明史·太祖本纪》)并迅速封他的儿子朱标为世子，当皇帝后，马上封为太子。很明显，朱元璋从元的灭亡中，得到的最重要的教训便是，当皇帝当首脑的没有权威，臣下却作威作福，对于皇帝来说，当然不是什么好事，对于国家的长治久安，也危险重重。因此，朱元璋极力强化皇权，处心积虑地将权力全部收归己有，告诫大臣不可擅权，生怕权力为人所侵夺。明朝，也就成为皇帝权力急剧膨胀的时代。

丞相职位的设立与废除，充分体现了朱元璋的这种考虑。明初，设中书省，置左右丞相，位在皇帝之下，而在万人之上，权力相当大。后来，丞相胡惟庸案发，干脆不再置丞相——整个明代，也再不设丞相一职。元璋一朝，当过丞相的有李善长、徐达、李文忠、胡惟庸、汪广洋。徐达、

马皇后

明德皇后马氏（公元1333—1382年），安徽宿州人，早年丧母，被郭子兴夫妇收养为义女。郭子兴率众起义时，马氏即嫁给了朱元璋。此后，马氏一直伴随朱元璋平定天下、创建帝业，其宽厚、仁慈、贤良的品行深受朱元璋及后人称赞。

朱元璋真相

据说朱元璋本身长相丑陋，后人在为他绘画时既不能按其实际相貌而来，又不能过于修饰。若按实际描绘则有损太祖英荣和帝王威严，若过于修饰则违背其本来面目，这两种情况的出现都可能让画师遭致杀身之祸。不过，还是有画师暗自将其画像传于后世。图为传说中的朱元璋真相，与后世通常见到的画像相去甚远。

李文忠长年征战，没有真正主过事，主过政的其实是另外三位。但是，李善长、胡惟庸、汪广洋因权势太大，引起皇帝猜忌，最后都非善终。其中，最有名、牵涉最广的是胡惟庸党案❶，与蓝玉党案❷、空印案，并称明初三大案。

胡惟庸是个人才，朱元璋一向很器重、宠幸他。有好几年，就惟庸一个人当丞相，又善于迎合皇帝的意思，越加受宠，时间长了，不免飘飘然，开始自作主张，一些生杀予夺、任免官吏的大事，常常也自己说了算。下面递上来的奏章，都得先经他的手，有说他坏话的，立马扣住，并准备给对方穿小鞋。看他这样得势，一些急于升官以及因事获罪的功臣武将们，纷纷想方设法巴结他，送的东西，金玉布帛、名马、珍玩，不计其数。刘伯温跟朱元璋说过惟庸的不是，认为让惟庸当丞相治国，就像让他去赶马车，恐怕会翻车坏事。惟庸当了丞相之后，尽寻刘基的错，又趁他生病之机，将他毒死（一说被胡谮害，免职忧愤而死）。大将军徐达看不过去，向元璋说胡惟庸这家伙是个坏东西，惟庸也动了害徐达的心思，还好徐达地位与常人不同，难以撼动。偏偏这时候惟庸老家里的一口井生出了石笋，一些人便借这个拍马屁说是个好兆头。惟庸更为自负，竟然与亲信文臣武将们有点密谋造反的意思，可朱元璋这个白手起家的皇帝可不是吃素的，事情还没成，元璋已经侦知，马上将他处决。惟庸被处决后，事情远远还没结束，朱元璋自此常常留心"胡党事迹"，时隔多年，大功臣李善长等一批人也被牵涉进来，皇帝大怒，下令彻查，被株连问斩的多达三万人，还写了个《昭示奸党录》，布告于天下，以示警戒。

蓝玉，常遇春的小舅子，封凉国公，徐达、常遇春之后，军功最盛。最重要的一次，是带兵长驱漠北，大败元顺帝孙脱古思帖木儿，获其妻子百余人，官吏三千多员，普通男女七万多口，皇帝大喜。但是功高震主，何况蓝玉军功日盛，越发骄横，养了一班家丁、义子，整日侵凌乡里，曾经侵占民田，有个御史去处理，他却把人家给哄跑了，却忘了"打狗也该看主人"，御史怎么也是皇帝任命的官儿。又一回，夜间从塞外班师回来，经过喜峰关，关吏开门起得晚点，他竟一怒之下让手下将士砸掉关卡，霸

❶ 明代洪武年间四大案之一。当时，胡惟庸为丞相，朱元璋认为他有专权擅政、结党营私之嫌。恰好在洪武十三年，有人上书告胡惟庸谋反，朱元璋遂以"枉法诬贤"、"蠹害政治"等罪名，将胡惟庸处死。此后，又陆续揭发其谋反罪状，株连杀戮者达3万余人，甚至包括开国功臣李善长等一公、二十一侯。借此，朱元璋罢丞相、革中书省，严格规定嗣君不得再立丞相，臣下敢有奏请说立者，处以重刑。丞相一职自此废除。

❷ 蓝玉是常遇春、徐达之后明军的主要将领，战功显赫，然而，朱元璋认为他功高震主，进止自专，洪武二十六年，锦衣卫指挥蒋瓛告蓝玉谋反，朱元璋遂乘机将其逮捕下狱，"磔于市，夷三族"。因蓝玉案被株连杀戮者，当时称之为"蓝党"，多为列侯、功臣、文武大吏以至偏裨将卒，达一万五千人之多。后人认为，这是朱元璋有计划地对功臣宿将的一次大屠杀。

占了脱古思的妃子，结果这妃子羞愤自杀，他还擅自任命、处罚手下的将官、校官。这些事情让朱元璋老大不高兴，何况，蓝玉脾气也越来越不好，跟皇帝说话也很傲慢。朱元璋已经老了，他想，有我在的一天，当然能镇住你，等我死了呢？于是，当有人告蓝玉谋反，皇帝便立马将蓝玉抓起来问了死罪，株连者无数，族诛的有一万五千人，后来还亲手下诏列了一个名单，叫做《逆臣录》，其中的大官有一公、十三侯、二伯。

这样一来，跟随朱元璋的功臣大将死得都差不多了——当然还有个老将汤和，与朱元璋自小一起玩大，最知道皇帝的脾气性情，知趣地告老还乡，讨得皇帝非常欢喜。朱元璋终于可以放心地将皇位交给他的长孙允炆了。虽然，人算不如天算，功臣们没有抢了皇孙的宝座，造反的却正是自己的儿子，但是，朱家的天下总归是坐稳了。明朝几百年的江山画卷，就此从他的手中拉开雄浑壮丽的大幕。

随着地位权力的加大，朱元璋内心的无助与猜忌加重等灰暗面展现出来。杀功臣，是其缩影之一。事实上，功臣未必能威胁到他的地位，一些人也并没有参与造反，比如李善长，受胡党牵连被杀的第二年，便有个叫做王国用的臣下上书为善长鸣冤，大意是，善长早已经位极人臣，说他想当皇帝还差不多，怎么会跟着胡惟庸去造反呢？皇帝没追罪国用，可见他心里也很明白善长的清白。随着年岁日长，精力日衰，朱元璋更担心的还是他身后的事情。那一班老臣，是他一手提拔，一起在浴血奋战中并肩过来的，他们听他的命令，唯其马首是瞻，但一旦自己死了，他那年幼的儿孙，还能制服他们坐稳江山么？也许，当他离开人世的那一刹那，想的不是一生的征战与辉煌，却是对朱氏子孙的放心不下。

徐元帅平定姑苏　《明皇英烈传》插图

　　徐达为明朝的建立立下了汗马功劳，他是朱元璋的第一功臣。明初，朱元璋一直对诸多功臣持有强烈的戒心。相传朱元璋赐徐达一烧鹅，徐达因对烧鹅敏感，平日不食烧鹅，徐达吃完皇帝所赐烧鹅后全身溃烂而死。一说徐达因瘤不能吃鹅肉，朱元璋偏赐烧鹅与徐达，徐达领悟圣意，尽食其肉，遂死。

蒙古族分布

松花江
松花江
科尔沁部
蒙
察哈尔部
扈伦部
后金
开原
铁岭
建州部
（1625年后金迁都于此）
抚顺
古
沈阳
萨尔浒
赫图阿拉
广宁
锦州
辽阳
清河
松山
（1621年后金迁都于此）
宽甸
滦河
宁远
北京
山海关
长白
"野人"
黑
海西女真部
建州女真部

清太祖·努尔哈赤

公元1559—1626年

满清享祚267年，在中国诸封建王朝存亡时间排列榜上排名前列，与汉、唐、明比肩，其以外族入主中原，凭边陲小族之力统治人数是其百千倍的汉人长达数百年，为中国史上所仅见。清帝国幅员辽阔，现之中国疆域，主要奠定于清。这个王朝的奠基者努尔哈赤，既为一生征战无数，功业煊赫，乃至撼动大明根基，开创了统治中国数百年伟业的满族最大勇士……又是曾让无数汉人切齿、以武力胁迫汉人违背圣贤之命『剃发束辫』的始作俑者。

明亡于安逸与内耗，努尔哈赤则成于拼搏与团结族人之心，明之衰落也正是他成功的大背景和契机。虽然没有等到统驭华夏的一天，但他以满洲之人而能汲汉蒙诸民族之优势，开创了大清基业，奠定了清帝国的一系列制度，其势已撼动中原，使其子孙统治华夏数百年，成为中国历史上最为成功的非汉族王朝。

恩怨不清　女真与明

努尔哈赤的先世是女真部落族长,其始祖布库里雍顺,居长白山东俄漠惠的俄朵里城,自号部族为"满洲"。世袭之位传至孟特穆,部族迁居苏克苏浒河的赫图阿喇,努尔哈赤就出生在这儿。

早在数百年前,女真人也曾有显赫功绩。宋辽时代,女真完颜部出了个英雄阿骨打,统一各部,建立金朝,势力直逼辽、宋,将后者打得大败,并在今天北京一带定都,北宋也一变而为南宋。努尔哈赤的先人,也是女真,但大概不是阿骨打的直系,大概就像金朝皇族的旁支,还轮不上跟皇帝攀上多么亲密的关系,因此还留在老地方,过着原来一样的生活。当金朝兴盛,他们没有沾上皇皇大金的光,当金朝灭亡,他们也没有遭到多少牵连,一如既往,还在那离中原繁华大地遥远的"苦寒蛮荒"之地,分成许多小部,不受任何别人的管束,日复一日过着古老的生活。就这样,"人间千年,山中方一日",女真族人们在中原朝代屡次更迭中,也随时代一起,走过了南宋、大元,来到了明代(其中还有一支,一如金朝的始祖,也叫做完颜部,后来被努尔哈赤所吞并,可见努尔哈赤与金朝皇族的关系更为疏远)。这个时候,他们又因诞生了一个英雄人物,就是努尔哈赤,他让女真部真正

仙女佛库伦

相传在很久以前,长白山布勒湖边有三位仙女常在湖中洗浴,大姐叫恩古伦,二姐叫正古伦,小妹叫佛库伦。某日,一只神鹊口衔朱果飞来,落在佛库伦的肩上,佛库伦将神鹊高高捧起,大声向姐姐们呼喊,鸟嘴所衔的朱果此时恰好掉进了佛库伦的口中,佛库伦慌忙之余将朱果吞进肚中。佛库伦马上有了身孕,从而无法返回天庭。十三个月后生下一子,取名布库里雍顺,他便是满族的始祖。本图中坐者即为传说中的满族祖母——仙女佛库伦。

荣耀了近三百年。因着祖上曾经建立金朝的缘故，后来努尔哈赤最初也将他建立的政权叫做"金"，史称"后金"。

早先的祖先们，虽有些事迹，但并不显赫，特别是处于游牧不定的迁居时代，变动极大，早已没留下多少痕迹，努尔哈赤也并不是怀旧寻古之人，在其征战一生中，并未仔细梳理家族的荣光。因为，真正的光荣正发端于其本人。所能追知的具体事迹其实只能到祖父一代。

努尔哈赤的祖父名觉昌安，有六个兄弟，兄弟们成人后，承祖先勋业，在赫图阿拉一带各自聚起一帮人马，纷纷筑城而为城主（后来这六兄弟被后人通称为"宁古塔贝勒"），近的相距才五里，离得远的也不过二十里，互相呼应，势力倍增，成为当地一霸。

当时，赫图阿拉一带的辽东，如自古以来一样，森林草原密布，少数民族众多，形势复杂，依靠当地酋豪统治各族百姓，统治力并不稳固、深入，各族之间征伐杀戮是为常事，很难受到管束，真正处在"勇者为王"、崇尚武力的"战"国时代。

从努尔哈赤祖辈如此近距离地"筑城"行动来看，很明显，当时，女真部族在与明朝长久的关系之中，逐步学习到汉人的先进技术和生产方式，虽然畋猎习性依然占主导地位，但他们已开始定居生活，他们的社会正在发生惊人的巨变，昔日安宁的时日将渐渐流逝，代之而来的是前所未有的大时代。从游猎到农耕的转变，时代的变迁，形势纷纭变幻，正是英雄人物扫除混乱、开天辟地的大好时机。

辽东一带，明朝为便于管理，因地制宜，设奴儿干都司，其前中期，国力强盛，在辽东基本上有能力执行"分而治之"的政策，不让有人独大以至威胁明朝"国防安全"，因此，并没有一个部落，也没有一个人在此地区取得支配地位，辽东也就只是在各族争夺势力范围的小打小闹中相对平静。

努尔哈赤的先祖及其出生时候，就是这样一个年代。

觉昌安有五个儿子，长子礼敦，次子额尔衮，三子界堪，四子即努尔哈赤的父亲塔克世，五子塔察篇古。由于部族人口众多，在其居所一带，势力相当强大，再加上觉昌安足智多谋，长子礼敦勇猛善战，利用"除暴安良"式的口号，攻灭硕色纳、加虎两个在当地名声不佳的部族，从而占领五岭东苏克苏浒河以西二百里的土地，降服诸部族，大大扩张了部族的势力范围。

为进一步稳固其地位，觉昌安采用建州传统的联姻结盟方式，将长子礼敦的女儿嫁给临近的大部族古勒城主王杲之子阿台为妻，王杲也将长女额穆齐嫁给觉昌安第四子塔克世为妻。

爱新觉罗氏与古勒人结盟后实力更加强大，同时，他们进入明朝的视线，成为明政府控制建州女真的一枚棋子。

但是，只要明朝的将领头脑清醒，绝不愿看到有人势力过于膨胀。

确实，与王杲的结盟是成功的，觉昌安稳定了满洲部族在建州女真中的地位，同时也由此带来一系列问题，尤其是王杲与明朝辽东总兵李成梁结怨之后，满洲部族就要面对与明政府对抗的风险。

前面已说过，王杲实力增强，这是大明所不愿看到的，特别是，王杲并不是个善茬，指责明朝辽东政府在互市中剥削其商业利益不说，还直接挑起事端，杀死明军士兵，又在明以部族骚乱断绝贡市之后起兵进犯辽、沈。

对这样的"逆臣"，大明当然不会放过。明万历二年，辽东总兵李成梁统兵出击，大败王杲，擒获后送回北京处死。

王杲之子阿台见父亲被明人所杀，愤起复仇，进攻明军，杀死多人。李成梁提兵进击，围阿台于古勒城。觉昌安眼见与自己结盟的部族被攻灭，想救出自己的孙女，同时劝阿台归降，就与儿子塔克世一起来到古勒城，结果一起被围在城内不能离开。

随后，由于受图伦城主尼堪外兰的欺骗，阿台部下杀死阿台，举城投降，却不料李成梁下令将古勒城内无论男女老幼全部杀死，觉昌安与塔克世在混乱中也被明军杀掉，努尔哈赤也成了明军的俘虏。

满洲部族由此卷入与明军的冲突之中，原本兴盛的发展势头被暂时遏制住了。

李成梁

李成梁（公元1526—1618年），字汝契，英毅骁健，大有将才。因屡建战功，于明隆庆元年（公元1567年）进副总兵，协守辽阳，隆庆四年为辽东总兵。李成梁镇守辽东期间，主要通过"以夷制夷"之策略安抚和统治当地的部落，致使数十年基本无大事发生。青年时期的努尔哈赤就曾在李成梁手下任职。李成梁历任辽东总兵之后十年间，更易八帅，边备益弛。可见，李成梁在处理当时边患时，颇为得法。

太祖少年　生即不凡

　　与所有传奇皇帝的诞生故事一样，努尔哈赤生即不凡。一般人经母亲"十月怀胎"而生，努尔哈赤的母亲喜塔喇氏却足足怀了他十三个月。这一年，为明嘉靖三十八年，公元1559年。

　　嘉靖是明朝历史上以荒唐著称的年代之一，嘉靖皇帝的前任是堂兄武宗正德皇帝，正德没有子嗣，嘉靖是以得登大宝，当皇帝之后就想尊自己的父母为太上皇、皇太后，这也是人之常情。但大臣们根据祖宗礼仪，坚决不允，皇帝于是转而迷恋道教和长生，他倒果真活得不短，足足做了四十多年皇帝，同时也不事朝政多年，嘉靖三十八年时，他已不怎么上朝达到二十多年了，赖朱家祖先的恩德，其时虽危机重重，但还不至于覆亡，不过明朝廷逐渐陷入皇帝与大臣的虚耗之中，政事眼见得日渐衰颓，末日的征兆已不免若隐若现。

　　这样的时事，这样的大明皇帝，怎么也不会想到，遥远而天寒地冻的辽东，一个明朝的克星，将越来越耀眼，直到他的子孙，将朱明的子孙完全吞没。而按照皇家天文学家们的"占星术"，皇帝之外的"帝星"也可以在天象上显示出来而且可以先行消灭的，努尔哈赤的诞生，如同大明天下任意一个子民的出世，并没有受到皇帝"特殊照顾"，可见，要么是御用天文学家们的失职，要么便是他们信奉的"占星之术"近乎荒诞，"天命难测"！

　　而对明朝来说，更为不幸的是，嘉靖的子孙们同样不成器，特别是他的孙子万历，真是有乃祖遗风，继承了其祖父优秀的禀赋，同样不问朝政多年。而此时，努尔哈赤正迅速成长着。

嘉靖帝

　　明嘉靖帝，即朱厚熜，明宪宗之孙。朱厚熜幼时聪敏，兴王亲授书史，通《孝经》《大学》及修身齐家治国之道，重礼节，遇事有主见。即位后渐显其刚愎自用、专横暴虐的性格。尤其是执政后期，他更是笃信道学，二十余年不上朝。遂致奸相严嵩乱政二十年里，形成北方蒙古侵扰不断，有识的官员不能为国出力，甚至惨遭屠戮的局面。

据传,"努尔哈赤",回鹘文是"光明"和"朝圣"的意思,也有人认为根据西伯利亚通古斯民族习俗,儿童幼小时往往把所穿的某种兽皮衣服作为乳名,因此努尔哈赤名字的意思可能是"野猪皮",他的兄弟舒尔哈齐意为"小野猪皮",雅而哈齐意为"豹皮"。

后一种解释也许更为契合努尔哈赤的身世。

努尔哈赤——"野猪皮"这样充满野性的名字,与其家族背景相当一致,一个游牧为主的部落,当然希望子孙勇猛异常,可以手搏猛兽乃至力裂其皮。而努尔哈赤日后的强悍,也正一如他名字那般的豪气冲天。

可是,与许多英雄一样,努尔哈赤的少年时代并不美好。他虽为城主觉昌安的孙子,都督王杲的外孙,但并未有锦衣玉食相伴。公元1569年,努尔哈赤仅十岁,他的生母便早早过世。继母纳喇氏,是邻近部族的哈达部长万所抚族女,也许是因为她有自己的儿女,也许是因为当时生活并不好过,她对努尔哈赤并不好,在努尔哈赤十九岁时候,便与他分家,而给他的家产也特别少。

然而,丧母虽痛,继母不是良善之人,这样的苦难未必不是好事。

没了母亲的爱护,在当时的时代,意味着必须付出更多,必须更加自立才能活下去,才能生存,才能出人头地!

因此,努尔哈赤还是个少年时,他就不得不与同伴一起进入森林挖人参、采蘑菇,随后前往抚顺参加互市贸易,依靠自己赚钱维持生活。

在这个充满曲折成长的过程中,努尔哈赤秉承满洲民族勇敢、强健的特点,在渔猎生活中成长起来,学得一身好本领,经过常年的熏陶和磨炼,在骑射方面成为杰出能手。

同时在集市贸易中增加了社会经验,受到汉族文化的影响,学会认识汉字和蒙古文。学会了先进民族的文字、文化,等于打开了一扇通往另一个宽广世界的窗,大大增长了努尔哈赤的见识和视野,也使其日后能窥知明的优势及不足。

虽然努力劳动,努尔哈赤仍然为继母难容,努尔哈赤十五岁左右与弟弟舒尔哈齐离开部族,寄居在外祖父建州都指挥王杲家中。

王杲对于明朝来说也是个眼中钉,但这并不能抹杀其英雄本质,若非其智勇过人,又何能荣膺都指挥重任?

与外祖父一起的生活,使小努尔哈赤更熟悉了战争、互市、部族与明朝的关系,以及许许多多难以言传的宝贵经验。但随着王杲被攻灭,努尔哈赤与弟弟一起被明军所俘,成为明军的俘虏。这对努尔哈赤是耻辱,但更是机遇。

十几岁的努尔哈赤,会汉文,又够机灵,竟然被明大将李成梁提拔为随从和侍卫。

李成梁是万历年间的有名的战将，其高祖是朝鲜族人，成梁英勇善战，多次立下战功，一生征战无数，镇守辽东近三十年，活了九十岁，是明稳定辽东的大功臣——然而，放走努尔哈赤，却是放虎归山，是李成梁犯的大错，这个他当日并不当成大事的小错，却对大明意味着灭亡！自成梁之后，辽东大将一直难得有合适人选，其卸任之后，十年之间，将帅换了八个，辽东形势越来越难以控制。而努尔哈赤被俘后竟然能成为成梁的亲兵，不能不说是因祸得福。

　　而且，由于努尔哈赤勇于冲锋，还得到李成梁的赏识，在这样的培养下，努尔哈赤经过战场上的实战历练和亲眼所见的部队指挥，行军作战才能大为增长。

　　但努尔哈赤并不希望就在明军中度过一生，一直想寻找机会逃离明军，回到辽东自己的部族，过自己原初的部族生活。

　　英雄成功的背后，总离不开女人。少年时的努尔哈赤，同样得到女性的垂青和帮助。由于是李成梁的亲兵，努尔哈赤与成梁身边人都很熟悉。李成梁随军带了个小妾，努尔哈赤仪表堂堂，声音浑厚动听，用今天的话来说就是一个小帅哥，又很会讨人喜欢，这个小妾挺怜爱他，后来相处日子久了，更加佩服努尔哈赤，以为这个帅小伙子前途无量，当她知道努尔哈赤的身世与志向，竟然有一天趁着李成梁不在，私自将他放跑了。

　　关于此事，满族中流传着一个有名的传说。传说是这样的，当时努尔哈赤在战乱中投奔明朝辽东总兵李成梁，李成梁见他聪明机敏，办事周到，很是喜欢，就安排他作为亲随书童随侍在身边，由此也得到李成梁侍妾的信任和喜爱。某天晚上李成梁洗脚的时候，对其爱妾说："我脚上有七颗黑痣，所以才当上这个总兵。"爱妾对他说："我们帐下书童的脚上有七颗红痣，那官做得岂不更大？"李成梁闻听大惊，因为脚上七颗红痣是天子的象征，所以一定要把努尔哈赤捉拿到京师处斩。李成梁的爱妾为自己的失言懊悔不已，悄悄把努尔哈赤找来告诉他事情原委，让他赶快逃跑。努尔哈赤走后，她知道李成梁

体现满族人孝道的祖宗像

　　满族人注重礼仪堪称典范，在满族中流传着"礼中孝轻"的传统。满族人无论何时何地，长幼尊卑，祖先神灵之礼不能稍废。他们不仅年节、喜庆、丧亡礼节繁多，平时也是"三天一小拜，五天一大拜"，家中一般都供奉有祖宗画像以示纪念。

不会放过自己，就在柳树上悬枝自尽了。满族在每年收获黄米的那天家家户户插柳枝，据说就源自此处。

第二天，李成梁发现爱妾透露消息给努尔哈赤让其得以逃走，顿时恼怒异常，将其侍妾尸体上的衣服全部脱光，重打四十以泄心头之恨。满族祭祖时要熄灯一段时间，传说就是为了祭祀李成梁的爱妾，因为她死的时候赤身，所以为了避羞而熄灯祭祀。李成梁马上派兵追赶努尔哈赤，射死了努尔哈赤逃跑时所乘坐骑大青马，努尔哈赤伤痛地说："如果以后能够得到天下，决忘不了'大青'。"据说清朝国号"大清"便来源于此。

努尔哈赤快要被追上的时候，情急之下钻进路旁大树的树洞里，许多乌鸦飞过来落在树上掩护他，追兵就向前追去。他从树洞出来后疲惫之至，躺在荒草丛中就睡着了。明军士兵找不到他，在荒草丛中放火烧荒之后就不再追赶了。努尔哈赤睡得太死，大火快要烧到身边还没有醒来，跟随他的一条狗为了救他，跑到河里浸湿全身然后在他身边打滚，使火烧不到他，最终累死了。努尔哈赤脱险之后，为了感谢上天保佑以及乌鸦和狗的救命之恩，竖起高杆祭天，同时在杆子上挂上食物喂给乌鸦，后相沿成习，满族人有风俗喂乌鸦即是源自此处。努尔哈赤还发下誓言说："今后子孙万代，永远不吃狗肉，不穿狗皮。"满族习俗忌杀狗、忌吃狗肉、忌戴狗皮帽子和忌穿狗皮衣服，据说也来源于此。

这个满洲的少年，从被俘到逃归，小小的年纪便经历了许多历练，他的逃归，便如雏鹰挣脱了猎网，铁翅已初长成，冲斥云霄，试展青云之志，开始奋发翱翔！

初试牛刀　得报父仇

在他逃归的路上，碰到其父祖旧部额亦都，额亦都带的九个壮士均发誓跟随努尔哈赤。待努尔哈赤到达故乡时，不过拥有"十三甲"，人马不过十数人，势力相当弱小。

努尔哈赤逃归自己的部族之后，迎接他的并不是亲人的温暖。毕竟，他的到来，涉及到利益、财产的分配，因此在他奇迹般的归来之时，一些族人就想借他立足未稳，先除之而后快。

一天夜里，有事外出，努尔哈赤和随从突然遭到袭击，侍卫帕海战死。袭击者就是他的同族——五城族人龙敦等，这些人非常忌恨努尔哈赤，到处派人散布消息说，努尔哈赤的归来，使部族直接受到大明的威胁，努尔哈赤不死，族人早晚要死于明兵之手。这样一来，努尔哈赤经常受到攻击，他的手下额亦都、安费扬古尽心尽力地做贴身保镖保护他。有一天夜里，他们还抓到一个图谋不轨者，他俩要杀了这人，努尔哈赤说，放了吧，他们也情有可原，不要为难他，以免让我们结怨太多。一席话，让努尔哈赤的大度与智谋显露无遗。

经过几起事件，努尔哈赤明白自己在部族站立不稳都与明朝有关。如果不得到明的承认，他休想在部族之中生存。于是，他派人与明协商，为自己父祖身死乱兵讨个说法。努尔哈赤的父祖的死也许真是个意外，也许努尔哈赤实在弱小，还不足以威胁到明的安全，在努尔哈赤的要求下，明兵真的将其父祖遗体归还，好让他好生安葬，并封他为指挥使作为安抚。努尔哈赤又要求明军将其直接仇人尼堪外兰交出来，明军没有答应，不仅如此，图伦城主尼堪外兰在攻灭阿台的过程中为明军立下大功，还得到明朝的扶持。

但不管怎么样，努尔哈赤与明的关系得到了承认，他在族中的安身总归有个合理的说法。既已立足，努尔哈赤便将目标直指复父祖之仇，培植势力，试图向尼堪外兰寻仇。

努尔哈赤非常清楚自己的力量还太弱小，因此，不断寻找机会扩充势力。1583年，明万历十一年，恰好有萨尔虎城主诺米纳、嘉木瑚城主噶哈善哈思虎、沾河城主常书率领队伍来投奔他，努尔哈赤大喜，与他们结盟，并答应将女儿嫁给他们。这一年，努尔哈赤才二十五岁。与三城城主成功结盟，努尔哈赤开始有了"用兵之志"。

这年夏天，努尔哈赤率兵进攻尼堪外兰的图伦城。击败尼堪外兰，攻克图伦城，尼堪外兰提前得到消息后远遁嘉班城。同年八月努尔哈赤又率兵追赶至嘉班城，尼堪外兰再次弃城逃跑至抚顺的河口台。努尔哈赤穷追不舍，尼堪外兰的部下在这种情况下投降努尔哈赤，直追到明军防卫之所，明军派兵出来干涉，尼堪外兰逃往鹅尔珲城。

这是努尔哈赤真正打的第一仗，虽然小有胜利，但是，由于诺米纳在龙敦的唆使下背盟弃约以及泄露出兵日期（后来，另外两个盟友噶哈善哈思虎、常书也被龙敦所杀），努尔哈赤并没能消灭仇人。于是，他果断杀掉诺米纳及其弟。而且，五城族人李岱等还趁其出兵之机，勾结哈达人，劫其根据地瑚济寨，努尔哈赤派亲信安费扬古等十二人追攻，才把其掠夺物资抢回。

1584年春，努尔哈赤非常恼火李岱作为同姓兄弟却引外兵进攻自己，乃发兵攻下李岱的兆佳城，又攻讨龙敦，取得胜利。九月，攻伐董鄂部。当时，突降大雪，努尔哈赤一看天气不好，准备撤军，董鄂部一看，忙从城中派兵追击，却被他派十二骑士大败。回去的路上，碰到王甲部求助攻翁克洛城的邀请，努尔哈赤带兵前去，以奇兵出其不意，将该城外围纵火焚去。

亲自上阵的努尔哈赤，跳到屋上引弓向城内敌人进攻，不料城中一个叫做鄂尔果尼的勇士，先行瞄准努尔哈赤，一箭射穿努尔哈赤的头部盔甲，努尔哈赤险些丧命。努尔哈赤临危不惧，拔箭反射，杀死一人。这时，敌兵又有叫做罗科的勇士，一箭射穿他颈部的盔甲，努尔哈赤拔出箭镞，带出血肉，喝水数斗，准备再战，但实在伤得太厉害，只得骑马而归。没多久，他箭伤痊愈，带兵再去攻城。待入城后，努尔哈赤特意派人找到鄂尔果尼、罗科，认为这两人是大勇士，不但没有治他们的罪，反而封其为领户三百的佐领。

翁克洛城一战，显示了努尔哈赤的异常勇猛，也将其求才之心、容

粮草督运图　绢本设色　清代

- 在古代战中，粮草决定着整个战争的胜负。由于交通设施和战争地理条件的限制，敌对双方对粮草的争夺往往是构成全部战争重要部分。本图所绘为督运粮草的清军。

人之量展现无遗。

公元1585年，努尔哈赤又以四人退敌八百人，事后连努尔哈赤都认为这是上天保佑。是年夏，努尔哈赤征讨哲陈部，途中遇到大洪水，于是命令部下带兵而回，当时，他自己带着的手下，不过八十骑士。退到浑河，远远却望见敌军八百人，依河结阵，正等着努尔哈赤送上门来。部下扎亲桑古里一看这阵势，吓得赶紧脱下盔甲给了别人。努尔哈赤骂道，你这家伙，平日里在部族里耀武扬威，看起来很是英雄，竟然这么胆小，狗熊都不如！竟放他走了。只独自与弟弟穆尔哈齐、近侍颜布禄、武陵噶等四人，直向敌阵冲去，瞬息之间，杀敌二十多人，一时间竟然将敌军吓退，争相逃跑。经此一战，努尔哈赤名声更盛。

努尔哈赤起兵的第三年，积聚力量，再次发兵仇人尼堪外兰所在的鹅尔珲城，尼堪外兰无处可逃，只好前往抚顺希望寻求明朝边吏的保护，但边吏认为他已经失去了利用价值，不愿因此与努尔哈赤交恶，将他拒之城外。努尔哈赤追兵已到，终于将尼堪外兰擒获后杀死，努尔哈赤矢志不渝，追杀尼堪外兰数年，终于杀掉仇人，为父祖报得大仇。

而同时，努尔哈赤获得与明朝通贡的地位与权力，这也是一个关键性的转变，表明努尔哈赤的势力已得到了承认。当时的努尔哈赤不到三十岁，他的传奇人生才刚刚开始。

智勇双全　统一女真

努尔哈赤在复仇过程中遭遇重重阻力,并非一帆风顺,上文已提到,即使本部族中也存在反对的力量。如同族的龙敦曾经暗中破坏努尔哈赤与萨尔浒城主瓜喇兄弟的同盟,使得几次会盟围攻尼堪外兰的战役都落了空。他们还设法谋害努尔哈赤,包括暗杀和对其部族的抢掠,努尔哈赤的妹夫噶哈善亦被杀掉。但努尔哈赤都能恰当应付,从容处理各种变故,终于使自己力量一步步强大起来,最终杀掉尼堪外兰,成功复仇。

事实上,他复仇的过程也是逐渐强大的过程,万历十二年(公元1584年)九月,努尔哈赤即率兵进攻苏克苏浒河部,为妹夫噶哈善报仇,随后进攻董鄂部,回师途中又进攻翁科洛城。一次次的征伐攻占大大加强了努尔哈赤的军事力量,同时,也激起了他更大的抱负与野心:统一女真。

努尔哈赤兴兵而起,经过多次英勇战斗,灭掉了哲陈部和完颜部,终于统一建州女真本部。此后努尔哈赤又夺取长白山三部讷殷部、珠舍里部和鸭绿江部,将整个建州女真纳于麾下,而擒获仇人尼堪外兰并将之杀死正是努尔哈赤统一女真的最后标志。

努尔哈赤能够报得大仇统一建州女真,主要有这样几个因素。其一是他在军事方面有着出众的谋略,如他使用计谋击败苏克苏浒河部的诺米纳,占领萨尔浒城就是如此。其二是努尔哈赤在战场上身先士卒、勇于冲锋,每次战斗他都能够做到奋勇当先,用坚强的意志鼓起士卒的勇气,最终取得战斗的胜利。其三是他善于用人,能够团结各种力量,如努尔哈赤身边的重要将领额亦都和安费扬古都跟随他南征北战,勇于冲锋,为他统一建州立下赫赫战功,在俘虏曾经射伤过自己的敌兵时,能够宽宏大量将其收服,都体现了努尔哈赤在胸怀上的宏大之处。此外当时辽东的环境对努尔哈赤有利,几个大的部族由于与明军为敌,均被辽东总兵李成梁剿灭,其余部族之间相互争斗,努尔哈赤顺势而起,很快就崭露头角。由于这几个因素的存在,努尔哈赤率领部族逐渐强大起来就不足为奇了,他在复仇的过程中实现了满洲的崛起。

除了上述因素之外,努尔哈赤能够统一女真部族,与他卓越的军事指挥能力关系紧密。如他在进攻乌拉部布占泰时,就曾经对自己要求请战的儿子说:"尔等勿作似此浮面取水之议,当为探源之论耳。如伐粗木,岂能遽折乎？必以斧砍刀削，方可折矣。欲一举灭其势均力敌之大国，岂能尽灭之乎？先剪除其外围部众，独留其大树。无奴仆，其主何以为生？无诸申，其贝勒何以为生？"他非常清楚地认识到面对强大对手的时候，不能够急于求成，而是要逐步削弱对方，壮大自己，等力量积蓄到足以击倒对手程度的时候，才能取得最终彻底的胜利。

努尔哈赤一直善于听取部众的意见，鼓励身边之人发表各种意见。如他曾经说："为国之道，以何为贵？在于谋事公信，法度严明也。其弃良谋、慢法度之人，无益于此道，乃国家之鬼祟也！即以我自身之论之，我之所言，岂能尽是？倘有不当处，勿顾情面。一人之所虑，不如尔众人之所思更甚切当。故尔诸子及众大臣当以众人之见识直陈之。"从中可以看到他是善于纳谏，努力做到从善如流的，最终也取得了良好的效果。

努尔哈赤非常重视对人才的选拔。如他曾经对身边的大臣说："古传神佛之书，载言虽有万种，但仍以心术正大为上。以我思之，人心之所贵，实莫过于正大也！尔诸大臣，勿曰为何舍亲而举疏，勿论家世，视其心术正大而荐之，不拘血统，视其才德而举之为臣。凡为治政，其一技之长者何处有之？倘有堪辅政治者，夫即荐之可也！"从努尔哈赤的这段话中可以看到，他深深意识到人才的

犒劳将士图　清代

明万历四十三年（公元1615年），努尔哈赤建立八旗，他制定出一系列的赏罚制度，实行赏功罚罪，执法有信。据说其麾下战将额亦都武艺高强，能挽十石强弓，上阵杀敌，锐不可当。每至额亦都凯旋之日，太祖亲自出都城迎至郊外犒劳，并赐号"巴图鲁"（勇士之意）以示赞赏。这一封号在整个清朝时期仅几人而已，而额亦都乃第一人。

围　猎　清代

女真人倡导习武，他们常采取的集体行猎，即围猎方式进行狩猎。这种众人包围，聚而射杀之的狩猎传统后来又被称做围。在围猎过程中，士兵要在大风雪中与野兽斯拼，很可能被猛兽咬伤，甚至致死。而这种方式从某种意义上看，又提高了军队的生存能力和战斗力。

重要性，因而当时是求贤若渴的，要求臣下不论家世，不拘血统，只要有一技之长，有助于自己统治的都可以荐举。

为了强调这一点，他多次要求臣下推荐有才德之贤者，仅有一技之长者也要人尽其才。如他对臣下说："天命之为汗，汗命之为臣也！尔等既为汗所任之大臣，宜念所委之令名，若有合于任汗大政之贤者，知之勿隐。夫为汗者，何事不有？倘得贤者众多，则各授以职。治理大国之政，统领众多之兵，臣少则何济于事？作战勇敢者，赐之以功。有益于国政之忠良者，录用之以辅政。识古之善政者，用以讲所知之善政。有用于筵宴者，委以筵宴之任。无才而善唱者，可俾其歌于集众筵宴之所。如此，使之亦为一用之才也。"从这儿可以看出他对人才的渴求，为此还派人到各地访查贤良有用之人才。

努尔哈赤还教育自己的儿子要重视荐举贤良，黜退不肖。他曾经说："忠良者不荐不擢，则忠良者何由而兴？不肖者不黜不诛，则不肖者何由而惧？勿争利而争公正，勿思财而思德。天下大国之道，岂有贵于忠直德才者乎？尚我素怀正直，但从未满足。故训尔诸子铭记者，唯此而已。"

万历十五年（公元1587年），努尔哈赤兴建费阿拉城作为自己的根据地，费阿拉也成为当时女真政治、经济和军事的中心，努尔哈赤的兵力也由十年前起兵时的"遗甲十三副"变为拥兵一万五千余人，力量已经大大增强了，为他建立后金政权奠定了坚实的基础。

建立后金　势取天下

努尔哈赤统一建州女真之后，开始借助于明朝政府的力量继续扩张。他对明政府唯命是从，经常将本部所掠夺人口献给抚顺卫所，表示忠于朝廷，由此逐渐取得明政府的信任，遂于万历十七年（公元1589年）被任命为都督佥事，在女真各族中居于举足轻重的地位。随着地位的上升，努尔哈赤还取得向明朝政府领取贡赏的权利，同时控制了与明朝互市中貂皮、人参等资源商业交换的利益。

由于努尔哈赤控制互市，低价收购各种特产貂皮、人参等货物，然后高价卖出，大获其利，其他部落则无法从中获利，由此使建州女真与海西女真以及科尔沁、扎鲁特等蒙古各部的矛盾越来越突出，最终到了需要通过战争来解决的阶段。

万历二十一年（公元1593年），海西四部联合其他部落共同对付建州女真，包括海西部叶赫部的那林孛罗部和卜寨部，乌拉部的布占泰，辉发部的拜音达哩，科尔沁部的翁阿岱，珠舍里路的裕楞额，讷殷路的搜稳，此外还有锡伯部和卦勒察部，多达九部共三万的兵力联合起来，兵分三路发动对建州女真的进攻。

这对建州女真来说是一次关乎生死存亡的大战，九部联军兵力远远多于建州女真，根本无法凭借实力在正面与之对抗。努尔哈赤面对如此危急的形势仍然能够镇定自若，从容指挥军队进行抵抗。他认识到九部联军兵力虽众，但首领过多，指挥不能统一，只要集中兵力攻其虚弱，击败一部，其他部落自然溃败。在这样的指导思想下，他安排军队依靠地形据险防守，诱敌深入，与九部联军在赫济格城和古勒山一带对峙。

努尔哈赤首先凭借有利地形坚守赫济格城，消耗对方士气。随后派大将额亦都出城挑战，佯败之后引诱对方进入古勒

努尔哈赤御用剑　后金

明万历十一年（公元1583年），清太祖努尔哈赤统一了建州各部。天命元年（公元1616年）清太祖称大英明汗，沿用"金"为国号，史称后金。努尔哈赤对女真各部落的统一加强了女真与明朝对抗的实力，为向关内挺进奠定了基础。

山下建州兵的伏击圈中。九部联军一时大乱，叶赫部的那林孛罗和卜寨被杀，其余部落斗志全无，拼命逃窜，由于地势狭窄，败兵拥堵，相互践踏，整个战局顿时发生根本性的变化。努尔哈赤率兵追击，伏兵齐出，九部联军一败涂地，建州女真取得此战的完全胜利。凭借这一胜利，建州女真的实力迅速壮大，在与叶赫部、乌拉部的抗衡中居于主动地位。

努尔哈赤借助击败九部联军的有利时机，继续展开对哈达部和辉发部的进攻。万历二十七年（公元1599年），努尔哈赤统兵讨伐哈达部，连续进攻七天方才攻下哈达城，降服哈达部。他随后又征服辉发部和乌拉部，领土范围扩大到图门江、乌苏里江和东部沿海的广大地区，为建立后金政权奠定了坚实的基础。在这一时期努尔哈赤还创立八旗制度，创制了满文，这成为女真部族发展的里程碑，进一步增强了女真各部的凝聚力。

满洲部族下一个面临的敌人是叶赫部，由于对手实力强大，这是努尔哈赤最难对付的一个部族，与努尔哈赤的关系也颇为错综复杂。

明万历十六年（公元1588年），努尔哈赤娶叶赫贝勒纳林布禄之妹纳喇氏，两部族相当于建立了结盟关系。而这个纳喇氏，就是后来继承汗位的努尔哈赤第八子皇太极的生母。

但是，结盟只是利益使然，加上姻亲的关系也并不能使两部的关系长久保持。

公元1590年，叶赫部看到努尔哈赤势力一天比一天大，早就眼红，于是向努尔哈赤求地，当然遭到拒绝，于是，叶赫部以兵劫满洲的东界洞寨，两部关系开始交恶。这个时候，努尔哈赤已不惧怕与之关系破裂，也并没有慢待他那来自叶赫部的妻子，次年，他的年轻的妻子就为他生下了

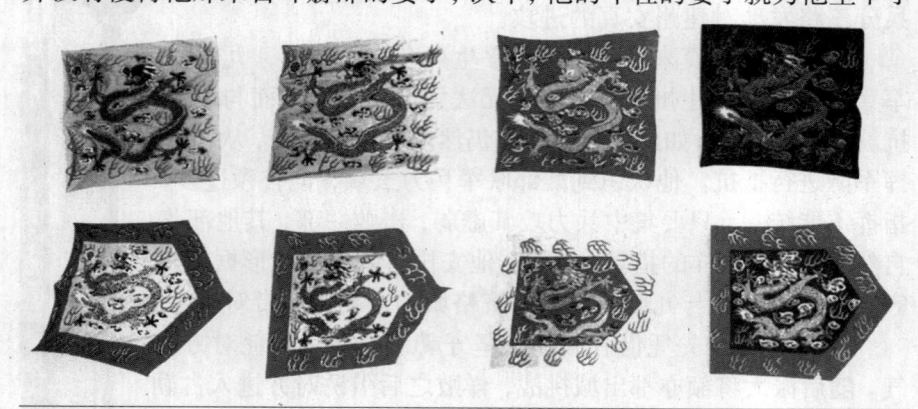

八旗军军旗　清代

清军八旗为清太祖努尔哈赤所创，八旗颜色取红、黄、蓝、白，后又增编镶黄、镶红、镶蓝、镶白四旗，合称"八旗"。八旗以镶黄、正黄、正白为上三旗，正红、镶白、镶红、正蓝、镶蓝为下五旗，并按方向定该旗的位置。以镶黄、正白、镶白、正蓝四旗居左，封称左翼，正黄、正红、镶红、镶蓝四旗居右，封称右翼。皇太极时又建立了蒙古八旗和汉军八旗。

皇太极。不过，尽管如此，他的妻子，"福晋"叶赫纳喇氏仍是最大的受害者，被政治婚姻所累，最终在1603年，年纪轻轻就郁郁而死，可怜她临死前想见老母亲一面都无法实现——努尔哈赤派人去接她的老母亲，她的哥哥并不知痛惜妹妹临死前的愿望，坚决不允。

公元1592年，叶赫部因为一直从努尔哈赤处得不到好处，与其他部族共九部联合率兵攻努尔哈赤，大败，叶赫贝勒布斋也于兵中被杀，两部的仇怨进一步加深。

此后，与叶赫部的关系又有所反复，时好时坏，至1597年，叶赫四部来要求修好，重续前盟，努尔哈赤欣然允许，在他眼中，没有永久的朋友，也没有永久的敌人，只有永久的利益。

但是，努尔哈赤终究与叶赫部纠缠不清，两部之间或大或小的较量从没停止过。公元1598年，因为安褚拉库背叛转而归附叶赫，努尔哈赤弟巴雅拉、长子褚英率师征伐。公元1613年，布占泰又背叛努尔哈赤再归附叶赫，努尔哈赤派兵追击，布占泰为叶赫所护，努尔哈赤向叶赫要人，叶赫当然不给。于是，努尔哈赤与叶赫的关系再次摆到桌面，进一步激化，这年九月，乃派兵攻叶赫，发兵前，还遣使告知明军——努尔哈赤采用臣服明朝取得明朝信任的策略，以便能集中力量进攻叶赫部。这一战，降叶赫部兀苏城，并火烧其十九城寨，叶赫部不得不向明告急，在明的调解下，努尔哈赤才止戈，叶赫部得以暂时保全，但势力已大弱。万历四十七年（公元1619年），努尔哈赤率兵进攻叶赫山城，经过激烈战斗攻克坚城，最终消灭了叶赫部。

努尔哈赤的妻子叶赫纳喇氏，以及努尔哈赤攻灭叶赫，给了人们无数的想象。民间还有个传说，叶赫被灭之前，叶赫人发誓说，哪怕叶赫还剩下最后一个女人，也要使满人灭亡。这个传说之所以盛行，是因为统治清最后几十年的女人慈禧太后，正属叶赫那拉（纳喇）氏。事情虽然巧合，但却毫无根据，只是表明，努尔哈赤的女真部攻灭其他部族，是一个使辽东大地上较小部族被归并的过程，其过程充满暴力，但并不是所有被征服者都肉体上灭亡，而是文化上、精神上被满人的武力和蓬勃的气势所同化。于是，当满洲部族一统辽东之时，就如同成吉思汗征服草原之后，整个草原尽成蒙古人差不多，整个辽东，基本上尽是满洲部族了。

至此，努尔哈赤灭掉海西女真，辽东各部族面对满洲部族的蚕食，已经无力反抗。

努尔哈赤为了进一步扩张势力范围，开始把目标对准"野人"女真和蒙古各部族。他自万历二十四年（公元1596年）起派兵东征乌苏里江流域各部族，至天启五年（公元1625年）前后三十年间用兵二十余次，最终完全控制了乌苏里江流域的东海女真各部和黑龙江流域的女真各部，取代了明朝奴儿干都司在东北各地的统治。

满洲在与明朝摊牌之前需要考虑的一个问题是与漠南蒙古各部族的关系。蒙古各部有比较强大的军事力量，屡次发动对辽东地区的掠夺战争，至明朝后期，在李成梁的打击下蒙古部族力量开始衰落，分化为漠西厄鲁特蒙古、漠北喀尔喀蒙古和漠南蒙古。努尔哈赤需要重点对待的是与辽东相邻的科尔沁部、喀尔喀部和察哈尔部，他采用与科尔沁部联姻的方式与之结好，又同喀尔喀部会盟，联合这些同盟的力量共同与明朝相对抗，最后则是集中力量攻击得到明朝支持的察哈尔部，于崇祯五年（公元1632年）发动大举进攻，将其击败后完全吞并。

努尔哈赤在四处征伐的过程中力量不断增强，随着对东北广大地区的控制和与蒙古各部落的结盟，他已经拥有足够的信心和实力与明朝对抗，完成了建立后金政权的目标。努尔哈赤于万历四十四年（公元1616年）在赫图阿拉称汗，建立后金政权，建元天命，显示出要夺取明朝正统统治的雄心壮志。

满人有剃发习俗，努尔哈赤在征服汉人居住之地时，强令当地汉人全部"剃发"[1]，违抗者斩。这种政策，造成了汉民族极力反抗，因为汉族的传统，头发非常宝贵，"身体发肤，受之父母"，轻

> [1] 满族男人头发剃去前额和四周，留存头顶发辫成辫子垂之脑后。顺治二年，清廷在消灭了南明福王政权之后，认为自己的统治已经稳固，强迫汉人仿照满人的习惯剃发，颁布法令，史称剃发令。剃发令激发了汉族的反抗情绪，许多地方的抗清斗争不始于清廷接管之时，而起于剃发令颁布之日。江阴人民壮烈的据城抗清就是在清朝委派的知县宣布剃发之后，相率"拜且哭曰：头可断，发不可剃"的情况下爆发的。

易不损伤，损之则是不孝。但是，努尔哈赤创造的这一征服手段，却最终在其子孙以强大的武力支撑下，推行于整个中华大地。也许，因为努尔哈赤要挫败汉人自尊、建立满族的优越感，也许是他汲取了历朝游牧民族被汉人同化的教训，想出了这么一个办法。无论如何，他的这一野蛮行径竟然得以成功，并影响甚久，以至于清末的洋人们将长辫与小脚当做清国男女的标志，反清的志士们、革命者们也以断辫为革命表征。

发七大恨　撼明江山

"七大恨"

努尔哈赤在统一女真、建立后金政权之后,开始把兵锋指向明朝。万历四十六年(公元1618年),努尔哈赤发布"七大恨"告天,正式宣告发动对明朝的战争。"七大恨"的内容如下:

"我之祖、父,未尝损明边一草寸土也,明无端起衅边陲,害我祖、父,恨一也。

明虽起衅,我尚欲修好,设碑勒誓:'凡满、汉人等,毋越疆圉,敢有越者,见即诛之,见而故纵,殃及纵者。'讵明复渝誓言,逞兵越界,卫助叶赫,恨二也。

明人于清河以南、江岸以北,每岁窃踰疆场,肆其扰夺,我遵誓行诛,明负前盟,责我擅杀,拘我广宁使臣纲古哩、方吉纳,挟取十人,杀之边境,恨三也。

明越境以兵助叶赫,俾我已聘之女,改适蒙古,恨四也。

柴河、三岔、抚安三路,我累世分守疆土之众,耕田艺谷,明不容刈获,遣兵驱逐,恨五也。

边外叶赫,获罪于天,明乃偏信其言,特遣使臣,遗书诟詈,肆行陵侮,恨六也。

昔哈达助叶赫,二次来侵,我自报之,天既授我哈达之人矣,明又党之,胁我还其国。已而哈达之人,数被叶赫侵掠。夫列国之相征伐也,顺天心者胜而存,逆天意者

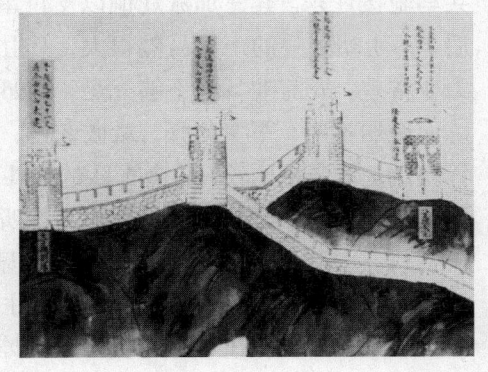

明长城图

长城是我国最为伟大壮观的军事防御工程。明朝前后共十八次对长城进行加固和整修。特别是明王朝建都北京后,朝廷更为重视其腹地北京北部的边境防务,所以更加重视对长城的修筑和增建。不过,任何坚固防御体系都没能阻止明王朝因内部腐化所导致的灭亡命运。本图为明万历十一年(公元1583年)绘制的蓟州镇所辖十二路长城图,可能是用于修建的规划图。

败而亡。岂能使死于兵者更生,得其人者更还乎?天建大国之君即为天下共主,何独构怨于我国也。初呼伦诸国,合兵侵我,天厌呼伦启衅,唯我是眷。今明助天谴之叶赫,抗天意,倒置是非,妄为剖断,恨七也。

欺陵实甚,情所难堪。因此七大恨,是以征之。"

努尔哈赤发布"七大恨"之后即展开对明战争,首先把进攻目标指向抚顺。这是由于抚顺当时是建州女真与明朝开展互市贸易的场所,物资丰富,具有重要的战略地位,如能攻取将对下一步进攻极为有利。同时努尔哈赤对这一带的地理形势非常熟悉,这也是他选择进攻抚顺的原因之一。万历四十六年(公元1618年)四月十五日,努尔哈赤派遣军队假冒商人来到抚顺,声称参加互市,引诱驻防军民出城贸易,其余后金主力部队则乘机攻入城内,占领抚顺,随后又击败明朝辽东巡抚派出的援军,大获全胜,掠取大量的牲畜以及粮食和财物,力量更加强大。此后数月之内,努尔哈赤接连兴兵,攻取清河城和数十个卫所,兵锋指处,所向无敌。

努尔哈赤的进攻给明朝政府带来极大震动,由此引起了更加具有决定性意义的萨尔浒大战。

萨尔浒大战

明朝大张旗鼓地发动了征剿后金的战争,首先任命兵部侍郎杨镐为辽东经略,周永春为辽东巡抚,同时起用山海关总兵杜松和还乡老将刘𬘩等率兵出征。其次征集福建、浙江、四川、山东、山西、陕西、甘肃等地兵马驰援辽东。其三加派辽饷以支付军需。其四要求朝鲜派兵出征,夹击后金。明朝兴兵的声势虽然很大,但由于整个社会统治的腐朽,军队战斗力非常差,战前准备也不够充足。比如将帅缺乏军事谋略,士卒因缺少训练而羸弱不堪,军费紧张,器械老化,对辽东地理情况不熟,急于求战等等弊端。与之相比较,后金军队的战斗力远远强于明军,在军事的准备方面也更为充足。努尔哈赤早就派人探听明军消息,同时加强军队训练,积极备战。由此战争开始之前,就已经显示出后金在战略地位上处于优势。

万历四十七年(公元1619年)二月二十一日,明朝发动了大规模征剿后金政权的战争,在辽东经略杨镐指挥下誓师出征。明军集全国之力,希望一举击败努尔哈赤,重新掌握在辽东的主动地位。经过商议后杨镐决定分兵四路,辽东总兵李如柏自南路由清河出鸦鹘关,山海关总兵杜松自西路由沈阳出抚顺关,宽奠路总兵刘𬘩自东路会合朝鲜军队由凉马佃进攻赫图阿拉,开原路总兵马林自北路由靖安堡出铁岭,采用四面合围的战略力图一战消灭后金军队。然而,由于明军战前准备不足,战略战术错误,盲目自大,战斗力极其低下等一系列原因,最终酿成了惨败。后金军队在努尔哈赤的指挥下,集中兵力,采用各个击破的办法,击溃四路明军,完全控制了辽东地区。

最先抵达前线率军展开进攻的是西路杜松军,杜松武将出身,在明军中被称为"虎将",一向以勇猛著称,但他的缺点是缺乏谋略。这时杜松冒进,不等其他几路明军抵达,首先挥兵进击,于三月初一日到达萨尔浒,以一部在山下安营扎寨,在尚未探明后金军队动向的情况下就亲自率军抵达吉林崖,进攻赫图阿拉的门户界藩城。

《满文老档》详细记载了这次大战的情况。战斗发生前后金的哨探已经探察到明军的进攻,如文中记载:

三月朔日辰刻,向西南抚西方向(富勒山咀)哨探去的人归来,向衙门的诸贝勒报告:"昨天二十九晚上,看见许多灯光。"诸贝勒向汗报告之前,南路的人前来报告:"昨天二十九未刻,尼堪的兵侵入栋鄂路了。由于两个地方的人同时报告,所以在衙门的二等大臣们听后,和已经进入汗的屋中的诸贝勒、一等大臣们一齐去向汗报告。汗说:这次尼堪兵来是真实的。在南路我兵有五百名,仅此就可以防守南路。首先看见这方向的兵时,料想我兵可能向南路去。所以南路兵先被看到。大军一定是从西面的抚西路来,我们先进攻这里。"命令:"全军向西出发。"大贝勒和诸贝勒、诸大臣率领在城里的兵,在辰刻立即出发,出发时,哨探来报告:"清河路又发现(敌)兵。"随后大贝勒说:"即使(敌)兵在清河路来,也不可能马上到达。那一路的二百兵防守就行了,总归是先向西进军。"向西去了。

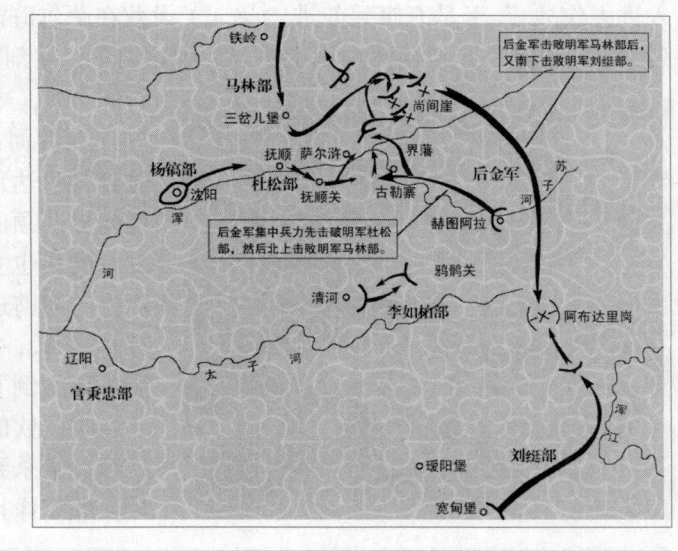

萨尔浒之战示意图

萨尔浒之战是明与后金争夺辽东的关键性一战。后金军以劣势的兵力在五天之内连破三路明军,歼灭明军四万余人,取得了决定性的胜利。努尔哈赤经过此战的胜利不但使后金政权更趋稳固,而且从此夺取了辽东战场的主动权,为日后的进一步发展创造了有利条件。而明军自遭此惨败,在战场上完全陷入了被动,被迫采取守势,辽东局势日趋危急。

面对来势汹汹的明军，努尔哈赤早已做好了充分准备。从上面的叙述中可以知道努尔哈赤根据情报已经判断出明军最先到达的军队是在西边，因而展开相应部署，以少量兵力利用险要地形进行防守，集中兵力对付西路杜松的部队。如《满文老档》又载：

在午刻过扎喀关，命令过了扎喀关的甲兵都披上甲，遂披甲前进。走到名叫赫济格的地方，遇见一人来报告说："尼堪兵看见我们搬运石头的步兵，登上界藩的吉林哈达，便包围吉林哈达。"继续前进，未刻到达界藩。看见尼堪兵二万正在进攻修筑的界藩城头。我方步兵在吉林哈达的顶峰。又一队尼堪兵站在萨尔浒山顶。先去护卫步兵的骑兵四百人，让过尼堪前面大营的兵，击其尾部，从萨尔浒隘口杀至界藩渡口。（我）众兵赶到，吉林哈达顶的步兵冲入尼堪军杀一百来人。随后大贝勒向众诸贝勒、诸大臣说："初来的四百骑兵与我步兵会合，就守这吉林哈达！现在增派我们带来的一千甲兵，从吉林哈达顶上冲下。冲下后，右翼的四旗兵应增加到上面的（我）兵中，进攻。左翼四旗的兵监视在萨尔浒的兵。"派兵一千去吉林哈达顶后，英明汗来到了，汗说："已到申刻，日落了。左翼的四旗兵先进攻在萨尔浒顶的（敌）兵，若那样冲击时，这个界藩顶上的兵自己将要动摇。"把右翼的一旗增派到左翼四旗的兵中。"右翼的三旗兵监视界藩顶的兵。击破萨尔浒兵后，吉林哈达顶的（我方）兵向下冲时，要加入进去作战。"于是五旗兵前进。（敌人）设营在萨尔浒山顶，枪炮层层排列无隙，可是一点没停止向山上进攻，到达山顶，立刻射，冲杀冲入，一瞬间全歼（敌兵）。忽见前进的（我）兵渡河，破萨尔浒兵，此时吉林哈达顶的（我方）兵，立刻向界藩顶的敌兵冲下，右翼二旗的兵也立即度过界藩山南侧流的河前进。在界藩的山咀有（敌）兵，（敌兵）放枪炮，射箭一瞬间倒下。随后追击，登上名叫硕钦的哈达，到山的最高峰，直杀到天黑，看不见人时。那夜像打围一样，包围那

太祖巡视图卷（局部）　清代

明朝衰亡，后金兴起，肇于是战。萨尔浒之战以明败，后金胜而告结束。明军的失败，就其战指挥原因而言，一是料敌不确，筹划不周；二是主力突出冒进，孤军深入；三是杨镐远离前线，既不能及时策应前队，又不能掩护败退。反观努尔哈赤集中兵力，各个击破。此战之后，明由轻忽自大变为软弱妥协，消极保守的战略思想占了主导地位，直至最后清叩关而亡。本图为努尔哈赤在战场巡视。

个山。还杀了在夜中逃去的人。

努尔哈赤根据情报判断杜松率主力进攻界藩城，萨尔浒大营防守相对空虚，于是决定派八旗中的三旗在吉林崖借助有利地形阻击杜松进攻部队，指挥其余五旗进攻明军萨尔浒大营。这样一来后金兵力数倍于萨尔浒明军，占据了绝对优势。根据记载，后金军队首先以骑兵进行突击冲锋，明军用火铳和火炮进行抵抗，双方展开激烈厮杀，但明军战斗力与后金相比过于悬殊，终于支撑不住，在经过激烈而残酷的战斗后，后金铁骑攻破明军萨尔浒大营。

随后努尔哈赤马上率兵驰援吉林崖，对杜松军队展开前后夹攻。杜松虽然骁勇善战，在后金军队的两面夹攻下奋力冲杀，但此时接到萨尔浒大营失陷的败报，不免军心动摇。后金军队以数倍于杜松的兵力将明军团团围住，居高临下发动进攻，明军大败，全军溃散，死伤无数，主将杜松左右冲杀，最终战败而死，西路全军覆没。

击败杜松军之后，努尔哈赤率兵迎击北路的马林军队。马林在得知杜松兵败的消息后大为震惊，将军队分为三部安营防守，亲自率兵驻扎在尚间崖，以潘宗颜部在飞芬山扎营，以龚念遂部在斡珲鄂漠驻扎，相互之间形成犄角之势，希望通过稳固的防守遏制后金军队的攻势，等待其他两路军队到达后发动进攻。但这样一来兵力分散，给了努尔哈赤以各个击破的机会。

努尔哈赤集中兵力首先进攻斡珲鄂漠的龚念遂营，以一部精兵展开突击，经过猛烈进攻后冲开一个缺口，全军趁势攻入明军营寨，龚念遂营破战死。努尔哈赤随即又发动对尚间崖马林大营的进攻，派遣大贝勒代善、二贝勒阿敏、三贝勒莽古尔泰率兵冲锋，双方展开激烈厮杀，不料激战正酣时马林临阵脱逃，带领数人匆忙逃遁，其部下顿时溃散，死伤无数，大营被攻破。剩下的飞芬山潘宗颜营独立难支，陷入重重包围之中，努尔哈赤指挥全军发动猛攻，冒死冲锋后突破营寨，双方展开殊死战斗，明军寡不敌众，全军覆没，潘宗颜战死。北路马林军的进攻被努尔哈赤瓦解。

对付明军东路刘綎的进攻，努尔哈赤采用了诱敌深入的战略方针，派遣数百骑兵且战且退，引诱明军到达赫图阿拉附近阿布达里岗的伏兵之中，同时派遣降顺汉人假扮杜松兵卒诱骗杜松挥兵进击。此时刘綎不知道杜松已经兵败，误以为杜松正在发动进攻，命令大军火速前进，进入后金军队伏击圈中，顿时遭到四面围攻。努尔哈赤又派遣军队利用缴获杜松的衣甲旗帜，假冒杜松军，骗刘綎军打开营寨，后金军队里应外合，发动猛烈进攻，刘綎兵败战死，全军溃败，跟随前来的朝鲜军队战败投降。明军东路进攻同样以失败而告终。

明军三路兵败，杨镐急令南路李如柏军回师退兵，至此明军发动的萨尔浒大战以后金的大获全胜告终。萨尔浒一战对明末政治军事形势影响极大，很大程度上改变了明朝与后金双方力量的对比，明朝军事力量遭到严重削弱，后金的实力则大大增强。努尔哈赤能够率军取得萨尔浒大战的胜利，主要原因有以下几个方面：

其一是准备充分，准确把握明朝军队的动向。努尔哈赤在此基础上寻找到明军的弱点，选择正确的进攻方向，处处争取战场上的主动权。其二是采用正确的战略战术，集中兵力各个击破。根据明朝军队的进攻次序，采用不同的战术，首先集中优势兵力攻破西路杜松军萨尔浒大营，然后前后夹击消灭杜松军。进攻马林军则是分别突击，逐个击破。对付刘綎军则是诱敌深入，利用有利地形伏重兵加以围歼。由此使明朝军队不能协同作战的弱点暴露无遗，同时充分发挥出后金军队熟悉地形善于骑战的特点，通过快速突击攻破明军营寨。其三是军民一体，八旗兵战斗力强大。努尔哈赤创立的八旗制度将女真部民按照军事方式组织起来，平时进行农耕渔猎，战时组成军队，严格训练，以骑兵为主，长于骑射，突击冲锋，所向披靡，战斗力很强。比较起来，明朝军队长于平原作战，善用火器，但在萨尔浒战役中不熟悉地形，长处无法发挥，兵力分散，众寡悬殊，再加上平时训练不足，战斗力低下，指挥不当，败给后金军队是不足为奇的。其四是努尔哈赤的卓越军事才能，以及他所率将领身先士卒勇于冲锋的军事能力，在战争中起了非常重要的作用。努尔哈赤每战均以数倍于对方的兵力，击其虚弱之处，使后金由战略上兵力的弱势变为战术上兵力的绝对优势。

在努尔哈赤的指挥下，后金军队军纪严明，训练有素，众将领奋勇当先，以雷霆之势击破明军。努尔哈赤指挥军队作战，法令森严。如他平时行军出猎，严禁军队喧哗作声。他说："行军喧哗出声，敌必知觉；出猎喧哗出声，山谷应，兽必逸。"所以每次出行狩猎或者作战的时候，都要再三谕令士卒不得喧哗。正是由于努尔哈赤严格的训练和指挥，战斗力大大超过了明军，最终以少胜多也就不足为奇了。

萨尔浒之战成为明朝与后金双方力量对比的转折点，"明之国势益削，我之武烈益扬，遂乃克辽东，取沈阳，王基开，帝业定。"可以说正是萨尔浒战役的胜利奠定了清朝开国的根基。

夺取辽沈

通过萨尔浒大战的胜利，后金实力大大加强，牢牢掌握住在东北地区的主动权，随即将兵锋指向东北军事政治中心沈阳和辽阳，与明朝开始新的战略意义上的争夺。

明军萨尔浒一战大败而归,军事力量被严重削弱,为了补充军费而增加的"辽饷"给农民带来沉重负担,结果大军一败涂地,整个社会愈加动荡不安。败讯传来,朝野震惊,除追究失利责任将杨镐逮捕下狱外,很快任命熊廷弼为辽东经略出关挽救败局。

熊廷弼,明湖广江夏(今湖北武昌)人,字飞百,万历二十六年(公元1598年)进士,三十六年(公元1608年)巡按辽东。他大刀阔斧整顿官风军纪,亲自到各处实地勘察并修筑城堡,还力倡戍辽官兵进行屯田,取得良好效果,使辽东地区江河日下的局面为之焕然一新,期满后转任他处,但在辽东地区的良好政绩为他赢得良好声誉。此时辽东局势危急,在一些朝臣的推荐下,朝廷任命熊廷弼为兵部右侍郎经略辽东。

熊廷弼到辽东之后,首先采取措施安定民心,严肃军纪。他对勇敢作战的将领加以奖赏,临阵脱逃者严惩不贷,又亲自祭奠阵亡官兵,从而逐渐使辽东形势稳定下来。在此基础上,熊廷弼加紧训练士卒,采取稳固防守的办法遏制努尔哈赤的步步紧逼。

努尔哈赤深知熊廷弼具有雄才大略,因而在夺取开原、铁岭等地后没有轻举妄动继续发动大规模进攻,而是用蚕食的办法用小股部队发动袭击抢掠谷物财产,对明朝军民进行骚扰,同时整肃军队,静待时机,为发动进一步大规模战斗做各种准备。由于熊廷弼防守稳固,军队战斗力得到加强,努尔哈赤一时之间无法找到进攻的突破口,这样明朝与后金双方进入对峙阶段。

努尔哈赤为了缓和内部矛盾,增强实力,要求臣属善待奴仆。如他曾经降下谕旨:"天命之汗,恩养大臣,大臣敬汗而生,乃礼也!贝勒爱诸申,诸申爱贝勒。奴才爱主子,主子爱奴才。奴才耕种之谷,与主子共食,主子阵获之财物,与奴才共用,猎获之肉,与奴才共食。申年宣谕:著勤于植棉织布,以供家奴穿用,见有衣着陋劣者收之,交于善养之人等语。事属既往。当今酉年,棉粮尚未收获之前,暂勿上诉。收得新棉新粮以后,衣食仍旧恶劣者,可以诉之。一经

熊廷弼

熊廷弼(公元1569—1625年),字飞百,湖广江夏(今湖北武昌)人,明末军事统帅。熊廷弼有胆略,知兵事,且善射,为明末"辽东三杰"之一。后因战略失误被冤杀。

诉讼,即由虐待之主收之,亦给于善养之主。贝勒、诸申、奴才、主子,和睦相处,廉明治事,天祐人安,皆大欢喜!切切此谕,勿得有违。"从中可以看出,他强调奴才与主子要和睦相处,奴才要为主子服务,主子也要爱护奴才,否则就要把奴才交给能够善待的其他主子。努尔哈赤通过内部的整顿和休养生息,做好了对明朝的战争准备工作。

就明朝方面来说却正好相反,形势每况愈下。由于明朝统治的腐朽,朝廷内部党争严重,熊廷弼遭到弹劾后被迫去职回乡,不懂军事的袁应泰代之为辽东经略,这就给了努尔哈赤发动进攻夺取辽沈的机会。努尔哈赤经过精心准备,将进攻目标定为沈阳。为了迷惑明军,努尔哈赤首先对沈阳的屏障奉集堡和虎皮驿发动试探性进攻,使明军无法判断后金军队的进攻意图和动向。天启元年(公元1621年)三月十二日,努尔哈赤亲率八旗大军发动对沈阳的进攻,派遣士兵挑战引诱明军出城,明朝沈阳总兵何世贤有勇无谋,率军出城迎战,很快被八旗军团团围住,力战而死,努尔哈赤趁机派大军攻城。明军主将已死,无人指挥守城,顿时乱作一团,很快溃败,后金军队轻松占领沈阳。

在努尔哈赤指挥下,八旗军又击败前来救援沈阳的辽阳援兵,士气高涨。三月十八日努尔哈赤与诸贝勒大臣商议决定趁大胜之际继续展开进攻,夺取明朝在辽东最重要的城市辽阳,随即兵发辽阳发动进攻。明军主帅袁应泰率军出城迎战,虽经奋力死战,仍旧不敌,兵力折损大半后只好退回城内防守,努尔哈赤又派八旗兵全力攻城,后进军的内应在城中制造混乱,很快里应外合夺取城门,辽阳城破,袁应泰自缢而死,辽河以东地区尽为后金所得。

辽沈失陷之后,明廷方才意识到撤换熊廷弼的严重错误,重新起用熊廷弼为兵部尚书驻山海关抵御后金进攻,然而由于明朝内部的党争,朝廷同时任命王化贞为广宁巡抚,在辽河沿岸布阵防御,这使熊廷弼无法统一指挥,二人的不和造成明军战略部署存在致命弱点,最终导致明朝军队的全线失败。天启二年(公元1622年)努尔哈赤挥兵直指广宁,包围广宁屏障西平堡,明军拼死抵抗后金军的进攻,王化贞派出三路军队前往救援,均被努尔哈赤派军击溃。第二天努尔哈赤率军攻破西平堡,随即兵发广宁城发动进攻,在投降明军将领接应下很快占领广宁。熊廷弼成为明军兵败的替罪羊,含冤而死,辽东形势越发不可收拾。后金则占领大片地区,获取大量人口、粮食、牲畜、军器等战略物资,实力更加强盛。

宁远之战

后金占领辽河以东广阔地区,努尔哈赤采取多项措施稳固统治,比如下令所有汉人剃发,迁徙汉民后"计丁授田",成为替后金耕种的农户,统一征发粮食和差役,从而大大增强了后金的经济实力。

明军广宁兵败,京师震恐,朝廷以孙承宗为兵部尚书主持辽东军事,孙承宗慧眼识人,选拔杰出将领袁崇焕抵御后金军的进攻。袁崇焕,字元素,广西人,万历四十七年(公元1619年)进士,素喜军事,广宁兵败后单骑出塞,考察关外形势,回京后请求用兵守关,得到朝臣的赞扬和推荐,被授为兵部职方司主事,随即转为山东按察司佥事山海关监军,出关筹备防御事宜。在孙承宗的支持下,袁崇焕采取积极防御的策略,视察地形,购置军备,训练士卒,修建宁远城作为固守之据点,一时间关外明军战斗力得到加强,面貌大为改观。不料明朝内部阉党发难,利用党争罢黜孙承宗,以阿附阉党的高第为兵部尚书取而代之。高第畏惧后金,主张尽撤关外士兵平民,监守山海关。

袁崇焕认为这样消极防守、放弃关外人民土地,只能使明京城失去山海关外防守屏障,后金军大举直入,后果不堪设想,因而坚决反对后撤的主张,率军民独守宁远孤城。

天启六年(公元1626年),努尔哈赤率领八旗军队渡过辽河,扫平宁远周围的城镇,将宁远城团团围住。袁崇焕面对强敌兵临城下,明军援兵不至的严峻形势,坚守不退,充分做好各种守城措施。分派得力将领四面防守各处城门,又布设西洋大炮作为守城的重要武器,同时妥善安排后勤供给,整顿内部,军民同心,全力抵抗后金军队的进攻。

努尔哈赤面对袁崇焕的严密防守,也为攻城做了各种准备工作,扫清宁远外围后开始攻城。正月二十四日,后金军发动猛烈进攻,先攻西南角,以楯车、云梯蜂拥而至,明军万箭齐发,同时使用擂石铁铳给对方造成重大杀伤,更为重要的是购自澳门的西洋大炮发挥巨大威力,后金军攻城无法成功。在这种情况下努尔哈赤命令部下集中力量转攻南城,又派士兵至城下挖凿城墙。明朝守军则用火药制成的武器展开防守,投放火药罐,并绑缚燃油柴草掺杂火药进行火攻,杀伤大量敌人。后金军没有料到明军战斗力如此顽强,再加上正值严冬,天寒地冻,城墙挖凿困难,无法攻破城池,反而给自身造成大量伤亡。

亲率大军攻城的努尔哈赤自发动对明战争以来,攻无不克,战无不胜,进攻中遭受如此挫折,自然异常愤怒,面对攻城的不利局面,第二天亲自督促大军继续发动猛攻。明军坚守城池,以西洋大炮给对方造成重大杀伤。努尔哈赤面对这种情况无法取得胜利,只好在损兵折将之后暂时退兵,袁崇焕取得了宁远保卫战的胜利。

《清实录》是这样记载宁远之战的:"上欲攻城,命军中备攻具。戊辰,我兵执楯薄城下,将毁城进攻。时天寒土冻,凿穿数处,城不堕。军士奋勇攻击间,明总兵满桂、宁远道袁崇焕、参将祖大寿,婴城固守,火器炮石齐下,死战不退。我兵不能攻,且退。翌日,再攻,又不能克而退。计二日攻城,伤我游击二人,备御官二人,兵五百人。"宁远之战的结果鼓舞了明军作战的决心,同时也大大挫伤了后金军队的士气。

宁远之战出乎努尔哈赤的意料,以往采用的战术都没有奏效,很大程度上是由于接连胜利造成部队的虚骄之气,同时努尔哈赤对此没有察觉,战前准备不够充分,最终面对宁远孤城却无法攻克。就明朝方面来说,则是由于袁崇焕带领的明军进行了顽强的抵抗,军队有着较强的战斗力,同时采用从澳门葡萄牙人处购买的西洋大炮发挥出巨大威力,给对方造成前所未有的杀伤力。这一战役延缓了后金对明朝的整体攻势,使明朝能够继续抵御后金于山海关之外,努尔哈赤不得不回师沈阳待机而动,重新部署自己的军事战略。

使人意料不到的是,七个月后努尔哈赤突然驾崩,为后金崛起辽沈并最终统一全国奠定根基的一代雄豪倏然而逝。努尔哈赤在病重时曾祭祀父亲和历代祖先,希望能够得到他们的保佑而使自己病情好转。《满文老档》记载:丙寅年七月二十三日,汗体患疾,前往清河之温泉。八月初一日,遣阿敏贝勒祭书曰:"父,尔之子汗患疾,因设父像祭之。乞佑儿之病速愈,凡事皆蒙扶助。儿痊愈后,将于每月初一日祭祀弗替。倘若不愈我亦无可奈何。"随宰二牛焚纸帛,以先前与父所言之仪祭之。再,其他先祖,均加供奉,并叩头祈祷保佑,以求及早痊愈。从以上这段文字中不难看出,努尔哈赤此时病情已经非常严重,一代英雄面对死亡的威胁,内心渴望得到父亲和祖先的保佑而转危为安,言语之中充满了无奈和无助。

有人认为努尔哈赤的死是由于宁远之战中受伤所致,有人则进行考证认为二者的关系缺乏文献资料的证实,因而只能存疑。无论真相如何,努尔哈赤的死留给后人的除了一丝迷惑之外,更多的是对他英雄功业的深深追思。

抗清名将孙承宗

孙承宗(公元1563—1638年),字稚绳,明朝直隶保定高阳(今属河北)人,官至兵部尚书。曾镇守辽东,选拔出袁崇焕等一批优秀军事将领。据《明史》载"自承宗出镇,关门息警,中朝宴然,不复以边事为虑矣"。孙承宗不但扭转了原先的颓败之势,且使整个辽东局势日渐好转。但因屡屡拒绝魏忠贤的拉拢而遭报复,被罢免。崇祯十一年(公元1638年),后金兵深入内地,围攻高阳。赋闲在家的孙承宗率全城军民与之血战。三天后城破,孙承宗被俘,拒降被杀。

舍弃亲情　功过不一

努尔哈赤的妻儿兄弟，虽有可能成为未来的皇族，但伴在他身边也终日提心吊胆——要么怕被敌人伤了努尔哈赤，要么怕努尔哈赤生气怪罪到自己。在努尔哈赤四处展现神勇之时，他的亲人们呢？

努尔哈赤有记载的老婆有八个。

努尔哈赤原配妻室佟佳氏，育有两子褚英、代善，但后来都没当上皇帝，故默默无闻。多年后，顺治能当上皇帝，代善便出了大力。褚英英勇出众，却脾气暴躁，后来被努尔哈赤所杀，结局悲凉。

努尔哈赤还有一妃富察氏，也很早就嫁给努尔哈赤，但终日担惊受怕。有一年，叶赫部率大军来攻，努尔哈赤在军营里睡得正香。富察氏赶紧将他叫醒，说这么多的敌兵来了你还睡得着？努尔哈赤却说，我要是真的害怕，怎么能睡得着觉？先前知道叶赫要来进攻我们，但不知道什么时候来，一直担心，现在他们来得正好，我反而放心了。接着睡觉，将富察氏晾在一边，待到天亮，才率部一举攻破叶赫军。努尔哈赤这一席话可谓豪气冲天，却不知他的老婆作何感想？等努尔哈赤自立为皇帝，富察氏不知怎么得罪了皇帝而死。即使是皇帝的老婆，也是"伴君如伴虎"啊。

为了加强与叶赫部的关系，努尔哈赤后又娶了十四岁的叶赫纳喇氏，但因两部纷争不断，纳喇氏一直不开心。据史载，纳喇氏非常贤慧，"庄敬聪慧，词气婉顺，得誉不喜，闻恶言，愉悦不改其常。不好诡谀，不信谗妄，耳无妄听，口无妄言。不预外事，殚诚毕虑以事上（努尔哈赤）"（《清史稿·后妃传》）。也许因此，她的儿子皇太极受到良好的熏陶，最后继承努尔哈赤的汗位，子子孙孙都当皇帝。她的死，让努尔哈赤非常伤心，戒酒戒肉长达一个多月——这是努尔哈赤表现出来的少有的柔情。

努尔哈赤之弟舒尔哈齐，与其一母同胞，英勇善战，追随努尔哈赤来去征战，为后金的崛起立下汗马功劳，他本人也逐渐拥有自己的军事力量。然而正是由于实力的增强诱发了他本与努尔哈赤之间的矛盾，双方不断发生龃龉纷争，最终努尔哈赤面对政治利益，置同胞兄弟亲情于不顾，痛下杀手将舒尔哈齐处死。

"满文老档"记载，努尔哈赤因为舒尔哈齐贝勒是同父同母所生的两个弟弟之一,因而对弟弟异常照顾,另眼相看,把国人、好的僚友、敕书、阿哈等全部同自己一样分给他。随后就讲舒尔哈齐表现不好的地方,诸如在战争中没有特别好的表现,战斗不够勇敢。在国家大政中也屡次与努尔哈赤发生争论,不能心平气和地进行商讨,还指出舒尔哈齐缺乏道德上的自律。虽然舒尔哈齐无德,但努尔哈赤给他所有的东西而厚待他。但舒尔哈齐并不满足这样的优厚待遇,经常在背后抱怨努尔哈赤对他不公。

为此努尔哈赤训责他说:"你倚依为生之道的国人、僚友,并不是我们父亲专主的国人、僚友,是兄我给的国人和僚友。"舒尔哈齐由于这些过错受到指责后,心中更加怨恨,想要脱离努尔哈赤,带领自己的部属建立自己的部落。这引起了努尔哈赤的愤怒,他认为这是弟弟对自己的背叛,所以将舒尔哈齐的部下及财物全部没收,只留他孤零零的一个人。同时还杀了一个名叫阿什布的儿子,因为他对舒尔哈齐的行为不加劝诫,反而教唆他脱离部族,杀死他用以警告舒尔哈齐。此外还将一个名叫武尔坤蒙古的大人吊在树上,下堆柴草烧死。这同样也是为了警告舒尔哈齐。这个时候舒尔哈齐被迫认错,自责说:"兄汗优养恩深,还妄想去别的地方住,我确实是错了。"由于舒尔哈齐这样的转变,努尔哈赤又把没收的奴隶和财物重新发还给他。然而两年之后,舒尔哈齐仍然难逃一死,"满文老档"记载中说是舒尔哈齐对努尔哈赤的恩养不满,四十八岁时死掉。虽然没有说明死因,但舒尔哈齐当时正当壮年,不会无缘无故死去,极有可能是被努尔哈赤杀掉了。舒尔哈齐的几个儿子后来被努

(左)皇太极

　　皇太极即清太宗爱新觉罗皇太极,大清帝国的创建者,清太祖努尔哈赤第八子,在位十七年。对内大力推行封建化的改革,加强中央集权;对外相继征服了蒙古和朝鲜,多次对明朝用兵,俘明朝名将洪承畴、祖大寿等,兵临明都。公元1643年八月初九,皇太极猝死,葬沈阳昭陵。

(右)顺治

　　清世祖顺治,即爱新觉罗福临(公元1638—1661年),清朝第三位皇帝,清太宗皇太极第九子。1643年,皇太极暴毙,六岁的福临即位,由叔父多尔衮和济尔哈郎摄政。顺治元年(公元1644年)入关,击败李自成领导的农民军,迁都北京。整饬吏治,镇压反清势力。

尔哈赤杀死,可能就与此相关。如舒尔哈齐的第二个儿子阿敏,后来想要为父报仇被努尔哈赤定罪,说他的罪状是"挑拨大贝勒、莽古尔泰贝勒与四贝勒交恶。讲有损国政的话,另讲其他的诸小贝勒的坏话"。

在兄弟亲情与政治利益的对比下,努尔哈赤舍弃了亲情,显示出其冷酷无情的一面;在对待儿子的态度上,他同样如此,首先考虑的仍是政治上的整体利益。

对儿子褚英的处理便是一例。褚英是努尔哈赤长子,跟随努尔哈赤出生入死,多次立有大功,努尔哈赤曾经赐他"洪巴图鲁"的称号。然而他却在权势纷争中失宠,最终为努尔哈赤所杀,"满文老档"记载了相关情况。

"满文老档"首先叙述努尔哈赤考虑王位继承权的问题:"如果没有儿子们,我自己还有什么说的。现在我想让儿子们执政。"让哪个儿子继承自己的权位呢?当然长子褚英是首选,"要让长子执政,然长子从幼心胸狭隘,肯定不会宽大为怀地抚养国人。但是抛弃长兄,使弟越其兄长执政怎么能行呢?父我若任用长子,并掌管大国,执掌大政,也可能改变心胸狭隘的毛病,成为宽宏大量的人。"虽然顾虑到长子性格上心胸狭隘,可能对政权不利,但按照传统方式仍然任命长子执政。可是褚英并不能很好地处理与兄弟和诸大臣之间的关系。相关记载批评他"心术不正,使父汗任用共同甘苦的五大臣互不和睦而苦恼",还使努尔哈赤的其他几个儿子赶到担忧。褚英逼着几位弟弟立誓,服从自己的命令,按照自己的话去做,同时还不能把这件事情告诉努尔哈赤。

褚英还威胁弟弟说:"弟弟们,父汗给你们的财宝、好马,父汗死后,还能不处理,就那样搁置吗?再有和我关系不好的弟弟,和我不好的大臣们,在我做了汗后就杀掉。"这样一来,就危及到后金政权内部的稳定。他的几个弟弟和诸大臣就联合起来对抗,他们商量说:"我们在这种困苦中,大汗并不知道,如果向大汗报告,又恐怕执政的阿尔哈图图门。如果畏惧执政之主,我们就没有生路了。若是汗死后,我们的性命也难保。我们把不能生存的困苦情况报告给汗后再死吧!"

这些人在一起商议后向努尔哈赤禀报,努尔哈赤要他们呈送书面的文字,"你们用口说,我能记住什么,写在纸上送来。"他们每人把相关情况写了一份,呈送给努尔哈赤,努尔哈赤接受这些报告后对长子褚英说:"这是你的兄弟和五大臣控告你罪行的文件,你看一看,你女儿如果有什么正确的话,也可以写出来进行答辩。"褚英无话可说,只好回答说:"我没有什么好辩的。"

努尔哈赤对他说:"你如果不能分辨就是你的过错。等我以后年纪大了,不能打仗、不能断理国事、不能执政的时候,也不会把国家大政移交给你！如果我让你的弟弟们执政，别人听到会说：'不要汗参与，诸子统辖国人，执掌大政。'考虑到国人的听闻，才让你执政！执政的国主汗、贝勒要宽宏大量，公平地抚养国人。如果使同父的四弟，父任用的五大臣如此不睦，并使之困苦，怎么能让你执政呢？让你们同母兄弟两人执政，而分给了大半国人。考虑到多给兄长们，弟弟们如果没有，可以向兄求得。求之不得，可以强取。如少给兄长，多给弟弟们，兄长向弟弟乞求是不适当的。你们生于其他兄弟之前，分给年长的同母两兄国人各五千家，各八百牧群，银各一万两，敕书各八十道。给我爱妻所生诸子的国人、敕书都比这个少。给这样多还不满足，你还说要从财物不多的弟弟那里索取东西，要杀你认为不好的诸弟、诸大臣，使弟弟与五大臣互不和睦相处，不让他们把你那种邪恶念头报告给父，让弟弟们到处立誓。如果是像你这种心胸狭隘，认为分给你国人、牧群、财货等东西少，那么你专主的国人、牧群、财货等和你弟弟们合在一起再平分。"

从此之后，努尔哈赤对褚英不再信任，他在出征时，因为担心长子心胸狭隘而不再信赖他，不再派遣他出征，让他居住在家中，褚英感到自己的王储位置处于极其危险之中，变得焦虑起来，对他的四个僚友议论说："和诸弟平分国人，我不能再活着了，你们和我一起死吗？"四个僚友回答："贝勒你要死，我们随着死。"从那以后，努尔哈赤出征在外时，褚英不仅不为父亲征战的胜败感到担忧，反而写上诅咒出征的父汗、诸弟、五大臣的咒语，对天地焚烧。还对僚友说："我们的兵出征乌拉失败才好！如果那样就不让父、诸弟入城。"

他的其中一个幕僚感到害怕了，担心被人发觉，于是留下遗书自缢而死。这个幕僚死后，其他随从处于恐惧之中，于是向努尔哈赤告发说："曾说随诸贝勒一起死是实，书写咒语烧了也是实，说各种各样的恶言也是实。"努尔哈赤恼怒异常，但是担心杀掉长子以后会给其他诸子造成恶劣的先例，所以姑且饶恕，将其监禁在监狱之中。可是褚英不肯承认自己的过错，对父亲和兄弟

满族史籍《钦定满洲源流考》

《钦定满洲源流考》共二十卷，是清代官修满族先世及其有关东北诸民族的重要史籍。于乾隆四十二年（公元1777年），由阿桂、于敏中、和珅等撰修。全书分为部族、疆域、山川、国俗四门。各门首举清朝，其次再按时代顺序自古迄清前。卷首有乾隆命撰修的上谕，撰修人拟定的凡例七条。该书从正史以及其他近五十种典籍中选择有关资料，并有详尽的考证。但引文的讹误之处也很多。

表达不满。努尔哈赤考虑到整体政治利益，最终将褚英杀掉。

努尔哈赤留给后人印象最深的是他卓越的军事指挥能力。他英勇善战，自起兵以来，每战必身先士卒，带领部下冲锋陷阵，勇往直前的英雄气概使无数对手胆寒，取得了一次又一次的胜利，之所以如此，一个重要的原因就在于他有着正确的军事原则，强调以强击弱，集中优势兵力各个击破敌人。

如他对领兵出征的诸贝勒、大臣说："太平之道贵在公正，战争之道贵在计谋，使身不劳、兵不苦的明智为上。如果敌兵少，我兵多，不暴露我兵，在看不见的洼地隐蔽，派出少数兵，去诱敌。如果被诱出来，这正是陷入我们的计谋之中。如果诱而不出，就看城堡的远近，如果城堡远，即去砍杀，如果近，即直抵城门，乘其拥塞时砍杀。若敌兵多，我一旗或二旗的兵与敌相遇时，不要接近，先后退，要找我众兵来会合后，就进行搜索，说在野外进攻相遇的敌人的话正是这个。进攻城堡、山寨时，如果能占领时，令兵接近进攻，如不能占领时，就不让接近。进攻而不能占领，名声是不光彩的。如果我们的兵不劳苦，获得胜利，智巧谋略，诚为真正的主将！使兵劳苦，虽获胜利这有何益处呢？战争之道是我们一无损失，而获得胜利。这个比什么都为可贵。各牛录的五十甲中，留下十甲守城。剩下的四十甲出击。在四十人甲中，二十甲造二梯攻城。从家里出来一直到回去的日子，不能离开纛，离开纛的人要逮捕审问。五牛录的额真和牛录额真，如果不向众人申明汗定的法令，罚五牛录额真马一匹，牛录额真马一匹。不听五牛录额真和牛录额真的话离去，杀离去的人。五牛录额真和牛录额真及其他众人被委任各事时，如能胜任就要接受。如果不能做的事，要说明因为自己不能做，不要接受。如果你不能胜任还要接受，这不仅是你一个人的事。如果是管辖一百人的将领耽误一百人的事，如果是管辖一千人的将领耽误一千人的事。所说的事，都是汗的大事。攻城时，先入城的人不记功，一、二先入城，必有损伤。先入城负伤不给俘虏，身死不记功。先毁坏城墙的人，先进入时记功。先拆开城墙的人要来向固山额真报告。等各处的人全部拆完了，固山额真吹响法螺后，各处的人众一齐入城。"从这些叙述中可以明确感受到他对战争和军事有着深刻的感悟，通过具体细致的规定和严格的训练提高八旗兵的战斗力，因而能够在与明朝军队的交战中多次取胜也就不足为奇了。

努尔哈赤在战争中能够做到知己知彼，深入分析敌我态势，敏锐捕捉对方的弱点，给予致命打击。后金军队在努尔哈赤的指挥下逐步壮大，自为祖父和父亲报仇开始，统一建州女真，击败九部联军的进攻后终于站稳脚跟，在东北地区成为最为强大的一支军事力量。控制东北地区之后，努尔哈赤发动了对明朝的战争,萨尔浒一战击溃明军,充分展示了他的卓越军事才能。随后努尔哈赤率军夺取辽沈、占领广宁,使后金完全控制了东北地区,这都与他的正确指挥密不可分。

努尔哈赤建立八旗制度对满族社会产生了深远影响。万历四十三年(公元1615年),努尔哈赤正式创设八旗制度,每三百人设一牛录额真,五牛录设一甲喇额真,五甲喇设一固山额真,每固山额真左右设两梅勒额真。共分黄、红、蓝、白、镶黄、镶红、镶蓝、镶白八旗,后来又设立蒙古八旗和汉族八旗。八旗制度将满族民众组织起来,军事与行政相结合,在日常渔猎骑射生活基础上大大增强了自身的军事实力。八旗制度前后延续数百年,对清朝的军事制度影响深远,体现出努尔哈赤的长远战略眼光。

"满文老档"中有这样的记载:淑勒昆都仑汗把聚集的众多国人,都平均划一,三百男丁编成一牛录,一牛录设额真一人,牛录额真以下设代子二人,章京四人和村领催四人。四名章京分领三百男丁编成达旦,无论做什么事情,去什么地方,都规定达旦的人同行,轮流做同样的事,预先订立一切制度:"兵的甲、胄、弓箭、腰刀、枪、大刀、鞍、辔等东西如果不好,牛录额真降职。如在手中的诸物全都完好,军马肥壮,牛录额真提升。"让所有人遵循。建二层城墙,在城门放置挑选忠诚看守城门的人。推选的八大人,无论是围猎、军事都不去,照管村的一切事情。如果向国人征粮作贡赋,国人必定困苦,一牛录出男丁十人,牛四头,耕种荒地,收获许多粮谷,充实仓库。为记录仓库粮谷的出入分配,任命了十六名大人和八个巴克什。治国之道是,使族大势强的人家不能越分,庸懦软弱的单身人不能受压迫。一切善行都得到维护,拾得丢落的东西的人,要交给失主。把拾得的东西要分三份,失主得两份,拾得的人得一份。善人、恶人都公平地过着安乐太平的日子。这样就使八旗内部秩序井然,凝聚力和战斗力大大增强。尤其

"满文老档"书影

满文是中国满族使用过的一种拼音文字。公元1599年,努尔哈赤命额尔德尼和噶盖参照蒙古文字母创制满文,其字母数目和形体与蒙古文字母大致相同。后经改进,形成了比较完善的字母体系和拼写法,具有区别于蒙古文字母的明显特征。满文在清代作为"国书"与汉文并用。辛亥革命后,满文基本上不再使用。满文保留至今最早的文献有"满文老档"等。

是强调维护内部公平，抑制豪强，保护势单力薄的人，缓和了内部矛盾，使所有成员都能发挥出一份力量。对比当时明朝社会的腐化堕落、弱肉强食，努尔哈赤这一点无疑有着积极意义，在维护社会公平发展上也给后人树立了榜样。

努尔哈赤对满族作出的另外一项重大贡献是创立了满文。努尔哈赤为了实现满族的统一，促进建州社会政治、经济、文化的发展，命令额尔德尼和噶盖仿照蒙古文字，根据满族语音特点，创立"老满文"，成为后来满文的基础。满文的创制，加强了满族人民之间的经济文化交流，使满族人民进一步受到汉族相对先进的封建文化的影响，为清朝的统一全国从思想文化方面奠定基础。同时满文关于满族的文化记录，也成为中华民族文化遗产中宝贵的组成部分。

努尔哈赤通过改革使满族实现了从奴隶制社会向封建社会的转变。他创设的八旗制度采用屯田方式，使八旗中的各级军官成为封建主，八旗士兵既要上阵冲锋，又要从事耕种，缴纳赋税，负担徭役。后金占领辽沈地区之后，在广大东北地区发布"计丁授田"的命令，将各处土地分给当地居住的满人与汉人，大大促进了辽东地区经济的发展[1]。

作为杰出政治家和军事家的努尔哈赤，利用明朝末年统治腐朽的机会，统一女真各部，实现满族的迅速发展壮大，为清朝统一全国奠定坚实的物质与思想文化基础，在中国历史上留下了极为浓重的一笔。

> [1] 清代对中原汉族传统制度与满族关外旧制，采取折中的方式，构建了具有鲜明民族特色的独特制度体系。在尤为值得关注的选官制度方面，独创了双轨制的选举方法，顺治元年（公元1644年）规定，六部尚书及侍郎满、汉各一，照例由满臣制约汉臣；而administered寺及地方中级以下文官，则多半是科举或捐纳出身的汉员。

秦末农民战争示意图

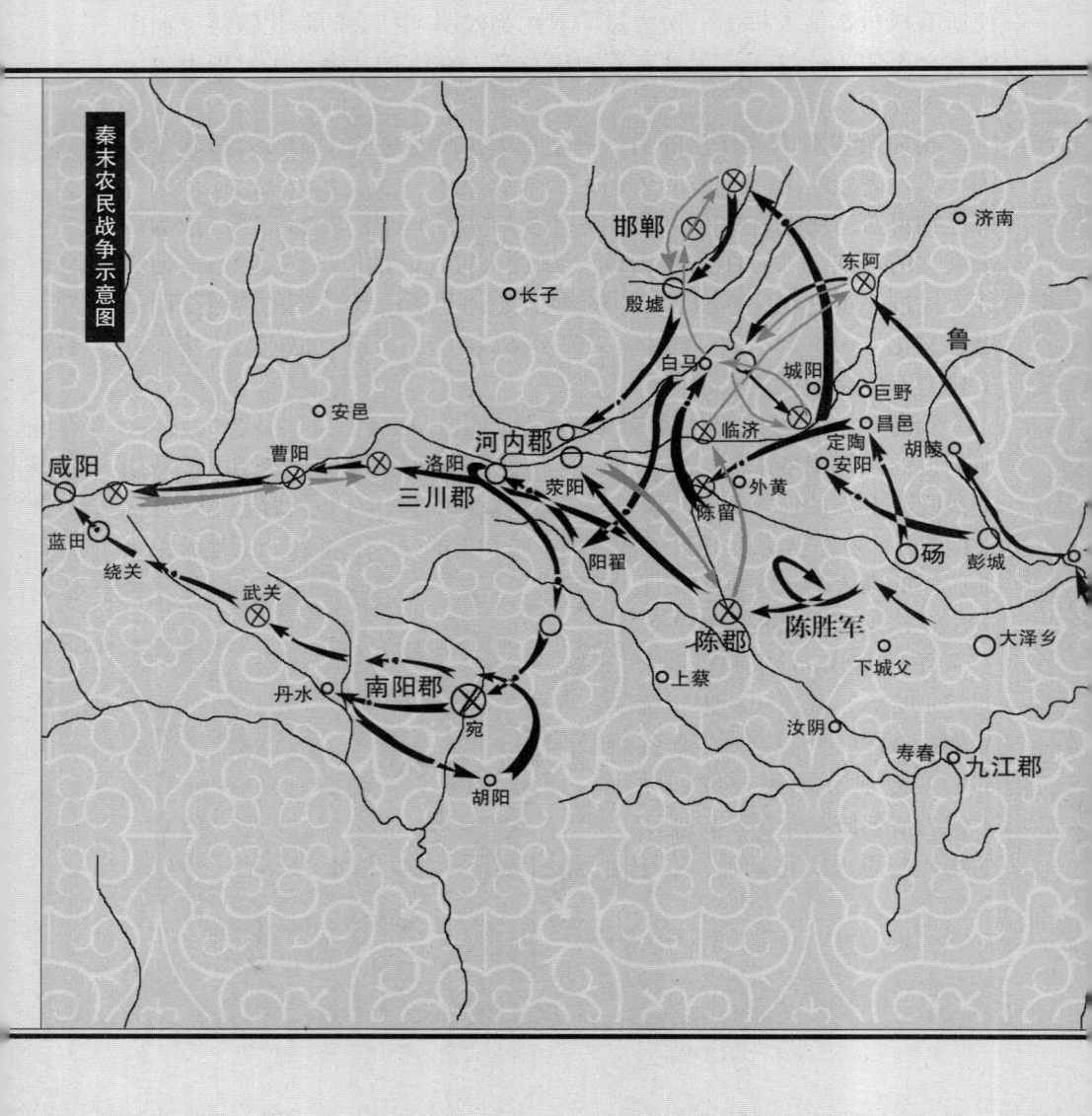

秦二世·胡亥

公元前230——前207年

李白有诗云：『秦王扫六合，虎视何雄哉！』秦始皇以及他所缔造的强大秦朝，声名远播，影响深远。从秦始皇陵兵马俑举世无双的庞大阵容，依然可以感受到那种帝王之气，那种无限的张力。然而，在陕西省西安市东南曲江池环境幽僻的南岸，有一座迥异于秦始皇陵的陵墓，在被人遗忘的角落里静静地倾听万古悲歌。墓为圆形，封土堆直径仅25米，高仅5米。北有石碑一座，碑面阴刻『秦二世皇帝陵』六字。据载，公元前207年，权臣赵高胁迫秦二世自杀，以庶人仪葬于杜南宜春苑，俗称『胡亥墓』。这里，埋葬的就是中国历史上第一个中央集权的大一统国的亡国之君，他，就是秦二世胡亥。

→ 陈胜军攻秦路线
→ 项梁军作战路线
→ 刘邦、项羽军作战路线
→ 章邯军行军路线

77　154公里

项梁军
广陵

始皇驾崩　阴谋篡位

秦始皇统一中国之后,曾经五次巡游。始皇帝三十七年(公元前210年),秦始皇开始最后一次巡游,左丞相李斯与中车府令赵高随行,少子胡亥最受宠爱,侍从秦始皇左右。盛夏季节,巡行车驾返程回京,行至沙丘,秦始皇突然患病,但却特别怕死,厌恶言及死字,群臣更是不敢提,造成病情日益恶化。最后,秦始皇无可奈何,颁布玺书,让远在上郡的太子扶苏,迅速赶回咸阳,发丧入葬皇帝。遗诏已经封好,还没有发出,却被代管皇帝符玺的中车府令赵高劫持,没有派人送给扶苏。同年七月,秦始皇于沙丘平台驾崩,年仅50岁,不但没能长生不老,反而过早离开人世。之后发生的一切,都不在他的预料之中。

而此时,太子扶苏正在上郡。在秦始皇所有公子之中,长子扶苏最为优秀,被秦始皇确定为皇位继承人。后来,秦始皇迷信方术和术士,希望找到神仙真人,求得长生不老之药。方士侯生、卢生等人投其所好,极力宣称可以通神,能够找到奇药妙方。但是,他们的许诺和奇谈无一应验,而秦法规定"不得兼方,不验,辄死",侯生、卢生害怕骗局被揭穿,密谋逃亡,行前还散布言论说秦始皇刚愎自用、专任狱吏、贪于权势,不能为他寻找仙药。秦始皇大怒,派御史审讯咸阳的方士、儒生,结果诸生互相牵连告发,共查出犯禁者四百六十余人,全部坑杀,加上之前秦始皇的焚书,

遣使求仙

秦始皇统一六国之后渴望永久享有至高的皇权,遂寻求长生不老之术,多次派方士到各处求仙,其中最著名的求仙事迹当属徐福东渡。公元前219年,秦始皇派徐福率领童男童女数千人以及预备的三年粮食、衣履、药品和耕具入海求仙药,只是有去无回。此图出自《帝鉴图说》,描绘方士拜别秦始皇即将远行。

就是历史上有名的"焚书坑儒"事件。太子扶苏对秦始皇的坑儒表示反对，曾经进谏，天下刚刚安定，诸生师法孔子，如果将他们绳之以重法，恐怕会造成天下动乱。秦始皇怒而不听，竟然因此让扶苏离开咸阳，与蒙恬一起在上郡戍边。

秦始皇死后，左丞相李斯认为，皇上崩于巡游途中，如果匆促宣布，恐怕引起诸位公子及天下变乱，于是秘不发丧，将秦始皇尸体放在辒凉车中。由生前亲幸宦官参乘，每天照常上食进膳，百官依旧前来奏事，由宦官从辒凉车中代为答复。当时，知道秦始皇已死的仅有李斯、赵高、胡亥以及亲幸宦官五六人。

李斯，楚上蔡人。曾被秦相吕不韦任命为郎，使他得以面见秦王嬴政，献灭诸侯以成帝业之策，从此受到重用，先后任长史和客卿。后韩国人郑国以修渠为名，进行间谍活动，事情败露，宗室大臣乘机攻击客卿，包括李斯在内都被列入逐客之列。李斯冒死进谏，申诉逐客失当。秦王听从李斯建议，取消逐客令，李斯官复原职。此后，秦王按照李斯计策，吞并天下，统一中国，李斯也加官晋爵，升至廷尉。始皇帝二十六年（公元前221年），秦王扫平六国，建立秦朝，在政治体制上面临分封制与郡县制的两难选择。丞相王绾等大部分朝臣均主张实行分封制❶，廷尉李斯力排众议，以周末诸侯割据混战为由，主张实行郡县制。结果秦始皇采纳李斯意见，分天下为三十六郡，正式实行郡县制。始皇帝三十四年（公元前213年），分封之议又起，博士淳于越再次倡导分封制，李斯反对是古非今，再次坚持郡县制。秦始皇又一次倾向于李斯，郡县制从此长期坚持下去，在中国古代历史发展中具有深远的影响。由此可见，李斯极具政治头脑，且政见均被采纳，在朝廷中的地位举足轻重。同时，从分封制、郡县制的争论出发，李斯进一步提出以古非今对统治不利，主张实行以古非今的禁令，《诗》、《书》、非秦纪的史籍，非博士官所职百家语都必须焚烧，私藏禁书者有罪，以古非今者灭族。秦始皇再次采纳李斯建议，实行历史上有名的"焚书"。李斯权势如日中天，由廷尉升至丞相，申明法度，制定律令，统一文字，并协同秦始皇巡游天下，征讨四夷。秦始皇的重用使李斯门庭若市，万人之上。但秦始皇死后，他的政治生涯开始发生重大转变，最终以腰斩、灭族的惨剧收场。

赵高，前赵国公族远亲，出身卑贱，但精通狱法，秦始皇以其为中

❶ 中国古代帝王分封诸侯的制度。周灭商和东征以后，曾分封同姓和功臣为诸侯，以为藩屏。诸侯的君位世袭，在其国内拥有统治权，但对天子有定期朝贡和提供军赋、力役等义务。战国时，各国仍多分封侯君，但侯君已多不掌握封地的政权和军权，而且封地褊小，多不世袭。秦始皇统一全国，废除分封制，实行郡县制。汉初又一度恢复分封制，与郡县制并行，实行郡国制度，但是由于诸侯王的势力威胁到皇权，被逐渐削弱、剪除。

车府令，主管乘舆路车，还派他教幼子胡亥学习决狱与律令法事。赵高诡计多端，利用职务之便，亲近胡亥，深得胡亥信赖。赵高曾经犯有大罪，秦始皇派蒙恬子弟蒙毅治其罪，蒙毅依法定其为死刑，除其宦籍。但是秦始皇却又因为赵高处事敦厚聪敏，善于阿谀奉承，将其赦免，恢复官爵。赵高不但得宠于胡亥，还骗取秦始皇的信任，开始密切关注时局发展，利用一切机会谋权夺利。而秦始皇的突然去世，皇位更替，正是赵高窃夺朝柄的最佳时机。

公子胡亥，生性顽劣，有失皇子风度。曾经有一次，秦始皇宴请群臣，诸位公子也都出席。胡亥奉命赴宴，但不能循规蹈矩，借故提前退席。群臣进入宫殿前，将鞋子脱下放在殿门外台阶下，排列整齐。胡亥见状，将鞋子踢得横七竖八，扬长而去。群臣听说此事，纷纷叹息。但是，在秦始皇二十余子之中，胡亥却最受宠爱，秦始皇出巡天下，只带他一人同行。秦始皇命令赵高负责教育胡亥，赵高自称"受诏教习胡亥数年"。汉人贾谊以为，赵高所教，就是胡亥的全部所学，"使赵高傅胡亥，而教之狱，所习者，非斩劓人，则夷人之族也。故今日即位，明日射人。忠谏者，谓之诽谤；深为之计者，谓之妖言。其视杀人若艾草菅然"（《贾谊新书》），贾谊认为赵高一味向胡亥灌输残暴，似乎有失偏颇。从以后赵高唆使胡亥篡位时胡亥的反应可以看出，他接受的教育包括正统伦理观念与行为准则，而赵高专门负责教授律令决狱。

李斯、赵高、胡亥秘不发丧，三方心思并不一致，而阴谋正在紧急策划之中。赵高发现时机已到，在擅自扣留秦始皇给扶苏的玺书之后，以权势唆使胡亥篡位，说皇上遗诏没有分封诸皇子，唯独给长子扶苏玺书，如果扶苏回到咸阳，肯定继位为皇帝，而胡亥将无尺寸之地。还说眼下天下大权，得失存亡全在于胡亥、赵高与丞相李斯三者，臣人与见臣于人、制人与见制于人，不可同日而语，希望胡亥能够谋取皇位。起初胡亥断然拒绝，明确表示"废兄而立弟，是不义也；不奉父诏而畏死，是不孝也；能薄而材谫，强因人之功，是不能也；三者逆德，天下不服，身殆倾危，社稷不血食"（《史记·李斯列传》），认为应该遵照父亲遗诏，行孝悌，安社稷。赵高进一步鼓动，说"夫大行不小谨，盛德不辞让"（《史记·李斯列传》），搬出商汤伐桀，周武伐纣，卫君杀父，并非不孝的道理。胡亥开始动摇，但还是犹豫不决，不敢贸然行事，提出"今大行未发，丧礼未终，岂宜以此事干丞相哉"（《史记·李斯列传》），认为父皇丧礼未终，不宜干扰丞相。通过胡亥答复赵高的言论，可以看出他接受的正面教育起到了作用，但是赵高老谋深算，深谙胡亥心理，凭借三寸不烂之舌，步步紧逼，层层深入，动之以情，晓之以理，毫无刻薄之辞，一味出于公义，引诱胡亥入其彀中。他再次重申机不可失，时不再来，应该当机立断，果敢行事，如果因为狐疑犹豫，顾小失大，必定后悔。当时胡亥只有二十岁，加之赵高又兼有师者的身份，在反复教唆之下，终于决定采纳赵高废兄立弟的计划。

赵高虽然已经说服胡亥，但他深知"不与丞相谋，恐事不能成"（《史记·李斯列传》），接下来的当务之急就是游说李斯。赵高声称秦始皇给太子的遗诏以及皇帝符玺都在胡亥手中，决定谁来继承皇位取决于李斯和赵高二人，以此试探李斯的意见。见李斯心有所动，且眷恋权威，又进一步劝说，李斯和蒙恬相比，功劳、威望均不敌蒙恬，而且扶苏非常信任蒙恬，如果扶苏即位，肯定会任蒙恬为丞相，李斯只能免官回乡，甚至可能身首异处。而胡亥随赵高学习刑法数年，没有出现过失，而且"慈仁笃厚，轻财重士，辩于心而讷于口，尽礼敬士"（《史记·李斯列传》），其实始皇多公子之中，没有人能比得上他，可以作为皇位继承人。如果胡亥得以继位，李斯以功臣身份，定会封侯如故，位极人臣。利诱之后，还有威逼，如果李斯不听从赵高的建议，将会祸及子孙，后悔莫及。最后，李斯禁不住赵高软硬兼施，无可奈何，仰天长叹，权衡利弊之后，终于决定听从赵高，合谋拥立胡亥。胡亥即位前的公开形象很好，这可能是在绝对皇权的重压之下善于掩饰的结果。而李斯对胡亥的人品应该有所耳闻，否则不可能完全听信赵高的一面之辞，作出废长立幼的大逆不道之事。

万事俱备，赵高开始采取行动，与李斯共同破除秦始皇封赐扶苏的玺书，谎称丞相李斯在沙丘接受秦始皇遗诏，立胡亥为太子。对于潜在威胁扶苏，又伪造诏令，诬陷扶苏"为人子不孝"，赐剑令其自刎。将军蒙恬与扶苏身居塞外，不知匡正朝廷，知扶苏阴谋而不举报，"为人臣不忠"，赐死。结果扶苏果然在上郡自杀，蒙恬据理力争，不肯自裁，主动请囚。这就是历史上有名的"沙丘之变"。

赵高、李斯、胡亥阴谋得逞，随即北上，经过井陉，抵达九原，再沿直道进入关中，回到咸阳，为秦始皇发丧，胡亥以太子名义继承帝位，是为二世皇帝，史称秦二世。从此，胡亥走上他始料未及的不归之路。

秦始皇千秋帝业，就此中衰。反观秦始皇对扶苏及胡亥的态度，胡亥且受宠爱，但秦始皇弥留之际，却仍是要将皇位传给长子扶苏。而秦始皇派扶苏北监蒙恬于上郡，是有意疏离，还是用心栽培，值得深思。

残害异己　统治暴虐

二世皇帝元年（公元前209年），胡亥年仅21岁。为回报赵高拥立之功，任其为郎中令，居中用事。赵高得势，蒙蔽二世，排除异己，苛政甚虐，民怨沸腾，最终使秦朝风雨飘摇，迅速灭亡。

赵高与胡亥的权力都来自篡位，因此极力排除异己，而蒙恬首当其冲。扶苏自杀之后，蒙恬入狱。二世即位，本想继续任用，但赵高害怕蒙恬对自己构成威胁，便向胡亥造谣说，秦始皇原来曾想立胡亥为太子，但因蒙恬之弟蒙毅极力阻止而未能施行。胡亥信以为真，不但没有释放蒙恬，还将蒙毅囚禁在代郡。后来，派使者到阳周狱中逼蒙恬自杀，蒙恬开始不肯，声辩要见胡亥，请他收回诏命，使者不许，蒙恬见生还无望，只得服毒自尽。

胡亥登上皇位，急欲寻欢作乐，但出于对权力与自身安全的担心，便接受赵高的意见，大开杀戒，为巩固到手的权力无所不用其极。逼死蒙恬之后，便开始残杀宗室。骄奢淫逸的前提是残暴屠杀，胡亥即位之前就已害死其兄扶苏。二世皇帝元年（公元前209年）四月，赵高提出，当初沙丘篡位的阴谋，诸位公子和大臣都有所怀疑，公子都是二世的兄长，大臣又是先帝秦始皇所立，二世初即位，如果这些公子大臣心有不服，恐怕会发生叛乱。而且蒙恬已死，蒙毅在外，形势危急。胡亥异常惊恐，赵高趁机进言，建议实行严刑峻法，消灭大臣，疏远骨肉宗亲，除掉先帝故臣，重新培植亲信，如此就能高枕无忧。胡亥昏庸透顶，倍加赞赏，言听计从。从此重新修订法律，更加苛酷，规定凡是大臣及诸公子犯罪，一律由赵高审讯惩治。

赵高得此法定权力，乘机报复泄怨，杀害蒙毅。对于皇族宗亲，更加残忍。在咸阳市将十二位公子处以极刑，在杜邮又处死六位公子，并将十位公主活活裂肢，惨不忍睹。胡亥的众兄弟当中，公子高眼看兄弟姐妹接连遇害，知道自己也难逃厄运，本想奔逃，但又怕灭族连累家人，决心上书胡亥"请从死"，在骊山为父亲秦始皇殉葬。胡亥竟然高兴万分，赏赐十万钱。此外，公子将闾兄弟三人比较沉稳，无从迫害，被囚宫中，等其他许多的兄弟被杀后，赵高派人逼他们自尽，将闾仰天大呼"天乎！吾无罪"，兄弟三人悲愤流涕，引剑自刎。宗室极为惊恐，群臣如果进谏，就会以诽谤定罪，无人敢言。

　　文武大臣非赵高亲信者都不能幸免。在诛杀大臣的同时，赵高将自己的亲信安插进去，其兄赵成任中车府令，女婿官至咸阳县令，其他要职也遍布赵高党羽。朝中大臣以外，赵高还在寻找机会对地方官吏下手。在胡亥仿效秦始皇巡游的途中，赵高劝胡亥借巡游天下之机，诛杀不服从的官吏，以树立至高无上的威信。胡亥听信谗言，不问青红皂白，连连下令，诛杀异己。官吏惶恐不安，政治混乱。胡亥年轻无知，赵高趁机渔利，扩张权势。

　　胡亥登基第二年，赵高与之合谋，认为二世年少，刚刚即位，天下百姓还没有完全归附。先帝秦始皇曾经巡行天下郡县，显示武力强大，威服海内。如果二世不去巡行，就会显得衰弱，不能服众。于是，二世皇帝元年（公元前209年）春，胡亥由李斯陪同，向东巡行郡县，到达碣石，抵达海边，又向南到达会稽。当年秦始皇所立巡行刻石，二世全部再刻，石旁有随行大臣姓名，以此彰显先帝秦始皇的伟大功业。胡亥还认为以前的刻石都是秦始皇所立，而他继承皇位后，金石刻辞应该改称始皇帝，以免日久年深，继任者不能领会秦始皇的成功盛德。左丞相李斯、右丞相冯去疾等冒死进谏，认为可以将诏书全部刻在石碑上，就能明白是秦始皇的功业和二世的意愿。二世胡亥勉强同意。后来巡行到达辽东，再返回咸阳。

　　值得关注的是，二世出巡，赵高并未随行。可以想见他正在把持朝政，独断专行。

　　胡亥继位为二世皇帝后，葬秦始皇于骊山。秦二世胡亥在役使百姓、压榨民力上，较乃父秦始皇有过之而无不及。为赶修秦始皇陵，他在天下不稳之际，继续大规模征发徭役。埋葬秦始皇之时，胡亥认为秦始皇后宫中没有生子的，不能让她们流出宫外，全部陪葬，死者人数众多。下葬之后，胡亥又认为以前参与修建秦始皇陵寝的工匠负

琅邪台刻石

　　秦统一后，始皇为了"示疆威，服海内"，在国内修筑"驰道"，并先后五次巡视全国。足迹所至，北到今秦皇岛，南到江浙湖北湖南地区，东到山东沿海，并在邹峄山、泰山、芝罘山、琅邪、会稽、碣石等地留下刻石，以表彰自己的功德。图为秦始皇二十八年南登琅邪时所立石碑，内容是歌颂秦功德，原石在山东诸城海神祠内，但始皇颂诗及从臣诸名已经剥落，尚存二世从官名和诏书十三行。书体是典型的小篆，以曲线为主，字体皆为长方，笔书粗细如一，显现雍容典雅之风格。

责制造地宫机关，奴隶仆役都知道最核心的机密。为了防止秘密泄漏，下葬程序结束后，马上关闭中羡门、外羡门，将所有工匠奴仆关闭在墓道之中，无一生还。地面之上，封土成丘，种植草木以像山。

二世皇帝元年（公元前209年）四月，胡亥巡行结束，回到咸阳。他认为先帝秦始皇嫌咸阳朝廷狭小，所以才营造阿房宫。阿房宫还没有完全竣工，秦始皇就驾崩了，后来暂时中止修建阿房宫，征调阿房宫的工匠劳役赶修骊山秦始皇陵。如今郦山大事已毕，工匠们丝毫没有喘息之机，又要继续修建阿房宫。

阿房宫遗址位于今西安西郊。由于阿房宫工程浩大，始皇在位时只建成一座前殿。阿房宫的前殿东西宽690米，南北深115米，占地面积8万平方米，其规模之大，劳民伤财之巨，可以想见。史书记载，楚霸王项羽军队入关以后，移恨于物，将阿房宫及所有附属建筑纵火焚烧，化为灰烬。

胡亥在赵高的支持下，不惜民力，统治残暴。但他在行荒淫无道之事时，还要找到一定的理论依据，对外可堵塞群臣之口，对己则能坚定荒淫的信念。他认为尧治理天下，住茅草屋，吃野菜汤，冬天裹鹿皮御寒，夏天只能穿麻衣。大禹治水时，奔波东西，劳累过度，以致大腿掉肉，小腿脱毛，最后客死异乡。如果都像尧和大禹一样，应该不是做帝王的初衷。生活贫寒都是那些穷酸的书生所提倡的，而不是帝王贤者所希望的。既然占有天下，就要拿天下的东西来满足自己的欲望，这才叫富有天下。如果帝王没有一点享乐，肯定不会有心思治理好天下。胡亥梦想能够永远享乐，希望李斯能够献上良策。李斯劝胡亥不要耽于声色，但赵高却提出相反的建议，鼓励胡亥继续行乐。胡亥的暴戾，逼得臣下不得不投其所好。当陈胜的部将越过三川入函谷关击秦的时候，守边之将正好是李斯的儿子，李斯唯恐赵高趁机陷害，自己失权，为逃避追究，于是上书《行督责之术》，以讨好胡亥，提

阿房宫图　佚名　清代

　　此图为清代画家依据自己的想象所绘。画中山势奇伟、层峦耸翠，亭台楼阁掩映其中，画面设色华丽，颇显精致。只是与史料记载阿房宫宏伟的气势相去甚远。

出独断专权、酷法治民的治国方法，即帝王的高枕无忧，安心享乐，建立在天下震怖恐惧的基础之上，要用督察与治罪的方式来巩固中央集权，严厉镇压百姓的反抗与违法。李斯的策略代表了他的法家思想，而胡亥胡作非为的所有顾忌因此全部解除，他过度滥用刑罚，造成秦朝的迅速灭亡。

胡亥登基之初，还曾经考虑到要做一个让天下信服的皇帝，如厚葬秦始皇、东巡勒石，乃至加速修建阿房宫等举措，都是希望不让天下之人小觑于他。他企图有所作为，甚至包括效仿秦始皇的穷兵黩武。但是，在赵高的蛊惑之下，胡亥逐渐放纵享乐。而有了李斯的理论指导之后，胡亥更加理直气壮、有恃无恐，肆意放纵自己的欲望。他继续大量征发劳役修建秦始皇陵和阿房宫，还外抚四夷，征发大量贫苦农民戍守边地。由于大批人马聚集咸阳，粮草供应严重不足，胡亥又下令让地方郡县向咸阳运送粮食蔬菜，但是却规定，所有运送粮草的人都必须自带口粮，不得在路上吃咸阳周围三百里以内的粮食。

胡亥、赵高极其昏庸腐朽，贪婪暴戾，繁刑严诛，吏治刻深，赋敛愈重，戍徭无已。朝廷以为，征收赋税越多，越是明吏，行刑杀人越多，越是忠臣。残酷的剥削，使得百姓饥寒交迫，无以为生。繁重的徭役，使得男人成为士兵，女人运输粮草，农民背井离乡，筋疲力尽。苛刻的刑罚，使得被刑者成千上万，冤狱遍地。整个社会阴森恐怖、黑暗暴虐。劳役对百姓的盘剥伤害远远大于赋税，不但经常无限延长，而且严重耽误农时。秦始皇以来常年征发，到秦二世时，百姓已经不堪重负，加之苛政害人，最终导致陈胜、吴广起义的爆发，如同狂风暴雨，将看似强大的秦朝彻底冲垮。

陈胜起义　风雨飘摇

陈胜、吴广揭竿而起

秦始皇去世以前，已经因为滥用民力，民怨沸腾，造成地方起义反抗不断，如彭越、英布、刘邦等纷纷组织武装，秦朝社会危机四伏。而秦二世和赵高的倒行逆施，大大加速了全面反秦大起义的爆发。胡亥登基不久，陈胜、吴广揭竿而起，振臂高呼，秦末农民战争伴随着胡亥的余生，将他连带大秦江山一起断送。

陈胜，字涉，阳城人。吴广，字叔，阳夏人。二人出身极为贫苦，属于社会底层。二世皇帝元年（公元前209年），朝廷强征闾左贫民戍守渔阳。陈胜、吴广均在被征九百人之列，且被推定为屯长。同年七月，队伍行至蕲县大泽乡，天降滂沱大雨，道路不通，到达渔阳的期限肯定要延误。按秦法规定，戍卒失期者皆斩，进退两难，逃亡与起义都是死路一条。死亡的威胁和秦朝的暴政，迫使陈胜、吴广分析形势，决定举大义，亡暴秦。经过密谋，陈胜、吴广装神弄鬼，迷惑戍卒。先用丹砂书写"陈胜王"于帛上，塞入渔民准备出卖的鱼腹中。鱼被戍卒买回，破鱼腹，见丹书，众人感到蹊跷。夜里，陈胜密令吴广潜入驻地附近荒野丛林中的神祠，点篝火，若明若暗，又学狐叫，并大声呼喊"大楚兴，陈胜王"。戍卒被惊醒，更加疑惑惊恐。天亮以后，众人指点陈胜，议论纷纷，说他与丹书、狐鸣的神异现象有关联，在他们心目中，陈胜成为神秘人物。舆论准备就绪，陈胜、吴广开始行动。吴广借将尉醉酒之机，扬言打算逃亡，故意激怒将尉，招来鞭笞。因为平时吴广爱惜戍卒，很得人心，将尉的举动激怒了戍卒，群情激愤，怒不可遏。将尉大怒，拔出佩剑，吴广乘势夺剑，与陈胜一起将两个廷尉杀死，召集戍卒，言明大雨延期，必死无疑，不如群起反抗。众人响应，起义正式拉开序幕。

秦灭六国之前，项燕是楚国名将，战功卓著，爱护士兵，深得楚人崇敬与拥戴。所以民间一直有谣传，有的说项燕已死，有的说项燕逃亡在外，尚在人世。而对于秦二世胡亥，民间认为他是秦始皇的幼子，根本无权继位，皇位应该由长子扶苏继承。而扶苏被贬戍边，又被二世所杀，所以扶苏的声望更加高涨。陈胜、吴广深知扶苏与项燕的号召力，于是诈称公子扶苏、楚将项燕，戍卒设坛，以将尉首级献祭。众人袒右盟誓，号称大楚，陈胜自立为将军，吴广为都尉，斩木为兵，揭竿为旗，起义反秦。

起义军迅速攻下大泽乡，又很快攻占蕲县。此后兵分两路，陈胜令符离人葛婴带兵从蕲县向东进军，自己则率主力部队向西北进军。接连攻克铚、酂、苦、柘、谯等地，起义军进展迅速，摧枯拉朽，连战告捷。可谓星火燎原，万民响应，大军所至，百姓赢粮影从，当起义军逼近陈时，已经拥有战车六七百乘，骑兵千余人，步卒数万人。

起义军实力大增，集中兵力攻打陈。陈郡守、县令均不在城内，只有郡丞率军抵抗。但是一战即破，郡丞战死。陈胜入据陈。陈原是西周、春秋时期陈国的都城，又是楚国后期的国都。秦灭六国，设立郡、县治所，加强防卫，是秦朝在东方的重要据点。所以，陈胜起义军攻克陈，直接打击了貌似强大的秦军，战略意义十分重大。

张楚政权建立

陈胜召集三老、豪杰，开会议事，决定正式成立革命政权。三老、豪杰一致认为，陈胜伐无道，诛暴秦，功勋卓著，应该立为王。于是陈胜在众人拥戴之下称王，号为张楚。楚国故地，反秦暴政、眷恋故国的情绪很重，人心思楚，群起反秦，所以陈胜以张大楚国为旗号，以此号召民众，为天下唱。

张楚政权的建立，使更多的民众加入起义的行列。同时，各地群起反秦，聚众数千的起义队伍，不可胜数。早已在江中为盗的刑徒英布，正式叛秦。淮海之间，有凌县秦嘉、符离朱鸡石、取虑郑布、徐县丁疾等，相继起义，共同攻克郯，一度将秦东海郡守庆围困其中。陈胜称王后，鲁国故地许多儒生持孔子礼器称臣归附。甚至远在东南沿海地区的东瓯、闽越等地，也开始起义，形成天下共起反秦的浪潮。

历史上往往农民起义的主体政治目标并不明确，后来被其他势力所利用，改变了起义的本来面目。在陈胜、吴广起义的影响下，前六国的很多旧贵族和官吏也加入了反秦斗争的队伍。原韩国贵族出身的张良，

"张楚" 帛书

陈胜、吴广领导的起义军攻占陈县后，建立了"张楚"政权，这是中国历史上第一个农民革命政权。起义军为何号"张楚"，众说纷纭：《史记》载"欲张大楚国，故称张楚也"；也有人认为"先是楚为秦灭，已驰，今立楚，为张也"。秦灭六国时，楚国在军事上的抵抗最为强硬，时有"楚虽三户，亡秦必楚"的传言；陈胜起事地点在楚国，打出张楚的旗号，可能是为了扩张队伍与势力范围。

曾舍弃家财谋刺秦王,为韩国报仇。陈胜起义后,张良也聚集百余人反秦。原齐王田氏宗族田儋,在齐国灭亡后北至狄。陈胜称王时,田儋假借请求秦狄县令杀其奴的机会,杀死狄令,与从弟田荣、荣弟田横召集豪吏子弟起兵。原魏国宗室公子魏咎,曾受封宁陵君。秦灭魏后,迁魏咎为家人。陈胜称王,魏咎前往归附。与魏国贵族关系密切的故魏名士张耳、陈余,因受秦悬赏缉捕,曾变易姓名,逃至陈。陈胜入陈,他们也加入起义行列。六国旧贵族卷入反秦激流,扩大了反秦大军的社会势力,使秦朝廷更加陷于孤立,加速了秦朝的瓦解。但是,旧贵族反秦的更大目的是恢复六国故地,据地封王,借天下方乱进行政治投机,在很大程度上也给起义带来了危害,最终导致反秦队伍内部的分裂,陈胜起义军不幸失败。

陈胜集中各反秦力量,壮大声势,以陈为中心,分路出击。东南一线,陈胜为开拓后方,防止腹背受敌,先派遣葛婴向蕲以东进军,又增派汝阴邓宗进攻秦九江郡,以图控制大江南北。

北线,陈胜采纳陈余"请奇兵北略赵地"(《史记·张耳陈余列传》)的建议,以陈人武臣为将军,邵骚为护军,张耳、陈余为左右校尉,率领兵卒三千,北上渡河,攻占原赵国地区,以收降为主,攻克数十座城池。但是,占领邯郸后,张耳、陈余等策动武臣自立称王,武臣即赵王位,以陈余为大将军,张耳为右丞相,邵骚为左丞相。陈胜起义军开始分化。武臣为扩大地盘,派韩广攻燕地,李良攻打常山,张黡攻打上党。而韩广到达原燕国地区时,燕人又立韩广为燕王。起义军继续分化。北线的另一支,由周市统领,攻打魏地。攻占原魏国地区之后,又转而攻打齐地,到达狄。恰逢旧齐贵族田儋杀狄令,自立为齐王,带兵攻打周市。周市败还,田儋占据齐地。周市退回魏地,拥立魏咎为魏王,占据魏地。原六国之中赵国、燕国、齐国、魏国,相继复辟,分土称王,互相倾轧,你争我夺,公开与陈胜张楚政权分庭抗礼,拒不服从调遣,甚至坐视起义军被剿灭而不顾。六国旧

陈胜吴广起义　刘旦宅　纸本设色　近代

　　陈胜吴广领导的起义掀起了反秦的高潮,同时给后世的农民反抗暴政开辟了一条道路,提供了一个模式。图描绘的是押解戍守农民的军官醉酒后被吴广故意激怒的情形:军官拿起军棍责打吴广,拔出宝剑来威吓,却被陈胜、吴广所杀,大泽乡起义自此开始。

贵族的割据自立，造成陈胜反秦阵线内部的公开分裂，直接牵制和孤立了陈胜起义军，给秦二世的反扑，提供了机会。最后，陈胜起义在六国旧贵族分立割据、见死不救的困境中走向惨痛的失败。

西线，陈胜以夺取关中为目标，兵分三路，一路以吴广为假王，想要先取荥阳，然后假道函谷关，直捣咸阳。荥阳为秦朝在东方的战略要地，附近有贮粮基地敖仓，秦以李斯之子李由任山川守，把守敖仓。吴广久攻敖仓不下，双方主力胶着荥阳，攻守两难，陷于僵持。秦军主力被吴广牵制，为其他两路顺利进军创造了条件。第二路由铚人宋留率领，攻取南阳，入据武关。第三路以周文为将军，蔡赐为上柱国，于二世皇帝二年（公元前208年）冬，经过颍川郡、三川郡，取道函谷关，攻击咸阳。周文沿途扩大队伍，至函谷关时，已有战车千乘，兵士数十万。函谷关地处崤山之口，地势险要，易守难攻，一夫当关，万夫莫开。周文一举越过函谷关，同年九月，挺进秦始皇郦山陵墓附近的戏，距离咸阳不足百里，秦朝危在旦夕。

各地起义军攻城掠地，横行天下。面对起义军的凌厉攻势，秦军"阻险不守，关梁不阖，长戟不刺，强弩不射"（《史记·秦始皇本纪》），关东郡县大多被起义军攻占。对于陈胜起义，天下大乱，深居朝廷的胡亥和赵高，起初不以为意，甚至根本不承认战争的存在。陈胜刚刚起兵之时，朝廷谒者出使东方，已经意识到事态严重，回到咸阳，以所闻陈胜反秦禀报二世，不料二世大怒，认为此等群盗小事，不足以闻于上，竟然将这位尽忠职守的谒者处以刑罚。其后不久，陈胜攻占蕲、陈，消息再次传来，二世召集博士儒生询问对策，博士儒生三十多人一致上言，陈胜起兵反秦，大逆不道，罪死无赦，希望二世立即发兵攻打。而二世胡亥，被天下太平的假象迷惑，坚决否认天下存在反叛，发兵当然也就无从谈起。叔孙通见势不妙，揣摩上意，顺从圣意，提出天下一统，兵革不用，先皇早已拆毁城墙，熔铸天下兵器，反叛根本是捕风捉影，现在有二世皇帝临朝，严明法令，行于天下，人人奉职，四方辐辏，国家安定，庶民富足，绝无反叛之事。陈胜等人不过是鼠窃狗盗之辈，不足挂齿，地方官吏正在积极追捕，完全不必担忧。胡亥转怒为喜，更加深信不疑，当即赏赐叔孙通帛二十匹，衣一袭，拜为博士。之后，又问其他朝臣，说陈胜是盗贼的官员则平安无事，说陈胜是造反的官员则以"非所宜言"罪被罢免入狱，完全黑白颠倒，是非不分。此后，无论官吏还是儒生，无人再敢在二世面前言及陈胜反秦之事。而胡亥更加乐于享受，胡作非为，混淆视听，大难临头却浑然不觉。

胡亥对陈胜起义的蔑视与否认，丝毫没有阻止大军挺进咸阳的燎原之势。一直到周文西征到达戏，胡亥才如梦初醒，却遭晴天霹雳，再也不

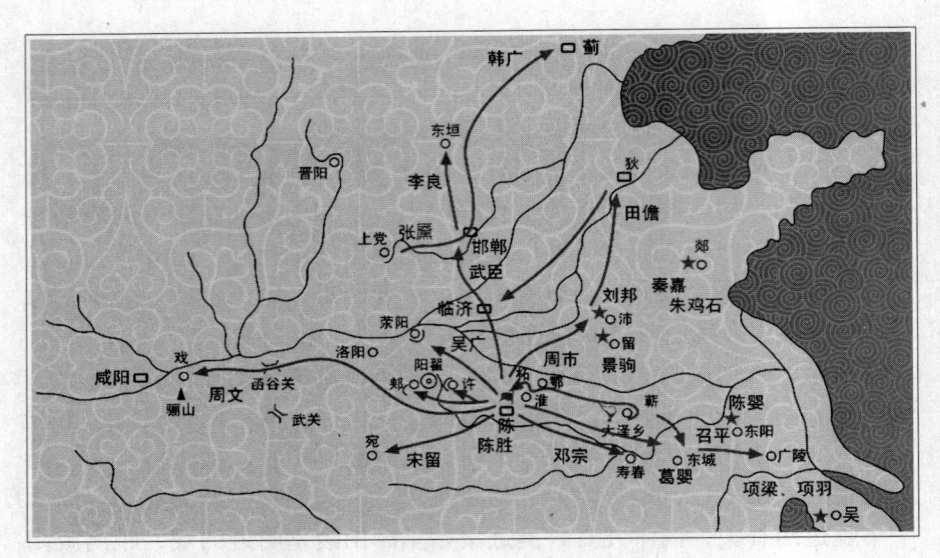

陈胜吴广起义示意图

"张楚"政权建立后，陈胜任命吴广为"假王"，率军向西进攻荥阳（今属河南省）；命武臣、张耳、陈余等北伐赵地，邓宗南征九江郡（治所寿春，即今寿县），周市夺取魏地。图为起义示意图。

敢自欺欺人，连忙召集群臣商讨对策。少府章邯认为调兵已经来不及，建议赦免骊山刑徒，编组新军。当时秦军或被消灭，或被降服，已经无兵可调，胡亥别无他法，只好采纳章邯建议，下令大赦骊山数十万刑徒以及人奴产子，由章邯率领，反击周文。另外命令正在守卫北边、修筑长城的三十万大军，由王离、苏角率领，急速南下，以便从侧翼夹击起义军。

秦军反戈一击

秦军奋力反扑，给起义军以巨大压力。由于陈胜西征的三路大军分路进讨，缺乏统一指挥与调配，不能协同作战，而是各行其是，互不依托。吴广主力部队长期被牵制在荥阳城外，欲攻不克，欲罢不忍，长此以往，士气衰颓，陷入僵局。周文虽然已经逼近咸阳，但却面临孤军深入、后无援军的险境。章邯认清陈胜西征军队的战略弱点，集中可以投入战场的全部兵力，猛击周文。周文对章邯大军猝不及防，加之原本就缺乏正面作战的经验，孤立无援，虽然出生入死，奋勇抵抗，仍旧不敌，被迫退出关中，屯兵曹阳。陈胜下令武臣所率赵兵西行入关，增援周文，但是武臣自立称王，拒不执行。周文苦等两三个月，援兵迟迟不至，又败退至渑池。章邯一路追击，二世皇帝二年（公元前208年）十一月，周文在渑池浴血奋战十余天，终因寡不敌众，战败自杀，全军覆没。至此，陈胜起义风云突变，形势急转直下。

章邯击败周文之后，乘胜进逼荥阳。此时吴广久围荥阳不下，军心浮动，领导集团内部又出现分歧。吴广副将田臧见周文已败，秦军至，必大败，于是主张以一小部分兵力继续围困荥阳，牵制李由守军，而以全部精兵迎击章邯来犯之敌。本来田臧的作战方案不无道理，较吴广略胜一筹。但是他不但没有和吴广商议，反而认为假王吴广自傲，不知兵权，不能与之商议，如果不诛杀吴广，起义可能全部失败。因此，田臧矫称陈胜命令，杀害吴广，还将吴广首级献给陈胜。陈胜无可奈何，不但没有惩处田臧，反而赐他楚令尹印，任为上将，指挥荥阳前线大军。田臧取得军事指挥权后，派李归等人继续围攻荥阳，自己则率领精兵，迎击章邯，结果却大败于敖仓。田臧战死，军队溃散。章邯乘胜直驱荥阳，与困守荥阳城内的李由里外夹击，起义军大败，李归被杀。至此，陈胜起义军主力部队被彻底消灭。周文、吴广率领的西征军，是陈胜反秦力量的基石，两支大军的溃败，加之上文所述六国旧贵族的割据自立，使陈胜起义军由胜转败，由盛转衰。

　　章邯攻下荥阳，继续进犯张楚政权的政治中心陈，二世胡亥又增派长史司马欣、都尉董翳协助章邯攻打陈胜。陈胜由于轻敌与战略失误，主力部队丧失殆尽，剩余兵力严重不足，敌强我弱，敌众我寡。章邯急于尽快围歼陈胜军队，先派遣别将击溃邓说军于郯，堵住陈胜东北方向的退路。然后亲自以主力击败伍徐于许，打开攻陈通道。章邯攻占陈的外围，集中攻陈，守陈将领柱国房君赐死。又进兵进击陈西张贺军队，陈胜亲临督战，但因寡不敌众，张贺军败战死。二世皇帝二年（公元前208年）十二月，陈胜败走汝阴，不久，又退至下城父。陈胜本想且战且走，继续战斗，不料却被御者庄贾谋害，陈胜丧命，庄贾降秦。陈胜从起义大泽乡到遇害被杀，前后仅仅半年时间。虽然迅疾陨落，但却极大地动摇了秦朝的统治基础，二世皇权虽然有所转机，但却是灭亡之前的回光返照。

　　陈胜之死，引起其往日近侍将军吕臣的极大义愤，他组织仓头军，在新阳重举义旗，将陈攻克，杀死叛徒庄贾，使陈又成为张楚之地，继续抗秦。与此同时，原被陈胜派遣西征的另一路军队，由主将宋留率领，本已南下南阳，即将进入武关，得知陈胜死讯，宋留径自放弃南阳，使南阳又被秦军占领。宋留从此改变反秦立场，东逃至心裁，不战而以军降秦。宋留虽然投降，但却没能活命，押至咸阳后，车裂而死。

　　仓头军首领吕臣夺回陈后，又被秦军左右校再次攻下。吕臣再度聚集被打散的军队，与在鄱阳湖一带反秦的英布军队会合，共同反击秦左右校，大破秦军于青波，第二次夺回陈。但是，由于陈胜已死，大势已去，吕臣、英布的军队为了坚持反秦，不得不加入项梁起义军的行列。陈胜起义虽然以失败告终，但反秦斗争并没有结束，刘邦、项羽等人继续战斗，直至秦朝灭亡。

楚汉相争　君丧秦亡

李斯、赵高苦斗

秦二世即位不久，天下反秦战争就风起云涌，未曾中断。而朝廷内部不但没有团结抗敌，胡亥反而更加沉溺酒色，怠于政事，赵高又与李斯争权夺利，政治黑暗。赵高善用阴谋，但又惧怕真相败露，于己不利，就故意将秦二世与大臣隔离。他蛊惑胡亥，群臣不能见其面，只能闻其声，才能避免在群臣面前暴露短处，显示天子的尊贵。再有，胡亥年轻，未必事事皆通，如果上朝处事不当，就会让大臣看到短处，不如入居深宫，学习法令，有事才来处理，这样大臣不敢欺骗皇上，又会尊称陛下圣主，一举两得。而胡亥果然听信赵高的谎言，从此天天宴饮，不再上朝。这样，赵高代秦二世主持朝会，专权乱政。胡亥认为人生如白驹过隙，要及时行乐，所以不思进取，只知享乐，对赵高的阴谋毫无防备，最终死于赵高之手。

曾参与篡位阴谋的盟友李斯，一直是赵高的心头大患。比时赵高羽翼丰满，假意让李斯谏阻二世建造阿房宫，以防备山东群盗。李斯不知有诈，言明自己早想进谏，但因二世早居深宫，久不上朝，无缘见驾。赵高许诺二世空闲无事之时，替李斯禀报。然而赵高却每当二世正在与宫女宴饮作乐之时，派人告诉丞相可以前去奏事。李斯前去宫门上谒，反复三次，二世不厌其烦，十分愤怒，抱怨丞相闲时不来，燕私之时偏偏前来请事。赵高见时机成熟，乘机在二世面前造谣，说李斯当时参与沙丘之谋，曾经想裂地封王。又说李斯之子李由做三川郡守，而陈胜作乱经过三川郡时，李由却不积极镇压，因为他和陈胜是邻县同乡，就说李斯和陈胜有文书往来，互通讯息，勾结作乱。此外，还说李斯身为丞相，权力过大，盖过皇帝，但还不满足，似乎有异心。胡亥听信赵高谗言，想抓李斯，但又苦于没有真凭实据，就先派人监视李斯。李斯得知自己中了赵高的圈套，急忙上书二世，揭发赵高的斑斑劣迹，请求除掉赵高，消除隐患。胡亥对赵高深信不疑，不仅不怀疑赵高，反而将李斯的上书给赵高看。赵高知道和李斯的斗争已到了你死我活的境地，就进一步罗织罪名诬陷李斯。

陈胜起义军席卷各地，胡亥一方面加紧征调关中兵马前云镇压，另一方面继续劳民伤财，胡作非为。右丞相冯去疾、将军冯劫和李斯上书进谏，请求停止建造阿房宫，减少四方转运粮草，既能减少盗贼劫粮，又能集中兵力镇压叛乱。胡亥不以为然，声称贵为天子，就应该肆意极欲，为所欲为，下令将冯去疾、冯劫和李斯逮捕入狱。冯去疾、冯劫拒不受辱，愤然自杀。

胡亥将李斯囚禁，交由赵高惩处，赵高自然不肯放过这个天赐良机，对李斯严刑拷打，用尽酷刑，强令李斯认罪。李斯无法忍受酷刑折磨，屈打成招，承认与子谋反。而赵高机关算尽，李斯诬服之后，又派十余人诈称御史、谒者、侍中，再次审讯，李斯以为得以伸冤，说出真相，不料又是一顿毒打。所以当胡亥后来派人复查案情，核实供词时，李斯以为又是赵高派来的人，不敢再说真话。于是，胡亥对李斯企图谋反信以为真，无法翻案。由此可见，秦二世胡亥对于李斯这位有拥立之功的朝廷重臣，不敢轻易定罪，需要反复核实，由此也更能显出赵高不择手段，阴险毒辣。此外，还可以看出，胡亥同时倚重赵高、李斯，使二人相争，自己居间调停，沉溺享乐，不问朝事。最后李斯自承谋反，胡亥竟然庆幸自己险些被李斯出卖，决心斩杀李斯。二世皇帝二年（公元前208年），李由被刘邦、项羽杀死之后不久，李斯被处以极刑：先是黥面、割鼻，再砍断左右脚，然后腰斩，最后剁成肉酱，在当时是最残忍的一种死刑，即"具五刑"。此外，李斯三族受株连，全部被杀。

冯去疾、冯劫、李斯已死，胡亥拜赵高为中丞相，大权独揽。赵高蛊惑胡亥，诛灭宗亲，残害大臣，朝纲紊乱，国将不国。冤冤相报，赵高后来为自己的残忍付出了惨痛代价，两年后他被秦王子婴所杀，诛灭三族。

项羽军功赫赫

朝廷内官官倾轧，朝廷外起义军风起云涌。继陈胜、吴广后，又有一批英雄人物脱颖而出。

项梁，下相人，父亲项燕，始皇帝二十四年（公元前223年）被

李斯之死　白描插图　元代

公元前208年，李斯被诬告企图弑君谋反，被判处死刑，并与此年初冬在咸阳街头被腰斩。李斯的父族、母族、妻族均被诛杀。图为李斯父子受刑，出自元刻本《秦并六国平话》。

杀。项梁世代为楚将，其侄项羽，年少读书不成，练剑不精，欲学万人敌。因为项梁杀人，与项羽逃奔吴中避难。始皇帝三十七年（公元前210年），秦始皇东游会稽，渡钱塘江，项羽见皇帝气派，欲取而代之，足见项羽自幼胸有大志。二世皇帝元年（公元前209年）九月，项梁杀会稽郡守殷通，自任郡守，以项羽为裨将，收吴中及下县兵，得八千人，起兵反秦。陈胜战败之后，其部将广陵召平矫陈胜之命，拜项梁为楚上柱国，令其引兵西上，迎击秦军。项梁率兵八千人渡江西上，恰逢东阳少年杀县令，推故令史陈婴为长，众至二万人。陈婴率众归属项梁。项梁渡过淮河，英布、朴将军也以兵归属，众至六七万人，驻军下邳。章邯大军进至栗，项梁派朱鸡石、余樊君迎战，余樊君战死，朱鸡石败退胡陵。项梁杀朱鸡石，引兵至薛。二世皇帝二年（公元前208年）六月，项梁得知陈胜已死，在薛召集众将议事，刘邦也前去赴会。范增说服项梁立楚怀王子孙心为楚怀王，项梁自号武信君。从此，项梁继承陈胜未竟事业，增强亡秦必楚的信心，统领全局，反抗秦朝。

　　刘邦，生于沛丰邑中阳里，曾服役咸阳。单父人吕公，敬重刘邦相貌，将女儿吕雉许配刘邦，即汉朝吕后。刘邦身为亭长，押送刑徒至骊山。路上徒多逃亡，行至丰西泽中，刘邦放走刑徒，其中有十余人愿追随于他，刘邦发展反秦势力，不断壮大。陈胜、吴广起义，各地纷起响应，郡县多杀长吏（地位较高的县级官吏）以应陈胜。沛令在萧何、曹参建议下，派樊哙召回刘邦。但刘邦回沛，沛令又悔，拒刘邦于城外，并欲杀萧何、樊哙。萧何、曹参投奔刘邦。沛人杀其令，大开城门，迎接刘邦。刘邦立为沛公，萧何、曹参、樊哙召集沛县子弟，得三千人，起兵反秦。不久，刘邦攻杀泗川守壮，令雍齿守丰。后雍齿叛归魏，刘邦引兵攻雍齿，不敌，率众从秦嘉，欲借兵攻雍齿。恰逢秦将章邯至砀东，秦嘉率刘邦与章邯交战，不利。后项梁攻杀秦嘉，驻兵于薛。刘邦率百余骑投奔项梁。项梁派刘邦将兵五千人，还军攻丰，雍齿战败，溃逃奔魏。

　　秦将章邯攻打临济，齐王田儋战死，其弟田荣逃奔东阿。章邯围攻东阿，项梁派遣项羽、刘邦援救田荣，在濮阳东大败秦军，攻占城阳。之后转攻定陶，久攻不下。项羽、刘邦又西攻雍丘，大败秦军，诛杀三川守李由，其父李斯因此向二世胡亥上书，企图开脱罪责。项梁率军抵达定陶，打败章邯。从此，项梁开始骄傲轻敌。九月，章邯突袭，大败楚军，项梁被杀。项羽、刘邦听说项梁战死，决定缩短战线，集中兵力，避开秦军主力，与吕臣军队从陈留东撤至彭城，吕臣军驻彭城东，项羽军驻彭城西，刘邦军驻砀，三面成犄角之势，互相策应。之后，楚怀王迁都彭城，以吕臣为司徒，封项羽为长安侯，号为鲁公，以刘邦为砀郡长，封武安侯。起义军暂时摆脱秦军追击，保存有生力量，等待更大的进攻。

二世皇帝二年（公元前208年）九月，章邯击杀项梁之后，骄傲轻敌，以为楚兵已经不足为忧，便渡河击赵，同年十月，赵将李良投降，章邯攻占邯郸。赵王歇、丞相张耳退守巨鹿城，将军陈余驻守巨鹿城北。章邯派王离、涉间围攻巨鹿，自己驻军城南，筑造甬道，连接漳水，直通黄河，可达王离军营，为秦军输送粮草。王离不断急攻巨鹿，巨鹿城内兵少粮尽，寡不敌众。赵歇、张耳困守孤城，危在旦夕，只能四处求救，其中主要是向楚求助。楚军在当时各路诸侯中实力最强，具备救赵条件，且从反秦大局出发，救人于危难之中，可以合楚、赵之力，壮大声势，如若坐视不管，秦灭赵后，必然全力攻楚。所以，权衡利弊之后，楚怀王决定出兵，命宋义为上将军，项羽为次将，范增为末将，北上救赵。然后又派刘邦直捣关中，并约定，先入关者可称王关中。二世皇帝二年（公元前208年）十月，宋义挥师北上，但由于惧怕秦军，行至安阳，宋义便畏缩不前，坐观秦、赵战斗。项羽一再催促宋义进军，宋义不听，拖延时间，消耗军粮，将士食粮短缺，天寒地冻，军心不稳。项羽非常气愤，认为国家安危，在此一举。宋义仍然无动于衷，还下令如有擅自行动不服指挥者斩首。宋义不但没有救赵击秦，反而成为进军巨鹿的障碍，对于这种贻误军机、擅离职守、徇私贪鄙、不恤士卒的行为，项羽感到极大义愤，终于忍无可忍，在大军停滞46天后，在晨朝上将军之时，斩杀宋义。军中将士对宋义早已不满，于是共推项羽为假上将军。项羽派桓楚回报楚怀王，楚怀王无可奈何，只得承认既成事实，拜项羽为上将军，当阳君、蒲将军皆由项羽统领。项羽威震楚国，名闻诸侯，实力大增。

二世皇帝二年（公元前208年）十二月，项羽取得军令大权，即刻派当阳君英布和蒲将军率领两万人渡过漳河，援救巨鹿。英布勇猛善战，旗开得胜，采用突然袭击，断绝章邯运粮甬道，切断王离军需补给，灭掉秦军嚣张气焰。但是，秦军虽然陷于被动局面，但巨鹿之围并未解除。陈余再次请求援救，项羽全军抢渡漳河，破釜沉舟，烧毁庐舍，只备三天粮饷，下定决心，必破秦军。项羽率军直扑秦军前沿，包围饥寒交迫的王离部队，连续发起九次攻势，终于大败秦军，苏角被杀，王离被俘，涉间不愿降楚，自焚而死。章邯无奈，引兵退却。其实秦军围攻巨鹿之时，前去救赵的诸侯军队有十余支，但都畏秦不敢出战，作壁上观。唯独项羽楚军骁勇善战，以一当十。打败秦军之后，项羽召见前来援赵的各路诸侯将领，众将领进入辕门，膝行而前，莫敢仰视。从此，诸侯全部归属，项羽成为诸侯上将军，成为公认的反秦领袖。

刘邦、项羽相争

二世皇帝三年（公元前207年）四月，项羽又急攻章邯，章邯节节败退，形势不妙。秦二世危急关头启用章邯，委以重任，但当章邯败退时，却不计前功，怒斥苛责，严厉追究责任。章邯惧怕，派遣长史司马欣到咸阳，本想向二世、赵高奏明战况，请求从轻发落，并派救兵增援。而赵高拒绝接见章邯使者，大有兴师问罪之势，且有不信之心。司马欣惴惴不安，秘奔章邯，禀明赵高独断专权，战胜则嫉妒章邯战功，战败则章邯难免一死。恰逢陈余写信给章邯，劝其策反，倒戈反秦，以免步白起、蒙恬之后尘。正当章邯犹豫不决、动摇不定之时，项羽又再次发起攻势，蒲将军在漳南先败秦军，项羽在汙水之上再败秦军。章邯山穷水尽，进退维谷，不再顽抗，被迫投降。而项羽也是军粮不足，无以为继，于二世皇帝三年（公元前207年）七月，在殷墟接受章邯及其部将司马欣、董翳的投降。巨鹿之战是反秦战争中规模最大的战役，从项羽任上将军渡河北上，到章邯投降，历时九月，消灭秦军全部主力，秦二世赖以反扑的最后力量全部瓦解，导致秦朝彻底崩溃。

因与刘邦有先入关中之约，项羽巨鹿战后，直奔关中。章邯降楚后，项羽立章邯为雍王，并以司马欣为上将军，率领秦军降卒西行入关。大批降卒随军而行，因心有不安，又遭楚兵欺侮，颇有怨言。而项羽不但没有消解矛盾，将秦军降卒收归己用，反而在行至新安时，将二十余万降卒全部坑杀。此举或许初步显露项羽败亡的征兆。而当项羽赶至函谷关时，刘邦已经捷足先登，

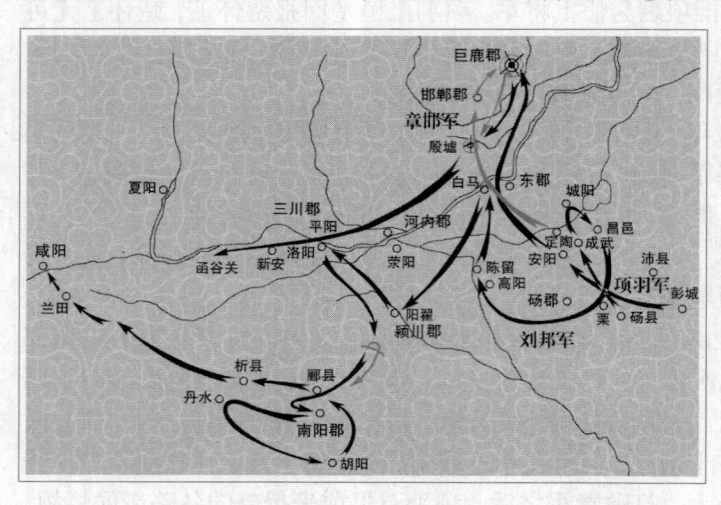

灭秦之战

秦二世三年（公元前207年），项羽遣英布、蒲将军率军率2万人为前锋，渡漳水，隔绝章邯、王离两军联系，断其甬道，使王离军缺粮。之后，命令全军破釜沉舟，决一死战。楚军进至巨鹿城外，即将王离围困。章邯率部往救，项羽挥军迎击，九战九捷，大败秦军。章邯进退无路，投降项羽。巨鹿一战，秦军主力覆灭。刘邦乘项羽在巨鹿（今河北平乡西南）牵制秦军主力、关内空虚之机，绕道南阳郡，经武关（今陕西商南东南）入咸阳，迫使子婴投降，秦亡。

灭亡了摇摇欲坠的秦朝。项羽大怒，破函谷关，进军新丰鸿门，与刘邦霸上之军互相对峙，摆下鸿门宴，想要击杀刘邦。鸿门宴上，项庄舞剑，意在沛公，但被刘邦逃脱。此后，项羽进入咸阳，火烧秦宫，杀秦降王子婴，回军戏下。从此分封诸侯，自立为西楚霸王，封刘邦为汉王，定都彭城。秦朝灭亡以后，楚汉战争继续，项羽、刘邦争夺天下，最后垓下之围，项羽战败，自刎乌江。刘邦胜利，建立汉朝。凡此皆为秦朝灭亡之后话，回头再表秦二世胡亥。

项羽北上救赵的同时，刘邦分道扬镳，西入关中。楚怀王迁都彭城之后，确定了入定关中的战略决策，并与各路将领约定先入关者王之。由于当时秦军主力尚强，各路将领不敢率先入关，只有项羽出于秦军杀害项梁的仇恨，自告奋勇，愿与刘邦一起入关。但楚怀王手下老将认为项羽生性彪悍、为人残暴，不如宽厚仁义的刘邦。于是楚怀王派项羽北上救赵，而派刘邦率军西征。

刘邦接受入关重任，聚集陈胜、项梁散卒，由彭城出发，抵达砀县，又向西北进军，抵达城阳及其临近的杠里，破秦二军。二世皇帝二年（公元前208年）十月，刘邦在成武再破秦东郡尉，引兵至栗，夺取刚武侯四千军将，收编魏将皇欣、武满部队，合力大破秦军。二世皇帝三年（公元前207年）二月，刘邦攻占昌邑，与彭越军队会合。又西取高阳，接受儒生郦食其的建议，袭击陈留，获得秦朝大量积粟。又争取郦食其之弟郦商部卒四千人的归附。刘邦为鼓舞士气，嘉奖郦氏兄弟，以郦食其为广野君，郦商为将，率领陈留兵将，与刘邦一道攻打开封。久攻不下，引军北上，在白马与秦将杨熊大战，在曲遇再战，杨熊大败，逃至荥阳，被秦二世下令处死。

刘邦战败杨熊，转战颍川、南阳，前后两月，先攻克颍川，又会合张良、韩王成，借用二人兵力，攻占故韩阳翟等十余城。此时，另一路诸侯赵派遣别将司马卬挥师南下，企图抢先渡河入关为王。刘邦北攻平阴、绝河津，阻挡司马卬，赵的企图落空。刘邦又与张良一道向南阳挺进。二世皇帝三年（公元前207年）六月，大军抵达南阳郡治所宛城，刘邦攻城不下，又急于尽快入关，于是引兵绕过宛城，径自西行，加速入关。张良以为秦军兵将据城而守，如果放弃宛城，轻率西进，一旦宛从后击，强秦在前，前后夹击，腹背受敌，难免失败。刘邦听从张良建议，改变计划，命令军队夜间偃旗息鼓，改路迅速折回，天亮之前重新包围宛城。南阳郡守齮身陷重围，走投无路，本想自杀。其舍人亲信陈恢劝他不必自寻短见，应该主动寻找出路。于是，陈恢游说刘邦，劝说刘邦停止攻城，尽早约降，以便扩大影响，早日西行。刘邦允诺，七月，南阳郡守齮投降，刘邦封其为殷侯，封陈恢千户。宛城不战而得，连锁反应极大，其后刘邦西行路上，很多城池主动投降，丹水、胡阳、析、郦相继被刘邦占领。八月，刘邦乘胜进击，一举攻克武关，秦朝关中南大门被攻破，最后一道防线崩溃。

刘邦西征，历时十二个月，最先逼近关中。由于秦军主力集结河北，先后被项羽消灭，刘邦进军途中多为散兵游勇，几乎没有抵抗，所以刘邦能够顺利进军。此时，项羽也已消灭王离、章邯军队，加紧西进，使关中出现南北夹击的态势。

胡亥死，秦朝亡

朝廷外秦朝江山岌岌可危，朝廷之中，赵高却在精心策划一起遗臭万年的闹剧。二世皇帝三年（公元前207年）八月，朝会之上，赵高将一只鹿献给胡亥，并说这是一匹好马。胡亥哑然失笑，说赵高在开玩笑，这明明是只鹿。而赵高仍然坚持说是马，并让在场大臣指认。许多大臣惧怕赵高，便随声附和说是马。其他人有的说是鹿，有的装聋作哑。事后，赵高便根据大臣们的不同说法区别对待：说是鹿的人一律借口处死，说是马的人则成为自己的党羽。此后，无人再敢违背赵高意愿，更无人敢向胡亥奏报真情。

指鹿为马事件之后，胡亥迷惑不解，以为自己得了迷惑病，叫太卜掐算，太卜胡掐说是因为他祭祀时斋戒不好，胡亥便到上林苑重新斋戒，开始还能坚持，不久又重新享乐。后来，胡亥将误入苑中的人当场射死，赵高知道后又借题发挥，先是让其女婿阎乐上奏，不知谁杀了人，将尸首扔入苑中。然后赵高又装模作样地对胡亥说，因为皇帝是天子，所以射死无罪之人要受上天惩罚，同时鬼神也会奉命降灾。胡亥非常害怕，赵高趁机叫他到别处行宫去暂时躲避，胡亥照办，赵高在朝中更是权势熏天。

但是，反秦斗争的熊熊烈火即将烧入关中，各路诸侯全都进军逼近，赵高惶恐不安。二世胡亥派使者让赵高发兵抵御强敌，赵高自知大难临头，难以为继，暗中与其女婿咸阳令阎乐和其弟赵成密谋，决定杀死昏愦无能的胡亥，和刘邦谈判。八月的一天夜间，赵高派守卫宫殿的郎中令赵盛为内应，又派女婿率领党羽一千余人，假称皇宫内将有变乱，突然冲入胡亥所在的望夷宫。赵高弟、郎中令则作为内应，将阎乐引进内殿。阎乐向殿内射箭示威，箭矢竟然射入胡亥坐帐，胡亥惊恐，大声呼叫侍卫护驾。但侍卫见有兵变，纷纷逃散。胡亥只好转身逃入卧室，回头见有一个太监跟随其后，厉声斥责他为何不早先奏告臣下谋反。太监如实禀报，如果早奏告陛下，就无法活到今日。可见胡亥一直蒙在鼓里，昏庸透顶。阎乐追进卧室，斥责胡亥骄恣无道，滥杀无辜，众叛亲离，逼其自杀。胡亥追问阎乐来历，阎乐直言不讳，是丞相赵高所派。胡亥要求面见赵高，阎乐不许。胡亥叹息，无计可施，表示愿意退位，但希望能得一郡为王，阎乐不准。胡亥讨价还价，表示愿意做万户侯，阎乐还是不准。胡亥无可奈何，为求保命，哀求阎乐，希望丞相能够放他一条生路，甘做平民百姓，阎乐不耐其烦，催促胡亥自行了断，并喝令兵士动手，胡亥自知生还无望，拔剑自刎。至此，秦二世胡亥命归黄泉，但他并非死于刘邦、项羽之手，而是死于最为宠信的赵高之阴谋。秦朝江山垂死挣扎，改朝换代，指日可待。

弑君作乱、大逆不道的赵高，逼死胡亥之后，九月，立胡亥兄子子婴为秦王，派人与刘邦联系，希望和刘邦在关中分土称王。刘邦十万大军逼近咸阳，不费吹灰之力，便可攻取咸阳。加之赵高胡作非为，天下人人得而诛之，刘邦断然拒绝赵高的要求，赵高的缓兵之计落空。秦王子婴深知赵高居心叵测，阴险毒辣，听说他想诛灭秦朝宗室，称王关中，就与二子合谋，于斋宫刺杀赵高，夷灭三族以徇咸阳。同时，秦王子婴又派军队加强防守，企图抵挡刘邦攻势。刘邦采用张良计谋，一方面在峣关周围山上张起刘邦军队战旗，遍置疑兵，给秦军制造已被包围的假象。另一方面又派郦食其、陆贾前去劝说峣关秦军守将，以功名利禄引诱他们答应归降连和，放松戎备。刘邦大军趁秦军懈怠，引兵绕过峣关，从背面反击，断其退路，在蓝田南大破秦军。又进军蓝田，再次大败秦军。至此，秦朝最后的抵抗力量被彻底消灭，只剩下孤城咸阳以及朝廷待死的躯壳。

汉元年（公元前206年）十月，刘邦大军进驻霸上，向秦王子婴发出约降的最后通牒。即位仅仅46天的子婴，形影相吊，无力抵抗，最后素车白马，项系皇帝印玺符节，亲至枳道亭旁向刘邦投降。秦王朝的历史至此彻底终结，赵高谋害二世，刘邦灭亡秦朝。

胡亥死时年仅23岁，在位仅仅3年，以黔首礼葬于杜南宜春苑。秦始皇嬴政并吞六国，建立秦朝，定都咸阳，一代伟业。可惜仅承二世，国祚十五年，传之万代以至无穷的梦想化为泡影。秦二世是秦朝的第二个皇帝，也是最后一个，作为中国历史上第一个大一统王朝的亡国之君，胡亥的反面历史影响不在秦始皇之下。强秦速亡，滥用民力，残暴统治，成为后世王朝深以为鉴的反面典型。由于秦朝维护君主绝对权威，严禁臣下评论君主，因此，皇帝既无谥号，又无庙号。如此秦二世，如此年少，如此了结，实在荒唐，荒唐。

东汉末年群雄割据示意图

匈奴

袁绍

杨秋 马腾

长安

官渡

曹操

汉中 张鲁

益州 刘璋

隆中

荆州

刘表

江夏

汉献帝·刘协

公元181—234年

汉有天下四百年。提起东汉王朝的末代君主汉献帝刘协，最广为人知的莫过于『挟天子以令诸侯』了，还有更为知名的曹操。此时的东汉朝廷，日薄西山、名存实亡。此时的汉献帝，一生郁郁难舒，空有皇帝之号，却负亡国之名。

公孙度

渤海

东　海

吴郡

孙策

生于乱世　偶失帝位

　　东汉后期外戚与宦官干政专权,引起清流士人的反对,尤其是反对宦官,招致"党锢之祸",士人对朝廷的理想彻底幻灭。汉灵帝中平元年(公元184年),黄巾起义爆发,如同狂风暴雨。朝廷颁布赦令,赦免因反对宦官而被禁锢的士人和官吏,希冀团结内部力量,共同对付起义军。灵帝何皇后之兄何进被任命为大将军,负责京师洛阳防务。并派遣皇甫嵩、朱俊、卢植等镇压今河南、河北等地的起义军。与此同时,地方大族纷纷招兵买马,修筑坞壁,组织武装。黄巾军英勇有余,经验不足,在强大的军事压力下,很快被镇压下去。

　　黄巾主力被镇压,但余部仍散布于青、徐、并、幽等州,继续反抗。朝廷疲于应付,分身乏术,不得不加强地方各州刺史的职权,使其兼管军政财赋。在反抗势力强大的州郡,派遣朝廷重臣出任州牧,联络地方大族武装,这样,无形中加强了地方的独立性,内重外轻,为以后的天下大乱、群雄竞起埋下了伏笔。

　　中平六年(公元189年)四月,汉灵帝刘宏崩。汉灵帝长子刘辩,次子刘协。刘辩生母何皇后,刘协生母王美人。何皇后与王美人均受宠于汉灵帝,何皇后妒忌王美人,所以王美人生下刘协之后,因担心被何皇后迫害,便将刘协交给汉灵帝生母董太后亲自抚养。不久,王美人果真被何皇后下毒杀害,刘协少年丧母。汉灵帝在群臣请求册封太子之时,认为长子刘辩为人轻佻,生性懦弱,缺乏威仪,欲

西邸鬻爵

　　汉灵帝在位期间,宠信宦官,生活荒淫,聚敛无度,政治腐败达到极点。为了搜刮钱财,他在西邸开了一间店铺,公开叫卖官职爵位,并且在鸿都门外张贴榜文,标出买官的价格,县令长还按县土地丰瘠各有定价,一时付不起钱的可以赊账,上任后加倍付款。如此明码标价卖官,在历史上实属少有,灵帝的昏庸也可见一斑。此图出自《帝鉴图说》。

立刘协,但碍于何皇后及大将军何进,一直犹豫不决,没有下文。不久,汉灵帝病重,把刘协托付给宦官蹇硕。汉灵帝驾崩后,何皇后与董太后争权,董太后被逼死。继承人的问题引起宦官和外戚两大集团的极大关注。身为汉灵帝西园八校尉之首的上军校尉蹇硕,虽统领禁军,但身为宦官,他写信给宦官赵忠、宋典,建议先杀何进,然后立刘协为帝。不料消息败露,计划失败。宦官郭胜亲何皇后,他同赵忠商议后,向何皇后告密,何进先发制人,捕杀蹇硕。何皇后立她年仅十四岁的儿子刘辩为帝,改元"光熹",史称少帝。在这场最高权力的角逐中,刘协以失败告终,时年八岁。

少帝刘辩继位,生母何太后临朝听政,舅父大将军何进执掌朝政大权,外戚与宦官的矛盾再度激化,引发朝廷内部又一次的流血斗争。中平六年八月,出身屠户的大将军何进听从中军校尉袁绍的建议,召并州牧董卓带兵入京,协助太后、皇帝,杀尽宦官。但因行事不慎,消息泄露,宦官张让、段珪等趁何进入宫见何太后之机,埋伏门外,袭杀何进。都城洛阳一片混乱。何进部将吴匡、张璋等闻信,与中军校尉袁绍和虎贲中郎将袁术起兵,攻入宫中,大杀宦官2000多人,持续百余年的外戚、宦官之争至此以惨剧收场。东汉后期的皇权与宦官相生相息,宦官集团的诛灭,并未巩固皇权,反而使皇权无所倚靠,土崩瓦解。

宫中混战之隙,少帝刘辩与其弟陈留王刘协出逃,在城外偶遇应何进之召领兵前来京城的董卓。这一偶遇,可谓峰回路转,前途未卜。

遭遇董卓　傀儡之帝

　　董卓，陇西临洮（今陕西岷县）人，其父曾为颍川轮氏县尉。董卓少时尝游羌中，结识诸方豪帅。其膂力过人，左右驰射，以健侠知名。董卓先为凉州兵马掾。东汉后期，羌人起兵反汉，董卓以六郡良家子为羽林郎，镇压羌人，因功官至并州刺史、河东太守。中平元年（公元184年），黄巾起义爆发，朝廷以董卓为东中郎将，取代卢植，后因兵败免官。同年冬，他又与皇甫嵩、张温等赴凉州镇压北宫伯玉、李文侯、边章、韩遂等羌人作乱。董卓长期带兵作战，逐渐骄纵跋扈，不服中央。朝廷曾试图解除其兵权，调回中央担任少府，但董卓上书抗命，朝廷无计可施。中平六年（公元189年），朝廷调其为并州牧，交兵权于皇甫嵩，董卓再次抗命。当何进召他将兵进京协助诛杀宦官之时，郑泰认为"董卓强忍寡义，志欲无厌，若借之朝政，授以大事，将恣凶欲，必危朝廷"（《后汉书·郑泰传》），但何进未予采纳。何进被杀、宦官被灭之后，董卓恰好带兵赶到，正可谓引狼入室，铸成大错。

　　汉少帝刘辩是毫无才能的纨绔少年，相形之下，其弟刘协则精明能干得多。宫中混战，张让、段珪等人挟刘辩、刘协等数十人步行出洛阳北门，夜至小平津，朝中大臣只有尚书卢植、河南中部掾闵贡随行。至黄河岸边，闵贡厉声斥责张让等，张让惶恐投河而死。闵贡等扶持惊魂未定的少帝兄弟，夜间追随萤火微光徒步南行还宫。途中连板车、马都要从当地农家索要，可谓狼狈之极。正仓皇间，遇见董卓大军兵强马悍，剑戟森森。此时，董卓

董　卓

　　董卓，字仲颖，陇西临洮人，早年为汉将，在西方平定少数民族叛乱，后来又参加讨伐黄巾起义，数次兵败，却依然升为前将军，掌管重兵。董卓拥兵自重，驻兵于河东，不肯接受朝廷的征召而放弃兵权，正逢京都大乱，何进被杀，董卓趁机进京，控制了中央政权。之后董卓废汉少帝，立汉献帝，关东诸侯联盟讨伐董卓，董卓放弃洛阳，移都长安。董卓生性残虐，当权后横征暴敛，激起了民愤，最后被王允和吕布谋杀。

已经抵达洛阳,与公卿大臣在北邙阪下迎候少帝一行。董卓看出他们的来历,故意要在皇帝面前抖威风,高声喝问:"你们是什么人?"少帝刘辩吓得双股战栗,口不能言。董卓本是野蛮之人,见状更加得意,再次厉声道:"怎么不说话!"面对凶焰滔天的董卓,少帝刘辩手下的内侍、太监和一众文官没人敢出口大气,只怕稍有闪失,惹来杀身之祸。此时,刘协挺身而出道:"你是来劫驾,还是来救驾?"董卓见是一个小孩,不由一愣道:"当然是来救驾。"刘协高声道:"既然是来救驾,为何见了圣上不跪!"遂指少帝刘辩说:"这就是当今天子,你还不下跪!"刘协这么一说,董卓再要抖威风就说不过去了,连忙翻身下马,高呼万岁受惊。当时的刘协才九岁,能以稚龄之年临阵不乱,实属胆识过人。董卓问及祸乱缘起,小皇帝刘辩语无伦次,而刘协却答得有条有理,从始至终,毫无遗漏。这次遭遇,既是刘协初次崭露其聪颖镇定之时,又是他受控于人的悲惨命运的转折点。董卓见刘辩无能,刘协贤能,且又是由董太后托养长大,董卓自认为与董太后同族,于是心生废立之意。机缘巧合,回到洛阳以后,中平六年(公元189年)九月,董卓终于废黜少帝刘辩,贬封弘农王,立刘协为帝,改元"永汉",是为汉献帝。

　　实际上董太后为冀州河间人,董卓为凉州临洮人,相距甚远,无缘同族。董卓借与董太后同族,操纵皇帝废立,增强自己的权威。因此他以刘协比少帝聪慧贤明为由改立刘协,作为自己的傀儡。董卓把持朝政,威扈一时,赶走反对他废立的袁绍,杀死少帝生母何太后,又免了司空刘弘,自任司空,执掌军政大权,横行天下。董卓的凉州兵,由羌人、胡人和汉人混编而成,由惯于掠夺财物的羌胡豪帅和汉族豪强率领,破坏性极大。董卓经常放兵抢劫财物、掳掠妇女,洛阳内外一片恐慌。

　　士人在东汉后期政治进程中扮演着重要的角色,反对宦官专权,具有雄厚的社会基础。因此,董卓虽为粗暴武夫,但尚知极力拉拢士人的重要,曾征用名士蔡邕、处士荀爽等。对于其他有影响的人物,董卓也尽力笼络,派韩馥为冀州牧,刘岱为兖州刺史,孙伷为豫州刺史,张邈为陈留太守。但是,董卓的专横跋扈使得士人不肯与其真诚合作,袁绍、袁术、曹操等均从洛阳出逃,积极反对董卓。

　　袁绍,汝南汝阳人,世代显赫,四世三公,门生故吏遍天下。汉灵帝为加强京师防卫,建立西园八校尉时,宦官蹇硕为上军校尉,统率其他七校尉,袁绍为中军校尉,即副统帅,曹操为典军校尉。大将军何进欲诛宦官,任命袁绍为司隶校尉,袁绍从弟袁术为虎贲中郎将,统率一部分禁卫军。何进被张让等诱杀后,袁绍、袁术与何进部将诛杀宦官。因此,在何进被杀而董卓未到之间的洛阳朝廷,袁绍最有实力。董卓到达后,凭借强大的武力,高居群臣之上。但当董卓提出废黜少帝时,袁绍首先反对。董卓因为刚刚抵京，不敢加害袁绍。袁绍也惧怕董卓，私自逃奔冀州。董卓先是下令缉拿袁绍，后来又害怕袁绍在东方联合其他地方势力反对自己，不得已任命袁绍为渤海太守。袁绍从弟袁术与曹操尚在京师，董卓以袁术为后将军，曹操为骁骑校尉。但是袁术与曹操都不愿与董卓合作，后来袁术奔南阳，曹操走陈留。

袁绍反对董卓废少帝立献帝，所以一开始就与献帝产生矛盾。此后，袁绍经常声称献帝是董卓掌中的傀儡，还一再写信给袁术说献帝并非灵帝之子。袁绍倡议另立新帝，与韩馥联名欲立幽州牧宗室刘虞为帝，袁绍还给袁术写信，希望他能支持，而袁术阴谋自己称帝，反对拥立刘虞。袁绍希望能借此成为首辅，独揽大权，但由于刘虞坚决拒绝而未果。

初平元年（公元190年）初，关东州郡起兵讨伐董卓，推举渤海太守袁绍为盟主。袁绍自号车骑将军，与河内太守王匡屯于河内，曹操屯酸枣，袁术屯鲁阳，邺、颍川等地也有屯军，多者数万，少者数千。

董卓镇压黄巾余部失利，加之关东联军声讨，所以想要退回关西老巢。初平元年（公元190年）正月，董卓又将已被废为弘农王的少帝刘辩毒死。董卓的残酷暴行，愚蠢蛮干，激起公愤，加之废帝弑后授人口实，各地起兵讨伐的呼声日渐高涨。董卓自知不敌，接受女婿李儒的建议，决定迁都长安。公卿大臣极力反对，董卓怨恨自己封拜的东方州郡官吏背叛自己，大臣又反对迁都，十分恼怒，杀害替袁绍说话的伍琼、周珌，免去杨彪、黄琬三公之职，征召屯兵扶风的左将军皇甫嵩回朝，防备他与东方联军夹击自己。皇甫嵩兵力不足，应征回朝，洛阳以西无人能够反抗董卓。

初平元年（公元190年）二月，董卓强令献帝及群臣西行前往长安，行前对京师洛阳进行一次大洗劫：将贵戚富家财产收归己有，放任士兵抢劫财物，奸淫妇女，称为"搜牢"；又放火尽烧宫庙、官府、房舍，洛阳二百里内房屋荡尽，鸡犬不留，一片焦土，大批典籍、图册、文物被毁；更令人发指的是，他借何皇后下葬之机，开掘汉灵帝文陵及其他汉室帝王陵墓，收取墓中珍宝。此外，还有奸乱公主、妻掠宫女等荒淫之事。迁都事重，世事混乱，

蔡邕

蔡邕（公元132—192年），东汉文学家、书法家。字伯喈，陈留圉（今河南杞县南）人。灵帝时召拜郎中，校书于东观，迁议郎，曾因弹劾宦官流放朔方。献帝时董卓强迫他出仕为侍御史，官左中郎将。董卓被诛后，为王允所捕，死于狱中。蔡邕通达经史，善辞赋，书法造诣也很高，尤以隶书造诣最深，名望最高，有"蔡邕书骨气洞达，爽爽有神力"的评价。

洛阳城内外数百万百姓背井离乡，颠沛流离，饥病交迫，死亡相继，积尸潢路。一路之上，少年皇帝刘协所见所闻，定会刻骨铭心。经过一番磨难，刘协得以迅速地成长和成熟起来。

此间，在袁绍以勤王为旗号的阵营中，大多数将领缺乏战斗经验和韬略，外慕勤王美名，内实胆怯畏敌。陈留太守张邈"东平长者，坐不窥堂"（《三国志·魏书·郑浑传》），豫州刺史孙伷"清谈高论，嘘枯吹生"（《后汉书·郑泰传》），冀州牧韩馥本系怯懦庸才，青州刺史焦和"入见其清谈干云，出则浑乱，命不可知"（《三国志·魏书·臧洪传》），如此将领，难胜大任。袁家累世公卿，而山阳太守袁遗学识渊博，却无军旅之才；后将军袁术狂妄骄奢，无甚才干。袁绍众望所归，但身为盟主，既不能部署诸将，给董卓以有效打击，又未曾亲赴战场，只图占领地盘，扩充实力。所以袁绍的阵营对董卓作战，萎缩不前，却积极自相兼并，内讧渐起。尤其是董卓西去长安之后，关东联军无复西顾之忧，互相兼并，愈演愈烈。

关东诸将的内讧，极大地助长了董卓的嚣张气焰。董卓自为太师，号曰"尚父"，高居诸王之上，抵达长安，公卿迎拜，董卓竟不还礼。其车骑装饰华丽之极，同于天子御驾。董卓以其弟董旻为左将军，兄子董璜为侍中、中军校尉，分别统率军队。董卓的宗族亲戚，均盘踞要津。董卓府第在长安城东，尚书[1]以下官员处理政务均要到卓府请示。董卓还修筑与长安城等高的"万岁坞"，多积粮谷，够三十年之食。董卓残忍嗜杀，大臣讲话稍不合意，便遭诛戮。朝野上下众叛亲离，人心惶惶。

朝中大臣唯有王允得到董卓倚重。王允，并州祁县人。董卓入洛阳，王允时为河南尹，董卓以王允为守尚书令。初平元年（公元190年），董卓又进王允为司徒，仍领尚书事。献帝西迁，董卓留镇洛阳期间，长安朝政全由王允主持。王允对董卓假装尊重，博取信任，以致献帝刘协及众多朝中大臣都要靠王允庇护。暗中，王允正在密谋诛杀董卓的计划，最终借吕布之手达成目的。

吕布，并州五原（今内蒙古包头西北）人，初为并州刺史丁原手下的亲信将领。汉灵帝崩，大将军何进召董卓、丁原进京，董卓一心独掌兵权，引诱吕布杀死丁原，并吞丁原手下兵马。吕布号称"飞将"，董卓对其颇为宠信，视为其子，令吕布护卫左右，以防怨己者刺杀。但吕布与董卓隐

[1] 汉昭帝时期，君主年幼，由外戚霍光代行天子事，以"领尚书事"的名义控取着尚书，意思就是兼管尚书，汉代领尚书事始于此，以后凡当权重臣都援此先例而领尚书事。西汉时除领尚书事外，还有省尚书事、视尚书事，又有称平尚书事者，意思大致都是参与尚书事务。领尚书事多为皇帝心腹近臣。东汉从章帝时开始有录尚书事，职权与"领尚书事"相似，录尚书事者多为太尉或太傅。东汉晚期，除太尉外，司徒、司空也可录尚书事。

有怨恨，因董卓曾以手戟掷吕布，且吕布与董卓侍婢私通，心不自安。王允与吕布同为并州人，着意笼络吕布，劝其除掉董卓，建立奇功。初平三年（公元192年）四月，献帝刘协有疾初愈，群臣朝贺于未央宫，董卓乘车入朝，途中步骑夹道，戒备森严。吕布使同郡骑都尉李肃率亲信勇士十余人，伪装卫士，在北掖门内等候。董卓入门，勇士一拥而上，李肃挺戟刺之，董卓内披铠甲，不能刺入，伤臂坠车，大声呼喊："吕布何在，快来救我！"吕布应声喝道："有诏讨贼臣！"董卓大骂："庸狗，敢如是邪！"吕布用矛刺杀董卓，命令士兵斩其首。吕布从怀中取出诏书命令官吏士兵，此举只为诏讨卓耳，其余人等概不问罪。众人高呼万岁。长安百姓歌舞载道，王允命皇甫嵩攻董卓弟董旻，杀董卓母妻宗族。

到达长安后，献帝刘协在董卓专权的日子里战战兢兢地生活了两年，直到董卓被杀，其傀儡皇帝生涯才暂告一段落。

九州纷乱　难抒方略

然而，董卓虽诛，但东汉王朝已经瓦解，已无起死回生之力。黄巾军在各地暴动，地方豪强为镇压起义和讨伐董卓，纷纷起兵，结果形成各地军阀割据混战的天下大乱局面。本来诛杀董卓，可以挽大厦之将倾，但在此关键时刻，身系朝廷安危的王允，却缺乏足够的应变能力，先是惧怕董卓，屈身奉承，除掉董卓之后，以为安枕无忧，居功自傲，对朝臣不再和颜悦色，因此臣僚对他也不再亲附。王允轻视吕布，以剑客视之，吕布自恃功高，嫌王允轻视自己，于是二人不和。蔡邕听说董卓被杀，只在王允面前有叹息之音，王允就将其视为董卓同党，收捕入狱，虽然蔡邕认罪，群臣相救，都无济于事，最终蔡邕死于狱中。蔡邕被杀，原董卓部下异常惊恐。王允低估了董卓所属凉州将士的实力，没有及时妥善安置，而"悉诛凉州人"的传言却已在凉州广泛散布。凉州将领拥兵自守，直指王允。原先董卓女婿牛辅领重兵屯陕县，曾经派遣校尉李傕、郭汜、张济等率步骑数万往中牟击朱俊。当吕布派李肃持诏书来杀牛辅时，李傕等尚未归还。凉州兵力甚强，牛辅轻易就击败李肃，但牛辅还是因胆怯出奔，途中被部下所杀。虽打胜仗，却出此闹剧，实在可悲。

牛辅死后，李傕等才返回陕县，因群龙无首，异常惊恐，于是派人到长安请求大赦。王允不许。李傕等更加恐惧，甚至想各自解散，回归乡里。后有凉州武威人贾诩献计，李傕、郭汜相与结盟，率军数千，前往长安。临近长安时以拥兵十余万，围攻长安。吕布军中叟兵叛变，引敌入城，吕布战败，出奔关东。初平三年（公元192年）六月，李傕、郭汜等攻入长安，诛杀执政大臣王允，纵兵大掠，死者数万。至此，汉献帝又成为李、郭二人控制的傀儡。

汉献帝刘协刚刚摆脱董卓，又落入李、郭之手，来去匆匆，不由自主，一切听命于人。作为国家最高权力象征的皇帝，不但没有一展治国之策的机会，复兴汉室的梦想更是无从谈起。两年来一直危机重重，朝不保夕，随时都有丧命的危险。困境之中，汉献帝刘协逐渐成熟，少年睿智的他利用一切机会向世人展示自己这位大汉天子的才华和个性。兴平元年（公元194年），长安出现饥荒，一斛谷居然卖到五十万钱，一斛豆麦二十万钱,百姓苦不堪言,甚至出现人吃人的现象。汉献帝刘协下令开仓赈济,并委任侍御史侯汶负责处理。但灾情并未丝毫改善,刘协怀疑侯汶贪污,竟然亲自于御前量试做糜,并证实发放中确有克扣,于是下诏杖责侯汶五十板,重新派人进行赈灾工作,终于缓解了灾情,也给朝中大臣们留下深刻印象。此时,刘协年仅十四岁。

李傕、郭汜掌握朝政,李傕为车骑将军,领司隶校尉;郭汜为后将军;樊稠为右将军;张济为镇东将军。李傕、郭汜、樊稠坐镇长安,张济出屯弘农,同时又封贾诩为尚书。此外,应董卓之邀来长安共同对付山东的韩遂被封为镇西将军,遣还金城;马腾为征西将军。兴平元年(公元194年)二月,马腾、韩遂因私怨攻李傕,李傕派樊稠、郭汜及兄子李利击马腾、韩遂,马、韩败还凉州。樊稠、李利追至陈仓,韩遂和樊稠接马交臂而语,言及同为凉州人,且所争者为王家事,善语而别。李利回去报告李傕,李傕开始猜忌樊稠,但表面上仍令郭汜及樊稠开府,与三公合为六府,皆典选举。李傕、郭汜、樊稠竞相选用自己人,如有违意旨,便愤然发怒,主管官吏只好按排队顺序录用,先从李傕起,然后郭汜、樊稠次之。而三公所举,都不得录用。因为李傕等人争权夺利,互相不和,致使长安城内盗贼横行,白日掳掠,李傕等分城而守,还是不能禁止,有时李傕等人的子弟还带头侵暴百姓,秩序异常混乱。

李傕经常宴请郭汜,有时还留郭汜住宿,郭汜之妻恐怕他爱上李傕家中婢妾,想要离间李傕和郭汜二人。一次李傕送食物给郭汜,郭汜妻掺入黑豆豉,说食物中有毒,并挑拨说是李傕故意为之。兴平二年(公元195年)三月,郭汜攻打李傕,兵戎相见,发生内讧。二人争相迎献帝至其营,李傕抢先得到献帝,手下兵士入殿中掠夺宫女、财物,李傕将宫中金帛移至其营,还放火焚烧宫殿、官府、民房。郭汜落后一步,但也不甘示弱,劫留公卿大臣。大司农朱俊愤懑而死,太尉杨彪险些被郭汜杀害。李傕更加阴险,召羌胡数千人,以宫中御物、金帛赂之,并许以宫人、妇女,想要利用他们攻打郭汜。郭汜与李傕党羽中郎将张苞等密谋攻打李傕,夜间弓箭竟然射到献帝的营帐中,射穿李傕左耳。李傕匆忙又将献帝转移到他的北坞,只有伏皇后、宋贵人跟随。李傕自为大司马,与郭汜交战数月,数万人丧命。混战之中,皇帝如同玩偶,身边大臣渐行渐稀,成为真正的孤家寡人。

刘协又一次被挟持,随李傕颠沛流离长达一年多,不但毫无皇帝威严,就连最基本的生活都得不到保障。随行朝中大臣常常数日吃不到饭,尚书郎以下的官员还要亲自出城去采野谷充饥,有的甚至因没有找到粮食而饿死,可谓处境凄惨。有一段时间,刘协就住在以荆棘为篱笆的房子中、连窗、门都无法关上，群臣议事，也只能借茅舍作为朝堂，士兵们站在篱笆上观看，相互拥挤取笑，朝仪朝威荡然无存。一次，刘协向李傕索要五斗米、五具牛骨，竟遭到拒绝，最后李傕只派人送来了五具臭牛骨。如此大逆不道之举，引起刘协的强烈不满，本欲与之理论，后在侍中杨琦的劝说下作罢。李傕、郭汜停战以后，献帝欲驾幸弘农（今山西芮城东南），郭汜偏偏不理睬，刘协悲愤得一整天不吃饭，以示抗议。

种种屈辱终于让这个少年皇帝按捺不住心中的愤怒，用绝食来表达心中的愤懑。面对残酷的现实，汉献帝刘协长大了。他在等待时机，摆脱目前的困境。作为一个有名无实的皇帝，他比任何人都渴望得到应有的尊严和权力。在此期间，刘协曾以吕布为平东将军，封平陶侯，这个举动看似令人费解，其实另有深意：在刘协心中，吕布曾经诛杀董卓，是朝廷忠臣，刘协极有可能是想利用吕布的力量摆脱目前窘境，恢复皇权威严。可惜吕布当时自身难保，最终只能作罢。由此不难发现，刘协虽然年轻，但已经具备一定的政治头脑和理想，并且开始逐步付诸行动。

军阀混战中，刘协犹如一叶扁舟，漂来荡去，不能自主，能不倾覆，已属万幸。屯驻弘农的张济得知李傕、郭汜交战，特来和解。张济想将皇帝转移到弘农，献帝刘协也想回到旧日京城，所以派遣使者请求李傕允许东归，往返十次，才得到准许。李傕出屯曹阳，张济为骠骑将军，复还屯陕，郭汜为车骑将军，杨定为后将军，杨奉为义兴将军，董承为安集将军。返京途中颇费周折，郭汜又想劫持献帝，因杨定、杨奉、董承反对而未果，郭汜弃军还奔李傕。行至华阴，宁辑将军段煨为皇帝提供衣物及公卿以下的物质储备，并请献帝至其营。后将军杨定诬蔑段煨图谋造反，进攻段煨营地十余日不下。而段煨不但为献帝提供膳食，还为百官提供钱物，始终毫无二心。

天子东归，李傕、郭汜又开始后悔，听说杨定攻打段

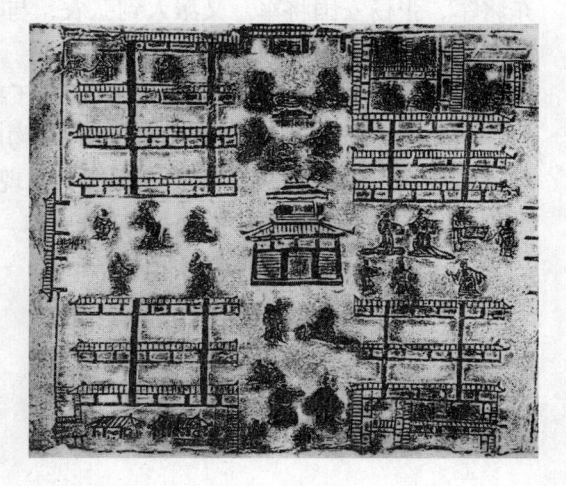

市井图　画像砖　东汉

中国古代社会集中进行商业活动的场所，称"市井"。在古代的市场中设有"肆"，呈整齐的行列式布局，各类货物陈列在肆中出售。储存货物的仓库，称为"店"。图为迄今发现最早的东汉时期市井图，年代约为公元25—220年。

煨,一同前来援救,意图再次劫持献帝西返。郭汜竟击杨定,杨定亡奔荆州。张济与杨奉、董承不和,又同李傕、郭汜一起追赶皇帝车队,在弘农东涧激战,杨奉、董承大败,百官士卒死者不可胜数。于是不得不放弃妇女、辎重、御物、符策、典籍,所剩无几。献帝露宿曹阳而不得前行。杨奉、董承召白波帅及南匈奴右贤王,率众数千骑,共同攻击李傕,李傕等大败。献帝御驾才得以继续行进。杨奉、董承等前后护卫,李傕等又来进攻,杨奉等大败,死者比东涧战斗还要多。杨奉等且战且走,历尽艰辛,才抵达陕(今河南三门峡),结营自守。

天子御驾,残破不堪,虎贲、羽林不足百人,李傕、郭汜兵士又围绕营地奔走呼叫,献帝身边的兵吏大惊失色,产生离心。杨奉、董承决定渡河,白波帅李乐夜间先渡,准备船只,以火炬为号。献帝步行出营,河岸高十余丈,不能下,就用绢做成辇,让人在前面背献帝下去。其他人匍匐而下,还有人从上面往下跳,死亡伤残,不得而知。众人争相攀爬上船,董承、李乐用戈击打,竟有很多手指掉在船上。最后,只有皇后、宋贵人、杨彪以下数十人跟随皇帝成功渡河,其余宫女都被李傕兵士所掠,衣服尽失,头发被截,冻死者又不计其数。

献帝险象环生,损失惨重,历尽艰险方才抵达大阳(今山西平陆),宿李乐营地。河内太守张杨派数千人背米前来贡饷。献帝乘牛车到达安邑,河东太守王邑奉献绵帛,悉赋公卿以下,封王邑为列侯,拜白波帅胡才征东将军,张杨安国将军。又派人到弘农,与李傕、郭汜、张济等讲和,李傕等方才放归公卿百官及宫人妇女。

建安元年(公元196年)正月,献帝终于率领百官回到了帝都洛阳。此时的洛阳已被乱军烧劫一空,残破不堪,物质基础非常薄弱,刘协封赏功臣,巩固自己的势力,正要大展拳脚,实现胸中大志,却偏偏命运作梗,出现了一代枭雄曹操,刘协不幸又入虎口。

受控曹操　乱世渐平

动乱之中夺皇帝

曹操，沛国谯县人，自幼与官僚名士过从甚密，包括袁绍。20 岁举孝廉，任洛阳北部尉。23 岁外调顿丘令，不久，回朝为议郎。汉灵帝中平元年（公元 184 年），曹操被任命为骑都尉，与皇甫嵩、朱俊镇压黄巾军。后提升为济南国相，后再次入朝为议郎。曹操曾被任东郡太守而不赴任，称疾返乡，颇有声望。

灵帝驾崩，少帝继位，曹操与袁绍都曾参与外戚何进诛杀宦官的密谋。袁绍建议何进召董卓入京，而曹操反对，认为只需诛杀宦官首恶，不必召来外将，而且如果尽诛宦官，事必泄漏。何进不听曹操意见，果然被宦官杀害。董卓进京后，想要拉拢曹操，而曹操以为董卓一时势盛，最终必败，拒绝与其合作，逃出洛阳。

曹操先后在陈留、扬州募兵，逐渐独立成军，不用再到酸枣受兖州军的节制。献帝初平二年（公元 191 年），讨伐董卓驻扎酸枣的联军已经离散，恰逢黑山军于毒、白绕等攻入东郡，太守王肱不敌，曹操引兵救援，大败白绕，袁绍上表荐曹操为东郡太守。初平三年（公元 192 年）夏，青州黄巾军号称百万，进入兖州，攻下任城，任城相郑遂被杀，又挺进东平，兖州刺史刘岱被杀。刘岱死后，州中无主，权力空虚，东郡人陈宫和曹操故友济北相鲍信游说兖州大小官员，倡议推举曹操出任兖州牧。鲍信与兖州治中万潜至东郡，迎曹操到兖州，领兖州牧。曹操取得兖州后，与鲍信进击黄巾军于寿张，不敌，鲍信被杀。后来曹操昼夜会战，青州军损兵折将，向济北撤退。曹操纵兵追击，采用镇压与诱降结合的手段，以奇谋迫使青州军 30 万

曹　操

曹操（公元 155 — 220 年），字孟德，小名阿瞒、吉利，沛国谯县（今安徽亳州）人。三国时期著名军事家、政治家和文学家。父曹嵩，为宦官曹腾养子。曹操官至丞相，封魏王，谥武王，其子曹丕称帝后，追尊武皇帝，史称魏武帝。

投降。曹操从中挑选精锐，组成一支战斗力很强的队伍，号称"青州兵"。青州军的归并，使曹操势力逐渐强大起来。

曹操出任东郡太守以后，山阳豪强李乾与曹操联军，李乾与其子李整死后，其侄李典率领宗族、部曲三千余家共一万三千余人，归附曹操。曹操领兖州牧后，任城吕虔也率家兵归附。然而，曹操并不满足，初平四年（公元193年），袁术进攻兖州，兖州地处袁术所占南阳与袁绍所占冀州之间，袁术要向北发展，必须先取兖州。曹操在陈留击败袁术，逼使袁术撤离南阳，退居淮北。南面威胁就此解除，在此基础上，曹操又以报父仇为名攻东面的徐州，大开杀戒。徐州牧陶谦向青州刺史田楷求援，共同抵抗曹军，曹操军粮耗尽，退回兖州。兴平元年（公元194年），曹操再次进攻徐州，连下五城，击败陶谦与刘备合军，陶谦准备逃往丹阳。值此之时，曹操后方阵地兖州发生兵变，曹操急忙撤军赶回兖州。陈留太守张邈原是曹操统帅，曹操出任兖州牧，地位在张邈之上，张邈心生不服，后又因疑惧曹操，便乘曹操东征、内部空虚之机，迎河内吕布入兖州，并推吕布为兖州牧。曹操与吕布大战，濮阳一役，伤亡惨重，失掉兖州。曹操抚慰将士，积极备战，兴平二年（公元195年），先于定陶大败吕布，又于钜野再败吕布，最终收复兖州，不久，朝廷正式拜曹操为兖州牧。曹操夺取兖州，在河南之地站稳脚跟，是以后继续扩张的基础。

前文提及袁绍与献帝早有过节。兴平二年（公元195年），杨奉、董承等迎献帝东归洛阳，历尽艰难险阻，抵达河东。此时，袁绍手下谋臣沮授建议袁绍迎献帝到邺，然后挟天子讨不从命。但淳于琼等人坚决反对，认为群雄并峙，各欲为帝，迎得天子，事事表请，如果听天子之命，就不能自行其是，如果不听从，就是违抗圣旨，会带来很多不便。袁绍一直散布不利于献帝的言论，自知对献帝不忠，加之袁绍自恃宗族势力强大，想要自加帝号，所以没有出兵迎接献帝。袁绍放手，献帝才能最终抵达洛阳，但是却给曹操以后迎献帝，迁都许昌（今河南许昌东）留下了机

曹操逼宫　年画

奉献帝之命取曹操人头的董承等被曹操斩于午门之外。次日夜，曹操入宫见驾，跪而不起，向献帝请罪，请求献帝"亲自执剑将臣杀死，臣死而无恨"。献帝十分惊恐，沉默不语，许久之后曹操起身离宫。此即曹操逼宫。

会，可谓因缘际会，失之毫厘，差之千里。

曹操势力逐渐壮大，为了亲近朝廷，表效忠皇帝之心，他曾于初平三年（公元192年），派使者前往长安觐见献帝，途中被河内太守张杨拦阻，不许过境。后张杨接受骑都尉董昭劝告，上表向朝廷推荐曹操。董昭还代曹操给李傕、郭汜等人写信，以致殷勤。曹操使者到达长安后，李傕、郭汜本想扣留，以探曹操是否出于诚意。但他们接受了黄门侍郎钟繇的劝阻，对使者厚加报答，但并未给曹操加官晋爵，也没有正式承认曹操的兖州牧地位。如今，献帝在韩暹、董承、杨奉等人的护卫下回到洛阳，曹操利用董昭联系杨奉，使杨奉乐于依靠曹操，杨奉还表请献帝拜曹操为建德将军，又迁镇东将军。曹操驻扎于许昌，有迎献帝之意，但不敢轻举妄动，在荀彧、程昱、丁冲等人力劝之下，曹操派遣曹洪将兵西迎天子，遭到董承据阻，曹洪不得前进。后来韩暹矜功骄纵，专乱政事，董承又秘密招曹操进京。建安元年（公元196年）八月，曹操抵京，韩暹遁走。曹操朝见献帝，献帝任命他为司隶校尉，录尚书事，参与朝政。

曹操一时尚无实力控制洛阳近邻的军事势力，但又想控制刘协这个傀儡皇帝。董昭建议曹操将天子迁往许昌，并取得驻屯梁县的杨奉的信任，以洛阳残破不堪、粮食匮乏为由，暂时把献帝接到鲁阳（今河南鲁山）。实际上鲁阳是个骗局，曹操连哄带骗直接把刘协及一班朝臣移到许昌。杨奉自知上当，后悔莫及，起兵想要抢回献帝，结果被曹操打败。曹操在这场争夺皇帝的角逐中取得了最后的胜利，尽收豫州之地，正如《三国志·吴书·周瑜传》所言，"曹公豺虎也，然托名汉相，挟天子以征四方，动以朝廷为辞"。曹操"挟天子以令诸侯"，使得兼并战争变得名正言顺，造成政治上的极大优势，关中诸将望风归顺，袁绍错失良机，追悔莫及。至此，汉献帝正式离开洛阳，迁都许昌。刘协童年、少年时期颠沛流离的动荡生活终于结束，从此走向安定。

多年的颠沛流离，使刘协逐渐成熟，意识到身为皇帝，就算有名无实，但却始终是国家最高权力的象征。既然不断有人在打自己的主意，那就要利用这个有利条件，不再重蹈覆辙，完成一个皇帝的职责。因此，曹操看中了刘协，刘协也看中了曹操。曹操到洛阳后，立即被授以节钺、司隶校尉、录尚书事。迁都许昌后，刘协又任命曹操为大将军，准备借助曹操的力量实现自己的愿望。刘协虽然命运不济，但少年睿智的名声，却逐渐得到公认。建安元年（公元196年），孙策在写给劝谏袁术的书信中就曾提及刘协"明智聪敏，有凤成之德"，《后汉书·荀悦传》也记载："献帝颇好文学，悦与（荀）彧及少府孔融侍讲禁中，旦夕谈论。"然而，刘协的才智远不及曹操，最终结果却又是事与愿违。曹操根本就没有想过如何帮助刘协光复汉室，只是想利用他来达成自己的政治目的。刘协又一次失败了，而且是彻彻底底的失败。刘协不但成为曹操的傀儡，而且终其一生都没能摆脱曹氏，最终断送了刘氏江山。

打败三方强敌

许昌是曹操的地盘，曹操将刘协迎至许昌后，总揽朝政。建安元年（公元196年），曹操先后大败汝南、颍川黄巾军，收拾残部，壮大力量。此后，曹操的主要对手是北边冀州袁绍、南边淮南袁术、东边徐州吕布、西边南阳张绣。面对强敌，曹操首先采取北和袁绍的策略。出让大将军职位，就是出于这种考虑。至于其他三方，曹操由近及远，先弱后强，分化拉拢，各个击破。

建安二年（公元197年），曹操亲率大军攻打南阳张绣，以解除逼近许昌的后顾之忧。张绣接战不利，举众投降。后又反悔，夜间突袭曹操营地，曹军死伤甚众，退守舞阴。曹操几乎丧命，长子曹昂、侄子曹安民、部将典韦，全都战死。建安三年（公元198年），曹操再次进攻张绣，围攻两月不下。这时，曹操听说袁绍要偷袭许昌，劫持献帝到邺城，连忙退还许昌。建安四年（公元199年），袁绍派使者拉拢张绣出兵攻打许昌。张绣谋士贾诩劝他投降曹操，张绣以为袁强曹弱，且自己与曹操有深仇大恨，不愿降曹。而贾诩认为，曹操奉天子令天下，占据公义；袁绍强盛，以少投众，以弱从强，不受重视；曹操有霸王之气，胸怀大志，不会计较个人恩怨。张绣被贾诩说服，率领士卒到许昌投降曹操。此后，张绣在对袁绍作战中，立下汗马功劳。

袁术为司空袁逢之子，董卓进京，逃至南阳。后因袁绍倡立刘虞为帝，与袁绍产生分歧，便勾结幽州公孙瓒反对袁绍，袁绍则联合荆州刘表对他进行牵制。袁术一心只想当皇帝，其部将孙坚讨伐董卓时，在洛阳得到刻有"受命于天"字样的传国玺，袁术得知，立刻将孙坚妻子扣留做人质，从孙坚手中将玉玺抢来。建安元年（公元196年），曹操迎献帝迁都许昌后，袁术急不可待，经过4个月的策划和准备，于建安二年（公元197年）正月，在寿春正式称帝。袁术称帝后，还极力讨好吕布，以图徐、扬合力，对抗曹操。曹操为了不使吕布投向袁术，暂缓对吕布的攻势，并写信给他，表示愿意共同对敌。还以献帝名义颁布诏书，称赞吕布诛杀董卓之功，希望他和曹操同心协力辅佐朝廷。吕布在政治上反复无常，袁术提议其子与吕布之女联姻，吕布欣然应允。但当得到曹操来信与献帝诏书后，又犹豫不决。袁术称帝后，立即派使者韩胤告知吕布，并迎接吕布之女与袁术之子完婚，吕布先是同意，但当其部将陈珪劝阻时，又改变主意，将已经上路的女儿坠毁，还将韩胤押送许昌杀害。袁术对吕布的出尔反尔十分恼怒，派大将张勋、桥蕤等联合杨奉、韩暹等部，攻打吕布。吕布兵马不足，惧怕不敌袁术，早已倾心于曹操的陈珪献离间之计，吕布写信给韩暹、杨奉，答应破袁术后，所有军资，全部奉送。韩、杨二人鼠目寸光，唯利是图，反戈一击，协同吕布打败张勋，袁术损失惨重。吕布与袁术的火拼，正中曹操下怀，曹操见袁术战败，于建安二年（公元197年）九月，乘势宣布袁术罪状，大举南讨。袁术自知不敌，仓皇南逃，退守淮南。从此，袁术势力一蹶不振。

献帝兴平元年（公元194年），刘备为徐州牧。建安元年（公元196年），淮南袁术攻击刘备，两军相持不下。寄居徐州的吕布，乘机偷袭徐州州城下邳，导致刘备在徐州无处安身，不得已投靠许昌曹操。曹操为显示自己宽容，广泛招徕人才，并想利用刘备对付其他敌人，不但没有杀刘备，还以其为镇东将军。建安三年（公元198年），曹操攻打袁术之时，吕布乘机在徐州扩大势力，打败刘备以及曹操派去增援刘备的夏侯惇。此外，吕布又与袁术联合，互相声援。因此，曹操决定东讨吕布。同年十月，攻下彭城。吕布退守下邳，曹操部将广陵太守陈登起兵配合，打败吕布，包围下邳。曹操写信给吕布，讲明利害，令其投降。吕布本欲投降，被陈宫劝阻，反而向袁术求援，袁术因吕布悔婚不救，但迫于吕布部将哀求，勉强答应声援吕布，但袁术自身难保，已无兵力可为外援了。曹操围攻下邳前后两月，迫使吕布投降。吕布请求曹操饶命，但刘备提醒曹操，吕布以前追随丁原、董卓，反复无常，背信弃义，曹操最终下令将吕布绞死。如此，徐州又成为曹操的势力范围。吕布失掉徐州，袁术在淮南也难以为继。自称皇帝的袁术，骄奢淫逸，压榨百姓，把富庶的淮南盘剥殆尽，难以自立。袁术倍感孤立，想要取消帝号，将传国玺送给袁绍，让袁氏当皇帝。因此，他想北上青州依从袁谭，以便与袁绍合军，但中途被曹操所阻，折回寿春，呕血而死。

曹操与袁绍

东、南、西三面之敌都被曹操臣服，就剩下北面最为强悍的袁绍了。迁都许昌之前，曹操和袁绍分别在黄河南北壮大势力，保持友好，但势力的不断扩张必然导致利害冲突。迁都之后，曹操得势，袁绍因自己当初放过献帝有些后悔，要求曹操将献帝迁往鄄城，便于袁绍控制献帝。曹操断然拒绝，从此与袁绍有隙。后来曹操以"天子"名义，操纵封赏大权，自为大将军，以袁绍为太尉。太尉虽为三公之一，但位在大将军之下。袁绍骄贵成性，声望和地位一直在曹操之上，耻于屈位曹操之下，不肯接受太尉官职。曹操自知实力不及袁绍，被迫退让，将大将军让给袁绍，自任司空，行车骑将军，试图缓和与袁绍的矛盾。

当初关东联军散伙之后，袁绍便急于向冀州发展。初平二年（公元191年），袁绍利用冀州牧韩馥和幽州奋武将军公孙瓒的矛盾，挑拨离间，要公孙瓒攻打韩馥，自己也摆出袭取冀州的架势。当韩馥不敌公孙瓒时，袁绍派人向韩馥陈说利害，让他把冀州让给袁绍。韩馥为人懦弱，无力抵抗外敌，且为袁氏门生故吏，所以被袁绍所服，将冀州拱手让出，迎袁绍为冀州牧。韩馥虽为奋武将军，但却无一兵一卒，且无属官，完全被架空。袁绍以冀州为基地，不断向周边扩张。

袁绍首先挑起公孙瓒攻打韩馥，而自己却捷足先登，占据冀州，公孙瓒对此极为不满。初平二年（公元191年），公孙瓒宣布袁绍十大罪状，领兵三万进攻袁绍。冀州不少地方响应公孙瓒。袁绍不得已将勃海太守让给公孙瓒从弟公孙范。而公孙范反以勃海兵攻打袁绍。公孙瓒任命部将严纲为冀州刺史，田楷为青州刺史，单经为兖州刺史，势力强大。初平三年（公元192年），袁绍在界桥打败公孙瓒，严纲被杀。不久，公孙瓒又反攻，在龙凑再次败北。两次受挫，公孙瓒元气大伤，无力再战。而公孙瓒退回幽州后，同幽州刺史刘虞的矛盾激化。初平四年（公元193年），刘虞发兵攻打公孙瓒，反而被擒杀，公孙瓒全部占据幽州。兴平二年（公元195年），刘虞旧部鲜于辅等为刘虞报仇，招引乌桓，攻打公孙瓒。袁绍乘机联合鲜于辅、乌桓、鲜卑，集中十万兵力，共同进攻公孙瓒。公孙瓒连战连败，退守易京。建安三年（公元198年），袁绍亲率大军围攻易京。建安四年（公元199年）三月，公孙瓒派人出城向黑山军求救，传信起火为号，夹攻袁绍。而信使却被袁绍截获。袁绍将计就计，举火引公孙瓒出城，公孙瓒受骗，大败而归。袁绍深挖地道，火烧楼台，最终公孙瓒被斩杀。至此，袁绍占据冀、青、幽、并四州，完全控制河北地区，以长子袁谭为青州刺史，中子袁熙为幽州刺史，外甥高干为并州刺史。袁术曾经称帝，以惨败告终，但他想将帝号送给袁绍。袁绍以前没能控制献帝，被袁术怂恿，称帝的想法越来越强烈，甚至暗地派人为他称帝制造舆论，但遭到部下将吏的坚决反对，只能搁置，先作进攻许昌、消灭曹操的打算。

自从袁绍消灭公孙瓒，吞并幽州后，袁、曹之间再也没有缓冲地带，兵戎相见，指日可待。袁绍拥有冀、青、幽、并四州，兵强粮足；曹操占据兖、豫、徐三州，残破不堪。形势于曹操不利。建安四年（公元199年），袁绍灭公孙瓒后，带步兵十万，骑兵一万，进攻许昌。曹操沉着应对，周密部署，首先进取河内，河内北靠太行，南临黄河，占有河内，不但可以阻挡袁绍并州东南地区的军队东下，而且可以有效阻止袁绍大军沿河西上。建安四年（公元199年）八月，曹操又派原泰山将帅臧霸等领精兵回青州，牵制袁绍青州军队，使之不能西上增援。曹操又以侍中钟繇兼司隶校尉,督关中诸军。钟繇到达长安,写信给割据关中的韩遂、马腾,言明利害,安抚其众,使曹操解除了后顾之忧,得以集中力量在东方用兵。如此,曹操做好了充足的战前准备,化不利因素为有利条件。

年底,曹操亲率大军进驻战略要地官渡(今河南中牟东北)。而在此关键时刻,刘备却在徐州背叛曹操。本来曹操以刘备为豫州牧,屯驻许昌。由于淮南袁术打算经徐州北上投奔袁绍,曹操派刘备前往徐州截击,袁术被阻南归,而刘备却占据徐州,公然背叛,并与袁绍联合,形势于曹操非常不利。曹操恐留后患,建安五年(公元200年)东行击溃刘备,俘虏刘备妻子及大将关羽,刘备败走,北投袁绍。赶走刘备,曹操再次回到官渡。袁绍谋臣田丰建议,利用曹操进攻刘备一个月的空隙袭击许昌,而袁绍却以幼子患病为由不肯出击,又一次错失良机,使得袁绍手下军将内部意见分歧,矛盾重重。曹操回军官渡,袁绍反而认为田丰"沮众",将其囚禁。谋主沮授也因违背袁绍意旨,郭图等人乘机进谗而遭到猜疑,沮授统率军队被一分为三,沮授、郭图、淳于琼各统一军,大大削减了沮授的职权,也分散了主力部队的战斗力。

建安五年(公元200年)二月,袁绍亲自率领大军从邺城南下,进驻黎阳,正式攻打曹操。第一步,派遣骁将颜良渡黄河进攻白马,接应主力部队渡河。曹操非但没有派军救援白马,而是声东击西,抵达延津,做出要渡河抄袭袁军后路的假象。袁绍匆忙分兵西上,曹操则率轻骑往驰白马,以张辽、关羽为先锋,关羽刺死颜良,袁军溃散,曹操成功解除白马之围。袁绍兵多势力众,继续推进,沮授再次劝谏,认为不可轻率冒进。袁绍不但不听,还把沮授仅存的部分军队交由郭图指挥。袁军先头部队在距延津不远处赶

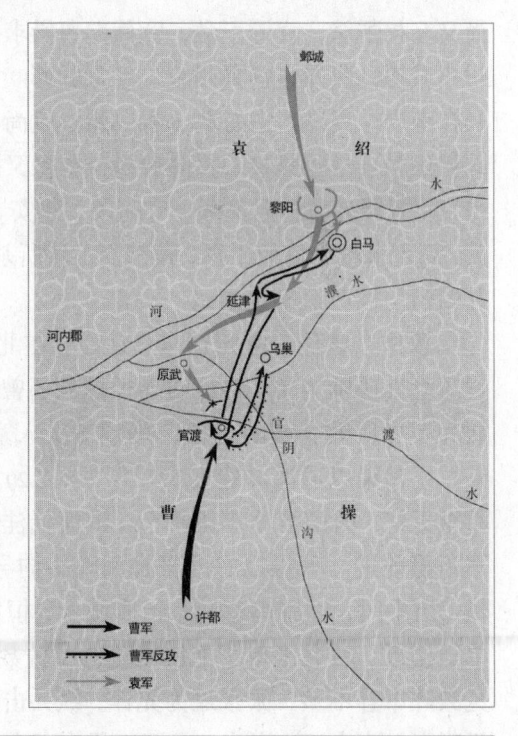

官渡之战示意图

建安五年(公元200年),在众寡悬殊的情况之下,曹操先以精锐突袭白马的袁绍军,斩袁将颜良,再败袁军于延津。随后派兵偷袭乌巢,烧毁袁军屯粮,使袁军完全失去斗志。最后,双方决战于官渡,曹军全歼袁军,不久,曹操便统一了北方。

上曹军，曹操命令军队后撤，袁军争相抢劫曹军辎重，队伍大乱，曹操以逸待劳，一举斩杀袁军大将文丑。白马、延津两次战斗，是官渡之战的前奏，文丑、颜良两战阵亡，于鼓舞曹军士气大为有利。曹操初战告捷，退守官渡。八月，袁军进临官渡。两军相峙，曹守袁攻。谋士许攸建议袁绍派遣精锐偷袭许昌，使曹操进退两难。袁绍不从，一定要先攻下曹营。后许攸转而投奔曹操。许攸给曹操献乌巢劫粮之计，曹操留曹洪、荀攸守大营，亲自率步骑五千，直捣乌巢，杀淳于琼，烧掉袁军全部粮草。袁军土崩瓦解，大败而逃，袁绍、袁谭父子逃回冀州。官渡之战，使袁绍主力部队丧失殆尽，曹操实力大为增强，为以后统一北方奠定了坚实的基础。

官渡之战胜利后，曹操吞并冀州，但由于人困马乏、军粮短缺，无力再进。袁绍败退归邺，建安七年（公元202年）五月，卒。袁绍少子袁尚继立，长子袁谭不服，自号车骑将军，屯兵黎阳。袁尚与袁谭的内讧，更加削弱了袁绍集团的战斗力，给曹操吞并河北以可乘之机。同年九月，曹操进攻袁谭，袁谭、袁尚合力抗曹，屡战屡败。后曹操乘胜退军，袁谭、袁尚又互相厮杀，袁谭不敌，竟然向曹操求救。后来曹操打败袁尚，攻占冀州州城邺，曹操自领冀州牧，经常驻邺。建安十年（公元205年）正月，曹操在南皮杀袁谭，占有冀、青二州。袁尚与幽州袁熙出奔辽西乌桓。袁熙部将焦触自号幽州牧，投降曹操，曹操又据有幽州。邺陷落之时，并州刺史高干投降曹操，后又叛，守壶关，建安十一年（公元206年），曹操攻破壶关，高干求救于匈奴不得，被都尉王琰所杀。至此，袁绍原有的冀、青、幽、并四州均被曹操平定。

汉末，居住于幽州辽东、辽西、右北平、上古各郡的乌桓十分强盛，袁绍立其酋帅为单于，辽西乌桓蹋顿还曾协助袁绍消灭公孙瓒。袁尚、袁熙为曹操所败，归附乌桓，蹋顿屡次入塞寇扰。曹操为征乌桓，凿平虏渠、泉州渠以通海。建安十二年（公元207年）春，曹操北击乌桓。七月，军至无终，时值夏季多雨季节，滨海低洼，泥泞不通，乌桓把守要冲，曹军不得前进。曹操以右北平郡田畴为向导，退军改道，上徐无山，经白檀，历平冈，涉鲜卑庭，东指柳城。乌桓发觉，袁尚、袁熙与蹋顿及辽西单于楼班、右北平单于能臣抵之等率骑数万迎战。八月，曹操登白狼山，见敌阵军容不整，派张辽为先锋，纵兵击之。乌桓大败，蹋顿被杀，胡汉投降者二十余万。袁尚、袁熙又投奔辽东太守公孙康，曹操不但不追，反而于九月收兵。公孙康如曹操所料派人送来袁尚、袁熙的首级，袁绍残余势力被彻底剪除。至此，曹操真正实现了中国黄河以北的完全统一。

三国鼎立初成

黄河以南，群雄纷争，不绝如缕。像曹操一样，孙权与刘备，在军阀混战中脱颖而出，逐渐站稳脚跟，更高层次的吞并与博弈又将展开。荆州刘表，兖州山阳人，汉末名士，献帝初平元年（公元190年）代孙坚为荆州牧，屯驻襄阳。荆州地处中原与南方交通要冲，长江中游，北可进取中原，西可略定巴蜀，东占顺流而下之势，为兵家必争之地。而刘表清议高洁，消极观望，不图进取，使荆州深陷被动，周边强敌虎视眈眈。东吴孙氏政权一直对荆州用兵，寄居荆州的刘备也想伺机攫取荆州，更不用说北方的曹操，积极训练水军，准备南下。

建安十三年（公元208年）七月，曹操亲自率领大军从邺城南下进攻荆州。曹操大军出发不久，刘表病故，刘琮继任荆州牧。曹操大军压境，刘琮不战而降。此时，刘备屯驻樊城，曹军到达宛城，刘备方才得知，仓促南逃江陵，曹操于长坂追及，致使刘备抛妻弃子，狼狈不堪。逃至夏口，只有关羽水军及江夏太守刘琦的江夏军，总共不及两万，情势危急。恰逢其时，孙权听说刘表病死，也想染指荆州，派鲁肃以吊丧为名，前往荆州。鲁肃前往夏口与刘备联系，力劝刘备进驻樊口，与孙权并力抗曹，所以刘备派诸葛亮与鲁肃往见孙权。而曹操致书信给孙权，迫使孙权投降，不战而取江东。诸葛亮对孙权详尽分析敌我形势，鲁肃反对投降，主张召回周瑜，共商大计。周瑜力主抗曹，孙权派周瑜、程普、鲁肃等率水军三万，溯江而上，与刘备共同迎击曹操。

孙、刘联军与曹军遭遇于赤壁，曹操兵力强大，骄傲轻敌，孙、刘联军实力不济，但决策层人才辈出。曹军初到南方，水土不服，先遇疾疫，加之不习水战，曹操命令用铁索将战船连接，上铺木板，减少摇晃。周瑜部将黄盖认为可用火攻，便向

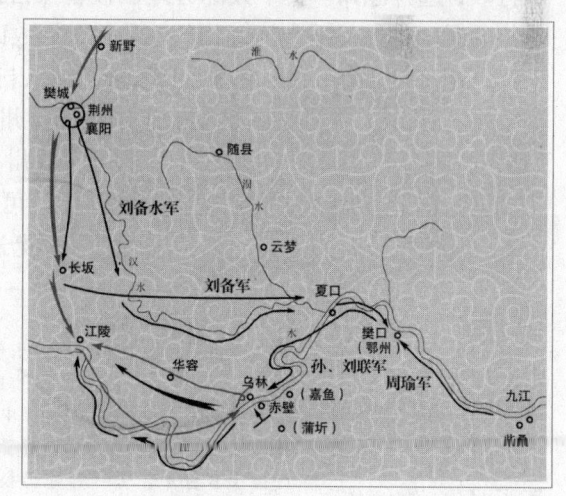

赤壁之战示意图

东汉建安十三年（公元208年），刘备与孙权联合，大破曹操于赤壁。这是历史上有名的赤壁之战。周瑜利用曹军不习水战，战船首尾相接的弱点，使黄盖前去诈降，当黄盖水军接近曹军战船时便顺风纵火，大败曹军于乌林。曹操率残部从华容逃回北方。

曹操诈降，火烧曹军。最终，孙、刘联军以少胜多，大败曹操。曹操受此重挫，又恐本土发生变故，不敢再在荆州逗留，只留亲信大将曹仁驻守江陵，乐进驻守襄阳，自己引军北还。曹操回到北方后，分别写信给孙权、刘备，企图拆散孙、刘联盟，并劝周瑜背离孙权，都没有成功。赤壁之战宣告了中国南北分裂的开始，是三国分立局面形成的前奏。

曹操赤壁战败，退回北方。军事上转而采取防御为主，进攻为辅的方针，巩固内部，增强实力。此时，曹操对已经占据的南面同刘备接壤的襄阳、樊城及东面同孙权接壤的合肥、寿春等战略要地，加强防守。尚未控制的还有关西地区和汉中地区，为巩固后方，曹操开始对关中和汉中采取行动。

建安十六年（公元211年），曹操命令司隶校尉钟繇和部将夏侯渊等声称攻打汉中张鲁，进兵关中。关中地区向由韩遂、马腾控制，此时由马腾之子马超与韩遂把守。马超等人接受朝廷官封和曹操节制，如果骤然攻打，出师无名。所以曹操声称进攻汉中，而关中是出兵汉中的必经之地，如果马超等人怀疑曹操而起兵反叛，曹操就可以顺理成章地予以讨伐。马超等果然集兵潼关，组成关西联军。同年八月，潼关对阵，曹操侧翼攻击，打乱马超阻击计划。马超放弃潼关，缩至渭口。马超偷袭曹营中计，损失惨重。马超自知不敌曹操，主动请和，曹操拒绝。九月，曹军渡过渭水，坚壁不出，曹操离间马超和韩遂的关系，使二人不能齐心协力，被曹操打败，逃奔凉州。关中大部分地区被曹操占据。此外，曹操在前后不到四年的时间内，又平定河间田银、苏伯，打败氐王千万，消灭陇右土皇帝宋建，招降河西诸羌，将关西地区全部纳入自己的势力范围。

曹操平定关中，又图汉中。汉中郡属益州，为刘备、曹操必争之地。如果刘备占据汉中，进可攻关中，退可守益州。如果曹操占据汉中，可以防御刘备向北发展，造成刘备益州北面无险可守。因此，建安二十年（公元215年），曹操灭关中马超、韩遂后，大军挺进汉中，直逼张鲁。从张陵创"五斗米道❶"，到其子张衡，在汉中响应张角"太平道"黄巾军，被称为"米贼"，再到张衡子张鲁，继续传道，自号"君师"，

❶ 五斗米道是道教早期的一个派别。据史书记载，在东汉顺帝时期，由张道陵在四川鹤鸣山创立。五斗米道初入道者称为"鬼卒"，骨干称为"祭酒"。张道陵死后，传其子张衡，衡死后，传子张鲁。东汉末年，鲁据汉中，建立持续达近三十年的政教合一的政权，后投降曹操。西晋后，五斗米道逐渐分化，一部分传播于官僚中，另一部分仍秘密活动于农民中。东晋时五斗米道领袖孙恩、卢循的起事，便是利用了五斗米道的信仰。

朝廷无力镇压，封其为镇民中郎将，领汉宁太守。曹操大军压境，张鲁无力抵抗，想要投降，其弟张卫反对，拒关坚守。曹操颇费周折才拿下阳平。张鲁放弃南郑，逃往巴中。同年九月，巴郡归附，曹操分巴郡为巴东、

巴西、巴中三郡。十一月，张鲁投降，曹操以其为镇南将军。刘备见曹操势力深入汉中，派部将黄权出兵控制巴东、巴西、巴中三郡。曹操又派大将张郃反击，被巴西太守张飞打败，退还南郑。此时曹操并未继续深入，进取西蜀，因为他担心西蜀不易攻破，又怕后方不稳，且东吴孙权威胁淮南，荆州关羽虎视襄阳、樊城，不能盲目冒进，应该适可而止。因此曹操调长安守将夏侯渊驻守汉中，自己领兵回到中原。建安二十一年（公元216年），曹操从汉中班师，晋封魏王。此时的曹操，可谓志得意满。对于朝廷而言，更是功高盖世。没有曹操的南征北战，就没有东汉王朝的继续存在。

赤壁之战以后，南方的孙、刘联盟并非铁板一块，刘备占据荆州，而东吴孙氏政权以夺取荆州为国策，双方的矛盾冲突在所难免，当初赤壁战前对抗强敌只是短暂联合。刘备以荆州为基地，进占益州。吴、蜀政权形成。孙权担心刘备坐大，提出索还荆州。刘备不应，引发冲突，关羽大意失荆州，被孙权部将所杀。刘备以为关羽报仇为名，大举东征，吴、蜀展开夷陵之战。刘备大败，死在白帝城。夷陵之战标志着三国鼎立格局的最终形成，而此时的汉家天下，早已成为过眼烟云，汉献帝刘协在三国纷争的动荡时代走向了王朝的末路，人生的终点。

几经挣扎的傀儡生涯

由此反观献帝在许昌的遭遇，更能体现这位亡国之君的可悲、可叹。

曹操挟天子以令诸侯后，东征西讨，相继击败吕布、袁术、袁绍等势力，征服乌桓贵族，统一中国北方。随着势力的不断扩大、权力的不断稳定，曹操开始铲除异己，大权独揽。建安十三年（公元208年），曹操罢去三公，改设丞相、御史大夫，并自立为丞相。建安十八年（公元213年）五月，曹操自为魏公，加九锡。建安二十一年（公元216年）四月，又进号为魏王。魏公、魏王均有王都，在邺城。然而，曹操百战艰辛，扫平北方，却还是上有天子，尊之心有不甘，代之则为篡位，如此继续维持了献帝徒有其名的帝王尊号。

面对曹操的声势日隆，献帝刘协并非充耳不闻。"至于今者，唯有名号，尺土一民，皆非汉有"（《三国志·魏书》），他不甘心做曹操的傀儡，曾多次试图诛杀曹操，摆脱受人操纵的局面，无奈自幼受制于人，手无实权，所以他采取的一系列反抗行动均以失败告终。刘协曾气愤地对曹操说："你若辅助我，就要宽厚一些；否则，你就开恩把我抛开。"曹操大惊失色，匆匆告辞，从此不再朝见献帝。建安四年（公元199年），刘协任命自己的岳父董承为车骑将军，借以牵制曹操。刘协又秘密写下衣带诏赐给董承，要董承联络忠于汉室的大臣、诸侯，共同铲除曹操。刘协的铤而走险，说明他颇有胆识。不幸的是，因计划泄露，行动失败。建安五年（公元200年）正月，参与计划的车骑将军董承、偏将军王服、越骑校尉种辑等被曹操处死，夷灭三族。献帝贵人董氏也因受到其父董承的牵连而被害。当时董贵人怀有身孕，刘协虽然极力保护，但还是未能幸免。刘协的失败，宣告恢复皇权的希望彻底破灭。曹操知道刘协是主谋，但因害怕落下弑君罪名而没有杀他，只是把他囚禁起来，不得和任何外人接触，左右侍卫都是曹操的亲信。此时的汉献帝刘协已经成为彻头彻尾的傀儡。

建安十九年（公元214年），伏皇后又因早年在写给其父的信中提及曹操残暴，要其父设法除掉曹操，被曹操发觉。结果伏皇后和两位皇子以及伏氏宗族100多人被处死。建安二十年（公元215年）正月，曹操把自己的女儿贵人曹氏立为献帝皇后，即曹皇后。刘协身为皇帝，九五之尊，皇后、皇子被臣下杀害，却无能为力，可以想见其内心的苦痛。在与伏皇后道别时，刘协悲痛万分，肝胆俱裂，甚至连他自己都不知道能活到何时何日。剧痛之下，刘协绝望了。从此，他不再心存幻想。幸好，曹操的女儿曹皇后与刘协关系融洽，姑且聊以自慰。

此后，虽然献帝不再挣扎，但朝廷推翻曹操的努力还在继续。建安二十三年（公元218年），少府耿纪、太医令吉本等又一次策动政变，想要挟持献帝以攻魏，南引关羽为援，结果兵败被杀。建安二十四年（公元219年），西曹掾魏讽，乘曹操出征汉中，聚众密谋偷袭邺城，被人告发，数千人受牵连被杀。

无论如何，曹操虽然"挟天子以令诸侯"，但是却始终没有取而代之，篡汉自立，使名义上的汉朝国祚延长了20余年。曹操当权后期，外有吴、蜀敌国的诟骂，内有本集团内部拥汉派的诽谤，他于建安十五年（公元210年）十二月发布《让县自明本志令》，可谓意味深长。曹操在令文中再三解释自己忠于汉室，并无篡汉自立的野心。但又明言，自己不能功成身退，因为当权天子的猜忌和旧日宿敌的积怨，使他既不能保子孙，又不能保国家。建安二十四年（公元219年）十二月，孙权袭杀关羽之后，上书曹操，歌功颂德，并劝曹操称帝，自己甘愿称臣。曹操给群僚展示书信，说孙权是把他放在火上烤，以此指出孙权虚情假意，又要探测臣僚的态度。文官以陈群为首，武将以夏侯惇为首，趁机劝进。曹操念及自己年事已高，称帝不一定有利，答道："若天命在吾，吾为周文王矣。"意即曹操要像周文王为周武王创造机会一样，待称帝时机成熟，让自己的儿子登上帝位。结果，此事过后不足一个月，次年正月，曹操病故，终年66岁。曹操能代汉而不代，留给后人收拾，暗示他不会放弃军政大权，让其子继承既得权势，并解决代汉问题。

无力回天

建安二十五年（公元220年），魏王曹操病故，其子曹丕继为魏王。这一年，献帝改建安二十五年为延康元年。刘协错误地估计了形势，天真地以为曹操一死，他就可以恢复皇权重新亲政。不过他最后的希望再一次破灭，同年，华歆、贾诩、王朗、李伏等人在曹丕的授意下，直闯献帝寝宫，威逼刘协逊位。刘协终于彻底醒悟，战战兢兢几十年，厄运还是要降临。刘协全然不顾皇帝仪态，失声大哭，黯然退入后殿，闭门不出。曹皇后虽然是曹操的女儿，但见此情景，按捺不住对丈夫的同情，站在刘协一边，挺身而出，公然大骂其兄犯上作乱，并痛责在场众人，气得在场的曹休表示：如果她不是先王之女，必一剑杀之。虽然由于曹皇后出面得以暂时解围，但是不久，由于情势所逼，41岁的刘协只能违心退位，禅位于曹丕。同年十月，曹丕代汉自立为帝，即魏文帝，国号魏，建都洛阳，改汉延康元年为魏黄初元年。废汉献帝为山阳公。大汉王朝四百年江山社稷，至此最终灭亡。

不过，曹丕并没有加害刘协，而是允许他在山阳封地内使用汉天子礼乐，建汉宗庙以奉汉祀❶。魏明帝青龙二年（公元234年）三月，亡国之君刘协病故，终年54岁，在位31年，以汉天子礼仪葬于禅陵（今河南修武县北），谥号孝献皇帝。

❶ 古时朝廷掌宗庙礼仪的官员称为"太常"，本名奉常。其主要职责有二：一是主管祭祀社稷、宗庙和朝会、丧葬等礼仪，二是主管皇帝的寝庙园陵及其所在的县。两汉时期，对博士和博士弟子的考核举荐，也由太常主持，所以太常就成为中国古代教育、培养、拔擢人才的一个重要机构。魏晋至明清，分工愈来愈细，太常遂成专掌祭祀、礼仪之官。

汉献帝刘协的一生，从头至尾都是悲剧。少年睿智，却郁勃难舒；空有抱负，却无力回天。诚如《后汉书》所言，"献生不辰，身播国屯，终我四百，永作虞宾"。史家经常以汉室运穷来解释献帝的悲剧，所谓"天厌汉德久矣，山阳其何诛焉"，是在为东汉辩解，还是在为献帝申冤？呜呼哀哉！

三国鼎立示意图

武威 ○
中山 ○
曹 魏
洛阳 ○
长安 ○
汉中 ○
襄阳 ○
蜀 巴东 ○
建业 ○
成都 ○
会稽 ○
巴郡 ○
武陵 ○
汉 吴
庐陵 ○
孙
牂牁 ○

蜀后主·刘禅

公元207—271年

刘禅，字公嗣，小名阿斗，民间津津乐道所称的「扶不起的阿斗」正是此人。就是这位蜀国皇帝，对诸葛亮耳提面命之言「亲贤臣，远小人」充耳不闻，任由宦官黄皓取宠弄权，结党营私；任能将姜维自请到沓中（今甘肃甘南州舟曲西北）种麦避祸，等等，无不是亡国之害。就这样，他把天府之国拱手相送，自己反缚其手，出城投降邓艾，还留下了「乐不思蜀」的荒唐事。不过，据周寿昌《三国志集解》载：「恐传闻失实，不则养晦以自全耳」——南朝史学家裴松之亦有「后主之贤，于是乎不可及」的评价。

究竟是怎样的局势、如何的性格，让刘禅在后世眼中笔下留下了如此不同的评价？

不妨从头说来。

刘备称帝　刘禅纳妃

汉建安二十五年（公元220年），曹丕篡汉，当上魏国国君。不久，刘备（时年61岁）亦在武担山（今成都西北）之南即皇帝位（一任昭烈帝），大赦，改年号章武，这一年也就是蜀汉的章武元年。后，东吴孙权亦称吴大帝，三国局势此时便正式形成。

刘备称帝，任命诸葛亮（时年41岁）当丞相、许靖当司徒。五月，封夫人吴氏当皇后。吴皇后，是偏将军吴懿的妹妹，曾嫁给刘璋的哥哥刘瑁。封儿子刘禅为皇太子，为刘禅娶车骑将军张飞的长女当太子妃。这位张氏后来在建兴元年，被立为皇后。死后谥号敬哀皇后。

章武元年，刘禅14岁，张家的这位大女儿也是14岁。两个大孩子，还真是在过家家。两个人的结合，固然是刘备他们大人的主意，但其实也并不是不合理。刘备和张飞，是君臣也是兄弟，两家过往密切。刘禅和张家的女儿年纪相若，自小相识。青梅竹马，说不定早就心心相印。

《三国演义》里面的张飞是个豹头环眼的粗汉子，因而很容易叫人联想到张大小姐长相不会很美。连《三国演义》的作者罗贯中也没有提到，只是借用诸葛亮等人的口说："张飞之女甚贤"，而不提她的容貌。一般谈论容貌的有两种情况，一种是容貌极美，一种就是容貌极丑，比如诸葛亮的妻子黄月英就被描述为极丑之女。至于张皇后的模样我们也不好肯定，长得漂亮，书上自然要留上一笔，姿色平平的也就不提了。

刘禅夫妇的感情看来不坏，两个人在一起生活了18年，生了几个儿子女儿。建兴十五年，夏六月，即刘禅当皇帝后的15年，张

蜀主刘备　阎立本　唐代

刘备（公元161—223年），字玄德，涿郡(今河北省涿县)人，三国蜀汉开国君王。公元221年，于成都即位称帝，国号汉，年号章武。后伐东吴兵败，损失惨重，退回白帝城，病逝，谥号"昭烈帝"，史称"刘先主"。图出自唐代阎立本《历代帝王图》。

皇后死，葬南陵。刘禅在第二年正月改元为延熙元年，立张皇后的妹妹继任皇后，大赦。

这以后刘禅便不正经了，此时，诸葛亮已经死了多年，宫外面已没人管他。张家小妹看来没有她姐姐那样的威信，能管得住丈夫。

《三国演义》写道：却说后主在成都，听信宦官黄皓之言，又溺于酒色，不理朝政。时有大臣刘琰妻胡氏，极有颜色。因入宫朝见皇后，后留其在宫中，一月方出。琰疑其妻与后主私通，乃唤帐下军士五百人，列于前，将妻绑缚，令军以履挞其面数十，几死复苏。后主闻之大怒，令有司议刘琰罪。有司议得："卒非挞妻之人，面非受刑之地，合当弃市。"遂斩刘琰。自此命妇不许入朝。

夷陵兵败　临终托孤

接着回过头来说刘备，刘备称帝的时候，关羽已被孙权部将袭杀。刘备一直耿耿于怀，时刻准备对孙权发动攻击。翊军将军赵云反对，说："国家的敌人，是曹操，不是孙权。如果先灭曹操，则孙权自然归附。而今曹操虽然去世，儿子曹丕篡位，正当乘着人心不服之际，早日夺取关中（陕西省中部），占据黄河、渭水上游，讨伐叛乱，关东（函谷关以东）义士，势必携带粮食，驱策马匹，迎接王师。不应该放弃曹魏而先跟孙权交锋。会战一旦开始，不可能立刻判定胜负，不是上等策略。"文武百官劝阻的非常之多，刘备全听不进去。广汉郡（今四川广汉市）平民秦宓，上书警告刘备："天时不当，出军必然不利。"刘备逮捕秦宓，囚入监狱，后来才把他释放。

张飞，雄壮勇猛，在蜀汉朝的地位仅次于关羽。关羽对部属士卒非常照顾，但对士大夫却态度傲慢。而张飞恰恰相反，礼敬士大夫，却不体恤士卒。刘备常常告诫张飞："你杀人太多，每天鞭打壮士，却教他们在你左右服侍，这可是自取灭亡。"但张飞不能改正，刘备下令各军动员，将攻击孙权，张飞当率领一万人由阆中（今四川阆中市）到江州（今重庆市）会师。开拔前夕，帐下部将张达、范彊刺杀张飞，拿着张飞的人头，投奔孙权。刘备听到张飞大营都督上奏的报告，惊骇说："苍天哪，张飞已死！"

关羽、张飞，都被称为"万人之敌"，是当世的虎臣勇将。关羽报恩曹操，张飞义释严颜，都有国士风范。然而，关羽刚愎自用，张飞暴躁寡恩，正由于这些缺点，他们事败身死，这是正常现象。

公元219年12月，关羽败走麦城，被孙权部下生擒，斩首。公元221年7月，刘备集结蜀汉大军完毕，准备东进。孙权派人求和。南郡（今湖北江陵县）郡长诸葛瑾写信给刘备："陛下跟关羽的关系，比跟先帝（刘协，当时传言刘协已死）的关系，哪一个较亲？荆州土地，比起全国，哪一个较大？双方既都是你的仇敌，选择打击对象时，也应该有先有后。了解这几项，就很容易下定判断。"刘备不理。

当时，有人传播谣言，说诸葛瑾已派出亲信，跟刘备秘密交往。孙权说："我跟诸葛瑾，有同生共死的盟誓，诸葛瑾之不负我，犹如我之不负诸葛瑾。"然而谣言更烈,而且绘声绘色,听起来跟真的一样。镇西将军陆逊上书建议:既明知诸葛瑾绝对没有此事,也应该有所表示,免得他内心不快。孙权回答说:"诸葛瑾跟我共事多年,恩情如同骨肉,互相了解至深。他的为人,非正道的路不走,非大义的话不说。刘备从前曾派他的弟弟诸葛亮到吴郡(今江苏苏州市),我曾经告诉诸葛瑾:'你跟弟弟诸葛亮是一母同胞,至亲骨肉,而且弟弟追随哥哥,名正言顺,为什么不想办法把诸葛亮留下?诸葛亮如果留在你的身旁,我当写信给刘备解释,主意你要自己决定。'诸葛瑾说:'我弟弟失身刘备,君臣名分已定,在大义上没有二心。他不能留,犹如我不能往。'这话足以上感神明,今日岂会有此?前些时候接到一些虚妄的报告,当时我就转给诸葛瑾过目,并亲笔写信给他。我跟诸葛瑾,可谓神交,不是外面一些流言所可以离间。知道你的关心,特别把你的表章加封转给诸葛瑾,使他知道你的心意。"

最初,曹丕要文武官员判断:刘备会不会出兵为关羽复仇。大家一致认为:"蜀汉不过一个小国,名将不过一个关羽,关羽既死,大军已破,全国忧愁恐惧,所以不可能出兵。"只有侍中刘晔说:"蜀汉虽然弱小,但刘备却准备用武力锻炼自己。所以,势必动员大军,用以表示绰绰有余。而且,关羽跟刘备,义如君臣,恩同父子,关羽死于敌人之手,如果不能出兵复仇,在情分上就有缺憾。"后来蜀汉的形势,果

关云长败走麦城　白描插图　清代

建安二十四年(公元219年),江东大将吕蒙偷袭荆州,攻占了关羽的大本营江陵。关羽两面受敌,从樊城撤吴西还,驻扎在麦城。吕蒙采取分化瓦解的策略,使关羽的将士无心恋战,逐渐离散。关羽孤立无援,坚守麦城。孙权派人诱降关羽,关羽伪称投降,在城头立幡旗,假做军士,自己却逃走,只有十多骑跟随。孙权派朱然、潘璋断了关羽各路,在临沮捉获关羽和其子关平,随即将其处死。后"败走麦城"一词,比喻陷入绝境。图出自清末石印本《三国演义》插图。

刘备托孤　白描插图　现代

刘备病倒白帝城,派人日夜兼程赶到成都,请诸葛亮带儿子刘永、刘理来嘱托后事。图中掩面者为刘备,持羽毛扇者为诸葛亮。刘备告知诸葛亮"我儿可辅则辅,若不可辅,君当自立为王"。右后为李严,李严自刘备入主成都以后,屡次以少数兵力平定大规模的叛乱,有出色的军事和政治才能。刘备让"严与诸葛亮并受遗诏辅少主;以严为中都护,统内外军事"。

然如同刘晔先前所说的。

不久,孙权派人前往洛阳,正式归降曹魏,向曹丕称臣,奏章恭敬卑微,并送降将返国。文武百官一致道贺,唯独刘晔警告说:"孙权无缘无故,投降归附,内部一定有紧急情况,孙权前杀关羽,刘备一定出兵复仇。外有强大敌人,民心不安,又怕我们乘机动手,所以才献出土地,向我们归降,一则阻止我们的攻击,二则利用我们的声势,振奋国内人心,而使敌人惊疑。天下三分,我们拥有十分之八,蜀汉跟孙权,只不过各保一州(蜀汉只据益州,包括今四川省和云南省。孙权只据扬州,包括今安徽省中部及江南地区)。受到山川阻隔,有急难时,互相救援,这是微弱小国有利的地方。想不到却自己互相攻伐,是上天决心灭亡他们,谁也阻挡不住,我们应出动大军,渡江进击。蜀汉攻击他的边境,我们攻击他的心脏,不出十日,孙权即亡。孙权亡,则蜀汉势力孤单,即令把孙权土地割一半给蜀汉,蜀汉也不能长久存在,何况蜀汉只得到他们的边境,我们却得到他们的本土。"曹丕说:"别人投降称臣,我们却乘机翻脸,恐怕阻塞天下英雄归降之心,不如接受,而去袭击蜀汉的背后。"刘晔说:"蜀汉远而孙权近,蜀汉正在盛怒,起兵攻击孙权,听说我们也出动大军,知道孙权一定覆亡,心里高兴,一定迅速挺进,跟我们争夺孙权土地,绝对不会克制自己的怒气,作一百八十度转变,反而援救孙权。"曹丕不理,遂接受孙权投降。

孙权存亡关键,间不容发,刘晔的谋略如果实施,中国历史将从公元221年开始重写。曹丕不具备统一天下的雄才,如果曹操迟死三年,对这个天赐良机,定会有闪电反应。曹丕对刘晔说不愿攻打孙权的理由是:"别人投降称臣,我们却乘机翻脸,恐怕阻塞天下英雄归降之心。"且不说取得战争胜利才是此时最大的目的。退一步说,这话若放在董卓、袁绍那个群雄并起的时代,或许还是至理名言,但现在的情形,三

邓芝赴吴　白描插图　清代

邓芝,字伯苗,义阳新野人。汉司徒邓禹后裔,领兖州刺史、阳武亭侯、大将军。刘备过世后,吴蜀关系紧张,魏国国势如日中天。邓芝临危受命,出使吴国,希望恢复联盟,共同抗曹。孙权设鼎陈戈,杀气腾腾接见,邓芝从容不迫,见孙权长揖而拜,侃侃而谈,终于消除对抗因素,完成使命。图出自清末石印本《三国演义》插图。

足鼎立,除了孙权,不过只剩下刘备,还有其他什么英雄,难道还能激励出刘备的归降之心?如果这句话只是曹丕的托词,他真实想法又是什么呢?

曹丕封孙权当吴王,加九锡。孙权派中大夫南阳郡人赵咨,前往京师答谢。曹丕问赵咨:"吴王(孙权)是一个怎么样的领袖?"赵咨说:"聪明、仁慈、智慧,又有谋略。"曹丕教他举出例证,赵咨说:"在平凡人中擢升鲁肃、吕蒙,是聪明;俘获降将于禁而不诛杀,是仁慈;收复荆州而不流血,是智慧;据守三州(荆州、扬州、交州),虎视天下,却屈身陛下,是谋略。"曹丕说:"吴王是不是喜爱读书?"赵咨说:"吴王拥有战舰万艘,军队百万,任用贤能,志在经略四方。稍有闲暇,就博览群书。从历史典籍中,吸收深意,不像一些平凡的读书人,去钻研章句。"曹丕说:"吴国是不是可以征服?"赵咨说:"大国有讨伐大军,小国有抵抗准备。"曹丕说:"吴国有没有能力攻击我们?"赵咨说:"百万大军,加之有长江、汉水作为屏障,如果发动攻击,并不困难。"曹丕说:"吴国像你这样的官员,有几个人?"赵咨说:"特别通达睿智的,有八九十个,而像我这样的,车载斗量,数都数不清。"

蜀汉大军自巫峡(三峡之一,今重庆巫山县境内)建平郡(今重庆巫山县)直到夷陵❶(今湖北宜昌市),军营相连(建平至夷陵,直线距离140公里)。建立数十个指挥部,任命冯习为大都督,张南当前都督。自正月到六月,跟吴军相对,僵持不决。

> ❶ 夷陵之战是三国初年一场具有重要影响的战役。蜀汉君主刘备在公元221年7月,也就是刘备称帝3个月后,以替大将关羽报仇为名,挥兵东征,对东吴发动大规模的进攻,试图夺回荆州。孙权派遣陆逊率兵抵抗,陆逊采用逸待劳的方法,坚壁清野,与蜀军相持,最终于222年8月在夷陵,利用盛夏炎热的环境,采取火攻,一举打败蜀军。这场战役进一步奠定了三国分立的格局,也大大削弱了蜀国的力量。

刘备命吴班率数千人进入平地筑营,吴军将领打算攻击,陆逊说:"此中定有诡计,且稍等待。"刘备发现吴军没有反应,只好下令山谷中的八千伏兵撤出。陆逊说:"所以没有听从各位建议攻击吴班,正是判断敌人一定有什么阴谋。"于是,上书孙权,说:"长江三峡,水流湍急,出西陵峡口,山势始平,而夷陵正当西陵峡口,所以夷陵是重要险隘,国家门户。虽然很容易夺取,但是也很容易失守。一旦失守,不仅损失一个郡,整个荆州都陷于可忧的危境。今日之战,一定要取得决定性胜利。刘备违背天意,不留在自己的巢穴,却自行前来送死,我虽然没有才干,但承奉您的威望和感召,用顺讨逆,击败他就在眼前,没有什么值得担心。我最初怕他们水陆同时并进,想不到他们反而舍弃船舰,仅用陆军,而又处处扎营,观察他们的布置,看不出有什么特别的谋略。"

闰六月，陆逊准备对蜀汉大军发动攻击，将领们同声反对，说："要攻击就应在一开始时攻击，而今使敌人深入国境五六百里，僵持七八个月，凡是要害之处，他们都已加强戒备，这时再行攻击，不会得到益处。"陆逊说："刘备是一个狡猾的家伙，历尽沧桑。当他刚刚抵达之时，精神集中，不可以侵犯。现在，驻扎已久，没有办法占到我们的便宜，兵卒疲惫，士气沮丧，阴谋诡计，已经枯竭。所以进攻的时机就是今日。"

于是，陆逊先行试攻一个营垒，战况不利。将领们又说："这不过是白白牺牲。"陆逊却笑道："我已经有了破敌之计。"

陆逊下令全面攻击，斩蜀汉大都督冯习、前都督张南，以及胡王沙摩柯，连破四十余营。蜀汉大将杜路、刘宁走投无路，投降。当年周瑜在赤壁火烧曹操大军的那把火，如今又被陆逊用来烧了刘备的七百里连营。

刘备登上马鞍山（今湖北宜昌市西北），集结部队，四面环绕，陆逊命各军四面攻击，蜀汉军队不能抵挡，遂土崩瓦解，死伤数万人。刘备乘夜逃走，幸赖驿站的小吏搬运败兵丢弃的铠甲，在隘口焚烧，使吴军无法前行，刘备得以保住性命。刘备逃入白帝，船舰、武器、辎重，霎时丧失殆尽，尸首浮满长江，顺流而下。刘备悔恨惭愧，愤慨说："我竟被陆逊一介书生挫败羞辱，岂非天意！"

在刘备东征这件事情上，诸葛亮的态度一直模糊不清。众所周知，隆中对——联吴抗曹，是诸葛亮一生最大的政治主张，所以诸葛亮定不会认为刘备东征是对的。然而，在当时蜀汉百官一片劝阻声中，唯独诸葛亮没有出面劝阻。一方面，因为刘备正在盛怒，无法劝阻；另一方面，大军顺流而下，并不是没有战胜的可能。即使不能攻抵吴国本土，但这次毕竟是举全国之力发动的战争，至少应该还能夺回荆州。

要知道从关羽被杀，到刘备发动东征，其间历时近两年。这两年时间，刘备绝不是一直头脑发热，除了在为东征准备外，曹丕、刘备、孙权三方，也在暗暗进行博弈。

陆逊反攻示意图

夷陵之战中，陆逊善于正确分析敌情，大胆后退诱敌，集中兵力，后发制人，击其疲惫，巧用火攻，终于以五万劣势的吴军一举击败兵力占有优势的蜀军，创造了由防御转入反攻的成功战例，体现了高超的指挥艺术和军事才能。

只可惜，最后认为无论如何都有胜算的刘备，却在这场博弈中成了最大的输家。只能叹谋事在人，成事在天，人算终不如天算！

最初，曹丕听说蜀汉大军用树木栅栏，连营七百余里，对文武百官说："刘备不懂军事，岂有营寨延伸七百里而能拒敌的？树林、原野、洼地，前无进路，后无退路，在这些地方筑营的，一定被敌人击败！刘备犯了兵家大忌，孙权的捷报，不日可至。"七天后，击败蜀汉的捷报果然到达。

刘备逃到白帝，吴军将领纷纷上书孙权，认为："刘备一定可以擒获，我们应该继续攻击。"孙权询问陆逊的意见，陆逊说："曹丕正在集结部队，表面上扬言帮助我们讨伐刘备，内心别有图谋，应该尽快班师！"

刘备逃到白帝后，就一病不起，第二年，刘备病危，命丞相诸葛亮辅佐太子刘禅，尚书令李严当诸葛亮的助手。刘备对诸葛亮说："你的能力，超过曹丕十倍，一定可以安邦定国，完成复兴大业。如果刘禅可以辅佐，就请辅佐；如其不才，君当自取之。"诸葛亮哭泣说："我怎敢不竭尽全力，效忠国家，贞节不贰，至死方休！"

刘备又下诏给太子刘禅，说："人，五十岁死亡，就不算夭折。我年已六十有余，还有什么遗憾？只是对你们兄弟，深为怀念。努力，努力！勿以恶小而为之，勿以善小而不为。只有贤能和品德，可以使人敬服。你的父亲德性不够，不配你效法，你跟丞相共事，要侍奉他像侍奉你父亲一样！"

不久，刘备在永安（今重庆奉节县东）逝世，享年63岁，谥号"昭烈皇帝"。

在民间父老相传的口中，刘禅一直是一个懦弱昏庸，不堪辅佐，不堪造就的代名词。若果真如此，就很奇怪为什么聪明绝顶、人中之龙的刘备一定要选这样一个扶不起的阿斗做自己皇位的继承人，他难道真没有其他选择吗？

事实上，并不尽然。刘备早年无子，收了一个干儿子继嗣，就是刘封。《三国志》记载："刘封者，本罗侯寇氏之子，长沙刘氏之甥也。"刘封还是相当出色的。但当刘备有了后代以后，刘封的地位自然很尴尬，后来因为关羽遇难的时候不肯出兵搭救，受到刘备的痛恨。刘备临死时，诸葛亮"忌封刚猛，易世之后终难制御"（《三国志》），劝刘备除之，就这样刘封死在诸葛亮的猜疑之下。

刘禅之外，刘备还有两个亲生儿子——刘永和刘理（四个儿子的名字合起来是"封禅永理"，后人根据这个，讥讽刘备虽口口声声说尽忠，却早已暗怀不臣之心，不是没有道理）。刘备称帝，立刘禅为太子，两个弟弟也同时受封，立刘永为鲁王，刘理为梁王。

混乱时期，事急从权。三国时从衰微的汉室到各地方割据势力，对于立嗣问题并没有严格的标准。曹操就一直想立曹冲做继承人，还曾公然跟曹丕谈论，后来在曹植、曹丕之间也犹疑取舍了好长时间，可见当时嫡庶长幼的概念不很强烈。

刘备临死的时候，刘永就在身边，史书记载"临终时，呼鲁王与语：'吾亡之后，汝兄弟父事丞相，令卿与丞相共事而已。'"言语中一点没有表示对刘禅不满，准备改立刘永的意思。

刘禅系甘夫人所出。甘夫人本身是一个妾，而且死得早。这说明刘禅的身份不比两个弟弟高。刘永和刘理均没有弱智的记载，如果说刘禅弱智，或者其智力比起两个弟弟有明显不足，那么他肯定不会被选择为继承人。

再有，在《诸葛亮集》载刘备给后主刘禅的遗诏中提道："射君（中郎将射援）到，说丞相叹卿智量，甚大增脩，过于所望，审能如此，吾复何忧！勉之，勉之。"诸葛亮是个有完美主义倾向的人，眼中无人，一向不肯轻易推许人物，但是对刘禅做出上面的评价，虽然不排除有说吉利话的意思，但是肯定也不会故意以溢美之词来赞美一个懦弱昏庸、智力不行的人。

基于以上几点，均说明刘禅并不如传说中所描绘的那么不堪，刘备也不是真糊涂到选一个白痴儿子作继承人。当然与刘备、诸葛亮相比，刘禅确实能力不足。但"月朗则星稀，鉴明则疵显"，一个人的完美，既会掩盖另一个人的光芒，也会使人家的缺点更加明显。历史上权臣如果十分能干，大多会衬托得皇帝庸碌。刘禅的不幸或许就在于此。

诸葛主政　出师北伐

蜀汉是个很奇怪的王朝,就是不重档案和文字。为《三国志》做注的裴松之说道:"臣松之以为先主虽云出自孝景,而世数悠远,昭穆难明,既绍汉祚,不知以何帝为元祖以立亲庙。于时英贤作辅,儒生在宫,宗庙制度,必有宪章,而载记阙略,良可恨哉!"刘备当时居然连帝谱都没留下。

陈寿也慨叹:"国不置史,注记无官,是以行事多遗,灾异靡书。诸葛亮虽达于为政,凡此之类,犹有未周焉。"

因为记录的不完整,我们无法获得有关刘禅与诸葛亮切磋国事的具体状况,而只能拾遗捡漏,从侧面了解。自从关羽败走麦城,痛失荆州,刘备夷陵兵败,命丧白帝,蜀汉在长江上的出路就被阻断,所以在诸葛亮晚年,蜀汉所有的军事行动,着力点几乎都集中在北伐上。

史界近年对诸葛亮屡次北伐的意义颇有微词,其实当时蜀汉国内也不是一个声音。刘禅就在此问题上和诸葛亮发生过分歧。现存最直接的材料就是诸葛亮在两次北伐前,写给刘禅的《出师表》。

刘禅虽然对诸葛亮十分放心,但是在许多观点乃至军国大计上并不是毫无主见。这里,先来推敲一下《前出师表》:"……宫中府中俱为一体,陟罚臧否,不宜异同。若有作奸犯科及为忠善者,宜付有司论其刑赏,以昭陛下平明之理,不宜偏私,使内外异法也。"这里"宫中"

孔明出山　明代

图绘的是刘备三顾茅庐后,诸葛亮感其诚终于答应出山辅佐共建大业之事。图中,关羽、张飞前面引路,刘备与孔明并辔而行。诸葛亮出山,拉开了三国并立的序幕。

是指刘禅皇宫,"府中"是指诸葛亮的丞相府(蜀汉建兴元年,封诸葛亮为武乡侯,开府治事)。古人行文简洁,出师表不是用于日常教育的闲散文章,此句言辞冷峻,定有所指。可以推论,定是刘禅擅自处理了某些事,掌握的尺度和诸葛亮有所不同,而受到诸葛亮指责。

蜀汉建兴六年十一月,在第三次北伐之前,诸葛亮上书(《后出师表》)刘禅:"……高帝(刘邦)明并日月,谋臣渊深,然涉险被创,危然后安。今陛下未及高帝,谋臣不如良、平,而欲以长计取胜,坐定天下,此臣之未解一也。刘繇、王朗各据州郡,论安言计,动引圣人,群疑满腹,众难塞胸,今岁不战,明年不征,使孙策坐大,遂并江东,此臣之未解二也。曹操智计殊绝于人,其用兵也,仿佛孙、吴,然困于南阳,险于乌巢,危于祁连,偪于黎阳,几败北山,殆死潼关,然后伪定一时耳,况臣才弱,而欲以不危而定之,此臣之未解三也。曹操五攻昌霸不下,四越巢湖不成,任用李服而李服图之,委夏侯而夏侯败亡,先帝每称操为能,犹有此失,况臣驽下,何能必胜?此臣之未解四也。自臣到汉中,中间期年耳,然丧赵云、阳群、马玉、阎芝、丁立、白寿、刘郃、邓铜等及曲长屯将七十余人,突将无前。賨、叟、青羌散骑、武骑一千余人,此皆数十年之内所纠合四方之精锐,非一州之所有,若复数年,则损三分之二也,当何以图敌?此臣之未解五也。今民穷兵疲,而事不可息,事不可息,则住与行劳费正等,而不及今图之,欲以一州之地与贼持久,此臣之未解六也。夫难平者,事也。昔先帝败军于楚,当此时,曹操拊手,谓天下以定。然后先帝东连吴、越,西取巴、蜀,举兵北征,夏侯授首,此操之失计而汉事将成也。然后吴更违盟,关羽毁败,秭归蹉跌,曹丕称帝。凡事如是,难可逆见。臣鞠

马谡拒谏失街亭,孔明挥泪斩马谡　白描插图　清代

蜀国街亭为汉中咽喉要地,诸葛亮派将驻守。马谡请命,诸葛亮再三叮嘱须靠山近水扎寨,并令王平辅之。马谡刚愎自用,竟在山顶扎营,后被张郃所败,街亭失守。马谡不遵诸葛亮将令,失守街亭,与王平回营请罪。诸葛亮虽惜其才,但以军法无私,挥泪斩之,并因己用人失当,上表自贬。左图出自石印本《三国演义》插图,右图出自《三国演义版刻本图录》。

躬尽力，死而后已，至于成败利钝，非臣之明所能逆睹也，于是有散关之役。"

诸葛亮的第三次北伐，在当时蜀汉朝中，文武百官纷纷反对，因为同年二月，马谡街亭失守，大家顿失信心，一年之内，再次北伐，实在有些自不量力。而且动员大军，百姓负荷承重。最温和的见解也会认为：即令北伐，也要稍稍延后。但是诸葛亮认为：时值曹休兵败，曹魏大军东下，关中空虚，正是北伐的时机，所以不顾朝中反对，执意北伐，《后出师表》也就是在这个背景下写给刘禅的。

《后出师表》从语气看来，是诸葛亮对刘禅的一个回复。刘禅的原文不见，但是我们可以从诸葛亮的回复中逐句推敲出刘禅的本意是希望稳定而不支持北伐，想法大致有八：

（1）"欲以长计取胜，坐定天下"——主要是刘禅不愿北伐的托词。诸葛亮就拿汉高祖刘邦做比喻，以刘邦的睿智，身边谋臣的策略，仍要历经危险，身受创伤，才能获得平安。而你刘禅不如刘邦，身边的谋臣不如张良、陈平，而竟然打算用遥远漫长的计划，去博取胜利，坐等天下大定，就我的想法而言，认为这是不太可能的。

（2）"今岁不战，明年不征"——刘禅想表明自己并非不想北伐，而欲等候时机。诸葛亮就以刘繇、王朗不主动进攻而导致孙策坐大吞并江东为由反驳。

（3）"而欲以不危而定之"——刘禅以考虑诸葛亮安危为借口，阻止北伐。诸葛亮就举曹操为例，曹操智慧绝顶，谋略超人，指挥大军，可以媲美孙武、吴起。然而，在南阳被张绣围困；在乌巢冒生死之险，攻击淳于琼；在黎阳应袁谭之邀北上，亲冒刀锋；在白浪山与乌桓对决时，濒临溃败；在潼关与马超对阵时，几乎丧命。经过了这一切，才缔造一个安定的假象。何况，我诸葛亮的才干不够，所以不奢望在百无一失、一点危险都没有的情况下，平定天下。其实诸葛亮一生谨慎，用兵很少有冒险的时候，这根本就是刘禅反对北伐的借口。

（4）"况臣驽下，何能必胜"——似乎刘禅曾暗中责备诸葛亮打无把握之仗。诸葛亮这里还是拿曹操为例，他肯定了曹操的军事才能堪与孙子、吴起相比。但是他也举了曹操五次进攻昌霸，都不能使昌霸永远降服；四次企图越过巢湖南下，一连遭受四次失败；信任李服，却被李服反咬一口；委任夏侯渊，夏侯渊兵败身亡。先帝刘备对曹操的才智能力，由衷称赞，可是曹操所打的仗也都在可胜不可胜之间，免不了困扰和失策，所以世上没有打必败之仗的事。

（5）"若复数年，则损三分之二也，当何以图敌？"——刘禅定是希望数年之后再图魏，但是诸葛亮以人才日渐凋零为理由反对。诸葛亮说，自从我到了汉中，不到一年，而名将一连逝世：赵云、阳群、马玉、阎芝、丁力、白寿、刘郃、邓铜等等，有七十余人，还有一千余人的精锐，也都先后死亡，这都是数十年内，集合的四方精英，不是一个州所能招集的人才。再过几年，势将不战而消耗三分之二，但那时候，我们用什么对付敌人？

（6）"事不可息，则住与行劳费正等"——刘禅也提出了军粮费用供应的问题。诸葛亮认为打不打仗都要耗费同样的粮草，如果不趁着曹魏正跟东吴兵连祸结，内部正在空虚，发动攻击，却打算以蜀汉一州（益州）之力，跟曹魏作持久战，简直是不太可能的。诸葛亮虽然在这里点出了此时北伐的有利时机，但对于粮草问题的看法却有些站不住脚。三国时，军闲多屯田自给，多战则民困军乏，影响农事。而且粮草一直是制约北伐的瓶颈，诸葛亮岂能视而不见？

（7）"夫难平者，事也。"——诸葛亮认为世界上，最难判断的是天下大势和时事变局。昔日，刘备在楚地（湖北省）兵败，当时，曹操拍掌大快，认为天下大乱终于结束。想不到刘备东连吴越，西取巴蜀，挥军北征，斩下夏侯渊的人头，这正是曹操判断错误，汉王朝即将复兴的契机。然而，想不到东吴叛盟，关羽覆灭，秭归挫败，曹丕称帝。任何事情都是如此，难以预知。我鞠躬尽力，死而后已。至于成功或失败，都不是我所能预料的了。

（8）"于是有散关之役"——刘禅的劝阻没有奏效，所以发生了散关（今陕西宝鸡市西南大散岭上）战役。

从这份《后出师表》可知，当时蜀汉朝中弥漫着苟安心理，只图目前享受，反对北伐，所以诸葛亮才不得不一一剖析，"鞠躬尽瘁，死而后已"，更见其此时心情沉重。

这第三次北伐的结果又是如何呢？当年十二月，诸葛亮率军出散关，包围陈仓。而陈仓早有准备，诸葛亮不能攻克，于是命陈仓守将郝昭的同乡靳详，在城外向

蜀军北伐示意图

郝昭招降。郝昭登上城楼，回答说："曹魏国法，你最熟悉；我的为人，你最深知。我受国家的深恩，而家中人口又多（如果归降，势必满门抄斩），你不必多说，我只有一死，请你回去向诸葛亮致谢，尽管进攻。"诸葛亮认为蜀汉远征军部众数万，而郝昭守军不过一千余人，又预料东方（指曹魏京都洛阳）救兵不可能及时赶到，于是开始攻城，使用云梯、撞车，战况猛烈。郝昭用火箭密集射击云梯，云梯起火燃烧，梯上战士全都被烧死。郝昭又用绳索拴上石磨，捶击撞车，撞车全毁。诸葛亮再制造百尺高架，用乱箭压制城中守军，一面运土填塞护城河，准备直接攀城而上，郝昭在城内再筑一道城墙阻挡。诸葛亮挖凿地道，打算派突击队从地道突入城中，郝昭又在城内挖掘横沟阻截。

诸葛亮猛攻二十余日，曹魏都督曹真派军增援。同时曹魏帝曹睿又命将军张郃率军攻击诸葛亮。临行前，曹睿亲自为张郃饯行，问张郃："等到将军抵达，陈仓会不会陷落？"张郃知道诸葛亮远征军深入敌人国境，缺乏粮秣，屈指计算，说："等我抵达时，诸葛亮早已撤退！"果然，诸葛亮粮秣告罄，还没等张郃抵达，即已回军。

这第三次北伐又差不多是无功而返，症结还是在粮草上出了问题。不过之前，诸葛亮派陈式攻武都、阴平两郡，倒是有所斩获，得了这两个郡。值得注意的是，这两个郡的平定给蜀汉后来的覆没埋下了伏笔。后来邓艾正是从这里奇袭，才攻破蜀国❶。

诸葛亮死后，刘禅诏策曰："惟君体资文武，明睿笃诚，受遗托孤，匡辅朕躬，继绝兴微，志存靖乱；爰整六师，无岁不征，神武赫然，威镇八荒……"这"无岁不征"四字，就可以叫做颇有微词，别有滋味，也就是刘禅的真实态度。

❶ 公元263年，曹魏兵分三路伐蜀，征西将军邓艾率兵3万余人，由狄道进军，以牵制蜀大将军姜维驻守沓中的主力；雍州刺史诸葛绪率3万余人，进攻武都，以切断姜维退路；钟会率主力10余万人，欲乘虚取汉中，然后直趋成都。但姜维成功地退守剑门，利用天险，阻挡钟会率领的魏军主力。邓艾则从阴平小路进军，直取成都，灭亡蜀汉。但是在蜀汉灭亡之后，钟会与邓艾之间的矛盾迅速激化，钟会诬陷邓艾谋反，将其囚禁，试图据蜀自立。虽然这一叛乱最后被平定，但是伐蜀的两位主要将领钟会、邓艾都在混乱中被杀，演出了一场二士争功的悲剧。

除了刘禅对诸葛亮连年北伐颇有微词外，时人还记载："瞻（诸葛瞻）、厥（董厥）等以（姜）维好战无功，国内疲弊，宜表后主，召还为益州刺史，夺其兵权。蜀长老犹有瞻表以阎宇代维故事。"

诸葛瞻认为姜维好战导致国内疲弊，建议刘禅撤换他。表面上是指责姜维，实际上何尝不是对其父选择的接班人和北伐遗策的不以为然呢？

颓局初现　诸葛殒命

刘备意气用事，为关羽之死而讨吴，结果被陆逊火烧七百里连营，致使蜀汉元气大伤。诸葛亮《出师表》第一句就是："先帝创业未半，而中道崩殂，今天下三分，益州疲弊，此诚危急存亡之秋也。"这时的蜀汉政权已经不是那个英雄豪杰于斯为盛的时候了。

诸葛亮主政期间，"无岁不征"，导致国力日蹙。刘备时期搜罗的人才因为病老纷纷去世，又无新的血液补充。当时，国力空虚到了什么状况呢？正史没有记载，咱们不妨再从侧面推敲一下：

《三国志》载"三年春，亮率众南征，其秋悉平。军资所出，国以富饶。"靠搜刮少数民族那点财富而能使当时国人觉得富饶，可见当时蜀汉财政的困顿。

众所周知，货币是经济的血液。想了解一个国家的财政健康状况，最简单的办法就是考察一下它的货币。我们借助收藏家们的资料可以对蜀汉和曹魏时的货币进行对照。

蜀汉货币"直百五铢"。公元214年，汉献帝十九年，刘备入蜀后铸于成都。初铸钱大而厚重，后铸逐渐减重，最轻薄者，不足0.8克。面文篆书"直百五铢"，即价值"一百枚五铢钱"。常背铸或背刻阴文和文饰，也有背铸阳文。

同时期的曹魏货币是"魏五铢"。三国时期，魏文帝，明帝皆铸有五铢，新钱形状仿汉制五铢，故称"魏五铢"。魏五铢轮廓清晰，钱形厚重，边廓压金。

三国时期蜀国货币："直百五铢"

一个政权面临崩溃的时候，通常有三种途径搜刮民财：(1)通货膨胀；(2)卖官鬻爵；(3)预征税赋。减小货币重量而扩大货币面值，牺牲政府信用来维持开销，是饥不择食、饮鸩止渴的行为。纵观货币史，凡是质劣轻贱

的小钱，无一不是铸于某个朝代末期。一个被认做清明的政权做出这种强盗般的行径，是很难解释的。而一个政权一旦盯上上面三种方法，就算没有外敌，它自己也会整垮自己。

既是如此，蜀汉的政权不稳，民心思变也就不难理解了。如果盲从现有评论，我们看到的是对诸葛亮的衷心爱戴和千载思念，按此推论，蜀汉应该是全民紧密团结在以诸葛亮为首的蜀汉中央的周围，为了推翻曹魏暴政而奋斗着。事实是怎样的呢？

现撷取《三国志》片断：

……建兴元年，南中诸郡，并皆叛乱，亮以新遭大丧，故未便加兵。

……建兴元年夏，牂牁太守朱褒拥郡反。

……益州郡有大姓雍闿反，流太守张裔于吴，据郡不宾，越巂夷王高定亦背叛。

……十一年冬，南夷刘胄反，将军马忠破平之。

……三年春，使越巂太守张嶷平定越巂郡。

……是岁，汶山平康夷反。

……秋，涪陵属国民夷反，车骑将军邓芝往讨，皆破平之。

一个政治清明上下一心的国家，怎么会有这么多的反叛？为什么邓艾一支偏师突入蜀境，整个蜀汉政权就瞬时间土崩瓦解了？由此引发的结论也是与传统观点相悖的。

公元229年，孙权正式登基，时年48岁。追尊父亲孙坚"武烈皇帝"，哥哥孙策"长沙桓王"，封儿子孙登当太子。

孙权派人向蜀汉朝简报他即位情形，表达两国皇帝互相尊重、共存共荣的愿望。蜀汉政府官员反应强烈，认为跟孙权交往毫无益处，而孙权竟然称帝，站在大义立场，孙权显然是叛逆，应当跟他断绝关系。

诸葛亮反对，他说："孙权早有僭位叛逆之心，我们所以不太追究的原因，好像捕鹿，我们抓住角，希望他抓住脚而已。今天如果公开的一刀两断，他们一定恨我们入骨，我们势必把军队调到东方，跟东吴对抗，必须等到把他们的国土并吞之后，才可以图谋中原（曹魏帝国）。可是，东吴的贤能人才，还是很多，文武将相又一团祥和，绝不可能用一天工夫，把他们消灭。于是，势必僵持不下，坐在那里，眼看着胡须变白，反而使北方贼寇（曹魏帝国）得到利益。这个不是最高的谋略。

孙权不能渡江北上，犹如曹魏不能渡汉水南下，不是力量有余而不去做，也不是有重大利益而不去取。如果我们大军出动讨伐曹魏，上等计策是：孙权一定会想占领曹魏的国土，留作以后规划使用。至少，孙权也会掳掠曹魏百姓，开拓疆域，在国内提高声望威信。他们不是呆坐在那里一动不动之人。即令他待在那里，一动不动，但对我们却和睦亲善，我们北伐时,不但没有东顾的忧虑,而曹魏军队,也不能全部西调。仅这方面的利益,已经够大了。所以相比而言,孙权僭位叛逆这件事对我们而言不算什么。"

于是,刘禅派人前往东吴帝国,祝贺孙权登基。孙权跟蜀汉签订盟约,等到消灭曹魏后,平分曹魏的领土。

诸葛亮北伐的旗号当然是尊奉汉室,痛恨曹氏篡汉。实际上,诸葛亮在东汉并没有辉煌的家族史值得留恋回味,所谓匡扶汉室只是他伐魏的一张牌。刘备自称皇帝,也正是诸葛亮带头发起拥戴的,在刘备分封功臣时说:"军师将军臣诸葛亮、荡寇将军汉寿亭侯臣关羽、征虏将军新亭侯臣张飞、征西将军臣黄忠、镇远将军臣赖恭、扬武将军臣法正、兴业将军臣李严等一百二十人上言曰……"诸葛亮排在一百二十人的最前头。

诸葛亮不断地发起北伐,与他在孙权称帝时,劝刘禅致贺所表现出的灵活性,其目的是一样的,都是为了蜀汉的国家利益。

公元234年二月,诸葛亮(时年54岁)率十万人的庞大北伐兵团,从褒斜谷(今陕西太白县西南褒河山谷)向曹魏发动第五次,也是诸葛亮发动的最后一次北伐。与此同此,他派使节前往通知东吴,希望东吴方面能同时出兵。

诸葛亮出褒斜谷,抵达郿县(今陕西眉县),在渭水南岸扎营布阵。曹魏大将军司马懿率军渡过渭水,背靠渭水构筑营垒抵御。司马懿对将领们说:"诸葛亮如果攻击武功(今陕西武功县西),顺着山势向东挺进,将会给我们造成压力。如果向西进入五丈原(今陕西眉县西),我们就平安无事。"诸葛亮果然推进到五丈原。雍州刺史郭淮建议司马懿说:"诸葛亮一定要夺取五原(五丈原渭水之北部分),我们应先入据守。"将领们多不同意。郭淮说:"如果诸葛亮横跨渭水,控制五丈原全区,再进击北山(汧山),就可以切断通往陇右(陇山以西)的交通线,会引起汉人、羌人、胡人的巨大动乱,不是国家之利。"司马懿遂命郭淮进屯北原,正在筑垒,蜀汉大军已经涌到,郭淮迎击,遏制蜀汉大

东吴大帝孙权

孙权(公元182—252年),字仲谋,吴郡富春县(今浙江富阳人),三国时吴国的建立者。孙权19岁就继承了其兄孙策之位,力据江东,击败了黄祖。后东吴联合刘备,在赤壁大战击溃曹操军。东吴后来又和曹操军在合肥附近鏖战,并从刘备手中夺回荆州,杀死关羽,大破刘备的讨伐军。曹丕称帝后孙权先向北方称臣,后自己建吴称帝,迁都建业。

军的攻势。

诸葛亮因为以前数次出击，都因粮秣无以为继，不得不退。于是改变战略，决定采用军事屯田政策，沿渭水河岸，由兵卒开垦当地居民田亩之外的荒田。当地农民对此也乐于接受，战士也一切奉公，没有私弊。

五月，孙权（时年53岁）呼应蜀汉大军北伐行动，率军推进到巢湖湖口（今安徽巢湖市），直指合肥新城（今安徽合肥市西北），对外宣称大军十万。又派上大将军陆逊、左都护诸葛瑾，率万余人，进入江夏郡（今湖北鄂州市）沔口（今湖北武汉市，汉水入长江口），直指襄阳（今湖北襄樊市），将军孙韶、张承，进入淮河，直指广陵（今江苏扬州市）、淮阴（今江苏淮阴市）。

七月，曹睿乘御舟，亲自东征。孙权最初认为曹睿不可能亲自出征，所以当得到曹睿亲率大军就要来到的消息时，即行班师。由淮河进击的孙韶部队，也跟着班师。

曹魏帝国文武百官认为司马懿正跟诸葛亮在西方对峙，形势难分难解，建议曹睿御驾前往长安，曹睿说："孙权逃走，诸葛亮胆都吓破，司马懿足可以克制他，我不用忧虑。"于是返还。

司马懿跟诸葛亮在五丈原僵持一百余日，诸葛亮不断挑战，司马懿坚守营垒不出，诸葛亮派人把妇女用的首饰衣服，送给司马懿，侮辱他怯懦如同妇女，司马懿大怒，上书皇帝曹睿，要求出兵。曹睿派人手拿皇帝符节，前往大营，严厉制止。姜维对诸葛亮说："皇帝的符节一到，司马懿再不可能应战了。"诸葛亮说："司马懿根本无心应战，所以大张旗鼓，坚决要求非应战不可，是摆出姿态，借皇帝的权威，堵大家的嘴。统帅在外，对天子的命令有时候都可以不接受。假如司马懿有能力击败我们，岂有千里之外请求准许他出军之理？"

诸葛亮派使节到司马懿军营，司马懿只问关于诸葛亮吃饭睡觉以及每天处理事务多少等小节，绝不谈及军事。使节回答说："我们丞相一早便起床，很晚才就寝，二十板以上的军法处分，都要亲自裁决，饭量不过数升。"司马懿对左右说："诸葛亮食少事烦，怎么能活得长久！"

诸葛亮病情沉重，刘禅（时年28岁）派尚书仆射李福，到前线探望病情，并询问国家大计方针。李福既到，跟诸葛亮磋商，在得到明确指示后，告辞返京。走了只几天，李福又匆匆赶到。诸葛亮说："我知道你回来的意思，我们虽然长谈了　天，仍然觉得有些事还没有谈到，特地要找决定。你所问之事，蒋琬是适合的人选。"李福道歉说："以前实在忘记请示，先生百年之后，谁可以担当国家大事？所以中途匆匆折回。请再指示，蒋琬之后，谁可以继任？"诸葛亮说："费祎。"李福再问费祎之后，诸葛亮不作答复。

是月（八月），诸葛亮在五丈原军营逝世（享年54岁）。长史杨仪率军撤退。当地居民跑去告诉司马懿，司马懿追击。姜维命杨仪采取紧急措施，大军突然战鼓雷鸣，本来向南的旌旗突然反转向北，直指司马懿。司马懿急行收军，不敢进逼。于是杨仪步步为营，直到进入褒斜谷之后，才为统帅诸葛亮发丧。当地居民遂有一句俗话："死诸葛吓走活司马懿！"司马懿听到后，笑说："我能预料他活时的事，不能预料他死后的事。"

司马懿视察诸葛亮留下的残营废垒，叹息说："他真是天下奇才。"追到赤岸（今陕西留坝县北），追赶不上，方才回军。

蜀汉北伐大军返抵首都成都，刘禅下诏大赦，封诸葛亮"忠武侯"。最初，诸葛亮上书刘禅，说："我在成都，有桑树八百棵，耕田十五顷，供给子弟饮食衣服，绰绰有余，我没有别的收入，所以财产不会增加。我死的那天，绝不让家里有多余的布匹，外面有多余的钱财，辜负陛下。"诸葛亮逝世后，果然如此。

后世人对诸葛亮评价说："诸葛亮当丞相，安抚百姓，建立文官制度，限制官员权力，一切遵照法令规章，诚心追求公道。对忠心耿耿、有益于国家的人，即令是仇家，也要赏赐。对违犯国法、工作懈怠的人，即令是至亲，也要处罚。承认自己错误而情有可原者，再重的罪都可以减轻。花言巧语、死不认错者，再轻的过失，也要处罚。善行虽小，也会奖励；恶行虽微，也会贬谪。人情世故，都有深刻了解，对事件一定探讨它的根源，对理论一定考察它实践的结果，极端厌恶虚伪。全国百姓都对他心怀敬畏，刑罚虽然严苛，但没有人怨恨，因为他公平正直，明察秋毫，堪称治国的伟大政治家，可以跟管仲、萧何相比。"

然而，诸葛亮长于治理军事，短于奇谋诡计，政治能力优于作战能力，所以连年劳师动众，不能克敌制胜。从前，萧何推荐韩信，管仲推荐王子城父，都是因为知道自己的缺点，不可能十全十美。诸葛亮手下没有韩信、城父，所以功业堕坏。

事实上，马谡就是张良，魏延就是韩信、城父。问题不是没有名将，而是没有伟大的统帅，诸葛亮身兼将相，而过分谨慎的性格，跟军事上必须有冒险精神，互

魏 延

蜀汉名将，他跟随刘备入川得到器重，屡次被委以重任。诸葛亮北伐时期，魏延作为诸葛亮的左膀右臂，为蜀汉立下了汗马功劳。魏延为人孤高，善养兵卒，勇猛过人，但是和蜀汉重臣杨仪不和。诸葛亮死后，魏延率军欲杀杨仪，反被杨仪派马岱杀死。后魏延一门被夷灭三族。

相冲突。他培养的接班人，都是保守有余，进取不足，使我们徘徊扼腕，无限痛惜。

至于诸葛亮和刘禅的关系有没有想象中那么融洽？在对待诸葛亮的身后事上，有两件小事能够说明一些问题：诸葛亮死后，蜀汉各地百姓纷纷要求给诸葛亮建立庙宇，刘禅不准。百姓于是只好每逢节日，在路旁的高地遥祭。后来习隆、向充等人上书力求，说："请在诸葛亮墓（诸葛亮安葬在今陕西勉县南五公里的定军山）附近沔阳（今勉县），建立一座庙宇，禁止私人祭祀。"刘禅这才同意。

立庙之举，在古代是一项最大的荣誉，因为有庙宇就有香火，地下幽魂，还可以享受。刘禅批驳的理由是什么，史书上不载。但是我们可以推测：刘禅这年已经28岁了，皇帝的线条开始分明，可能早就不耐烦"权臣"对他的控制。皇宫自成一个体系，从黄皓的出现，就可以知道，刘禅早已有了自己的亲信，即令刘禅自己甘愿接受拘束，他的亲信们也不准他接受。只不过，此时的蜀汉政府仍在诸葛亮指定的继承人手中，刘禅还不敢在大计方针上改变，但抓住小节，还是忍不住要表示他对诸葛亮的反弹和厌倦之情。

另一件事是李邈上书，李邈给刘禅上书，援引历史上吕禄、霍光等人的例子，诋毁诸葛亮"身仗强兵，狼倾虎视"，说诸葛亮的及时死去，使其"宗族得全，西戎静息，大小为庆"，暗指诸葛亮如果不死，早晚会图谋不轨。刘禅闻言大怒，将李邈下狱处死。这说明刘禅对诸葛亮的感情还是很深的，不容许出现诽谤他的情况。

苦苦经营　　捉襟见肘

公元239年，曹睿逝世，享年36岁。临终前，曹睿握着司马懿的手，说："我把后事托付给你，由你和曹爽，辅佐幼儿。死怎能忍？但我强忍不死，就是等你！能够相见，没有余恨。"把两个幼儿曹芳、曹询，叫到床前，指着曹芳对司马懿说："就是他了，你看清楚，不要看错。"又叫曹芳去抱司马懿的脖子。司马懿叩头，悲戚流泪。

曹睿的死讯传到东吴，东吴的文武百官击掌相庆，说："现在，上帝厌弃曹姓家族，屡行天诛（指曹丕、曹睿父子相继去世）。当此龙争虎斗之际，竟然使一个幼童坐上君王宝座！"于是，东吴准备联合蜀汉，共同攻击曹魏。

蜀汉帝国最高指挥官（大司马）蒋琬，认为诸葛亮几次都从秦川出军，道路艰险，粮秣运输困难，都不能成功。他打算改变战略，建造船舰，准备顺汉水、沔水东下，袭击曹魏帝国的魏兴（今陕西安康县）、上庸（今湖北竹山县）。

后来蒋琬旧病不断复发，不能配合东吴的北伐行动计划。当时蜀汉政府官员一致认为蒋琬的策略一旦不能取得胜利，撤退困难，不是好的谋略。皇帝刘禅命费祎、姜维等，拜访蒋琬，说明大家的意见，蒋琬于是上书说："现在，曹魏帝国势力横跨九州，根深蒂固，铲除不易。如果能跟东吴帝国同心合力，攀脚击腿，即令不能立刻呈现效果，但总可以分割他的力量，蚕食他的土地。问题是，跟东吴帝国一连数次约定同时出军，每次都有差误，不能如愿。我常跟费祎等商议，认为凉州（甘肃省）是边塞重要地区，进可以攻，退可以守，而且当地羌人、胡人，思念汉王朝，好像久渴的人思念泉水。最好请姜维当凉州督导官（刺史。蜀汉帝国未设凉州，姜维官职乃是遥领）。如果姜维征讨，能够控制河右（即河西，甘肃中西部），我可以率军继进，作他的后援。现在，无论东方西方，发生危险，出军都不困难。因此，我建议把大本营迁移到涪县（今四川绵阳市）。"刘禅批准。

诸葛亮是一位伟大的政治家，而不是一位杰出的将领；受诸葛亮赏识的蒋琬，情形相同，不过是一位谨慎小心的太平宰相，对军事完全外行。看他准备顺汉水而下，攻击魏兴、上庸的战略，实在是非常冒险。万山丛中，孤舟深入，没有取胜的可能，一旦受挫，恐怕一条船舰都难逃回。然而，最重要的还是，即令连战连捷，夺取两城，对曹魏帝国造成的伤害，也几乎微不足道。

汉中（今陕西汉中市东）是蜀汉帝国的重要屏障，诸葛亮苦苦经营，已经成为一个强大的、可以独立作战的前进基地。蒋琬却一泻千里，南撤到涪县，进取之志，以及出击之力，全部消失。两年后，曹魏帝国突击汉中，如果不是郡长王平反应得宜，汉中可能陷落；汉中陷落，蜀汉国不保。而以后姜维不断出击，只因基地太远，终于劳而无功，又加上西北防线戒备废弛，二十年后，曹魏帝国终于长驱直入，造成蜀汉帝国的覆亡。

公元244年，曹魏帝国征西将军、雍凉军区司令长官夏侯玄（夏侯玄是曹爽姑母的儿子）、李胜（夏侯玄延聘李胜当长史）以及尚书邓飏，打算使曹爽的威名传播天下。于是，建议曹爽讨伐蜀汉帝国。太傅司马懿劝阻，曹爽不理。三月。曹爽西行，抵达长安（今陕西西安市），集结大军十余万人，跟夏侯玄，从骆口（今陕西周至县西南）南下，直指汉中。

蜀汉帝国驻防汉中的边防部队不满三万人，将领们大为恐惧，打算坚守城池，不出应战，等待从涪县来援的救兵。汉中郡长王平说："汉中距涪县将近一千里，曹魏兵团如果攻陷关城（今陕西西乡县），灾祸便不可测（关城，当地人称"张鲁城"。后来，钟会攻陷关城，长驱直入汉中。王平之言，不幸应验）。应先派护军刘敏，固守兴势（今陕西洋县），由我担任后卫。如果曹魏军分出部队攻击黄金（今陕西洋县东南），我率一千人亲自迎战。周旋之间，涪县援军当可抵达，这是上策。"

各将领都感怀疑，只护军刘敏跟王平的见解相同，遂率部队，进驻兴势，满山遍野，插上旗帜，连绵一百余里。

闰三月，蜀汉帝国皇帝刘禅派最高统帅费祎，率各军出发援救汉中。动身之际，光禄大夫来敏前来送行，要求跟费祎下一盘棋。这时，紧急军事文书，从四面八方交集而来，人穿铠甲，马备雕鞍，出动命令已经下达。可是，费祎跟来敏对弈，仍兴趣盎然。来敏说："我是故意考验你罢了，你真了不起，一定可以退贼。"（兵，是国家大事，三军整装待发，竟然容许来敏这种小聪明的佞人，让人马暴露原野，留下统帅下棋，可以看出他的玩忽心态。救兵如救火，任何城池的陷落，都在刹那之间，援军迟到一分钟，就来不及，而来敏居然利用自己的权势施以阻扰，前线将士正血肉横飞，情何以堪？而且统帅会不会临危不乱，要在平时考察，事到临头，再去试探岂不荒唐。如果费祎紧张过度，心急如焚，不能终局，难道临时撤换统帅？历史上这些怪诞行为，层出不穷，而佞人偏偏喜欢这种小动作，使怪诞变成佳话。佳话有时也是怪诞。）

再说曹爽，被兴势挡住去路，不能前进，而关中以及氐部落、羌部落运来的粮秣，供应不上，牛马骡驴，很多都死亡了，无数汉人、胡人，守着牲畜的尸体，在路旁号啕大哭。而由费祎率领的蜀汉大军，也抵达前线。曹魏参军扬伟向曹爽分析战场形势，建议迅速撤退，不然将被击败。司马懿也写信给夏侯玄，说："从前，武皇帝（曹操）第二次进入汉中，几乎大败。兴势地势，至为凶险，蜀军已经先入据守，进攻时敌人不肯应战，后退时敌人已切断归路，一定会全军覆灭！"夏侯玄接信后惊恐万分，也劝曹爽撤退。五月，曹爽只得撤退，费祎率军进驻三岭（沈岭、衙岭、分水岭。三岭皆在陕西周至县西南）阻截，曹爽大军争先夺关，步步苦战，仅只得以逃出，部众伤亡惨重。关中地区为了此次战役，民穷财尽，好几年还不能恢复。

这一年，蜀汉帝国大司马蒋琬，因久病不愈，坚辞所兼的益州刺史一职，愿意让给最高统帅费祎。刘禅遂任命费祎兼益州刺史，侍中董允兼尚书令，作费祎的助手。

这时，帝国正是多事之秋，征战不断，公务繁杂，费祎当尚书令时，见解跟领悟能力超过常人，批阅文件，只要约略望上一眼，就可以看出它的主题，反应速度较普通人快过数倍，而且谨记不忘。上班时间都在早晨和下午，一面办公、一面接待访客、一面饮酒进食、一面作休闲活动，还能跟人下棋，尽兴欢乐，可是从不耽误一件公事。等到董允接替费祎的职位，也打算效法费祎的作风。可是只十几天，公事便积压下来，不能推动，不禁叹息说："两人的能力相差如此之大，我赶不上。"只好把全天时间都投入工作，可是仍然觉得时间不够。

从蒋琬开始，直到费祎，虽然常在外地，但中央政府的赏赐、庆典、处罚、诛杀等大事，都遥远地先向他们请示，由他们决定之后，再由中央施行。费祎性情一向朴实谦恭，所受的评价，跟蒋琬约略相等。

姜维自认为了解西方（今甘肃省一带）国土人情，兼备智谋和勇敢，打算煽动羌人、胡人归附，作为助力，则陇山以西可以夺取。每想采取军事行动，最高统帅费祎总是加以约束，不接受他的计划，即令拨给他军队，也不会超过一万人，说："我们的才能，比起诸葛亮，相差太远，诸葛亮都不能平定中原，何

董允

董允（？—246年），字休昭，南郡枝江（今湖北枝江）人。自刘备立太子后，董允一直侍奉刘禅。他对上匡正刘禅、对下斥责黄皓，使两人不敢胡作非为。董允为人正道、礼贤下士、不求高官厚禄，与诸葛亮、蒋琬、费祎并列为蜀汉"四英"。董允死后，黄皓等逐渐把持朝政，迷惑刘禅，终导致蜀汉灭亡。

况我们！不如保国安民，谨守疆土，等待有能力的人才出现，再完成大业，不要抱着侥幸的心理，更不要想用一次战役决定胜负。万一不能成功，后悔已来不及。"等到费祎去世，姜维才不再受到约束，遂率数万人，从石营（今甘肃礼县西北）出击，包围曹魏所属的狄道（今甘肃临洮县）。

公元255年，姜维讨论再出军北伐。在金銮殿上，征西大将军张翼当着刘禅的面，跟姜维争辩，认为："国家面积太小，民力太弱，不应该不断发动战争。"姜维不接受，率夏侯霸和张翼，一同出军。

八月，姜维率数万人，抵达枹罕（今甘肃临夏市），直指狄道。

曹魏征西将军陈泰命雍州刺史王经进驻狄道，约定等陈泰援军抵达时，东西结合呼应，同时出击。陈泰大军在陈仓（今陕西宝鸡市东陈仓镇）。王经统御各军，沿洮河东汉时代旧有边寨一带扎营。跟蜀汉大军接触，情况不利，王经并不能忍耐，遂强渡洮水。陈泰得到情报，王经并没有据守狄道，判断事情将发生变化，立即率领各部队，前往赴援。而王经跟姜维已在洮水西岸会战，王经大败，急率残军一万余人退保狄道，其他部队，全都四散逃命，死亡的达一万人。张翼对姜维说："现在应该停止了，不应继续攻击，否则可能使我们的战果化为乌有，岂不是画蛇添足？"姜维对张翼屡次不断的阻挠，大为震怒，下令包围狄道。

陈泰此时进军到陇西郡（今甘肃陇西县），各将领都说："王经刚刚受到挫败，蜀汉军队气势正盛，将军（陈泰）率领的部队来自四面八方，全是乌合之众，在战败之后，面对胜利者的高昂士气，恐怕非失利不可。古人说：'毒蛇咬手，壮士断腕。'《孙子兵法》说：'对敌军，有时候不必攻击，对城池土地，有时候不必固守。'因为小的损失，会换来大的利益。我们不如据守险要，先保安全，严密监视敌人变化，抓住机会，再发出救兵，这应是上计。"

陈泰说："姜维用少数轻装备部队，深入我国境，就是希望跟我们在大平原上决战，以求歼灭我们的野战军，获得一次决定性胜利。王经早就应该固守城垒，挫败他们的锐气，而竟跟他们野战，正好跳进姜维的圈套。王经既被击败，姜维就应乘胜向东挺进，据守略阳（今甘肃秦安县东北），夺取那里丰富存粮，然后派军四出，招降纳叛，引诱羌人、胡人归附，向东争夺关中、陇西，向四郡（陇西郡、南安郡、天水郡、广魏郡）发动政治号召，那时我们的麻烦就大了。他不这样做，反而把战胜的部队，摆在坚固的城池之下，把士气高昂的兵卒，委屈在攻城之战上送命。攻和守的形势不一样，主军和客军的地位更不相同。《孙子兵法》说：'制造盾牌和撞车，要三个月。构筑土山，要三个月后才可能完成。'也就是说明攻城不易，除非万不得已，不要攻城。这尤其对孤军深入的敌人，绝不是有利的形势。而姜维正是孤军深入，自己的粮秣供应都有问题，却去攻城。我们迅速前进，所谓'迅雷不及掩耳'，定可破敌。洮水在姜维背后，姜维被夹在中间，我们攀登高山，占据险要，正好扼住对方的脖子，姜维连抵抗都不敢，必然逃走。"

陈泰进军，越过高城岭（今甘肃渭源县西），于深夜时分，秘密攀上狄道东南高山，遍山燃起烽火，擂动战鼓，吹起号角。狄道城中发现救兵已到，跳跃欢腾。姜维却想不到救兵会来得这么快，沿着山麓，向陈泰部队急攻，陈泰竭力抵挡，姜维无法攻克，只好撤回，陈泰集结部队，扬言要攻击姜维的退路，姜维恐惧，拔营逃走，撤退到钟提（今甘肃临洮县南），狄道城得以解围。

当时虚报军情的现象很普遍，每一次发生战况，将领们都会虚张声势，使全国受到震荡。陈泰很少做这种事。司马昭说："陈泰沉着勇敢，遇事能作正确判断。负担封疆的重责大任，拯救快要陷落的城池，却不要求增兵，又很少虚报军情，是一个克制盗匪的能手。"

姜维驻守钟提，曹魏的许多人都认为姜维军力已经枯竭，不能再发动攻击。安西将军邓艾说："洮西之役，我们受到的不是小损失：军队崩溃，仓库空虚，人民流离失所，如果评价双方形势，他们有乘胜进击的斗志，而我们的士气不振，这是其一。他们的将领和兵卒，互相了解信任，武器锋利，我们的将领是新任命的将领，士兵是新征集的士兵，武器补充还没有完成，这是其二。他们可以利用船舰（钟提附近有黑龙河、永宁河，可逆水而上），我们则全靠徒步，劳逸不同，这是其三。狄道、陇西郡、南安郡、祁山，都要防御，兵力分散，他们则可以集中军队，专攻一点，我们却要四点全守，这是其四。从南安郡、陇西郡沿途征收羌人粮食，直攻祁山，那一带的麦田已结穗成熟，有千顷之多，可以供姜维收割，这是其五。姜维狡诈，一定发动进攻。"

果然，姜维率军直指祁山，听说邓艾已有准备，于是舍弃祁山，回军董亭（今甘肃武山县南），转攻南安郡。邓艾在武城山（今甘肃武山县西南）扼守，姜维发动攻击，企图占领险要，不能取胜。当夜，姜维渡过渭河，沿山东进，转攻上邽（今甘肃天水市）。邓艾追击，在段谷（天水市南）赶上。姜维跟征西大将军胡济约定日期在上邽会师，胡济不能及时赶到，姜维孤军难支，邓艾发动攻击，大破姜维军。

姜维军既败，士卒四散逃亡，死伤惨重，蜀汉百姓从此怨恨姜维。

大厦将倾　风雨飘零

公元257年，姜维听到曹魏抽出关中兵力，调往淮南[1]，打算乘敌人内部空虚，攻击秦川，遂率数万人，从骆谷（今陕西周至县西南）出击，抵达沈岭（今周至县西南）。这时，长城存粮很多，而守军太少，司马望、邓艾进兵据守。姜维屡次挑战，司马望和邓艾均坚守不出。

[1] "淮南三叛"又称"寿春三叛"。曹魏后期，皇室与司马氏集团的矛盾日益突出，正始十年（249年）发生了高平陵事变，司马氏集团篡政野心路人皆知。魏太尉王凌、扬州刺史文钦、镇东将军毋丘俭、征东将军诸葛诞分别起兵，都以兵败身死告终。至此，支持曹魏皇室的武装力量基本被消灭殆尽。

姜维不断进攻曹魏，使蜀汉全国忧愁悲苦。谯周作《仇国论》，警告说，"百姓不徒附"，"皇天无亲，惟德是辅"，"民疲劳则骚扰兆生，上慢下暴则瓦解之形起"。到那时，危险必至，可是姜维不听。

公元262年，姜维再度出军攻击曹魏的洮阳（今陕西临潭县），邓艾在侯和（今甘肃卓尼县东北）迎战，击破蜀汉军，姜维退守沓中（今甘肃舟曲县西北）。

廖化说："不停地燃起战火，一定把自己烧死。姜维智谋不高过敌人，力量又小过敌人，而永无止境的攻击，怎么能使自己生存？"

最初，姜维以一个异乡人投奔蜀国，至此35年，身受国家的重任，连年来不断出兵，却不能建立功勋。此时宦官黄皓已经掌握了蜀国政府的大权，跟右大将军阎宇关系紧密，打算贬逐姜维，任用阎宇。姜维得到消息，报告刘禅说："黄皓奸诈伶俐，一意孤行，会倾覆我们的国家，应该诛杀。"刘禅说："黄皓不过是台阶前听候差遣的小小宦官，从前，董允一提到黄皓就咬牙切齿，使我深感遗憾。你何必也把黄皓挂在心上？"姜维发现黄皓的势力网已经完成，到处都是党羽心腹，像一座丛林一样，枝叶互相攀连。而自己的力量毕竟有限，却说出不应该说出的话，势将难逃报复，遂马上向皇帝婉言道歉，仓皇退出。刘禅命黄皓亲自晋见姜维，感谢他的宽恕。姜维更加惊恐，不能安枕。洮阳之役失利后，姜维遂请求在沓中武装屯垦，种植小麦，不敢返回京都成都。

司马昭对姜维不断侵扰边境，十分忧烦。一个大臣建议派遣刺客，刺杀姜维。荀勖说："明公（司马昭）是天下主宰，应依仗正义，讨伐叛乱集团。不此之图，却用刺客铲除盗贼，不是使四海尊敬的办法。"司马昭认为正确。司马昭预备大举进攻蜀汉帝国，政府官员大多反对，认为不可能成功。只有钟会极力赞成。司马昭告诉大家说："自从平定寿春反叛，我们修养士卒，已有六年，加强训练和补充装备，为的是要对付两个盗匪（东吴帝国和蜀汉帝国）。东吴面积辽阔，地势低洼潮湿，进攻他们，吃力而难以取得成效。不如先平定巴蜀，三年之后，再顺长江东下，水陆并进，这是假途灭虢之计。统计蜀国军队不过9万人，保卫首都成都，以及驻防其他边境的，不少于4万人，剩下的不过5万人。只要把姜维困在沓中，使他无暇照顾东方，我们大军直指骆谷，出其不意地突入他们的防务空虚地带，袭击汉中。像刘禅那种昏君，遇到边城陷落，人心震恐引起的危机，非亡不可。"于是任命钟会当镇西将军，主持关中军事。

征西将军邓艾认为蜀汉帝国并没有可乘之机，不断上书表示反对。司马昭命主簿师纂当邓艾的司马，就近解释，邓艾才接受命令。

姜维上书刘禅，说："钟会在关中集结部队，贮存粮秣，有大规模军事行动的迹象。请同时派出张翼、廖化统率各军，分别保护阳安关口及阴平郡的桥头（今甘肃文县东南），防备突击。"黄皓相信巫师鬼神，巫师鬼神指示说："阳平关及阴平道至为凶险，敌人不会傻到让自己身陷险境。"黄皓遂报告刘禅，不作理会。政府官员没有人知道这件事。

公元263年，曹魏帝国决定向蜀汉帝国发动灭国性空前庞大的攻击，曹魏第五任帝曹奂下诏，命征西将军邓艾率三万人由狄道（今甘肃临洮县）出发，攻击甘松（今甘肃迭部县）、沓中，以牵制姜维。雍州刺史诸葛绪，率三万人，由祁山出发，攻击武街（今甘肃成县）桥头，切断姜维退路。镇西将军钟会亲率十余万人，分别从褒斜谷、骆谷、子午谷直指汉中。还任命廷尉卫瓘"持节"，当邓艾、钟会两军的监军。

临行前，钟会前往王戎军营，请王戎提供作战方略，王戎说："道家有句话'为而不恃'（意思是：尽量去做，但不要逞能。），你若想取得成功不难，但要保持成果难。"

当时，有人问刘寔："钟会、邓艾能不能击破蜀国？"刘寔说："一定可以击破，但二人却不能回来。"再追问下去，刘寔只是微笑，不作回答。

当年秋季，远征军在首都洛阳集结完毕，大肆赏赐将士，誓师出发。将军邓敦反对说："蜀国不可能征服。"司马昭斩邓敦示众。

蜀汉帝国得到曹魏远征军即将来临的消息，派廖化前往沓中，援助姜维，再派张翼、董厥率军进驻阳安关口，作为各战略要塞的支援基地。

同时大赦，改年号为炎兴。刘禅下令，各战略要塞不准出战，其他各军全部退保汉城（今陕西勉县）、乐城（今陕西城固县），各城守军五千人。张翼、董厥军北上进抵阴平郡（今甘肃文县），得到诸葛绪所率部队将进军建威（今甘肃西和县）的消息，遂留在阴平一月有余，等待迎战。而此时钟会统率的三路大军已同时南下，平安抵达汉中郡城下。姜维听说钟会已进入汉中郡，急率军东还，与廖化、张翼、董厥等军合并，进入剑阁，抗拒南下的钟会大军。

姜维在剑阁驻扎，据守险要，钟会兵团进攻，不能攻克，而运输线拖得太长，完全暴露在易受攻击的蜀国国土之上，十分危险，粮秣逐渐缺乏，不能支持，打算班师。邓艾上书司马昭说："蜀汉已受到挫折，最好是乘势前进。如果从阴平抄小路南下，可到德阳亭（今四川江油市东北），以后就是一片平原，直扑涪县。德阳亭东距剑阁一百里，南距成都三百里，我们的奇兵突然攻击他们的心脏，剑阁的守军一定回头救援涪县，此时，钟会大军就可以大摇大摆地前进。如果剑阁的守军不回头救援涪县，则能救援涪县的部队就寥寥无几。"

邓艾于是从阴平进入山区（阴平道），凡七百里，没有人烟。邓艾凿山开路，遇水架桥，山高谷深，危险艰苦。而且没有多久，粮食不继，大军随时都会覆灭，情势十分危险。邓艾用数层毛毯把自己裹起来，翻滚而下。将士们则攀着树木，沿着悬崖绝壁，成单行鱼贯前进，终于到达江油。江油守将马邈毫无准备，于是开城投降。

诸葛瞻（诸葛亮之子）率大军迎击邓艾，但优柔寡断延误了战机，使得邓艾大军得以长驱直入，进入平地，大破蜀汉军队，斩诸葛瞻（时年37岁）。诸葛瞻的儿子诸葛尚叹息说："父子同受国家大恩，却不能早早诛杀黄皓，使他败坏国家，贻害百姓，活着还有什么意思！"于是纵马直闯敌阵，战死。

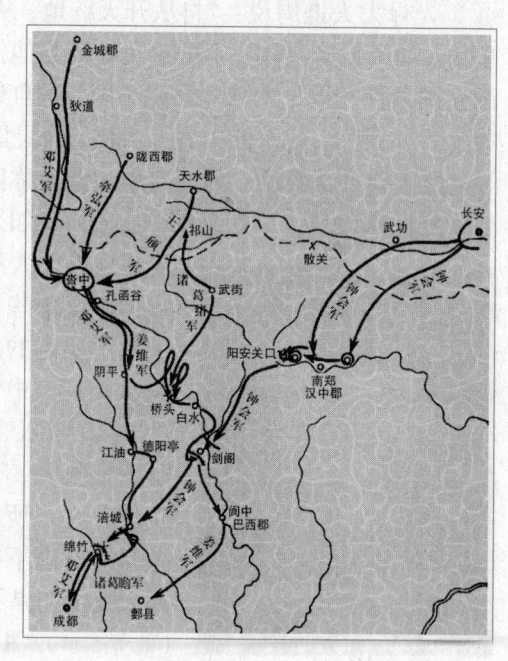

灭蜀之战

景元四年（公元263年），魏晋公司马昭下令，三路伐蜀。姜维进谏发兵迎战，后主刘禅听信宦官黄皓所言，以巫术驱敌，遂不发兵。魏军诸路人马压进，蜀军各路兵马战事不利。姜维只得放弃沓中、汉中、安阳关诸城，会合众将退守剑阁（今四川剑阁西）。钟会遂率大军攻打剑阁，蜀军坚守不战，双方对峙。邓艾攻下沓中后，亲率数千精兵，偷渡阴平险道，攻下江油（今四川江油北）与涪县。刘禅急派诸葛瞻父子领兵迎击邓艾于绵竹。魏军围困绵竹，诸葛瞻与众将全部战死，绵竹失守。邓艾大军兵临成都，蜀主刘禅献玉玺投降，并诏命姜维大军向钟会投降，蜀亡。

蜀国投降　钟会叛变

蜀汉政府怎么也想不到曹魏大军能迅速攻入本土,所以只遣军调将到前方抵御,大后方并没有任何戒备。邓艾大军突然进入平原,逼近成都,消息传出,百姓震动,陷于混乱,扶老携幼,或逃入深山,或逃入沼泽地带。政府此时即使想严厉禁止,已是禁止不住了。

刘禅召集紧急御前会议,文武官员议论纷纷,有人认为蜀国跟吴国是兄弟之邦,不如投奔东吴帝国。有人认为南中（云南省）还有七郡,山险水恶,悬崖绝壁,容易守卫,不如迁都南中。

光禄大夫谯周说:"自从开天辟地,从没有寄往别国而仍能当皇帝的事情。如果投奔吴国,不可避免地要当他们的臣属。而且,吴国跟我们汉国立国条件相同,大国之吞并小国,是自然趋势。可以看出,魏国既然有能力吞并我们,就有能力吞并吴国,而吴国没有能力吞并魏国,则至为明显。反正要低头称臣,与其向小国低头称臣,不如向大国低头称臣。与其要受到两次羞辱,不如只受一次羞辱。如果迁都南中,必须早早筹划,才可以实行。大敌已经当前,大祸已经临头。小人们心里想些什么,没有人可以保证。恐怕陛下抬脚要走的那天,就可能发生难测的巨变,怎么能到南中?"

有人说:"邓艾大军已经接近,如果不接受我们投降,又该怎么办?"谯周说:"吴国仍然存在,所以邓艾非接受我们的投降不可,并且非对陛下有盛大的礼遇不可。陛下投降之后,魏国如果不肯封陛下采邑,我愿前往京师（魏都洛阳）,根据大义力争。"

谯 周

谯周（公元201—270年）,字允南,巴西西充国（今四川阆中）人。蜀汉地区著名的儒学大师和史学家。后主刘禅建兴（公元223—237年）中期,诸葛亮以丞相领益州牧时,遂任谯周为劝学从事;大将军蒋琬领刺史后,又任其作典学从事,"益州之学"。后主立太子之后,他担任过家令,官至光禄大夫,位亚九卿。蜀汉亡国在即,谯周主张刘禅投降魏国,蜀汉随即灭亡。历史上对谯周劝降一事褒贬不一。

文武百官全都同意谯周的主张。

刘禅还是考虑迁都南中，迟疑不决。谯周再上书说："南中是遥远的蛮夷地区，承平时代，既不缴纳田赋捐税，又不供应民夫差役，对国家没有一丝贡献，还要不断反叛。幸而丞相诸葛亮用强大的军事力量压制，势穷力尽，才算服从。而今如果迁都，对外要抵抗强敌，对内又要负担政府官员的开支。这么大的耗费，没有其他的财源，只有依靠蛮夷，蛮夷一定叛变，不可避免。"

刘禅遂决定投降，派侍中张绍等，带着皇帝印信，前往迎接邓艾。邓艾拿到印信，大喜，回信给刘禅，表示嘉许及欢迎。刘禅派太仆蒋显带着诏书，命姜维就近向钟会投降。而自己则率太子刘睿及所有亲王、文武百官，共六十余人"面缚舆榇"（双手捆绑在背后，带着棺木，表示接受诛杀）前往邓艾大营。并把全国军民户籍档案送给邓艾。邓艾"持节"，解开他们的捆绑，焚毁棺木。

至此，蜀汉帝国覆灭，从公元221年起至公元263年止，立国共43年。

邓艾约束战士，不准抢劫房掠，安抚百姓，使之逐渐恢复正常生活。邓艾听说黄皓奸邪险恶，下令逮捕羁押，打算斩首，黄皓贿赂邓艾左右亲信，才得以不死。

姜维起先得到诸葛瞻在江油战败的消息，不知道刘禅的行止，遂从剑阁撤退出巴中，南下救援成都，途中收到刘禅命他就近投降钟会的诏书，遂放下武器，跟廖化、张翼、董厥等同到钟会大营投降，钟会厚待他们，并发还他们所缴出的符节、印信。

时人都觉得奇怪，司马氏弑君夺权，民心还没有全服，就劳师动众，倾国远征，失败都来不及，怎么居然会取胜？当时吴国有人分析道："其实曹操虽然功盖天下，但百姓畏惧他的威严，而不怀念他的恩德。曹丕、曹睿继承帝位，刑杀多、赋税重，差役更使百姓不堪负荷，东奔西跑，没有一年能够安定。司马懿父子，屡建大功，撤除苛刻的法令，推广平实的恩惠，为百姓着想，拯救苦难，民心归附，已经很久。所以，即使发生了'寿春三叛'，而魏国的中心地带并没有骚动。曹髦被杀，四方也一片平静。皆因司马家族任命贤能，而贤能又各尽忠心，根基已经稳固。可是蜀国却宦官专权，国家没有长远的目标，拥有军权的统帅又不断发动战争，百姓力尽，士卒疲惫，到境域外去贪图一点小利，不知道巩固边界要塞。魏国对蜀国，强弱有差别，谋划也超过一等，乘蜀国危机重重之时，发动攻击，没有不胜利的道理。"

邓艾进入成都以后，对自己建立的这场灭国功勋非常满意，渐渐自夸自大，对蜀汉遗老说："各位幸好是遇到我邓艾，才能有今天，如果遇到吴汉之辈，早已血流成河了。"

而钟会则阴谋利用自己现有的军事力量,叛离曹魏。姜维发现这个秘密,打算使钟会早日发动,掀起混乱,于是挑拨钟会说:"我曾经听说,自从寿春叛变以来,你的谋略和计策没有一次失误,司马昭能有今天的实力,也都是你的功劳。而今再削平蜀国,威望震动寰宇,百姓认为你有最高的功劳,可是,主人却恐惧你的智谋,在这种情形下,什么地方是你安身立命之所?为什么不效法范蠡,泛舟江湖,用以保全你的功业和自己的生命!"

钟会说:"你陈义太高,我办不到。而且,时代不同,现在或许还有其他办法?"姜维说:"其他办法,你的智力足以完成,我就不多担心了。"因此之故,二人情投意合,出则同车,坐则同桌。

钟会因邓艾"承制"(代表皇帝)任官封爵,心中大不高兴,遂跟卫瓘联名密告邓艾有叛变迹象。钟会精于模仿别人笔迹,此时驻军剑阁,常拦截邓艾的奏章书信(奏章呈曹魏帝曹奂,书信呈晋公司马昭),改动其中词句,故意显出桀骜不驯和自负自夸,对于司马昭给邓艾的信,也改动语气,故意凌厉苛责,使邓艾疑惧。

公元264年,曹奂下诏逮捕太尉邓艾,用囚车押返京师(洛阳)。晋公司马昭恐怕邓艾抗命,下令司徒钟会向成都前进,同时命中护军贾充率军从褒斜谷(今陕西太白县西南褒河山谷)南下,司马昭自己则亲率大军,

---

钟 会

钟会(公元225—264年),字士季,颍川郡长社县(今河南省长葛市)人,魏国谋士、将领。自幼才华横溢,受众人赏识。毋丘俭叛乱后,钟会说服司马师亲征。司马师病死后,钟会又帮助司马昭保住兵权。诸葛诞叛乱期间,钟会多次献策助司马昭平叛,又画西蜀图本力劝司马昭伐蜀。伐蜀期间,钟会为严军法,处死名将许褚的儿子许仪,又攻下阳安关,对百姓秋毫无犯,但在追击姜维时与邓艾交恶。灭蜀后,钟会打压邓艾,又准备与姜维策划谋反,事情败露,被士兵乱箭射死。

邓 艾

邓艾(公元197—264年),字士载,义阳郡棘阳(今河南南阳南)人,三国时期魏国杰出的政治家、军事家和战略家。邓艾初为司马懿属员,建议屯两淮田,广开漕渠,后任镇西将军。魏甘露元年(公元256年),大败蜀将姜维。魏景元三年(公元262年),奉司马昭之命,与钟会等伐蜀,次年至剑阁被阻,偷渡阴平,绕开剑阁,直趋成都,蜀后主刘禅投降。邓艾自恃功大,在成都独断专行,擅自处理军国大事,引起司马昭的猜疑,被杀。

侍奉曹魏帝曹奂御驾亲征，进驻长安。因各亲王都住在邺城（今河北临漳县西南邺镇），司马昭更任命山涛为行军司马（戒严司令），镇守邺城。

最初，钟会因才干卓越，受到信任。司马昭的妻子王元姬（王肃的女儿，生司马炎、司马攸）对司马昭说："钟会这个人，见利忘义，好生事端，宠爱他太过，一定发生问题，不可以交给他重要任务。"等到钟会率军进攻蜀汉帝国，相国府西曹掾（行政助理）邵悌对司马昭说："钟会率十余万大军，进行灭国性战争。他到现在为止，还是一个单身汉，没有儿子留作人质，不如改派别人。"司马昭笑说："我何尝不知道，只因为蜀国不断侵犯边境，已经筋疲力尽，我今天大军征伐，易如反掌，可是大家都认为不可能成功。人，一旦犹豫畏怯，智慧和勇气便同时枯竭。智慧枯竭而勉强叫他们作战，正好送给敌人当俘虏。只有钟会跟我的意见相同，派他出征，我相信必然能消灭顽敌。消灭顽敌之后，即令发生你所想象的事情，也不必担心不能解决。因为，蜀汉亡国之后，遗民震恐，不是合作的好伙伴，而且远征军将士，每人都想早点回到家乡，也不会跟他同心协力。钟会如果叛变，只不过自找灭族大祸。你不必忧虑，但要保守秘密，不可告诉别人！"

等到司马昭出发前往长安，邵悌再对司马昭说："钟会手下的部队，超过邓艾五六倍，只要命他逮捕邓艾就可以了，你何必亲自出征？"司马昭说："你忘记你从前的话了，怎么忽然又不要我亲自出征？虽然如此，我们谈话的内容，却不可泄露。我自应一片诚心待人，认为别人也不会负我，我怎么可以先疑心别人有诈！最近，贾充问我，'是不是有点怀疑钟会？'我回答说'现在我派你率军出征，难道也怀疑你？'他无法驳倒我的话，我到了长安，自会处理。"

这边，钟会派监军卫瓘，先到成都逮捕邓艾。其实，钟会另有阴谋，他知道卫瓘手下军队单薄，打算趁此机会使得邓艾先行诛杀卫瓘，然后就用这个罪名，坐实他对邓艾的指控。卫瓘知道钟会用的是借刀杀人的毒计，但又没有理由推辞，遂乘夜进入成都，召集邓艾所属各将领，宣布："奉到皇上诏书，只逮捕邓艾一人，其他任何人都没有牵连。所有将领，都应在天亮之前，来此集合，如果遵守命令，官爵赏赐，仍保持原样，如果抗拒，屠灭三族。"等到鸡声初啼，大家已集合完毕，只有邓艾府中的人还不知道。等到黎明，营门一开，卫瓘乘着钦差专车，直入邓艾住所。邓艾此时还高卧在床，没有起身。卫瓘逮捕邓艾父子，装入囚车。邓艾府中的各将领悲愤交集，要用武力抢劫，集结部队，直指卫瓘营帐。卫瓘身着便装，从容不迫出来迎接他们，宣称他正在撰写奏章，为邓艾申冤，证明邓艾绝没有谋反之事。各将领相信卫瓘，才停止行动。

几天后，钟会抵达成都，派军队押解邓艾前往京师（洛阳）。钟会心中最畏惧的,只有邓艾一人,邓艾父子既已被捕,十余万庞大的远征军,完全落入自己手中,声威震慑西土,遂决心叛变。钟会计划:命姜维率五万人当先锋,从褒斜谷出击,自己率主力继进,占领长安后,骑兵从陆路,步兵从水路(由渭水进入黄河),计划五天之内,就能抵达孟津(今河南孟津县东黄河渡口)。然后,步骑兵在首都洛阳城下会师,一夕之间,就可以推翻以司马昭为首的中央政府,平定天下。

然而,就在这个时候,钟会接到司马昭的信,信上说:"我深恐邓艾抗拒征召,特派贾充,率步骑兵一万,进入褒斜谷,驻防乐城(今陕西城固县,诸葛亮所兴建),我则亲率主力十万大军,驻屯长安,相见的日子,已经很近。"钟会接信后,大吃一惊,对亲信说:"仅只逮捕邓艾,司马昭知道我一个人就可以办到,如今却亲率重兵压境,定是看出什么异样,我们应该马上行动,事情成功,可以控制天下,即令事情不成功,退回蜀汉,仍可以当刘备第二。"

于是,钟会立即召集全体高级将领,包括护军、郡守、营门官、骑兵司令,以及蜀汉时代官员。在故蜀汉的金銮宝殿上,为郭太后发丧举哀(郭太后上年去世),并宣称:"接到郭太后遗诏,命钟会起兵罢黜司马昭。"还把这项遗诏交给在座的人传阅,要大家讨论。大家被这个晴天霹雳的巨变,吓得目瞪口呆。不过在当时这样的环境下,讨论的结果当然在钟会的意料之中,在场的人一齐签名拥护。钟会命他的亲信接管在座将领们的部队,然后把在座将领全数软禁在益州州府下的官舍之中,并紧闭城门宫门,派军严密看守。

卫瓘惊魂甫定后,假装病势沉重,要求出来住在外面,钟会同意,以后就变得更加肆无忌惮了。

姜维建议钟会把曹魏远征军的将领,全部诛杀。姜维的阴谋是:在钟会大屠杀之后,他再诛杀钟会,然后坑杀曹魏远征军的所有士卒,复兴蜀汉帝国,再拥立刘禅称帝。姜维秘密写信给刘禅说:"愿陛下再忍耐几天羞辱,我准备使国家由危转安,日月由暗而明。"钟会打算采用姜维的建议,谋杀各将领,但又犹豫不决,迟迟不能决定。

钟会身边的一个亲信丘建,原本是胡烈的旧部。丘建看到老长官胡烈孤独地坐在那里,心中不忍,他请求钟会准许胡烈派一个亲兵回家取食物,钟会允许。各营门官也援例教亲兵回家去饮食。胡烈编造了一套话,告诉亲兵,并写信给儿子胡渊说:"丘建秘密泄露消息给我,说钟会已经挖好一个大坑,准备了数千根白木棍,打算传唤外面士兵进帐,每人赏赐一顶初级军官官帽,声言要擢升他们,然后在晋见叩谢时,一个接一个用白木棍敲杀,丢入大坑中。"其他营门的亲兵也到处传播这个消息。一夜之间,大家奔走相告,全城皆知,群情惊恐激愤。

第二天中午，胡渊率领父亲胡烈的部队，擂动战鼓，闯入营门，其他各军听到声音，也都擂鼓出营。事先没有人联络布置，事发也没有人出面领导，却不约而同，直向皇城进发。这时，钟会正发给姜维刀枪武器，有人报告说外面人声喧哗，好像什么地方失火，一会儿又报告说，军队正奔向皇城。钟会大为震惊，问姜维说："看情形，军心有变，应该怎么办？"姜维说："迎头痛击！"钟会派军前往诛杀被软禁的全部将领、郡长、营门官，将领们在内紧闭房门，用桌子顶住，钟会军用刀砍门，一时不能砍开。刹那间，胡渊等外军攀梯登城，纵火焚烧，像蚂蚁一样，一拥而上。被软禁的将领乘机冲出，沿墙逃跑，跟他们的部队会合。姜维率钟会左右卫士出战，亲手格杀五六人，但外军太多，一拥而上，击斩姜维。姜维死时62岁。

外军击杀姜维后，再争先击杀钟会，钟会死时年仅40岁。监军卫瓘出面收拾乱局，约束各将领，几天之后，才告平定。此时，邓艾的亲信将领，追赶邓艾囚车，准备把邓艾接返成都。卫瓘得到消息，因为自己曾经跟钟会共同陷害邓艾，恐怕邓艾一旦返回成都，向他报复。于是派军星夜北上，击斩邓艾父子。邓艾留在首都洛阳的其他儿子，全被诛杀。邓艾的妻子和孙子被放逐。

钟会之乱平定后，大家才又重新想起了刘禅。司马昭命刘禅全家都迁往曹魏帝国的首都洛阳。可是当时一片混乱，高级官员中没有人同行，只有秘书令（皇家图书馆馆长）郤正跟殿中督（皇宫防卫司令）张通，抛弃妻子，单身随侍左右。刘禅在郤正的引导下，谈吐应对，都能恰当，举止也没有犯错。这时才感慨叹息，深悔没有早点结识郤正。

刘禅到了洛阳后，曹魏封刘禅"安乐公"，刘禅的儿子、孙子，以及部属官员，封侯爵的有五十余人。司马昭曾设宴款待刘禅，故意上演巴蜀歌舞，刘禅左右都感到心酸凄凉，只有刘禅谈笑风生，毫不在意。司马昭对贾充说："一个人全无心肝，竟到如此程度，即令诸葛亮在世，也无法辅佐他长久不堕，何况姜维！"

有一天，司马昭问刘禅："你是不是很想念巴蜀？"刘禅说："此地乐，不思蜀。"郤正听到，对刘禅说："以后晋王（司马昭）再问的时候，你应该流泪回答说：'先人（刘备）坟墓，远在巴蜀，西望悲怆，每天都在思念。'同时请你紧闭双眼，表示哀伤。"后来，司马昭又问刘禅这个问题，刘禅依照郤正的话回答，司马昭说："你这话怎么跟郤正的话一样？"刘禅大吃一惊，睁开眼说："你怎么知道？"左右哄堂大笑。

蜀国灭后第八年，即公元271年，安乐公刘禅逝世，谥号"思公"，享年65岁。

蜀汉是三国时代最弱小的政权。它地狭民少，国力单薄，与魏、吴虽称鼎足而三,但自刘禅即位后,实际上是在危局下支撑。而蜀汉在刘禅治下,国祚延续达四十年之久,几乎与其敌国曹魏共存亡。四十年中,蜀汉人才得其所用,政权基本稳定,而且对魏始终以攻为守,战略上处于主动。这是基本史实,不应否认。

刘禅一朝,人才济济。位至丞相、尚书令、大将军的重臣,先后有诸葛亮、蒋琬、费祎、董允、姜维等。诸葛亮自不待说,是三国时代一流的政治家、军事家,史称"识治之良材,管、萧之亚匹。"蒋琬、费祎、董允也因其贤良,时人将他们与诸葛亮并称为"四相"、"四英"。姜维则"敏于军事",是诸葛亮死后蜀汉伐魏的主帅。此外,还有一大批独当一面的能臣良将,如"邓芝在东,马忠在南,平(王平)在北境,咸著名迹"。所以,后世有"时蜀官属皆天下英俊"的评论。无可否认,逆境中的蜀汉政权,能保其四十年基业,很大程度上确实得力于这些辅臣。

刘禅虽然不及其父那么英明神武,但是在知人、用人上还是继承了乃父风范,颇能知人善任。看刘禅之用蒋琬、费祎、董允、姜维就可以知道。在诸葛亮死后,对于刘禅来说,就再没有谁是不得不用之人。蒋琬、费祎、董允、姜维虽然都为诸葛亮生前所推荐,但他们都远没有诸葛亮那样的权威性。只要得不到刘禅的信任,他们完全可能不受重用。但刘禅对他们却是个个重用到底。其中,对姜维能用而不疑,尤其不易,因为姜维原来不是蜀汉阵营中的人,而是从魏国归附过来的。姜维在诸葛亮死后,即"统诸军,进封平襄侯",费祎死后,复"加督中外军事",直至升任最高武职——大将军,掌握了蜀汉的军权。在当时的战争年代,军队乃是立国的命根子。刘禅敢于把军权交给姜维这样一个从敌国归附过来的将领,这只能说明他确有知人之明。

刘禅在政治上有主见,除了反映于他的用人政策,还突出表现在他对伐魏战

曹魏大权旁落　　白描插图　　清代

所谓螳螂捕蝉,黄雀在后。魏国灭蜀不久,曹魏的国政大权就被司马家族掌握,为司马炎代魏建晋奠定了基础。图出自清末石印本《三国演义》。

争的坚持。蜀汉之主动伐魏，是诸葛亮的既定国策。这一国策对蜀汉，无论政治上还是军事上都是上策。首先，由于蜀汉是边陲小国，而魏是中原大国，所以在孰为正统的问题上，蜀汉实居于劣势。而为了争取政治上的优势，蜀汉就需要不断强调自己是汉王朝的延续，是正统，理当统一天下，即所谓"汉、贼不两立，王业不偏安"。既然是这样，蜀汉就需要主动伐魏，作为"讨贼"，以证明自己的正统地位。其次，蜀汉是弱国，而魏是强国。以弱对强，军事上如果消极防守，必然被动挨打，随时都有可能被强敌吞没。而只有采取积极防守，即以攻为守，才能鼓舞士气，争取主动。诸葛亮在世时，曾不遗余力，五次北伐，虽然没有也不可能真正打败魏国，但确实收到了上述政治上争取优势、军事上争取主动的效果。

诸葛亮死后，刘禅继续推行这一既定国策。但是，这时的蜀汉，进行伐魏战争已经越来越困难了。一方面，由于诸葛亮已不在世，伐魏事业失去了精神支柱和得力统帅，人们的信心开始丧失；另一方面，经过诸葛亮伐魏的多次战争消耗，本来就弱小的蜀汉，民力财力更行枯竭。所以，当时蜀汉朝野上下，多数人都主守不主战。但是刘禅还是念念不忘伐魏。就在诸葛亮死后第三年，即延熙元年，刘禅即欲利用魏国发生辽东之乱，乘机再举北伐。他对大将军蒋琬下诏，令其准备行动。诏书语气坚定，充满信心，而且明示了策略："曩秦之亡，胜、广首难，今有此变，斯乃天时。君其治严，总帅诸君屯住汉中，须吴举动，东西掎角，以乘其衅。"

后来，由于魏国迅速平定了辽东之乱，吴国亦因江夏之役新败于魏，未敢轻动，刘禅策划的这次北伐终未成行，但还是显示了他伐魏的决心。蒋琬死后，费祎继任大将军。费祎是主守派，对主战派姜维有所抑制。费祎死后，刘禅即让姜维大兴伐魏之师。由于频年用兵，民穷财困，加之军事上败多胜少，所以引起许多朝臣的反对。但刘禅还是支持姜维伐魏到底。

综上所述，刘禅在蜀汉政权中，并不是一个尸位素餐者。作为一个弱国的君主，在当时危急存亡的形势下，他最大限度地发挥了人才的作用，尽可能地争取了政治上的优势和军事上的主动。蜀汉政权在危局下长达四十年的支撑，刘禅的作用应该说是关键性的。

西晋州郡分布图

晋惠帝·司马衷

公元259—306年

司马衷是何许人也？或许听到这一名字，许多人第一反应便是如此。但当说起他就是那个问"为什么不吃肉糜"的皇帝，人们便恍然大悟，原来就是那个亡国的晋帝。历史多少有些不够公平，雄才大略的帝王，秦皇汉武、唐宗宋祖自然不乏追捧者；宋徽宗、李后主等会写写画画的亡国才子，也是有人怜爱有人恨；甚至热爱微服私访的正德皇帝，民间也广有流传其游龙戏凤的传奇故事；唯有司马衷，长久被冷落在历史的偏僻角落，无人关心无人问。

三韩

白痴皇帝　生逢乱世

　　从公元189年董卓率领凉州兵进京，揭开了汉末群雄逐鹿的局面算起，到589年隋文帝跃马渡江，统一全国，中国历史上经历了长达4个世纪的动乱分裂时期。所谓乱世出英雄，在这一个战火纷飞、横戈马上的年代，不知道演绎出多少悲欢离合、气壮山河的动人故事。而西晋作为这一时期唯一完成短暂统一的朝代，隐没于纷乱宏大的时代背景当中，显得不太引人注目。在它之前，是中国历史上最为群星灿烂的三国时代，布满了曹操、诸葛亮、孙权、刘备、周瑜这样熠熠生辉、妇孺皆知的名字，其后则有祖逖击楫中流，谢安谈笑间樯橹灰飞烟灭的动人情怀，夹在中间的西晋似乎是历史上的一团黑暗，它的开场便是司马昭之心路人皆知，高贵乡公曹髦横尸当朝的血腥杀戮，司马氏欺孤儿寡母而得天下，本来似乎就没有什么光彩的，更糟糕的是这个王朝的历史除了不断的政治倾轧、不断的宫廷密谋、不断的互相残杀，其他的都乏善可陈。屠杀连着屠杀，死亡接着死亡，一眼望不到尽头，沉重得把人压得透不过气来。最后演绎成八王之乱[1]这一长达16年的互相厮杀，天昏地暗，血流成河，直至五胡入华[2]，家国沦亡，胡马窥江，才稍稍振作，守住了东南的半壁江山。在这样一段用血浸红的沉重历史当中，抬头一看，高居于众人之上，统治天下16年的皇帝竟然是一个白痴，就像一块

---

[1] "八王之乱"是西晋时期，一场皇族为争夺中央政权而引发的动乱。始于公元291年（元康元年）至公元306年（光熙元年）以东海王司马越的胜利而告结束，共持续16年。这场动乱从宫廷内贾皇后与杨骏的权力斗争开始，进而波及各地，引发了全国性的大混战，给社会造成了极大的破坏，导致了西晋的迅速灭亡。卷入这场动乱的诸侯王不止八个，但八王为主要参与者，特别是《晋书》将八王汇为一列传，故史称"八王之乱"。这八王分别是汝南王司马亮、楚王司马玮、赵王司马伦、齐王司马冏、河间王司马颙、成都王司马颖、长沙王司马乂、东海王司马越。

[2] 五胡是指匈奴、鲜卑、羯、氐、羌五个少数民族，在西晋八王之乱的末期，各诸侯王为了取得军事上的优势，纷纷将北方的少数民族军队引入内战。这些少数民族进入中原之后，迅速反客为主，利用在军事上的优势推翻了西晋，建立起一系列政权，统称为十六国。十六国中虽然有成汉、前凉、西凉等政权为汉人所建，但大都是这些少数民族所建。这一时期少数民族大量涌入中原，造成了大规模的战乱与人口迁徙，但也成为了民族融合的重要契机。

白板映衬着一摊血红，红得格外恐怖，白得分外刺眼。

三国时代曹魏的政治继承者——司马懿在公元249年发动了高平陵之变，一举击溃了曹魏的权臣曹爽，从而开始了司马氏专权的长达十六年的历史，通过司马懿、司马师、司马昭、司马炎祖孙兄弟父子的三代四人的努力，终于建立了西晋。在司马昭的主导之下，曹魏于263年首先灭亡了蜀汉，265年司马炎通过禅让仪式，把曹魏的小皇帝赶下了台，自己登上了皇帝的宝座。280年，经过了长期的准备与激烈的争论，晋朝的军队终于越过了长江的天堑，灭亡了三国之中最后一个国家孙吴，完成了全国的统一。

司马氏家族本来是曹魏的开国功臣，司马懿是魏文帝曹丕的亲信，多年来出将入相，屡建功勋，尤其是坐镇关中，抗衡六出祁山的诸葛亮，可以说为曹魏国家的建立与巩固立下了显赫的功劳。到了魏明帝的晚年，随着开国元勋的日益凋零，纷纷故去，司马懿成了当时曹魏政坛公认的最富有文武才华与政治经验的大臣，受命与宗室曹爽一起辅佐年幼的曹芳。不久之后，司马懿与曹爽之间就因为权力分配的问题，发生了冲突，开始曹爽占据了上风，将司马懿高高挂起，安排他去担任太傅的闲职。而老谋深算的司马懿先是隐忍不发，进而干脆闭门称病，在暗地里积蓄力量。利用曹爽对朝中元老政治利益的侵害所引起的普遍不满，联合朝中尚存的元老功臣，乘曹爽与魏帝到洛阳郊外拜谒先皇陵寝的机会，关闭洛阳城门，发动政变。曹爽只是一个纨绔的贵戚子弟，在关键时刻手足无措，根本不敢与司马懿正面对抗，只要司马懿能够放过他的性命，他就愿意交出权力。这种懦弱的态度，在残酷的政治斗争中自然是既保不住自己的权力，也保不住自己的性命。于是曹魏的政治权力逐渐转到司马氏家族的手中，在司马懿死后，他的儿子司马师、司马昭相继执政，尽管在朝廷内外出现过多次反对司马氏专权的政治密谋与武装反抗，但都被司马氏家族一一镇压。随着权力的稳固，司马氏家族代魏的时机也日趋成熟。263年，尽管司马昭最后没有来得及完成建立西晋的事业，但是他留给儿子司马炎的是一个熟透的桃子，司马炎上台四个月之后，便完成了魏晋嬗代的政治仪式，建立了新朝。

由于司马氏家族的势力是伴随着曹魏政权一起成长的，它在曹魏政坛有着盘根错节的势力，司马懿

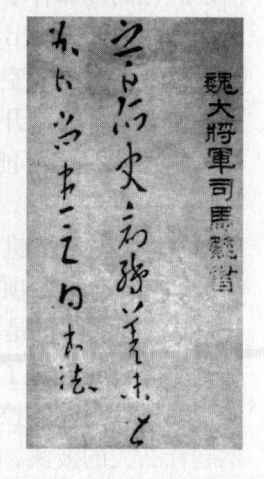

司马懿手迹　晋代

晋宣帝司马懿，不仅是杰出的政治家、军事家，还是晋代书法家。他擅长草书，代表作有《阿史病转差帖》。图为司马懿的手迹。

的好友、姻亲大多是曹魏政治中的高官，而司马师、司马昭作为高官的子弟，他们从小熟悉环境、交往的朋友都是这些曹魏的高官的子弟，因此当司马氏上台以后，他们能够信任、重用的还是身边的那些熟人。而且当时处于三国鼎立的政治局面之下，任何内部的动乱都给吴、蜀两国的军事入侵提供机会，从而动摇司马氏专权的基础。在这种条件下，只要那些原来曹魏的大臣宣布支持司马氏，司马氏一般也不去动这些人的地位，也不像一些新的王朝一样进行大规模的政治清洗，只要平平安安地达到建立新朝，自己称帝的目的也就完了。因此在西晋建立之后，放眼望去，当朝的达官显贵，都是过去曹魏功臣的后代。这种做法固然保证了政治的稳定，但也带来了很大的弊端，这些功臣很多都已经和司马氏交往了好几代，富贵已极，所以没有什么进取心，就以灭亡吴国、完成统一这件事来说吧，就反反复复地争论了十几年，才终于得以完成。这些人反而在贪污腐败、违法乱纪、生活糜烂方面非常在行。由于西晋的建立主要是靠这些人的支持，所以晋武帝司马炎拿他们也没有办法，他曾经公开地说，尚书郎以下的官员犯法，我是决不姑息的。那意思也就是说，如果你混到尚书郎以上，国法就拿你没辙了。所以钱穆先生说过："其时佐命功臣，一样从几个贵族官僚家庭出身，并不曾呼吸到民间的新空气。故晋室自始只是一个腐败老朽的官僚集团，与特起民间的新政权不同。"(《国史大纲》)

更糟糕的是，西晋的功臣们安邦治国的进取心不行，但是搞政治倾轧方面倒是非常的积极而在行，由于西晋的建立没有一个吐故纳新的过程，因此整个官僚阶层大多是从曹魏延续下来的，这样，多年来积累的政治矛盾也同样保存了下来。而这些曹魏贵戚的子弟为了保持自己家族的政治地位，对于那些出身贫寒、确有政治才华的新人非常敌视，拼命压榨他们在政治上的发展空间，这样互相的斗争，各种政治矛盾不断地生成、发酵，使得西晋刚刚开国就各种政治纠葛不断，一点都没有新王朝的气象。

司马炎尽管不能算是一个雄才大略的皇帝，但大体上还算是精明强干，他在世的时候，借助于皇帝的政治权威，不断地弥缝朝廷上下的矛盾，保持国家政治机器的正常运转。因此在武帝时代，表面看来，西晋政治还运作自如，各项政令、措施稳步推行，甚至有"太康之治"的不虞之誉。但问题的关键是司马炎只是在给西晋政治打补丁，而不是做手术，只是把矛盾暂时掩盖了起来，但并没有解决西晋政治中原有的问题。如果在皇帝处置得当能够控制政治局势的情况下，这些被压抑下去的问题或许掀不起什么大的波澜，但问题是，几乎满朝文武都心知肚明，武帝的太子司马衷是一个智力发育低下，毫无担负实际政治能力的白痴。所以一旦司马炎去世，西晋的政治会走向何方，恐怕包括武帝在内的西晋君臣心中都存有一个大大的问号。

愚鲁太子　众所质疑

尽管在帝制的政治体制下，皇位是在帝系之中按照嫡长子继承的规则传递的，是帝王家事，自然是有人雄才大略，有人草包狗熊，各有机缘，不一而足。但是立一个白痴做太子，在国史依然是非常罕见的例子。毕竟帝王系国家安危于一身，需要担负重大的政治责任，关系到祖宗基业国家社稷的兴亡，是万万开不得玩笑的。翻开《二十四史》，可见到因为"痼疾"、"废疾"这样的原因而被剥夺皇位继承权的事例，因为要让一个身体残疾或者精神残疾的人承继大统，处置政务，毕竟是在拿国家安危做赌注。

可惜晋武帝就做了这样一个赌徒，坚持把他的这位白痴儿子留在太子的位置上。那么他为什么要做这一超出政治理性的选择，而他手里又捏有怎样的筹码，使他自信能够在这场赌博中赌赢，不至于连江山社稷都一起输掉？如果仔细看看，其实司马炎手中捏的是一副烂牌，武帝一共生过26个儿子，从数量来看算是相当惊人，可惜质量实在不高，其中的8个估计没有满周岁就夭亡了，所以连名字都没有留下。其他的还有2个2岁夭折，1个3岁夭折、1个7岁夭折、1个11岁夭折、1个12岁夭折，就是那些活到成年的儿子，除了惠帝之外，活得最长的也不过31岁（其中有些是死于战乱，而非正常死亡），就是这位活到最久的吴王司马晏，被认为才不及中人，少有风疾，视瞻不端，后来病势转重，连上朝都不能参加，似乎也不比惠帝强多少。武帝的王皇后一共生了3个儿子，应该说是最有希望继承皇位的三人，可惜司马轨两岁就夭折了，司马衷智力低下，秦王司

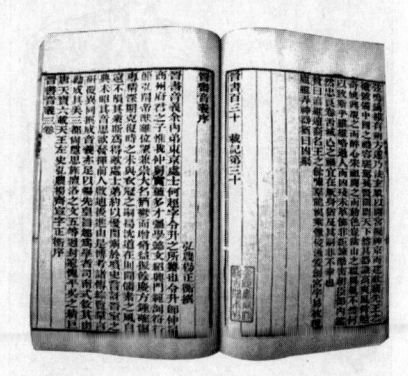

《晋　书》书影

《晋书》，二十四史之一，为唐太宗下诏修撰，从贞观二十年（公元646年）开始至二十二年（公元648年）成书，历时不到三年，房玄龄、褚遂良、许敬宗三人为监修。《晋书》一百三十卷，记载了从司马懿开始到晋恭帝元熙二年为止，包括西晋和东晋的历史，并用"载记"的形式兼述了十六国割据政权的兴亡。

马柬倒是被认为沉敏有识量,一度为天下所瞩目,被认为是取代司马衷的有力人选,可是一来司马炎最终还是坚持立了司马衷,二来他本人也寿命不长,武帝去世两年之后,也跟着去世了。因此,司马炎虽然子孙满堂,人丁兴旺,却也是矮子里面拔将军,没有多少选择的余地。看到司马氏家族子孙如此短命,加上中国历史两位白痴皇帝都是出自于晋代,另一位是东晋的安帝司马德宗,这位似乎比司马衷智力水平更糟糕一些,从小到大,口不能言,对于寒暑冷暖的变化也无动于衷,如此看来,司马氏家族的遗传基因多少有一些问题。

但如果要问,除了司马衷之外,司马炎当时还有没有更好的继承人选择,答案无疑是肯定的,这个人选就是司马炎的亲弟弟齐王司马攸。司马攸少年的时候,就表现得异常聪颖,为人处世也都非常得当,乐善好施,擅长书法,熟悉各种典籍,也有一定的文学才能,一直是朝野瞩目的对象,当司马衷的智力问题日益发展成为一个关系国家前途的重大政治问题时,许多朝中的有识之士都主张用司马攸来取代司马衷,至少也要让司马攸来辅佐司马衷,从而保证武帝去世之后政治局面的稳定和国家的长远发展。但是,司马炎却对自己的这个弟弟十分仇视,根本不愿意授予他任何的政治权力,更遑论用司马攸取代司马衷了。这其中的渊源要追溯到曹魏末年司马氏集团内部的变化。司马攸虽然是司马炎的弟弟,但是小时候就在司马懿的主张之下,过继给了没有子嗣的司马师。司马懿去世之后,司马师继续执政,此时如果没有什么大的意外,司马攸作为司马师的养子是最有希望的接班人。但是司马师本来就患有目疾,又抱病亲自率军出征淮南,在平定毋丘俭的起兵时,导致病势加重,死于军中。此时,司马攸年纪还很小,尚没有担负政治责任的能力,为了巩固家族的权力,司马师的弟弟司马昭出面继续执政。但是由于司马师对于西晋的建立有很大的功劳,而且司马攸又一直被认为才望在司马炎之上。因此,不管是出于真情还是假意,司马昭在公开场合一直说,这是景王(司马师)的天下,跟我没有什么关

司马攸

司马攸(公元248—283年),字大猷,河内温县(今河南焦作南)人,司马昭次子,后过继给司马师。他待人和善,学识渊博,威望很高。群臣大都信服他,盼望他在晋武帝死后接替皇位,可结果未能如愿。司马炎继承王位后,不久司马攸病死。图为司马昭与幼子司马攸。

系，有时候也指着自己的座位告诉别人，这个位置是为桃符（司马攸的小字）留着的。所以司马炎一直没有明确的接班人的地位，最终他经过多方的活动，终于在司马昭死前不到一年确定了自己世子的地位，最终如愿登上帝位，但是兄弟两人之间的矛盾与芥蒂已经种下，难以消除了。

所以尽管司马攸是司马炎的亲弟弟，但却是司马炎无时无刻不在小心防备的政治假想敌，武帝对司马攸的敌意，司马昭在生前就看出来了，去世之前特地向武帝叙述汉淮南王、魏陈思王的教训，希望兄弟二人能够同心协力，保持国家的长治久安。他们的母亲王皇后去世前也再三叮咛武帝：桃符性急，你这个做兄长素来对他不怎么友爱，我如果死了，恐怕你不会容他，因此我特别要关照你不要忘记我的话。由于有父母的遗训，标榜以"孝"治国的司马炎表面上自然不敢拿司马攸怎么样，但是暗地里他对司马攸的敌意与戒心丝毫没有降低。尤其是在司马炎晚年，身体状况一直不佳，有一年甚至病得很厉害，差一点没有熬过去，而太子司马衷又是智力低下，在此情况下哪怕允许司马攸留在朝中辅政，也难保在自己死后，司马攸不会取而代之，废黜自己的白痴儿子，自己称帝。在此情形下，朝廷中的舆论越是支持司马攸，大家对于司马攸的才能评价越高，对于武帝的刺激也就越大。终于在太康三年（公元282年），武帝下定决心，要把司马攸赶出朝廷，他下诏命令各诸侯王回到自己的封国中去，不允许留在京师，特别要求齐王司马攸作为宗室的领袖，带头执行，回到自己的封地中去，从而将司马攸赶出朝廷，断绝朝中大臣的期望。司马攸对于这一决定难以接受，闷闷不乐，又听说武帝的宠臣荀勖、冯𬘭一直在武帝面前离间自己，因此忧愤成疾，上表希望自己能够陪伴去世的母亲的陵寝，武帝也不允许。而武帝派遣来给司马攸看病的御医为了迎合武帝的期望，都声称司马攸根本没有病，于是不断地催促他赶快离开。司马攸不得不强撑病体，前来向武帝辞行，司马攸是一个素来注重仪表与礼仪的人，此时他虽然已经病得不轻，但在武帝面前却依然强打精神，举止跟往常没有什么两样。这样一来本来就心存猜忌的司马炎愈发认为司马攸只不过是在装病而已。在此人心险恶的环境之下，两三日后，司马攸病势大恶，呕血而亡，年仅36岁。司马攸死后，武帝虽然杀了几个谎报病情的御医作为替罪羊，但心中却是松了一口气。毕竟，自小到大，一直名望比他高，时时刻刻在威胁着他的帝位的弟弟已经去世，他的皇位，还有司马衷的皇位似乎稳固了不少。只是他没有想到，他的皇位确实稳固了，但是司马氏江山的保险系数却降低了。

武帝坚持让司马衷继位的另一个如意算盘是，惠帝虽然不慧，但是他的儿子司马遹却是聪慧过人。传说司马遹在5岁的时候，有一次宫中失火，武帝于是登楼查看火势，司马遹却把爷爷拉到边上的暗处，说道：失火事起仓促,为防备意外,不应该让火光照到陛下,以免让恶人有可乘之机。小小年纪就有如此的见识,让司马炎大感惊讶,对于这个宝贵孙儿也是赞赏不已,对朝臣公开宣称,此儿有像司马懿一样的政治才干,将来必能光大晋室,对他寄予厚望。有了这个聪颖异常的孙子,武帝也打消了另立太子的想法,虽然司马衷的愚痴多少还让人有些不放心,但是反正早晚司马遹都会承继大统的,晋朝只要传到他的手中,就好办了。司马炎的如意算盘是,立司马衷确实是有些冒险,但是他似乎也挑不出更好的替代人选,而司马遹的早慧又让他欣喜异常,为了这个宝贝孙子,也只好在太子问题上赌一把了。

但是并不是所有的朝臣都支持司马炎的这一想法的,关于太子痴呆的问题,早已在朝中上下闹得沸沸扬扬,成为了政治斗争中的一个重要话题。大臣们又不能直接说现在的太子是个智力发育不全的白痴,只能选了一个比较好听的字眼,叫做"纯质",都担心他将来不能胜任处理政务的需要。侍中和峤就跟武帝说:皇太子有淳古的风范,但是现在这个世道,狡猾奸诈的人很多,恐怕将来继位之后不太容易处理好政事。这话说得很巧妙,不说皇太子傻,而是说我们现在这些人太狡猾了,人心不古。武帝只能低头不语应付过去。朝中的老臣卫瓘也一直想劝劝武帝,却找不到适合开口的机会,好不容易,有一次君臣一起在凌云台喝酒,酒过三巡,大家都已经稍微有了几分醉意,卫瓘借着酒劲,拍着武帝的坐床说:这个位置可惜了。武帝当然是个明白人,但他也不愿意揭破此事,也来借酒说醉话,答道:你是真的喝醉了吗?如此一来,卫瓘也不敢再提这个事情了。

当然,武帝也明白,要让所有大臣信服,只能公开给大家证明一下,其实司马衷并非如传说的那样愚笨不堪的,有一次在和和峤、荀勖、荀颢几个大臣交谈的时候特地提到:最近见到皇太子,已经有了很大的长进,已经明白了不少世事了,不信你们可以去看望一下。于是和峤、荀勖、荀颢三人一起跑去参观了一下司马衷。其实事情发展到这个地步,司马炎、司马衷已经是颜面扫地了,皇太子是储君,将来是要君临天下的,现在却像动物园中的动物一样,被大臣们参观来参观去,评头论足,这在国史上也是绝无仅有的事情,如此一来皇室的颜面何在,太子将来继位之后,这样的皇帝在朝臣心中又有什么威望可言,还不是一个被权臣控制在手里的拉线木偶,最后历史的发展轨迹也证明了这一点。所以说,司马炎这个人,有些小聪明,也不乏政治手腕,但是做事情格局太小,没有大的政治气魄,往往聪明反被聪明误,这在他处理司马攸、司马衷这两件事上都体现得很明显。荀勖、荀颢都是司马炎的亲信,擅长揣摩皇帝的心意,过去一看,回来汇报说,果然如陛下所言,太子明识弘雅,长进多了。还是那个和峤回来之后，向司马炎汇报了五个字：圣质如初尔！就是您这个宝贝儿子该咋样还是咋样，还是那么的"纯质"、"淳古"，至于怎么个"纯质"、"淳古"法，大家也都心知肚明。对于这个一根筋的和峤，司马炎也拿他没什么办法。

为了进一步说服和峤这些大臣，司马炎想出了一个新的办法，给皇太子考试。他首先把太子东宫的官属都召集到一起来喝酒，防止他们为太子作弊，然后又密封几条疑难的政事，派人送给太子，让他作答。这个考试从表面上看起来，似乎还挺公平，武帝有点动真格的了。其实是外紧内松，作弊还是很容易的，太子妃贾南风请外面的枪手替太子答题，这些人答题的时候都是引经据典，大发宏论。这时服侍太子的一个小吏张泓看出了其中的破绽，对贾南风说：太子才智不高，不通学术，已经是远近皆知的事情了，如果答题的时候，一本正经地引经据典，一看就是作弊的，肯定会引起皇上的怀疑，从而招来谴责，不如还是回答得朴实直率一点为佳。这确实是一个很聪明的建议，对于一个从来没有及格过的学生来说，如果突然考了满分，当然是要被人怀疑作了弊的，但是如果只是考了一个六十分，别人就算有所怀疑，也很难开这个口了。贾南风一听大喜：你好好作答，将来富贵一定不会少了你一份的。张泓模仿着太子的口吻写了一个草稿，又命令太子抄了一遍，派人送给武帝。武帝一看十分高兴，得意地把这份答卷拿给卫瓘去看，卫瓘一时之间也不知道该如何应答，不免有些尴尬，说不出话来。看着卫瓘手足无措的样子，武帝不免有些得意。那些善于揣测上意的大臣，于是跟着一起拜倒，山呼万岁。在一片万岁声中，武帝不免有些飘飘然，似乎太子的智力问题也会随着一片歌功颂德之声，烟消云散了。可惜，事实总是事实，皇帝金口玉言，大臣的阿谀奉承，除了自欺欺人之外，也不能改变什么。大臣们心中自然也不会完全相信这些小把戏，只是伴随着一些半真半假的测试，司马衷太子的地位也就这么摇摇晃晃地维持了下来。反正武帝就是一个"拖"字诀，这是我的家事，我不废太子，你们又能如何，我考试也考试过，让你们参观也参观过，算是仁至义尽了吧，反正你们也没抓到什么大把柄，等到我眼睛一闭，太子顺利继位，这件事就完了。至于太子继位之后，西晋的政治会向何处发展，他寄予厚望的孙子司马遹是否能够安然地从司马衷手中接过皇位，武帝对于这其中的困难似乎想得不多，也没有考虑得如此长远，作为开国君主，他似乎过高估计了西晋政治的稳定性，恐怕并没有意识到，太子的不慧，已经让很多有政治野心的大臣看到了专权的机会，在表面平静的背后，新一波的政治惊涛已经暗流涌动。待到武帝死后，留给司马衷的是洪水滔天。

不食肉糜　遗笑千古

在讲司马衷继承帝位之后的事情之前，我们首先来讨论一下司马衷的智力问题。通过几个具体的事例，来判断一下司马衷的智力发展程度，通俗地说，就是要看看"傻根"到底有多傻，司马衷是否是毫无处理政事的能力。上文中已经提到了另一位不怎么著名的白痴皇帝晋安帝司马德宗，先把两人比较一下，司马德宗从小到大，口不能言，对于寒暑冷暖的变化也无动于衷，其实根据《晋书》简略的描写，笔者更倾向于认为司马德宗是一个自闭症的患者，而并非是智力低下的问题，当然这只能是依据文字材料的推测，简略的记载并不能给我们提供更多的、更直接的证据。

关于司马衷的智力问题应该说是有四个著名的段子，三个能说明他傻，另一个则证明他并不是十分的傻。

首先，当然就是那个传颂千古的何不食肉糜的著名段子。话说司马衷继位之后，天下动乱，百姓流离失所，由于粮食不继，多有饿死于路者，司马衷听闻之后，就一本正经地问属下：他们为什么不吃肉糜呢。第二个段子虽然不如第一个有名，但听说过的人也不少。有一天司马衷在华林园游玩，听到癞蛤蟆的叫声，就问左右：这蛤蟆叫是为公还是为私？左右随从中有脑子转得快的，赶快回答：在公家就是为公，在私人的地方就是为私。这一问一答都很有意思，甚至颇有一些哲学意味，不少写杂文的先生，都特别爱引用这个故事，借以讽刺某些领导干部的

嵇侍中尽忠死节　白描插图　明代

图出自明刊本《东西晋演义》，所绘为嵇绍为保护晋惠帝而身中数箭致死的情景。

公私不分，毕竟连白痴皇帝司马衷也知道要问一声蛤蟆是为公还是为私的。第三个则与司马炎的宝贝孙子司马遹有关，话说司马遹出生之后，一直留在武帝身边抚养，武帝十分喜欢他，与武帝的其他皇子一起起居游乐。直到有一次，司马衷来朝见武帝，武帝告诉他，司马遹是你自己的儿子，司马衷才明白过来。据此，司马衷可能并不具备亲自抚养自己子女的能力，因此武帝要将司马遹留在自己身边抚养。也有人认为，武帝对于司马遹的特别宠爱，可能暗示司马遹并非是司马衷之子，而是武帝自己的儿子。因为司马遹的母亲谢才人本来是武帝的侍妾，只是因为司马衷在纳妃之前，尚不明男女之事，武帝特地将谢才人赐给他，这位谢才人大概承负着对司马衷进行性教育的使命。有人据此推测司马遹是谢才人与司马炎的儿子，声言是司马衷之子只是为了掩人耳目而已。不过这些说法只是后人的推测，并没有十分可靠的证据。

　　至于那个说明司马衷并非十分傻的例子，知道的人可能略微少些，惠帝的后期，已经爆发了全国性的宗王混战，司马衷作为名义上的皇帝，自然成为各人抢夺的招牌，永兴元年（公元304年）七月，东海王司马越等人挟持着惠帝讨伐成都王司马颖，双方在荡阴展开了激烈的交战，司马越等人虽然有挟持天子的政治优势，却依然被打得大败。司马衷周围的人看到如此情形都四散逃窜，各自保命去了。刀枪无眼，射过来的箭矢已经击中惠帝乘坐的马车，惠帝中了三箭，脸颊也受伤了。在此危急时刻，唯有侍中嵇绍不离不弃，以身挡在惠帝生前，交战双方的兵刃已经要触及到了惠帝的马车，四面八方飞来的箭矢更是不计其数，嵇绍为了保护惠帝，被杀害于司马衷的身边，溅起的鲜血直接沾染到司马衷的衣服上。嵇绍舍身卫帝的行为，后来一直被视为历代忠臣烈士的楷模，《晋书·忠义传》把嵇绍列在了第一位，南宋文天祥著名的《正气歌》中"为嵇侍中血"一句，就是特别引述嵇绍的事迹作为自己效法的榜样。而司马衷虽然智力程度低下，对于嵇绍的舍命相救也并非无动于衷，毫无知觉，事情平息之后，左右想要把那件沾染上血污的衣服拿去洗净，惠帝特地阻止说：这上面沾染的是嵇侍中的血，留着不要洗掉。可见惠帝虽有痴愚之名，却不是完全不能辨别善恶的人。

　　中国社会科学院历史研究所的刘驰先生曾经写过一篇颇有意思的文章，叫做《晋惠帝白痴辨——兼析其能继位的原因》，主要就是借用一些医学的概念与文献记载相复核，具体辨析一下司马衷痴呆的程度。根据精神病学的分类，智力缺陷按照轻重程度不同可以分为愚鲁（Moron）、痴愚（Imbecile）、白痴（Idiocy）三种，其中白痴是其中症状最重的一类，多伴有其他身体方面的异常，比如头颅身躯比例畸形等，大多数不能说话，只能发出一些表达情绪的原始呼号，一般也没有生育能力。比照司马衷的情况，惠帝虽然不慧，但具有阅读书写能力，比如张泓代他作弊之后，他自己抄写了一遍；对于外界环境的变化也能够表达出喜怒哀乐的能力，比如以上嵇绍一事；有清楚的语言表达能力，甚至词汇还颇为丰富；有生育能力，育有多名子女。综上所述，严格地说，惠帝只能算作是愚鲁而已，离真正医学临床状态上的白痴还是有相当距离的，以白痴称之只是民间的习语而已。但是惠帝虽有一定的智力水准，或许生活上还有一定的自理能力，但无疑是无法应付处理复杂的政治事务这样需要精密思维的繁重的智力活动。在此情况下，将他置于天下至尊的地位，好比将黄金故意遗落在闹市街头，只会引起政治野心家对于皇权的觊觎，从而给整个国家带来深重的灾难。

政治婚姻　　史留恶妇

讲到惠帝就不能不提他的皇后贾南风,这位贾皇后大概是中国历史上最有名的皇后之一了,当然她出名的方式比较特殊一点,比如李世民的长孙皇后是以贤惠标明青史的,武则天虽然是心狠手辣,但谁也无法否认她的政治才干。至于这位贾皇后么,则是集长得丑、妒忌心强、性格残酷暴躁、权力欲望盛等诸多缺点于一身,可以说是国史记载中恶妇的典型。贾南风尽管是西晋功臣贾充的女儿,也算是官宦子女,但她相貌奇丑,为人狠毒,史称贾南风丑而短黑,妒忌心却是惊人,性格酷虐,心狠手辣,曾经亲手处死过数人,看到太子其他的嫔妃有了身孕,就嫉妒得拿起手戟,欲取其性命,最终迫使其他嫔妃流产,害得司马衷又惊又惧,不敢接近其他的嫔妃。不过这点贾南风似乎是受她母亲的遗传,她的母亲郭夫人也是一个狠角色,乳母正在给她的儿子喂奶,贾充看见之后,去逗孩子玩,被郭夫人远远地望见,以为她的丈夫与乳母有私情,遂立刻把乳母杀了,而她新生的儿子由于不能适应其他乳母的奶水,很快就夭折了。贾充虽然是位极人臣,但家有悍妻如此,这日子恐怕真不是很好过,而郭夫人与贾南风这对母女也可以算是有其母必有其女的典型了。不但如此,与惠帝痴愚不慧,对于政治懵懂无知恰恰相反,贾南风是一个对政治十分有兴趣,非常具有权力欲望的女人。而司马衷的愚鲁,无疑给贾南风干预政治提供了最好的机会。司马衷与贾南风是一对相反相异的夫妻组合,一个天生智力不足,性格懦弱无知,另一个则是野心勃勃,对于权力有着极强的渴望,两人的结合对于国家的政治前途起到了1+1>2的毁灭作用,如果说司马炎坚持立司马衷为太子,是埋下了西晋国家崩溃的炸药,又为自己这

贾氏南风夺朝权　　白描插图　　明代

　　贾南风为了巩固惠帝的统治地位,采取滥杀无辜、诛灭异己的办法。西晋的辅政大臣、太傅杨骏在斗争中惨死于贾南风之手,后来贾又废皇太后杨氏为庶人,第二年将其迫害至死。

个弱智的儿子娶了这样一位强悍而富有野心的太子妃,那么已经在这包炸药上装上了导火线,现在所缺少的,就是待他死后,需要有一个政治机会,来点燃这根导火线,从而摧毁了西晋这一本不坚固的大厦。

那么,武帝为什么要为司马衷挑选这样一位太子妃呢?其实帝王虽然号称三宫六院,看起来似乎能够阅尽人间佳丽,其实不然,帝王的婚姻选择大多有着现实的政治目的,婚姻往往是建立一种政治利益同盟的工具,在此情况下,个人性格、情趣实际上考虑得并不多。甚至帝王本身在这件事上也未必是自由的,就拿晋武帝来说,曾经下令广选公卿子女进入后宫,或许是希望通过与皇室的联姻关系,能够在朝中形成一个广泛的政治联盟,从而保持政局的稳定。但是一方面那些公卿高官未必买武帝的账,很多人抢在武帝选妃之前,赶紧把自己的女儿嫁掉,以免一入侯门深似海,以免在深宫独自耗费青春,或者成为宫廷斗争的牺牲品。另一个方面武帝的杨皇后也是一个生性好嫉妒的妇人,她在武帝选妃时,故意不挑选一些容貌漂亮的,多喜欢选择"洁白长大"的妇人,武帝对此似乎也没有什么办法。

帝王本身尚且如此,更何况本身智力低落的司马衷在此时候恐怕更没有什么选择的权利,他与贾南风的婚姻也是一桩纯粹的政治婚姻。贾南风的父亲贾充是西晋开国功臣中的核心人物。在曹魏的那些大臣投向司马氏的时候,很多人受君臣伦理道德的约束,还表现出依恋故主之情,并不愿意公开地与司马氏走得很近。对于这些人,只要他们不公开反对司马氏专权,司马氏对于他们也往往采取宽容的政策,给予很高的政治地位。毕竟,司马氏利用这些旧官僚很多也是出于收买人心,为新朝装点门面,既然如此,何不做得漂亮一些,显示自己的宽宏大量,因此晋初名义上的百官之首太保王祥,在完成禅让仪式后,还特地去送别被废的魏帝曹奂,表现出恨恨不舍之情,对此,司马炎也是睁一只眼闭一只眼。但是除了这些为新朝装点门面、填充人望的名士之外,总还需要一些人来充当篡位的积极分子,做一些名士、清流所不愿意做的事情。这种人一开始政治地位未必很高,但却是司马氏集团中政治核心人物,在关键时候,起着冲锋陷阵的作用。贾充就是这样一个关键的人物,他的父亲贾逵也是曹魏的名臣,不过他很早就公开倒向了司马氏,成了参与司马氏政治机密的核心人物。曹魏甘露五年(公元260年),不甘心做傀儡皇帝的高贵乡公曹髦,发动自己身边的卫队,组成一支军队进攻丞相府,公开地讨伐司马昭。尽管曹髦的军队实力微弱,但由于皇帝万乘之尊的特殊地位,一开始没有人敢公开地用武器来向皇帝的军队进攻,害怕担负起"弑君"的罪责。而当时担任中护军的贾充此时公开站了出来,率领军队在南阙与高贵乡公的人马交战。尽管如此,在交战时,一般人依然不敢用武器伤害皇帝本人,眼看着贾充的军队已经要开始退却了,贾充对太子舍人成济说:司马公养你们,正是为了应付今天这样危急的情况,你还要犹豫什么呢?在贾充的怂恿下,成济挥戈上前,杀死了曹髦,从而为司马昭平息了一场关键的政治危机。事后,当朝臣要追究贾充"弑君"的罪责时,司马昭坚定地庇护他,只是把倒霉的成济抛出来做了替罪羊了事。西晋建立的一些准备工作,比如法律、礼仪制度的拟定,都是在贾充的主持下完成的,可以说他是司马氏家族最为信任与重视的政治盟友之一,贾充也在晋初贵盛一时,权势很盛。

司马炎在考虑司马衷的婚姻时,当时有两个可以选择的对象,一个是卫瓘的女儿,一个是贾充的女儿。最初,武帝可能更加倾向于卫瓘的女儿,认为卫瓘的女儿有五个优势,贾充的女儿有五个劣势,卫家种贤而多子,美而长白;贾家种则是嫉妒而少子,丑而短黑。看来贾南风或者说是她母亲郭夫人嫉妒成性与贾南风的相貌丑陋的事迹在西晋的君臣中流传很广,连武帝都听闻了。不过武帝的杨皇后更加倾向于与贾充联姻,希望借重贾充的权势来巩固太子的地位。或许在杨皇后枕边风的作用下,武帝也逐渐改变了主意,选择了贾充的女儿。当时武帝弃"美"取"丑"的背后也有着实际的政治考虑,就是要加强太子与贾充的关系,在司马攸与司马衷的继承人争夺战中,不能让贾充这个很有分量的砝码站到司马攸的那一面去,从而进一步动摇太子本来就不稳固的地位。而贾充的大女儿已经嫁给了司马攸,这是一个不好的政治信号,如果司马衷娶了贾充的女儿,至少在这一点上双方是扯平了。

作为在晋初政治中很有发言权的关键人物,贾充将大女儿嫁给了齐王司马攸,现在打算把另一个女儿嫁给太子司马衷,这样不管将来的政治风云如何变幻,他贾充总是未来皇帝的老丈人,平阳贾氏在政治上的地位都不会受到动摇,先立于了不败之地,应该说贾充的这个政治小算盘也打得很精。其实,在司马攸与司马衷两个之中究竟谁来继承皇位的争论最激烈的时候,就有人劝贾充说,不管是司马攸还是司马衷都是你的女婿,你何必要在其中有所偏袒呢,还不如持一个中立、公正的立场,为国家选一个最合适的继承者。可以说通过这次政治联姻,加强了贾充在西晋政治中的发言权。当然对于贾南风个人而言,嫁给一个愚痴之人,就个人幸福而言,是毫无所获的,只是这场政治交易的牺牲品。但传说,最初要嫁给司马衷的是她的妹妹贾午,后来因为送来的嫁衣规格太大,贾午穿不上,临时掉了包,让贾南风顶替去嫁给司马衷,而贾南风自己要比太子还年长两岁。这一记载是否可信,还值得怀疑,毕竟太子选妃,是件重大的事情,而非儿戏,可以轻易施以"玩狸猫换太子"的诡计。司马衷虽然愚鲁,但是司马炎毕竟不傻。不过贾午是一个风气颇为开放,注重追求个人幸福的姑娘,她后来嫁的韩寿就是她自己勇敢地"倒追"而来的。贾午有一次偷看了韩寿与她父亲贾充的谈话场面,对韩寿一见倾心,于是派人去暗诉衷肠，并安排韩寿从贾府的后花园翻墙而入，与她私会。直到贾充偶然发现韩寿使用的香料是武帝特别赏赐给他的，这是在别的地方无法获得的之后，才发现了其中的秘密，贾充也很有气度，既然是郎情妾意，于是便成全了两人的好事。从以上这个故事来看，像贾午这样性格的人，恐怕并不会乐意去嫁给一个白痴的太子，否则心中的不满便可想而知。至于贾南风由于一直有貌丑性妒的恶名，虽然是朝廷显贵的女儿，恐怕并没有什么人敢娶她。司马衷虽然愚鲁，但另一方面却也容易控制，是实现贾南风通向权力之路的最好途径。或许在此情形下，贾南风代替贾午嫁给司马衷的方案就被提了出来，当然这还需要武帝的默许，不过既然是政治婚姻，只要娶的是贾充的女儿就可以了，至于是哪一个女儿，其实并没有这么重要，于是这桩日后埋葬西晋政权的政治婚姻的交易就这么达成了一致。这一痴一丑结合在一起的后果究竟如何，当时还没多少人关心，反正洞房花烛，银货两讫也就完了。

那么再接下来说说卫瓘那边的情况。河东卫氏也是一个很有影响力的政治家族，是一个儒学世家，卫瓘的父亲卫觊是曹魏的尚书，卫瓘年纪轻轻便已出仕，担任过不少重要的政治职务。不过卫瓘这个人是个大名士，比较爱惜自己的羽毛，所以在魏晋之际，对于司马氏篡魏并不是很积极，史书上说他优游其间，无所亲疏，就是两边谁也不得罪，谁也不参与，做好自己的官，完成自己的职务就是了。所以卫瓘尽管在晋初也是一位重要的大臣，不过武帝对他的亲近程度相比贾充则差了不少。而且卫瓘这个人不像贾充那样喜欢伺察皇帝的心思，喜欢专门拣好听的说，但由于卫瓘的家世，武帝还是相当看重他。正如上面提到过的那样，卫瓘对于武帝立司马衷为太子一直是不太赞成的，所以逮着机会就要旁敲侧击一番。也不知道武帝出于什么考虑，最初竟然想让司马衷娶卫瓘的女儿。或许是想借机软化一下卫瓘反对司马衷做太子的立场吧，毕竟成了你的女婿之后，你要继续说他的坏话，似乎就不太方便了，武帝打的是釜底抽薪的主意。不过估计这件事情也就是司马炎自己剃头挑子一头热，卫瓘可能心里正不乐意呢，他这个人并不是那么喜欢攀龙附凤，毕竟和皇帝走得越近，将来一有个什么兵荒马乱的事情，还不是自己第一个倒霉，更何况是将女儿嫁给一个白痴皇帝呢。司马衷娶了贾南风之后，武帝大概觉得有些对不起卫瓘，提出要让卫瓘的儿子卫宣娶繁昌公主为妻，卫瓘立马就给了武帝一个软钉子，上书辞谢说：我们家祖祖辈辈都是平常的读书人，通婚的都是一些普通人家，实在配不上皇帝这样高贵的家族。尽管最后这门亲事还是成了，不过卫瓘这个人多少有些不识时务的劲头也表现得很清楚。要他娶公主尚且如此，如果武帝真要让卫瓘把"美而洁白"的女儿嫁给自己的白痴儿子，估计卫瓘真的要抗表固辞到底了，毕竟谁爱让女儿去受这份罪啊。

初登帝位　便成傀儡

反正不管有多少的争论，多少的反对，司马衷这个太子的地位是晃晃悠悠地保住了。等到太熙元年（公元290年），55岁的晋武帝司马炎眼睛一闭，偌大个国家也就只能颤颤巍巍地交到司马衷的手中了。司马衷死后谥曰"惠"，惠字说得好听，叫做："柔质慈民曰惠"，实际上历朝被谥为惠帝的皇帝一般命都不怎么好，基本都是傀儡木偶，把江山当做恩惠送给了别人。比如说刘邦的儿子汉惠帝刘盈，智力是没啥问题，不过摊上了一个强势独断的母亲，也只能是有一个做做橡皮图章的命运，性格柔弱的他处处受到母亲吕后的牵制，以致24岁的时候就抑郁而终，可见这个"柔质"才是惠的本质。对于一个普通人来说软弱或许还能算是一个优点，不过对于政治家而言，性格优柔寡断，控制不住权力，只能是给国家或者自己制造灾难。相比于汉惠帝摊上了一个强势的母亲，晋惠帝的命运似乎更糟一些，他摊上了一个强势凶悍极富有权力欲望的皇后。

惠帝刚刚登上帝位，大赦、赐爵、封赏这样一些程序化的仪式都还算是顺顺利利地完成了，其中最有实际意义的一件事大概是立刻把司马遹立为太子，明确了他储君的地位，也算是完成武帝的遗愿。不过还没喘过一口气来，新的政治纷争就爆发了，刚刚升格的杨太后和雄心勃勃的贾皇后之间的矛盾就激化了。其实在武帝没死之前，杨、贾可以算是一个牢固的政治同盟，选立贾南风为太子妃是杨皇后吹的枕边风，贾南风成了太子妃之后，嫉妒、暴躁的脾气更是见长，也是杨皇后帮她百般遮掩，才算是没有惹出什么更大的事端，杨皇后也算是对这个媳妇不薄。杨皇后这么百般庇护贾南风，大概也是有自己的政治目的。杨皇后尽管出身于东汉四世三公的弘农杨氏这样高贵的门

汉惠帝刘盈

图为与晋惠帝命运相似的汉惠帝刘盈像，不同处在于：汉惠帝在位期间受到母亲吕后的牵制，晋惠帝则是被自己的皇后贾南风专权。

第，但是他们家族在曹魏时代已经有些衰弱，在西晋政坛上没有什么根基，杨皇后的父亲杨骏只是借着外戚的身份和武帝的宠爱，才得以身居高位。不过武帝重用杨骏这件事情在朝野上下，都有不小的争议。因为东汉就是因为外戚专权而亡国的，这个教训刚刚过去没多久，武帝就要重蹈覆辙，这些大臣对此感到忧虑也是很正常的。而且杨骏这个人实在是不学无术，按道理说弘农杨氏是东汉一流的经学家族，家学渊源是非常深厚的，可是到了他的手里已经是数典忘祖了，一旦需要引经据典的时候，他几乎是每引必错，这样的人在朝中当然是没有什么人看得起他的。所以杨骏一开始立足未稳的时候，也需要西晋的元老贾充在政治上的帮助与提携，加上这两家一个是太子的母族，一个是太子的妻族，在维护司马衷太子地位的问题上也是有共同的利益，所以也算是一个颇为成功的政治联盟了。

不过这一形势，在惠帝继位之后，发生了很大的变化。杨、贾两家一下子从亲密的政治盟友变为势不两立的仇敌，其中的关节点就在于对于武帝死后政治权力的分配与争夺。由于惠帝政治能力低下已是既成事实，安排哪些人来辅佐他，从而保证能够安全度过一段政治危险期，直到把权力平稳地传给司马遹为止，应该是司马炎晚年经常考虑的问题。由于自然规律的作用，西晋初年的那些开国功臣已经日益凋零，剩下的也大都年事已高，贾充也已经在太康三年（公元282年）去世，其他一些西晋立国提拔的官员，比如说谋划了平吴大业的张华，虽然年纪较轻，也很有政治才能，但是由于他在政治上一直倾向于司马攸，武帝对他也不是很放心，所以在武帝生前尽管让张华出任宰辅的呼声很高，却一直没有实现。另一方面，张华出身寒微，那些出身官宦世家的大臣很多都不怎么瞧得起他，重用张华也容易激起新官僚与旧官僚之间的矛盾。因此，武帝能够选择的余地也就在外戚和宗室当中了。由于武帝的诸子或者早夭，或者缺少政治才能，并不能担负起拱卫皇室的重任，至于在同辈兄弟当中，最有才能的司

"天下杨氏出弘农"

弘农，郡名，西汉元鼎四年（公元前113年）置，辖境约相当于今河南黄河以南、宜阳以西的洛、伊、淅川等流域和陕西洛水、社川河上游、丹江流域。此地是天下杨姓第一望族——弘农杨氏的策源地。弘农郡望在两汉时开始著名，东汉杨震、杨修，晋杨皇后、杨骏等都属弘农杨氏家族。图为杨氏故里的碑文。

马攸一直是他重点防范的对象,最后也被他猜忌至死。至于其他的兄弟尽管没有像司马攸那样,对帝位构成了直接的威胁,但是相对于弱智的司马衷而言,他们的政治优势还是非常明显,难保不会有取而代之的事情发生。所以在武帝晚年,他最信任的实际上是外戚杨氏家族,他把杨骏的兄弟三人都拔擢至高位,当时号称"三杨",权势熏天。在武帝看来较之于朝中文武,外戚在政治上更为可靠,尤其是杨氏家族都是自己一手提拔起来的,应该更加忠于他个人。毕竟外戚又是异姓,如果篡位,也不像宗室那样方便,更何况,武帝虽然没有在权力中枢中重用宗室,但他把宗室都分封到全国各地,让他们兼任都督各州的重任,各自掌握一部分兵权,成为对于中央政治的制衡力量,希望他们能够共同拱卫皇室。其实武帝在弥留之际,已经感觉到把中央权力交给杨骏一人太过危险,需要寻找一种平衡力量。曾经下诏让宗室元老司马懿的第四子汝南王司马亮与杨骏共同辅政,不过杨骏偷偷地扣下了这道诏书,过了不久,武帝就陷入了神志不清的状态,杨骏借机让武帝确认了自己单独辅政的地位,从而将司马亮排除出了辅政的名单。杨骏借口武帝的遗诏,大权独揽,出任太尉、太子太傅、假节,都督中外诸军事,侍中、录尚书、领前将军,集政治、军事权力于一身,惠帝继位之后,更是进位为太傅、大都督、假黄钺,录朝政,百官总己,俨然已经成了一人之下,万人之上的政治实权人物,惠帝只是操纵在杨骏手中的傀儡皇帝而已。

  但是,杨骏这一大权独揽的行动,却迅速激化了他与朝臣、宗室以及贾皇后的关系。杨骏所一手操纵的武帝身后的政治安排,将所有的权力集中到自己的手中,而没有任何分权的措施,也没有任何政治盟友与他合作。在这种情况下,杨骏无疑成了众矢之的,所有在这一政治变动中失去利益的人都将矛头指向了杨骏。而杨骏素来在西晋政坛上缺乏威望,只是缘于和武帝姻亲关系而得以快速攀升,他与那些从曹魏转入西晋的官宦世家、贵戚子弟并没有多少交往,更谈不上结成共同的政治同盟。大臣们对于他这样的政治暴发户都是敬而远之。杨骏也知道自己缺少人望,所以只能重用自己的姻亲和兄弟,将禁兵掌握在自己的手中,任命自己的外甥段广、张邵为侍中,控制惠帝与外界的交往,以防止宫内、宫外的反对势力联合起来反对自己。另一方面则大开封赏,人人都加官进爵,希望借此笼络人心。可惜,杨骏的这些举措并没有收到期待的效果,反而他擅权不恭的种种痕迹,进一步激起了朝廷上下对他的反感,朝廷中他的政治的反对派正在联合起来,而野心勃勃的贾皇后是其中最为活跃的分子。

  在杨骏的权力分配体系中,没有给酷爱权力的贾皇后留下任何位置,反而要求她守妇道,侍奉杨太后,做好宫内的第二把手,这样的安排怎么能满足贾南风的权力欲望呢?而在当年,尽管杨太后曾多次维护贾南风,但是作为后宫之长，还是难免经常要训斥经常惹事生非的贾皇后，虽然杨太后实际是在小骂大帮忙，但是气度狭小、报复心极强的贾皇后却把这些仇恨记在心中，积累起来，加上杨骏剥夺了她参与政治的机会，两者相加，一时之间，杨、贾两家之间已是撕破面皮、势不两立了。

而杨骏的改革得罪的另一股势力则是司马氏的宗室，尽管司马炎生前对于他叔伯兄弟未必完全放心，但是由于大规模的分封和宗王出镇政策的推行，使得宗王成为西晋政治中一股重要的力量，尤其是他们掌握了相当部分地方政治、军事力量，具有干预中央政治的潜力。杨骏通过篡改武帝的旨意，将宗室之望司马亮排除出了辅政的名单，进而试图将宗室力量完全赶出权力中枢，只会招致宗室的强烈反感。而在杨骏将自己的亲戚安插到禁军过程中，一些失意的中下级官员也成为了反对杨骏的重要力量，而在贾南风的谋划之下，这三股力量为了反对共同的敌人杨骏联合了起来。

杨骏四面树敌，自己又缺乏足够的政治才能与威望，在他权势达到顶点的时候，明眼人也不难发现权势背后存在的深刻危机。他的弟弟杨济也劝他，让他与司马亮共同分享权力，安抚宗室力量，以免招致灭门之祸，可惜杨骏利欲熏心，一意孤行，没有接受这一建议。此时殿中中郎孟观、李肇由于被杨骏冷遇，也打算寻找反对他的机会。贾南风首先与孟观、李肇达成了共同反对杨骏的政治密谋，此时，贾皇后决定借助宗室的力量，来发动政变，消灭杨骏及杨太后。她首先派李肇密报汝南王司马亮，希望他率军入宫，清除杨骏的势力，行事素来缜密的司马亮不为所动，婉拒了贾南风的请求。一计不成，贾南风转而选择性格暴躁的楚王司马玮为合作者，司马玮果然答应了。待到司马玮入朝，孟观、李肇便挟制惠帝下诏，中外戒严，废黜杨骏。此时，杨骏听闻宫中有变，却不知道具体情况，在此关键时刻，他却临事懦弱，不敢当机立断。而司马玮、司马繇却很快率领宫中军队包围了相府，杨骏大势已去，被乱军所杀，亲戚党羽皆被夷灭三族，受此牵连的达到数千人。这次政变杨骏的政治势力被彻底消灭，建立了贾后与宗室分享权力的政治格局，贾皇后的族兄贾模、从舅郭彰与参与政变有功的司马玮、司马繇分掌朝政。

贾南风诛杀杨骏的这次宫廷政变，开创了西晋政治中以赤裸裸的杀戮方式争夺政治权力的恶劣先例，也揭开了八王之乱，宗室武力干预朝政，长期战乱动荡的序幕，西晋政权也在这战乱频发、人民流离失所的乱世中迅速走向了崩溃。惠帝司马衷在这场政变中作为名义上皇帝，所有诏旨都是打着他的名义颁发的，只是我们无法知道，司马衷本人是否能够真正了解这一走马灯般的政治变化背后的实际意义。其实他只是这一切血腥杀戮、政治风云的旁观者，一个坐在最高处的旁观者，所有人都把他当做一个木偶人，只是谁要是能控制这个木偶人，谁就能掌握这个国家，决定政敌的生与死，坐拥荣华富贵。由于坐在皇帝宝座上的这个木偶委实太醒目、太诱人了，杨骏的死和贾皇后的胜利已经充分证明了这个木偶人的用处，一切政治野心家都在紧张地盯着这个木偶人，暗暗地盘算，有朝一日，也一定要将这个木偶人连同政治权力牢牢地掌握在自己的手中。这一切都说明，杨骏的死绝不是一个终结，而是一个开端，一个更血腥、更残酷时代的开端。

在取得胜利之后，报复欲望极强的贾南风首先要享受的是胜利者的快感，她选择杨太后作为她羞辱的对象。她先将其送往永宁宫，让杨太后的母亲庞氏和杨太后住在一起，这一决定看似宽大，实际上只是贾皇后猫玩老鼠游戏的开始，随后她就借口杨太后参与了杨骏的密谋，把杨太后废为庶人，以杨骏造乱，家属应诛的名义将杨太后的母亲庞氏付廷尉处死。庞氏临刑，太后抱持号叫，截发稽颡，上表诣贾后称妾，希望能够保全自己母亲的性命，贾后始终没有理睬。最后轮到杨太后自己了，一开始还有十余个侍者负责照顾杨太后的生活起居，后来贾南风撤除了她们，将杨太后活活饿死。但在强烈报复欲望的背后，贾皇后也有着色厉内荏的一面，她生怕杨太后死后会变成厉鬼来骚扰她，因此在安葬她的时候，把她的头朝下，并在棺椁上施用了各种厌劾符书药物，以期能够镇压住杨太后的冤魂。

贾皇后极其强烈的权力欲望注定了她不会满足于与宗室共同分享权力的政治格局，尤其是贾模、郭彰、司马玮、司马繇四人分掌朝政局面，把宗室和功臣中最有威望的司马亮、卫瓘两人排除了出去，引起了颇多的非议，贾皇后与司马玮也隐隐地感到不安。此次贾皇后施用了连环计的阴谋，她首先再次利用司马玮作为自己的打手，命令他故技重演，以奉惠帝诏书的名义前往诛杀司马亮、卫瓘。其实，行事一贯小心谨慎的卫瓘一直躲在这一场政治风波之外，明哲保身，无奈他当年反对立司马衷为太子的举动，早已让贾皇后怀恨在心，一直在寻找报复的机会。于是贾皇后借这次铲除司马亮的机会，把卫瓘一并诛杀。由于司马玮多次发动政变，血腥屠杀宗室大臣，早已搞得天怒人怨，在司马亮、卫瓘被杀之后，司马玮对于贾皇后的利用价值也消失了，她立刻指责司马玮的行动乃是矫诏而行，根本没有得到过惠帝的允许，于是充当了两次打手的司马玮糊里糊涂地成为了贾皇后的又一个牺牲品，通过这样一石二鸟的巧妙安排，贾皇后先后除去了司马亮、卫瓘、司马玮三个可以对其权力产生威胁的人物，从而达成了独揽大权的目标，于是贾皇后躲在惠帝这个木偶后面，成了西晋真正的统治者。

平心而论，贾皇后这个人虽然性格酷虐，报复心强，但是在政治上却不失为精明强干，至少她明白应该用谁来帮助她处理朝廷事务。她重用当时西晋最有才华的政治家张华主持朝廷的日常事务，在元康年间，朝廷政治保持了相当的稳定，一时之间有"主昏于上、政清于下"的说法，虽然惠帝没有实际的政治能力，但朝政在张华的左右支绌之下，还算是初有条理，正常运作，惠帝继位前两年，连年动乱的局面获得了一段喘息的时间。像贾皇后这样权力欲望极盛的人，为何会信任张华，其主要原因在于，张华出身贫寒，完全是依靠自己的才能达到高位的，在西晋政治中没有自己的势力与根基，所以不可能对贾皇后的权力构成威胁，他个人也是中立于朝，秉公办事，没有个人的野心，贾皇后对他也颇为敬重，一时之间宫内、宫外也算是相安无事。

不过贾皇后的政治欲望似乎永远没有尽头，好不容易太平了近十年的时间，她又开始打太子司马遹的主意。她先是诈称怀孕，然后又把妹夫韩寿的儿子韩慰祖偷偷地领进宫来，当做自己的儿子抚养，对外声称这是她和惠帝在守孝的时候生的，所以朝臣都不知道，密谋借此动摇太子司马遹的地位。上面说过司马遹年少的时候非常的聪明，西晋朝野上下都对他寄予很高的期望，可以说武帝放心司马衷这个白痴儿子接班，至少一半的功劳要算在司马遹的头上，这些事情朝野上下都非常清楚，所以司马遹的太子之位并不是说废就能废的。但是贾皇后一直在暗暗谋划，她首先要破坏太子的声誉，她秘密地命令太子周围的宦官引导太子吃喝玩乐，让司马遹沉溺于骄奢淫逸的糜烂生活当中，司马遹虽然聪明，但毕竟只是一个孩子，很快就沉浸于嬉戏玩乐当中，无心向学。本来制度上规定太子一个月的生活开支是五十万钱，而司马遹每月要花掉一百万还不止。长此以往，朝廷之中对太子寄予厚望的大臣们也开始感到失望，司马遹的声誉稍减。而太子性格刚烈，又看不起贾皇后和她那些掌握朝中大权的亲戚，常常形于颜色，更让贾皇后感到不安，坚定了要除去司马遹的决心。

但是，废掉太子需要一个有力的借口，司马遹虽然长大之后的作为让朝野失望，但毕竟也没有什么大的过失，不能贸然废黜。为此，贾皇后再次精心设计了一个圈套，诈称惠帝生病了，命司马遹入宫探视，待到司马遹入宫之后，将他请至别宫，不断地逼他饮酒，直到他喝得大醉。这时拿出早就准备好的诅咒惠帝与贾皇后的祷神之文，诱使太子抄写。司马遹大醉之中并未发现其中的异样，于是就按照原样抄了一遍。由于司马遹是烂醉抄写的，一半连字都写得歪歪扭扭，难以辨识，贾皇后又命人稍稍修补了一下。制造了这个证据之后，贾皇后迅速将其呈送给惠帝，并召集公卿大臣集会商议废黜太子的事情。贾皇后拿着太子所书的文字遍示群臣，主张要立即处死司马遹。朝廷的王公大臣虽然都觉得其中蹊跷，但没有人敢说话。只有张华和裴頠两人尽力在保护太子，主张要对这一事情进行彻底的调查，再做出决定。朝廷之中争执不下，一直到了太阳西下，尚没有最后的定论。贾皇后生怕夜长梦多，引起新的变故，于是不再坚持处死太子的要求，而是将其废为庶人，送到许昌宫的别室中监禁起来。

太子的突然被废，彻底打破了朝中的政治平静，各种势力又看到了争夺中央权力的希望，各种政治密谋的潜流又在暗暗流动。太子的无罪被废，首先激怒原来东宫的太子官属，掌握了守卫东宫军队的右卫督司马雅、常从督许超都是太子非常宠爱的亲信，他们两人暗地里劝说赵王司马伦起兵诛杀贾皇后，拥戴太子反正。而司马伦转而与他的亲信孙秀商议此事，孙秀虽然是个出身低微的小人物，却也怀有不小的政治野心，他为司马伦谋划说：太子性格刚猛，如果得志之后，一定会按照自己的意愿来施政，大王素来与贾皇后关系密切，这是朝野上下都知道的事情，大家都认为你是贾皇后的党羽。你虽然为太子建立了大功，但太子未必会原谅你原来党于贾皇后的过失，你未必能保住现在的地位。当今之下，最好的办法就是等待时机，贾皇后必然容不下太子，待到太子被害之后，必然群情激愤，此时大王再振臂一呼，以为太子报仇的名义，起兵讨伐贾皇后，则必然能够成功，并且能够一举控制朝廷大权。司马伦同意了这一计划，孙秀派人放出风声说有人正在密谋拥立太子，诛杀贾皇后。贾皇后听闻之后，感到非常紧张，决定派人去毒杀太子，以断绝朝中大臣的期望。此举堕入了司马伦、孙秀为她设计的圈套之中，司马伦以为太子复仇的名义号召大家起兵，很快率军攻入了宫中，诛杀了贾皇后，从而完成了新的一轮权力更替。

司马伦此人并无多少政治才能，不学无术，曾多次受到张华的弹劾，对张华也早已怀恨在心，为了扫清自己独揽大权的障碍，司马伦借诛杀贾皇后之机，将张华、裴𬱟两位朝廷之中最有才能的大臣诬为贾后的党羽，借故株连，一起处死。于是，西晋政治失去最重要的稳定力量，接下来所要面临的是更加剧烈与持续的动荡。

颠沛流离　难免一死

从贾皇后的被杀开始，惠帝开始了一段更加动荡的岁月，政治上的实权人物如走马灯一般地更迭，常常你方唱罢，我登场，只有惠帝这个看客，还安安静静地坐在那里。

首先握住惠帝这个木偶人的是赵王司马伦，司马伦以诛杀贾皇后，为太子报仇之功，获得了独断朝政的权力，根据自己的意愿罢免任命宫内、朝中的大小官员。不久之后，更是自封为使持节、大都督、督中外诸军事、相国、侍中，置左右长史、司马、从事中郎四人、参军十人，掾属二十人、兵万人。把所有的政治、军事大权集于一身。任命他的世子、散骑常侍司马荂领冗从仆射；儿子司马馥为前将军，封济阳王；司马虔为黄门郎，封汝阴王；司马羽为散骑侍郎，封霸城侯，控制各个机要的部门，并握兵权。

其实在司马伦的内心深处，并不甘心一直躲在惠帝这个木偶人的身后，既然同样都是姓司马，司马伦觉得自己完全也有机会登上帝位，废黜惠帝取而代之才是他真正的政治目标，因此司马伦一系列的政治举措显得更加咄咄逼人。但是司马伦也没有多少政治才能，只能依靠孙秀为他出谋划策，因此朝中的实际权力都操弄在孙秀的手中。

司马伦的专权又激化了宗室之间的矛盾，他与齐王司马冏、淮南王司马允不和，于是将司马冏外放到许昌，又夺去了司马允中护军的兵权，司马允首先不服，起兵讨伐司马伦，经过一番激战后，兵败被杀。受此胜利的鼓舞，司马伦加快了篡位自立的步伐，在公元301年，废黜了惠帝司马衷，自立为帝，年号建始。称帝之后，司马伦所会做的不过是不断地为文武百官加官晋爵，一时之间，文武官封侯者数千人，甚至连奴卒厮役亦授予爵位，以至于装饰官帽所需的貂尾也供应不上，只能用狗尾临时代替，留下了狗尾续貂的千古笑柄，朝廷政治更加混乱不堪。而惠帝则被送到金墉城中幽禁起来，不过幸运的是，由于谁都知道惠帝智力低下，不可能构成实际的政治威胁，所以也没有人想到要去谋害他的性命，所以相对于此前贾皇后，惠帝保住了自己的性命。

由于司马伦的公开篡位，激起了分布于全国各地的宗室诸王的反对，齐王司马冏联合成都王司马颖、河间王司马颙传檄天下，联合起兵讨伐司马伦，史称"三王起义"，三个诸侯王的联军很快逼近了首都洛阳，司马伦的军队屡战屡败，败相已现，在强大的外部压力之下，内部发生了变乱，左卫王舆发动政变，诛杀孙秀等司马伦的亲信，囚禁司马伦及其家属，前往金墉城迎接惠帝复位，司马伦篡位的闹剧仅持续了四个月，便告匆匆收场。或许是人们都已厌倦了司马伦时期无休止的政治斗争与厮杀，大家对于这位白痴皇帝的回归不无好感，一路上山呼万岁的声音不绝于耳。但残酷的政治现实是，只是换了一个人来操控这个木偶人而已，接下来要登场的是"三王起义"的领袖齐王司马冏。"三王起义"相对于司马伦的篡位，或许多少还能算得上是一种拨乱反正，但也开创了一个危险的先例。先前政治上的杀戮与动乱还集中在首都洛阳，地方上大体还保持稳定，而"三王起义"则是以地方武力挑战中央的权威，将更广大的地区卷入了战乱之中，使得西晋的政治动乱从中央向全国扩散，最终使整个国家陷入了内战当中。

历史常常喜欢和人开玩笑，这位齐王司马冏正是被司马炎猜忌而死的司马攸的儿子，历史绕了一个大圈又回到了原地，现在轮到司马攸的儿子来辅佐司马炎的儿子。司马冏在宗室当中有很高的名誉，少称仁惠，好振施，有父风，加上他首先起兵讨伐司马伦，是惠帝复位的首要功臣，一时之间朝野上下都寄予厚望，希望在他的主持下，朝政能够走上正确的轨道。司马冏也是选择了司马攸过去的府邸作为自己的居住地，似乎也在利用父亲遗留下的威望凝结朝中的士望人心。但或许权力真的是一个腐蚀人心的东西，绝对的权力导致绝对的腐败。司马冏辅政之后，很快又走上了专权独断、骄奢淫逸的旧路，朝野失望。很快司马冏与共同起兵的河间王司马颙矛盾激化了，双方再次兵戎相见，还未等到双方在战场上分出高下，留居洛阳的长沙王司马乂率先发难，发兵攻打司马冏府，司马冏兵败被杀，一幕戏刚刚开始，又以更快的速度落下。

在此之后，最初控制京师的是长沙王司马乂，本来司马颙认为冏强而乂弱，待到司马

司马颙　白描插图　明代

司马颙（？—公元306年），西晋宗室。字文载，司马懿弟。咸宁三年（公元277年）受封河间王，迁北中郎将，监邺城。元康九年（公元299年）为平西将军，镇长安。八王之乱时被杀。

乂失败，自己可以更加名正言顺地讨伐司马冏，可是没有料想到司马乂意外地击溃了司马冏，占据了洛阳的权力中枢，于是司马颙再次联合成都王司马颖会攻洛阳，消灭了司马乂，控制了中央政权。在以上诸王中，司马乂是实力较弱的一个，但是他颇得人心，双方的军队在洛阳周围展开了激烈的交战，虽然司马乂屡次获胜，前后斩获司马颖部六七万人，但终因实力不济，兵败被杀，于是朝政落入司马颖与司马颙手中。

司马颖是武帝的第十六子，惠帝的弟弟，他曾长期出镇河北的军事重镇邺城，积累了相当的军事、政治力量，在西晋的宗室中实力最强，他进京之后，成为朝政的主导者，受封为皇太弟，成为惠帝的继承人。或许考虑到洛阳的政治形势过于险恶，前几位执政者都是死于宫廷政变之中，司马颖并没有留在洛阳执政，而是返回到自己的根据地邺城，采取遥控的方式执掌朝政。而河间王司马颙则出镇关中，司马颖、司马颙分别控制了河北与关中这两大要地，算是勉强达成了权力的平衡。司马颖在政治上亦无建树可言，很快又和留守洛阳的官员发生矛盾，左卫将军陈眕，殿中中郎逯苞、成辅及长沙王故将上官已等挟持惠帝讨伐司马颖，把惠帝这个木偶人送上了前线，双方军队在荡阴展开激战，也就有了上面提到的嵇绍拼死保护惠帝的故事，司马颖获胜之后，惠帝作为战利品也被从洛阳迁到邺城，置于司马颖的直接控制之下。但是，全国性大混战的局面已无法遏制，具有各种各样政治野心的地方实力派纷纷起兵，希望在这乱世当中分到一杯羹。安北将军王浚、宁北将军东嬴公司马腾❶杀死司马颖所置的幽州刺史和演，并将乌丸、羯朱等北方胡族武装引入内战的战场，开启了五胡入华的历史，司马颖无法抵抗胡族骑兵的冲击，不得不放弃邺城，再将惠帝挟持到洛阳。后来司马颙从关中进入洛阳，夺取了惠帝的控制权。随着内战的加剧，惠帝这个木偶人在颠沛流离之中，被转手的次数也越来越多，越来越频繁。长达十几年的内战，在耗尽了西晋的国力，所有人精疲力竭之后，终于有了一位最终的胜利者东海王司马越，尽管司马越的胜利也是暂时的，他脆弱的政权很快就会被北方席卷而来胡族铁骑冲得七零八落，不过作为最后一个控制惠帝这个木偶皇帝的宗王，他或许是看厌了这个傀儡皇帝的面孔，用毒饼结果了惠帝48岁的生命，同样也为西晋王朝敲响了丧钟。在惠帝死后7年，洛阳失守，怀帝司马炽被俘，在惠帝

❶ 西晋末，有一活跃于黄河南北的武装流民集团，名"乞活"。两晋之际，不少北方流民在其首领如祖逖、苏峻等人率领下，南渡长江，成为东晋统治阶级中各派系所利用的武装力量。晋惠帝光熙元年（公元306年），并州（今山西）大饥，刺史司马腾率并州诸将及部众两万余户就食冀州，此即为"乞活"的开端。他们的主要活动是抗击羯胡石氏，起到了保障东晋政权的作用。311年，洛阳陷于匈奴之后，大河以北的广宗（今河北威县东）和河南的陈留（今河南开封东）是乞活流民集团屯聚的两个中心。

死后 11 年，长安失守，愍帝司马邺被俘，西晋王朝正式终结。

不知道死亡对于司马衷而言是一种幸运还是不幸，在他做皇帝的 16 年中，作为一个忠实的木偶，身边的操控者换了一个又一个，只有这个木偶一直高高位居原处。周围无数次上演着骨肉相残、兄弟阋墙的血腥杀戮，只有他一直是一个安静的观众，冷眼旁观，没有人关心他的想法、他的感受，似乎所有人默认他是一个白痴，是不应该有任何的见识，尽管所有杀人的命令都是以他的名义发出的。当然如果惠帝并非如此愚鲁的话，他也不可能在如此残酷的政治斗争中生存下来，因为所有人都觉得他最好利用、最好操纵，于是还是让这个木偶留在皇帝的宝座上吧。

两千多年的帝制史，为我们提供了各色各样的、千奇百怪的帝王，有着各自鲜活的颜色，唯有惠帝，除了那几个著名的笑话之外，在世人的眼中几乎是完全空白的。尽管他在一个大动荡的时代做了 16 年的皇帝，但似乎无论是当时还是后世都没有人真正把他当一回事，他只是一个空白。这样一个空白放在其他任何地方或许都不会有什么后果，但是如果放在万人瞩目的皇帝宝座之上，除了刺激政治阴谋家的野心，给国家和人民带来灾难之外，不会有任何好处。

但是在这场灾难中，司马衷大概可以算是唯一的无辜者，毕竟不是他自己要登上这个位置的，他一直是一个被选择的对象。如果他不是生在帝王家，或许能够平平安安地度过一生，但自从降生于帝王家，更不幸地被选为储君，进而登上皇位，他的一生就注定要和无数的争议、阴谋、动乱、流离、杀戮、死亡联系在一起了，而他的殉葬品则是一个庞大的帝国。

南北朝后期版图示意图

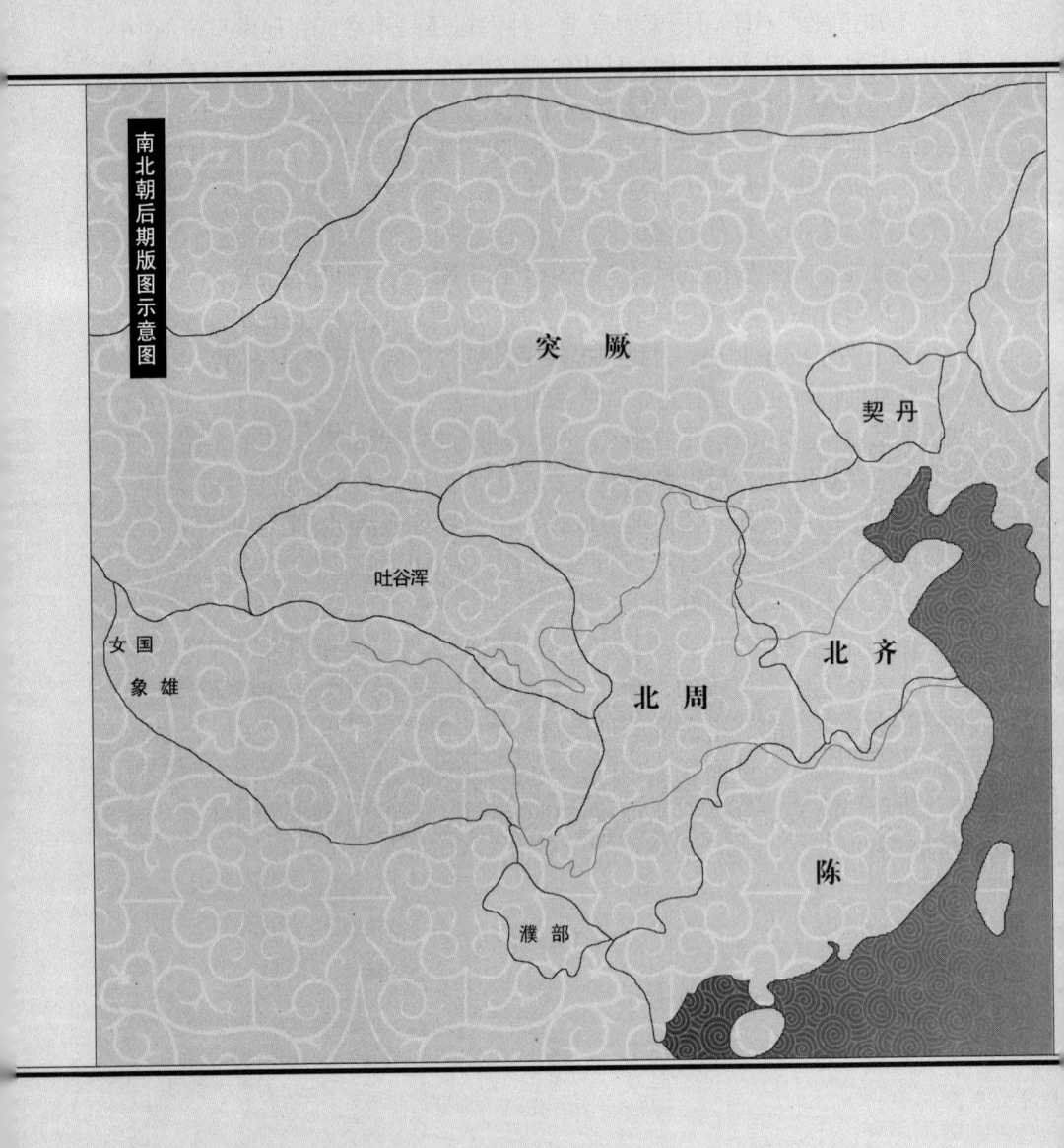

突厥

契丹

吐谷浑

女国
象雄

北周

北齐

陈

濮部

陈后主·陈叔宝

公元553—604年

南朝陈（公元557—589年），是中国历史上南北朝时期南朝的第四个朝代，也是最后一个朝代，还是南京"六朝古都"中的最后一个朝代（东吴、东晋、宋、齐、梁、陈）。陈永定元年（公元557年），梁朝相国陈霸先自立为帝，国号"陈"，史称南陈。

南陈亡国之君陈叔宝是历史上有名的昏君，他登基之初，尚且知道周围强国林立，自己身处贴危之域，不时还会颁布哀矜之诏，安抚百姓。渐渐地，他就对朝政倦怠，奏伎纵酒，作诗不辍。而亲近、倚重的都是些无行文人，朝中骨鲠之臣都被排挤出京。国计民生、军国大事的决策全交付给一些侵渔之吏。由此导致国事日衰，政刑日紊，尸素盈朝。杨坚挥师南下，陈朝政府仍上下相蒙，陈叔宝懵懂不寤，依旧过着纸醉金迷的生活。直到隋朝大军兵临城下，陈叔宝这才发现身边已是众叛亲离，最终丢掉了江山。据记载，南朝前期，有九十多万户，人口二百万，可谓是人口萧条，到了陈叔宝亡国的时候，南朝仅剩五十万户，人口近四百七十万。其《玉树后庭花，花开不复久》也成了亡国之音的代称。

帝业初创　兄弟争权

数个短命皇帝

陈叔宝，字元秀，小字黄奴，谥号陈后主，是陈朝高宗陈顼的嫡长子。他生在南北朝的乱世之中，在他登基之前，政权频繁更迭，最典型地体现了南北朝的乱世图景。

大宝二年（公元551年）十月，侯景残杀梁简文帝萧纲，11月自立为皇帝。大宝三年正月，陈霸先南路征讨大军从豫章（今江西南昌市）出发，与西路都督王僧辩会师后，于公元552年3月，在建康与侯景展开了大决战，终于彻底摧毁了侯景势力，并拥立梁元帝萧绎为皇帝。

然而，梁承圣三年（公元554年）九月，西魏发兵突袭江陵，王僧辩未及时救援，梁元帝萧绎被杀，朝廷内外强壮者都被掠走。陈霸先的儿子陈昌、侄子陈顼在梁元帝宫中值事，这次也被掳至长安，江陵城一夜之间几乎成了废墟。梁元帝之侄、昭明太子之子萧詧在西魏驻军监视下，被扶为傀儡皇帝，建立了一个方圆不过三百里的"后梁"小王国。江陵陷落后，经过王僧辩与陈霸先的反复商议，于次年二月迎接梁元帝第九子萧方智至建康，准备称帝。萧方智到建康不久，北齐的高洋不甘心西魏势力南扩，也想乘此时梁国破败，前来捞点好处。于是派其弟高涣领兵南下，护送原被东魏俘虏的萧渊明来登梁国帝位。陈霸先坚持不同意萧渊明做皇帝，但王僧辩屈从于北齐压力，于七月迎萧渊明到建康称帝。陈霸先力拒无效，九月从京口举兵，突袭石头城，杀死王僧辩，萧渊明赶忙自动逊位，萧方智的帝位得到了恢复。陈霸先任大都督，总摄梁朝军国大事，并分别于绍泰元年（公元555年）年底和太平元年（公元556年）六月，率建康军民击溃北齐两次大规

陈武帝　阎立本　白描　唐代

陈武帝陈霸先（公元503—559年），字兴国，吴兴下若里（今浙江长兴县）人。南北朝时期陈朝的开国皇帝，志度弘远，恭俭勤劳。他在位3年，死后谥号武，庙号高祖。

模入侵。

公元557年9月，萧方智擢升陈霸先为太傅，加赐黄钺、殊礼，进见赞拜时不用称名。不久，又提升为相国，总领朝政，封为陈公，备九锡，陈国设置百官。太平二年（公元557年）十月，陈霸先进爵为王。当月初六，梁敬帝萧方智就把皇位禅让给了陈王陈霸先。他终于如愿以偿地登上了皇帝的宝座。

公元559年6月20日，陈帝国第一任帝陈霸先逝世，享年56岁。陈霸先在军事行动中，决断制敌，有独到的英明谋略。政治上崇尚宽厚简朴，除非是军事上紧急需要，不轻易抽税征发。此外，他性情节俭朴素，平常吃饭，菜肴不过数盆，私人宴会时，都用陶制的器具，把蚌壳当做盘子；菜肴水果，略胜于无而已。后宫妇女，都没有金玉翡翠首饰，也不设立歌女舞女乐队。

但直到陈霸先去世，他的亲生儿子陈昌也没能回国，仍留长安被西魏扣为人质。此时，国内没有合法的嫡子继承人，国外又有强敌（北齐帝国、南梁帝国等）环伺，老将们都率军在外作战，中央没有身负重望的大臣，只有中领军（中央禁军统领）杜稜，掌握皇家禁卫军，留在建康。陈霸先的皇后章要儿传召杜稜及中书侍郎蔡景历入宫商讨应变方略，决定封锁陈霸先的死讯，急向皖南召回临川王陈蒨（陈霸先之兄陈道谭的长子）。蔡景历亲自与宦官宫女秘密制作丧事用具。此时正值盛夏，必须立即把尸体装进棺材，而制作棺材需要斧砍刀削和刨平、铆接，又恐怕声音传到外面，于是把尸体浸泡到蜂蜡之中，以暂时防止腐烂。然后他们仍以皇帝名义发出诏书和训令，一切如常。

大将侯安都班师，恰巧抵达皖南，遂与临川王陈蒨一同回京。

6月29日，陈蒨抵达首都建康，进宫后，居住在中书省。侯安都与文武百官决定促请陈蒨继任帝位，陈蒨谦让，表示不敢当。而皇后章要儿仍盼望儿子陈昌出现，不肯同意陈蒨继承，文武百官犹豫，不敢马上决定。侯安都说："如今，四方还没有平定，怎么可能等候远方皇子？临川王陈蒨对建立帝国立有大功（指陈蒨击败杜龛、张彪）。我们同心拥护，今天的事情，响应晚的，都要处斩。"说着他手按剑柄上殿，请皇后章要儿交出皇帝玉玺，侯安都又亲自解开陈蒨的头发，推他到嫡长子位置，把陈霸先灵柩迁到太极殿西厢。章要儿这才下令，命陈蒨继承帝位。当天，陈蒨（时年38岁）登基称帝，大赦。尊皇后章要儿为皇太后，封吴兴郡人沈妙容为皇后，皇子陈伯宗为皇太子，任命侯安都为太尉。

一年后，陈昌回国，陈帝陈蒨下诏，派主书、舍人沿途迎接侍候。陈昌刚上船南渡长江，走到江心，即被谋杀丧命，尸体投入长江，迎接的使节侯安都回京报告说：陈昌自行失足落水淹死。侯安都因建立这次大功，晋封清远公。

陈蒨的弟弟，安成王陈顼原也在北周帝国做人质，陈蒨登基后，用鲁山（今湖北武汉市汉水南岸）相交换，使得陈顼及正妻柳妃和儿子陈叔宝得以重回故国。

公元566年，陈帝陈蒨身体不适，继而病势转重，于是召尚书仆射到仲举，五兵尚书孔奂，司空、尚书令、扬州刺史、安成王陈顼，吏部尚书袁枢，中书舍人刘师知一同进宫，在病榻旁侍候。陈蒨对陈顼说："皇太子陈伯宗个性软弱，我打算效法吴太伯旧事（此处暗示让位给弟弟）。"陈顼伏在地上，哭泣泪流，坚决辞让。陈蒨又对到仲举、孔奂等说："而今，三国鼎立（此处，陈蒨故意抹煞仍然存在的后梁帝国），四海之内，事务繁重，需要年长的君王。时间最近的，我打算效法司马衍（司马衍传位给弟弟司马岳），时间最远的，我打算效法商王朝帝位传递法则（商王朝兄终弟及，传弟不传子）。你们应该服从我的意思。"孔奂泪流满面地回答说："陛下不过饮食上一时失调，不久就会痊愈。皇太子（陈伯宗）年纪还轻，但高贵的品德，每日都在进步，安成王（陈顼）以御弟的高贵身份，足以担任姬旦（周公）的角色。陛下如果有心罢黜太子，另立新君，我们愚昧，不敢接受命令。"陈蒨说："古人正直风范，在你们身上再现。"遂命孔奂为太子詹事（太子宫主管）。

几天后，陈蒨去世，享年45岁。太子陈伯宗（时年15岁）登基，尊章要兒为太皇太后，皇后沈妙容为皇太后。陈顼为

陈文帝　阎立本　绢本设色　唐代

陈蒨（公元522—566年），字子华。陈武帝侄，始兴昭烈王陈道谭长子，号为文帝，庙号世祖。公元560—566年在位，年号天嘉。他在位时期，励精图治，整顿吏治，注重农桑，兴修水利，使江南经济得到了一定的恢复。此时陈朝政治清明，百姓富裕，国势较强盛。

陈废帝　阎立本　绢本设色　唐代

陈伯宗（公元554—568年），史称废帝，文帝长子。永定二年（公元558年），陈伯宗为临川王世子，次年文帝即位，立为皇太子。天康元年（公元566年），文帝卒，即皇帝位，以叔父安成王陈顼为司徒、录尚书事、都督中外诸军事，次年改元光大。后来陈顼专政，并以太皇太后名义宣称文帝遗志，废陈伯宗为临海王，自立为帝。图出阎立本《历代帝王图》。

骠骑大将军、司徒、录尚书事（主管政府机要）、都督中外诸军事（全国各军区总司令长官）。

陈蒨从穷苦艰难的环境中崛起，深知民间疾苦。对事物观察细微，生活俭朴、节约，是大分裂时代少数的贤君。

刘师知、到仲举经常居住皇宫，参与决策，陈顼率左右侍从三百人，住进尚书省。刘师知看到陈顼的地位、声望、权势受到所有官员的肯定，心中兴起猜忌，与尚书左丞王暹等秘密计划把陈顼逐出中央。大家犹豫不定，不敢行动。东宫通事舍人（太子宫随从官）殷不佞，素来以声名节操自负，职务又是陈蒨亲自委派，于是，独自前往宰相府，宣称传达皇帝指令，对陈顼说："现在，天下太平，大王不必留在宫内，可以返回东府，处理京畿公务。"

陈顼得到消息，打算出宫，中记事（高级记录官）毛喜飞奔而入，晋见陈顼说："陈帝国建立的时间还短，大祸不断，内外人心疑惧不定，皇太后（沈妙容）深思远虑，命大王入居国务院，共同领导文武百官。今天殷不佞所传达的皇上（陈伯宗）指令，一定不是皇太后的意思，帝国大业，请您再三考虑，应该再作奏报，澄清真假，不要使邪恶的人阴谋得逞。今天一出皇宫，立刻被人控制，好比曹爽，就是想当一个富家老汉，又怎么能够？"陈顼即令毛喜与领军将军（中央禁军总监）吴明彻共同讨论，吴明彻说："皇上正在守孝，不能处理事务，对国家大事，很多忽略，殿下在亲属关系上好像姬旦（周公）、姬奭（召公），有责任保护帝国，请留在皇宫，不可不坚定。"

于是，陈顼宣称有病，召见刘师知，留下他闲话家常，而派毛喜先行入宫晋见皇太后沈妙容。沈妙容说："现在，伯宗年纪还小（时年16岁），政府事务全都委任二郎（陈蒨老大、陈顼老二），免除二郎（陈顼）职务，不是我的主意。"毛喜又报告陈伯宗，陈伯宗说："这是刘师知等干的事，我并不知道。"毛喜出来，报告陈顼，陈顼立刻逮捕刘师知，进宫晋见皇太后沈妙容及陈帝陈伯宗，极力指控刘师知的罪状，亲自撰写皇帝诏书草稿，请求批准发布。于是，刘师知被交付廷尉（最高法院），当天夜晚，就在监狱中被逼自杀。到仲举、王暹、殷不佞等也被一并交付有司，依法判刑。

陈帝国右卫将军（首都西区卫戍司令）会稽郡人韩子高，坐镇领军府（中央禁军总监部），在建康各将领中，兵马最多。他也参与到仲举的政权阴谋中，只是还没有发动。毛喜向陈顼建议，挑选兵马，配备给韩子高，并发给他生铁和煤炭，使他补充整修铠甲武器。陈顼吃惊地说："韩子高阴谋叛变，正应该逮捕归案，为什么反而增加他的实力？"毛喜说："刚刚把先帝（陈蒨）安葬完毕，边疆的盗贼仍然很多。韩子高受先帝（陈蒨）委托，外表上名正言顺,如果立即逮捕,恐怕他不肯接受,可能造成后患。我们应该对他推心置腹,然后引诱他增加信心,使他不再对我们有所猜疑,那时候再找个机会把他除掉,不过一个勇士就足够了。"陈顼完全同意。

到仲举既被罢黜,回归私宅,心中惊疑不定。他的儿子到郁,娶陈蒨的妹妹信义长公主。韩子高也感到危机四伏,请求出京担任地方上的军事或行政主管。到郁经常乘坐小轿,伪装成妇女,与韩子高密谋。而就在此时,前上虞县长陆昉及韩子高的部将告发他们二人谋反。陈顼正在尚书省,遂宣称召集所有在位的文武百官,讨论遴选太子事宜。第二天天亮后,到仲举、韩子高等到尚书省,立刻被陈顼逮捕,连同到郁,一起送交廷尉。陈帝陈伯宗下诏(陈顼诏),命二人在狱中自杀,对同谋党羽,一概不予追究。从此,政权全归陈顼。

始兴王陈伯茂,眼看皇叔安成王陈顼专权独裁,心中愤愤不平,不断口出恶言,陈顼遂发动政变,用太皇太后章要儿的名义下诏,诬指陈帝陈伯宗与刘师知、华皎等勾结。同时宣称,文皇帝(陈蒨)知道自己的儿子不堪重任,所以有意仿效吴太伯,把宝座传给弟弟。而今,应该实现陈蒨昔日心愿,遴选贤明新君。于是陈伯宗被罢黜,改封临海王,命陈顼继承帝位。同时,陈伯茂的王爵又被免除,改封温麻侯,安置在另外一个居处,在移解必经的道路上,陈顼埋伏杀手,就在车上,刺死陈伯茂。

光大二年刚过(公元569年)正月四日,陈帝国安成王陈顼(时年42岁)登基称帝(四任宣帝),改年号"太建",大赦。太皇太后章要儿仍称皇太后,皇太后沈妙容改称文皇后。陈顼封正妻柳敬言为皇后,世子陈叔宝(时年17岁)为太子;封另一个儿子陈叔陵为始兴王,继承陈道谭香火。最初,陈帝国一任帝陈霸先,追封他哥哥陈道谭为始兴王(昭烈王),由次子陈顼继承爵位。等陈蒨登基,陈顼仍留在长安没有回来,陈蒨因大宗没有后裔主持祭祀(陈道谭二子:长子陈蒨,次子陈顼),于是在永定三年(公元559年)八月十四日,下诏改封陈顼为安成王,封自己的

孝宣帝　阎立本　绢本设色　唐代

陈顼(公元528—582年),陈朝第四位皇帝,陈霸先的侄子,陈蒨的弟弟。他本来是陈废帝陈伯宗的辅佐大臣,后废掉了陈伯宗,自立为帝。陈顼谥号孝宣帝,庙号高宗。图出自唐代阎立本《历代帝王图》。

儿子陈伯茂为始兴王，以使父亲陈道谭的香火不断。

血腥政变

本年秋季，皇太子陈叔宝娶太子妃沈婺华。沈婺华是吏部尚书沈君理的女儿。

最初，陈叔宝打算请左民尚书江总当太子宫总管，命机要记录官陆瑜告诉礼部尚书孔奂。孔奂反对，回答陆瑜说："江总有潘岳、陆机那样的才华（晋王朝二任帝司马衷当太子时，潘岳、陆机都是太子宫官员），却没有东园公、绮里季那种厚重的定力，由他辅佐太子，恐怕会有困难。"陈叔宝大为愤恨，乃亲自向父亲陈顼请求，陈顼打算同意，但孔奂则奏称："江总是一个文学家，如今皇太子在文学方面的素养并不缺少，怎么会需要江总？如果准许我提出个人的意见，我认为应该遴选敦厚稳重之士，负起辅佐的重任。"陈顼说："如果按照你的意见，谁是最合适的人选？"孔奂说："都官尚书王廓，家族中每代都有人显示美德，知识见解深刻敏捷，可以担当这个职务。"陈叔宝当时正在一旁，大为不高兴，便使用诡计反对说："王廓，是王泰的儿子，不适合当太子宫总管（太子詹事）。"（这里是避讳，父亲名"泰"，与"太"谐音，儿子就不能在太子宫做事。）孔奂说："宋朝的范晔，是范泰的儿子，范晔也当太子宫总管，前代王朝并没有这种疑问！"但陈叔宝坚持一定要用江总，陈顼终于接受儿子的请求，任命江总当太子宫总管。

不久，江总与陈叔宝通宵达旦饮酒，而江总又收太子的嫔妃陈良娣当义女。并且陈叔宝还常常穿平民衣服私自外出，去江总家游宴。陈顼得到报告，大怒，免除了江总的职务。

始兴王陈叔陵是太子陈叔宝的二弟，但与陈叔宝不同母，陈叔陵的生母是彭贵人。陈叔陵当江州（今江西九江）刺史，性情苛刻阴险，十分狡狯。新安王陈伯固（陈蒨的儿子）因喜欢诙谐打诨，很受陈顼和陈叔宝的欣赏，但陈叔陵却对陈伯固十分痛恨，秘密调查他做错什么事情，打算用司法中伤。后来陈叔陵回京当扬州刺史（陈朝首都是扬州，扬州刺史就是京畿卫戍司令），很多事务都与尚书省、中书省有密切联系，主管的官员为了迎合陈叔陵的意思，都向陈顼暗示应重用陈叔陵。陈叔陵大权在握，任何人只要稍稍不能使他称心如意，一定严厉报复，轻的会有大罪，重的甚至处斩。陈伯固畏惧，就探求陈叔陵的志趣，向他摇尾谄媚。陈叔陵喜欢挖掘古墓，而陈伯固喜欢射猎野鸡，两人常常一起前往郊外，情谊忽然转为亲密，遂密谋夺嫡。陈伯固是侍中，常在宫中，每听到机密谈话，一定告诉陈叔陵。

公元582年春，陈帝国皇帝陈顼身体不适，太子陈叔宝与始兴王陈叔陵、长沙王陈叔坚,一同进宫侍候父亲。而陈叔陵阴谋发动宫廷政变,关照典药吏说:"切药材的刀太钝,你要把它磨利!"

正月十日,陈顼逝世,享年55岁。宫中一时混乱,陈叔陵命左右侍从到宫外去取佩剑,左右侍从没有领悟,竟把朝会用的衣服和木剑取来,陈叔陵大怒。陈叔坚在身旁,听到他说的话,疑心会发生什么事情,于是暗中监视陈叔陵的行动。

第二天,陈顼尸体被抬入棺材,太子陈叔宝伏在地上哀号,陈叔陵抽出刚磨利的切药刀,猛砍陈叔宝,砍中脖颈,陈叔宝倒地,昏迷不省人事。陈叔宝的生母、皇后柳敬言奔上去救儿子,陈叔陵又猛砍柳敬言数刀,乳娘吴氏从身后抱住陈叔陵的手臂,陈叔宝才勉强爬起来,但陈叔陵一手抓住陈叔宝的衣服不放,陈叔宝竭力挣扎,才算挣脱。陈叔坚双手卡住陈叔陵的脖子,抢下切药刀,把他拉到柱子旁边,用他的宽大衣袖把他反绑到柱子上。当时吴氏扶住陈叔宝已远远逃走,陈叔坚寻找陈叔宝,打算得到诛杀陈叔陵的授权。陈叔陵力大无穷,就趁着这个机会,挣脱衣袖,逃出云龙门,乘车奔回东府,征召左右侍卫,封锁青溪,赦免东府所有囚犯充当战士,散发金钱绸缎,作为对官兵的赏赐。又派人前往新林,征调京畿部队增援。而自己身穿铠甲,头戴白布帽,登上城西门,招募新兵,可是没有一个人来投效。他又征召各亲王各将领,同样也没有一个人响应。只有新安王陈伯固单人匹马前来,协助陈叔陵指挥调度。陈叔陵集结军队约一千人,打算据守东府城。

当时,中央各军都在沿长江驻扎,以防备隋朝军队,首都防务空虚。陈叔坚报告皇后柳敬言,命太子舍人河内郡人司马申,用太子的名义,征召右卫将军萧摩诃进宫,接受诏令,率步骑兵数百人,攻击东府城,驻军东府城西门。陈叔陵惊恐,派记录官韦谅把自己的出巡乐队送给萧摩诃,说:"事情如果成功,请你出任宰相。"萧摩诃回报说:"必须大王派心腹文官、亲信将领前来见面,我才敢听从命令。"陈叔

陈后主 阎立本 绢本设色 唐代

陈叔宝(公元553—604年),字元秀,陈宣帝陈顼长子,陈朝末代皇帝(第五代,公元583—589年在位),年号至德、祯明。在位时大建宫室,生活奢侈,日与妃嫔、文臣游宴,不思国政。隋兵南下时,恃长江天险,不以为意。祯明三年(公元589年),隋兵入建康,被俘。后病死洛阳,追封长城县公。图出唐代阎立本《历代帝王图》。

陵派他的心腹将领戴温、谭骐辚晋见萧摩诃，萧摩诃逮捕二人，押送宫城，斩首，并把人头送到东府城外展示。

陈叔陵知道大势已去，进入后宅，把王妃张氏及最宠爱的嫔妃七人，全推进深井，然后率步骑兵数百人，从秦淮河小桥，打算投奔新林（新林有京畿卫戍部队），再渡长江，北奔隋帝国。还未到新林，即被中央军拦阻，陈伯固发现中央军，转身躲入小巷，陈叔陵拔刀飞马追赶陈伯固，陈伯固只好同他回来，而陈叔陵的部下很多抛弃铠甲，四散逃跑。萧摩诃的前导骑兵官陈智深迎面刺中陈叔陵，陈叔陵栽倒在地，另一前导骑兵官陈仲华，顺手砍下人头，陈叔陵时年29岁。陈伯固也被乱军诛杀，时年28岁。一场流产的政变，自凌晨四时发生，到上午十时，在杀声中结束。陈叔陵所有的儿子，全部被逼自杀。陈伯固的儿子，则被饶留一命，仅只贬做庶人。陈叔陵的其余亲信也全被处斩。

重文废武　　纸醉金迷

当年（公元583年）正月十三日，30岁的太子陈叔宝登基称帝。大赦。尊娘亲柳敬言为皇太后，封太子妃沈婺华当皇后，封皇子、永康公陈胤（时年10岁）为太子，陈胤是孙姬的儿子，皇后沈婺华抱过来自己喂养。

随后，陈叔宝任命长沙王陈叔坚为骠骑将军、开府仪同三司（宰相级）、扬州刺史（京畿卫戍司令），萧摩诃为车骑将军、南徐州刺史，封绥远公。并查抄始兴王陈叔陵的家产，金银绸缎，多达亿万，全部赏赐给萧摩诃。封皇弟陈叔重为始兴王，继承始兴王陈道谭的香火。

最初，陈叔宝身受刀伤，躺在承香殿，不能起床，也不能处理政务。事情无论大小，都由长沙王陈叔坚决定，权势倾动政府。陈叔坚骄傲放纵，不知道节制，陈叔宝因此对他的这个弟弟开始猜忌。都官尚书山阴人孔范，中书舍人施文庆，都讨厌陈叔坚，而受到陈叔宝的宠信，于是他们日夜关注陈叔坚的言行，在陈叔宝的面前，打陈叔坚的小报告。陈叔宝于是逐渐与陈叔坚疏远，最后，陈叔宝把陈叔坚外派出任江州刺史，虽然还保留他三公的仪式，以及骠骑将军的名号，但不再掌握朝政大权了。此外，陈叔宝还另命祠部尚书江总为吏部尚书。

右卫将军兼中书通事舍人司马申，负责处理机要公事。他精于观察人主脸色，对很多人暗中陷害。凡是冒犯过自己的人，一定在陈叔宝面前旁敲侧击，紧急关头时说出中伤的话。顺服自己的，则利用机会推荐，因此政府上下都被他控制。

陈叔宝原本打算擢升侍中、吏部尚书毛喜为尚书仆射。但司马申讨厌毛喜态度强硬，性情刚直，就提醒陈叔宝说："毛喜是我的内兄，先帝（陈顼）在世时一再攻击你把酗酒当做美德，要求驱逐太子宫的官员，陛下难道忘记？"陈叔宝这才打消了主意。

陈叔宝刀伤痊愈后，在后殿摆设宴席，大宴文武百官庆祝脱险，招待吏部尚书江总以下，听乐赋诗。陈叔宝酒醉，派人请毛喜入宴。毛喜看到先帝陈顼刚被埋葬，做儿子的陈叔宝非但没有沉痛哀悼，反而寻欢作乐，心中大不高兴，打算规劝几句，可是陈叔宝已经酩酊大醉。毛喜无可奈何，在上台阶时，假装心病突发，跌倒阶下，被抬出后宫。陈叔宝酒醒后，对江总说："我后悔找毛喜来凑热闹，他实在没有病，只是想破坏我的欢宴,让我丢丑而已。"于是他同司马申商量说:"这个人自负有才气,不肯低头,我打算把他交给鄱阳王陈伯山,准许他随意报仇,你看如何?"(陈伯山是二任帝陈蒨的儿子。陈叔宝的父亲四任帝陈顼篡夺三任帝陈伯宗的帝位时,诛杀刘师知、韩子高、始兴王陈伯茂等,都是毛喜的阴谋。而陈伯山就是陈伯宗、陈伯茂的兄弟)司马申回答说:"他无论如何都不会听话,陛下最好马上就办。"中书通事舍人侨郡(北地郡)人傅縡反说:"那怎么可以!如果准许报仇,那将把先帝(陈顼)置于何地?"陈叔宝说:"那派毛喜去管一个小郡,教他看不到大场面!"于是派毛喜当永嘉郡(今浙江温州)内史(郡长)。

陈朝开国的几位皇帝,一生东征西讨,习惯了军旅生活,所以宫中的器物装饰都极为俭朴。而陈叔宝从小养尊处优,受不了原来宫中的建筑陈设,所以登基后不久,就在光昭殿前,兴建临春、结绮、望仙三阁,各高数十丈,各有套房数十间,所有门窗、壁带、椽柱、栏杆、门槛都用沉香木或檀香木做成,以黄金碧玉装饰,嵌镶珍珠翡翠,外面再悬挂珠帘,室内有宝床、宝帐、衣服玩物,豪华艳丽,近世以来从来没有见过。每逢微风乍起,香味随风飘荡,传闻数里。阁外用石头堆成假山,引水成池,种植各种奇花异草。

陈叔宝住临春阁,贵妃张丽华住结绮阁,龚、孔二贵嫔住望仙阁,三阁之间筑有复道来往。又有王、李二美人,张、薛二淑媛,以及袁昭仪、何婕妤、江修容都受宠爱,轮流到三阁游戏。

陈叔宝一生的爱好唯诗、酒及美人。所以他经常在宫廷举办诗歌聚会,尚书仆射江总,虽然居宰相高位,却从不过问政府事务,每天和都官尚书孔范、散骑常侍王瑳等文化人十余位,侍奉陈叔宝,在后宫游乐饮宴,厮混一起,不再有上下尊卑的分别,对这些男士,当时称之为"狎客"(供人娱乐的客人),陈叔宝也自称

金陵图

建康,原名金陵。三国吴、东晋和南朝宋、齐、梁、陈先后在此建都,是六朝的政治、经济、文化中心。秦代时在此置县,名秣陵。东汉建安十七年(公元212年),吴孙权在此筑石头城,改称建业。西晋统一,仍名秣陵。太康三年(公元282年),分秣陵北另置建邺县。后避愍帝司马邺讳更名建康。东晋南朝相承不改。故城在今江苏南京市。

是"狎客"班头。

在他生活的那个时代,宫体诗盛行,诗歌多描述闺阁之情,缱绻缠绵,文辞艳丽。陈叔宝常沉醉于红男绿女之中,他的这种香淫好色的性格,在成为帝王后得到了极大的释放。况且,陈叔宝贵为人主,自然不乏阿谀奉承的"诗酒朋友",抬轿吹竽。大凡吟诗作赋,嘤鸣以求其友声,很希望有人吹捧,甚至夸张地附和,心理上才满足。这些天花乱坠的溢美之词,陈叔宝听了十分受用,飘然如仙,自然欣赏有加。陈叔宝还遴选有文学素养的宫女袁大舍等,命她们当"女学士",每次饮酒,就召集得宠的嫔妃、女学士、狎客一同赴宴,吟诗作赋,互相应酬唱和,挑选其中最香艳的几首,谱上新曲,选出宫女一千余人练习,然后演奏,分成若干部,轮流传唱。曲有《玉树后庭花》、《临春乐》等,全是赞扬嫔妃的美丽容貌。君王和臣属从傍晚饮到天亮,酩酊大醉,认为是一件常事。

文学需要激情与理想,而治国则不然,用文学的理念治国,势必国是日非。后世的南唐后主李煜,可与之相比。如果不误为人主,以他们的艺术天资论,绝对是那一时代的词坛领袖。但是,艺术的炽烈情怀在遭遇政治辣手的无情摧折之下,早已是百花履霜,零落不堪了。假如陈叔宝作为一个纯粹的文人,一个风流倜傥的骚客,至少会在历史上留下雅客的名声,但历史将他推上皇帝宝座,实在是一个天大的误会。

丽宇芳林对高阁,新装艳质本倾城;映户凝娇乍不进,出帷含态笑相迎。

妖姬脸似花含露,玉树流光照后庭;花开花落不长久,落红满地归寂中!

[陈]陈叔宝《玉树后庭花》

张贵妃,名丽华,本是一个卑微的军人的女儿,最初入宫时,年仅10岁,为龚贵妃的婢女。有一天,被陈叔宝偶然遇见,后主大惊,端视良久,对龚贵妃说:"此国色也。卿何藏此佳丽,

玉树新声　白描插图　明代

　　陈后主陈叔宝荒淫无度,每次宴请,都让嫔妃与狎客相互赋诗赠答,从中选出艳丽之句,让人谱曲演唱,其中著名的有《玉树后庭花》。此图陈叔宝在饮酒作乐。

而不令我见？"龚贵妃说："妾谓殿下此时见之，犹嫌其早。"陈叔宝问何故，她说："她年纪尚幼，恐微葩嫩蕊，不足以受殿下采摘。"后主微笑，心里虽很怜爱，只是因为她年小幼弱，不忍强与交欢。因此做小词，以金花笺书写后送给张丽华。丽华年虽幼小，但天性聪明，吹弹歌舞，一见便会，诗词歌赋，寓目即晓。随着年龄的增长，她越发出落得轻盈婀娜，举止闲雅，姿容艳丽。每一回眸，光彩照映左右。不久，陈叔宝临幸了她，随后生下一个男孩陈深，后来被封为太子。

张丽华头发长达七尺，当她站立时，七尺长发，可垂到地面，并且光泽闪亮，简直像一面明镜，可以照人，尤其她的一双眼睛，每一流转顾盼，光彩四射，就像一颗明星，照亮左右。每当她坐在阁楼上梳妆，远远望去，宛若仙人，神采焕发，举手抬足无不雍容华贵。而且张丽华反应敏捷，性情聪明，并深知人性的弱点，她用心观察陈叔宝的脸色，不断向他引荐别的宫娥，不仅陈叔宝对她感激，后宫所有佳丽都对她心存感激，争相赞扬她的美德。

张丽华有一种取悦神灵的巫术，常在宫中祭祀一些旁门左道的鬼神，聚集女巫们在神秘的鼓声中跳舞祈祷。陈叔宝沉沦在美女醇酒中，没有余力再去处理国家大事，政府的奏章，都请托宦官蔡脱儿、李善度代为转呈。陈叔宝则斜靠椅垫，把张丽华抱到怀里，坐在膝盖上，跟她商量讨论，共同裁决。蔡、李不能全部记下那么多，张丽华都为他们一一记下，没有一项遗漏。张丽华遂运用这种情势，探听宫外事务，无论官场民间，说一句话或做一件事，张丽华都能先从她的渠道得到消息，转告陈叔宝。因此，陈叔宝更是爱她入骨，张丽华在皇宫中的地位也达到巅峰。宦官以及皇上最亲近的侍从，更跟张丽华结合，内外互通音讯，利用关系，互相推荐亲戚朋友，横行民间，破坏法律，卖官鬻爵，包揽辞讼，公开贿赂。对文武百官的赏罚，政府不能过问，大权握在深宫。高级官员如果拒绝合作，张丽华就在陈叔宝面前说他的坏话。

陈叔宝贪恋美色，甚至打起了大臣之妻的主意。车骑将军萧摩诃丧偶，续娶夫人任氏。任氏妙年丽色，貌可倾城，与张丽华说得投机，结为姊妹。任氏生得容颜俏丽，体态轻盈，兼能吟诗作赋，自矜才色，颇慕风流。她觉得丈夫萧摩诃是一介武夫，闺房中惜玉怜香之事，全不在行，故心中不满。每次在宫里看见陈叔宝与张丽华，好似并蒂莲恩爱绸缪的样子，不胜欣羡。因此见了后主，往往眉目传情。陈叔宝只因任氏是大臣之妻，未便妄动。又因为相见时妃嫔满前，即欲与她苟合，苦于无从下手。一天，陈叔宝在宫中遇见任氏正好一个人，挑逗数语，便挽定玉手，携入密室，后主拥抱求欢，任氏亦含笑相就，没有推辞，翻云覆雨，娇喘盈盈。自此任氏常被召入宫，留宿过夜，调情纵乐，做长夜欢聚。而在萧摩诃面前，只说被丽华留住，不肯放归。萧摩诃是直性人，开始还信以为实，也不用心查问。后来风声渐露，才知妻子与后主有奸，不胜大怒，叹道："我为国家苦征恶战，立下无数功劳，才得打成天下。今嗣主不顾纲常名分，奸污我妻子，玷辱我门风，教我何颜立于朝廷！"只是碍于君臣名分，对这件丑事也不敢挑明。

萧摩诃被君主霸占妻子，有苦难言，其他当权的高官则慑于孔、张（孔贵嫔与张丽华）炙手可热的势力，无不见风转舵，摇尾谄媚。都官尚书孔范，与孔贵嫔结拜兄妹。陈叔宝最讨厌听到自己的过失，每有凶暴行为，孔范一定用尽心机，加以曲解掩盖，甚至化罪恶为圣德，不但认为不应谴责，反而应该赞美。因此，孔范受到特别宠信，他的建议，陈叔宝言听计从。官员中如果有人批评政府，孔范就在他们头上随意罩上一个罪名，斥责贬逐。

中书舍人施文庆，读了不少儒家经典和史书，当陈叔宝还是太子时，他就是太子宫的官属，聪明敏捷，博学强记，对官场运作十分熟练。处理事务时，心中策划，口授命令，条理分明，一一都合需要，因此也大受陈叔宝的宠信。施文庆又推荐他的好友吴兴郡（今浙江湖州）人沈客卿、阳惠朗、徐哲、暨慧景等，称道他们有行政能力，陈叔宝都加以任用，命沈客卿为中书舍人。沈客卿能言善辩，相当了解政府典故，故陈叔宝还委派他兼掌金帛局。

起先，军人以及士人[❶]都是免除捐税的，但陈叔宝大肆修建宫殿台阁，结果国库被淘空，一遇到新建的土木工程，总是缺少财源。于是沈客卿建议：不管什么人，一律征收捐税，同时旧捐税则加重征收。陈叔宝批

> [❶] 四民是古代中国对平民职业的基本划分，指士、农、工、商，其间体现了儒家理想的社会秩序。士是读书人，是社会等级中最高的一端；农则为百业之本，体现传统乐土重迁，重视农业的思想；商则被贬为四民之末，受到轻视。但实际上，由于商人掌握了大量的财富，其社会地位、生活水平要远高于一般的农民，因此中国古代实际的社会阶层大约是以士、商、农、工为序。

准。于是，他任命阳惠朗为太府寺（宫廷库藏部）太市令（市场管理官），暨慧景为主管金曹、仓曹的总务官。二人本是低级职员出身，办事精细，考核稽查档案账簿，十分详细，分厘无误。可是，不识大体，没有长远规划，只会督促苛责，对搜刮聚敛，永不厌倦。沈客卿在上督导，每年税收比过去多出数十倍，陈叔宝大为喜欢，越发认为施文庆有知人之明，更为亲近倚重，大小各事，没有一件不交给他办的。他的同党再互相引荐，位居人臣、帽插貂尾、蝉羽的，多达五十人。百姓们怨声载道。

孔范自认为文武全才，政府中没有人可以和他相比，曾经在闲散时报告陈叔宝说："部队将领都是当兵出身，抵挡一个敌人的角色而已。要

说到深谋远略，他们怎么会领会知道！"陈叔宝把这话问施文庆，施文庆畏惧孔范，遂认为确实如此。司马申更是在旁附和。从此，将领们稍微犯一些错误，中央就立即将他们撤职，把他们的部队交给文官率领。甚至中央禁军总监任忠的部队（戍卫京师的禁军），也被夺过来配给孔范及蔡徵。于是，文武百官全部离心，帝国一步一步走向覆灭。

最初，陈朝北地郡（侨郡）人傅縡，在陈叔宝还是太子时，就在太子宫中当侍从官。后来，陈叔宝登基称帝，傅縡升任秘书监、右卫将军、中书通事舍人。自负才干，意气用事，政府官员中很多人都对他心怀怨恨，施文庆、沈客卿在陈叔宝面前，异口同声陷害傅縡收受高句丽王国使节贿赂的黄金。陈叔宝于是把傅縡逮捕下狱。

傅縡在狱中上疏说："当一个面对人民的君王，应该恭恭敬敬侍奉上天，像爱护儿女一样爱护人民，克制欲望，远离谄媚奸佞。天还没亮就披衣起床，太阳已经落山，却忘记吃饭，这样的话，恩德普及全民，福泽留给子孙。陛下最近饮食太多，对美女的贪恋更是过度，不知道虔诚地祭祀天地和皇家祖庙的诸神（陈叔宝每逢要到郊外祭祀神祇，总是声称有病，不肯前去），却去向淫荡昏乱的鬼魅献媚（指张丽华聚集女巫），卑劣小人物留在身边，宦官和家奴玩弄权柄，把忠直之士当做仇寇，视百姓的生命为草菅。后宫美女所穿的绫罗绸缎拖到地面，厩房马匹吃的粟米粮食有大量剩余，可是贫苦的百姓却流离失所，遍地都是饿死的尸体，官员公开收受贿赂，国库公款大量浪费，天神震怒，人民怨恨，官员背叛，亲信离心，我恐怕陈帝国的王气从此结束！"

奏章呈上去后，陈叔宝暴跳如雷，过了一会儿，怒气稍稍平息，派使节去监狱对傅縡说："我打算赦免你，但你能不能改过？"傅縡回答说："我的心跟我的脸一样，面貌如果可改，心就可改。"陈叔宝怒不可遏，派宦官李善庆追究到底，最后命傅縡在狱中自杀。

杨坚觊觎　积极备战

这边的陈叔宝还沉醉在纸醉金迷的温柔乡中，北边的杨坚却一刻也不曾停歇。公元587年，杨坚在废除南梁帝国之后，即开始与亲信大臣积极谋划商议灭陈的方略。

杨坚自从颠覆北周帝国政权以来，跟陈帝国相处还十分和睦，每次擒获陈朝的间谍，都发给他们衣服、马匹，并很有礼貌地释放回国。可是陈帝国的第四任帝陈顼，并不认真地禁止侵扰劫掠。所以在6世纪80年代初期，隋朝曾发动反击，正巧陈顼逝世（公元582年正月），杨坚下令班师（当时，隋帝国讨伐陈帝国的东路大军总监督官高颎上奏隋帝杨坚，说："依照礼仪，对正在办理君王丧事的国家，不采取军事行动。"杨坚准奏，下诏高颎等班师），并派使节前往吊唁，信上自称"杨坚"，下写"叩头"。陈帝国新登基的皇帝陈叔宝，忘了他是谁，在回信结尾时说："想你治理国家，都能如意，天地之间，清静安泰。"杨坚看了以后，不太高兴，命文武百官传阅，上柱国杨素认为君王受到侮辱，臣属应该一死，叩头请求处罚。

后来，杨坚征召后梁帝国皇帝萧琮到首都长安，萧琮的叔父萧岩以及弟弟萧瓛，率文武官员及男女居民十万人，逃入陈朝。陈朝政府任命萧岩为开府仪同三司（宰相级）以及东扬州（今浙江绍兴）刺史，任命萧瓛为吴州（今江苏苏州）刺史。对于陈朝接受萧岩等的投降，杨坚非常痛恨愤怒，他对高颎说："我作为人民的父母，怎么可能因为隔着一条衣带宽的长江，就不前去拯救？"于是，于公元587年九月，下诏废除后梁帝国，后梁帝国至此覆灭。（南梁帝国自公元502年至587年，共立国86年。）

在隋亡后梁后不久，即当年的十一月，杨坚决心消灭陈朝，他向高颎询问平陈的方略，高颎建议道："长江以北气候较凉，天地收割时间较晚，长江以南气候较暖，水稻成熟较早。就在他们将要收割的时候，我们却作小规模的动员，集结兵马，声称袭击，他们沿边各基地渡口一定集结军队，严密戒备，这就足够他们耽搁收割，使水稻腐烂田中。等他们增援妥当。我们即行复员。如此再三再四，他们会认为我们不过是虚张声势，故意使他们筋疲力尽。最后我们真的集结大军时，他们决不肯马上相信，犹豫不定之际，我们已渡过长江，登陆作战，士气高过平日（背水作战，有进无退）。同时，长江以南地下水距地面很近，不能挖掘地窖，敌人所有的军用储备物资，都在地上，而房屋又都由竹子茅草筑成。我们如果派去间谍，利用风势放火，等他们修复之后，再去放火，用不了几年，民间的粮食和其他资源，都会被烧光。"杨坚批准了这两项建议，陈帝国也开始陷入困境之中。

此外，杨坚还下令建造巨舰。有人请求造舰船一事秘密进行，杨坚说："我公开执行上天发动的诛杀，有什么秘密可言？"还命令把造舰船时削下的木屑，全部投入长江，任它们顺流而下，说："如果他们因为恐惧而能改过，我还有什么要求！"

隋朝的高级官员纷纷洞悉了杨坚的意图，信州（今重庆奉节县）刺史杨素，吴州刺史贺若弼及光州（今河南光山县）刺史高颎，虢州（今河南灵宝市）刺史崔仲方等，争相呈献征服陈朝的策略。

崔仲方上疏说："而今，只须在武昌以东——蕲州（今湖北蕲春县）、和州（今安徽和县）、滁州（今安徽滁州市）、方州（今江苏六合县）、吴州、海州（今江苏连云港市）等州，加派精锐部队，秘密准备渡江。而另在益州（今四川成都市）、信州、襄州（今湖北襄樊市）、荆州（今湖北江陵县）、基州（今湖北荆门市东南）、郢州（今湖北钟祥市）等州，加速制造船舰。多方面准备，充实水上战斗武器。蜀江、汉水，是陈国的上游，水陆要冲，军事上必争之地。陈帝国虽用舰队封锁流头（今湖北宜昌市西北）、荆门（今湖北枝城市西北长江南岸）、延州（今湖北枝江市长江中小岛）、公安（今湖北公安县）、巴陵（今湖南岳阳市）、隐矶（今岳阳市东北）、夏首（今湖北武汉市）、蕲口（今湖北蕲春县西）、溢城（今江西九江市），但都宜击破，水上胜负，当分别在峡口（西陵峡口，在今宜昌市西，陈叔宝派散骑常侍、九江人周罗睺率军驻防）及汉口（今湖北武汉市长江江面）决战。陈朝军队发现长江上游情况紧急，如果派精锐部队西上增援，我们驻防在长江下游的将领，就可以抓住机会，横渡长江。他们如果不西上增援，留下军队保护自己，那么，我们驻防在长江上游的各军，就可以乘风破浪，擂动战鼓，顺流而下。届时，他们九江、五湖的险要虽然依旧，但缺少能力，无法固守。纵有三吴（今太湖流域及钱塘江流域）、百越（今广东、广西）的强大部队，也因为对人无恩，而不能自立。"杨坚遂任命崔仲方为基州刺史。

信州刺史杨素驻扎永安，建造了超级战舰"五牙号"，甲板上有五层楼，高一百余尺，左右前后，共设六个巨型的攻击捣杆，以用于捣毁敌舰。每个捣杆举起，高达五十尺，战舰能容纳战士八百人。稍次一等的是战舰"黄龙号"，能容纳战士一百人。其他，还有平乘级、舴艋级，依照等次，顺序下水。

而与此同时，陈朝却不断发生神秘难测的怪事，长久淤塞的临平湖（今浙江杭州市西北），湖水忽然满盈。父老相传："此湖塞，天下乱；此湖开，天下平。"东吴帝国覆亡前夕，临平湖水也曾满盈。对此，陈叔宝十分厌恶。于是他自称奴隶，卖给佛教寺庙，希望能借此化解鬼神的诅咒。又在首都建康兴筑大皇寺，另建七层佛塔，可是还没等完工，佛塔内部冒出火焰，整个烧掉。

吴兴郡人章华，喜爱文学，非常会写文章。但政府官员们却因为他出身平民，没有高贵的门第❶，所以争相排斥他。章华被任命为太市令（宫廷库藏的对外采购负责人），由于官职卑微，而且又学非所用，心头忧郁，于是上疏陈叔宝，直言规劝，大意是："自从高祖（陈霸先）南方平定百越（指萧勃），北方诛杀叛逆蛮夷（指侯景，以及抵抗北齐南伐大军）；世祖（陈蒨）东方削平吴会（指杜龛和张彪），西方击破王琳；高宗（陈顼）克复淮南，开辟疆土一千里。三位皇帝的功劳，已竭尽全力。陛下登基，迄今五年，从没有想到祖先创业的艰难，也不知道天命可畏，甘受亲信家奴弄臣的摆布，沉迷于美酒女色，不肯去皇家祖庙祭祀祖先。可是，晋封三位妃妾（指张丽华、龚贵嫔和孔贵嫔）的时候，却有时间亲自登台。年高德劭的元老和武功煊赫的老将，都抛弃到原野草莽之中，而小人却擢升到政府要职。而今，帝国疆域一天天缩小，隋朝大军业已压境。陛下如果不能大彻大悟，我可以预言：麋鹿将遨游姑苏（伍子胥警告夫差语）。"陈叔宝看后大怒，当天即把章华处斩。

公元588年春，杨坚派散骑常侍程尚贤等前往陈朝访问。随后，杨坚下诏通告天下，将对陈朝发动军事总攻，诏书上说："陈叔宝盘踞的不过是巴掌般土地，可是他欲望之大，却像山谷深沟。全国大街小巷，无论中央地方，都被他搜刮一空。驱使人民不停地劳役，用尽各种手段，挥霍金银，把白昼当成夜晚。诛杀说实话的知识分子（如傅縡、章华），屠杀无罪者的全家。作恶多端，企图上欺苍天，乞求保佑，只靠祭祀鬼神。为了供应后宫庞大消耗，不惜出动军队。为了赢得美女欢心，甚至净街戒严。自古以来，头脑昏乱的君王，很少能够跟陈叔宝相比。正人君子纷纷逃走，卑劣小人则个个高官，天上有异，地下降灾，物生怪，人变妖。士子纷纷闭口，道路行人仅敢用眼睛示意。尤其是陈叔宝背叛恩德，违背誓约，扰乱边疆。他个人则白天潜伏，夜晚游荡，简直跟小偷、强盗一样。普天之下的百姓都是我的臣属，每次听到这类消息，我的心中都感到恻隐。现在，我下令出动大军，随机应变，诛杀铲除。只这一次战役，就要

❶ "门第"常与"阀阅"合称，即门阀，指世代为官的名门望族，又称门第、衣冠、世族、士族、势族、世家等。门阀士族通过九品中正制度在两汉至隋唐掌握国家官吏的选举，其实际影响造成国家重要的官职往往被少数名门家族垄断，结果个人的出身背景对于其仕途的影响要远远大于其本身的才能特长。直到唐代，门阀制度才逐渐被以个人文化水平考试为依据的科举制度所取代，增加了社会阶层的流动性。

使吴越（陈朝疆土）永远肃清。"

接着又向陈朝下达诏书，罗列陈叔宝大罪二十条，缮写副本三十万张，运到江南散发。

陈叔宝的太子陈胤，聪明敏捷，喜爱文学。但是他不断犯错，太子宫主管袁宪恳切规劝，陈胤全不接受。当时，皇后沈婺华已经失宠，近身侍从常去太子宫，陈胤也常常派人到嫡母那里，陈叔宝疑心太子和皇后的心中一定怨恨，所以十分厌恶。而张丽华和孔贵妃，又日夜在陈叔宝耳边说陈胤母子的坏话，都官尚书孔范等佞臣，又在外面煽风点火。陈叔宝于是打算废黜太子陈胤，改封张丽华的儿子、始安王陈深为太子。陈叔宝曾经对高层官员暗示过更换太子的意图。吏部尚书蔡徵顺着陈叔宝的意思，极力赞成。只有袁宪厉声反对，说："皇太子是国家的储君，亿兆人民归心，怎么敢轻易主张废立？"但陈叔宝还是决心更立太子。

于是，于当年夏，太子陈胤被罢黜，改封吴兴王。扬州刺史（京畿总卫戍司令）始安王陈深被立为太子。陈深也是聪明敏捷，而且有志气操守，举止庄重，即令左右侍卫，都看不出他的喜怒。陈叔宝听说袁宪曾经规劝过陈胤，即任命袁宪为尚书仆射。

陈叔宝待他的正妻沈婺华皇后，一向冷淡，贵妃张丽华把后宫完全置于控制之下。沈婺华没有愤愤不平的反应，既不嫉妒，也不怨恨，而身上穿的和住处布置，都十分节约，没有华丽的衣服和锦绣装饰，平常只阅读儒家学派的经书、史书以及佛教经典，不断写奏章给陈叔宝，提出很多劝告。陈叔宝原本想废了她，而另外改封张丽华为皇后，这事还没有办，帝国就覆灭了。

隋军南下　一统中原

大军齐攻陈

本年冬，隋帝杨坚因各地动员完成，前往皇家祖庙，向祖先焚香禀告。他命晋王杨广、秦王杨俊、清河公杨素均为大军元帅。杨广自方州出发，杨俊自襄阳出发，杨素自永安出发，荆州刺史刘仁恩自江陵出发，蕲州刺史王世积自蕲春出发，庐州总管韩擒虎自庐江出发，吴州总管贺若弼自广陵出发，青州总管、弘农人燕荣自东海出发（率舰队渡东海南下）。共计出动各地作战司令 90 人、士卒 51.8 万人，全部受晋王杨广指挥。

隋朝大军东接东海（今江苏连云港市），西接巴蜀，旌旗连天，船舰相衔，横亘数千里。杨坚命左仆射高颎为晋王元帅长史（晋王杨广大军元帅府秘书长），右仆射王韶为司马（军政官），军中一切事情，都由二人裁决，所有处分调配，没有一点阻碍。

一次，长史高颎询问行台吏部侍郎薛道衡："这一次大规模用兵，江东（陈朝）是不是可以攻克？"薛道衡说："一定可以攻克，我曾看过郭璞的遗著：'江东（今江苏南部太湖流域）分裂三百年，当跟中原复合。'现在时候已到，这是一。今上（杨坚）敬业勤勉，为国辛劳；陈叔宝却荒乱淫逸，骄傲奢侈，这是二。国家安危，全看宰相，他们的宰相江总，只知道吟诗饮酒，在平民中选拔卑劣的小人物施文庆，把政府交给他处理，至于大将萧摩诃、任忠，不过两个有勇无谋的匹夫，这是三。我们政治清明，国力巨大，他们政府腐败，国力弱小，估计他们的武装部队不过十万人。西自巫峡，东到东海，兵力分散则力量单薄，兵力聚集在一起，则照顾不到另一个地方，这是四。基于此，我们隋朝大军将以席卷之势，收复江南，长史大人不必担心！"高颎高兴地说："听你的话，成败道理，一目了然，本来我认为你不过是一个饱学之士，想不到还有如此深刻的谋略。"

此时，由晋王杨广率领的东路大军已抵达长江，由秦王杨俊率领的中路军已驻防汉口，指挥长江上游的军队。而由信州刺史杨素率领的西路军，正坐着舰队东下，穿过长江三峡，抵达流头滩（今湖北秭归县东）。

陈帝国将军戚昕率青龙舰队一百余艘，据守狼尾滩（今湖北宜昌市西北)。狼尾滩地势险恶,隋军担心无法通过,杨素说:"成功失败,就在这次攻击。我们如果白天顺流而下,敌人会很容易看出我们的实力,滩流湍急,由不得我们控制,对我们不利,不如夜袭。"杨素亲率黄龙舰队数千艘,战士口衔枚(防止出声),顺流而下,另派开府仪同三司王长袭,率步兵在南岸登陆,攻击戚昕的另一大营。又命大将军刘仁恩率骑兵自北岸攻击白沙(今湖北宜昌市东),刘仁恩于天将亮时赶到,开始夹击。戚昕战败,逃走,士兵全被俘虏,杨素对他们加以安忱慰劳,一律释放。隋军大军所至,对百姓秋毫无犯。

杨素率舰队东下,船舰布满江面,旌旗迎风招展,铠甲在太阳下反射出万道光芒。杨素坐在平乘级巨舰上,容貌雄壮,气势不凡,陈朝官民望见,大为恐惧,纷纷说:"杨素就是江神!"

陈帝国沿长江的各军事基地听到隋军就要逼近的消息,纷纷奏报。中书舍人施文庆、沈客卿却把所有告急奏章压下,不让陈叔宝知道。

当初,后梁的安平王萧岩、义兴王萧瓛曾率十万人投奔陈朝,陈叔宝对他们心存顾忌,所以使二人远离他们的部众,也使二人分散远方。任命萧岩为东扬州(今浙江绍兴市)刺史、萧瓛为吴州刺史。另派中央禁军总监任忠当吴兴郡(今浙江湖州市)郡长,在中间控制两州。陈叔宝又命南平王陈嶷镇守江州、永嘉王陈彦镇守南徐州(今江苏镇江市)。

不久,他又征召两位亲王参与明年的元旦朝会,命沿江各船舰全部随从两位亲王返京,主要目的是向投降来归的后梁帝国部众,展示陈帝国的军事威力。因此,长江万里,竟没有一艘军舰,而上游的各州船只,又被杨素军阻截,没有一艘能抵达京城。

陈朝的湘州(今湖南长沙市)刺史、晋熙王陈叔文,在职很久,深获州民拥护。陈叔宝因湘州位居上游,暗中猜忌。但又想到自己待文武百官很少恩惠,没有人可以信赖,找不到继任人选,于是擢升施文庆当都督、湘州刺史,配备给他精锐部队二千人,命他西上到任。同时征召陈叔文东下返京。施文庆非常庆幸得到这个高位,但又害怕一旦外放,中央政府权柄会旁落到别人手上,对自己不利。于是,他向陈叔宝推荐他的

隋灭陈之战两军兵力对比表			
隋 军		**陈 军**	
统帅	淮南行台尚书令 杨广	统帅	陈后主 陈叔宝
将领	左仆射 高颎	将领	骠骑将军 萧摩诃
	右仆射 王韶		护军将军 樊毅
	庐江总管 韩擒虎		中领军 鲁广达
	吴州总管 贺若弼		司空 司马消难
	青州总管 燕荣		湘州刺史 施文庆
	总管 杜彦 宇文述		散骑常侍 吴文奏
	元契 张默言		左卫将军 蒋元逊
	杨牙 员明	司徒	陈叔英
总兵力	30多万人(不含长江中、上游的进攻兵力)	忠武将军	孔范
		镇东大将军	任忠
		总兵力	10余万人

同党沈客卿接替自己的现职。

施文庆出发之前，与沈客卿共同主管政府机要。护军将军樊毅向尚书仆射袁宪建议说："京口（今江苏镇江市）、采石（今安徽马鞍山市西南）都是军事重地，每地至少需要精锐武装战士五千人、金翅级军舰二百艘，沿长江上下巡逻戒备！"袁宪及骠骑将军萧摩诃都认为有这个必要，遂与文武百官讨论，请求陈叔宝批准。可是施文庆却担心：军队一旦调发二镇，就没有多余的兵力跟随自己，将影响他前往就任的日期。同时，沈客卿也急于盼望施文庆早日出发，他一个人可以独揽大权。于是向各位官员宣称："大家有意见的话，势不能一一当面陈述，请写成奏章，我们当马上转呈。"袁宪等信以为真。施文庆、沈客卿就带着大家的奏章进宫，当着陈叔宝的面，跟陈叔宝说："边界告警，不过平常小事，边防将领们足以抵挡，如果出动军队以及水上舰队，则人心一定慌乱。"

此时，隋朝南征大军已抵达长江，间谍也不断地深入陈朝境内，袁宪等不断地上疏请求，施文庆却说："元旦朝会大典马上就要到了，南郊祭祀天神大典，太子陈深又要跟随，现在如果派出大军，这两件大事都不能举行。"陈叔宝说："派军出京，如果北方只是一场虚惊，没有战事，我们就用水军担任郊外祭祀警卫，有什么不可以！"施文庆说："这样的话，消息传到邻国耳朵，就会认为我们懦弱。"

施文庆又同时送了很多金银珍宝给江总，命江总入宫游说，陈叔宝不愿太违背他的意思，但又受朝中坚决主张派兵的压力，于是，交付文武百官再作详细讨论。江总又设法压制袁宪等人，所以会议就一直讨论，迟迟没有定案。

陈叔宝心态安闲时，常会对左右侍从说："天子之气，一向都在建康，北齐三次渡江（公元555年正月，任约引北齐军袭建康，十月占据石头城；公元556年，再袭建康；公元559年十月，北齐帮助王琳，攻下芜湖），北周两次南下（公元560年，北周独孤盛攻击湘州；公元567年闰六月，宇文直增援华皎），没有一

激 战　敦煌壁画

图为敦煌莫高窟第十二窟中所绘战争壁画，双方隔河相峙，筑城而战，场面十分紧张激烈。通过此画可以了解到古人的战争场面，魏晋南北朝正是我国历史上的动乱年代，战争连年，民不聊生。

次不被击败，隋朝军队能有什么作为！"都官尚书孔尚说："长江是上天创造的深沟，自从开天辟地，一直隔绝南北，而今隋朝的军队，难道能飞过来不成？边防军将领打算立功，才谎报军情紧急。"有人制造消息，说隋军战马很多病死，孔范大怒说："那是我们的马！为什么不好好照顾，让他们死去！"陈叔宝大笑，非常同意，所以不严加戒备，跟平常一样，演奏音乐，欢歌燕舞，吟诗作赋，毫不间断。

势如破竹的隋军

公元589年，陈朝祯明三年，隋朝开皇九年。这一年陈叔宝37岁，杨坚49岁。

这一年的正月一日，陈叔宝在金銮殿上举行元旦朝会，接受文武百官朝贺。忽然间大雾四起，伸手不见五指，吸入鼻孔，有一种酸辣的味道。陈叔宝昏昏入睡，直到下午才醒。

而当天，隋朝吴州总管贺若弼从广陵率军渡过了长江。

最初，贺若弼把军中很多老马卖掉，向陈朝购买船只，藏在隐秘地方，而另买破船五六十只，停泊在码头，陈朝的间谍侦察后，认为隋朝并没有别的船舰。贺若弼又奏准：隋帝国的所有江防部队，每逢换防，都要由各地先集中到广陵。于是，每当换防之际，广陵旌旗满地，帐篷遍布原野。最初，陈朝政府认为是隋军集结，将发动进攻，立即紧急动员，增援沿江防务。后来才知道不过是江防部队换防而已。于是又复员。一来二去，以后陈朝政府便不把这种大规模集结看做一件大事。因此也不再戒备。却不想这正中了高颎的计谋。

贺若弼又派军队沿江打猎，人喊马嘶，惊天动地，陈朝在恐慌了几次之后，也不再做反应了。所以当贺若弼大军真的横渡长江时，陈朝沿江军民竟没有人发觉。

贺若弼军队纪律森严，对人民的一草一木，都不侵犯，有一位士卒离开行列到民家私自买酒，立即被捕，斩首。贺若弼俘虏陈朝兵卒六千余人，全部释放，并发给他们粮食，遣送回家。还把杨坚的诏书交给他们分别带往各地散发。（就是杨坚指责陈叔宝大罪二十条的诏书，事先已经缮写副本三十万张，为的就是运到江南散发）于是，陈朝民心瓦解，隋军所到之处，如风卷残云。

庐州总管韩擒虎，率五百人在夜色掩护下，从横江（今安徽和县东南长江渡口）南渡，在采石矶（今安徽马鞍山市西南）登陆。陈朝守城官员及士卒正酩酊大醉，隋军轻易占领城池。

陈叔宝接报后，于正月四日下诏说："隋军对我们肆意凌虐，侵犯京畿郊区。蜂蝎虽小，却是有毒，应该尽快清除。我当亲率皇家六军，扫荡八方。现在，全国戒严！"

遂任命骠骑将军萧摩诃、护军将军樊毅、中领军（中央禁军统领）鲁广达为都督，司空司马消难、湘州刺史施文庆为大监军，命南豫州（今安徽省当涂县）刺史樊猛率舰队从白下（建康城北）出发，散骑常侍皋文奏率军镇守南豫州。并且悬出优厚奖赏条件，规定和尚、尼姑、道士都不能免役，一律参战。

但在陈叔宝的诏书发出后仅两天，贺若弼即攻克京口，擒获陈朝南徐州（京口）刺史黄恪。第二天，韩擒虎进攻姑孰（姑孰是南豫州州政府的所在地，原属陈朝江防司令樊猛的辖区，当时樊猛正驻扎建康，由他的儿子樊巡摄理南豫州事务），只半天工夫，即行攻克，生擒樊巡和他的家属。陈朝增援姑孰的散骑常侍皋文奏大败逃回建康。江南人民长久以来就知韩擒虎的威名，于是前往隋军大营请求晋见的人，日夜不绝。

此时，樊猛正会同左卫将军（首都东区卫戍司令）蒋元逊，率青龙级军舰80艘，在白下（建康城北）巡逻，准备抵抗由六合南下的隋军（晋王杨广军）。陈叔宝因樊猛的妻子儿女全陷入敌人之手，恐怕他生出二心，打算派镇东大将军任忠（当时任忠驻扎在吴兴郡）接替他的职务。命骠骑将军萧摩诃前往劝导，樊猛大不高兴，陈叔宝不愿使他难堪，于是打消了这个主意。

陈朝中央禁军统领鲁广达的儿子鲁世真，留在新蔡（今湖北黄梅县西南），跟弟弟鲁世雄及所有部众，都投降了韩擒虎，并派使节送信给鲁广达，劝诱鲁广达投降。鲁广达当时驻军建康，上疏自我弹劾，并亲自前往廷尉府（最高法院）请求处分。陈叔宝安慰劝解，赏赐黄金，送他回营。

当时贺若弼和韩擒虎均已渡过长江，抵达长江南岸。于是隋朝的东路大军再分两路，贺若弼自北方的京口，韩擒虎自南方的姑孰，南北夹击陈朝首都建康。陈朝沿长江的各卫戍基地都望风逃散。贺若弼派军攻击曲阿（今江苏丹阳市），切断交通线，阻止三吴的援军，并向西深入。

陈叔宝命宰相豫章王陈叔英驻军金銮殿，萧摩诃驻军乐游苑，樊毅驻军耆阇寺（鸡鸣山西），鲁广达驻军白土冈（今江苏宁县东），忠武将军孔范驻军宝田寺。并征调镇东将军任忠由吴兴入援京师（去年十二月，陈叔宝命任忠当吴兴郡郡长，防备萧岩、萧瓛），仍驻军朱雀门。

正月七日，韩擒虎攻克姑孰（今安徽当涂县）。同日，贺若弼攻克钟山，在白土冈之东布防。晋王杨广派大将杜彦与韩擒虎会师，步骑兵共2万人驻扎新林（今江苏江宁县西）。蕲州军区总司令王世积率舰队攻击九江（今江西九江市），在蕲口（蕲水注入长江处，今湖北蕲春县西南）击破陈朝大将纪真，陈军惊骇，纷纷投降。晋王杨广把战况上奏给杨坚，杨坚大为欢喜，设宴宴请文武百官。

当时，建康武装部队还有10余万人，可是陈叔宝性情怯懦，胆小如鼠，不懂军事，只会日夜不停地哭泣，把政府各种处置，全交给施文庆。施文庆知道各将领对自己痛恨，唯恐他们作战胜利，建立功劳，将滋生难以控制的后遗症，所以奏报陈叔宝说："这些人一肚子牢骚，平常对政府都不满意，在这个危机四伏时期，怎么可以相信他们的片面之辞。"因此，各将领有什么请求，多半批驳。

隋朝吴州总管贺若弼攻击京口时，陈朝骠骑将军萧摩诃请求陈叔宝准他率军迎战，陈叔宝不准。后来，贺若弼进抵钟山，萧摩诃又建议："贺若弼一支孤军，深入敌境，营垒刚刚建立，还没有坚固，我们如果发动偷袭，一定可以攻克。"陈叔宝仍不准。

在陈叔宝召集的内殿御前军事会议上，任忠说："《兵法》有云：'攻击的一方利于速战速决，守卫的一方最好稳扎稳打。'而今，我们的兵力充沛，粮食充足，最适当的反应，莫过于坚守宫城（台城），沿着秦淮河构筑防御工事，隋军虽然进攻，我们却拒绝应战。然后再分出兵力，切断他们的长江交通，使寸纸不能过江。请拨给我精锐部队一万人，金翅级战舰三百艘，渡长江北上，直攻六合，隋军主力一定认为南岸战士已被俘虏，士气自然丧失。我在淮南有很多故交，听说我率军前往，一定会如影随形，起兵响应。我再扬言要攻击徐州（今江苏镇江市），断绝他们的归路，则隋军将不战而退。等到春暖花开，江河水涨，长江上游的周罗睺等军（周罗睺驻守巴峡），再顺流而下，增援京师，这是上策。"陈叔宝不准。

可是到了第二天，陈叔宝忽然说："两军对峙那么久，不见胜负，使人心烦，不妨叫萧摩诃杀杀他们的锐气！"任忠叩头，苦苦警告，不可主动攻击。但孔范支持萧摩诃，说："请在战场上决一生死，我保证为陛下在燕然山竖立记功石碑（燕然山即今蒙古国杭爱山，当年窦宪击破匈奴，燕然勒石）。"陈叔宝遂批准反攻计划，对萧摩诃说："你可为我决此一战？"萧摩诃说："从前作战，是为

两军交战　壁画　魏晋南北朝

图为表现南北朝时期骑兵和步兵战斗场面的壁画。

了帝国和家族,今天作战,同时还为了妻子(陈叔宝与萧摩诃的妻子通奸,萧摩诃心知肚明,只是不敢挑明)。"于是陈叔宝拿出大量金银绸缎,发给各军,作为赏赐。

正月二十日,陈叔宝命中领军鲁广达在白土冈构筑防御工事,位于各军最南。任忠在鲁广达之北,樊毅、孔范更北,萧摩诃军位于各军最北。各军南北鱼贯相接,长达二十里,头尾进退,互相不知。

亡国之君的狼狈

隋朝吴州军区总司令贺若弼,率轻骑兵登山下眺,看到陈帝国各军出动,立即奔驰下山,下令他的部将杨牙、员明等,武装部队八千人,严阵以待。陈叔宝与萧摩诃的妻子通奸,所以萧摩诃根本无心作战。只有鲁广达率领他的士卒奋勇攻击,和贺若弼对抗。隋军再三再四被陈军逼退,贺若弼手下被杀273人,贺若弼处境危急,下令燃起浓烟保护,才从狼狈中重振声威。陈军砍下隋军人头后,不顾纪律,纷纷奔回宫城,向陈叔宝请求赏赐。贺若弼探知陈军虚骄惰怠,率军急攻孔范阵地,孔范军一经接触,即行退走,其他各军看到骑兵先行崩溃,四散逃命,主力瓦解,无法阻止,死亡五千人。员明生擒萧摩诃,送给贺若弼,贺若弼命拉出去斩首,萧摩诃面不改色,贺若弼乃松开他的捆绑,以礼相待。

任忠奔回宫城,向陈叔宝报告战败情形,说:"陛下好好保重,我已无能为力!"陈叔宝交给任忠黄金两袋,命他出去招兵买马,继续作战,任忠说:"陛下最好坐船往上游投奔大军(指周罗睺军),我当拼死保卫。"陈叔宝信以为真,教任忠出宫部署,命宫中后妃宫女,整理行装,等待任忠。可是过了很久,奇怪为什么不见任忠回来。当时隋帝国庐州军区总司令韩擒虎正自新林(今江苏江宁县西)向建康推进,任忠率领几个骑兵,前往石子冈(今江苏江宁县南)迎降。陈朝领军将军(中央禁军总管)蔡徵率军驻守朱雀桥,听到韩擒虎就要抵达,军心恐惧,部队一哄而散。任忠引导韩擒虎直入朱雀门,陈军打算迎战,任忠挥手叫他们散去,说:"我这个老汉尚且投降,你们还想做什么!"大家都各自逃走。于是,建康城内政府各单位文武百官,一逃而散,只有尚书仆射袁宪,仍留内殿,尚书令江总等几个人留在尚书省。陈叔宝对袁宪说:"我平常待你,不比待别人好,今天使人惭愧。不仅仅是我没有品德,也是江东士子的道义和担当完全丧失。"

陈叔宝心慌意乱,急于躲藏,袁宪严肃地说:"隋军进宫,绝对不会有什么暴行。大势既已如此,陛下将躲到哪里?我建议你衣帽整齐,登上金銮宝殿,模仿萧衍当年接见侯景前例。"陈叔宝不接受,从座位上跳起来，飞奔逃走，说："刀口底下，可不能乱试运气，我自有妙计。"率领宫女宦官十余人，奔到后宫景阳殿，陈叔宝坚持要躲到深井之中，袁宪苦苦规劝，陈叔宝都不肯听。陈叔宝与他争执很久，最后，仍是躲进井中。

隋军大军进入后宫搜索，俯身在井口呼叫陈叔宝的名字，没有人回答，士卒们宣称要投下石头，才听到陈叔宝的惊叫，士卒们抛下绳子拉他上来，对于陈叔宝的超级体重感到惊奇，好不容易拉出井口，才发现陈叔宝原来和张丽华、孔贵嫔绑在一起。那口井因为搽上了张丽华慌乱中留下的胭脂，后世就戏称其为"胭脂井"。

皇后沈婺华仍住在皇后宫，生活跟平常一样。太子陈深本年15岁，闭门而坐，太子舍人孔伯鱼在旁陪伴。隋军士卒破门而入，陈深端坐不动，慰劳他们说："各位一路作战，恐怕很是辛苦！"隋军士卒对他至为尊敬。

当时陈姓皇族近亲，在建康的王爵、侯爵，有一百余人，陈叔宝怕他们趁势叛变，下令全部集中宫城，住宿金銮宝殿，命豫章王陈叔英看管，暗中戒备。而今，宫城失守，大家一拥而出投降。

贺若弼乘胜抵达乐游苑，陈朝中领军鲁广达仍督促残余的士卒，苦战不停，斩杀及俘虏隋军数百人，而天已黄昏，只好放下武器。鲁广达面向宫城，叩头痛哭，对他的部属说："我不能拯救帝国，罪孽深重。"士卒们都流涕叹息，十分悲痛，鲁广达遂被俘虏。陈朝政府各机关及禁卫军各司令部全无人迹。入夜，贺若弼纵火焚烧北掖门（宫城的北门），进入建康。听说韩擒虎已经活捉陈叔宝，命押解到面前问话，陈叔宝惊慌恐惧，汗流浃背，浑身发抖，一见贺若弼，就跪下叩头。贺若弼说："小国的君王，地位跟大国的公卿相等，向我叩头，合乎礼节。你放心，到了大兴，至少可以封一个归命侯，你用不着恐惧。（孙皓投降晋朝，就是封的归命侯）"

六代豪华，春去也，更无消息。空怅望，山川形胜，已非畴昔。王谢堂前双燕子，乌衣巷口曾相识。听夜深，寂寞打孤城，春潮急。

思往事，愁如织。怀故国，空陈迹。但荒烟衰草，乱鸦斜日。玉树歌残秋露冷，胭脂井坏寒螿泣。到如今，只有蒋山青，秦淮碧。

[元]萨都剌《满江红》

烟笼寒水月笼沙，夜泊秦淮近酒家。商女不知亡国恨，隔江犹唱《后庭花》。

[唐]杜牧《泊秦淮》

不久，贺若弼忽然发现自己的功劳竟远落在韩擒虎之后，大为懊恼，遂与韩擒虎在言语上激烈冲突，拔刀而起，要出营决斗，经大家劝阻才罢休。贺若弼又打算命蔡徵给陈叔宝撰写投降书,让陈叔宝坐上骡车,拉到自己军营,正式投降。但因为事情太荒唐离谱,无法执行。最后,贺若弼只好把陈叔宝囚禁在德教殿,派军看守。

晋王杨广军中的长史高颎,比杨广先一步进入建康。高颎的儿子高德弘,是杨广的机要秘书,杨广派高德弘飞奔到高颎那里,命高颎留下他心仪已久的美女张丽华,高颎说:"从前姜子牙蒙面杀妲己,今天怎么可以留下张丽华!"遂把张丽华押到青溪斩首。张丽华死时年仅三十岁。高德弘回去报告,杨广脸色大变,说:"古人说'无德不报',高颎的这番恩德,我一定回报。"从此深恨高颎,高颎最终死在杨广之手。

结绮楼边花怨春,青溪栅上月伤神。可怜褒妲逢君子,都是《周南》梦里人。

[清]袁枚《张丽华》

诸生相

正月二十二日,晋王杨广进入建康,因为施文庆受朝廷信任却不尽忠,百般谄媚,蒙蔽君王耳目;沈客卿为了取悦君王,对百姓施加深重的赋税;阳慧朗、暨慧景、徐析都为虎作伥,残害百姓。于是杨广下令把这五人一并绑赴宫城之外斩首,向三吴百姓赎罪。还命高颎与裴矩搜集档案图书,查封政府仓库,对储存的金银财宝,一件都不妄取,天下人对杨广的贤能,一致称道。

杨广认为贺若弼提前发动攻击,违犯军令,下令逮捕贺若弼,交付军法惩办。杨坚命贺若弼乘政府的驿马车返回京师,下诏给杨广,说:"平定江表,是贺若弼和韩擒虎的力量。"并赏赐绸缎一万匹。

开府仪同三司王颁是王僧辩的儿子,深夜,他挖掘陈朝第一任皇帝陈霸先的坟墓,挖出骨骸,用火焚化成灰,溶到水里喝下,以报复陈霸先叛杀父亲王僧辩之仇。然后自己把自己捆绑起来,向晋王杨广投案自首。杨广转报中央,杨坚下令赦免。同时指派五户人家负责洒扫陈霸先、陈蒨、陈顼等三座坟墓。

杨坚派使节把陈朝覆灭的消息告诉许善心(前一年,陈叔宝派许善心、王琬出使隋朝),许善心改穿丧服,在西阶(宾客位置)之下号哭,面向东方(主人位置),在干草上独坐三天。杨坚下诏慰问,第二天,杨坚命许善心返回宾馆,任命他为通直散骑常侍(正四品下),赏赐官服一套。许善心再度哭泣,极为悲哀,回到房间,改穿杨坚赏赐的隋朝官服,出来后,面向北方(皇帝所在)站立,第三度哭泣,叩头,接受诏书。第二天,他前往金銮宝殿朝见,匍匐阶下,悲痛过度,几乎无法起立。杨坚对左右说:"我削平陈国，只得到这一个人。他既然能够怀念旧日君王，自然也会是我的诚实臣属。"

起先，水军都督周罗睺和郢州刺史荀法尚据守州城江夏，隋朝秦王杨俊，率水路大军十余万人，驻扎汉口，不能前进，对峙超过一个月。陈朝荆州刺史陈慧纪派南康郡（今江西赣州市）郡长吕忠肃驻军岐亭（今湖北宜昌市北），扼守巫峡，在长江北岸山上凿洞，向南岸连接铁链三条，横栏江面，阻截隋军船舰。吕忠肃还变卖家产，供给军需。杨俊、刘仁恩奋勇攻击，大小四十余战，吕忠肃据守险要，竭力抵扎，隋军士卒战死五千余人，陈军士卒割下尸首上的鼻子，回去报功。可是不久，隋军反击，屡战屡胜，俘虏陈军士卒，不但不割鼻子，反而再三再四地把他们释放回营。吕忠肃的军心遂告瓦解，放弃阵地逃走，杨素解除铁链。吕忠肃退到荆门的延洲（长江上的一座小岛）。杨素派"巴蜑军"一千人（巴蜑族是居于四川中部的少数民族，依水为生），乘"五牙级"战舰四艘进攻，用撞击长杆击破陈朝战舰十余艘，遂大破吕忠肃军，俘虏士卒二千余人，吕忠肃仅逃出一命。

陈慧纪驻军公安，纵火把所有粮秣军械及军用辎重全部焚烧，率军东下，巴陵（今湖南岳阳市）以东所有城池，不再有人据守。陈慧纪率三万大军，一千余艘军舰，顺长江而下，打算救援建康，但被秦王杨俊阻止，不能前进。这时，陈朝晋熙王陈叔文被解除湘州刺史的职务，返回建康，走到巴州，陈慧纪推举他担任盟主。可是陈叔文此时已率巴州刺史毕宝等向杨俊呈递降书。

建康陷落，杨广命陈叔宝写信给长江上游的各军将领，命他们投降。接到陈叔宝的意旨后，周罗睺、陈慧纪等将领大哭三天，解散军队，命士卒返回乡里，然后晋见杨俊投降。至此，长江上游完全平定。

吴州刺史萧瓛，很受人民爱戴，建康陷落，吴州人推举萧瓛当盟主。隋朝派右卫大将军、武川（今内蒙古武川县）人宇文述，率行军总管元契、张默言等讨伐。落丛公燕荣率舰队航过东海，抵达吴州。陈朝永新侯陈君范从晋陵（今江苏常州市）投奔萧瓛，联合抵抗宇文述。此时，宇文述大军已渐渐逼近，萧瓛在晋陵东设立木栅拒马，留下一部分军队阻截。另派将领王褒镇守吴州，而自己亲率主力舰队，自义兴（今江苏宜兴市）进入太湖，打算袭击宇文述军的背部。但宇文述锐不可当，进军攻破了晋陵城东阵地，立即回军攻击萧瓛，大破萧瓛军，再派军绕道攻击吴州，王褒换上道士衣裳，放弃州城逃走。萧瓛集结残余，退守包山（今太湖洞庭山），燕荣舰队击破包山防卫。萧瓛率左右侍从数人，逃到民家躲藏，被人生擒。宇文述接着进抵奉公埭（今浙江萧山市西北），东扬州（今浙江绍兴市）刺史萧岩献出会稽投降。杨坚因为气愤萧岩、萧瓛当年率江陵百姓投降陈朝，于是命把二人押解到首都大兴后斩首。

清河公杨素击破陈军在荆门的抵抗后，派大将庞晖先行率军南下，抵达湘州，此时城中守军已经无心抵抗。湘州刺史、岳阳王陈叔慎，年仅18岁，设下筵席，宴请文武百官。酒酣耳热时，陈叔慎叹息道："君臣间大义，难道到今天为止？"长史谢基匍匐在地，痛哭不止。湘州助防、遂兴侯陈正理起身说："主人受到羞辱，臣属就应一死。各位谁不是陈朝的臣属？现在，天下发生灾难，正是我们效命的机会，即令不能成功，也可以看出臣属的节操。否则的话，青门之外，想死也不能死（秦朝灭亡后，东陵侯召平在咸阳青门外，种瓜为生。陈正理宁愿一死，也不愿过平民生活），今天的决定，不可迟疑，最后响应的斩首！"大家全都承诺。

于是，众人宰杀牲畜，立誓结盟，并派人向庞晖诈降，庞晖信以为真，在约定的时间，进入湘州。进城后，陈叔慎发动埋伏，逮捕庞晖，游街示众，随后连同隋军士卒，全部斩首。陈叔慎高坐阅兵台，招兵买马，几天时间，集结五千余人。并且，衡阳郡（今湖南株洲市西南）郡长樊通、武州（今湖南常德市）刺史邬居业，都派军前来支援。几路人马共同抵抗率军前来的隋将刘仁恩。可惜抵抗不久即告失败。陈叔慎、陈正理、樊通、邬居业俱被生擒，一起押送给秦王杨俊，在汉口斩首。

此时，岭南一片慌乱，官民们六神无主，几个还没有投降隋朝的郡联合起来，共同拥护高凉郡（今广东阳江市）冼夫人为盟主，号称"圣母"，维护境内治安，抵抗外力侵入。杨坚命柱国、江州刺史韦洸等前往岭外安抚劝导。同时，晋王杨广派人把陈叔宝写给冼夫人的信送去，告诉冼夫人：帝国已亡，劝她归附隋朝。冼夫人接信后，集结当地首领，转告这个噩耗，自己则痛哭不已。但最后还是派她的孙子冯魂率部迎接韦洸，并协助韦洸游说岭南各州全部归附。杨坚封冯魂勋官八级（正五品上），封冼夫人为宋康郡（今广东阳西县）夫人。

陈朝帝国也就此覆灭，自陈霸先于公元557年建国，至589年覆灭。立国共33年，凡五位君王。

陈帝国覆灭，大分裂时代和大分裂时代后期的南北朝时代，同步结束。国家在隋政府的领导下，又归统一。中国人经过286年的离乱隔绝和互相仇恨之后，重新团聚。中国传统文化有一种强烈而持久的统一诉求，可能是长期统一的一种惰性，也可能跟儒家"定于一"的思想有关。所以即令是在大分裂时代，统一却一直是一种憧憬。

陈帝国是南北朝唯一没有出过暴君的政权，但它最后一任皇帝陈叔宝，却是声名最响亮的昏君之一。

亡国之君　尸禄素餐

　　亡国之后，陈叔宝和他的亲王、公爵、文武百官，从建康出发，被押往大兴。一路上浩浩荡荡，五百里之远，络绎不绝。杨坚命征收大兴的私人住宅，内外装修一新，腾出地方供他们安顿，还派使节安慰迎接。陈朝投降的人，一个个宾至如归，乐不可支。

　　四月二十三日，杨坚登广阳门城楼，礼宾人员把陈叔宝带到面前，另外还有太子陈深，以及亲王，文武大臣共二百余人。杨坚命纳言宣读诏书，加以安慰，再命内史令宣读诏书，责备他们君臣不能团结，所以才归于消灭。陈叔宝和他的臣属全部羞愧恐惧，匍匐在地，压低鼻息，不敢出声。最后，杨坚全部赦免。

　　杨坚对陈叔宝的赏赐十分丰厚，又屡次召见，陈叔宝在金銮宝殿上站在三品官员的位置，每次命他参加宴会，恐怕他触景伤情，心中伤感，特别禁止演奏东吴音乐。后来，负责监视陈叔宝的官员报告说："陈叔宝说：'既没有等级，每次参加朝见，进退没有一定标准，希望给一个官号。'"杨坚叹息说："陈叔宝真是没有一点心肝！"监视的人又说："陈叔宝常常酩酊大醉，很少有清醒的时候。"杨坚说："每次饮酒多少？"监视的人回答说："陈叔宝和他的子弟们，每天能饮一石。"杨坚大吃一惊，命陈叔宝自我节制，不久又说："随他的意去灌！不然的话，怎么过日子。"

　　杨坚因为陈姓皇族人口太多，都集中在京师，恐怕他们为非作歹，于是分别遣送到偏远郡县，发给他们农田，使他们自力更生，每逢过年过节，仍赏赐给他们衣裳，作为安抚。

　　最初，杨坚的父亲杨忠与陈朝司空司马消难友情深厚，二人结拜兄弟，杨坚也把司马消难当做叔父尊敬。等到陈朝瓦解，司马消难也在被俘之列，被解往大兴。杨坚特命赦免司马消难死罪，发配给乐户为奴。但是二十天后，杨坚再次下令赦免，仍以旧日情谊，特别接见，司马消难不久在私宅去世。

　　杨坚对陈朝的一些旧臣不计前嫌，封江总为勋官五级（从三品）。袁宪、萧摩诃、任忠全部被封为勋官六级（正四品上），并且还嘉许袁宪的高尚节操，下诏表彰他是"江表第一人"。但杨坚也公开对文武百官说："削平江南的时候,我后悔没有立即诛杀任忠。他接受人家的荣耀俸禄和重要委任,不但不能横尸一死,身殉国难,反而借口说他已经无能为力,比起弘演剖腹藏肝(弘演剖腹,把卫国国君卫赤的肝收藏在腹中),相差岂不是太远了!"

杨坚对周罗睺也是安慰勉励,承诺赏赐给他荣华富贵。周罗睺流泪说:"我蒙陈朝厚恩,陈国沦亡,我却没有节操可以记载,能够免除一死,已是陛下的恩赐,怎么还敢盼望富贵!"贺若弼对周罗睺说:"我们得知你镇守的是鄂汉,就知道扬州可以夺取了。后来,果然不出所料。"周罗睺说:"如果跟你周旋,胜败可不一定。"不久,周罗睺即被任命为勋官七级(从四品上)。最初,陈朝将领羊翔先行投降隋朝,隋军南征时,羊翔担任向导,官升到勋官五级(从三品),金銮宝殿上,位置在周罗睺之上。韩擒虎在殿上同周罗睺开玩笑说:"你不知道随机应变,今天才站到羊翔的下面,难道不感到羞愧?"周罗睺正色说:"我从前在江东,一直崇拜你的英名,认为你是天下骨鲠之士,今天听你说这种话,大出我的意外。"韩擒虎脸上露出懊悔的神情。

杨坚斥责陈朝君臣时,只有晋熙王陈叔文一人掩饰不住喜悦,不久,再上疏自荐,说:"我从前在巴州(今湖南岳阳市)时,已经先行表示归附,请陛下仍记此情,我盼望受到的待遇,跟别人不同。"杨坚虽然厌恶他出卖祖国,但是,为了安抚江表,后来仍然加授陈叔文开府仪同三司、宜州(今陕西耀县)刺史。

晋王杨广在诛杀施文庆、沈客卿、阳慧朗、徐析、暨慧景时,还不知道孔范、王仪、沈瓘是更大的佞臣,所以都免一死。等俘虏们押解到了大兴,他们的事情才全部被揭发。王仪巧言令色,精于谄媚拍马,曾把两个亲生女儿呈献给陈叔宝玩弄,以求陈叔宝因为这层亲昵的关系,对自己另眼相看。沈瓘手握审判大权,阴险残忍,对囚犯施用酷刑。杨坚公布了他们的所有罪状,把他们发配到边疆,以向吴越百姓赎罪。杨坚因为北齐帝国、南梁帝国、陈

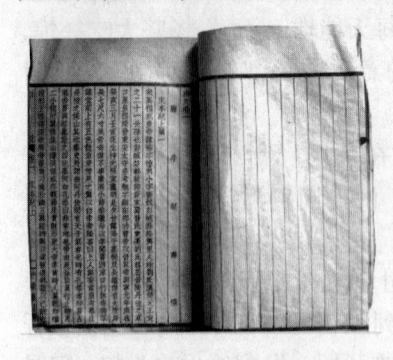

《南史》书影

《南史》是合南朝宋、齐、梁、陈四代历史为一编的纪传体史著,记事起自南朝宋武帝刘裕永初元年(公元420年),止于陈后主陈叔宝祯明三年(公元589年),成书于唐高宗显庆四年(公元659年)。《南史》与《北史》为姊妹篇,合称《南北史》,作者系李大师及其子李延寿。全书以《宋书》、《南齐书》、《梁书》及《陈书》为本,删繁就简,重新编纂,从搜集史料到完成,用了长达三十年的时间,实为史林新著。后被列入"二十四史",在我国史学上占有重要的地位。

帝国的皇家香火断绝，于是下诏命高仁英、萧琮、陈叔宝，分别在四季向祖先致祭。（北周帝国屠杀高家，只有高仁英死里逃生。萧琮是后梁帝国的亡国之君。）

陈叔宝跟随杨坚，登洛阳城北的邙山，陪同饮酒，并作诗说："日月光天德，山河壮帝居。太平无以报，愿上东封书。"遂上疏请求杨坚封禅，杨坚用措辞委婉的诏书回答。有一次，陈叔宝又陪同饮酒，告辞出去时，杨坚一直盯着他说："他的失败，岂不是由于饮酒！为什么不把作诗的精力去治理国家！当贺若弼渡江攻击京口时，他们的人紧急呈递密奏，陈叔宝却酩酊大醉，竟没有看上一眼。高颎进入宫城的时候，发现那封密奏，竟然被扔到坐榻底下，还没有拆封。这是一个笑料，实在是上天要他灭亡。从前苻坚东征西讨，把所有的亡国之君都加授高官，使他们仍继续享受荣华富贵。只不过为了博取一个宽厚的美名，却不知道违反天意。"

璧月庭花夜夜重，隋兵已断曲河中，丽华膝上能多记，偏忘床头告急封。

[清]宗元鼎《吴音曲》

杨坚是把陈叔宝作为一个皇帝来批评的，而在陈叔宝眼里，他做诗度曲才是正业，兴趣也全在这上头，而管理国家不过是他偶一为之的"副业"而已。所以才会在隋军兵临城下时，告急文书未曾开拆就被他丢在床下。也会完全忘却了一个皇帝起码的尊严，当隋军杀入宫中，与张贵妃、孔贵嫔三人抱作一团躲在井里，以致隋文帝对一国之君如此不顾体面大吃一惊。也许陈叔宝并不是"无心肝"，他只是从来就把自己当做一个风流才子，一个诗人骚客，亡不亡国无所谓，皇帝的体面，更是无所谓了。

公元604年，陈叔宝病逝于大兴城，享年五十二岁，死后被追封为"长城县公"。

唐代魏徵在《陈后主本纪》中评论说："（陈叔宝）生深宫之中，长妇人之手，不知稼穑艰难，复溺淫佚之风。宾礼诸公，惟寄情于文酒，昵近小人，皆委之以衡轴，遂无骨鲠之臣，莫非侵渔之吏。政刑日紊，尸素盈庭，临机不寤，冀以苟生，为天下笑，可不痛乎！"

隋朝运河区域图

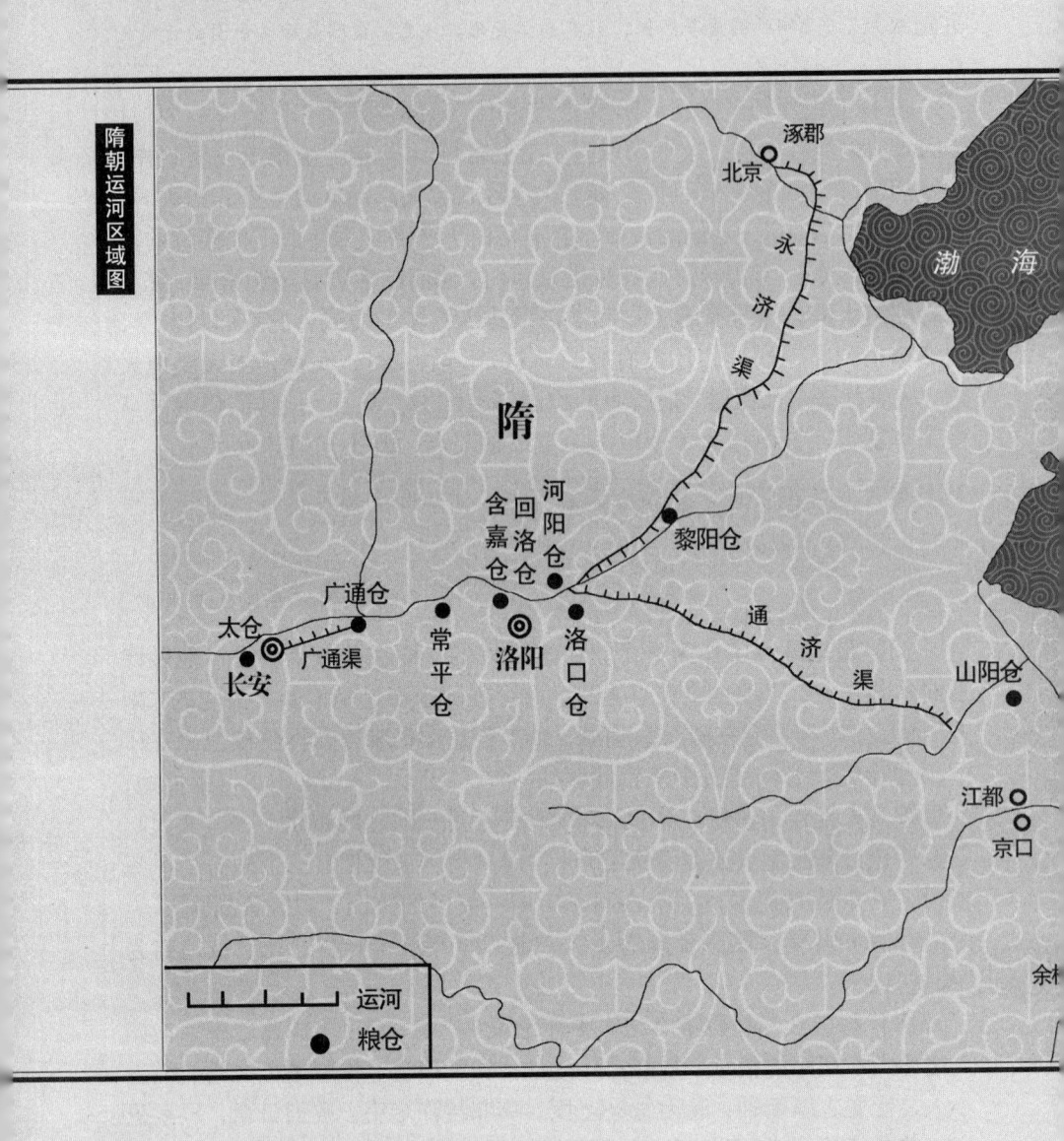

隋炀帝·杨广

公元569—618年

中国传统文化喜欢用道德来评价一个人，往往认为亡国之君便是昏君、庸君的代名词。同时，中国传统文化也喜欢将历史故事演义化和娱乐化，而着演义故事而铺陈演变，因此，他就成了昏君或者荒淫的代名词。如果我们拨开历史的迷雾来重新透视隋炀帝，我们会发现其实这个皇帝并没有这么荒唐。他虽然是亡国之君，但并非昏君、庸君。相反，我们可以看到隋炀帝的另一面是多才多艺，博学多识，很有王者之风的。

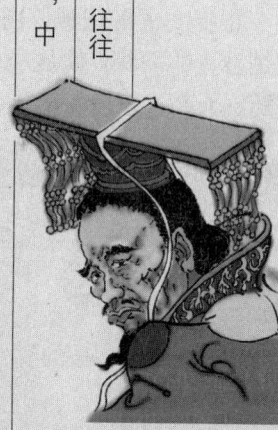

隋炀帝杨广的故事就随

伐陈平叛　崭露头角

　　与隋文帝出生传说不同，相传隋炀帝还没出生时，某天晚上怀孕的独孤皇后梦见一条龙从自己身体里钻出来，在天空中飞了十多里，然后坠落于地，尾部折断了。待细细端看，这哪里是龙啊，分明是只大鼠。先为龙，后为鼠，这不算一个太好的征兆，但对隋朝而言定会产生较大的影响。所以独孤皇后将这个梦告诉隋文帝后，隋文帝沉吟不语，思索良久。又传说隋炀帝出生的时候，红光漫天，乡间牛马皆鸣，这些征兆都表明了一个非凡人物从此诞生。杨广三岁时，有一天在隋文帝身边玩耍，被父皇抱着看了很久，然后叹了口气说："此儿极贵，然而破灭杨家的恐怕也是他"，熟料，隋文帝竟一语成谶。

　　根据史书的记载，杨广相貌英俊，他眉毛上端有一对面骨高高突起，这是富贵的面相。他从小就聪慧过人，到了十岁左右，非常喜欢读书，于方药、天文、地理、伎艺、术数，无不通晓。隋文帝对诸位皇子的教导相当严格，从小就教导他们要节俭，应崇尚实用，反对浮夸华丽之风。杨广在如此严格的管教下长大，非常明白父皇的好恶，再加上他本人的聪慧和好学，很快博得了父母和朝臣的好感。然而这些却只是他在众人之前故意伪装的表象，其实在他性格中有很多跟隋文帝喜好相反的地方，却被巧妙地隐藏了起来。真实的杨广性子偏激，阴贼刻忌，好猜测别人的心理。

　　隋文帝建立隋朝后，于开皇元年（公元581年）封杨广为晋王，当时他还只有十三岁。除了封王外，隋文帝还让杨广做

隋文帝杨坚　阎立本　绢本设色　唐代

　　隋文帝杨坚（公元541—604年），弘农华阴（今陕西华阴）人，隋朝开国皇帝，庙号高祖，谥号文皇帝。

并州(今山西太原市)总管。并州是当时中国北方的重镇,为防御突厥的根据地。隋文帝之所以要让年龄尚幼的儿子担任并州总管,拱卫京城,是吸取了北周没有亲近的重臣辅佐而被自己灭掉的教训。让杨广出任如此重要之地的总管,可见隋文帝对次子是非常宠爱的,也非常有信心。为了让儿子得到锻炼,隋文帝让很有才干的三位大臣王韶、李彻、李雄担任杨广的辅臣。这三位大臣都尽心尽责,辅佐幼小的晋王快速成长。王韶,字子相,太原晋阳人,在北周时累以军功,官至车骑大将军、仪同三司。杨广镇并州时,王韶任行台右仆射。王韶性情刚直,为不辜负隋文帝的信任,对杨广尽心尽力。一次,趁王韶出巡长城之机,杨广下令新造园林,结果王韶回来后非常生气,及时制止了杨广。不过杨广对他仍是非常敬畏,遇事经常向王韶请教,因而不致违背法度。李彻,字广达,朔方岩绿人。北周时曾拜车骑大将军、仪同三司,后又加开府,被任命为淮州刺史。李彻很有才干,英勇善战,性情刚毅。隋文帝时,加开府转云州刺史。隋文帝派他总晋王府军事,进爵齐安郡公。李雄,字毗卢,赵郡高邑人。李雄家世代都通过文学儒业获得功名,但唯有李雄喜欢骑马射箭,因而是一个文武双全的人才。北周时,李雄被拜为骠骑大将军、仪同三司,后又拜豪州刺史。隋文帝时,加位上开府,又拜为鸿胪卿,进爵高都郡公。杨广出任并州时,李雄为河北行台兵部尚书。李雄对杨广要求也是很严格的,不过到任一年多便去世了。杨广在这三位大臣的辅佐之下进步明显,据《隋书·炀帝纪》记载,此时的杨广表现得"好学,善属文,深沉严重"。在任并州总管期间,杨广不仅获取了政治经验,也积累了自己的政绩声誉。

开皇四年(公元584年),隋文帝和独孤皇后为杨广物色了梁主萧岿之女作为正妃。萧妃的高祖是梁武帝萧衍,曾祖父是昭明太子萧统。萧梁政权崩溃后,萧妃的祖父乞师于西魏,投靠于谨、杨忠,攻杀其叔父梁元帝萧绎,立国于江陵,对西魏、北周称臣,史称后梁,其实不过是个附庸国。隋文帝聘萧妃为晋王妃也是出于政治目的,因为当时隋朝立足未稳,为免四面树敌,就极力笼络梁主。杨广后来称帝后,萧妃就成了萧皇后。《隋书·后妃传》记载萧妃"性婉顺,有智识,好学解属文,颇知占候。高祖大善之,帝甚宠敬焉"。确实,萧妃起初也是一心辅佐杨广,表现得非常贤惠、能干,杨广也十分喜爱萧妃。但杨广当了皇帝以后,日益失德,萧后想劝谏他,却苦于没有办法。她自知无力挽回,也不敢进言,曾作《述志赋》来表达自己内心的这种无奈。至宇文化及起兵叛乱杀死炀帝后,因贪图萧后美貌,还把她带至聊城宠幸。宇文化及失败后,萧后又落到了窦建德手中。后来,突厥处罗可汗遣使到洺州迎接萧后,窦建德不敢留,萧后遂入突厥。大唐贞观四年(公元630年),突厥灭,萧后才得以回到京师,此是后话。

开皇八年（公元588年）十月，隋文帝置淮南行台省于寿春（治今安徽寿县），任命杨广为尚书令，同月又任命其为伐陈统帅。为了打好这场平陈之战，隋文帝还派遣高颎为晋王元帅府长史，王韶为司马，辅佐杨广指挥战争。灭陈后进驻建康的杨广表现得很有气度，仅杀掉了陈后主的奸佞之臣，将府库封存，不贪钱财，最后将陈叔宝及皇后等人押回京城。虽然这场平陈之战有高颎、王韶的辅佐，真正领兵作战的又是贺若弼和韩擒虎等将领，但是杨广作为统帅也是指挥有方，故立下大功，并且还借此机会笼络了一批人才。这场统一战争不仅让杨广学到了很多东西，更重要的是给了他一个崭露头角的大好机会。隋文帝对杨广的表现也颇为满意，常常向周围的大臣称赞杨广在此次平陈战役中的统帅地位和作用。开皇九年（公元589年）四月，隋文帝亲自到骊山迎接凯旋而归的平陈之师，册封杨广为太尉，位列三公之首。

此后的杨广也是屡建战功。开皇十年（公元590年），他奉命到江南任扬州总管，平定江南高智慧的叛乱。此次隋文帝赋予杨广很大的权力，给他的头衔是使持节、上国柱、太尉公、扬州总管诸军事、扬州刺史。杨广吸取了苏威的经验教训，不采用惩罚的强制办法，而是转而求诸宗教和儒学，用一种温和的手段来消弭南方人民的反隋情绪。因为东汉至六朝时期，南方佛教盛行不衰，在普通百姓中扎根很深，用佛教俘获人心是最容易也最有效的方法❶。另一方面，从隋朝宗室信仰氛围来看，杨广也是接受和认同佛教的。开皇十一年（公元591年），杨广亲自受了菩萨戒。当年农历十一月二十三日，杨广在扬州大听寺设千僧斋，邀请智𫖮禅师做他的戒师。智𫖮禅师精通《法华经》，创立了天台宗，堪称当时南方佛教的宗教领袖，杨广请他做戒师，也是想借其名望来扩大自己的影响，以笼络江

❶ 北魏时期，由寺院管辖的身份，"佛图户"这种身份类似于依附民，其来源是重罪囚犯和官奴婢，又称"寺户"，属寺院直接管辖。他们除为寺院服洒扫杂役之外，还领营田输谷，是北朝寺院的主要生产者。"佛图户"在隋唐时期也称"净人"，唐中叶以后，在吐蕃统治下的敦煌地区仍然存在。

贺若弼

贺若弼（公元544—607年），字辅伯，河南洛阳人，北周将领贺若敦之子，隋朝著名将领。少年时就有大志，为人慷慨，文武双精，颇有名气，因献平陈十策而获隋文帝称赞，在平陈之战中也是主要的领兵作战将领。他军令严肃，纪律严明，因功绩卓著，加位上柱国，进爵宋国公。隋炀帝北巡时，因批评朝政被加以诽谤罪处死。

南士人。智𫖮圆寂后，杨广曾遣使吊唁，并于开皇十八年（公元598年）为其常驻的浙江天台山修筑天台寺，大业元年（公元605年）又改名为国清寺，取意"寺若立，国土即清"。国清寺是天台宗的发源地，也被奉为日本佛教天台宗的祖庭。迄今，这座千年古刹仍保存完好，寺中栽种的隋梅至今仍然生机盎然，与山东灵岩寺、湖北玉泉寺、江苏栖霞寺并称为我国古代四大丛林。除了佛教外，杨广也雅好儒士，勤于读书撰述，整理图书，大力办学。他在扬州总管任上网罗了大批人才，如诸葛颎、虞世南、王胄等人。这样，杨广逐渐稳定了南方形势，巩固了隋朝统一局面。

　　除了稳固南方时局外，在对突厥的关系中，杨广也起到了重要作用。前文已述，他十三岁时就出任并州总管，防御突厥，拱卫京城。在和突厥的关系上，隋朝并不是显得十分强大，而是时战时和。杨广虽然年轻，但在良臣辅佐之下及攻战之中长大，得到了很好的学习和锻炼，取得了种种运用外交策略安边的经验。这些经验的积累对他即位做皇帝之后采取的一系列安边策略也很有借鉴作用。

处心积虑　谋得帝位

按照中国古代嫡长子继承制，杨广的哥哥杨勇早在隋朝建立之初就被立为太子了。年少有为的杨广因为自己有着其他皇子所没有的独特经历和卓著功绩而越来越不满意自己当下的地位，无法接受杨勇已为太子的现实，于是开始策划夺宫计划。对于杨广的夺位，隋文帝在客观上也起了推波助澜的作用。他本人对杨广十分宠爱，又给机会让他充分表现出自己的才干。如此一来，同室操戈便在所难免。

从性格上分析，杨广性格具有双重性，糅合了很多正反两方面的特性：既有很强的虚荣心，又喜欢私下寻欢作乐；既有纨绔子弟的低下素质，又具有过人的文武才能。在他得到想得到的东西之前，很善于伪装。等到继承了皇位，他本性中坏的一面就没有了约束，纵情享乐，结果走上末路。

杨广兄弟共五人，长兄杨勇，三弟杨俊，四弟杨秀，五弟杨谅。为了实现成太子、即帝位的梦想，杨广费尽心机地将自己伪装起来。《隋书·文四子传》记载太子杨勇"颇好学，解属词赋，性宽仁和厚，率意任情，无矫饰之行"。与杨广相比，杨勇毫无心机，很多时候都是率性而为。他明明知道父亲杨坚喜欢节俭，却偏偏要奢侈浪费。例如"文饰蜀铠"一事就激怒了父亲，也受到了母后独孤氏的斥责；明知独孤氏痛恨男子宠幸众多姬妾，他还要张扬地寻欢作乐，还冷落了母亲精心为他挑选的妻子元氏，以致元氏暴毙，引得母亲猜忌。加上他被立为太子后并无显著功勋，因此渐渐失去了隋文帝夫妇的欢心。后来的"张乐受贺"事件已经很尖锐地涉及到了君臣父子的等级关系，十分严重，故隋文帝对杨勇从此就产生了猜疑，这也使得后来杨广诬陷中伤杨勇能够获得成功。

一方面，杨勇逐渐失宠，而另一方面，杨广本人不仅功勋显著，而且又颇能矫情饰节，沽名钓誉。他迎合隋文帝的心意提倡节俭，伪装出生活俭朴，不好声色的样子。每当隋文帝到他府中，他就把浓妆艳抹的姬妾锁进里屋，王府中只留下几个又老又丑的妇人，穿着粗布衣服在左右侍候。他又故意将乐器的弦弄断，使乐器上布满了灰尘，并放置在显眼之处。隋文帝见了，以为杨广品行如己，十分称心。一次，杨广外出狩猎，正逢大雨，侍卫给他送上油衣（雨衣），他拒绝说："兵士们都在大雨中淋着,我一人岂能穿上油衣独自避雨呢?"隋文帝听了,以为杨广还具备仁爱之心,日后定能成就大事,对他就更加喜爱了。杨广素知母亲独孤皇后性多妒忌,痛恨男人宠妾忘妻,故明明有姬妾数人,却装出一副与萧妃万般恩爱的样子,形影不离。后宫美女如有怀孕,一律堕胎,若发觉太迟不能堕胎的,就在生下后扼死。如此假象也赢得独孤皇后认为其感情专一的评赏,对他非常满意。此外,杨广还倾心结交官员,表现得谦逊有礼,于是官员们也都在隋文帝面前称赞杨广的贤德。与此同时,杨广又勾结和杨勇不和的越国公杨素,让杨素在隋文帝和独孤皇后面前极力称赞自己的德行,并中伤杨勇。不仅如此,杨广还买通了杨勇的宠姬幸妾,暗中观察记录杨勇生活中的细微过失,时常歪曲事实,做一番添油加醋的汇报。在他的精心策划下,朝廷内外充满了对太子杨勇的非议,有说他荒淫无度的,有说他惨刻不仁的,有说他埋怨朝廷不让位的,又有说太子要暗杀晋王杨广的,更有甚者,说太子私缮甲兵、图谋不轨。如此一来,隋文帝对杨勇也更加猜忌了,盘算着如何找个机会更立太子。在杨广夺位过程中起了重要作用的是杨素。他诬陷杨勇在隋文帝生病期间,盼望父皇早死以一登帝位。隋文帝听后,终下废勇立广决心,命人逮捕了杨勇,于开皇二十年(公元600年)将其废为庶人,改立杨广为太子。这样,杨广坐上皇位的第一步便获得了成功。为了显示自己的节俭和谦逊,杨广在被立为太子之后曾经约法两章:①免穿礼服,同时将官服车马用具等都降低一级;②东宫官员对太子不自称臣。这两章约法都吸取了杨勇的教训,迎合了隋文帝的心意。当然,杨广取得太子之位毕竟有见不得人的地方,而且违背了历来嫡长子继承制。为了笼络民心,杨广还费尽心机到处宣传"废立"符合天命,不断宣传祥瑞预兆,企图证明自己被更立为太子是天命所归。

但是杨广的几位弟弟们自然是了解太子废立内幕的。其中三弟秦王杨俊因病于开皇二十年(公元600年)薨,剩下要解决的只有杨秀和杨谅。杨秀原为越王,后又被封为蜀王,拜柱国、益州刺史、总管,有胆量有魄力,武艺高超。杨广被封为太子后,杨秀极为不满。杨广怕以后发生事变,于是

宇文化及

宇文化及(?—619年),隋代武川(今内蒙古武川西)人,隋大将宇文述之子,隋朝末年叛军首领。杨广为太子时,宇文化及统领禁军;炀帝即位后,被授予太仆少卿。大业年间,隋朝发生叛变,宇文化及为主谋,意杀炀帝,立秦王杨浩为帝,宇文化及自称大丞相,后被李密打败。

就先发制人，又派杨素挑剔杨秀的罪过。仁寿二年（公元602年），杨秀获罪，也被废为庶人，并被软禁了起来，直到被宇文化及诛杀。

除了防范自己的兄弟以外，杨广也要打击反对自己立为太子的官员。杨秀被软禁后，杨广又打击了大批与杨秀有密切关系的官员。首先是治书侍御史柳彧被贬为平民，并被发配到怀远镇去戍边。接着，益州大半官吏都被定罪，其他反对杨广夺宗的反对派也很快被镇压了下去。

仁寿四年（公元604年）七月，隋文帝病重卧床，杨广认为登上皇位的时机已到，迫不及待地写信给杨素，请教怎样处理将要到来的隋文帝后事。不料阴差阳错，杨素的回信误被送给了隋文帝。隋文帝阅后大怒，马上宣召杨广入宫，要当面责问他。此时宣华夫人又衣衫不整地跑进来，哭诉杨广趁她换衣时调戏她，隋文帝才幡然醒悟，此前不过是受杨广假象蒙骗。无奈，此时已无人可奈何牢牢把握了朝政的杨广。他闻讯后，迅速接管皇宫，替换了隋文帝所有侍卫，而隋文帝又"适时"地于当日深夜驾崩，隋朝进入二世，史称炀帝，时年36岁，第二年（公元605年）改年号为"大业"。

隋文帝死后，杨广先是秘不发丧，待做好京城的防卫工作后，便立即派人假传隋文帝遗嘱，要杨勇自尽。还未等杨勇做出回答，派去的人就将其拖出杀掉了。接着，杨广又矫诏宣五弟进京，欲除之而后快。杨谅看到诏书上没有自己和父皇约定的暗记，知道其中有诈，朝廷并有事变，便盘问屈突通。但屈突通顾左右而言他。杨谅于是派人将其送回长安，随即发动军队叛变。杨谅起兵后，各地纷纷响应，当时参与兵变的有十九个州，占到了杨谅辖区的三分之一以上。因隋文帝驾崩的消息并未传出，所以杨谅起兵的口号是"杨素反，将诛之"。但这次叛乱很快就被隋炀帝大军平息了。杨谅束手无策，只好投降，被撤去官籍，并从皇家户籍中剔除姓名，最终被囚禁而死，其属下官吏臣民也有很多受到牵连而获罪。

虽然后世对隋炀帝的评价多为负面，称其为暴君，因在统治时期过分驱使民力，荒淫奢侈，最终导致了隋朝的灭亡，给其谥号"炀"也是一个带有贬义的词，意即好内远礼，即沉迷后宫，疏远礼仪。但是，当我们透过重重迷雾，仔细回顾隋炀帝即位以后的种种作为，就会发现，隋炀帝并非是昏庸无用的亡国之君，他也曾大有作为；期望能进一步振兴隋帝国，虽未成功，却仍对后世产生了一定的影响。

厉行改革　发展文化

隋炀帝继位后，采取了多种改革措施，以加强中央集权，巩固自己的统治。首先，他对宫中百官进行了调整。毕竟隋炀帝图谋东宫之位采取了一些极不光彩的手段，因此朝中还有一些不服他的开国功臣，必须对这些人进行清洗，才能确保帝位无忧。孰料，第一个被清洗的，却是大功臣杨素。

杨素在隋炀帝夺取东宫之位的过程中扮演了关键角色，但事成之后，他却成了隋炀帝严重的危险人物。杨素自认功高震主，表现得极其狂妄自大，在隋炀帝面前也常以功臣自居，这让杨广颇为不满。能辅佐自己称帝，必能辅佐他人推翻自己，因此便要首先除去，隋炀帝私下曾恨恨地说："使素不死，夷其九族。"大业二年（公元606年），杨素患病，隋炀帝派名医探视，但事实上只想探听一下杨素的情况究竟如何，治病是假，唯恐杨素不死。杨素也早已有所察觉，为免遭到诛族横祸，无奈拒医而死。

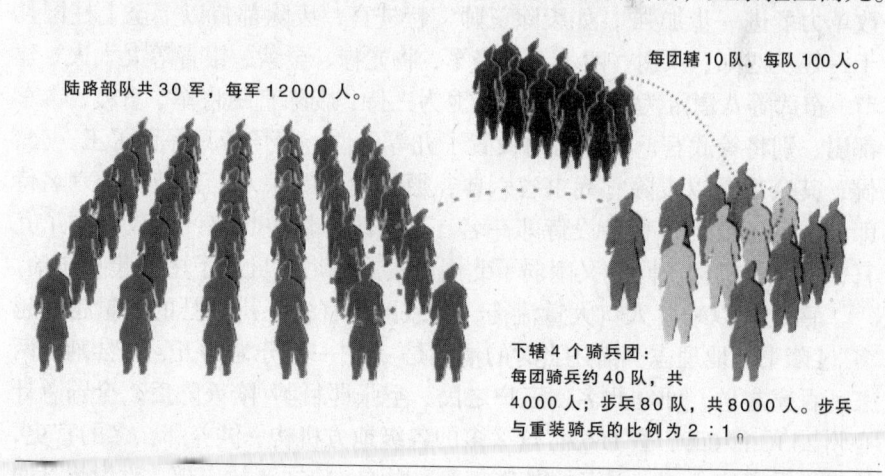

陆路部队共30军，每军12000人。

每团辖10队，每队100人。

下辖4个骑兵团：每团骑兵约40队，共4000人；步兵80队，共8000人。步兵与重装骑兵的比例为2∶1。

隋炀帝重装骑兵

重装骑兵被誉为移动的堡垒，骑兵全身都裹在厚厚的装甲之中，骑兵的坐骑也都身披重甲，只有马的小腿裸露在外面，马眼外罩有防止弓箭设计的眼罩。骑兵武器包括一支三米的骑枪，一把短剑和一面骑士盾。随着马具的完备和具装铠的使用，重装骑兵从东晋十六国时期直到南北朝时期，甚至到隋代，一直纵横驰骋在战场上，成为决定战斗胜负的主力兵种。隋炀帝大业七年进攻高丽时就用骑兵，据《隋书·礼仪志》记载，骑兵四十队，每十队为一团，都是甲骑具装。图为隋炀帝时重装骑兵的编组示意图。

杨素之死着实让炀帝松了一口气，故还为他举行了隆重的丧礼，下诏立碑，极尽称赞。

另一个遭到清洗的重臣就是高颎。高颎的资格比杨素更老，自隋文帝建立隋朝初时便做宰相，任职达十九年之久。他的儿子又娶了杨勇的女儿为妻，故高颎反对废杨勇立杨广，埋下祸端。高颎平时说话办事虽一片公心，但因得罪隋文帝，被以泄露禁中和自比司马懿等莫须有的罪名接连受到免官和除籍的处罚。隋炀帝即位后，他因在朝中影响较大，又被重新启用，但并无实权，仅任太常卿职，管理礼乐卜祝医药等杂事。后因说话不忌，被人告发，获谤讪朝政之罪而赐死，其子也被流放边地。

其余被清洗的官员还有许多，同时，隋炀帝也注意拔擢新人，以培养自己的势力。从即位到大业五年，隋炀帝曾连续四次下诏提拔新人，表现了他迫切地想改革隋文帝时期的官僚集团，重新培植一个效忠于他自己的势力集团的心情。

此外，隋炀帝在职官制度方面还进行了一系列大刀阔斧的改革。为了精简机构，改革吏治，隋炀帝把军政大权集中于中央，明令废除诸州总管府，防止了地方割据和军事分权的出现。他还下令改革封爵制度，诏曰："自今以后，唯有功勋，乃得赐封"，并规定"百官不得计考增级"，必须德行功能显著者，才能升级。隋朝之前的北周官制机构臃肿，层次重叠，人员冗杂，至隋文帝时虽改周之六官，但仍依前代之法。至隋炀帝，改革力度进一步加强，如废除三师、特进官，废除都督以上至上柱国凡十一等及八郎、八尉、四十三号将军，将光禄、金紫、银青等九大夫，建节、奋武等八尉定为散职，又改三卫为三侍，废除直阁将军、直寝、奉车都尉、别将等武官。隋文帝时设置了九等爵位，隋炀帝只保留了王、公、侯，其余都予以废除；尚书省六曹，原各设侍郎六人，共计三十六名侍郎，隋炀帝改为每曹各设侍郎一名。这些改革切中时弊，不仅裁减了冗官，精简了机构，同时又削弱了北周的贵族势力，巩固了中央集权统治。

南北朝以来，人口大量流徙，导致民少官多，州郡县的数量越来越多。《隋书·地理志》描述当时的情况是："一郡分为四五，一县割成两三。百家之邑，便立州名，三户之民，空张郡目。"隋灭陈后，全国总计有州253，郡689，县1562。这么多的各级地方机构，供养那么多的官吏，势必加重黎庶负担，国家的财政亦受到影响。隋文帝故废郡，改为州县两级制，炀帝即位后，又于大业二年（公元606年）遣使者士人，合并天下州县，次年又废州改郡，大量压缩裁并地方官僚机构，全国仅设郡190，县1255，郡县数目较之前大为减少。同时，隋炀帝还设立刺史，由中央按时派遣，每年二月出巡，十月入奏，加强了对地方官的监督控制。

在法律制度方面，隋炀帝进行了改革，颁行《大业律》。他吸取历代苛法严刑、专任狱吏而导致亡国的前车之鉴,主张"去苛从宽"。《大业律》共十八篇,五百条,其首要特点就是宽简,表现为法律条文的删繁就简、酷刑的废除,规定除十大罪恶外,都可以钱赎罪等。第二个特点,是重视对皇室和皇宫的护卫。其三是礼法糅合,特别宣传孝道。其四是与商业贸易发展之间的配合。在制定《大业律》时,隋炀帝还针对当时工商业发展状况,以及中原与西域各国商路的沟通和贸易关系的复杂,增加了相应条款,专立《关市》一篇,可谓经济法的先导。《大业律》的制定对后世产生了深远影响,为唐律的制订提供了很好的样本,并为后世立法创立了楷模,其影响甚至波及国外,尤其是周边的朝鲜、日本、越南等国,这些国家的古代法律大多是模仿隋律和唐律而来。但是,《大业律》的法律条文虽然比前朝宽松,但在实际执行上,隋炀帝却和隋文帝一样,喜欢立法毁法,律外用刑,至统治后期又恢复了各种酷刑,重用酷吏,以致酿成许多悲剧。

在经济上,隋炀帝更加有效地实施了北魏以来的均田制,并在此基础上减轻赋役。他继承了隋文帝的政策,任命裴蕴主持貌阅,进一步取得了成效。所谓貌阅,即"阅其貌以验其老小之实",地方官根据户口册上所记载的年龄体貌对百姓一一进行核对,以防有人通过隐瞒人口、谎报老幼而逃避赋役。凡查明不符合事实的,地方官均可将其流配远方。南北朝时,豪族地主习拥私兵,建坞堡,百姓罹于战乱,又不堪赋役负担,于是纷纷依托豪族。这样,士族豪门便隐占了大量户口。丁口不载国家户籍,国家就无法征收赋役,这就减少了中央对劳动力与财富的占有。故貌阅产生了两方面的积极作用,一是国家编户的激增。隋初编户仅450余万户,开皇时增至600余万户,大业年间激增至890余万户,人口达4600余万。其二是促使国家财富的猛增。虽然承平时期人口增长率加快,但出生之孩童未到

均田制表

受田者	露田 (死后还给国家)	桑田 (不再回收)
一夫一妇	120亩	20亩
丁男	20亩	为户主者有 20亩
男18岁以下		

均田制

　　均田制是北魏到唐前期的一种土地制度。每个朝代的均田制内容均有所变化,在隋开皇二年(公元582年)颁发的律令中,基本内容与前朝相同,但补充了官人永业田与品级相适应,自诸王以下至都督,最多授给一百顷,最少四十顷;内外官按品级高下授给职分田,最多五顷,最少一顷;内外官署又给公廨田,以供公用;赋役负担以一夫一妇为一床,纳租粟三石,调绢一匹(第二年减为二丈)、绵三两;单丁及奴婢、部曲、客女按半床纳租调;丁男每年服役三十日(第二年减为二十日)等内容。炀帝即位后,免除了妇人和奴婢、部曲的租调。

成丁年龄,不能作为征发赋役的对象。而由貌阅括取的丁口,一旦编入户籍就可征发赋役,为国家所用❶。

在选举制度方面,隋炀帝继续推行并进一步发展隋文帝的科举取士政策。隋炀帝大规模地推行科举制度是有其背景的。之前施行的"九品中正"制对人才的选拔权更多地集中在地方中正手中。"中正"是在中央选出的能够识别人才,举贤任能的官员。他们兼任本郡的中正,负责察访与他们同籍的散在各地的士人,评列为九品,作为吏部授予官职的依据。为了加强中央集权,很有必要对这一选官制度进行改革。为了寻找一种更为公平的选士制度,考试制度被强化了。隋炀帝时参加科举的主要由两部分人组成,即"生徒"和"乡贡"。"生徒"是官办学校的学生;"乡贡"即为各地方人士自学或在民间私塾学成的,向本县、郡投请应试,经地方预试合格,再"进贡"到京师应试。大业三年(公元607年),隋炀帝颁《求贤诏》,批评各级臣僚,举贤不力,要求从德行、文武才干等各个方面荐举人才,指出人才"不必全备",只要"一艺可取,亦宜录用"。科举制度选拔人才是不分出身、地位和财产的,相对来说比较公平,而且它按照不同科目来选拔不同类型的人才,这些特点都非常符合隋炀帝选拔人才的要求,并为唐所继承和发展。《唐摭言》载:"进士❷科始于隋大业中,盛于贞观、永徽之际,缙绅虽位极人臣,不由进士者,终不为美。"可见唐代的进士科已成为选拔高官的重要途径。同时,隋炀帝还恢复了国子监,扩大各级学校的教育,并重用名儒,不存南北地域门户之见,如拔擢原陈朝名士许善心为礼部侍郎,对许推荐的儒生亦授为学官。

隋炀帝还是一位很有才情的帝王,为南北文化交融作出了巨大贡献。隋炀帝本人对江南文化十分喜爱,他曾在江都待了约十年,他对江南也很有感情,并在很大程度上受到了萧后的影响。在江都时,他就把南方士族中的中上层人士都团结到自己身边,如招引才学之士诸葛颖、虞世南、王胄、朱场等百余人以充学士。与这些南方士族的过从甚密,使得炀帝对南方文化日趋精通,也日渐喜爱。因此,

> ❶ 魏晋南北朝至隋唐时期,有一种社会阶级名为"部曲"。在魏晋南北朝时,部曲主要指家兵、私兵;隋唐时期,指介于奴婢与良人之间属于半自由民的社会阶层。部曲在两汉最初泛指某将军统率下的军队,但在魏晋南北朝的动乱时期,大量自由民不得不依靠世族大姓以自保,与大族形成了人身依附关系,成为部曲,失去了自由民的地位,身份地位日渐卑微化。

> ❷ 隋朝于公元605年首次开行的进士科,一般被认为是科举的开始。隋唐两代,"进士科"、"明经科"是考试科别,但由于明经科只考帖经和时务策,进士科则需"加考诗赋"。难度较高,考取很难,一般每次只录取二、三十人,仅明经科的十分之一。因此进士地位尊贵,远在明经之上,有"三十老明经、五十少进士"之说。唐代士人皆以考取进士为荣,甚至不乏考取明经之后,再考进士之人。宋王安石之后,只保留进士一科,于是进士成为古代科举通过最后一级考试者的专称,在传统社会拥有极高的地位与荣耀。

在即位后,他就着手改变隋文帝排斥南方文化的政策,致力于南北文化的大融合,并逐步扭转隋文帝重吏治、法治,不重文艺、教化的施政方针。

除在政策导向上加以扭转,隋炀帝在文学方面也颇有造诣。他不仅喜爱文学,且对南北朝以来的浮华文风有所厘革。如《隋书·文学传序》所载:"炀帝初习艺文,有非轻侧之论,暨乎即位,一变其风。其与越公书、建东都诏、冬至受朝诗及拟饮马长城窟,并存雅体,归于典制。虽意在骄淫,而词无淫荡,故当时缀文之士,遂得依而取正焉。"隋炀帝最大的文化成就在诗歌方面,他对齐梁诗风向盛唐气象的转变起到了不可忽视的作用。例如隋炀帝创制了"新声",即新乐府。从政治出发,隋炀帝认为乐府应该"足以述宣功德",这与隋文帝不重视礼乐文化建设的态度截然相反。这种新声又与南朝重声乐、一意骄淫的风格有所不同,明显受到北方实用主义传统的影响。隋炀帝少学庾信,后师柳䛒,吸取了南北诗风的精华,在后世大放异彩的七律体的形成可算得上是隋炀帝对诗歌格律化所作的最突出的贡献。隋炀帝的诗歌从风格而言可分两类:慷慨闳阔之辞和清丽明婉之辞。慷慨闳阔之辞多为乐府诗,其词慷慨激昂,以边塞题材为主,与南朝靡靡之音截然相反,展现出一种新的气象,可以说开唐音之前奏;清丽明婉之辞则在继承南朝诗歌成就的基础上,一扫齐梁淫靡绮丽之气,大有北朝质朴之风。他的诗歌融合了南北之风,能将北方诗人的慷慨意气和南方诗人的细腻情怀结合在一起,创造出一种深沉、蕴藉的诗境来。例如他的《春江花月夜》便是一首艺术成就颇高的写景诗歌:"暮江平不动,春花满正开。流波将月去,潮水带星来。"三、四两句摇星带月,气魄宏大,这无疑是北地粗犷、豪雄的性格和阔大的襟怀在诗中的体现。另外较有代表性的是《诗》:"寒鸦飞数点,流水绕孤村。斜阳欲落处,一望黯销魂。"这种看似浅近、实质蕴藉的诗境,既非一味追求清绮、艳丽的南

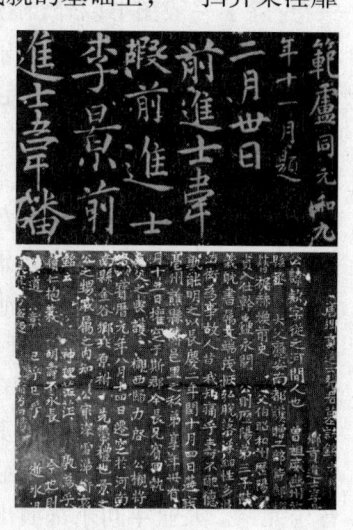

大雁塔进士题名碑　唐代

科举制兴起于隋代,发展于唐代。唐代新考取的进士有"题名雁塔"之举。考中进士者在大雁塔题名以显荣耀,谓之"雁塔题名"。图是位于大雁塔一层洞壁两侧进士题名碑上的碑文。

乡贡进士张君墓志　唐代

隋炀帝大业二年(公元606年),设置进士科。隋炀帝把录用和任用权完全集中在中央,这便是我国历史上科举制创立的开始。隋炀帝时参加科举的人主要有两种,一是学校出身的,叫"生徒",二是由州、县选送的,叫"乡贡"。

方诗人所能写出，又非素喜质朴、刚直文风的北地文人所能及，唯有隋炀帝这样既具北地慷慨、豪雄的意气，又习染南人细腻、婉约情怀的诗人才能吟创。

除文学创作外，隋炀帝还积极倡导撰修典籍。他组织文人编撰的著作有《江都集礼》一百二十卷、《法华玄宗》二十卷、《长洲玉镜》四百卷、《魏书》、《北堂书钞》一百七十四卷、《区宇图志》一百二十九卷、《诸郡物产土俗记》一百五十一卷、《诸州图经集》一百卷、《灵异记》十卷、《东征记》、《水饰图经》、《玄门宝海》一百二十卷、《宝台四法藏目录》一百卷、《隋大业律》十一卷、《隋大业令》三十卷、《淮南王食经并目》一百六十五卷、《相马经》六十卷、《种植法》七十七卷、《桂苑珠丛》一百卷、《四海类聚方》二千六百卷、《四海类聚单要方》三百卷，等等。

隋炀帝在倡导编撰典籍的同时，还非常重视国家藏书的收集与修撰。早在开皇八年（公元588年）破陈后，任行军元帅的杨广对陈的资财无所取，仅令裴矩与高颎收陈图籍。《资治通鉴·隋纪六》记载杨广称帝后"西京嘉则殿有书三十七万卷，帝命秘书监柳顾言等诠次，除其复重猥杂，得正御本三万七千余卷，纳于东都修文殿"，并编有《隋大业正御书目录》一卷。除了一般图书以外，隋炀帝也很重视佛、道二经的抄写和流通工作。

隋炀帝多才多艺，在音乐方面也颇有建树，他非常重视南方音乐，这和隋文帝大不相同。隋文帝定制的乐律太过注重政治功用，而忽略了音乐的娱乐功能，音乐过于沉重、严肃。隋炀帝即位以后，兼采南北雅俗音乐。《资治通鉴·隋纪四》记载："（炀）帝以启民可汗将入朝，欲以富乐夸之。太常少卿裴蕴希旨，奏括天下周、齐、梁、陈乐家子弟皆为乐户；其六品以下至庶人，有善音乐者，皆直太常。帝从之。于是四方散乐，大集东京，阅之于芳华苑积翠池侧。"《隋纪五》中又有记载：大业六年（公元610年），"（隋炀帝）以所征周、齐、梁、陈散乐，悉配太常，皆置博士弟子以相传授，乐工至三万余人。"除了吸收南方音乐外，他对少数民族乃至外国的音乐舞蹈也是极其感兴趣的。他设置了清乐、西凉、龟兹、天竺、康国、疏勒、安国、高丽、礼毕等九部乐，兼容并蓄，广为吸收外来音乐元素。大业年间东都演出的散乐百戏，大部分就是由西域传入的。可以说，隋炀帝不仅集南北音乐之大成，而且集华戎音乐之大成，这同时又标志着中国中古音乐文化的真正融合，直接开启了唐代音乐的先河。

建都开河　毁誉参半

继位后改年号为"大业",即表现了隋炀帝一番雄心壮志。他下令建筑东都洛阳和开凿京杭大运河,即为巩固统一的两项重大举措。但这两项工程向来也是最受非议的,后人对其评价毁誉参半,很多人甚至认为隋炀帝之所以亡国,在很大程度上就是因为这两项工程直接导致的。

东都城,享乐地

依地理位置而言,西京长安地处西北,距关东和江南都较遥远。隋文帝即位,始有尉迟迥、司马消难等的起兵。平陈不久,江南又发生豪帅的叛乱。隋炀帝登基伊始,汉王杨谅就起兵冀图夺取皇位。这些叛乱都来自关东及江南,而非关中。原因是隋承北周奉行关陇本位政策,府兵❶大部分集中于关陇,故关陇统治较为巩固。而"东夏"与"南服"距关中较远,是隋控制的薄弱地区,又是齐、陈故境,叛服不常,一旦发生不测,遣兵镇压,颇费周折,易误戎机。这就是炀帝于平定杨谅叛乱后立即下诏营建东都的原因所在。也正是因为这种种客观因素,营建东都的主张才得到了百官诸侯的赞同。从当时的形势看,东都洛阳的营建使得隋帝国加强了对北齐、南陈故境的军事控制,因此十分必要。

❶ 府兵制是西魏时开始出现的一种兵役制度,宇文泰建立于大统年间,北周和隋、唐初继续沿用。后至中期被武则天破坏,直至唐玄宗天宝年间取消,改而实行募兵制,前后历时约二百年。府兵制的特点可以简单概括为:平时为民,战时为兵;寓兵于农,兵农合一。平时耕作;战争发生时,自带粮食与马匹、兵刃,出征打仗。这种兵役制度,有利于农业生产,减轻国家军费开支,也部分解决了后勤供给问题,同时扩大了兵源。

大业元年(公元605年)春,隋炀帝任命尚书令杨素领营东京大监,进行大规模的营建工程。历时一年,东都即告完成,成为隋炀帝统治时期主要的政治中心。在营建诏中,隋炀帝曾说道:"民惟邦本,本固邦宁,百姓足,孰与不足! 今所营构,务从节俭,无令雕墙峻宇复起于当今,欲使卑宫菲食将贻于后世。有司明为条格,称朕意焉。"可见他在兴建东都洛阳之初是十分强调节俭的,但诏令只是官样文书,其后的实际营建情况却是与计划大相径庭。东都洛阳的规模十分宏大,分为宫城、皇城、东城、含嘉城、圆壁城、曜仪城和外廓城等。其中，宫城也称做禁城，是皇帝议事殿阁和寝宫所在；皇城是皇帝儿孙及公主的府第，百官府署也设在这里；廓城也称做罗城，是百官的府第和百姓居住的地方。此外，隋炀帝还在巩县设置洛口仓，在洛阳北设置回洛仓以贮藏从各地运来的粮食。

隋炀帝在营建东都的同时，也替自己修筑了一个悠游享乐的环境，并在日后沉湎于其中。他命宇文恺与封德彝等造显仁宫，又征集各地的奇材异石，运送至洛阳。工程运输浩大，千里络绎不绝，许多百姓活活累死在路上。隋炀帝还不知足，又下令在洛阳西郊建筑一座西苑，占地二百多亩，并命凿池做成五湖四海的规模，每湖方圆都有四十里，湖中积土石为山，山上有雕刻精美的亭台楼阁，澄碧的湖水四周环绕。接着又凿了北海，方圆四十里，海中有蓬莱、方丈、瀛洲三座山，山上都是台榭回廊，十分壮观。海北面有龙鳞渠，渠水曲折流入海中，苑内分十六院，聚集精美的石头堆成山。西苑十六院的名称都是隋炀帝亲自所起，每院有二十位美女，选经常幸御的为首，主管全院。整个西苑被点缀得四季如春，秋天，用彩绫剪成花叶，挂满树枝，冬天，池中结冰得赶快凿掉，用彩绸剪成莲叶荷花布置在上。苑内还饲养着各种珍禽异兽，供隋炀帝游猎、观赏。至大业六年，后苑草木鸟兽逐渐繁息茂盛。晚上，他常带着几千人吹奏着乐曲，到西苑游览、夜宴。

除东都洛阳外，自长安至江都，隋炀帝的离宫共置四十余所，都备有大量宫女供其临幸、使唤。隋炀帝还照《礼记·昏义》所载，置三夫人、九嫔、二十七世妇、八十一御妻，共一百二十人。

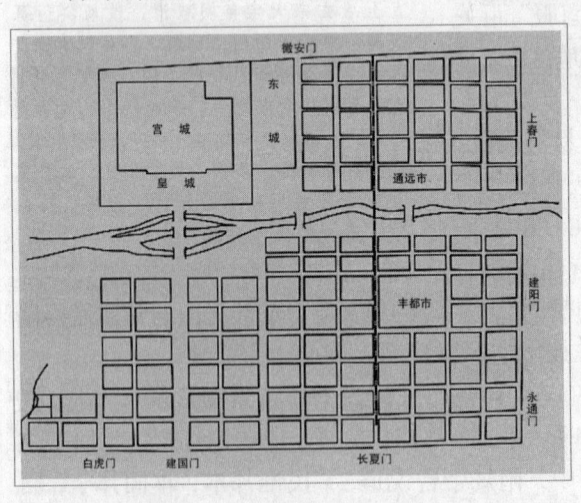

千古伟业大运河

隋炀帝下令兴建的另一项浩大工程就是开凿大运河。政治上，此

隋东都洛阳城市结构示意图

为加强对北齐、南陈故境的军事控制，隋炀帝下诏营建东都洛阳，营建工程于大业元年（公元605年）开始。历时一年，东都洛阳建成，成为隋炀帝时期主要的政治中心。东都洛阳规模宏大，各城功用分工较细。

举为镇压江南地区士族豪强的叛乱，有效地控制陈朝旧境，巩固大一统的局面；经济上，是为保障漕运❶，用运河来转输江南赋税，以满足京师的供应；军事上，是为汲取文帝征伐高丽失败的教训，北以涿郡为陆军基地，南以江都为水军策源地，以保证军粮的运输和供给。

❶ 漕运指中国历史上从内陆河流和海路运送官粮到朝廷和运送军粮到军区的系统，包括开发运河、制造船只、征收官粮、军粮等。隋代开通大运河之后，漕运成为沟通南北经济的重要动脉。特别是元明清三代定都北京，大批粮食、物质需要通过运河从南方运到京师，漕运成为关系到国家政权稳定的要务，明清两代保持运河通畅与治理黄河还是朝廷最重要的水利工程。直至太平天国时期，漕运被迫中断，改走海运，漕运以及运河沿线城市才日趋衰微。

整个大运河的开凿分为三期：第一期修通济渠。大业元年（公元605年），开通济渠，引谷水、洛水到黄河，再从板渚引黄河水到淮海，然后从山阳起疏浚吴王夫差所开的邗沟，引淮水经扬子江到长江。第二期修永济渠。大业四年（公元608年），引沁水南达于河，北通涿郡，长达三千里，是大运河中最长的一段。第三期修江南河。大业六年（公元610年），从京口引江水到达余杭，这是大运河最后的一段，也是最南的一段运河。至此，从南到北长达3050公里的大运河终修凿完成。

大运河在中国历史上发挥的巨大作用是毋庸置疑的。

第一，运河的通航利于漕运。隋文帝时政治重心在西京长安，随着隋炀帝时政治重心的东移，在洛阳建宫室，设行政官僚机构，皇室、官员、军队均集中于此，粮食需求也随之上升。回洛仓、洛口仓等的设置使得储粮大大超过开皇时期。故运河的开凿，为南粮北运提供了极为有利的条件。隋代储粮之多，直至唐初还在使用。唐太宗曾云隋代储粮可支50年之用，这些粮食均是沿运河转输而来，故唐代诗人李敬方诗云："东南四十三州地，取尽脂膏是此河。"

第二，大运河的开凿有利于分洪、灌溉，对黄河防汛起到了重要作用。每当黄河涨水之际，部分河水便可以通过永济渠和通济渠泄出，减少了黄河沿岸的水患压力。此外，运河还有灌溉良田的作用，特别是利用通济渠引黄河之水进行灌溉，不仅可以解决作物旱时所需水分，而且可以治碱改土。江南运河的灌溉作用更加明显。它流经润州、常州、苏州、湖州、杭州，贯穿江、浙太湖平原，使太湖流域的耕地面积大为增加。

第三，大运河的开凿有利于连接海陆交通。开凿大运河的同时，挖河所产弃土得到了有效利用，被用于筑路、植树，使得陆路运输亦得到发展，并且有效防止了水土的流失。大运河一端通过明州港以通海外诸国，另一端则从洛阳西出，衔接横贯亚洲内陆的丝绸之路，首次贯通了海、黄、淮、江、浙五大水系。

第四，大运河的开凿有利于商业的发展，为商品流通创造了有利条件。大运河不仅是京都粮食、物资的主要运输干道，也是商业交通的重要航道。不仅淮南、江南，甚至岭南、西南地区的粮食、丝茶、瓷器、布帛等都从水路运来，同时北方的枣、梨、药材等也通过运河运往南方。盐商、茶商、米商等频繁往来于运河南北，大规模的商业活动得以进行，促进了运河沿线商业城市的繁荣和市镇的兴起。唐时宰相杜佑称通济渠开通后，"其交、广、荆、益、扬、越等州，运漕商旅，往来不绝"。综上几点，大运河的开凿有利于政治局面的稳固，促进了运河两岸城镇的兴起和南北经济文化的交流，构成了南北交通的大动脉，不仅使汴京、洛阳、江都、临安成为国内贸易的中心，而且也使这些城市成为对外的国际市场。运河对后世的影响也是巨大的，极大地促进了全国经济重心的南移。

唐人皮日休说隋开运河"在唐之民，不胜其利也。今日九河外，复有淇、汴，北通涿郡之渔商，南运江都之转输，其为利也博哉"，又有诗说："尽道隋亡为此河，至今千里赖通波。若无水殿龙舟事，共禹论功不较多。"宋人张洎言："唯汴水横亘中国，首承大河，漕引江湖，利尽南海，半天下之财赋，并山泽之百货，悉由此路而进。然而禹力疏凿以分水势，炀帝开甽川以奉巡游，虽数湮废，而通流不绝于百代之下，终为国家之用者。"后人将隋炀帝开大运河与大禹疏浚黄河相提并论，评价不可谓不高。然而他们也同时指出，由于隋炀帝即位之初便大兴土木，之后又过分地奢侈享乐，终导致其身败名裂，葬送了隋王朝。

大运河迄今为止仍是世界上最长的人工运河。但短时间内完成如此浩大的工程，可以想见当时百姓所承受的劳役之重。通济渠由河南、淮北一百多万徭役所开，邗沟由淮南十多万徭役所开，永济渠由河北一百多万徭役所开，江南河由江南十多万徭役所开，如此投入的人力达到二百五十万之众。同时，劳动强度也很大，仅通济渠一段，丁夫死亡便有三分之二，沿河人民所受侵扰，更难胜言。运河的两旁还开辟了大道，每隔两处驿站便设置一座行宫供隋炀帝休憩，也加大了百姓负担。在北方，由于没有行宫，隋炀帝又命宇文恺建造了一座活动宫殿，称观风行殿，上可容数百人，下有轮子转动，可随时装拆，奢侈至极。

从大业元年（公元605年）八月起，隋炀帝曾三次通过大运河到江都巡游。隋炀帝乘着长二百尺，高四十五尺，上下四层的大龙舟，随行的嫔妃、王公大臣、僧尼道士分别乘几千艘华丽的大船，首尾相望，绵延二百多里，拉船的纤夫就有八万多人，两岸还有骑兵护送，旌旗蔽日，热闹非凡。一到晚上，更是灯火通明，鼓乐喧天，隋炀帝与众人在船上纵情饮酒作乐，观赏两岸风景，好不热闹。沿途五百里以内的百姓，被强令进献食品，许多家庭被弄得倾家荡产，然而珍贵美味的食品吃不完，开船时就在岸边挖一个坑埋掉了事。负责打造龙舟的黄门侍郎王弘为了讨好炀帝，还献计说纤夫拉船不甚美观，隋炀帝便差人在吴越之地专门挑选十五六岁的女子，打扮做宫女模样，代替纤夫拉船，无风时牵缆而行，有风时便让她们持楫绕船而坐，自己则在龙舟之上凭栏观望。为免女子拉不动龙船，误了隋炀帝出游，又有人献计说可选一千只嫩羊与美女相伴而行，隋炀帝也采纳了，他还为这些拉纤的女子起了个好听的名字叫"殿脚女"。

第一次巡游江都，隋炀帝还带有两个目的：其一，加强地方控制。隋灭陈时并没有遭到各地豪族武装抵抗，因为对江南豪族来说，政权属于谁都无所谓，他们只关心自己的既得利益。隋军深入陈境时，地方豪强因受到管约，才举兵反叛，隋文帝花费了很大精力才平息了叛乱。继位的隋炀帝希望通过巡游，宣扬隋朝的"皇威"，以使江南豪强臣服于己。其二，巡游也是遵循"天子有巡狩之礼"这一古训，隋炀帝曾作《春江花月夜》，写道："暮江平不动，春花满正开，流波将月去，潮水带星来。"另外还有很多诗篇都流露出他留恋、欣赏江都之情。

大业六年（公元610年），隋炀帝第二次巡游江都，这也是他即位后第五次外出巡游。这次巡游与大业元年的初次巡游江都不同，纯粹是为了尽情享乐。隋炀帝在江都大建宫室，最豪华的当属迷楼了。迷楼其形如名，互相连属，回环四合，进入其间若无引导无不迷路，好几天都出不来。隋炀帝对左右说："就是仙人游在其中，也会迷路。"他在迷楼上设了四副宝帐，分别为：散春愁、醉忘归、夜酣香、延秋月，又诏选良家十二三岁的幼女三千人，分散于迷楼各幽房密室，让她们焚香煮茗，伺候圣驾不时游幸。自从建成迷楼后，隋炀帝日日在其中玩耍。无奈迷楼中到处逶迤曲折，或上或下，或高或低，不能乘车，也不能让人抬肩舆，

隋炀帝龙舟出行图　清代

隋炀帝为了享乐和炫耀武功，多次从洛阳乘龙舟巡游江都。隋炀帝虽然有时巡游兼共政治统治目的，但其大部分巡游都在游玩享乐。龙舟长200尺、高45尺，有四层楼、一百多个房间。雕梁画栋，金玉满堂。随行的嫔妃、王公大臣等，分乘几千艘华丽的大船，用来拉纤的壮丁有八万多人，还有大队骑兵夹岸护送。隋炀帝在船上纵情饮酒作乐，沿途五百里以内的百姓，被迫奉献食品。巡游队伍所到之处，百姓倾家荡产，无不怨声载道。

只有靠自己步行，这一点让隋炀帝颇为不满。此时又有一个叫何稠的人，制作成了一个转关车来献与隋炀帝。此转关车下有轮子，可上可下，登楼转阁犹如平地，又极其轻便，只需一人推着就行。有了这转关车，隋炀帝更是终日只知在迷楼中行乐。

为了更加讨好隋炀帝，何稠又费尽心思造了一辆车，车分两层，四周都是锦帷绣缦，底下是玉毂金轮，专为方便隋炀帝行幸童女所制。隋炀帝得车大喜，为其取名"任意车"。除迷楼外，隋炀帝下令修建的又有观风行殿，其殿开间为三间，可容纳数百人，饰以珍宝，光辉洞彻，房间可开可合，殿脚设轮轴，行走如飞。隋炀帝令画工绘制男女交合图数十幅悬在阁中。大臣上官时铸了乌铜屏风数十面献与隋炀帝，铜屏风被磨成镜子，环绕在床榻边，隋炀帝在屏风内与女子交合的身影，可纤毫不漏地映在屏风上。荒淫无道的隋炀帝大喜说："绘画绘得像才好，这是真容，胜绘画万倍。"隋炀帝日夕沉荒于迷楼，与诸女周旋，身体慢慢地就有些吃不消了。又有好利的方士进献丹药，这些丹药都是兴阳之物，隋炀帝只当是仙丹妙药服用，等到药性发作，心胸就如火烧一般，弄得口干舌燥，齿裂唇焦，御医看后说必须用清凉之剂慢慢解散，建议在桌上多放冰盘，以求解热。自此以后隋炀帝行动就离不开这些冰块，迷楼中各室无一处不放置冰块，整个迷楼就如同冰窖一般。炀帝内热逐渐平复了，但仍然精神疲惫，元气大伤，每天都昏昏贪睡，他对近侍说："朕还记得登极的时候，十分辛苦却不瞌睡，只有枕在妇人腿上，才能合目。如今却一睡下就醒不来，一近女色就疲倦，这是为什么？"他身边的弄臣侏儒王义说："臣是一个废人，不如别人明白事理，但臣听说精气是人的根本。陛下当初处世勤俭，少近声色，精实于内，神清于外，如今陛下数年来日夜声色，以有限之体而投无尽之欲，怎么会不枯竭呢？"隋炀帝连连点头，第二天在后宫选了一间静室养身，宫女皆不得进入。才过了一天，隋炀帝就忿然地出来说："像这样活一千万岁又有什么意思呢？"于是又进迷楼纵乐去了。

巩固边疆　恩威并济

交通西域

隋炀帝在巩固边疆方面有所作为，交通西域是其中之一。隋炀帝交通西域基本上不采取武力措施，而是采用安抚、利诱、和亲、封爵等法，尤其注重利用商人的作用。《隋书·西域传》记载："炀帝嗣位，引致诸藩。"意即主动地采取各种办法引导域外人士到中原地区来活动，或经商、贸易，或学习技艺，或从事政治活动，让他们与隋朝建立友好关系。西域胡商无非为利而来中原，隋炀帝对胡商给予特别的优待，创造优越的条件，使他们获利非浅，因此胡商络绎不绝地来到中原地区。隋炀帝经通西域的这些措施都有其物质基础。大业年间，隋帝国经济强盛，商业繁荣，《通典·食货》载"西京太仓，东京含嘉仓、洛口仓，华州永丰仓，陕州太原仓，储米粟多者千万石，少者不减数百万石，天下义仓，又皆充满"，出现了魏晋以来，从未有过的殷富奇迹；商业城镇遍布全国，众多富商大贾应运而生。交通西域虽然使得胡商获利丰厚，但反过来也促进了隋朝自身经济的发展，商品流通加快，新的市场不断建立，张掖就是西域与中原贸易的重要场所。

从政治和军事方面考虑，交通西域也是必要的。隋炀帝采取裴矩"混一戎夏"的主张，

西域人虞弘墓壁画

隋朝加强了与西域的交流，而西域自身也在交流中得到了发展。隋炀帝为表示隋朝的繁荣强大，曾多次利诱西域人入朝。隋朝与西域的交流在历史文物中可以得到证实。此线描图源于山西太原一座墓葬的壁画，墓为葬于隋开皇十二年（公元592年）的虞弘墓。虞弘为西域鱼国人，曾在茹茹国任职，后来到中国，在北齐、北周和隋代三朝任过官职。此图是位于墓葬中石椁后壁正中部的家居宴乐图和人狮互搏图。

认为华夷要结为一家，受同一个政权管辖，这样才能天下安宁。这也体现了隋炀帝统一大业的雄心壮志，有利于隋朝中央集权的加强。交通西域后很多国家都归附隋朝，成为制服西突厥和吐谷浑的同盟军，极大地消除了边患。

西域自身也在与隋朝交流的过程中得到了发展。首先是平息了战乱，摆脱了西突厥的经济搜刮；其次是中原地区的先进技术得以传入西域。隋炀帝交通西域使得中西交通得到了新的发展，加深了汉族和少数民族之间的融合，包括生活方式、血缘关系、文化交往等诸多方面。隋炀帝交通西域的另一个产物是裴矩的《西域图记》。《西域图记》广泛搜集并详细记载了西域诸国的风俗产物，对所经山河地名与国号，通过史籍考证和实地考察重新加以确认，并且纠正了以往很多谬误之处，填补了中国历史古籍中有关专门记述西域的空白。

当然，隋炀帝为了表示隋朝的富足强盛，利诱西域使者和商人入朝，沿途郡县都耗费了巨资迎送，却加大了中原百姓和普通绅贾的负担，很多人对此颇感不满。大业六年（公元610年），西域各国使者和商人齐集洛阳。从正月十五夜间开始，隋炀帝命令在皇城端门外大街上设置了盛大的百戏场，为西域人演奏百戏。戏场大至周围五千步，奏乐人多至18000人，几十里外都能听到乐声，灯光通明如同白昼，一直演奏到正月底才结束。西域人到洛阳东市做交易，隋炀帝便下令本市商人盛饰市容，广积珍货，须服装华美，就连卖菜的百姓也得用龙须席铺地。西域人经过酒食店门前时，店主都得邀请他们入座吃饱喝足，不收分文，还要对他们解释说隋朝富饶，酒食照例不要花钱。市内树木都用帛缠饰，以示富足。但是与此形成鲜明对比的是，很多隋朝百姓衣不蔽体，食不果腹，这些情景也让西域人看在了眼里，他们责问道："你们隋朝也有赤身露体的穷人，为什么不用这些帛给他们做衣服穿，却白白用来缠树？"市人无言以对。

北巡突厥

突厥对中原历朝一直是一个很大的威胁，于是大业三年（公元607年），隋炀帝便北巡突厥。此次北巡的军队相当庞大，意在加强与突厥启民部落的经济、军事联系。关于此次北巡的初衷，隋炀帝曾下诏说："古者帝王观风问俗，皆所以忧勤兆庶，安集遐荒。自蕃夷内附，未遑亲抚，山东经乱，须加存恤。今欲安辑河北，巡省赵、魏。"北巡中，启民可汗曾上表要求率领部落百姓改装易服，同华夏一样。隋朝大臣们也都主张这么做，隋炀帝却不赞同。他下诏说"先王建国，夷夏殊风，君子教民，不求变俗"。他认为只要突厥真心恭顺朝廷即可，不必变易服装。在这一点上，隋炀帝表现得非常有气度、有远见，尊重少数民族的习俗，有利于各民族和谐共处。在巡游中，隋炀帝还发现长城损坏严重，于是下诏征调男丁一百余万人修筑长城，西起榆林，东至紫河。如此浩大工程，却因急于求成，仅用了二十天就完成了，可见百姓的劳役之沉重。隋炀帝在巡游中也表现出了过分炫耀的一面，如宴请启民可汗的宴会规模太过奢侈。对这些问题，朝臣也有提出劝诫的，但隋炀帝却以为他们谤讪朝政，兴师问罪。

大业四年（公元608年），隋炀帝再次北巡突厥，这次北巡的首要目的就是巡视长城，可见他一直没有放松对突厥的警惕。北巡中，隋炀帝意外发现高丽遣"私通使"至突厥，合谋对抗隋朝。于是裴矩献计胁迫高丽遣使者入朝，隋炀帝接受了这个建议，让牛弘宣读其诏令，说他明年将要去涿郡，让使者转告高丽王：应该马上来朝见，否则将率领启民可汗去巡视你们的国土。不过，此次北巡的意外收获却在隋炀帝心里留下了挥之不去的阴影，使得他后来在江都逗留期间也总是觉得没有安全感。因为扬州只有一条淮河，没有名山大川作屏障，故解决北方之敌的问题刻不容缓，于是大业五年（公元609年），隋炀帝三巡塞北，此行目的便是为解决高丽问题。高丽王听到"私通使"回报，虽心怀恐惧，但仍迟迟不入朝称臣，隋炀帝接连三次征讨高丽，也没有获得成功。

大业十一年（公元615年），隋炀帝第四次去北部边境巡游。突厥几十万骑兵突然来袭，把他围困在雁门（今山西小代县），隋炀帝只能抱着幼子杨杲日夜啼哭，束手无策。刚刚经过三征高丽，士卒均已疲惫不堪，无力再战，隋炀帝只好接受了大臣苏威等人的建议，下诏书保证不再出兵攻打高丽，并悬赏募兵。各地县令纷纷应募，领兵

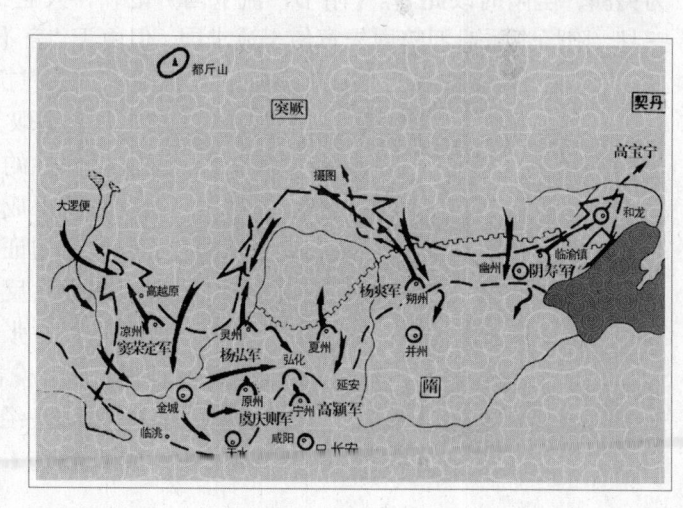

隋军北攻突厥之战示意图

　　隋反击突厥之战，是我国中原王朝隋朝与北方少数民族突厥贵族之间进行的战争。这场战争从隋文帝开皇元年（公元581年）突厥侵隋，到隋炀帝大业三年（公元607年）突厥臣服，中间经过了26年的时间，双方复归盟好，进一步加强了我国历史上的民族团结与融合。图中显示的是隋文帝时三次北攻匈奴的线路。

前来救援，才使隋炀帝得以解围。回到洛阳后，隋炀帝马上推翻诺言，不给赏赐，并下令再次攻打高丽。不过这第四次攻打高丽最终还是没能成行。自古君无戏言，隋炀帝却没有兑现之前的诺言，以致大失人心。

西巡通丝绸路，南下攻流求岛

为了解决吐谷浑的问题，安定西陲，畅通丝绸之路，隋炀帝于大业五年（公元609年）西巡河右。此次出巡主要出于军事目的，隋军一举扫荡了吐谷浑残军。破吐谷浑之后，隋炀帝继续西巡，向西域诸国尽情炫耀隋朝的强大富有。隋炀帝还下令设置西海、河源、鄯善、且末等郡，把天下罪人流放至此，充做戍卒，守卫这些地方。这时，隋朝一共设置了一百九十个郡，一千二百五十五个县，国土东西长达九千三百里，南北宽有一万四千八百一十五里，其强盛达到了顶点。同时，隋炀帝命令刘权镇守河源郡积石镇，大规模开发屯田以抵御吐谷浑，这些举措使得丝绸之路重新畅通。据《资治通鉴·隋纪五》载，大业六年元宵节，西域各国贵宾纷纷集中到洛阳，"诸蕃请入丰都市交易，帝许之"，丝绸之路的繁盛也进入了新高潮。不过，此次西巡在归途中却是大受挫折。路过大斗拔谷时逢风雨交加，士卒冻死大半，马驴冻死十之八九。

隋炀帝还试图招抚流求，将其纳入自己的版图。中原历朝古称流求为夷洲，至隋时改此名。《隋书·流求国》记载，大业三年（公元607年）三月，隋炀帝派遣羽骑尉朱宽使于流求国，但由于"言不相通，掠一人而返"。大业四年（公元608年），隋炀帝再次派遣朱宽去慰抚流求，可是"流求不从，宽取其布甲而还"。这两次试探性的招抚和求访异俗均没有获得成功，朱宽只是取了点人证物证回来述职，并没有引起很大反响。于是隋炀帝改派陈稜、张镇周带兵万余人征讨流求。众部从义安（今广东潮州）出发，经高华屿（今澎湖花屿）、龟鳖屿（今奎辟屿）到达流

隋代至宋元时期的琉求

《隋书》记载，琉求是一个东方海上的岛国。隋炀帝时共征讨过琉求三次，分别是607年、608年和610年，前两次征讨并无多大收获，第三次征讨由陈稜和张镇周领军，是一次大规模的军事行动，俘虏男女数千人。关于琉球的确切位置，学术界有三种看法：今台湾；今琉球群岛；琉球群岛、台湾等中国大陆东方海中的一连串岛屿。图是隋代至宋元时期琉求的位置。

求。流求人看见船舰以为他们是商人，纷纷围上去做买卖。隋炀帝此次吸取了语言不通的教训，于军中配备了翻译，故陈稜"遣人慰谕之"，但流求王不从，派兵拒战，后战败而死，其子及男女数千人被俘虏。隋军还放火烧了流求王的宫室，满载战利品而回。大业六年（公元610年），归朝后的陈稜等献流求俘七千口，隋炀帝颁赐给百官做奴仆，并提陈稜为右光禄大夫、张镇周为金紫光禄大夫。虽获大胜，但此次大肆攻掠流求却没有达到沟通的预期效果，反而严重伤害了双方关系，直到隋朝灭亡，都没有重新修补好与流求的关系。

三征高丽

三征高丽也是隋炀帝历来被批判最多的举措之一，很多人认为隋的亡国与三征高丽的大兴武力有着直接的关系。但是在当时，隋炀帝三征高丽也有他的考虑，并非仅仅为了炫耀隋朝的强大而穷兵黩武。朝鲜半岛在隋朝时分高丽、百济、新罗三国，其中以高丽实力最强。隋炀帝征讨高丽的初衷是想维持隋帝国与高丽之间的宗主、藩臣的关系。早在北魏时，高丽就已据辽东，《隋书·高丽》载，至开皇时，它"虽称藩附，诚节未尽"，且"又数遣马骑，杀害边人，屡骋奸谋，动作邪说，心在不宾"，又"常遣使人密觇消息"。与此同时，高丽还曾与江南陈朝勾结，企图夹击隋朝。随着高丽的不断强大，它成了隋王朝潜在的巨大威胁。但由于高丽与隋在辽东接壤的地段不长，其西南境和隋境相距又远，其间还有大海阻隔，故高丽对隋王朝的威胁并未构成严重的边患，所以在隋势力还未强盛时对其采取了暂时搁置的态度。隋灭陈朝，引起了高丽和吐谷浑的强烈反响，它们结成了同盟来抗衡隋朝。《隋书·高丽》记载，开皇十八年（公元598年），高丽王停止上贡，并且公然"率靺鞨之众万余寇辽西"，隋文帝大怒，派杨谅讨伐之，但惨遭失败。但是高丽王毕竟心怀畏惧，遂遣使上表隋文帝，并卑称"辽东粪土臣元"，还表示谢罪，要信守藩臣之礼，于是隋文帝又待之如初。隋炀帝时，高丽与吐谷浑的联系愈加紧密，《隋书·炀帝纪》言高丽"迷昏不恭，崇聚勃、碣之间，……萃川薮于往代，播实繁以迄今，眷彼华壤，翦为夷类。历年永久，恶稔既盈，天道祸淫，亡徵已兆。乱常败德，非可胜图，掩慝怀奸，惟日不足。移告之严，未尝面受，朝觐之礼，莫肯躬亲。诱纳亡叛，不知纪极，充斥边垂，亟劳烽候"。前文已述，当时高丽还遣"私通使"前往突厥，合谋对抗隋朝。在这一情况下，隋炀帝不得已发动了第一次征讨高丽的行动，时值大业八年（公元612年），但仅限维护藩臣之礼，保持自己的宗主地位即可。隋炀帝曾命令诸将说："高丽若降，即宜抚纳，不得纵兵"，便可见其目的。隋炀帝征讨高丽也经过了一番思考，期望运用各个击破的策略彻底削弱突厥和吐谷浑这两个高丽同盟军的力量，接着就可以集中力量来对付高丽了。

出兵之前，隋炀帝进行了长时间和大规模的准备工作。一是运输方面的准备，因用水军，需要海船，隋炀帝便任命幽州总管元弘嗣征调大批工匠在山东东莱（今山东掖县）海口大规模造船。工匠被迫在水中不分昼夜地劳作，以致许多人腰部以下都生了蛆，死者有十之三四。隋炀帝还征调江淮以南的民工和船只，把黎阳仓、洛口仓的粮食运到涿郡。船只前后相继，长达一千多里；奔走在路上的民工和兵士，经常有几十万人，很多人倒毙路旁，无人掩埋，尸臭不绝。另一方面是军事方面的准备，大业四年（公元608年），隋炀帝下令大造兵器，次年又大规模检阅军队，后又下令天下富人按其资产出钱买马，同时把大量的农民都征召为士兵。准备就绪后，大业八年（公元612年）正月，隋军一百多万人分为二十四路起兵伐向高丽，但高丽军据城坚守，不再出战。隋炀帝下旨，只要高丽军队投降，就立即宣布安抚接受，不再纵兵进攻。得此旨意，眼看快被攻陷时，高丽军就声称要投降，隋军将领只好令人奏报隋炀帝，待到京师传回答复准备受降时，高丽军已经调整巩固好城中的防守了，继续坚守城池，抵抗隋军。如此三番，屡屡贻误战机，故城池久攻不下，隋炀帝速战速决的计划破灭了，实力原本悬殊的两军却处于相持之中。这时，右骁卫大将军来护儿率领江、淮水军渡海先行，在距离平壤六十里处与高丽军相遇，大破高丽军。来护儿本想乘胜攻取平壤，不料遭高丽伏兵突击，大败。隋军其他各路军队由于军粮供应不足，作战意志也日渐低落。高丽军队又故意拖延时日让隋军疲乏，后在萨水突袭成功，至隋军士卒大量死伤、逃散。初时渡辽河的九路隋军共有三十万五千人，回到辽东城时只剩下2700人了，数以万计的军资储备也损失殆尽。

大业九年（公元613年）正月，隋炀帝不顾国家疲敝，下令第二次征讨高丽。四月，隋军再渡辽水进军平壤，隋炀帝也亲临现场指挥，但仍然久攻不下。六月，国内杨玄感起兵攻洛阳，消息传到，炀帝大为惊恐，只好密诏诸将退兵。

大业十年（公元614年），国内农民起义席卷大江南北。炀帝妄想以对外战争的胜利来扭转危亡的命运，于是对高丽进行了第三次征讨。但当时农民起义军遍布全国，朝廷征集的士兵或因道路阻隔不能到达，或沿途逃散，以致兵员不足，无法大举进军。但接连的征战也使高丽困顿疲惫，加之来护儿率军逼近平壤，高丽王高元大为惊恐，遂遣使乞求投降，为表诚意还把隋叛将斛斯政关在囚车里押送而来。隋炀帝立即乘势收兵，与高丽议和，带着高丽的使者以及斛斯政回到西京长安，把这两人送到皇家祖庙，祭告祖先，并用酷刑处死斛斯政，让文武百官吞食其肉。在祭告太庙时，隋炀帝征召高丽王高元入朝觐见，高元竟然不来。隋炀帝又企图发动第四次征讨，但终未能成行。

征林邑，使赤土

在外交策略上，隋炀帝采用的还是传统的远交近攻策略。除了三征高丽外，他还南征林邑，远使赤土。林邑，故地在今越南中、南部，两汉以来一直在中原及南朝辖下。隋平陈以后，林邑曾遣使来贡方物，其后朝贡遂绝。南征林邑的战争始于隋文帝时。仁寿二年（公元602年），交州俚帅李佛子之乱被大将军刘方讨平，隋文帝于是又遣刘方为骧州道行军总管，率步骑和舟师南进，至大业元年（公元605年）正月至林邑海口。林邑王梵志派兵守险，被刘方逼走。林邑王又亲率其兵骑巨象从四面攻来，隋军初战象军失利。再战时，隋军悄悄挖了许多陷坑，用草覆盖，派兵虚讨。梵志不知是计，全军出动。隋军佯败，诱导林邑军追逐，巨象均跌入陷坑中，隋军大胜。四月，梵志弃城退入海中，刘方入城，获其十八尊金铸庙主，刻石纪功而返。隋平林邑后，置三州，后改为林邑郡、比景郡、海阴郡。《隋书·南蛮传》记载说隋军撤走后，梵志"复其故地，遣使谢罪，于是朝贡不绝"。这次征战虽然取得了胜利，但却付出了惨重代价，并没有什么实际意义，刘方本人也得病死于途中。随后而来的南国瘟病，更是把这场战争的喜悦化为乌有，隋炀帝此后再没有用兵至此。

赤土之地大致在今中印半岛南端的马来半岛。大业三年（公元607年），隋炀帝招募使者出使赤土，屯田主事常骏和虞部主事王君政两位九品官冒险应募，于是隋炀帝派遣他们带去绢帛五千段赠赤土王。当年十月两人率部下从南海郡（今广州市）出发，扬帆远航，过焦石山，傍林邑东南行，过师子石、鸡笼岛到达赤土界。赤土王派婆罗门鸠摩罗率三十艘船队隆重迎接来使。又行月余，到达赤土国度，王子那邪迦前来迎接，送金盘、金合香油、金瓶香水和白叠布四条供使者盥洗用。当日稍晚，王子又驾象二头，持孔雀盖迎接使者入王宫，递交国书，此后接连数日宴请隋使。赤土国王还派那邪迦王子随隋使回访，回赠炀帝金芙蓉冠、龙脑香和各种土产方物。约在大业五年（公元609年）二月，那邪迦王子在常骏陪同下到弘农请求谒见，隋炀帝十分高兴，给那邪迦及其随员封官、赏物。在常骏出使前后的大业四年（公元608年）三月和大业六年（公元610年）六月，赤土国曾不断派遣使者入隋，两国之间保持着频繁的交往。这也被称为公元七世纪初中外关系史上的一段佳话。

奠基中日邦交

中日关系虽然在唐代达到高潮，但却奠基于隋炀帝——圣德太子时期。大业三年（公元607年），小野妹子大使和通事鞍作福利受倭王派遣来隋学习佛法。日本向来在名义上受中国皇帝册封，处于从属地位，但小野大使呈送的国书却以"日出处天子致书日没处天子无恙"作为问候语，虽然口气非常友好，却巧妙运用了外交辞令表达了与中国平等交往的愿望。这瞒不过细心的隋炀帝，尽管不能当面发作，但他背后却对负责外事接待的鸿胪卿交待说："蛮夷书有无礼者，勿复以闻"，让下面的人替他挡驾。大业四年（公元608年），倭国遣使贡方物，于是隋炀帝派裴世清为使，一行十三人随同小野妹子取道百济去日本。圣德太子即派吉士雄前往迎接，并在难波（今大阪）为隋使修迎宾馆，隆重接待。八月三日，隋使抵达日本京城，推古女皇对隋使的初次来访非常高兴，派遣小德阿辈台率数百人，设仪仗，鸣鼓角，迎接仪式极为隆重。随后，倭王又遣大礼哥多毗率领二百余骑郊迎。八月十二日，隋使入朝，圣德太子和诸王大臣头戴金髻花，身着锦绣绫罗出宫迎接。裴世清递交国书，在客气的褒扬中，仍然透露出隋朝天朝大国天子凌驾于他国之上的口吻。推古女皇对此却并没有十分计较，反倒对没有及早会见隋使表示诚恳的歉意。"冀闻大国惟新之化"是推古女皇、圣德太子热衷于发展中日关系的实情。当时的日本急于借鉴中国的文化政治成果，以形成自己的律令制度，希冀从中国文化中寻找出他们自己治理国家的方法。一月余，裴世清提出回国，推古女皇便设宴欢送。小野妹子第二次被任命为大使，陪送隋使回国，随行的还有副使吉士雄、通事鞍作福利和八名留学生、学问僧等人，这些人员组成了大业四年来第二批遣隋使。这次圣德太子转呈的国书用汉语写成，称："东天皇敬白西皇帝"，是日本首次以天皇名义致书中国。值得注意的是，这次来隋的四名留学生和学问僧几乎都是渡日汉人的后裔，他们留隋学习的时间少则十几年，多则三十余年，直到唐高祖、唐太宗贞观年间才陆续回国。回到日本后，众人对推广中原文化作出了巨大贡献。大业五年（公元609年），小野妹子回国，倭国又于次年遣使贡方物。大业十年（公元614年）六月，日本还派遣以大使犬上御田锹、副使矢田部造为首的第三批遣隋使来到中国，翌年七月回国。这些频繁的遣隋使活动成为以后更大规模的遣唐使的先声。隋炀帝对先后入隋的留学生和学问僧给予了热情的关照，给他们创造了很好的学习条件，使他们能够担负起中日文化交流的重任。在中日友好关系史上，隋炀帝起到了非常重要的奠基作用。

开创伟业　失之暴政

《隋书·炀帝纪》载隋朝"地广三代，威振八纮，单于顿颡，越裳重译。赤仄之泉流溢于都内，红腐之粟委积于塞下"。可见当时的隋朝是非常殷实的。然而为什么如此富强的隋朝会在隋炀帝这个有气魄，又人有作为的皇帝统治下最终灭亡呢？《隋书·炀帝纪》也对此作了分析，认为缘于隋炀帝仗着当时隋朝的富强，无限制地满足自己的欲望。他恃才矜己，虽然内心莫测，荒淫无度，不知礼义廉耻，表面上却表现得无欲无求。此外，隋炀帝还好用酷刑来残害骨肉兄弟，屠戮忠臣，时常封赏毫无功劳的人。他为了自己一时的享乐屡屡大兴土木，滥用民力，又在民不聊生的情形下发动数百万大军攻打高丽等周边藩国。手下的官吏沿用隋炀帝的办法，仍是采取严酷苛刻的法令来对待百姓。就这样，隋文帝时期积累起来的巨大财富和民力被杨广无限制地挥霍和消耗着，无止境的徭役和兵役，迫使民众离开家园，以致大量田地荒芜，百姓只得吃树皮树叶，甚至到了人吃人的地步。

隋炀帝的统治对于隋朝的普通百姓来说是十分暴虐的。除了大兴土木，隋炀帝频繁的巡游也大大消耗了财力、物力和人力。每次巡游都有大批士兵、官吏和宫女从行，沿途郡县长官必须负责整修道路，供应最好的食物。为了炀帝的随意挥霍享受，很多郡县都强迫农民预交几年的租调。为了躲避沉重的徭役和兵役，农民不惜伪残自己的肢体，称

瓦岗军开仓放粮

隋炀帝的暴虐统治给百姓带来了巨大灾难，不堪重负的农民终于在隋末爆发了起义。起义中以翟让、李密领导的瓦岗军势力最为强大。617年，瓦岗军攻克东都洛阳附近的兴洛仓，开仓放粮，赈济灾民。百姓纷纷响应，起义军队伍迅速壮大。

之为"福手福足"。《隋书·食货》描述当时情形说"天下死于役而家伤于财",尤其是山东、河北地区更为严重,已经到了民不聊生的地步,加之这一带频发水旱灾荒,终于在大业七年（公元611年）爆发了农民大起义。首先起义的是王薄。他率领农民在长白山（今山东章丘）起义,自称"知世郎",作《无向辽东浪死歌》,鼓励农民反抗兵役。同时起义的还有好几支义军。到大业九年（公元613年）,每支起义军已经发展到几万人,多者至十几万人。在隋炀帝第二次远征高丽时,杨玄感趁机反叛,虽被镇压,却推动了农民起义军的进一步发展。新的起义军越来越多,并且扩大到了黄河流域和长江流域的大部分地区。大业十一年（公元615年）,隋炀帝令郡县、驿亭、村坞修筑城堡,把农民迁到城堡里居住,企图用这种坚壁清野的办法扼杀农民起义,但新的起义军仍在不断增加。虽然隋军的镇压使得起义军面临严重困难,但隋军也因此遭受了沉重打击。分散的起义军逐渐联合起来,形成了李密、窦建德、杜伏威三个强大的起义军集团。

面对如此形势,隋炀帝却仍不加收敛,依然奢侈残暴,而且拒绝臣下的劝谏。大业十二年（公元616年）,隋炀帝不顾隋朝的安危,第三次巡游江都。由于杨玄感叛乱时龙舟水殿尽被烧毁,隋炀帝又下令江都重建龙舟水殿,并一下建造几千艘,规模比原来的更大。朝中大臣都不愿炀帝出行,但他一意孤行。临出发时,小吏崔民象上表谏阻,却获罪赐死。走到汜水（今河南荥阳县）,小吏王爱仁又上表劝谏,依旧被杀,隋炀帝众人继续前行。到了梁都（今河南开封）,有人拦路上书,称隋炀帝如果定要去江都,天下必离之而去,隋炀帝不听,又杀死了上书人。但随着农民起义的烽火越燃越烈,隋炀帝也预感末日临头,一直胆战心惊,晚上也难以安睡,常惊呼有贼而醒,必须要数个宫女摇抚着才能再度入睡。

一天夜里,大业殿起火,隋炀帝以为是起义军杀入京城,于慌忙中逃入西苑,藏在草丛中,直到大火熄灭以后才敢出来。逃至江都后,他更加荒淫无度,在宫中建造了一百多座殿房,各居美女多人,每天轮流由一房作东,自己则带着后妃侍女一千多人前去饮酒,整天杯不离手,日夜昏醉。此时的隋炀帝已没有勇气面对现实了,只想逃避,甚至不许大臣如实汇报起义军的情况。他曾向苏威询问起义军的情况,苏威回答不清楚究竟有多少起义军,只知起义军距离京都越来越近了。苏威还向隋炀帝献《尚书》,希望借《尚书》中的"五子之歌"使隋炀帝有所醒悟。"五子之歌"讲述的是夏朝如太康暴虐,出外打猎游荡,百日之久不还京师,部落首长后羿遂起兵造反,如太康的母亲和五个兄弟在洛水弯曲处,徘徊怨恨,慷慨悲歌,歌共五首。隋炀帝也是博览群书的聪明人,当然明白苏威的用意,却没有听从他的建议,后来竟编织苏威数罪,将其削职为民,并要处死。苏威叩头流血,极力求饶才免一死。苏威事件也给了朝臣一个教训,再没有人敢冒死上谏了。乖巧的宠臣们则是极力迎合隋炀帝,报喜不报忧,以致出现了"莫敢以贼闻奏"的局面。其中最为突出的要数虞世基了。此人平时沉默寡言,但所说差不多句句迎合隋炀帝心意。文武百官的奏表中有偏离违背皇帝旨意的,一律搁置一边,不肯转呈上报;审理诉讼案件常常引用严峻苛刻的条文;凡是论功行赏则尽量挑剔忠臣,对其极力贬低。隋炀帝虽不愿听不利的消息,却仍消除不了他心头的焦虑,他常常对萧皇后说:"外面有不少人想算计我,且别管他,还是快快活活地饮酒吧。"有一次,他拿起一面镜子呆呆地照了良久,对萧皇后说:"我这颗头颅不知道谁来砍它呢?"萧皇后惊恐地问他为什么说这话,他强作笑容说:"贵贱苦乐没有一定,砍头也不算什么。"

大业十三年(公元617年)十一月,在晋阳举兵的李渊进入长安,遥尊隋炀帝为太上皇。隋失长安可以说是失去了根本。当然,隋炀帝不肯束手待毙,他眼见隋朝的大部分土地已被起义军所控制,隋军只是困守着洛阳、江都等几座孤城,怕江都不安全,准备迁都到长江南面的丹阳(这里指今江苏南京市),下令民众修建宫室。李才等朝臣极力反对迁都,劝谏隋炀帝返回中原再兴大隋,反而遭虞世基诋毁。隋炀帝的禁卫军将士都是关中人,早已怨恨隋炀帝久居江都,现在见他还要南迁,愈加思念家乡亲属,纷纷谋划逃归故里,一时军心浮动,众叛亲离,但却没有一个人敢去向隋炀帝通风报信。

大业十四年(公元618年)三月三日,将作少监宇文智及与郎将司马德戡、直阁裴虔通等人,乘机推右屯卫将军宇文化及为主,煽动士兵于傍晚时杀入宫中。隋炀帝闻变,仓皇改换服装,逃入西阁。叛将裴虔通、元礼、马文举等从宫女口中得知其所在,引兵赶到西阁,只见隋炀帝和萧皇后正并坐在一起哭泣,杨广还责问叛将道:"我犯了什么罪,你们要如此对待我?"叛将答道:"你穷兵黩武,游玩不息,穷奢极侈,荒淫无度,相信奸邪,拒

李密挂角攻读

李密(公元582—618年),隋朝京兆长安(今属陕西)人,隋末瓦岗起义军首领。少年时曾在隋炀帝宫内做侍卫,后被罢免。之后发愤读书,立志做个有学问的人。有一次,李密要去一个地方,因路途遥远,闲余时间难以打发,于是用蒲草做成垫子,乘着牛,挂一卷《汉书》在牛角上,一边行路一边看书。越国公杨素在路上恰巧遇到李密,便问其所读何书,李密回答曰:"读的是《汉书》中的《项羽传》。"此故事讲了李密的勤奋以及与杨素的相识。

绝忠言，使男子枉死战场，妇女儿童死于野外，百姓失去生计，天下大乱，你还说没有罪吗？"杨广说："我确实对不起百姓，至于你们，跟着我享尽了荣华富贵，我没有对不起你们，今天的事，是何人为首？"叛将说："天下人对你这个昏暴之君都恨之入骨，岂止是一个人带的头。"说完就上前拉杨广下阁。这时，叛官封德彝赶来传宇文化及的命令说"这种昏君，用不着带来见我，赶快结果了他"。萧皇后哀求说："皇上实在不贤，但看在以往对你们的恩情上，叫他让位，降为三公，留他一条命吧。"叛将们不允，以裴虔通为首，提刀要杀杨广。此时炀帝最疼爱的幼子、十二岁的赵王杨杲，在隋炀帝身边不停地号啕大哭，裴虔通便举刀一挥，砍下杨杲人头，鲜血飞溅到隋炀帝衣服上。裴虔通又要向隋炀帝动手，杨广叫喊道："你们别动手，皇帝自有皇帝的死法，怎么能死在刀锋之下，让我喝毒酒自尽吧。"裴虔通等人不准，说毒酒不如刀锋省事。隋炀帝哭着说："我怎么也是一位天子，就让我留个全尸吧。"说完解下了自己的巾带，马文举接过巾带，和士兵们一起将他拥入内室勒死。隋炀帝早就料到会有这么一天，所以经常带

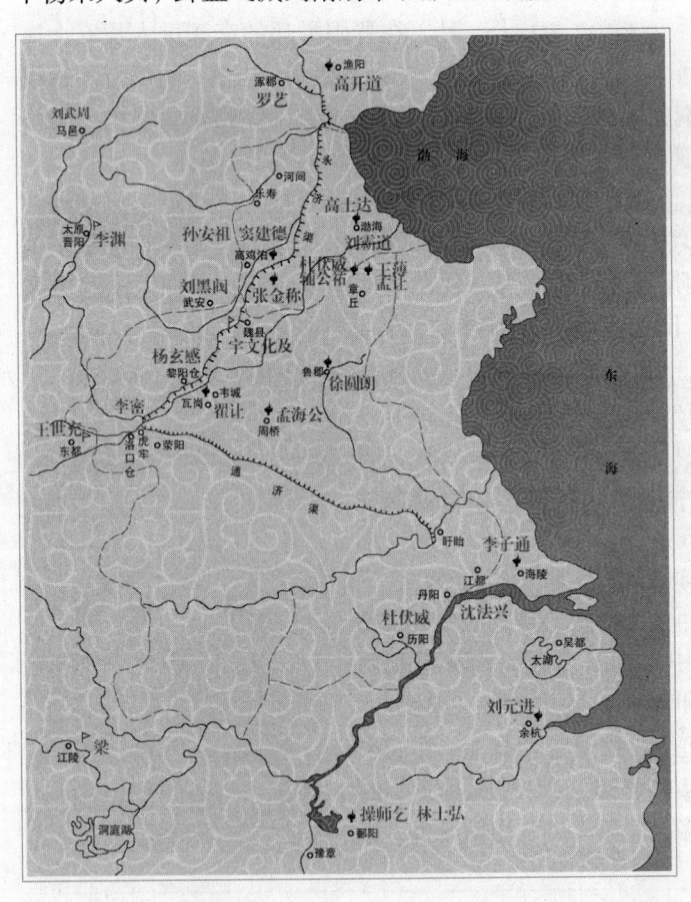

隋末农民起义形势图

  隋末农民起义从王薄起义开始，各地农民纷纷响应。从公元614年到617年间，农民革命的风暴席卷了全国大部分地区，先后在全国各地兴起的起义军有一百多支，参加的人数达数百万。后来，农民起义军逐渐汇成三支强大的农民革命队伍：一支是河南的瓦岗军，一支是河北的窦建德军，一支是江淮地区的杜伏威军。

一瓶毒酒在身边,对所有宠爱的美女说:"若贼至,汝曹当先饮之,然后我饮。"等到真临叛变之时,左右早就逃散,毒酒也未曾找到。事后,萧皇后叫宫女拆去床做成棺材,暂时装殓杨广的尸体,一代君王得了个如此下场。政变后,宇文化及命陈稜为江都太守,总管留守事宜,声称自己准备回长安,萧皇后及六宫都按老规矩作为御营。陈稜用宇文化及留下的车驾鼓吹,大概置备了天子所用的仪仗,将隋炀帝葬于江都宫西面的吴公台下。唐朝建立后,又将隋炀帝迁葬于雷塘旁边。

隋炀帝是个极其复杂的人物。他在性格方面就有着双重性,以致辉煌一时,终又抱憾而死。他好学博识,多才多艺,可以称得上是一代才子,在音乐、文学、教育等方面都多有建树。但他又有着很强的虚荣心,自恃甚高,容不得别人比他更好。他自以为才学杰出,曾对侍臣说:"别人说我只不过是继承先帝的遗业,其实,即使和士大夫比才学,我也应该做皇帝。"又说:"我生性不喜欢别人劝谏。如果是达官,再想以进谏来求取声名,我更不能饶他们。如果是一般百姓,我还可以饶他些,但决不让他有出头之日。"当发现一些文士的才华竟超过他时,便不能容忍。例如他杀薛道衡时,曾恨恨地说:"看你还写不写'空梁落燕泥'!"叛乱被俘的杨素之子杨玄感死前,隋炀帝说:"'庭草无人随意绿',复能做此语邪!"今天想来,其性格幼稚得可笑,他杀得了人但又怎能杀得了那些巧夺天工的诗句呢。

作为一代帝王,隋炀帝虽不是明君,但也绝非庸君。后人有说隋炀帝是个暴君,确实他的暴政最终导致了隋朝的灭亡,其失败也可概括为"操之过急,失之于暴"。不过从另一方面看,他在位时,令行禁止,不失为一代之雄。《隋书·宇文述传》说隋炀帝"才能盖世,数率将领,深有大功",对其功绩给予了应有的肯定。

隋朝当初也是殷实富强的,但隋炀帝不懂得"君,舟也;民,水也。水能载舟,亦能覆舟"这个道理。他没有吸取父亲杨坚的教训,也没有听从其在遗诏中"与民休息,务从节俭,不得劳人"的教导,而是急于创造更加宏伟的业绩。在他干了一番宏伟业绩之后,隋朝的国运也被他消耗尽了。他所开创的伟业给当时的老百姓带来的更多是灾难而不是好处,亡国在所难免。

唐后期疆域和边疆各族分布图

回纥
回鹘牙帐

吐蕃
逻些

唐
长安

阳苴咩城
南诏

唐哀帝·李柷

公元892—908年

唐哀帝李柷是唐朝的末代皇帝。大唐帝国是如此辉煌，直到今天仍然是一段让国人扬眉吐气的历史。人们记得唐太宗，记得唐玄宗，但却很少有人知道唐朝的末代皇帝是谁。唐哀帝是被人遗忘的，他的一生都伴随着悲哀。这从「哀帝」这个谥号中我们也多少可以看出点端倪来。现在就让我们回到那风雨飘摇的唐朝晚期，去看看这位末代皇帝是如何度过他那短暂的一生的，大唐帝国又是如何倾覆的。

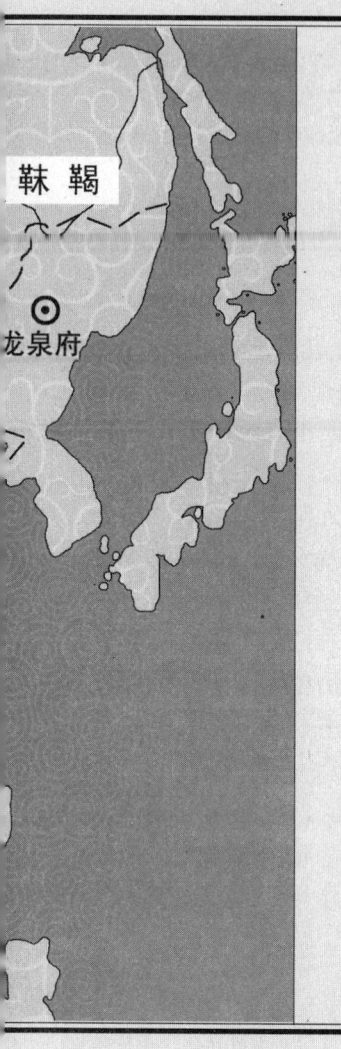

鞑靼

龙泉府

盛唐不再　名存实亡

被蚕食的大唐

唐哀帝李柷，初名李祚，景福元年（公元892年）九月三日生于大内，他是唐昭宗的第九个儿子，母亲何氏时为淑妃，不久被立为皇后。李柷虽贵为皇子，但他从小却过着颠沛流离的生活。乾宁四年（公元897年）二月，李祚未满5周岁，受封为辉王。天复三年（公元903年）二月，昭宗宣布以11岁的辉王李祚拜开府仪同三司，为诸道兵马元帅，以梁王、检校太师、中书令朱全忠，也就是后来代唐自立的后梁皇帝朱温为副元帅，统领全国军队。从此，这位可怜的帝王家的娃娃便与这个乱世枭雄朱温（即朱全忠，投降唐朝时赐给他的名字）结下了不解之缘。

李柷生活的年代政局动荡，大唐盛世早已成为历史，唐朝处在风雨飘摇之中。安史之乱是唐朝的一个分水岭，安史之乱以后的唐朝，藩镇割据❶更加严重，朝廷无力消灭安史残余势力，反而继续任用投降的安史部将为节度使，在河北、山东形成了藩镇割据的局面❷。这些割据一方的节度使父死子袭，官爵自为，甲兵自擅，刑赏自专，户籍不报中央，赋税不入朝廷，朝廷对他们早就无法加以控制。在剑南、山南、河南、淮南和岭南，甚至京畿之内，也时常发生节度使或军将的叛变。虽然在德宗、宪宗时期朝廷也曾经想办法裁抑藩镇的活动，但

❶ 藩镇割据一般指唐朝安史之乱以后，各地将领拥兵自重，在军事、财政、人事方面不受中央控制的局面。最初由于唐朝为了平定安史之乱，任免了许多具有独立行政权、财权、军权的节度使，而节度使管辖的地区称为藩镇。加上为了安抚人心，唐朝对于投降的安史降将依然任命其为河北地区的节度使，保持其原有的地位与权力不变，结果首先在河北形成了国中之国的局面，并逐渐扩散到全国。藩镇割据基本上是安史之乱的延续，唐亡以后出现五代十国的分裂局面，也是藩镇割据的延续。藩镇割据的问题对于唐代、五代乃至北宋的历史走向都曾产生重大影响。

❷ 最典型的是唐朝末年位于河朔地区的三个藩镇势力，即卢龙（或称幽州，今北京及长城附近一带）、成德（卢龙以南和山西接壤的地区）、魏博（后改称天雄，渤海湾至黄河以北）。安史之乱后，唐代宗将安史降将李怀仙为幽州节度使，田承嗣据魏博、张忠志（后改名李宝臣）据成德，保留其原有政治、军事势力，形成尾大不掉之势。其后，河朔三镇逐渐成了地方割据势力，中央政府难以控制，是"藩镇之患"的肇始。

藩镇尾大不掉，这些平叛藩镇的战争反而使得唐朝的经济受到更大的破坏，藩镇割据势力反而更加巩固。

唐朝晚期政局的另一个特点是宦官专权。唐朝的宦官擅权开始于唐玄宗时的高力士，但高力士尚未掌握军权。宦官掌握军权则从唐肃宗时的李辅国开始。安史之乱后，朝廷为了能抗衡藩镇的武装势力，新建了一支禁军——神策军[1]，神策军就由宦官掌军权。在藩镇与唐朝中央朝廷矛盾日益尖锐的形势下，还出现了监军使。德宗时期，宦官出任监军使成为了一种定制。监军使作为皇帝的特

[1] 神策军是唐朝中后期长安的一支主要禁军。神策军最初是唐玄宗天宝十三年，陇右节度使哥舒翰在临洮西的磨坏川创立，以防御吐蕃。安史之乱时，该军入援中央，由于临洮故地已被吐蕃占领，该军留驻长安附近的陕州，由宦官鱼朝恩统领。公元763年吐蕃攻入长安，唐代宗逃往陕州，鱼朝恩以神策军及陕州诸军迎驾，统称这些部队为神策军。代宗后来由神策军护驾回京，此后神策军便成为禁军之一，实力逐渐壮大，成为长安地区最主要的军事力量。同时，由于神策军掌握在宦官手中，也成为宦官掌权甚至废立皇帝的主要工具。

派员到藩镇监诸镇之兵，监督地方军事，上传下达，回旋于中央朝廷与地方军队之间，在一定程度上起到了调节中央与地方矛盾的杠杆作用。但是监军使往往利用职务之便揽权专横，干预地方军政事务，权力甚至超过节度使；监军使又和中央禁军中尉相勾通，因而牢牢地把握地方军权。

另外，唐朝的大宦官还娶有妻氏。这种情况的出现，一方面是由于唐后期宦官权重，在作威作福之余，他们也希望和正常人一样能娶妻纳妾，以平衡生理缺陷所带来的心理失衡；另一方面，唐后期宦官在宫廷斗争中居主动地位，常常实行两手政策，对不听命的朝官和对手实行无情打击，对一部分立场不坚定的朝官和其他势力则实行收买策略。婚娶制度就是宦官收买拉拢朝官以提高自己在朝廷中的权势的一种手段，婚娶制度使宦官势力更加强大，宦官之妻族也因裙带关系而官至显位。唐朝晚期的大宦官中还盛行养子之风，例如杨复恭的养子竟然达到了六百人以上。宦官收养的养子多为外臣武将，这使得宦官扩大了势力，提高了自己在宫中的政治地位，控制了地方军事。

唐朝后期从肃宗到昭宗共13个皇帝，其中11位皇帝就由宦官所立。肃宗和代宗都受李辅国的拥戴而立，宪宗由俱文珍所立，穆宗由梁守谦、王守澄立，敬宗由众宦官拥立，文宗也是梁守谦、王守澄、杨承和拥立，武宗为仇士良、鱼弘志立，宣宗为众宦官所拥立，懿宗为王宗实所立，僖宗为刘行深、韩文约所立，昭宗为杨复恭、刘季述所立。由此可见，唐代晚期宦官集团几乎垄断了皇位继承权，他们操生杀予夺之大权，玩弄皇帝于股掌之中。为了争夺朝廷的大权，宦官中又分成不同的党派，互相攻杀，废立皇帝如同儿戏。

在唐朝晚期，朝廷的官僚集团之间也产生了矛盾，开始了长达四十年之久的党争。元和三年（公元808年）牛僧孺、李宗闵等在制举对策时批评时政，得罪了宰相李吉甫，久久不得授官，考官杨于陵也被贬出。长庆元年（公元821年），李宗闵子婿苏巢进士及第，翰林学士、李吉甫之子李德裕深怨李宗闵讥切其父，与翰林同僚元稹、李绅附和段文昌，举发考官取士不公，考官钱徽和李宗闵都因事涉请托而被贬官。这样就揭开了党争的序幕，以牛僧孺、李宗闵为首的牛党和以李德裕为首的李党都与宦官有勾结。

> ❶ 元和年间，唐代国家政治一度回到正轨，被视为唐代的中兴，即所谓"元和中兴"（元和为宪宗年号）。唐宪宗继位后，对割据的藩镇开展了一系列战争，先后平定了西川、镇海、成德、淄青、淮西等节度使的叛乱，使得全国所有的藩镇至少名义上全部服从唐朝中央的权威，短暂结束了藩镇割据的局面。但元和十五年正月，宦官内常侍陈弘志和王守澄合谋毒死宪宗。宪宗死后不久，河北三镇复叛。

在如此动荡的政局下，帝王的尊严已经不复存在，宦官、藩镇、党争之乱不断，且这三者还经常互相勾结，使得局势更加混乱不堪。在如此情景下，唐朝后期的几个皇帝所过的生活也可想而知。在唐代最后34年里，唐僖宗、唐昭宗、唐哀帝三位皇帝相继登场。其中僖宗和昭宗是一母所生的兄弟。僖宗在位15年间，实际在京城长安度过的时间充其量只有7年多，他为了避难不得不两度逃离长安。当一个皇帝不能安定地在京城生活的时候，帝国的政权大厦也离倾覆不远了。

唐昭宗无力回天

僖宗膝下无子，在太监杨复恭拥戴下，僖宗同母弟寿王李晔柩前即位，是为唐昭宗，时年22岁。昭宗在位16年，在军阀的胁迫下不得不迁都洛阳，长安城从此成为梦中遥想的故都。昭宗的结局也很悲哀，他本人不仅被跋扈的军将杀死在寝宫，且死后也只能孤零零地埋葬在河南偃师。昭宗是第一个葬在关中以

"朋党之争"

唐朝后期，统治集团内部出现不同派别的争权斗争，史称"朋党之争"。朝廷大臣分化组合，形成以牛僧孺、李宗闵为首的"牛党"和以李德裕为首的"李党"，两派相互倾轧四十余年。直至宣宗时牛僧孺病死，牛李党争才宣告结束。

外地区的唐朝皇帝。比起遇事吓得哭泣的僖宗来说，唐昭宗算是一个胸有大志的皇帝。可惜生不逢时，大厦将倒，他也回天无力。昭宗听政以后，颇有重整河山、号令天下、恢复祖宗基业的雄心壮志。史书上说："帝（昭宗）攻书好文，尤重儒术❶，神气雄俊，有会昌（唐武宗）之遗风。以先朝威武不振、国命浸微，而尊礼大臣、祥延道术，意在恢张旧业，号令天下。即位之始，中外称之。"

❶ 唐宋时期的文学革新运动，其内容主要是复兴儒学，其形式就是反对骈文，提倡古文。所谓"古文"，是相对于骈文而言。自南北朝以来，文坛上盛行骈文，流于对偶、声律、典故、词藻等形式，华而不实，引起了很多士人的反感，改革文体的呼声自隋唐初年以来一直不断了过。唐玄宗天宝年间至中唐前期，萧颖士、李华、元结、独孤及、梁肃、柳冕等先后提出宗经明道的主张，并用散体作文，成为古文运动的先驱。韩愈、柳宗元则进一步提出了一套完整的古文理论，并写出了相当数量的优秀古文作品，当时有一批学生或追随者热烈响应，终于在文坛上形成了颇有声势的古文运动，把散文的写作推向了一个新的阶段。

唐昭宗的王者气质首先表现在他对待宦官的态度上。他虽为宦官杨复恭推立，但却不像一般软弱的天子那样乐于依附他们。昭宗内心十分厌恶宦官，特别是杨复恭，他蓄养了许多壮士作为假子，每次入朝时均"肩舆上殿"，简直同太上皇一样的排场。有一次，唐昭宗就他蓄养干儿子一事加以质问，杨复恭大言不惭地说："我收养义子是为了捍卫朝廷，没有什么别的意思。""既然是为了国家，为什么不让这些义子姓李反而姓杨？"昭宗一句反问，把他噎住了。在处理掉杨复恭的做法上，唐昭宗也充分体现了作为一个帝王的睿智。他采用的是"父子离间计"。杨复恭义子杨守立拥有胡人血统，本名胡弘立，手中掌统了一部分内廷禁军。为了拉拢这股禁军势力，唐昭宗把他收为自己的义子，并赐名李顺节，大加利用。李顺节得宠后，与从前的干爹争权，把杨复恭私下干的坏事都报告给昭宗。有了禁军"总司令"的支持，唐昭宗逼迫杨复恭退休。杨复恭怒极，派人杀掉皇帝前来宣敕的使人。唐昭宗亲自登上皇宫的安喜楼，命李顺节等人率兵进攻位于昭化里的杨复恭大宅邸。李顺节率领大批禁兵前来叫战，杨复恭望见对方势众，率领数位干儿子马上逃出长安，奔往兴元，并且联合在外任职的干儿子们以讨李顺节为名举兵拒朝廷。逐走了前干爹，李顺节更加骄横，出入常带着兵，唐昭宗又暗地里设计铲除他。某天，两位掌兵的公公以议事为名，召李顺节入宫，三人寒暄坐定，刚刚端酒要喝，埋伏在堂内的一名将领突然上前，一剑就把李顺节脑袋砍落在地。

一计除二患，稳住了宫内宦官势力，唐昭宗的英明可见一斑，放在盛世，完全可以扛鼎天下。但是唐昭宗很不幸，他接手的是一个已经气息奄奄的王朝，并且他手下还严重匮乏能臣干将。一心想干点大事的唐昭宗，为了重立皇威，决定拿藩镇开刀，结果麻烦事接踵而来。事情似乎并不像他设想的那样简单。多年来，各地强藩势力早已成尾大不掉之势，与朝廷百官、内廷宦官的关系盘根错节，往往牵一发而动全身。此时的唐朝经过黄巢之乱，早已分崩离析，名存实亡。当时黄河流域有三大枭雄趁机崛起，各据一方，鼎足而立。一是河东节度使李克用，二是凤翔节度使李茂贞，其三是汴宋节度使朱温（朱全忠）。年轻气盛的昭宗想要毕其功于一役，不仅难以成功，而且还引发了更大的政治危机。

昭宗头回倒霉是征讨李克用和李茂贞，皆失败而还，不仅没壮皇威，还露出自己的巨大缺陷。朝内宰相张浚为了给自己立威，又听说李克用到处对人讲："张公（张浚）好虚谈而无实用，他日必乱天下"，愠怒之下，添油加醋，撺掇唐昭宗出兵。张浚密谏："陛下如此英明睿智，竟内外受制于强臣，臣窃以此痛心！"唐昭宗听得爽心，立即下诏命张浚为总司令，孙揆为副，统领京城禁兵前去征讨李克用。张浚只善权术，自是指望不上，希望落在孙揆身上，可这孙揆却也非放心之徒。李克用义子李存孝率三百精兵埋伏于道，很快把孙揆一行人杀个精光，生擒了孙揆。李克用劝孙揆给自己干，孙揆倒有几分气节："我乃天子大臣，怎能给一个节度使当属官。"李克用大怒，派兵士拿来大锯锯杀孙揆。两个大兵锯了好久，手忙脚乱，血流一地，也锯不死这位孙大人。孙揆怒，大骂："死狗奴，锯人要用木板夹上来锯，连这点技术也不懂，死笨的杀才！"军士忙把孙大人以木板夹捆，大锯一拉，果然生效。孙揆至死，骂声不绝。气节归气节，唐军一出师就丧掉"副总司令"，败局可想而知。

对于攻打藩镇李茂贞，唐昭宗则显得意气用事。李茂贞曾经上表昭宗："陛下贵为万乘，不能庇元舅之一身（指王环被杀）；尊极九州，不能戮复恭一竖。"如此露骨的藐视与揭丑令唐昭宗

李克用

李克用（公元856—908年），本姓朱邪氏，唐末将领，生前称晋王，死后被追尊为"后唐太祖"。其人性格勇猛急躁，早年曾随父出兵镇压庞勋起义，常冲锋陷阵，军中称之为"飞虎子"。在镇压黄巢起义时立功被授予河东节度使，晚年李克用长期割据河东，与占据汴州的朱温对峙。天祐四年朱温代唐称帝，国号梁，改元开平。李克用仍用唐"天祐"年号，以复兴唐朝为名与梁争雄。908年，李克用病死。图中拿箭者为李克用。

盛怒，马上命宰相杜让能将兵出讨李茂贞。杜让能是书生，泣谓皇帝说："臣不敢避命不从。但此时情势与宪宗时代大异，臣恐日后徒受晁错之诛，也不能免七国之祸！"唐昭宗根本不审时度势，仍命杜让能安排调动军队。杜让能一战即溃，李茂贞大军乘捷直驱长安，要求诏杀宰相杜让能。杜让能马上入宫，说："臣早知道有今日之事，请陛下牺牲我一人以救社稷。"唐昭宗下泣，不忍心斩杜让能，只是下诏贬其为梧州刺史，收斩西门君遂等三个太监来应付李茂贞。李茂贞仍勒兵不退，一定要杀杜让能才还镇。迫不得已，唐昭宗下诏赐死杜让能兄弟两人。

昭宗征讨夏挫后，锐气消失殆尽，终日饮酒麻痹自己，脾气也变得喜怒无常，这引起了宦官的恐惧。有一天，昭宗在禁苑中打猎，大醉而归，当天夜间手杀宦官、侍女数人。左右神策军中尉刘季述、王仲先借机要挟宰相召百官署状同意"废昏立明"，随即带兵突入宫中。昭宗交出传国宝玺，被囚禁东宫，刘季述迎皇太子监国，假传昭宗之命自称太上皇，并令皇太子登皇帝位。天下分崩离析正是乱世枭雄逞能之时，他们都想把昭宗控制在自己手中，以便挟天子以令诸侯。当时三大枭雄之一的朱温当然不愿意昭宗这块肥肉落入他人之手，于是他支持宰相崔胤，发兵打败了刘季述。

天复元年（公元901年）正月，昭宗"反正"。朱温随后与凤翔的李茂贞围绕争夺昭宗展开了激战。朱温大军围困凤翔一年多，凤翔孤立无援，城中百姓多饿死，昭宗也不得不在行宫自磨粮食以求生存。最终，凤翔城破，昭宗成为朱温的战利品。天复三年（公元903年），昭宗在朱温的押解下还京。他赐朱温"回天再造竭忠守正功臣"，并亲解玉带相赐。

据《五代史阙文》，朱温迎昭宗于凤翔时，昭宗曾有过一次杀之以除后患的行动，不过失败了。当时昭宗假装鞋带脱落，对朱温说："全忠（朱温归唐时赐名）为吾系鞋。"朱温不得已，跪下系结，汗流浃背。当时昭宗身边还有卫兵，昭宗的意思是让左右擒朱温而杀之，但左右竟没有敢动手的。

昭宗返回长安以后，朱温很快发兵将朝中宦官全部杀死，同时下令将在各地藩镇担任监军的宦官一律杀死。多年来宦官专权的局面因宦官肉体上被消灭而结束了，但是唐朝政治腐败黑暗的局面并没能得到扭转。朱温为了更有利地控制昭宗，于天祐元年（公元904年）正月，提出要昭宗迁都洛阳。这么做是为了杜绝唐朝故旧对长安的念想。朱温还下令让长安居民按户籍迁居，宫室和民居全部被毁，房屋被拆后的木材扔在渭河当中，顺河而下，月余不息。数百年古都经过这一场浩劫，元气大伤。整个长安城哭声一片，关中百姓在道路之上大骂崔胤是"国贼"，斥责他引来朱温倾覆社稷，连累众生。

此后唐昭宗的一举一动,都处于朱温心腹蒋玄晖的严密监视之下。当时,李茂贞、王建、刘仁恭、杨行密等朱温的敌对势力往来信使频繁,都在谈政变的事。朱温又怕唐昭宗在洛阳生变,便干脆下令蒋玄晖等人见机干掉唐昭宗。

唐天祐元年八月十一日壬寅夜,左龙武统军朱友恭、右龙武统军氏叔琮、枢密使蒋玄晖率百人来到内宫,声称有紧急军务要面奏昭宗。守门官裴贞不知是诈,刚打开宫门,就被一拥而进的士兵杀死。蒋玄晖每门留兵十人把守,一直冲到皇帝寝宫所在椒殿院。贞一夫人打开院门,对蒋玄晖说:"急奏不应该带兵来呀!"话音未落,早被兵士一刀砍死。蒋玄晖带人急冲到殿下,大声问:"至尊何在?"昭仪李渐荣在门外道:"院使(指蒋玄晖)莫伤官家,宁杀我辈。"昭宗此刻半醉半醒,听到动静不妙,马上从床上爬起来,单衣赤脚地逃出寝宫。兵士早已持剑进入椒殿。昭宗绕着殿内的柱子逃命,被兵士追上一剑杀死,年仅38岁。昭仪李渐荣想以身保护皇上,也一起被杀。当时,何皇后痛哭流涕,跪倒在蒋玄晖脚下,苦苦哀求他饶恕其性命,并表示愿以身侍奉。看着脚下哀哀哭泣的绝色美人,蒋玄晖淫念大动,于是刀下留情,免何皇后以不死。自此以后,两人的命运便交接在了一起。李柷当皇帝后,奉何皇后为皇太后,并为她建造了太后宫,取名积善宫,故称何氏为积善皇太后。

哀帝即位　朱温擅权

傀儡李柷扶上位

唐昭宗遇害的第二天，早朝时蒋玄晖假传圣旨，立昭宗第九子辉王李祚为皇太子，并改名李柷。朱温让蒋玄晖矫宣遗诏：

我国家化隋为唐，奄有天下，三百年之盛业，十八叶之耿光。朕自缵丕图，垂将二纪，虽恭勤无怠，属运数多艰。致寰宇之未宁，睹兵戈之屡起，赖勋贤协力，宗社再安。岂意宫闱之间，祸乱忽作，昭仪李渐荣、河东夫人裴贞一潜怀逆节，辄肆狂谋，伤痍既深，已及危革。万机不可以久旷，四海不可以乏君，神鼎所归，须有缵继。辉王祚幼彰岐嶷，长实端良，哀然不群，予所钟爱，必能克奉丕训，以安兆人。宜立为皇太子，仍改名柷，监军国事，于戏！孝爱可以成九庙，恭俭可以安万邦，无乐逸游，志康寰宇。百辟卿士，佑兹冲人，载扬我高祖、太宗之休烈。

诏书宣读完毕，李柷便被立为皇太子。皇位继承人虽然已经指定，但人们心中仍感到无所依托，恐惧和忧伤笼罩着皇宫内外，悲伤的人们慑于朱温的淫威，甚至都不敢放声痛哭，只能暗自垂泣。就在遗诏宣布的当天下午，朱温又以李柷的母亲，即何皇后的名义，令皇太子在昭宗灵柩前即位。李柷这个年仅13岁的少年，就这样在痛失生父后，被仇人扶上了皇位，是为哀帝。唐哀帝即位后，尊母亲何皇后为皇太后。哀帝当国，一切政事都由朱温决策，他只不过是一个傀儡皇帝。哀帝即位以后甚至都没有改元，一直在使用"天祐"年号。不幸的是，天不佑唐，大唐帝国近三百年的基业注定要在他手里倒塌了。

主政的朱温是相当残暴的一个人，这也许是

朱温

朱温（公元852—912年），唐朝宋州砀山（今安徽砀山）人，最初曾参加黄巢起义，后降唐，被僖宗赐名全忠。唐朝末代皇帝哀帝于904年继位，在位期间大权由朱温独掌，907年朱温篡位，建立后梁。

他从小追杀野兽的习惯所致。他残虐成性,杀人如草芥。不过其妻张氏却被称为"五代第一贤后",聪敏贤惠,在世时以柔克刚,对朱温时加婉言规劝,起到了一定的牵制作用。朱温动不动就处死将士,用兵法令严峻,每次出战,有一个分队主帅若出战而不回来的,其余士兵一体处斩,称作"跋队斩",因此战无不胜。据《五代史补》载,他的手下士兵不耐酷法,多窜匿州郡,朱温疲于追捕,下令全军纹面,士兵纹面自此开了先河。朱温暴怒杀戮过后,张氏加以救护,许多无辜的人因此得以保全。可惜张氏红颜薄命,临终遗言:"君人中英杰,妾无他虑,惟'戒杀远色'四字,请君留意。"但朱温性格使然,根本做不到。

朱温一手策划了杀害昭宗的全过程,为了掩人耳目,将水搅浑,蒋玄晖待军兵退出宫后,便到处宣扬:"夜里昭宗与昭仪李渐荣玩赌博游戏,昭仪将皇帝灌醉乘机将他害死。"企图将弑帝罪名推到宫人身上,以掩盖他们的罪行。但参加这次行动的有百余人,要守住这个秘密又谈何容易。参加弑帝的一些龙武军官兵被李渐荣、裴贞一对昭宗的忠心及他们遇事不慌、英勇无畏的行为所感动,而更加憎恨朱温的为人,他们拿着朱温的赏钱,到酒楼里去宣泄心中怨恨,并将他们所见到的一切添枝加叶,广为传播。一时洛阳城内沸沸扬扬,都说昭宗并非死于宫人之手,而是被朱友恭等杀害,这无疑是说昭宗之死乃朱温所为。消息传到朱温耳中,他对秘密泄露得如此之快而感到惊讶,愤恨朱友恭等办事不力、对部下控制不严。朱温毕竟老奸巨猾,他觉得事到如今,丢车保帅还不算晚,便扑倒在地放声痛哭,大骂朱友恭、氏叔琮说:"你们真是太辜负我了,竟敢背着我干出如此大逆不道之事,让我背负千载骂名。"然后,他立刻从河中赶到东都洛阳,伏在昭宗的梓宫上恸哭流涕。朱温此行的目的就是要推脱罪责,在做了这番精彩表演之后,他又跑到皇宫参见小皇帝李柷,声称昭宗之死与他无关,并假惺惺地请求查找真正凶手。朱温虽说是个天才演员,但这一切只能是欲盖弥彰,并不能减少朝廷上下对他的怨恨。

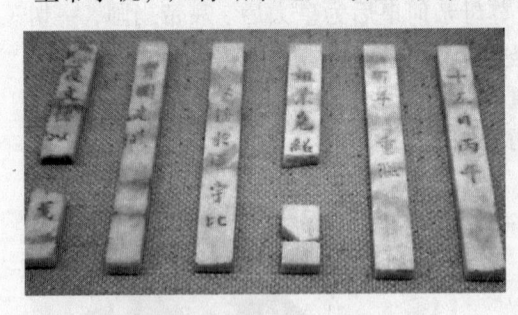

为了缓解人们的怨恨情绪,朱温无奈只得忍痛除掉朱友恭和氏叔琮。朱友恭,本姓李,名彦威。自幼追随朱温左

哀帝继位玉册　唐代

古代帝王用玉册来祭祀告天和作皇帝继位册文,亦用于册命太子及后妃。唐哀帝于公元904年继位,图中这件玉册是唐哀帝继位时的册文。

右，因天性聪颖、善察人意而深得朱温喜爱，并收为养子，在战争中屡立战功，成为朱温的心腹大将。氏叔琮果敢稳重，胆略过人，文武兼备。他曾做过地方官，在任期间养士爱民，才干出众；率兵打仗智勇双全，在晋汴冲突中屡建奇功，就连桀骜不驯的李克用也惧怕他，朱温曾对人炫耀说："杀蕃贼，破太原，非氏老不可。"现在朱温为了保全自己，便不顾惜他俩了。朱温决计要杀他们，可是又不想以弑帝之罪，恰巧此时有人告发护驾军士在市上抢米，这给朱温找到了借口。朱温立刻向小皇帝递上奏章，说朱友恭、氏叔琮治军无方，不能安辑士卒，以至于出现侵扰市肆的现象，请求贬朱友恭为崖州司户，复其姓名为李彦威，贬氏叔琮为白州司户。小皇帝哪敢不从，当即下诏说："彦威等主典禁军，妄为扇动，既有彰于物论，兼亦系于军情。谪掾遐方，安能塞责？宜配充本州长流百姓，仍令所在赐自尽。"随后朱温又令河南尹张廷范将李彦威、氏叔琮逮捕。李彦威死到临头才知道自己成了朱温的替罪羊，临刑前他高声叫骂："卖我以塞天下之谤，如鬼神何！行事如此，望有后乎！"此时方才醒悟已为时太晚了。

遍杀宗室朝臣

朱温虽然一直在谋划篡夺唐朝政权，但他非常明白此时的他称帝时机尚未成熟。他清醒地认识到阻碍自己登上皇位的主要有两股势力，一是朝中忠于皇帝的文臣武将及宗室诸王，一是地方上的藩镇。因此，他双管齐下，一方面在朝中清除异己，另一方面对与其为敌的藩镇诉诸武力。

天祐二年（公元905年）二月初九日，朱温再次向亲信蒋玄晖面授机宜，对宗室诸王大开杀戒。蒋玄晖立即在九曲池设宴，邀请唐哀帝的几个兄弟德王李裕、棣王李羽、虔王李楔、琼王李祥、沂王李湮、遂王李纬、景王李秘、祁王李祺、雅王李禛等赴会。九位亲王不知是计，到后便开怀痛饮，个个酩酊大醉，宴会当中忽然进来一群兵士，手持粗绳利刃，将他们抓住，全部活活勒死，尸体投入九曲池中。身为皇族，在乱世中一样无奈。14岁的唐哀帝得知兄弟们被朱温派人杀死后，也不敢放声痛哭，只能在深夜里暗暗抽泣。

朱温处死昭宗九子后，又把毒手伸向朝中大臣。朱温要杀朝臣，除了由于他们忠于皇帝，不为己用，是他篡位的绊脚石外，还有一个重要原因，就是朱温出身行伍，本来就是一个无赖，曾经投靠黄巢参加农民起义。朱温是个见风使舵的人，后来又投降了唐朝，这才成为拥有众兵广土的地方大藩节度使，但自中唐以来，社会时尚重文轻武，文士从来不把武将放在眼中，朱温对此耿耿于怀，因而对文人也恨之入骨。据传有一年夏天，天气特别炎热，朱温和其幕僚及游客在柳树下乘凉闲谈，几个游客正在高谈阔论，朱温觉得无聊，忽然站立起来，指着那棵柳树说："这种树木适合作车毂。"人们闻听此言都感到很惊讶，面面相觑，不知朱温为何说出这种不着边际的话，都默不作声。这时有几个游客为了讨好朱温，也跟着站起来，随声附和道："是适合于作车毂。"朱温勃然大怒，厉声斥责说："书生辈好顺口玩人，皆此类也！车毂须用夹榆，柳木岂可为之？"又对左右随从大声叫道："你们还等什么！"其随从便将刚才随声附和的几个游客杀掉了。他对文人的情感由此可略见一斑。四月五日，朱温让哀帝以皇帝的名义发布赦文，以扭转重文轻武的社会风气。

朱温通过皇帝的诏令发泄一下对文臣的不满，想以此使文臣们尊礼自己。然而事与愿违，没过多久就发生了一件令其更为不快的事情。和王的师傅张廷范出身艺人，精通音律，后来趋炎附势投靠了朱温，为其歌舞演奏，深得宠爱，他想到朝中担任太常卿，便请求朱温推荐。朱温觉得这件事情易如反掌，根本不用自己亲自出面，便让其僚属带张廷范入朝，没想到宰相裴枢却说："张廷范是有功之臣，得宠于方镇，何必藉乐卿之职以示荣耀？让他当太常卿恐怕不是朱元帅的意思吧？"朱温的幕僚费尽口舌，可裴枢就是不答应，张廷范等只好悻悻而归。朱温见宰相连自己的面子都不给，大为不满，对其手下人说："吾常以裴十四器识真纯，不入浮薄之党；观此议论，本态露矣。"

唐朝的气数也确实尽了，在国家破败的危难之际，朝廷的大臣们也不自爱，仍在不知廉耻地争权夺势。朱温决心要除掉这些顽固的朝廷大臣，朝中的党争为他帮了大忙。当时朝中共有四位宰相，除裴枢外，还有崔远、独狐损和柳璨。柳璨少年丧父，家境贫寒，但勤奋好学，僻居山林，白天到林中砍柴，夜里则点燃树叶借光读书。功夫不负苦心人，光化年间，一举中第，考取进士，对汉史尤为精通，因知识渊博，被时人称

文会图　唐代

　　历史上各朝代对文武官员的重视态度不一，唐代就曾有多次更变。到唐末哀帝时，朱温掌权，因其本身出身于武将，遂对文官有潜在的抵制情绪，历史上曾记载有他设宴故意捉弄文官的事件。

为"柳箧子"。昭宗爱才如命，常常痛惜李溪之死，很想再找一个像他那样有文才的人。有人将柳璨推荐给昭宗，昭宗立即召见，试以诗赋，见他出口成章，心中欢喜，很快便任命他为翰林❶学士。崔胤死后，昭宗想让柳璨出任宰相，便召见学士，皇帝问："我觉得柳璨是个奇才，可以委以重任。如果让他参与政事，授予什么官合适？"承旨张文蔚说："您选贤任能，当然不必等级限制，任什么官您完全可以决定。但若按惯例，不宜于一下就提到高位。"昭宗便将其提升为谏议大夫同平章事❷，升迁之快，前所未有。宰相裴枢、独狐损、崔远都是成名多年的方正之士，出身寒微的柳璨一下与其平起平坐，这使他们心中感到不快，言谈中时时流露出对柳璨的鄙夷之情，柳璨对此也怀恨在心。

昭宗迁移洛阳后，诸司内使及宿卫将佐都是朱温的心腹，柳璨便和他们厚相交结，以便和裴枢等对抗。柳璨见朱温对裴枢已露杀机，便又乘机说了崔远、独狐损许多坏话，天祐二年三月，裴枢等三人被同时罢相。五月七日，天空中有彗星出现，占卜者说："君臣都有大难临头，应该杀一批人以消灾。"朱温的心腹蒋玄晖、张廷范秉承主子之意正想杀一些不驯从的衣冠之士，便找柳璨商议，柳璨很快就写出平时和他关系不睦者三十多人，

❶ 即翰林院，官署名，从唐朝开始设立。最初仅仅是供职具有艺能人士的机构，地位不高，例如著名诗人李白便曾供奉翰林院。但是由于其亲近皇帝的地位，在唐代中后期逐步演变为专门起草机密诏制的重要机构，成为皇帝重要的决策咨询机构。院里任职的人称为翰林学士，翰林学士有"内相"之称。翰林分为两种，一种是翰林供奉，一种是翰林学士；翰林学士担当起草诏书的职责，翰林供奉则未必。

❷ 同平章事，全称"同中书门下平章事"，实际上就是宰相。唐朝初年，唐太宗以中书省、门下省、尚书省三省总理政务，共议国政。中书令、侍中、尚书令分别为三省长官，并为宰相。以其它官员参与政务的，加同中书门下三品名义（中书令、侍中、尚书令为三品官）。资历不及三品者加同中书门下平章事，都是事实上的宰相。"同平章事"属于差遣性质，本身并无品秩，任此职者必另兼职事官衔。

指着他们的名字说："此曹皆聚徒横议，怨望腹非，宜以塞灾异。"朱温虽然生性残暴，然而对一下就诛杀这么多大臣，他一时还决心难下，李振则趁机对他说："朝廷所以不理，良由衣冠浮薄之徒紊乱纲纪；且王欲图大事，此曹皆朝廷之难制者也，不若尽去之。"朱温觉得此话很有道理。十五日，贬独狐损为棣州刺史、裴枢为登州刺史、崔远为莱州刺史。十七日，贬吏部尚书陆扆为濮州司户、工部尚书王溥为淄州司户。二十二日，贬太子太保致仕赵崇为曹州司户，兵部侍郎王赞为淮州司户。除此之外，无论高门望族，还是科举进士，只要位居台阁，而不亲近汴帅者，都被说成是浮薄之士，大加贬逐，朝廷缙绅名士为之一空。二十三日，再贬裴枢为泷州司户，独狐损为琼州司户，崔远为白州司户。六月一日，蒋玄晖又以皇帝的名义下诏，令裴枢、独狐损、崔远、陆扆、王溥、

赵崇、王赞等就地自尽。就在诏令下发之时，朱温已将裴枢等被贬朝官三十多人都集中到滑州（今河南滑县境）白马县的白马驿，在夜里将其全部杀害。李振号称饱读诗书，但他对文人的痛恨绝不亚于朱温。原来李振年轻时曾勤奋苦读，希望通过科举飞黄腾达，但咸通年间他多次应试，却屡不中第，因而恨透了主考官及考中的进士。一夜之中杀了三十多名缙绅，李振仍感到心中恶气未尽，又对朱温说："此辈自调清流，宜投于黄河，永为浊流。"朱温听后仰天大笑，觉得很有意思。这些昔日以清高自命的文人，死后却被抛到了泥沙翻腾的黄河中。

处死三十多位大臣后，朱温并未善罢甘休，六月二日，又将已退休还乡的裴贽贬为青州司户，李煦贬为莱州司户，罪名是他们在为官期间未能恪尽职守，有负皇恩。朱温还大搞株连，一些有名望的县令也在劫难逃，卫尉少卿敬诏因是裴贽的外甥而被贬为徐州尉县尉。十一日，又将密县县令裴练贬为登州牟平尉、长水县令崔仁略贬为淄州高苑尉、福昌主簿陆珣贬为沂州新泰尉、泥水县令独狐韬贬为范县尉。这些人都是受裴枢、崔远、陆扆等株连所致。

打击藩镇势力

经过这次大清洗，朝臣为之一空，再也没有人与朱温为敌了。朱温又将视线转移到了藩镇。他选中的第一个打击目标是荆襄节度使赵匡凝。赵匡凝字尧仪，其父曾是秦宗权的部将，后见秦宗权必败，投靠朱温，被授予忠义军节度使，死后由赵匡凝接任。昭宗时赵匡凝被委任为山南东道节度使，因此对唐室感恩不尽，《新唐书》记载说"时诸道不上供，唯匡凝岁贡赋天子"。昭宗自凤翔返京后，因畏惧朱温和李茂贞，曾一度想迁都荆襄，投奔赵匡凝。赵匡凝对朱温的专横也深为不满，以匡复唐室为己任，因此东与杨行密相交结，西又同王建结成儿女亲家，对朱温构成一定威胁。天祐二年八月九日，朱温遣大将杨师厚率兵南征，自己统领大军随

进士荣归

唐代重视科举，许多文职官员都是通过科举考试被录用的。唐代进士及第称为"进士第"或"前进士"，最为荣耀的被视为"登龙门"，誉为"白衣公卿"或"一品白衫"。

后进发。战况顺利，杨师厚相继攻下唐、邓、复、郢、随、均、房七州，二十一日，又以皇帝的名义下诏，削夺赵匡凝在身官爵。九月五日，汴军抵达汉水，杨师厚指挥官兵在阴谷口（在襄州西六十里处）伐竹木造浮桥，七日，浮桥铺好，大军过汉水直向襄州（今湖北襄阳）扑来。赵匡凝急忙率二万军兵出城，在汉水边布阵迎击汴兵，杨师厚接战，大破赵匡凝军，乘胜追击，兵临襄阳城下。赵匡凝见大势已去，当晚放火烧掉府城，携带家族及部下精兵顺汉水入长江，东奔杨行密。赵匡凝之弟荆南节度赵匡明得知其兄已败，寡不敌众，孤掌难鸣，便率部下二万人弃城投奔成都王建。朱温至此又据有荆襄之地。赵匡凝到了广陵（今江苏扬州市），杨行密和他开玩笑说："君在荆襄时每年以金帛贡朱温，今日兵败才归附我吗？"赵匡凝正容回答道："诸侯奉事天子，每年进贡钱物乃是职分，怎么说是给了朱贼，我今日归附您，正因为不愿觍颜事贼呀！"杨行密被他的言语深深感动，从此对他倍加礼遇。

朱温攻下荆襄后，原打算班师回大梁，忽然心血来潮，命军队乘胜攻淮南。敬翔知淮南不可攻，劝道："如今出师未过一月，就平定了荆、襄两大重镇，辟疆土数千里，远近无不震慑，倘淮南久战无功，失此威望则太可惜了，不如先班师养兵，待时而动。"向来对敬翔言听计从的朱温，这次却固执己见。十月六日，大军从襄阳出发，第二天到达离襄阳一百三十多里的枣阳县。天空忽降大雨，大军又冒雨行进三百多里，自申州抵达光州，道路狭窄险恶，积水成泽，人马疲乏，士兵尚未换冬装，饥寒难耐，多有逃亡者。朱温遣使给杨行密部将、光州刺史柴再用下通牒："投降，我升你为蔡州刺史；不降，如若攻破必屠此城。"柴再用令部下严设守备，自己戎装登城见朱温，毕恭毕敬地行个礼，然后说："光州城小兵弱，不敢烦大王雄兵，如果大王先攻下寿州，则唯命是从。"朱温见柴再用如此谦和，光州虽小守备却很森严，遂不攻而去，径趋寿州，犯了兵家大忌。寿州距光州三百五十里，汴军中途迷路又多走百里，等到了寿州，淮南兵早已得到了消息，作好了迎战准备，坚壁清野，城外不要说人，连根小树都找不到。朱温见寿州城无法攻下，十一月，只好下令班师。柴再用率兵包抄，汴军损伤三千多人，损失辎重逾万。事已至此，朱温才后悔当初没有听从敬翔的劝告，回到大梁后心情焦躁不安。他本想乘占领荆襄之势，一举击溃杨行密，壮大自己声威，然后再登帝位，可没想到竟会惨败而归。朱温此时想当皇帝的心情比以往更为迫切，回到大梁后就急忙做登基前的准备工作。

唐哀帝是一个十足的傀儡皇帝，他在位期间其实没有下达过任何实际的政令。那些以他的名义下达的制敕，其实都是按照朱温的意思办理，《旧唐书·哀帝纪》所谓"时政出贼臣，哀帝不能制"。他名义上的上朝，也会以各种冠冕堂皇的借口停罢。哀帝能够做的，就是顺乎朱温的意思，把朱温的政治地位和威望一步步提升和加固。天祐二年（公元905年）十月，敕成德军改为武顺军，下辖的藁城县改为藁平，信都为尧都，栾城为栾氏，阜城为汉阜，临城为房子，这竟然都是为了避朱温祖父朱信、父亲朱诚的名讳。朱温父、祖的名字要避讳，说明他已开始超越了臣下的身份，朱温的身份是自两汉以来权臣篡位的重现，其地位距离九五之尊已经只有一步之遥了。

李唐皇室仅一人

对哀帝有利的事情只有这么两件，估计是出于他的本意或者是亲信的主张，但是都没有成功。一是天祐二年（公元905年）九月，以宫内出旨的名义加封他的乳母为昭仪和郡夫人，其中乳母杨氏赐号昭仪，乳母王氏封郡夫人，另外一个也姓王的乳母在昭宗时已封郡夫人，也打算准杨氏例改封为昭仪。此举被宰相提出异议，他们认为："乳母自古无封夫人赐内职的先例。后来因循此例，实在是有乖典制。当年汉顺帝封乳母宋氏为山阳君，封安帝乳母王氏为野王君时，朝廷上就议论纷纷。臣等商量，当今局势下礼宜求旧，望赐杨氏为安圣君，王氏为福圣君，第二王氏为康圣君。"哀帝也只好依从。二是天祐二年十一月，哀帝准备在十九日亲祠圜丘（祭天）的事。当时各衙门都已经做好了举行礼仪的各项准备，宰相也已下南郊坛熟悉有关仪式。可朱温听到后很不高兴，认为举行郊祀之礼是有意延长大唐国祚。有关主持的官员很恐惧，就借口改期使此事不了了之。

对这样一个傀儡皇帝，朱温自然是不放在心上的，等他清除了唐朝宗室诸王以及忠于皇室的文武大臣和反对他的地方藩镇势力后，他下一步的任务就是如何将哀帝的皇帝名分"合情合理"地转移到

帝王图　敦煌壁画

历史上的帝王形象大多是一统天下，掌握全国大权，具有至上的威严与气势。而作为傀儡的皇帝，如唐哀帝却不是如此，帝王的显耀地位与特殊权力早被朱温所控制，可谓可怜又可悲。图是敦煌壁画里的帝王与臣子图，这样一统天下的气势才是真正的皇帝所应具有的。

自己的身上了。采用什么方式让哀帝把帝位传给自己而又名正言顺呢？朱温首先想到的就是禅让。禅让是军事民主制时代部落联盟首领更替的制度。相传尧知舜贤，传位于舜；舜知禹贤，传位于禹。实际上禅让就是将帝位传给贤者。西汉末年，事事法古的王莽在篡汉时，为了既得到政权又不失体面，就使了个借尸还魂之计，将禅让旧事搬了出来，先封大国，后加九锡，同时还享有剑履登朝的殊礼，然后名正言顺地取而代之。从此"禅让"为历代篡权者所沿用，例如后来曹魏代汉、晋代曹魏无不如此。

朱温出兵淮南失利，回到大梁后心情烦躁，听说哀帝将按惯例进行郊祀，百官们正忙着练习祀天的礼仪，而没有商讨为他加九锡的事情，气便不打一处来，令裴迪回京阻止郊祀。裴迪自大梁回来后转达了朱温的意思，而且还告诉蒋玄晖他临行前朱温曾说："柳璨、蒋玄晖等人欲延唐祚，才进行郊祀。"柳璨听后极为惶恐，决定将郊祀日期推到第二年。祀天本不能延续唐祚，这朱温也知道，他之所以阻止，原因有二：其一，朱温早就视哀帝为傀儡，再也不能容忍他行一点天子礼节；其二，他认为柳璨等以祀天拖延为自己加九锡，竟然公开与自己对抗。

柳璨与蒋玄晖见朱温动怒，再也不敢拖延，上朝后就提议给朱温加九锡，朝臣大多对此心存愤恨，却又不敢公然违背，都默不做声，这时礼部尚书苏循从朝列中走出，奴颜婢膝地说："梁王功业显大，历数有归，朝廷宜速揖让。"天祐二年十一月十七日，加封朱温为相国，统管国事，并以朱温所辖的宣武、宣义、天平、护国、天雄、武顺、佑国、河阳、义武、昭义、保义、戎昭、武定、泰宁、平卢、忠武、匡国、镇国、武宁、忠义、荆南等二十一道为魏国，进封其为魏王，仍加九锡，特许"入朝不趋，剑履上殿，赞拜不名"。王位、殊礼、九锡一日之内都加到朱温身上，不能说不快，但他仍余怒未消，拒绝接受。哀帝对此忧心忡忡，十二月十日，他将柳璨、张文蔚、杨涉三位宰相召进宫，商讨对策，柳璨进奏说："人望归元帅，陛下揖让释负，今其时也。"哀帝也叹息说："运祚去唐久矣，幸为元帅所延。今日天下，非予之天下，神器大宝，归于有德，又何疑焉。他人传予意不尽，卿自往大梁，备言此怀。"当即赐给柳璨一些茶叶和药材，令其立刻动身前往大梁向朱温谢罪，但朱温仍不予理睬。

柳璨早知禅让势不可免，原想拖延一时，现在看来也不可能了，唯一的希望就是禅让后能保全哀帝的性命。如今他所能做的就是拉拢蒋玄晖、张廷范，谋求他们的帮助，因此和他俩日夜聚会宴饮，深相结纳。向来被朝臣认为足智多谋的何太后，此时也六神无主，为日后其母子性命担忧。因为在杀害昭宗的时候，何太后曾苦苦哀求蒋玄晖而得以幸免于难，此后两人更是频频约会，此刻当然也想到了他。何太后便派心腹宫女阿虔、阿秋传话给蒋玄晖，希望他能在传禅之后，像从前一样庇护她们母子二人性命，可她哪里知道此时的蒋玄晖也是自身难保。王殷、赵殷衡为了尽早挤掉蒋玄晖，又向朱温诬告蒋玄晖和柳璨、张廷范在积善宫对太后焚香发誓，期望复兴唐祚。因为蒋玄晖与何太后的亲密关系，朱温当然深信此言，对蒋、张的背叛非常愤恨，立刻令河南府逮捕蒋玄晖及其亲信丰德库使应顼、御厨使朱建武。天祐三年（公元906年）十二月，将蒋玄晖在洛阳城门外处斩，并当众烧毁尸骨，杖杀应顼、朱建武。接着任命王殷代替蒋玄晖为枢密使，赵殷衡管宣徽院。朱温既杀蒋玄晖，而封魏王、加九锡又都是蒋玄晖等人提议的，便听从敬翔的劝告，连上三表辞魏王、九锡的诏命，王殷等秉承朱温之意，下诏许可，仍任命为天下兵元帅，然而与此同时，朱温已开始让工匠将其在大梁的府舍改成宫殿。

处死蒋玄晖后，王殷、赵殷衡又诬谄柳璨与何太后相勾结，图谋不轨，宫女阿虔、阿秋替他们互通信息。十二月二十五日，朱温密令王殷、赵殷衡将何太后杀害于积善宫，并强迫哀帝把死了的何太后追废为庶人，宫女阿虔、阿秋被拉到殿前用大棒活活打死。二十九日，将宰相柳璨贬为登州刺史，太常卿张廷范贬为莱州司户。次日，将张廷范在洛阳市场车裂，车裂是一种将犯人的头和四肢分别拴在五辆车上，以马驾车，同时分驰，将人肢体撕裂的酷刑，又称五马分尸。柳璨被押至上东门外斩首，临刑前他突然有所反省，觉得有负哀帝的信任和重用，为自己无力回天而深感痛惜，仰天大呼："负国贼柳璨，死得其所。"柳璨遗承了朋党的恶习，借朱温的威势，除掉了许多不合己意的大朝官，直到死到临头，才终于明白自己丧尽天良该杀。

宗室既除，朝臣也被清洗了个干净，整个朝廷全部控制在了朱温手里。何皇后也被杀死，整个李唐皇室，仅剩下孤零零的哀帝一人。16岁的唐哀帝孤身一人，周围全是朱温派来监视他的人，可以想见当时的哀帝心中是如何恐惧和愁苦。

前盛后衰　风流散尽

天祐三年（公元906年）正月，魏博节度使罗绍威以牙军难制，向朱温求助。当初田承嗣镇魏博（今河北大名县东北）时，在魏博六州挑选招募了骁勇善战的五千人作亲兵，号称牙军，赏赐优厚，倚为心腹。以后牙军子继父任，亲朋党羽勾结日密，时间长了愈发骄横，稍不如意，则族灭旧帅，重立新帅。史宪诚、何进滔、韩允中、乐彦祯、罗弘信都是牙军杀旧帅所拥立，罗绍威嗣父位为节度使后，很憎恨牙军的骄横不法。然而，魏博牙军是一支很有战斗力的武装势力，强悍居魏博诸军之首，时谚曰："长安天子，魏博牙军。"足见牙军之强悍。罗绍威鉴于前事，虽然内心里时时惧怕牙军作乱逐帅，但表面上又要对牙军优容礼遇。万般无奈，便派杨利言密约朱温，欲借外兵铲除牙军。当时朱温正兵困凤翔，无暇顾及，但他却答应借兵。天祐二年（公元905年），牙军小校李公佺作乱，火烧府衙，杀掠一番后投奔沧州。这使罗绍威愈发心惊，决意要剪除牙军这一心腹大患，便派人再次向朱温求助。朱温当然不会放过这一机会，派李思安率十万大军进驻乐寿，声言要进攻沧州，理由是沧州收留了李公佺。事也凑巧，偏在这时朱温的女儿，也就是罗绍威之子罗廷规的妻子病死，朱温派客将马嗣勋率勇士千人，诈称助葬，都化装成挑夫模样，将盔甲兵器藏在口袋中进入魏博，朱温随后率大军开来，说是赶往乐寿行营，这些异常的行动，并没有引起魏博牙军的怀疑。

天祐三年正月十六日，罗绍威派人偷偷潜入兵器库，割断弓弦及盔甲上的扣襻。当天夜里，罗绍威亲率家奴幕客数百人会合马嗣勋袭击牙军，牙军慌忙到兵器库取铠甲武器，但无一能用，只好束手待毙。牙军八千余家不分男女老幼，阖营被戮，曲城血流成河，街市为之一空。天亮之后，朱温率军入城。牙军被诛，魏博诸军皆心存畏惧，罗绍威虽数次加以抚谕，而部下猜疑日甚。天雄牙将史仁遇聚众保高唐，李重霸屯宗城，分据贝、澶、卫等六州，魏博诸县多起兵响应反叛。朱温令汴魏联军攻高唐，行营中的魏博兵与史仁遇相呼应，趁机叛乱，汴将符道昭首先击杀叛乱的魏博兵，然后对高唐发起进攻，破城之日，城内军民不分长幼悉遭屠杀，史仁遇被肢解。李重霸弃城逃走，不久也被汴军追杀斩首。叛乱虽平，但魏博实力大减，自此衰弱下来，成为汴梁附属。朱温事后又在魏博逗留半年,一切费用由罗绍威支付,魏博所杀牛、羊、猪近七十万头,贿赂赠送又近百余万钱,待朱温离去,魏博多年积蓄一空。罗绍威追悔不已,曾对人说:"合六州四十三县铁,不能为此错也。"错,即错刀,是古代的一种钱币,罗绍威以此比喻自己犯下的大错误。

朱温见河朔三镇皆已臣服,河北地区独幽州、沧州未下,欲举大兵讨伐,来巩固诸镇归附之心。九月一日,朱温率军自白马渡过黄河,七日,大军抵达沧州,驻扎在长芦镇;沧州守将刘守文闭门不战。魏博节度使罗绍威因自己地处战争前沿,惧怕朱温重施借虞伐虢之计攻占魏博,以报答朱温助除内患为名,尽心竭力馈运军需,自魏博至长芦,五百里道路上运输队伍络绎不绝,又在魏州建元帅府,汴军所过驿亭、酒馔、帷幕、什器无一不备,上下共动用数十万人为汴军服务。刘仁恭得知沧州被围,自幽州率兵增援,但屡为汴军所败。为了扩充军队,他竟下令境内:"男子十五岁以上,七十岁以下,都必须自备武器粮食到行营报到,军队调发后,若有一人留在村里,杀无赦。"有人劝刘仁恭说:"如果老幼都被征去作战,而妇女又不能运输粮饷,这个法令一经执行,那么就有很多人犯法。"刘仁恭便命能拿动兵器的人都要出征,为防止这些人逃亡,又在他们脸上刺上"定霸都"三字,对读书人稍加优待,不在他们脸上刻字,以免有损斯文,但仍在文人的腕上或臂上纹字"一心事主"。幽、沧境内士民,除幼童外皆被纹字。唐末军阀为争地夺城,扩大地盘,视民命如草芥,刘仁恭的黥面可谓残暴无道。唐末诗人杜荀鹤有诗云:"因供寨木无桑柘,为点乡兵绝子孙。"

刘仁恭扫地为兵,才得十余万人,此时汴军已将沧州城围得水泄不通,幽州兵见汴军强盛,驻守在瓦桥,不敢出战。沧州久被围困,城中食尽,人们或是吃土或是相互残食。朱温派人对刘守文说:"援兵已救不了你们。何不快快投降!"刘守文登上城楼回答说:"我和幽州是父子关系。梁王正以大义服天下,如果子叛父而来,怎么能受到重用!"

刘仁恭见沧州危在旦夕,而自己又无能为力,便厚着脸皮向河东求救。李克用恨其反复无常,不想出兵,其子李存勖劝道:"今天下之势,归朱温者什七八,虽强大如魏博、镇、定莫不附之。自河以北,能为温患者独我与幽、沧耳,今幽、沧为温所困,我不与之拼力拒之,非我之利也。夫为天下者不顾小怨,且彼尝困我而我救其急,以德怀之,乃一举而名实附也。此乃吾复振之时,不可失也。"李克用听后恍然大悟,召集诸将宣布出兵救刘仁恭,指出这样既可以解沧州之围,又能够开拓疆土。他派大将周德威、李嗣源汇合幽州兵攻打潞州,昭义节度使丁会举城投降。正在指挥攻打沧州的朱温听说潞州失守,大惊失色,因为潞州乃天下重镇,倘李克用自此南下太行,直抵怀、孟,可一举攻占洛阳。如果那样,即将到手的皇位就要化为泡影。因此朱温急令烧营撤兵,时后方运到的粮草堆积如山,烟雾弥漫四五里。

一战失利,使朱温威望大减,他唯恐内外离心,想尽快受禅收附人心。天祐四年(公元907年)正月初十,朱温自长芦回大梁途经魏博,身体不适,留在魏博节度使府养病,罗绍威怕朱温趁机吞并魏博,便对朱温说:"邠、歧、太原终有狂谲之志,各以兴复唐室为词,王宜自取神器,以绝人望,天与不取,古人所非。"劝其早登帝位,并许诺罄六州军赋以助大礼。朱温虽然表面上一口回拒,但心中却很得意,想早一天回到大梁,身体尚未痊愈,便从魏博起身,二十五日回到大梁。

唐哀帝听说朱温回府,二十七日就派御史大夫薛贻矩前去慰劳。薛贻矩要求用臣子拜见皇帝的礼仪见朱温,朱温让他平身,可薛贻矩却说:"殿下功德泽被天下,天命所归,皇帝想仿效舜、禹让位给您,我怎么敢再行同僚礼节。"说完就拜伏在朱温脚下,朱温急忙回避,声称不敢承受。薛贻矩回到洛阳,告诉哀帝说:"元帅(朱温)有受禅的意思了。"朱温又胡编了一套鬼话说,云符瑞累现,朱府中祥云盖顶,祖庙又生五色芝,神祇牌位有五色衣。如是种种,显然是唐祚移朱之征兆也。哀帝也不想再提心吊胆地当这个傀儡皇帝了,而且也怕朱温下毒手于他,于是恐惧万分的哀帝立即下诏,表示在二月将帝位让给朱温。

天祐四年二月,唐大臣秉承朱温旨意,共同奏请哀帝逊位。哀帝下诏令宰相率百官到元帅府劝进,朱温又假意推辞。三月十三日,哀帝令薛贻矩再次出使大梁,表达逊位之意,湖南、岭南等一些地方藩镇也相继上表劝进。二十七日,唐哀帝禅位于梁,以摄中书令张文蔚为册礼使,摄侍中杨涉为押传国宝使,御史大夫薛贻矩为押金宝使,率百官备法驾诣大梁。

朱温在汴梁(今河南开封)早已为自己建好宫殿,四月,为其宫殿命名,正殿叫崇元殿,东殿称玄德殿,内殿称金祥殿,万岁堂改为万岁殿。四月五日,朱温端坐金祥殿,受百官朝贺,自称寡人,令官书文告皆去唐年号,只写日月。十八日举行正式禅位仪式,张文蔚、杨涉等使臣自上源驿手捧册文、传国宝,诸司各备仪卫为前导,文武百官随后而行,来到金祥殿前宣读唐帝退位诏

后唐庄宗

李存勖,唐代晋王李克用之子,公元923年建立后唐,史称"后唐庄宗"。

书,百官匍匐在地舞蹈称贺,朱温身被衮冕,即皇帝位。仪式完毕,朱温在玄德殿设宴款待张文蔚等。聚宴开始后,他手举酒杯,对众人说:"朕辅政未久,此皆诸公推戴之力。"张文蔚等大唐遗臣面对此情此景,都感到无地自容,低头不语。只有苏循、薛贻矩及刑部尚书张祎盛赞朱温功德无量,称即位乃顺天应人之举。第二天,朱温便命有司祭告天地、宗庙、社稷。二十一日,又遣使宣谕诸州、镇。二十二日,大赦,改元为开平,国号大梁,史称后梁,以汴州为开封府,命名为东都,以洛阳为西都,持续290年在中华民族历史上光芒四射的大唐王朝从此宣告灭亡。

唐哀帝先被降为济阴王,迁于开封以北的曹州(今山东菏泽),安置在朱温亲信氏叔琮的宅第。由于太原李克用、凤翔李茂贞、西川王建等仍然奉天祐正朔,不承认他的梁朝,朱温担心各地军阀的拥立会使废帝成为身边的定时炸弹,于是就一不做,二不休,于天祐五年(开平二年,908年)二月二十一日将年仅17岁的哀帝鸩杀。朱温为其加谥曰"哀皇帝",仅以亲王礼的规格葬于济阴县定陶乡(今山东定陶县),不仅远离了故都长安的列祖列宗,而且与他的父亲昭宗也永违地下,再无相见之期。哀帝是唐朝21帝中最为短寿的皇帝,比之敬宗的18岁还差一年。

到了五代后唐建国时,曾经准备以礼改葬哀帝,后因故未果。后唐明宗李嗣源在位期间,为哀帝整修了陵园,号为"温陵",还重新给哀帝加了"昭宣光烈孝皇帝"谥号。李嗣源是五代十国时期少数的几个有为之君之一,他在位期间革除弊政,重用贤臣,使后唐朝政为之一新,他有感于唐末代皇帝李柷的凄凉下场,亲自为他加庙号为唐景宗。这其中当然是褒大于贬,唐景宗总比唐哀帝要好听。他本人也觉得,盛极一时的泱泱大唐帝国,其皇帝却被称做唐哀帝,确实不妥。然而,当时的宰相研究后认为,哀帝是以"少帝"而丧,实际也是亡国之君,不合称"宗",只保留了"昭宣光烈孝皇帝"的谥号。也有精通礼仪者认为,"昭宣"的谥号也不恰当。所以,景宗一事,

死刑图

在历史上的政权斗争中无不充满着腥风血雨。哀帝在位时,朱温为巩固自己的统治、保全自己,不惜杀害曾帮助过自己的大臣。图为唐代执行死刑时的写照。罪犯跪在地上拉着捆绑犯人的绳索,另一个在前拉着犯人的头发,刽子手在中间举起长刀。

历史上就很少有人提起。而在正史当中,《旧唐书》只按照"哀皇帝"的本谥称为"哀帝",《新唐书》则同时称之为"昭宣光烈孝皇帝"。

然而,所有的努力不能改变的事实是:哀帝作为亡国之君永远无法起死回生,大唐帝国一去不复返了。只有哀帝那孤寂的坟茔,似乎还在诉说着那个曾经繁荣昌盛的帝国的毁灭,竟是那样的轻而易举,又是这样的叫人无奈。帝国的坍塌并非一朝一夕。唐初,君臣同心,以隋亡为鉴,励精图治,广开言路,整个帝国充满了生机。然而这种良好的风气并没有维持多久。唐太宗李世民统治后期就开始骄傲自满,把当初的纳谏之风抛弃殆尽。此后的唐代君主更是堵塞言路,只是一心满足自己的贪欲,腐败也由此滋生。唐玄宗前期曾经创造过"开元盛世",但开元以后,统治阶级就更加腐朽,吏治败坏、贪污盛行、世风日下,导致了安史之乱的爆发。平定安史之乱以后,社会问题非但没有解决,反而激增,出现了藩镇割据、朋党之争、宦官专权三个大问题,而且这三个问题越来越严重,大唐帝国就这样一点点地被腐蚀掉了。

北宋灭南唐作战路线示意图

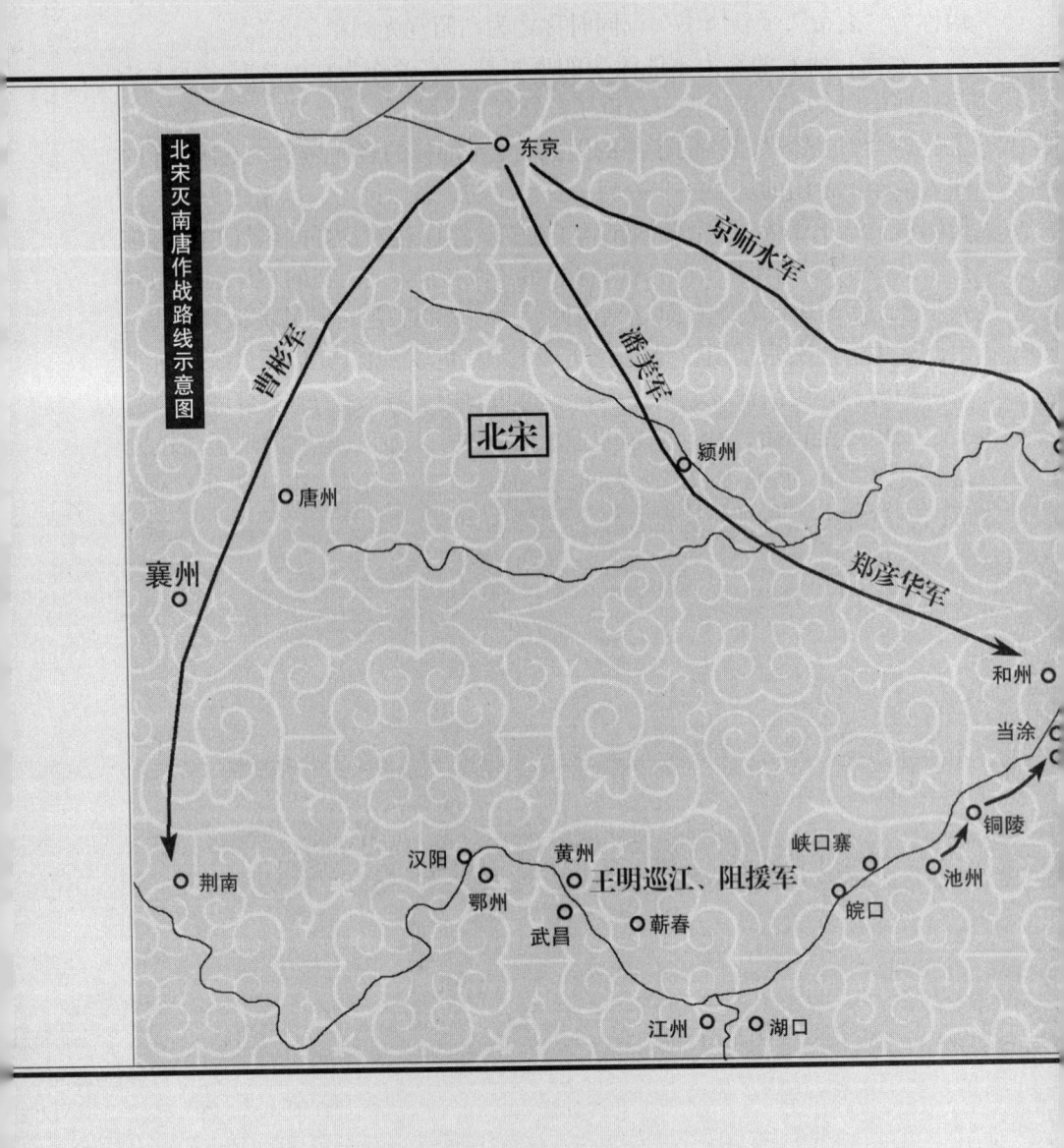

南唐后主·李煜

公元937—978年

「一壶酒，一竿身，世上如侬有几人？」据说，这份感慨是南唐后主题在一卷画上的，名曰《渔父》。那也许是南唐后主李煜最大的向往。可惜，当历史提起李煜的名字，总是冠以这样一个词眼：「亡国之君」。千年之后，亘古的长风撕裂了岁月的伤口，滚滚的浊浪淘尽了流血的霸业，沉浮一江春水，不堪回首的故国心事，是几行词句不能承受之重，让我们从头细读那一段并不算太复杂的南唐历史，重新细想后主李煜那春愁秋恨的短短一生。

政权更迭　后主登场

甲之砒霜，乙之熊掌——李氏一族里面，一门心思想做皇帝的人，其实不多。

李煜的祖父李昪（公元888—943年）自然是想的，他做到了，并且做得很漂亮，"南唐"的国号就是在他手里建立的。李昪原是吴国丞相徐温的养子，那时候，他的名字还是徐知诰。因为好贤下士，他在吴国境内很有人望；又因为谦和知礼，养父对他信任有加，于是作为心腹，他参与了多场权力游戏，把其中的关节都搞了个清清楚楚。这样的历练，使得徐知诰在徐温死后的篡权运动中，不疾不徐，占尽上风：吴天祚三年（公元937年），徐知诰先是成功地继承了养父的爵位权柄，成为吴国权臣；接着又软硬兼施地让皇帝杨溥封自己做"齐王"；再接着，他把自己的女儿嫁给吴国太子杨琏，顺理成章地步入吴国官场的上层。最终在天祚三年（公元937年）十月，这些老谋深算的行为有了最后的落脚点：杨溥的皇位被徐知诰取而代之。这一年，徐知诰拥有了自己的天下，建立了齐国，改元"升元"。其实，夺取吴国的天下，从来就是徐温的梦想，可是这个梦想由自己的养子而不是亲生骨肉来完成，多少有点像一个玩笑；而更讽刺的是，虽然徐温的儿子们在父亲还在世的时候，对徐知诰戒心百倍、很有敌意，当天下格局已定之后，却是不计前嫌地纷纷上书，请求徐知诰恢复本姓。这正中徐知诰的心意，于是，他恢复了"李昪"的本名，把和徐家的关系彻底割断——作为皇帝，他需要更为显赫的身世。从此，他自称是唐宪宗之子建王李恪的四世孙，建起了唐高祖唐太宗神庙，并改国号为唐，史称"南唐"。

李昪是雄主，可惜他的儿子们对做皇帝都不算太积极。李景通是长子，由他来继承皇位是名正言顺的，但传说李昪并不喜欢他，他看好的是自己的第二个儿子李景迁。不幸的是，李景迁死得早，于是李昪又打算传位给第四个儿子李景达。问题是，李景达对做皇帝这回事也不太有兴趣，再三推诿，太子的名位也就只能暂时依然由李景通占着了。在史家的笔下，看不出李景通对父皇的偏心有什么不满，反正他生性温和，喜欢的是填词作曲，王国维在《人间词话》中赞为"堂庑特大，开北宋一代风气"的冯延巳就是凭着一手好词获得恩宠的；李景通的词作流传世间的极少，可是这少数的几阙小词俱是精品,"菡萏香销翠叶残,西风愁起绿波间,还与容光共憔悴,不堪看。 细雨梦回鸡塞远,小楼吹彻玉笙寒,多少泪珠何限恨,倚阑干",不太有王者的气象,却着实风流蕴藉得教人心醉。升元七年(公元943年),李昪服丹药中毒突然死去,史称"美容止,器宇高迈,性宽仁,有文学"的李景通当时还是太子,继任当南唐皇帝是他的职责,那一年,景达改名璟,南唐改元保大。即位之初,他就在父亲的梓棺前发誓,要遵守"兄终弟及"的遗诏,等自己千秋万载后就传位给三弟景遂。他也确实准备这么做的:中兴五年(公元947年)他立景遂为太弟,以作储君。这倒不是装腔作势。为了避免不必要的麻烦,他把自己的大儿子弘冀封为藩王,让他离开京城去镇守边境;又给了皇弟们扎扎实实的兵权——封景遂为齐王、诸道兵马元帅、太尉、中书令,景达为燕王、副元帅,并且,在后周大军兵临城下之时,他还曾想过将皇位禅让给皇太弟景遂。出人意料的是,皇太弟景遂和景达接连上书推辞,都不愿为储;李景遂更是一连向李璟交了十封辞职信:"今国危不能扶,请出就藩镇。燕王弘冀嫡长有军功,宜为嗣,谨奉上太弟宝册。"坚决要将储君之位让给李弘冀。李景达与李景遂的心思完全一致,也不愿意沾手皇位,上表以败军之将自述罪状,要求与李景遂同进共退,辞去元帅之职;更陈词请求让侄子李弘冀来担当起本就该属于他的责任和名位。在他们的眼里,李弘冀虽然年轻,却屡有战功,曾领兵大败吴越国军队,在军中的声望日隆。况且,弘冀又是长子。上一代人寄望于他来挽回国运,可谓合情合理。于是,在国难临头的时候,南唐的皇位更迭也大体上棋着落定:史称刚毅果断、善于权谋的燕王李弘冀当上了皇太子,参与决断政务。

当时的南唐,国主那一辈都不够心狠手辣——看他们在继承皇位上的彬彬有礼就知道了。新任太子很是看不惯朝纲不振的局面,为了推行大刀阔斧的改革,也为了巩固自己新进太子的地位,他开始行动了,第一步,就是让朝廷中那些他不喜欢、也不喜欢他的年老官员统统罢官。大规模洗牌的结果自然是树敌甚多,这批失意的人就在心慈心软的皇帝

李昪哀册

李昪(公元888—943年),五代时南唐建立者,字正伦,徐州人。天祚三年(公元937年),李昪即帝位于金陵(今江苏南京),建元昇元,国号大齐。昇元三年,复姓李,自称唐后,并改国号为唐,史称南唐,李昪即南唐烈祖。图为李昪陵寝中青田玉所制哀册,册文中叙述了李昪生平事迹和埋葬情况。

周围投诉太子弘冀的刻薄寡恩。有的说他睚眦必报,连叔父以前在东宫时曾役使过的侍者都不肯放过,有的说他刻忌多疑,甚至派了很多亲信去监视弟弟们的行动。这样的行为自然很让他的父亲李璟不安——以李璟的为人,自然最不愿意看见皇室中腥风血雨。在盛怒之下,他用球杆狠狠地责打了太子一顿,还说要废了他,仍立景遂为皇太弟。如果说"睚眦必报"或者"刻忌多疑",都是出于对皇位的紧张,那么,龙颜大怒更是加剧了太子的紧张——惊惧之下的太子,竟然派人去洪州下毒鸩杀了自己的叔叔。宫廷血案是中国政治中的常态,可惜李氏那一族毕竟都不够残忍,太子自认犯下滔天大罪,良心的不安使他重疾缠身,临死之前,更对六弟李从嘉吐露了毒杀皇叔景遂的真相。

李弘冀死后,李璟把李从嘉封为吴王,迁入太子东宫居住。按照排行,李从嘉只不过是他的第六个儿子,怎么都轮不到当太子;然而李唐皇家和很多的皇族一样,虽然生得不少,夭折率却也极高,待到李从嘉长大成人时,他已经成了事实上的次子了。在大臣们的眼里,此时的南唐国事已经诸多隐患,所需要的君主绝不是不过问任何政事、醉心诗文书画的公子哥儿。出于对国家的忠诚,翰林学士钟谟向李璟进言,说李从嘉年少轻浪,"德轻志懦,又酷信释氏,非人主才",万万不能把国家交给他来统管,他还进一步建议说,应该册立果敢凝重的纪国公李从善为储君。这番进言激起了皇帝的警惕,骨肉相残的宫廷惨剧还历历在目,这会儿又来了些大臣要旧事重提,这还了得。于是,他找了个借口把钟谟贬为国子司业,流放到饶州,又立即封李从嘉为吴王、尚书令、知政事,令其住在东宫——李璟之所以如此,是为了昭告天下:继承人的问题是不容置喙的,立嫡立长的制度是不容挑战的。在很大程度上,这一做法倒也对朝政的稳定起了关键作用——至少,围绕着皇位的争权夺利被很好地杜绝了。

被立为南唐太子的时候,李从嘉二十三岁。没过多久,害怕后周再起战事的皇帝在境土大削的恐惧中,决计迁都洪州(今江西南昌)。宋建隆二年(公元961年)二月,李璟将儿子留在金陵监国,自己带着文武百官溯长江向南昌进发,兴建长春殿,修鸣銮路。然群臣日夜思归,李璟也"郁郁不乐",对新环境严重水土不服,几个月之后就发病不起,于六月晏驾。同年七月二十九日,二十五岁的李从嘉在金陵继位,改名李煜,史称南唐后主。

乱世富国　苟且偷安

　　从杨行密到李昪，南唐所拥有的疆土之辽阔在五代十国中堪称第一（包括今江西全部，江苏、安徽大部，福建小部），难得的是，南唐部辖的地区也是最为富足的。从六朝开始，江淮渐渐成为富庶之地，到唐王朝的时候，更成为中央政府最重要的财源，曾力撑唐王朝达百年之久。晚唐之后，这块土地也难免上演皇权更迭的闹剧，难得的是，几任掌权者都实行"与民休息"的政策。李昪管理吴国政事后，首先免除百姓的欠税，接着又改革了税制，"先是，吴有丁口钱，又计亩输钱，钱重物轻，民甚苦之。齐丘说知诰，以为'钱非谷桑所得，今使民输钱，是教民弃本逐末也。请蠲丁口钱；自余税悉输谷帛，绸绢匹直千钱者当税三千。'"（《资治通鉴》）当然朝中一片反对之声，那可是国家顺理成章、应该收得的财源啊，如此一来，县官每年减少的财政税收以亿万计。但李昪还是坚持另一种理念，"安有民富而国贫者邪？"李昪称帝后又进一步改革税制，《南唐近事》记载："金陵建国之初，军储未实，关市之利敛率尤繁，农商苦之而莫达于上。时属近甸亢旱日久，祈祷无应。上他日举觞苑中，宣示宰臣曰：'近京三十五里，皆报雨足，独京城不雨，何耶？得非狱市之间冤枉未伸乎？'诸臣未及对，申渐高历阶而进曰：'雨惧抽税，不敢入京。'上因是悟之，翌日下诏停一切额外税。信宿之间，膏泽告足。"说的是南唐建国之后赋税太重、民间颇有怨言，李昪顺应人心减赋停税的一段经历。故事颇具传奇色彩，却也反映出南唐先主"自登位之后，遣官大定检校，民田高下肥硗，皆获允当"（《江南野史》）的实情。南唐奉行"保土安民"的政策，与民休息，不谋求军事扩张，减免赋税，均定田租，发展生产，奖励农民垦种，栽桑养蚕，发展经济作物和工商业，这样的理念贯彻执行数年之后，"江、淮间旷土尽辟，桑柘满野，国以富强。"（《资治通鉴》）在兵荒马乱的五代乱世中，江淮独能年年丰收，兵富粮足。

　　欧阳修说李昪"志在守吴旧地而已，无复经营之略也"。这或许是实情——自有宇宙以来，偏据而动可以成大功的故事是从来没有过的，李昪也许有一统天下的梦想，可是时势并不允许他一展宏图，他能尽力而为的，也就是使得这片国土在几十年之间，父不哭子、兄不丧弟，没有征兵买马的不必要开支，四封之内安恬舒嬉罢了。他确实做到了——到南唐先主去世那年，史载南唐外府的积聚已经达到"兵器、缗、帛七百余万"(史虚白《钓矶立谈》)。

局势的变化是从李璟即位开始的。李璟称帝没多久，就开始致力于开疆拓土，把老父对自己的嘱咐置之脑后——李昪晚年多次告诫自己的接班人、长子李璟："吾既弃代，汝善和邻好，以安宗祀为意。不宜袭隋炀帝之迹，恃食阻兵，以自取亡覆也。"一开始，南唐的用兵似乎非常顺利，没多久的功夫，国家的疆域就由二十八州增为三十五州。可是，这位新君王的表现使得其他国家对南唐的敌意越来越浓，曾经的睦邻成为了枕畔的威胁，在李昪时期与南唐交好的一些国家开始改变对南唐的外交政策。与此同时，北方的后周则开始越来越强盛，周世宗柴荣把南唐看做问鼎天下的主要对手之一，后周显德五年(公元958年)，周世宗柴荣统率大军攻取南唐江北各州后，又数度亲征，屡屡击败南唐水师。此前好大喜功的李璟自觉实力悬殊，只好卑躬屈膝地派刘承遇上表，拱手让出南唐江北淮南十四州的大片土地，又答应每年输土贡数十万，本人更是一贬到底，自去帝号改称国主，向后周俯首称臣。年号不敢用了，改用后周的显德年号，就连名字也不敢用了，为了避后周庙讳，他把自己的名字改为"景"。

这样的挫败之后，李璟"定中原，复旧都"之雄心壮志自此一变而为守着半壁江山的苟且偷安。据说，临死之前，他把韩熙载等一班人召到床前，对李煜说："你年纪尚轻，宋主雄才大略，宜恭顺臣事，不可自招灭亡。"——背后是对自己冒失之举的深深悔恨。李璟驾崩之后，李煜继位，"居丧哀毁，杖而后起"(陆游《南唐书·后主本纪》)，面对北宋赵氏咄咄逼人的态势，作为孝子，他只能继续奉行"保土安民"的国策，立刻派出使节冯延鲁赶往北宋，向赵匡胤呈上大笔贡品，换取大宋皇朝对自己继承父位的认可；事实上，眼看雄才大略的赵匡胤，先后讨平南平、后蜀、南汉，他越来越清楚自己的国家的实力，远远不够与宋王朝较劲，强敌环伺之下，他承接的这片朗朗乾坤远非表面看来的那般风平浪静，而他，原本就不具备纵横捭阖的雄才、运筹帷幄的大略，能勉力而为的，除了多仁政、薄税敛，除了"无殃兆民，生聚完，文教兴"(王夫之《读通鉴论》)，保持些许"彼都人士之余风"(王夫之《读通鉴论》)之外，更无其他。

偏安一隅　拱手他人

李煜的故事其实很难讲得动听。这倒不是因为他经历复杂——事实上，他从北宋建隆三年（公元962年）即位，一直到开宝七年（公元974年）白衣出降，南唐国内基本处于风平浪静的状况，没有大规模的军事修葺，没有大面积的远交近攻，甚至南唐政坛上亦没有值得一记的纷争变故，整整15年间，南唐君臣值得史笔记载的挽救国运的努力是那么少——满足于偏安一隅，最后把社稷拱手相让，在中国历史上，李煜绝对不见得是英雄，却赢得了后世士大夫广泛的同情。纵然史册写满对他的轻视和不屑，文人依然同情他的苍凉和无奈；是耶非耶？不妨让我们从头说起。

双璧联辉夸美眷

李煜，字重光，初名从嘉。他出生的那一年，是南唐升元元年（公元937年）的七夕。他是李璟的第六个儿子，生得广额、丰颊、骈齿，有一只眼睛是重瞳，相貌很是英奇——按照相面人的说法，很有富贵相。生于深宫之内、长于妇人之手的李煜，一直到18岁那一年，才有了生平第一件值得一书的事情——他结婚了，娶的是南唐老臣周宗的长女娥皇，史称大周后。周宗早在李昇还不是皇帝的时候，就跟随在这位未来南唐烈祖的左右了，是不折不扣的元勋功臣，周娥皇嫁给李煜的时候19岁，这桩婚事是南唐元宗李璟亲自定下的。据记载，李璟听讨姐弹奏的琵琶后大为赞赏，还特地将自己使用的"烧槽琵琶"赐

皇宫仪仗队的官员

古时封建统治者，多好大喜功，讲究排场，一年内要举行数次规模浩大的祭祀或巡游活动。皇宫仪仗队数千人和马匹均盛装出游，满足了帝王显摆之心，却是极大地加重了百姓的负担。

给她。这桩婚事可谓门当户对、郎才女貌。

周娥皇是绝代佳人,史书极郑重地称她"有国色"。这位绝代佳人还深谙养颜润姿之道,绝不辜负了自己得天独厚的姿色,独创"高髻纤裳"、"首翘鬓朵"等妆容,尽显绝世美色与曼妙身姿。尤为难得的是,这位佳人更是才女,写得一手好字,爱用诸葛笔,"通书史,善音律,尤工琵琶","采戏弈棋靡不妙绝"(陆游《南唐书·昭惠后传》),所有闲情雅致的玩艺门道无所不精。从嘉本来就是对生活情趣极为讲究的人,且看其宫中摆设:"尝于宫中以销金红罗幕其壁,以白银钉、玳瑁押之,又以绿钿刷隔眼,糊以红罗,种梅花于其外。"(《五国故事》)每到春天的时候,更是梁栋窗壁柱栱阶砌,并作隔筒密插杂花,亲自题榜曰锦洞天。这样一位被公认为"才识清赡,书画兼精,远过常流,高出意外"(郭若虚《图画见闻志》)的皇帝,和年少美貌又才华清艳的皇后自然情投意合。"晓妆初了明肌雪,春殿嫔娥鱼贯列。凤箫声断水云闲,冲按霓裳歌彻遍。临风谁更飘香屑?醉拍栏杆情未切。归时休放烛花红,待踏马蹄清夜月。"旖旎绮丽,尽显两人的恩爱之情。而娥皇的过人才华,则在重现霓裳羽衣曲的故事中,得到了最好的证明。据说,有一回娥皇在澄心堂的藏书中查阅音律类书籍,无意间在书架上寻到几册《霓裳羽衣曲》残谱,还是用薛涛笺手抄的。由于年深日久,纸张已经很脆裂了,加上虫蛀泛黄,曲谱残破,字迹很难分辨。娥皇连续多日依谱寻声,根据附有乐器图示和演奏方法试弹琵琶,时辍时续,悉心构思,仰仗自己深厚的音律知识和舞乐功底,终于使得开元天宝之余音复传于世。

舞低晓月,舞尽春风,舞溜金钗,舞醉人间⋯⋯那是太平盛世时王谢公子的幸运,闭门出去访春,行马迟迟归,睡起流莺语,掩苍苔房栊向晚。他差一步,是贪看春光,于是此憾春恨而已;从嘉却偏偏是皇帝:世事弄人,长兄的处心积虑将发烫的皇位生生送至他的手上。后周显德六年(公元959

瑶池霓裳图　任薰　纸本设色　清代

《霓裳羽衣曲》,为唐时宫廷乐舞,传为开元中西凉节度使杨敬述所献,初名《婆罗门曲》,后经玄宗润色并制歌词,定此名。其舞、乐和服饰都着力描绘虚无缥缈的仙境和仙女形象,爱好歌舞美人的李煜,自然对其颇为喜爱。清人任薰所绘《瑶池霓裳图》,王母娘娘驾彩凤乘祥云,众仙女裙裾飘举若飞,场面幽雅而热烈。

年），23岁的从嘉被封为吴王；北宋建隆二年（公元961年），在他25岁的那一年，他立为太子，旋即父皇去世，25岁的李从嘉在金陵登基，改名李煜。

东君不管人憔悴

李煜曾任神武都虞侯巡江使，可是，他很少身着甲胄带兵巡江；不过，在即位之初，他还是希望在政治上有所建树的。自从淮南战败、中主去世之后，南唐朝野弥漫着悲观颓丧的气氛，年轻的皇帝希望借助老臣的威信重振人心。有着硕硕军功的老将何敬洙被授予"右卫上将军"的头衔，封芮国公；很受时人仰慕的韩熙载被授予吏部侍郎的职位，很快又被任命为中书侍郎、白胜军节度使。可惜，他的父皇给他留下的局面是如此地棘手。

南唐前期的政策是保境安民，不轻用兵。在相对安定的条件下，社会生产有所发展。商人以茶、丝与中原交换羊、马，又通过海路与契丹贸易。与同时割据诸国相比，南唐地大力强，府库日益丰盈。时人沈彬在《金陵杂题》中所咏："正惭海内皆涂地，来保江南一片天。"说的正是彼时的南唐。可是，这毕竟是一个建立在战争重创的土地上的偏据小政权，短短数十年的经营，还不足以涵养社会的元气。中主时代兵连闽楚，立即就耗尽了多年的积蓄，而后淮南之失，更是对南唐经济雪上加霜的致命一击。战败之后，南唐必须按照和约，承担对中原的巨额贡赋，仅显德五年（公元958年）即献银、绢、钱、茶、谷共百万，此外，更增添了岁输土贡数十万的沉重负担。及至李煜即位，为了赢得宋朝的欢心，贡奉得更为殷勤，"煜每闻朝廷出师克捷及喜庆事，必遣使犒师修贡；其大庆节，更以买宴为名，别奉珍玩为献；吉凶大礼，皆别修贡。"（《宋史·南唐世家》）那时候的南唐，国土只有当年的一半，为了与强大的北宋结好以换取苟延残喘的时间，开支则已经上升为当年的两倍，长此以往，国库何堪！为了弥补入不敷出的财政亏空，李煜只好在"开源"方面动足脑筋。一方面，他扩大税收名目，在流布的野史中，记载当时甚至连鹅生双黄蛋、柳条结絮都列入纳税范围之内；另一方面，他下令改铸发行廉价的铁钱，以十当一，取代铜钱。

然而，金帛和珠宝，都不是赵匡胤真正想要的东西。因为赵匡胤梦寐以求的并不是财物，而是富饶的江南和统一的版图。北宋乾德二年（公元964年），他在崇德殿设宴为王全斌等出征后蜀的将帅饯行时，就毫不掩饰地表白过这种心愿："凡克城寨，止籍其器甲、刍粮，悉以财币分给将士。吾欲所得者，其土地耳。"从他取代后周统治的那一刻起，一统天下就是他最切实的目标。

如前所述，后周在周世祖手里已经很是强盛了，可是，北宋继承后周的疆土，对于一统天下的目标来说，依然是卧榻之外，皆不属己的局面。那时候，宋朝的版图是这样的：北疆同辽朝毗连，要获取这片天下，就得和契丹族短兵相接；南界隔着长江，自西而东的政权分别是后蜀、荆南、楚、南唐、吴越以及岭南的南汉。

对雄才大略的赵匡胤来说，"统一"是必然的事情，现在的问题是：先吃掉谁？他的选择，是先挥师渡江，依次吞并江南各国，然后北上。

众壑阴晴本自殊

从北宋建隆三年开始，宋朝终于发动了声势浩大的统一战争。这场战争酝酿已久，布局非常巧妙。首先，他以"假道"出师平定湖南军乱的理由，选择荆南作为突破口。荆南又称南平，辖境本来就不大，只有荆州（治江陵，今湖北江陵县）、归州（治秭归，今湖北秭归县）、峡州（治夷陵，今湖北宜昌市），这个长江中游的小国国力非常有限，位置却恰居南北的交通要道——在南汉、闽、楚向梁称臣的时期，每年贡奉均假道于荆南，荆南常干的事情就是邀留使者、劫其财物，干的都是无赖行径。灭了它一方面也不至于激起南方各国的义愤或者警惕，一方面又割断了南唐与后蜀两个大国之间的联系，为下一步南征开辟了一条通路。于是，北宋乾德元年（公元963年），北宋以山南东道节度使慕容延钊为湖南行营道都部署，以宣徽南院使李处耘为都监，率十州兵马一举拿下兵弱地狭的荆南。

其后，北宋的猎物是财物充裕、政治昏暗的后蜀。巧得很，后蜀联络北汉共同对抗北宋的"蜡丸帛书"被截获了，这样，对后蜀的用兵就成为"师出有名"的事情了。北宋乾德二年（公元964年），兵分两路，一路是由忠武军节度使王全斌率领的三万步骑兵，自凤州南下，沿着"难于上青天"的蜀道披荆斩棘，一举拿下了利州（今四

宋齐丘　明刊本《元曲选》插图

宋齐丘，字子嵩，一字超回，庐陵（今江西吉安）人，晚年隐居九华山。吴时，累官右仆射、平章事。李昇代吴，以其为丞相、同平章事，寻出为镇南军节度。李璟嗣位，召为中书令。显德末，放归，缢死。

川广元市)、剑门(今四川剑阁县大小剑山关隘)、绵州(今四川绵阳市);一路是由宁江军节度使刘光义率领的二万步骑兵,自归州西行,直接拿下了夔州(今重庆奉节县)、万州(今重庆万州区)、忠州(今重庆忠县)。这场战争进行得十分顺利,仅仅两个月,两路军队就包抄了成都府,把天府之国收归北宋版图。那是北宋乾德三年(公元965年)的事。这次胜利又一次震慑了南唐,虽然带给李煜君臣的心理感受一定是兔死狐悲的惶惧,他们的表现却是以数以万计的银绢,奉表修贡,恭贺北宋军事的又一次旗开得胜。

再接着,赵匡胤看上的是南汉。早在四年之前,北宋收复郴州的时候,俘虏了南汉的宫廷内侍余延业。从他的口中,赵匡胤了解了南汉:皇帝荒淫无度,宫城左右建造了很多装潢得富丽堂皇的离宫,蓄养宫女无数,内政也一塌糊涂,国事被宦官龚澄枢、李托、薛崇誉和女官卢琼仙、女巫樊胡等把持。更有甚者,南汉的皇帝还是少有的暴虐变态之人,他发明了烧煮剥剔、刀山剑树的酷刑,甚至强迫囚犯与虎象角斗,以观赏血流成河的惨剧为乐。南汉皇帝倒行逆施似乎激起了赵匡胤"救生民于水火"的义愤之情,他为此发誓:"吾当救此一方之民。"所欠缺的就是一个进兵的时机了。而这机会终于被等来了,北宋开宝三年(公元970年)秋天,南汉不知深浅地发兵进犯业已归入北宋版图的原楚地道州(治营道,今湖南道县),这给赵匡胤把兵锋指向南汉提供了最好的理由。然而,赵匡胤总爱强调宋朝是顺天意而建立。"天将一统付真人,不杀人民更全嗣。"一向喜欢先礼后兵,这次也不例外。一方面,虑及北宋与南汉相距遥远,马上发兵进剿尚有困难;另一方面,大概是为了考验一下南唐的忠诚度,赵匡胤降旨,诏令李煜给南汉写封劝降信,要南唐后主现身说法,规劝南汉对宋罢兵称臣,并交还其父刘晟当年乘楚内乱袭取的桂州(治临桂,今广西桂林)、郴州、贺州(治临贺,今广西贺县)等地。李煜照办了——虽然,他深知南唐、南汉是邻国,从军事上来说,有着唇齿相依、存亡与共的密切关系;可是,他当然更知道北宋是惹不起的,为了避免撄赵匡胤之怒而引火烧身,李煜立即责成善于属文的知制诰潘佑执笔,修一封加盖南唐御玺的国书,一切按照赵匡胤的意思来写。这还不够,李煜还决定以朋友的名义写上一封晓之以理、动之以情的私人信函,这封长信是由江南才子潘佑起草的,"听其言,如交友谏诤之言;视其心,如亲戚急难之心。然后三复其言,三思其心,则忠乎不忠,斯可见矣;从乎不从,斯可决矣。"虽然内容是劝对方向赵匡胤俯首称臣、割地通好,希望人家一国之君主动向赵匡胤行"玉帛朝聘之礼",很上不了台面;不过,行文实在漂亮,把投降的耻辱之举写成有利于国家人民的大情大义,直可谓古代书简中脍炙人口的上乘之作。据说,李煜自己对这封书信的立意谋篇极为得意,这信也

实在写得太好,很值得"奇文共赏析"一番:

煜与足下叨累世之睦,继祖考之盟,情若弟兄,义敦交契,忧戚之患,曷尝不同。每思会面而论此怀,抵掌而谈此事,交议其所短,各陈其所长,使中心释然,利害不惑,而相去万里,斯愿莫伸。凡于事机不得款会,屡达诚素,冀明此心,而足下视之,谓书檄一时之仪,近国梗概之事,外貌而待之,泛滥而观之,使忠告确论如水投石,若此则又何必事虚词而劳往复哉?殊非宿心之所望也。

今则复遣人使罄申鄙怀,又虑行人失辞,不尽深素,是以再寄翰墨,重布腹心,以代会面之谈与抵掌之议也。足下诚听其言如交友谏争之言,视其心如亲戚急难之心,然后三复其言,三思其心,则忠乎不忠,斯可见矣,从乎不从,斯可决矣。

昨以大朝南伐,图复楚疆,交兵已来,遂成衅隙。详观事势,深切忧怀,冀息大朝之兵,求契亲仁之愿,引领南望,于今累年。昨命使臣入贡大朝,大朝皇帝果以此事宣示曰:"彼若以事大之礼而事我,则何苦而伐之;若欲兴戎而争我,则以必取为度矣。"见今点阅大众,仍以上秋为期,令敝邑以书复叙前意,是用奔走人使,遽贡直言。深料大朝之心非有惟利之贪,盖怒人之不宾而已;足下非有不得已之事与不可易之谋,殆一时之忿而已。

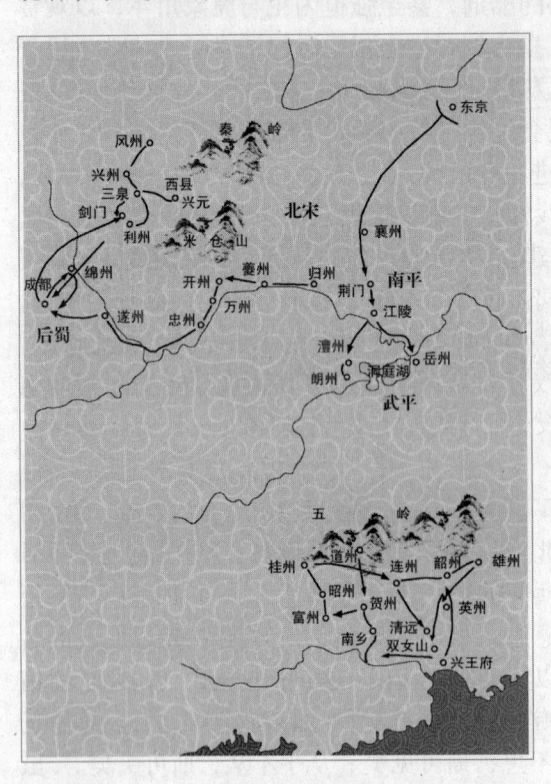

观夫古之用武者,不顾小大强弱之殊而必战者有四:父母宗庙之仇,此必战也;彼此乌合,民无定心,存亡之机以战为命,此必战也;敌人有进,必不舍

宋灭南平、武平、后蜀、南汉作战示意图

建隆三年(公元962年),武平和南平接连发生丧乱,给了久已图谋南下的赵匡胤机会。北宋大军即刻南下,以借道为名灭南平,以救援为名灭武平,再接连取后蜀、南汉,对南唐形成三面包围之势。图为宋灭南平、武平、后蜀、南汉作战路线。

我，求和不得，退守无路，战亦亡，不战亦亡，奋不顾命，此必战也；彼有天亡之兆，我怀进取之机，此必战也。今足下与大朝非有父母宗庙之仇也，非同乌合存亡之际也，既殊进退不舍、奋不顾命也，又异乘机进取之时也。无故而坐受天下之兵，将决一旦之命，既大朝许以通好，又拒而不从，有国家、利社稷者当若是乎？

夫称帝称王，角立杰出，今古之常事也；割地以通好，玉帛以事人，亦古今之常事也。盈虚消息、取与翕张，屈伸万端，在我而已，何必胶柱而用壮，轻祸而争雄哉？且足下以英明之姿，抚百越之众，北距五岭，南负重溟，籍累世之基，有及民之泽，众数十万，表里山川，此足下所以慨然而自负也。然违天不祥，好战危事，天方相楚，尚未可争。恭以大朝师武臣力，实谓天赞也。登太行而伐上党，士无难色；绝剑阁而举庸蜀，役不淹时。是知大朝之力难测也，万里之境难保也。十战而九胜，亦一败可忧；六奇而五中，则一失何补！

况人自以我国险，家自以我兵强，盖揣于此而不揣于彼，经其成而未经其败也。何则？国莫险于剑阁，而庸蜀已亡矣；兵莫强于上党，而太行不守矣。人之情，端坐而思之，意沧海可涉也，及风涛骤兴，奔舟失驭，与夫坐思之时盖有殊矣。是以智者虑于未萌，机者重其先见，图难于其易，居存不忘亡，故日计祸不及，虑福过之。良以福者人之所乐，心乐之，故其望也过；祸者人之所恶，心恶之，故其思也忽。是以福或修于慊望，祸多出于不期。

又或虑有矜功好名之臣，献尊主强国之议者，必曰："慎无和也。五岭之险，山高水深，辎重不并行，士卒不成列，高垒清野而绝其运粮，依山阻水而射以强弩，使进无所得，退无所归。"此其一也。又或曰："彼所长者，利在平地，今舍其所长，就其所短，虽有百万之众，无若我何。"此其二也。其次或曰："战而胜，则霸业可成，战而不胜，则泛巨舟而浮沧海，终不为人下。"此大约皆说士孟浪之谈，谋臣捭阖之策，坐而论之也则易，行之如意也则难。

何则？今荆湘以南、庸蜀之地，皆是便山水、习险阻之民，不动中国之兵，精卒已逾十万矣。况足下与大朝封疆接畛，水陆同途，殆鸡犬之相闻，岂马牛之不及？一旦缘边悉举，诸道进攻，岂可俱绝其运粮，尽保其城壁？若诸险悉固，诚善莫加焉；苟尺水横流，则长堤虚设矣。其次曰，或大朝用吴越之众，自泉州泛海以趣国都，则不数日至城下矣。当其人心疑惑，兵势动摇，岸上舟中皆为敌国，忠臣义士能复几人？怀进退者步步生心，顾妻子者滔滔皆是。变故难测，须臾万端，非惟暂乖始图，实恐有误壮志，又非巨舟之可及，沧海之可游也。然此等皆战伐之常事，兵家之预谋，虽胜负未知，成败相半。苟不得已而为也，固断在不疑；若无大故而思之,又深可痛惜。

且小之事大,理固然也。远古之例不能备谈,本朝当杨氏之建吴也,亦入贡庄宗。恭自烈祖开基,中原多故,事之大礼,因循未遑,以至交兵,几成危殆。非不欲凭大江之险,恃众多之力,寻悟知难则退,遂修出境之盟,一介之使才行,万里之兵顿息,惠民和众,于今赖之。自足下祖德之开基,亦通好中国,以阐霸图。愿修祖宗之谋,以寻中国之好,荡无益之忿,弃不急之争,知存知亡,能强能弱,屈己以济亿兆,谈笑而定国家,至德大业无亏也,宗庙社稷无损也。玉帛朝聘之礼才出于境,而天下之兵已息矣,岂不易如反掌,固如泰山哉?何必扼腕盱衡,履肠蹀血,然后为勇也。故曰:"德如毛,民鲜克举之,我仪图之。"又曰:"知止不殆,可以长久。"又曰:"沈潜刚克,高明柔克。"此圣贤之事业,何耻而不为哉?

况大朝皇帝以命世之英,光宅中夏,承五运而乃当正统,度四方则咸偃下风,狁、太原固不劳于薄伐,南辕返斾更属在于何人。又方且遏天下之兵锋,俟贵国之嘉问,则大国之义斯亦以善矣,足下之忿亦可以息矣。若介然不移,有利于宗庙社稷可也,有利于黎元可也,有利于天下可也,有利于身可也。凡是四者无一利焉,何用弃德修怨,自生仇敌,使赫赫南国,将成祸机,炎炎奈何,其可向迩?幸而小胜也,莫保其后焉,不幸而违心,则大事去矣。

复念顷者淮、泗交兵,疆陲多垒,吴越以累世之好,遂首为厉阶,惟有贵国情分逾亲,欢盟愈笃,在先朝感义,情实慨然,下走承基,理难负德,不能自已,又驰此缄。近奉大朝谕旨,以为足下无通好之心,必举上秋之役,即命弊邑速绝连盟。虽善邻之心,期于永保;而事大之节,焉敢固违。恐煜之不得事足下也,是以恻恻之意所不能云,区区之诚于是乎在。又念臣子之情,尚不逾于三谏,煜之极言,于此三矣,是为臣者可以逃,为子者可以泣,为交友者亦惆怅而遂绝矣。

  写完这封信,李煜立即派遣精通闽粤方言的知制诰龚慎义父子作为特使,持书前往南汉。可惜人家南汉的皇帝并不领情,当即写了一封措辞强硬、出言不逊的绝交信,还把南唐的使臣扣留下狱以泄其愤。李煜没有完成赵匡胤下达的任务,又被狠狠地羞辱了一番,于是,他把南汉的绝交信送往汴梁作为禀报,北宋多了一项对南汉用兵的口实,就再也不用客气了,筹划已久的军事行动就此展开。大军分东西两路直指贺州,又连下桂州、昭州(治平乐,今广西平乐)、连州(治桂阳,今广东连县),最后占领韶州(治曲江,今广东韶关)、广州,于翌年二月灭掉了南汉,把南汉的山泽之利、商贾之税一并收入囊中。

  北宋的版图越来越大,南唐却错过了最后一次复兴的机会。在北宋出兵南汉的时候，南唐大将林仁肇上言，说应该趁北宋倾全国之兵力猛攻南汉、边防空虚的时候，"假臣兵数万，出寿春，渡肥、淮，据正阳"，收复江北全境。而且，他知道李煜个性柔弱，更不愿意自己的万一失利给故国造成灭顶之灾。于是，他甚至还想出了一个万全之策：建议李煜在自己带兵出发后宣布自己叛变，这样的话，战胜是国家社稷之幸，战败则甘蒙杀身灭族之冤，而无论战胜战败，李煜都不必在宋王朝面前承担任何责任。另一员大将卢绛则提出以南唐属地叛乱为名向宋王朝的属国求援，诱其深入并扣下援兵，然后趁其国内空虚之机直捣都城，为南唐王朝扩张实力。可惜，李煜依旧害怕。面对一腔碧血的大将，他拿出前主"保境安民"之令，曰："无妄言，宗社斩矣。"

主战的计划没有被采纳，却辗转传到了北宋朝廷。忠贞不贰之臣素来是敌国的心头大患，而对付这样的忠臣，历史上屡屡奏效的却总是反间计——即使是在后人看起来十分拙劣的反间计。这出反间计一直到开宝七年（公元974年）才有机会实施，不过结局已经够令北宋君臣放心的了——林仁肇死于鸩酒，而与林仁肇关系甚好、观点相近的卢绛也被调离防守前线。从此，除了一道长江，南唐已经再无任何防守可言；仅仅再过了一年，南唐也就亡了。

空文自古无长策

李煜怕的是战争，饱读诗书的他，认为只要自己不断上贡、小心服事，赵匡胤就会放过他，任他偏安于东南一隅，延续唐末以来藩镇割据的故事。他每逢会见北宋来使，都要换上臣下的着装，并且事先拆除皇家宫殿屋脊上象征消灾祛祸的飞鱼形尾部上翘的"鸱吻"，以免刺激到北宋的使臣，各种礼数周到备至，可谓恭敬：

北宋开宝四年（公元971年），李煜在称谓上又进一步降格，彻底奉行藩臣的一切礼仪。取消国名，全面贬损制度，改南唐国主为江南国主，改南唐国印为江南国印，以江南代称南唐。

北宋开宝五年（公元972年），李煜把国家的政治

李煜手书

李煜于书法，初学唐柳公权；继而揣摸唐欧阳询、颜真卿、褚遂良、陆彦远诸家；最后溯源于魏晋书法大家钟繇、卫铄、王羲之，并独崇卫铄。其博采众长，推陈出新，终创制出具有独特风格的"金错刀"体书法，世人评之"作颤笔樛曲之状，遒劲如寒松霜竹"。

机构也进一步降格，凡与北宋同名的中央机构全部更换了名称，不再以中央机构自命，南唐掌管中枢政务的中书、门下、尚书"三省"分别易名为左内史府、右内史府和司会府；御史台改称司宪府，翰林院改称艺文院，枢密院改称光政院，大理寺改称详刑院。李煜本人也不再以天子自任，下书不称"诏"而称"教"；与此同步降格的是李氏族人的地位，曾经被封为藩王的李氏子弟一律降为国公。

北宋开宝六年（公元973年），赵匡胤又对南唐有了新的挑衅：他派翰林学士卢多逊出使南唐，以"朝廷重修天下图经，史馆独缺江东诸州"资料为借口，向南唐讨要江南现存州、军的山川形势图。地图是国之秘宝，先哲早有"国之利器不可示于人"的古训；在两国关系非常微妙的当下，把国家的地图交给对方，更是等于把自己的山川关隘、屯戍布防、军事虚实让对方一览无余。更何况北宋对南唐的窥看之意早已天下尽知，渡江南进只是时间问题了。但是面对强势的北宋，李煜竟一如既往地顺从，卢多逊如愿以偿地得到了南唐舆图。

可是，任凭李煜君臣低声下气、曲意求欢，赵匡胤统一天下的网还是越收越紧。北宋开宝七年，赵匡胤遣使两下江南，敦促李煜北上，前往汴梁。第一次是派门使梁迥口传圣谕，谓"天子今冬行柴燎礼，国主宜往助祭"。李煜坚持不去，理由是自己身体不好，难以长途跋涉。于是有了第二次邀请，这次，是派知制诰李穆为国信使，持诏再赴金陵，特邀李煜"同阅"祭天牺牲。所谓"助祭"，其实就是让李煜亲自到汴梁去宣布自己的降王身份——而皇帝一旦滞留京师，南唐自然就不复存在。赵匡胤的诏令异常简短："朕将以仲冬有事圜丘，思与卿同阅牺牲。卿当着即启程，毋负朕意。"李煜还是执意强调自己体弱多病、禁不住远程旅行，而知制诰李穆的口吻像极了当初李璟对南汉末帝的谆谆劝导：北宋的国力兵事如此强盛，要和赵匡胤对着干可是以卵击石的愚蠢举

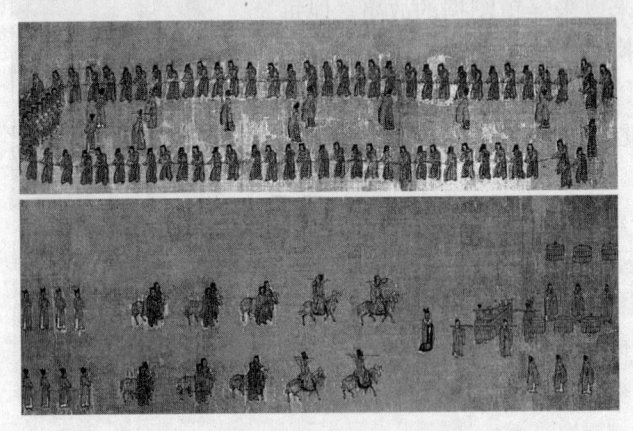

卤簿仪仗图卷　绢本设色　宋代

此幅画卷，以工笔重彩描绘了皇帝出行使用的卤簿仪仗——五辂中的玉辂部分。全图依次绘伞盖香案、开道骑从、导驾官员与挽辂仆从并玉辂等全套仪仗执侍。此画构图严谨，刻画细致，气氛庄严肃穆，形象地再现了封建王朝皇家仪仗制度。

动；况且做事情应该顺势而为，反正北上入朝是迟早的事，那还不如早早遂了对方的意愿。最重要的是，千万别惹得北宋皇帝一怒之下挥师渡江，到那时候再后悔也来不及啦。

是的，再后悔也来不及了——北宋开宝七年，赵匡胤以李煜拒命来朝为辞，把蓄谋已久的出兵南唐摆上了议事日程。那一厢，李煜正与臣下发誓："他日王师见讨，孤当躬擐戎服，亲督士卒，背城一战，以存社稷。如其不获，乃聚宝自焚，终不做他国之鬼。"他的豪言壮语传到汴梁，赵匡胤却不屑一顾地对左右说："徒有其口，必无其志。果能如是，孙皓、叔宝不为降虏矣！"可惜，南唐的历年作为，让北宋根本不相信这样的一国君臣会有抗战到底的强硬决心。于是当年九月，赵匡胤就发兵十余万，直指南唐：开路先锋是颍州团练使曹翰，主力则兵分两路，一路由曹彬指挥，有舟师和步骑，自蕲州入长江顺流东下；另一路由潘美指挥，也有舟师和步骑，沿汴水入长江。然后两路兵马会师池州之后，再协力攻下采石，从西向东进逼金陵。此外，北宋还顺便考验了一下吴越王的称臣诚意：东路就让吴越王率数万兵自杭州北上策应。同时，西路则交给以王明部署军队，用来牵制湖口（今属江西）的南唐军力。东西两路的军事部署，都是为了保障主力的顺利东进。

而主力的东进，比想象中更为顺利。曹彬统率的兵马，自蕲州乘船驶入长江后绕过江州，直扑池州，原以为将要面临的战事戏剧化地被化解了：南唐沿江守军根本没有想到过会有兵临城下的那一天，误将北宋的突然袭击当成平日例行的江上巡逻，竟然奉酒前去犒劳。等到发觉来者不善的时候，只剩下投降一条路了，北宋军队兵不血刃地拿下了州城。紧接着，铜陵、芜湖、当涂纷纷解甲投降，不到一个月，就完成了既定的目标，屯兵采石。

北宋已经大举用兵，李煜君臣竟然还不愿放弃通过纳贡乞和、化干戈为玉帛的幻想。北宋方面是日夜兼程、马不卸鞍地攻打城池，南唐方面，李煜则又拨出二十万匹绢、二十万斤茶叶、五百万钱、数万匹帛，派人送到汴梁，以求赵匡胤缓兵。

说南唐从来没有过抵抗，那也不尽然。只是南唐君臣犯了三个错误。第一个错误，是缺乏自知之明，过分地依赖长江天堑。其实，早在李煜即位之初，就有书生郭昭庆赶赴金陵，向李煜献《经国治民论》，强调对池州、采石等要地加强防守。这确实说到了两兵相争的关节点——北宋能南渡成功的关键，就是克服了"天堑"的屏障作用。北宋此前花了多年在汴梁试验建造浮桥，积累了大量的经验和心得，当曹彬驱兵南下的时候，北宋的丁勇工匠，早已乘船押运搭建浮桥所需要的材料直驶石牌口（今安徽怀宁），待到主力军攻下采石的时候，大批材料就可以通过石牌口经皖河至安庆入长江,到采石搭建浮桥。时值长江枯水季节,浪平滩浅,便于施工,加上北宋军队完全控制了采石的局势,两三天之后,浩瀚江面上,就建起了一条衔接长江两岸的通途,北宋兵马沿着采石浮桥源源渡江,军械粮草跟踵而至,宋军攻打南唐的最后一道壁垒至此完全失效。第二个错误,是没有任人之明。南唐多年以来的和平局面,完全是以称臣纳贡换来的偏安一隅,久而久之,武备松弛,官骄兵惰,上下群臣无不疏于战事,导致到了紧要关头朝中无将可用。而李煜在用人方面,又表现得很失败,他所信任的心腹,最后几乎是毫无例外地背叛了他——李煜用镇海军节度使郑彦华为溯流而上、支援采石的主将,亲临江岸执酒壮行,结果郑彦华畏葸怯阵,还没有正式交锋就拥兵不前,放弃了用战舰摧垮浮桥的计划,被沿着浮桥蜂拥过江的宋师打得一败涂地;李煜用皇甫继勋守城,把征募新兵的权力全部放手下交给他,结果皇甫继勋招来的新兵人数众多兼素质低下,攻守都不在行,终于丢掉了金陵西面最后一道屏障采石矶;他素来厚待刘澄,对他赏赐丰厚、礼遇极殊,关键时刻用他为将镇守金陵东侧门户的润州,可是这位身荷重恩的将领在离开金陵之时,征调车辆,将自家积蓄的金银珠宝随军运往润州;到了润州之后,又哄骗诸将拱手投降,遂使吴越和北宋联军兵不血刃地占据了润州。第三个错误,是不能度敌之实。一直到金陵被困的那一刻,他仍然以为人家要的不过是金银细软,遣使向北宋厚贡方物,指望和谈弭兵,并呈《乞缓师表》。

文章写得恳切,但要靠文辞来退却北宋大军,真是痴心妄想了。南唐的使者徐铉求见赵匡胤,说:"江南国主已俯首称臣,陛下师出无名。李煜如地,陛下如天;李煜如子,陛下如父。天乃能盖地,父乃能庇子。不知陛下为何竟以兵戎见伐?"起初,赵匡胤还很耐心地向他解释:"卿言极是。尔称江南国主事朕如子事父。既然如此,父子就当为一家。尔谓,父子为何两处吃饭?"再接着,徐铉谴责赵匡胤师出无名:"江南国主敬事陛下恭谨谦抱,从不敢拒诏抗命,只因近期身体欠佳未能朝觐,陛下竟以'倔强不朝'为由兴师问罪,似有悖情理,望陛下明察圣裁,罢兵以全江南一邦之命。"自中主李璟败兵后周,划江为界以来,南唐连续多年奉行以小事大的基本国策,竟完全不了解赵匡胤一统天下的决心,北宋何尝不知道李煜"虽外示畏服,修藩臣之礼,而内实缮甲募兵,潜为战备"

潘 美

潘美(公元925—991年),北宋初名将,字仲询,大名(今属河南)人。后周时,以功迁西上阁门副使。宋初灭南汉、南唐、北汉时,为大将。其一生征战南北,在北宋灭十国过程中起较大作用。

的罪名是莫须有的,不过人家要的只是一个出兵的理由罢了,不懂赵匡胤心思的南唐使者当然只能换来厉声呵斥:"不须多言!江南国主何罪之有?只是一姓天下,卧榻之侧,不容他人酣睡!"

北宋开宝八年(公元975年),金陵城终于在一片念佛声中被攻破。李煜没有如他所发誓过的那样"背城一战,死保社稷",也没有"聚宝自焚,终不作他国之鬼",他做的,是让黄保仪焚烧了自己多年收集的钟王真迹,然后青衣小帽、短装打扮,带领大臣肉袒出降。他的选择,和三国时期吴后主孙皓、南朝时期陈后主陈叔宝一样:"四十年来家国,三千里地山河;凤阁龙楼连霄汉,玉树琼枝作烟萝,几曾识干戈?一旦归为臣虏,沈腰潘鬓消磨;最是仓皇辞庙日,教坊犹唱别离歌,垂泪对宫娥。"(李煜《破阵子》)东南王气,自斯而尽;而李煜在史册上的形象,也终于成为愧对列祖列宗,愧对锦绣山河,愧对黎民百姓的亡国之君。

空余满地梨花雪

开宝九年元宵节刚过,李煜到了汴京。赵匡胤倒没有太为难他,要他按传统办法——光着上身,反缚双手,脖子上挂着印绶,双膝下跪——请降,只要他身着白衣纱帽,弃车舍轿在宫城楼下拜见天子就可以了。紧接着,还赐了他一些官位封号,计有光禄大夫、检校太傅、右千牛卫上将军、违命侯等等。所谓"大夫"、"将军"云云,自然都是虚衔,并无任何权位可言,最后一项的爵位更是一个污辱性的称呼,到第二年宋太宗继位后才改封为陇西郡公。

宋朝对被消灭的割据政权君主一概不杀,还都授予爵位,看似十分优渥,但从这些人的卒年来看,除了漳泉陈洪进,太平兴国三年献地,雍熙二年病卒,活了72岁,算是寿终正寝的之外,大多年纪轻轻就一命归天,不像是善终的,比如:湖南周保权,建隆四年(公元963年)被俘,雍熙三年(公元986年)卒,死的时候34岁;荆南高继冲,建隆四年降,开宝六年(公元973年)卒,死的时候31岁;后蜀孟昶,乾德三年(公元965年)降,到开封后数日卒,死的时候47岁;南汉刘𬬮,开宝四年(公元971年)降,太平兴国五年(公元980年)卒,死的时候39岁。

而李煜降宋之后,虽然没有立即遭到杀身之祸,日子却也并不好过。在写给昔日宫人庆奴的书信中,李煜的用词是"此中日夕以泪洗面"。有的时候,皇帝会传旨有司备轿去崇文院观书,特意召他同行。书院礼贤馆里的藏书汗牛充栋,那些书,大部正是来自南唐故国,那是李煜再熟悉不过的书籍啊,他曾亲手钤上藏书印章,天头地脚还常手自批注。文人的敏感让他为这样的侮辱而痛苦万分,而文人的懦弱又让他依然在侮辱的岁月中苟且偷生，一如当年在沉醉的春风中偏安一隅。他总是说死，好像把死看得很轻："万古到头归一死，醉乡葬地有高原"，其实死对他来说，是艰难的——出降的时候他没有以身殉国，连元帅曹彬都看得出来："尔等不见李煜优柔怯懦，假如他敢于铤而走险或视死如归，又何必率众肉袒出降？"到了汴京，在旧日敌人的手下讨生活，屈辱和痛苦自不必言，可是，为了讨得好一点的生活，他并不介意多一点屈辱和痛苦——比如，上疏向皇帝乞请自己想要的东西。开始的时候，是美酒，赵光义朱笔批复，继续对他供酒；再以后，是钱财，赵光义为了显示对降王的宽仁大度，特批每月为他增俸三百万钱；再接着，他又担心自己心神不宁，虑事失误，草拟奏疏失于推敲招致大祸，又奏请赵光义为他配备两名聪慧机敏、长于表章的书记，为此他专门进呈一通《不敢再乞潘慎修掌记室手表》，赵光义也照准了。在一切照准的背后，是更大的屈辱：赵光义即位之后，经常召小周后入宫陪宴侍寝，一去便是多日。"宋人画《熙陵幸小周后图》，太宗戴幞头，面黔色而体肥，周后肢体纤弱，数宫人抱持之，周后作蹙额不胜之状。"而他能做的，却只是如元人张宗在《太宗逼幸小周后图》上的题画诗所云："一自宫门随例入，为渠宛转避房栊。"

然而，再怎样的委曲求全、再怎样的步步退让，也浇灭不了赵光义的杀机。太平兴国三年（公元978年），宋太宗派南唐旧臣徐炫去看望李煜，君臣说起旧日情事，李煜叹息说："当初我错杀潘佑、李平，悔之不已！"这话传到了赵光义的耳中，久伏的杀机终于有了一个涌动的借口；其后，李煜的四十二岁生日的七夕之夜，他以贺寿为名送去了一瓶酒，用酒中特制的牵机毒药结束了李煜降王生活的辛酸和苦涩。而就在那一个"梦里不知身是客，一晌贪欢"的晚上，李煜留下了他的千古绝唱："春花秋月何时了，往事知多少。小楼昨夜又东风，故国不堪回首月明中。雕栏玉砌应犹在，只是朱颜改。问君能有几多愁？恰似一江春水向东流。"(《虞美人》)长歌痛饮后作诗，缠绵悱恻后赋词，这是南唐后主李煜留给世间最后的背影。

熙陵幸小周后图

南唐亡于宋后，李煜和小周后被掳至宋朝京师。因小周后貌美，宋太宗便将其宣至后宫，多次"行幸"。据传，宋太宗还命宫廷画师将自己"行幸"小周后的场面进行描绘，由此《熙陵幸小周后图》(熙陵，即宋太宗，因其陵墓名"永熙陵"）。

身边人事　南唐梦灭

韩熙载

我们能记住韩熙载，多半是因为那幅名画：《韩熙载夜宴图》。这幅画是南唐画院待诏顾闳中的作品，构图严谨精妙，造型秀逸生动，线条遒劲流畅，色彩明丽典雅，在技巧和风格上比较完整地体现了五代人物画的风貌。据说，《韩熙载夜宴图》是顾闳中奉南唐后主李煜之命，夜至韩熙载的宅第，偷偷地窥视其夜宴的情景而作的。所以，画中的其他人物大多真有其人，如状元郎粲、和尚德明等，确是韩府的常客；而画卷里的韩熙载，听乐、观舞、歇息、清吹、散宴，好不风雅的人生。

可惜，那并不是全部；甚至，画面中的他始终紧锁双眉，原来那般地醉生梦死，也不是真的快乐。

唐朝后期，韩氏已经迁到了北海。他的曾祖父韩钧，担任过太常卿；祖父韩殷，担任过侍御史；他的父亲韩光嗣，担任过秘书少监、平卢观察支使；然后，在那个战乱的年代，他的父亲莫名其妙地被卷进了一场兵变，丧身破家，于是韩熙载孤身逃往江南，以避祸乱。

吴睿帝顺义六年（公元926年）七月，韩熙载长途跋涉，终于到达了吴国的都城广陵。他首先向吴睿帝上呈《行止状》，把自己介绍了一番，当时的行止状，类似于投名状，只不过对象是皇帝。这篇《行止状》至今尚存，从中很看得出韩熙载的斐然文采。文章的目的虽然是请求对方能够接纳自己，却丝毫没有露出卑微的乞相，反而很有气势。

文章开篇的陈论立意就很高："某闻钓巨鳌者，不投取鱼之饵；断长鲸者，非用割鸡之刀。是故有经邦治乱之才，可以践股肱辅弼之位。得之则佐时成绩，救万姓之焦熬；失之则遁世藏名，卧一山之苍翠。"那是策论的写法，意在说明帝王选贤用能的重要性，接着笔锋一转，便开始介绍自己正是君主所需要的才学之士，从幼年就是神童："某爰思幼稚，便异诸童。竹马蒿弓，固罔亲于好弄；杏坛槐里，宁不倦于修身。但励志以为文，每栖身而学武。得麟经于泗水，宁怪异图；授豹略于邠垠，方酣勇战。"长大后更是胸藏文韬武略："争雄笔阵，决胜词锋。运陈平之六奇，飞鲁连之一箭。场中劲敌，不攻而自立降旗；天下鸿儒，遥望而尽摧坚垒。横行四海，高步出群。"若干年之后，徐铉为韩熙载撰写墓志铭，说他"以俊迈之气，高视名流，既绛灌之徒弗容，亦季孟之间不处"，从这篇投名状的写法来看，恃才傲物的气质很是明显。

升元元年（公元937年），李昪正式建国称帝，韩熙载被授予秘书郎之职，掌太子东宫文翰。秘书郎，从六品上，其本职工作是掌管国家图籍的课写之事，但韩熙载却被派到太子东宫，李昪说："卿虽然早登科场，但却未经世事，所以命你任职于州县，今日重用卿，希望能善自修饬，辅佐我儿。"显然对韩熙载的政治能力不太有信心，不过，把他派到东宫，倒成为他官运的起点了。

韩熙载在东宫一待就是七年，当时的太子是李璟，喜好诗文，主客两人整天谈天说地、论文作诗，很是投缘。于是，保大元年（公元943年），李璟即位之始，就任命韩熙载为虞部员外郎、史馆修撰，赐绯。员外郎虽然仍是六品的官职，但毕竟是尚书省郎官，属于清选之官，升迁的前途较好；唐五代时规定，五品以上官员才能穿绯袍，韩熙载是六品的官员，按规定不能穿绯色的官服，所以李璟特意赐绯，这样他就可以与五品官一样穿绯袍了。又因为先主刚刚去世、新帝即位，宫廷之中涉及礼仪的事务非常繁多，所以李璟又给韩熙载加了太常博士之职。这个官职掌五礼，拟谥号，是国家在礼仪方面的学术权威，可见李璟对韩熙载之器重程度。

韩熙载博闻多学，文章写得好，史称他"制诰典雅，有元和之风（《湘山野录》）"；做人也很有古风。虽然在东宫和太子相伴的期间，他除了谈论诗文外，从不过问政事，等到太子即位、对他委以重任之后，他觉得应该对得起君主的知遇之恩，于是无所隐晦，尽展平生之学，积极参与朝廷政事。可惜，他的政治经略并不如他的诗词文赋那样出色。据《群书考索》载，李煜用他之言，将铁钱与铜钱混用，以解国用不足之急。混用比例为"每十钱以铁六权铜钱四"，这一方式一直被延用到乾德、开宝年间方停止。《长编》也记载南唐铸造过当二铁钱，这也是韩熙载的提议。为此，还与当时的南唐宰相严续在朝堂上发生了激烈的辩论。后来，韩熙载升任吏部侍郎，铁钱之议再起，并在乾德二年三月正式行用。然而，民间对韩熙载提倡的铁钱并不买账，以至于币值大跌，物价飞涨。南唐商贾要出境经商时，往往以十铁钱兑一铜钱，官方不能禁——可以说，他的币制改革是以失败告终的。韩熙载时代的铁钱如今没有实物存留下来，但根据《十国春秋》的记载，其形式略同于开元通宝，印证于宋人王栐的《燕翼诒谋录》后，大致可知官方的"铁六权铜四"和民间的"十铁直一铜"都是确实的，而韩熙载币制改革的失败，和政坛人缘的失败，也是确实的。

回来看《韩熙载夜宴图》，气氛异常热烈，宾主觥筹交错，大有一醉方休之势；国家危难之中，作为宰相的候选人，如此醉生梦死，似乎很

韩熙载夜宴图　顾闳中　南唐

在韩熙载夜夜笙歌，佯狂自放之时，李煜却欲任其为相，命画院待诏顾闳中潜进韩府对韩熙载生活考证。顾闳中通过目识心记，画成了此幅《韩熙载夜宴图》，将韩熙载美髯飘然、神态轩昂、举止高逸的高士之气表露无遗，同时，又表明其还是位多才多艺的才子，深合李煜意趣。

可憎。偏偏后人对他有足够的体谅，也许是因为那个传说：据说当时南唐国势衰弱，北方强大的后周已经对南唐构成了严重的威胁。后主李煜对那些在南唐做官的北方人本就心有猜忌，生怕他们存有二心；而朝中官员经常去韩熙载家聚会，韩熙载又恰恰是北方籍大臣，有人告发他广结私党、暗屯重兵、与后周勾结、意图谋反……于是就有了这幅最早的"私人宴会记录片"——在歌舞升平的宴会背后，是一场无情的政治斗争。关于韩熙载的故事还有很多，同样为人们津津乐道的是：他请了长假，在戚家山"养疴"，成天与40多个姬妾谈笑取乐，领到俸禄后，尽数散发给这些妻妾，然后再穿着破衣衫，挎着破篮子，到各姬妾的院子中去乞讨，以博一笑。不管历史的真相是什么，后代文人宁可把韩熙载沉湎声色、消磨时光的做法看做力求自保的无奈——他们似乎情愿忽略掉《宣和画谱》的记载：后主李煜欲重用韩熙载，又"颇闻其荒纵，然欲见樽俎灯烛间觥筹交错之态度不可得，乃命闳中夜至其第，窃窥之，目识心记，图绘以上之"；也忽略掉《五代史补》的记载：韩熙载晚年生活荒纵，"伪主知之，虽怒，以其大臣，不欲直指其过，因命待诏画为图以赐之，使其自愧，而熙载自知安然。"

李煜真的猜忌过韩熙载吗？李煜真的对韩熙载怀着恨铁不成钢的殷切期望吗？那是一个永远的谜，而我们只知道，李煜很为韩熙载的逝世流了一场眼泪，并且，追封为右仆射同平章事，谥"文靖"，赐衾绸以葬；而南唐的艳丽与凄怆，一并随着士人"苟全性命于乱世，不求闻达于诸侯"的心态，藉着这幅《韩熙载夜宴图》永远流传了下来。

冯延巳

王国维在《人间词话》中说："冯正中（冯延巳，字正中）词虽不失五代风格，而堂庑特大，开北宋一代风气，与中后二主词皆在《花间》范围之外，宜《花间集》不登其只字也。"这样的一位词人，和李璟、李煜父子谈得来是最正常不过的事情，而冯延巳的不幸，也许正在于和君主走得太近，又对政治局势毫无贡献，于是不免被看做了只会专宠固位的小人——时人对他的评价就很坏，一位叫孙晟的大臣就这样当面对冯延巳说："论执笔用词，我比不上您的十分之一；论诙谐和饮酒，我比不上您的百分之一；论谄媚阴险与狡诈，我可是哪一项都不能和您相比啊！"面斥他只有足以败坏国家的本事；而和他一同败坏国家的，还有他的同父异母弟冯延鲁以及大臣魏岑、陈觉、查文徽，当时的朝廷众臣封他们为"五鬼"，公开批评他们阴险狡诈、玩弄权柄、蒙蔽视听，排斥忠臣良将，引荐任用小人，把敢于进谏争论的忠臣逐出朝廷，导致了上下互相蒙蔽的恶劣风气。

而"五鬼"之首冯延巳后来竟然还当上了宰相，这更使许多大臣不服，李璟为安定众臣的情绪，便将冯延巳贬到外地。但冯延巳一走，就没有人和他填词唱和了，其他大臣的文才比不上冯延巳——史书上对冯延巳的评价是"辩说纵横，如倾悬河暴雨，听之不觉膝席而屡前，使人忘寝与食。"（《佩文斋书画谱》）——于是不久之后，李璟又将冯延巳召了回来，官复原职。复得君宠的冯延巳对李璟大言不惭地说，凭他个人的才略治国安邦绰绰有余，让李璟不用事事过问；他的"名言"是："先主李昇出兵打仗，不过是死了数千人的小小失利，就吃不下饭，叹息十天半月，那可是地道的农民心态啊，这样做皇帝怎么能成就天下的大事呢！做皇帝就要像您这样，数万军队在外打仗，也不放在心上，照样不停地宴乐击鞠，这才是真正的英雄风度。"此言当然深得李璟之心，于是就对冯延巳更加放任，自己也更加沉迷于莺歌燕舞之中。

南唐平定湖南之后，朗州节度使刘言叛乱，气焰嚣张，李璟觉得用兵很难，便对冯延巳和孙晟说："湖南一战，我们出兵也是不得已而行之。现在不如允许刘言统领当地政务，让百姓能过上和睦的日子，我们也就国泰民安了。"冯延巳却极力反对，说这样会对南唐的国威大有损害，也让将士们不满。于是继续用兵平叛，但军费无法满足，冯延巳又不愿意从国库挑拨银子，于是他就出主意，在长沙一带重征兵赋，结果进一步大失民心，刘言更是趁机夺取了长沙，楚国的故地得而复失。面对北方的后周，冯延巳更是束手无策，眼看着大片的国土被后周一点点占去，全然没有有意义的建言，可谓尸位素餐，江北之地的完全沦丧，正是韩熙载做宰相时候的事情。

但也许，这样一个得君心之宠的人，总还有别的优点。

据说，他小时候就很机智，也有胆量。他的父亲原是吴国军中的小校，南唐建立后升任歙州（今安徽歙县）盐铁院判官，冯延巳跟随父亲在歙州，当时的刺史身罹重疾，外面谣言四起，军心很不稳定，年仅十四岁的冯延巳奉父亲之命一个人去了刺史屋内，将刺史的命令一字不差地传给外面的将士，立刻稳定了人心。

据说，他也还算一个讲点义气的人。保大五年（公元947年），陈觉、冯延鲁举兵进攻福州，结果死亡数万人，损失惨重。李璟大怒，准备将陈觉、冯延鲁两人军法处死；冯延巳和这两个人似乎关系深厚，为救他们的性命，他情愿不要自己的官位了，引咎辞职，改任太子太傅。

而他最大的迷人之处，自然是他作为文人的才华绝世：他擅长书法，《佩文斋书画谱》列举南唐十九位书法家的名字，其中就有他的大名；他的诗流传下来的仅有一首，却也写得楚楚工致；而他最拿手的，自然是填词。唐末尚是歌筵酒坊间的舞女艳词，到了五代即已高登庙堂，从温庭筠到冯延巳这短短一代人间，词境数变；清词学家冯煦评冯延巳："鼓吹南唐，上翼二主，下启晏欧，实正变之枢纽，短长之流别。"冯延巳年长于李璟李煜许多，说是"翼"，其实是其词风影响了南唐二主，也算"下启"，是下启二主并晏欧，在词史上的地位可谓风气之先的枢纽式的人物。况且中国人讲究的是"文如其人"，能写这样一手好词，对两主这样的皇帝来说，更是很难对他的人品再产生怀疑。冯延巳仕途一帆风顺，生活锦衣玉食，几度拜相，地位显赫，可是他的词却和《花间集》中充斥着的"宴嬉逸乐"不同，处处流露着一种无穷无尽、绵延不绝的愁绪。比如，"起来点检经由地，处处新愁"；比如，"撩乱春愁如柳絮，悠悠梦里无寻处"；比如，"愁心似醉兼如病，欲语还慵"。读其词以观其志，冯延巳有一首《鹊踏枝》："谁道闲情抛掷久，每到春来，惆怅还依旧。日日花前常病酒，不辞镜里朱颜瘦。　河畔青芜堤上柳，为问新愁，何事年年有。独立小桥风满袖，平林新月人归后。"纵然史书上确凿地写着冯延巳的劣迹斑斑，而千年之后，张惠言说他"忠爱缠绵，宛然《骚》、《辩》之义"；饶宗颐先生读此词，感叹他"鞠躬尽瘁，具见开济老臣的怀抱"，竟拿诸葛亮来比冯延巳。

这当然也打动了南唐二主。《南唐书》的那段传说脍炙人口：冯延巳有一次与南唐中主李璟闲谈，李璟引了他《谒金门》词中一句说："'吹皱一池春水'，干卿底事？"冯延巳回答："未若陛下'小楼吹彻玉笙寒'。"这是词史上有名的佳话。君臣相得的这份情意，救了他一命：当时朝廷里党争激烈，朝士分为两党，宋齐丘、陈觉、李征古、冯延巳等为一党，孙晟、常梦锡、韩熙载等人为一党。几次兵败，使得李璟痛下决心，铲除党争：他下诏历数宋齐丘、陈觉、李征古之罪，宋齐丘放归九华山，不久就饿死在家中；陈觉、李征古被逼自杀。宋党覆没而冯延巳居然安然无恙，一方面，可见后人对冯延巳的恶评或许有过分之处，他应该属于作恶不多的那类权臣；另一方面，也表明李璟对冯延巳始终信任不疑——陆游恨恨地评价这段君臣关系："（南唐）衰败不支，国几亡，稽首称臣于敌，奉其正朔以苟岁月，而君臣相语乃如此。"在某种意义上，南唐二主和冯延巳的关系，与宋神宗和王安石颇为相似：宋神宗倚重王安石，但后者为诸多老臣所不容，即使神宗认为"安石去不以罪"，但王安石仍然一再被罢；李璟、李煜与冯延巳虽然性情相投、交谊有年，但朝论籍籍，冯延巳屡被弹劾，不得不三次接受罢相的处理结果。公元960年，冯延巳因病去世，终年五十八岁；也就是这一年，赵匡胤夺取天下，建立起了北宋王朝。

曹 彬

《宋史》对曹彬的评价是："仁恕清慎，能保功名，守法度，唯彬为宋良将第一"，而我们能记住曹彬，多半因为李煜写下"四十年来家园，三千里地山河"的时候，押送他的宋代将领，正是曹彬。

曹彬是北宋开国功臣之一，史称他"伐二国（后蜀、南唐），秋毫无所取。位兼将相，不以等威自异"，是北宋第一智将。这位出身将门的元帅，生活中颇具传奇色彩。据说，在他周岁生日那天，望子成龙的父母按照古老的民俗安排了"抓周"的测试。所谓"抓周"，就是在小儿出生满周岁时，在他四周摆上各类器物，不须成人引导，任其随意抓取，以最先抓到的器物来测定其日后的志趣和追求。而他后来的经历，果真应验了他在周岁那一天所抓到的器物所象征的未来：一方象征权柄的玉印。

他在朝廷从没有违逆过皇上的旨意，也从没有议论别人的过失。和同僚相处，他很谦逊：在路上即使遇到士大夫的车子，也要让自己的车马避路让行；对待僚属，他很大度：从不直呼手下官吏的名字，每当有禀告事情的，他都要整衣戴冠后才接见。有这样一个故事：他在徐州的时候，手下一吏员犯罪，应处以杖刑，但曹彬却要一年后才杖罚他，人们都不知道原委。曹彬说："这个人刚刚成婚，如果马上对他施以杖罚，他的父母必然以为儿媳妇是一个不祥之人,那她以后的日子就难过了。只要不妨碍法的公正,晚点杖罚那个官员也罢。"

当曹彬担任了攻克南唐的使命之后,他的军事成绩也十分出色,大军一路势如破竹、所向无敌。可是,当曹彬的军队在采石矶架起浮桥,占领了秦淮河、白露洲、西门水寨,攻占金陵已是轻而易举的时候,他突然放缓了进攻的步伐。史书上说,那时候李煜已经准备投降了,北宋大军已经逼近南唐都城了,曹彬却上演了缠绵病榻的一幕,攻城的事就一天天地拖了下去。同僚的武将素来尊重曹彬,纷纷前去问疾,曹彬却对将士们说:"我的疾病其实是心病,决不是吃药能够治愈。说实话,只要你们真能做到在攻克江南的时候,决不妄杀无辜的人,那么我的心事也就算了结了。"将士们对天焚香为誓,攻克江南之日不妄杀一人,他的军队也确实做到了,江南避免了政权更迭带来的生灵涂炭;而立了大功的曹彬班师还朝后,也十分低调,他的上书只写道:"奉敕江南干事回。"

做到兵不血刃其实并不容易,可这偏偏是赵匡胤特别关照的重要事情。当宋太祖赵匡胤授命曹彬去打江南的时候,就告诫曹彬尽量不要滥杀无辜,对李煜一家人,更是要加以保全:"城陷之日,慎无杀戮。设若困斗,则李煜一门,不可加害。"众所周知,要搞掂他的两员副将很不容易,潘美桀骜不驯,曹翰则性嗜杀人:先前,曹彬派曹翰去攻打九江时,他虽然作战勇敢,但却纵兵掳掠,还下令屠城,装了二十多船的财货宝物,悄悄运回老家去了。于是,为了让曹彬的命令有效,赵匡胤特意当着副将潘美、曹翰的面,交给曹彬他平日用的一把宝剑,告诉大家说,曹彬拿着这把剑,就等于皇帝我本人在场一样,凡是不听将命的,曹彬就有权力按照军法办理,先斩后奏。即便如此,皇帝毕竟山高水远,臣子出征在外,即使照做也要防止自己的行为过了火引起君主的猜忌,尤其是皇帝对武将本来就不太信任的宋朝,要把这重重关系处理好,真还不那么容易。于是曹彬又向赵匡胤请调一位将军田钦祚——一个既狡猾,又贪污,爱争功,又不肯负责的人——来担任另一路的前敌指挥官。朝廷群臣都觉得很奇怪。因为这个人口碑从来很坏,又喜欢打小报告给赵匡胤,不知道曹彬用他的意思何在。直到平定江南之后,才知道,曹彬之所以请调了他来参加战役,作用是准备平定江南之后,送点功劳给他,免得他在后方捣乱,增加皇帝的怀疑顾虑,而对前方战事有所牵制。

这样一位有谋略,又谨慎的将领,在处理李煜投降的问题上却出其不意地大胆。当初,李煜"倔强不朝"之时,一直向自己的臣民表白:"他日宋师见讨,朕定躬擐戎服,亲督将士,背城一战,死保社稷。如其不能如愿,则聚宝自焚,终不作他国之鬼!"金陵陷落之后,李煜与其臣子百余人到曹彬军营中来请罪,曹彬好语安慰,并待之以宾礼,还很为李煜考虑地让他回宫置办行装,一定要多留金银珠玉,以备后用,否则,宫内府库一经随军文官清点注册,就要纳入大宋国库了。这行为很让他手下的将领想不通,悄悄提醒曹彬说:"李煜进宫去,如果想不开自杀了,那怎么办?"曹彬摇头含笑回驳:"尔等不见李煜优柔怯懦,假如他敢于铤而走险或视死如归,又何必率众肉袒出降?"随后命李汉琼率亲军五百前去戍守南唐各个宫门,以保宫苑安全和清点交接工作顺利进行,并传令下属诸营官兵,严禁入宫骚扰,违者定斩不赦。事态果如曹彬所料,李煜毕竟没有选择自杀的绝路,而是奉命登舟北上,做了不情不愿的"违命侯"。

徐 铉

中国文化史记住徐铉,是因为那部《说文解字》——他曾校订《说文解字》,增补19字入正文,又补402字附于正文后,经他校订增补的《说文解字》,世称"大徐本"。他的书法,在文化史上亦有地位:北宋淳化五年(公元994年)重刻秦代《峄山刻石》,即根据徐铉的摹本。史传他所书的篆书,映日视之,笔画中心有缕浓墨,因其笔锋直下不倒侧,故笔锋常在画中,人也称其如"屋漏痕"、"锥画沙"。不过,在南唐历史上,他被浓墨重彩地记住,却是因为,据说,李后主的死,他有脱不了的干系。

故事是这样的:当时,徐铉跟随李煜降宋后官居散骑常侍,奉命在史馆撰写回忆南唐史事的《江南录》。那已经是赵光义的天下了,赵光义的心狠手辣是出了名的,于是旧日君臣恩深,此时却也不得不疏离了起来,不经恩准的擅自会晤很可能遭到新任皇帝的疑心猜忌,导致杀身之祸。

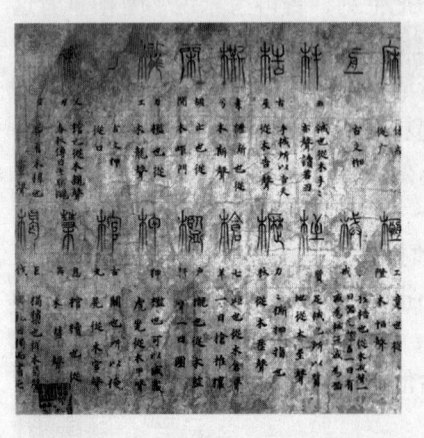

可是有一天,赵光义竟然主动过问起他们的关系,听说他们已经很久不曾互相走动了,竟然还大表宽容地说:有空不如常去看看李煜,别说现

《说文解字》篆注本书影　徐铉　南唐

徐铉(公元916—991年),五代宋初文学家、书法家,字鼎臣,广陵(今江苏扬州)人。早年仕于南唐,官至吏部尚书。后随李煜归宋,官至散骑常侍,世称"徐骑省"。徐铉在南唐时,曾与句中正等共同校订《说文解字》,经其校订增补的《说文解字》,世称"大徐本"。徐铉长于书法,喜好李斯小篆,故有此《说文解字》篆注本流传于世。

在你们都是本朝命官,同僚走动属于正常的人际交往,况且你们还有过一段君臣情谊,"胡马依北风,越鸟巢南枝",禽兽尚且如此,何况人乎?

赵光义的这番话正说中了徐铉的心事,他求之不得地叩首谢恩,准备去看望旧日的恩主。当年,徐铉是南唐吏部尚书,李煜对他无比器重,倚为股肱;而徐铉为了回报知遇之恩,不惜身家性命,两次冒险出使汴梁舌战赵匡胤。降宋以后,朝廷明下禁令,不许他们会面,君臣睽违多日,现在赵光义开了金口,那就可以名正言顺地谒见李煜了。

李煜的府邸坐落在风景秀丽的汴水岸边,外观很雅致,屋宇连甍,花树掩映,颇具江南特色。从外观来看,府邸相当气派,黑漆描金的正门两侧,各有一尊口中衔珠的石狮雄踞;可是住在这样的豪宅里,对李煜来说,却是形同监禁:朝廷特派老卒看守李煜,不许江南故旧随便谒见旧主,如果不是奉皇上口谕的拜访,一律拒之门外。

君臣好不容易相见,却早已物是人非:旧日行惯的君臣礼节难免僭越的口实,可是此时此地的平起平坐更令人如坐针毡。往事不知从哪里说起,本着自我检讨的老式开篇,李煜打破这沉闷的局面,自疚自惭道:"悔不该当初错杀潘佑、李平!"这也许是李煜禁闭岁月中,在心头一遍一遍回放旧事的感慨,而在徐铉听来,更是别有一番滋味:当初自己和潘佑、李平关系不睦,在李煜治罪潘佑、李平的时候,自己也曾推波助澜,如今回想起来,着实愧悔莫及。且不说假如那时采纳潘佑所献计策,放火烧掉宋军隐蔽在江边芦苇丛中的千艘战船,赵匡胤的浮桥计划流产,南唐的败局也许可以迟一点到来;国破家亡的当下回想起来,这一时的意气之争毕竟是自家人的"内政",而往日治国用兵的是非已经来不及挽回……君臣二人各自陷入沉思,相顾无言,而这次见面也怏怏而散。

更大的不幸在后面,徐铉拜会李煜归来,赵光义传旨盘问。徐铉生怕隐瞒旧日君臣的谈话内容,被以欺君罔上之名论罪,只好原原本本向赵光义和盘托出;据说,是他的汇报,终于诱发了赵光义蛰伏已久的杀机。

尽管徐铉满腹才华,其实却无力应付世事变故。他曾经充满自信,觉得正义与公理在他那一边,他的心目中,皇帝以及人民希望的最高理想,不过是天下太平,和平安宁,所有的这些,事实上都已实现,李煜在维持和确保国泰民安的时候,没有任何亏欠与错误,更没有一丁点破坏的意思和行为,那么大宋帝国还有什么理由兵戎相见呢?可惜,他并不明白,所谓的"大义"和"公理",在一部政治史上并不重要。此前,他的滔滔不绝、义正词严无补于南唐的颓势;而后,他的和盘托出、全无隐瞒,也不见得能保全自己的性命——淳化二年(公元991年),他被贬谪为静难行军司马,不久死在贬所。

绝代才子　薄命君王

　　南唐似乎从来就没有资格坐过辉煌的历史交椅。提起那段历史，人们印象中往往会浮现出这样的词汇：偏安、轻浮、无奈、短命。可是，对亡国之君李煜，历来文人笔下却现出了难得的宽容："作个才子真绝代，可怜薄命作君王"，虽然，这位绝代才子扮演的是一个引颈受戮的角色。细读这段历史，我们真的不能说他有什么作为，而在韩熙载的放荡、王屋山的妖娆以及徐铉笔下的"李后主施周公仁政，以王道治国，以孔子纲常道德处世，始终如一从不背离"中，折射出的南唐历史中的末代君王，却也有着值得原谅的特质。

　　他是真懂文化之美的才子。他的字好：初学唐柳公权，继而揣摩唐欧阳询、颜真卿、褚遂良、陆彦远诸家，最后溯源于魏晋书法大家钟繇、卫铄、王羲之。匠心独运，终于创制出具有独特风格的"金错刀"体书法。他对于这种"作颤笔樛曲之状，遒劲如寒松霜竹"(《谈荟》)，阳刚美与阴柔美交融的书法，可谓驾轻就熟，得心应手，大字小字都写得出神入化。有时书写斗方，竟可弃笔不用，卷帛而书，用笔结字尽如人意，世称"撮襟书"。他平生最喜欢写的是行书，落笔瘦硬，风骨嶙峋，后人将其书法喻为"倔强丈夫"。岁月迢迢，政权更迭，李煜的墨宝散佚殆尽，而他总结出来的书法一道："所谓法者，压、钩、揭、抵、拒、导、送是也。"把书苑同仁

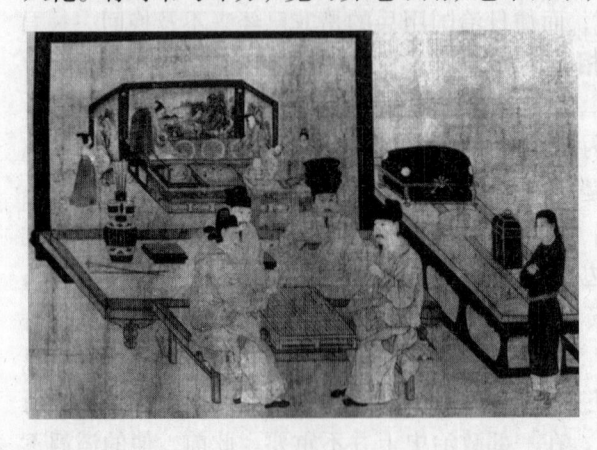

重屏会棋图　周文矩　绢本设色　五代

　　周文矩（约公元 907—975 年），金陵句容（今江苏南京）人。南唐李煜时，为翰林待诏。其擅长画人物、山水、车马、楼台等。此幅《重屏会棋图》中，人物造型颇具生活气息，神情悠闲自然，重叠合理，与所处环境气氛亦为融洽。

之间方能意会言传的要诀——披露。他的画好：人物山水，花木翎毛，无不涉猎。花木之中，墨竹尤精。他深谙书画同源的古意，于是方寸之间，亦如"金错刀"体字，笔锋凌厉，神韵超凡，自成"铁钩锁"的风格。

他是真懂生活情趣的浪子。特别重视收藏和改制文房四宝。对于南唐特产的李廷珪墨、澄心堂纸和龙尾砚尤为热心。"落纸如漆，万载存真"的李廷珪墨是南唐一宝。廷珪墨的特点是质地坚细，光泽如漆，芳香袭人。有"黄金易得，李墨难获"之说。澄心堂纸又是南唐一宝。为了储存这种"滑如春冰密如茧"的御用名纸，李煜专门在宫内清静的澄心堂附近设置库房，并将所存良纸命名为"澄心堂纸"。梅尧臣诗云："寒溪浸楮春夜月，敲冰举帘匀割脂。焙干坚滑若铺玉，一幅百金曾不疑。"说的就是它。龙尾砚即歙砚，也是南唐一宝。其质刚而柔，光润莹洁，抚之若肤，摩之无响，色碧似云，纹理烂漫。李煜在位的时候，封李少微为砚务官，选善工，制佳品，更使歙砚的制作获得空前发展。向往安定风雅的文人墨客，毕竟有过一段这样的好日子："金陵盛时，内外无事，朋僚亲旧，或为燕集，多运藻思为乐府新词，歌者倚丝竹而歌之。"（陈世修《阳春集序》）

对士大夫，他毕竟还有优容的雅量。大理寺卿萧俨，得知李煜怠于朝政，热衷声色，常与嫔妃对弈，竟然径直闯宫闹殿。他见李煜棋兴正浓，漫不经心应付他的面奏，便一怒之下将棋盘掀翻。李煜在尴尬困窘、不知所措之外，还接受了一番嘲讽，却也依然忍气吞声，颓然收场。歙州进士汪涣，鉴于李煜佞佛，呈上《谏事佛书》，话说得很重："昔梁武事佛，刺血写佛书，舍身为佛奴，屈膝为僧礼，散发俾僧践。及其终也，饿死于台城。今陛下事佛，未见刺血践发，舍身屈膝，臣恐他日犹不得如梁武也。"❶ 李煜虽然佞佛依旧❷，却也没有治汪涣的言罪，反而将他提为校书郎。流传极广的杀潘佑、李平的故事，其实更有着一个曲折的过程：潘佑看到南唐国力日益贫弱，李煜身边的近臣又多尸位素餐，无所作为，便在短期之内，连上七道奏疏针砭时弊，始而指责

---

❶ 汉魏时，中原地区出家者不多；两晋南北朝后，佛教大盛，佛教徒逐渐增多，僧尼出家，由高僧主持剃度仪式。因为处于分裂时期，没有制定全国统一发给凭证的制度。由于大量人口出家逃避赋税，严重影响了国家财政收入，国家开始逐渐加强对于僧尼、佛寺的管理，控制僧尼人数。唐朝设立试经度僧制度，经过考试合格的僧尼，方被允许出家，由国家管理机构——祠部发给度牒，作为合法出家者的证书，亦称"祠部牒"。

❷ 除佛教外，唐代流行于中国的还有三种外来宗教：景教、摩尼教、祆教，被称为三夷教。景教是基督教的异端聂斯脱里派；摩尼教，是一个源自古代波斯宗教祆教的宗教。摩尼教为公元3世纪中叶波斯人摩尼（Mani）所创立，是一种将基督教与伊朗马兹达教义混合而成的哲学体系。祆教又称拜火教，是古代波斯帝国的国教。这三种宗教的传入，是古代中西文化交流史上的一个重要事件，体现了唐代东西文化的密切交往。

文臣武将在国势危殆之时饱食终日，误国害民；进而指责李煜不能知人善任，误用平庸之辈；最后要求李煜亲忠疏奸，整肃纲纪，加强武备，取信国人。潘佑呈上七道奏疏之后，见李煜仍无下文，又将辞呈送上，以挂冠归田、隐居山野相威胁。这次，李煜有了反应。他怕潘佑扩大事端，便顺水推舟，命潘佑羁留京师，专修国史。潘佑对此不甘罢休，又破釜沉舟，背水一战，将第八道奏疏呈上，其辞云："三军可夺帅也，匹夫不可夺志也。臣乃者继上表章凡数万言，词穷理尽，忠邪洞分。陛下力蔽奸邪，曲容谄伪，遂使家国，如日将暮。古有桀、纣、孙皓者，破国亡家，自己而作，尚为千古所笑。今陛下取则奸回，败乱国家，不及桀、纣、孙皓远矣！臣终不能与奸臣杂处，事亡国之主。陛下必以臣为罪，则请赐诛戮，以谢中外。"话说得很狠，这是逼迫李煜有所反应了；然而，李煜首先治罪的不是潘佑，而是执掌司农职务的卫尉卿李平。李平被捕下狱，原因有二：一是他少入嵩山学道。李平出山，系潘佑力荐。潘佑桀骜不驯，危言上疏，李煜便怀疑并归咎为李平煽动蛊惑，命大理寺先拿李平开刀。二是李平执掌"司农"之职，是由潘佑推荐。而李平又治农好古，激起很多既得利益者的怨恨。这些人早就在李煜耳边煽风点火，极尽诬陷之能事了。潘佑为李平受到株连而痛苦负疚，悬梁自尽了。噩耗传出，李平紧步潘佑的后尘，缢死狱中。潘佑之死毕竟不是因为进言得祸。还有，在李煜立小周后为皇后之后，在朝中大宴群臣，大家都知道自娥皇死后，这位新国后就已经"养于宫中待年"，这到底有点违背宫中礼仪——众人于是纷纷写诗纪之，而写出来的贺诗，与其说是恭贺不如说是讽刺，真是大煞风景，李煜却也没有动气，一笑了之。

对女人，他更是能充分地发现她们的美、尊重她们的才华。宫娥黄氏潜心临摹历代碑帖，苦练书法，李煜即位后，爱其书艺，委以重任，典守宫中价值连城的图籍墨帖，特别是那些罕见的孤本、善本，以及钟繇、王羲之等历代书家真迹。宫娥薛

金谷园图　华嵒　纸本设色　清代

此图为杜牧《金谷园》诗意图，取材于西晋时曾任荆州刺史的石崇在所营建的金谷园内，坐听侍妾绿珠吹箫的故事：繁华事散逐香尘，流水无情草自春。日暮东风怨啼鸟，落花犹似坠楼人。

九,以自己创编的《嵇康曲舞》,轰动了整个宫城。宫娥乔氏,终年闭门伏案,缮写佛经,每抄完一卷,就精心装裱成册,呈李煜御览,李煜深为其虔诚所感动,亲手书写金字《心经》一卷回赠。宫女窅娘,为使足尖移动平稳,有力支撑身躯,她不惜皮肉受苦,用素帛层层紧缠双足,从足趾、足踝一直缠到小腿腿肚,然后刻苦练习,循序渐进,由易入难,跷足展臂,进退旋转,能在三尺见方的舞台上翩然起舞。他的小周后更是在夫君的支持下,把女性的柔美发挥到了极致。小周后性喜焚香,自出巧思,制造焚香的器具,有把子莲、三云风、折腰狮子、小三神字、金凤口罂、玉太古、云华鼎等数十种。她还想出一个法儿,用鹅梨蒸沉香,放在帐中,既无烟焰熏灼之患,又沁人心脾,令人心醉。特别是鹅梨蒸过的沉香遇到人的汗气,便变成一种甜香,名唤"帐中香"。小周后性爱绿色,柜里的衣服以青碧为主调。有一回染成一匹绉绢,晒在苑内,夜间遗忘未曾收取,为露水所沾,第二天一看,其色分外鲜明,于是此后,宫女们专门替她收露水以染碧为衣,号为"天水碧"。人生有一种方式就是夜宴,那是李煜最适合的生活。

对亲人,他一往情深。他珍重手足情谊,大哥对他的冷眼防范,他认了;七弟从善出使汴梁遭到羁绊,他成日忧心如焚,食不甘味,寝不安席,"别来春半,触目愁肠断。砌下落梅如雪乱,拂了一身还满。雁来音讯无凭,路遥归梦难成。离恨恰似春草,更行更远更生。"(李煜《清平乐》)字字血泪,字字柔情。在周娥皇辗转病榻的日子里,李煜朝夕相伴,所有的饮食他都要亲自照顾,汤药也一定要亲口尝过才喂给妻子。周娥皇去世后,仅仅过了一个月,出现在葬礼上的李煜就已经由"明俊蕴藉"变得形销骨立。在悼文中,自称"鳏夫煜",其辞数千言,皆极酸楚。

在后人看来,他分明是一个只可吟诗填词的弱质文人,偏偏造化弄人,逼着他以扶笔之力强挑万钧江山。作为君王,他没有傲视宇宙的大志,也没有成竹在胸的大略;作为男人,他没有担当苦难的肩膀,也没有处变不惊的气度;也许正因此,他的善良,是凡人的那一点心软;而他的软弱,也是凡人的瞻前顾后,"三春事业付东风,明月梨花一梦",千年前宫殿夜宴的奢靡喧闹终于被原谅了,因为他绝世的才华,因为他平常的善良,因为他孤楼上、酒杯间几乎被阳光融去的身影。

南宋襄阳保卫战示意图

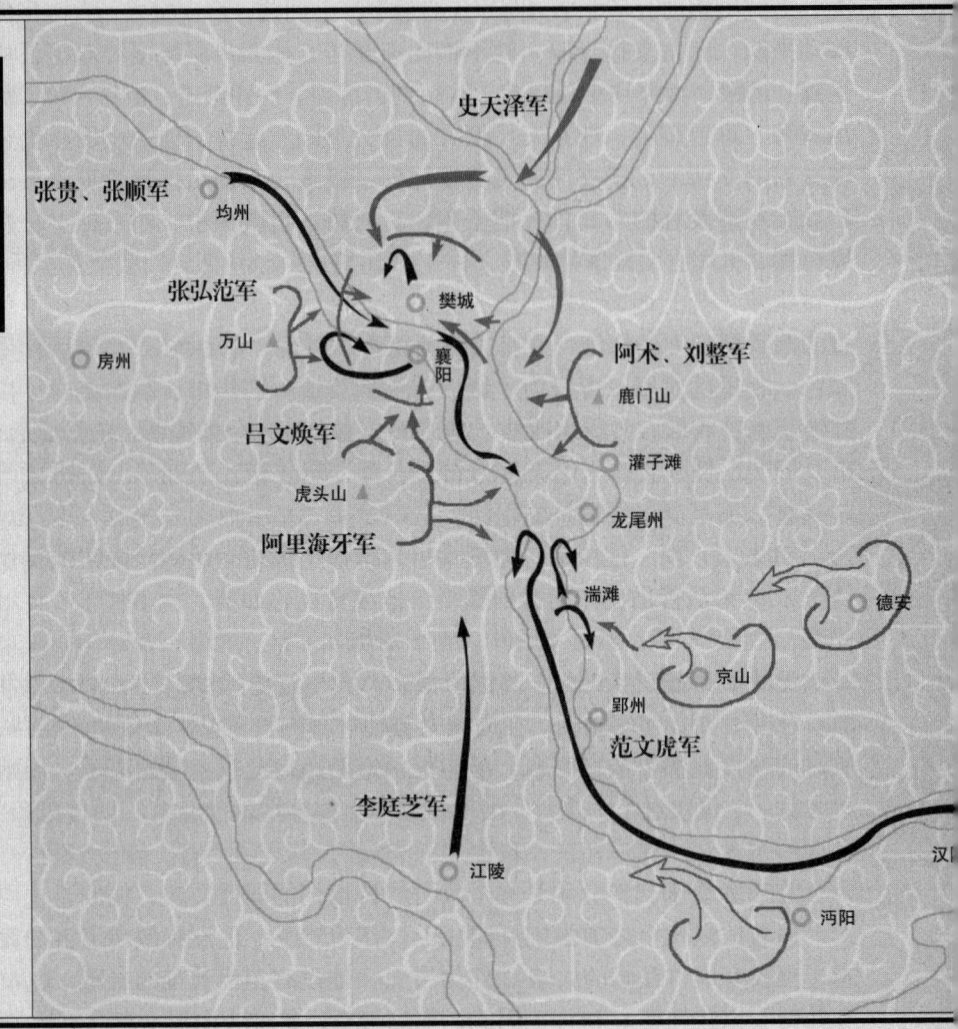

宋徽宗·赵佶

公元1082—1135年

宋徽宗赵佶是北宋历史上的风流皇帝。历史上对徽宗的政治生涯评价并不高，《水浒传》中那位使整个国家奸贼横行、遍地虎狼、在李逵口中坐在天子『鸟位』上的『皇帝老儿』就是此人。大家认定是他，最终葬送了北宋帝国的锦绣河山。可是，后世的文人对徽宗却总笔下留情，因为他的艺术天分在历代皇帝中罕有其匹，更因为他把对艺术的倾心化作不遗余力的支持，倡画院之格局，集天下之博物，在中国文明史上，终于开出了一片高华精致的北宋气象。

夏贵军
○黄州
鄂州

后主入梦　宿命可循

赵佶是神宗皇帝的第十一个儿子，也是哲宗皇帝的弟弟。元符三年（公元1100年）赵佶登基，是为徽宗，那一年，他19岁。

后人说徽宗其实并不想当皇帝，这大概不是真的。因为，围绕他的即位，史书上向来传说纷纭。从烛影斧声的宫廷秘案开始，整一个北宋对皇位的继承都提前下足了功夫，最重要的举措，是早早册立太子，以避免掀起残酷的政争。可是，哲宗赵煦去世那年不过24岁，身后并无儿子，也没有安排好皇位的继承事宜。因此，尽管没有"玄武门之变"的宫廷夺权，也没有"诛齐黄、清君侧"的血腥屠杀，但宗室子弟们仍是蠢蠢欲动。

赵佶以端王的身份入承大统，据说是走了向太后的路子。向太后是哲宗皇帝的嫡母，也是宋神宗的正宫娘娘，她是河内（今河南沁阳）人，是真宗朝名相向敏中的曾孙女，可谓出身名门。向太后的口碑极好，在宫闱之中，她素来恪守妇道，虽然婚后和神宗感情笃好，却绝不涉足政治。家族中有求官者，一概拒之门外，不肯通融；哲宗即位后，她负责挑选皇后等诸项事宜，向氏家族的女子一律不得参与其间，完全做到了不偏不倚。因此，这位正直而贤淑的太后，在朝野上下、臣民之中相当有威望。当时在世的亲王除了端王赵佶，还有四人。当时的权臣是章惇，大约一早就和简王赵似的生身母亲朱太后有内部协议，说好了一旦哲宗不测，就按照嫡庶礼法立简王为帝。从血统而言，赵似是赵煦同父同母的弟弟，也很顺理成章。可惜，简王向来桀骜跋扈，在宗室里

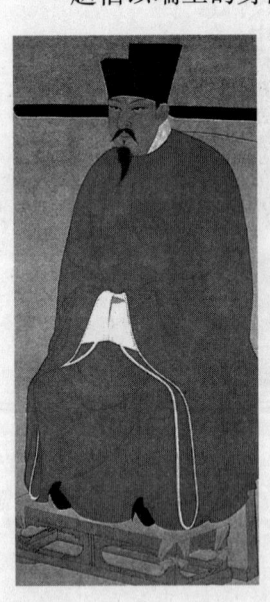

宋神宗

宋神宗（公元1048—1085年）名赵顼，北宋第六位皇帝，1067—1085年在位。宋神宗即位之初有恢复河朔之志，对疲弱的政治深感不满，他命王安石推行变法，振兴北宋王朝，唯操之过急，惜以急于求成而致败，后又欲取西夏，但最终无果，饮恨而殁。

名声很坏,章惇的提议遭到了向太后的反对。向太后看中的恰恰是赵佶——野史中说,赵佶对皇位从来颇有兴趣,每天都到向太后住处请安,又处处巴结向太后的宫里人。这一局面显然出乎章惇的意料,不知道为什么,这位宰相很不喜欢赵佶,认为"端王轻佻,不可以君天下"(《续资治通鉴》),随即以长幼齿序为理由,提出立年长的申王赵佖。可惜,赵佖患有目疾,作为人君实在不太怎样,于是向太后搬出了神宗的遗言:"先帝尝言:端王有福寿,且仁孝,当立。"知枢密院曾布首先附和太后之议,尚书左丞蔡卞、中书门下侍郎许将也相继表示赞同。赵佶就这样被推上了皇帝宝座,这一年是元符三年,赵佶刚刚满十八岁。

也许赵佶生来就是做皇帝的命——换一种解读方式,也许,生来注定就是做亡国之君的命运。传说中,就在赵佶降生的前夜,他的父亲宋神宗刚巧在秘书省看到南唐后主李煜画像,这一厢,神宗对李后主一见倾心,"见其人物俨雅,再三叹讶"(《宋人轶事汇编》),那一厢,徽宗呱呱坠地了。也有史书是这样记载的,在赵佶出生的时候,宋神宗梦见李煜前来谒见。这或许是人们对徽宗的同情罢:既然宋徽宗赵佶是由南唐后主李煜转世托生的,那么他自然也理所当然地具有极高的艺术天分,才华横溢、文采风流;而北宋王朝在他的手中终于日薄西山,更是他躲不过的宿命。

用兵燕云　国运诡转

北宋，是中国历史上最好的时代，"不杀文人"的祖训赋予那个朝代至大至刚的儒者气象，"先天下之忧而忧，后天下之乐而乐"的襟怀更是把文官政治所体现的儒家理想主义光环渲染到极致。北宋，却也是中国历史上距离"国富兵强"最遥远的时代，"冗吏"、"冗兵"、"冗费"的弊政，到仁宗、英宗两朝的时候，已经成为官员议政的突出话题。真宗祥符到英宗治平年间，兵员从宋初的40万左右猛增到125万人。在冗兵的同时，又出现了冗官之弊，有宋一代以士大夫治天下，实施文官政治，文官替代武将主持地方大政乃至军政大权遂成制度。与此同时，官僚阶层也因科举、恩荫等途径而日益庞大，形成了一个庞大的食禄阶层。真宗时文武官总9785员，到仁宗时内外属官总17300余员，其后则增加到30000多人。此外，全国佛老之徒人数众多，另外，北宋每年须向辽夏贡银绢不下70万两匹，凡此种种，加之豢养一支庞大的常备军，支撑一个庞大的食禄阶层，帝国的财政压力可想而知。

而后人想慕的朝廷正气，其实到哲宗皇帝的时候早已所剩无几——宋人自己的说法是："汉人尚气好博，晋人尚旷好醉，唐人尚文好狎，本朝尚名好贪。"（《贵耳集》）有宋以来，臣子之间的党争从来就没有停息过：从仁宗庆历新政[1]时期到神宗熙丰变法时期，士人党同伐异，渐渐形成相倾竞进的风气，《宋史》对时人风尚的评论是："以善求事为精神，以

> [1] 宋仁宗庆历年间进行的改革。北宋官僚人数众多，行政效率低，还面临着辽和西夏的军事威胁。于是，当时的宰执范仲淹等提出明黜陟、抑侥幸、精贡举、择官长、均公田、厚农桑、修武备、减徭役、覃恩信、重命令等10项以整顿吏治、裁汰不称职的官员为中心的改革主张，希望通过施行新政"兴致太平"。但是，由于新政侵犯了既得利益阶层，因而遭到大批官僚的阻挠，支持新政的人相继被排挤出朝廷，各项改革也随之废止。

能讦人为风采，以忠厚为重迟，以静退为卑弱。"那时候，苏东坡已经远贬海南，黄庭坚已经谪居巴蜀；司马光、欧阳修、王安石那一代俊杰更早已雨打风吹落尽，朝廷上的清议批评之路已经堵塞，国家之组织和元气也渐渐出现了走下坡路的迹象。

不过，公平地说，北宋的国事虽然不容乐观，走到亡国的地步却也

是始料未及的。如果不对燕云用兵,几乎可以肯定地说:北宋决不至于亡国;而对燕云用兵一事,历来评议甚多,流行的说法是,徽宗朝君臣觉得每年要给契丹钱物太多,实在不划算。对这笔经济上的账,北宋末年的朝臣已经算过了,说是虽然每年要给契丹五十余万,不过,因为又置了榷场和契丹人做生意,以我不急易彼所珍,一年下来倒也不算亏本。意思是说,从经济上来计算的话,宋朝并没有吃大亏。可是,自从北宋开国以来,"燕云"是君臣朝野心中永远的痛。早在太祖时代,就专门设立了"封桩库",其中的所藏都是为了收复燕云而准备的专款。到了神宗时代,国家富饶、社会安定,于是"收复燕云"更成为神宗一朝君臣的共同心志,神宗诗云:"五季失图,猃狁孔炽。艺祖造邦,思有惩艾。爰设内府,基以募士。曾孙保之,敢忘厥志。"又作诗二十字:"每虔夕惕心,妄意遵遗业。顾予不武资,何以成戎捷。"每一库都在库门上贴其中的一个字,称为"御前封桩库",这笔专款也是为开拓西北准备的。岁月荏苒,而宋辽澶渊之盟❶所带给宋人的耻辱感却历久弥新。因此,在宋代君臣的意识里,用兵燕云事关祖先遗志。所以,尽管联金抗辽的政策在朝廷中始终有反对意见,而决策层对实行这一政策的态度却非常坚决。其实,自从宋太祖赵匡胤当年制定重文轻武的路线之后,皇帝多不谙军事,使相一级的大臣,几乎全是文人,军人出身的只有狄青一人。君臣俱不知兵,却又好陈高义,终于把有宋一代"二百年有志未遑"收复幽燕的夙愿变成"海上之盟"❷的绝大耻辱;而这错误的决策恰恰是徽宗亲自做出的——是朝野众臣的盲目和轻率,加上徽宗的浪漫与轻佻,终于铸成了仓皇南渡、国破家亡的惨剧,让我们且从头来说宋徽宗。

---

❶ 澶渊之盟,指北宋与辽之间订立的和约。宋真宗景德元年,辽萧太后与辽圣宗耶律隆绪以收复瓦桥关为名,亲率大军深入宋境,朝野震动,朝廷一度有迁都之议。但在寇准的坚持下,宋真宗御驾亲征,亲自前往澶州督战。宋辽士气大震,两军出现相峙局面,难分胜负。于是转而议和,宋辽之间于次年初订立和约,协定宋每年贡辽岁币银十万两、绢二十万匹;辽帝称宋真宗为兄,宋真宗称辽帝为弟,真宗赵恒称萧太后为叔母,互约为兄弟之国。盟约订立之后,宋、辽之间百余年间没有发生大规模的战事。

❷ 北宋重和元年(1118年),金已强盛,而辽国渐已衰弱。北宋遂遣使从海路赴金,商议与金联合灭辽事宜。此后,金宋使臣频繁接触,至宣和二年(1120年),双方商定:金取辽中京大定府,宋取辽南京析津府;辽亡后,宋将原给辽之岁币转纳于金国,金同意将燕云十六州之地归宋朝。因双方使臣由渤海往来洽谈,故称"海上之盟"。宋金结盟后,金军连克辽中京、西京。而北宋却迟迟按兵不动,见辽败亡之势已定,才出兵攻燕京。但几次进攻均被辽军击败,自暴其短。最后,金人在得到宋朝承诺增加岁币之后,方出兵攻打燕京,夺城之后,又将燕京城内财物和人口掳掠一空,只留给宋人以一座抢掠殆尽的空城。

浪漫治国　颓势难挽

也曾励精图治

审视徽宗初年的历史,后来的史家不免困惑:这分明是一位年轻有为、励精图治的少年天子啊。宋元符三年(公元1100年)元月,赵佶在宋哲宗灵柩前即位,哲宗给他留下的江山并不太平。那是北宋党争最激烈最残酷的时期,从元祐更化❶到绍圣亲政,支持变法或反对变法的大臣们互相攻击,普通的政见之辩早已上升为意气之争。徽宗上任,做的第一件事就是严惩奸臣、任用忠直:蔡卞被降职为秘书少监处理,蔡京被贬为提举洞霄宫,此外,吕嘉问、吴居厚、徐铎、叶祖洽等一干奸臣相继被黜。与此同时,一些朝野有口皆碑的大臣则官运亨通:韩忠彦被任命为吏部尚书,李清臣被任命为礼部尚书,黄履被任命为资政殿大学士兼侍读,陈瓘、邹浩被任命为左、右正言,江公望、常安民、任伯雨、陈次升、张舜民等皆居台谏之职。哲宗朝的宰相范纯仁,是范仲淹之子,公忠体国,为人正直,受到迫害后被贬谪永州,当时已经七十来岁,徽宗即位后说:"范纯仁,得一识面足矣!"特别加以勖勉慰问,还任命他为尚书右丞。大臣们想望的盛世似乎越来越近,向太后听政、徽宗执政的朝廷一片清明:忠直敢言之士,不断得到提拔重用;文彦博、司马光、吕公著、吕大防、刘挚等二十三人官复原职;哲宗的孟皇后无端被废,徽宗也为她恢复了名誉……一如大臣们所期许的那样,徽宗对广仁恩、开言路、去疑似、戒用兵的建议极为首肯,而且身体力行,甚至因为江公望的谏言而放弃驯养禽兽的爱好,把所有禽鸟都放出宫。久已不见的社会公道与正气在徽宗君臣的努力下渐渐重现。

> ❶ 元丰八年三月,支持变法的宋神宗病逝,继位的宋哲宗赵煦年幼,宣仁太后垂帘听政,重用司马光等反对变法的重臣。司马光执政后,打出"以母改子"的旗号,攻击"王安石不达政体,专用私见,变乱旧章,误先帝任使",尽罢新法,史称"元祐更化"。此一时期改革派人士如蔡确、章惇、吕惠卿、曾布等人,全被贬黜。由于在元祐更化前,新法已推行了十余年,其利弊朝野共知,盲目地全盘否认新法,不但废止了很多便利百姓的措施,而且也进一步激化了朝中变法派与保守派之间的矛盾。

有这样一个小故事一直为后人津津乐道:右正言陈禾正直敢言,名声传到朝中，引起了徽宗的注意，政和初年，传旨升迁陈禾为给事中。陈禾尚未赴任，便不待宣召，进宫力陈童贯、黄经臣宠任宦官将祸及江山的道理，侃侃而谈，不知不觉就忘了时间，饥肠辘辘的徽宗让他改日再议，陈禾拽住徽宗衣服泣奏。陈禾声泪俱下的态度和不太吉利的内容，让徽宗心中不免有点不快，再次起身欲走时，陈禾用力过猛，竟将徽宗衣裾拽脱，徽宗冲口而出："正言且慢，碎朕衣矣！"陈禾随即回答说："陛下不惜碎衣，臣又岂惜碎首以报陛下！"这样的肢体冲突居然也没有惹恼徽宗，相反，他还勉励陈禾说："卿能如此，朕复何忧。"徽宗甚至把这件衣服保存起来，说是将来要用它来表彰正直有节操的大臣。

规章制度的形成不是一朝一夕之功。也正因此，即使要改变一些不太合理的规章制度，并不是皇帝一纸诏令就可以办到的。历史上精明强干的君主都知道这个道理，但徽宗却以自己的浪漫主义情怀，挑战这样的成规。史载，他在大内检查仓库的时候，发现有一个库房里都是毒药，这些毒药来自两广、川、蜀等地，从太祖建隆年间起，每三年进贡一次，其中的野葛、胡蔓、鸩酒等都是剧毒之物，闻到其气味就会致命。徽宗览库之后，立即下令焚毁，其诏曰："此皆前代杀不庭之臣，借使臣果有不赦之罪，当明正典刑，岂宜用此。可罢其贡，废其库，将见在毒药焚弃，瘗于远郊，仍表识之，毋令牛畜犯焉。"少年天子的行事可谓果敢风行又细致周全。

如果没有"后来"，徽宗即位之后的种种举措，都不愧为一代明君。这位向来追求精致唯美的公子哥儿在决意"节华侈、息土木"后，甚至还有过"禁中修造，华饰太过，墙宇梁柱，涂金翠毛，一如首饰。又作玉虚，华丽尤甚"（《续资治通鉴长编》）的感慨。一方面，他确实做到了虚心纳谏：臣下的建议但凡有可采之处都立即表彰，而有些不怎么样的建议也并不加罪，这种清明的作风可谓徽宗

文彦博

文彦博（公元1006—1097年），字宽夫，汾州介休（今山西介休）人，北宋政治家。历任宋仁宗到哲宗四朝宰相，执政于国家承平之时。文彦博辅助朝政期间，虽多有建树，但也参与镇压农民起义。总体说来，他在北宋王朝中期社会的稳定与发展中起了一定的积极作用。

欧阳修

欧阳修（公元1007—1072年），字永叔，号醉翁，晚号六一居士，吉州永丰（今属江西）人，北宋政治家、文学家。官至翰林学士，北宋古文运动的领袖，"唐宋八大家"之一。作为典型的学者型政治家，其政治思想与其学术思想相互为用，这也是当时常见的文人官僚政治，正所谓"文如其人"。

初年处理政务的真实写照;另一方面,徽宗早年也确实意气风发了一把,他颁布诏书对当时最敏感的元丰、元祐党争表明了自己的立场,声称自己对于军国大政、用人标准绝不存元丰、元祐的成见,以无偏无党作为自己的施政目的,力求正直清静,让百姓得到修养生息,更以"元祐、绍圣均有所失,欲以大公至正,消释朋党,遂改元为建中靖国"(《续资治通鉴》)。所谓"中",就是不偏不倚——不盲从元祐、不附和绍圣——可惜,徽宗终归还是一位艺术家,他以艺术家的浪漫情怀来治一国,终于导致了朝令夕改的闹剧,而北宋帝国的悲剧,也就此展开。

出尔反尔的皇帝

让后来史家不胜叹息的是,徽宗前期政治的激浊扬清只保持了太短太短的时日——九个月之后,随着向太后的去世,朝中政局急转直下。

先是刚刚被贬官的蔡京重新得势,史书上说:"京起于逐臣,一旦得志,天下拭目所为。"(《宋史》)元符三年(公元1100年)十月,蔡京被夺官后贬黜到杭州居住,而两年之后,崇宁元年(公元1102年)的七月,蔡京已经被升任为右仆射兼中书侍郎。

徽宗和蔡京其实早有夙缘。传说中,在徽宗还是亲王的时候,就曾经花两万钱购买过蔡京题字的扇面——两万钱,大约相当于徽宗时期普通人家一年的花销。而促成蔡京迅速否极泰来的,是朝廷重臣的意气用事和宦官童贯的察言观色。

也许,自打人类诞生开始,就有了无休无止的争权夺利,当时的朝廷已经不提旧日党争了,可是朝中官员还是不期而然地分成两派。一派是以曾布为首的改革派,一派是以韩忠彦为首的保守派。韩忠彦在历史上的口碑不错,可惜,他确实过分地柔懦木讷了,自然不太能与风流倜傥的徽宗皇帝气味相投,虽然权位在曾布之上,却还是事事受到曾布的掣肘。而曾布一向是有野心的人,他的政治目标,当然始终是一把手的位置。所以赶走韩忠彦,是当务之急,那样他就能顺理成章地成为第一宰相了。曾布本来就不是一个简

韩琦

韩琦(公元1008—1075年),字稚圭,号赣叟,相州安阳(今属河南)人,北宋政治家、名将。韩琦立业之时正值北宋王朝四面楚歌之际,他一生相三朝立二帝,为宋王朝的稳固和发展作出了重大贡献。韩琦辞世后,宋徽宗追封其为"魏郡王"。

单人物，在徽宗即位的大节关头，斥责章惇居心叵测的就是他。在拥立问题上站对了队伍，对他此后的仕途当然大有裨益，他迅速地坐稳了知枢密院事的位置，主管全国的军事工作。然后，他立即出手打击章惇和蔡京，这两位心计深重的人物，都是曾布的有力竞争者；而此时，支持老派人物、以无为治天下的向太后已经去世，曾布搬出政见不同来对付反对派人物，怂恿徽宗皇帝变法图新。曾布有一个很冠冕堂皇的理由，他认为徽宗应该继承父兄神宗皇帝与哲宗皇帝的遗志，发扬光大他们的革新变法事业与精神。只有这样，才能民富国强，长治久安。他的时机选择得很好：徽宗皇帝年甫二十，血气方刚，正思量着有所作为呢——于是，建中靖国年号只用了一年就改成崇宁了："宁"指的是熙宁，那是神宗皇帝推行变法的年代，"崇"，当然就是推崇、崇尚的意思。

　　韩忠彦眼看失势，居然进一步没有原则地意气用事了：他认为，曾布的得势就因为赞成绍述的政策，迎合了皇帝的意思，在政治斗争中先着一棋，自己只需要"以毒攻毒"，选择一个比曾布更能"继承先皇帝遗志"的人不就可以压倒他了么。韩忠彦选择了蔡京作为自己的政治武器。北宋历史上有一张著名的图——《爱莫助之图》，那是徽宗的起居郎邓洵武的杰作。这张图仿效《史记》中的年表，按照宰相、执政、侍从、台谏、郎官、馆阁❶、学校分为七类，每类又分为左右两栏，左边为变法派，右边为保守派。结果，变法

❶ 北宋以后掌管图书、编修国史之官署称为"馆阁"，分掌图书经籍和编修国史等事务。明代将其职掌移归翰林院，故亦称翰林院为"馆阁"。清代相沿。馆阁中人员常须应制作诗文，其文体、书体皆力求典雅工致，世称"馆阁体"。

派的左边，人名寥寥无几，从上到下只有五、七人而已。宰相执政一级的，只有执政一人；而保守派的右边，则有密密麻麻的一百多人，宰执公卿满朝文武。邓洵武指着图告诉年轻的徽宗说："陛下是神宗先帝的儿子，现在的宰相韩忠彦是韩琦的儿子。当年先帝创制新法以利天下苍生，韩琦曾经百般反对；如今忠彦做了宰相，废止了先帝的法度，这就表明，忠彦能够继承父志，陛下却做不到。"这番明目张胆的挑拨离间却令孝顺的徽宗皇帝黯然神伤，邓洵武接着发挥道："陛下如果想要继承父兄之志，现在的朝中能帮您的大约只有蔡京了。"局势很清楚了：假如皇帝要继承父志，就非用蔡京不可。徽宗皇帝被游说得怦然心动，完全忘记了自己此前的理性推断和纸面承诺：假如要继承父志，那必然会再一次满廷党争，而朝廷中自然会再一次掀起报复和攻讦的腥风血雨。故事也正是如此演变的。

　　蔡京上任之后，徽宗皇帝的政治立场迅速转变——历史上，找不出第二个皇帝，如此迅捷地出尔反尔了。在徽宗即位之初，曾经诏告天下，

自己绝不会对反对变法的保守派人士有任何成见,言犹在耳,禁止元祐年间所行法政的诏书却已经下达了。那自然与蔡京有关,那份元祐奸党名录就是由蔡京提供的。司马光、苏东坡、苏辙、程颐[1]、黄庭坚、范纯仁……北宋历史上的正人君子几乎尽在这份"奸党"名单内。他们的著作遭到毁灭性的打击:苏东坡书写的碑、碣、榜、额全部被销毁了,三苏父子及苏门四学士的文集、范祖禹的《唐鉴》、司马光的《资治通鉴》、范镇的《东斋纪事》、刘攽的《诗话》、僧文莹的《湘山野录》也在焚毁之列。而他们亲属子弟的命运更因此而发生了巨大的转折:在徽宗皇帝先后两次亲手书写元祐党人碑之后,他又多次下诏,不让党人子弟在京城居住,甚至不允许党人子弟擅自进入京师地界。此外,对名列党禁中人的联姻状况也横加干涉,不准朝中阁臣与元祐党人的家族通婚——传说中李清照和赵明诚的分居,正是拜这些诏书所赐。在仕途就是士子性命所系的年代,皇帝的明确表态,足以令人心惊胆战——一旦被判入党人的行列,很可能面临终身废置的命运,这样的株连,论其深度和广度,在有宋一代是从来没有过的。

> [1] 北宋理学家程颐,他和程颢及南宋理学家朱熹的思想合称"程朱理学"。二程将"理"或"天理"视作哲学的最高范畴,认为"理"无所不在,不生不灭,不仅是世界的本原,也是社会生活的最高准则。南宋时,朱熹继承和发展了二程思想,建立了一个完整而精致的思想体系。宋以后至清,历代统治者多将二程和朱熹的理学思想扶为官方统治思想,程朱理学也因此成为人们日常言行的是非标准和识理践履的主要内容。

如果说,处理元祐党人是党同伐异的政治报复,或许是蔡京蛊惑利用徽宗的一片拳拳孝心,那么分门别类地治罪曾经响应自己的鼓励上书言事的朝臣,似乎更能反映出徽宗的不负责任。徽宗初政时,曾经颁布诏书,一时朝廷言风大盛,"言者无罪、闻者足戒"的古风再现于北宋朝廷。可是,墨迹尚未干透,所谓的"上书言事案"竟已经成为了那些大臣们的罪状。史载,在上书言事案中,蔡京、蔡攸父子在徽宗的支持下,党同伐异,把上书言事者划分成七大类:正上、正中、正下、邪上尤甚、邪上、邪中、邪下。五百八十多位官员里,被列入"邪"字榜中的,就有五百三十四人。进入"正"字榜的,只有四十一人。其中,"正上"一等的六人,包括了那位为皇帝画"爱莫助之图"的邓洵武。而监察系统和政务系统中,凡是与蔡京有过节的人,几乎一网打尽地被列进了"邪"字榜中。"当初亲下求言诏,引得来胡道,人人投献治安书,比洛阳年少。 自讼镌官差岳庙,却一齐塌了。误人多事,误人多是,误人多少!"(宋无名氏)正是当时士人对徽宗朝政翻手为云、覆手为雨最辛辣的讽刺。这样的行为,伤害的不仅仅是被卷入党人碑或者言事案的个人,而是所有朝中群臣,而北宋士大夫的淋漓元气至此被打击殆尽。

独慕高雅终误国

如果仅仅到此为止，徽宗一朝尽管佞臣满廷，倒也不一定会走到国破家亡那一步。毕竟，北宋年间的经济在经过变法之后，虽然民间百姓的生活状况越来越坏，从官府收入来说，倒还算不错——蔡京当宰相时，北宋的国库似乎还相当富足，国库里的积盈多达五千万。可是，徽宗的爱好实在太多：开国年间厉行节俭的方针到底抵不过对贵族作派的向慕。如前所述，向太后去世了，朝中阿谀奉承的小人粉墨登场。他们揣摩上意，百般鼓励徽宗追求美轮美奂的生活质地，追求千秋万岁的英主名声。前者需要大量搜刮民间财富，后者则来自满朝文武对北宋建国以来军事状况的盲目自信。

崇宁元年（公元1102年），朝廷在杭州增设造作局，由童贯主持，每天役使工匠数千人，专为皇室制造金玉牙角竹藤织绣等物品；所需物料全部由民间征敛。这还不够，崇宁四年（公元1105年），朝廷又在苏州增设应奉局，由蔡京的心腹朱勔主持，专门在江浙一带为皇帝搜罗珍奇物品与奇花异石，史称"花石纲"[1]。花石纲的本意指的是运送奇花异石的船。当时，管成批运送的货物叫"纲"。动用大批船只向京都运送花石，每十艘船编为一纲，于是就称之为"花石纲"。据史书记载，起初，这种花石贡品的品种并不多，数量也有限，征集区域只是在东南地区。后来发现反响奇佳——这样的投石问路正对徽宗皇帝的口味，他不好酒池肉林，就喜欢奇石花草，这样一来，进贡者纷纷加官晋爵，恩宠有加。上有所好，下必甚焉，全国刮起了以奇花异石作为贡品的热潮。为了搜寻出奇制胜的

[1] 宋徽宗酷好奇花异石，为修复开封皇家花园，特设"应奉局"，大量搜刮民间所藏花木树石，经运河从江南沿淮、汴而上，运至开封。宋代陆运、水运各项物资大都编组为"纲"每10只船一纲，舳舻相接，络绎不绝，故称"花石纲"。花石纲之役前后延续二十多年，给东南人民造成极大的灾难，成为激起方腊起义的重要原因之一。

清明上河图（局部）　张择端　绢本设色　北宋

北宋年间的汴京极盛，城内四河流贯，陆路八达，商业发达居全国之首，当时人口达100多万，汴京城中甚至出现了夜市。《清明上河图》描绘的就是汴京清明时节的繁荣景象，是汴京当年经济情况的写照。

花石,各地官吏如狼似虎,从高山深谷、急流险滩到深宅大院、草门棚户,只要有一石一木稍微入眼一点,便有官吏健卒直入其地,做上皇家记号,这民间私产刹那就成了御前之物。等到搬运的时候,再拆墙毁屋,恭恭敬敬地将"御用之物"请出去。更加过分的是,凡是被圈点上的贡品,主人必须妥善保护,如果有一点点疏忽大意,就很可能被以大不敬的罪名治之。官吏们借机敲诈勒索、发财致富,而民间为此倾家荡产者,不计其数。贡品的品种几乎无所不包,官员们凭借各自的眼光,但求出奇制胜:"大率太湖、灵壁、慈溪、武康诸石;二浙花竹、杂木、海错;福建异花、荔枝、龙眼、橄榄;海南椰实;湖湘木竹、文竹;江南诸果;登莱淄沂海错、文石;两广、四川异花奇果。"(《续资治通鉴》)如此规模的搜刮,官方的耗费也不计其数。史书记载说:在江河湖海的惊涛骇浪中,人船皆没是常见的事情,船夫枉死无算。把这些石头运到京城的花费,更是数以十万计,据说,光为了运输太湖鼋山的一块长四丈有余,宽二丈的石头和石头边上一棵相传是唐代白居易手栽的树,就特造了两艘大船,花费八千贯钱才送到京师。八千贯钱,大约相当于当时二百户人家的一年生活费。为保障"花石纲"的运输,重要的国计民生都可以忽略不管了——漕船和大量商船都被强征来运送花石。费百万役夫之工,加上破屋坏墙、践田毁墓的野蛮掠夺,一时天下萧条,民不聊生。

这样的代价倒也确实博得了皇帝的欢心:政和年间,安徽灵壁县进贡一块巨石,高、阔均二丈有余,用大船运送到京师汴梁,拆毁了城门才总算进得城内——这样的兴师动众是明显的扰民行为,宋徽宗却龙颜大悦,亲笔御书曰:"卿云万态奇峰",并加金带一条悬挂其上;宣和年间,朱勔在太湖搞到一块高六仞、需要百人合抱的巨石,运送京城后,朱勔本人晋升为"威远军节度使",他的四个奴仆也被一一封官,更荒唐的是,那块大石头居然也被封了个爵位——"盘固侯"。

芙蓉锦鸡图　赵佶　绢本设色　北宋

赵佶之画尤好花鸟,并自成"院体",充满盎然富贵之气,令中国花鸟画步入全盛时期。赵佶倡导文艺,使承继五代旧制的"翰林图画院"又营运了一百多年。在他的倡导下,还编撰了《宣和画谱》、《宣和书谱》两部图书,辑录了大量名家书画,成为我国书画史上的重要资料。赵佶虽在政治上昏庸无能,但其对文化艺术发展作出的杰出贡献应予肯定。此图画秋天清爽宜人之景,以花蝶、锦鸡构成画面。赵佶自题:"秋劲拒霜盛,峨冠锦羽鸡,已知全五德,安逸胜凫鹥。"

这样的罗致只能表现财大气粗,还不能表现徽宗的品味——于是,善于拍马逢迎的蔡京又精心策划了一件大手笔,这就是艮岳,一座方圆数十里,坐落于开封城东北、景龙江之南的假山园林。

在此之前,徽宗的享受其实已经很不一般:从崇宁元年起,修完景灵宫以后修元符殿,铸完九鼎之后再建九成宫;接着是修建延福宫的七宫三十二阁,叠石为山,凿池为海,终于建成了"不类尘境"的宫殿群。这样的大兴土木还是不能满足徽宗神仙般的浪漫与艺术家的灵感,于是,就有了艮岳。政和七年(公元1117年),艮岳开始动工,历时6年,耗资无可计数,征用民间劳役数十万,终于在宣和四年(公元1122年)竣工,初名万岁山,后改名艮岳、寿岳,或连称寿山艮岳,亦号华阳宫。它位于汴京(今河南开封)景龙门内以东,封丘门(安远门)内以西,东华门内以北,景龙江以南,周长约6里,面积约为750亩。据记载,苑内峰峦迭起,群山环列。其中东为艮岳,东西二岭,有"介亭"、"麓云"、"半山"、"极目"、"萧森"等五亭。南为寿山,两峰并峙,列嶂如屏,瀑布泻入雁池。西为"药寮"、"西庄",再西为"万松岭",岭畔有"倚翠楼"。艮岳与万松岭间自南往北为濯龙峡。中间平地凿成大方沼,沼水东出为"研池",西流为"凤池"。徽宗赵佶亲自写有《御制艮岳记》,表彰艮岳之美,称其兼有天台、雁荡、凤凰、庐阜诸山之奇伟,兼有二川、三峡、云梦等水景之旷荡,天下名胜的特别之处皆汇集其中。园内名花异草不计其数,佳木繁阴,水色潋滟,奇秀幽美,冠绝天下。世人感慨艮岳的壮丽是"自生民以来,盖未之有"(《挥尘录》),而其神妙则"真天造地设,神谋鬼化,非人力所能为者"。(《挥尘录》)流连在艮岳云蒸霞蔚、奇山异木之中的宋徽宗,完全忘了"竭天下以自奉"的后果。

而后果,毕竟是要来的:在受花石纲祸害最深的浙江东南一带,百业凋敝,民怨沸腾,终于官逼民反,发生了方腊起义。几个月之内,整个东南地区都被席卷了进去,近百万民众群起响应;而北方,则发生了宋江为首的农民起义。

本来,澶渊之后,宋辽百年未动兵戈,但两国关系一直紧张。辽国自恃兵马强壮,屡兴事端,要挟宋朝。庆历二年,辽国要求北宋增加银帛各十万两匹,北宋答应了;熙宁八年在辽国的胁迫之下,朝廷又有了河东割地(十县)之议。不过,到了政和五年(公元1115年),辽势已衰,当年那个东收朝鲜、西震党项,威风得不可一世的大契丹被辽东的女真完颜部打得狼狈不堪。面对这一大好局面,徽宗君臣在欢欣鼓舞之余,也正打算利用金强辽弱的形势作一番"文章"——联金图辽的"海上盟约"已经紧锣密鼓地展开。为了执行这一盟约,宋朝已调集各路精兵强将,准备进攻辽国南京(燕京,今北京)。当得知方腊起义的消息后,宋朝马上停止对辽作战的计划，以宦官知枢密院事童贯为江、浙、淮南等路宣抚使，率领准备攻辽的十五万大军前往镇压。当时，起义军已经占领了睦州、歙州（今安徽歙县），逼近宣州（今安徽宣城），所到之处势如破竹，起义队伍迅速壮大，很快发展到几十万人，并先后攻下了六州五十二县的广大地区。这时候，当然先戡平内乱要紧，于是徽宗又是自承过失，又是罢去苏杭应奉局、造作局及花石纲，着实忙乱了一番。

内乱很快平息了，毕竟宋代恩泽绵长，皇帝都道歉了，百姓们也就还是愿意相信此后会迎来一个清平的世道；可惜就在那一年的春天，宋朝准备按计划打一场外战，正式撕毁了澶渊之盟。首先是宋徽宗下诏，以收复燕云、恢复汉地、讨伐无道为名对辽国宣战，接着，童贯便率十五万宋军从京师出发，以种师道为都统节制各路宋军。临行前，宋徽宗授与童太师御笔三策作为指导平燕战争的三项基本原则。"如燕人望风投降，上也；燕王纳款称藩，中也；燕人不服，按兵巡边，下也。"后人看来，徽宗把军国大事重托于宦官，那简直是荒唐之极，不过，童贯之所以这么风光，倒也并不是全凭宠信——北宋能打仗的官员太少了，讽刺的是，北宋自1104年开始用兵河湟、攻打西夏的战争都是童贯指挥的，剿灭震动江南的方腊起义的军功也是童贯立下的，用兵燕云之前，童贯的万言《平燕策》更是写得洋洋洒洒，极合徽宗的心意——他真的以为集精兵锐甲攻取幽州，此后据关守险，则天下可定，社稷可安。不过，童贯到了战场一线，连着吃了两场败仗之后，马上清醒了过来，对宋朝的军事实力有了一个正确的判断：用武力收复燕云十六州绝无希望；辽兵虽弱，打起宋军倒还绰绰有余。可是，这样撤兵也许有利于保存国家的实力，对童贯自己的仕途，却一定是一个极其沉重的打击。于是他开始盘算着另一个计划，那就是请金军从北线进攻燕京，说得好听点，是形成包抄的局面，实质是请金人来帮宋军打辽国，这样就可以纾解宋军在南线战场上进退两难的尴尬局面。其实，那个时候的朝廷并不是没有大臣提出异议："灭一弱虏，而与强虏为邻，恐非中国之福"，"本朝与北虏通好，百有余年，一旦败之女真，果能信其不逾乎？异日女真决先败盟，为中国患必矣。"且不说金之不可联、辽之不可灭的军事后果，摆在面前的是，联金攻辽的代价着实巨大——每年二十万两银子，三十万匹丝帛；还有折合各色货物的燕京代税钱一百万贯；此外，还要一次性付清犒军费二十万两匹银绢和二十万石粮米。这样的代价，换得的是残破不堪的一座燕京空城，以及士庶流散的蓟、檀、景、顺四州之地，怎么算都是得不偿失的一笔交易。可是，宋的决策层一厢情愿地以为幽燕之民"延颈款关愿归中国"，同意了童贯的计划。于是，宣和五年（公元1123年），在支付了巨大的代价之后，童太尉终于得以率宋朝十万天兵"浩浩荡荡"地开进燕京，并派员接管附近州县。"燕云十六州"这个困扰了历代北宋统治者的心病总算是药到病除了。徽宗皇帝命有司制"复燕云碑"并大赦河北路、河东路、燕山府、云中路,在全国营造出一片骨肉团聚的祥和气氛;更大封功臣,王黼、童贯、蔡攸、赵良嗣纷纷加封赐爵。皇宫内外歌舞升平,一派普天同庆的欢欣景象。可惜,对这段历史,后来人的评价是:"拒契丹勿援,据女直而勿夹攻,则不导女直以窥中国之短长,守疆土以静镇之。"(《宋论》)在后人看来,北宋"收复"燕云的实质是自曝虚弱、轻启祸端。

靖康之耻

蔡京在《贺表》中歌颂燕京的回归,说:"举全燕之故地,吊介狄之遗民,戴白垂髫欢呼而解衽,壶浆箪食充塞而载途。"这当然是一派胡言——劫后的燕京既已是空城,"壶浆箪食充塞而载途"的盛况自然就只能是蔡京的想象之辞。然而,徽宗朝廷依然沉浸在"取地便是功"的成就之中,忘记了这样的"繁华盛世"完全是自欺欺人。

这场战争却给了金人一个机会,看透了北宋朝政的腐败、军事的软弱,索性在宣和七年(公元1125年)兵分两路,乘机南下,直扑毫无设防的汴京。这样一来,徽宗慌了手脚,赶忙又下一道罪己诏,立刻宣布退位,把皇位禅让给儿子赵桓——那就是后来的钦宗——自己则逃跑到镇江去了。开封虽然兵力不强,却也毕竟是京师所在之地,不是三五日就能攻下的,加上金兵到底是孤军深入,也害怕后路被抄,不敢恋战,于是提出了割地赔款的勒索条件。宋室君臣只要金兵不进开封,什么都同意——反正割地赔款对有宋一代来说,简直是家常便饭。一方拿出真金实银,一方退兵,和议既成,金兵已退,宋廷便遣返了各路勤王之师,徽宗也就安然地回到汴京,继续过着风流富贵的日子。然而被割让的二十个州的百姓却不愿意做"蛮夷之邦"的顺民,组织义军四出邀击,这样一来,刚刚北撤的金兵被弄得很被动,于是决定又回师南下,向宋廷施压,讨一个说法,顺便也再试探一下宋朝的军事实力究竟如

抗金名将李纲

李纲(公元1083—1140年),字伯纪,福建邵武人,北宋末、南宋初抗金名将。宋徽宗出逃后,被迫留守京城的钦宗在李纲的坚持下同意据城抗敌。李纲临危受命,击退金兵,但不久即被投降派所排斥。宋高宗即位之初,一度起用为相,曾力图革新内政,但仅七十五天即遭罢免。

何。不过,也许连金兵也没有想到,大宋王朝居然如此不堪一击,就在次年(靖康元年,公元1126年),开封外城沦陷,金国骑兵将首都汴京城内的金银宝货、文物古玩、仪仗图籍搜罗一空;接着,金人立原来的宰相张邦昌为大楚皇帝;再然后,当了一年多太上皇的宋徽宗赵佶,和他的大儿子、只当了一年多皇帝的宋钦宗赵桓全部成为大金骑兵俘虏,被掳掠到了金国。一同被掠去的还有在开封的全部皇家宗室、妃嫔宫女、文武百官、工匠艺伎等一万四千多人。北宋帝国灭亡,而被封为"昏德公"的徽宗、被封为"重昏侯"的钦宗,也终于客死异乡。

徽宗在北行途中,见杏花烂漫,思及往事,悲从中来,赋《宴山亭》曰:"裁剪冰绡,轻叠数重,淡著燕脂匀注。新样靓妆,艳溢香融,羞杀蕊珠宫女。易得凋零,更多少、无情风雨。 愁苦,问院落凄凉,几番春暮?凭寄离恨重重,者双燕何曾,会人言语?天遥地远,万水千山,知他故宫何处?怎不思量?除梦里有时曾去。无据,和梦也新来不做。"徽宗的词写得哀感哽咽,令人不忍卒读。他的第九个儿子康王赵构侥幸脱身,旋即南逃,在应天府称帝,建立南宋帝国❶,改靖康二年为建炎元年;北宋就此成为历史,而"靖康之耻",也从此深深镌刻入中国的记忆。

❶ 绍兴十年(公元1140年),宋军在反击金军的入侵中取得顺昌(今安徽阜阳)、郾城(今属河南)、颍昌(今河南许昌)等大捷后,赵构与宰相秦桧下令各路宋军撤兵,并制造岳飞冤狱以取悦金人。绍兴十一年双方最后达成和约:1.宋向金称臣,金册宋康王赵构为皇帝。2.划定疆界,东以淮河中流为界,西以大散关(陕西宝鸡西南)为界,以南属宋,以北属金。3.宋每年向金纳贡银、绢各二十五万两、匹。绍兴和议确定了南宋对金的臣服关系,结束了长达十余年的战争状态,高宗赵构则凭此坐稳了半壁江山。

善鉴工书　文治留名

书画俱绝

这样一个皇帝，不见得对自己的子民有多少体恤，对自己的帝国更无贡献，可是，在后世的名声却也不算顶坏，那一定是因为他是太出色的一位艺术家，以至后来的文人在写到他的时候，心底一软，就轻轻地放过了他。

徽宗在当上皇帝之前，早已"盛名圣誉布于人间"——毕竟，沉浸在笔研丹青、图史射御之中，在爱重文人的宋朝来说，是相当正派健康的嗜好。宋蔡绦《铁围山丛谈》说："徽宗初与王晋卿（王诜）、宗室大年（赵令穰）往来。二人者，皆善文辞，妙图画。而大年又善黄庭坚书，故佑陵作庭坚书体。后自成一法。时亦就'端邸'（即端王府）内知客吴元瑜弄丹青。元瑜者，画学崔白，书学薛稷，而青出于蓝者也。"王诜、赵令穰等擅长山水，又富于收藏，王诜的府园还是诗画家聚会的中心，吴元瑜是著名花鸟画家崔白的弟子。赵佶年少时即与这些名家往来，可谓得天独厚。而他即位之后，更是以皇帝之尊，遍交天下名士。《钱氏私志》云："徽皇闻米芾有字学，一日于瑶林殿张绢图方广二丈许，设玛瑙砚、李廷珪墨、牙管笔、金砚匣、玉镇纸、水滴，召米书之。上映帝观赏，令梁守道相伴，赐酒果。米反系袍袖，跳跃便捷，落笔如云，龙蛇飞动，闻上在帘下，回顾抗声曰：'奇绝陛下！'上大喜，即以御筵笔砚之属赐之。寻除书学博士。"

秋景山水图　赵佶　绢本设色　北宋

作为皇帝的宋徽宗虽治国无能，其政治生涯灰暗而短促，但作为艺术家的赵佶却是中国封建皇帝中最具艺术气质的才华横溢者，其传世画作《秋景山水图》、《芙蓉锦鸡图》、《池塘晚秋》等不少可称为传世佳品。这幅徽宗《秋景山水图》，取意幽远，图中人物似仙家静修，可能与他笃信道教有关。

而支持着徽宗的"嗜好"的,是他无与伦比的"天分"。不用说,他独创的瘦金体书法独步天下,其特点是:中宫收紧而四维开张,点画瘦挺而体态宽松,并运用行书笔法作楷书。在书写过程中利用硬毫的弹性,在收笔处就势向右下方侧点,形成一笔斜画,然后回勾以引出下一笔的起笔状态。这种富有节奏韵律的用笔和匠心独运的结体特征,可谓前无古人而自成一法。挺拔秀丽、飘逸犀利,看得出初习黄庭坚、后学褚遂良和薛稷、薛曜兄弟的影子,却又杂糅各家,取众人所长且独出己意,一方面,骨力遒美,运笔有屈铁断金的气势,具备皇帝书法特有的英伟风格;另一方面则极有韵致,墨间有文人书法的飘逸萧淡之气。这种风格在前人的书法作品中,未曾出现过——《书史会要》称赞徽宗的瘦金体"笔法逸劲,意度天成,非可以陈迹求也。"那是盛赞他的天才了。我们现在能看到的瘦金体书法作品有《瘦金体千字文》、《欲借风霜二诗帖》、《夏日诗帖》、《欧阳询张翰帖跋》等,果然瘦挺爽利、行间如幽兰丛竹,泠泠而作风雨声,极雅致又极高迈,书家的功力、涵养以及神闲气定的心境俱在其中。

徽宗独创瘦金体,可是他擅长的字体还不止这一件,后世论者称为出神入化的"神品"是他的楷书作品:《秾芳依翠萼诗帖》。该帖笔法犀利遒劲,铁画银钩;而其草书也达到了炉火纯青的境地,他的《草书千字文》长达十一米,气势极为雄健,观之"飞动若虎踞龙腾,风云庆会,远异常流"(《赵佶的诗词、书法与山水画》),不输于盛唐时期的草书"书圣"张旭与怀素。

而更令专业人士称绝的,似乎是徽宗的画艺,所谓"徽宗皇帝天纵将圣,艺极于神"(《画继》)是也。后世公认,徽宗的山水、花鸟、人物,都能"寓物赋形,随意以得,笔驱造化,发于毫端,万物各得全其生理"(《广川画跋》)。今日观之,其笔致精细温婉,形象俊俏生动;而作为皇帝,他的运笔设色更特有一番华丽富贵的气派。

这里又有两个小故事。据说,宣和年间,徽宗建成龙德宫,特命画院里的高手实地画龙德宫的墙壁和屏风。画完后,徽宗前去检查,一幅"斜枝月季花"引起了他的注意。在得知是新进画院的一少年所作之后,他特别高兴,立即给予了赏赐红衣料的殊荣。然后,他又把画院的画师们叫了过来,指出月季很少有人能画好,因为随着四季、早晚的变化,花蕊、花叶完全不同;而在这位少年的笔下,这朵月季一看就知道是春天中午时候开放的,花蕊、花叶的姿态位置一点儿也不错,可见是观察入微的写生。还有一次,宫中宣和殿前的荔枝树结了果,徽宗特来观赏,恰好见一孔雀飞到树下,徽宗立即召画家描绘。画家们从不同的角度刻画,精彩纷呈,其中有几幅画的是孔雀正在登上藤墩,徽宗观后说他们画得不对,让他们回去再细思其然,几天过后,徽宗再次把画家们召来询问,但

瑞鹤图　赵佶　绢本设色　北宋

北宋政和二年上元之次夕（公元1112年正月十六日），群鹤飞鸣于宫殿上空，两只仙鹤竟落在宫殿的鸱吻之上。徽宗认为是祥云伴着仙禽前来帝都告瑞——国运兴盛之预兆。于是欣然命笔，将目睹情景绘于绢素之上，并题诗一首以记其实。但"祥瑞之兆"却难挽衰败国运，此后第十五年，金兵攻陷都城汴梁。此图画庄严耸立的汴梁宣德门，上空彩云缭绕，十八对神态各异的丹顶鹤翱翔盘旋，另两对站立在殿脊的鸱吻之上，空中彷佛回荡着悦耳动听的仙鹤齐鸣之声。画后有赵佶瘦金书叙述一段。

他们仍然不知道自己哪里搞错了，徽宗这才给出了答案："孔雀抬脚跃上土墩的时候，必定是先抬左脚的，你们都画成先抬右脚了。"

徽宗对学生们如此要求，对自己的画作更是以写生为追求，据说，他每天都在皇宫画院中认真描摹花鸟，详细研究万物在不同时间的形态，仔细地描绘出各种珍禽异兽和奇花稀果及"玉芝沉秀于宫闱，甘露宵零于紫篁"等所谓祥瑞，并且按所画题材以十五种为一册，曰《宣和睿览册》，累至千册，命辅臣题跋于后，编辑成《宣和睿览集》，反复揣摩临写。收藏于辽宁省博物馆的《瑞鹤图》就是这样日夜用功加上天赐奇缘，终于妙笔天成的佳作。那是政和二年（公元1112年）的元宵佳节，东京汴梁城中举行五天五夜的盛大灯会，上至皇帝百官，下至平民百姓，在御街上观看各种歌舞烟火的表演。第二天一大早有人上奏，说宣和殿前有一幕罕见的吉祥景象：云烟缭绕的清晨，不知从那里飞来了十几只丹顶鹤，竟围绕着宣和殿盘旋飞舞，争鸣和应。徽宗过去一看，果然如此，有几只丹顶鹤还停在宣和殿的屋脊上，亭亭玉立，摇翅和鸣，似乎预示一派祥瑞、太平盛世的景象。整群丹顶鹤在皇宫上空自在地飞了好一阵之后，才悠然地飞走。说来也巧，此前一年，徽宗正精心研究学习描绘仙鹤的技巧，细心揣摩，画成了二十种不同的仙鹤姿态，并按照文人的习惯给每个姿态都取了个典雅的名字，这次刚好有了用武之地。回到宫中，徽宗马上命人拿出上好的细绢、精致的笔墨颜料，半写生地画出这一幕奇景，旁边则用他独特的瘦金书写下了这幅画的来龙去脉："政和壬辰上元之次夕，忽有祥云拂郁，低映端门。众皆仰而视之……"他的创作源泉不仅来自秘阁万轴，也来自真景实貌的写生之作；于是，既有于古无所不窥的传统功力，又能自出新意。

培养艺术人才

如果说徽宗本身的才艺天分已经够令人折服的了，那么，更为后人所低徊流连的，则是他不遗余力地倡导文艺的种种举措。五代末期，南唐、西蜀都建有画院，收罗绘画人才，从事专业绘画。宋代统一中原地区，消灭了这些割据势力之后，便顺理成章地把这些优秀画家网罗入京师汴梁中的翰林书画院，其中包括许多当时就已经名满天下的画家：诸如黄荃、黄居寀父子及周文矩、徐崇嗣、郭忠恕、董源等人，这使得宋代的翰林书画院一开始就极具实力。到了徽宗在位的时候，宋代书画院迎来了全盛时期。崇宁三年（公元1104年），在国子监增设画学，使图画院成为科举制的一部分。又设"博士"衔，作为监考官。徽宗任命名士米芾任书画学博士，整顿和健全画院的组织机构，制订制度，把原本纯粹是提供绘画作品的画院改革成具有绘画教学作用的艺术学院，并且亲自领导，这些翰林画院的画家也就都成了皇帝的"天子门生"，倍受眷顾。据说，当时四方考生源源而来，有幸中选者无不是百里挑一者，可谓才子云集。

宋代翰林画院的一大特色，便是以"画学"著称。既然是作为一门和诗歌文学并提的"学问"，那么对于画家的要求就不仅仅是画技出色了。徽宗主持下的翰林书画院，往往以古人诗句命题的考试方法来选拔画院人才，要求画者能够先读懂甚至是深悟诗句的境界，然后再画为可视的图画，评画的标准是："以不仿前人，而物之情态形色，俱若自然，笔韵高简为工。"宋人画史家邓椿的《画继》中，就记载了很多这样妙趣横生的细节。"野水无人渡，孤舟尽日横"、"踏花归去马蹄香"、"深山藏古寺"、"嫩绿枝头红一点"、"蝴蝶梦中家万里"，种种命题，题目出得漂亮，考查的内容也十分全面，应试画家的学问、见识、想象力和创造才能都可以得到发挥。据说，南宋院体代表画家李唐年轻时，曾入试过赵佶的翰林画院，那次所出的题目是唐人诗句"竹锁桥边卖酒家"，李唐的画面中不见酒家，却斜斜由竹林中外挂出一幅酒家的酒帘，意趣潇洒、悠然含蓄，凭此拔得头筹。确如《萤窗丛谈》所说："夫以画学取人，取其意思超拔者为上。"

按宋朝旧制，翰林画院作者分成画学生、艺学、祗候、待诏四个等级，未得职称者称画学生。不过，画家毕竟不是一般的政府文官——据画史记载，唐代宫廷画家的地位是极低的——历代帝王仅将画院看做一种服役机构，画家们虽然可以和普通的文官一样穿绯色和紫色的朝服，却不得佩鱼袋，以示区别。北宋以来，画家的物质生活有了保障，地位也较前代有所提高。但画院的画师，其政治地位和别的官员还是不能相提并论的。徽宗首先提高画家的待遇。政和、宣和年间（公元1111—1125年），徽宗下诏，允许书画两院的"艺术家"们像普通朝官一样佩带鱼袋；他们拿的工资也区别于其他工匠的"食钱"，和官员一般地称为"俸直"；而那些艺术家如果犯了事儿，也只是罚点儿俸钱，不会把他们当做罪犯来处置；在中国历史上，这样的尊宠可谓异数。此外，在画学的建制方面，徽宗也动足了脑筋。据《宋史·选举志》记载，画学分六个专业：佛道、人物、山水、鸟兽、花竹、屋木，徽宗以《说文》、《尔雅》、《释名》教授。《说文》令书篆字、著音训，余则皆设问答，以所解义，观其能通画意与否。另外，学生的身份还有等级区别。一般分为外舍、内舍、上舍三级。经过每月的私试，每年的公试，学行兼优的，依次上升。又根据学生文化修养和出身的不同，分"士流"（士大夫出身的）、"杂流"（从民间工匠选入的），分住在不同的地方。"士流"可转作别的行政官，"杂流"则不行。学习的科目也不同，"士流兼习一大经或一小经。杂流则诵小经，或读律考（《宋史》）"。显然，徽宗的绘画教育是很有成效的。今存众多佚名的宋人画迹中，形神兼备、写生逼真的佳构比比皆是，其中有相当一部分出自徽宗时代画院画家之手；而在他身体力行的影响下，北宋末年的亲王宗室、贵族宦官纷纷学画，出现了赵伯驹、赵伯骕那样的名家，宋代宗室子弟的爱好文艺、崇尚文化，在某种程度上促进了一代文明的繁荣。

在文物方面，徽宗亦贡献良多。《画继》记载："宣和殿御阁有展子虔《四载图》，最为高品，上每爱玩，或终日不舍，但恨止有三图，其水行一图，待补遗耳。一日中使至洛，忽闻洛中故家有之，亟告留守求观，既见，则愕曰：'御阁正欠此一图。'登时进入。"由于徽宗的刻意搜求，秘府的收藏比先前丰富得多。而其在文物鉴藏方面最值得大书特书的功绩是《宣和博古图》、《宣和书谱》、《宣和画谱》的编著。《宣和博古图》是继欧阳修《集古录跋尾》、吕大临《考古图》之后的一部金石学研究力作。徽宗大观元年（公元1107年）命

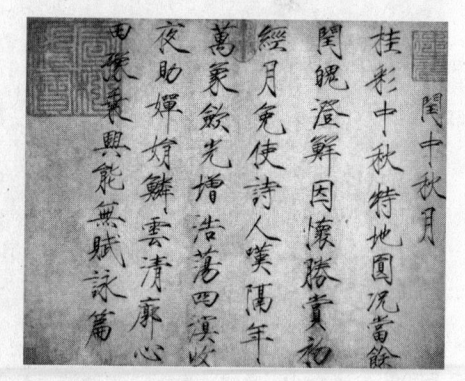

《闰中秋月》帖　赵佶　北宋

瘦金体是宋徽宗创造的书法字体，亦称"瘦金书"或"瘦筋体"，也有"鹤体"的雅称，属于楷书的一种。宋徽宗楷书初学黄庭坚，后学褚遂良和薛曜，取众人之长出以新意，自成一家，号"瘦金书"。其特点是瘦直挺拔，横画收笔带钩，竖画收笔带点，撇如匕首，捺如切刀，竖钩细长；有些连笔字像游丝行空，近于行书。图为其《闰中秋月》诗帖。

黄伯思根据从全国各地搜集所得以及内府所藏铜器，编绘而成。宣和五年（公元1123年）又命王黼重修，增加新搜集的铜器，成为人们今日所见的集八百三十九件、共三十卷的《宣和博古图》。与以前的金石学著作相比，这本书特别注重青铜器的器形学，可谓创制。《宣和书谱》和《宣和画谱》则是考察北宋以前名迹尤其是宋内府所藏品目及书画史的宝贵资料。两书各二十卷，以专门的工艺装裱成"宣和装"的样式。《宣和书谱》载录宋宣和时期御府所藏墨迹共一百九十七家、一千三百四十四幅。《宣和画谱》则辑录晋、魏以来名画共二百三十一家、六千三百九十六件。两书均详分门类，系以小传，夹叙夹议，加以品第，并附御府所藏各帖。同时，徽宗还组织画院画家临摹了许多内府收藏的名迹。流传至今的传统绘画作品中，有相当一部分正是依靠宋代画师的摹作才为后人所了解。

● 风花雪月

有宋一代，在武功上没有什么值得称许的，文治却可谓彬彬。高雅之士也常是酒宴之上吟风弄月的高手，写到动情之处真个是"不听清歌也泪垂"了。《东京梦华录》的作者孟元老在十二世纪二十年代初，随父经商，客居京师，据他回忆东京当时的盛状时说："太平日久，人物繁阜，垂髫之童，但习箫鼓，斑白之老，不识干戈，时节相次，各有观赏。灯宵月夕，雪际花时，乞巧登高，教池游园。举目则青楼画阁，绣户珠帘，雕车竞驻于天衢，宝马争驰于御路，金翠耀目，罗绮飘香。"一座汴梁城，红红翠翠、莺莺燕燕，自然少不了风花雪月、缠绵悱恻。徽宗和李师师的故事，也因此被定格成爱情。

其实，那未必是真的。

因为，据可靠的史料显示，当时在艮岳中的少女总数超过了一万人。笃信道教的徽宗每隔五到七天，就必定要在有山有水，林木葱茏，鸟语花香的艮岳，配以潺潺流水和袅袅不绝的音乐，

勘书图（局部） 王齐翰 绢本设色 五代

据苏东坡的《跋南唐挑耳图》记载，此图先为著名画家王诜（宋英宗的女婿）所有，王诜之后转入朝奉大夫王定国手中。此图又名《挑耳图》，后经宋徽宗赵佶御题命名为《勘书图》。图表现的是宋代士大夫修养的生活场景。

和一位处女交和,以便采阴补阳,益寿延年。不过,徽宗和师师的露水情缘想必可靠:师师是开封人,本姓王,因父母双亡,被一李姓歌伎收养,便冒姓李,人称李师师。她色若春晓、艳若桃李,且歌喉婉转,端的是声透碧霄,音贯九重,在诸教坊[1]中独领风骚。为了见她,徽宗真的在离宫旁边秘密地挖了一个地道通向师师的居所,徽宗常常从地道里走过去与李师师幽会。于是便有了那首著名的《少年游》:"并刀如水,吴盐胜雪,纤指破新橙。锦幄初温,兽香不断,相对坐调笙。低声问:向谁行宿?城上已三更,马滑霜浓,不如休去,直是少人行。"那是周邦彦如实写下的徽宗和师师的私密约会。

[1] 古代管理宫廷音乐的官署。唐代始设置。它专管雅乐以外的音乐、歌唱、舞蹈、百戏的教习、演出等事务。唐高祖时置内教坊于禁中,其官隶属太常。开元二年(公元714年)置内教坊于蓬莱宫侧,洛阳、长安又各置左右教坊二所,以中官为教坊使,从此不隶属太常。宋元也有教坊;明有教坊司,隶属礼部。清雍正废。

《大宋宣和遗事》说,李师师曾被册封为李明妃、瀛国夫人。史学界对这一说法似乎不太买账,也许,大家宁可接受这样的传说:有个妃子曾经问徽宗:"何物李家儿,陛下悦之如此?"徽宗非常坦率:"无他,但令尔等百人,改艳装,服玄素,令此娃杂处其中,迥然自别。其一种幽姿逸韵,要在色容之外耳。"如果徽宗强迫李师师进了宫廷,那不过就是为自己的后宫三千添一佳丽而已;唯其尊重她的自由,尊重她自己的选择,才多少有了点感情的意味。

而师师的收梢,也因为北宋帝国的飘摇崩溃,多了几分传奇的色彩。有的说当李纲主持东京保卫战时,她将全部家财捐赠出来,助宋军抗金,靖康之难中她逃出汴京,到慈云观中做了女道士——那是宋代版的卞玉京了;有的说金军攻破汴京后,金主垂涎于她,降臣张邦昌千方百计寻找,不惜重金悬赏,最后终于找到她,师师蓬头垢面,不肯盥洗更衣去见金人,乘人不备,吞金自杀——那是宋代版的沙吒利了;还有一种说法,是说师师南渡后,士大夫多把她当做红颜祸水,不肯与她交往,她穷愁潦倒,嫁给商人为妾,不知所终——那则是宋代版的李龟年了。然而,美比历史真实,后世宁可咏唱这样一首诗:"芳迹依稀记汴梁,当年韵事久传扬。紫宫有道通香窟,红粉多情恋上皇。孰料胡儿驱铁马,竟教佳丽死红羊。靖康奇耻谁为雪,黄河滔滔万古殇。"不谈是非,不谈真假,只记得她的笑靥、她的美——一如我们回望北宋的精致、北宋的风情、北宋的玉貌花颜。

帝王人臣　空遗嗟叹

童 贯

邵伯温《邵氏闻见录》卷一记载：太祖刻石禁中曰："后世子孙无用南士作相，内臣主兵。"唐代后期宦官权焰熏天，上演了一幕幕逼宫弑帝的丑剧之后，大唐帝国的辉煌烟消云散，历史的教训近在眼前，于是终北宋一世，后人的评价大致是："抑制宦官，没有奄祸。"

不过，根据现代学者的研究，北宋宦官的职责并不限于看守宫门、传达命令一类事务性的差事。北宋的宦官机构有两个：一个是入内内侍省，简称后省，其官员有都知、副都知、押班等；另一个是内侍省，其官员有左右班都知、副都知、押班等。后省与权力者尤为亲近。从这些官名的设置，可以发现北宋宦官的职责范围其实很广，很多明显并不属于宫掖中事的任务也落到了他们头上；而也许是北宋的重文抑武风气太盛，宦者在军事中更有着举足轻重的地位：太宗朝大宦官王继恩就曾出任剑南两川招安使，成为当时镇压李顺起义的军事行动主帅；到了宋神宗以后，战时文臣与宦官共同统军的体制渐渐成熟。终于，在徽宗的时代，宦官童贯❶创造了几项中华民族历史上无人能够打破的宦者从政的纪录：他是中国历史上掌控军权最大、握兵时间最长的宦官，他是中国历史上第一位代表国家出使外国的宦官，他甚至还是中国历史上爵位最高，甚至被册封为王的宦官。

> ❶ 童贯（公元1054—1126年），字道夫（一作道辅），北宋开封（今属河南）人，宦官，与蔡京等被称为"六贼"。初任供奉官，在杭州为徽宗搜括书画奇巧，后助蔡京为相。蔡京荐其为西北监军，领枢密院事，掌兵权二十年，权倾内外。时称蔡京为"公相"，称他为"媪相"。钦宗即位后，童贯被处死。据史书记载，此人身材高大魁伟，皮骨强劲如铁，颐下生着胡须，阳刚之气十足，不像是阉割后的宦官，这可能与他年近二十才净身有关。

童贯净身入宫时已经二十来岁，据野史记载，他还是赵佶生母陈皇后的家臣和远房表亲，只是为了保护宗族利益才自宫的。不管这一传说的真假，史书里对他外表的记载应该属实：身材高大魁伟，皮骨强劲如铁，双目炯炯有神，黑的脸盘上还长着胡须，阳刚之气十足，几乎称得上相貌堂堂了。童贯读过四年私塾，有些经文根底；进宫之后，又拜在同乡、前辈宦官李宪门下作徒弟，跟随李宪出入前线，曾经十次深入西北，对当地的山川形势相当了解，别说作为侍者，即使放在朝臣之中来比较，也可谓文武双全了。而他的为人似乎也很不错，居然在历史上留下"有度量，能疏财，出手相当慷慨大方"的好名声，颇有几分《水浒传》上仗义疏财的好汉的味道了。更难能可贵的是，作为内侍，童贯还是一个性情乖巧、心细如发的好仆人，很能察言观色，做事情的分寸也拿捏得恰到好处。徽宗入继大宝时，童贯已经四十八岁。这个年龄，正是人生经验、阅历、精力臻于颠峰之际；加上曲意奉承，自然大得皇帝的欢心。

元符三年（公元1100年）年初，徽宗即位后，设明金局于杭州，这个美差就交给了时任内供奉官的童贯主持，负责收集古人字画。这是花朝廷钱的差使，自然是一个肥缺，可是从后世的记载来看，童贯并没有借此中饱私囊；不过，他却在这次差使中，有意或者无意地做出了影响徽宗朝政最严重的一件事情：引荐蔡京。蔡京这年冬天正好被降授提举杭州洞霄宫闲差，蔡京擅长书法，也许是因为他竭力巴结童贯，也许是因为童贯正需要借蔡京的绝世才华来固宠，反正，两个人一拍即合，通过童贯，蔡京的书法作品不断流入宫中，得到宋徽宗的赏识，蔡京在童贯的荐引下重新被起用。

蔡京当上宰相以后，二人交好日甚，权倾朝野，时称蔡京为"公相"，童贯为"媪相"。"公相"，是说蔡京由三公入相，为右仆射，太师。"媪"为妇人通称，"媪相"就是说童贯不是男人，是个宦官，但他官至领枢密院事，权比宰相。其实，童贯并不算没有本事的人，他掌握兵权达二十年之久，靠的可不是谄媚的功夫。徽宗曾令童贯监军西击夏国，合军十万取青唐。军至湟川，因宫中起火，徽宗下旨童贯回师。童贯因见战机成熟，断然决定不奉诏，继续西进，果获大胜，连复四州。童贯此举深得徽宗赏识，破例被任命为景福殿使、襄州观察使。不久，因功迁武康军节度使，又因收复积石军、洮州，再加检校司空。政和元年（公元1111年）童贯进太尉，领枢密院。从此，童贯位列三公，手握重兵转战于西北边陲，与外族夏、辽、金周旋十多年。宣和二年（公元1120年），徽宗更遣童贯以宣抚制置使率兵十五万，镇压方腊农民起义军。对童贯的能力和忠诚，徽宗是很相信的，他"亲握（童）贯手送之，曰：东南事尽以付汝，不得已者，径以'御笔'行之"（《宋史》），付以极大的权力。童贯知道东南地区为害最大的是"花石纲"，于是命幕属董耘撰写并以诏书名义宣布罢除"花石纲"以收拾民心，在作战四百五十余日之后终于平定了内乱；可以说，此役化解了北宋帝国的危机，童贯也终因此功升加太师衔、徙封楚国公。

北宋最大的灾难就是直接颠覆了北宋帝国的联金抗辽政策。政和五年（公元1115年），金朝建立，定都黄龙府，此后辽金的局面发生了重要的转变。辽国的衰弱使得收复燕云成为可能，在童贯的一手策划下，宋金"海上之盟"进入了实质谈判阶段。客观地说，北宋初年的澶渊之盟是朝野上下有苦难言的一桩心事，收复燕云就成为满朝文武多年如鲠在喉的一个梦想。爱国不能说是坏事，可惜，北宋的官制重文轻武，以文官主政，在一定程度上防止了汉唐之时的藩镇之祸，只是后来惯坏了文官，时间一久，国家的尚武精神自然也就不存在，在国内搞定内战还可以，真要硬碰硬地和蛮夷打仗，那还是过分高估了自己的能力。

海上之盟的实质是请女真来帮自己灭辽国出气。不过，要想缔结盟约也不是一件容易的事，当时宋金两国陆路并不接壤，在燕云还没有回归的时候，中间还为辽朝辖下的燕云所阻。这样一来，北宋政府对女真国家的内情几乎一无所知，在这样的情况下妄谈结盟，恐怕在朝廷上很难得到支持。于是，徽宗决定绕开朝廷，先秘密遣使赴金以探消息。既然要绕开朝廷，那重任自然还是要托付给心腹，徽宗的心腹，就是蔡京和童贯。他密令童贯与蔡京选派得力将校，连带高药师为随行向导，以买马为名，携天子密札，乘兵船浮海使金。朝廷联金抗辽的计划迅速传开了，朝臣议论纷纷，其中也有不少反对的意见。反对派一多，徽宗也有点泄气。如果不是童贯的坚持——为了"北事"，他谋划多年，眼看天时地利人和，如何甘心放弃。况且，他怎么算都觉得是万无一失的合算交易，用最小的代价解决"燕云问题"易如反掌，这可是名垂青史的最好机会啊。于是，童贯摇笔献上万字《平燕策》，巧舌如簧地指出，就燕云形势而言，燕京为根本，云中为枝叶，朝廷应该将陕西与河北之兵互调，以河东一军牵制云中，而集精兵锐甲攻取幽州，此后据关守险，则天下可定，社稷可安。这一番军事计划，重新激发了宋徽宗的雄心壮志，又使他看到了"平定燕云"的希望，遂不复犹豫地正式启动了宋金"海上之盟"。

以后的故事不必再讲下去，总之，没有人会否认，正是这"海上之盟"引狼入室，终于导致了靖康之难；而始作俑者正是童贯其人。如果说这限于"识见"铸成的大错，尚有情可原——整个事态的最终发展完全超出了宋朝决策层事先的任何预料；那么，在人生的末页，童贯的行为很是受到了人们的诟病：靖康元年（公元1126年）正月初，金军迅速南下，太上皇宋徽宗以赴亳州太清宫烧香为名半夜逃出开封，童贯不仅拒绝了宋钦宗任命他为东京留守以抗金的诏旨，而且正当开封急需援军以抗金之际，他率数万精锐亲军追随宋徽宗南逃。正月末，太学生陈东上书乞诛蔡京、童贯等"六贼"；二月，童贯被降职为左卫上将军，并被迫令退休到池州居住；四月，贬为节度副使，郴州安置，又改移广南英州安置；七月，再移往海南吉阳军安置，随后又被下诏斩首；八月，童贯在前往贬所途中的南雄州被斩首，终年73岁。

枭首是钦宗的旨意，那么，在人生的终点，回想起童贯，徽宗会如何评价其人其事？这是一个永远的谜团，没有答案。

蔡 京

徽宗亲笔的《听琴图》，人物与配景都极简单，凌霄花缠绕于青松之上，依了陆游的诗意："庭中青松四无邻，凌霄百尺依松身。"数竿翠竹摇曳生姿，松下一人黄冠缁衣，端坐拂琴，身边高几上香炉青烟袅袅，若有若无地飘摇在松竹之间；那是徽宗皇帝的自画像。听琴者中，有一手执团扇的红袍男子，神情疏朗，相貌俊秀，侧坐在铺着垫子的石礅上，凝神细听，儒雅从容，这位美男子就是蔡京。

时间凝结在这一个瞬间：没有君臣之分、奸忠之别，只有琴音阵阵伴随着松竹萧萧，从妍丽工谨的图画里传到千年之后。

蔡京，字元长，生于仁宗庆历七年（公元1047年），兴化仙游（今属福建）人，宋神宗熙宁三年（公元1070年）考上了进士。宋代的进士，学问自然是好的；可惜才学并不能保证仕途上的一帆风顺。蔡京在仕途上起起落落，前后有四次之多，不过整体的运势还算不错。第一次是崇宁元年（公元1102年）秋七月做右相，到崇宁五年（公元1106年）二月免职。第二次是大观二年（公元1107年）春正月，任左相，次年六月被免。第三次是政和二年（公元1112年）五月，宋徽宗命他三天一回到都堂议事，到宣和二年（公元1120年）他奉命退职。第四次是宣和六年（公元1124年）十二月，距离北宋亡国已经很近了。宋徽宗在位二十五年，而蔡京居相位竟达十七年。

都说北宋的江山就是坏在徽宗蔡京这一对君臣手里，当时就有孙觌上疏曰："自古书传所记，巨奸老恶，未有如京之甚者。太上皇屡因人言，灼见奸欺，凡四罢免，而近小人，相为唇齿，

听琴图　赵佶　绢本设色　北宋

《听琴图》是宋徽宗少有的传世佳作，画中三人呈三角鼎立。弹琴者身着冠缁服，正襟端坐，在专注的神情之中，流露出不凡的自信。著官袍的士人正聚精会神地听奏古琴；红衣人低头倾听，凝神于琴音之中；仰首的蓝衣者，却如乘着音乐的翅膀，神驰于千里之外。据传，赵佶曾自号教主道君皇帝，故有人推测弹奏者是赵佶本人。画面上方，有蔡京题的七言绝句一首，右上角有宋徽宗赵佶书瘦金书字体的"听琴图"三字，左下角有其"天下一人"几个字。

惟恐失去凭依，故营护壅蔽，既去复用，京益蹇然。自谓羽翼已成，根深蒂固，是以凶焰益张，复出为恶。倡导边隙，挑拨兵端，连起大狱，报及睚眦。怨气充塞，上干阴阳，水旱连年，赤地千里，盗贼遍野，白骨如山，人心携贰，天下解体，敌人乘虚鼓行，如入无人之境。"民间对蔡京的恶劣印象，多是来自《水浒传》。《水浒传》一书，正面描写蔡京的不多，不过，晁盖等人上梁山泊，即因生辰纲而起；生辰纲，因梁中书而起；宋江最后上梁山，因江州劫法场而起，而江州劫法场，因蔡九知府斩宋江而起。梁中书是蔡京的女婿，蔡九知府是蔡太师的儿子——可见，蔡京是"官逼民反"这条链条中的重要人物，时有公论。

《宋史》是正史上第一个设《奸臣传》的，奸臣跟权臣不一样，在宋朝的制度下，要做"奸臣"其实并不容易，言官在朝廷上颇多表现机会，宰相随时都有因为被弹劾而被罢官的可能——如前所述，在徽宗统治的二十多年间，蔡京前后三次罢相，时常游离于权力系统之外。所以，要坐稳自己的权力宝座还真不容易；蔡京采取的方式虽然可耻，但却真实有效，那就是把富有感情的徽宗皇帝变成自己的"知音"。

要做徽宗这样的艺术家皇帝的知音，当然也不是普通人能做到的，好在，这方面蔡京具备得天独厚的条件。蔡氏一族，终有宋一代，官运亨通：在蔡京的老家，有民间传说，宋时蔡氏一门曾举十八名进士，其家均有家乐家伎。据说，蔡攸精通音律，每次衣锦返家，总要带一队宫乐，吹吹打打进枫亭，莆仙戏中的《锦庭芳》、《叨叨令》等曲牌就是来自宋廷宫乐。这样的家族，自然很有些清贵之气，喜欢玩也会玩，在《鹤林玉露》中，有这样一则关于蔡京的轶事，流传至今："有士大夫于京师买一妾，自言是蔡太师府包子厨中人。一日，令其作包子，辞以不能。诘之曰：'既是包子厨中人，何为不能作包子？'对曰：'妾乃包子厨中缕葱丝者也。'"如果厨娘所言为实，可想而知，太师府的厨房里分工之细远在今天的高级餐馆之上，是毫无疑问的了。有钱不难，难的是把钱用得如此享受；有宋文质彬彬，徽宗尤其是懂得享

任用六贼　白描插图

　　北宋末年，宋徽宗任用奸相蔡京为相，蔡京与王黼、童贯、梁师成、朱勔、李彦等人为讨好徽宗大肆收刮民财，还在江南一带收集奇珍异宝、名花古木供徽宗享乐，并最终激起农民起义。

受的一位君王，仅此一点，君臣气味相投就不足为怪。况且，蔡京还有更厉害的杀手锏——他的书法堪称神品。

蔡京是蔡襄的堂弟，蔡襄是主流书法的代表人物，在宋代极具影响。《宋史》本传说他"为当时第一，仁宗尤爱之"，欧阳修说："苏子美兄弟后，君谟书独步当世"，苏轼推他的字为"本朝第一"，洵非虚誉。而蔡京的书法，在行家眼里，似乎比蔡襄还高出一筹。明张丑在《管见》中说："京笔法姿媚，非是君谟可比也"，就是蔡京的同时代人米芾在《宣和书谱》论述他的书法时也说"而京独神会心契，得之于心，应之于手，可与方驾，议者谓飘逸过之"。确实，蔡京字势豪健沉着，运笔秀媚藻丽，学自二王而又有瘦金体的风骨，自成一格。中国人是相信"字如其人"的说法的，所以，蔡京单凭一手挺拔大气的字，就完全可能博得徽宗的信任，而蔡京显然也没有辜负这份"投缘"：他"身为国相，志在逢君"，"日请上游宴，以酒色困之"，"贡声色，起土木，运花石，以媚惑人主之心"（《三朝北盟会编》）——后人看来真是做尽了坏事，却也真切地讨得了徽宗的欢心。朝廷中每一次的反蔡风潮掀起，徽宗虽然迫于情势，不得不把蔡京降黜或者外放，以抚平民意，但总是很快地官复原职。

当然，蔡京也是有能力的一个人。或许这就是潜规则的另一面，肯迎合上意的或许有机会，但有了机会之后真要能怎么样，还是需要才能——没有过人的才能，再多机会依然是浪费。元祐初年，司马光废免役复差役，蔡京知开封府，他根据司马光的限令，五天之内在开封府各县全部废复完毕。司马光大喜，说："假使人人都像蔡京这样能干，变法之事还有什么不可行呢？"一个有能力的人，加上皇帝的过度信任，权力自然就大得无边无际了。蔡京上台执政后，在朝野内外广结党羽，权倾一时，他将一百二十名官员定为元祐奸党，死者削官，生者贬窜，朝野里很是鸡飞狗跳了一遭。这还不够，他又将元符末向后执政时主张维持新法和恢复旧法的臣僚，分为正邪两类，邪类五百余人，都加降责。后又将元祐、元符党人合为一籍，共三百零九人，刻石朝堂。非但如此，他擅长的是全面打击、到处树敌，历史上说他"除用士大夫，视官爵如粪土，盖欲以天爵市私恩"（《容斋随笔》），他说章惇等变法派"为臣不忠"，也和元祐党人一样对待，予以贬逐；张商英曾被徽宗起用为尚书左丞，与蔡京议论不合，立即受到指摘，说他的《嘉禾颂》是"议论反覆"，列入元祐党籍，落职出朝；连他自己的弟弟蔡卞，因为坚持主张遵循王安石，与蔡京不合，也被排挤出朝。

蔡京这样殚精竭虑地要掌控权力，当然是为了荣华富贵。他以新法的名义聚敛社会财富，"假享上之名，济营私之欲，渔夺百姓，无所不至"（《三朝北盟会编》），以至"天下常赋多为禁中私财"（《宋史》）。把徽宗侍候得舒舒服服，他自己的日子自然也分外滋润：吃鹌鹑，可以"一羹数百命"；吃蟹黄，可以"一味为钱一千三百余缗"；住，可以"名园甲第亚于宫禁"、"衣冠芬馥"（《三朝北盟会编》）。美女、美食、锦衣招摇……这样的日子太像仙境，所以不能久长，据说，蔡京死得很凄凉："初，元长之窜也，道中市食饮之物，皆不肯售，至于辱骂，无所不至。遂穷饿而死。"（《挥尘后录》）而他临死的时候，追忆的依然是旧时的荣华富贵："八十一年往事，三千里外无家，孤身骨肉各天涯，遥望神州泪下。金殿五曾拜相，玉堂十度宣麻，追思往日谩繁华，到此翻成梦话。"（《宣和遗事》）

林灵素

政和七年（公元1117年），徽宗自称"教主道君皇帝"。其实，按照宋朝制度，被废的皇后在皈依道教后才被称为"教主"，比如仁宗废后郭氏号称金庭教主，哲宗废后孟氏号称华阳教主，徽宗给自己弄的这些个称号，明显不符合旧制，不过，倒也恰如其分地强调了他对道教的爱好。

宋初立国，宗教信仰的地位，多承袭唐代的故事，道佛两教并尊共容，可谓信仰自由。整个国家的宗教气氛也并不浓烈。到真宗临朝的时候，因失意于敌国，遂特别留心于宗教，独在唐代宗亲道教教主的李老君之外，又捧出一位宋室同宗赵姓的来作圣祖，亲自提倡道教；而对于天神之间的地位关系产生一种新的说法，则始自徽宗时期的林灵素。

徽宗时代，是北宋历史上最崇信道教的时期，那些道士们有些走的是民间路线，士大夫斥之为"妖言惑众"，有些走的是上层关系，靠的是"异术奇能"异军突起，以道士的身份荣登帝师之位，那还要数林灵素。

林灵素本名林噩（一作"灵蘁"），字岁昌（一说字通叟），温州人，幼年为僧。关于他的来历，向来有多种说法。根据《历世真仙体道通鉴·林灵素传》载，他少时曾当过苏东坡书童，东坡问其志，笑而答曰："生封侯，死立庙，未为贵

林灵素

林灵素，字岁昌（一说字通叟），温州永嘉（今属浙江）人，北宋末著名道士。据《历世真仙体道通鉴·林灵素传》载，少时曾为苏东坡书童，东坡问其志，笑而答曰："生封侯，死立庙，未为贵也。"关于林灵素何以得宋徽宗宠信，历来异说多端，矛盾迭出。《宋史·林灵素传》载"政和末，王老志、王仔昔既衰，徽宗访方士于左道录徐知常，以灵素对"等语，比较与事实相近。

也。封侯虚名，庙食不离下鬼。愿作神仙，予之志也。"似乎从来就有仙风道骨。但据《家世旧闻》记载，"少尝事僧为童子，嗜酒不检，僧答辱之，发愤弃去为道士"，说他是因为和和尚闹翻了才去当道士，这就不太有神秘的味道了。而《宋史·林灵素传》的说法是"往来淮、泗间，丐食僧寺，僧寺苦之"，《老学庵笔记》也记载了他为会稽天宁观老何道士所拒之事，可见他家素寒微应是实情。

不过，无论如何，林灵素肯定是个聪明人。他改学道教后，就跑到道教圣地四川，跟从赵升之道人数年，后得其书（一说即《五雷玉书》），由此能行五雷法。史书上称其人颇机敏，好大言，徽宗在朝廷上问他知何道术，他自称"上知天上，中识人间，下知地府等事"。林灵素利用徽宗自称曾梦游神霄府之事，宣称天有九霄，神霄最高，设神霄府，"神霄玉清王者，上帝之长子，主南方，是长生大帝君，陛下是也，即下降于世，其弟号青华帝君者，主东方，摄领之。已乃府仙卿曰褚慧，亦下降佐帝君之治"。那是说徽宗皇帝本是天上神仙，当然令徽宗惊喜交集，立即有"乍见真身"之感。这还不够，林灵素还要把徽宗身边的人都哄得开开心心的，于是，蔡京、童贯变成了神霄府的仙伯、仙吏，王黼乃文华吏，盛章为宝华吏，而当时最受皇帝宠爱的刘贵妃正是神霄府的"九华玉真安妃"。这些谪仙下凡，或者是为了辅佐徽宗治理天下，或者是为了和徽宗重续旧缘。徽宗自然龙颜大悦，御笔一挥，赐名"通真达灵先生"，并赐金牌，让他负责删定道史、经箓、灵坛等事，还特意为他建造了通真宫。徽宗被哄得把林灵素的话完全当真了，于是还动员了所有的臣民百姓，命天下皆建神霄万寿宫，于京师开神霄箓坛，传箓散符。这样一来，天下人都知道，当今皇帝是上帝长子，只因为怜悯中华大地到处都是佛门弟子的天下，因此恳求上帝父亲，愿意下凡为百姓之主，令天下归于正道。而道箓院请示了上帝之后，徽宗就神人合一，成为神权与君权合一的皇帝："教主道君皇帝"了。

当然，徽宗相信道教也不是一朝一夕的事情。据说，他还是端王时，正是一位道士首先预言了他的飞黄腾达："吉人当继大统。""吉"、"人"相合，正是赵佶的佶字。赵佶当上皇帝之后，子嗣人丁不旺，又是道士刘混康告诉他，京城东北角风水极佳，倘若将地势增高，皇家子嗣立即便会兴旺。徽宗下令照办。不久，宫中竟然连连诞育皇子。除了这些灵验的吉兆之外，道家的思想观念与徽宗的生活理念也是最为默契的：对于道家人士来说，此岸也就是今生今世的快乐追求是最重要的，而徽宗也一直相信这样的理论：人生百年，应该以四海为家，以太平岁月娱乐自己，岂可徒自劳苦？前因后果加上君臣相契，道教和林灵素的地位，自然空前地崇高了起来。

据说，教主道君皇帝曾经亲自参加褚慧仙卿林灵素大师的讲经会；据说，全国的道士都有官职级别，按资格享受工资俸禄和福利待遇，很多贫民趋之若鹜；据说，每次讲经大会的花费都非常惊人，可谓奢靡至极。

政和七年（公元1117年）二月，在林灵素的策划下，徽宗称青华帝君夜降宣和殿，授他"帝诰、天书、云录"等事，命道士二千余人集合于上清宝箓宫，由林灵素宣谕其事，并命京师吏民皆受"神霄秘箓"。林灵素集九天秘书、龙章凤篆、九等雷法，集成玉篇进上。徽宗欲得雷书金经全足，收入《道藏》，求访不得。于是，林灵素便假借玉华天尊奏告上帝，上帝遣玉女以印相授的名义，造一天坛玉印，一神霄嗣教宗师印，一都管雷公印，一天部霆司印，和《雷书》五卷进奏。重和元年（公元1118年），林灵素精心策划了一场节目：华山三清殿基，在巨石匣中得到一册《雷文法书》，乃金地茧纸，进至御前之后，皇帝一看，居然与林灵素所进《雷书》不差一字。这样的故事显然是林灵素与其他道士预先安排的，但徽宗竟毫不怀疑地大喜过望："林灵素神圣聪明，记之如此！"五月，即赐林灵素为金门羽客、通真达灵元妙先生、视中大夫。九月，特授本品真官。十一月，赐冲和殿待宸。皇上宠信如此，林灵素自然就气焰嚣张得很，他有两万多个弟子，锦衣玉食地在京城内外招摇，"出入呵引，至与诸王争道，都人称为道家两府"（《续资治通鉴》）。而最可证明道家得宠的，是林灵素为元祐党人翻案的故事。

史书记载说，有一天，皇帝在太清楼设宴，林灵素侍宴。恰巧太清楼下就有一块元祐党人碑。林灵素走到碑前，稽首致礼。皇帝大为讶异，问他何以如此？大师庄容回答道："这块碑上刻的名字所对应的大都是天上的星宿，现在要是我大模大样地疏忽了礼数，今后回到天上大家如何相处？"还随即吟诗一首。诗曰："苏黄不作文章客，童蔡翻为社稷臣。三十年来无定论，不知奸党是何人？"显然，矛头直指蔡京。无怪乎次日徽宗以诗示太师蔡京，蔡京十分惶恐。也有一种说法，细节略有不同，内容也差不多：有一次皇帝巡视一座道观，他在皇帝面前，向上帝伏地拜章，过了很久才起来。皇帝在诧异中等了相当长时间，于是问他发生了什么事情？他回答说："刚才到上帝办公的地方，正好赶上奎宿在向上帝汇报工作，很久才完，臣只能等他完毕才能上达奏章。"皇帝听了，感叹不已；又问那奎宿是什么人，向上帝汇报了些什么事情，道士回答："臣离得远，听不清，对于他们谈的事情不得而知。不过那位奎宿臣倒是看清了，就是以前的端明殿学士苏轼苏东坡。"无论详情如何，反正徽宗从此对党人的态度大为改容。

后来的历史学家不太相信林灵素是本着正义之心为党人翻案的，他们更愿意把这看做林灵素和蔡京等重臣争权夺利的手段。这也许是真的，因为林灵素的名声实在不佳。他凭借着自己的特殊地位，干预政治，"妄议迁都，妖惑圣听，改除释教，毁谤大臣"（《东都事略》），把佛家和儒生一并打倒，促使政局动荡，社会不安；他甚至还排斥同道，害死同朝道士金门羽客王允诚。怎么看，林灵素都不像一位正人君子。而林灵素和蔡京的矛盾激化，倒也不是空穴来风。据传林灵素有一秘室，两面是窗，前后门平时都一直紧密封锁着，连皇帝都没让见过，更别说其他人了。蔡京生了疑心，派人密探，发现房间里居然是黄罗帐、金龙床、朱红椅桌。那可是杀头的人罪过，马上趋奏皇帝，说林灵素有不臣之心。可是呢，徽宗带着蔡京过去一看，只看见窗明几净，房内也就桌椅一对，其他的一无所有，和蔡京的密报完全对不上号。

都已经宠极人臣了，却还要争宠，这让多情重义的徽宗不免要左右为难了。至宣和元年（公元1119年）五月，都城发了大水，林灵素率徒步虚城上，役夫争举杖将击之——看来，他的装神弄鬼只能糊弄徽宗，却不能得到民众的崇信——林灵素只好迅速逃跑才免遭伤害，法事未成、水势不退。接着太子登城，赐御书，设四拜，水马上退了四丈，当夜大水居然就退尽了，京城之民皆仰太子圣德——这自然也是幕后权力斗争的集中表演。不过，无论如何，此时的形势对林灵素很不利，林灵素遂生告退之心，上奏曰："臣初奉天命而来，为陛下去阴魔，断妖异，兴神霄，建宝录，崇大道，赞忠贤，今蔡京鬼之首，任之以重权；童贯国之贼，付之以兵卫，国事不修，奢华太甚。彗星所临，陛下不能积行以禳之；太乙离宫，陛下不能迁都以避之。人心则天之舍，皇天虽高，人心易感也，故修人事，可应天心，若言大数不可逃，岂知有过期之历。臣今拟暂别龙颜，无复再瞻天表。切忌丙午、丁未，甲兵长驱，血腥万里，天眷两宫，不能保守。陛下岂不见袁天纲《推背图诗》云：两朝天子笑欣欣，引领群臣渡孟津。扶手自然难进退，欲去不去愁杀人。臣灵素疾苦在身，乞骸骨归乡。"意思是说，我本来是奉上天的旨意专门来拯救大宋帝国的，既然陛下您坚决要宠信奸臣，那我也就只能就此别过啦。这是给自己一个台阶下，而朝廷重臣也纷纷奏请徽宗下诏准其归山，于是，"宣和元年冬十一月乙卯，祀昊天上帝于国坛，大赦天下，放林灵素归山"（《东都事略》）。

史书上的记载说，林灵素最终是失宠了才黯然离开京城的，这大约不太符合实情，因为根据《历世真仙体道通鉴》的记载，徽宗得知林灵素死讯后，"惊叹呜噎，御制祭文，敕封九十五字尊号"，分明未忘旧情。

林灵素在中国道教史上，是一个相当重要的人物。神霄派奉他为该派宗师之一，并将所传道法纳入神霄门庭，现存《道法会元》中不少典籍都是他传下来的。由林灵素开始的神霄一脉已传至南宋理宗、度宗年间。此系称林灵素为"玉真教主"，门人自称为"玉真弟子"，故可谓之神霄派玉真门。可惜，中国人对"道德"一事看得特重，林灵素的所作所为和"宗师"的形象相去过远，即使通过他在京城中十余年的活动，道教的发展才在北宋达到了极盛的阶段，朝野上下都掀起了讲道诵经的潮流，他的弟子们毕竟还是不能为他的所作所为自圆其说。明代张宇初天师说："至若赵归真、林灵素之徒，偶为世主之所崇尚敬礼，即为富贵所骄，有失君臣之分，过设夸诞之辞，不以慈俭自守，亦取议当时后世矣，是切为后戒"，超越了一时一地、超越了宗教利害，那是历史的确评了。

不懂治国的"文人"

《宣和遗事》中有一段宋人评话："这个官家，才俊过人，善写墨竹君，能挥薛稷书；通三教之书，晓九流之典；朝欢暮乐，依稀似剑阁孟蜀王；爱色贪杯，仿佛如金陵陈后主。"那自然是徽宗赵佶。

平心而论，徽宗在位时朝令夕改、出尔反尔，在朝政上毫无建树，让后世的史家只有摇头叹息的份儿——这么一个伶俐剔透的君王，饱读诗书、濡染文墨，却偏偏把昏君的形象演绎得淋漓尽致。可是，从"做人"来说，徽宗是一个有情有义的好人，让人舍不得责备他。

他是如此慷慨大方。历代帝王雅好鉴藏的同时，喜以书画名品赏赐大臣。徽宗的出手极其豪华。据记载，徽宗曾作《楷书千字文》赐童贯，《双鹊图》赐中书舍人何文缜。《画继》谓：徽宗每画扇，宫中竞相临仿，近臣贵戚，往往得其赏赐，以此为荣耀。规模最为盛大的一次书画赏赐活动是：宣和四年（公元1122年）三月，赵佶又在内廷召集亲王宰臣等，观赏御府所藏图画及赵佶所摹古画，并宣示将他平时所作的书画卷轴分赐各人。于是群臣争先恐后，弄得"断佩折巾"。朝廷之内，议政之所，竟成了赏赐书画的"君臣庆会"。而徽宗的慷慨大方并不落财大气粗的俗套，他的心思细密周全得令人感动：据说王诜收藏有半张名画，一直引以为憾，徽宗在民间多方寻求，终于找到残卷，精心裱好后把这幅画赠送给王诜，成全了他心心念念的夙愿。

徽宗道教神仙扮相（明人摹本）

宋徽宗笃信道教，且十分虔诚。神霄派道士林灵素为迎合宋徽宗而将其捧为"长生大帝君"下凡，为道教之主，并授意当时的道录院封徽宗为"教主道君皇帝"，自己则成为徽宗的师父，自封"通真达灵先生"。如此一来，岂不亡国。

他对待自己的政令极端不负责任,可是,对待自己选择的"知己"却多方维护。高俅原曾是苏轼的小秘书,跟着苏学士抄抄写写,学会了一些翰墨诗书。后来做了王诜的书童。某日王诜派高俅前往端王府给当时还是端王的赵佶送东西,正遇上赵佶在院中踢球,于是高俅"使个鸳鸯拐"把飞过来的球踢还端王。端王见了大喜,直感相逢恨晚。不过宋朝的武官任用是有制度的,没有边功,就不可以当上三衙的长官。徽宗为提拔高俅可谓煞费苦心,先把高俅下放到基层,郑重托付给守卫边境的大将刘仲武,让高俅"镀金",为以后升迁打下基础。《宋南渡十将传》中说:"先是高俅尝为端王邸官属,上即位,欲显擢之。旧法,非有边功,不得为三衙。时(刘)仲武为边帅,上以俅属之,俅竟以边功至殿帅。"

他对自己的"身边人"竟是有始有终的。他的第二任皇后是郑氏,少年入宫,原为向太后身边的侍女,美貌出众。赵佶还是端王时,时常去拜见向太后,便对郑氏瞩目,向太后干脆将郑氏赐给赵佶。这一陪伴,就是一辈子。在被押北迁的途中,郑皇后病入膏肓,金人要扔下她,徽宗不肯,就这样背着她走了一程又一程。后来,郑皇后不堪旅途磨难,终于死在五国城,年五十三岁。徽宗每日以泪洗面,竟至哭瞎了眼睛。

他从来不搭帝王的架子。米芾是艺术史上有名的怪才,史称"米颠"。徽宗拜他为书学博士。有一次,宋徽宗让米芾入朝书写一大屏风。米芾空手而来,徽宗即指御案上自己的笔砚,让他使用。米芾嗜好石头,写完字以后,就开口向徽宗讨要这块砚台:"此砚经臣米芾濡染,不堪皇上再用,请赐予臣米芾。"臣子开口向君王索要东西已经闻所未闻了,这实在不合规矩,徽宗倒也不介意,即将此砚赐给了他。

"皇帝"的宝座其实很难坐,徽宗说自己"日理万机之后,唯一的闲暇爱好就是吟诗作画"不算夸张——不过,实际上,他大多数的时间都是用在了书画方面,"日理万机"的功课则交给了他信任的人,而他信任的人,就是跟他兴趣相投、有同样爱好的人,比如蔡京——因此,北宋之后的历代史学家,基本上都同意一个观点:北宋帝国是葬送在宋徽宗和他的知音们的手中的。

平心而论,除了挥霍得厉害之外,徽宗倒也不算滥用皇权帝制所赋予他的无上权力;不过,作为君王,他完全没有大局观,也不会玩弄权谋,从来只服从艺术的召唤、内心的感受,从来把喜怒哀乐写在脸上、宣诸口中,于是,投其所好变得特别的容易——工于心计地投其所好以谋求私利的臣下,加上不知民生疾苦、国际大势的天真君王,习惯了陈义极高,习惯了繁华祥瑞,对得失利害全然不加考量,终于让北宋帝国走向了呼喇喇大厦将倾、昏惨惨油灯将尽的王朝末日。

明末辽东形势图

明思宗·朱由检

公元1610—1644年

明思宗朱由检，为大明王朝的最后一位皇帝，年号崇祯。他十八岁即登帝位，曾试图挽救明王朝频临灭亡的命运，但因吏治已至无可救药的地步，唯有不断加税征赋保住岌岌可危的皇位，却使百姓生活雪上加霜，『崇祯』之号竟被称为『重征』，殊为可笑。待李自成西安称王，建国号『大顺』，并攻进京城后，万般无奈的朱由检便自缢于景山歪脖树上，中国历史上明王朝这一页就此翻过。

王室凋零　履险称帝

公元1610年，朱由检出生的时候，其祖父神宗❶还在世，按即位之序排来，朱由检上有父亲朱常洛，前有兄长4人，长兄朱由校后还得3子，因此没人想到十几年后这位第9顺位继承人会登上九五之尊，更没人会想到命运在眷顾他之后，又无情地抛弃了他，让大明王朝断送在其手中。

❶ 明神宗在位时平息叛乱的宁夏之役、播州之役和支援朝鲜抗击日本侵略的朝鲜之役。宁夏之役，涉及明朝与西北少数民族间的矛盾，平定的是由于边臣处置不当而引起的兵变，历七月之久。播州之役，明朝两度对播州拥兵反叛的土司官用兵，反映了明朝廷实施改土归流政策以后，与西南土司政权的矛盾。援朝战争，则是明朝廷接受朝鲜国王的请求，派兵赴朝鲜，抗击倭军，历时六年。据统计，明朝廷用于三项战事的白银超过了一千万两。经此三次战役后，明朝国用大匮、元气大伤，万历三大征因而成为导致明朝灭亡的重要原因之一。

万历四十八年（公元1620年）七月二十二日，深居禁宫三十年的明神宗病逝，大明朝的一点家底儿也被折腾得差不多了。

第一个继位的是朱由检的父亲，明光宗朱常洛在明朝诸帝中算是中规中矩的，亦颇有明睿之举。但一生多难，连死因都成为明宫三大疑案之一。在位仅一个月，是明朝在位时间最短的一位皇帝，史称"一月皇帝"。

作为偶然临幸宫女的产物，神宗并不喜欢这个儿子，心心念念想改立郑贵妃之子为太子，由此引发规模浩大的"国本之争"。太子之位渐渐稳定的时候，又发生"梃击案"❷。蓟州（今天津蓟县）男子张差居然瞒过重重护卫，持梃闯入太子居住的慈庆宫，准备行刺。时人怀疑与郑贵妃有关，神宗不愿深究，草草了结，遂成明宫三大疑案之一。光宗做了皇帝颇有励精图治之举，但生性好酒色，郑贵妃又投其所好，送来一批美女，每天退朝内宴，有女乐承应，到夜晚龙床上是"一生二旦"，轮流"御幸"。酒色伤身，再加政务劳繁，光宗的身体很快就垮了。郑贵妃又指使原来在她宫中的亲信太

❷ 明神宗时，郑贵妃有宠，意欲立其子福王朱常洵为太子，事未成。万历四十三年（公元1615年）五月初四，有一男子手持枣木棍，闯入太子所居之慈庆宫，击伤守门官，直至前殿，被内监所执。在刑部司官复审中，此人供认系受郑贵妃宫中太监庞保、刘成所指使，于是宫廷内外皆怀疑郑贵妃欲谋杀太子，以扶立福王。然而神宗、太子均不愿追究，只是下令磔此人于市，杀庞保、刘成于内廷，以结此案。

监，现任司礼监秉笔太监崔文升，进通利药——大黄，一昼夜连泻三十四次，便是神仙也难支。半个月后，鸿胪寺官又向光宗进奉所谓仙丹——红丸。连服两丸"仙丹"后，皇上终于一命呜呼，成仙西去，史称红丸案❶，最后又不了了之，成为明宫又一大疑案。朱常洛不明不白地死掉时，万历皇帝尸棺尚未埋葬，无奈之下，就在北京昌平景泰陵的废址上为他重建新陵，名为庆陵。

第二个即位的是朱由检的哥哥。当年九月六日，熹宗朱由校即位❷。

这位仁兄是个生错地方的优秀木匠，有人说"熹宗为至愚至昧之童蒙"。有的人甚至称熹宗是光宗的"文盲儿子"、"一字不识"、"不知国事"。这其实很冤枉他，如果不做皇帝，心灵手巧的他堪与鲁班相媲美，现在木匠的祖师爷都要换一个也说不定。不幸的是，作为一个皇帝，他这一生最清醒的时候也许就是临终前。幸运的是他有个比他清醒的皇后。

❶ 万历四十八年，明神宗朱翊钧卒，八月，太子朱常洛继位，改年号为泰昌。泰昌帝是八月初一继位，仅一个月之后就驾崩了。据说当时郑贵妃进泻药，鸿胪寺丞李可灼又进红丸两粒，泰昌帝服后即去世，廷臣大哗。有人说是惑于女宠，是郑贵妃有意加害；有人说是用药差误。这个案子，一直争吵了八年，成为天启朝党争的题目之一。

❷ 泰昌帝死后，年仅十六岁的皇长子朱由校当立。抚育他的李选侍与心腹太监魏忠贤密谋，企图挟皇长子据乾清宫，以操纵朝政。给事中杨涟、御史左光斗等听说后，立即入宫拥皇太子登舆，至文华殿，转移入慈庆宫。两日后迫使李选侍从乾清宫迁至哕鸾宫，并拥朱由校即位，是为熹宗。朱由校即位时只有十六岁，李选侍欲继续控制小皇帝，让他留居乾清宫。御史左光斗、给事中杨涟及阁臣刘一燝等倡言移宫，几经争执，李氏被迫移居仁寿殿。

熹宗的三子原本都是候选继承人，可这第三、四、五个继承人都不幸夭折。

熹宗的长子，是张皇后所生。皇后诞生长子，非同小可，日后是理所当然的皇位继承人。如此一个宝贝，为什么会夭折呢？原来是熹宗乳母客氏和"九千岁"魏忠贤在捣鬼。

张皇后，河南祥符人。天启元年熹宗将大婚，遍召天下十三至十六岁女子，当时张氏年方十五，姿容秀丽，体态颀长丰盈，殿前盈盈拜倒，动人非常，确非年老色衰的客

明光宗

明光宗朱常洛，明代第14位皇帝，在位仅一月。他是明代传奇色彩最浓的一位皇帝，明宫三大疑案都与他有关，万历皇帝并不喜爱这位太子，他的位置曾一度岌岌可危，苦熬了三十九年之后，他终于得到了梦寐以求的皇帝宝座，但是就在他即位的第三十天清晨，这位刚要展翅高飞的皇帝就莫名其妙地走了，死后葬于庆陵。

氏所能比。客氏又惊又忌，无奈熹宗早已看中，决意立后。客、魏勾结，玩帝于掌中，而皇后英明过人，常指责二人祸乱宫中，两人愈发忌恨。皇后怀孕后，两人设计把自己的心腹安插于皇后身边照顾日常起居，名为安胎，实则损胎，皇后果然早产，可怜一嫡长子就这么夭折了。

熹宗的第二子，比长子迟十天出世，可是，不到一年也即死去。

此后，天启三年五月，裕妃张氏怀孕了，欣喜非常的皇上特为她举行了铺宫礼。裕妃性情直率刚正，无意间得罪了客、魏，便被他们视为眼中钉。客氏勾结魏忠贤在熹宗面前陷害裕妃，让熹宗糊里糊涂地把裕妃关入景阳宫幽闭。身边宫女全部逐出，断食绝水。裕妃哭泣喊叫，无人应答。强撑了几天后，外面下雨了，饥渴难忍的裕妃爬过门槛，用手接从屋檐上淌下来的雨水喝，凄苦无比地喊着"万岁"，气绝身亡，倒在宫檐下的走廊上。正所谓："伤心饮彻檐头水，万岁潜呼三两声。"

熹宗的三子，生于天启五年十月一日，不料，次年六月死，仅活了八个月。堂堂一国之尊，连自己的女人和孩子都不能保护，着实令人唏嘘。

熹宗已然无子，皇位的继承人只有按照"兄终弟及"的原则在他的弟弟中选了。熹宗的父亲光宗有七子，但除了长子由校，下面的三个儿子都夭折了，也就是第六、七、八个皇位继承人，因此由校一死，皇位只能传给五子朱由检了。

皇帝的童年通常都不值得羡慕，天家非寻常百姓，生在这样的家庭已是不幸，没有亲母抚育、护佑的皇子更如被遗弃在丛林里的小动物，能活下来已是万幸。由校、由检是同父异母兄弟，由检小五岁，生母刘氏，初入太子宫时是淑女，生由检后不久就失宠被遣，郁郁而终，当然这是史家所书。据说真相是因小事触怒太子，被杖责身亡，死时仅23岁。太子唯恐父皇知道影响其太子地位，告诫身边近侍不得泄露此事，并悄悄把她葬在西山。五岁丧母的由检也正因母亲这不明的死因，不能公开表达的哀痛与思念，终生都在怀念母亲，追求家庭的温暖。冰冷的皇宫里，回忆中亡母的音容笑貌是他唯一的慰藉，也是心底最深的伤痛。他后来成为明朝皇帝中少见的好父亲、好丈夫，与此不无关系。

明代皇帝妻妾一共分为十二等，即皇后、皇贵妃、贵妃、妃、嫔、才人、婕妤、昭仪、美人、昭容、选侍、淑女。当时朱由检的父亲朱常洛有两位姓李的选侍，人称"西李""东李"。西李虽地位低于东李，但比东李更得宠。父亲先把他托给西李抚养。西李对他并不好，衣食住行虽不短缺，却也没什么温情。这样孤独冰冷的童年让年幼丧母的由检过早地成熟独立起来。西李生了一个女儿后，父亲便把他交给东李抚养。东李虽少言笑，颇严肃沉默，但为人仁慈宽厚。由检尊如生母，她也的确以母道待之，对他的品德学识严加教导，带给他不异于生母的关心与温暖。偏偏客、魏看不惯她的守正不阿，多次裁减宫中礼节，致使她抑郁而终。尚未成年，已是两次丧母，由检的哀痛可想而知，对母亲的追思也益发强烈起来。他即位后，因记不起母亲的样子，特命画师根据别人的回忆画了一幅生母的遗容，选定时辰，用最隆重的礼节仪仗，在午门外迎接。当他第一次看见母亲画像时，长跪不起，泪如雨下。残酷的皇宫生活带给他的伤痛与不安，只有母亲的面容能给他些许安慰。后来人们说他刚愎自用，急躁多疑……其实，这也许是因为童年影响使然。

熹宗这个人万事糊涂，但对他的皇后张氏、弟弟由检却十分注重情谊。他即位后不久即封由检为信王，并追封他的生母刘氏为贤妃。正是熹宗对皇后与五弟的信任，才让五弟在皇后的支持下继承大统。

熹宗时，阉党气焰滔天，人人自危，由检身为信王也感受到威胁。能在皇宫倾轧中生存下来，多靠他深谙韬晦之术，这时故伎重施，长期称病不朝，极少见客。生活也相当低调，饭食、衣着都简单随意，仆佣不多，连王妃也常亲力亲为做家事。

熹宗病危时想到了他唯一的弟弟朱由检，便在八月十一日召见群臣后，单独召见朱由检。由检与皇兄从小一起长大，颇厚手足之情，但这种非常时刻奉召入见，实在有违他一贯的韬晦之意，已是迫不得已，再听得皇兄这一句："来，吾弟当为尧舜。"俨然是让他继承大统的意思，来得让他措手不及，心中是惊涛骇浪，脑中是百转千回。沉默一阵，他才拣最稳妥的话回奏："臣死罪，陛下为此言，臣应万死。"他这个唯一的王位继承人一直让魏忠贤如芒刺在背，坐立难安。他也一直很努力地缩小自己的存在感，但求长命。哥哥这一句话，更让他惊惧不安，不知道这是不是一次恶意的试探。这时，皇后张氏从屏风后走出，仪容严整端庄，显然这个决定他们夫妻已达成共识。她对由检说：皇叔义不容辞，事情紧急，迟则生变。一向清醒、英明的张皇后显然更有说服力，她的支持让信王欣然从命。

熹宗临终念念不忘两人，一为皇后，

木匠皇帝明熹宗

明熹宗朱由校（公元1605—1627年），明光宗朱常洛长子，光宗在位仅一月便因"红丸案"暴毙，朱由校经过"移宫案"的风波，为群臣拥立继位，1627年服用"仙药"而死。熹宗无子，遗诏立信王朱由检为皇帝，即后来的明思宗（崇祯）。熹宗喜欢刀锯斧凿油漆的工作，每营造得意，即膳饮可忘，寒暑罔觉。

"中宫配朕七年，常正言匡谏，获益颇多。今后年少寡居，良可怜悯，望吾弟善待。"一为魏忠贤："忠贤宜委用。"可怜的熹宗，被魏忠贤搞得家破人亡，子嗣断绝，还认为他既忠又贤，也端的是个奇迹了。

八月二十二日，熹宗驾崩，年仅二十三岁。皇后立即传遗诏，命英国公张惟贤等迎立信王。当魏忠贤派来的忠勇营提督太监迎由检入宫时，信王念念不忘的是皇嫂的告诫："勿食宫中食。"为此，王妃周氏亲手做了麦饼，让他揣在怀里入宫。的确，当时宫中的形势非常紧张，魏忠贤的心狠手辣由检早有见识，直到二十四日登基，他不敢喝宫里一口水，吃一口宫里的东西。实在太饿就啃自家的麦饼。登基前夜，更是连觉都不敢睡，秉烛夜坐。看到有巡视的宦官佩剑走来，就借口观赏，将剑取过来，留在桌上以防不测。他在宫里长大，却更见识了皇宫里的险恶，为了和夜间巡逻的禁卫人员搞好关系，他特意要近侍太监取来酒食，遍加犒赏。在外的信王妃周氏也一夜未眠，不时向上苍祈祷，唯恐信王遭到不测。一位帝皇这样紧张不安如惊弓之鸟，或许有些窝囊。别忘了，他当时只是个孤单的十七岁少年。

自备干粮走向帝座的皇帝独此一家，如此特别的登基准备也算是空前绝后了。八月二十四日，信王在皇极殿即位，从中登上九极御座，座旁站立的两名大太监在皇帝的呵斥之下悄然退去，这也许会让魏忠贤有不祥的预感。

八月二十六日，由检颁布即位诏书。朱由检在位十七年，甲申国变，以身殉国，弘光朝追谥为思宗，清朝则追谥为怀宗，因此史称思宗或怀宗。我不想按照惯例称呼他为思宗或怀宗，那是死人的称号，在这里他是个聪明能干、锋芒初显的少年天子。

剪除奸臣　初露锋芒

近三百多年来，魏忠贤"九千岁"之恶名尤在朱由检之上，他背后的女人——客氏，也许是其遗臭万年的要因之一。

客氏，名巴巴，原本是河北定兴县人侯巴儿之妻，颇有几分姿色，垂目敛眉亦端庄可观，18岁时被选入宫中充任由校的乳母。宫中生活寂寞，本性不太安分的她常有不堪的传闻，后人形容她已是"为人妖冶"。或许是恋母情结的延续，或许是客氏手腕高超，或许只有这个女人同时提供了母爱的安全温暖和情人的柔情缱绻，年少的熹宗深深迷恋上这个比他大十几岁、哺育他长大的女人，即使后来他与皇后感情甚笃，对客氏依然十分信赖纵容。

熹宗即位后不久就举行了大婚，按理有皇后及妃子侍奉在侧，客氏就应从宫中迁出。官员们早就不能忍受这一"体制外"的奶妈，有了正当借口自然穷追猛打。天启二年在外廷官员的舆论压力下，熹宗不得不命客氏出宫。但随即给内阁发去了一道谕旨："客氏朝夕侍朕，今日出宫，午饭至晚未进，暮思至晚，痛心不止。着时进内奉慰，外廷不得烦激。"换成今天的话，就是：她朝夕陪伴在我身旁，十几年未曾分开。你们却强迫我赶她出去，早晨她走，中午我就连饭也吃不下去，一直想她想到天黑，茶不思饭不想，唯有心痛难忍。现在我终于不能忍受，动用皇帝的权威规定让她入宫陪伴，抚慰我的心灵，你们不许再啰嗦！

这么直白天真的口吻，理直气壮的宣告，让大臣们无可奈何。于是，客氏出宫之事不了了之。客氏气焰也由此更涨三尺，偶尔外出，用八抬大轿，路人避让不及，必遭棍笞。每逢她的生日，熹宗必亲自前往祝贺，升座劝

魏忠贤

魏忠贤（公元1568—1627年），原名李进忠，明末期宦官，也是中国历史上最臭名昭著的太监。魏忠贤出身于市井，后为赌债所逼，至宫中做太监。后结识朱由校奶妈客氏，与之对食。朱由校即位，魏忠贤极尽谄媚，甚得其欢心，被封为"九千岁"，权倾朝野。崇祯登位以后，魏忠贤遭弹劾，被流放凤阳，在途中畏罪自杀。

酒。她乘轿到乾清宫看望熹宗，侍从之盛不下皇上。她出宫入宫，必传特旨，清尘除道，内臣都蟒袍玉带步行排队，客氏盛服靓装，乘玉辇，随从宫婢数百人，前提御炉、纱灯、角灯、红烛、黄炬、亮子数千，耀如白昼。呼殿之声远近数里清澈悠长。她到私邸，在大厅升堂登座，从管事到近侍挨次叩头，高呼"老祖太太千岁"之声响彻云霄。这么光鲜的乳母在上下几千年的中国史里实属罕见。

魏忠贤，河间肃宁（今属河北）人，原名进忠，曾从继父姓李。贫穷落魄却赌性坚强，每赌又输多赢少，少不了被追债的饱以老拳，活脱一个市井无赖，实在混不下去了只好净身入宫。他为人颇机变狡黠，善勾结逢迎，又有些武功，左右手均能挽弓，而且箭法很准。客氏原与魏朝相好，见到魏忠贤，爱其勇武，便移情于他。两人一拍即合，关系非同一般。正如时人所说："客氏者，熹宗之乳母，而与忠贤私为夫妇者也。上于庶务皆委不问，宫中唯忠贤与客氏为政"，而且两人配合默契："忠贤告假，则客氏居内；客氏告假，则忠贤留中。"（计六奇《明季北略》卷二）

醉心木匠事业的熹宗任客、魏把持朝政，结党营私。当时魏忠贤的党徒有五虎、五彪、十狗、十孩儿、四十孙等，遍布朝野。其中居"十狗"之首的是周应秋。此人善烹饪，魏忠贤的侄子、肃宁伯魏良卿最喜欢吃他烧的猪蹄。他升至左都御史，此烧蹄功莫大焉，被人称做"煨蹄总宪"。魏忠贤亲自提督东厂❶，锦衣卫官多是他的亲信和党徒。对人的监视、控制已臻登峰造极，以致"家人米盐猥事"，亦难躲过厂卫的耳目。下面一件事很有代表性："有四人夜饮密室，一人酒酣，谩骂魏忠贤，其三人噤不敢出声。骂未讫，番人摄四人至忠贤所，即磔骂者，而劳三人金，三人者魄丧不敢动。"（《明史·刑法志》）深夜、密室亦不能免于碎尸之祸，"国王长了驴耳朵"之东方版显然更有威慑力。

> ❶ 东厂，中国明朝时期的政府机构，是明政府的特务机关。1420年，明成祖为了镇压政治上的反对力量，决定设立一个称为"东缉事厂"的特务机关，简称"东厂"。东厂的职能是"访谋逆妖言大奸恶等，与锦衣卫均权势"。起初，东厂只负责侦缉、抓人，并没有审讯犯人的权利，抓住的嫌疑犯要交给锦衣卫北镇抚司审理，但到了明末，东厂也有了自己的监狱。东厂的侦缉范围非常广，朝廷会审大案、锦衣卫北镇抚司拷问重犯，东厂都要派人听审；朝廷的各个衙门都有东厂人员坐班，监视官员们的一举一动；甚至连普通百姓的日常生活，柴米油盐的价格，也在东厂的侦察范围之内。是明代皇帝加强集权，控制权力的重要工具。

魏氏气焰滔天，人人自危。或为趋炎附势，或图平安自保，当时人纷纷调动自己的聪明才智，将阿谀奉承这一事业发展到一个新的境界。为魏忠贤建生祠之风由此兴起，尊贵如楚王、忠烈如袁崇焕等概莫能外。生祠"极壮丽庄严，不但朱户雕梁，甚有用琉璃黄瓦，几同宫殿。不但朝衣朝冠，甚至垂旒金像，几埒帝王"（文秉《先拨志始》卷下）。祠内供像，以沉香木雕刻，外部镀金，工艺精细，眼耳口鼻及手足都可转动，有如生人。外则衣服奇丽，内则以金玉珠宝为肺为肠，发髻上有一空穴，不断更换四时香花。绝对是偶像崇拜的极致。

魏忠贤生日为正月三十，每年元旦过后，十二监、四司、八局等二十四衙门便开始为其祝寿。那些祝寿的人都着绯袍玉带，天刚亮就来到乾清宫。当拜贺时，"老爷"、"千岁"、"丁丁岁"之声殷訇若雷，上彻御座。其声势之盛，难以形容。时称："二十四衙齐跪拜，一声千岁满宫闻。"

花开到最盛时就意味着凋零的开始，人人都知道的，这么无趣的事实却被历史不厌其烦地反复证实。没有一位皇帝能容忍这样的臣子，尤其是这位被逼得自备干粮登基的少年天子。

既然"不慎"让朱由检做了皇帝，就要另想办法确保自己的威荣。魏忠贤故伎重施，在皇帝即位不久就进奉绝色女子四名。由检迥异于他们老朱家遗传基因的，便是不好女色，更何况这礼物如此不怀好意。但是时候未到，他姑且受之。入宫后，朱由检即命人对四名绝色女子搜遍全身，只见每人都在裙带顶端佩香丸一粒，此物名"迷魂香"，十分奇特，据说男子一接触到便产生"迷魂"效应，色授魂与，类似传说中的"春药"。由检立命毁弃，正所谓"闻香心动传严禁，恐有巫云误楚王"。

又一日，由检劳心政事，静夜犹独坐深思，忽有异香传来，似有若无，缕缕不绝，连他这不好声色的人也闻香心动。他心知有异，立即命近侍太监秉烛检查，查遍了壁隅，竟然一无所见。后见远处殿角似有微弱的火星闪烁，立即命人破除那块墙壁查看，居然见一小宦官持香端坐于墙壁夹层内。一审，是魏忠贤派来的。由检不由长叹："父皇、皇兄皆为此误。"养母之死，信王府谨小慎微的生活，枕戈达旦的登基，这些往事都涌上心头，深受客、魏专权之害的他要做个跟父亲、哥哥不一样的皇帝。

一个"九千岁"，一个"老祖太太千岁"，亲信遍布宫内，党羽盘踞朝堂，内外呼应，盘根错节。新帝登基，客、魏正是万分警惕的时刻，稍有不慎局面就难以收拾。十八岁的由检已表现得极有主见和韬略。他以自己一贯的韬晦姿态应对，一如往昔新

锦衣卫铜牌　明代

明代锦衣卫是皇帝的侍卫机构，其前身为太祖朱元璋时所设御用拱卫司。明洪武二年(公元1369年)改设大内亲军都督府，洪武十五年设锦衣卫，作为皇帝侍卫的军事机构。朱元璋为加强中央集权统治，特令其掌管刑狱，赋予巡察缉捕之权，下设镇抚司，从事侦察、逮捕、审问活动，且不经司法部门。图为明代锦衣卫铜牌。

帝登基一样，按部就班。即位的次日，他要礼部详议追尊自己的母亲——贤妃刘氏，以尽他对母亲多年思念的一片孝心。几天后，他要礼部挑选吉日册封他的元妃周氏为皇后。又命大学士施凤来会同司礼监太监、工部尚书侍郎、礼工二部郎中等官员，选择熹宗的陵墓，择日兴工，同时要这些大臣兼顾圣母（他的生母）陵墓的迁葬事宜。

朱由检一如先帝在世那样，继续优容客、魏，对弹劾客、魏及党羽的奏章一概置之不理，丝毫没有什么异常。只是有嗅觉敏锐的人注意到他的手已经放到剑柄上了。

九月三日，客氏请求从宫中迁回私邸，他批准了。客氏作为先帝的乳母兼保姆，熹宗一死，她显然没有理由继续留在宫中，不得不提请皇上批准出宫。由检顺水推舟："奉圣夫人客氏出外宅。"客氏接到圣旨后，于五更起身，穿哀服赴熹宗灵堂祭祀一番，从随身小盒中取出黄龙绸缎包裹，把熹宗的胎发、痘痂以及历年剪下的头发、指甲等，焚化痛哭而去。那个她不在身边就"痛心不止"的人不在了，所有的威势显赫也刹那如梦幻泡影，百感交集，这一刻，她只能像个普通女人一样用痛哭哀悼自己失去的一切。

客氏出宫虽然名正言顺，但足够让魏忠贤及其党羽都嗅到了政治空气中不妙的味道。

客氏的离开是一个响亮的前奏，许多人的神经都为之一紧。慷慨激昂、勇往直前的进行曲不是由检的风格。他很快让节奏慢下来，表现得好像那只是个无心的小意外。魏忠贤的"谋士"王体乾有很灵敏的政治嗅觉，客氏出宫后他立即向皇上提出辞职的要求。目不识丁的魏忠贤能够代皇上"秉笔"，全靠王体乾代劳，凡遇票红文书及改票，都出于王体乾之手。深谙其中奥妙的由检没有答应，稳住了魏忠贤被客氏吊起

春庭行乐图　绢本设色　明代

就其本性而言，据说崇祯帝是明代后期少有有抱负的皇帝，他并不贪图享乐和美色，仅有一后二妃。自继位以来，崇祯竭尽全力想挽回大明颓势，只是明朝已经病入膏肓，难以为继。此图所绘为宫妃春日消磨时光的行乐，有典型的"院画"风格。图中的嫔妃宫女神态各异，或逗弄鹦鹉，或凭栏观鱼，或据几观鹤；神情或安闲适意，或愁肠暗结。笔法细腻，花草树木、亭台楼阁刻画精密，与人物协调统一。

来的心。少年天子优雅地掌控着节奏，悄悄地布下自己的网。

政治风浪里打滚过来的大臣们还是嗅出了其中的微妙变化。

九月十四日，右副都御史杨所修上书弹劾魏忠贤的亲信——兵部尚书崔呈秀、工部尚书李养德、太仆寺少卿陈颖等人。理由十分冠冕堂皇，近日丁忧（指父丧要辞官守孝三年的制度）的崔呈秀、李养德、陈颖等人，父母过世，都因先帝夺情而留任，有悖以孝治天下的准则。希望皇上准令他们辞官回籍守制，以明万古纲常。很明显，他希望请皇上在以孝治天下的幌子下，让魏的亲信回家服丧守制，削夺其权力。杨是个聪明人，他理解皇帝的意思，所以找了这么不靠谱的理由，可惜太牵强了点，"铲除"的痕迹很明显。显然还不到收网的时候，由检当然没有接受这一建议，而且下旨斥责杨所修。那些被弹劾的家伙上书请求辞官回家，皇上也下旨慰留。

老奸巨滑的魏忠贤有点摸不着皇帝的心思了，索性狠心搞点事情出来。吏科给事中陈尔翼以攻为守倒打一耙。他抓住杨所修弹劾崔呈秀之事，大做文章，斥之为"播弄多端，葛藤不断"，归结为"东林❶余孽遍布长安，欲因事生风"，请求皇上下令东厂、锦衣卫等严加缉访。给对手扣上现成的罪名帽子，再合法合理地打倒，这种套路不新鲜却很好用。由检的表态恰到好处，表面上不偏不倚，其实柔中有刚，他批示道："群臣流品，经先帝分别澄汰已清，朕

> ❶ 东林党是明朝末年以江南士大夫为主的一个政治集团。万历三十二年，以顾宪成与高攀龙为首的学者重修江苏无锡的东林书院，并在此讲学，东林书院则成为江南谈论国家时事的舆论中心，在此谈论国事的士大夫被称为东林党人。魏忠贤专权时，东林党人对其大加抨击，于是魏忠贤借"梃击、红丸、移宫"三案，迫害东林党人。崇祯二年，崇祯皇帝下令为东林党人恢复名誉，并下诏修复东林书院。

初登御极，嘉与士大夫臻平康之理，不许揣摩风影，致生枝蔓。"驳斥了陈尔翼缉拿"东林余孽"主张的同时，又嘉奖魏忠贤、王体乾赞襄登基典礼之功，给他们的亲属荫锦衣卫指挥佥事。

以攻为守不行，另一个阉党分子云南道御史杨维恒施出丢车保帅之计。他上疏弹劾兵部尚书崔呈秀，力图把人们对阉党专权的不满情绪全部转移到崔呈秀身上。皇帝又下诏谴责杨维恒"率意轻诋"，对崔呈秀不予追究。五大后杨维恒再次上疏，弹劾崔呈秀"通内"，贯彻的依然是丢车保帅精神，不过这次的重点是美化魏忠贤："不知者谓呈秀于厂臣为功首，于名教为罪魁。臣谓呈秀毫无益于厂臣，而且苦为厂臣所累。盖厂臣公而呈秀私，厂臣不爱钱而呈秀贪；厂臣尚知为国为民，而呈秀惟知恃权纳贿"云云。台阶已经铺够了，由检已经完美地表达了自己的"善意"，形势到了这一步，斩断崔呈秀这一魏忠贤的左右手似乎只是迫不

得已的事情。

于是，免除崔呈秀兵部尚书职务，令其归籍守制。

朝廷上下强烈震动，掀起了揭发魏忠贤罪状的高潮。

十月二十二日，工部主事陆澄源上疏指责魏忠贤："宠逾开国，爵列三等，锦衣遍宗亲，京堂滥乳臭"；"先帝不自圣，诏旨批答必归厂臣，而厂臣居之不疑。外廷奏疏不敢明书忠贤姓名，尽废君前臣名之礼。"

十月二十四日，兵部主事上疏，直截了当地指出："呈秀敢于贪横无忌者，皆魏忠贤之权势，呈秀虽去，忠贤尤在，臣窃以为根株未净也。"

十月二十五日，刑部员外郎史躬盛上疏列举魏忠贤的罪状："举天下之廉耻澌灭尽，举天下之元气剥削尽，举天下之官方紊乱尽，举天下之生灵鱼肉尽，举天下之物力消耗尽。"

由检继续他的不动声色，好像崔呈秀的事情也只是迫于群众舆论。魏忠贤以为皇上真的念先帝的付托，不敢对他下手，愤愤然地跑到皇帝那里去哭诉一番。皇上还是不动声色，他在等待这一波浪潮达到最高峰。

十月二十六日，海盐县贡生钱嘉征上疏揭发魏忠贤十大罪状：目无君上、陷害皇后、操弄兵权、干预朝政等等。"罄南山之竹，不足书其奸状；决东海之波，难以洗其罪恶。伏乞皇上独断于心，敕下法司，将魏忠贤明正典刑，以雪天下之愤，以彰正始之法。臣自仰答涓埃，使后世读史者，谓圣主当阳，有敢言之士，万死何辞！"

钱生虽为无名之辈，这一篇文章写得却是精彩，指魏氏罪状辛辣锋锐，字字见血；发壮士雄心，慷慨激昂、掷地有声，读来荡气回肠，怎一个痛快了得！由检阅后击节赞叹，当即召见魏忠贤，命他听内侍朗读。倒魏之声四起，他本已惶惶不安，这么重量级的文章对当事人的杀伤力更是毋庸置疑，魏忠贤听得大汗淋漓，魂飞胆丧。病急乱投医，赌友徐应元替魏忠贤出了一个主意：辞去总督❶东厂提督❷太监之职，暂避锋芒。

崇祯对这几天接二连三的弹劾奏疏一概不表态，乃是一种引而不发的策略。冷水慢火煮青蛙通常效果都很好，水温已经一步步升上来了，青蛙再想跳出去就难了。

❶ 一名总制。明朝始设，分专务和地方两种。专务总督以所辖专务为职，提督军务为辅；地方总督以所辖地区军务为主，但亦有带管某处专务者。在明代，总督地位颇高，巡抚、总兵官俱听节制，人称"文帅第一重任"。主要职责是协调各省、各镇关系，统一事权，防止各省、各镇互不相属，互相推诿。总督在清代为地方最高级之长官，其职掌总理军民事务、统辖文武、考核官吏，世称封疆大吏。

❷ 全称为提督军务总兵官。明代始设，负责统辖一省陆路或水路官兵。初设之时并非固定之职官名称，不设员额，亦不常置。至万历（1573~1620年）始为专设之官。清代于各省地方额设提督十九人，秩从一品，统帅所属绿营官兵，是一省绿营最高级别军官。凡水陆提督统辖所属官兵，各就其职掌，分防要地，或游弋巡哨，修整武备，皆受总督节制。

由检果断出手,下了一道"去恶务尽"的谕旨,吹响了收网的号角,一抒胸中多年郁气:"赖祖宗在天之灵,天厌巨恶,神夺其魄,罪状毕露。本当寸磔,念梓宫在殡,姑置凤阳。二犯家产籍没入官,历年奖敕全数收还,各处生祠尽行拆除,其冒滥宗戚俱烟瘴永戍!"

按魏忠贤的罪状本来是要碎尸万段的,即所谓"寸磔",念在先帝殡葬期间不宜开杀戒,从轻发落,仅是流放。与此同时,由检又给部院各衙门发去敕文,表明他要促成"维新之治"的决心,对遭到客、魏迫害的人士,应褒赠的即褒赠,应荫恤的即荫恤,应复官的就复官,应启用的就启用,应开释的俱开释,并下令拆除所有的魏忠贤生祠,折价变卖资助边饷。这一段是我们在戏文里最喜欢看的结局,作恶的有了报应,蒙冤的昭了雪,《喜洋洋》乐声中齐颂圣上英明,幕落。观众们心满意足地离座、散场。故事还有个有趣的结尾。

倒台的魏忠贤依然很威风。据说出京时前呼后拥的卫队、侍从达千人之多,都是平时养的私家武装,身佩兵器,押着满载金银珠宝的 40 辆大车,呼啸而去,意气非凡。

朱由检得知后大怒,立即给兵部发去一道谕旨:"逆恶魏忠贤,本当肆市以雪众冤,姑从轻发落凤阳。岂料巨恶不思自改,辄敢将畜亡命,自带凶刃,环拥随护,势若叛然。朕心甚恶,著锦衣卫即差的当官旗前去扭解,押赴彼处交割明白,所有跟随群奸,即擒拿具奏,勿得纵容。"

魏忠贤当时刚抵达阜城县南关,找了个店住下,获悉皇上派人前来扭解,自知必死无疑,又惊又怕,一夜无眠。更传奇的说法是当夜有白衣人在客栈外为他唱催命曲:"随行的是寒月影,呛喝的是马声嘶。似这般荒凉也,真个不如死。"此情此景,回想此生际遇,半生潦倒半生辉煌,到头来如此下场,任谁也要想不开。半夜起身,解所携之带,悬梁自尽。随从人员逃亡一空,四十辆大车的行李也大多在混乱中散失。

此时距当初那个少年战战兢兢的即位只有三个月,后人如此评价:"烈皇帝不动声色,逐元凶,除奸党,宗社再安,旁无一人之助,而神明自运。"(夏允彝《幸存录》)

崇祯皇后

明思宗皇后周氏(?—1644年),苏州人。周后于天启年间入信王府。思宗(信王)即位,立为皇后。周后贤淑、节俭,崇祯帝对其非常赞赏。崇祯十七年(公元1644年)三月,农民军攻陷都城,帝令周皇后自裁,自缢而死。南明奉其为"天靖圣烈皇后"。

平辽落空　痛杀忠臣

清算阉党，拨乱反正，朝中一时颇有中兴气象，人们都满怀期待，以为自己终于等到了这个王朝的复兴。然而魏氏祸乱仅是内忧，从万历末年开始，辽东战局便成了大明的心腹之患。平定辽东，或许才能迎来真正的中兴之治。说到辽东，便不能不提袁崇焕，由检之恶名亦多由诛杀袁而来。

袁崇焕，广东人，天启六年出任辽东巡抚，因宁远大捷而崭露头角，也使得屡战屡败的战局出现转机。袁进士出身，却颇具血勇，"只认定'不怕死，不爱钱'与'曾经打过'十字。强敌压境，人方疾呼而望援兵，而崇焕乃置母妻于军中。纸上甲兵人人可自命也，而实实从矢石锋刃中练其胆气而伎俩较实"（《崇祯长编》卷八）。胆识与才学兼备，实是不可多得的"边才"。

由检即位伊始，渴望扭转辽东局面，袁是恰当不过的人选。

七月十四日，由检在平台召见廷臣及督师袁崇焕，讨论平辽事宜。由检是个认真而讲求实际的人，一见面，就直截了当地问袁崇焕："建部（建部，即建州女真，明廷以建州泛指后金诸部）跳梁，十载于兹，封疆沦陷，辽民涂炭。卿万里赴召，忠勇可嘉，所有平辽方略。可具实奏来！"袁崇焕答道："五年而建州可平、全辽可复矣。"因前已特地强调"具实奏来"，由检便认定这是袁崇焕周详考量之后拟出的计划，一时满廷君臣莫不欢欣鼓舞。

也有不肯轻信的大臣，私下请教袁"五年方略"究竟怎么回事。袁的回答让人大吃一惊："聊慰圣心耳。"如果是由检的父兄在位，糊弄一下或许无妨。问题是当今皇上精

袁崇焕

袁崇焕（公元1584——1630年），字元素，号自如。曾任兵部尚书、右副督御史、蓟辽督师等。袁崇焕在任辽事期间，曾多次击败后金军的进攻，阻止后金军南下。崇祯后中皇太极反间计，袁崇焕被磔刑处死，其尸身被百姓所食。袁崇焕被后代史学家誉为"明朝第一将军"。

明非常，岂可胡乱应对？由检刻意营求中兴之治，急于平定辽东外患，对袁寄予厚望。袁看透了皇上这种急切的心情，投其所好，草率地以五年平辽的方略"聊慰上意"。事实上，明与后金力量对比，早在万历末年萨尔浒之役后，即已经发生根本性的转变，阻止后金的凶猛攻击尚属不易，更遑论收复失地。以"戏言"搪塞办事顶真的皇上，显然是给自己挖了个坑。袁自知失言，于是以各种苛刻的条件来刁难各部大臣，力图留下回旋余地。不料未等各部大臣开口，皇上便一一满足，使他再无退路。

袁崇焕日后的悲剧或许由此开端。后人对袁有这样的评论："袁崇焕短小精干，形如小猱，而性格暴躁，攘臂谈天下事，多大言不惭，而终日梦梦，堕幕十云雾中，而不知其着魅着魔也。五年灭寇，寇不灭，而自灭之矣。"（张岱《石匮书后集》卷十一）

袁崇焕抵达宁远后，立即着手办两件事情。

一是统权。他部署亲信赵率教、麻登云、祖大寿三人负责麾下军务，并向皇上表态："此三人当与臣始而终之，若届期无效，臣手戮三人，而以身请死于皇上！"为免重蹈先前"经抚不和"的覆辙，他请求皇上取消辽东巡抚和登莱巡抚的建制。以上要求由检一一照准。至此，在袁崇焕的辖区——辽东、蓟州、登莱，再无一人可与他的权力相抗衡。

二是请饷。以前不久接连发生的兵变为据，袁崇焕向皇上请求速发山海关内外积欠军饷七十四万两，以及太仆寺马价银、抚赏银四万两。鉴于军队中存在的虚冒军籍、贪并军饷等弊端，是否补发朝中看法不一，但由检还是批准了袁崇焕补发欠饷的请求，以振作士气。

要权给权，要钱给钱，做下属的都明白，这时候应该先拿点成绩出来以对得起领导的信任。也许是袁将军一时糊涂蒙了心，也许是铲除毛文龙的心太急切，他继续挑战皇帝的耐心。

毛文龙，浙江仁和（今浙江杭州）人，当时为皮岛总兵。皮岛也称东江，与鸭绿江口的獐子岛、鹿岛构成三足鼎立之势，其地理位置颇具战略价值。当时朝廷上下都认为毛文龙在海外有牵制努儿哈赤的功劳，兵部的估价是：毛文龙灭奴不足，牵奴则有余。工科给事中杨所修的言论最具有代表性："东方自逆奴狂逞以来，唯一毛文龙孤撑海上，日从奴酋肘掖间撩动而牵制之。"因而由检即位后，虽有大臣非议，仍秉承先帝对毛文龙的优容方针。"毛文龙本以义勇简任东江，数年苦心，朕所洞鉴，人言何足置辩！"军饷方面也主张对远在海外孤军奋战的毛文龙采取特殊政策，稍许宽松一点，以激励其奋勇报国之心。

但要统一大权的袁崇焕却看毛不顺眼很久了。毛文龙在海外经营多年，经济独立——通行商贾，挂号抽税；政治独立——势如割据，不受节制。小日子过得挺滋润，羡慕的固然有之，希望他倒霉的更多。袁崇焕以钦差大臣出镇行边督师,毛文龙毫无疑问在他的节制之下。

毛文龙似乎已经预感到将要发生的祸变,所以对皇上慨乎言之:诸臣独计除臣,不计除奴,将江山而快私忿,操戈矛于同室——这是他对袁崇焕此番督师的总体评价。由检只好充当和事佬,因为他已经承诺只要袁崇焕实现"五年复辽"的大计,一切可以便宜从事,朝廷不加掣肘,所以他只得淡淡地答复:军中一切事宜,当从长商榷。

袁进士出身,又为钦差大臣,无论智计权柄,对付毛文龙一介武将均绰绰有余。他宣布毛氏十二条当斩大罪,请出尚方宝剑先斩后奏。其实只有二三条够得上称为罪状,其余各条大多为官场与军队的通病,并非毛文龙所独有,如果以此定罪,那么当斩的官僚、将领多得很,何必定要斩毛文龙不可。这是令毛文龙和旁观者都无法心服口服的,然而此时已无讨价还价的余地了。

由检接到这一消息,大为震骇。《明史》说:"帝骤闻,意殊骇。念既死,且方倚重崇焕,乃优旨褒答。俄传谕暴文龙罪,以安崇焕心。"为了袁氏五年平辽的美好承诺,他任其予取予求,袁崇焕杀了毛文龙,那只好说毛文龙有罪:"毛文龙悬踞海上,跋扈有迹,犄角无资。卿能声罪正法,事关封疆安危,阃外原不中制,不必引罪,一切布置遵照敕谕,听便宜行事。"几天后,为了堵住大臣的嘴,又向兵部发去一道谕旨,重申他对袁崇焕斩毛帅的看法。袁擅杀逞私,无视国法,藐视君威,全天下都知道的事,由检已经面上无光,却还处处为他开脱。为了一个"五年平辽",由检对袁崇焕可谓容忍良多。可以想见,袁氏后来被杀,决非一时一事。

辽东明军内部同室操戈,袁杀毛,为皇太极提供了一个极佳的时机。

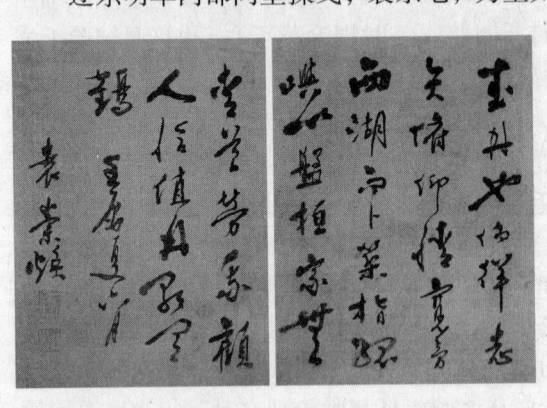

崇祯二年(公元1629年)十月下旬,皇太极率后金兵与蒙古兵约十万之众,很快突破喜峰口以西的长城边隘,乘虚而入,兵临长城南面的军事重镇——距离北京不过二三百里的遵化城。这一惊非同小可。十月初一,京城宣布戒严。

袁崇焕所书《志失帖》

后世史学家认为,袁崇焕生不逢时。崇祯虽有强国之梦,但无容忍之心,刚愎自用,最终为反间计所中,冤杀袁崇焕。对于袁崇焕而言,他徒有统兵之才,却无为官之能,为自己的弱点所害。图为袁崇焕所书的《志失帖》,笔法强劲有力,大有不破强敌死不还之势。

袁崇焕得知敌兵来势凶猛,便于十一月五日亲自率军,进关增援。袁崇焕奉旨侦察后发现,敌兵已越过蓟州向西进发,而率兵跟踪已是一招错着,理应阻击,而非跟踪。于是乎,敌兵连陷京城东面的屏障玉田、三河、香河、顺义等县。十一月十五日,袁崇焕赶到河西务,又与诸将计议前往北京。副总兵周文郁极力反对,认为:"大兵宜迎击敌军,不宜入都。况且敌军在通州,我屯张家湾,离通州十五里,粮饷给于河西务,理应在此战守。"外镇之兵,未奉明旨而轻易进至京师城下,此事弄不好就是谋反的罪名。袁确实是一片忠心:"君父有急,倘能济事虽死无憾。"可惜缺乏专业精神,这一决策,铸成大错。本来应把来犯之敌阻挡于蓟州至通州一线,以确保京都安全。现在他舍弃了这个上策,先是跟在敌后,后又退保京都,无异于纵敌深入,把战火引到京城下。当时京师戒严,塘报无法送入,到半夜才驰奏朝廷:"敌军兵临城下。"次日,消息传开后,舆论哗然,"都人竞谓崇焕召敌"。袁的这种消极战略,亦引起了住在京师城外的勋戚的极大不满,他们纷纷向朝廷告发:"崇焕虽名入援,却听任敌骑劫掠焚烧民舍,不敢一矢相加,城外的庭院庄舍为敌蹂躏殆尽。"

雪上加霜的是离间计的出笼,皇太极散布谣言说后金与袁崇焕有密约在先,故意引建州兵入内地。此举恰恰印证了这一谣言,激起公愤。关于这一密谋,颇类似于《三国演义》中的蒋干盗书,伎俩并不高明。皇太极派两个将士故意在俘虏的明朝太监杨某旁边低声耳语,杨太监佯装睡倒,悉记其言。第二天,皇太极故意把杨太监放归。杨某进宫后,将此事密告皇帝。这一切,袁崇焕全然不知。

夸下海口,寸功未立,揽权、请饷、杀将,尽逞一己私欲,此其一。五年平辽之诺未见端倪,而敌军已兵临城下,这是杀袁的根本原因。这次的战事彻底动摇了皇帝对袁崇焕及其"五年方略"的信任。离间计只是压垮袁崇焕的最后一根稻草,追究误伤满桂等事,也不过是不信任的延续。

十二月初一,敌兵初退,已经对袁丧失耐心和信任的皇帝便下令将其逮捕入狱。追究的是杀毛文龙,致敌兵犯阙及箭射满桂三事。至于杨太监听来的皇太极与袁有密约的传言作为一幅阴暗的背景,把这几件事完美地衬托出来,一切都变得显而易见。其实袁并没有与皇太极有什么密约,只不过私下有几次和议——互相试探缓兵之计而已。但杀毛文龙,他私心在先预谋已久。敌兵犯阙是他决策错误,更显无能。因而对皇上的简单问话,竟然一时语塞,无言以对。由此更坐实了皇帝的猜测。寄予厚望,任其予取予求,却得到这样的结果。后人说由检刻薄猜疑,其实他的成长经历就注定了其难以信任他人。于公,袁崇焕斩帅逗私、御敌不力,依律当斩;于私,皇帝之威岂容臣子挑衅。

八月十六日下午,由检先是在内阁召见辅臣成基命等大臣,商议处决袁崇焕之事；然后又在平台召见内阁、五府六部、都察院、通政司、大理寺、翰林院、科道掌印官及锦衣卫堂上官等文武大臣，共同商议袁崇焕的处决事宜。最后决定"依律磔之"。至于袁崇焕的家属，由检说："依律家属十六以上处斩，十五以下给功臣家为奴，今止流其妻妾子女及同胞兄弟于二千里外，余俱释不问。"言外之意，似乎是从宽发落了。

袁崇焕之死惨不忍睹。据张岱《石匮书后集》记载，袁崇焕绑赴西市处磔刑时，"割肉一块，京师百姓从刽子手争取生啖之，刽子乱扑，百姓以钱买其肉，顷刻立尽。开膛出其肠胃，百姓群起抢之，得其一节者，和烧酒生啮，血流颊间，犹唾骂不已。拾得其骨者，以刀斧碎磔之，骨肉俱尽。止剩一首，传视九边。"

袁氏或许当死，但死的理由和时机都不是那么合适，死的方式又太过惨烈，由此造就朱由检数百年累累骂名，这也许是历史的作弄，也许是袁将军满腹怨气的一点报复。

后宫传奇　异彩纷呈

皇后居于诸宫中路正寝之后的坤宁宫，其余妃嫔分居于东西六宫等处，所以皇后也被称为"正宫"或"中宫"。朱元璋为避免外戚干政，特别制定了皇室择婚原则，规定其后妃采选于民间，即人们通常所说的"选秀女"。当时的选秀规模浩大且极为严格。

清人纪昀的《明懿安皇后外传》中记载了天启朝选后妃的情况。遍索天下，初选五千人入京。第一轮先由内监巡视目测，看看高矮胖瘦，尺寸超标的统统淘汰，上千人就去掉了。第二轮仍是内监巡视，这次稍微复杂点，看五官是否端正，皮肤、头发是否细洁健康，是否肩端背直，秀女们轮流做自我介绍，听声音是否流畅、清脆悦耳。通常一天下来会刷掉两千多人。第三轮开始就严格了，内监们拿着尺子，量秀女的手、脚，再观看秀女们走路的仪态，手脚不够修长，指掌粗笨的，走路轻浮毛躁的统统不行，最后仅剩千人。通过三轮测试，这些人仅基本具备了做宫女的资格。第四轮是入宫后再派老宫娥——带到密室，脱掉衣服检查身体，看乳房是否端正、有没有狐臭、有没有皮肤病等等，未来的皇后、贵妃们统统不能幸免。如此一番，千人仅余三百人有入宫的资格。第五轮中，这三百人在接下来的一个月将作为重点，"留宫观察"，看性格脾气，言语品行修养，最后选出五十人作为皇帝的老婆。百里挑一、千里挑一已经不足以形容其严苛。

周皇后就是走的这样一条路，只不过当时竞选的是王妃，程序相对简化。由检的嫂子，当时的皇后张氏主持选拔。在许多备选的良家姑娘中，由检同张皇后都看中了周氏，周氏出生在盛产美女的苏州，时年十六岁，绮年玉貌，光彩照人，有书记载"皇后颜如玉，不事涂泽"（王誉昌《崇祯宫词注》），美中不足的就是稍显瘦弱。周氏家境清贫，迁居北京后，父亲周奎在前门大街闹市以看相算命谋生。周氏年幼时就操持家务。由于她出身贫寒，又在藩邸（信王府）生活过一段时间，始终保持平民本色。在后宫常常身穿布衣，吃素食，与皇帝一起提倡节俭，一切女红纺织之类事务，都亲自动手。还在后宫设置二十四具纺车，教宫女纺纱。《崇祯宫词》称赞她"有恭俭之德"，亲自操持家务，身穿旧衣服，把后宫治理得井井有条。

"员分百二领璇宫,搏节咸资内教功。三洒亲蚕重浣服,拟将恭俭赞王风"（王誉昌《崇祯宫词注》）。所谓亲自操持家务,还包括亲自烧饭。朱由检刚刚当政时,为提防魏忠贤买通御膳房下毒暗害,饮食全由周皇后亲自操作。这件事看起来有点不可思议,却是确凿无疑的事实,许多野史都有记载。一个能够烧饭洗衣、纺纱织布的皇后,不能说绝无仅有,至少是罕见的。周后女红手艺相当了得,颇引导了几次宫中潮流。皇后裹脚,自己创意缝制了一种名叫"一瓣莲"的弓鞋,引得宫人竞相模仿。崇祯初年,夏天宫里除了皇帝没有敢穿纯白色的。还是皇后第一个穿白纱衫,不施脂粉,清纯脱俗,颇有清水出芙蓉之态,皇帝颇欣赏,戏称"白衣大士"。从此妃嫔们才敢穿素色夏衣。有好事者记之：

宫妆新样出姑苏,仿效终嫌态不如。
缟素独邀天一笑,白衣大士降凡初。

田贵妃是宫中另一个重要的女主人。她原籍陕西,流寓扬州,父亲田弘遇担任下级军官职务,颇有游侠风度；母亲吴氏,倡优出身。田氏自幼聪慧过人,随母学习乐器,又跟从画师学习书画,因此琴棋书画无不精通,秀外慧中深得皇帝喜爱。吴伟业《永和宫词》如此描绘田贵妃：

雅步纤腰初召入,钿合金钗定情日。
丰容盛鬋固无双,蹴鞠弹棋复第一。
上林花鸟写生绡,禁本钟王点素毫。
杨柳风微春试马,梧桐露冷暮吹箫。

由检虽然贵为天子,却有一点风流才子的潜质,在精通音律这点上,可以追慕唐玄宗,喜爱演奏乐器,也喜爱作曲,曾经谱写"访道五曲"：《崆峒引》、《敲爻歌》、《梧桐吟》、《参同契》、《烂柯游》。这些乐曲由田贵妃演奏出来,可谓珠联璧合,后人的诗句赞美他们犹如唐明皇与太真妃（杨贵妃）那样的绝配：

一自薰风绝好音,青溪只解说幽深。
真妃递奏烟宵曲,写出明王访道心。

因为这个缘故,两人引为知音、知己,经常在一起弹琴、吹箫、弹琵琶、下棋、写字、绘画,其乐融融,其情洽洽。《崇祯宫词》中此类事例几乎俯拾即是：

田贵妃每当风月清美,笛奏一曲,上极赏之,尝曰：裂石穿云,当非虚语。
田贵妃工写生,尝作《群芳图》进上,上留之御几,时展玩焉。
田贵妃每与上弈棋,辄负一二子,未尽其技也。

田贵妃幼习钟王书法，继得禁本临摹，遂臻能品。凡书画卷轴，上每谕（田贵）妃鉴题之。

田贵妃也是很亲民的，当时皇宫中有小夹道，夏天的时候，皇帝用伞遮阳避暑，她后来看到了，命令用一种草盖把这个小夹道封顶，这样就可以让打伞的内侍得到休息。皇帝知道了也很感动。

田贵妃天生丽质，素面朝天亦深得帝心，羡煞旁人。不过也把皇帝惯坏了，从此，朱由检不再喜欢宫人涂脂抹粉，见有人脂粉涂得稍微多点，便笑话人家像庙里的鬼脸。有词曰：

滴粉搓酥尽月娥，花球斜插鬓边萝。

天颜最喜颜如玉，笑煞人间鬼脸多。

有女人的地方就有战争。田贵妃偶有恃宠而骄，周皇后就有意冷落田贵妃，裁减她的礼仪用度。有一年正月初一，田贵妃依例要向周皇后拜年，由于天气寒冷，乘车直到皇宫才下车来，周皇后很不高兴，让她等了好久才受拜，而且没有说一句话。继而袁贵妃来拜年，周皇后对她十分热情，有说有笑，在后宫坐谈了近一个时辰。田贵妃受此冷遇，便向皇帝泣诉。皇帝很生气，后来在交泰殿与皇后发生言语冲突，竟大动肝火把皇后推倒在地。一国之主与一国之母吵架，与老百姓两口子拌架还是有区别的，母仪天下的皇后不能哭骂吵闹，也不能扑上去抓皇帝的脸，只能愤而绝食。后来大约皇帝也觉得

明代女性饰品

明代妇女发饰方面有很大的发展，现在故宫等处保留下来的后妃用的头花和钗、冠等，用材考究，制作精美。其面部妆扮偏于秀美、清丽的造型。图①为孝端皇后镶宝玉金钗，②为孝清皇后的金环镶宝玉兔耳坠，③明代贵妇的金花钏，④为明代女子用的陶瓷粉盒。

自己太粗暴了，颇为歉疚，主动来嘘寒问暖，并赐给周后一件贵重的貂裘，还找了田贵妃一个过错，把她贬到启祥宫居住。周后争回了面子，这件事才算过去。田贵妃被贬，一连三个月都没有召见，还是得了面子的周后展现国母的大度，命令内侍用车把田贵妃接来陪皇帝一起赏花，帝后妃三人才算又正式和好。

陈圆圆只是这座皇宫的过客，但盛名却盖过所有后宫妃嫔。田贵妃深得帝心，周皇后的父亲周奎不能等闲视之，决心要找一位能与田贵妃媲美的美人，与田贵妃一决雌雄，且做周皇后的心腹，两全其美。崇祯十四年秋，周奎因葬先人回苏州。江南多美女，红歌妓陈圆圆浮出了水面。她歌舞出色，诗画俱佳，气质非凡。周奎不愧官场老手，先收陈圆圆为义女，又有一番调教，伺机送到皇宫。周皇后在宫中设宴请崇祯来见识。酒过几巡，一个人出来了。这人长袖轻舒，纤腰款摆，眉目传意，歌声优雅，格外可人。一曲罢，来给皇上侍酒，言语温婉，举手乖巧伶俐。的确是美女，只是战事吃紧，这帝位都不稳了，皇帝哪有闲心纳小。由检也缺乏老朱家的好色基因，三个月之后，陈圆圆离了皇宫，从此开始了她的另一番传奇。

论传奇程度，长平公主比陈圆圆不遑多让。有江湖传说她国破家亡后一番奇遇，成就一代高人独臂神尼九难，弟子吕四娘后来潜入深宫，刺杀雍正，辗转为师父报了家国之仇。粤剧中有一部极为经典的《帝女花》，讲的也是长平公主的故事，说她在明亡后，出家为尼，后来又被清朝廷找到，要她与驸马完婚。为了让父母能够平安下葬，弟弟们能够被释出牢狱，她答应了这个要求。洞房花烛之夜，长平公主和驸马周世显服下了砒霜，以死报国。那一折断肠花烛夜"香夭"，实在是经典中的经典："落花满天蔽月光，借一杯附荐凤台上……"悠扬哀怨的唱腔一出，令人如醉如痴。国破家亡的落难公主本就是传奇主角，只是一纤纤弱女，承载不起那些虚幻的传奇。

长平公主本名朱徽娖（音绰），生于明崇祯二年（公元1629年）四月，生母王选侍原是周皇后的侍女，生下公主后因产后血崩而亡，

陈圆圆　　绢本设色　　明代

陈圆圆自身的才情色艺，倾国倾城。秦淮风月盛况，为媒人名士促成。《板桥杂记》说：纨绔少年、绣肠才子，无不魂迷色阵，气尽雄风。试看当时娼妓的魔力是何等之大。陈圆圆就是这个时代的绝代佳人，让李自成、吴三桂这般人物都纷纷拜倒在她的石榴裙下。云南王吴三桂为了夺回蕙质兰心的圆圆，竟亲引清兵入山海关，从此改写了中国的历史。

临死前被封为"顺妃",年仅十八岁。公主出生后便被送入坤宁宫,与皇长子慈烺一起由周皇后抚养,及年长赐封号"长平"。由检对女儿很疼爱,虽然国事繁重,日以继夜,还为她精心挑选了驸马。然而,大明王朝已经走到了末路。在这一年,李自成和张献忠两路义军,分头进逼,一座座城池,一片片土地,都被起义军占领。整个紫禁城连同它里面的人,都在风雨飘摇中颤抖。长平公主的婚期一拖再拖,始终没能举行婚礼。

在那个混乱绝望的夜晚,不幸生在帝王家的长平公主只有十六岁,父母双亡,弟妹生死两茫茫。被父亲砍掉一臂,昏迷了几天,她居然还侥幸地活了下来。当她醒来的时候,北京城已经成了大顺国的天下。李自成见长平公主居然死而复苏,感到很意外,于是将她交给刘宗敏救治。

"大顺"只在北京城里呆了两个月,就结束了它的历史使命。李自成没有来得及带上长平公主和她的弟弟们,就在清军的追击下败逃远去。清军引兵入关,长平公主成了清朝廷的特殊"客人"。

清顺治二年,长平公主得知自己的弟弟、"太子慈烺"在南京被朱由崧监禁的消息,伤心绝望,她向顺治帝及摄政王多尔衮上书,说"九死臣妾,跼蹐高天,愿髡缁空王,稍申罔极"。她希望自己能够出家为尼,断绝这尘世间的哀伤悲痛。

然而,她是先朝长公主,为了让汉人归心,清朝廷不仅未答应她,为了反衬弘光帝虐待崇祯子嗣的恶行,顺治帝还下诏命公主与崇祯为她选定的驸马周显完婚,并且同时赐予府邸、金银、车马、田地。婚礼之后,仅仅过了几个月,长平公主就得到了南京城破,狱中的"朱慈烺"乃是假冒的消息。一直以来苦苦支持她的精神支柱垮了。她在万念俱灰的哀怨中病逝,时年仅十七岁。母女均是早早香消玉殒,不能不说是个悲哀的巧合。公主一生没有做过什么好事,但也没干过什么坏事。如果是在太平盛世,她也许会像明朝绝大多数公主一样,在富足与尊荣中安然度过一生。然而时运不济,"生于末世运偏消"。正是:

可怜如花似玉女,生于末世帝王家。
国破家亡烽烟起,飘零沦落梦天涯。

祖宗之孽　子孙之债

朱由检即位后，不仅要面对以魏忠贤为首的阉党，而且还要面对前朝留下的颓废政局，正所谓"今日吏治民生夷情边备事事堪忧"，祖宗作下的孽，做儿孙的责无旁贷。

事实上，明自万历一朝，即已开始衰颓。万历前期，大学士张居正厉行革新❶，政治上推行"考成法"，加强对官吏的管理，整顿吏治，颇有成效；经济上，推广"一条鞭法"，在减轻了百姓税负的同时，增加朝廷收入；军事上，加强边防，北边与俺答通好，东南严拒倭寇。经张居正的谋划，明朝廷这个庞大的机器，在运转了近二百年后，终于又呈现一股生机。然而，这不过是昙花一现。张居正一死，一切化为乌有。万历皇帝，虽贵为天子，却爱财如命，张居正给他创造的国库不可谓不丰，他仍不满足，整日想法盘剥天下，所谓"天子"，不过是"天下百姓的败家子"，百姓日子越来越困苦。又因自己想立的太子，大臣不同意，便长期懈怠于朝政。上行下效，皇帝贪财又不问政事，大小官吏们哪里会不更加贪污腐败？而辽东的形势已越加严峻，皇帝也找不出好的解决方法。拖着就是了，或者这就是万历的心态。因此，明之亡，实可追溯至万历。万历之后，皇帝一个不如一个，国家内外交困的形势怎能不更为恶化？待朱由检即皇帝位，大明的运势，正如撞上了冰山的泰坦尼克号，虽然庞大坚固、号称"永不沉没的巨舰"，也不可避免沉没的命运。朝廷内部早已不是铁板一块了，每个人都有自己的小九九，每个人都有自己的派别，钩心斗角，官吏们最擅长之事在明朝的末年表现得更为激烈。而国家处在多事之秋。辽东之患，已成心腹之患。"反贼"、"闯贼"，又四处蜂起。这样的危难时代，正是用人之际，然而，官早已不是像样的官了，只知纠缠于"门户纷争"；兵也不是太祖时候的兵了，可谓"将骄兵惰"，天下已"几无可用之人"。面对这样的时势，哪一

> ❶ 张居正改革是明神宗万历年间，辅政大臣张居正主导下进行的政治改良。在内政方面，他首先整顿吏治，加强中央集权制。张居正创制了"考成法"，严格考察各级官吏贯彻朝廷诏旨情况，要求定期向内阁报告地方政事，提高内阁实权。经济方面则推行一条鞭法，把各州县的田赋、徭役以及其他杂征总为一条，合并征收银两，按亩折算缴纳，大大简化了征收手续。在军事上与蒙古俺达汗之间进行茶马市贸易，采取和平政策，巩固北方的边防。

个皇帝会不头痛，又如何解决？

为此，朱由检煞费苦心，几乎食不甘味，寝不安枕。《明史》说他"即位之初，沉机独断，刈除奸邪，天下望治平"，"在位十有七年，不迩声色，忧勤惕厉，殚心治理"，是并不为过的。可是大明还是无可奈何地亡了，用历史必然论来解释很方便，我们可以举出千万条理由证明明王朝灭亡的必然，只是很遗憾，由检没有机会证明他不是个亡国之君。无论他怎样努力他总有缺点。

很多人也赞同这个观点，历史让他背上了"亡国之君"的恶名，似乎有点不太公平。《明史》说："明之亡实亡于神宗。"那意思是说，明朝灭亡的祸根是万历皇帝朱翊钧一手种下的。明清史一代宗师孟森在《明清史讲义》中，把上述观点发挥得淋漓尽致，他说："熹宗（天启帝），亡国之君也，而不遽亡，祖泽犹未尽也。""思宗（朱由检）而在万历以前，非亡国之君也，在天启之后，则必亡而已矣。"这样的感慨，既揭示了历史的真相，也反映了历史的无情。朱由检力图挽狂澜于既倒，然而大势已去，回天乏力，所以向大臣们吐露了自己的内心独白："朕非亡国之君，事事乃亡国之象。"在临近王朝末日的紫禁城里，他常常暗自叹息："朕不自意将为亡国之主！"

明朝灭亡以后，遗老遗少们回首往事，不免感慨系之，但是他们都异口同声地说，崇祯皇帝不是一个亡国之君。

复社诗人吴伟业的《圆圆曲》，以"鼎湖当日弃人间"的诗句来缅怀皇帝的逝去。他的史学名著《绥寇纪略》对逝去的皇帝朱由检给予了高度的评价，大意是：皇上操劳十七年，作风恭敬俭朴类似弘治皇帝，英毅果断类似嘉靖皇帝。处理公务机敏迅速，手不释卷，喜好读书、写字，书法逼近欧阳询，有文武才，善于骑射，力挽强弓，每发必中。他勤于朝政，黎明即起，一直工作到疲惫不堪才休息。上朝时仪表端庄，给人留下目光端正，姿势庄重的感觉。这样一位恭

清军入关图　绢本设色　清代

山海关是明万里长城东部的重要关口，历来为兵家必争之地。明末，辽东总兵吴三桂镇守山海关。李自成曾对其招降，不允。崇祯十七年（公元1644年）四月二十一日，起义军进逼山海关西罗城下，山海关城陷在即，吴三桂向清军求援。四月二十二日，多尔衮接到吴三桂的"乞师"书后，率军南下山海关。在吴三桂与清兵两军合力下，李自成起义军战败，清军进关入主中原。本图所绘为清军当年在吴三桂的"乞求"下，进兵关内的情景。

敬俭朴、英毅果断、能文能武的君主，落得个亡国的下场，不免令吴伟业这样的遗老遗少嗟叹不已。

《甲申传信录》在"睿谟留憾"的标题下，如此评价朱由检：英毅果断，继承万历、天启的政治遗产，拨乱反正，革除前朝弊政，打击邪党，励精图治，勤于朝政，希望出现中兴之治。然而边疆战事频发，中原内部空虚，饥馑连年，盗贼横行，拮据天下十七年，王朝覆亡，以身殉国。呜呼！如此英明睿智的君主，十七年宵衣旰食，从来不曾开怀舒心，留下多么大的遗憾啊！该书写这些话的时候，由检已经死去，用不着拍马奉承，这是野史以秉笔直书的笔法，为后人留下一段信史，应当是可信的。

事实确实如此。由检一登基面对的就是一个烂摊子，边疆武备废弛的许多积弊，百姓生活的长久贫困，官场陋习的陈陈相因……为此他经常举行御前会议，当时称为"召对"。这种召对极为郑重其事，内阁、五府、六部、都察院、通政司、大理寺、六科、十三道御史，以及翰林院、锦衣卫的官员，都得参加，内容是商榷国事，改革积弊，推行新政。

他成了明太祖朱元璋以来罕见的勤劳皇帝。朱元璋大小政务都要亲自处理，每天天不亮就起床办公，一直到深夜，没有假期，没有娱乐。在这点上他与朱元璋确有惊人的相似之处，整日忧勤惕厉，寝食不安。朱元璋定下每日上朝的祖制，后来的皇帝大多视为虚文，特别是到了隆庆、万历之际，公然改为每逢三、六、九日上朝，以后索性连三六九也"免朝"了。朱由检恢复了每日上朝的祖制，十几年如一日地坚持着。崇祯十五年（公元1642年）他再次重申：与群臣共同裁决政事，只有少数节日可以免朝外，每日都应该上朝；上朝完毕后，如果大臣要请示报告，可以报名，听候召见，如有大臣从中阻挠，以"奸欺"罪处死。如此十几年如一日，无怪乎他要慨叹"夙夜焦劳"了。

然而，他的"夙夜焦劳"并没有收到理想的效果。是什么缘故呢？

早在崇祯五年（公元1632年），兵部主事华允诚就有所分析。他在奏疏中向皇帝直言不讳地指出，朝政的"可喜"与"可忧"之处。大意是说，三四年来，皇上焦劳于上，群臣匆匆孜孜，目不暇接，而法令烦琐，臣民解体，人才损失，国家受伤。终于形成这样的局面：皇上焦劳于上，诸臣舞弊于下，一切的努力都付诸东流。他从三个层面进行了分析：

第一，主事者借口皇上刚毅严明，大搞严刑峻法；借口皇上综核名实，大搞锱铢必较，终于使得官场竞尚刑名，追求细碎，把皇上图治的迫切心情，化作诸臣斗智的捷径。

第二，率领部属的大僚，一再惊魂于向皇上认罪，监察官员埋头于撰写弹劾奏疏，致使官吏考核只问税收钱粮，同心同德的精神，化作案牍文书的较量。

第三，庙堂不以人心为忧，政府不以人才为重，四海渐成土崩瓦解之势，大臣只有分立门户的念头，意见分歧，议论纷扰，致使"剿抚"的大计等同儿戏，人才的用舍举棋不定。

这种情况，以后不但没有改变，反而更加变本加厉了。也就是说，皇帝焦劳于上，大臣舞弊于下，日益严重。因此朱由检老是感叹："此时不矫枉振颓，太平何日可望？"

但明帝国的崩塌并未因为他的"夙夜焦劳"而放缓。

崇祯十六年（公元1643年）末，攻占西安的李自成，十分明确地表明了他的意图：渡黄河入山西，攻占京城，取明朝而代之。十二月二十三日，李自成向山西各地发布一道檄文，以明白无误的语气喊出了"嗟尔明朝，大数已尽"的口号。檄文中指出，自古帝王的兴废，关键在于是否得民心。你们明朝严刑峻法，横征暴敛，使得人民无法活命。我们义旗一举，四海之内望风归附。本月二十日已派遣前锋军队五十万，百万大军随后跟进。为此特地通告各地文武官员，应该认清形势，早日献城投降。继续执迷不悟的官员，各地民众把他们制服，交给我们，不仅可以得到奖赏，而且可以保住各处百姓性命。如果敢于顽抗，我军所到之处，玉石不分，予以歼灭。

这道檄文，并非虚张声势的恫吓。农民军前锋部队已经从陕西韩城与山西河津之间渡过黄河，分路进入山西。在平阳府指挥守卫黄河沿线的山西巡抚蔡懋德，一看对手来势凶猛，赶忙退入省城太原。三晋大地，风声鹤唳，守军望风披靡。

就在这种形势下，人们迎来了崇祯十七年（公元1644年）的春节。正月初一，北京城内大风呼啸，出现了罕见的沙尘暴，当时人的描写是这样的："飞沙咫尺不见，日无光。"一些官员以为是不祥之兆，占卜一卦，卦辞曰"风从乾起，主暴兵破城，臣民无福"。

还有一些更诡异的事情，堂堂兵部尚书对距北京近在咫尺的正定已经陷落居然还不知道，面对皇帝的责问，他的回答振振有词："派人侦察，需要钱粮，兵部没有钱粮，无法侦察。"由检听了这样的回答，气得无话可说，推案而起。代帝南征的李建泰，胸脯拍得山响，戴红花、披红斗篷雄赳赳地出发，被农民军包围时却没有丝毫抵抗，很爽快地派遣中军郭中杰出城，宣布投降，自己也当了俘虏，皇帝敕书、督师大印、尚方宝剑，统统被农民军付之一炬。而且据说，他后来还投降李自成，曾经担任大顺政权的丞相之职。李自成从北京撤退后，他又和谢陞、冯铨等明朝高官一起投降清朝，成为清朝的内院大学士。看来，这个身长七尺，满脸胡须的山西大汉，竟然是一个贪生怕死之徒，为了活命，见风使舵，朝秦暮楚，没一点风骨气节可言。关键时刻，竟是如此人才，无怪乎"臣民无福"。

也正是在初一日，李自成在西安称王，国号"大顺"。三月，李自成农民军攻陷北京城。

三月十九日的晚上，一向威严肃穆的紫禁城中一派凄凉景象。月色辉映下的这一处建筑，格外死寂、凄清。

最近京城里一直有种神秘的传闻：据说夜晚走过紫禁城正门的行人，能够听到将士鬼魂的喧闹和幽灵凄厉的哀嚎。除非不得已，已经没有人再愿意靠近紫禁城一步。

李自成进城那一夜，朱由检命人将三个儿子连夜送出宫外，之后，登上煤山（现在的景山）望城外烽火连天，徘徊良久。我们只能猜测他复杂的心情，当年意气风发、少年登基，如今国破家亡、穷途末路，想想身后青史千载，种种思绪无以言说罢。由检凌晨来到后宫，令他惊讶的是，周皇后穿戴得整整齐齐，仿佛正在等候那个结局。此情此景反而无话可说，只一句"大势已去矣"。周皇后从容地上吊而死。他又赶去杀死自己的两个女儿与几个后妃，防止落在农民军手中受辱。不能保护自己的国家和家人，这样的男人通常都被用"无能"来形容，还要亲手杀死她们作为最后的保护，实在是一种五内俱焚的经历。

城外已经是火光映天，喊杀声不断。由检鸣钟召集百官，等了好久，没有一个人到来。由检这才万念俱灰，"诸臣误朕也，国君死社稷，二百七十七年之天下，一旦弃之，皆为奸臣所误，以至于此"。他在大太监王承恩的陪同下，换了衣服，来到煤山的寿皇亭，叹息道："吾待士亦不薄，今日至此，群臣何无一人相从？"语罢，便自缢于一棵歪脖树上，年仅三十五岁。

朱由检的人生就此终结，史册上烙下了"亡国之君"的印记。但他却与别的亡国之君不同。如三国蜀后主刘禅，亡国后尚"乐不思蜀"，在位之时孜孜谋于朝政尤不及朱由检；隋炀帝荒淫无道，好大喜功，以挥霍父亲杨坚留下的财富为乐，于朝政之事并不上心；北宋的徽、钦二宗，临敌前只知互相推卸责任，终落得个受尽凌辱、客死异乡的下场……然而，仅凭一人有担当，依旧救不了没落的明王朝。

山海关之战

1644年，李自成建立的大顺政权为阻击清军入关，同时也因山海关守将吴三桂拒降，李自成亲自率领20万大军前往山海关。吴三桂修书与多尔衮向清军"借兵"，最终降清。山海关之战改变了清朝、农民军、吴三桂各自的命运。清军结束了农民军短暂的胜利，开辟了清王朝的历史新纪元。